U0787944

2024

江阴年鉴

沈鹏

JIANGYIN ALMANAC

江阴市人民政府 主办　江阴市档案史志馆 编

方志出版社
Publishing House of Local Records

图书在版编目(CIP)数据

江阴年鉴. 2024 / 江阴市档案史志馆编. -- 北京 : 方志出版社, 2024. 10. -- ISBN 978-7-5144-6305-7

Ⅰ. Z525.34

中国国家版本馆CIP数据核字第2024Y0D657号

责任编辑:何明忠
责任校对:张玉霞
责任印制:梅中英
出 版 者:方志出版社
地　　址:北京市朝阳区潘家园东里9号(国家方志馆4层)
邮　　编:100021
网　　址:http://www.zgfzcb.cn
发　　行:方志出版社图书营销中心(010-67110500)
印　　刷:南京凯德印刷有限公司
开　　本:889毫米×1194毫米 1/16
印　　张:30.25
字　　数:1257千字
版　　次:2024年10月第1版
印　　次:2024年10月第1次印刷
定　　价:180.00元

·版权所有　侵权必究·

(如有印装质量问题,请与我社图书营销中心联系)

《江阴年鉴》编辑部

主　　编　陶郁峻

副 主 编　邢　盈

执行副主编　朱其涛　党　辉

编　　辑　（按姓名首字笔画为序）

王萍芳　邢　盈　成苏萍

朱其涛　纪晓华　周梦姣

聂小琴　党　辉　徐文辉

江阴市获得的全国性 2023年 荣誉

首批全国县域商业“领跑县”

2023年全国消费品工业“三品”战略示范城市

2023数字化推动高质量发展示范市

第四批社会信用体系建设示范区

中国工业百强县（市）第二名

中央农作物秸秆综合利用重点县

全国信访工作示范县（市、区、旗）

全国县域经济基本竞争力“二十一连冠”

2023年9月28日，沪宁沿江高铁开通运营，江阴站正式启用。北广场区域景观亮化工程全面完工。图为江阴站

2023年9月，江阴市澄西高级中学、滨江科技城小学、滨江科技城中学新建项目投入使用。图为澄西高级中学

2023年6月，环城南路改造更新完成；11月，环城东路全线更新、优化完善完成。图为环城东路

2023年，江阴市建成具有智慧在线安全监管功能的电动自行车充电桩6674个，实现后台远程监管。在20个公共场所安装汽车充电桩120个。图为文通路停车场汽车充电桩

2023年，江阴市筹集保障性租赁住房4843套（间）。选定市区两个商圈酒店开展“青年驿站”试点，全年有197名外地到江阴市求职青年入住。图为江阴市青年驿站（艾扉酒店站）

2023年，江阴市实施老旧小区改造6个，面积31.8万平方米，完成既有多层住宅加装电梯32部。图为改造后的澄江街道阳光新村

2023年，市区阅享园（图书馆）、同乐园（延陵路）、芳草园（延陵路）、运动乐园（长江路）4个新建口袋公园建成开放。图为阅享园

2023年，江阴市红十字会开展应急救护培训，完成普训28983人、持证培训7427人。图为江阴职业技术学院学生应急救护培训现场　（市红十字会提供）

2023年，江阴北、江阴南和江阴3个高速出入口完成景观改造；城区朝阳公园、华宇园、胡山源纪念绿地、天鹤公园、江阴军事文化博物馆、小石湾古炮台和中山公园景观提升工程建成开放。图为江阴北高速出入口景观

2023年，依托丁果湖湿地建成的食品安全主题公园、法治公园正式对外开放。图为丁果湖食品安全主题公园

（摘自《江阴日报》）

1. 2023年1月29日，江阴市召开“南征北战、东西互搏”战略推进暨重大项目建设攻坚大会　（张　岚　摄）
2. 2023年3月26日，江阴市举行第十八届中国徐霞客国际旅游节开幕式暨运河公园樱花园开园仪式（沈思远　摄）
3. 2023年4月1日，北京大学乡村振兴研究与实践江阴基地在江阴市揭牌成立，举行揭牌仪式暨“重走孝通路 续写富民篇”专题调研启动仪式　（张　岚　摄）
4. 2023年4月21日，江苏省老年人体育节开幕式在江阴体育馆举行　（张　岚　摄）

1 2023年5月10日，第六届中国江阴（高新区）创新创业大赛启动仪式暨集成电路产业合作恳谈会在上海市举行 （张　岚　摄）

2 2023年5月14日，江阴市召开全市工业园区升级改造大会战三年行动动员大会 （张　岚　摄）

3 2023年6月27日，江阴市举行以“养护水生生物　建设美丽江阴”为主题的2023年长江渔业资源增殖放流活动。图为活动参与者向长江放流鱼苗 （沈思远　摄）

① 2023年7月27日，江阴市召开2023“数字江阴”推进大会　（张　岚　摄）

② 2023年8月1日，中国共产党江阴市第十四届委员会第五次全体会议召开　（张　岚　摄）

③ 2023年，江阴市举办首届“和美乡村”篮球联赛（村BA）。图为8月16日，在南闸街道泗河村外湾篮球场举行的南闸街道各村代表队的决赛　（丁家骏　摄）

④ 2023年8月18日至28日，江阴市首届运河啤酒音乐节在锡澄运河公园举行　（丁家骏　摄）

❶ 2023年9月1日，江阴市在长江江畔的黄田港公园开启“开学第一课” （丁家骏　摄）

❷ 2023年9月9日，江阴市召开全市文化高质量发展大会 （沈思远　摄）

2023年10月22日，江阴市举办2023时裳新桥·江阴半程马拉松赛　（丁家骏　摄）

2023年10月28日，第四届江阴发展大会暨2023经贸洽谈会在江阴大剧院开幕　（张　岚　摄）

2023年12月8日，以“共护母亲河　同建幸福村”为主题的长江大保护与乡村振兴百村座谈会在夏港街道长江村举行

（张　岚　摄）

2023年12月29日，中国共产党江阴市第十四届委员会第六次全体会议召开　（张　岚　摄）

① 2023年4月，窑港口湿地公园鸟岛一期建设完成

（丁家骏　摄）

② 2023年4月，青阳镇中心污水处理厂项目投入运营

（沈思远　摄）

③ 2023年，江南大学（江阴校区）主体工程封顶，部分建筑外立面完成施工

（丁家骏　摄）

① 2023年6月26日，江阴市杏春公交首末站建成投运（丁家骏　摄）

② 2023年7月，国家电力建设史上规模最大、技术难度最高的超高压跨越长江输变电工程——江苏凤城至梅里500千伏输变电工程建成投运（丁家骏　摄）

③ 2023年7月，新桃花港江边枢纽工程建成（丁家骏　摄）

④ 2023年8月24日，申张线（张家港—江阴段）航道整治工程华西纺织大桥建成通车（丁家骏　摄）

① 2023年9月，新澄杨线一期项目铁路西隧道主体工程完成　（丁家骏　摄）

② 2023年9月，江阴市火车站消防站项目完工　（丁家骏　摄）

③ 2023年9月，大桥南路快速化改造工程建成投用　（丁家骏　摄）

④ 2023年9月29日，江阴市城区六路（环城东路、环城西路、环城北路、环城南路和延陵路、毗陵路）品质提升工程竣工。图为环城南路与虹桥南路　（沈思远　摄）

❶ 2023年，江阴靖江长江隧道右线贯通，南接线全面开工（丁家骏　摄）

❷ 2023年10月，沪武高速扩建工程先导段开工建设（丁家骏　摄）

❸ 2023年11月，华东师范大学江阴实验学校项目主体工程封顶（丁家骏　摄）

❹ 2023年，滨江路、锡澄路、新澄杨线一期等快速化改造工程顺利推进。图为快速化改造中的锡澄路（丁家骏　摄）

1 2023年，江阴市实体化运作城市更新工作指挥部办公室，启动35个城市更新单元建设，完成老旧小区改造6个。图为改造后的澄江街道天鹤七村 （丁家骏　摄）

2 2023年，江阴市建成安置房35万平方米。图为徐霞客镇霞栖苑小区六期安置房项目 （沈思远　摄）

3 2023年，江阴市完成桥下空间利用提升18处。图为锡澄高速（澄江中路北侧）桥下空间利用 （张予希　摄）

4 2023年，江阴市完成主城区既有多层住宅加装电梯32部。图为澄江街道加装电梯后的河北街147号小区 （丁家骏　摄）

① 2023年，江阴市完成165项治水工程、162条美丽幸福河湖建设，建成国家水系连通及水美乡村试点县项目。图为徐霞客镇元塘浜

（徐霞客镇政府党政办提供）

② 2023年，江阴市完成白屈港长江湿地保护小区建设

（江阴高新区党政办提供）

③ 2023年，江阴市扎实推进生态修复治理，完成造林绿化374公顷，建成霞客湾生态湿地2平方千米，全市自然湿地保护率达27.8%。图为霞客湾生态湿地

（江阴霞科办党政办提供）

2023 年，沪宁沿江高铁开通运营，江阴全面步入“高铁时代”。年末，无锡至江阴城际轨道交通工程（以下简称“S1 线”）进入试运行阶段。高铁、轻轨渐次而来，满足人民翘首期盼，助力江阴抢抓战略机遇，“面向太湖科创湾、深度融入长三角”翻开新的一页。

高铁篇

2023 年 3 月 31 日，江阴站站房主体部分装饰装修完成施工　　（市交通运输局提供）

2023 年 5 月 20 日，沪宁沿江高铁全线铺轨工作完成　　（市交通运输局提供）

2023年6月11日，沪宁沿江高铁启动接触网热滑试验。图为“黄医生”（高速综合检测列车）驶过江阴站
（市交通运输局提供）

2023年6月15日，沪宁沿江高铁进入联调联试阶段。图为试验列车通过江阴站　（市交通运输局提供）

2023年8月16日，沪宁沿江高铁联调联试工作结束，进入试运行阶段。图为复兴号动车组列车驶入江阴站
（丁家骏　摄）

2023年9月5日，沪宁沿江高铁环境保护和水土保持、供电、工务、通信系统、信号系统5个专业动态验收报告通过专家评审。图为铁路沿线生态环境掠影　（丁家骏　摄）

2023年9月28日，沪宁沿江高铁及江阴站正式通车运营。运营初期，江阴站每日开行动车组列车20列　（丁家骏　摄）

2023年10月11日，按照第四季度列车运行图调图后，江阴站开通长线班次，停站办客车次68班/天（日常65班/天，周末增加2班，高峰增加1班）（市交通运输局提供）

2023年10月21日，沪宁沿江高铁江阴站单日旅客发送量首次破万（市交通运输局提供）

地铁篇

2023年2月13日，S1线首列列车在无锡地铁1号线正线调试工作启动 （市交通运输局提供）

2023年2月20日，S1线马镇站到堰桥站实现轨通 （市交通运输局提供）

2023年5月18日，S1线全线轨通。图为地下段焊轨作业现场　　（市交通运输局提供）

2023年6月6日，S1线与无锡地铁1号线贯通运营动车调试启动。图为测试工程师在车厢内接收地面信号，并完成线路数据收集　　（市交通运输局提供）

2023年6月15日，S1线全线环网电通。图为S1线中山公园站进行送电作业　　（丁家骏　摄）

① 2023年8月9日，S1线全线热滑试验完成 （市交通运输局提供）

② 2023年9月23日，S1线与无锡地铁1号线信号系统贯通升级工作完成。图为无锡地铁控制中心大屏系统 （市交通运输局提供）

③ 2023年9月28日，S1线通过工程验收 （市交通运输局提供）

① 2023年10月7日，S1线启动为期3个月的空载试运行（市交通运输局提供）

② 2023年11月7日，S1线列车成功进入无锡地铁1号线进行载客服务（市交通运输局提供）

③ 2023年12月7日，S1线试运营前安全评价通过专家评审（市交通运输局提供）

2023年，江阴市聚焦“科创江阴”建设目标，深化“科创江阴”建设三年行动，“一湾一谷一区一港”创新格局加速形成，科技指标稳步提升，科创工作蓬勃起势，为打造具有全国影响力的先进制造业科创中心提供有力支撑。

2023年2月17日，江阴市召开“科创江阴”建设推进暨科技招商动员大会 （沈思远　摄）

2023 年，江阴市新增建成投用科创载体超 80 万平方米，启动建设超 110 万平方米，累计建成投用超 180 万平方米。

① 长三角(江阴)数字创新港 (市科技局提供)

② 金属材料创新园 (市科技局提供)

③ 武汉大学长三角科技创新中心 (市科技局提供)

④ 2023年1月10日，江阴(北京)创新中心正式启动运营。图为江阴(北京)创新中心展厅 (市科技局提供)

⑤ 2023年8月，霞客湾科学城首个科创园区——霞客湾创智园建成 (江阴霞科办党政办提供)

❶ 2023年12月7日，位于上海市黄浦区的江阴大厦落成
（张　岚　摄）

❷ 2023年，江阴市获批省级企业工程技术研究中心、院士工作站、研究生工作站等科创平台25个。图为2023年获批江苏省院士工作站依托单位——江阴天澄机械装备有限公司　（江阴高新区党政办提供）

❸ 2023年，宽视场巡天望远镜精密光电系统研发基地落地江阴市并开工建设　（市科技局提供）

❶ 2023年，江阴市新增高新技术企业172个，累计有效高新技术企业数超1000个。图为2023年11月14日举办的2024年高新技术企业申报培训（第三期）（市科技局提供）

❷ 2023年，江阴市国家科技型中小企业入库2365个，创历史新高。图为2023年第六批国家科技型中小企业之一——江阴林格科技有限公司的生产车间（张予希　摄）

❸ 2023年，江阴市新增无锡市“雏鹰”“瞪羚”“准独角兽”入库企业367个，位列无锡市第一，创历史新高。图为2023年新增省级“独角兽企业”——盛合晶微半导体（江阴）有限公司（市科技局提供）

❹ 2023年，江阴市在8个城市举办第六届“霞客杯”创新创业大赛，累计引进科技企业超1600个。图为第六届“霞客杯”创新创业大赛总决赛项目答辩现场（市科技局提供）

2023年11月21日，江阴市举办2023长三角科创载体高质量发展论坛　（市科技局提供）

2023年，江阴市获批江苏省科技成果转化专项资金项目5项，数量列无锡市第一。图为江苏普莱医药生物技术有限公司，其“基于‘细胞膜区分机理’抗细菌感染 1类新药培来加南（PL-5）的研发及产业化”项目为获批项目之一　（市科技局提供）

2023年，江阴市获批“创业江苏”金融助企试点市

（市科技局提供）

2023年6月9日，双良新能源产业项目一期双鹏25吉瓦大尺寸光伏硅片项目开工仪式在江阴临港经济开发区举行

（市科技局提供）

2023年8月2日，弘元光能一期16吉瓦首片N型TOPCon（隧穿氧化层钝化接触）高效组件下线仪式在江阴临港经济开发区举行

（市科技局提供）

2023年是江阴—靖江工业园区成立20周年。20年来，园区秉持产业共进、设施共建、民生共享、生态共美的发展理念，跨越行政辖区，突破长江阻隔，克服地区差异，探索出一种区域合作共赢的新型关系，在全省乃至全国区域联动发展中开创先河。

船舶制造

园区船舶制造产业集聚造船企业3个、配套企业2个，以大中型集装箱船、散货船、油轮为主，年生产能力超过320万载重吨，占江苏省的33%、全国的13%。近年来，园区船舶制造产业加大转型升级力度，加快向船舶制造产业链和价值链中高端攀升，向化学品船、LNG/LEG/LPG等清洁能源船、各种多用途船和海洋工程装备领域拓展。

① 2021年，江苏新扬子造船有限公司厂区

② 2023年，江苏新扬子造船有限公司15000TEU集装箱船坞

③ 2023年6月，江苏新扬子造船有限公司15000TEU集装箱船进入水下调试阶段

特色冶金

园区冶金新材料产业年产生铁145万吨、钢170万吨、优质管坯85万吨、高铁接触线1.5万吨。企业不断加大投入力度，启动特种钢结构件、特种钢管、高精度特钢深加工等项目，不断提升产业化水平，增强集聚效应。

① 2023年，江苏长强钢铁有限公司炼铁厂监控室

② 2023年，中国铁建电气化局集团康远新材料有限公司车间

③ 2023年，江苏长强钢铁有限公司车间

机械装备

园区机械装备产业以大型工程机械零部件、交通运输设备零部件、重大项目成套（配套）装备制造等为重点，主要为电子通信、新能源、工程机械、航空航天、港口物流等行业提供金属材料加工、高端装备制造服务。

1. 2019年，江苏华澄重工有限公司厂区
2. 2020年，大明重工有限公司希斯数控双龙门镗铣加工中心
3. 2022年，大明精工有限公司智能车间总控室
4. 2021年，大明重工有限公司智能设备操作车间

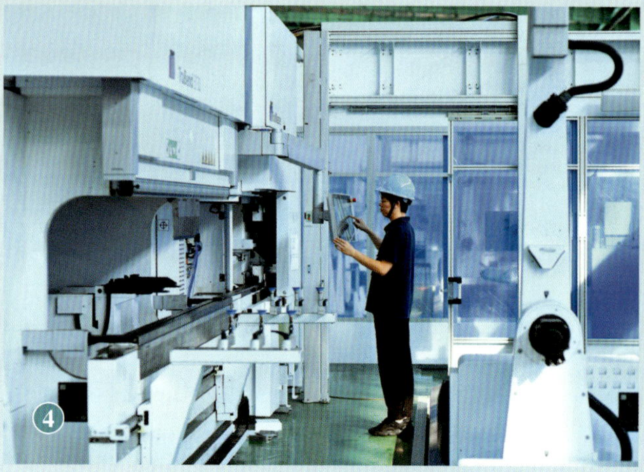

高精钢构

园区高精钢构产业集聚大型重钢结构企业 4 个，以大型建筑用高精钢构、桥梁钢构、船舶用钢结构为主，年生产能力达 30 万吨。

① 2023年，中建钢构江苏有限公司车间

② 2019年，江苏中泰桥梁钢构股份有限公司厂区

③④ 2023年，中建钢构江苏有限公司完成一组机器人焊接对照试验和智能焊接机器人生产

汽车零部件

园区汽车零部件产业有以江苏格尔顿传动有限公司为代表的零部件配套企业和以海鹏特种车辆有限公司为代表的特种车辆企业，有国家级汽车零部件检测中心，向智能制造加快转型升级。

❶ 2022年，江苏格尔顿传动有限公司生产车间

❷ 2021年，江苏海鹏特种车辆有限公司厂区

❸ 2019年，江苏海鹏特种车辆有限公司厂区

❹ 2021年，江苏海鹏特种车辆有限公司生产车间

港口物流

园区依托沿江港口岸线和连接苏南辐射苏中的区位优势，发展以港口物流为主的生产型服务业，带动大宗商品配送，实现仓储、配送、信息等物流要素的有效连接。

江阴—靖江工业园区港口岸线

新兴产业

园区聚焦高端装备、智能制造、节能环保等战略性新兴产业和未来产业发展方向，引进培育以江苏中力叉车有限公司、江苏骥鑫船舶设备有限公司、江苏酸王泵制造有限公司为代表的一批战略性新兴产业企业。

2023年，江苏酸王泵制造有限公司厂区大门

2023年，江苏中力叉车有限公司厂区

（以上图片由江阴—靖江工业园区党政办提供）

编辑说明

一、《江阴年鉴》以马克思列宁主义、毛泽东思想、邓小平理论、“三个代表”重要思想、科学发展观、习近平新时代中国特色社会主义思想为指导，坚持辩证唯物主义和历史唯物主义的立场、观点和方法。

二、《江阴年鉴》是由中共江阴市委领导、江阴市人民政府主办、江阴市档案史志馆负责逐年编辑的江阴地方年度资料性文献。《江阴年鉴（2024）》是《江阴年鉴》于1993年创刊后的第32卷。该部年鉴紧扣年度时代特征，准确把握新时代的丰富内涵，全面系统、准确翔实地记载2023年江阴市自然、政治、经济、文化、社会、生态文明建设等方面取得的新进展、新成就和新经验，以及在经济社会发展中所遇到的新问题、新矛盾，充分反映这一年度江阴市各项建设中的大事、要事、新事、特事，为江阴建设现代化滨江花园城市，继续当好新时代县域高质量发展排头兵、社会主义现代化建设先行军、区域一体化发展领跑者，提供最全面、最及时、最可靠、最权威、信息量最大的地情资料。该部年鉴的编辑，旨在为各级领导决策提供参考依据，为江阴经济社会发展服务，为中外人士了解和研究江阴提供可靠信息，也为编史修志积累资料。

三、《江阴年鉴（2024）》按分类记事体例，设40个类目。类目下设分目和条目。总篇幅120余万字。为便于检索，除卷首设详细目录外，卷尾还设有主题分析索引。

四、《江阴年鉴（2024）》与《江阴年鉴（2023）》相比，“数字经济”类目改为“数字经济和数字化转型”；“开发区建设”类目改为“开发区（功能区）建设”，其下增设“江阴霞客湾科学城功能区”分目；“法治·军事”类目下增设“国防动员与人民防空”分目，取消“城市建设与管理”类目下的“人民防空”分目。彩色插页新设“轨道上的江阴”“江阴—靖江工业园区成立20周年”“乡村振兴新画卷”等专栏。其他框架基本不变。

五、《江阴年鉴（2024）》人物类目收录2023年度江苏省级以上劳模和先进个人简介及江阴市级以上先进个人名录，逝世人物收录原江阴市级领导、旅外江阴籍地市级以上领导干部和正高级以上知名人士。

六、《江阴年鉴（2024）》部分条目涉及缩略语（注有“*”号），其注释列于目录前。

七、《江阴年鉴（2024）》采用的稿件，由各单位提供，并由各单位领导审定。各类目编辑署名于该类目尾页。封面图片由朱建平提供，前后环衬图片分别由葛晓伟、吴越提供。彩色插页编辑为朱其涛。

八、《江阴年鉴（2024）》正文所用统计数据，因统计来源、口径、方式、方法和时间不同而有一定差异，使用时请以江阴市统计局提供的《经济社会发展统计资料》数据为准。

九、数字用法、标点符号用法分别采用国家标准《出版物上数字用法》（GB/T 15835—2011）、《标点符号用法》（GB/T 15834—2011），计量单位采用国家技术监督局1993年12月发布的《量和单位》系列国家标准。

各单位审稿领导名单

（以姓名首字笔画为序）

万小溪	万国锋	马敏乾	王　吉	王　青	王　凯	王　敏	王　澍
王　馥	王力伟	王光华	王雨鸥	王寅炯	仇　丰	孔晓燕	卢　刚
冯　涛	冯明刚	冯铁东	朱　华	朱　炜	朱立新	朱晓华	朱晓鸣
朱新开	任山峰	华　江	刘永刚	刘建军	关开城	江国虔	池　永
汤建影	许　晨	许正东	许铁军	许海英	李　旭	李志浩	李克雨
杨　洁	杨　勇	时　平	时军文	吴　广	吴　锋	吴莉萍	邱振海
何志强	余　江	邹鹏辉	沈　军	沈　强	宋　萍	张　芳	张　峰
张　悦	张金宝	张学春	张建忠	张桂清	张晓新	陆　欣	陆晓燕
陈　鹏	陈　煜	陈　鑫	陈晓锋	陈海峰	林贤青	郁秋皓	季　震
季克军	金　涛	金丹菁	周　青	周坚良	周佳能	周海平	郑　元
赵叶勤	胡炯义	胡莹洁	柳　蔚	钟　卿	俞　健	俞均彦	姜倬雅
宦雪忠	袁　飞	夏建辉	顾　敏	顾春宇	顾洪伟	钱　晴	徐　飞
徐　勇	徐　斌	徐前锋	徐洪伟	郭　诚	唐晓峰	谈海平	陶郁峻
黄　宇	黄　葵	曹　鸣	曹小元	曹文杰	盛　达	盛建强	程　政
程学仨	谢　挺	谢映军	强　乐	蔡　高	潘少峰	潘文伟	薛　健
薛建国	戴伟刚						

各单位分管领导名单

（以姓名首字笔画为序）

马 列	王 新	王旭东	王君明	尤锦香	毛 亚	邓秀琴	卢 宏
叶志伟	包凯凯	冯 健	邢 盈	朱 华	朱立新	朱贻军	朱琳琳
任 洁	任陈芳	刘 晶	刘小微	刘仁富	刘延平	汤建影	许 玲
许正东	许瑞刚	孙 敏	孙 渊	孙惠峰	贡敏华	严建军	苏晓华
李 宁	李 旭	李伟刚	李华兴	李克雨	李群益	杨 洁	杨荣国
时军文	吴 洁	吴 燕	吴卫东	吴晓唯	吴燕群	何 矩	佘晓萍
余益平	邹凤翔	辛 磊	沈全龙	沈志宏	沈利兴	沈宏伟	沈桂祥
沈敏能	宋 健	张 芳	张 丽	张 荣	张子晔	张成奇	张海华
陆梓梓	陈 飞	陈 开	陈 怡	陈 亮	陈 睿	陈文奇	陈宏兵
陈钱飞	武传刚	范 荣	郁晴虹	周 炜	周 琛	周逸岗	项 勇
赵建新	赵晓敏	胡正伟	胡荣华	胡振芳	俞冠军	施丽娟	费 倩
姚陈颖	姚剑刚	勇晓东	耿海建	贾亚伯	钱 江	钱 鸣	倪庆华
徐 飞	徐 迅	徐 鸣	徐 辉	徐慧南	高 恒	高慧敏	郭琳榕
谈海燕	陶廷森	陶晓东	黄 玥	黄 琳	黄 辉	黄晓珏	梅士强
曹 鸣	曹文杰	曹海凌	蒋 奕	韩 俊	韩志平	程 云	程 晔
程卓强	曾 武	谢红伟	蔡 高	蔡 辉	谭滔涛	缪敏华	檀春节
瞿立人							

缩略语注释

"PPP" Public Private Partnership，又称 PPP 模式，即政府和社会资本合作，是公共基础设施中的一种项目运作模式。在该模式下，鼓励私营企业、民营资本与政府进行合作，参与公共基础设施的建设。

12345 政务服务便民热线 是 2009 年江阴市委、市政府的重点专项民生工程，12345 热线平台依托互联网、电话、手机等各种方式和信息技术手段，坚持 365 天 ×24 小时为群众提供方便、规范、优质、高效的服务。

"1+2+N"制度体系 指重构国有资产管理体系，即《江阴市镇街国有资产监督管理办法》1 项管理办法，镇街园国有企业、行政事业单位 2 类国有资产管理制度，资产评估、产权交易等其他 N 项管理制度，与镇街园制度构成一套制度体系，共包含 75 项制度文件，实现国有资产全口径、全封闭、全流程有效监管。

20+10+X 指江阴市工业园区空间新的布局，包含 20 个重点园区、10 个特色园区、X 个过渡园区。

"345"现代产业体系 指高端纺织服装、石化新材料、金属新材料等 3 个千亿级产业，新能源、集成电路、高端装备、生物医药等 4 个战略性新兴产业，5G 通信、智能制造、节能环保、现代物流、健康文旅等 5 个未来产业。

"3610"行动 指围绕 3 类群体（政策认定的低收入群体、专项救助帮扶的困难群体、其他重点关注群体），落实 6 个机制（主动发现机制、监测预警机制、分类施策机制、统管联办机制、动态更新机制、巡访关爱机制），实施 10 项工程（兜底保障工程、医疗救助工程、圆梦助学工程、温暖安居工程、就业促进工程、法护平安工程、扶老助残工程、急难纾困工程、社会共助工程、服务优享工程）。

"4+1"功能区 "4"即江阴高新区、临港经济开发区、霞客湾科学城、澄东南智造区，"1"即江阴—靖江工业园区。

"一带一路" 指丝绸之路经济带和 21 世纪海上丝绸之路。

"一岗双责" "一岗"指一个领导干部的职务所对应的岗位；"双责"指一个领导干部既要对所在岗位应当承担的具体业务工作负责，又要对所在岗位应当承担的党风廉政建设责任制负责。

"一湾一谷一区一港" 指霞客湾科学城、绮山湖科创谷、苏南国家自主创新示范区核心区、长三角（江阴）数字创新港。

"两会" 指全国人民代表大会和中国人民政治协商会议。

"两委" 指村共产党员支部委员会和村民自治委员会。

"两个维护" 指坚决维护习近平总书记党中央的核心、全党的核心地位，坚决维护党中央权威和集中统一领导。

"两个责任" 指党委负主体责任、纪委负监督责任。

"两个确立" 指党确立习近平同志党中央的核心、全党的核心地位，确立习近平新时代中国特色社会主义思想的指导地位。

"两新"组织 指新经济组织、新社会组织。

"两易一密一新"场所 指易燃、易爆、人员密集、新业态新领域等四类场所。

"双减" 指有效减轻义务教育阶段学生过重作业负担和校外培训负担。

"双碳" 指碳达峰与碳中和。

"双强双优" 指党建工作强、业务能力强，队伍作风优、服务效能优。

"双招双引" 指招商引资、招才引智。

"双联双提"工程 指推进多式联运、多港联动，着力提升物流供应链驱动力、提高城市产业链竞争力，加快建设现代化物流枢纽示范城市。

"双随机、一公开"监管 指在监管过程中随机抽取检查对象，随机选派执法检查人员，抽查情况及查处结果及时向社会公开。

"三农" 指农业、农村和农民。

"三资" 指农村集体经济中的资金、资产、资源。

"三公"经费 指政府部门人员因公出国（境）经费、公务车购置及运行费、公务招待费。

"三类场所" 指住宿与生产储存经营合用的"三合一"场所、群租房、"厂中厂"。

“三清三治” 指清理各类垃圾、清理违建乱放、清理家河家塘，治理农村厕所、治理农村污水、治理农田风貌。

“三无”船舶 指无船名船号、无船舶证书、无船籍港的船舶。

“三务”公开 指定期对村级党务、村务、财务进行公开。

“三转一提” 指让机关干部通过培训，转变工作思路、工作方法、工作作风，提升工作效能。

“三定一督” 指定时定点定人督导。

“三提三即” 指项目通过评估论证再提前、审批服务再提效、验收发证再提速，实现重大项目策划即入库、拿地即开工、建成即投用。

“三强三树” 指强党性树正气、强能力树佳绩、强作风树形象。

“三重一大” 指重大事项决策、重要干部任免、重大项目安排和大额资金使用事项。

“三站三中心” 指依托企业设立的博士后科研工作站、院士工作站、研究生工作站、工程技术研究中心、企业技术中心、工程研究中心。

“四风” 指形式主义、官僚主义、享乐主义和奢靡之风。

“四敢” 指干部敢为、地方敢闯、企业敢干、群众敢首创。

“四个新” 指 2023 年 7 月，习近平总书记在江苏考察时赋予江苏“四个新”的重大任务，即在科技创新上取得新突破、强链补链延链上展现新作为、建设中华民族现代文明上探索新经验、推进社会治理现代化上实现新提升。

“四个全面” 指全面建成小康社会、全面深化改革、全面依法治国、全面从严治党。

“四个意识” 指政治意识、大局意识、核心意识、看齐意识。

“四个自信” 指中国特色社会主义道路自信、理论自信、制度自信、文化自信。

“四种形态” 指经常开展批评和自我批评、约谈函询，让“红红脸、出出汗”成为常态；党纪轻处分、组织调整成为违纪处理的大多数；党纪重处分、重大职务调整的成为少数；严重违纪涉嫌违法立案审查的成为极少数。

“四项监督” 指纪律监督、监察监督、派驻监督、巡视(巡察)监督。

“四下基层” 指宣传党的路线、方针、政策下基层，调查研究下基层，信访接待下基层，现场办公下基层。

“四个走在前” 指 2023 年 3 月，习近平总书记对江苏提出“四个走在前”的重大任务，在科技自立自强上走在前、在构建新发展格局上走在前、在推进农业现代化上走在前、在强化基层治理和民生保障上走在前。

“五位一体” 指经济建设、政治建设、文化建设、社会建设、生态文明建设为一体的总体布局。

“五社联动” 指以社区为平台、社会组织为载体、社会工作者为支撑、社区志愿者为辅助、社区公益慈善资源为补充的一种联动机制。

“六保” 指保居民就业、保基本民生、保市场主体、保粮食能源安全、保产业链供应链稳定、保基层运转。

“六稳” 指稳就业、稳金融、稳外贸、稳外资、稳投资、稳预期。

“六个老有” 指对老年人生活需求的高度概括，即老有所养、老有所医、老有所为、老有所学、老有所教、老有所乐。

“八不”行为规范 指出行不违规、车辆不乱停、垃圾不乱扔、守序不插队、节俭不浪费、养宠不扰民、友爱不冷漠、言语不喧哗。

“九小场所” 指小学校或幼儿园、小医院、小商场、小餐饮场所、小旅馆、小歌舞娱乐场所、小网吧、小美容洗浴场所、小生产加工类企业等九类不属消防安全重点单位的人员密集场所。

城区“六纵六横”道路 “六纵”指梅园路、中山路、虹桥路、花山路、大桥路、黄山路，“六横”指芙蓉大道、毗陵路、人民路、延陵路、澄江路、滨江路。

“雏鹰企业” 指依托一定数量的科技人员从事科学技术研究开发活动，取得自主知识产权并将其转化为高新技术产品或服务的科技型中小企业。

“独角兽企业” 指在境内注册且具有法人资格，成立时间不超过 10 年，获得过私募投资且尚未上市，企业估值超过(含)10 亿美元的企业。

“瞪羚企业” 指以科技创新或商业模式创新为支撑进入高成长期的科技型中小企业。

“放管服” 指简政放权、放管结合、优化服务。

“江小澄”口袋公园 指以城市闲置地块、街旁绿地打造富有江阴地域文化、生活温度的特色口袋公园，具体分为活力街巷、通学街廊、形象街角、艺术建筑、疗愈花街、共享街亭等类型。

“暨阳英才计划” 指江阴市为深化人才发展体制机制改革、策应无锡市“太湖人才计划”，推进江阴“人才强企”战略而打造的新一轮人才政策，从2017年开始，实施产业领军人才汇智工程、特色乡土人才育智工程、青年人才创智工程、高技能人才强智工程、社会事业人才聚智工程，打造具有江阴特色的人才新高地。

“科技副总” 指江苏省首创的引导企业柔性引进科研人才的机制，主要从全国高校院所引进专家教授，到企业兼任技术副总或副总工程师。

“民生七有” 指幼有所育、学有所教、劳有所得、病有所医、老有所养、住有所居、弱有所扶。

“南征北战、东西互搏”战略 2021年2月26日，江阴市正式实施“南征北战、东西互搏”战略，旨在把江阴打造成全球资源集聚之地、科技创新应用之地、高端产业承载之地、开放枢纽拓展之地、金融贸易活跃之地，让“产业更高端、创新更澎湃、城市更美好、人民更幸福”的美好愿景早日从梦想走进现实。“南征”主要指高起点规划建设霞客湾科学城；“北战”主要是加快沿江产业转型，高标准建设滨江花园城市；“东西互搏”是推动各镇街园区比学赶超、取长补短，继而推动全市经济实力、城乡建设、文化发展、生态环境等各方面争创一流。

“强富美高” 指经济强、百姓富、环境美、社会文明程度高。

“潜在独角兽企业” 指从创业团队、产业方向、技术创新能力及发展趋势看，具有成为独角兽企业潜质的企业。潜在独角兽企业的范围可以相对放开。

省“双创计划” 指江苏省高层次创新、创业人才引进计划，包括“双创人才”“双创团队”和“双创博士”三项项目。

省“双创人才” 指江苏省高层次创新、创业人才。

省“双创团队” 指江苏省创新、创业团队。

省“双创博士” 指江苏省创新、创业博士。

无锡“三类”企业 指“雏鹰企业”“瞪羚企业”“准独角兽企业”。

“新三板” 指全国中小企业股份转让系统。

“智改数转” 指智能化改造和数字化转型。

“准独角兽企业” 指市场估值不低于10亿元，有望在较短时期成长为“独角兽”的企业。

中央八项规定 指中央政治局关于改进工作作风、密切联系群众的八项规定：一、要改进调查研究，切忌走过场、搞形式主义；要轻车简从、减少陪同、简化接待，不张贴悬挂标语横幅，不安排群众迎送，不铺设迎宾地毯，不摆放花草，不安排宴请；二、要精简会议活动，严格控制以中央名义召开的各类全国性会议和举行的重大活动，未经中央批准一律不出席各类剪彩、奠基活动和庆祝会、纪念会、表彰会、博览会、研讨会及各类论坛；提高会议实效，开短会、讲短话，力戒空话、套话；三、要精简文件简报，没有实质内容、可发可不发的文件、简报一律不发；四、要规范出访活动，出访活动严格控制出访随行人员，严格按照规定乘坐交通工具，一般不安排中资机构、华侨华人、留学生代表等到机场迎送；五、要改进警卫工作，减少交通管制，一般情况下不得封路、不清场闭馆；六、要改进新闻报道，中央政治局领导出席会议和活动应根据工作需要、新闻价值、社会效果决定是否报道，进一步压缩报道的数量、字数、时长；七、要严格文稿发表，除中央统一安排外，个人不公开出版著作、讲话单行本，不发贺信、贺电，不题词、题字；八、要厉行勤俭节约，严格遵守廉洁从政有关规定，严格执行住房、车辆配备等有关工作和生活待遇的规定。

专精特新“小巨人”企业 “专精特新”是国家为引导中小企业走专业化、精细化、特色化、新颖化发展之路，增强自主创新能力和核心竞争力，不断提高中小企业发展质量和水平而实施的重大工程。专精特新“小巨人”企业是“专精特新”中小企业中的佼佼者，是专注于细分市场、创新能力强、市场占有率高、掌握关键核心技术、质量效益优的排头兵企业。

类　　目

目　录

重要文献

大事记

江阴概况

中国共产党江阴市委员会

江阴市人民代表大会

江阴市人民政府

政协江阴市委员会

纪委·监委

民主党派

群众团体

法治·军事

人力资源

农　业

工　业

数字经济和数字化转型

开放型经济

开发区(功能区)建设

上市企业

建筑业

房地产业

商贸流通服务业

金融业

港口　口岸

乡村振兴

城市建设与管理

生态环境

水利建设

交通运输

经济事务管理

科学技术

教　　育

文　化

卫生健康

体　育

社会事务

公共安全

街道·镇概况

组织机构和领导人员名录

人　物

附　录

索　引

彩色插页

政府工作报告

——在江阴市第十八届人民代表大会第三次会议上

（2024 年 1 月 10 日）

江阴市市长　包　鸣

2023 年工作回顾

2023 年，面对复杂多变的外部环境和经济恢复进程中的矛盾问题，市政府以习近平新时代中国特色社会主义思想为指导，全面贯彻党的二十大、二十届二中全会和习近平总书记对江苏工作重要讲话重要指示精神，在中共江阴市委的坚强领导下，在市人大、市政协的监督支持下，认真落实中央和省市决策部署，坚持稳中求进工作总基调，深入实施“南征北战、东西互搏”总战略，加快建设现代化滨江花园城市，全力巩固经济社会平稳健康发展态势，中国式现代化江阴新实践实现良好开局，较好地完成了市十八届人大二次会议确定的目标任务。

一年来，我们稳住大盘、强化保障，经济运行稳中有升。高效运行稳增长专班，加强经济运行监测分析，兑付产业强市资金 9.23 亿元，41 个企业入围中国“500 强”四张榜单，新增上市企业 2 个、累计达 61 个，全市金融机构存贷款余额首次突破万亿元大关，预计地区生产总值增长 5.8%，完成一般公共预算收入 248.29 亿元，实现全国县域经济基本竞争力“二十一连冠”。工业经济稳健发展，预计完成规上工业产值超 7000 亿元、增长 4.5% 以上。新增国家级产业技术基础公共服务平台 1 个、国家级专精特新“小巨人”企业 27 个，高端装备产业成为全市第 4 个千亿级产业集群，节能环保集成装备产业集群获评省级中小企业特色产业集群，江阴临港化工园区通过省首批化工园区认定复核。获评省优秀企业 3 个、省优秀企业家 4 人。现代服务业提档升级，预计完成规上营利性服务业营收 190 亿元，长江港口综合物流园区、石化物流园获评省级“高质量发展集聚示范区”，高新区、双良节能入选省两业融合标杆引领典型试点。组织开展运河啤酒音乐节等系列促消费活动，忠义街区入围省首批“江苏味道”美食街区，江阴市获评首批全国县域商业“领跑县”，预计社会消费品零售总额增长 3.8%。成功举办第十八届中国徐霞客国际旅游节。现代农业稳步提质，完成农业农村重大项目投资 27.39 亿元，农村土地集中流转率达 81%，建成高标准农田 1573.33 公顷，标准化改造养殖池塘 264.2 公顷，农业机械化率、园区化率分别达 96%、63%，完成农业总产值 68 亿元，璜土镇被认定为首批国家农业产业强镇。

一年来，我们蓄势赋能、提质增效，转型升级步伐加快。坚持优存量、拓增量、强变量三管齐下，产业结构持续调整，预计高新技术产业产值增长 7.5%，战略性新兴产业产值占规上工业产值比重提高 1 个百分点。智改数转深入推进，完成 922 个企业数字化诊断工作，新增省星级上云企业 177 个，创成无锡市级以上智能制造标杆 282 个，兴澄特钢成为全球特钢行业首座“灯塔工厂”，2 个企业入选“中国工业互联网500强”,3个企业入围国家智能制造优秀场景,6项项目入选工信部5G工厂名录,江阴市获评省制造业智改数转成效明显地区。项目投入持续发力,成功召开第四届江阴发展大会暨经贸洽谈会,全年备案10亿元以上重大产业项目18项,盛合晶微三维多芯片集成封装、中信泰富利电五期等超百亿元项目正式开工,长电微电子、弘元光能等项目加快建设,预计完成固定资产投资880亿元、增长4.1%,其中高技术产业投资占比达21%;贝卡尔特、安姆科等总部型外企持续增资扩股,全市新增外资项目67项,实际使用外资11亿美元,3项项目被列入国家级重点外资项目;股权投资基金注册243支、注册规模达516.9亿元。创新支撑不断增强,深化“科创江阴”建设三年行动,“一湾一谷一区一港”*创新格局加速形成,建成投用科创载体超80万平方米,新增省级以上科创平台25个,清华大学精密光电研发中心签约落地;新增高新技术企业172个,入库国家科技型中小企业2365个,新增无锡市“雏鹰”“瞪羚”“准独角兽”入库企业367个,获批国家、省重点研发计划项目10项;入选国家人才计划11个,引育创新创业领军人才项目207项,新增高层次人才1450人、高技能人才8010人;新增省长质量奖企业1个,制(修)订国际、国家、行业标准124项。

一年来,我们深化改革、扩大开放,发展活力持续迸发。“4+1”功能区*建设稳步推进,靖江园区开启新一轮跨江融合发展,霞客湾科学城组建2A+国资平台、初步形成“功能区+国资公司”运营架构。市文商旅集团组建成立,镇街国资统一监管持续加强,江阴市作为苏南唯一地区入选全省国有资产清查利用工作试点。政务服务“一网通办”平台功能和电子营业执照应用场景全面拓展,“企业开办0.5天完成”覆盖率达98%。获批省生态环境治理现代化县域示范建设试点,创新建立排污总量储备保障新机制。工业园区升级改造纵深推进,编制完成“20+10”工业园区详细规划,出台标准厂房建设管理等办法,完成腾退整治产业用地933.33公顷,形成千亩以上可用地块2个。“双联双提”工程*有序推进,港口岸线资源加速整合优化,新开通远洋、近洋航线各1条,新启用对外开放码头1个,6号通用码头智慧化改建项目全面开工,江阴港完成货物吞吐量3.78亿吨、集装箱运量76万标箱,分别增长7.8%、17%,进境肉类指定监管场地正式获批。组织企业参加各类境外线下展会232场,获评“省级重点培育和发展的国际知名品牌”35个,预计完成进出口总额1570亿元。预计完成对外直接投资超4亿美元、位列全省同类城市第一,5个企业入围省本土跨国企业50强。

一年来,我们内外兼修、建管并重,城乡面貌提速焕新。完成第十三届江苏省园艺博览会整体规划和青山未来社区、霞客湾科教孵化中心等重点地区城市设计及各类专项规划。江阴高铁站正式启用,沪宁沿江高铁开通运营,江阴全面步入“高铁时代”。城际轨道交通S1线试运行,江阴靖江长江隧道右线贯通、南接线全面开工,沪武高速扩建工程先导段开工建设。大桥南路快速化改造工程建成投用,长山大道一期快速化改造工程通车试运行,滨江路、锡澄路、新澄杨线一期等快速化改造工程顺利推进。实体化运作城市更新工作指挥部办公室,启动35个城市更新单元建设,完成老旧小区改造6个,江阴“生态未来城”项目入围省首批EOD项目库。城区“六纵六横”道路*品质提升工程全面推进,环城四路和延陵路、毗陵路展现新面貌,新建口袋公园15个,升级改造朝阳公园等老旧公园绿地7处。完成拆迁315.76万平方米、攻坚拔点项目51项,建成安置房35万平方米,全面解决安置房小区历史遗留办证问题。清理违建155万平方米、违法户外广告和标识标牌4.3万平方米,完成背街小巷品质提升改造21条、桥下空间利用提升18处,建成“席地而坐”示范区5个,新建垃圾分类“三定一督”*小区115个。完成主城区既有多层住宅加装电梯32台,开通跨区域公交线路3条,新增城区停车泊位超2700个。城市智慧治理效能不断提升,规划建设数字治理、数字生活场景42个,建成村(社区)智慧社区试点35个,入选省智慧社区建设综合试点。开展“三清三治”*农村环境卫生专项整治,2200个自然村达到二类及以上标准。启动54个村现代美丽农居建设,完成农村供水管网及户表改造1.89万户,建成无锡市级以上特色田园乡村7个、现代美丽农居先行示范点2个、省级绿美村庄5个、省首批生态宜居美丽乡村示范镇村15个、第三批全国乡村治理示范村1个。

一年来,我们精准治理、系统修复,生态环境不断向好。深入实施“双碳”*系列专项行动,创成国家级绿色标杆企业5个、省级绿色发展领军企业3个。排查整治涉磷企业1245个、涉氟企业37个,关停整治“散乱污”企业286个,建成长泾镇印染集聚区一期工程。第二轮中央环保督察反馈问题完成整改4项、按时序推进整改3项,77件交办信访件全部销号。实施重点行业整治等专项行动,完成钢铁行业超低排放等治气工程3763项,$PM_{2.5}$平均浓度和空气质量优良天数比率在全省排名持续提升;完成165项治水工程、162条美丽幸福河湖建设,建成国家水系连通及水美乡村试点县项目,18个国、省考断面水质优Ⅲ比例继续保持100%;建成“无废城市”项目11项,完成359项土壤污染防治重点任务。环保基础设施不断完善,新建污水主管网41千米,完成城区90个小区雨污分流改造、70个村庄生活污水治理项目,建成污水处理提质增效达标区5个。深入践行长江大保护战略,完成白屈港长江湿地保护小区建设,无锡市首艘渔政执法船“江盾号”交付使用,创成省“绿色港口”7个、“四星级中国绿色港口”1个。生态修复治理扎实推进,完成造林绿化374.13公顷,建成霞客湾生态湿地2平方千米,全市自然湿地保护率达27.8%。

一年来,我们固优补短、致力普惠,民生福祉有效增进。投放“苏岗贷”16亿元,发放富民创业贷款4025万元,提供就业岗位6.85万个,城镇新增就业2.75万人,扶持自主创业7950人。社保扩面新增3.3万人,城乡居民养老保险基础养老金标准、基本医疗保险人均筹资标准稳步提高。首批投放的16项“乡村振兴·共富基金”项目收益率达6.3%,24个集体经济相对薄弱村村均集体收入达300万元、人均年村级可支配收入达1000元,江阴获评省“万企兴万村”行动典型县。预计城镇、农村居民人均可支配收入分别增长4.5%和5.1%。“一老一幼”工作扎实推进,“澄颐享”智慧养老服务平台累计提供助餐、上门援助等服务115万人次,每千名老人拥有各类养老床位数达40.44张,每千人口拥有3岁以下婴幼儿托位数达4.4个。筹集保障性租赁住房4843套。教育集团总数增至26个、成员校达76所,义务教育集团化办学覆盖率达54%,顺利通过省义务教育优质均衡发展县评估;澄西高中新校区、滨江科技城中学等建成投用,江南大学(江阴校区)一期主体结构全部封顶,华师大江阴实验学校、南师大江阴实验学校等项目有序推进。医共体建设取得积极进展,建成2个互联网医院、76个专家工作室及12个联合病房,市中医院创成三级甲等中医医院,“15分钟医保服务圈”实现镇、村两级全覆盖;市妇幼保健院改建等工程加快推进。新建、改建“残疾人之家”3个。举办文化惠民活动3500余场、“书香江阴”阅读活动4000余场、“村BA”等各类群众体育赛事活动900余场,江阴健儿勇夺亚运会马术项目中国首金。

一年来,我们筑好防线、守牢底线,社会大局和谐稳定。安全生产监管持续强化,完善市镇两级应急指挥体系建设,组建17个镇街应急指挥所和9个行业领域13支应急队伍,江苏省沿江(江阴)危险化学品应急救援基地二期顺利开工;开展重大事故隐患专项整治行动,排查治理“三类场所”*1.15万个,完成“九小场所”*问题整改831条,关停退出深井铸造企业9个,挂牌整治农村隐患道路22条,新建燃气管线181千米,完成天然气管阀更新25万户、瓶装燃气隐患灶具整改8.2万户、餐饮场所“瓶改管、瓶改电”3614户,生产安全事故起数和亡人数继续保持“双下降”。“村(社区)—综合网格—微网格—户”工作体系不断健全,“基层吹哨、部门报到”党建引领基层治理工作机制全面推行。社会矛盾纠纷多元化解体系不断优化,信访积案化解稳定率达85.5%。组织开展“八五”普法活动2050场。深入实施扫黑除恶、全民反诈等行动,严厉打击各类违法犯罪行为,群众安全感和法治建设满意度分别达99.5%、92.15%。

一年来,我们持续加强政府自身建设,扎实开展学习贯彻习近平新时代中国特色社会主义思想主题教育,深刻领悟“两个确立”*的决定性意义,不断增强“四个意识”*、坚定“四个自信”*、做到“两个维护”*。大力推进依法行政,自觉接受市人大及其常委会法律监督、工作监督和市政协民主监督,171件人大代表建议、324件政协委员提案全部按期办结,办理满意和基本满意率达100%。“12345”热线、市长信箱办理群众和企业诉求53万件,“微幸福”民生工程办结477件,人大代表投票决定的12项民生实事项目全部顺利完成。深化“三转一提”行动,继续开展领导干部“学专业、懂产业”专题培训,政府系统运用市场化思维、法治化方式、专业化手段推动发展的能力不断提升。树牢过紧日子思想,“三公”经费*、一般性支出压降10%。坚决落实全面从严治党要求,驰而不息纠治“四风”,从严从实抓好省委巡视反馈问题整改,政府系统党风廉政建设进一步加强。同时,民族、宗教、外事、对台事务、侨务、档案史志、统计、审计等工作取得新进展,工会、妇女儿童、青少年、红十字、关心下一代、对口支援等各项事业实现新进步。

在总结成绩的同时,我们也清醒地看到发展中面临着一些问题和挑战:一是经济向好态势还不稳固。经济增长面临需求不足、预期不稳等多重压力,传统产业转型升级、新兴产业培育壮大、未来产业前瞻布局还需加快,科技创新、项目投入、资源要素对发展的支撑保障作用还不够有力,部分行业和企业较为困难,财政收支处于紧平衡状态。二是城市品质能级有待提升。重点片区开发进展不快,一些基础设施配套相对滞后,城市精管善治机制还不完善,农村面貌提升尚不显著,现有城市能级对项目、资金、人才的吸引力还不强。三是保障改善民生仍有短板。教育、医疗、养老、托育等公共服务供给还不均衡,群众还有不少“急难愁盼”问题亟待解决,安全生产、生态环境等领域风险不容忽视。四是作风效能建设亟须加强。部分干部的思路理念、能力素质、担当精神、服务效率与高质量发展要求还有差距,营商环境有待进一步优化。对此,我们一定高度重视,采取有效措施,认真加以解决。

2024年主要工作

2024年是中华人民共和国成立75周年,是全面完成“十四五”规划目标任务的关键一年,也是总书记擘画“强富美高”新江苏宏伟蓝图10周年,做好各项工作责任重大、意义重大。综观当前国内外形势,外部环境的复杂性、严峻性、不确定性上升,推动经济社会高质量发展面临诸多困难和挑战,但我们要看到宏观政策的有利导向,国家经济回升向好、长期向好的基本趋势没有改变,近期各级都作出了一系列稳预期、稳增长、稳就业的工作安排,明确了一系列转方式、调结构、提质量、增效益的工作部署,为我们爬坡过坎、战胜挑战提供了有力保障;我们要看到机遇叠加的有利局面,“一带一路”*、长江经济带、长三角一体化发展等多重国家战略在江阴交汇,新一轮科技革命和产业变革深入发展,高铁、城际轨道通车运营,南京理工大学、江南大学相继落地,为我们乘势而上、跨越发展带来了多重利好;我们更要看到自身发展的有利条件,经过多年的不懈努力,江阴的产业基础更加雄厚、创新氛围更加浓郁、企业经营更加稳健,全市上下干事创业的心更齐、劲更足、精力更集中,为我们攻坚突围、重塑优势筑牢了坚实基础。只要我们坚定信心、勠力同心,坚持稳中求进、以进促稳、先立后破，大干新一年，勇当排头兵，努力把政策和机遇优势转化为实实在在的发展胜势，就一定能开创江阴高质量发展的崭新局面。

根据市委十四届六次全会精神，2024年政府工作的指导思想是：坚持以习近平新时代中国特色社会主义思想为指导，全面贯彻党的二十大精神和习近平总书记对江苏工作重要讲话重要指示精神，深入落实中央和省、市委要求，坚持稳中求进工作总基调，统筹推进“五位一体”* 总体布局、协调推进“四个全面”* 战略布局，完整准确全面贯彻新发展理念，全面落实“四个走在前”“四个新”重大任务，持续深化“南征北战、东西互搏”，锚定目标、奋发进取，扎扎实实、踏踏实实，巩固和增强经济回升向好态势，更好统筹发展和安全，奋勇争先建设社会主义现代化县域示范，建设自然山水与历史人文交相辉映的现代化滨江花园城市，当好县域经济高质量发展的排头兵。

结合上级要求、综合各方因素，2024年经济社会发展的主要预期目标是：地区生产总值增长5%以上，固定资产投资900亿元，社会消费品零售总额增长5%以上，外贸进出口总额稳中提质，实际使用外资9.5亿美元，城镇新增就业2.6万人以上，居民人均可支配收入与经济增长基本同步，居民消费价格涨幅控制在省定范围内。

实现上述目标，重点要做好七个方面的工作。

一、坚定不移推进产业强市，进一步打造现代产业新高地

坚持把发展经济的着力点放在实体经济上，做强做优主导优势产业，着力培育战略性新兴产业和未来产业，积极推动新型工业化，加快形成新质生产力，打造更具竞争力的现代化产业集群。

全力做强实体经济。引导企业加快智能化改造、数字化转型、网络化连接步伐，年内实现全市规上工业企业数字化诊断全覆盖，争创各级智能制造标杆200个以上。推动4个战略性新兴产业壮大规模、5个未来产业有序建链，加快锻造新的产业竞争优势，力争战略性新兴产业产值占规上工业产值比重提高1个百分点。提档升级生产性服务业，做强做优现代服务业集聚区、楼宇经济。大力发展首店经济、首发经济、品牌经济、直播经济，推动海澜飞马水城创建国家级夜间文旅消费集聚区。推动农村一、二、三产业融合发展，新增农业农村重大项目投资28亿元，新建高标准农田1933.33公顷、蔬菜基地353.33公顷；持续打响“江阴好”系列农产品品牌，开工建设“长江三鲜”种质资源保护利用创新中心，绿色优质农产品比重达75%。

聚力扩大有效投入。瞄准“345”现代产业集群建设方向，综合运用基金招商、以商引商、产业链招商等方式，精准招引一批龙头型企业、节点型项目，年内招引落地超50亿元项目3项、其中超百亿元项目2项。落实重大项目专班服务，用好重大项目全生命周期管理平台，不断提升项目五率完成度，年内新开工亿元以上产业项目45项，加快推进双良新能源、盛合晶微二工厂等项目建设，确保风和医疗等项目竣工投产。鼓励引导现有企业技改扩能和增资扩股，实现资源就地转化和生产效益提升，年内实施重点技改项目100项，完成技改投入100亿元以上。

着力提升企业质态。支持大企业大集团整合优质资源、开展兼并重组，加强核心技术攻关，加快成长为全球创新链、产业链和价值链中高端的龙头链主企业。充分发挥各级奖励扶持政策效应，支持引导中小企业聚焦主业、精耕细作，走“专精特新”发展道路，推动新扬子造船等企业申报国家级单项冠军，确保省级以上“专精特新”企业累计达270个。构建大中小企业创新协同、资源共享、供应链互通的新型产业协作生态，不断提升抱团发展质效。积极把握资本市场政策机遇，鼓励支持企业加快上市进程，新增上市公司3个以上，力争实现科创板上市零的突破。

倾力强化要素保障。坚决贯彻执行中央、省、市各类惠企政策，全面落实创建省民营经济高质量发展示范县重点任务，加快各类奖补资金兑现拨付，常态化举办产业链“问道”活动，帮助企业解难题、增信心、添活力、快发展。大力推动工改与招商有机融合，有序推进“产业集群+特色产业园区”发展模式，创新融资方式、项目供地方式，探索“工业上楼”，全年腾退盘活提升各类土地453.33公顷。深入开展金融服务民营经济共建机制试点工作，加快构建满足企业不同阶段融资需求的服务体系，力争新增信贷投放超500亿元。高质量完成“五经普”各项任务，全面摸清经济“家底”。

二、坚定不移建设科创江阴，进一步优化创新赋能新路径

深入实施创新驱动核心战略，推动创新链、产业链、资金链、人才链深度融合，聚力打造具有全国影响力的先进制造业科创中心。

分类施策育主体。壮大创新企业“雁阵”，申报高新技术企业超500个，入库国家科技型中小企业超2300个，新增无锡市“雏鹰”“瞪羚”“准独角兽”入库企业280个，确保高新技术产业产值达2650亿元、全社会研发投入占地区生产总值比重超3%。深化“霞客之光”创新攻关计划，做好企业技术需求发布和高校科研成果对接，年内开展产学研活动12场，达成产学研合作项目100项。强化知识产权创造、保护、运用，争创全省商业秘密保护创新试点基地，推动本土企业主导或参与制(修)订国际、国家、行业标准80项，力争万人高价值发明专利拥有量突破11件。

聚焦重点强载体。深化“一湾一谷一区一港”建设，加快高新区深业科技产业园、长三角(江阴)数字创新港三期、旌阳湖科创园等重大载体建设，年内建成投用科创载体80万平方米。持续引育各类科创综合体、新型研发机构，推动清华大学精密光电研发中心等平台落地运行，提升长三角太阳能光伏技术创新中心、集成电路设计创新中心等现有新型研发机构发展质效，确保新增省级以上科创平台15个。加快建设生命健康、新一代信息技术等各类专业孵化载体，培育无锡市级以上科技企业孵化载体1~2个。

精准供给优生态。推进全省人才发展现代化建设试点、全国青年发展型县域试点，优化“暨阳英才”政策，加快形成江阴进入“高铁时代”后的人才引、育、留、用新机制；主动对接南京理工大学、江南大学等高校开展人才合作交流，引导更多人才来澄留澄就业创业，全年引进创新创业领军人才项目200项、大学生超1.6万人。坚持“高精尖缺”导向，引育高层次人才1300名、高技能人才6000名。着力解决好人才住房、医疗、子女就学等需求，新建、改建人才公寓3500套，启动青阳国际人才社区建设。积极引进品牌技术转移机构，推动技术转移要素互联互通、开放共享，完成技术合同成交额100亿元。强化科技金融支撑，建立健全覆盖知识产权质押及证券化、融资租赁等方式的多元化金融供给体系，全年发放科技贷款突破6亿元。

三、坚定不移深化改革开放，进一步激发区域发展新动能

聚焦国内国际双循环，高水平融入新发展格局，最大限度释放改革红利、增创开放优势，不断为发展注入新的生机活力。

实施重点领域改革。全面推开“4+1”功能区建设，持续完善“功能区+镇街”服务架构、“功能区+国资公司”运营架构，建立健全“双招双引”*体制机制，做大做强国资平台，着力构建高水平现代化功能区发展体系。推行政务服务增值化改革，深化项目审批专班管家服务，实现重大项目策划即入库、拿地即开工、建成即投用，进一步打响“澄心办·办澄事”营商环境品牌。完善新一轮财政管理体制改革，优化市与镇街园区的事权与支出责任划分。巩固国企市场化改革三年行动成果，完成国有资产清查利用全省试点工作，全力提升国有资产盘活利用成效。进一步深化供销社综合改革。

构筑开发开放优势。对接五矿、厦门国贸等国资国企，全力推动合作项目落地。支持重点企业稳住国际市场份额、大力拓展“一带一路”沿线新兴市场，组织企业参与各类境外线下展会200场以上，稳步提高“一带一路”沿线国家（地区）进出口比重。积极发挥中小微企业出口信保统保平台作用，持续推动出口信用保险扩面降费，力争承保规模超15亿美元。充分释放江阴港粮食、药品、进境肉类口岸功能优势，推进3个20万吨级码头提档升级，全年完成货物吞吐量3.8亿吨、集装箱运量85万标箱。助推贝德、红柳、海澜之家等企业高水平“走出去”，不断拓展江阴企业全球化布局。

融入区域一体发展。按照“一体化”“高质量”要求，深度融入长三角一体化发展，积极服务上海大都市圈、长三角—粤港澳（无锡）科创产业融合发展区建设，坚持优势互补、错位竞争，完善发展规划、产业布局，不断提升城市对资金、项目、人才的吸引力。深入实施锡澄一体化战略，加强与锡山区、惠山区的联动发展，全力推进锡澄协同发展区科创园建设。健全锡常协同发展先行区战略合作机制，小湖未来城完成各类专项规划编制、启动首开区建设，加快打造高质量协同发展样板区。积极推进澄张虞一体化示范区建设，在产业协同发展、交通互联互通、环境共保联治等方面开展跨区域合作。

提升园区发展质效。高新区要加快绮山湖科创谷建设，高效运营星河科创园、生物医药创新港、东久国际智造园等新建载体，引育优质科创项目60项以上，备案超百亿元项目1项，实际使用外资3.2亿美元。临港开发区要加快氢能产业园、碳中和技术产业园等特色主题园区建设，推动临港科技工业园、科创园二期建成投运，备案超百亿元项目1项，实际使用外资3.8亿美元。靖江园区要加快落实两地新一轮合作发展协议，进一步理顺园区体制机制，及时推进新管理机构的设立和运行，签约超10亿元项目2项，实际使用外资5000万美元。江阴灌云工业园区要全力争创省级特色园区。

四、坚定不移做优品质能级，进一步绽放现代城市新魅力

积极践行城市发展新理念，紧扣群众所需所盼，坚持规划、建设、管理一体推进，打造更具特色、更高品质、更有温度的现代化滨江花园城市。

完善城市功能品质。加快构建内畅外联、便捷高效的交通网络，确保城际轨道交通S1线通车运营，稳步推进江阴靖江长江隧道及其南接线、沪武高速扩建等工程建设，推动盐泰锡常宜铁路早日开工。有序推进锡澄路一期、新澄杨线一期等快速路网项目，开展长山大道二期、滨江路二期项目前期准备工作，长山大道一期、滨江路（城区段）快速化改造工程建成通车。园博园主体工程全面完工，新建“江小澄”口袋公园5个，锡澄运河公园四期、科技馆、美术馆等项目年内建成投用。积极拓展城市发展空间，完成拆迁180万平方米，启动建设安置房90万平方米、建成60万平方米。

加大城市更新力度。完成中心城区268平方千米城市更新体检评估，探索制定市场化可持续的城市更新实施方案。全市开展老旧小区改造8个。重点推进青山未来社区建设，启动市工人文化宫、西横河景观提升、青山遗址公园等项目建设。持续推进北大街历史文化街区、中心城区、南京理工大学（江阴校区）周边区域等35个已启动城市更新单元建设，加快中山路、虹桥路等第二批干道街巷提升改造，确保江阴高铁站北广场、新西门桥、漕运博物馆建成投用。加大公共基础设施更新力度，新增城区停车泊位3000个以上，完成既有多层住宅加装电梯30台。

提优城市管理效能。深化最干净城市建设，扎实开展主城区精管善治专项整治，针对10个重点提升单元开展桥下空间、生活垃圾分类、管线标志桩等19个专项行动，整治提升背街小巷20条，完成建筑物外立面清洗30万平方米，拆除违建150万平方米、违法广告设施1万平方米，打造“席地而坐”示范区5个。建立健全高铁站及周边区域综合管理体制。加快推进城市运行“一网统管”体系建设，全面推广数字底座运用，新建综合执法全流程数字化平台，建设智慧社区试点50个以上。

加快乡村振兴步伐。完成15个行政村村庄规划编制,实现城镇开发边界外村庄规划全覆盖。推动农村基础设施提档升级,创建美丽农村路22千米,完成农村供水管网及户表改造1.1万户、农村住房天然气接管7000户,新建、改建农村公厕30座。启动新一轮50个村现代美丽农居建设,完成农房改善3000户,建成现代美丽农居先行示范点1~2个,争创无锡市级以上特色田园乡村6个。纵深推进农村人居环境整治提升,完成农村生活污水治理新建、改建工程100个,建成生态河道4条,创成省级宜居宜业和美乡村示范镇村11个、绿美村庄示范村6个。

五、坚定不移改善环境质量,进一步绘就生态文明新画卷

扎实开展生态环境治理现代化县域示范建设,协同推进降碳、减污、扩绿、增长,全面擦亮江阴生态底色。

推动绿色低碳发展。稳妥开展碳达峰、碳中和工作,加快工业节能降碳先进技术研发与应用,新增省级以上绿色工厂5个,实施重点节能与循环经济项目15项以上,创成秦望山产业园国家资源循环利用基地,实现年节能量5万吨标煤,单位GDP能耗下降率完成上级下达的目标任务。全面开展连片式、区域性"散乱污"企业整治,加快4个印染集聚区建设。提速实施整县分布式光伏开发试点,加大港口岸电、新能源车辆等清洁能源推广使用力度,完善绿色公共交通基础设施建设,让绿色低碳成为社会新风尚。

深化污染防治攻坚。推进3项中央环保督察反馈、1项省环保专项督察交办问题整改。落实$PM_{2.5}$和臭氧浓度"双控双减",持续开展铸造、机械等重点行业废气专项整治,确保$PM_{2.5}$平均浓度和空气质量优良天数比率稳定向好。开展新一轮太湖综合治理和长江干支流整治专项行动,深化美丽幸福河湖建设,推进白屈港等重点整治工程,加强农业面源污染治理、农村生活污水处理,确保新一轮36条环境综合整治河道水质优Ⅲ比例达80%,18个国、省考断面水质优Ⅲ比例继续保持100%。全面实施"无废城市"建设54项指标任务、34项工程项目,加快实现工业固废、生活垃圾、建筑垃圾、危险废物等全链条处置。

提升生态治理能力。坚决贯彻长江大保护战略,完成长江十年禁渔快速响应机制建设省级改革任务,加快创建长江国家文化公园建设示范区。深入推进生态环境基础设施建设三年行动,新建污水主管网35千米,完成城区48个小区雨污分流改造,建成澄西污水处理厂四期、华士中心污水处理厂。开工建设市生物多样性综合观测站,增殖放流暗纹东方鲀等鱼类60万尾。统筹山水林田湖草系统治理,开展霞客湾水系连通二期工程规划设计,加快窑港口省级湿地公园建设,积极创建国家森林城市,全市林木覆盖率稳定在25%以上。

六、坚定不移促进共同富裕,进一步共享改革发展新成果

牢固树立以人民为中心的发展思想,坚持在发展中保障和改善民生,更好满足群众对美好生活的新期盼。

拓宽增收渠道。多措并举稳就业、促创业,完善常态化援企稳岗帮扶机制,面向高校毕业生、退役军人等重点群体,精准实施稳岗返还、"苏岗贷"等政策,提供就业岗位6.2万个,扶持成功自主创业3800人。坚持"调高、扩中、提低",深入实施中等收入群体壮大行动和居民收入十年倍增计划。开展新一轮经济相对薄弱村帮扶工作,全面清查盘活集体资产,建立健全镇村、村村联合发展平台和集体农业发展公司,"一村一策"发展壮大村级集体经济,年内经营性收入超500万元的村占比达45%以上。

完善民生保障。落实低收入人口动态监测和精准帮扶"3610"行动¨,深入开展全民参保扩面专项提升行动,完成社保扩面新增3万人,稳步提升各类保障标准,健全政府救助与慈善帮扶衔接机制,进一步织密扎牢社会保障网。持续优化"一老一幼"服务,完善居家社区机构相衔接、医养康养相结合的养老服务体系,推动"澄颐享"养老服务提质扩面,完成特殊困难老年人家庭适老化改造300户;积极探索托幼一体化服务新模式,普惠托育机构镇街覆盖率达100%。扎实做好新市民、青年人的住房保障工作,筹集保障性租赁住房3000套。加快新一轮无锡市级4A、5A级"残疾人之家"创建。抓好国防动员、国防教育、退役军人服务管理等工作,争创新一轮全国双拥模范城。

提质公共服务。全力推进义务教育优质均衡发展,深入实施集团化办学,推动江阴市第一中学等创成高品质特色学校,完善职业教育校企合作、产教融合机制;启动建设南菁高中绮山湖校区,加快南菁实验学校城西校区建设,确保江南大学(江阴校区)、华师大江阴实验学校等建成投用。深化"健康江阴"建设十大行动,大力实施办名院、建名科、增名医"三名"战略,创成全国基层中医药工作示范县;加快推进市妇幼保健院改建工程,确保市中医院异地新建项目建成投用。组织开展市民文化节、"书香江阴"读书节、全民健身节等品牌文体惠民活动,建成开放一批文体场馆。

七、坚定不移统筹发展安全,进一步彰显社会治理新成效

全面落实总体国家安全观,提高风险防范化解能力,增强防灾减灾救灾能力,着力实现高质量发展和高水平安全良性互动。

加强安全生产监管。扎实推进道路交通、港口码头、危化品、冶金工贸、既有建筑、燃气、消防等重点行业领域和新业态新领域隐患排查,坚决杜绝较大及以上安全生产事故发生。推动消防隐患长效治理,新建消防站2座。建设江阴交通运行监测调度中心,着力加强"两客一危一货"管理。强化燃气本质安全,新建燃气管线160千米,开展企业"灶管阀警"燃气隐患清零行动,基本实现餐饮行业"无瓶化"。加强执法人员和专职安全员能力建设,培训企业主要负责人、班组安全员、重点岗位员工4.8万人次,不断提升安全生产治理效能。

守牢风险防范底线。压实粮食生产党政同责,全力抓好粮食稳产保供。强化食品药品安全监管,保障群众饮食用药安全。健全事故灾害防范应对体系,不断提高对突发公共事件的应对处置能力。健全国资企业内控机制,确保国有资产保值增值。完善金融风险防范体系,妥善处置企业债务和担保链风险,依法有效化解金融领域风险。强化地方债务风险管控,力争实现政府性债务规模和债务率双下降。

维护社会和谐稳定。坚持和发展新时代"枫桥经验",深化"五社联动"*治理模式实践,推广"善治家园"等社区治理品牌,全面提升基层治理现代化水平。加强社会稳定风险综合研判,推进市、镇、村三级矛盾纠纷多元化解"一站式"平台建设,及时把矛盾纠纷化解在基层、化解在萌芽状态。扎实开展信访问题源头治理三年攻坚行动,用心用情用力解决好群众的合理合法诉求。持续开展"八五"普法工作。推进扫黑除恶常态化,严厉打击电信网络诈骗、经济犯罪等违法犯罪行为,更高水平建设平安江阴、法治江阴。

全力打造人民满意政府

持之以恒强化政治担当。坚持不懈用习近平新时代中国特色社会主义思想凝心铸魂,坚定拥护"两个确立"、坚决做到"两个维护",自觉在思想上行动上同以习近平同志为核心的党中央保持高度一致。坚持和加强党的全面领导,高效落实中央、省、市各项决策部署,坚决抓好省委巡视反馈问题整改,把讲政治的要求贯穿政府工作全过程各方面。严格落实意识形态工作责任制,牢牢守住意识形态主阵地。

持之以恒强化依法行政。健全重大行政决策事项法定程序,加强规范性文件合法性审查,强化重点领域行政执法监督,确保政府权力始终在法治轨道上运行。认真践行全过程人民民主,主动接受市人大及其常委会的法律监督、工作监督,自觉接受市政协的民主监督,广泛听取民主党派、人民团体和社会各界意见建议。加大政务公开力度,积极回应社会关切,充分保障公众知情权、参与权。

持之以恒强化真抓实干。始终把抓落实作为政府工作的主旋律,做到不折不扣抓落实、雷厉风行抓落实、求真务实抓落实、敢作善为抓落实,确保各项既定目标和出台政策落地见效。增强斗争精神和斗争本领,勇于直面问题,善于解决问题,不断推动发展创新突破、提质增效。树牢造福人民的政绩观,推动政策向民生聚焦、资源向民生倾斜、服务向民生覆盖,以政府的"辛苦指数"赢得群众的"满意指数"。

持之以恒强化廉政建设。把纪律和规矩挺在前面,纵深推进政府系统全面从严治党。锲而不舍落实中央八项规定精神,着力纠治形式主义、官僚主义。习惯过紧日子,勤俭办一切事业,持续压降一般性、非刚性支出,不断提升财政资金使用效益。加强权力集中、资金密集、资源富集领域监管,从严整肃群众身边的不正之风和腐败问题,全力营造风清气正的政治生态。

■类目编辑 邢 盈

大事记

1月

1日 上机数控光伏产业一体化制造基地项目开工仪式在江阴临港经济开发区举行。

2—4日 政协江阴市第十六届委员会举行第二次会议，326名市政协委员出席大会。会议听取无锡市委常委、江阴市委书记许峰所作的《矢志团结奋斗 勇当县域示范》讲话；审议并通过市政协主席邵文松所作的政协江阴市第十六届委员会常务委员会工作报告和副主席陈兴初所作的政协江阴市第十六届委员会常务委员会关于提案工作情况的报告；列席市十八届人大二次会议，听取并讨论市长包鸣代表市人民政府所作的政府工作报告和其他报告；举行大会专题发言。

3日 江苏省知识产权局发布《关于确定江苏省知识产权建设示范（县域、园区）的通知》，江阴市和江阴高新区分别获评江苏省知识产权建设示范（县域）、江苏省知识产权建设示范（园区）。

3—5日 江阴市第十八届人民代表大会举行第二次会议。大会应到代表442名，实到376名。大会票决产生2023年政府民生实事项目，听取市人大财政经济委员会的计划、预算审查报告，通过议案审查委员会的议案审查报告。通过《关于政府工作报告的决议》《关于江阴市2022年国民经济和社会发展计划执行情况及2023年国民经济和社会发展计划的决议》《关于江阴市2022年财政预算执行情况和2023年财政预算的决议》《关于江阴市人大常委会工作报告的决议》《关于江阴市人民法院工作报告的决议》《关于江阴市人民检察院工作报告的决议》。无锡市委常委、江阴市委书记许峰在闭幕会上发表《奋进新征程 建功现代化》讲话。

10日 江阴临港经济开发区在北京市举办江阴临港（北京）创新中心投运暨“科创临港”创新创业大赛（北京赛）启动活动，签约5项清华大学科技成果转化项目，3个企业与清华大学科研团队签订产学研合作意向协议。

11日 无锡市举行第三届“民心工程奖”颁奖仪式，江阴市锡澄运河特色空间塑造及美丽河湖项目获金奖。

12日 2023年无锡市文化科技卫生“三下乡”集中服务活动暨江阴市“我们的中国梦——文化进万家”活动在华士镇华西村龙希广场启动。

16日 总投资3000万美元的贝卡尔特AC精细帘线项目签约落户江阴市。

17日 江阴市中医院被江苏省中医药管理局认定为三级甲等中医医院。

是日 江苏省工业和信息化厅公布2022年江苏省绿色工厂（第三批）入围名单，江苏长强钢铁有限公司、中国贝卡尔特钢帘线有限公司、优彩环保资源科技股份有限公司、江阴名鸿车顶系统有限公司、江阴金童石化装备有限公司、江阴市强力化纤有限公司、江苏华宏科技股份有限公司7个企业上榜。

是日 中华全国总工会下发《关于发布第二批提升职工生活品质试点单位名单的通知》，江阴兴澄特种钢铁有限公司、江阴天江药业有限公司2个企业入选。

19日 江阴市委宣传部、市文体广电和旅游局、市文学艺术界联合会联合主办的“金兔纳福”2023年江阴市新春音乐会在市公共文化艺术中心艺术剧场举行。

20日 江苏省市场监督管理局发布2022年度全省放心消费创建示范单位、区域名单。江苏广吉汽车集团有限公司、江阴市盛达颖田汽车有限公司、江阴市新东方酒店获评2022年度江苏省放心消费创建示范单位，青阳镇建义村、申港街道申兴村、月城镇双泾村、周庄镇金湾村、祝塘镇景阳村获评2022年度江苏省放心消费创建示范区域。

27日 江阴市一季度重大项目集中开竣工暨中建材高效异质结电池项目开工仪式在江阴临港经济开发区举行。

是日 江阴市举行核心商圈城市更新改造暨环城四路品质提升工程启动仪式。

28日 江苏省工业和信息化厅公布2023年江苏省智能制造示范工厂名单，江苏长电科技股份有限公司“芯片成品智能制造工厂”入选。

29日 江阴市召开“南征北战、东西互搏”战略推进暨重大项目建设攻坚大会。

31 日 江苏省质量发展委员会联合江苏省市场监督管理局等八部门发布 2022 年第二批“江苏精品”认证获证企业名单，江苏阳光集团有限公司的毛精纺全毛面料、江特科技股份有限公司的燃气用埋地聚乙烯(PE)管件上榜。

2 月

1 日 江苏省委农村工作会议发布消息，江阴市获 2022 年度全省推进乡村振兴战略实绩考核县(市、涉农区)综合排名第一等次，实现“三连冠”。

是日 江苏省个人账户家庭共济信息程序上线，江阴市同步施行，申请建立家庭共济关系的家庭成员，可以在定点医药机构使用医保共济资金支付个人医疗费用。

3 日 江苏省发展和改革委员会发布第一批江苏省级特色小镇名单，江阴新桥时裳小镇入选为全省 20 个特色小镇之一。

5 日 江阴市与无锡市锡山区、惠山区签订联动发展战略合作协议，在更高层面、更宽领域、更深层次搭建合作平台。

6 日 江阴市中医院—周庄医院托管签约暨江阴市中医院周庄分院挂牌仪式在周庄镇举行。

是日 江苏省生态环境厅与无锡市召开厅市会商会，签订战略协议，发布《关于支持江阴建设生态环境治理现代化县域示范的意见》。

7 日 江苏省文明办联合省志愿服务工作协调小组成员单位共同揭晓 2022 年度江苏省学雷锋志愿服务先进典型，公布优秀志愿者、优秀志愿服务项目、优秀志愿服务组织、优秀志愿服务社区名单。江阴市“周庄妈妈·爱在路上”志愿服务项目入围优秀志愿服务项目，江阴夕阳之约艺术团入围优秀志愿服务组织。

8 日 江苏省安全生产委员会办公室对 2020—2022 年度省级安全发展城市创建工作先进地区予以通报表扬，江阴市榜上有名。

10 日 无锡市举行 2023 年一季度重大产业项目开工仪式，集中开工重大产业项目 176 项，总投资 1444.2 亿元。其中，江阴市集中开工重大产业项目 28 项，总投资 210.5 亿元，涵盖新材料、新能源、集成电路、科创载体等领域。

是日 江苏扬子江船业集团公司建造的全球最大集装箱船“鑫福 102”轮开展为期 8 天的试航。

是日 江苏省住房和城乡建设厅公布 2022 年省建筑产业现代化示范创建名单，位于江阴—靖江工业园区的中建钢构江苏有限公司获评江苏省新型建筑工业化创新基地。

14—15 日 江苏省人大常委会副主任曲福田率调研组到江阴市开展《江苏省安全生产条例(修订草案)》立法调研。

15 日 江阴市与阿里巴巴集团举行战略合作签约仪式。

16 日 江阴临港经济开发区举行科创项目集中投产、授信、揭牌仪式。

是日 江苏省工业和信息化厅发布《江苏省企业社会责任建设综合评价报告(2022)》，其中的 2022 年度省企业社会责任建设综合评价制造业典范榜和分行业十强榜名单，江苏智建美住智能建筑科技有限公司、江阴天江药业有限公司均入围。

17 日 江阴市召开“科创江阴”建设推进暨科技招商动员大会。

19 日 “挺进大湾区 创新向未来”2023 江阴(深圳)科技人才合作恳谈会在广东省深圳市举行，同步启动“霞客杯——科创临港”创新创业大赛深圳城市赛。

是日 江阴高新区(深圳)创新中心启用，并举行 2023 大湾区产融对接会。

20 日 2023 江阴—香港科创产业发展恳谈会在香港江苏社团总会举行。

22 日 江苏省副省长方伟率队到江阴市实地调研江阴外资企业。

24 日 江阴市与澳门大学签署捐赠意向备忘录，在澳门大学设立“太湖奖教金/奖学金”和澳门大学太湖创新基金。

27 日 江苏省交通运输厅公路事业发展中心公布 2022 年度农村公路品牌提升成效评选结果，江阴市云顾路入选省级“美丽农村路”样板路。

3 月

1 日 江阴市召开建设生态环境治理现代化县域示范暨新一轮美丽幸福河湖建设动员大会。

2 日 江阴临港经济开发区举行中新智地(江阴)智能制造产业园三期暨蒙特集团亚太江阴生产基地开工仪式。

3 日 第七届“芳桥杯”“江苏好大米”品鉴推介评奖结果发布，江阴市雪峰农业专业合作社的“苏米传奇”品牌获评“江苏好大米”十大品牌，“苏米传奇”大米和江阴市申港虹虹家庭农场的“申港河”大米获“江苏好大米”特等奖。

4 日 第九届江苏省青年科学家年会绿色低碳发展分论坛暨 2022 年度江苏省新材料技术青年科学家论坛在江阴市举办，“江苏省低碳技术学会——江阴临港经济开发区科技服务站”同时揭牌成立。

6 日 经江苏省委、省政府同意，省发展改革委、省委统战部、省工商联三部门联合公布首批 20 个江苏省民营经济高质量发展示范县(市、区)培育名单，江阴市入选。

9 日 江阴市委、市政府以“敢为、敢闯、敢干、敢首创”为主题召开江阴市产业强市暨争创民营经济高质量发展示范市动员大会。

是日 江阴市政府与中国农业发展银行无锡市分行举行乡村振兴战略合作协议签约仪式。

是日 江阴市召开全市城乡建设管理暨打造“全国最干净城市”推进工作会。

10 日 江阴市举行以“爱国 敬业 诚信 友善”为主题的第九届“德耀江阴·十佳江阴好人”颁奖典礼，对获奖好人和团队进行表彰。

14 日 江阴市纪委监委与江苏大学纪检监察学院签署合作共建协议，并举行江苏大学纪检监察学院江阴培养基地、江阴市纪委监委干部培养基地揭牌仪式。

16日 文明的力量——夏和兴雕塑艺术馆开馆暨捐赠雕塑作品展在黄田港公园开幕。

是日 江苏省发展改革委公布省现代服务业高质量发展“331”工程综合评价确认名单,江阴长江港口综合物流园区、江阴石化物流园获评高质量发展集聚示范区,江阴高新技术产业开发区获评先进制造业和现代服务业融合发展标杆引领典型试点区域,双良节能系统股份有限公司获评先进制造业和现代服务业融合发展标杆引领典型试点企业。

16—17日 江苏省高新技术创业服务中心、江阴市政府主办的2023年“创业江苏”科技金融支撑行动——“金融助企 澎湃江阴”专场活动在江阴市举行。

18日 江苏省文化和旅游厅、省发展改革委、省商务厅、无锡市政府共同主办的2023“水韵江苏 有你会更美”文旅消费推广季启动仪式在无锡市拈花湾举行,江阴市忠义街入围全省首批28个“江苏味道”美食街区。

19日 第七届中国工业大奖揭晓,江苏新扬子造船有限公司、江阴兴澄特种钢铁有限公司获奖。

21日 江阴市召开霞客湾科学城功能区建设动员大会,拉开全市主体功能区建设序幕。

是日 江苏长强钢铁有限公司“5G+智能制造127特种钢管项目”开工典礼在江阴—靖江工业园区举行。

22日 江阴市大数据管理和政务服务局揭牌仪式在市政务服务中心举行,江阴市行政审批局更名为江阴市大数据管理和政务服务局。

23日 中国信息通信研究院、工业互联网产业联盟、边缘计算产业联盟联合主办的边缘计算发展高峰论坛暨第二届边缘计算开发者大赛颁奖仪式在江阴市举行。

24日 工业和信息化部公布2022年度绿色制造名单,全国有880个企业被确定为绿色工厂,远景能源有限公司入围。

25日 第六届江阴市红豆文化旅游节在“红豆故里”顾山镇红豆村开幕。

是日 国家体育总局游泳运动管理中心、中国游泳协会主办,江阴市文体广电和旅游局承办的“四方游泳杯”第23届全国成人游泳锦标赛在市市民水上活动中心开幕。

26日 江阴市举行德龙激光高端装备项目签约仪式,同时举行苏州德龙激光股份有限公司激光高端装备(江阴)研发中心揭牌仪式。

是日 第十八届中国徐霞客国际旅游节开幕式暨运河公园樱花园开园仪式举行。

30日 位于月城镇锡澄路段的江苏中农都农副产品批发市场开业,该市场占地20余公顷。

是日 国家市场监督管理总局发布《关于2022年度中国标准创新贡献奖授奖的决定》,法尔胜泓昇集团有限公司主持制定的《钢丝绳悬索桥主缆预制平行钢丝索股规范》(ISO19427:2019)国际标准获项目奖三等奖。

是日 中国企业评价协会发布2022中国新经济企业500强榜单,江阴市3个企业入选,分别是列第171位的远景能源有限公司、列第194位的江苏长电科技股份有限公司和列第323位的双良节能系统股份有限公司。

31日 江阴市养老服务综合平台启用,同时揭牌江阴市社区居家养老服务示范中心。

是月 锡澄S1线站点命名正式确定,由北向南站点名分别是江阴外滩站、中山公园站、南门站、江阴中医院站、江阴高铁站、南闸站、峭岐站、青阳站、霞客湾科学城站、马镇站。

4月

1日 北京大学乡村振兴研究与实践江阴基地揭牌暨“重走孝通路 续写富民篇”专题调研启动仪式在江阴市举行。

2日 中国节能协会节能服务产业委员会公布“2022节能服务产业企业贡献奖和科技进步奖”获奖名单,双良旗下无锡混沌能源技术有限公司获“2022年度节能服务产业最具成长性企业奖”。

6日 教育部、工业和信息化部、国务院国资委、中国工程院、全国工商联五部门联合发布第一批职业教育现场工程师专项培养计划项目入选企业名单,江苏新扬子造船有限公司榜上有名,是唯一入选的船舶类企业。

7日 2023“吃吃白相相”江阴消费节系列活动——江阴市家居文化消费节、汽车文化节启动。

是日 江苏省自然资源厅公布2022年度江苏省土地执法模范县(市、区)创建结果,江阴市入选。

9日 江阴综合保税区举行8项项目集中开工入驻仪式,包括盛婠食品加工及冷链物流、筷牧食品供应链管理和检测中心等项目,涉及新材料、新能源、基础设施、跨境电商、大宗商品加工贸易、冷链物流、检验检测等类型。

10日 农业农村部公布国家农民合作社示范社名单,江阴市谷盛农业专业合作社和江阴市永恒农业专业合作社入选。

13日 安姆科亚太现代包装产业园“三总部三基地”项目在江阴临港经济开发区管委会签约。

15日 江阴临港经济开发区与协鑫集团举行全面战略合作暨重大产业项目签约仪式。

21日 2023年江苏省老年人体育节在江阴市体育馆开幕。

22日 江阴市举行第二十七届“书香江阴”读书节开幕式,发布该届读书节系列活动内容。

23日 “大国工匠走进江阴”合作论坛在江阴临港经济开发区长三角(江阴)数字创新港举行。

是日 中央宣传部印刷发行局公布第二届全民阅读大会最美农家书屋名单,江阴高新技术产业开发区城东街道锦隆社区农家书屋(锦绣书房)入选。

25日 科技部火炬中心企业创新积分制(南方片区)工作推进会在江阴市召开。

26日 工业和信息化部、国家体育总局联合公布2022年度智能体育典型案例名单,江阴高新区企业无锡棱光智慧物联技术有限公司的“数字化全生态智慧体育场馆解决方案”入选。

29 日 江阴市召开“凝心铸魂跟党走 团结奋斗新征程”庆祝五一国际劳动节大会，会议表彰获得全国工人先锋号、全国五一巾帼标兵、江苏省五一劳动奖状、江苏省五一劳动奖章、无锡大工匠、江阴市十大职工科技创新标兵等荣誉的先进集体和先进个人。

5 月

5 日 第十五届江阴市市长质量奖和江阴市质量管理优秀奖评审结果揭晓，江阴塞特精密工具有限公司、江苏新扬子造船有限公司获江阴市市长质量奖，江苏江顺精密科技集团股份有限公司、江苏耀坤液压股份有限公司获江阴市质量管理优秀奖。

是日 江苏省总工会发布《关于命名江苏省职工（劳模）疗休养基地的通报》，命名省内 12 个单位为江苏省职工（劳模）疗休养基地，江阴市飞马水城职工（劳模）疗休养基地入选。

6 日 江阴市周庄镇山泉村“太湖 e 警”综合服务点揭牌，标志全省首个村级公安政务便民服务点投入运行。

7 日 江阴市与清华大学天文系、精密仪器系举行宽视场巡天望远镜精密光电系统研发基地签约仪式。

9—10 日 全国人大常委会副委员长、民进中央主席蔡达峰率民进中央调研组，到江阴市开展“推动创新链人才链深度融合，促进制造业重点产业链优化升级”重点考察调研。

10 日 第六届中国江阴（高新区）创新创业大赛启动仪式暨集成电路产业合作恳谈会在上海市举行。6 月 28 日，举行总决赛及颁奖仪式。

是日 中国冶金报社发布 2023 年度中国钢铁品牌榜，中信泰富特钢集团股份有限公司入选 2023 钢铁行业全球影响力品牌榜，江阴兴澄特种钢铁有限公司入选 2023 中国卓越钢铁企业品牌榜，江阴华西钢铁有限公司入选 2023 中国优秀钢铁企业品牌榜，海澜智云科技有限公司入选 2023 中国卓越钢铁技术与服务供应商（机构）品牌榜（综合服务类）。

11 日 江阴市举行民营企业司法保护实践基地启动仪式。江阴市民营企业发展交流中心同时揭牌启用。

13 日 艾力彼“2023 中国医院竞争力排行榜”发布会在福建省厦门市举行，江阴市人民医院以总分 857.11 分位列全国县级综合医院 100 强榜首。

16 日 “澄心聚贤”工作品牌发布暨 2023 江阴（上海）科技人才合作恳谈会在上海市举行。

是日 江苏省交通运输厅发布 2022 年度江苏港口企业 20 强认定名单，江苏江阴港港口集团股份有限公司上榜。

18 日 徐霞客旅游学院在江阴职业技术学院挂牌成立。

是日 2023 年全球光纤光缆大会在武汉市召开，会上发布“2023 年（第十七届）中国光纤光缆最具竞争力企业 10 强”榜单，江苏法尔胜光电科技有限公司上榜。

19 日 2023 海峡两岸纪念徐霞客公祭典礼在江阴市溯江纪源广场举行。

20 日 第二届新时代集成电路强国青年论坛暨江阴集成电路创业投资基金成立仪式在江阴市举行。

是日 2023 江阴—长三角旅游休闲消费嘉年华联合推广活动在敔山湾举行，江阴市联合无锡市锡山区、惠山区，常州市天宁区，连云港市灌云县四地开展旅游推介。

25 日 江阴市召开提速打造“全国最干净城市”区域性综合提升工作推进会。

26 日 2023 高校日暨“为理筑梦 澄就未来”百名博士江阴行活动举行，百余名来自海内外著名高等院校的博士、高层次青年学者开展交流。江阴市海创学院、江阴市 HR 经理俱乐部揭牌。

29 日 江苏省住房和城乡建设厅公布江苏省城市生活垃圾分类科普教育基地名单（2023 年），光大环保能源（江阴）有限公司入选。

31 日 江阴市疾病预防控制局挂牌成立。

6 月

1 日 江阴市庆“六一”主题活动暨首届“儿童友好季”“江阴农商银行杯”亲子迷你马拉松赛启动仪式在锡澄运河公园三期举行，一大批儿童友好空间、活动等相继发布。

是日 中国国家铁路集团有限公司副总经理王同军率队到江阴市调研沪宁沿江高铁江阴站建设情况。江苏省副省长夏心旻、无锡市副市长张立军、江阴市市长包鸣陪同调研。

6 日 江苏省政府公布首届江苏专利奖获奖名单，双良节能系统股份有限公司的专利“补燃型溴化锂吸收式换热系统”、江苏长电科技股份有限公司的专利“球栅阵列的封装结构及其封装方法”获江苏专利奖优秀奖，江阴兴澄特种钢铁有限公司职工苗丕峰获江苏专利发明人奖。

是日 江苏省“万企兴万村”行动领导小组办公室公布 2023 年江苏省“万企兴万村”行动先进典型（第一批）名单，江阴市获评江苏省“万企兴万村”行动典型县，江苏美天奶业有限公司的牛奶梦工厂获评 2023 年江苏省“万企兴万村”行动典型项目（企业）。

9 日 双良新能源产业项目一期双鹏 25 吉瓦大尺寸光伏硅片项目开工仪式在江阴临港经济开发区举行。

是日 江苏省举行第五届“好西（甜）瓜”品鉴推介活动，江阴市选送的“昊天瓜果”牌和“铁怡”牌厚皮甜瓜获甜瓜组“好产品”特金奖，“昊天瓜果”牌和“铁怡”牌西瓜获中大果型西瓜组“好产品”金奖，江阴市铁鹰农业专业合作社被评为江苏西（甜）瓜“好基地”。

10 日 第二届长三角（江阴）现代中药大健康产业创新大会暨中华中医药学会专科专病合作发展平台年会在江阴市开幕。

12 日 江阴市举行“来江阴请放心·澄薪无忧”品牌启动暨江阴市劳动关系联合调处中心揭牌活动。

14 日 江阴市工会第十六次代

表大会开幕。

15 日 第十三届中国国际商标品牌节公布首批 AAA 级(全国级)知名商标品牌名单,海澜之家集团股份有限公司以注册商标“海澜之家 HLA”为载体的商标品牌榜上有名。

19 日 2023 中国(苏州)“独角兽企业”大会举办,长城战略咨询发布《中国“独角兽企业”研究报告 2023》,盛合晶微半导体(江阴)有限公司获评中国“独角兽企业”。

21 日 南京师范大学附属江阴实验小学暨新桥镇民生工程项目集中开工启动仪式在新桥镇举行。

22 日 2023 年“我们的节日·端午”暨“奋楫扬帆 逐梦暨阳”长三角地区龙舟邀请赛在月城镇举行,水韵月城龙舟队夺冠。

26 日 江阴市科学技术协会第十一次代表大会开幕。

是日 江苏省农业农村厅公布第三批五星级乡镇农产品质量安全监管站名单,江阴市周庄镇农产品质量安全监督管理站入选。

27 日 杏春公交首末站投运。

是日 江阴文商旅集团揭牌暨战略合作签约仪式举行。

29 日 江苏省政府公布 2022 年度江苏省科学技术奖励的决定,江苏新扬子造船有限公司、江阴兴澄特种钢铁有限公司、江苏长电科技股份有限公司、江阴市鹏鹞联业生物科技有限公司 4 个企业的科研项目获省科学技术二等奖。其中,兴澄特钢和长电科技均为项目第一完成单位。

30 日 第九届“紫金奖”文化创意设计大赛优秀作品展在南京市江苏大剧院开幕,江苏阳光集团有限公司的作品《行者无疆》获服装创意设计大赛银奖。

7 月

1 日 位于江阴市利港街道长江边的超高压跨越长江输变电工程——江苏凤城至梅里 500 千伏输变电工程建成投运。

2 日 国家统计局党组成员、副局长盛来运一行到江阴市就当时经济形势进行调研并召开座谈会。

5 日 2023 年全球数字经济大会专题论坛——产业互联网创新发展论坛在北京市举办。双良集团有限公司旗下无锡混沌能源技术有限公司作为能源管理数字化平台的知名提供商,入选产业互联网平台赋能产业集群伙伴计划(第一批)。

5—8 日 第二十二届全国大学生机器人大赛 ROBOCON 在南京理工大学(江阴校区)举行,哈尔滨工业大学、电子科技大学、武汉大学等 81 所高校的 150 支团队、近 3000 名学生争夺国际赛参赛资格。

6 日 中欧(江阴)创新产业园推介会在上海市举行,江阴高新区联袂中国欧盟商会开展招商引资推介。

8 日 《母基金周刊》发布 2023 投资机构软实力排行榜,江阴市政府投资基金获评全国 2023 新锐政府引导基金。

10 日 双良集团有限公司旗下的慧居科技股份有限公司(股份代码 2481. HK)在香港联合交易所主板上市,成为“江阴板块”第 60 位成员,该股是江阴历史上首只 H 股。

是日 “金顾山杯”江苏省生态桃产业发展论坛暨江阴市第八届金顾山水蜜桃节开幕式举行。

12 日 中宣部指导,中国记协、湖南省政府主办的 2023 中国新媒体大会在湖南省长沙市开幕,“媒体 +”创新案例库首批上线的 15 个案例集中发布,江阴市融媒体中心(传媒集团)的“‘最江阴’城市入口”入选。

14 日 江阴市外国人来华工作服务专窗在市政务服务中心启用。

是日 江苏省“红石榴村村结对”启动仪式在江阴市举行,江阴市长江村与滨海县淮河村签订结对共建协议。

16 日 “7·16”全民游泳健身主题系列活动(全国重点会场江阴站)启动仪式暨运河公园畅游活动在运河公园一期举行,江阴市及周边游泳协会和俱乐部的游泳爱好者 400 余人参加活动。

18 日 第十一批次江苏省特色田园乡村名单公布,江阴市南闸街道观西村陶湾自然村上榜。

19 日 国家知识产权局发布《关于第二十四届中国专利奖授奖的决定》,江苏旌凯中科超导高技术有限公司的专利“配套螺线管型超导磁体的往复式脉动高梯度磁选系统”、江苏长电科技股份有限公司的专利“球栅阵列的封装结构及其封装方法”、江苏阳光股份有限公司的专利“一种羊毛织物的保形整理方法”获优秀奖。

20—21 日 “海澜之家杯”全国和美乡村篮球大赛(村 BA)江苏省选拔赛在江阴市新桥镇飞马水城举行。

24 日 江苏省住房和城乡建设厅公布第二批 50 项“江苏省公众喜爱的高品质绿色空间实践项目·乐享园林”名单,江阴市福巷口袋公园、锡澄运河特色空间塑造项目入选。

26 日 无锡(江阴)港开通首条集装箱外贸直航远洋航线。

27 日 2023“数字江阴”推进大会召开,总结数字经济提速和数字化转型工作成效,对“数字江阴”建设再部署、再推进。

31 日 中国服装协会发布“2022 年服装行业百强企业”名单,海澜集团有限公司、江苏阳光集团有限公司、江苏贝德服装集团有限公司入选。

是日 国家发展改革委和中国人民银行联合发布第四批全国社会信用体系建设示范区名单,江阴市以创建指标总成绩 107.22 分上榜,获信用领域首个国字号荣誉。

8 月

3 日 中国共产党江阴市第十四届委员会第五次全体会议举行,全会审议通过中共江阴市委《关于深入学习贯彻习近平总书记对江苏工作重要讲话精神在推进中国式现代化中走在前做示范谱写“强富美高”新江阴现代化建设新篇章的决定》《中国共产党江阴市第十四届委员会第五次全体会议决议》。

4—6 日 无锡市委常委、江阴市委书记许峰率江阴市党政代表团到新疆维吾尔自治区伊犁哈萨克自治州霍城县考察对口支援工作，看望慰问援疆干部和援疆人才。

7日 江苏省民族宗教事务委员会发布《关于命名第二批全省民族团结进步示范区示范单位的决定》，江阴市榜上有名。

8日 江阴市2023年“全民健身日”主题活动暨“海澜之家杯”江阴市首届和美乡村篮球联赛（村BA）启动仪式在新桥镇飞马水城举行。

是日 江苏省人大常委会副主任张宝娟率调研组到江阴市调研人大代表工作，并走访联系全国人大代表。

是日 农业农村部办公厅和财政部办公厅联合发文公布《首批国家农业产业强镇名单》，江阴市璜土镇（葡萄）上榜。

10日 江阴集成电路产业发展高层论坛暨“芯链计划”发布大会在江阴高新区举行。

是日 在无锡市农业农村局举办的首届无锡市农产品品牌营销促销大赛上，江阴市“冰清水产”“故乡情葡萄”获“十强品牌”称号，“江阴河豚”“苏威鸽业”获科技创新品牌示范奖。

是日 江苏省工业和信息化厅公布2023年度省工业互联网示范工程（标杆工厂类）认定名单，江苏新扬子造船有限公司、江苏格尔顿传动有限公司入围。

14日 江阴—靖江工业园区举行重大项目集中开工暨中建材绿色低碳建筑新材料项目开工仪式。

是日 江苏省农业农村厅公布省级示范家庭农场和家庭农场典型案例名单，江阴市祝塘镇兰芬家庭农场、青阳镇文英家庭农场、璜土镇语泉花木家庭农场获评2023年省级示范家庭农场。

15日 2023江阴市“全国生态日”主题宣传活动启动暨生态环境基础设施项目集中开竣工仪式举行。

是日 江苏省交通运输厅发布第二批城乡公交一体化达标县（市、区）名单，江阴市入围。

18日 江阴市首届运河啤酒音乐节在锡澄运河公园开幕。

是日 江苏省商务厅发布2023—2025年度江苏省重点培育和发展的国际知名品牌评选结果，江苏长电科技股份有限公司、远景能源有限公司、海澜之家集团股份有限公司等35个江阴企业的自主品牌入选。

19日 2023江苏省优质葡萄品鉴暨江阴·璜土第十五届葡萄文化节在璜土镇开幕。

22日 赛迪顾问股份有限公司与赛迪工业和信息化研究院（集团）四川有限公司联合发布2023镇域经济500强榜单，江阴市所辖10个镇全部入围。

27日 在中国钢铁工业协会质量标准化工作委员会2023年年会上，江阴兴澄特种钢铁有限公司被评为2023年度钢铁行业质量标准化工作优秀单位。

28日 江阴市举行霞客湾创智园入园项目集中签约仪式。

30日 中信泰富特钢集团股份有限公司牵头编制的全球首个《（汽车用）特殊钢PCR》在黑龙江省哈尔滨市国际会展中心发布，标志中国首个特殊钢绿色低碳评价标准投入使用。

31日 国家广播电视总局公布2023年全国广播电视媒体融合先导单位、典型案例、成长项目征集评选结果，江阴市融媒体中心获评2023年全国广播电视媒体融合先导单位，是省内唯一获该荣誉的单位。

9月

1日 “文”涌暨阳 “育”见未来——长江边的“开学第一课”在江阴市黄田港公园举行。

6日 陕西省委常委、延安市委书记蒿慧杰率领延安市党政代表团到江阴市考察，深入了解江阴经济社会发展、生态环境保护等方面情况。

7日 胡润研究院发布2023胡润中国能源民营企业百强榜单，列出传统能源与新能源产业最具价值的中国民营企业100强，远景能源有限公司、双良节能系统股份有限公司上榜。

9日 中国集成电路投资创新联盟项目及行业趋势交流会在江阴市举行。

是日 江苏省武术运动协会联合鲁豫皖三省武术协会，共同在江阴市新桥镇飞马水城举办苏鲁豫皖武术大联盟签约仪式。

是日 江阴市文化高质量发展大会召开，出台《关于推动江阴市文化高质量发展的若干政策（2023—2025年）》。

15日 中国钢铁工业协会、中国金属学会、冶金科学技术奖励委员会公告“2023年冶金科学技术奖”获奖名单，江阴兴澄特种钢铁有限公司参与的“第三代超大输量低温高压管线用钢关键技术开发及产业化”项目获特等奖，参与的“新一代长寿命轴承钢抗疲劳组织性能调控技术”项目获一等奖，承担的“高温渗碳用先进齿轮材料制造关键技术及产业化应用”项目获二等奖，承担的“风电机组机舱变速箱大型锻造齿轮用钢创新研发及产业化应用”项目获三等奖。

17日 内蒙古自治区副主席白清元率调研组到江阴市，就推动开发区建设管理、先进制造业发展等方面开展调研。

18日 江苏省委宣传部印发《2022年度江苏省县级融媒体中心高质量发展综合评估结果的通报》，江阴市融媒体中心以综合得分第一名的成绩获优秀等次。

19日 江阴市政府与中信集团协同委员会江苏区域分会举行战略合作签约仪式。

20日 中国企业联合会、中国企业家协会发布2023中国企业500强、中国制造业企业500强、中国服务业企业500强三张榜单，江阴市分别有9个、12个、6个企业入围。

22日 江阴市举行南京理工大学江阴校区延伸工程开工暨“双进”（企业进校园和师生进企业）活动启动仪式。

是日 江阴市“数字健康2.0”工程举行签约仪式。

23日 江阴（临港）中法产业合作恳谈会在北京市举行。

25日 “高铁通澄 梦想起航”2023群星演唱会在江阴市体育中心举办。

26 日 江阴市举行江阴高铁站徐霞客雕像揭幕仪式。

是日 江苏科强新材料股份有限公司(股票简称:科强股份)在北京证券交易所上市,成为江阴市首个在北交所上市的企业,也是“江阴板块”第 61 位成员。

是日 “澄望您来 澄就未来”江阴市首届人才节启动仪式在步行街学院场举行。

是日 直通江阴高铁站的大桥南路快速路全线开通。

是日 江苏省工商联发布 2023 年度江苏民营企业百强榜单,江阴市 16 个企业入围“2023 江苏民营企业 200 强”、11 个企业入围“2023 江苏民营企业制造业 100 强”、4 个企业入围“2023 江苏民营企业创新 100 强”。

27 日 江阴市举办第三届“明日科技之星”颁奖暨江阴籍中国科学院院士孙和平科普报告会。

28 日 沪宁沿江高铁建成通车现场会在常州市武进区举行,宣布沪宁沿江高铁开通运营,江阴站同步启用。

是日 江阴市举行“高铁新时代 通途向未来”圆梦高铁庆祝活动。

29 日 江阴市举行城区六路品质提升工程竣工暨精管善治专项行动启动仪式。

10 月

2 日 江阴海澜国际马术俱乐部运动员包英凤、孙华东和其他马术队运动员华天、梁锐基组成的中国马术三项赛队获杭州亚运会马术三项赛团体金牌。

8 日 中国建筑金属结构协会建筑钢结构分会公布 2023 年建筑钢结构行业科技创新优秀企业名单,江阴—靖江工业园区的中建钢构江苏有限公司入选。

是日 江苏省体育局公布 100 个体育消费场景典型案例,江阴市选送的“海澜飞马水城马术运动与休闲旅游场景”“体育中心多业态综合运营服务场景”分别入选省体育消费场景精品案例、省体育消费场景典型案例。

11 日 中国科协企业创新服务中心、江苏省科学技术协会主办的 2023“专精特新”企业人才创新成长论坛在江阴市举行。

是日 江苏省文化和旅游厅主办、江阴市文体广电和旅游局承办的 2023 年江苏省小剧场演出季优秀剧目巡演“曲雅艺芳”曲艺专场在江阴市艺术剧场上演。

12 日 首芯半导体薄膜沉积设备项目在江阴高新区举行开工仪式,该项目是江阴市引进的首项半导体主要设备项目。

13 日 E 药经理人“2023 年中国医药创新种子企业 100 强”榜单出炉,江苏普莱医药生物技术有限公司榜上有名。

14 日 “霞光在前 走读江阴——城市漫步 Citywalk”活动在江阴高铁站启动。

16 日 世界钢铁协会“Steelie 奖”揭晓,中信泰富特钢集团股份有限公司的“(汽车用)特殊钢产品种类规则(PCR)创新实践”项目获“生命周期评价卓越成就奖”。

17 日 姚澄艺术馆在江阴高新区山观实验小学开馆,江阴市姚澄锡剧文化艺术节同步开幕。

18 日 全球首艘深远海绿色智能技术试验船在中船澄西船舶修造有限公司开工建造。

20 日 江苏省委书记信长星到江阴市调研并督办省政协《关于加快我省先进制造业集群培育,大力推进制造强省建设》重点提案。

是日 江苏省文化和旅游厅联合新江苏 · 中国江苏网开展的“长江百景”征集、评选活动名单公布,在遴选出的 100 个体现长江江苏段特色文化资源、特色地理环境、特色景观风貌的景观中,江阴市芦荡湿地、江尾海头、徐霞客故居、江阴要塞、锡澄运河公园、华西新农村 6 个景观入选。

21 日 第 8 届全国大型工程运载施工车辆数智化产业技术高峰论坛在江阴市举行。

22 日 2023 时裳新桥 · 江阴半程马拉松赛开赛。

24 日 江阴市举行瑞士安姆科“三总部三基地”项目开工仪式。

25 日 位于夏港街道永安公园内的陈复澄艺术馆开馆。

26 日 以“科技引领发展 数字畅想未来”为主题的长三角(江阴)数字创新港发展论坛举行。

是日 江阴市澄西高级中学新校区启用。

27 日 “一带一路”国际科技合作(江阴)洽谈会召开。

是日 江苏省质量发展委员会办公室联合江苏省市场监督管理局等八部门发布 2023 年第一批“江苏精品”认证获证产品(服务)名单,江阴市 11 个企业的 11 件产品入选。

是日 中国坐式排球女队以五战全胜的成绩获杭州第四届亚洲残疾人运动会坐式排球赛冠军。江阴籍残疾运动员龚彬参赛,这是她第三次随队出征亚残运会。

28 日 第四届江阴发展大会暨 2023 年经贸洽谈会开幕。

是日 江阴市举行中信泰富能源江阴利电五期扩建工程开工仪式。

29 日 江阴临港医院与上海市东方医院医联体签约揭牌。

30 日 央视《宝贝亮相吧》节目组在江阴市黄田港公园拍摄录制江阴学校二胡班千人演奏活动。

是日 2023 紫金文化艺术节在江苏大剧院闭幕,江阴市锡剧评弹艺术传承中心、市公共文化艺术发展中心和市花园实验小学共同创排的儿童剧《今天我是升旗手》获优秀剧目特别奖。

是月 江苏省科学技术厅公布 2023 年省级工程技术研究中心名单,江苏新申奥生物科技有限公司主导申报的江苏省母婴益生菌菌株研究及产业化工程技术研究中心通过认定。

是月 江苏省工业和信息化厅公布 2023 年度江苏省 5G 工厂项目名单,海澜之家集团股份有限公司“海澜云服 5G 智慧工厂”与江阴兴澄特种钢铁有限公司“兴澄特钢精品特殊钢 5G 工厂”2 项项目入围。

11 月

2 日 江苏省科学技术协会、江

苏省政府台湾事务办公室、江苏省工业和信息化厅等部门举办的2023年“科创江苏”创新创业大赛新材料领域总决赛结束，江阴兴澄特种钢铁有限公司“智能机器人核心零部件关键材料的研制及应用示范”获“创新组”总分第一名。

4日 江阴市举行2023年“119”消防宣传月活动启动暨江阴市高铁站消防救援站落成仪式。

是日 国家体育总局游泳运动管理中心、中国游泳协会主办，江阴市文体广电和旅游局、江阴文商旅集团承办的第12届全国水中健身操比赛开赛仪式在江阴市市民水上活动中心举行。

8日 中国钢铁工业协会公布第二批双碳最佳实践能效标杆示范厂培育企业名单，江阴兴澄特种钢铁有限公司上榜。

10日 2023年江阴市民文化节在市公共文化艺术发展中心艺术剧场开幕。

是日 交通运输部办公厅印发通知，江苏省交通运输厅牵头，无锡市交通运输局、江阴市交通运输局、江苏江阴港港口集团股份有限公司实施的无锡(江阴)港外贸进口铁矿石码头扩能改造试点项目入选港口功能优化提升交通强国专项试点项目(第一批)。

16日 江苏省民政厅、省住房和城乡建设厅、省交通运输厅、省水利厅、省文化和旅游厅、省地方志编纂委员会办公室6部门联合公布2023年江苏省级地名文化遗产名单，江阴市刘伶巷名列其中。

17日 工业和信息化部公布《2023年5G工厂名录》，江阴市6个5G工厂项目上榜，分别为海澜集团有限公司5G智能工厂、江阴申桦密封件有限公司5G智慧工厂、江阴华西钢铁有限公司5G工厂、双良节能系统股份有限公司5G+AR车间、江苏振江新能源装备股份有限公司5G环保车间、江苏尊阳电子科技有限公司5G车间。

是日 农业农村部、中央宣传部、司法部联合公布第三批全国乡村治理示范村镇名单，江阴市华士镇曙新村入选。

19日 以“建设知识产权强县支撑县域高质量发展”为主题的2023年扬子江县域知识产权高质量发展论坛开幕式在江阴市举行。

20日 “江阴—宜兴”内河定班集装箱航线开通。

21日 2023长三角科创载体高质量发展论坛在江阴市举行。

23日 以“数联天下 智启未来——构建数据共同体，共创数字生产力”为主题的2023智慧中国年会公布第五届(2023)数字政府建设风向指数暨特色评选活动评选结果，江阴市市域社会治理现代化指挥中心和江阴市大数据股份有限公司联合申报的“信息化基础设施‘数字底座’一期建设，构建智能集约的平台支撑体系”案例获2023数字政府特色评选创新案例。

24日 工业和信息化部公布2023年度智能制造示范工厂揭榜单位和优秀场景名单，双良节能系统股份有限公司、江苏长电科技股份有限公司和江阴天江药业有限公司3个企业入围2023年度智能制造优秀场景。

是日 第四届世界少年象棋锦标赛男子U16组比赛在美国休斯敦闭幕，江阴市中学生刘柏宏获冠军，晋升象棋国家大师。

25日 首届数字经济时代县域商业创新发展大会公布第一批123个全国县域商业“领跑县”典型案例，江阴市位列其中。

27日 江苏省市场监督管理局公布全省首批10个商业秘密保护创新试点城市名单，江阴市入选。

28日 全国县域经济研究咨询专业智库和社会组织——中郡研究所发布《第二十三届县域经济与县域发展监测评价报告》，揭晓第二十三届全国县域经济基本竞争力百强县名单，江阴市蝉联第一，实现“二十一连冠”。

29日 工业和信息化部公布第五批服务型制造示范名单，法尔胜泓昇集团有限公司位列其中。

是日 国家知识产权局发布《关于确定2023年新一批及通过复核的国家知识产权示范企业和优势企业的通知》，江阴市新增江阴恒兴涂料有限公司、江阴通利光电科技有限公司、江苏宝得换热设备股份有限公司3个国家知识产权示范企业，新增江阴江化微电子材料股份有限公司、远景能源有限公司2个企业为优势企业。

是日 江苏省农业农村厅公布2023年度省级农业产业化龙头企业名单，采纳科技股份有限公司、升辉新材料股份有限公司入选。

30日 特瓦特超快充华东区总部项目签约仪式在江阴市举行。

是日 2023(第四届)数字化转型推动高质量发展大会在海南省海口市举办，江阴市获评2023年数字化推动高质量发展示范市。

是日 2023年第四届政务服务软实力经验交流大会召开，江阴高新区报送的《推进“综窗改革” 实现“集成服务” 全力打造数字化运营新模式》获评全国模式创新提升优秀案例。

12月

5日 江阴临港前海国际联合创新中心在广东省深圳市投运。

6日 2023年度中国纺织工业联合会科学技术奖励大会在北京市举行，圣华盾防护科技股份有限公司、海澜之家集团股份有限公司、江苏澄信检验检测认证股份有限公司的申报项目分获科技进步奖一等奖、二等奖。

是日 江苏省住房和城乡建设厅公布第十二批次江苏省特色田园乡村名单，江阴市长泾镇南涸村南北圩自然村、顾山镇赤岸村赤岸自然村名列其中。

7日 江阴大厦启动仪式暨合成生物学专题研讨会在上海市举行。

8日 以“共护母亲河、同建幸福村”为主题的长江大保护与乡村振兴百村座谈会在江阴市夏港街道长江村举行。

是日 “上海·江阴”长三角一体化产业创新协同座谈会在江阴临港经济开发区长三角(江阴)数字创新港举行。

是日 2023年无锡市食品安全宣传周主场活动在江阴市启动，首届江阴市名优食品博览会开幕。

14日 中信泰富特钢集团股份有限公司旗下江阴兴澄特种钢铁有限公司入选全球特钢行业首个“灯塔工厂”。

16日 武澄锡虞中片沿江排水河道治理工程暨新一轮河道综合整治与美丽幸福河湖建设启动仪式在江阴市举行。

是日 以“重组创变,整合致胜”为主题,由半导体投资联盟主办、爱集微承办的2024半导体投资年会暨IC风云榜颁奖典礼在北京市举行,盛合晶微半导体(江阴)有限公司被授予“年度知识产权创新奖”。

17日 2023年全国太极拳公开赛总决赛开幕式暨太极拳列入世界非物质文化遗产三周年纪念展演在江阴市海澜飞马水城举行。

19日 无锡市委常委、江阴市委书记许峰率队赴上海市开展招商考察活动。

是日 江苏省商务厅公布第三批省级县域电商产业集聚区名单,江阴市顾山镇品牌服装集聚区入选。

20日 农民日报社主办的“中国农网”发布“2023中国农民合作社500强”名单,江阴故乡情果业专业合作社、江阴市雪峰农业专业合作社入围,分别列第82位和第328位。

21日 江苏省农业农村厅联合南京海关公布,江苏佰澳达生物科技有限公司获评江苏省第十四批省级出口农产品示范基地(出口益生菌示范基地),属江阴市首个。

22日 江苏新潮仁爱基金会向江阴市慈善总会捐赠100万元,援助甘肃省、青海省抗震救灾一线。

是日 冶金工业规划研究院发布2023中国钢铁企业竞争力(暨发展质量)评级以及2023中国钢铁企业ESG评级,中信泰富特钢集团股份有限公司在2023中国钢铁企业竞争力(暨发展质量)评级中获A+(极强)评级,在2023中国钢铁企业ESG(环境、社会和治理)评级中获AAA评级,均为最高评级。

24日 江苏江阴—靖江工业园区高质量跨江融合发展大会举行。

25日 江阴市供销合作总社第六次代表大会举行。

26日 江阴市召开教育高质量发展大会。

28日 以“共分享、铸信心、赢未来”为主题的江苏长电科技股份有限公司2023全球供应商大会在江阴市举行。

29日 中国共产党江阴市第十四届委员会第六次全体会议举行。无锡市委常委、江阴市委书记许峰作题为“加快建设社会主义现代化县域示范 当好县域经济高质量发展的排头兵”的讲话。全会审议通过《中国共产党江阴市第十四届委员会第六次全体会议决议》,书面审议《中共江阴市委常委会2023年度落实全面从严治党主体责任情况的报告》。市委委员、候补委员出席会议。市纪委委员、市监委委员,有关方面负责人,以及部分市第十四次党代会代表列席会议。

是日 “光明行”2024江阴新年音乐会在江阴大剧院上演。

是日 工业和信息化部公布2023年度国家级绿色制造名单,江苏华宏科技股份有限公司、江苏雪豹日化有限公司、优彩环保资源科技股份有限公司、中国贝卡尔特钢帘线有限公司入选绿色工厂名单;远景能源有限公司入选绿色供应链管理企业名单。

是日 工业和信息化部公布2023年新一代信息技术与制造业融合发展示范名单,海澜之家集团股份有限公司申报的“服装行业数字化供应链协同运营能力”项目入选。

31日 南京艺术学院国际学生研学暨劳动教育实践基地授牌仪式在江阴市举行,国际乡村设计师俱乐部同步进行授牌。

是年 江阴港港口吞吐量突破3.7亿吨,创历史新高,位列全国内河港口第三位;完成集装箱吞吐量57万标箱,比2022年增长7.55%;集装箱运量累计完成76万标箱,比2022年增长17%;重箱吞吐量33.14万标箱,比2022年增长6.36%。

■类目编辑 聂小琴

江阴概况

市情简介

【建置沿革】 江阴古称暨阳，位于长江三角洲，有7000年人类生息史、5000年文明史、2500年文字记载史。西晋太康二年(281年)置暨阳县，属毗陵郡，治所在今江阴市东南。南梁绍泰元年(555年)废县置郡，建治所于君山之麓，因地处长江之南，遂称江阴郡，下辖江阴、利城、梁丰3县，为"江阴"名称之开始。此后，江阴分别为郡、国、军、路、州治，建置几经变化。元至正二十七年(1367年)，恢复县建置。1949年4月23日江阴解放后，属苏南行署常州专区。1953年，改属苏州地区。1983年3月，实行市管县体制，改属无锡市。1987年4月，经国务院批准撤县建市。

【地理位置】 江阴市位于北纬31°40′34″至31°57′36″、东经119°59′至120°34′30″。北枕长江，南近太湖，东接常熟、张家港，西连常州，地处苏锡常"金三角"几何中心，交通便捷，历来为大江南北的重要交通枢纽和江海联运、江河换装的天然良港。

【地形地貌】 江阴地层属扬子地层区江南地层分区，自老至新有泥盆系、石炭系、二叠系、三叠系、侏罗系及白垩系。地势平坦，北部为长江冲积平原，东北部和中部为低山丘陵，南部为太湖水网平原。域内山丘孤立于平野之间，互不相连，主要分布在东北部和中部，总面积39.03平方千米，与茅山山脉形成于同一地质运动时期，由泥盆系的石英砂岩、泥质粉砂岩和黏土夹层等组成。山形基本与域内地层走向一致，呈北东东方向展布，海拔大都在200米以下。最高山峰为定山，海拔273.8米。域内水资源较丰富，除长江江阴段外，有澄西新沟河、中部锡澄运河、东部张家港河三大水系。平原水旱田以黄沙土为主，乌山土次之，山地多为黄棕壤土。

【区域面积】 江阴市总面积986.97平方千米，陆地面积829.66平方千米，水域面积157.31平方千米，其中长江水面56.7平方千米。沿江深水岸线长35千米。城市建成区面积125平方千米。

【行政区划】 2023年，江阴市有镇10个、街道7个、村民委员会191个、社区居民委员会83个。市政府设在澄江中路9号。

【人口】 2023年末，江阴市户籍总人口126.7万人，总户数40.57万户，平均每户家庭人口3.12人。年末全市常住人口178.51万人，其中城镇常住人口134.50万人，常住人口城镇化率75.35%。 (澄 鉴)

【气候】 2023年，江阴市气候总特点：气温偏高，降水正常，日照正常。年平均气温17.7℃，比常年高1℃。极端最低气温-8.7℃，出现在1月25日；极端最高气温38.8℃，出现在8月12日。全年出现35℃以上的高温日数21天。年总降水量1264.6毫米，比常年多2.5%；出现大于等于0.1毫米的雨日120天；雾日9天。最长连续降水日数9天，过程雨量154.7毫米，出现在7月2—10日；最长连续无降水日数25天，出现在2022年12月18日至2023年1月11日。年日照时数1966.7小时，比常年多38小时；年日照百分率44%。地面(0厘米)年平均温度19.9℃，地面最低小于等于0℃的日数54天。地面极端最高温度59℃，出现在5月1日；地面极端最低温度-6.7℃，出现在1月25日。年最大风速7.2米/秒，风向W(正西)，出现在11月6日；年极大风速15.1米/秒，风向W(正西)，出现在11月5日。梅雨：6月17日至7月11日为梅雨期，呈现梅雨期正常、雨量明显偏多的特征。梅雨期长24天，梅雨量481毫米，比常年梅雨量多85.9%。暴雨：全年出现1天大暴雨、2天暴雨。大暴雨在6月18日，降雨量168.4毫米，暴雨分别在6月19日，降雨量82.6毫米；7月8日，降雨量60.3毫米，6月18—19日，部分农田、道路和居民小区积水。寒潮：全年7次寒潮，分别在1月13—15日、1月23—25日、2月18—20日、3月11—13日、11月5—7日、12月10—12日和14—16日，均无明显灾情。台风：全年出现1次台风影响过程，受2305号台风"杜苏芮"影响，7月28—29日全市出现6～7级大风，部分地区伴有雷暴大风天气，无明显灾情。暴雪：全年出现1次暴雪，12月18日江阴市出现暴雪天气过程，17日20时至19日6时雨雪量16.8毫米，最大积雪深度2厘米。霜冻初终期：无霜期228天，霜初终间日数133天，雪初终间日数56天。

2023年江阴市气象资料一览表

表1

项目			1月	2月	3月	4月	5月	6月	7月	8月	9月	10月	11月	12月	全年
平均气温(℃)	2023年		5.1	6.6	13	17.5	22	25.9	29.5	29	25.5	19.7	13.4	5.5	17.7
	1957—2022年	平均值	3.2	4.8	9.1	14.9	20.2	24.3	28.2	27.8	23.4	17.9	11.9	5.6	15.9
		最高值	6.1	9.6	12.5	17.9	23.2	27.2	32	31.5	26.5	21.1	15.7	7.9	17.9
		年份	2002	2021	2022	2005/2018	2007	2022	2013	2013	2021	2006	2011	1968/1994	2021
		最低值	-0.2	0.7	5.5	12.1	17.7	22.1	25.4	24.3	20.6	15.1	7.7	0.5	14.5
		年份	1977	1964	1970	1965	1977	1983	1976	1980	1957	1981	1976	1967	1957/1980
最高气温(℃)	2023年		20.6	16.2	28.2	34.3	36.8	36.7	37.9	38.8	35.1	28.8	30.3	23.1	38.8
	日期		12	28	10	18	28	28	12	12	19	26	1	8	8月12日
	1957—2022年	最高值	20.8	26.8	30.4	34.3	37.7	38.2	40.6	41.3	37.8	37.7	29	23.2	41.3
		日期	31	12	9	21/28	16	21	23	6	7	3	12	10	8月6日
		年份	2014	2009	2013	2004/2005	2018	2006	2017	2013	1995	2022	2022	2008	2013
最低气温(℃)	2023年		-8.7	-3	2.1	5.9	9.1	16.7	23.1	19.5	18.3	9.4	1.9	-6.2	-8.7
	日期		25	26	3	8	9	5	5	30	23	21	18	22	1月25日
	1957—2022年	最低值	-14.2	-11.4	-7.5	-1	3.8	11.7	15.5	17.1	9.3	1.3	-4.6	-10	-14.2
		日期	31	6	3	4	5	6	5	30	29	30	30	29	1月31日
		年份	1977	1969	1958	1962	1961	1969	1976	1968	1972	1986	1971	1991	1977
降水量(毫米)	2023年		27.4	64.7	60.1	47.9	71.7	370.7	287.3	114	133.8	16.9	29.6	40.5	1264.6
	1957—2022年	平均值	45.4	53.2	72.6	85.3	98.4	175.3	192.4	156.4	105.1	63	54.4	32.9	1134.2
		最多值	136.8	147.6	206.7	180.9	249.5	868.4	481.7	552	358.6	372.8	162.3	110	2217.5
		年份	2006	2014	1991	1958	2002	2015	1991	2011	2016	2016	1967	1959	2016
		最少值	0	5.2	13.3	21	6	19.2	8.8	9.5	1.4	0.4	0	0	581.8
		年份	1963	1968	1962	2011	2022	2010	1971	1978	1997	1979	1995	1973/1987	1978
日照时数(小时)	2023年		194.1	110.5	183.7	181.1	162.1	148.8	127.9	183	122.4	196.9	202.7	153.5	1966.7
	1957—2022年平均值		136.3	129.6	152.8	169.9	185.9	161.5	207.3	219.1	169.4	177	151.9	154.1	2014.8

(耿丹 谢柯轩)

经济发展

【综合实力】 2023年,江阴市实现地区生产总值4960.51亿元,比2022年增长5.9%。人均地区生产总值27.8万元。全年实现第一产业增加值40.96亿元,增长3.2%;第二产业增加值2567.58亿元,增长6.8%;第三产业增加值2351.97亿元,增长4.8%。三次产业比例调整为0.8:51.8:47.4。全年实现一般公共预算收入248.29亿元,增长9.5%,其中税收收入211.02亿元,增长18.1%。一般公共预算支出255.62亿元,增长4.5%。

【企业上市】 2023年,江阴市累计有上市公司61个,其中境内上市39个(主板29个、创业板9个、北交所1个),境外上市22个。

【农林牧渔业】 2023年,江阴市农林牧渔及农林牧渔服务业总产值67.15亿元。全年粮食总产量13.18万吨,比2022年增长0.7%,其中谷物总产量12.55万吨,增长1%。蔬菜总产量40.15万吨,增长2.2%。水果产量77786吨,增长5%。全年粮食种植面积19180公顷,增加40公顷。蔬菜种植面积12410公顷,增加140公顷。水果种植面积2510公顷,与2022年持平。出栏生猪3.23万头,增长28.2%;猪肉产量2783吨,增长40.3%。牛奶产量4812吨,增长29.7%。水产品产量20107吨,下降0.3%。

【工业】 2023年，江阴市规模以上工业实现营业收入7317.22亿元，比2022年增长3.4%；产品销售率96.1%，下降0.7个百分点；利润总额514.63亿元，增长16.2%；规模以上工业企业亏损面15.8%，下降0.8个百分点，亏损额22.29亿元，减少16.28亿元。在全市跟踪统计的19种重点产品中，有7种产品的产量实现正增长。全年工业用电量235.17亿千瓦时，增长2.3%。全市工业百强企业全年完成营业收入4790.49亿元，增长6%，占全市规模以上工业企业的65.5%。海澜集团有限公司、中信泰富特钢集团股份有限公司2个企业集团开票销售额超1000亿元，江苏新长江实业集团有限公司、三房巷集团有限公司2个企业集团开票销售超500亿元，远景能源有限公司、江苏阳光集团有限公司2个企业集团开票销售额超300亿元。

【建筑业】 2023年，江阴市建筑业总产值135.22亿元，比2022年增长8.8%。获江苏省“扬子杯”优质工程2个、无锡市“太湖杯”优质工程17个、无锡市市政基础设施优质工程“太湖杯”4个、江苏省建筑施工标准化星级工地15个。无锡市示范物业管理项目12项，省级示范物业管理项目1项。

【房地产业】 2023年，江阴市完成房地产开发投资206.66亿元，比2022年下降5.8%。房屋建筑施工面积1129.61万平方米，下降10.8%；房屋新开工面积131.19万平方米，下降13.6%；房屋建筑竣工面积254.1万平方米，增长1.7%。商品房销售面积218.73万平方米，其中住宅销售面积187.81万平方米。

【金融业】 2023年末，江阴市金融机构各项本外币存款余额5998.81亿元，比2023年初增长11.6%；各项本外币贷款余额4865.1亿元，比年初增长14.5%。存款中，非金融企业存款余额2713.48亿元，比年初增长10.2%；住户存款余额2483.56亿元，比年初增长15.7%。贷款中，企(事)业单位贷款余额3973.27亿元，比年初增长16.8%；住户贷款余额879.07亿元，比年初增长4.7%。全市证券交易开户总数48.14万户，比2022年增长7.6%；证券机构交易金额10183.49亿元，比2022年下降8.6%。全市保险业累计实现保费收入104.87亿元，比2022年增长16.6%。其中，产险收入29.11亿元，增长11.1%；寿险收入75.76亿元，增长30.7%。各项赔付支出19.19亿元，增长20.9%。其中，财产险赔付支出15.51亿元，增长16%；人身险赔付支出3.68亿元，增长47%。

【国内贸易业】 2023年，江阴市实现社会消费品零售总额711.7亿元，比2022年增长1.9%。其中，限额以上零售额258.01亿元，下降4.4%。限额以上批发和零售业零售额239.88亿元，下降5.3%；限额以上住宿和餐饮业零售额18.13亿元，增长10.1%。在限额以上批发和零售业零售额中，汽车类下降13.3%，石油及制品类下降3.1%，服装鞋帽针纺织类增长3.4%，粮油食品类下降3.9%。

【邮电通信业】 2023年，江阴市邮政业务总收入7.85亿元，比2022年增长12.9%。年末移动电话用户246.62万户，增长0.8%。其中，4G移动电话用户66.78万户，下降39.6%；5G移动电话用户146.32万户，增长20.7%。

【交通运输业】 2023年，江阴市完成客运量3891.32万人次，比2022年增长28%；完成货运量6614.90万吨，增长17.2%。完成港口货物吞吐量3.78亿吨，增长7.8%。年末公路总里程2366.31千米，其中高速公路72.7千米。年末全社会拥有车辆68.92万辆，其中汽车63.27万辆，增长3%。私人汽车拥有量53.17万辆，增长3.3%。

【固定资产投资】 2023年，江阴市实现固定资产投资886.3亿元，比2022年增长4.8%。分产业投向看，第一产业投资1.26亿元，增长76.7%；第二产业投资387.21亿元，增长7.4%；第三产业投资497.82亿元，增长2.8%。分投资主体看，国有投资228.89亿元，增长27.9%；民间投资552.6亿元，下降7.7%；外商及中国港澳台投资104.81亿元，增长54.1%。

【外向型经济】 2023年，江阴市实现进出口总额1572.91亿元，规模与2022年度持平。其中，出口1052.39亿元，比2022年下降2.1%；进口520.52亿元，增长4.3%。全市63个出口品牌获评江苏省、无锡市重点培育和发展的国际知名品牌。其中，35个品牌获评“2023—2025年度省级重点培育和发展的国际知名品牌”，28个品牌获评“2023—2024年无锡市重点培育和发展的国际知名品牌”。全年实际使用外资11亿美元。新增外资项目67项(新设36项、增资31项)，协议外资超3000万美元项目11项，总投资超亿美元项目3项。新批境外投资项目26项，完成对外直接投资总额4.5亿美元。对共建“一带一路”*国家投资项目16项，中方协议投资额8269.42万美元。

【旅游业】 2023年，江阴市有国家A级景区6个，星级饭店6个，旅行社42个；全国乡村旅游重点村1个，省乡村旅游重点村1个，省工业旅游区1个。

【所有制结构】 2023年，江阴市有内资登记注册市场主体总数265638个，比2022年增长3.7%。企业总数90758个，增长5.6%；其中国有及集体控股企业3889个，私营企业86869个。新增外商投资企业55个。个体工商户总数174361个，增长2.8%。农民专业合作社总数519个。

【“北战”战略贯彻落实】 “南征北战、东西互搏”战略*实施以来，“北战”指挥部办公室扛起“让黄金岸线产生黄金效益”目标使命，纵深推进“北战”破局起势。2023年，“北战”指挥部办公室聚焦“‘黄金岸线’持续释放‘黄金效益’”目标，在港口资源整合上，全面对接上海港、宁波港，开通“江阴—挪威(奥斯陆)”远洋直达航线1条、“江阴—宁波—日本”近洋航线1条，新开“江阴—唐山”“江阴—宁波”内贸直达航线2条、“江阴—宜兴”内河支线1条，累计开辟集装箱班轮航线53条，航班每周122班，件杂货航线16条。是年，江阴港完成货物吞吐量3.78亿吨，比2022年增长7.8%；集装箱运量76万标箱，增长17%，货物吞吐量全球排名第16，全国排名第12。

申夏港区3号码头内港池完成竣工验收,新增每年8万～10万标箱作业能力,恢复8类、9类危险货物集装箱作业资质;港口集团投资近20亿元的5号码头和6号通用码头20万吨级改扩建项目于10月全面开工。江阴进境肉类指定监管场地通过海关总署专家组验收。长江(江阴段)疏浚砂综合利用项目进入施工筹备,设计疏浚量290万立方米,预计营收1.6亿元。按照"港口数字化,数字产业化"思路,投资3200万元建设江阴智慧港口公共服务平台,项目一期提前建成并试运行。江阴综合保税区推进区港联动,实现化学药进口保税首单和单笔药品进口货值超千万元的双突破。突出科学统筹和整体谋划,发布《江阴市推进多式联运多港联动建设现代化物流枢纽示范城市实施方案》《江阴市推进无锡(江阴)港高质量发展三年实施方案(2023—2025)》,推进《无锡(江阴)港总体规划》《江阴高新区工业园区控制性详细规划》等专项规划,加快建设现代化物流枢纽示范城市。优化城区品质,运河公园(三期)开园,毗陵路桥建成通车,西门桥启动翻建,锡澄轨道交通S1线通过验收,沪宁沿江高速铁路通车,国乐岛、北大街历史文化街区、青山未来社区、江阴靖江长江隧道等一批城市更新、交通枢纽工程全速推进。推动港产城融合。是年,"北战"片区备案总投资超100亿元项目1项,超50亿元项目1项,超10亿元项目11项,超5亿元项目12项,总投资352.31亿元。在长江生态保护上,完成沿江10千米范围内20个废弃矿山宕口治理,新建滨江第二污水处理厂、西利污水处理厂工程。完成窑港口长江生态湿地保护区、白屈港长江湿地保护小区建设。沿江环境质量相关指标均达历史最佳。创成"亚太绿色港口"1个、"中国绿色港口"1个、"省级绿色港口"13个,数量和质量均处于全省前列。

【"东西互搏"战略贯彻落实】 2021年,江阴市启动工业园区升级改造(以下简称"工改"),旨在破解资源要素瓶颈、加快产业转型升级、促进园区集聚发展。主要措施是定规划,形成全市工业园区总体空间布局,规划为"20+10+X"的整体布局,即20个重点产业园区、10个特色产业园区、X个过渡工业园区;筹资金,至2023年末,基本形成以国家开发银行为龙头、其他银行竞相参与的融资格局,全市获得银行授信的项目有27项;出政策,主要围绕土地利用、企业集聚、村集体保障、园区管理四个方面,出台4大类30余份政策文件;腾空间,以集中连片拆、分类施策盘、不留死角管等方式,积极推进地块内的拆迁,强攻招商,落实项目,尽快落地;建机制,腾退提升2093公顷土地,形成可用产业用地960公顷、集中连片超千亩地块5个,其中586.66公顷用地投用,落地项目90余项,总投资超840亿元、完成投资超220亿元;稳步建设微电子产业园、新能源产业园及4个印染集聚区,开工16个主题产业园和中小微产业园。同时,探索建立起支持工改的系列政策、支撑要素保障的各项措施,初步形成推进工改可持续发展的体制机制。

社会事业

【科技】 2023年,江阴市有有效期内高新技术企业1002个、国家科技型中小企业2365个、省科技企业上市培育计划企业3个,通过省评估遴选"独角兽企业"*1个、"潜在独角兽企业"*2个、"瞪羚企业"*12个,无锡市评价遴选"雏鹰企业"*17个、"瞪羚企业"27个、"准独角兽企业"*6个。高新技术产业产值占规模以上工业产值比重达38.8%。是年,全市发明专利授权量1494件,比2022年增长39.8%。万人有效发明专利拥有量达40.96件。全年获批省院士工作站1个、省工程技术研究中心21个、无锡市工程技术研究中心101个、无锡市重点实验室2个,新建江阴市工程技术研究中心116个。全市获评国家重点研发计划1项,省科技成果转化专项资金项目5项,省重点研发计划产业前瞻与关键核心技术项目3项,省碳达峰碳中和科技创新专项资金、省国际科技合作、省创新支撑计划科技人才、省企业重点实验室验收后补助、苏南国家自主创新示范区建设专项资金项目各1项,省产学研合作项目26项。入选国家级重大人才计划A类项目2项,省"双创计划"*创业类团队1个、创业类人才5人、科技创新类人才1人、科技副总15人,无锡"太湖人才计划"创业领军人才46人、创新人才3人。获评2022年度省科学技术奖4项。

【教育】 2023年末,江阴市有各级各类学校286所,其中幼儿园(办班点)158所(个)、小学55所、九年一贯制学校8所、初中32所、普通高中12所、中等职业学校2所、行业企业办高级技工学校1所、普通高等学校2所(含南京理工大学江阴校区,以下简称"南理工江阴校区")、特殊教育中心校1所、成人教育中心校15所(不含成人培训机构);在校学生242314人(不含南理工江阴校区),在园幼儿39899人。公办学校在职员工17348人,其中公办专任教师14189人;正高级职称教师84人、高级职称教师3620人、中级职称教师7614人;中等职业教育在校生13172人。无锡市级及以上优质幼儿园覆盖率由2022年的81.33%提升至92.03%,升位幅度位居无锡市第一。推进基础教育集团化办学,组建扩容教育集团9个,全市义务教育公办学校集团化办学覆盖率54.02%。义务教育优质均衡达标率由2022年的87.5%提升至90.63%。小学入学率、巩固率、毕业率均保持100%;初中生入学率、巩固率、毕业率分别为100%、99.1%、98.8%。是年,有7193人参加江苏省学业水平合格性(六门学科)考试,有3847人参加江苏省学业水平合格性(语数外)考试,有6055人参加高考。普通类本一达线3537人,普通类本一进线率66.87%,600分以上人数880人,物理类最高分692分,历史类最高分662分。5名学生被清华大学、北京大学录取。职教高考本科上线率67.1%。南理工江阴校区面向全国招收全日制本科生370人、研究生2631人(全日制研究生2433人,非全日制研究生198人),年末,校区有学生5300余人。江阴职业技术学院面向江苏省及6个外省(自治区)招生,录取全日制专科生2469人;与江苏理工学院合作本科教育,开设环境工程技术专业高职与应用本科“3+2”分段培养项目,录取新生30人,开设旅游管理、汽车服务工程专业“0+2”“专转本”联合培养项目,录取本科段学生94人在学院就读;应届全日制专科毕业生2553人;成人继续教育录取2570人,非全日制在籍学生5759人,是年毕业2622人;江阴职业技术学院连续三年获评全省高校毕业生就业工作量化督导A等高校、江苏省优秀“戎耀之家”;该院继续教育学院获评无锡市成人(继续)教育先进集体。全市教育经费总支出65.65亿元,其中一般公共教育经费41.04亿元,占一般公共预算支出的16.06%。义务教育阶段公用经费拨款总额19970.46万元。

【文化】 2023年,江阴市组织开展文体惠民活动3500余场;市公共文化艺术发展中心艺术剧场获评第三批江苏省示范小剧场;江阴市公共文化艺术发展中心(图书馆)再次获评国家一级馆。全年新增“艺风微书房”4个。3个公共文化空间完成提升改造,锡剧评弹艺术馆建成开馆。5项项目入选第五批江苏省非物质文化遗产名录。全年组织开展各类非遗展示展演、网络直播活动100余场次。7个镇(街道)完成智慧广电(乡镇)建设并通过省级验收,实现智慧广电(乡镇)建设全覆盖。

【卫生】 2023年,江阴市有各类医疗卫生机构710个,其中医院39个,卫生院15个,社区卫生服务中心12个,开放床位9520张。年末有卫生技术人员13039人。全市医疗服务总诊疗1125.56万人次,收治住院31.37万人次。

【体育】 2023年,江阴市新增体育公园5个,新建步道29.8千米,“体育三进校园”(万球进校园,冠军明星进校园,资深教练进校园)累计送教练进校园448人次。全年举办群体赛事活动900余项次,开展青少年体育竞赛30项次,圆满承办全国成人游泳锦标赛等省级以上体育竞赛30项次。在省级以上体育竞赛中获得金牌82枚。获评江苏省幼儿体育示范区,业余体校获评国家高水平体育后备人才基地(2021—2024)。全年完成体彩销售12.19亿元。 (澄 鉴)

城市建设

【基础设施建设】 2023年,江阴市轨道交通项目建设取得重大突破。沪宁沿江高铁通车运营,沪宁沿江高铁江阴站启用。锡澄轨道交通S1线试运行,江阴靖江长江隧道右线贯通,南接线全面开工建设。沪武高速扩建江阴先导段进入全面施工。长山大道快速化改造一期具备通车条件,滨江路快速化改造工程(城区段)桥梁主体完成率超70%,锡澄路快速化改造(塘头桥—顾桐路)桥梁下部结构施工加快推进,暨南大道以南段与凤翔路北延完成顺接。江苏江阴港港口集团股份有限公司5号码头、通用码头改扩建工程开工建设,被列入国家首批港口功能优化提升交通强国试点项目。申张线全线三级航道整治提升工程全面推进,纺织大桥建成通车。民生服务提升效能,杏春客运公交首末站投入运营。年末公路总里程达2335.75千米(不含高速公路)。全市征收拆迁完成346.1万平方米,其中主城区完成74.91万平方米;完成无锡市房屋征收攻坚拔点项目51项;启动安置房建设120万平方米,建成35万平方米。

【公用事业】 2023年,江阴市全社会用电量285.44亿千瓦时,比2022年增长2.18%。新改建管径100毫米以上供水管网34.82千米,改造农村供水管网及户表1.89万户,安全供水2.62亿立方米,合格率100%。完成港口排涝站建设、江阴市滨江实验幼儿园西侧活水顶管、运粮河北侧景观提升等7个水环境综合治理工程。新建燃气管线181千米、新增天然气居民用户3.7万户,完成居民用户“瓶改管”12567户、非居民用户“瓶改管”“瓶改电”3614户,完成管道燃气管阀更新25万户,完成瓶装气居民用户隐患灶具整改82185户。建成生活垃圾分类小区357个,垃圾分类设施覆盖率100%,其中省级垃圾分类达标小区60个。完成38项照明项目方案审查及39项照明项目专项验收。完成3700盏路灯节能改造及1000套单灯控制器安装,完成40个配电箱改造和1000杆灯杆防粘贴涂料喷涂。实施主次干道、背街小巷和老旧小区路灯补装改造266盏,路灯亮灯率99%,设施完好率98%,及时修复率100%。推进城区景观亮化提升,完成大桥路沿线和锡澄运河公园沿线景观亮化提升工程。全面推进城乡照明一体化,完成长泾镇路灯节能改造,建成青阳镇照明监控平台并纳入市级平台统一控制。

【环境保护与治理】 2023年,江阴市$PM_{2.5}$平均浓度31.8微克/立方米,空气质量优良天数比率80.3%。18个国、省考河道断面优Ⅲ比例持续保持100%,其中10个断面监测达到Ⅱ类水质。土壤环境质量总体保持稳定。

【造林绿化】 2023年,江阴市林木覆盖率25.11%,城市建成区绿化覆盖面积5533公顷,建成区绿地面积5123公顷,其中公园绿地面积652公顷。人均公园绿地面积15.99平方米,建成区绿化覆盖率44.30%,建成区绿地率40.98%。 (澄 鉴)

人民生活

【就业创业】 2023年,江阴市提供就业岗位6.85万个,城镇新增就业3.16万人,城镇困难人员再就业4950人。扶持自主创业8144人,带动就业1.85万人,发放各类创业补贴997万元,发放创业担保贷款4025万元。

【社会保障】 2023年,江阴市企业职工基本养老保险扩面新增3.3万人;企业职工基本养老保险在职参保人数66.5万人,缴费率98.5%;工伤、失业保险参保人数分别为59.82万人、57.06万人;城乡居民基本养老保险参保人数2.81万人,缴费率96.17%。全年企业职工医疗、生育保险参保人数分别为98.43万人和58.73万人。居民医疗保险参保人数达 50.28 万人。年末全市拥有养老床位 6956 张。城乡居民最低生活保障对象 2388 人,发放最低生活保障金 2236.25 万元。特困人员救助供养对象 860 人,发放特困人员救助供养金 1480.33 万元。全年实施直接救助 12.07 万人次,直接医疗救助支出 2271.93 万元;实施临时救助 307 人,发放救助金 109.57 万元。国家抚恤、补助各类优抚对象 4722 人。

【居民收入】 2023 年,江阴市居民人均可支配收入 73861 元,比 2022 年增长 4.7%。其中,城镇居民人均可支配收入 84952 元,增长 4.3%;农村居民人均可支配收入 47846 元,增长 6.3%,农民收入连续 24 年蝉联全省同类城市第一。城镇居民家庭恩格尔系数 27.4%,农村居民家庭恩格尔系数 28.8%。城镇居民人均生活消费支出 44685 元,增长 6.8%;农村居民人均生活消费支出 32120 元,增长 9.9%。 (澄　鉴)

人文风情

【民族宗教】 江阴市居民绝大部分是汉族。20 世纪 80 年代中期起,四川、云南、广西、贵州、湖南等地农村少数民族女子婚嫁到域内农村,成为常住少数民族人口主要来源。1990 年第四次全国人口普查全市有 24 个少数民族 1415 人。20 世纪 90 年代后期起,新疆、宁夏、甘肃、青海、内蒙古等地少数民族群众到江阴市经商务工,暂住少数民族人口增加。2000 年第五次全国人口普查全市有 34 个少数民族 5253 人。2010 年第六次全国人口普查全市有 40 个少数民族 12129 人。2020 年第七次全国人口普查全市有 43 个少数民族 24819 人。

江阴民间信奉的宗教主要有佛教、道教、天主教、基督教。佛教在三国时传入江阴,隋唐达鼎盛,至近代渐衰。中华人民共和国成立后,部分寺庵改为学校和粮仓。“文化大革命”期间佛教活动停止,1979 年后恢复,佛教信徒日增。江阴著名高僧有唐代道松、清代通琇、当代巨赞等。道教传入江阴及兴盛的年代与佛教一致,明中叶后走向衰落。1949 年后,道士、道姑改行,道观充公。1978 年后,少数非职业道士恢复活动,以做法事营利。2001 年起,政府逐步把散居道士纳入管理。天主教在清康熙初年传入,1913 年建造的青阳圣母主教堂是江南教区规模最大的一座教堂。1949 年后,天主教徒参加爱国运动,施教活动一直正常开展。“文化大革命”期间停止,1978 年后恢复活动。基督教在清光绪年间传入,后逐步发展。中华人民共和国成立后,实行自治、自养、自传的革新运动。“文化大革命”期间停止活动,部分教徒在家过宗教生活,1981 年恢复。2023 年末,全市有合法宗教活动场所 105 个。

【民风方言】 江阴地处江尾海头,沃野平畴,气候宜人,远古就有先民在这大江大海融合之地繁衍生息,在不断抗争中,勤劳而充满智慧,创造悠久的人类文明史。自古以来,江阴人民临江而居,依江而生,在奔腾不息、永不回头的长江哺育下,铸就宽广博大、直爽豪放、勇往直前的秉性。江阴有着得天独厚的自然环境,城北黄山插入江心,与江对岸仅距 1.25 千米,形成山锁大江之势,因此自古被称为“锁航要塞”,历来是兵家必争之地。早在春秋时期就建烽火台,明清时期建炮台,抗日战争和解放战争时期都在这里发生过著名战斗。战火洗礼、忧患纷扰,赋予江阴人民坚韧不拔、顽强拼搏的精神和民性刚毅、负有担当的气质。有文字记载以来,江阴即有“延陵古邑”“春申旧封”之称,春秋战国时期先后为吴国公子季札、楚国春申君黄歇封地,既是吴文化的发源地之一,又受楚文化的熏陶。杏花烟雨、吴韵楚风成就江阴人灵秀儒雅、讲究礼仪的品性。明清时期江苏学政驻节江阴近 300 年,按试八府三州秀才,素有“风教总持”之地美称,尚文重教之风根植于民间。中华人民共和国成立后,特别是改革开放后,勤劳智慧的江阴人民勇立潮头,敢为人先,创造了辉煌业绩。同时也总结出“人心齐、民性刚、敢攀登、创一流”的江阴精神,不断昭示每个江阴人不断开拓创新、与时俱进、争取新的辉煌。

江阴自隋朝起长期隶属常州府,主要方言归属吴语太湖片毗陵小片,俗称江阴话。非吴语地区有利港下乡片及零星渔民集居村落,属江淮方言,俗称滩里话。方言按地域差异大致分为澄西片、澄中片、澄东片、澄南片和江淮片。江阴方言在发展中有内部变异情况,也有受周边张家港、常熟、无锡等地语言影响变化的,并因年龄不同而有差异。近 30 年来,江阴话发生比较大的变化,一些显著特征在逐渐消失和消退,声调调类减少,一些特色词消失,固有词变得更趋近普通话。江阴话在家庭中使用比例最高,工作中次之;普通话在其他环境使用比例最高,工作中次之。

【名胜古迹】 江阴是吴文化发祥地之一,域内考古发掘证明,这里新石器时代就有先民活动。见证江阴历史悠久的遗存有祁头山、高城墩、佘城(全国重点文物保护单位)等古遗址 20 余处;有兴国塔、徐霞客故居、适园、黄山炮台旧址、刘氏兄弟故居、国民党江阴要塞司令部旧址、江阴蚕种场(以上 7 处均为全国重点文物保护单位)、文庙、梁武堰遗址、江苏学政衙署遗址等古代和近现代建筑;有舜过井、虎跑泉、广济泉(四眼井)、万安桥、犀带桥、五云桥等古井古桥;有王羲之换鹅碑、心经碑、晴山堂石刻、倪云林山水石刻等古碑刻 150 余块,有吴季札墓、吴王八子墓、楚春申君黄歇墓、酒圣杜康墓、三国大将凌统墓、梁敬帝墓、徐霞客墓、杨名时墓等古墓葬 40 余座;有中共江阴一大会址、渡江战役纪念馆、陈毅演讲处、新四军六师驻地旧址等革命遗址遗迹 30 余处。千古奇人徐霞客、狂草巨碑心经碑、梁代昭明太子萧统手植之红豆树被誉为“江阴三奇”,享誉海内外。

江阴旅游资源丰富,主要有滨江要塞旅游区(国家 AAAA 级景区)、江苏学政文化旅游区(国家 AAAA 级景区)、长泾古镇文化旅游区(国家 AAA 级景区)、国家工农业旅游示范区(华西新市村、海澜工业园)、徐霞客故里文化旅游区等旅游板块。

【历史名人】 江阴钟灵毓秀,历代人才辈出。唐代有诗人魏璞;宋代有葛氏一族出进士 33 人,其中有词人、国子监祭酒葛胜仲，诗论家、词人、吏部侍郎葛立方，左丞相葛邲等；明代有杰出的地理学家、旅行家、探险家徐霞客；清代有理学家，兵部、吏部、礼部尚书杨名时，词人蒋春霖，诗人金武祥，小说家夏敬渠和屠绅，画家缪炳泰，创办京师、江南两图书馆（后为国家图书馆和南京图书馆）的中国近代图书馆之父、目录学家、史学家、方志学家缪荃孙等。宋至清，域内出进士415人、武进士14人。近现代则涌现众多政治家、军事家、科学家、教育家、文学家、艺术家、实业家和一大批其他精英人物。其中，中国科学院和中国工程院院士13人、国际宇航科学院和美国纽约科学院院士3人、高等院校校长100余人、共和国将军20余人。杰出代表有：现代文学家、语言学家刘半农，民族音乐家、国乐一代宗师刘天华，爱国高僧、佛学家巨赞，社会学家、人类学家、民族学家吴文藻，药物化学家赵承嘏，中医学家、针灸学家承淡安，化学家张大煜、钱保功，地理学家章申，建筑材料与土木工程专家吴中伟，“中国现代机器人之父”蒋新松，电影表演艺术家上官云珠，教育家吴研因，油画家吕斯百，中国妇女运动领导人罗琼等。（澄　鉴）

2023年江阴市全国性荣誉

【概况】 2023年，面对复杂多变的外部环境和经济恢复进程中的矛盾问题，江阴市坚持以习近平新时代中国特色社会主义思想为指导，全面贯彻落实中共二十大、二十届二中全会精神和习近平总书记对江苏工作重要讲话重要指示精神，坚持稳中求进工作总基调，深入实施“南征北战、东西互搏”总战略*，加快建设现代化滨江花园城市，全力巩固经济社会平稳健康发展态势，推动中国式现代化江阴新实践实现良好开局。是年，江阴市被评为首批全国县域商业“领跑县”、2023年全国消费品工业“三品”战略示范城市、2023数字化推动高质量发展示范市、第四批社会信用体系建设示范区、中国工业百强县（市）第二名、中国创新百强县第六名和中央农作物秸秆综合利用重点县，连续两年被评为全国信访工作示范县（市、区、旗），蝉联全国县域经济基本竞争力“二十一连冠”。

【被评为首批全国县域商业“领跑县”】 近年来，江阴市深入贯彻新发展理念，全面落实商务部关于建设县域商业体系的决策部署，强化政策引导，注重消费驱动，城乡商贸流通网络体系不断完善，县域商业发展水平不断提升。至2023年，江阴市有提升型县域综合商贸服务中心8个、提升型乡镇商贸中心46个，覆盖率100%，村级便民商店覆盖率100%；提升型县级物流配送中心2个，镇（街道）邮政、快递网点覆盖率100%；邮政综合便民服务站、村级寄递物流综合服务站行政村覆盖率100%；农贸市场58个，完成标准化改造41个，标准化改造率71%。进一步构建完善市、镇、村三级商贸体系，形成以南门八佰伴、印象汇、万达广场等重点商贸综合体为代表的城区商贸核心，以海澜飞马购物中心、红豆万花城、吉麦隆连锁超市为代表的乡镇商贸中心，以便利商店、夫妻老婆店为代表的村级商贸网点，全力提升消费品质、改善消费体验、促进消费升级。11月25日，首届数字经济时代县域商业创新发展大会在浙江省杭州市举办。会上公布第一批123个全国县域商业“领跑县”典型案例，江阴市位列其中。

【被评为2023年全国消费品工业“三品”战略示范城市】 近年来，江阴市围绕消费品工业“三品”（增品种、提品质、创品牌）战略，聚焦纺织服装行业，聚力夯实传统产业发展根基。强化政策支撑，助力消费品工业企业发展。以产业强市为引领，围绕“345”现代产业体系*，加快构筑高端纺织服装千亿级特色产业链。相继出台《关于大力推进产业强市建设构建现代产业体系的若干政策意见》《江阴市“345”产业集“群”强“链”三年行动计划》《江阴市印染行业专项整治提升行动方案（2023—2030）》等政策文件，提升区域优势。至2023年，在全市消费品工业中，有省、市级院士工作站分别为9个、12个，省级重点实验室2个，国家、省级工程技术研究中心分别为2个、134个，国家、省、市级企业技术中心分别为4个、73个、194个，高新技术企业1002个、省级民营科技企业234个，工业设计中心6个，形成科技型中小企业、高新技术企业、“瞪羚企业”、“小巨人”企业梯队发展的良好态势。海澜集团智能仓储系统涵盖自动仓储、批次拣选、自动分拣、发货退货等功能；阳光高支精纺呢绒纺织一体化车间，推动云平台与线下纺织MES（制造执行系统）功能的集成；江苏阳光集团凭借“经纬编织法质量管理模式”获中国质量奖。江阴市作为首批十大纺织产业基地市，全市纺织服装产业拥有海澜集团有限公司、江苏阳光集团等行业龙头企业，产业集聚优势突出，形成周庄化纤、新桥精纺、顾山内衣、长泾粗纺、祝塘针织服装等一批特色产业集群。在消费品工业中，拥有省、市级智能车间分别为23个、33个，省级智能工厂2个，星级上云企业122个，两化融合贯标49个，省工业互联网标杆工厂2个，全国、省质量标杆企业分别为1个、3个；获评国家、省、市级专精特新“小巨人”企业*分别为10个、29个、21个，国家制造业单项冠军2个。2023年12月，工业和信息化部公布2023年消费品工业“三品”战略示范城市名单，江阴市以“纺织业、纺织服装服饰业、化学纤维制造业”三个特色优势产业入选。

【被评为2023数字化推动高质量发展示范市】 近年来，江阴市紧紧围绕数字中国建设工作总体部署，全力打造数字产业高地、塑造数字转型标杆、创造数字场景应用“数字变量”来激发高质量发展、高效能治理、高品质生活的“最大增量”。构建以“一局一中心一公司”（市大数据管理和政务服务局、市城运中心、江阴市大数据股份有限公司）为核心的大数据建设和推进体制，形成数字化建设从规划、建设到运营的闭环。做实城市治理“一网统管”，形成城市事件联勤联动大协同模式；整合500万条群众诉求，针对违建、消防等问题精准分析研判，变“经验决策”为“数据决策”。做强便民利企服务“一网通办”,推进“个人、企业、项目”三大全生命周期“一事联办”,做到“一窗受理、一站服务、一章审批”。做深政务办公“一网协同”,实现市、镇、村三级一体化部署,深入推进机关内部集成改革。做优市民生活“一网触达”,持续升级“最江阴”App服务效能,推动新生入学登记、线上医疗等近2100个应用“一端集成”。聚焦城市治理和数字生活场景,打造智慧水利、智慧政务、智慧医疗等30个应用;聚焦基层治理场景,打造江阴“澄心治”现代社区数字化平台,入选全国新时代“枫桥经验”优秀案例;聚焦产业数字化和数字产业化场景,重点推动星级上云企业、智能制造标杆企业等建设,数字经济核心产业增加值占地区生产总值的6.7%。在全国县级市中率先建设政务物联网平台,获评2023年中国移动数字政府样板工程。实现非涉密系统100%上云,政务外网实现政务部门100%全覆盖。数据中台累计归集26亿条数据,提供1063个资源共享交换服务。11月30日,由中国通信企业协会、海南省通信管理局、海南省大数据管理局等单位主办的2023(第四届)数字化转型推动高质量发展大会在海南省海口市举办,江阴市被评为2023年数字化推动高质量发展示范市。 (澄 鉴)

【被评为全国信访工作示范县(市、区、旗)】 2022年,江阴市深入学习贯彻习近平总书记关于加强和改进人民信访工作的重要思想,发扬“争先进位、勇争一流”的拼搏劲头,深化贯彻落实《信访工作条例》,扎实推进“信访突出问题攻坚化解巩固提升年”行动,在全市党政领导干部中开展接访、下访、约访、家访“四访”活动,有效推动一批积案难案化解缓解。坚持和发展新时代“枫桥经验”,积极构建矛盾纠纷多元化解“一站式”平台,加强基层基础建设,推动信访矛盾及时就地化解,取得积极成效。2023年1月,中央信访工作联席办、国家信访局公布2022年度全国信访工作示范县(市、区、旗),江阴市位列其中,且连续两年获得该项荣誉。 (邸志勇)

【被确定为第四批社会信用体系建设示范区】 近年来,江阴市紧扣全国社会信用体系建设示范区创建主线,在机制健全、系统升级、监管提质、服务创优、文化宣推等方面下功夫,构建规范化、精准化信用监管机制,深化信用惠民便企服务,推动全市信用体系建设高质量发展。在2020—2023年全国城市信用监测排名中,始终位列全国县域城市第一方阵。推进信用平台资源上联国家、省级平台,下通政府部门和各镇(街道)、园区。创新设计全市信用监管服务一体化平台个性化功能,推进信用承诺、合同履约、个人信用评价、信用报告查询、信用状态标识等功能模块上线运行,实现行政审批、市场监管等行业监管重点业务环节信用线上查、网上办。落实分级分类差异化监管,构建信用嵌入事前、事中、事后全流程监管体系,全面提升“行业+信用”监管规范化机制化水平。在行政管理及公共服务、财政扶持资金审核等重点事项中实行信用审核,至2023年,出具信用核查报告近5.26万份。创新推行政府采购、工程建设招投标领域应用第三方信用报告,至2023年,应用第三方信用报告800余份。创新安全生产、水利交通、家居建材等34个重点行业、重点领域信用评价监管应用制度55项,至2023年,公开行业信用评价信息20万余条。探索实践“信用+便民服务”“信用+‘放管服’改革”“信用+经济发展”“信用+营商环境”等应用场景。推广应用“澄易贷”综合信用服务平台,引导金融机构落实惠企融资政策,推出符合中小微企业融资需求的信贷产品,推动中小微企业贷款提质扩面。8月7日,国家发展和改革委员会办公厅、中国人民银行办公厅联合印发通知,确定全国68个地区为第四批社会信用体系建设示范区,江阴市位列其中。

【蝉联全国县域经济基本竞争力“二十一连冠”】 2023年,江阴市各项经济指标均领跑全国县域城市。拥有规模以上工业企业2462个、上市公司61个、四大类“中国500强企业”41个,其中“中国企业500强”9个、中国制造业企业“500强”12个、“中国民营企业500强”14个、“中国服务业企业500强”6个。前三季度,完成地区生产总值3402.02亿元,按可比价格计算,比2022年同期增长5.7%;完成规模以上工业增加值1118.86亿元,增长8.2%;完成固定资产投资699.67亿元,增长6.7%;完成社会消费品零售总额521.62亿元,增长5.1%;全体居民人均可支配收入56893元,增长5%。民营经济高质量发展。全市14个企业入围“中国民营企业500强”,13个企业入围“中国制造业民营企业500强”,1个企业入围“中国服务业民营企业100强”。制造业配套完备,投资吸引力强,一批国际制造业龙头企业深耕江阴,助力金属新材料、集成电路、新能源等产业集群的链式发展。有比利时贝卡尔特集团、日本信越化学工业株式会社、香港中信泰富有限公司、日本JFE商事株式会社等27个世界500强企业和知名跨国公司在江阴市投资。年内,新吸引外资超10亿美元。高端纺织服装、金属新材料、石化新材料三大千亿级主导产业加快强链、扩大优势;新能源、集成电路、高端装备、生物医药四大战略性新兴产业精准补链、壮大规模;新一代信息技术、智能制造、节能环保、现代物流、健康文旅五个未来产业有序建链、抢先布局。出台“科创江阴”建设三年(2022—2024年)行动计划,建成国家级、省级科创平台分别为26个和482个,其中国家企业技术中心7个、国家工程技术研究中心2个、省重点实验室3个。前三季度,新能源、高端装备、生物医药等全市重点发展战略性新兴产业产值分别增长18%、16%、10%。11月28日,全国县域经济研究咨询专业智库和社会组织——中郡研究所发布《第二十三届县域经济与县域发展监测评价报告》,江阴市蝉联全国县域经济基本竞争力百强县榜单第一,实现“二十一连冠”。

(澄 鉴)

■类目编辑 朱其涛

市委常委分工

2023 年 6 月 9 日市委常委分工调整

许　峰　主持市委全面工作。联系市人大常委会、市政协工作。

包　鸣　主持市政府全面工作。

陈兴华　主持市委政法委工作。协助书记抓党的建设工作，负责全面深化改革、国安工作、政策研究、机要保密、接待、档案史志、双拥、政法、维稳、信访、社会治理、生态文明、农业农村、乡村振兴、对口支援工作。受书记委托处理市委有关工作。分管市委办公室、市委改革办、市委国安办、市委研究室、市委机要局、市委农办、市档案史志馆、市法学会。

程　政　主持市委宣传部工作。负责意识形态、宣传、文化、文明创建工作，教育、文旅、卫生、体育方面党的工作。分管市委教育工委、市文明办、市委网信办、市融媒体中心、市文联、市红十字会、市社科联。

靳佳高　主持市纪律检查委员会、市监察委员会工作。负责纪检、监察、巡察工作。分管市委巡察办。

王　琪　负责市政府常务工作、“南征”战略推进工作。

吴莉萍　主持市委组织部工作。负责组织、干部、人才、老干部、公务员管理、机关党的建设和作风建设、综合考核、党校工作。分管市考核办、市委编办、市委老干部局、市委党校、市总工会、团市委、市妇联、市科协、市残联、市关工委。

黄　宇　负责人武部工作。负责人民武装建设、国防动员、驻江阴市部队联系工作。

郁秋皓　主持市委统战部工作。负责统战、民宗、侨务、对台工作。分管市委台办、市侨联、市工商联。

张韶峰　主持临港经济开发区工作。负责“北战”战略推进工作。

顾文瑜　主持江阴国家高新区工作。

重要会议

【市委十四届五次全体会议】 2023年8月3日，中国共产党江阴市第十四届委员会第五次全体会议举行。无锡市委常委、江阴市委书记许峰讲话。市委副书记、市长包鸣部署当前工作。全会审议通过《中共江阴市委关于深入学习贯彻习近平总书记对江苏工作重要讲话精神在推进中国式现代化中走在前做示范谱写“强富美高”新江阴现代化建设新篇章的决定》《中国共产党江阴市第十四届委员会第五次全体会议决议》。市委委员、候补委员出席会议，市纪委委员、市监委委员，有关方面负责人，以及部分市第十四次党代会代表列席会议。

【市委十四届六次全体会议】 2023年12月29日，中国共产党江阴市第十四届委员会第六次全体会议举行。无锡市委常委、江阴市委书记许峰作题为“加快建设社会主义现代化县域示范 当好县域经济高质量发展的排头兵”的讲话。全会审议通过《中国共产党江阴市第十四届委员会第六次全体会议决议》，书面审议《中共江阴市委常委会2023年度落实全面从严治党主体责任情况的报告》。市委委员、候补委员出席会议。市纪委委员、市监委委员，有关方面负责人，以及部分市第十四次党代会代表列席会议。

【市委常委会专题会议】 2023年1月12日，市委常委会专题听取全市党（工）委书记抓基层党建工作述职。无锡市委常委、江阴市委书记许峰主持会议并讲话，无锡市委副秘书长、无锡市委研究室主任黄维恭，以及无锡市委研究室、无锡市委组织部有关人员到会指导。市长包鸣，市领导王琪、吴莉萍、郁秋皓、顾文瑜参加会议。

【全市安全生产工作会议】 2023年1月16日，江阴市召开全市安全生产工作会议，深入学习贯彻中共二十大精神和习近平总书记关于安全生产重要论述重要指示，全面落实全国、全省安全生产电视电话会议精神和无锡市安全生产工作会议部署。无锡市委常委、江阴市委书记许峰强调，要以“成绩每天归零”的忧患意识始终绷紧安全生产弦，以“须臾不可放松”的强硬手段守牢重大安全风险防控关，以“人人担当尽责”的使命担当织密安全生产责任网，统筹发展和安全，坚决守护好全市人民的美好生活。市领导计军、邵文松等出席会议。无锡市安全生产专项整治第一督导组组长及相关组员参加会议。

【“科创江阴”建设推进暨科技招商动员大会】 2023年2月17日,江阴市召开“科创江阴”建设推进暨科技招商动员大会。无锡市委常委、江阴市委书记许峰强调,要深入学习贯彻习近平总书记关于新型工业化、新质生产力的重要论述和对江苏工作重要讲话重要指示精神,全面落实全国、全省、无锡市有关会议部署要求,持之以恒把科创赋能、产业强市作为江阴发展的首要任务,以推进新型工业化、发展新质生产力的实际行动,加快建设全国有影响力的先进制造业科创中心。市长包鸣主持会议。市领导计军、邵文松等出席会议。

【全市2022年度综合考核工作汇报会】 2023年3月1日,无锡市(县)区第一综合考核组到江阴市开展年终综合考核工作,并召开江阴市2022年度综合考核工作汇报会。无锡市(县)区第一综合考核组组长黄蓉华出席会议并讲话,无锡市委常委、江阴市委书记许峰,市长包鸣分别作述职报告。无锡市(县)区第一综合考核组副组长徐斌铭参加会议。许峰代表市委常委会作2022年度市委领导班子述职报告和干部选拔任用工作报告。

【市委召开巡察工作动员部署会】 2023年3月22日,2023年度江阴市委召开巡察工作动员部署会,深入贯彻中共二十大精神和习近平总书记关于巡视巡察工作系列重要论述精神,落实中央和省、市委关于巡视巡察工作的部署要求,以及中央纪委和省、市纪委全会精神,部署江阴市2023年度巡察重点工作。无锡市委常委、江阴市委书记、江阴市委巡察工作领导小组组长许峰在会上强调,全市各级党组织和广大巡察干部要进一步提高政治站位,主动服务中心大局,把巡察“利剑”磨得更光更亮,为建设社会主义现代化县域示范提供坚强政治保障。市领导陈兴华、靳佳高出席会议。会议宣布十四届江阴市委第四轮巡察组长、副组长授权任职及巡察任务分工。是年,市委计划开展2轮常规巡察,巡察机关事业单位8个、镇(街道)4个、村(社区)55个,并对2022年度被巡察单位整改情况开展1轮督查评估;配合上级开展联动巡察。

【全市2022年度高质量发展综合考核总结大会】 2023年5月17日,市委、市政府召开全市2022年度高质量发展综合考核总结大会,总结成绩、表彰先进,分析当前经济发展形势,部署下阶段重点工作,深入推进季季评活动。无锡市委常委、江阴市委书记许峰强调,要坚持以习近平新时代中国特色社会主义思想和中共二十大精神为指导,深入贯彻习近平总书记对江苏工作重要讲话指示精神,按照省委、无锡市委的部署要求,以更加昂扬的“四敢”担当,决战二季度、奋战全年度,在新的起跑线上奋勇争先建设社会主义现代化县域示范。市长包鸣主持会议。市政协主席邵文松等市领导参加会议。

【省委第十巡视组巡视江阴市反馈意见整改落实工作领导小组会议】 2023年10月23日,无锡市委常委、江阴市委书记许峰主持召开省委第十巡视组巡视江阴市反馈意见整改落实工作领导小组会议,审议通过《〈省委第十巡视组关于巡视江阴市的反馈意见〉整改落实责任分解方案》,要求全市上下全面提高政治站位、扛起责任担当、深化成果运用,高质量做好巡视“后半篇文章”,确保江阴市巡视整改工作扎实有效、迅速有序推进。市长包鸣,市领导计军、邵文松等出席会议。

【第四届江阴发展大会暨2023经贸洽谈会】 2023年10月28日,第四届江阴发展大会暨2023经贸洽谈会在江阴大剧院开幕。无锡市委常委、江阴市委书记许峰在开幕式上致辞。市委副书记、市长包鸣主持大会。市领导计军、邵文松等出席大会。中信泰富有限公司董事长、总裁曾晨,中国工程院院士、南京理工大学校长付梦印,第十四届全国人大代表、中国工程院院士、江南大学校长陈卫,第十四届全国人大代表、无锡灵山文化旅游集团战略规划委员会主席、无锡拈花湾文化投资发展有限公司董事长吴国平,新东方教育科技集团有限公司董事长俞敏洪,第十四届全国政协委员、上海港湾集团董事长、上海市江阴商会会长徐士龙,阿法拉伐海洋事业部运营总裁兼运营中国区总裁马特思在现场作交流发言。会上,许峰为江阴城市发展顾问颁发聘书。现场还举行重大项目签约仪式,40项项目集中签约,包括集成电路及专项基金项目、新能源装备项目、新能源汽车零部件项目、高端装备产业项目、高端服务业项目、基金和总部平台项目及城市战略合作项目等7大类。开幕式当天,全市累计签约项目217项,总投资超千亿元,项目涵盖新能源、集成电路、生物医药、新型材料、数字经济、现代服务业等多个领域。

【市委工作务虚会】 2023年12月9日,市委工作务虚会召开,回顾总结2023年各项工作,深入分析当前发展形势,科学谋划2024年目标任务。无锡市委常委、江阴市委书记许峰强调,全市上下要深入学习贯彻习近平总书记对江苏工作重要讲话精神,按照中共中央决策部署和省委、无锡市委工作要求,坚定信心、振奋精神,以拼抢姿态当好县域经济高质量发展排头兵。市委副书记、市长包鸣,市领导计军、邵文松等参加会议。

【主题教育调研成果交流会】 2023年12月15日,市委常委会召开主题教育调研成果交流会,深入学习贯彻习近平总书记关于调查研究的重要论述,结合前期调查研究情况,开展研讨交流,进一步推动调研问题整改和成果转化运用。无锡市委常委、江阴市委书记许峰主持会议并作总结讲话。市长包鸣,市领导计军、邵文松等参加会议。

【国有资产清查利用试点工作动员会】 2023年12月29日,江阴市召开国有资产清查利用试点工作动员会。无锡市委常委、江阴市委书记许峰出席会议并讲话。市长包鸣,市领导孙林祥、王琪、吴莉萍、张韶峰、顾文瑜等参加会议。许峰指出,开展国有资产清查利用试点工作,是贯彻落实中央和省委、无锡市委决策部署的具体行动,全市上下必须扛起政治责任,抬高工作标杆,认真组织实施,创新推动落实,确保高标准高质量完成试点工作任务,更好为全省破冰探路、积累经验，进一步发挥好国有资产推动地方经济社会发展的重要作用，以高质量试点成果推动“试点”变“示范”。

重要活动

【领导干部学习活动】 2023年1月19日，无锡市委常委、江阴市委书记许峰主持召开十四届市委常委会第54次（扩大）会议，传达学习习近平总书记近期重要讲话贺词文章精神；传达学习习近平总书记在二十届中央纪委二次全会上的重要讲话精神；传达学习省“两会”精神及省委书记信长星在参加无锡代表团审议时的讲话精神、无锡“两会”精神及市委书记杜小刚在参加江阴代表团审议时的讲话精神；传达学习无锡市委工作会议精神。

2月8日，无锡市委常委、江阴市委书记许峰主持召开十四届市委常委会第56次（扩大）会议暨市委理论学习中心组学习会，学习贯彻习近平总书记在中共中央政治局第二次集体学习时的重要讲话精神；学习贯彻习近平总书记在2023年春节团拜会上、同党外人士座谈并共迎新春以及春节前夕视频连线看望慰问基层干部群众时的重要讲话精神；学习贯彻省委书记信长星在省委理论学习中心组学习会上的讲话要求；学习贯彻省委书记信长星在省推动长江经济带发展领导小组会议暨长江经济带生态环境突出问题整改推进会议上的讲话要求；听取全国、全省和无锡市宣传部长会议精神及江阴市有关贯彻落实意见的汇报；传达学习省检察院检察长石时态调研江阴时的讲话要求；传达学习设区市委巡察办主任座谈会精神；11日，全市市管干部学习贯彻习近平新时代中国特色社会主义思想和中共二十大精神轮训班举行开班式。许峰作开班动员。市委常委、组织部部长、统战部部长吴莉萍主持开班式。14日，许峰主持召开十四届市委常委会第57次（扩大）会议，学习贯彻中央纪委二次全会精神和省纪委、无锡市纪委三次全会精神，讨论通过江阴市纪委三次全会工作报告和会议方案。

3月3日，无锡市委常委、江阴市委书记许峰主持召开十四届市委常委会第58次（扩大）会议，学习贯彻习近平总书记在学习贯彻中共二十大精神研讨班开班式上的重要讲话精神；传达学习习近平总书记对政法工作的重要指示精神，听取中央、省委、无锡市委政法委工作会议精神及江阴市贯彻落实意见的汇报；学习贯彻省委书记信长星在省管主要领导干部学习贯彻习近平新时代中国特色社会主义思想和中共二十大精神研讨班开班式上的讲话要求；听取全国信访局长会议、全省信访工作会议精神及江阴市贯彻落实意见的汇报。同日，许峰主持召开市委理论学习中心组学习会，围绕深入学习贯彻习近平总书记在二十届中央纪委二次全会上的重要讲话精神开展交流研讨。市长包鸣、市领导计军等参加会议。4日，全市学雷锋工作座谈会召开，深入学习贯彻中共二十大精神和习近平总书记关于弘扬雷锋精神的重要论述，落实中央和省、市委部署要求，交流经验做法，研究部署下阶段工作。许峰对全市学雷锋工作提出要求。市委常委、宣传部部长程政参加会议并讲话。16日，江阴市传达学习贯彻全国“两会”精神会议召开。许峰传达习近平总书记在全国“两会”期间重要讲话精神。全国人大代表、长江村党委书记李洪耀传达十四届全国人大一次会议精神，全国政协委员、中信泰富特钢集团董事长钱刚传达全国政协十四届一次会议精神。市长包鸣，市领导计军、邵文松等参加会议。同日，许峰主持召开十四届市委常委会第59次（扩大）会议暨市委理论学习中心组学习会，深入学习贯彻习近平总书记在新进中央委员会的委员、候补委员和省部级主要领导干部学习贯彻习近平新时代中国特色社会主义思想和中共二十大精神研讨班开班式上的重要讲话精神；学习贯彻中国共产党第二十届中央委员会第二次全体会议精神；学习贯彻习近平总书记在中共中央政治局第三次集体学习时的重要讲话精神；学习贯彻习近平总书记对内蒙古阿拉善左旗一露天煤矿坍塌事故作出的重要指示精神；学习贯彻习近平总书记在中共中央民主协商会上的重要讲话精神、对深入学习学雷锋活动的重要指示精神、有关重要批示精神；学习贯彻习近平总书记在中央党校建校90周年庆祝大会暨2023年春季学期开学典礼上的重要讲话精神；31日，许峰主持召开十四届市委常委会第60次（扩大）会议暨市委理论学习中心组学习会，深入学习贯彻习近平总书记在参加十四届全国人大一次会议江苏代表团审议时的重要讲话精神；传达贯彻省委书记信长星在江苏省党政代表团到沪浙皖学习考察时和在赴沪浙皖学习考察总结交流会上的讲话要求；传达全国、全省、无锡市纪检监察干部队伍教育整顿动员部署会议精神；传达学习省委常委、省委组织部部长沈莹在无锡调研时的讲话要求，听取全国、全省、无锡市组织部长会议和省、无锡市老干部局长会议精神及江阴市贯彻建议的汇报；听取全国、全省、无锡市统战部长会议精神及江阴市贯彻建议的汇报，听取2022年统战工作情况的汇报。

4月15日，江阴市举行领导干部“学专业、懂产业”第12期专题培训，邀请清华大学长聘教授，教育部“长江学者”特聘教授，清华大学能源与动力工程系学术委员会副主任、燃料电池与储能研究中心主任，九三学社北京市委副主委韩敏芳，围绕“燃料电池从技术到产业”作专题报告，切实提升全市领导干部推动新能源产业发展的知识储备和能力水平。无锡市委常委、江阴市委书记许峰，市领导吴莉萍、郁秋皓、翟菁、时平听取讲座。20日，许峰主持召开十四届市委常委会第62次（扩大）会议暨市委理论学习中心组学习会，深入学习贯彻习近平总书记在二十届中央政治局第二次集体学习时的重要讲话精神，结合学习领会总书记在参加江苏代表团审议时的重要讲话精神，特别是关于在构建新发展格局上走在前的重要指示，交流学习体会;学习贯彻习近平总书记在中共中央政治局会议上的重要讲话精神、在中共中央政治局第四次集体学习时的重要讲话精神、在学习贯彻习近平新时代中国特色社会主义思想主题教育工作会议上的重要讲话精神、在广东考察时的重要讲话精神。

5月6日,江阴市举行领导干部“学专业、懂产业”第13期专题培训,邀请安徽省合肥蜀山经济技术开发区党工委书记、管委会主任卢磊作题为“关于合肥蜀山产业发展和产业升级的实操与思考”的专题讲座。无锡市委常委、江阴市委书记许峰,市长包鸣,市领导陈兴华、程政、王琪、吴莉萍、郁秋皓、张韶峰、陈涵杰、杭成、翟菁、金丹菁、魏锋、祁军听取讲座。18日,许峰主持召开十四届市委常委会第65次(扩大)会议,学习贯彻习近平总书记在中共中央政治局会议上的重要讲话精神;传达学习《中共中央纪委关于青海省6名领导干部严重违反中央八项规定精神问题查处情况及教训警示的通报》;传达学习全国巡视工作会议暨二十届中央第一轮巡视动员部署会精神、二十届中央首轮巡视新做法、十四届省委第三轮巡视动员部署会精神;传达学习无锡市委书记杜小刚调研江阴讲话要求。23日,2023年梁溪大讲堂第四讲开讲。中东问题专家、宁夏大学阿拉伯学院院长李绍先作“中东局势、我国面临的国际环境及应对”专题讲座。无锡市委书记杜小刚,无锡市政协主席项雪龙等现场聆听讲座。江阴市领导陈兴华、黄宇、赵巧新、张晓东在江阴市分会场收听收看讲座。30日,许峰主持召开十四届市委常委会第66次(扩大)会议暨市委全面深化改革委员会会议,学习贯彻习近平总书记在二十届中央财经委员会第一次会议上的重要讲话精神;学习贯彻习近平总书记在河北考察并主持召开高标准高质量推进雄安新区建设座谈会和深入推进京津冀协同发展座谈会时的重要讲话精神;传达学习《中共中央关于学习〈习近平著作选读〉第一卷、第二卷的通知》;传达学习省委常委、政法委书记刘建洋调研江阴讲话要求;传达学习无锡市委书记杜小刚调研江阴讲话要求;学习贯彻中央深改委和省委深改委会议精神。

6月8日,无锡市委常委、江阴市委书记许峰主持召开十四届市委常委会第67次(扩大)会议暨市委理论学习中心组学习会议,学习贯彻习近平总书记在中共中央政治局第五次集体学习时的重要讲话精神;学习贯彻习近平总书记在听取陕西省委省政府工作汇报以及在山西运城考察时的重要讲话重要指示精神;学习贯彻习近平总书记关于浙江“千万工程”的重要批示精神;传达学习二十届中央审计委员会第一次会议精神。30日,许峰主持召开十四届市委常委会第68次(扩大)会议暨市委理论学习中心组学习会议,学习《习近平著作选读》第一卷相关篇章;学习贯彻习近平总书记在文化传承发展座谈会上的重要讲话精神;学习贯彻习近平总书记在内蒙古考察并主持召开加强荒漠化综合防治和推进“三北”等重点生态工程建设座谈会时的重要讲话精神;传达学习《中国共产党巡视工作条例》《中央巡视工作规划(2023—2027年)》和省委《关于加强巡视整改和成果运用的实施意见》等文件精神。

7月1日,无锡市委常委、江阴市委书记许峰主持召开十四届市委常委会第69次(扩大)会议,传达学习省委第十巡视组巡视江阴市工作见面会、动员会会议精神;传达学习2023年度长三角地区主要领导座谈会精神和省、无锡市推进长三角一体化发展领导小组会议精神,听取江阴市2022年工作情况的汇报。11日,许峰主持召开十四届市委常委会第70次(扩大)会议暨市双拥工作领导小组会议、市委人才工作领导小组会议、市委全面依法治市委员会会议,传达学习习近平总书记视察江苏重要讲话重要指示精神;学习贯彻习近平总书记对宁夏银川市兴庆区富洋烧烤店燃气爆炸事故作出的重要指示精神,传达学习全国安全防范工作紧急视频会议和省安委会全体(扩大)会议精神;传达学习省委人才工作领导小组、无锡市委人才工作领导小组会议精神,审议《2023年全市人才工作要点》;传达学习《习近平法治思想学习纲要》摘编,省委第十巡视组联络员、副处巡视专员王高文,正处巡视专员俞金波以及巡视组成员汤楠、周燕列席会议。

8月2日,无锡市委常委、江阴市委书记许峰主持召开十四届市委常委会第73次(扩大)会议暨市委理论学习中心组学习会、十四届市委国安委第二次会议、市委对台工作领导小组会议,学习贯彻习近平总书记在中共中央政治局会议上的重要讲话精神;学习贯彻习近平总书记在中共中央政治局第六次集体学习时的重要讲话精神;学习贯彻习近平总书记对防汛救灾工作的重要指示精神;学习贯彻习近平总书记对党的建设和组织工作的重要指示精神,传达学习全国组织工作会议精神;传达学习省委十四届四次全会、无锡市委十四届五次全会精神,听取市委十四届五次全会有关事项的汇报;传达学习全省加重村级组织负担突出问题专项整治推进会议精神;传达学习二十届中央国安委第一次会议、十四届省委国安委第二次会议和十四届无锡市委国安委第二次会议精神。18日,许峰主持召开十四届市委常委会第74次(扩大)会议暨市委理论学习中心组学习会,学习贯彻习近平总书记在中共中央政治局会议上的重要讲话精神,听取全市学习贯彻习近平总书记参加十四届全国人大一次会议江苏代表团审议时重要讲话精神情况汇报;学习贯彻习近平总书记在中共中央政治局第七次集体学习时的重要讲话精神;学习贯彻习近平总书记在中央财经委员会第二次会议上的重要讲话精神;学习贯彻习近平总书记在全国生态环境保护大会上的重要讲话精神;听取全省党建引领城市基层治理仙林现场会精神及江阴市贯彻落实意见的汇报;传达学习全省“半拉子工程”“形象工程”“面子工程”问题专项整治工作推进会精神。31日,许峰主持召开十四届市委常委会第75次(扩大)会议暨市委全面深化改革委员会会议、市委农村工作领导小组会议，学习贯彻习近平总书记在中共中央政治局常务委员会会议上的重要讲话精神；学习贯彻中央深改委第二次会议精神；传达学习省、无锡市扫黑除恶斗争领导小组2023年第一次会议精神，听取江阴市扫黑除恶斗争工作情况汇报。

9月7日，市委理论学习中心组学习会召开，围绕深入学习贯彻中共二十大精神和习近平总书记对江苏工作重要讲话重要指示精神，落实市委关于大兴调查研究的实施方案要求，交流专题调研成果。无锡市委常委、江阴市委书记许峰主持会议并讲话。19日，许峰主持召开十四届市委常委会第76次（扩大）会议，学习贯彻习近平总书记在中共中央政治局会议上的重要讲话精神；学习贯彻习近平总书记对网络安全和信息化工作的重要指示精神，学习贯彻全国网络安全和信息化工作会议精神；传达学习中央和全省学习贯彻习近平新时代中国特色社会主义思想主题教育第一批总结暨第二批部署会议精神，传达无锡市主题教育动员部署会议精神，听取江阴市主题教育准备工作情况汇报。同日，市委学习贯彻习近平新时代中国特色社会主义思想主题教育领导小组召开第一次会议，讨论市委主题教育领导小组工作规则、全市主题教育工作计划等文件，研究有关事项和近期重点工作。领导小组组长许峰主持会议并讲话。领导小组副组长包鸣、程政、吴莉萍参加会议。25日，江阴市举行市级领导干部学习贯彻习近平新时代中国特色社会主义思想主题教育读书班专题辅导。许峰主持会议。市长包鸣，市领导计军、邵文松等出席会议。无锡市委党校基本理论教研室主任、教授李建波作专题辅导。29日，许峰主持召开十四届市委常委会第77次（扩大）会议暨市委理论学习中心组学习会、市安委会全体（扩大）会议，学习贯彻习近平总书记致中欧班列国际合作论坛重要贺信精神；学习贯彻习近平总书记对新时代办公厅工作作出的重要指示精神，传达学习全国党委和政府秘书长会议精神；传达学习《中央党内法规制定工作规划纲要（2023—2027年）》《规范地方党委政策性文件制定工作规定》主要精神和省、无锡市有关通知要求，听取江阴市贯彻落实意见的汇报。

10月15日，市级领导干部学习贯彻习近平新时代中国特色社会主义思想主题教育读书班举行第二场专题辅导。无锡市委常委、江阴市委书记许峰主持，市长包鸣，市领导计军、邵文松等出席。中共江苏省委党校党史党建教研部副教授、硕士生导师蔡宗溢作专题辅导。16日，许峰主持召开十四届市委常委会专题会议，传达学习习近平总书记关于巡视整改工作的重要指示精神，传达学习省委书记信长星在省委书记专题会和省委常委会会议上的讲话要求，传达学习十四届省委第三轮巡视集中反馈会、省委第十巡视组巡视江阴市情况反馈会要求。23日，许峰主持召开十四届市委常委会第79次（扩大）会议暨省委第十巡视组巡视江阴市反馈意见整改落实工作领导小组会议，学习贯彻习近平总书记在中共中央政治局会议上的重要讲话精神；传达学习全省党委和政府秘书长办公室（厅）主任会议精神。26日，市委理论学习中心组召开学习会，围绕深入学习贯彻习近平总书记关于以学铸魂的重要要求，开展交流研讨。许峰主持学习会并讲话。市长包鸣，市领导计军、邵文松等出席会议。市委常委作交流发言。同日，许峰主持召开十四届市委常委会第80次（扩大）会议暨市共青团基层组织改革领导小组会议，传达学习《习近平总书记关于安全生产重要论述》摘编；传达学习省委书记信长星在江阴市、惠山区调研时的讲话要求。

11月4日，市委学习贯彻习近平新时代中国特色社会主义思想主题教育领导小组召开第二次（扩大）会议，深入学习贯彻习近平总书记关于主题教育最新重要讲话重要指示批示精神，传达学习省委书记信长星、无锡市委书记杜小刚相关讲话要求，听取江阴市主题教育进展情况汇报，交流工作推进情况，研究部署下阶段工作。无锡市委常委、江阴市委书记、领导小组组长许峰，领导小组副组长包鸣、陈兴华、程政、孙林祥、吴莉萍参加会议。10日，许峰主持召开十四届市委常委会第81次（扩大）会议暨市委审计委员会会议，学习贯彻习近平总书记在中共中央政治局第九次集体学习时的重要讲话精神；学习贯彻习近平总书记对推进新型工业化作出的重要指示和全国新型工业化推进大会、全省新型工业化推进会议精神；学习贯彻习近平总书记对宣传思想文化工作作出的重要指示和全国宣传思想文化工作会议精神；同日，市委理论学习中心组召开学习会，认真学习贯彻习近平总书记近期重要讲话重要指示重要回信精神，深入学习贯彻习近平总书记关于树立和践行正确政绩观的重要论述、关于以学增智的重要要求，深入学习运用浙江“千万工程”经验。许峰主持学习会并讲话。省委第三巡回督导组相关人员到会指导。16日，许峰主持召开十四届市委常委会第82次（扩大）会议暨省委第十巡视组巡视江阴市反馈意见整改落实工作领导小组会议，学习贯彻中央金融工作会议精神；学习贯彻习近平总书记同中华全国总工会新一届领导班子成员集体谈话时的重要讲话精神，传达贯彻中国工会第十八次全国代表大会精神；学习贯彻习近平总书记同全国妇联新一届领导班子成员集体谈话时的重要讲话精神，传达贯彻中国妇女第十三次全国代表大会精神；传达贯彻中国残疾人联合会第八次全国代表大会精神。22日，市委常委会召开巡视整改专题民主生活会。许峰主持会议并作总结讲话。无锡市委组织部有关人员到会指导。同日，许峰主持召开十四届市委常委会第83次（扩大）会议，传达学习习近平总书记对山西省吕梁市永聚煤矿一办公楼火灾事故作出的重要批示精神。30日，市委理论学习中心组召开学习会，围绕学习《中国共产党章程》，深入学习领会习近平法治思想、习近平总书记关于坚持和完善人民代表大会制度的重要思想以及全过程人民民主的重大理念，开展交流研讨。许峰主持会议并讲话。

市委常委作交流发言。

12月1日,“江阴大学堂”举行第61次专题讲座,邀请深圳生产力促进中心研究院院长杨刚勇,作题为“区域高质量发展秘诀与深圳高质量发展实践路径——兼谈江阴市经济高质量发展”的专题讲座。无锡市委常委、江阴市委书记许峰,市长包鸣,市领导计军、邵文松等听取讲座。8日,市委理论学习中心组召开学习会,深入学习贯彻习近平总书记关于树立和践行正确政绩观、推动高质量发展的重要论述,深刻领会正确政绩观的丰富内涵和实践要求,推动党员干部进一步增强树立和践行正确权力观、政绩观、事业观的政治自觉、思想自觉、行动自觉。许峰主持会议并讲话。市委常委交流发言。9日,许峰主持召开十四届市委常委会第85次(扩大)会议暨市委主题教育领导小组第三次会议、市委网络安全和信息化委员会会议和市委农村工作领导小组会议,学习贯彻习近平总书记在中共中央政治局会议上的重要讲话精神;学习贯彻习近平总书记在中共中央政治局第十次集体学习时的重要讲话精神;学习贯彻习近平总书记在深入推进长三角一体化发展座谈会上的重要讲话精神;传达学习中央主题教育领导小组第6次和第7次会议精神、中央主题教育工作推进会精神、中央第六巡回指导组调研反馈意见、全省和无锡市主题教育工作推进会精神。同日,市委理论学习中心组召开学习会,深入学习贯彻习近平文化思想,认真学习贯彻习近平总书记在文化传承发展座谈会上的重要讲话精神、关于以学正风的重要要求、关于坚决防止和克服形式主义的重要指示,进一步推动主题教育走深走实。许峰主持学习会并讲话。市委常委作交流发言。11日,市委常委会开展“牢记嘱托、感恩奋进、走在前列”大讨论,深入学习贯彻习近平总书记对江苏工作重要讲话精神,围绕“走在前列的要求是什么”“我们的差距在哪里”“下一步怎么干”等方面进行交流研讨。许峰主持。市委常委作交流发言。15日,市委常委会召开主题教育调研成果交流会,深入学习贯彻习近平总书记关于调查研究的重要论述,结合前期调查研究情况,开展研讨交流,进一步推动调研问题整改和成果转化运用。许峰主持会议并作总结讲话。20日,许峰主持召开十四届市委常委会第87次(扩大)会议暨市委理论学习中心组学习会、省委第十巡视组巡视江阴市反馈意见整改落实工作领导小组会议,学习贯彻中央经济工作会议精神;学习贯彻《党委(党组)意识形态工作责任制问责实施细则》,传达学习省委、无锡市委意识形态领域形势通报精神。25日,许峰主持召开十四届市委常委会第88次(扩大)会议暨市委全面深化改革委员会会议;传达学习习近平总书记近期系列重要讲话重要文章精神;学习贯彻中央全面深化改革委员会第三次会议精神;传达学习省委十四届五次全会精神、省委经济工作会议精神。28日,许峰主持召开十四届市委常委会第89次(扩大)会议,传达学习无锡市委十四届六次全会精神。同日,市委理论学习中心组召开学习会,深入学习贯彻习近平总书记在北京、河北考察灾后恢复重建工作时、在中央金融工作会议和中央经济工作会议上的重要讲话精神,认真学习贯彻习近平总书记关于以学促干的重要要求,进一步推动主题教育走深走实。许峰主持学习会并讲话。市委常委作交流发言。30日,市委常委会专题听取镇(街道)、园区和市委相关党(工)委书记抓基层党建工作述职。许峰出席会议并讲话。市委副书记、市长包鸣参加会议。无锡市委政法委常务副书记邹立群,以及无锡市委组织部、无锡市委政法委有关人员到会指导。

【重要工作推进活动】 2023年1月14日,江阴市举行高速道口景观改造提升工作推进会。无锡市委常委、江阴市委书记许峰带领相关部门和板块负责人,实地检查全市高速道口绿化及环境整治提升工程推进情况,研究部署下阶段高速道口景观提升具体工作。市长包鸣,市领导程政、张桂清陪同检查并参加会议。27日,江阴市举行核心商圈城市更新改造暨环城四路品质提升工程启动仪式。许峰宣布工程启动。市长包鸣,市领导计军、邵文松等参加活动。28日,江阴市举行重大项目观摩活动。市委书记许峰、市长包鸣率领各镇(街道)、园区以及相关部门负责人,走进全市各板块,集中检阅重大项目建设情况。市领导计军、邵文松等一同观摩。29日,江阴市召开“南征北战、东西互搏”战略*推进暨重大项目建设攻坚大会。许峰出席大会并讲话。市委副书记、市长包鸣,市领导计军、邵文松等参加会议。

2月10日,无锡市举行2023年一季度重大产业项目开工仪式。仪式以视频会议形式举行,主会场设在无锡市新吴区项目开工现场,无锡市委书记杜小刚宣布开工,无锡市市长赵建军讲话。无锡市委常委、江阴市委书记许峰在无锡市主会场出席仪式。江阴市市长包鸣,江阴市领导邵文松、陈兴华、王琪、顾文瑜、陈涵杰在江阴市分会场参加活动。16日,许峰主持召开江阴市主体功能区建设推进会,听取前期工作推进情况,明确下阶段具体目标和重点任务。市长包鸣,市领导王琪、祁军参加会议。19日,“挺进大湾区 创新向未来”2023江阴(深圳)科技人才合作恳谈会在深圳举行,并同步启动“霞客杯——科创临港”创新创业大赛深圳城市赛。许峰致辞。中国工程院外籍院士、南方科技大学工学院院长徐政和,江阴市领导王琪、吴莉萍、张韶峰、陈涵杰参加活动。同日,江阴高新区(深圳)创新中心正式启用,并举行2023大湾区产融对接会。许峰出席活动并讲话。市领导王琪、吴莉萍、顾文瑜、陈涵杰、时平,顺融资本、蒲公英孵化器董事长王亚雄参加活动。20日,2023江阴—香港科创产业发展恳谈会在香港江苏社团总会举行。许峰出席活动并致辞。全国政协委员、香港江苏社团总会会长姚茂龙,原全国人大代表、香港教育工作者联会名誉会长杨耀忠,市领导王琪、张韶峰、顾文瑜、陈涵杰、时平参加活动。

3月1日,全市建设生态环境治理现代化县域示范暨新一轮美丽幸福河湖建设动员大会召开。无锡市委常委、江阴市委书记许峰出席会议并讲话。市长包鸣作具体部署，省生态环境厅驻无锡环境监察专员潘羽忠到会指导，市政协主席邵文松等市领导参加会议。4日，江阴市召开经济运行分析调度会，总结1—2月经济运行情况，分析研判当前经济走势，部署下阶段重点工作。许峰出席会议并讲话。市长包鸣主持会议。市领导计军、邵文松等参加会议。同日，反映山泉村十余年振兴实践的长篇报告文学《振兴路上》首发式在南京市举行。原南京军区司令员朱文泉，十三届全国政协提案委员会副主任、省政协原主席蒋定之，省委原副书记顾浩，省人民政府原副省长李全林为新书揭幕。省委宣传部副部长徐宁，省文联主席、省报告文学学会会长章剑华，省作协党组书记、副主席、书记处第一书记汪兴国，江阴市领导许峰、程政、吴莉萍、钱晴等参加活动。6日，江阴市—灌云县南北结对帮扶合作第三次联席会议召开，通过加强对接、增进交流，推动两地合作走深走实。许峰与连云港市灌云县委书记苏锋座谈交流。江阴市委副书记、市长包鸣，市领导郁秋皓、顾文瑜、魏锋、钱晴、时平，赴灌云县挂职的灌云县委常委、副县长、江阴市南北结对帮扶合作灌云县前方联络组组长沈军陪同考察或参加会议。9日，市委、市政府以"敢为、敢闯、敢干、敢首创"为主题召开江阴市产业强市暨争创民营经济高质量发展示范市动员大会。许峰出席会议并讲话。市长包鸣主持会议，市领导计军、邵文松等参加会议。同日，江阴市召开全市城乡建设管理暨打造"全国最干净城市"推进工作会。许峰对该次会议作出批示。市领导包鸣、张桂清参加会议。14日，江阴市召开深化全国文明城市创建工作推进会。许峰出席会议并讲话，市长包鸣对文明城市创建工作作具体部署，市领导邵文松、程政、靳佳高、张韶峰、顾文瑜等参加会议。16日，文明的力量——夏和兴雕塑艺术馆开馆暨捐赠雕塑作品展在黄田港公园盛大开幕。许峰与中国美术家协会副主席、中国雕塑学会会长、上海大学美术学院院长曾成钢，深圳雕塑院原副院长、景德镇陶瓷大学硕士生导师及教授、中国工艺美术雕塑协会副秘书长夏和兴共同为雕塑艺术馆揭牌。市长包鸣，市领导程政、徐盛希、杭成、钱晴参加开幕式或参观展览。21日，江阴市召开霞客湾科学城功能区建设动员大会，正式拉开全市主体功能区建设序幕。许峰出席会议并讲话。市长包鸣主持会议。市领导王琪、吴莉萍、陈涵杰、张桂清、祁军参加会议。22日，江阴市大数据管理和政务服务局揭牌仪式在市政务服务中心举行，江阴市行政审批局更名为江阴市大数据管理和政务服务局。许峰和无锡市政府副秘书长、无锡市大数据管理局局长、无锡市城运中心主任胡逸为中共江阴市大数据管理和政务服务局委员会揭牌，市长包鸣和市委常委、常务副市长王琪为江阴市大数据管理和政务服务局揭牌，市委常委、组织部部长、统战部部长吴莉萍参加揭牌仪式。23日，由中国信息通信研究院、工业互联网产业联盟、边缘计算产业联盟联合主办的边缘计算发展高峰论坛暨第二届边缘计算开发者大赛颁奖仪式在江阴市举行。中国信息通信研究院总工程师敖立，省工信厅二级巡视员常如平，许峰出席活动并致辞。江阴市委常委、临港经济开发区党工委副书记张韶峰参加活动。22—23日，洪泰基金特色投后赋能服务品牌"洪泰 Family 地方行"在江阴市举行活动。无锡市市长赵建军会见洪泰 Family 企业家一行。无锡市委常委、江阴市委书记许峰，无锡市政府秘书长陈寿彬，江阴市市长包鸣，洪泰基金创始合伙人、新东方教育科技集团董事长俞敏洪，洪泰基金创始合伙人、董事长盛希泰，江阴市领导王琪、张韶峰、陈涵杰、时平参加相关活动。26日，第十八届中国徐霞客国际旅游节开幕式暨运河公园樱花园开园仪式隆重举行。市委书记许峰，市长包鸣，市领导计军、邵文松等出席仪式。市长包鸣在会上致辞，市领导顾文瑜、陈涵杰、郭诚参加签约仪式。28日，江阴市卫生健康系统2023年重点项目发布暨人才发展大会召开。许峰出席活动并下达重点项目攻坚令。市长包鸣，市领导计军、邵文松、陈兴华、王琪、吴莉萍、杭成参加会议。

4月1日，北京大学乡村振兴研究与实践江阴基地揭牌暨"重走孝通路 续写富民篇"专题调研启动仪式在江阴市举行。国务院参事室副主任、党组成员王卫民，国务院参事室特约研究员、中国劳动学会会长、人社部原党组副书记、原副部长杨志明，北京大学党委常务副书记陈宝剑，江苏省政府参事室原主任、中国社会学会原会长宋林飞，农业农村部政策与改革司副司长王宾，国务院参事室干部、中国艺术人类学学会"美美与共"文化创新发展专委会主任张喆，《中国乡村振兴》杂志社总编辑文炜，北京大学社会学系系主任周飞舟，江苏省农业农村厅副厅长许善平，江苏省委组织部组织二处二级调研员余祥明，无锡市和江阴市领导柏长岭、许峰、吴莉萍、张韶峰、魏锋、张桂清，以及相关领导、专家参加活动。6日，江阴市召开全市武装工作会议。无锡市委常委、江阴市委书记、市人武部党委第一书记许峰出席会议并讲话。市委常委、市人武部政委黄宇，副市长翟菁出席会议，市人武部部长陈鹏主持会议。13日，以"澄友天下 共谋发展"为主题的2023江阴市外商投资企业春季 Tee 台交流会在江阴市黄山森林公园举行，江阴市国际友人俱乐部同时揭牌成立。许峰出席活动并致辞，江苏省外商投资企业协会会长赵进，市领导陈涵杰、时平参加活动。20日，盛合晶微产业资本对接会在江阴市举行。市委书记许峰，市领导顾文瑜、陈涵杰、时平，盛合晶微半导体（江阴）有限公司董事长崔东参加会议。21日，2023年江苏省老年人体育节在江阴市体育馆隆重开幕。省委原副书记、省政协原副主席任彦申，省委原常委、省纪委原书记弘强，省委原常委、省人大常委会原常务副主任林祥国，省政协原副主席、省政府原副省长许津荣，省政协原副主席、省老年人体育协会会长王雪非出席活动。江阴市领导许峰、杭成、钱晴参加活动。

5月3日,江阴市举行一季度重大项目观摩活动,无锡市委常委、江阴市委书记许峰,市长包鸣率领各镇(街道)、园区和相关部门负责人,集中检阅重大项目建设最新成果。市领导计军、邵文松等一同观摩。4日,“‘四敢’担当 奋斗有我”——江阴共青团“五四”主题团日活动举行。许峰到会讲话。市领导计军、邵文松、程政、魏锋参加活动。10日,第六届中国江阴(高新区)创新创业大赛启动仪式暨集成电路产业合作恳谈会在上海市举行。中国工程院院士沈昌祥视频致辞,许峰出席活动并启动第六届中国江阴(高新区)创新创业大赛,中国科学院微电子研究所副所长李泠,市领导吴莉萍、顾文瑜参加活动。11日,江阴市举行民营企业司法保护实践基地启动仪式。江阴市委书记许峰,无锡市中级人民法院党组书记、院长钱斌共同为江阴市民营企业司法保护实践基地揭牌。江阴市民营企业发展交流中心同时揭牌启用。20日,江阴市召开城市形象品质提升工作推进会。许峰出席会议并讲话。市长包鸣主持会议。市领导许昌、杭成、金丹菁、张桂清参加会议。25日,江阴市召开提速打造“全国最干净城市”区域性综合提升工作推进会。市委书记许峰,市长包鸣,市领导许昌、张桂清参加会议。28日,“同心向党共江阴”党建联盟合作签约仪式暨瀚联半导体基金专场研讨会在江阴市举行。许峰出席活动并致辞。市领导吴莉萍、顾文瑜、时平,联想控股股份有限公司执行董事、首席执行官李蓬,上海富瀚微电子股份有限公司董事长、总经理杨小奇参加活动。29日,江阴市举行“中国民营企业500强”入围企业统战工作机构集中成立仪式。无锡市委常委、江阴市委书记许峰,无锡市委常委、统战部部长周常青共同为江阴市14个“中国民营企业500强”入围企业统战工作机构授牌。江阴市领导吴莉萍、钱晴参加活动。

6月1日,江阴市庆“六一”主题活动暨首届“儿童友好季”“江阴农商银行杯”亲子迷你马拉松赛启动仪式在锡澄运河公园三期举行。无锡市委常委、江阴市委书记许峰,市长包鸣,市领导邵文松、程政、魏锋参加活动。10日,第二届长三角(江阴)现代中药大健康产业创新大会暨中华中医药学会专科专病合作发展平台年会在江阴市开幕。中国工程院院士刘良出席活动,中华中医药学会副会长兼秘书长王国辰,江苏省卫健委副主任、省中医药管理局局长朱岷,许峰参加开幕式并致辞,江阴市领导陈涵杰、杭成参加活动。12日,江阴市举行“锡剧廉洁教育进校园”观摩活动。无锡市委常委、市纪委书记、市监委主任周凤琴,无锡市委常委、江阴市委书记许峰,江阴市领导程政、靳佳高、杭成、钱晴参加观摩活动。14日,全市冲刺“双过半”经济运行分析会召开,专题听取1—5月主要经济指标完成情况,分析形势、明确责任,研究部署下阶段重点工作。市委书记许峰,市领导王琪、张韶峰、顾文瑜、陈涵杰、翟菁、魏锋、张桂清参加会议。20日,“砥砺共奋进 敢于创未来”江阴市企业家协会成立40周年纪念座谈会召开。许峰出席会议并讲话。市委常委、常务副市长王琪参加会议。

7月6日,中欧(江阴)创新产业园推介会在上海市举行,江阴高新区联袂中国欧盟商会开展招商引资推介,标志着双方合作正式扬帆起航。中国欧盟商会副主席兼上海董事会主席代开乐,无锡市委常委、江阴市委书记许峰,市领导顾文瑜、时平,以及来自中国欧盟商会的会员企业代表和部分嘉宾客商参加活动。8日,2023科创工程师人才培养大会暨第二十二届全国大学生机器人大赛决赛在江阴市举行。中国工程院院士李魁武、邱志明,中国科学院院士芮筱亭,中国工程院院士杨树兴、朱广生、向锦武、邹汝平、付梦印出席活动。工业和信息化部人事教育司二级巡视员张红岩出席并致辞。许峰观看比赛并为冠军队颁奖。无锡市副市长卢敏,江阴市领导吴莉萍、张韶峰、杭成参加活动。16日,江阴市—锡山区—惠山区联动发展战略合作第二次会议在惠山区举行。江阴市委书记许峰,无锡市政协副主席、惠山区委书记吴建元,锡山区委书记方力,江阴市市长包鸣,锡山区区长顾文浩,惠山区区长程松等参加会议。27日,2023“数字江阴”推进大会召开。许峰出席会议并讲话。市领导陈兴华、程政、靳佳高、王琪、黄宇、郁秋皓、顾文瑜、谢映军参加会议。28日,2023年江阴市食品药品安全工作会议召开。许峰就全市食品药品安全工作作出批示。市长包鸣、副市长陈涵杰参加会议。

8月2日,全市二季度重大项目观摩活动举行。无锡市委常委、江阴市委书记许峰率领各镇(街道)、园区以及相关部门负责人,集中检阅重大项目建设的最新成果。市领导计军、邵文松等一同观摩。8日,江阴市2023年“全民健身日”主题活动暨“海澜之家杯”首届和美乡村篮球联赛(村BA)启动仪式在新桥镇飞马水城举行。许峰出席开幕式。市领导程政、杭成、钱晴参加活动。9日,江阴市举行产业工人队伍建设改革第五次联席会议暨工作推进会。许峰对会议作出批示。市领导吴莉萍、张国兴、陈涵杰参加会议。10日,江阴集成电路产业发展高层论坛暨“芯链计划”发布大会在江阴高新区举行。来自国际国内重点知名企业、产业投资机构、高校科研院所等领域的嘉宾代表共同见证江阴“芯链计划”发布和一批优质项目签约。许峰出席活动并致辞,市长包鸣主持活动,市领导顾文瑜、陈涵杰、时平参加活动。18日,江阴市首届运河啤酒音乐节在锡澄运河公园开幕。许峰宣布音乐节开幕,市长包鸣致辞,市领导程政、王琪、陈涵杰、杭成、钱晴、时平、张桂清参加活动。

9月9日,江阴市召开文化高质量发展大会。无锡市委常委、江阴市委书记许峰出席会议并讲话,市领导计军、邵文松、陈兴华、程政、王琪参加会议。同日,中国集成电路投资创新联盟项目及行业趋势交流会在江阴市举行。中国集成电路创新联盟秘书长叶甜春,许峰出席活动并致辞,市领导顾文瑜、时平参加活动。14日,第十三届江苏省(无锡)园艺博览会江阴市筹办工作领导小组召开第一次会议,听取筹办工作推进情况,协调解决推进过程中的实际问题。许峰出席会议并讲话。市长包鸣，市领导许昌、杭成、金丹菁、张桂清、谢映军参加会议。26日，江阴市举行江阴高铁站徐霞客雕像揭幕仪式。市委书记许峰，市长包鸣，市领导计军、邵文松等，以及雕像创作者、江阴籍雕塑家夏和兴共同为雕像揭幕。29日，江阴市举行城区六路品质提升工程竣工暨精管善治专项行动启动仪式。许峰宣布城区六路品质提升工程竣工、精管善治专项行动启动，与其他市领导共同启动“聚焦城区六路 共赏城市更新”主题摄影展。市长包鸣，市领导计军、邵文松、许昌、张桂清参加活动。30日，江阴市各界向革命烈士纪念碑敬献花篮仪式在市革命烈士纪念馆举行。市委书记许峰，市人大常委会主任计军，市政协主席邵文松等市四套班子领导出席活动。市长包鸣主持活动。

10月11日，由中国科协企业创新服务中心、江苏省科学技术协会主办的2023“专精特新”企业人才创新成长论坛在江阴市举行。市委书记许峰，市领导吴莉萍、魏锋，中国科学院院士吴培亨，俄罗斯自然科学院外籍院士李千目、檀润华、刘礼华参加活动。22日，2023时裳新桥·江阴半程马拉松正式开跑。许峰出席开幕式，为新桥镇颁发体育赛事组织特别贡献奖，并与市长包鸣，市领导计军、邵文松等共同为比赛发枪。28日，2023江阴国家高新区开放创新合作交流会举行。许峰出席活动并致辞，市委常委、高新区党工委副书记顾文瑜作高新区投资环境推介。

11月19日，2023年扬子江县域知识产权高质量发展论坛开幕式在江阴市举行。国家知识产权局知识产权运用促进司原司长、一级巡视员雷筱云，国家知识产权局知识产权运用促进司副司长彭文出席活动。无锡市委常委、江阴市委书记许峰出席开幕式并致辞，市长包鸣主持开幕式，市领导顾文瑜、陈涵杰参加活动。20日，市委、市政府举行全市“奋战四十天、决胜全年红”动员暨“担使命做贡献”季季评活动推进大会。许峰出席会议并讲话。市委副书记、市长包鸣主持会议。市领导计军、邵文松等出席会议。

12月5日，江阴临港前海国际联合创新中心在广东省深圳市正式投运。中国科学院外籍院士、英国皇家学会院士、美国科学院外籍院士约翰·罗杰·斯彼克曼，无锡市委常委、江阴市委书记许峰，江阴市领导张韶峰、陈涵杰、时平，伯乐产服集团董事长高屹参加活动并共同为联合创新中心揭牌。7日，江阴大厦启动仪式暨合成生物学专题研讨会在上海市举行。许峰出席活动并致辞，市领导张韶峰、时平参加活动。8日，以“共护母亲河、同建幸福村”为主题的长江大保护与乡村振兴百村座谈会在江阴市长江村举行。江苏省人大常委会常务副主任、党组副书记樊金龙，全国人大常委会代表工作委员会副主任傅文杰，许峰致辞。无锡市人大常委会常务副主任徐劼，江阴市领导计军、赵巧新、魏锋参加座谈会。16日，“数智特钢 灯塔引航”全球特钢行业首家灯塔工厂发布会在江阴市举行。中信集团党委书记、董事长奚国华讲话，无锡市委书记杜小刚致辞。中信集团副总经理、总工程师徐佐，市委书记许峰，江阴市市长包鸣，江阴市领导顾文瑜、陈涵杰出席发布会。同日，“拥抱新时代 科创向未来”2023年江阴市企业家协会年会暨协会成立40周年纪念活动举行。许峰出席活动并寄语全市企业家。无锡市企业联合会、企业家协会会长林国忠，江阴市市长包鸣，江阴市领导计军、邵文松等及部分老领导参加活动。江阴市企业家协会会长俞亚鹏主持活动。17日，2023年全国太极拳公开赛总决赛开幕式暨太极拳列入世界非物质文化遗产三周年纪念展演在江阴市海澜飞马水城举行。国家体育总局党组成员、副局长刘国永，江苏省体育局局长陈少军，江阴市委书记许峰，中国武术协会主席陈恩堂，中国武术协会副主席、江苏省武术运动协会主席、海澜集团创始人周建平共同启动2023年全国太极拳公开赛总决赛。无锡市副市长秦咏薪，江阴市市长包鸣，江阴市领导杭成、钱晴参加活动。24日，江苏江阴—靖江工业园区高质量跨江融合发展大会举行。江阴市委书记许峰、靖江市委书记张长平分别致辞。江阴市市长包鸣，靖江市市长申强，江阴市领导王琪、吴莉萍、赵巧新、尹志华、杭成，靖江市领导王瑾、孙鹏建参加会议。26日，江阴市教育高质量发展大会召开。许峰出席会议并讲话，市长包鸣主持会议。市人大常委会主任计军等市领导参加会议。28日，以“共分享、铸信心、赢未来”为主题的长电科技2023全球供应商大会在江阴市举行。中国科学院院士刘胜作主题演讲，中国集成电路创新联盟秘书长叶甜春视频致辞。江阴市委书记许峰，长电科技董事、首席执行长郑力致辞。市长包鸣主持活动，市领导王琪、顾文瑜参加活动。

【走访调研活动】 2023年1月12日，无锡市政协主席项雪龙，无锡市委常委、江阴市委书记许峰，走访慰问驻江阴市部队、先进典型、困难群众。江阴市委常委、宣传部部长程政陪同走访。同日，无锡市委常委、江阴市委书记许峰赴临港经济开发区，调研近年新招引科技型企业的技术创新、产品研发、市场推广等情况。市领导张韶峰、顾文瑜陪同调研。17日，许峰走访慰问和电话连线老领导，向他们致以诚挚的节日问候。市委常委、组织部部长、统战部部长吴莉萍参加走访慰问活动。18日，许峰到驻江阴市部队和武警江阴中队，向部队官兵致以节日祝福和诚挚问候。市领导计军、翟菁陪同走访慰问。同日，许峰走访慰问“中国好人”、困难党员群众和劳模先进，并深入挂钩村与基层干部开展交流探讨，共商富民强村发展之策。市领导程政、张晓东陪同慰问。19日，许峰带领相关部门负责人到消防救援站、企业、批发市场、车站等地，检查春运、安全生产、市场保供等工作，向坚守岗位的一线工作人员提前送上节日的祝福和问候。市领导程政、王琪、郁秋皓、陈涵杰、许昌参加走访慰问。22日，许峰率队到市城运中心、环卫站、企业、边检部门，检查春节假期值班值守情况，代表市委、市政府看望慰问坚守在一线的干部职工。市领导张韶峰、顾文瑜、陈涵杰、时平、张桂清陪同走访慰问。同日,许峰率领相关部门负责人,上门走访慰问江阴返乡乡贤。市领导吴莉萍、顾文瑜陪同走访慰问。31日,省人民检察院党组书记、检察长石时态到江阴市调研人民检察院工作。许峰陪同调研。

2月8日,比利时贝卡尔特集团高层到江阴访问。无锡市委常委、江阴市委书记许峰会见贝卡尔特集团首席执行官施密特一行,双方围绕进一步拓宽合作领域深入交流。市长包鸣,市领导王琪、顾文瑜、陈涵杰、许昌、时平参加会见。10日,无锡市委书记杜小刚、无锡市市长赵建军率无锡市领导和各市(县)区、市有关部门、市属国企、省级以上开发区主要负责人到江阴市,集中检阅江阴市重大项目建设最新成果。市委书记许峰,市长包鸣,江阴市领导王琪、张韶峰、顾文瑜、翟菁参加观摩。14—15日,省人大常委会副主任曲福田率调研组到江阴开展《江苏省安全生产条例(修订草案)》立法调研。市委书记许峰,无锡市人大常委会副主任曹佳中,江阴市人大常委会主任计军,江阴市委常委、常务副市长王琪,江阴市人大常委会副主任赵巧新、许晨,江阴市副市长杭成陪同调研或参加座谈会。16日,无锡市政协主席项雪龙,副主席许立新、顾铮铮,秘书长钱文琴一行到江阴市,走访看望住江阴全国政协委员及无锡市政协港澳委员。市委书记许峰,江阴市领导邵文松、顾文瑜,江阴市政协秘书长邹鹏辉陪同相关走访。

3月1日,无锡市委常委、江阴市委书记许峰会见蒙特集团高级副总裁、中国区总裁奥利维尔·佩尔蒂埃一行,双方就进一步深化合作进行洽谈交流。相关市领导参加会见。同日,新疆霍城县党建领域考察交流代表团到江阴市考察,无锡市委常委、江阴市委书记许峰会见霍城县县长艾斯克尔·阿布都维力一行。江阴市委常委、组织部部长、统战部部长吴莉萍参加会见。10日,国家文化公园建设工作领导小组办公室专职副主任、文化和旅游部资源开发司二级巡视员白四座率队到江阴市,开展长江国家文化公园建设保护规划补充调研。市委书记许峰,市领导程政、钱晴陪同调研。13日,无锡市委常委、统战部部长周常青率队到江阴市调研全省民营经济高质量发展示范市创建工作。江阴市领导许峰、吴莉萍、顾文瑜参加调研。14日,无锡市委常委、江阴市委书记许峰率领相关部门负责人,以"四不两直"形式深入商业街、老旧小区等地,现场督查文明城市创建工作。市领导程政、许昌、张光伟、张桂清参加督查。19日,许峰率领相关部门负责人,以"四不两直"方式深入徐霞客镇、华士镇,现场督查文明城市创建工作。市领导陈兴华、程政、魏锋参加督查。24日,新疆霍城县委书记、果子沟—赛里木湖旅游景区党委书记马龙率霍城县党政代表团到江阴市考察产业发展、乡村振兴等工作,并对接产业援疆、人才援疆等方面合作。无锡市委常委、江阴市委书记许峰会见马龙一行。市领导陈兴华、郁秋皓、朱晓峰、魏锋参加活动。26日,无锡市委常委、江阴市委书记许峰带队以"四不两直"方式检查消防安全工作,主持召开消防领域"老大难"问题攻坚治理推进会。市领导王琪、许昌、时平、张桂清陪同检查并参加会议。

4月9日,市委常委会到临港经济开发区调研,就地召开会议听取临港开发区工作情况汇报,研究部署相关重点事项,审议通过《支持临港开发区高质量发展 打造竞争力一流的国际化开放园区的意见》。无锡市委常委、江阴市委书记许峰率队调研并主持会议。市长包鸣、市政协主席邵文松等市领导参加调研和会议。13日,长沙市委常委、浏阳市委书记朱东铁率浏阳市党政代表团一行到江阴市考察。市委书记许峰、市人大常委会主任计军、市委副书记陈兴华陪同考察。14日,许峰率领相关部门负责人,以"四不两直"方式到临港经济开发区,实地调研重大项目建设、工业园区升级改造、重点地块腾退工作。市领导张韶峰、时平参加调研。同日,甘肃省玉门市委书记王超率玉门市党政代表团到江阴市考察,双方举行江阴—玉门"一带一路"*跨区域合作交流会,就进一步推动两地相关领域合作展开交流。许峰会见王超一行,江阴市领导陈兴华、王琪,玉门市领导杨界德、石斌参加活动。17日,南通市如东县委书记陈慧宇,县委副书记、县长陈雷率如东县党政代表团到江阴市考察产业发展、科技创新、城市建设、生态保护等方面的情况。市委书记许峰,市委副书记、市长包鸣,市领导计军、顾文瑜陪同考察。26日,Envalior集团高层到江阴市访问。许峰会见Envalior集团首席执行官卡勒姆·麦克莱恩一行,双方就合作相关事宜进行深入交流。市领导顾文瑜、陈涵杰、时平参加会见。29日,许峰率领相关部门负责人,实地检查安全生产、项目建设等工作。市领导王琪、许昌、张桂清参加检查。

5月8日,无锡市委常委、江阴市委书记许峰率领相关部门负责人实地检查沪宁沿江高铁江阴段沿线环境整治情况,并召开现场推进会。市领导靳佳高、吴莉萍、张桂清参加会议或检查。9日,无锡市委书记杜小刚到江阴市,深入企业和项目建设现场,开展调查研究。江阴市委书记许峰,无锡市副市长张立军,江阴市领导王琪、顾文瑜、金丹菁、张桂清参加调研。11日,青海省政府参事,青海省发展改革委原党组书记、主任党晓勇一行到江阴市调研东西部协作工作。江苏省发展改革委二级巡视员陆建康,市委书记许峰,副市长魏锋陪同调研。15日,唐山市政协副主席、迁安市委书记王文彬率领迁安市党政代表团到江阴市考察产业发展、科技创新等工作。市委书记许峰,市领导陈兴华、顾文瑜陪同考察。16日,省人大常委会委员、省委组织部副部长、省委编办主任李伟率督查组到江阴市,就江阴贯彻落实省委《关于新时代坚持和完善人民代表大会制度、加强和改进人大工作的实施意见》情况开展专项督查。江阴市委书记许峰,无锡市人大常委会副主任曹佳中,江阴市人大常委会主任计军陪同督查。17日,许峰到周庄镇,深入企业、村庄和项目建设现场，开展调查研究。市委常委、常务副市长王琪参加调研。18日，许峰带队走访慰问困难残疾人和残疾人服务机构。市人大常委会副主任张国兴参加走访慰问。22日，湖北省仙桃市委书记罗联峰率仙桃市党政代表团到江阴市考察，深入了解江阴企业创新发展、生态环境保护等方面的情况。市委书记许峰，市领导邵文松、陈兴华陪同考察。26日，无锡市委书记杜小刚到江阴市，就“双联双提”工程*工作开展调查研究。江阴市委书记许峰，无锡市副市长张立军，江阴市市长包鸣，江阴市领导张韶峰、陈涵杰、张桂清参加调研。

6月3日，江南大学党委书记朱庆葆、校长陈卫一行到江阴市调研。无锡市委常委、江阴市委书记许峰会见朱庆葆一行，双方就进一步深化校地合作开展座谈交流。市长包鸣，市领导王琪、顾文瑜、杭成陪同调研或参加会见。4日，许峰率领相关部门负责人，赴江阴高新区、临港经济开发区调研重大项目建设推进情况。市领导张韶峰、顾文瑜参加调研。6日，许峰率领相关部门负责人检查高速道口景观改造工程建设情况。市政府党组成员张桂清参加检查。7日，许峰率领相关部门负责人，实地检查水利枢纽、生态湿地保护区、重点整治河道等点位防汛抗旱、河道水质提升工作情况。市领导张韶峰、金丹菁参加检查。24日，许峰率领相关部门负责人，赴江阴高新区和临港经济开发区，调研节日期间企业生产及城乡环境建设情况。市领导张韶峰、顾文瑜、张桂清陪同调研。26日，许峰率相关部门负责人专题调研科创载体建设推进情况。市领导顾文瑜、陈涵杰参加调研。27日，许峰走访慰问部分困难党员，代表市委、市政府向他们送去关心祝福。

7月2日，无锡市委常委、江阴市委书记许峰带领相关部门负责人到江阴—靖江工业园区，专题调研安置房工程推进情况。副市长、江阴—靖江工业园区党委书记翟菁参加调研。同日，国家统计局党组成员、副局长盛来运一行到江阴市就当前经济形势进行调研并召开座谈会。省统计局党组书记、局长王显东，江苏调查总队党组书记、总队长仲柯，无锡市委常委、常务副市长蒋敏，江阴市委书记许峰，市长包鸣，江阴市领导王琪、顾文瑜、陈涵杰参加调研或座谈会。3日，许峰率领相关负责人到华士镇，深入企业发展、“厂中厂”整改一线，开展调查研究。副市长、华士镇党委书记魏锋参加调研。15日，许峰赴高新区，专题调研重大项目建设和文化传承发展工作。市委常委、高新区党工委副书记顾文瑜参加调研。18—19日，市委书记许峰，市长包鸣深入项目施工现场、企业生产、城市保洁一线开展夏季高温慰问活动。市领导计军、邵文松、顾文瑜、张桂清参加慰问活动。19日，省政协副主席姚晓东带领省政协文化文史和学习委员会一行，就“聚焦人的全面发展、深化建设‘社会文明程度高’新江苏”到江阴市开展专题调研。无锡市政协主席项雪龙，江阴市委书记许峰，无锡市和江阴市领导毛加弘、邵文松、程政、张晓东陪同调研。26日，许峰一行走访慰问驻江阴市部队、市人武部以及优秀退役军人代表。市领导计军、黄宇参加走访慰问活动。同日，无锡市委常委、市纪委书记、市监委主任周凤琴，江阴市委书记许峰带队走访慰问驻江阴市部队。江阴市副市长金丹菁参加活动。

8月8日，省人大常委会副主任张宝娟率调研组到江阴市调研人大代表工作，并走访联系全国人大代表。无锡市委常委、江阴市委书记许峰，无锡市人大常委会常务副主任徐劼，江阴市人大常委会主任计军，市委常委、临港经济开发区党工委副书记张韶峰陪同调研。31日，安姆科集团高层到江阴市访问。许峰会见安姆科集团董事、全球首席执行官 Ron Delia 一行，双方就深化合作进行座谈交流。市领导张韶峰、陈涵杰、时平参加会见。

9月2日，无锡市委常委、江阴市委书记许峰主持召开座谈会，专题调研霞客湾科学城功能区建设情况。市领导陈兴华、陈涵杰、魏锋、时平、谢映军参加座谈会或陪同调研。6日，陕西省委常委、延安市委书记蔄慧杰率领延安市党政代表团到江阴市考察，深入了解江阴经济社会发展、生态环境保护等方面情况。无锡市政协主席项雪龙，江阴市委书记许峰，无锡市、江阴市领导徐劼、马良、张韶峰、翟菁等陪同考察。7日，省住房和城乡建设厅厅长王学锋率调研组一行，到江阴市调研第十三届省园博会（无锡）筹办工作。江阴市委书记许峰，无锡市副市长张立军，江阴市市长包鸣，市政府党组成员张桂清、谢映军陪同调研。8日，市委书记许峰、市长包鸣分组开展教师节走访慰问活动，向教育一线教职员工送去节日的问候和祝福。市领导计军、邵文松、程政参加走访慰问。17日，内蒙古自治区副主席白清元率调研组到江阴市，就推动开发区建设管理、先进制造业发展等方面开展调研。市委书记许峰陪同调研，市长包鸣与调研组一行座谈交流，市领导张韶峰、陈涵杰参加活动。29日，许峰带队，实地检查高层建筑、大型商场、建设工地、在建项目、“厂中厂”、燃气供应站点、餐饮等场所的安全生产、消防安全情况，检查节日保供情况。市领导王琪、顾文瑜、陈涵杰、时平陪同检查。

10月5日，无锡市委常委、江阴市委书记许峰率领相关部门负责人，专题调研城市快速路网体系及功能设施建设。市领导顾文瑜、钱晴、张桂清参加调研。17日，比利时贝卡尔特集团董事长丁有仁率集团董事会全体成员到江阴市访问。许峰会见丁有仁一行。市长包鸣，市领导顾文瑜、陈涵杰、时平，贝卡尔特集团首席执行官柯逸夫参加会见。20日，省委书记信长星到江阴市调研并督办省政协“关于加快全省先进制造业集群培育，大力推进制造强省建设”重点提案。省政协主席张义珍主持座谈会。省领导储永宏、王昊，无锡市委书记杜小刚，江阴市委书记许峰参加活动。同日，许峰带队开展敬老节走访慰问活动。市领导计军、杭成参加走访慰问活动。30日，无锡市政协主席项雪龙、副主席毛加弘、秘书长钱文琴一行到江阴市，围绕贯彻落实中共中央办公厅《关于加强和改进新时代市县政协工作的意见》及省委办公厅、无锡市委办公室实施意见精神开展监督性调研。江阴市委书记许峰，市政协主席邵文松，市委常委、临港经济开发区党工委副书记张韶峰，市政协副主席张晓东、叶韩清、钱晴、时平，党组成员张忠，秘书长邹鹏辉参加调研。

11月8日，无锡市委常委、江阴市委书记许峰围绕“建设生态环境治理现代化县域示范”课题，率队开展专题调研。市领导金丹菁、张桂清参加调研。11日，许峰带队深入田间地头、农机合作社、粮库项目、村庄民居现场，调研秋收秋种、秋粮收购和“三清三治”*工作。副市长魏锋参加调研。14日，市委常委会开展“矢志建设长江生态安全示范区”典型案例解剖式调研。许峰主持会议并讲话。市长包鸣、市人大常委会主任计军等市领导出席会议。25日，许峰以“四不两直”方式，深入易燃易爆、人员密集场所和新业态新领域，检查安全生产工作。市领导王琪、顾文瑜、钱晴参加检查。30日，许峰到高新区开展主题教育专题调研。市委常委、高新区党工委副书记顾文瑜陪同调研。

12月8日，无锡市委常委、江阴市委书记许峰以“四不两直”方式，深入宾馆酒店、工厂企业、党政机关办公场所等地，检查安全生产和夜间值班值守工作。市领导王琪、许昌参加检查。17日，许峰带头开展“四下基层”*，深入城区调研公园“微幸福”工程推进情况、高铁站交通接驳情况、困难党员生活情况等，现场办公解难题、抓落实、促发展。市领导杭成、张桂清参加活动。19日，许峰到城运中心、农贸市场、环卫爱心驿站，检查全市低温雨雪冰冻灾害防范应对工作，看望慰问一线职工。市领导王琪、金丹菁、张桂清参加检查。30日，市委书记许峰，市长包鸣分两路前往企业、工地、消费场所等处，实地检查节日期间安全生产、市场保供等重点工作，慰问基层一线劳动者。市领导王琪、张韶峰、陈涵杰、许昌、时平、张桂清分别陪同慰问或检查。

【学习考察活动】 2023年1月5日，无锡市委常委、江阴市委书记许峰率队赴上海开展招商考察活动。市领导张韶峰、顾文瑜、时平参加相关活动。

2月20—22日，无锡市委书记杜小刚率无锡代表团，拜访中信泰富、华润集团等香港企业，到香港大学，对接香港名牌高校科教资源，推进锡港两地在产业、科创、金融、教育、文旅等领域的对接合作。无锡市委常委、江阴市委书记许峰，江阴市领导王琪、张韶峰、顾文瑜、陈涵杰、时平参加有关活动。活动期间，许峰率江阴招商代表团在香港开展招商考察活动。23日，许峰率江阴招商代表团到澳门，考察澳门城市大学、澳门贸易投资促进局等学府和机构，推进两地在贸易、科创、教育、文旅等领域的对接合作。市领导王琪、顾文瑜、陈涵杰、时平参加活动。

4月23—25日，无锡市委常委、江阴市委书记许峰率领江阴市党政代表团赴上海市、浙江省杭州市、安徽省合肥市学习考察。市领导包鸣、计军、王琪、张韶峰、顾文瑜、陈涵杰、翟菁、魏锋、时平等参加学习考察活动。

5月19日，无锡市委常委、江阴市委书记许峰率领相关负责人，赴上海市、苏州市拜访客商、对接重点项目，并考察特色商圈建设运营情况。市领导陈涵杰、时平参加活动。

8月4—6日，无锡市委常委、江阴市委书记许峰率江阴市党政代表团到江阴市对口援疆地区——新疆维吾尔自治区伊犁哈萨克自治州霍城县，考察对口支援工作。市领导杭成参加考察或座谈会。

9月14—16日，无锡市委常委、江阴市委书记许峰率江阴市党政代表团，赴陕西省延安市延川县学习考察。江阴市领导和延川县领导尹志华、翟菁、崔泰康参加活动。

10月31日至11月2日，无锡市委常委、江阴市委书记许峰率队赴北京市、天津市开展招商洽谈活动。市领导顾文瑜、杭成、时平参加活动。

12月5—6日，无锡市委常委、江阴市委书记许峰率队赴广东省深圳市开展招商洽谈活动。市领导张韶峰、顾文瑜、陈涵杰、时平参加活动。19日，许峰率队赴上海市开展招商考察活动。市领导张韶峰、时平参加活动。

【表彰活动】 2023年2月8日，“忠诚的力量”2022江阴公安工作报告会暨“金盾杯”颁奖仪式在江阴大剧院举行。无锡市委常委、江阴市委书记许峰，无锡市副市长、公安局局长张镇，江阴市领导计军、邵文松等参加活动。

3月7日，“巾帼心向党 奋进新征程”江阴市纪念“三八”国际劳动妇女节113周年主题活动暨“挺进主战场 巾帼奋斗说”芙蓉花开大宣讲在市新时代文明实践中心启动。无锡市委常委、江阴市委书记许峰到会讲话。市长包鸣，市领导计军、程政、吴莉萍、许晨、金丹菁、魏锋、曹兴华、钱晴参加活动。10日，江阴市举行以“爱国 敬业 诚信 友善”为主题的第九届“德耀江阴·十佳江阴好人”颁奖典礼，对获奖好人和团队进行表彰。市志愿服务总队队长许峰出席活动并进行理论宣讲，传达习近平总书记给“中国好人”李培生、胡晓春重要回信精神。市领导计军、邵文松、程政、杭成参加活动。

4月29日，江阴市召开“凝心铸魂跟党走 团结奋斗新征程”庆祝“五一”国际劳动节大会。无锡市委常委、江阴市委书记许峰出席活动并讲话。市长包鸣，市人大常委会主任计军等市领导参加活动。

10月12日，江阴市举行纪念市关工委成立30周年会议暨首届最美五老志愿者颁奖典礼。无锡市委常委、江阴市委书记许峰，无锡市关工委主任缪根宝，江阴市领导计军、邵文松、吴莉萍、尹志华参加活动。31日，江阴市召开见义勇为先进表彰大会。许峰对该次会议作出批示。市领导陈兴华、徐盛希、许昌、张晓东参加会议。

【项目签约、奠基、竣工活动】 2023年1月1日，上机数控光伏产业一体化制造基地项目开工仪式在江阴临港经济开发区举行，无锡市委常委、江阴市委书记许峰宣布项目开工。市长包鸣，市领导计军、邵文松、王琪、张韶峰、陈涵杰，无锡上机数控股份有限公司董事长杨建良参加开工仪式。6日，无锡市“四线四路”

(地铁5号线、无锡至宜兴城际轨道交通工程、地铁4号线二期、无锡至江阴城际轨道交通工程,与江阴靖江长江隧道南接线工程、锡宜高速扩建工程、锡太高速新建和沪武高速扩建工程无锡段)重大交通工程建设项目集中开工。无锡市委书记杜小刚宣布开工,无锡市市长赵建军讲话。开工仪式以视频连线方式举行,无锡市政协主席项雪龙,江阴市委书记许峰在无锡市主会场出席活动,江阴市政府党组成员张桂清在江阴市分会场参加活动。16日,总投资3000万美元的贝卡尔特AC精细帘线项目签约落户江阴。市委书记许峰,市领导王琪、顾文瑜、陈涵杰,贝卡尔特集团中国区总裁于达明,贝卡尔特集团高级副总裁、江阴首席总经理俞志高参加活动。27日,全市一季度重大项目集中开竣工暨中建材高效异质结电池项目开工仪式在江阴临港经济开发区举行。许峰宣布重大项目集中开竣工,市长包鸣,市领导计军、邵文松等参加活动。

2月5日,江阴市与锡山区、惠山区签订联动发展战略合作协议。无锡市委常委、江阴市委书记许峰,无锡市政协副主席、惠山区委书记吴建元,锡山区委书记方力,江阴市委副书记、市长包鸣,锡山区委副书记、区长顾文浩,惠山区委副书记、区长程松等参加签约仪式。15日,江阴与阿里巴巴举行战略合作签约仪式。市委书记许峰,阿里巴巴华东公司总经理李嘉平出席签约仪式。市领导陈涵杰、杭成、钱晴、时平参加签约仪式。

3月9日,江阴市人民政府与中国农业发展银行无锡市分行举行乡村振兴战略合作协议签约仪式。农发行江苏省分行党委书记、行长高常青,无锡市委常委、江阴市委书记许峰出席仪式并致辞。农发行无锡市分行党委书记、行长董亚婷,江阴市领导王琪、魏锋参加活动。14日,江阴市纪委监委与江苏大学纪检监察学院签署合作共建协议,并举行江苏大学纪检监察学院江阴培养基地、江阴市纪委监委干部培养基地揭牌仪式,共同推动纪检监察事业高质量发展。江苏大学党委副书记、校长颜晓红,无锡市委常委、市纪委书记、市监委主任周凤琴,江阴市委书记许峰,江阴市领导靳佳高、杭成出席签约仪式。21日,长强"5G+智能制造127特种钢管项目"开工典礼在江阴—靖江工业园区举行。许峰宣布项目开工,市领导王琪、陈涵杰、翟菁参加开工仪式。26日,江阴市举行德龙激光高端装备项目签约仪式。许峰和苏州德龙激光股份有限公司董事长赵裕兴共同为"激光高端装备(江阴)研发中心"揭牌。市长包鸣在会上致辞,市领导顾文瑜、陈涵杰、郭诚参加签约仪式。

4月9日,江阴综合保税区举行项目集中开工入驻仪式。无锡市委常委、江阴市委书记许峰出席活动并宣布项目开工入驻,市长包鸣、市政协主席邵文松等市领导参加活动。15日,江阴临港经济开发区与协鑫集团举行全面战略合作暨重大产业项目签约仪式。市委书记许峰,协鑫(集团)控股有限公司董事局主席朱共山出席签约仪式。市长包鸣,市委常委、临港经济开发区党工委副书记张韶峰及协鑫集团副总裁张建军参加签约仪式。

5月7日,江阴市与清华大学天文系、精密仪器系举行宽视场巡天望远镜精密光电系统研发基地签约仪式。清华大学党委副书记过勇,无锡市委常委、江阴市委书记许峰,江阴市领导吴莉萍、陈涵杰、曹兴华、祁军出席签约仪式。

6月9日,双良新能源产业项目一期双鹏25吉瓦大尺寸光伏硅片项目开工仪式在江阴临港经济开发区举行。无锡市委书记杜小刚,无锡市委常委、江阴市委书记许峰,江阴市领导邵文松、陈兴华、张韶峰、徐盛希、金丹菁参加活动。

8月15日,2023江阴市"全国生态日"主题宣传活动启动暨生态环境基础设施项目集中开竣工仪式举行。无锡市委常委、江阴市委书记许峰宣布2023江阴市生态环境基础设施项目集中开竣工,市领导计军、邵文松等参加活动。28日,江阴市举行霞客湾创智园入园项目集中签约仪式。许峰宣布霞客湾创智园开园。市领导包鸣、王琪、吴莉萍、陈涵杰、时平、谢映军参加活动。

10月12日,首芯半导体薄膜沉积设备项目在江阴高新区举行开工仪式,这是江阴市引进的首项半导体主要设备项目。无锡市委常委、江阴市委书记许峰宣布项目开工。市领导顾文瑜、时平,江苏首芯半导体科技有限公司董事长兼总经理周纬参加开工仪式。24日,江阴市举行瑞士安姆科"三总部三基地"项目开工仪式。无锡市委书记杜小刚、无锡市政协主席项雪龙等出席活动。市委书记许峰,江阴市市长包鸣,江阴市领导计军、邵文松等,安姆科大中华区总裁佘昕参加活动。28日,江阴市举行中信泰富能源江阴利电五期扩建工程开工仪式。无锡市委书记杜小刚出席活动。市委书记许峰,市领导包鸣、计军,中信泰富有限公司党委书记、董事长、总裁曾晨参加活动。

11月30日,特瓦特超快充华东区总部项目签约仪式在江阴市举行。无锡市委常委、江阴市委书记许峰会见北京特瓦特能源科技有限公司董事长王学启一行。市领导时平参加签约仪式。

12月19日,中国法治现代化研究院与江阴市委政法委签署政研战略合作协议,中国法治现代化研究院基层社会治理江阴调研基地揭牌。市委副书记、政法委书记陈兴华,副市长许昌参加活动。

(钱叶阳)

【接待工作】 2023年,江阴市接待各类宾客247批6619人次。其中,有党和国家领导5人次,部省级领导96人次,军队将领11人次,其他重要人士29人次。

2023年,5位国家现任领导和原领导到江阴视察指导工作。现任领导有第十四届全国人大常委会副委员长,民进中央主席蔡达峰。原领导有第十八届中央政治局委员,国务院原副总理、党组成员马凯;全国人大常委会原副委员长华建敏;全国政协原副主席张怀西;全国政协原副主席王志珍。

2023年,到江阴市考察调研工作的江苏省委、省政府领导有信长星、沈莹、惠建林、刘建洋、张国成、胡广杰、方伟、李耀光等;江苏省人大常委会领导有樊金龙、曲福田、张宝娟等;江苏省政协领导有姚晓东等。到江阴考察指导工作的老领导有王寿亭、任彦申、弘强、俞敬忠、李明朝、李佩佑、林祥国、李全林、柏苏宁、赵龙、丁解民、史和平、王荣炳、胡序建、李仁、吴瑞林、武继烈、陆军、张九汉、陈凌孚、陈宝田、包国新、何权、罗一民、徐鸣、范燕青、许津荣、王雪非、阎立、周振华、徐安、缪蒂生、徐珠宝等。

2023 年,据不完全统计,到江阴考察调研工作的国家各部委及各省省级领导和原领导有 20 余人次,其中在职领导 20 人次。先后为国务院参事室副主任王卫民;十四届全国人大常委、农业与农村委员会主任委员杜家毫;内蒙古自治区副主席白清元;中央纪委国家监委驻自然资源部纪检监察组组长,自然资源部党组成员魏山忠;生态环境部副部长、党组成员,国家核安全局局长董保同;住房和城乡建设部副部长、党组成员姜万荣;最高人民法院审委会副部级专职委员王淑梅;最高人民检察院政治部主任、党组成员潘毅琴;国家粮食和物资储备局党组成员、副局长黄炜;中华全国供销合作总社理事会副主任、党组成员侯顺利;国家自然科学基金委员会副主任、党组成员韩宇;中国工程物理研究院副院长、党委常委,中国科协副主席(兼)莫则尧;四川省委常委、政法委书记靳磊;贵州省委常委、宣传部部长卢雍政;陕西省委常委、宣传部部长孙大光;宁夏回族自治区人大常委会副主任杨玉经;辽宁省副省长,民建中央常委、辽宁省主委郭彩云;安徽省副省长孙勇;江西省副省长陈敏;湖南省副省长,民革中央常委、湖南省主委蒋涤非。

2023 年,据不完全统计,到江阴市的其他重要人士有 29 人次,先后为比利时贝卡尔特集团首席执行官施密特;中国工程院院士、广州中医药大学一级教授、广东省中医药科学院首席科学家、广州中医药大学中西医融合创新研究院院长刘良;新东方教育科技集团董事长、洪泰基金创始合伙人俞敏洪;清华大学党委副书记过勇;中天钢铁集团有限公司董事局主席、总裁、党委书记董才平;中国国家铁路集团有限公司集团副总经理王同军;中国工程院院士、中国兵工学会火炮专业委员会顾问李魁武;中国工程院院士、海军装备研究院某研究所所长邱志明;中国科学院院士、南京理工大学发射动力学研究所所长芮筱亭;中国工程院院士、同济大学航空航天与力学学院院长杨树兴;中国工程院院士、中国航天科技集团第一研究院型号系列总师朱广生;中国工程院院士、北京航空航天大学智能无人飞行系统先进技术工信部重点实验室主任向锦武;中国工程院院士、中国兵器首席科学家邹汝平;中国工程院院士、南京理工大学校长付梦印;中国卫星网络集团有限公司董事长、党组书记张冬辰;中国东方航空集团有限公司副总经理、党组成员刘铁祥;中国进出口银行执行董事、副行长、党委委员李钧;中国矿产资源集团有限公司董事、总经理、党组副书记郭斌;国家能源集团有限责任公司纪检监察组组长、党组成员卞宝驰;国家石油天然气管网集团有限公司副总经理、党组成员杜业栋;中国出口信用保险公司副总经理、党委委员张辉;中国华能集团有限公司董事、总经理、党组副书记邓建玲;中国一重集团有限公司党委常委、纪委书记白晓光;中国电子科技集团有限公司董事、党组副书记李守武;中国东方电气集团有限公司副总经理、党组成员孙国君;中国建筑集团有限公司副总经理、党组成员李永明;上海交通大学副校长朱新远;天津大学副校长明东;中信集团党委书记、董事长奚国华。

(潘 婷)

组织工作

【概况】 2023 年,江阴市组织系统坚决贯彻落实中央和省、市委决策部署,聚焦"挺进主战场、筑牢强支撑",统筹做好理论武装、选贤任能、育才聚才、强基固本等工作,组织工作取得新进展新成效。推进"五先五强"(学习领先、对党忠诚政治强,奋勇争先、担当作为活力强,开拓创先、干事创业本领强,发展为先、结构优化功能强,示范率先、勤奋敬业作风强)班子建设,调优调强领导班子。坚持基层导向,推动优秀干部从基层来、年轻干部到基层去,新提拔的市管干部 58% 具有基层工作经历。坚持实绩导向,9 名政治过硬、敢于担当、实绩突出的"80 后"干部提任市管正职岗位。系统推进新时代干部现代化建设能力提升三年行动,突出市管干部、年轻干部、公开选调人才、村(社区)干部等对象,分层分类开展各类培训 17 期,举办"江阴大学堂"专题讲座 4 期、"学专业、懂产业"专题夜校 16 期,参训干部 6500 人次。举办学习贯彻习近平新时代中国特色社会主义思想和中共二十大精神轮训班,实现 907 名市管干部全覆盖。建优建强海澜集团、法尔胜泓昇集团等"四千四万"(踏尽千山万水、吃尽千辛万苦、说尽千言万语、历尽千难万险)精神现场教学点,开展教学 260 批次、在线评价 5963 人次。承接省管干部、县处级干部、中青年干部培训班现场教学 4 期,《加强干部针对性培训 积蓄干部干事创业动能》被中组部《组工信息》录用。考准考实工作实绩,创新开展功能区与协同镇(街道)穿插式考评。建立组织部部长常态化约谈机制,督促推动工作整改提升。制定干部敢为实施意见,深入推进省基层公务员队伍建设联系点试点工作,率先启动事业单位管理岗位八级职员等级常态化晋升。成立江阴市、锡山区、惠山区"党建共同体"协作联盟,选树"双强双优"(党建工作强、业务能力强、队伍作风优、服务效能优)五星级党支部 48 个,获评无锡市示范型党支部 6 个。建成共享式组织生活阵地 16 个,运用"智慧党建"开展"三会一课"(支部党员大会、支部委员会、党小组会、按时上好党课)"主题党日"等 13 万次。深化村(社区)干部专业化体系建设,创新实施"青苗计划""苗圃计划",举办首次村(社区)干部中青班,择优选派村(社区)干部挂职锻炼 22 人,新增省“百名示范”村书记1人、“千名领先”村(社区)书记13人。制定村(社区)干部“敢为十条”(江阴市激励村、社区干部担当作为的十条举措),提拔“敢为”干部23人。深化党员“三联”(党员联户、联职、联群)机制,开展志愿服务3700次,领办群众“微心愿”963个。创新“七个一”(积极构建一链一党委、一链一联盟、一链一政策、一链一团队、一链一智库、一链一基金、一链一阵地)产业链党建模式,组建项目招引等6支先锋服务队、云服实验室等9个技术攻坚党小组,实施“盟红科创·法润高企”等27项“红链项目”。上线暖“新”红色地图,扩容爱心商户269个,织密“8分钟服务圈”。发放新业态新就业群体关爱基金7万余元,建成无锡首个网约车行业党群服务中心,“暨阳红骑士数字管理平台”获全省推广。奋力拼抢人才项目,入选国家重大人才工程项目11项,创历年新高;入选省首批“登峰计划”*项目1项、“双创计划”*个人项目6项、团队项目1项,省卓越博士后计划3人、“双创博士”*4人;入选“太湖人才计划”创新创业人才项目49项,位居无锡前列。持续发力“双招双引”(招商引资和招才引智),新建高校引才联络站11个,新增高层次人才1450名、高技能人才8010名、青年人才2.26万名,全市人才总量达54.8万名。新增中国—比利时科技园江阴协同创新中心等科创飞地5个,落户人才项目近百项。清华大学精密光电研发中心签约落地,生物医药创新港、长三角数字创新港二期、霞客湾创智园等重大科创载体建成运营。持续擦亮“澄望您来、澄就未来”引才品牌,在北上广深一线城市举办人才合作恳谈会4场,开展武汉高校江阴日、江阴高校日暨百名博士江阴行、精英人才徒步等大型人才活动35场,组织网络招聘、直播带岗等人才招引活动108场。建成投用青年驿站13个,先后入住青年人才197人。加强制度设计,制定出台《江阴市新录用公务员澄就未来·星耀计划实施方案》《江阴市公务员及时奖励操作细则(试行)》《关于开展公务员退出管理登记工作的通知》等政策口径,不断提升工作科学化水平。持续推进省委组织部试点调研课题“实施公务员职务与职级并行制度研究”和“强化基层公务员监督约束和退出管理研究”。坚持严格规范,健全完善部门联席会议制度,常态化开展公务员工资津贴补贴规范工作,规范实施公务员绩效奖金政策。

【主题教育】 2023年,江阴市委主题教育领导小组率先制定七个领域党组织书记抓主题教育责任清单、三类党员主题教育任务清单,指导86个参加单位制定“规定动作+特色动作”工作方案。县处级以上领导班子和领导干部开展理论学习中心组学习26次、集体学习研讨33场,确定调研课题37个,“四下基层”*502次,“三进三入”[进企入厂、进镇(街道)入村(社区)、进门入户]大走访336次。深入实施“走听解评”(走基层、听声音、解难题、评成效)活动,排查群众“急难愁盼”问题235个,制定整改措施587条。中央广播电视总台、《人民日报》、中央主题教育官网聚焦报道相关做法。

【抓党建促乡村振兴】 2023年,江阴市委组织部启动“党建+”助力村级集体经济增收专项行动,选派39名金融村干部、10名驻镇村规划师驻点帮扶,在全国率先建成启用北京大学乡村振兴研究与实践江阴基地。牵头推动中组部红色美丽村庄建设试点村联建共建,深化促进长泾镇蒲市村“红农文旅”融合发展,相关经验做法获《中国组织人事报》、江苏卫视专栏报道。

【党建引领基层治理】 2023年,江阴市委组织部深入推进全国党建引领乡村治理试点“基石工程”,开展“同心共治”“群心共治”“银领先锋”“聚新入格”等助力基层治理专项行动。出台党建引领智慧社区(数字乡村)建设三年行动计划,发布全省首个智慧社区建设相关标准规范,打造“澄心治”江阴现代社区数字化平台,获评全国新时代“枫桥经验”优秀案例。

【健全选人用人机制】 2023年,江阴市委组织部深化落实全市加强新时代领导班子和干部队伍建设实施意见,全年提拔任用科级干部104名,其中正科职22名,职级晋升干部140名。注重从急难险重任务一线发现识别使用干部,26名敢于担当、善于作为的干部及时安排到市管正职或关键部门岗位。围绕省委巡视选人用人专项检查、无锡市委联动巡察反馈意见,制定专项检查整改方案,推进集中整改任务,进一步规范干部选任流程,“一人一策”推进问题整改销号22人次。推出激励干部“敢为”十五条,持续推动“四敢”(干部敢为、地方敢闯、企业敢干、群众敢首创)实践,增强全市干部“敢为”底气,评选首批市级机关“敢为之星”25人。

【培养选拔年轻干部】 2023年,江阴市委组织部深化实施“澄就未来”年轻干部培养系列行动,选派72名优秀年轻干部到上级机关、先进地区、攻坚一线跟班锻炼,组织324名年轻干部参加“双提升”(政治素质和能力素质)培训班、年轻干部论坛、“澄”长赋能等活动。打造长泾镇蒲市村、周庄镇山泉村2个乡村振兴青干讲习所,接收10名无锡市级名校优生选调生到村挂职。持续开展海内外优秀青年人才专项选调,面向“双一流”建设高校和世界名校,引进专业性公开选调人才78人。健全培养选拔年轻干部常态化工作机制,新提拔“90后”正科职4人、“95后”副科职2人。

【干部监督管理】 2023年,江阴市委组织部严格落实职数预审、事前报告等要求,强化选人用人风险把关,累计事前报告3批次6人次、风险排控12人次,建立全程纪实文书档案160份。加强股级干部选拔任用监督,对12个单位开展选人用人专项检查,受理事前报告46批次,复核全程纪实134人次。落实“一把手”监督十项举措,组织对84个单位主要领导落实监督要求情况开展测评,常委部长约谈考核监测指标较差、班子运行状态一般的单位“一把手”19人次。深化年轻干部监督,出具年轻科级干部政治监督鉴定表33份,落实提醒、函询14人次。出台信访举报受理操作办法,规范办结信访17件次。做好个人有关事项报告工作,组织集中报告288人次,及时备案科级干部家事变化37条。推进"能上能下",落实"下"的措施5人,重新压担起用2人。修订因私出国(境)管理办法,清理社会组织违规兼职46人次。

【江阴市首届人才节】 2023年,江阴市委组织部举办首届"澄望您来澄就未来"江阴人才节,同步开展国潮音乐节、人才集市安家季、人才公寓邻里节、高层次人才家庭日、青年人才联谊季、"City—talk"青年说、主题摄影大赛等活动,推动实现城爱人才、人才爱城的双向奔赴。发放集金融、医疗、文体、餐饮、通信等多种服务于一体的人才礼遇卡2200张。联合房企推出"人才房",首期精选120套优质房源,对于购房人才给予最大力度优惠。

【"澄就未来·星耀计划"】 2023年,江阴市委组织部制定《江阴市新录用公务员澄就未来·星耀计划实施方案》,将公务员录用后的前三年作为培养管理黄金期,进行递进式跟踪培养。完善初任培训,开设现场教学点28处,挑选184名领导干部与新录用公务员青蓝结对,梳理形成69类岗位职责清单,开展岗位练兵活动2次。推动新录用公务员双向交流、墩苗历练,举办星耀讲坛、成长沙龙、读书思想汇、"淬笔"公文写作大赛等29场次,搭建展示平台,激励比学赶超、见贤思齐。完善成长档案,加强日常了解和专项调研,实现年度新录用公务员入职谈全覆盖,坚持激励约束并重,全年推荐参加青干班7人,提拔"95后"市管干部2名,不能胜任岗位的2名新录用公务员予以取消录用。

【公务员队伍建设】 2023年,江阴市委组织部科学规范招录公务员,完善紧缺岗位库,全年考试录用公务员(参公人员)172人,其中市级机关143人(含公安警校招录49人)、镇(街道)24人、选调生5人。优化人员调配,严格公务员队伍日常管理,年内办理公务员转任53人,其中市外调入7人、调出江阴市7人、市内转任39人。严格执行公务员辞职、辞退等各项制度,进一步完善审核机制,年内辞去公职7人、提前退休13人,有59人因违反党纪政纪受到处分,开除公职6人。强化公务员年度考核,2022年度全市有5829人参加公务员年度考核,其中评定优秀1540人、称职4101人、不称职2人、未定等次186人。推进公务员平时考核,全年评定好等次6708人次、较好等次10066人次、一般等次5人次、较差等次2人次、不定等次668人次。推进公务员职务与职级并行制度,实施公务员常态化职级晋升工作,非市管公务员全年晋升职级162人,其中晋升三级主任科员及相当层次职级71人、晋升四级主任科员及相当层次职级56人、晋升四级高级警长及相当层次职级35人。至年末,全市有公务员(参公人员)5585人,其中市级机关3891人(含公安1860人、法院206人、检察院102人)、镇(街道)805人、群团75人、参公事业人员814人。

2023年江阴市党的基层组织设置一览表

表2　　单位:个

党(工)委						党总支部					党支部					党组
总数	其中					总数	其中				总数	其中				
	党工委	企业	事业单位	机关	其他		机关	事业	企业	其他		机关	事业	企业	其他	
182	11	39	16	32	84	301	44	34	44	179	3680	454	488	1489	1249	28

2023年江阴市党员队伍结构情况一览表

表3　　单位:人

总数	性别		年龄					学历					
	男	女	35岁及以下	36岁至45岁	46岁至55岁	56岁至60岁	61岁及以上	研究生	大学本科	大学专科	中专	高中	初中及以下
92176	63715	28461	18450	19135	16896	7625	30070	4279	30550	18472	3596	13105	22174

2023 年江阴市发展新党员情况一览表

表 4 单位:人

总数	性别		年龄				学历					
	男	女	35岁及以下	36岁至45岁	46岁至60岁	61岁及以上	研究生	大学本科	大学专科	中专	高中	初中及以下
1098	606	492	706	330	62	0	50	723	193	38	78	16

说明:2023 年年末,全市有基层党组织 4163 个,其中党(工)委 182 个、党总支 301 个、党支部 3680 个,党员数 92176 名

(孔浩宇)

宣传工作

【概况】 2023 年,江阴市宣传思想文化战线坚持以习近平新时代中国特色社会主义思想为指导,深入学习贯彻习近平文化思想和习近平总书记对江苏工作重要讲话精神,认真落实全国、全省、无锡市宣传思想文化工作会议部署要求,突出学习宣传贯彻中共二十大精神工作主线,切实担负起新时代新的文化使命。评选理论学习中心组首批示范点 10 个。召开学习贯彻习近平总书记对宣传思想文化工作重要指示精神和习近平文化思想座谈会。2 个理论宣讲队增选入"理响无锡宣讲大联盟",获无锡市"百姓名嘴"比赛第一名、学习达人比赛一等奖。建好用好江苏省习近平新时代中国特色社会主义思想研究中心江阴市实践调研基地。开设"新时代 新征程 新伟业""学思想、强党性、重实践、建新功"等专栏。加强"强信心"正面宣传引导,组织"奏响'四敢'强音 聚力高质量发展"大型全媒体新闻行动,开设"创响江阴"等 20 个主题专栏,推出新闻报道 7000 余篇。省级以上主流媒体报道 550 余篇。中宣部重大主题专栏"高质量发展调研行"聚焦江阴。组织开展第七季"喜欢江阴的理由"网络文化活动,推出新版城市形象宣传片《江阴好》,编辑完成《2023 江阴概览》。"最江阴""江阴发布"微信公众号持续位居全国区县级微信排行榜前列。市融媒体中心在全省县级融媒体中心高质量发展综合评估中荣获第一名。《潮起东方 寻找百强"共富"密码》获中国新闻奖二等奖。开展"强国复兴有我"群众性主题宣传教育活动 3000 余场。举办江苏最美人物发布活动、第九届"德耀江阴·十佳江阴好人"颁奖典礼,新增中国好人 2 人,江苏最美人物等各类省级先进典型 8 人。广泛开展"点亮星夜""温暖秋冬""澄艺夜校"等文明实践活动。评选江阴市新时代文明实践示范所、站 15 个。全省首个"新时代文明实践乡情地情教育"示范点落户江阴市。推进文明城市创建九大专项提升行动,广泛开展"美丽江阴·美家美户"系列评选活动。深入贯彻落实全市文化高质量发展大会精神,全面打响游圣、军事、学政、民乐、中医"五大文化"品牌。深入推动"艺熠生辉"澄艺空间珠链计划,新建成夏和兴雕塑艺术馆、陈复澄艺术馆、姚澄艺术馆、锡剧评弹艺术馆。锦隆社区农家书屋获评全国最美农家书屋,3 个书屋获评省五星级示范农家书屋。推进长江国家文化公园江阴段建设,推动"长江国家民乐文化展示工程""徐霞客溯江纪源展示工程""江阴要塞军事文化展示工程"。大型儿童剧《今天我是升旗手》参加第九届全国优秀儿童戏剧展演并获优秀剧目奖、省紫金文化艺术节优秀剧目特别奖,中篇评弹《教我如何不想她》获评省文艺大奖·第十届曲艺奖。深入推进文艺人才"三江工程"(江花胜火""江山揽胜""江上风骨"),新增国家级会员 10 名,累计达到 125 名。完成省委巡视意识形态专项检查各项任务。开展"组织提优、队伍提能、活动提质、制度提效、考核提标"意识形态工作五提工程,对 12 个单位开展市委巡察意识形态专项检查。推进无锡市意识形态强基计划"7+7"综合试点。出台《江阴市重大决策网络舆情风险评估实施办法(试行)》,持续强化"4+X"[市委宣传部(网信办)、市委政法委、市公安局、市信访局+涉事属地部门]分析研判处置等工作机制,60 余件舆情和民生诉求得到快速高效处置。办结全国、全省扫黄打非督办案件各 1 件。市委宣传部、市公安局治安大队、市人民法院获评国家版权局查处重大侵权盗版案件有功单位。

【召开全市文化高质量发展大会】 2023 年 9 月 9 日,江阴市召开文化高质量发展大会。无锡市委常委、江阴市委书记许峰在会上强调,要深入学习贯彻中共二十大精神,全面准确理解把握习近平总书记关于社会主义文化建设的重要论述和考察江苏重要讲话精神,按照江苏建设文化强省的总体部署,落实无锡市文化高质量发展大会的最新要求,聚力打响文化品牌,全面建设文化强市,书写新时代文化高质量发展江阴篇章,为加快建设社会主义现代化县域示范注入更澎湃的文化力量。会议指出,要统筹好继承与创新、事业与产业、自立与开放、政府与市场的关系,推动历史文脉与现代文明交相辉映、文化事业与文化产业协同并进、本土文化与外部文化交流互鉴、政府主导与市场主体同频共振,加快形成更多具有江阴辨识度、显示度的文化建设成果。会议要求,要坚持以文铸魂,增强文化引领力。组织开展学习贯彻习近平新时代中国特色社会主义思想主题教育,持续深化"四史"(党史、国史、改革开放史和社会主义发

展史)宣传教育,建强实体阵地,加强全媒体传播,做强"理响江阴"品牌,推动理论武装走深走实、核心价值观入脑入心、文明创建提质提效。要坚持以文塑城,提升文化知名度。按照高水平保护传承、时代化活化利用、系统化擦亮品牌要求,全面推进长江国家文化公园江阴段建设,深入实施"百宅百院"活化利用工程、推进"阅读古建筑"活动,持续打响游圣、军事、学政、民乐、中医"五大文化"品牌,让历史文脉不断迸发新活力。要坚持以文兴产,打造文化新高地。要抓项目、强载体、聚企业、促融合,精准对接国内头部文化企业,提升招商质效,优化园区功能配套,持续壮大龙头企业、培育骨干企业、扶持小微企业,进一步做大项目增量、优化企业存量、抢抓数字变量、提升融合质量。要坚持以文惠民,丰富文化供给源。把满足人民精神文化需求作为文化发展的出发点和落脚点,打造更多"大而美"的文化新地标、"小而精"的新型文化空间,开展特色品牌文化活动,加强公共文化场馆数字化建设,创作更多思想深刻、特色鲜明、质量上乘的精品力作,推动公共文化设施更完善、群众文化活动更丰富、文化文艺作品更精彩。

【思想理论武装】 2023 年,江阴市委宣传部聚焦用习近平新时代中国特色社会主义思想武装全党、教育人民,持续在深化内化转化、入脑入心入行上下功夫。系统化加强理论学习。市委中心组全年学习 34 次,交流研讨 11 次,现场学习 1 次。加强对全市 59 个一级党委(党组)中心组学习的管理,举办学习秘书专题培训班,开展巡学旁听工作。评选理论学习中心组首批示范点 10 个。学好用好《习近平著作选读》第一卷、第二卷等权威读本。召开学习贯彻习近平总书记对宣传思想文化工作重要指示精神和习近平文化思想座谈会。立体化提升宣传宣讲。发挥集宣讲、学习、交流、活动为一体的"理响江阴"学习驿站作用,开展宣讲活动 3000 余场次,制作推出 20 余部"理响江阴"E 起学动漫短视频,青阳镇和周庄镇理论宣讲队增选入"理响无锡宣讲大联盟",获无锡市"百姓名嘴"比赛第一名、学习达人比赛一等奖。精准化开展研究阐释。建好用好江苏省习近平新时代中国特色社会主义思想研究中心江阴市实践调研基地,开展"深入学习贯彻习近平总书记考察江苏重要讲话精神"主题征文,组织基地联学联建活动,聘请 13 位专家学者担任首批基地特约研究员。汇编《学新思想 谋新作为 开创现代化江阴建设探索新实践》。

【新闻舆论宣传】 2023 年,江阴市委宣传工作坚持自信自强、团结奋斗的主基调,统一思想、凝聚力量,更好唱响主旋律、提振精气神。激发主流舆论"正能量"。开设"新时代 新征程 新伟业""学思想、强党性、重实践、建新功"等专栏,持续做好习近平新时代中国特色社会主义思想和中共二十大精神宣传,深入宣传习近平总书记考察江苏重要讲话精神。加强"强信心"正面宣传引导,做好省委书记信长星到江阴市调研宣传报道,组织"奏响'四敢'强音 聚力高质量发展"大型全媒体新闻行动,聚焦沪宁沿江高铁通车、徐霞客旅游节等重大活动,开设"创响江阴"等 20 个主题专栏,推出报道 7000 余篇。《人民日报》、新华社、中央广播电视总台、《光明日报》、《新华日报》等省级以上主流媒体报道 550 余篇。中宣部重大主题专栏"高质量发展调研行"聚焦江阴。汇聚网络传播"大流量"。组织第七季"喜欢江阴的理由"网络文化活动,开展"'文'涌暨阳 '育'见未来——长江边的'开学第一课'"活动,推出新版城市形象宣传片《江阴好》,编辑完成《2023 江阴概览》。"大江之音"美文诵读和"江阴地名故事""嗨伲江阴"系列推文获得广泛好评。"最江阴""江阴发布"微信公众号"粉丝"数分别达到 80 万人和 61 万人,持续位居全国区县级微信排行榜前列。组织开展江阴市第二届网络安全技能大赛、网络安全宣传周等系列活动,日常网络安全通报和无锡"网安 2023"专项行动通报数均大幅下降。推动媒体融合"高质量"。通过"媒体 + 政务 + 服务 + N",持续推进媒体深度融合发展。市融媒体中心在全省县级融媒体中心高质量发展综合评估中荣获第一名。《潮起东方 寻找百强"共富"密码》荣获中国新闻奖二等奖。"最江阴评论部"荣获全国"创四优"(创新思维、创新观念、创新机制、创新工作)优秀账号、优秀作品。"'最江阴'城市入口"作为全国县融唯一案例入选中国新媒体大会首批"媒体 +"创新案例库。

【精神文明建设】 2023 年,江阴市大力弘扬社会主义核心价值观,着眼立精神支柱、树价值标杆、育时代新人,不断提升社会现代文明程度。聚焦引领推进文明培育。深化"强国复兴有我"群众性主题宣传教育活动,开展各类主题活动 3000 余场。举办江苏最美人物发布活动、第九届"德耀江阴·十佳江阴好人"颁奖典礼,新增中国好人 2 人,江苏好人 3 人、江苏最美人物 2 人,省文化科技卫生"三下乡"活动服务标兵、岗位学雷锋标兵、新时代江苏好少年各 1 人,无锡好人 8 人、最美人物 7 人、新时代好少年标兵 2 人、岗位学雷锋标兵 3 人、学雷锋活动示范点 2 个。聚合资源推进文明实践。承办无锡市文化科技卫生"三下乡"集中服务活动、10 岁成长仪式示范观摩活动、最美人物走基层江阴专场报告会。举办"学雷锋 学炎黄 见行动"主题志愿服务活动。围绕"我们的节日""点亮星夜"等主题开展新时代文明实践活动,结合"文明江阴 温暖秋冬"主题,创新推出"澄艺夜校"文明实践品牌。评选江阴市新时代文明实践示范所、站 15 个。全省首个"新时代文明实践乡情地情教育"示范点落户江阴。聚力攻坚推进文明创建。推进文明城市创建九大专项提升行动,狠抓空中缆线、交通秩序、停车秩序、违法小广告、乱扔烟头、楼道堆物、毁绿种菜等治理,建成口袋公园 15 个,新增电动自行车集中充电桩 1.5 万个、停车泊位 2700 个。持续办好"一帮到底"全媒体志愿服务专栏,播出近 100 期,其中闭环处置市民关注问题超过 90%,惠及 2 万余人。开展"美丽江阴·美家美户"系列评选活动,累计推出 100 个"最美乡村、最美院子、最美书房、最美门店、最美楼道、最美街巷",不断巩固提升全国文明城市创建成果。

【文化高质量发展】 2023年,江阴市宣传工作深入贯彻落实全市文化高质量发展大会精神,制定文化事业、文化产业高质量发展三年行动计划等系列政策文件,全面打响游圣、军事、学政、民乐、中医"五大文化"品牌。突出"优起来"加强文化服务供给。深入推动"艺熠生辉"澄艺空间珠链计划,新建成夏和兴雕塑艺术馆、陈复澄艺术馆、姚澄艺术馆、锡剧评弹艺术馆。举办"阅见美好 共向未来"第二十七届"书香江阴"读书节,深入实施农家书屋"一二三"提升工程,锦隆社区农家书屋获评全国最美农家书屋,3个书屋获评省五星级示范农家书屋。突出"活起来"加强文化传承保护。推进长江国家文化公园江阴段建设,深入推动"长江国家民乐文化展示工程""徐霞客溯江纪源展示工程""江阴要塞军事文化展示工程"。组织开展"强国复兴我书写"等系列活动,持续推动"锡剧、二胡、书法"等非遗项目进校园。突出"立起来"加强文艺精品创作。举办长篇报告文学《振兴路上》首发式、第二届"刘半农诗歌奖"作品音诗会等活动。夏坚勇长篇历史散文《宋史三部曲》集结出版。大型儿童剧《今天我是升旗手》参加第九届全国优秀儿童戏剧展演并获优秀剧目奖、省紫金文化艺术节优秀剧目特别奖,中篇评弹《教我如何不想她》获评省文艺大奖·第十届曲艺奖。深入推进文艺人才"三江工程",新增国家级会员10名,累计达到125名。突出"强起来"加快文化产业发展。开展文化产业招商活动,赴广东省深圳市、四川省成都市进行招商活动。推动"五经普"(第五次全国经济普查)文化产业普查,文化单位认定数达8088个。组织开展江阴印刷行业特色文化产业抽样调查,文化产业增加值达42.65亿元,比2022年增加2.12亿元。全市一般作品版权登记量达2876件,较2022年增长396.72%,年登记量和年增长率均位居无锡市前列。

【意识形态工作】 2023年,江阴市始终绷紧意识形态斗争这根弦,保持"时时放心不下"的责任感,全面落实意识形态工作责任制,坚决守好"责任田"。责任落实更有力。全年市委常委会专题研究意识形态工作2次,召开意识形态领域情况分析研判联席会议3次,向无锡市委汇报2次,开展意识形态责任制落实情况检查13次。完成省委巡视意识形态专项检查各项任务。做好无锡市委网信办对江阴市维护网络空间安全情况专项督查工作。开展"组织提优、队伍提能、活动提质、制度提效、考核提标"意识形态工作五提工程,对12个单位开展市委巡察意识形态专项检查。推进无锡市意识形态强基计划"7+7"综合试点。阵地管理更有序。持续加强校园内外、网络空间、民族宗教、文化市场、新闻媒体、讲座论坛等阵地管理,联合市民宗局对宗教活动场所出版物开展"双随机一公开"检查。联合市文教部门,深入基层中小学校了解工作实际,规范学校意识形态工作。检查印刷厂、书店、影院、网吧等各类市场主体2500余个次,有力维护文化市场秩序。风险防控更有效。出台《江阴市重大决策网络舆情风险评估实施办法(试行)》,持续强化"4+X"分析研判处置等工作机制,编发舆情简讯680余期,60余件敏感舆情和民生诉求得到快速高效处置。办结全国、全省扫黄打非督办案件各1件。市委宣传部、市公安局治安大队、市人民法院获评国家版权局查处重大侵权盗版案件有功单位。 (周甜甜)

统战工作

【概况】 2023年,江阴市统战系统聚焦中心、勇担使命、踔厉奋发,高质量完成全年目标任务,为"强富美高"新江阴建设贡献统战力量。把深入贯彻《中国共产党统一战线工作条例》贯穿统战工作全过程、各方面,完善"1+5"("1"为市委统一战线工作领导小组,"5"为市民族宗教工作领导小组、市新的社会阶层人士统战工作联席会议、市民营经济统战工作协调机制、市对台工作领导小组、市台湾同胞投资权益保障协调委员会)统战工作领导小组协调机制,市委常委会5次专题研究,召开市委统一战线工作领导小组会议、市民族宗教工作领导小组(扩大)会议、市民营经济统战工作协调机制会议等8次。深入学习贯彻中共二十大精神和习近平总书记对江苏工作重要讲话重要指示批示精神。深化各民主党派、无党派知联会和新阶层人士主题教育,组织各类活动196场。树牢"统战+""+统战"工作理念,深入开展"基层基础提升年""创新创优突破年"行动,出台全市基层统战工作标准相关文件,全面实施"同心共治"统战助力基层治理行动,挖掘典型案例13个,在全市统战系统立项并实施创新创优项目34项。统筹推进统战理论信息宣传工作,组织实施研究课题10余项。其中,《新的社会阶层代表人士综合评价的江阴实践》被江苏省社会科学院评为优秀理论文章,2篇在年度省市联合研究项目中结项,1篇获二等奖,2篇刊登在《江苏省社会主义学院学报》上。宣传信息工作完成考核任务,在省级以上媒体发表各类稿件301篇。参加全省"我眼中的新江苏"摄影大赛及全省统战系统主题征文比赛均获三等奖。落实市委年度政党协商计划和领导干部与党外代表人士联系交友制度,19位市委领导与26位党外人士开展联系交友活动61次,市委召开民主协商会议2次。各民主党派、工商联、无党派知联会完成中共江阴市委调研课题12篇,提交"两会"建议提案174件、重点提案6件。推进各民主党派市委会与镇街挂钩结对。完成民进中央主席蔡达峰、民建中央副主席洪慧民、民盟中央副主席曹卫星等到江阴市接待工作。推进各民主党派基层组织建设,持续开展星级支部创建,45个支部获评三星级及以上星级。着力做好人才队伍建设,11个政府部门配备党外干部12名,完成66名党派新成员发展与4名无党派人士的认定。组织开展纪念"五一口号"发布75周年系列活动,各民主党派联合无锡市无党派知联会等开展社会服务20余次。推动校地融合发展,民盟江阴市委会与江南大学食品学院、民进江阴市委会与北大、农工党江阴市委会与南京大学生命科学学院、九三学社江阴市委会与清华大学完成签约合作。推进新阶层代表人士综合评价平台建设,推动新阶层人士实践创新基地提质增效,新增无锡市级基地2个。新阶层工作案例获省级实践创新奖。创成全省民族团结进步示范区,承办全省"红石榴村村结对"启动仪式,长江村与滨海县淮河村结对共建。与新疆维吾尔自治区伊犁哈萨克自治州霍城县民宗局签订落实国家民委"三项计划"(各族青少年交流计划、各民族互嵌式发展计划、旅游促进各民族交往交流交融计划)的实施协议,海澜集团"多一克温暖"社会实践交流项目入选2023年全国试点示范项目,企业民族团结进步创建事例入选国家民委典型案例。落实"红石榴就业行动",提供就业岗位4000余个。推进宗教中国化江阴实践,举办"纪念巨赞法师诞辰115周年"座谈会。倡导宗教界人士投身慈善公益,全年用于扶贫帮困、助学助医等累计260余万元。组织各类安全教育培训、消防演练20余次,提升场所安全意识。落实常态化巡查和安全督导检查机制,全年开展安全检查49次,排查整改隐患260余处,整改率100%。落实意识形态工作责任制,建立民宗领域风险隐患分析研判例会制度。在全市14个"中国民营企业500强"入围企业成立统战工作机构。江阴市工商联获评全国"五好"工商联,2个商会获评全国"四好"商会。省委常委、统战部部长惠建林到江阴市调研民营经济高质量发展。组织民营经济领域各类培训28场,培训人员超6000人次。江苏民营经济统战研究协同创新基地获批在江阴设立分基地。健全政企沟通协商制度,全力创建全省首批民营经济高质量发展示范市。支持各类服务平台建设,加强"1+N"工作协同机制("1"指工商联,"N"是党委政府及相关部门,充分释放有关部门的政策红利,放大部门合作的叠加优化效应,合力营造民营企业发展的良好政务环境、政策环境、市场环境、法治环境和社会环境),深化警企、检企、法企、银企、税企等服务机制,形成涉企各部门共促民营经济高质量发展的强大合力。举办2023海峡两岸纪念徐霞客公祭典礼暨海峡两岸徐霞客文化学术交流。建强"海归人才工作链、涉侨企业工作链、为侨服务工作链"三条工作链,汇聚侨动能,夯实侨根基。加强与中国香港、澳门、海外江阴籍新生代和华人华侨社团及中国港澳地区高校等的沟通联络,深化人才交流。举办第四届江阴发展大会,700余名乡贤客商参会,签约重大项目40项,总投资超千亿元。发布"澄心聚贤"品牌,推动"五个一"聚贤工程(健全一套工作机制、打造一批乡情驿站、建好一个线上平台、办好一次发展大会、会聚一群杰出乡贤,以实际行动提升常态化服务水平)开展。成立粤港澳、北京、武汉、上海乡情驿站,首个村级乡贤驿站挂牌成立。新批台资企业3个,增资1个,投资总额4754万美元,到账台资3023万美元。组建欧美同学会生物医药分会,成立江阴首个镇级欧美同学会分会,组织"海外名校优生江阴行"、海归人才企业行等活动,发布江阴归国留学人员"归澄"计划。

【统战助力基层治理】 2023年,江阴市委统战部坚持以习近平新时代中国特色社会主义思想为指导,深入学习贯彻中共二十大精神,全面落实中央统战工作精神和各级关于基层治理的部署要求,坚持统战工作大团结大联合原则和基层治理共商共建共治共享主题,以"党建引领、统战赋能,全领域参与、多元化助力"为目标,开展"基层基础提升年""创新创优突破年"行动,发布《江阴市基层统战工作标准(试行)》《关于开展"同心共治"统战助力基层治理行动的实施意见》,挖掘"稻渔综合种养试验基地"项目、"芹"满花塘乡村振兴项目等典型案例13个,在全市实施34项创新创优项目,推动统战工作提质增效。

【多党合作】 2023年,江阴市委统战部落实江阴市委年度政党协商计划和领导干部与党外代表人士联系交友制度,19位市委领导与26位党外人士开展联系交友活动61次,市委召开民主协商会议2次。推进各民主党派、无党派知联会围绕"全力打造科技与产业融合新典范"专题、中国式现代化江阴新实践"六个新"(科技与产业融合新典范、区域一体化建设新标杆、新时代改革开放新高地、城乡美丽宜居新家园、现代化县域治理新模式、共同富裕新样板)目标开展调研并形成报告12篇。提交"两会"建议提案174件,重点提案6件。制定各民主党派和无党派知联会与镇(街道)挂钩结对"五联五促"(联络促协商,联建促共建,联动促参政,联督促民主,联谊促服务)试点工作方案,开展挂钩结对工作20余次,形成工改专题调研报告6篇。

【党派自身建设】 2023年,江阴市委统战部推进各民主党派基层组织建设,持续开展星级支部创建,45个支部获评三星级及以上星级。协助组织民进虚拟机关建设理论研讨会,民进江阴市委会与北京大学基层委员会签订合作备忘录,指导并协助民进江阴市委员会与北京大学、九三学社江阴市委员会与清华大学、农工党江阴市委员会与南京大学生命科学学院完成签约合作。各民主党派组织写春联、义务植树、"同心助她"等各项社会服务工作20余次。是年,各民主党派取得党派中央级荣誉6项,省级荣誉21项。

【无锡市民主党派基层组织建设工作交流研讨会】 2023年12月8日,无锡市民主党派基层组织建设工作交流研讨会在江阴市召开,无锡市委统战部副部长李庆华,江阴市委常委、统战部部长郁秋皓等50余人参加活动。会议展示江阴市各民主党派基层组织建设的丰硕成果,营造各民主党派基层组织间互学互鉴的浓厚氛围,进一步提升江阴市民主党派基层组织建设的科学化、制度化、规范化水平。

【民盟"农村教育烛光行动"校长培训班开班仪式】 2023年11月20日,民盟"农村教育烛光行动"校长培训班开班仪式在江苏省南菁高级中学举行。全国政协常委、教科卫体委员会副主任,民盟中央副主席,自然资源部原副部长,欧美同学会副会长曹卫星;民盟中央社会服务部一级巡视员段海溪;民盟江苏省委会副主委、江苏省人大常委会副秘书长王红红;民盟无锡市委会主委、无锡市人大常委会副主任高亚光；民盟江苏省委会秘书长占飞富；民盟河南省委会秘书长姚中有；中共江阴市委常委、统战部部长郁秋皓等出席活动。来自甘肃、河南、河北、贵州省的88位中小学校长、骨干教师会聚江阴，极大推动全市教育高质量发展。

【江阴市纪念中共中央"五一口号"发布75周年暨"砥砺奋进 同心惠民"社会服务月启动仪式】 2023年4月29日，江阴市纪念中共中央"五一口号"发布75周年暨"砥砺奋进 同心惠民"社会服务月启动仪式在云亭街道举行。江阴市委常委、统战部部长、组织部部长吴莉萍出席活动。仪式现场，市各民主党派、无党派知联会与挂钩结对镇（街道）进行"五联五促"工作签约及"同心助她"项目签约；吴莉萍与各民主党派、无党派知联会负责人共同启动"砥砺奋进 同心惠民"社会服务月活动。启动仪式后，30余名志愿者为市民群众提供医疗义诊、专业咨询、科普宣传、农资发放、书法送祝福等社会服务。

【民族工作】 2023年，江阴市委统战部坚持以铸牢中华民族共同体意识为主线，持续推进民族团结"七进"（进机关、进企业、进社区、进乡镇、进学校、进连队和进宗教活动场所）工作，持续选育精品"红石榴家园"。打造民族团结进步创建升级版，建成江阴市首个铸牢中华民族共同体意识主题公园，创成全省民族团结进步示范区。与新疆维吾尔自治区伊犁哈萨克自治州霍城县民宗局签订落实国家民委"三项计划"的实施协议，在霍城县江阴小学挂牌成立"江阴·霍城青少年交流基地"，促进两地互嵌式发展。海澜集团"澄霍一家亲 两地心连心——江阴霍城各族青少年'多一克温暖'社会实践交流活动"项目入选"各族青少年交流计划2023年全国试点示范项目"名单。持续落实"红石榴就业行动"，赴贵州省毕节市、云南省普洱市举办"春风千里行"系列劳务招聘会，提供就业岗位4000余个。创新设立"红石榴互助金"，举办江阴市2023年度"红石榴"金秋助学活动。

【第五届小小支教"为爱背起支教行囊"出发大会暨"澄霍同心·石榴红"民族团结主题活动】 2023年8月5日，第五届小小支教"为爱背起支教行囊"出发大会暨"澄霍同心·石榴红"民族团结主题活动在徐霞客镇举办。江苏省民族宗教事务委员会民族一处副处长张斌，江阴市委常委、统战部部长郁秋皓出席活动。来自新疆维吾尔自治区伊犁哈萨克自治州霍城县等地的各族小小支教代表和徐霞客峭岐实验小学学生代表共计100余人共同开展铸牢中华民族共同体意识活动，两地队员们开展"手拉手"结对交流活动，通过"微课堂""微心愿""DIY"制作等多种形式，增进两地青少年广泛交往、全面交流、深度交融，有形有感有效地教育引导各族少年儿童铸牢中华民族共同体意识，让中华民族共同体意识厚植在青少年心灵深处。

【无锡江阴·伊犁霍城各族青少年"多一克温暖"社会实践交流活动】 2023年7月21日，无锡江阴·伊犁霍城各族青少年"多一克温暖"社会实践交流活动启动仪式在海澜飞马水城举行。省民族宗教事务委员会副主任邓飞，无锡市民族宗教事务局二级调研员王觉民，共青团无锡市委副书记钱月霜，霍城县委常委、副县长、无锡市（江阴市）对口支援霍城县前方工作组副组长周叔军，共青团霍城县委书记邢朝阳，江阴市委常委、统战部部长郁秋皓等参加活动。在启动仪式上，海澜红石榴家园、海澜集团"各族青少年'多一克温暖'社会实践交流基地"揭牌。活动现场，还进行精彩的才艺表演，生动展现各族儿女手足相亲、守望相助，共同走向民族团结进步的壮美画卷。

【江苏省"红石榴村村结对"启动仪式】 2023年7月14日，江苏省"红石榴村村结对"启动仪式在江阴市举办。省委统战部副部长、省民宗委主任马连美，省民宗委副主任邓飞，盐城市委统战部副部长、市民宗局局长黄斌，滨海县委常委、统战部部长鲍晓峰，无锡市委常委、统战部部长周常青，江阴市委常委、统战部部长郁秋皓，全国人大代表、江阴市长江村党委书记李洪耀等出席活动并共同启动江苏省"红石榴村村结对"共建活动。在启动仪式上，江阴市夏港街道长江村和滨海县界牌镇淮河村相关负责人分别介绍两地相关情况，并现场签订"红石榴村村结对"共建协议书。随后，举行捐赠仪式，由长江村向淮河村捐赠"红石榴村村结对"资金100万元。该次活动是全面贯彻落实习近平总书记考察江苏重要讲话精神，充分发挥先行先试优势和示范带动作用，助力苏北地区民族村发展，实现互嵌式发展、共同富裕的创新举措，开创新时代民族工作新局面。

【宗教事务】 2023年，江阴市委统战部深入推进宗教中国化江阴实践，广泛开展"践行二十大 建功新时代"主题活动，深化推进"四进"（"国旗、宪法和法律法规、社会主义核心价值观、中华优秀传统文化"进宗教场所）活动。组织开展"寻访巨赞法师红色足迹"系列活动，赴广西壮族自治区、湖南省、浙江省等地走访，撰写纪念文荟。倡导宗教界人士投身慈善公益活动，全年用于扶贫帮困、助学助医等共计260余万元。持续推进宗教安全生产风险专项整治巩固提升年行动和重大事故隐患专项排查整治行动，全年开展安全检查49次，排查整改隐患260余处，整改率100%。分类分策抓好佛教道教商业化、非法宗教组织等问题的整治，深入开展整治非法宗教活动和抵御境外渗透专项行动。

【"纪念巨赞法师诞辰115周年 弘扬爱党爱国爱社会主义精神"座谈会】 2023年12月17日，由江苏省佛教协会主办、江阴市佛教协会承办的"纪念巨赞法师诞辰115周年 弘扬爱党爱国爱社会主义精神"座谈会在江阴市召开。中国佛教协会会长演觉法师，江苏省委统战部副部长、省民宗委主任马连美，江苏省民宗委副主任邓飞，无锡市委常委、统战部部长周常青，无锡市委副秘书长曹国光，无锡市政府副秘书长殷毅，无锡市委统战部副部长、民宗局局长张文伟以及来自全国各地的佛教界代表、专家学者和省、市、县有关领导共百余人参加座谈。在座谈会上，江阴市委常委、统战部部长郁秋皓介绍江阴市“纪念巨赞法师诞辰115周年 弘扬爱党爱国爱社会主义精神”系列活动情况，部分佛教界代表、专家学者发言。

【非公有制经济】 2023年，江阴市委统战部贯彻落实中央关于民营经济统战工作的决策部署，开展“同心建功新时代”理想信念教育，法尔胜泓昇集团有限公司创成全省民营企业思想政治工作示范点。省委常委、统战部部长惠建林到江阴调研民营经济高质量发展情况。组织民营经济领域各类培训28场，培训人员超6000人次，着力打造“新时代澄商”新名片。江苏民营经济统战研究协同创新基地江阴分基地成立。江阴市工商联获评全国“五好”工商联，2个商会获评全国“四好”商会。

【新的社会阶层人士工作】 2023年，江阴市委统战部坚持信任尊重、团结引导、组织起来、发挥作用的工作思路，持续开展新的社会阶层代表人士综合评价工作，印发《江阴市新的社会阶层代表人士综合评价试点工作方案》。推进新的社会阶层代表人士综合评价平台建设，建立“3C”全流程智慧平台，打造“暨阳新联数据云平台3.0版”。推动新的社会阶层人士实践创新基地提质增效，新增无锡市级基地2个。新的社会阶层工作案例获省级实践创新奖。《新的社会阶层代表人士综合评价的江阴实践》被省社会科学院评为优秀理论文章。加强代表人士的教育、引导和培养，至年末，江阴市新的社会阶层人士中有无锡市人大代表6名、政协委员7名，江阴市人大代表39名、政协委员46名。

【新的社会阶层人士实践创新基地高质量发展】 2023年，江阴市委统战部坚持“点上突破、面上推广”，依托江阴市新联会中心基地——“香山书屋”等公益组织，不断密切与新的社会阶层人士聚集的单位和地区的合作。坚持主动服务，通过推出“为你悦读”大型公益阅读推广项目，打造“香山文化创意工坊”“科技工作者之家”等形式多样、主题鲜明、覆盖面广的载体，擦亮实践创新基地品牌，搭建新的社会阶层人士“知心”对话空间，激发基地建设“原动力”，催生基地运行“内驱力”。深化“区域+统战”“党建+统战”“统战+”“+统战”新模式，探索新的社会阶层人士实践创新基地社会化、可持续、高质量发展之路。

【侨务工作】 2023年，江阴市委统战部组织学习习近平总书记致欧美同学会成立110周年的贺信座谈会、“党建引领谋振兴 绘就最大同心园”七一主题活动等，以丰富形式引导归国留学人员坚守留学报国初心，凝聚爱党爱国共识。启动江阴市霞客基金，签约德龙激光高端装备项目，揭牌成立洪泰基金——江阴临港产业资本融合发展基地，顾明远教育思想展览馆、陈复澄艺术馆、夏和兴雕塑艺术馆正式开馆。组织“学长帮学长”精密制造专场、海归人才企业行、智能制造海创论坛、创业实训营、百名博士江阴行等活动。

【“留学报国·逐梦百年·智汇江阴”交流共享会】 2023年11月18日，由中共江阴市委人才工作领导小组指导，江阴市欧美同学会、欧美同学会德奥分会主办的“留学报国·逐梦百年·智汇江阴”交流共享会在位于北京市东城区的欧美同学会会址举行。农业农村部大数据发展中心副主任、欧美同学会德奥分会副会长王文生，欧美同学会会员工作部二级调研员刘光辉，欧美同学会理事、德奥分会副会长兼秘书长李丹，江阴市委常委、组织部部长吴莉萍，江阴市委常委、统战部部长郁秋皓出席活动。该次交流共享会通过政策宣讲、交流体会、文艺会演等多种形式展示江阴的文化底蕴和发展成果，着力吸引更多的海外人才到江阴创新创业创造，共同助力科创江阴建设。

【第四届江阴发展大会暨2023经贸洽谈会】 2023年10月28日，第四届江阴发展大会暨2023经贸洽谈会在江阴大剧院开幕。来自海内外的近700名活跃在工商、科技、教育、医卫、文体、新闻传媒、金融等领域的江阴人和在江阴学习、工作过的知名人士，以及为江阴经济社会发展作出突出贡献的外籍人士会聚一堂，叙情谊、谋发展、话未来。无锡市委常委、江阴市委书记许峰在开幕式上致辞。付梦印、陈卫等代表作交流发言，许峰为江阴城市发展顾问颁发聘书，现场还举行重大项目签约仪式。开幕式当天，全市累计签约项目217项，总投资超千亿元，极大促进江阴市经济高质量发展。

【“挺进大湾区 创新向未来”2023江阴(深圳)科技人才合作恳谈会】 2023年2月19日，“挺进大湾区 创新向未来”2023江阴(深圳)科技人才合作恳谈会在广东省深圳市举行。无锡市委常委、江阴市委书记许峰出席活动并致辞。江阴市领导王琪、吴莉萍、张韶峰、陈涵杰参加活动。活动现场签署江阴市与南方科技大学战略合作协议，组织“粤港澳江阴乡情驿站”揭牌仪式，公布5位江阴“引才合伙人”名单。“粤港澳江阴乡情驿站”的建立，有利于进一步传播江阴声音，展示江阴魅力，树立江阴形象。

【“澄心聚贤”工作品牌发布暨2023江阴(上海)科技人才合作恳谈会】 2023年5月16日，叙乡情·共江阴——“澄心聚贤”工作品牌发布暨2023江阴(上海)科技人才合作恳谈会在上海举行。市领导吴莉萍、陈涵杰、时平出席活动。活动现场举行校地联盟合作(江阴—上海基地)揭牌仪式、“江阴(上海)乡情驿站”揭牌仪式，为江阴市“引才合伙人”授牌，并举行科技人才政策推介活动。该次活动标志着江阴市正以“五个一”(健全一套工作机制、打造一批乡情驿站、建好一个线上平台、办好一次发展大会、会聚一群杰出乡贤)聚贤工程，更好地集聚海内外江阴籍贤达人士、与江阴有渊源的各领域有较大影响力的知名人士。

【无锡市新侨创新创业园揭牌暨“高新乐侨”品牌发布会活动】 2023年7月28日，江阴高新区举办无锡市新侨创新创业园揭牌暨“高新乐侨”品牌发布会活动。无锡市委统战部常务副部长金卓青，无锡市侨联副主席郝朝勇，江阴市委常委、统战部部长郁秋皓等参加活动。江阴高新区以“高新乐侨”品牌为载体，持续打造“1235”(一条主线：以党建引领为主线，把稳政治“方向舵”；双轮驱动：以“平台+政策”为驱动，注入发展“新动能”；三级联动：以“园区+侨企+高校院所”为支撑，打造引才“强磁场”；五项赋能：以侨情、侨心、侨益、侨智、侨力为基础，共筑最优“生态圈”）为侨工作法，构建三级为侨服务体系，开展“全心聚侨、精心悦侨、贴心惠侨、真心暖侨”四大行动，以“侨”架“桥”，维护高新乐侨、侨助高新的双向互动良好局面。

【2023 海峡两岸纪念徐霞客公祭典礼】 2023 年 5 月 19 日，2023 海峡两岸纪念徐霞客公祭典礼在江阴市溯江纪源广场举行，台湾徐霞客研究会副会长蒋维泰与江阴市徐霞客研究会主要成员以及各地徐学研究者、徐氏宗亲会等社会团体一起缅怀游圣，共话发展。江阴市委常委、统战部部长、组织部部长吴莉萍，中国徐霞客研究会副秘书长林建，江阴市政协副主席张晓东，无锡市台办副主任秦俊和在江阴市台胞、台属、各界代表人士 300 余人参加。

【多个台企获得全市通报表扬】 2023 年，江阴市台资企业稳增长、求突破、促转型，多个台资企业增资扩股，为江阴经济社会发展做出积极贡献。瀚宇博德科技（江阴）有限公司获评地方税收综合贡献十强企业。瀚宇博德科技（江阴）有限公司陶正国、江苏通利光学新材料集团有限公司周永南获评江阴市优秀企业家，见龙投资有限公司许丽芳获评江阴市优秀总经理。瀚宇博德科技（江阴）有限公司、江苏通利光学新材料集团有限公司、江阴信邦电子有限公司、江阴宗承钢铁有限公司、江阴新树工程塑料有限公司、江阴华新钢缆有限公司、江苏英迈能源科技有限公司、见龙投资有限公司入围江阴市重点骨干企业。

（陆晓进）

保密工作

【概况】 2023 年，江阴市保密工作继续发挥“保安全、保发展”的保障作用，开展保密宣传教育月活动和保密教育线上培训，组织开展专项整治行动；通过重点督查、考核推动，结合将保密工作纳入巡视巡察，开展保密自查自评；加强各项专项检查，强化互联网出口、政务网站等巡查监控，消除隐患，堵塞漏洞。

【保密工作被纳入巡视巡察】 2023 年，江阴市保密委通过提供保密工作巡察清单，列出重点巡察内容，在十四届市委第四轮、第五轮巡察中对 8 个机关单位、4 个镇（街道）及下属 55 个村（社区）开展常规巡察，将保密专项检查作为巡察的重点工作之一，充分发挥政治巡察“利剑”作用，有力推动保密责任制落实。

【保密宣传教育】 2023 年 4 月中旬至 5 月中旬，江阴市保密委组织开展保密宣传教育月活动。通过江阴电视台、政府网站等 158 个新媒体平台，在百乐城墙面显示屏等 20 处大型户外大屏和 557 辆公交车尾、402 个公交站台的站点显示屏滚动显示宣传口号播放保密公益宣传片，累计受众 90 万人次。市城管局、统计局等单位组织开展各类主题宣传、专题培训 200 余场，17000 余人次参加。市应急局组织部分党员、入党积极分子实地参观无锡市国家安全教育馆。江阴边检站组织全站民警参观江阴市天华国防教育馆，以更为直观的认识引导广大民警要筑牢保密防线。19 个机关单位参加全国“人人话保密”微视频征集，其中江阴高新区、夏港街道、市税务局报送的微视频入围无锡市保密局评选，并被推荐至省保密局参与评选。发文全市通报表扬和奖励推介。澄江街道组织党建联盟单位联合开展保密宣传活动，现场发放《漫说保密》《中华人民共和国保守国家秘密法》宣传折页共计 500 余份。祝塘镇组织保密、司法、综治、工会等有关部门开展主题宣传活动，组织普法志愿者走进商场、超市发放安全保密宣传册 300 余份，接受群众咨询 25 人次。

【保密线上培训】 2023 年 5 月至 11 月，江阴市保密委依托全国保密教育线上培训系统开展保密干部线上培训，近 3700 人学满 4 学时、线上考试合格。年内，组织参加“苏密杯”密码知识技能竞赛，全市各单位周密组织，广泛发动，共 8000 余人参加“苏密杯”密码知识竞赛。

【保密专项整治行动】 2023 年 6 月至 9 月，江阴市保密委开展机关单位信息系统管理和档案数字化管理两项专项整治行动，向全市 84 个单位下发文件，组织市纪委监委、市委组织部、市政府办、市检察院等 15 个单位参加整治行动的专题培训，制发涉密信息系统技术支持人员保密承诺书和涉密信息系统现场技术支持记录表。市检察院及时召开专题会议，研究整改工作，完善长效机制，细化管理流程。

（钱叶阳）

机构编制工作

【概况】 2023 年，市委机构编制委员会办公室在市委、编委的正确领导下，在市委组织部的统一管理下，坚持以习近平新时代中国特色社会主义思想为指导，贯彻落实中共二十大精神和中央、省、市委部署要求，围绕市委“南征北战、东西互搏”总战略，建设“科创江阴”总目标，持续优化机构设置、职能配置和运行机制，稳步推进功能区改革，不断加强基层治理能力现代化建设，进一步提升体制机制改革牵引力，为加快建设社会主义现代化县域示范、当好县域经济高质量发展排头兵提供坚强的体制机制和机构编制保障。

【机构改革】 2023 年，江阴市组建市大数据管理和政务服务局，整合大数据管理职责，科学统筹全市数据资源整合共享和开发利用，聚力“数字江阴”建设。完成国防动员改革相关机构编制调整和人员转隶，核增市发展和改革委员会副主任、市住房和城乡建设局副局长职数各 1 名。市卫生健康委员会挂牌设置市疾病预防控制局，核增市疾病预防控制局局长（市卫生健康委员会副主任）职数 1 名。

【事业单位改革】 2023 年，江阴市将市节能管理中心整建制并入市企业服务中心，新增“数字产业服务”职责，增核市企业服务中心副主任职数（副科级）1 名，推动企业服务职能和人员编制进一步集中。整合市卫生监督所，重新组建市疾病预防控制中心。设立市生命健康产业创新服务中心，更名设立市科技馆，助力“科创江阴”建设。

【基层治理能力建设】 2023年2月,市政府办公室印发《关于建立“基层吹哨、部门报到”工作机制的实施方案》,在全市推行“基层吹哨、部门报到”党建引领基层治理工作机制,编制6大类25项“吹哨报到”事项清单,一线调研协调厘清城区市政管养、宅基地执法界限、公共场所卫生量化评级责任主体、校外培训机构管理等12项工作的部门职责边界。落实经济发达镇支持配套政策,核增经济发达镇职能机构副科级职数12名。调整优化市安委会办公室有关内设机构职责,充分发挥市安全生产委员会办公室组织保障、综合协调、督促落实等作用,确保全市安全生产各项工作任务落实到位。

【服务保障民生发展】 2023年,江阴市在交通运输综合行政执法大队增设轨道交通中队,增核中层职数2名,增核公安高铁站、地铁站辅警指标78名,全力保障轨道交通运行。配足全市安全人员力量,各镇街园区调剂专职安全员199名,公开招聘65名专职安全员,坚决守牢安全底线。推进教育优质均衡发展,新设立高新区南苑幼儿园、月城水韵幼儿园、礼延实验幼儿园、云东实验小学、滨江科技城小学、滨江科技城中学6所学校,新招录公办教师列编460名、高层次教育人才列编5名。为97所学校增核书记21名、副书记76名,全市设置党组织的中小学实现党组织领导职数全覆盖。统筹200名事业编制支持江南大学江阴校区招引人才,首批核增市高等教育发展中心编制50名用于江南大学江阴校区招录教师。推进卫生健康事业高质量发展,新招录卫生医护人员列编148名,探索基层医院医技资源高效集约利用新路径,在利港医院挂牌设立利港护理院,盘活医院60%闲置床位。公开选调海内外优秀青年人才列编76名。

【机构编制法治】 2023年,江阴市出台《江阴市机构编制事项动议和论证工作规程》,对设立高新区南苑幼儿园等19个机构编制事项调研论证全覆盖。举办机构编制业务培训班,对全市74名镇(街道)、部门组织人事干部集中培训。在全省首创编制《镇(街道)工作事务指导目录(第一版)》,科学厘清5大类634项具体事务职责边界,构建起镇(街道)职能机构“照清单履职、按清单办事、依清单问责”基层管理体系。

【机构编制规范管理】 2023年,江阴市委机构编制部门研究分析近年来编制内财政供养人员情况报市政府研究,经市政府同意2023年招录机关部门事业人员60名、高端紧缺性人才11名。专题研究全市基础教育教师中长期编制需求,形成《江阴市基础教育教师编制配置情况分析与对策建议》调研报告。重点审核超编学校招录指标,实现刚性压降超编87名。推进澄江街道机构编制调整工作,牵头相关条线部门压减教育、卫生、公安、社区等四类人员指标,撤销职能机构1个,核减行政编制2名、事业编制10名。压缩编外用工,调整20个单位编外用工指标,核减指标91名。

【事业单位登记管理】 2023年,江阴市依托省机关赋码和事业单位登记管理平台,实现登记事项网上提报、网上审批,审核发现问题实行网络一次性告知,全面提高登记效率。年内,办理事业单位设立登记9个、变更登记87个、注销登记10个、补领3个、延期55个,办理机关单位初领3个、变更29个、延期12个。集中开展事业单位法人注销登记清理工作,梳理出因撤销、合并等应注销登记事业单位24个,向16个主办单位下发《关于督促办理部分事业单位注销登记的函》,年内完成注销单位7个。

【机关绩效高质量考核】 2023年,江阴市围绕推进中心工作,新增绮山湖科创谷、园博园建设考核指标,以高质量考核助推江阴经济社会高质量发展。出台《“基层吹哨、部门报到”事项流转处置考核评价办法》,将“哨件”办理情况纳入“服务基层”评价考核,进一步强化强基导向和激励作用。 (马 凯)

老干部工作

【概况】 2023年,江阴市以习近平新时代中国特色社会主义思想和中共二十大精神为指导,按照全国、省市老干部局长会议要求,坚持围绕市委市政府中心工作,立足职责、服务大局,改进作风、提升效能,持续加强离退休干部党的建设,注重引导老同志发挥优势作用,不断提高离退休干部服务管理水平,努力建设老干部工作模范部门和过硬队伍,各项工作取得新进展、实现新提升。至年末,老干部局管理服务离退休干部1525人,其中离休干部57人、市管退休干部1468人。加强“江阴老干部”微信公众号、局机关网站的建设和管理,全年更新微信公众号89期、网站内容108条。做好老干部工作信息宣传,上报各类信息106篇,多篇工作经验被《中国老年报》、江苏省委老干部局《情况交流》等重点刊物刊登。建立“安排一个主岗、联系一个辅岗”的培育模式,深入开展“青年学习会”活动,举办专兼职干部培训班,不断提升年轻干部能力素养。定期召开党风廉政建设学习会议,开展“崇德倡廉,‘四敢’争先”系列廉政活动,做好干部廉政教育,努力建设“让党放心、让老同志满意”的模范部门。

【离退休干部思想政治建设】 2023年,江阴市以习近平新时代中国特色社会主义思想凝心铸魂,教育引导广大老干部切实把思想和行动统一到中共二十大精神上来。依托老干部党校、“江阴老干部”微信公众号、离退休干部党支部书记微信工作群等平台,开设云端课堂46期,组织离退休干部收听收看网上专题报告会8期,参加学习贯彻中共二十大精神知识竞答活动2次。开展“学习二十大,奋进新征程”银发宣讲微讲堂活动、“学思践悟二十大,银领先锋在行动”主题党日活动,组织老干部宣传宣讲75场次,制作《长江之恋——江阴践行习近平生态文明思想的生动实践》微党课视频,上报优秀主题党日案例12篇。推进学习贯彻习近平新时代中国特色社会主义思想主题教育,制定下发《工作方案》,组织参加全省离退休干部党组织书记示范培训班。举办“霞映澄江 赓续荣光”市管干部荣誉退休仪式,引导退休干部退休不褪色、离岗不离党。

【离退休干部党组织建设】 2023年,江阴市全面落实中共中央办公厅印发的《关于加强新时代离退休干部党的建设工作的意见》和江苏省委办公厅印发的《关于加强新时代离退休干部党的建设工作的实施意见》精神,制定出台全市《关于加强新时代离退休干部党的建设工作的实施方案》,在组织集中学习解读的基础上,分组对全市72个离退休干部党组织、10个"银领先锋"志愿服务团队、10个"银领先锋"工作室、5个涉老团体贯彻落实情况开展调查研究,推进工作全面落实到位。建立健全党支部书记动态调整制度,进一步选优配强支部书记队伍。强化书记素质提升,举办支部书记(骨干)学习班1期、支部书记(学习组长)集中学习培训2期。深入开展"六好"(组织设置好、班子建设好、党员队伍好、学习活动好、作用发挥好、制度坚持好)示范离退休干部党支部创建活动,华士镇、市委党校2个离退休干部党支部获评无锡市"六好"示范离退休干部党支部。打造市老干部活动中心"霞映澄江"党建共享阵地、"锡阳正红"离退休干部党建基地学习线路。推进离退休干部党建联盟行动和支部片组活动,组织开展参观、学习、研讨等互动交流活动10次。

【离退休干部发挥作用】 2023年,江阴市老干部局聚焦市委、市政府中心大局,引导广大离退休干部发挥优势作用,为建设社会主义现代化县域示范贡献银发力量。下发《关于开展"深入学习贯彻二十大精神,助力建设现代化县域示范"主题活动的通知》,组织开展"话传统、谈复兴、聚力量"专题调研42场次,"五老"(老干部、老战士、老专家、老教师、老劳模)宣讲中共二十大精神75场次,开展志愿服务活动738场次,实施志愿服务项目184项,受益群众67100余人。实施"红色基因传承、'银领'善治赋能、'乡贤'返乡助力、时代新风弘扬、'护苗向阳成长'"专项行动,组织红色宣讲210余场次,破解小区治理难题190余件,帮助解决群众困难240余件,摸排社情民意390余条,受理各类矛盾纠纷590余件,无锡市离退休干部作用发挥工作现场推进会在江阴市召开。开展全市首届"最美"系列选树活动,深入挖掘老干部助力基层社会治理典型7个,推荐选送"与党同心,与社区同行"离退休干部主题实践活动先进典型5个,制作宣传《锡阳正红守初心,霞映澄江展风采》离退休干部作用发挥专题片。开展"锡阳正红"老干部真人图书馆活动18场次,制作并上报微视频14个。

【离退休干部服务工作】 2023年,江阴市全面落实离退休干部各项政策待遇,聚焦老干部所需所盼,不断提高老干部获得感幸福感。开展离退休干部"四清""四联""四服务"(做到"基本信息、政策待遇、服务资源、特殊情况"清楚;联合"医疗单位、原单位、居住地所在社区、养老机构"四方力量;提供"细致的生活服务、周到的医疗服务、专业的社会服务、贴心的志愿服务")工作举措,建立定期联系制度,定制智能化养老服务套餐,编印《服务保障手册》。深化"三有一落实"(有就医绿色通道、有签约家庭医生、有医疗特困帮扶机制,落实好离退休干部提高享受医疗待遇政策)成果,巩固离退休干部看病绿色通道和"就诊一站式"服务,建立家庭签约医生定期回访制度,不断提升服务质量。全年上门慰问离休干部及困难退休干部263人次,看望慰问住院离退休干部55人次,协助处理58名病故离退休干部后事。组织全市1400余名离退休干部体检,开展健康咨询。为80岁及90岁离退休干部开展祝寿活动。丰富老干部精神文化生活,打造"相约虹园"活动品牌,组织开展"快乐之春""'澄'心向党""'澄'心敬老""快乐之年"文化学习活动,开设"虹园讲堂",举办时事政治、健康养生、普法教育、传统文化等各类专题讲座7次。完善老干部大学制度,开设智能手机运用班、山水画基础班、行楷书法班、手机摄影初级班和提高班等课程和培训班,吸引168名离退休干部报名学习。编印《七彩人生》6期。

(贺东海)

党校工作

【概况】 2023年,江阴市委党校坚持以习近平新时代中国特色社会主义思想为指导,深入贯彻落实中共二十大精神与习近平总书记考察江苏重要讲话重要指示精神,以习近平总书记关于党校办学治校的系列重要论述和中央新修订出台的《干部教育培训工作条例》《全国干部教育培训规划(2023—2027)》为指南,围绕市委、市政府中心工作,忠实践行"为党育才、为党献策"独特价值,推动党校高质量发展继续迈出坚实步伐。完成全市市管干部学习贯彻习近平新时代中国特色社会主义思想和中共二十大精神轮训班等班次,评教平均满意率98%以上;以习近平新时代中国特色社会主义思想"1+6+X"课程体系("1"个主题主线:坚持把学习习近平新时代中国特色社会主义思想作为干部教育培训工作的中心内容和首要任务,聚力提高党员干部的政治判断力、政治领悟力和政治执行力。"6"大建设培训专题:围绕中国特色社会主义事业"五位一体"总体布局和新时代党的建设新的伟大工程,聚力开发"经济建设""政治建设""文化建设""社会建设""生态文明建设"和"党的建设"系列专题。"X"系列特色课程:围绕传播江阴经验,讲好江阴故事,聚焦习近平新时代中国特色社会主义思想在江阴的生动实践,聚力研发"集成改革""长江大保护""乡村振兴""产业转型""基层治理"等江阴地方特色课程)为主线,聚焦江阴学习贯彻习近平新时代中国特色社会主义思想的生动实践,强化师资队伍建设,优化宣讲专题内容,细化宣讲服务菜单,着力打响党校"宣讲轻骑兵"品牌;结合各类培训班实际,依托"江阴样本"优势,深挖江阴资源,开发江阴特色现场教学"行走课堂",有序有效开展外地干部培训;聚焦市委市政府关注的重大问题、事关江阴经济社会发展的关键问题、江阴党员群众普遍关注的热点难点问题开展咨政、理论与学术研究。全年各类纵向课题立结项57项,高质量完成部门合作课题3项,公开发表学术论文10篇,获得江苏省哲学社会科学优秀成果奖等各类科研奖项近30项。抓好队伍建设,注重人才培养,严格执行干部选拔任用程序,年内提拔中层干部4名;持续优化各项管理制度规范,实现以制度管人管事管钱管项目。是年,获得全市改革工作先进集体二等奖、保密工作先进集体三等奖、全市“比学赶超”奋进奖、无锡市党校(行政学院)系统第三届优秀教学组织奖、无锡市党校(行政学院)系统第九届科研和决策咨询工作先进单位奖,校档案室获评江苏省规范档案室,第一党支部获评全市“双强双优”*五星级党支部,第三党支部获评无锡市“六好”示范离退休干部党支部,培训服务中心获评全市“三八”红旗集体。

【干部培训】 2023年,江阴市委党校始终强化主业主课意识,抓好党的理论教育和党性教育,学好、用好、讲好习近平新时代中国特色社会主义思想。严格落实三级备课制度,首次创新运用结构化研讨方法开展集体备课活动成效明显,课程开发流程更规范、质量再提升。全年新开发理论教育、党性教育类新专题17个,“1+6+X”的课程体系更加完备;参加无锡市党校系统第六届青年教师赛课活动,“探求中国式现代化的乡村振兴之路”专题获评优秀课;结合年轻干部特点,重塑“项目演练”互动教学的结构流程,在“情景应对”后加设“方案汇报”环节,从解决“一件事”向办好“一类事”延伸,使学员的解决问题能力和创新思维能力得到锻炼提升;结合各类培训班实际,依托“江阴样本”优势,深挖江阴资源,完善“理论+实践”“课堂+观摩”“党性+业务”“校内+校外”“线上+线下”的教学培训模式。全年完成市管干部学习贯彻中共二十大精神轮训班等主体班次43个5285人、委托班17个1206人,学员评教平均满意率98%以上,干部教育培训主渠道作用充分彰显。

【理论宣讲】 2023年,江阴市委党校全力服务各级党组织主题教育理论学习,制定发布主题教育宣讲菜单,做优党校“宣讲轻骑兵”品牌。组织优秀骨干教师参加市委宣讲团,深入开展“订单式”“上门式”宣讲,完成基层宣讲230余场次,受众超2.8万人次。持续打响江阴“学习进行时”品牌,4名教师入选“理响江阴学习进行时”特聘讲师,录制微党课4节,3名教师入选“江苏省习近平新时代中国特色社会主义思想研究中心江阴实践调研基地特约研究员”,对重大理论和现实问题,及时发出党校声音,亮出党校观点,作出党校回答,党校服务全市高质量发展的“能见度”显著提升。

【开放办学】 2023年,江阴市委党校坚持主动作为,聚焦学员需求,创新培训形式。聚力开发“城市更新”“产业转型”等现场教学专题课程,完成省委党校省管干部进修班等6个重点班次现场教学任务,受到省委党校高度肯定。开发具备江阴特色的现场教学“行走课堂”体系,内容涵盖党建引领、城市发展、生态文明、乡村振兴等主题,新增“江阴高质量发展”教学专题8个、“中国式现代化江阴新实践”特色课程5门、现场教学基地18个。灵活运用讲授式、互动式、案例式、情境式、研讨式等教学方法,不断增强开放办学的吸引力感染力。全年承接外地干部培训班31个,培训1315人。

【科研咨政】 2023年,江阴市委党校出台《中共江阴市委党校横向科研项目管理办法》《中共江阴市委党校决策咨询成果资助办法》,合理设置科研考核评价标准,量化指标体系,调动教师科研主动性和创造性。全年各类纵向课题立项共57项,公开发表学术论文10篇,获得各类科研奖项近30项。其中,江苏省哲学社会科学优秀成果奖(三等奖)1项,江苏省党校系统第十一届优秀科研成果奖2项、优秀决策咨询奖1项,获奖等级和数量继续领跑同类党校。编著完成《二十大精神学与思》,编写的案例《新时代无锡基层党建工作的探索实践》《共富基金赋能添力乡村振兴的江阴实践》入选中央党校案例课题。建立教师“基层调研联系点”制度,围绕市委、市政府重大决策部署、社会热点难点开展调查研究,组织参与各类研讨、会议、统稿、调研座谈等活动40余场次,有力推进各项科研任务高质量完成。与市发展改革委等部门开展合作研究3项,2篇决策咨询成果被《领导内参》采用,其中1篇获市委主要领导肯定性批示;社会主义学院工作成效初显。开发完成5门统战理论课程,1项研究成果获评省社会主义学院优秀理论文章,完成无锡市哲学社会科学招标课题(统战专项)1项。

【队伍建设】 2023年,江阴市委党校持续聚力修炼内功,打造优秀师资团队。通过“线上+线下”双通道推进教师教学能力有效提升。组织教师参加中央党校等组织的“学习贯彻习近平新时代中国特色社会主义思想主题教育专题研修班”等线上师资培训124学时;选派教师参加省委党校“提升数字能力”等师资专题培训140学时、无锡市党校系统教学观摩课32学时。坚决把政治标准放在师资队伍建设的首位,把党性要求融入师资队伍建设全周期、全环节。坚持“党校姓党”,引导教师弘扬理论联系实际的马克思主义学风,聚焦社会主义现代化建设和党的建设的重大理论和实践问题,加强理论学习与实践调研,在“一线”“火线”中锻炼干部。加大对年轻干部的培养力度,2名“90后”教师分别被抽调到市委巡察办和市主题教育领导小组专班。年内选拔中层正职1名、中层副职3名(含社会主义学院1名),1名教师晋升高级职称,调入年轻教师1名,1名教师退休。

【党校建设】 2023年,江阴市委党校坚守“为党育才、为党献策”初心,探索创新党风廉政建设与教学科研深度融合的新思路、新载体、新方法,打造红色学府党建品牌。开展主题教育,围绕中共二十大报告和《中国共产党章程》《习近平新时代中国特色社会主义思想专题摘编》等必读书目,组织集体学习、研讨交流20余次,切实把学习成果转化为推动工作的强大动力;全面落实党风廉政建设责任制,常态化开展党性、党风、党纪教育,引导党员干部牢固树立纪律意识,增强遵纪守法的自觉性;坚决扛起“抓党建第一责任人”职责,提高履行“一岗双责”*

的政治责任感。通过领导班子民主生活会、党校工作务虚会、党风廉政建设工作会议等，对全年党风廉政工作进行顶层设计和安排部署，制订《2023年党风廉政建设工作要点》《2023年落实党风廉政建设责任制工作计划》，把党风廉政建设与党校日常工作紧密结合，同步研究部署、同步落实检查、同步考核问效；发扬党内民主，自觉接受群众监督，坚持民主集中制，“三重一大”*问题均由校委会集体研究决策；完成无锡市县级党委党校（行政学校）办学质量评估工作；高质量完成市委巡察反馈意见、各级巡视巡察反馈意见涉党校工作的整改任务；高质量落实“三会一课”*、主题党日、组织生活会、民主评议、谈心谈话等制度。全年开展“新征程‘心’行动”“学雷锋·学炎黄·见行动”等主题党日活动12次；组织开展“凝心聚魂学思想 银发生辉谱新篇”等老干部活动8次，孙伟贤获评全市“最美老干部志愿者”；结合党校工作特点与优势，开讲“坚守初心 薪火相传”“行走课堂”等特色党课7次，引导党员干部“先感再悟，深学细思，笃行不怠”；组织教师开发“习近平总书记关于家风的重要论述”“中国传统文化中的廉洁文化”等课程，引导教师在教学科研业务中加强廉洁修为；持续强化制度管事管人，修订完善《培训服务中心年度考核方案》《培训服务中心相关制度规定》《厨房物资领用制度》等制度；智慧校园建设（一期）正式运行，物料采购纳入数字化监管；完成北校门改造项目，校园环境持续美化；深入开展校园安全生产检查督查6次，坚决筑牢安全防线，高质量保障重要班次。 （杨淑贞）

档案史志工作

【概况】 2023年，江阴市档案史志馆坚持以习近平新时代中国特色社会主义思想为指导，全面贯彻落实中共二十大精神，深入贯彻落实习近平总书记关于江苏工作的重要讲话重要指示精神，紧紧围绕市委、市政府决策部署，勇担使命、矢志创新，较好完成全年各项工作任务，获评2023年度全省方志文化宣传优秀组织单位，2022—2023年度《档案与建设》期刊宣传工作先进单位特等奖，多部编研作品获江苏省档案文化精品奖二等奖、三等奖。

【档案业务指导】 2023年，江阴市档案史志馆持续推进档案室规范化建设，全市新增1个“省示范档案室”、10个“省规范档案室”。加大档案业务监督检查和指导力度，对江阴市原卫校等多个单位以及医学出生证明等多个专门档案进行业务指导，规范档案移交进馆，指导“340省道无锡段改扩建工程（江阴段）”等3项重点项目通过档案专项验收，对全市6个镇（街道）开展档案安全行政执法检查，审核上报57个单位的档案统计年报，月城镇政府获评无锡市镇（街道）档案管理优秀单位。主动服务全市重点工作，开展主题教育文件资料、镇（街道）国有（集体）资产监管资料等收集归档工作，为服务全市主题教育工作大局、加强国有资产监管提供有力保障。开展档案业务培训，全年累计培训人数超百余人次，有效提升基层档案工作人员的专业水平。加强档案普法宣传，指导各镇（街道）、园区以“奋进新征程，兰台谱新篇”为主题，举办档案宣传月活动，宣传档案文化，普及档案知识，提升档案工作影响力。

【档案保管利用】 2023年，江阴市档案史志馆接待查档8788人次，提供证明材料2.94万页，审核镇（街道）查档1291次。在江苏省和长三角地区民生档案跨区域查询的基础上，率先接入全国档案查询利用服务平台，全年办理省内外异地查档25件，档案利用服务更加优质、高效、广泛，为单位和个人在工作查考、享受待遇、办理社保、解决纠纷等方面发挥积极作用。全年移交进馆档案78卷、16890件，接收政府公开信息391件，装订案卷1册、全引目录14册、归档文件目录13册。至2023年年底，馆藏档案总量达178.9万（卷）件（46.1万卷，132.8万件），进馆全宗增至258个。年内，及时妥善处理“12345”政务服务便民热线*工单33件。持续完善档案利用制度、库房管理制度等多项工作制度和台账记录，重点加强基础业务学习和库房利用管理，通过系统后台库房管理“1索引6记录”（档案存放位置索引，档案消毒记录、接收检查记录、清点检查记录、复制修复工作记录、库房出入库记录、库房检查记录）常态化录入管理使用，推动库房管理制度化、常态化。

【档案信息化建设】 2023年，江阴市档案史志馆对标国家数字档案馆建设标准，持续提高档案信息化水平。全年接收9个单位数据进馆，新增目录数据9.77万条，全文35.78万页；馆藏档案数字化18个全宗，新增目录数据1.01万条，全文69.96万页；全年合计增加数据量626.7GB。推动档案数据资源馆室共享，全年完成3个镇（街道）文书档案数据共享以及市人社局退休职工档案共享。落实电子公文单套制归档实践工作，参与“一网协同”OA（办公自动化）办公系统“电子档案”模块功能设计。继续推进“群众家门口的档案馆”项目，新增村（社区）级查询点7个，推动民生档案服务平台融入市“一网通办”平台。开展无锡市级数字档案室创建指导工作，第二批试点新申报25个单位，全年通过验收20个。门户网站全年发布信息130篇，浏览量20887人次。

【党史工作】 2023年，江阴市档案史志馆持续深化党史编研，汇编完成200余万字的《新时期江阴党史专题集（1978—2011）》，完成70余万字的《中共江阴历史大事记（1919—2021）》第五轮修改，论文《从“江浙农民的痛苦”到全面建成小康社会——学习江苏农运先驱周水平的时代价值》入选全省《全面建成小康社会历史进程与成功经验学术研讨会论文集》。持续推进江阴地方红色史料采编工作，形成2万字的“红色村庄”史实简稿，编撰18篇故事性文稿（初稿）10万字。深化党史宣教，开发和改版“江阴农民运动史”“江阴渡江战役史”“江阴要塞起义史”等党史教育专题课件，依托党史教育基地，为干部群众讲授地方党史专题课7次。强化指导服务,协调推荐域内党史遗址申报党史教育基地工作。年内,完成2处党史遗址推荐申报,其中江阴市革命烈士纪念馆被命名为江苏省第五批党史教育基地、张大烈故居被命名为无锡市党史教育基地。

【年鉴工作】 2023年9月,江阴市地方综合系列年鉴第31卷《江阴年鉴(2023)》由方志出版社出版。该部年鉴全面系统、准确翔实地记载2022年江阴市自然、政治、经济、文化、社会、生态文明建设等方面取得的新进展、新成就和新经验,以及在经济社会发展中所遇到的新问题、新矛盾,充分反映这一年度江阴市各项建设中的大事、要事、新事、特事。该部年鉴的编辑,旨在为各级领导决策提供参考依据,为江阴经济社会发展服务,为中外人士了解和研究江阴提供可靠信息,也为编史修志积累资料。该部年鉴按分类记事体例,设42个类目。类目下设238个分目、1499个条目。总篇幅116.9万字,彩色插页52页,随文图片51幅,表格136张。《江阴年鉴(2023)》与《江阴年鉴(2022)》相比,增设特辑,记载江阴市"南征北战、东西互搏"战略的实施。彩色插页新设"对口支援伊犁霍城20周年""科创江阴""砥砺奋进卅五载 风华正茂再出发——江阴撤县建市35年35事"等专栏。其他框架基本不变。是年,江阴市档案史志馆开展年鉴业务指导3次。9月,赴江阴兴澄特种钢铁有限公司为《兴澄特钢年鉴(2023)》撰稿人员进行年鉴基础知识培训。10月,审读《江苏边检年鉴》江阴边检部分文稿,提出详细修改建议。11月,赴月城镇指导乡镇年鉴编写,传达省志办推动全省乡镇(街道)、功能区编写年鉴的要求。

【地方志工作】 2023年,江阴市档案史志馆按照《江阴市"十四五"地方志事业发展规划》要求,全面推进江阴市镇村志编纂工作,根据各镇(街道)实际情况,做到一镇(街道)一策。跟踪指导服务好《江阴高新区志》《红豆村志》等10余部镇(街道)、村(社区)、部门、企业志的指导审阅工作。祝塘镇《建南村志》于4月出版。继续做好方志信息报送和地情文化宣传工作,向江苏省地方志办公室报送政务信息32篇,在"方志江苏"微信公众号发表《长江禁捕后,市面上的"刀鱼"从何而来?》《花有露 鸟有声,明代江阴女画家周淑禧笔下的春天》等8篇原创文章,在《江苏地方志》杂志2023年第三期发表文章《江阴黄田港的历史演变》。开展7次方志"六进"(进机关、进农村、进社区、进校园、进企业、进军营)活动,协办无锡市"新时代文明实践乡情地情教育"启动仪式,新设3个"乡情地情教育"示范点,新增7个方志图书角,在黄田港公园新时代文明实践站举办江苏学政文化专题宣讲,累计赠书428册。配合江阴市委宣传部开展2023年全民阅读活动行动,协助市民政局做好地名文化遗产申报,协同市融媒体中心发布"江阴地名故事"系列推文,参与小石湾炮台资料审读和《黄山英魂——江阴革命烈士群像》审读等工作。协助省志办完成《长泾影像志》拍摄和发布工作。启动"江阴市智慧方志馆"建设,累计更新上架图书28部。是年,省地方志办公室组织开展全省首届镇村志质量评定工作,《南闸志》《云亭街道志》获三等奖,《宋〈江阴志〉三种》获第二十五届华东地区古籍优秀图书奖二等奖。

【档案资料征集编研】 2023年,江阴市档案史志馆做好档案资料社会征集工作,新征入馆家谱21部268卷(册)、图书资料共132套(册)、实物资料49件。完成红色珍贵档案征集活动,征集红色珍贵档案45组,其中7组入选无锡市红色珍贵档案名录,8组入围无锡市红色珍贵档案入选名单。开展"美丽特色乡村"档案资料及"我给家乡照张相,我为城市存份档"照片档案公益征集,征集到全市14个镇(街道)的40个特色乡村资料,以及相关照片150余张。制定《江阴市援疆工作照片资料征集活动方案》,征集相关照片资料190余张。打造"江阴·忆"档案文化品牌,多角度、多元素开展档案资料编研,推进档案文化宣传。加强"江阴档案"系列作品编研,参评全省档案文化精品评选活动,共有5项获奖,其中二等奖1项、三等奖4项。运营"江阴纪事"微信公众号,定期推送高质量微文,全年发表推文74篇,总阅读量突破15万人次。在"江阴纪事"公众号新设"江阴精品档案"专栏,推出馆藏精品档案推文3篇。编印完成《"江阴·忆"——2022江阴纪事推文选编》,收录推文64篇,作为江阴档案文化对外交流名片,广泛用于上级调研、年会峰会等各类会议活动。开展档案史志文化进基层活动,全年向社会各界累计赠书1100余册,开展档案史志文化宣讲等活动10余场。

(蒋铭皓)

■类目编辑 党 辉

重要会议

【概况】 2023年，江阴市第十八届人民代表大会召开第二次会议，市十八届人大常委会召开常委会会议8次、主任会议12次，并通过定期联席会议、协商会商、工作通报等方式，与“一府一委两院”（市政府、市监察委员会、法院、检察院）保持良好沟通，相互配合、相互支持，形成在市委集中统一领导下的地方国家机关高效协同履职体系。

【市十八届人大二次会议】 江阴市第十八届人民代表大会第二次会议于2023年1月2—5日在江阴大剧院举行。出席会议的市人大代表应到442人，实到376人。会议列席和邀请人员有市委、市人大常委会、市政府、市政协有关领导；市直机关部门、驻江阴有关单位、市属企事业单位主要负责人；在江阴的全国人大代表、省人大代表和无锡市人大代表小组召集人；往届市人大常委会主任和市政协主席；出席市政协会议的政协委员和其他列席人员（在分会场列席第一次全体会议）。会议期间，代表听取和审议《政府工作报告》，审查并批准《关于江阴市2022年国民经济和社会发展计划执行情况及2023年国民经济和社会发展计划草案的报告》《关于2022年财政预算执行情况和2023年财政预算草案的报告》，审议《关于2022年江阴市民生实事项目实施情况的报告》《关于2022年列入市人大资金监督的政府投资重点项目资金计划执行情况和2023年重点项目资金计划安排情况的报告》《关于〈江阴市十七届人大五次会议关于扎实推进美丽江阴建设和高质量建设长江生态安全示范区的决议〉落实情况的报告》《关于〈江阴市人大常委会关于扎实推进“一湾一谷”建设的决议〉落实情况的报告》《关于〈江阴市人大常委会关于高质量建设长江生态安全示范区的决议〉落实情况的报告》《关于市十八届人大一次会议代表建议办理情况的报告》，听取和审议江阴市人大常委会、法院、检察院工作报告，审议江阴市人民代表大会法制委员会、监察和司法委员会、财政经济委员会、社会建设委员会、开发区委员会工作报告，票决产生2023年政府民生实事项目。会议补选市十八届人大常委会委员5人，并举行宪法宣誓仪式。会议期间，收到代表建议、批评和意见161件。

【市人大常委会会议】 江阴市十八届人大常委会第九次会议于2023年3月3日召开。会议传达学习省委书记，省人大常委会主任、党组书记信长星在省人大常委会党组会议和省十四届人大常委会第一次会议上的讲话精神；审议通过市人大常委会2023年工作要点；审议市政府《关于〈江阴市国土空间总体规划（2021—2035）〉编制情况的报告》《关于市十八届人大常委会第三次会议审议意见落实情况的报告》。会议表决通过有关人事任免事项，并举行宪法宣誓仪式。

市十八届人大常委会第十次会议于2023年4月27日召开。会议听取和审议市政府《关于2022年度生态环境保护工作情况的报告》《关于“八五”普法工作情况的报告》，部署落实在全市各级人大代表中组织开展“牢记嘱托、感恩奋进”学习实践活动工作要求。会议审议并表决通过有关人事任免事项，并举行宪法宣誓仪式。

市十八届人大常委会第十一次会议于2023年6月25日召开。会议听取和审议市政府《关于2022年财政决算情况的报告》《关于2022年度财政预算执行和其他收支情况的审计工作报告》，决定批准2022年市级财政决算；听取和审议市政府《关于2022年度国有资产管理情况的综合报告和国有企业资产管理专项报告》《关于义务教育优质均衡发展情况的报告》《关于临港开发区经济社会发展情况的报告》。会议听取部分无锡市人大代表履职情况报告并开展民主评议，审议并表决通过有关人事任免事项、代表资格审查报告及相关决定，并举行宪法宣誓仪式。

市十八届人大常委会第十二次会议于2023年8月24日召开。会议听取和审议市政府关于2023年上半年国民经济和社会发展计划执行情况、财政预算执行情况、政府投资重点项目资金管理和项目建设进展情况的报告；听取和审议市政府《关于农村人居环境整治提升工作推进情况的报告》《关于市十八届人大常委会第十次会议审议意见落实情况的报告》;听取和审议市人大常委会执法检查组《关于检查食品安全法实施情况的报告》;听取市政府《关于提请调整民生实事耙齿山林相改造项目内容的报告》,经表决同意该调整事项。会议对2023年度代表建议办理及民生实事项目推进情况开展专题询问,表决通过市人大常委会江阴高新区、临港经济开发区工委工作规则(修订稿)和市检察院有关人事任免事项。

市十八届人大常委会第十三次会议于2023年10月25日召开。会议听取和审议市政府《关于"十四五"规划纲要实施中期评估报告》《关于扎实推进美丽江阴建设决议执行情况的报告》《关于市十八届人大二次会议代表建议办理情况的报告》,市检察院《关于发挥法律监督职能助力打造法治化营商环境工作情况的报告》;审议市政府及有关部门、单位关于2022年审计查出问题整改落实情况的报告,并进行满意度测评;审议并批准市政府2023年预算调整方案、"十四五"规划纲要部分指标调整方案;审议市政府、临港经济开发区管委会《关于市十八届人大常委会第十一次会议审议意见落实情况的报告》。会议审议并表决通过有关人事任免事项、代表资格审查报告及有关决定,并举行宪法宣誓仪式。

市十八届人大常委会第十四次会议于2023年12月5日召开。会议审议有关代表工作事项。

市十八届人大常委会第十五次会议于2023年12月13日召开。会议听取和审议市政府《关于2023年民生实事项目完成情况的报告》,对12项民生实事项目实施情况开展满意度测评;听取市人大常委会任命"一府一委两院"有关人员履职情况报告并开展民主评议;审议代表资格审查报告并通过相关决定;审议通过《关于召开市十八届人大三次会议的决定》、市政府《关于市十八届人大常委会第十二次会议审议意见落实情况的报告》。

市十八届人大常委会第十六次会议于2023年12月28日召开。会议听取和审议市政府《关于2024年民生实事候选项目情况的报告》;审议通过市十八届人大三次会议有关文件及名单(草案)、市人大常委会工作报告稿和市人大各专门委员会工作报告稿;审议市检察院《关于市十八届人大常委会第十三次会议审议意见落实情况的报告》;审议并表决通过代表资格审查委员会有关报告和有关人事任免事项,并举行宪法宣誓仪式。

【市人大常委会主任会议】 2023年,江阴市第十八届人大常委会召开主任会议12次。主要议题有:讨论研究市人大常委会2023年工作要点、2023年市人大代表小组活动意见、重点督办代表建议、2023年民生实事项目实施情况监督工作意见、市人大常委会领导及专工委走访联系人大代表安排、2023年述职评议工作方案、2022—2023年代表工作评优工作方案;讨论通过市人大常委会食品安全法执法检查方案、《关于推动代表议案建议工作高质量发展的实施意见》;讨论市人大"民生瞭望台"民情民意收集处理及运行管理暂行办法、市人大代表履职情况登记及通报暂行办法;审议市政府关于"一湾一谷"*建设、老年健康服务能力建设、新型农业经营主体培育、智慧城市管理、2023年重点督办代表建议办理等情况的报告,《关于提请调整民生实事耙齿山林相改造项目内容的报告》《关于2024年民生实事候选项目情况的报告》《关于2022年财政决算和财政同级审情况的报告》《关于2022年国有资产管理情况的综合报告和国有企业管理情况专项报告》,关于2023年上半年国民经济和社会发展计划执行情况、财政预算执行情况、政府投资重点项目资金管理情况和项目建设进展情况的报告,关于江阴市2023年国民经济和社会发展计划执行与2024年计划草案编制情况、2023年政府投资重点项目资金计划执行和2024年安排情况、2023年财政预算执行和2024年财政预算草案编制情况的报告,《关于2023年度财政预算调整有关事项的报告》《关于财政同级审查出问题整改情况的报告》《关于"十四五"规划实施情况中期评估报告》《关于政府债务管理情况的报告》;审议市法院《关于加强金融纠纷多元化解机制建设、优化金融生态环境工作情况的报告》等。会议学习习近平总书记系列重要讲话精神,专题学习习近平总书记考察江苏重要讲话精神,学习全国人大常委会"建立听取和审议政府债务管理情况报告制度"工作座谈会精神,传达学习省、无锡市各级人大代表"牢记嘱托、感恩奋进"学习实践活动工作会议精神,学习贯彻全市高质量发展综合考核总结大会精神等。

【市人大常委会与"一府一委两院"联席会议】 2023年2月9日,江阴市人大常委会与"一府一委两院"召开联席会议,协商讨论2023年市人大常委会工作要点,交办市十八届人大二次会议代表建议,听取市政府、监委、法院和检察院对人大工作的意见建议。市政府及组成部门表示将认真落实市委十四届四次全会决策部署,按照市十八届人大二次会议目标任务,全力完成年度重点工作,推动经济社会发展,提高政府工作水平。会议要求市人大常委会围绕"奋进新征程、建功现代化"主题,保持与市委目标同向、工作同步,与"一府一委两院"加强协作配合,推动全市重大决策部署落实,推动各项重点工作循序渐进出成效。

监督工作

【概况】 2023年,江阴市人大常委会坚持以习近平新时代中国特色社会主义思想为指导,深入学习贯彻中共二十大精神,坚持党的领导、人民当家作主、依法治国有机统一,在江阴市委领导下,依靠全体人大代表,依法履职,审议"一府一委两院"专项工作报告33份,开展执法检查、专题询问和视察活动12次,完成市十八届人大二次会议各项既定任务,为全市经济社会发展做出贡献。年内,举办两期"代表大讲堂",参加代表数350余人次,通过领导干部及专家学者授课、代表交流履职经验、现场观摩等,提高代表履职能力;印发江阴市人大开发区委员会《关于开展"535"品牌建设提升开发区人大代表履职能力的实施意

2023年6月5日，江阴市人大首期“代表大讲堂”在市委党校开讲
（市人大常委会办公室提供）

见》，提出打造开发区人大工作“535”品牌，即建设好5个全过程人民民主实践基地，落实好每3个月一次对外开放日，开展好专题讲座、履职述职、视察调研、建议督办、考察交流5个主题活动，不断提升开发区人大代表履职能力。

【行使重大事项决定权】 2023年，江阴市人大常委会立足中国式现代化江阴新实践和新时代人大工作实际，在听取和审议“一府一委两院”专项工作报告基础上，依法作出决议决定11项，及时审查批准市级预算调整方案。围绕市人大关于“一湾一谷”决议执行情况开展专项监督，逐项分析，清单化督查，提出意见建议。围绕市人大关于美丽江阴建设决议执行，通过视察督查、审议评议等方式，对城区四环路改造提升、轨道交通建设、老旧小区加装电梯、小区物业管理、智慧城管等开展监督，推动城市品质能级提升，美丽江阴建设相关58项重点项目有序推进或完成。专项审议《江阴市国土空间总体规划（2021—2035年）》，提出强化规划衔接、坚持底线思维和多规合一等意见，助力全市规划治理体系和治理能力现代化，实现国土空间开发保护更有效率、更可持续。

【助推经济量质新提升】 2023年，江阴市人大常委会围绕“十四五”高质量发展，听取和审议“十四五”规划纲要实施情况中期评估报告，督促抓重点、补短板、强弱项，确保按时序高质量完成目标任务，巩固和增强经济回升向好态势；围绕“南征”*战略实施，对科创载体、江南大学江阴校区建设等情况开展专项视察；围绕加快推进数实融合，对全市数字经济开展调研，推动江阴加快数字化转型和产业数字化进程；围绕“东西互搏”*战略推进，视察高新区微电子产业园，审议临港经济开发区经济社会发展情况，从产业集聚、创新赋能、绿色发展等方面提出相关建议，推动开发区高质量发展；围绕农业高质高效，重点对高标准农田建设、新型农业经营主体培育情况等开展调研或审议，督促推动政府出台更多惠农政策，加大对农业支持保障力度。

【助推发展环境新提升】 2023年，江阴市人大常委会专项调研民营企业发展情况并提出促进健康发展建议意见，视察评议市法院金融纠纷典型案件庭审，审议市法院多元化解金融纠纷、市检察院助力打造法治化营商环境工作情况，督促深化金融司法改革，加强涉企案件法律监督，优化金融生态，营造稳定、公平、透明、可预期的法治化营商环境；专题审议国有资产综合报告和企业国有资产专项报告，推动国资国企在经济发展、公共服务、民生保障方面发挥重要作用。建立听取和审议政府债务管理情况报告制度，推动政府统筹稳经济与防风险，守住不发生系统性风险底线；加强预算全口径审查、全过程监管，持续推进预算审查监督重点拓展改革，深化审计查出突出问题整改跟踪监督，对8个部门和单位开展审计整改满意度测评，督促建立健全整改长效机制。

【助推美丽江阴新提升】 2023年，江阴市人大常委会深入学习贯彻习近平生态文明思想，全面推动长江大保护和深入打好污染防治攻坚战。审议生态环境质量状况和生态环境保护目标完成情况的报告，开展湿地保护、太湖水污染防治执法检查，推动政府抓好中央生态环保督察反馈问题整改，深入打好污染防治攻坚战，加强生态修复和资源保护，巩固并持续改善全市生态环境质量。组织代表参与首个“8·15全国生态日”主题宣传，推广“绿水青山就是金山银山”理念，推动一批生态环境基础设施项目开竣工。学习浙江省“千万工程”（千村示范、万村整治）先进经验，对农村人居环境、美丽幸福河湖、水美乡村、农村住房基础配套建设等开展专题视察和调研，推动政府深入开展“三清三治”（清理各类垃圾、清理违建违放、清理家河家塘，治理农村厕所、治理农村污水、治理农田风貌）农村环境卫生专项整治行动，加快补齐乡村建设短板，持续改善农村面貌，加快美丽乡村建设。

【助推民生福祉新提升】 2023年，江阴市人大常委会关注义务教育优质均衡发展，听取审议专项报告，推动政府办好人民满意教育；关注老年健康服务能力建设，深入调研居家养老上门服务、医养融合等核心问题，推动“澄颐享”智慧养老服务平台投用运行；关注网约车司机、外卖骑手等新业态从业人员权益保障工作，促进填补各方面政策制度空白，推动新业态健康有序持续发展；关注民生实事项目实施，设立“民生项目监督员”，依托“民生实事推进季”，推动民生实事项目实施更科学、更精准、更高效；关注交通出行，围绕“城区保畅通、乡区保安全”目标，推动智慧交通规划、建设、管理一体化，提升人民群众出行幸福指

2023 年 10 月 13 日，江阴市人大常委会围绕“加快推进充电桩建设”主题举行首期“民生议事厅”（市人大常委会办公室提供）

数；关注民生民情，与市城运中心联合创立“人大民生瞭望台”，发挥大数据智能化优势；聚焦群众“急难愁盼”问题，搭建“民生议事厅”民主实践平台；聚焦充电桩建设及养老服务，通过代表、群众与政府部门深入互动交流，架起政府倾听民情民意桥梁，推动事关发展、事关民生重点议题共商解决。

【助推法治建设新提升】 2023 年，江阴市人大常委会坚持普法为先，审议“八五”普法工作开展情况，持续推进法治江阴、法治政府、法治社会建设。深入基层板块和重点部门开展专项督导，通过个别谈话、调阅资料、调研座谈、明察暗访等形式开展安全生产巡查，提出相关建议意见，督促对重点领域、重点场所安全隐患排查治理，严格落实安全生产责任，助推全市安全生产形势持续稳定向好。围绕农村集体“三资”（资金、资产、资源）管理开展专题调研，实地走访调研相关经济薄弱村，督促推动巩固村级“两项清理”（村级集体资金出借和资产出租）专项整治成果、深化农村集体产权制度改革、探索拓展强村富民有效路径。受理来信来访 24 人次，依法依规做好转办督办工作，维护人民群众合法权益和社会和谐稳定。完善规范性文件备案审查工作机制，拓展备案范围，发挥常委会法律咨询专家作用，审查“一府两院”规范性文件 9 件，提出审查建议 5 条，推动规范性文件清理工作，有效维护法制统一。

【开展执法检查】 2023 年，江阴市人大常委会发挥人大执法检查“法律巡视”作用，对《中华人民共和国食品安全法》《中华人民共和国湿地保护法》《江苏省湿地保护条例》《无锡市湿地保护条例》《江苏省太湖水污染防治条例》《无锡市水环境保护条例》开展执法检查，对照法律条文，聚焦问题清单，综合运用听取汇报、座谈交流、明察暗访、问卷调查、大数据分析等方式，全面了解相关法律法规、制度规定在江阴市落实情况。在食品安全法执法检查中，督促政府落实“三个责任”（主体责任、属地责任、监管责任）、强化产地准出和市场准入衔接、加强重点领域治理等工作。在湿地保护、太湖水污染防治执法检查中，对城区雨污分流改造、污水处理厂改扩建等难点问题开展专项督查，推动政府履行法定职责。

【组织开展述职评议】 2023 年，按照《江阴市人大常委会述职评议工作实施办法》，市十八届人大常委会第十五次会议对任命的“一府一委两院”有关人员开展述职评议。评议组通过召开征求意见座谈会、问卷调查等方式，对述职对象的德、能、勤、绩、廉等方面情况进行前期调研并形成报告。常委会组成人员从政策理论水平、民主意识、全局观念、人大意识、思想作风和廉洁自律、决策能力和工作质效等方面，以无记名投票方式对市城管局局长张学春、卫健委主任胡莹洁、金融监管局局长胡光远、发改委主任季震、工信局局长谈海平、住建局局长吴广、水利局局长王青、医保局局长严军明、信访局局长周青以及张旭、方静、赵宇峰、张敏、李申、李晓雯、张涛、盛月育、盛艳、费春霞、龚雪娇、吉静静、张庆苗、毛钥、梅锦华 15 名市检察院检察员进行民主测评。

【推进立法联系点建设】 2023 年，江阴市人大常委会完善基层立法联系点制度，拓展群众有序参与立法广度和深度。加强与基层立法联系点沟通，深入无锡市人大常委会基层立法联系点徐霞客镇和周庄镇山泉村走访调研，加强业务指导，协调解决有关问题，提供履职保障，推动基层立法联系点充分发挥功能作用，从参与立法向提出立法建议项目、监督执法、宣传普法、促进守法、参与社会治理延伸，促进地方民主法治建设。是年，徐霞客镇立法联系点入选无锡市“践行全过程人民民主、推进人大工作与时俱进”实践案例。

【开展“民生实事推进季”】 2023 年，江阴市人大常委会围绕“全过程人民民主实践创新年”主题，出台年度民生实事项目实施情况监督工作意见，加强统筹协调，推动民生实事项目精准高效实施。创新设立“民生项目监督员”，全程跟踪监督、及时反馈建议，让民生工程体现民意。7—9 月，开展“民生实事推进季”活动，采取分组监督与一季一督查相结合、现场检查与座谈问询相结合，对每项民生实事项目进度、成效和存在问题等进行阶段性深入监督，督促项目实施主体做好推进工作。落实“一季一发布”，每季度通过代表履职信息平台发布民生实事项目督查情况，收集汇总代表意见建议。

人事任免

【概况】 2023 年，江阴市人大常委会认真审议各项人事任免议案，依法规范做好人事任免工作，全年任免国家机关工作人员 122 人次。

2023年江阴市人大常委会任免国家工作人员一览表

表5

时间	会议名称	任免名单
3月3日	市十八届人大常委会第九次会议	决定任命季震为市发展和改革委员会主任;任命江国虔为市大数据管理和政务服务局局长,免去其市行政审批局局长职务;免去魏锋市发展和改革委员会主任职务 任命许伟为市人大常委会代表资格审查委员会委员 任命王杰兵为市法院审判委员会委员、民事审判第二庭庭长,免去其市法院劳动争议审判庭庭长职务;任命李峰为市法院行政审判庭副庭长,免去其市法院劳动争议审判庭副庭长职务;任命汪雄为市法院劳动争议审判庭副庭长,免去其市法院立案庭副庭长职务;任命韩鹏彦为市法院刑事审判庭副庭长;免去浦峥市法院民事审判第二庭庭长职务;免去曾晓、刘建燕、金国芬市法院审判员职务 免去俞凤华市检察院检察员职务
4月27日	市十八届人大常委会第十次会议	决定任命朱烨昕为市政府副市长;任命吴广为市住房和城乡建设局局长 任命刘尧宇、吴海强、刘俊、陈教智、金叶锋、曹鸣红、张峥莉、戈栋、成志昀为市法院审判委员会委员;免去夏瑾市法院审判员职务;免去杨梦麟、曹晓明、谭师帅、徐海峰、徐雪峰市法院人民陪审员职务
6月25日	市十八届人大常委会第十一次会议	决定任命谈海平为市工业和信息化局局长;任命周青为市信访局局长;免去朱晓峰市政府副市长职务;免去季震市工业和信息化局局长职务;免去邓国平市信访局局长职务
8月24日	市十八届人大常委会第十二次会议	免去汪建平市检察院检察员职务
10月25日	市十八届人大常委会第十三次会议	任命孙林祥为市监察委员会副主任,决定其代理市监察委员会主任职务 任命高勇为市法院审判委员会委员、知识产权审判庭庭长,免去其市法院滨江法庭副庭长职务;任命成志昀为市法院刑事审判庭庭长,免去其市法院刑事审判庭副庭长职务;任命曹鸣红为市法院审判监督庭庭长,免去其市法院知识产权审判庭庭长职务;任命包彬为市法院滨江法庭副庭长,免去其市法院民事审判第一庭副庭长职务;任命任金花为市法院华士法庭副庭长,免去其市法院民事审判第一庭副庭长职务;任命廖宏娟为市法院长泾法庭副庭长,免去其市法院民事审判第二庭副庭长职务;任命任小霞为市法院民事审判第一庭副庭长;任命朱静媛为市法院民事审判第一庭副庭长;任命蔡晓波为市法院民事审判第二庭副庭长;任命李峰为市法院劳动争议审判庭副庭长,免去其市法院行政审判庭副庭长职务;免去唐宇英市法院审判委员会委员、审判监督庭庭长职务;免去王伯军、金桂华、濮建东、宋献市法院审判员职务 免去叶仁芳、徐心声市检察院检察员职务
12月28日	市十八届人大常委会第十六次会议	决定任命钱晴为市教育局局长,免去其市文体广电和旅游局局长职务;任命钟卿为市交通运输局局长;任命李志浩为市农业农村局局长;任命谢挺为市文体广电和旅游局局长;免去徐前锋市教育局局长职务;免去缪慧市交通运输局局长职务;免去万小溪市农业农村局局长职务;免去宦雪忠市退役军人事务局局长职务 任命戴士良为市人大常委会申港街道工作委员会主任;任命李国建为市人大常委会环境资源城乡建设工作委员会副主任;任命项薇为市人大常委会澄江街道工作委员会副主任;任命陆梓梓为市人大常委会南闸街道工作委员会副主任;任命孙丽丽为市人大常委会云亭街道工作委员会副主任;任命李亮为市人大常委会夏港街道工作委员会副主任;任命盛开为市人大常委会申港街道工作委员会副主任;任命邱静为市人大常委会利港街道工作委员会副主任;免去缪建伟市人大常委会申港街道工作委员会主任职务;免去李煜市人大常委会环境资源城乡建设工作委员会副主任职务 任命陶晓东为市法院副院长;任命张迅寒为市法院劳动争议审判庭庭长,免去其市法院少年审判庭庭长职务;任命章冬海为市法院青阳法庭副庭长、审判员;任命沈琪晔、陈强为市法院审判员;免去章见良市法院副院长职务 任命齐晓敏为市检察院检察员;免去赵建新、陈忠宇市检察院副检察长职务

2023 年 8 月 14 日,江阴市人大常委会举行"民生瞭望台"揭牌仪式
(市人大常委会办公室提供)

代表工作

【概况】 2023 年,江阴市人大常委会深化全过程民主参与,注重完善人大代表工作制度和相关机制,强化履职服务,激发履职活力,发挥代表在推动现代化县域示范建设中的重要作用。年内,开展各类学习培训和"代表大讲堂",组织参加会议活动,提高代表履职尽责能力;制定出台《关于推动代表议案建议工作高质量发展的实施意见》,提升建议办理实效;深化"双联"(常委会组成人员联系代表、代表联系群众)活动,推动线上线下"双联"常态化,构建"民生瞭望台"并建立相关运行管理机制,打造全过程人民民主实践基地。

【注重代表履职参与】 2023 年,江阴市人大常委会积极搭建代表学习思考交流平台,组织开展各类代表学习培训 28 场次、"代表大讲堂"两期,累计培训超 1000 人次,开展"代表大家谈",收集心得体会 248 篇,着力提高人大代表及人大系统干部政治理论素养和履职尽责能力;组织代表参加"一府一委两院"有关会议和活动 130 人次,拓宽代表知情知政渠道。推进代表分专长、有重点、常态化参与常委会工作,全年市人大代表列席人大常委会会议、监督等活动 182 人次,确保常委会每项重点工作都有代表身影、代表声音、代表智慧;选评全过程人民民主创新活动奖、优秀组织奖,表彰代表活动先进小组、积极分子和优秀代表建议、"代表大家谈"优秀心得等,激发代表履职热情;以常委会视察评议法院庭审活动为引领,常态化开展人大代表旁听法院庭审活动,组织 12 个代表小组 256 名人大代表参加旁听庭审活动,提升代表运用法治思维和法治方式的能力。

【提升建议办理实效】 2023 年,江阴市人大常委会制定出台《关于推动代表议案建议工作高质量发展的实施意见》,健全代表建议提出、交办、办理、评价等全流程工作机制,实施常委会领导重点督办、政府领导分工领办、专工委及代表全程参与协办机制。严格责任落实,推进办理工作责任制考核,强化跟踪督办多年未解决建议,提升代表满意率和实际问题解决率。以重点建议"回头看"督办为抓手,连续两年累计推进 76109 套拆迁安置房产权证办理使"清零"。代表在市十八届人大二次会议以来提出的 161 条建议及 10 条闭会建议,均得到及时研究处理和答复,代表满意和基本满意率达 100%。

【"双联"活动深化全覆盖】 2023 年,江阴市人大常委会强化代表履职服务,深入实施常委会组成人员联系代表、代表联系群众"双联"活动,落实"三个全覆盖"(人大常委会领导走访联系基层人大代表、各专工委走访联系本专工委代表、基层一线人大代表列席常委会会议)要求,建立人大常委会领导走访联系基层代表机制、各专工委与相关代表联络机制,加强代表常态化联系,使每名代表都成为一条民主渠道。推动线上线下"双联"常态化,推广"履职为民"平台应用,初步建成市级"人大代表之家",获评无锡市人大"家站点"优胜奖 4 个、五星级"家站点"4 个。在全国首创"民生瞭望台"并建立相关运行管理机制,创新打造高新区全过程人民民主实践基地,构建"有形载体 + 无形平台"代表联络体系。全年各级人大代表及选民代表走进"家站点"、参加"代表联系服务群众日"活动累计 10670 人次,联系选区选民 16553 人,形成相关意见建议 386 条,推动解决问题 12468 个。 (何思施)

■类目编辑 徐文辉

江阴市人民政府

市政府领导成员分工

2023 年 7 月 31 日调整

包　鸣　主持市政府全面工作，兼管财政、审计、城乡规划、国有资产监管、税务、自然资源、林业、住房和城乡建设、人防、城市管理、交通运输、公共资源交易方面工作。分管市财政局、市审计局、市自然资源和规划局、市住房和城乡建设局、市城市综合管理局、市交通运输局、市土地储备中心。联系市监委、江阴税务局、江阴住房公积金中心、江阴邮政管理局、中国邮政江阴分公司。

王　琪　负责市政府常务工作、“南征”战略*推进工作。负责发展改革、重大项目、政策研究、社会信用、能源、军民融合、人力资源、社会保障、应急管理、消防、金融监管、资本经营、行政审批、政务服务、大数据管理、统计方面工作，协助分管财政、国有资产监管、税务和意识形态工作以及与人大、政协联络方面工作。分管市发展和改革委员会、市人力资源和社会保障局、市应急管理局、市行政审批局、市统计局、市地方金融监督管理局，协助分管市财政局。联系国家统计局江阴调查队、江阴供电公司、江阴烟草专卖局、市消防救援大队、人民银行江阴市支行、江阴银保监组、各银行保险机构。

尹志华　主持江苏江阴—靖江工业园区工作，负责民政、老龄、退役军人事务、双拥、人民武装、国防动员方面工作。分管市民政局、市退役军人事务局。联系市民宗局、市红十字会、市老龄委、市慈善总会、市关工委、驻江阴部队。

陈涵杰　负责科技、工业和信息化、民营经济、通信、商务、口岸、外事和港澳台事务、市场监管、知识产权方面工作，负责“东西互搏”战略*推进、工业园区升级改造工作。分管市科学技术局、市工业和信息化局、市商务局、市市场监督管理局。联系市侨联、市工商联、江阴海事局、江阴海关、江阴边检站、长江引航中心、船级社江阴办事处、中国电信江阴分公司、中国移动江阴分公司、中国联通江阴分公司、江阴盐业公司。

许　昌　主持市公安局全面工作，负责社会稳定、司法、信访方面工作。分管市公安局、市司法局、市信访局。联系市法院、市检察院。

杭　成　负责教育、文化、旅游、体育、广播电视、卫生健康、医疗保障、疫情防控方面工作。分管市教育局、市文体广电和旅游局、市卫生健康委员会、市医疗保障局。联系市档案史志馆、市文联、市社科联、市老龄委。

翟　菁　赴陕西省延安市延川县挂职工作。

金丹菁　负责政务公开、机关事务管理、水利、生态环境方面工作，协助分管审计工作。分管市政府办公室、市水利局，协助分管市审计局。联系江阴生态环境局。

魏　锋　负责农业农村、乡村振兴、粮食和物资储备、对口支援协作合作方面工作。分管市农业农村局、市供销合作总社。联系市总工会、团市委、市妇联、市科协、市残联、江阴气象局。

朱烨昕　赴新疆维吾尔自治区伊犁哈萨克自治州霍城县挂职工作。

曹兴华　负责科技镇长团工作，协助分管自然资源、科技工作。

张桂清　协助分管城建口工作。

谢映军　主持江阴霞客湾科学城管理办公室工作，协助分管“南征”战略推进工作。

2023 年 12 月 25 日调整

包　鸣　主持市政府全面工作，兼管财政、审计、城乡规划、国有资产监管、税务、自然资源、林业、住房和城乡建设、人防、城市管理、交通运输、公共资源交易方面工作。分管市财政局、市审计局、市自然资源和规划局、市住房和城乡建设局、市城市综合管理局、市交通运输局、市土地储备中心。联系市监委、江阴税务局、江阴住房公积金中心、江阴邮政管理局、中国邮政江阴分公司。

王　琪　负责市政府常务工作、“南征”战略推进工作。负责发展改革、重大项目、政策研究、社会信用、能源、军民融合、人力资源、社会保障、应急管理、消防、金融监管、资本经营、行政审批、政务服务、大数据管理、统计、工业园区升级改造融资方面工作，协助分管财政、国有资产监管、税务工作以及与人大、政协联络方面工作。分管市发展和改革委员会、市人力资源和社会保障局、市应急管理局、市大数据管理和政务服务局、市统计局、市地方金融监督管理局，协助分管市财政局。联系市消防救援大队、国家统计局江阴调查队、江阴烟草专卖局、人民银行江阴市支行、国家金融监管总局江阴监管组、江阴供电公司、各银行保险机构。

尹志华　主持江苏江阴—靖江工业园区工作,负责民政、退役军人事务、双拥、人民武装、国防动员方面工作。分管市民政局、市退役军人事务局。联系市民宗局、市红十字会、市慈善总会、市关工委、驻江阴部队。

陈涵杰　负责“东西互搏”战略推进工作。负责科技、工业和信息化、民营经济、通信、商务、口岸、外事和港澳台事务、市场监管、知识产权、工业园区升级改造项目方面工作。分管市政府外事办公室、市科学技术局、市工业和信息化局、市商务局、市市场监督管理局。联系市台办、市侨办、市侨联、市工商联、江阴海事局、江阴海关、江阴边检站、长江引航中心、船级社江阴办事处、中国电信江阴分公司、中国移动江阴分公司、中国联通江阴分公司、江阴盐业公司。

许　昌　主持市公安局全面工作,负责社会稳定、司法、信访方面工作。分管市公安局、市司法局、市信访局。联系市法院、市检察院。

杭　成　负责教育、文化、旅游、体育、广播电视、卫生健康、老龄、医疗保障、疫情防控方面工作。分管市教育局、市文体广电和旅游局、市卫生健康委员会、市医疗保障局。联系市档案史志馆、市文联、市社科联、市老龄委。

翟　菁　赴陕西省延安市延川县挂职。

金丹菁　负责政务公开、机关事务管理、水利、生态环境方面工作,协助分管审计工作。分管市政府办公室、市水利局,协助分管市审计局。联系江阴生态环境局。

魏　锋　负责农业农村、乡村振兴、粮食和物资储备、对口支援协作合作方面工作。分管市农业农村局、市供销合作总社。联系市总工会、团市委、市妇联、市科协、市残联、江阴气象局。

朱烨昕　赴新疆维吾尔自治区伊犁哈萨克自治州霍城县挂职。

张桂清　负责工业园区升级改造拆迁方面工作,协助分管城建口工作。

谢映军　协助分管“南征”战略推进工作。

沈　乐　负责科技镇长团工作,协助分管科技工作。

年度重点工作

【经济运行稳中有升】　2023年,江阴市高效运行稳增长专班,41个企业入围“中国企业500强”四张榜单,新增上市企业2个,累计达61个,江阴市金融机构存贷款余额突破万亿元,地区生产总值增长5.9%,完成一般公共预算收入248.29亿元,实现全国县域经济基本竞争力“二十一连冠”。完成规模以上工业产值7014.1亿元,规模以上工业增加值比2022年增长8%。新增国家级产业技术基础公共服务平台1个、国家级专精特新“小巨人”企业*27个,高端装备产业成为全市第4个千亿级产业集群。完成规模以上营利性服务业营收191.34亿元。江阴市获评首批全国县域商业“领跑县”。完成农业农村重大项目投资27.39亿元,璜土镇被批准为国家农业产业强镇。

【转型升级步伐加快】　2023年,江阴市深化“科创江阴”建设三年行动,建成投用科创载体超80万平方米,新增高新技术企业172个,入库国家科技型中小企业2365个,获批国家、省重点研发计划项目10项;入选国家人才计划11个,新增省长质量奖企业1个。高新技术产业产值增长9%。江阴兴澄特种钢铁有限公司成为全球特钢行业首个“灯塔工厂”。完成固定资产投资886.3亿元,比2022年增长4.8%,其中高技术产业投资占比21%;使用外资11亿美元,3项项目被列入国家级重点外资项目;股权投资基金累计注册243支、注册规模516.9亿元。

【迸发发展活力】　2023年,江阴市稳步推进“4+1”(“4”指江阴高新区、临港经济开发区、霞客湾科学城、澄东南智造区,“1”指江阴—靖江工业园区)功能区建设,靖江园区开启新一轮跨江融合发展。组建成立市文商旅集团,江阴市作为苏南唯一地区入选全省国有资产清查利用工作试点。“企业开办0.5天完成”覆盖率98%。获批省生态环境治理现代化县域示范建设试点。开通远洋、近洋航线各1条,启用对外开放码头1个,6号通用码头智慧化改建项目全面开工,无锡(江阴)港完成货物吞吐量3.78亿吨、集装箱运量76万标箱,分别比2022年增长7.8%、17%。完成进出口总额1572.91亿元。

【城乡面貌焕新】　2023年,江阴市完成青山未来社区、霞客湾科教孵化中心等重点地区城市设计及各类专项规划。江阴高铁站正式启用,沪宁沿江高铁开通运营,城际轨道交通S1线试运行,江阴靖江长江隧道右线贯通、南接线全面开工,大桥南路快速化改造工程建成投用,长山大道一期快速化改造工程通车试运行。启动35个城市更新单元建设,完成老旧小区改造6个,江阴“生态未来城”项目入围省首批EOD(生态环境导向的开发模式)项目库。新建口袋公园15个,完成拆迁315.76万平方米,建成安置房35万平方米,清理违建155万平方米。完成主城区既有多层住宅加装电梯32台,开通跨区域公交线路3条,新增城区停车泊位超2700个。建成村(社区)智慧社区试点35个,入选省智慧社区建设综合试点。建成省级绿美村庄5个、省首批生态宜居美丽乡村示范镇村15个、第三批全国乡村治理示范村1个。

【生态环境不断向好】　2023年,江阴市深入实施“双碳”*系列专项行动,创成国家级绿色标杆企业5个。关停整治“散乱污”企业286个,建成长泾镇印染集聚区一期工程。完成钢铁行业超低排放等治气工程3763项、治水工程165项、土壤污染防治重点任务359项。完成城区90个小区雨污分流改造、70个村庄生活污水治理项目,创成省“绿色港口”7个、“四星级中国绿色港口”1个。完成造林绿化5612公顷,建成霞客湾生态湿地2平方千米,全市自然湿地保护率达27.8%。

【增进民生福祉】　2023年,江阴市投放“苏岗贷”16亿元,提供就业岗位6.85万个,社保扩面新增3.3万人。首批投放的16项“乡村振兴·共富基金”项目收益率达6.3%，江阴市获评省“万企兴万村”行动典型县。“澄颐享”智慧养老服务平台累计提供助餐、上门援助等服务115万人次，筹集保障性租赁住房4843套。年内，通过省义务教育优质均衡发展县评估；澄西高中新校区、滨江科技城中学等建成投用，江南大学（江阴校区）一期主体结构完成封顶。市中医院创成三级甲等中医医院。举办文化惠民活动3500余场，江阴健儿获亚运会马术项目中国首金。

【**社会大局和谐稳定**】 2023年，江阴市持续强化安全生产监管，组建17个镇（街道）应急指挥所和9个行业领域13支应急队伍，排查治理“三类场所”*1.15万个，完成“九小场所”*问题整改831个，新建燃气管线181千米，完成天然气管阀更新25万户、瓶装燃气隐患灶具整改8.2万户。信访积案化解稳定率85.5%。组织开展“八五”普法活动2050场次。严厉打击各类违法犯罪行为，群众安全感和法治建设满意度分别为99.5%、92.15%。

重要会议

【**政府常务会议**】 2023年1月31日，江阴市政府召开第十八届政府第二十次常务会议。会议传达学习习近平总书记重要讲话精神，中央、省委经济工作会议和无锡市委工作会议精神以及省、无锡“两会”*精神。会议讨论并原则通过《关于建立“基层吹哨、部门报到”工作机制的实施方案》《关于加快推进江阴市现代生物医药产业高质量发展的若干措施（试行）》《2023年市“工业百强企业”和“创新型百佳中小企业”名单调整》《2023年江阴市重大产业项目清单》《2023年江阴市重大产业项目市领导联系服务制度》《江阴市地方政府储备粮管理办法》《江阴市工业企业生产安全分类分级监督管理实施细则》等议题。

3月1日，江阴市政府召开第十八届政府第二十一次常务会议。会议听取市安委办关于全国和全省安全生产电视电话会议精神以及江阴市安全生产重点工作安排建议的汇报。会议讨论并原则通过《2022年度江阴市重点骨干企业名单》《江阴市2023年度污染防治攻坚战“蜗牛警示牌”认定办法》《2023年江阴市各镇（街）、开发区污染防治重点指标及工作月度考核办法》《2022年四季度污染防治攻坚战“蜗牛警示牌”认定情况和2021年度以来部分收回情况》《江阴市水生态环境保护“十四五”规划》《江阴市“十四五”太湖综合治理规划》《关于加快推进农村土地经营权统一流转的实施意见》《关于加强和规范农村宅基地管理工作的意见》《市政府办公室关于成立江阴市多式联运多港联动工作领导小组的通知》《江阴市推进多式联运多港联动建设现代化物流枢纽示范城市实施方案》《江阴市推进无锡（江阴）港高质量发展三年实施方案（2023—2025年）》等议题。

3月20日，江阴市政府召开第十八届政府第二十二次常务会议。会议传达学习全国“两会”精神以及全国人大常委会、“一府两院”工作报告主要内容。会议学习《江苏省招标投标条例》。会议讨论并原则通过《关于做好2023年全面推进乡村振兴重点工作的实施意见》《江阴市乡村建设行动实施方案》《2023年江阴市“北战”战略*推进工作要点》《2023年江阴市“南征”战略推进工作要点》《2023年江阴市“东西互搏”战略推进工作要点》《江阴市工业园区升级改造大会战2023年度工作重点》《江阴市防汛抗旱应急预案》《江阴市深化美丽幸福河湖行动实施意见（2023—2025年）》《江阴市“十四五”时期“无废城市”建设实施方案》《江阴市创新型企业培育三年行动计划（2023—2025年）》《江阴市加快建设新型研发机构行动计划（2023—2025年）》《江阴市促进科技成果转移转化行动计划（2023—2025年）》《关于推进江阴市金融服务实体经济高质量发展的工作意见（试行）》《2023年度江阴市政府重大行政决策事项目录》等议题。

4月15日，江阴市政府召开第十八届政府第二十三次常务会议。会议学习《中华人民共和国反电信网络诈骗法》。会议讨论并原则通过《2023年度人大代表建议和政协委员提案交办情况》《市政府关于做好我市第五次全国经济普查工作的通知》《江阴市文化商业旅游产业集团组建方案》《江阴市培育创建省民营经济高质量发展示范县（市、区）实施方案》《江阴市加强信用+金融融合建设，推进“澄易贷”试点工作的方案》《2023年度江阴市社会信用体系建设工作意见》《江阴市强化信用+基层治理工作方案》《江阴市关于加强行业信用监管标准化建设的实施意见》《江阴市2023年国民经济和社会发展重点管理目标责任分解》《江阴市国家卫生城市复审工作实施方案（2023—2024年）》《第十五届江阴市市长质量奖评定情况》《江阴市创建国家水土保持示范县实施方案》《江阴市水土保持工作联席会议制度》等议题。

5月5日，江阴市政府召开第十八届政府第二十四次常务会议。会议讨论并原则通过《江阴市重点行业领域安全生产风险专项整治巩固提升年行动方案》《江阴市国有资产管理提质增效工作的实施意见》《江阴市“十四五”城镇燃气发展规划（2021—2025年）》等议题。

5月31日，江阴市政府召开第十八届政府第二十五次常务会议。会议传达学习习近平总书记重要讲话精神、国务院重要会议精神、省委省政府重要会议精神、市委重要会议精神和纪检工作会议精神。会议学习《江苏省城市市容和环境卫生管理条例》。会议讨论并原则通过《江阴市城市绿化管理办法》《江阴市店招标牌设施设置规划》《江阴市政府投资建设项目监督管理办法》《江阴市长江水上搜救应急预案》《江阴市长江水域船舶污染事故应急预案》《2023年一季度污染防治攻坚战“蜗牛警示牌”认定情况》《2023年一季度污染防治攻坚月度考核资金分配情况》等议题。

6月19日，江阴市政府召开第十八届政府第二十六次常务会议。会议传达学习《全面贯彻落实习近平总书记关于统计工作重要讲话指示批示精神》。会议讨论并原则通过《关于开展低收入人口动态监测和精准帮扶“3610行动”*的实施意见》《2023年度江阴市深化“放管服”*改革优化营商环境工作要点》《江阴市打造区域一体化建设新标杆2023年工作要点》《全市信访工作情况汇报》《江阴市经营性用地出让开发建设工作专班方案》《江阴市教育系统“三名”工程实施意见》等议题。

7月10日，江阴市政府召开第十八届政府第二十七次常务会议。会议学习《中华人民共和国农产品质量安全法》《江苏省信访听证办法》《江苏省信访事项复查复核办法》。会议讨论并原则通过《关于习近平总书记对宁夏银川市兴庆区富洋烧烤店燃气爆炸事故重要指示和全国、省有关会议精神及当前全市安全防范工作安排建议》《江阴市生态空间管控区域监督管理实施细则(试行)》等议题。

8月7日，江阴市政府召开第十八届政府第二十八次常务会议。会议传达学习习近平总书记在中共中央政治局会议上的重要讲话、习近平总书记在中共中央政治局第六次集体学习时的重要讲话精神、习近平总书记对防汛救灾工作的重要指示精神和全国生态环境保护大会和习近平总书记重要讲话精神。会议听取关于国家、省、无锡市安全生产电视电话会议精神及当前全市安全生产重点工作安排建议的汇报。会议讨论并原则通过《江阴市行政规范性文件制定和备案审查实施细则》《江阴市数字经济提速和数字化转型领导小组和各工作组成员名单》《2023年度江阴市数字经济提速和数字化转型工作要点》《2023年度江阴市数字政府建设工作要点》《关于公布江阴市行政许可事项清单(2023年版)的工作方案》《江阴市澄企服务平台(澄策之窗)管理暂行办法》《江阴市深化质量强市建设实施意见》《江阴市突发重大动物疫情应急预案》《江阴市加快科技创新平台建设行动计划(2023—2025年)》《2023年二季度污染防治攻坚战“蜗牛警示牌”认定情况和2021年度以来部分收回情况》《2023年二季度污染防治攻坚月度考核资金分配情况》《2023年半年度全市生态环境质量状况及年度攻坚目标任务进展情况汇报》《关于划定江阴市高排放机动车限行区域的通告》《关于调整2023年度城乡居民养老保险待遇的方案》等议题。

8月18日，江阴市政府召开第十八届政府第二十九次常务会议。会议学习《中华人民共和国道路运输条例》《省部级干部信访工作专题研讨班，总结推广“浦江经验”、深入开展领导干部接访下访经验交流会和省信访工作联席会议第三次全体会议精神》。会议讨论并原则通过《江阴市高端装备产业发展规划》《江阴市高端装备产业集群发展三年行动计划(2023—2025年)》《江阴市农村供水管网及一户一表改造工作实施方案》《江阴市进境高风险动植物及其产品检疫风险联防联控工作方案》等议题。

9月8日，江阴市政府召开第十八届政府第三十次常务会议。会议传达学习《习近平总书记重要讲话精神》《国务院重要会议精神》《省委省政府重要会议精神》《无锡市委重要会议精神》。会议听取《2023年江阴市人大建议政协提案办理工作情况报告》。会议讨论并原则通过《江阴市新能源产业发展规划(2023—2030年)》《江阴市新能源产业高质量发展三年行动计划(2023—2025年)》《2023年江阴市民生实事1—8月推进情况汇报》《市政府关于公布行政规范性文件清理结果的决定》《江阴市重大行政决策和规范性文件公众参与办法》《江阴市架空线专项整治工作方案》《江阴市推进气象事业高质量发展的实施方案》等议题。

10月18日，江阴市政府召开第十八届政府第三十一次常务会议。会议传达学习习近平总书记近期重要讲话、重要指示精神及《关于深入学习贯彻习近平总书记有关主题教育最新重要讲话精神的通知》《习近平总书记关于巡视整改工作的重要指示》《省委有关巡视工作会议精神传达提纲》。会议讨论并原则通过《〈江阴市国民经济和社会发展第十四个五年规划和二〇三五年远景目标纲要〉实施中期评估报告》《江阴市政府投资基金管理办法》《江阴市生态券交易管理办法(试行)》《关于加强金融生态环境建设的实施意见》《江阴市“乡村振兴·共富基金”使用管理办法(试行)》《江阴市建筑垃圾资源化处理量考核方案》等议题。

10月31日，江阴市政府召开第十八届政府第三十二次常务会议。会议传达学习省委书记信长星在江阴市、惠山区调研时的讲话要求，会议听取《关于全市重大事故隐患专项排查整治行动进展情况的汇报》。会议学习《关于进一步加强市县法治建设的意见》。会议讨论并原则通过《2023年度江阴市拆迁腾退工作专项考核办法》《江阴市市级政务信息化项目建设管理办法(暂行)》《江阴市政务信息基础设施(数字底座)统建共享管理办法(暂行)》《江阴市国有资产清查利用专项行动试点工作方案》等议题。

12月4日，江阴市政府召开第十八届政府第三十三次常务会议。会议讨论并原则通过《关于我市居民生活用管道天然气价格调整方案》《江阴制造强市建设工作任务》《江阴市防御台风应急预案》《江阴市高水平建设农业强市行动方案》《江阴市信访工作约谈实施办法》《江阴市中小学推进工程教育实施意见》《2023年三季度污染防治攻坚战“蜗牛警示牌”认定情况》《江阴市国家基本气象站探测环境保护专项规划(2023—2035年)》等议题。

12月23日，江阴市政府召开第十八届政府第三十四次常务会议。会议听取《2024年政府工作报告》《2023年江阴市人大建议政协提案办理工作情况报告》《关于〈市人大常委会关于扎实推进“一湾一谷”*建设的决议〉执行情况的报告》。会议讨论并原则通过《关于江阴市2023年国民经济和社会发展计划执行情况及2024年国民经济和社会发展计划草案的报告》《关于支持民营经济发展壮大的实施方案》《江阴市2024年民生实事候选项目建议清单》《关于扎实推进美丽江阴建设的决议落实情况报告》《江阴市2024年度政府投资项目计划》《关于2023年财政预算执行情况和2024年财政预算草案的报告》《加快建设现代化教育强市 构建高质量教育体系 努力办好人民满意教育三年行动纲要(2023—2025 年)》《江阴市高质量实施集团化办学三年行动计划(2023—2025 年)》《江阴市城际轨道交通运营突发事件应急预案》《关于进一步促进上市公司高质量发展的实施意见》等议题。

【政府全体会议】 2023 年 8 月 18 日,江阴市政府召开全体(扩大)会议暨廉政工作会议。会议指出,全市上下认真贯彻中共二十大精神和习近平总书记对江苏工作重要讲话精神,按照上级相关决策部署,从头抓紧、紧张快干,经济运行保持稳定,城乡面貌不断向好,生态环境持续优化,民生福祉有效增进。会议要求,全市政府系统要落实稳定增长"硬任务",绘就城乡宜居"新画卷",打好生态环保"主动仗",织密基本民生"保障网",筑牢安全发展"压舱石"。会议强调,全市政府系统要全面贯彻习近平总书记在二十届中央纪委二次全会上的重要讲话精神,纵深推向政府党风廉政建设。把牢绝对忠诚的政治方向,永葆担当作为的精神气魄,严守廉洁从政的底线红线,在政府系统内营造风清气正、干事创业的良好环境。

(沈宇松)

外　事

【概况】 2023 年,江阴市人民政府外事办公室落实中央、江苏省、无锡市对外工作决策部署,坚持人民至上、服务大局为主题主线,以高水平对外开放服务助力高质量发展。年内,推动国际合作和友城交流,服务好地方经济、营造良好的发展环境。是年,接待来自友城及使领馆到访 11 批 161 人次;办理因公出国(境)38 批 119 人次;保障和推进 APEC 商务旅行卡申报工作,新申办 APEC 商务旅行卡 68 批 138 人次,办结特定国家到江阴人员邀请函 361 批 605 人次;编制印发《江阴市涉外突发事件应急预案》;处理外交部、江苏省外办及无锡市外办督办的境外高风险地区劝撤返事件 1 件,处理外籍在江阴工作人员突发情况善后事宜 8 件。

2023 年 9 月 5 日,15 个国家的驻华使节在远景科技集团"云中心"内听取远景新能源产业发展情况介绍 (市外事办提供)

【外宾接待】 2023 年,江阴市人民政府外事办公室接待来自友城及使领馆来访 11 批 161 人次。

6 月 2 日,日本群马县上海事务所所长土桥徹一行 5 人访问江阴市,参观信越(江苏)光棒有限公司。

7 月 20 日,以色列驻沪总领事馆总领事白乐潍(Ravit Baer)一行 4 人访问江阴市,参观江阴众和电力仪表有限公司。

7 月 26 日,"长三角的可持续发展"外媒采访团一行 17 人赴江阴市进行采访拍摄。

9 月 5 日,以色列驻华大使潘绮瑞(Irit Ben-Abba)、新西兰驻华大使毛瑞(Grahame Morton)等 15 个国家的驻华使节一行 42 人访问江阴市,调研远景科技集团。

10 月 28 日,韩国驻上海总领事馆商务领事金根模一行 3 人访问江阴市并出席江阴发展大会。

11 月 1 日,美国阿拉米达市前议员、姐妹城市协会秘书长詹姆斯·欧德(James Oddie)一行 11 人访问江阴市并参加江苏省第五届中美友城大会。

11 月 10 日,法属波利尼西亚法阿市副市长、太平洋投资基金(PIF)创始人特马鲁(Oscar Paul Tetuahau TEMARU)一行 6 人访问江阴市并考察江阴市外商投资环境。

11 月 16 日,韩国友林中学师生教育交流代表团一行 28 人访问江阴市,与江阴市礼延实验学校进行友好交流活动。

12 月 6 日,乌兹别克斯坦撒马尔罕州副州长科比洛夫·鲁斯塔姆率经贸代表团一行 35 人访问江阴市,考察江阴海澜集团总部。

12 月 7 日,韩国群山驻中国代表处总代表郑宇真一行 3 人访问江阴市并参加第六届韩国群山新万金文化学堂开班仪式。

12 月 19 日,韩国驻上海总领事馆总领事金英俊一行 7 人访问江阴市,考察江阴市外商投资环境,调研在江阴韩资企业。

【友城交流】 2023 年,江阴市人民政府外事办公室发挥自身优势,全面扩大江阴对外开放的国际交流圈。抓住赴日本、韩国访问契机,建立与国际友好城市日本南城市、藤冈市合作常态化工作对接机制;参加江苏省第五届中美友城大会,邀请美国友城阿拉米达市、法属波利尼西亚友城法阿市赴江阴市进行交流访问;为江阴市澄西高级中学与韩国高中建立关系并开展线上友好交流,组织礼延实验学校与韩国初中线下友好交流活动并签订友好交流备忘录;进一步扩大与友城韩国群山市的交流,连续六年在江阴市举办韩国群山新万金文化学堂。

【因公出国(境)】 2023 年,江阴市因公出国(境)团组总计 38 批 119 人次。其中,党政机关团组 32 批 110 人次,学校、医院团组 3 批 3 人次,企业团组3批6人次。

(汤宸骋)

行政审批

【概况】 2023年3月,江阴市大数据管理和政务服务局揭牌成立(以下简称“市数政局”)。在市委、市政府领导下,市数政局适应职能转变,加快推进数字化转型和行政审批制度改革、推动大数据管理和政务服务创新发展。是年,办理投资建设类审批(备案)业务1254件;年度新增企业10191个,全市市场主体突破26.8万户;开展公共资源交易1089项,实现交易额211.43亿元。“江阴契约城市”场景在新京报社等单位举办的2023年数字政府建设优秀案例评选活动中获评创新引领案例。“江阴市打造三大全生命周期服务”获2023年中国国际数字经济博览会“新场景”创新成果二等奖、2023年中国互联网大会“互联网助力经济社会数字化转型”特色案例等奖励。

【市场准入领域】 2023年,江阴市数政局承接江苏省“企业开办全链通2.0”系统等试点任务,实现一次性申请即可完成6大环节的全链式办结,“企业开办0.5天”完成率超95%。优化免费公章刻制套餐,减免邮寄费用6.2万元,赠送印章费用226.3万元。推出“一照多址”、驻所在线核验、营业执照“全城通办通取”等便民利企举措。推行“证照联办”一件事,涵盖餐饮店、便利店、道路运输、港口经营许可、民办教育、人力资源服务许可、劳务派遣经营许可、娱乐经营许可8项事项,实现一次受理、同步办理、并行办结。加快推进“个转企”改革,推行“携号转网”便利化登记、“证照联办”一体化审批等12项措施,试点“个转企”变更登记73个。

【投资建设领域】 2023年,江阴市数政局以“三提三即”*改革为抓手,推进“联合竣工验收”“电水气协同报装”“系统互联互通”等45项重点工作改革。强化专班管家服务,将98项项目纳入专班服务项目清单,建立跨部门服务专群47个,为项目量身定制个性化工作推进计划表。完成盛合晶微三维多芯片集成封装等103项重大项目开工建设,完成安凯特科技电解槽生产基地等88项工业仓储类项目“联合竣工验收”,实现周庄电工合金高速铁路用材料生产建设等12项项目“拿地即开工”。加强部门协同联动,创新批文出具方式,为47项安置房项目补办立项手续。将城市基础设施配套费由建设工程规划许可证前调整为规划核实合格证前征收,缓解企业资金周转压力。

【公共资源交易】 2023年,江阴市数政局完成建设工程“一市一平台”整合,完成长三角远程异地评标项目122项,智能辅助评标系统正式上线应用。深化政府采购电子化平台建设,上线不见面询标系统,政府采购实现“不见面开标”服务,国企采购实现全流程电子化。取消建设工程招标文件费、网上招投标系统平台使用费,投标工具技术服务费降为100元/次。编印工程建设项目开评标现场管理、政府采购文件编制操作规程等制度。建立重点项目推进工作联系机制,完成第十三届江苏省(无锡)园艺博览会及生态提升等24项重大招投标项目,累计交易额187.16亿元。推动数字人民币应用,全年完成数字人民币交易额5647.52万元。

【数政融合创新发展】 2023年,江阴市数政局提升“一网通办”效能,形成“数字赋能+创新支撑+场景提升”的“一站式”政务服务。市卫健委、公安局等9个部门实现“一网通办”平台上线运行,徐霞客镇、青阳镇等18个镇(街道)、园区完成“一网通办”平台切换运行。持续推进以“个人、企业、项目”三大全生命周期为重点的“跨部门、跨区域、跨层级”的数字化协同应用,推出农村住房建设审批“一件事”,分别在徐霞客镇、长泾镇、华士镇、周庄镇、新桥镇、申港街道6个镇(街道)开展试点。开展“政银合作”“政邮合作”,至年末,全市推出209个“苏服办”“政银合作”便民服务网点。迭代升级网上中介超市,建成涉税服务专区,集成中介进驻、采购发布、交易选取、服务评价等全链条服务。升级“澄策之窗”平台,大力推广“免申即享”模式,建立“政策库”和“企业库”,自动匹配政策资金直接到账。

(符　禾)

医疗保障

【概况】 2023年,江阴市医疗保障局(以下简称“市医保局”)坚持以人民健康为中心,服务参保群众、服务健康事业、助力“三医”(医保、医疗、医药)协同,切实管好、用好、看好老百姓的“救命钱”,推动基金效能最大化、群众利益最大化。全市基本医疗保险参保148.72万人,其中职工医保98.43万人、居民医保50.29万人,生育保险参保58.73万人。全市有定点医药机构1178个(定点医疗机构471个、定点零售药店707个)。至年末,职工医保(含生育)基金累计结余47.3亿元,其中统筹基金结余20.6亿元、个人账户结余26.7亿元;居民医保基金累计结余2.36亿元。

【医保法治化建设】 2023年,江阴市医保局全面宣传贯彻《江苏省医疗保障条例》,适配调整政策执行口径,开展医保宣传“八走进”[进机关、进经办机构、进企业、进学校、进“两定”(医疗保障定点医疗机构、医疗保障定点零售药机构)机构、进社区、进乡村、进家庭]活动,确保条例实施;落实无锡市重特大疾病医疗保险和救助制度,完成《江阴市医疗救助办法》行政规范性文件后评估,健全医保制度体系。

【完善多层次医疗保障体系】 2023年,江阴市医保局进一步完善多层次医疗保障体系,发挥基本医保、大病保险、医疗救助三重制度综合保障作用,推进实施长期护理保险;全力支持“江苏医惠保1号”“医惠锡澄”普惠型商业医疗保险产品落地,累计参保69万人。

【基本医保全民参保】 2023年,江阴市医保局深入推进全民参保计划,组织开展“全民医保手牵手 医保护航心连心”集中宣传月活动,加强数据比对和短信提醒,开展重复参保治理,全年累计新增基本医保参保6.59万人。

【提高居民医保筹资标准】 2023年,江阴市医保局落实无锡市统一的居民医保个人缴费标准和财政补助标准,人均筹资标准达1440元。

【巩固医保待遇水平】 2023年,江阴市基本医保累计支付1835.06万人次、55.61亿元;职工医保、居民医保政策范围内住院医疗费用结报比例分别为85.32%、72.22%。大病保险支付3.92万人次、8121.91万元;全额资助1.15万人参保,医疗救助11.85万人次、2272.02万元;长护险累计支付6363人、6365.42万元。健全医疗救助信息和大病医疗费用数据监测与共享机制,防范化解因病致贫返贫问题。

【职工医保门诊共济保障机制改革】 2023年,江阴市医保局贯彻江苏省、无锡市关于建立健全职工医保门诊共济保障机制的实施意见和方案,大幅提高职工医保门诊报销额度和报销比例,开放个人账户家庭共济,规范门诊慢性病、特殊病保障;同时改革在职人员个人账户计入办法,提升职工医保基金共济保障能力。

【生育保险制度支持人口政策优化】 2023年,江阴市医保局按规定上调生育保险一次性营养补助费计发标准、女职工产前检查合规医疗费生育保险基金支付限额,上调各级医疗机构顺产、助娩产、剖宫产结算标准,对孕产妇危急症急救中心限额结算标准给予倾斜,降低人民群众生育成本,推动实现适度生育水平。

【医保、医疗、医药协同发展】 2023年,江阴市医保局制定《关于建立市医保局领导挂钩联系定点医药机构的通知》《关于调整完善市医保局领导挂钩联系定点医药机构和生物医药企业制度的通知》,成立市医保局服务生物医药产业发展领导小组,研究制定医保支持生物医药产业发展的十项措施,加大对定点医药机构和生物医药企业的支持服务力度。

【改革医保支付方式】 2023年,江阴市医保局规范医保基金总额预算协商谈判机制,推进DRG(Diagnosis Related Groups,按疾病诊断分组)付费改革,实现符合条件的开展住院服务的定点医疗机构DRG付费全覆盖。实施DRG付费病种数占比92.46%,DRG付费医保基金支出占住院医保基金支出90.45%。

【医疗服务价格改革】 2023年,江阴市医保局协调指导市中医院实行三类医院医疗服务价格标准,开展二级甲等公立医院医疗服务价格调研,规范口腔种植等医疗服务价格行为;率先推行药品价格监测和信息发布制度,发挥市场调节和价格引导作用。

【药品和医用耗材集中采购】 2023年,江阴市医保局调整市药品和医用耗材采购工作领导小组架构,按时序组织参加中成药、骨科脊柱类耗材、口腔种植体等集中带量采购,累计新增集采药品96种,集采药品总数达413种。推进阳光采购,全市三级公立医疗机构药品、医用耗材网上采购量分别达99%、95%。

【基金监管】 2023年,江阴市医保局着力构建规范化、法治化、体系化医保基金监管工作机制。实施基金监管安全规范年行动,制定《江阴市医疗保险服务医师管理暂行办法》,上线应用全省统一的智能监管系统,对年度全量医保基金结算单据进行智能审核,完成11.85万条存疑数据分析筛查;组织对110个定点机构"双随机"检查,围绕门诊统筹基金使用等重点领域开展专项检查,定点机构现场检查全覆盖;建立医保社会监督员队伍;加强对第三方监管的复核抽查。配合江苏省医保局、无锡市医保局对市中医院进行飞行检查。

【打击欺诈骗保】 2023年,江阴市医保局发挥打击欺诈骗取医保基金综合监管联席会议作用,加强行刑衔接、行纪衔接,不断增强监管合力。全年累计查处违规定点医药机构340个,追回违规使用医保基金1364.2万元,实施行政处罚1个诊所及失信认定1例,向相关部门移送违法违规问题线索15条,始终保持"不敢骗"的高压态势。

【建设"15分钟医保服务圈"】 2023年,江阴市被江苏省医疗保障局评定为"15分钟医保服务圈"省级示范市,高标准建成4个省级示范点,新增4个省级示范点建设单位。市医保局持续扩大示范创建成效,将医保便民服务延伸至259个村(社区)便民服务站,居民医保参保登记等18项业务实现"村里办"。

【医保经办服务】 2023年,江阴市医保局落实统一社会保险费征收模式;深入推进异地就医联网直接结算,195个卫生服务站全部纳入异地就医直接结算,方便外市参保人在江阴就医;优化外伤医疗费用审核结报流程,外伤出院直接结报率从4%提升至39.7%;严格落实国家医保谈判药品"双通道"管理和单独支付药品动态调整机制,建成医保便民药店110个,增强基层用药可及性;创新推出"药价查询"微信服务,办好个人和企业医保"一件事",持续提升群众满意度。江阴市医疗保险基金管理中心两支参赛队伍在无锡市医保经办系统练兵比武决赛中分别获团体一等奖和三等奖,并获个人一等奖2名、二等奖3名、三等奖3名。

【"智慧医保"建设】 2023年,江阴市医保局全力推进医保信息业务编码和医保电子凭证应用,医保电子凭证注册使用量达106万人;在10个二级(含)以上医院上线医保移动支付功能,对接"江苏医保云"App实现预约挂号、签到就诊、诊间支付、出院结算"掌上办"。

【职工医保阶段性降费】 2023年,江阴市医保局继续实施职工医保阶段性降费政策,职工医保单位缴费比例从8%下降至5.5%,灵活就业人员缴费比例从10%下降至7%,大额医疗费用补助从1%下降至0.2%,全年为企业和灵活就业人员减负11.6亿元。 (张 伟 刘晓祥)

信访工作

【概况】 2023年,江阴市信访系统严格落实中央、省委、省政府和无锡市委、市政府关于信访工作的决策部署,围绕信访问题源头治理、信访突出问题攻坚化解等重点工作精准施策、固强补弱,化解钝化矛盾问题,维护全市和谐稳定。是年,江阴市获评2022年度全国信访工作示范县(市、区、旗)。

【深化排查源头预防】 2023年,江阴市信访局开展"信访问题源头治理三年攻坚"行动,严格落实信访稳定风险评估机制,构建矛盾多元化解体系,组织6个相关部门长期进驻市人民来访接待中心开展联合接访,在市、镇(街道)两级推广"访一次"矛盾纠纷联接联处服务管理系统,提升初信、初访一次性化解率。坚持和发展"枫桥经验",构建市、镇(街道)、村(社区)三级信访联动体系,做到矛盾问题第一时间发现、第一时间预警、第一时间处置。年内,初次信访量比2022年下降23.97%,初信、初访一次性化解率98.37%。

【重点推动攻坚】 2023年,江阴市信访局开展"百日会战""双月攻坚""重点领域信访突出问题专项攻坚"等行动,持续推进"治理重复信访、化解信访积案"专项行动,进一步规范信访秩序。将每周五定为"局长接访日",由市信访局班子成员定点接待信访群众。市信访联席办综合运用督查、通报、约谈、挂牌督办、重点管理等形式以及"红黑榜"等方式强化对责任落实的跟踪问效,及时化解钝化疑难复杂信访问题。年内,全市排查信访积案210余件,化解钝化180余件。

【规范夯实基础】 2023年,江阴市信访局畅通信访渠道、完善工作机制,规范"阳光系统"应用管理,初信、初访及时受理率、一次性办结率100%,群众满意率99.35%。探索路径加强信访法治化建设,按照《信访工作条例》贯彻落实年行动要求,采取技能竞赛、专题授课、广场宣传、研讨交流、主题辩论等形式学习宣传贯彻条例,采用宣传资料、窗口、电子屏、宣传栏、展板等载体广泛宣传条例内容。将信访工作融入基层社会治理,打造矛盾纠纷"一站式"化解平台,党员领导干部深入一线纾民困惠民生,《法治日报》《江苏法治报》多次宣传推广江阴市信访工作典型经验做法。 (李宏斌)

对口支援与帮扶

【概况】 2023年,江阴市深入贯彻中共二十大精神和第九次全国对口支援新疆工作会议精神,围绕"新疆霍城所需""无锡江阴所能",提升援疆工作精准度和当地群众获得感。江阴市、陕西省延川县两地党委、政府围绕脱贫攻坚、乡村振兴等重点领域开展工作,把江阴市的产业基础优势和陕西省延川县的空间资源优势有机结合。全面落实南北合作帮扶六大领域帮扶工作任务。召开江阴·灌云南北共建联席会议,签订2023年度帮扶合作协议,科学编排年度帮扶合作资金支持项目建设计划。

【对口援疆】 2023年,江阴市财政安排上缴江苏省援疆统筹资金9018万元,实施援疆项目25项,投入援疆资金1.58亿元。实施党政干部、专业人才等培训项目22项,培训干部人才6100余人次,引进高层次紧缺人才18名、柔性人才78名。拓展"组团式"援疆成效,启动"澄远·教育援疆十百千行动计划",推动"名校长+优秀中层+骨干教师"组团式援疆模式提质扩面,江阴市22名支教老师结对42名新疆维吾尔自治区伊犁哈萨克自治州霍城县教师,在加快培养霍城县优秀师资队伍、快速提升教育教学水平等方面发挥"传帮带"作用。援疆教师指导的创业项目"智慧放牧服务新模式"获自治区大赛二等奖。实施"澄远·医疗援疆245计划",开展"医疗大巴扎""幸福呼吸中国"等义诊活动54场次,填补新疆维吾尔自治区伊犁哈萨克自治州霍城县脑血管治疗、放射性粒子植入微创、床边气管镜等17项医疗技术空白,推广先进技术12项。年内,无锡市(江阴)援疆工作成效在新华社、《中国日报》、中央广播电视总台等国家级媒体录用报道信息11篇,中国江苏网、《新疆日报》等省级媒体录用报道信息14篇,宣传矩阵示范效应不断加强。

【东西部协作】 2023年,江阴市、陕西省延川县主要领导分别于7月、9月开展互访交流。召开江阴—延川对口协作联席会议,双方签订澄延现代农业产业融合区合作共建框架协议,江阴市政府向延川县政府捐赠澄延现代农业产业融合区建设项目资金500万元,江阴市民政局向延川县慈善协会捐赠资金40万元,两地对口协作进入新阶段。全力推动延川县经济发展,两地产业协作、园区共建持续深入。年内,苏陕协作资金1640万元重点支持延川县7项协作项目、1名人才交流和技能培训项目;继续扶持500万元支持延川县农产品加工园建设,江阴—靖江工业园区向延川县工业园区捐赠绿色转型规划编制资金30万元,推动延川县经济发展提质增效。协调对接延川县与江苏鸿义生态农业有限公司签约,在延川县投资建设酵素生产基地;促成江阴江东塑胶有限公司与延川斯派尔建设工程有限公司合作,挂牌成立陕西亚科泰精创农业科技有限公司。年内,对接3个企业落户延川县工业园区、1个企业落户延安市,完成投资5.5亿元。调动社会各界资源,全面强化社会帮扶力量,助力延川县乡村振兴工作走深走实。完成两地劳务协作指标任务,江阴市2名挂职干部和18名选派专业技术人才均准时到位,干部人才交流实现常态化;江阴市社会各界向延川县捐助1258.14万元;帮助延川县向东部省份销售苹果、红枣及杂粮等农副产品4646万元。

【南北合作】 2023年3月6日,江阴·灌云南北共建第三次联席会议在江阴市召开,无锡市委常委、江阴市委书记许峰与连云港市灌云县委书记苏锋展开深入交流。5月9日,江阴市、灌云县两地政府正式印发《江阴灌云工业园区高质量发展规划(2023—2025年)》。6月28日,两地政府签订2023年度结对帮扶合作协议,聚焦民生福祉,推动六大领域结对帮扶合作走深走实。6月29日,《江阴灌云工业园区高质量发展总体方案》获省发展改革委、省商务厅批复。年内,江阴前方联络组协同灌云经济开发区加快推进园区基础设施建设,项目用地中工业用地占比80.78%,共建园区范围内公共基础设施建设投入完成1.9亿元。项目招引取得成效。先后邀请中国企业家投资协会等单位组织51批次282名企业家赴灌云县考察调研,依托联合招商中心,参加"1+N"苏南联合推介联动招商。对接铝型材产业链等60余项项目,梳理合作意向项目18项,与远景能源有限公司签订远景灌云"一带一路"·现代能源产业基地项目协议书,欧式行车装备制造、集中喷涂“绿岛”项目完成洽谈并开工建设，供应链项目在园区完成注册并开展贸易交易。园区引进项目8项，协议总投资31亿元。全年召开3次推进会，会同灌云县发展改革委对19项帮扶项目进行6次现场调研和实地督查，完成18项，完成率94.7%。落实省经济薄弱村提升行动实施方案，走访调研东王集镇蒋圩、封庄，南岗镇高李庄、马蹄村等经济薄弱村、工业集中区，选择全县20个经济薄弱村与江阴市经济强村组成结对关系，增强经济薄弱村造血功能和经济发展能力。年内，两地人员交流381人次，组织灌云学子江阴行、“澄情满云山”江阴灌云联袂送戏进乡村活动，启动澄灌名师名校长工作站、举办灌云旅游推介会，深入推进结对帮扶工作。江阴市妇联、周庄“妈妈爱心团”、市老促会、团市委、市青创联先后赴灌云县开展捐赠助学活动，全年捐款41.6万元（含价值5万元的图书）。 （成明全）

机关事务管理

【概况】 2023年，江阴市机关事务管理工作部门贯彻国家、江苏省、无锡市机关事务管理办法，指导监督全市机关事务管理工作，落实职责范围内行政事业单位机关事务的管理保障服务。强力推进办公用房补办权证工作。突破节能绿色低碳，推进公共机构光伏发电项目建设，持续推进垃圾分类。提升公车规范化管理，加强信息化手段监督以及公务车辆监管。特色服务保障，开展镇（街道）、园区机关食堂特色菜肴展示交流活动，上线车险团购、车辆年检服务、预约洗车、线上报修等方便干部群众的小程序，提供周到细致的服务保障。

【党政机关办公用房管理】 2023年，江阴市机关事务管理工作部门完成审核办公用房维修改造项目871.25万元，核拨维修改造经费522.25万元；完成江阴市中等专业学校等19处固定资产划拨和报损。完成机关大楼、事业中心、综治中心101间办公用房的调配工作。补办市市场监督管理局、市法院等32处行政事业单位不动产权证，累计房屋建筑面积37.36万平方米，土地面积66.32万平方米。推进各机关事业单位闲置资产盘活工作，累计划转机关闲置资产158处，房屋建筑面积21.54万平方米，土地面积68.17万平方米。完成党政机关办公用房管理系统及各类表格填报工作。配合完成全省党政机关办公用房专项巡检工作，组织实施市政府北入口门卫围墙及停车场施工。

【党政机关公务用车管理】 2023年，江阴市机关事务管理工作部门制定并印发《关于进一步完善公务用车回场制度的通知》《江阴市公务用车派驻管理办法》等制度规定，为各级党政机关廉洁规范使用公车提供政策依据和制度保障。依托“公车管理信息化平台”，每周随机抽查，发现问题并及时下发“工作提示”予以纠正，全年梳理出机关事业单位长期离线车辆349辆，无单派车预警1000余台（次），基础数据填报不全400余份，发放整改通知单及书面函询单58份。协调市电信部门上门维修北斗车载定位设备258台（套），统计分析公车运行轨迹600余台（次），做到使用留痕、监管留印。完成国家机关事务管理局开发的党政机关公务用车统计系统填报工作。完成全市新一轮公务用车定点维修框架协议招标采购工作，年内采购17个汽车维修定点供应商，组织对新入围企业专项检查，现场出具问题清单，并责成立行立改。完成全市公车更新计划编报92辆，压减拟购置车辆15辆，节约购置经费260余万元，进一步贯彻落实“坚持勤俭办一切事业”要求。先后完成全市公车资产划拨审核113辆，公务出行长期租车审核5份，公务交通补贴发放审核189份，公车报损审核81辆，公车更新购置审核62辆，其中涉新能源汽车购置46辆，新能源汽车采购比例达到年度总购置车辆的74.2%，超过省“十四五”规划对新能源车采购的指标要求。

【公共机构节能管理】 2023年，江阴市机关事务管理工作部门开展“节能降碳，你我同行”节能宣传周、“应对气候变化，推动绿色低碳发展”低碳日、节约粮食、垃圾分类等系列主题宣传活动。开展节能创建活动，江阴市市级机关服务中心获评江苏省公共机构节能低碳示范单位和无锡市首批无废机关。推广新能源，推进光伏项目，全市有11项公共机构建设屋顶太阳能光伏项目，总建筑面积50079平方米，总装机容量3.61兆瓦。持续推进公共机构垃圾分类、制止餐饮浪费工作。

【党政机关服务保障管理】 2023年，江阴市机关事务管理工作部门完成9个单位物业外包审核上报工作，节约物业经费60万元。对20个行政事业单位开展物业服务日常检查，及时掌握物业管理实际情况。组织19个镇（街道）、园区机关食堂开展特色菜肴展示交流活动2次。开展全市“党政机关勤俭办一切事业暨迎峰度夏专项检查”工作。对全市39个党政机关集中用餐单位进行食品安全综合治理。开展“无烟机关”创建。完成28个代记账单位的日常财务报销、工资及各项补贴的发放，申请用款计划3952次，付款18067笔。及时缴纳职工社保、养老保险、职业年金、住房公积金。保障离退休老领导住房和机关房改房报修维修，处理电话报修210户、屋面筑漏54户、下水管道疏通42户。保障市“两会”、江阴发展大会、经贸洽谈会等全市性重大活动65场次，全年保障会议4969场次，接待参会人员165555人。精细保障运转，完成行政事业中心消防系统升级、后勤餐厅改造等工程。做好机关大楼和行政事业中心局部维修工程和日常维修4757次。全年公务用车3087台（次），行驶里程32.05万千米，车辆年检68台（次）。加强安全防范，年内组织安全会议11次，安全教育7次，组织开展安全检查6次，各类应急演练6次。全年登记访客约23800人次，处置个访、群访863人次。 （孙　浩）

■类目编辑　周梦姣

重要会议

【概况】 2023年，江阴市政协以习近平新时代中国特色社会主义思想为指导，坚决贯彻江阴市委决策部署，聚焦中心大局，紧扣经济社会发展建言资政，紧盯社会重大关切凝聚共识，为全方位推动全市经济社会高质量发展作出积极贡献。全年举行全体会议1次、常委会会议4次、主席会议12次，组织重点视察、政情交流、民主议政、委员论坛、民主评议等重点履职活动11次，开展对口协商20余次。

【市政协十六届二次会议】 2023年1月2—4日举行。来自全市各条战线的326名政协委员出席会议。市委、市人大、市政府有关领导，担任过政协主要领导职务的老领导和十六届委员中的市十五届政协领导应邀出席开幕会和闭幕会。根据会议议程，委员们听取中共无锡市委常委、江阴市委书记许峰讲话；审议并通过市政协主席邵文松代表政协江阴市第十六届委员会常务委员会所作的工作报告和副主席陈兴初所作的提案工作报告；列席市十八届人大二次会议，听取并讨论市长包鸣所作的《政府工作报告》和其他报告；增补选举政协江阴市第十六届委员会4名常务委员；听取市政协十六届二次会议期间提案审查情况报告；审议通过大会决议。市十六届政协主席邵文松在会议闭幕时讲话。

会议期间，举行大会专题发言；召开2次常委会议；收到提案414件，其中集体提案126件。

【市政协十六届常委会七次至十次会议】 江阴市政协十六届七次常委会会议于2023年3月16日召开。会议传达学习全国"两会"精神，就"水污染防治攻坚"开展协商议政。市攻坚办、城管局、水利局和澄江街道等相关部门、单位汇报深入打好水污染防治攻坚战推进情况，市政协城镇建设与环境保护委汇报专项民主监督情况，市政协常委和委员代表进行协商议政发言。会议还专题听取市政协常委陈雪源、宋萍、张庆堂、马凯、朱皓等人的述职，协商通过《政协江阴市委员会2023年工作要点》《关于加强2023年市政协委员学习的意见》。

第八次常委会会议于6月29日召开。市委常委、常务副市长王琪到会通报2023年上半年经济社会发展情况，听取民主评议市教育局工作意见和建议。会议听取市教育局局长徐前锋工作情况汇报，市政协教文卫体委主任曹建峰作调研情况发言，常委会组成人员进行现场评议投票；协商通过有关人事事项。市政协主席邵文松对上半年市政协常委会工作进行总结，部署下半年政协重点工作。

第九次常委会会议于9月21日召开。会议专题评议市政府提案办理工作，市政府党组成员张桂清到会通报提案办理情况，民主评议市民政局、城管局提案办理工作，听取市民政局局长顾洪伟、城管局局长张学春关于部门提案办理工作情况汇报。市政协常委、委派民政局民主监督员小组组长、市委统战部副部长、侨办主任王熹和市政协常委、委派城管局民主监督员小组组长、市委统战部副部长、工商联党组书记、副主席陈雪源分别发言，常委会组成人员进行现场评议投票。市政协主席邵文松围绕进一步做好提案办理工作提出要求并部署下阶段政协工作。

第十次常委会会议于12月28日召开。副市长金丹菁到会听取对政府工作报告的意见和建议。会议协商决定有关人事事项，协商通过市十六届政协委员届中调整名单、关于召开市十六届政协第三次会议的决定，协商讨论市人民政府工作报告（征求意见稿）和市十六届政协第三次会议议程、日程（草案），原则通过市十六届政协常委会工作报告和十六届政协二次会议以来提案工作情况报告。市政协主席邵文松对召开市十六届政协第三次会议作出部署。

【委员论坛】 2023年9月15日，江阴市政协举办"城市建设管理·城市更新"委员论坛，市城市更新工作指挥部办公室、自然资源和规划局、住房和城乡建设局、城管局、交通运输局、市场监管局、城发集团、公用事业集团、文商旅集团、澄江街道等部门单位分管负责人到会听取意见建议。市政协委员、城发集团党委书记、董事长朱炜从城市更新政策要求、实践进展和对策建议等角度作"提升人居品质 共筑美好生活"

主旨发言。伊淳阳、汪运志、周晓东、何冰、奚海明、姚剑刚、张旻7名政协委员分别围绕城市交通更新、小区电梯加装、物业管理、停车管理、生态修复、夜市经济、全龄友好城市建设等方面提出建议。市政协主席邵文松指出，要坚持理念创新，做强“规划”文章；要坚持系统思维，做好“建设”文章；要坚持以人为本，做优“管理”文章。助力城市更新工作再上新台阶，为奋勇争先建设社会主义现代化县域示范做出应有的贡献。

【民主议政会】 2023年7月26日，江阴市政协举行“科创江阴”建设民主议政会。副市长杭成和相关部门负责人到会听取意见建议。会议由市政协副主席叶韩清主持。会议听取市科技局局长徐飞关于“科创江阴”建设推进情况的汇报，民主党派、工商联、知联会代表进行议政建言。市政协主席邵文松指出，要提升站位、提高认识，进一步认清“科创江阴”建设的重要意义；要向高而攀、向新而行，进一步加大“科创江阴”建设的推进力度；要集思广益、凝聚共识，进一步汇聚推动“科创江阴”建设的磅礴合力。

2023年7月26日，江阴市政协举行“科创江阴”建设民主议政会
（市政协办提供）

协商议政

【概况】 2023年，江阴市政协聚焦全市党政工作要事、民生改善实事、社会治理难事，开展多种形式的政治协商和参政议政活动。市政协领导就“一湾一谷”建设情况、“北战”战略推进情况、2023年提案办理工作情况等工作开展视察活动3次。市政协举行重大项目推进、生态环境治理现代化县域示范建设、归国留学人才创新创业工作等政情交流会3次。发挥履职党支部、委员工作室、协商议事室、社情民意联系点、政协书房“五位一体”平台作用，创建“界别同心联盟”平台，探索“政协＋委员”“政协＋群众”“政协＋界别”履职新机制，青阳镇“同心赋能新模式‘稻渔混养’助共富”协商议事案例入选全省典型案例。

【专题调研】 2023年，江阴市政协组织各参加单位、专门委员会、镇街园区工委围绕“南征北战、东西互搏”战略*和建设社会主义现代化县域示范，就经济发展、教育医疗、生态环保、乡村振兴、社会治理等深入调研，全年形成调研报告46篇，评选优秀调研报告40篇，其中《关于加快培育外贸高质量发展新动能的思考》获评无锡市政协优秀调研成果。

【重要视察】 2023年7月6日，江阴市政协领导视察“一湾一谷”建设情况，听取市政府党组成员、霞客湾科学城党工委书记、管理办公室主任谢映军有关工作情况汇报。市政协领导建议市政府和有关部门要以更宽视野统筹规划，塑造未来城市新格局；要以更优质效集聚要素，构筑核心竞争新优势；要以更大力度攻坚突破，彰显“南征”起势新形象；要以更强自觉推进改革，激发体制机制新活力；要以更大合力协同推进，共同谱写奋进新篇章。

10月25日，市政协领导视察“北战”战略推进情况，听取市委常委、“北战”战略指挥部常务副总指挥张韶峰有关工作情况汇报。市政协领导建议市政府和有关部门要突出枢纽优势，在港口资源整合上持续发力；要加强示范引领，在城区品质突围上克难攻坚；要坚持绿色发展，在长江生态保护上再上台阶。

12月19日，市政协领导视察2023年提案办理工作情况，听取市政府党组成员张桂清有关工作情况汇报。市政协领导建议市政府和有关部门要深化思想认识，准确把握城建、交通、教育等各领域系统提升的重要意义；要提高政治站位，增强提案办理工作的主动性；要提升办理质量，集中力量、久久为功，办好一批事关全市发展大局和群众切身利益的重点提案。

【政情交流】 2023年5月25日，江阴市政协举行重大项目推进政情交流会。出席会议的市政协领导和部分政协常委、委员听取市发展改革委、商务局和临港经济开发区关于重大项目招引、推进情况汇报，就强化项目推进要素保障、健全重大项目全生命周期管理机制、深化招商体制机制改革等提出建议。市政协主席邵文松指出，要进一步增强责任感和使命感，坚持问题导向，创新机制强增量、优化服务促存量、强化考核实物量，着力在产业项目质量、重大项目数量、有效投入总量上取得新突破；坚持发扬民主和增进团结相互贯通、建言资政和凝聚共识双向发力，充分发挥政协联系广泛、人才荟萃、智力密集优势，以实际行动助力江阴开创现代化建设新局面。

6月28日，市政协举行生态环境治理现代化县域示范建设政情交流会。出席会议的市政协领导和部分政协常委、委员听取市建设生态环境治理现代化县域示范领导小组办公室有关工作情况汇报，就抢抓政策机遇、强化基础设施、建设“无废城市”、推动减污降碳、推进产业转型升级和生态产品价值实现等提出建议。市政协主席邵文松指出，要以高度的责任感和使命感，在生态环境治理现代化县域示范建设中体现江阴担当、探索江阴模式、提供江阴经验；在加快产业转型上走在前、作示范；在强化污防攻坚上走在前、作示范；在深化改革创新上走在前、作示范；在传播生态文明上走在前、作示范，奋力开创新时代江阴生态文明建设新局面。

8月31日，市政协举行归国留学人才创新创业工作政情交流会。出席会议的市政协领导和部分政协常委、委员听取市委人才办、市侨办和市人力资源和社会保障局相关工作汇报，就“归澄”计划具体内容、归国留学人才子女教育资源保障、人才供给与产业需求适配度提升等提出建议。市政协主席邵文松指出，要以更高站位统一思想、增进共识，为推进中国式现代化江阴新实践凝聚起人才力量；以更广平台集聚人才、集成创新，让企业转型升级的需求与归国留学人才创新创业实现互补双赢、双向奔赴；以更强合力同心同向、同频共振，不断提升江阴人才发展的辨识度、影响力。

【政协协商与基层协商有效衔接工作】 2023年2月17日，江阴市政协召开“有事好商量”协商议事工作调研座谈会。会议要求，进一步抓基本，按照程序化、规范化、制度化要求，谋划好年度协商议事工作；进一步抓基础，梳理排查协商议事工作的特色优势与薄弱环节，有针对性地开展能力建设；进一步抓基层，引导基层各级组织者、参与者重视“有事好商量”协商议事工作。

3月22日，市政协召开全市“有事好商量”协商议事工作推进会。会议要求，明确工作方向，在上情下达、下情上传、集聚智慧、凝聚人心上下功夫；明确工作思路，在处理好解决问题与完成任务、以点带面与多点开花、纵向提升与横向联系、统筹兼顾与一门深入关系上下功夫；明确工作成效，在实现协商议事有温度，成果转化有实效上下功夫。

全年累计开展协商议事活动112次，政协委员参与600人次，群众参与2260人次。收集各类协商意见400余条，80%以上被各级党委、政府采纳，转化为政府工作举措、民生实事工程，以及作为政协社情民意信息、民主监督建议等向上级反映。

【“界别同心联盟”平台机制建设】 2023年，江阴市政协深入贯彻落实中共二十大要求，聚力完善委员联系界别群众制度机制，打造“界别同心联盟”平台，探索实践“政协+委员”“政协+界别”“政协+群众”履职新机制，推动政协工作提质增效。通过摸准实情、试点先行、全面覆盖三个阶段，制定下发《关于建立“界别同心联盟”推进委员联系界别群众工作走深走实的试点工作方案》《关于全面推广“界别同心联盟”进一步推进委员联系界别群众工作的通知》等文件。7月28日，市政协召开“界别同心联盟”暨委员联系界别群众工作交流推进会。“界别同心联盟”平台机制，以“政协领导挂钩+专委会统筹+界别策划+委员赋能+基层落地”模式组建7个小联盟，并逐步推广为全市23个界别全面参与的大联盟，将政协委员这个“点”、政协组织这条“线”、界别群众这个“面”有机融合，使江阴市427名政协委员与23个界别、18个基层工委及全市人民群众的联系更加紧密。全年开展委员联系界别群众主题活动70余场次，界别群众参与2100余人次，相关经验做法获评江苏省、无锡市政协工作创新案例，并在全省“充分发挥人民政协发展全过程人民民主中的作用”理论研讨会上作交流发言，《人民政协报》4次予以报道。

民主监督

【概况】 2023年，江阴市政协通过提交提案和民主监督建议书、反映社情民意、开展民主评议等民主监督活动，服务高质量发展。全年收到提案416件，审查立案324件，确定重点提案17件，集体提案143件。提案委员和单位对提案办理的满意率和基本满意率为100%。全年向市委、市政府报送《社情民意》5期，上报信息564条，报送及采用数量位列无锡市第一，11篇上报全国政协，7篇被省政协采用。《关于大力发展人才公寓的建议》等社情民意得到市委、市政府主要领导高度重视，批示要求相关部门认真研究，积极办理。持续开展“提案督办宣传月”活动，对年度提案办理工作进行督办落实。

【重点提案】 2023年3月1日，市十六届政协第十三次主席会议协商确定17件提案为2023年重点提案，分别是：《关于我市老旧小区改造面临的深层困境及破解的建议》《关于加快工业园区升级改造重塑江阴发展新优势的建议》《关于打造“引育用留”全链条，激活“暨阳英才”强磁场的建议》《关于关注异地就医，助力共同富裕，推动江阴医疗卫生事业高质量发展的建议》《关于下好科技金融“先手棋”，赋能科创江阴“新发展”的建议》《关于深入推进县域治理现代化，持续构筑平安稳定的铜墙铁壁的建议》《关于做强科创企业梯队，集聚“科创江阴”主力军的建议》《关于进一步统筹社区文体资源，促进社会红利二次分配的建议》《关于构建立体化家庭教育支持体系的建议》《关于创新发展数字经济，全力抢占区域竞争新赛道的建议》《关于发挥企业重整制度优势，助推江阴经济社会协调发展的建议》《关于加快职业教育高质量发展，为我市制造业提供高素质技术技能人才支撑的建议》《关于推动中医药产业发展，助推健康江阴建设的建议》《关于以“双碳”战略目标为引领，积极推动我市产业绿色低碳转型的建议》《关于进一步深化基层集成改革的建议》《关于进一步优化我市政府投资基金管理体系，赋能产业转型升级的建议》《关于构建绿色金融江阴模式，推动发展方式绿色转型的建议》。17件重点提案由市政府主办，相关部门协办，市政府、市政协联合督办，至8月31日全部办复。9月5日，市委书记许峰围绕重点提案《关于做强科创企业梯队，集聚“科创江阴”主力军的建议》，专题听取办理情况，向提案人、政协委员征询意见建议。许峰指出，持续育强科创企业梯队，科创主体要更多，强化指导、精准施策，健全“科技型中小企业—高新技术企业—创新型领军企业”梯次培育机制，优化“雏鹰—瞪羚—准独角兽”成长路径；科创动能要更强，发挥头部企业在创新中的引领作用，中小企业在创新中的强链补链延链作用，初创企业在创新中催生新兴产业的作用；科创生态要更优，以更大力度、更实举措推动人才科创基金投早投小投新投硬。9 月 12 日，市长包鸣围绕重点提案《关于加快工业园区升级改造重塑江阴发展新优势的建议》，专题听取提案办理情况，向提案人、政协委员征询意见建议。包鸣指出，要“改”有标准，分级分类制定园区外企业实施标准；“建”有规划，重点围绕保障村级收入所需、拆迁企业安置所需，提前规划好各类生活性配套服务设施；“招”有方向，各板块根据产业特点和发展方向，精准开展项目招商。在摸清经济家底的基础上，科学研判未来增长需求、项目需求、用地需求，合理设置工改目标任务，确保工作有序推进、发展行稳致远。9 月 20 日，市政协主席邵文松围绕重点提案《关于创新发展数字经济，全力抢占区域竞争新赛道的建议》，专题听取提案办理情况，向提案人、政协委员征询意见建议。邵文松指出，要明意义、提高思想认识，以数字经济赋能传统产业转型升级，催生新产业新业态新模式；优规划、做好顶层设计，推动“江阴制造”向“江阴智造”转变；出实招、促进数实融合，助推产业链供应链上中下游企业协同开展数字化转型；夯基础、筑牢数字底座，为数字经济行稳致远提供坚实支撑；强保障、集聚要素赋能，让数字经济“关键变量”成为高质量发展“最大增量”。

【民主监督员工作会议】 2023 年 4 月 17 日，江阴市政协举行民主监督员工作会议，部署 2023 年民主监督员工作，印发《政协江阴市第十六届委员会关于调整委派民主监督员的决定》。会议强调，要提高思想认识、把握工作原则，进一步认识民主监督员工作重要作用、找准民主监督员工作性质定位、准确把握民主监督员工作原则要求；加强能力建设、突出监督重点，通过民主监督更好服务中心大局、助力民生改善、促进政协履职成果转化、助推部门效能提升；注重工作协同、完善制度机制，切实强化履职保障，抓好民主监督员工作的计划安排，大力营造社会各界关心支持民主监督员工作的良好氛围。

7 月 11 日，市政协召开民主监督员小组工作交流会，会议要求，民主监督员小组要落实监督任务，按照年初计划，认真总结经验和不足，确保工作取得实效；提升监督质量，把民主监督工作融入委派单位提案办理工作，有针对性地督促提案建议落实；提高监督成效，把基层和群众反映强烈的问题和堵点列入民主监督重要内容，推动政府和相关部门改进工作，切实提高民主监督实效。

【民主评议】 2023 年 3 月，江阴市政协制定民主评议市教育局工作方案，成立民主评议市教育局工作调研小组，组织召开多次座谈会，发放 1058 份民主测评表展开测评。6 月 29 日，召开市十六届政协第八次常委会会议，对市教育局工作进行评议。会议建议，全市教育系统要立德树人重铸魂，把为党育人、为国育才作为根本目标；固本培元强根基，坚定不移坚持教育优先发展地位，持续优化资源布局；提质增效激活力，深化教育评价体系、教育教学方式和人事管理体制改革；尊师重教树新风，造就一支师德高尚、业务精湛、结构合理、充满活力的高素质专业化教师队伍，推动教育事业高质量发展。

7 月，市政协制定民主评议市民政局、城管局提案办理工作方案，成立工作调研小组，开展多次调研并召开座谈会，听取提案人对办理工作意见。9 月 21 日，召开市十六届政协第九次常委会会议，对市民政局、城管局提案办理工作进行民主评议。会议建议，市民政局要凝聚多方合力，提高办理实效，进一步提升提案办理工作能力，促进办理成果转化，发挥提案工作效益；市城管局要认真总结经验，结合单位建设、业务工作，进一步加强和改进本单位提案办理工作，不断提升办理质效。 （胡陶林　花迪伟）

附：政协江阴市第十六届委员会 2023 年度优秀提案

1.《关于加强我市“特色田园乡村”建设，助推“乡村振兴”战略的一些建议》 （朱　皓）

2.《关于当前农村人居环境整治存在的主要问题及对策建议》 （单银霞）

3.《关于结合江阴城市建设，融入更多江阴名人、名贤等文化元素，提升江阴城市文化软实力的建议》 （市政协教文卫体委员会）

4.《关于推动中医药产业发展，助推健康江阴建设的建议》 （市政协教文卫体委员会）

5.《关于深化集团化办学，构建教育共同体的建议》 （董李锋　张苏姗）

6.《关于优化江阴市少年宫（江阴市青少年活动中心）校外教育功能的建议》 （周凌峰）

7.《关于加强江阴国有企业廉政制度建设的建议》 （陆逸君）

8.《关于打造“引育用留”全链条，激活“暨阳英才”强磁场的建议》 （民进江阴市委员会）

9.《关于加快推进我市智慧医疗体系建设的几点思考和建议》 （郁　昉）

10.《关于持续推进绿色港口发展的建议》 （市无党派知识分子联谊会）

11.《关于关注燃气使用安全，建设平安新江阴的建议》 （市无党派知识分子联谊会）

12.《关于深入推进县域治理现代化，持续构筑平安稳定的铜墙铁壁的建议》 （市无党派知识分子联谊会）

13.《关于发挥老字号品牌特色，促进我市老字号企业创新发展的建议》 （邵俊华）

14.《关于进一步优化我市政府投资基金管理体系，赋能产业转型升级的建议》 （刘益锋）

15.《关于关注异地就医，助力共同富裕，推动江阴医疗卫生事业高质量发展的建议》 （农工党江阴市委员会）

16.《关于构建立体化家庭教育支持体系的建议》 (市政协提案委员会二组)

17.《关于下好科技金融"先手棋",赋能科创江阴"新发展"的建议》 (九三学社江阴市委员会)

18.《关于合理规划弃土区的建议》 (九三学社江阴市委员会)

19.《关于加快工业园区升级改造重塑江阴发展新优势的建议》 (民建江阴市委员会)

20.《关于进一步完善我市智慧居家养老体系的建议》 (民建江阴市委员会)

21.《关于完善"双通道"管理机制,打通国谈药落地"最后一公里"的建议》 (民建江阴市委员会)

22.《关于完善我市刑事认罪认罚工作的几点建议》 (民建江阴市委员会)

23.《关于构建绿色金融江阴模式,推动发展方式绿色转型的建议》 (宋　萍)

24.《关于构建产业集群诚信联盟、健全商业秘密保护体系的建议》 (承敏钢)

25.《关于进一步深化基层集成改革的建议》 (青阳镇政协工作委员会)

26.《关于创新发展数字经济,全力抢占区域竞争新赛道的建议》 (市政协经济科技和农业农村委员会)

27.《关于对敔山湾区域管理及基础设施提档升级的建议》 (顾宪瑜)

28.《关于持续提升长江治砂工作实效的建议》 (刘　丹)

29.《关于加大电信诈骗防范宣传和打击力度的建议》 (蔡　飞)

30.《关于对卡式炉(便携式丁烷气炉)加强监管,推动公共安全治理模式向事前预防转型的建议》 (翁亚锋)

31.《关于以"双碳"战略目标为引领,积极推动我市产业绿色低碳转型的建议》 (市政协城镇建设与环境保护委员会)

32.《关于规范我市生态环境检测社会化服务机构及监督的建议》 (市政协城镇建设与环境保护委员会)

33.《关于我市老旧小区改造面临的深层困境及破解的建议》 (民盟江阴市委员会)

34.《关于高水平建设江阴—靖江高质量跨江融合发展示范区的建议》 (民盟江阴市委员会)

35.《关于完善敔山湾新城功能,优化科技发展环境的建议》 (民盟江阴市委员会)

36.《关于完善农民工公共文化服务,助推江阴文明城市建设的建议》 (民盟江阴市委员会)

37.《关于江阴市长泾镇彩印包装产业集群发展的建议》 (民盟江阴市委员会)

38.《关于加快职业教育高质量发展,为我市制造业提供高素质技术技能人才支撑的建议》 (市政协教文卫体委员会)

39.《关于提档升级江阴军事文化博物馆,强化江阴军事文化特色IP的建议》 (唐　燕)

40.《关于做强科创企业梯队,集聚"科创江阴"主力军的建议》 (市工商业联合会)

41.《关于推动行政合规不处罚,积极营造良好营商环境的建议》 (陶　峰)

42.《关于江阴经济绿色低碳转型发展的建议》 (赵双双)

43.《关于充分发展轨道经济,加快促进"一湾一谷"建设的建议》 (陈　佳)

44.《关于完善市场主体退出机制的几点建议》 (张成奇)

45.《关于加强非遗戏曲文化进校园,弘扬传统文化的建议》 (沈鸣华)

46.《关于发挥企业重整制度优势,助推江阴经济社会协调发展的建议》 (市政协社会法制与海外联络委员会)

47.《关于进一步统筹社区文体资源,促进社会红利二次分配的建议》 (市政协学习文史委员会)

48.《关于后疫情时代进一步推进我市城乡公共体育场馆设施建设,打造健康江阴的建议》 (薛　迅)

■类目编辑　邢　盈

纪委·监委

综 述

【概况】 2023 年，江阴市纪委监委在上级纪委监委和市委的坚强领导下，坚定拥护“两个确立”*、坚决做到“两个维护”*，深入开展学习贯彻习近平新时代中国特色社会主义思想主题教育和纪检监察干部队伍教育整顿，切实履行协助职责和监督专责。政治监督更加精准，追责问责执行不力的党员干部 26 人。反腐惩贪，立案 559 件，处分 438 人，移送检察机关 21 人。正风肃纪，查处“四风”*问题 66 个，处分 78 人，查处群众身边不正之风和腐败问题 83 个 95 人。监督体系更加健全，健全完善“四项监督”*统筹衔接机制，构建基于江阴实践的监督体系。

【主题教育和教育整顿】 2023 年，江阴市纪委监委以高标准、严要求纯洁思想、纯洁组织，始终把学习贯彻习近平新时代中国特色社会主义思想作为首要政治任务，健全常委会领学、教整办督学、党支部研学、党小组促学、党员自学“五学联动”机制，开设“理论学习微课堂”，组织周测月考，确保学习入脑入心。开展不规范办案、违规参与民间借贷等专项整治，组织“六查六看”（一查信仰缺失问题，看是否存在丧失理想信念，不信马列信鬼神，痴迷封建迷信活动，信奉西方价值观念和政治制度等行为；二查政治动摇问题，看是否存在同党离心离德，搞“七个有之”，投机攀附，做“两面人”，参与非组织活动，随意发表错误言论或包含错误言论的信息，甚至妄议党中央大政方针等行为；三查放弃原则问题，看是否存在缺乏斗争精神，奉行“好人主义”，不敢动真碰硬，搞选择性监督执纪执法等行为；四查作风不正问题，看是否存在违反中央八项规定及其实施细则精神，违规接受吃请，追求奢靡生活、低级趣味，出入私人会所、营利性陪侍场所消费，酗酒、公务活动期间饮酒和酒后参与公务活动，搞形式主义、官僚主义，以权压人、以势压人等行为；五查滥用权力问题，看是否存在以案谋私、打听案情、串通包庇、跑风漏气，泄露工作秘密和可能影响纪检监察工作正常开展的内部信息，干预和插手组织人事工作、市场经济活动、执纪执法和司法活动，违规使用监督检查审查调查措施等行为；六查清廉失守问题，看是否存在违规收受礼品礼金、有价证券，向私营企业主借用大额资金、车辆和房产，向企业老板高息放贷，无偿接受企业老板提供的服务、劳务，搞权色、钱色交易，利用监督执纪执法权和职务影响力谋私贪腐等行为）、“三查摆三强化”（一是查摆是否存在履行第一责任人和“一岗双责”*不力问题，强化严负其责、严管所辖的政治自觉；二是查摆是否存在对干部管理监督不严、对权力运行监督制约不够的问题，强化从严抓班子带队伍的责任担当；三是查摆是否存在对家人失管失察的问题，强化正家风、严家教的自律自警）检视剖析、“五查五提升”（查纠站位不高问题，持续提升大局意识；查纠态度不正问题，持续提升责任意识；查纠动力不足问题，持续提升争先意识；查纠作风不实问题，持续提升担当意识；查纠原则不强问题，持续提升斗争意识）思想作风建设大讨论和“守纪律、讲规矩、正言行”学习研讨活动，检视反思、校准偏差。对 2013 年以来有纪检监察岗位任职经历的干部进行拉网式排查，开展违规挂证取酬、违规投资入股、违规套取公积金等 10 轮自查自纠，坚决防治“灯下黑”。用好“深学习、实调研、抓落实”工作方法，围绕政治监督、派驻机构改革、廉洁文化建设等 9 个课题开展调研，推动调研成果有效转化，切实解决制约高质量发展的难题。健全长效机制，制定完善立案前会商、被审查调查对象干部监督谈话等 23 项制度规定，不断提升规范化、法治化、正规化建设水平。

【政治监督】 2023 年，江阴市纪委监委把督促贯彻落实习近平总书记重要讲话、重要指示精神作为重中之重，组织开展医药购销领域腐败问题专项整治，立案 6 件，移送检察机关 2 人，督促医药系统自查整改问题 6 个。持续深化长江大保护、生态环境保护专项监督，发现问题线索 9 条，问责 10 人。常态化开展安全生产监督检查，先后组织 2 轮燃气安全监管情况全覆盖督查，向市委提交专项监督报告，推动实现高质量发展和高水平安全的良性互动。聚焦“南征北战、东西互搏”战略*、工业园区升级改造、科创江阴、乡村振兴等市委重点工作，开展跟进监督、全程监督，切实打通贯彻落实中的难点、堵点、淤点。聚焦推动经济运行率先整体好转等市委工作部署，开展“监督护航·助企敢干”专项行动，制定《关于强化营商环境领域监督执纪工作的方案》，深化领导干部违规借贷获利、违规经商办企业专项整治，查处侵害民营企业利益的腐败和作风问题 56 个，处分 39 人。聚焦工业园区升级改造专项督查发现的问题，开展整改落实情况“回头看”督查，推动真改实改、闭环整改。开展“三清三治”（清理各类垃圾、清理违建乱放、清理家河家塘、治理农村厕所、治理农村污水、治理农田风貌）工作落实情况专项监督，组织明察暗访，排查出 8 个方面突出问题，持续推动整改落实。

【管党治党主体责任】 2023 年，江阴市纪委监委协助市委落实管党治党主体责任，制定 2023 年度全面从严治党“三张清单”（《2023 年中共江阴市委全面从严治党主体责任清单》《2023 年中共江阴市委领导班子成员全面从严治党责任清单》《2023 年中共江阴市纪委全面从严治党监督责任清单》），健全党委（党组）全面监督、纪委专责监督、党的工作部门职能监督、党的基层组织日常监督、党员民主监督“五位一体”的党内监督体系。严格执行党的纪律规定和规章制度，认真落实《关于进一步严肃规范精准慎重问责的指导意见》要求，坚决杜绝问责泛化和问责不力等问题，实施党内问责 22 人次。加强对“一把手”和领导班子成员监督，聚焦重要事项，运用“提醒式”谈心谈话、情况通报、工作会商等方式，压实“一把手”履行全面从严治党第一责任人职责。年内，查处“一把手”违纪违法问题 14 个。从严把好政治关、廉洁关，严肃规范回复党风廉政意见 55 批次 1303 人次。

反腐败斗争

【概况】 2023 年，江阴市纪委监委清醒认识反腐败斗争形势任务，紧盯重点问题、重点领域、重点对象，坚决清理风险隐患大的行业性、系统性、地域性腐败，持续强化不敢腐的震慑；针对重点领域的系统性腐败问题和行业乱象，以个案办理推动系统治理，持续健全“不能腐”制度机制；注重挖掘利用好江阴文化资源，推动构建清廉社会生态，持续筑牢“不想腐”的思想自觉。

2023 年 6 月 12 日，江阴市“锡剧廉洁教育进校园”汇报演出在大剧院举行（市纪委监委宣教室提供）

【反腐惩恶】 2023 年，江阴市纪委监委发挥信访举报主渠道作用，用好基层小微权力“监督一点通”，接受办理群众信访举报 297 件，被江苏省纪委监委确定为信访举报工作联系点。全年处置涉及党员干部的问题线索 857 条，立案 559 件，其中涉及乡科级干部 40 人、县处级干部 7 人，留置 21 人，移送检察机关 21 人，处分 438 人，追赃挽损 5670 万余元。紧盯“关键少数”，查处江阴高新区青阳工业园区管委会原副主任张某、江阴市委统战部原四级调研员高某、江阴市原临港水利农机管理服务站站长高某等领导干部以权谋私的典型案件。聚焦重点领域，深化开发园区、工程建设、金融领域反腐，严肃查处江阴临港经济开发区港口发展局原副局长仰某、江阴滨江科技创业投资有限公司原董事长潘某、江阴临港经济开发区财政国库集中收付中心结算科原副科长徐某等公职人员损公肥私的腐败问题。强化受贿行贿一起查，立案查处行贿人员 5 人。

【以案促改】 2023 年，江阴市纪委监委制定纪检监察建议工作指引，健全办案部门、监督部门、综合部门分工协作的以案促改责任体系，推动以案促改工作制度化、规范化，横向上督促发案单位靶向整改、源头治理，纵向上推动整个系统举一反三、系统施治。围绕典型案件深入剖析发案原因，发现病根，找准病灶，制发纪检监察建议 62 份，推动完善制度机制 25 项。持续深化镇（街道）国有资产专项治理，督促整改资产领域问题 136 个，推动职能部门出台《江阴市国有资产管理提质增效工作的实施意见》，建立健全“1+2+N”制度体系*，被列入全省国有资产清查利用试点地区。组织开展拆迁安置领域问题专项整治，立案 8 件，留置 5 人，推动开展“空置安置房”和“在外过渡户”双下降专项整治。

【纪律教育】 2023 年，江阴市纪委监委优化“江上清风”廉政宣讲团，开展“点单式”宣讲 64 场次，推动党规党纪成为党委（党组）理论学习中心组、党校培训的必修课，组织拟提拔市管领导干部纪法知识考试 110 人次，推动纪律教育经常化。召开全市领导干部年度警示教育大会，更新反腐倡廉警示教育馆，下发严重违纪违法干部忏悔录，摄制《亲而有度·清而有为》专题警示教育片及 6 部警示短视频，推动警示教育前置，分层分类精准施教。协助市委制定《江阴市廉洁文化建设三年行动计划（2023—2025 年）》，开展

"清风故事会""锡剧廉洁教育进校园"汇报演出、家风家教主题宣传月等活动,引导党员干部见贤思廉。

作风建设

【概况】 2023年,江阴市纪委监委深刻把握新征程上作风建设新形势新任务新要求,突出常态长效深化落实中央八项规定*精神,对作风顽疾下狠手、出硬招,打好专项整治、风腐同查、明察暗访、智慧监督、通报曝光等"组合拳",严抓隐形变异,严防反弹回潮。年内,查处违反中央八项规定精神问题66个。深挖群众深恶痛绝的不正之风和腐败问题,坚决查处就业创业、教育医疗、养老社保等领域贪污侵占、截留挪用、虚报冒领、吃拿卡要等行为。

【纠治"四风"*】 2023年,江阴市纪委监委狠刹享乐主义、奢靡之风,聚焦隐蔽场所违规吃喝问题,以及违规套取财政经费吃喝问题,开展明察暗访20轮次,批评教育处理17人。紧盯重要节点深入整治违规收送礼金礼卡作风顽疾,精准纠治通过快递物流、"线上"礼物、"微信红包"等方式"隔空送礼"的不正之风。年内,严肃处理52个享乐主义、奢靡之风问题,处分62人。突出重点纠治形式主义、官僚主义,对贯彻落实中共中央和省、市委重大决策部署做选择、搞变通、打折扣,履行安全生产、环境治理等职责不担当、不作为、乱作为,搞应付式落实、敷衍式整改的,精准追责问责,促进担当作为。坚决整治拈轻怕重、躺平甩锅、敷衍塞责、得过且过等消极现象。年内,严肃处理形式主义、官僚主义问题14个,处分16人。

【作风建设长效化】 2023年,江阴市纪委监委深化完善"四风"问题直查直办、交办督办和"四风"案件会商会审工作机制,对10批次151个"四风"问题调查处置情况开展会商会审,退回补充调查20个,提格处理10人,有效提升"四风"问题查处的制度化、规范化水平。在元旦、春节、中秋、国庆等关键节点集中通报曝光5批次12个"四风"典型案例,有效释放越往后执纪越严信号。坚持风腐同查、一体纠治,坚决防范由风及腐、风腐交织,确保监督执纪精准有力。

【惩治群众身边腐败】 2023年,江阴市纪委监委深化民生领域损害群众利益问题治理,紧盯与群众利益关系最密切领域,瞄准群众感受最直接、反映最强烈的问题,围绕15项项目开展专项监督,坚决整治群众身边"蝇贪蚁腐"。开展困难群众补贴资金专项治理,坚决查处虚报冒领、优亲厚友、发放不及时不到位等问题,守好困难群众的"保命钱"。持续深化欺诈骗取医保基金专项整治,立案25件,处分23人,护航医保基金安全。组织开展党员干部违规提取住房公积金专项治理,立案37件,处分14人,确保住房公积金合法合规使用。

巡察工作

【概况】 2023年,江阴市委巡察机构全面贯彻中共中央、江苏省委、无锡市委对巡视巡察工作新部署新要求,不断增强巡察震慑力和穿透力。年内,巡察各级党组织67个,移送问题线索36条。聚焦责任落实、问题整改、问题线索处置、标本兼治4个方面情况,强化与被巡察单位和巡察整改日常监督部门协作配合,统筹加强巡察整改和成果运用,对52个被巡察单位开展专项督查和整改质效评估。

【"政治体检"】 2023年,江阴市委巡察机构配合江苏省委第十巡视组巡视江阴市工作,高标准完成巡视巡察组调阅资料、实地走访、个别谈话等保障工作。狠抓巡视巡察反馈意见整改落实,制定《省委巡视整改工作落实督查方案》,会同市委组织部成立督查组,对省委巡视、3项专项检查、5条联动巡察反馈意见整改落实情况进行一体推进、一体督查,推动省委巡视整改件件有落实、事事有回音。办理省委巡视组交办信访件和问题线索,办结率均100%。

【常规巡察工作】 2023年,江阴市委巡察机构聚焦中共中央重大决策部署,紧扣市委、市政府重点工作,修订完善市委巡察工作规划,制定巡察监督工作指引10个,有效提升巡察监督精准性。完成第十四届市委第四轮、第五轮巡察,组织对市档案史志馆、司法局、商务局、文体广电和旅游局、政务服务数据管理局、妇联、科协、红十字会8个机关单位党组织和璜土镇、青阳镇、长泾镇、祝塘镇4个乡镇及下属55个村(社区)党组织开展常规巡察,发现问题759个,推动立案61人、留置5人。加强对"一把手"巡察监督,为12名"一把手"精准政治画像。

【巡察整改工作】 2023年,江阴市委巡察机构积极配合无锡市委第一巡察组完成对云亭街道、周庄镇整改工作专项督查。制定《关于进一步加强巡察整改工作的实施办法》,对52个整改期满一年的单位开展重点问题巡察整改情况专项督查。压实整改主体责任,追责问责整改不力的单位负责人2人。加强对巡察发现问题的分析研判,围绕优化营商环境、数字经济建设、文化强市等重点工作,向市委报送专题报告8份,下发重点事项交办单9份,推动职能部门开展专项整治18项,推进源头治理、系统治理,实现巡察成果高效运用。

日常监督

【概况】 2023年,江阴市纪委监委聚焦构建权责明晰、协同高效的县域监督体系,统筹贯通各类监督,推动健全党统一领导、全面覆盖、权威高效的监督体系。准确运用"四种形态"*,对问题轻微、真心悔错改错的干部批评教育、帮助改进,抓早抓小、防微杜渐;对问题严重、屡教不改的干部严肃处理,防止"小问题"演变成"大问题"。

【监督专责】 2023年,江阴市纪委监委健全完善纪律监督、监察监督、派驻监督、巡察监督统筹衔接机制,用好联动监督、联合办案机制。年内,各派驻纪检监察组立案76件,派出监察员办公室立案30件,协同推动镇街园区开展专项治理13项。作为全省国有资产清查利用专项行动三个试点市(县、区)之一,全程跟进监督、精准执纪,留置8人,挽回经济损失5000余万元,推动实现国有资产全要素存证、全过程监督、全方位纠偏,提升监督治理的综合效能。

【健全监督体系】 2023年,江阴市纪委监委探索构建具有江阴特色的县域监督体系,横向推动完善主责监督体系和专责监督体系,纵向压实各级党委主体责任、各级纪检监察组织监督责任,推动管党治党责任到边到底。协助市委出台《关于进一步健全完善联动监督体系的实施意见》,会同市委办、市委组织部、市财政局、市安委办等监督主体,建立信息共享、联合查处、双向移送等机制,进一步压实主体责任,强化联动监督、协同问责,全年收到其他监督主体移送问题线索6条。

【运用"四种形态"】 2023年,江阴市纪委监委坚持"惩前毖后、治病救人",运用"四种形态"批评教育和处理1125人次。其中,第一种形态以教育帮助为主,谈话函询、提醒批评673人次,占总人次的59.8%;以第二种形态给予轻处分、组织调整354人次,占31.5%;以第三种形态给予重处分、职务调整34人次,占3%;以第四种形态处理严重违纪违法、触犯刑律64人次,占5.7%。落实"三个区分开来"(把干部在推进改革中因缺乏经验、先行先试出现的失误和错误,同明知故犯的违纪违法行为区分开来;把上级尚无明确限制的探索性试验中的失误和错误,同上级明令禁止后依然我行我素的违纪违法行为区分开来;把为推动发展的无意过失,同为谋取私利的违纪违法行为区分开来)要求,协助市委出台《关于进一步推动干部敢为的实施意见》,实施容错纠错3件、创新备案3件,为受到不实举报的7名党员干部澄清正名。

纪检监察队伍

【概况】 2023年,江阴市纪委监委以更高标准、更严要求,在思想上、作风上、廉洁上、严管上集中发力、持续用劲。市纪委常委会建立常态化学习机制,全年开展集体学习、研讨交流22批次50人次,用心用情带领全系统深学细悟习近平新时代中国特色社会主义思想,自觉用以武装头脑、指导实践,统领纪检监察全部工作。严格执行《中共江阴市纪委常委会江阴市监委议事决策规则(试行)》,召开市纪委常委会市监委会议25次,研究讨论案件办理、人事任免、"三重一大"*等各类事项416件。

【政治建设】 2023年,江阴市纪委监委坚持以党的政治建设为统领,把政治标准和政治要求贯穿领导班子和干部队伍建设各方面全过程,认真落实"三会一课"(支部党员大会、支部委员会、党小组会和党课)、民主评议党员、主题党日制度,塑造对党忠诚的政治品格。举办"乐运动·享生活·向未来"春季趣味运动会,开展"巾帼新风采·沐光向未来"主题拓展活动,成立羽毛球、乒乓球、篮球、瑜伽、读书班5个兴趣小组,不断提高干部凝聚力和向心力。突出先进典型示范引领作用,在全市纪检监察系统开展先进评选活动,授予18个单位"先进集体""争先进位奖"称号,授予35人"先进个人"称号。

【能力建设】 2023年,江阴市纪委监委完成监察官等级首次确定工作。深化分层级分领域全员培训,举办"清风学堂""纪检讲坛"7期,开展案件质量评查、评析5期,组织办案安全集中教育,持续提升监督办案能力水平。搭建"校地合作"平台,在江苏大学纪检监察学院挂牌成立"江阴市纪委监委干部培养基地",组织144名纪检监察干部脱产培训。加强年轻干部培养,为13名年轻干部选配政治理论、工作实践"双导师",组织基层纪检监察干部上挂轮训36人次。完善市纪委监委领导班子成员包片挂钩制度,加强对基层纪检监察工作指导。

【作风建设】 2023年,江阴市纪委监委发扬"严新细实"作风,以强化自我约束为抓手,不断加强作风养成。部署开展新一轮廉政风险排查,对重点岗位、关键环节进行系统梳理,制定廉政风险防控措施403条,进一步规范纪检监察执纪执法权力运行。制定完善《关于开展被审查调查对象干部监督谈话的工作方案》《进一步加强股以下(含股)纪检监察干部因私出国(境)管理的规定》《江阴市纪委监委规范借用人员手续办理实施办法(试行)》等内部监督管理制度,扎紧制度防控"篱笆墙"。稳妥有序做好市监委特约监察员换届工作,自觉接受监督、主动配合监督。 (赵王峰)

■类目编辑 周梦姣

民主党派

中国民主同盟江阴市委员会

【概况】 2023年,中国民主同盟江阴市委员会(以下简称"民盟江阴市委会")认真落实上级民盟工作部署,扎实开展"凝心铸魂强根基、团结奋进新征程"主题教育,紧紧围绕中共江阴市委、市政府中心工作,履行参政党职能,圆满完成年度各项任务。是年,民盟江阴市委会获评民盟中央群言杂志社发行工作突出成绩奖、江苏民盟县(市、区)组织模范集体、民盟江苏省宣传工作先进集体、无锡民盟综合先进集体;朱皓等6人次获评民盟江苏省2022—2023年度各类先进个人,孙静娜等17人次获评民盟无锡市2023年度各类先进个人。年末,有基层支部18个,盟员405人。

【思想建设】 2023年,民盟江阴市委会坚持把学习习近平新时代中国特色社会主义思想和习近平总书记系列重要讲话精神作为首要内容,采取主委领学、集体研学、个人自学等方式,提升理论水平和政治素养。是年,组织召开全委会1次、常委会6次,各基层支部组织开展理论学习70余次。成立"凝心铸魂强根基、团结奋进新征程"主题教育工作领导小组,制定工作方案,锚定目标要求,聚焦主要任务,先后举办"同心阅读"阶段性成果展示活动、主题教育书画展、主题教育专题理论讲座,召开主题教育推进会,组织盟员赴顾山镇、长泾镇、祝塘镇等地开展现场教学,参加中共江苏省委统战部"砥砺奋进新时代、携手同心向未来"主题征文和"我眼中的新江苏"手机摄影网络大赛。打造"刊网微"立体宣传矩阵,聚焦重要会议、重大活动、重点工作,及时推出优秀人物、典型事迹和先进经验。全年被《团结报》录用简讯3条;《新华日报》等各级党政纸媒录用4篇;民盟中央和民盟江苏省委会网站、微信公众号录用96篇;江苏统一战线网、《无锡统战》杂志、"暨阳同舟"微信公众号等统战条线媒体录用32篇。

【组织建设】 2023年,民盟江阴市委会持续推进示范支部和星级支部创建工作,深化支部"盟员之家"和社会服务实践基地建设,进一步落实民盟常委联系基层支部、党盟共建以及基层支部结对共建等制度。其中,一中支部、高新区支部获评民盟无锡市示范支部、示范型"盟员之家";综合一支部、文化支部等4个支部获评"五星级支部"。推荐优秀盟员参加省级培训6人次,无锡市级培训32人次,江阴市级培训28人次。举办盟员发展对象见面会、主题教育专题培训,组织开展"巾帼心向党、振兴乡村行""金秋送健康、关爱暖重阳"等主题活动。文化、临港2个支部完成届中调整。创新打造青年盟员成长"123工作体系"(制定1份青年盟员队伍建设方案,搭建理论涵养、履职实践2个青年盟员成长成才平台,抓好教育培训、一线历练、导师帮扶3项青年盟员队伍建设内容),开展"青盟论坛""青凝盟"同心成长团建活动以及写作交流、专题调研等实践活动;落实青年盟员培养"导师制",为有培养潜力的青年盟员选配成长导师,着力建设有朝气、能吃苦、有担当的青年盟员队伍。是年,吸收新盟员16人,平均年龄37.2岁,本科及以上学历100%,其中硕士研究生7人;转入组织关系1人,转出1人,去世3人。年末,盟员总数405人,平均年龄53.4岁,年净增率3.32%。盟员中,省人大代表1人、政协委员1人;无锡市人大代表4人、政协委员4人;江阴市人大代表3人、政协委员34人;副科职以上干部9人,有17名盟员分别担任政府各部门民主监督员。

【参政议政】 2023年,民盟江阴市委会向市政协第十六届二次会议提交集体提案20件,有19件被立案交办。调研报告《重塑老旧小区"里子",刷新幸福安居"面子"——我市老旧小区改造面临的深层困境及破解建议》获一等奖。政协委员个人提案立案交办29件,《关于江阴特质"大格局教育"的思考与建议》等4件提案获评优秀提案,《以租代售解决空置房问题存风险》获评优秀社情民意信息,8名盟员获评优秀政协委员,3名盟员获评优秀民主监督员。省政协委员钱晴提交的《完善农民工公共文化服务,推进高质量文化强省建设》获评省政协好提案。是年,参加中共江阴市委召开的民主协商会、专题协商会、民主党派工作座谈会等6次,围绕中共江阴市委工作报告、民主党派组织建设、党外青年干部培养等内容坦诚发表意见。参加市政协举办的重点提案督办会、政情交流会、委员论坛等12次,围绕科创人才队伍建设、“北战”战略推进、长江国家文化公园江阴段建设等建言献策。落实与市教育局、文体广电和旅游局等部门以及与长泾、顾山、祝塘等镇(街道)政协工委对口联系制度。探索“纵横”联动、“三端”发力(以“骨干盟员 + 青年盟员 + 入盟积子”为主要调研力量,从纵向上聚合力;加强党派联动、部门联动、地区联动,从横向上提质效;调研过程中,前端蓄力、中端用力、末端发力)的党派调研路径,实施基层支部年度调研课题申报、立项、跟踪、评估、完善、汇编等全流程管理模式。组织盟员参加民盟省、无锡市论坛研讨活动,2人在第六届江苏文化发展研讨会上获奖,2人在第十四届江苏教育发展论坛上获奖,3人获首届无锡民盟青年论坛一等奖。反映社情民意和百姓呼声,全年有8篇社情民意信息被无锡市政协采用,3篇被江阴市《社情民意》录用,3篇获江阴市主要领导批示。高度重视与长泾镇“五联五促”(联络促协商,定期联系有制度;联建促共建,双向助力见实效;联动促参政,定期座谈知民意;联督促民主,专题监督谋发展;联谊促服务,社会服务亮品牌)挂钩结对试点行动,围绕“推进工业园区升级改造”等主题,在理论联学、资源联用、治理联动、项目联推、服务联享五个方面,开展学习交流、调研协商等活动8次。贯彻落实《关于建立“界别同心联盟”推进委员联系界别群众工作走深走实的试点工作方案》,聚焦“讲、听、商、帮”,组织盟员政协委员先后赴顾山镇、祝塘镇、长泾镇,围绕“企业安全管理”“纺织服装企业智改数转和形象IP”“蒲市村乡村振兴发展”等主题积极建言献策。

【社会服务】 2023年,民盟江阴市委会发挥界别优势,深入推进品牌建设,11月,承办民盟中央“农村教育烛光行动”校长培训班,有甘肃省、河南省、河北省、贵州省等地的88名中小学校长和骨干教师参加,民盟中央副主席曹卫星出席开班仪式并讲话。发挥“澄盟有爱”志愿者服务队资源优势,开展各类公益活动。是年,“春泥”教育分队送课、送学科讲座16节次;“春雨”文化分队开展或参与公益演出活动80余场次;“春风”综合分队开展“同心助‘她’、一路生花”“与爱同心、‘童’样幸福”“关爱环卫工人”等系列活动。持续发挥江阴民盟教育基金帮困助学作用,年内资助市徐霞客中学品学兼优贫困学生18人计3.6万元。组织盟员赴市特殊教育中心校开展庆“六一”绘本赠阅及共读活动,关注关爱特殊儿童成长。盟员响应“慈善一日捐”倡议,各基层支部立足实际开展社会服务,传递温暖力量。 (*石陈云*)

中国民主建国会江阴市委员会

【概况】 2023年,中国民主建国会江阴市委员会(以下简称“民建江阴市委会”)团结带领全体会员,紧扣江阴市委、市政府中心工作,践行“四新”(多党合作要有新气象、思想认识要有新提高、履职尽责要有新作为、参政党要有新面貌)、“三好”(做中国共产党的好参谋、好帮手、好同事)要求,凝聚思想共识,推进自身建设,提升履职成效,各项工作稳中有升。11月14日,民建中央副主席、江苏省政协副主席、民建江苏省委会主委洪慧民,民建中央社会服务部部长程喜真等领导到江阴调研民建基层组织情况,走访会员企业江阴金童石化装备有限公司,考察法尔胜支部“会员之家”。是年,会员童亮一获评民建江苏省委会思想政治建设工作先进个人,单银霞获评民建江苏省委会优秀通讯员;耿澄娟、高文蓓、童亮一3人分别获评民建无锡市委会2022年度组织、宣传、社会服务工作先进个人。年末,有基层支部10个,会员274人。

【思想建设】 2023年,民建江阴市委会深入开展“凝心铸魂强根基、团结奋进新征程”主题教育,组织会员赴重庆市参观民建成立旧址、中华职教社社史陈列馆,与民建重庆市江北区委会开展座谈交流,考察曙光工业园区。在江阴适园“水流云在之轩”会议室挂牌江阴民建组织成立旧址、无锡民建会史教育基地。举办会章、会史讲座及社情民意信息工作培训会,提升会员政治觉悟和参政议政能力。有13名新会员、10名骨干会员参加江阴市委统战部民主党派新成员及骨干培训班,1名会员参加无锡市党外干部中青班,5名支部主委参加民建江苏省委会基层组织负责人培训班,1名支部主委参加民建无锡市委会基层组织负责人培训班。举办“大同杯”民建会史征文、宣讲比赛,推荐优秀选手孟昕、高文蓓代表民建无锡市委会参加民建江苏省委会的会史宣讲比赛,分获一等奖和三等奖。“江阴民建”公众号和《江阴民讯》会刊全年推送刊发会务消息、会员风采等稿件180余篇,被上级媒体录用110篇次,其中《团结报》2篇、《人民政协报》2篇、民建中央网3篇、《华人时刊》1篇。

【组织建设】 2023年7月13日,民建江阴市委会召开六届七次全委(扩大)会议,完成届中调整,同意张晓东辞去主任委员职务,李克雨当选为主任委员。吸收新会员13人,平均年龄37.5岁。其中,民营企业主及高管6人,海归、研究生学历3人,机关事业单位工作人员2人;中级职称5人;无锡市政协委员1人;江阴市人大代表1人、政协委员2人。年末,会员总数274人。在中共江阴市委统战部星级支部考评中,经济、轻纺、财经、教工、澄东5个支部获评“五星级支部”,机电、法尔胜、城交、综合、临港5个支部获评“三星级支部”。民建江阴市委会获评民建无锡市委会2022年度先进集体。

【参政议政】 2023年1月,民建江阴市委会在市政协第十六届二次会议期间,提交集体提案25件,均被市政协录用,数量和质量均列各民主党派第一。李克雨撰写并代表民建江阴市委会作“加快工业园区升级改造,重塑江阴发展新优势”大会专题发言,被市政协列为重点督办提案,由市长包鸣领衔督办。调研报告《探索循环经济发展,打造绿色低碳江阴》作大会书面交流。民建江阴市委会及会员提交的提案，有40件被市政协立案，其中5件被列为推荐督查提案。李克雨、承军、赵文碧、耿澄娟、魏静5名会员获评优秀政协委员；王桦、王小立、顾琳3名会员获评优秀民主监督员。民建江阴市委会集体提案《关于强化政策支撑，凝聚全市力量，推动江阴综合保税区创新发展的建议》《关于策应“南征北战”战略，打造江阴中部产业科创走廊的建议》《关于建设美丽江阴的几点建议》，以及会员李克雨提交的《关于推进我市体育公园建设的几点建议》、童亮一提交的《关于积极鼓励直播电商促进江阴数字经济发展的建议》、任陈凤提交的《关于持续推进我市农房建设的几点建议》获评优秀提案。任陈凤提交的《统筹谋划，积极对上争取奖补资金》等3篇信息获评优秀社情民意信息。民建江阴市委会提交的调研报告《加快工业园区升级改造 重塑江阴发展新优势》《探索循环经济发展打造绿色低碳江阴》分获优秀调研报告二等奖、优秀奖。

【社会服务】 2023年11月13日至17日，民建江阴市委会承办民建江苏省委会“百名丰宁村镇干部江苏行”丰宁县乡村振兴培训班（第二期）活动，河北省丰宁满族自治县50名县、乡、村干部在江阴市委党校参加集中授课，并赴海澜之家集团股份有限公司、江阴高新区蟠龙社区、夏港街道长江村、璜土镇璜土村、周庄镇倪家巷村、顾山镇红豆村等地开展现场教学。响应民建江苏省委会号召，会员王秋芬企业江苏圣澜实业有限公司向丰宁县捐赠童装200件，价值2.3万余元，用于该县胡麻营镇爱心超市物资补给。市委会与南闸街道开展“五联五促”挂钩结对，支持促进乡村振兴、实施民主监督、慰问特困家庭、开展就业培训、学生心理健康等。开展“思源工程——生育关怀行动”，走访慰问失独家庭13户。澄东支部常年坚持开展“足行天下、乐齿不疲”公益行动；会员范建芬为江苏省南菁高级中学的学生普及口腔健康知识并提供义诊；顾星卫向陕西省延川县捐赠物资价值10万元；吴雯玉为四川省甘孜藏族自治州48名贫困儿童捐献冬衣；罗莹致力于帮扶困境儿童；张凤珍全年为聋哑残疾人开设公益手语培训班17次。 （耿澄娟）

中国民主促进会 江阴市委员会

【概况】 2023年，中国民主促进会江阴市委员会（以下简称“民进江阴市委会”）贯彻落实中国民主促进会第十三次全国代表大会部署，深入开展“凝心铸魂强根基、团结奋进新征程”主题教育。5月9—10日，全国人大常委会副委员长、民进中央主席蔡达峰，全国政协常委、民进中央副主席、科学技术部副部长张雨东，全国政协常委、副秘书长、民进中央副主席何志敏，省政协副主席、民进江苏省委会主委马余强，率调研组到江阴市，实地考察双良集团有限公司、江苏华宏科技股份有限公司、江阴兴澄特种钢铁有限公司、海澜智云科技有限公司，参观江阴长江大保护展示馆。12月27日，在市博物馆举行原江苏省政协副主席、民进江苏省委会主委、江苏省侨联主席章臣桓生前珍贵史料、实物捐赠仪式。是年，市委会获评民进中央信息化建设先进集体，获民进江苏省委会参政议政成果二等奖，在民进江苏省委会机关目标考评中，连续三年获县级市（区）委组一等奖；获评民进无锡市委会参政议政工作先进集体、基层组织建设年示范组织；获评江阴市政协优秀界别同心联盟、市委统战部宣传工作先进集体；获民进中央表彰3人次、民进省委会表彰6人次、民进无锡市委会表彰42人次。教联支部、学院支部、南菁实验支部、高新区支部、澄东支部获评无锡市基层组织建设年示范支部，机关支部、科文支部、经济支部、临港支部、小教支部、要塞中学支部获评无锡市基层组织建设年先进集体。在中共江阴市委统战部星级支部评选中，9个支部获评“五星级支部”，临港支部获“星级支部卓越奖”。全年吸收新会员9人，其中主界别会员占60%，平均入会年龄33岁。年末，有基层支部11个，会员219人。

【思想建设】 2023年，民进江阴市委会以思想政治建设为引领，开展“凝心铸魂强根基、团结奋进新征程”主题教育，成立主题教育领导小组及办公室，制定工作方案，召开动员会、专题会，累计举行学习活动50余次。深入贯彻落实中共中央关于加强中国特色社会主义参政党建设系列文件精神，开展学习贯彻全国“两会”*精神、纪念中共中央发布“五一口号”75周年等活动。市委会领导班子赴民进中央汇报理论学

2023年4月7日，由民进无锡市委会、中共江阴市委统战部主办，民进江阴市委会、民进北京大学基层委员会承办的江阴民进虚拟机关建设理论研讨会在北京大学举行 （民进江阴市委会提供）

习、组织建设、参政议政等工作，受到全国政协副主席、民进中央常务副主席朱永新接见。召开"虚拟机关"建设理论研讨会，与北京大学基层委员会举办座谈会，与民进安徽省直工委举行交流会。

【信息工作】 2023年，民进江阴市委会在期刊、网站、公众号发布宣传报道文章114篇。其中，专题报道《以"虚"带"实"探索民主党派基层组织建设创新》被《人民政协报》刊发，《"虚拟机关"的"虚""实"密码》《"虚拟机关"务实有方》被《团结报》刊发。通过新媒体推送视频39条。会刊《江阴民进》于第26期进行封册设计改版，编印《虚拟机关》专辑文稿。民进全国会史教育基地吴文藻、冰心纪念馆接待上海市、安徽省等地民进组织及中共无锡市委统战部党外干部培训班等，计54批次1100余人。是年，澄东支部获评民进全省宣传思想工作先进集体，市委会、新媒体部、办公室、要塞中学支部、南菁实验支部、学院支部获评民进无锡市宣传思想工作先进集体；有11名会员获评民进无锡市宣传思想工作先进个人。

【参政议政】 2023年，民进江阴市委会在江阴市"两会"期间，会内21名市政协委员、11名市人大代表提交集体提案、建议18件，个人提案、建议30余件。《劳动争议调裁审一体化建设》被列入市人大重点建议，《打造"引育用留"全链条，激活"暨阳英才"强磁场》获评市政协优秀调研报告，《关于着力提升科技创新能力，打造长三角科创之城的建议》等5件提案获评优秀提案。陈佳、吕国兴获评优秀政协委员。《关于加快推动钢铁行业低碳转型发展的提案》获民进中央参政议政成果二等奖，《关于融入长三角区域一体化发展战略的几点建议》获民进省委会参政议政成果二等奖。全年被各级录用社情民意信息176条，其中《社保基数差额补缴落地难问题》等17条被民进中央录用、5条上报全国政协、154条被民进省委会录用上报省政协及省委统战部。11条信息获评2023年江阴市政协优秀社情民意信息。7名会员获评无锡市优秀信息员，1名会员受聘担任民进中央特邀信息员、无锡市政协社情民意特邀专家。

【社会服务】 2023年，民进江阴市委会强化"有了爱，就有了一切"主品牌，巩固"冰心故居，齐声再读小橘灯""彩虹行动，贵州江阴同心缘""扶贫扶智，凉山小学我来建""书香边疆，霍城江阴笔墨连""铿锵玫瑰，二中女足扶一把""法律服务，六进四共公益行"（进企业、进学校、进社区、进商会、进单位、进乡村，组织共建、资源共享、活动共融、学法共进）六大社会服务子品牌。市委会组织开展社会服务75场，736人次参与。开展研因学堂、阳光教育、绿野课堂、科学课堂等教育活动传播知识与技能，利用"满庭芳郊野花园"、东方造物馆等阵地传承文脉与历史。益家人公益坊开展活动79场，服务群众5000余人次，被中共江阴市委宣传部评为学雷锋活动示范点。公益法律服务团持续开展"法律六进"系列活动，其中进校园活动6次、公益讲座12场。 （何　炬）

中国农工民主党江阴市委员会

【概况】 2023年，中国农工民主党江阴市委员会（以下简称"农工党江阴市委会"）深化政治交接主题教育，提升自身建设，凝聚共识，建言资政。年内，举办廉政专题讲座，邀请市委党校教师授课。开展党章学习和党史知识竞赛，录制《中国农工民主党章程》学习音频9集，分别在农工党中央、省委会和市委会微信公众号播出。全年组织各级各类理论学习50余次，推荐党员参加无锡市级以上各类培训3次15人，推荐江昱成等17人参加中共江阴市委统战部2023年骨干及新成员培训班，组织入党积极分子开展学党史、谈感受活动。完成基层组织换届工作，班子成员中"80后"成为中坚力量，占70%，其中"85后"9人、"90后"3人。撰写宣传稿件44篇、主题征文13篇、理论征文1篇和基层支部经验交流文章1篇，被《团结报》录用1篇、新华社《交汇点》录用3篇，农工党中央公众号录用9篇，省农工网站录用8篇。与南京大学生命科学学院签约，在技术需求对接、校企交流互动、成果转化落地等方面达成战略合作。是年，市委会获农工党无锡市委会宣传思想工作一等奖，市人民医院二支部、中医院二支部、综合一支部、环保支部获评农工党无锡市委会先进支部，综合一支部、环保支部连续四年获评中共江阴市委统战部"五星级支部"；奚海明获评农工党江苏省委会参政议政先进个人，薛艳芳获评农工党江苏省委会宣传工作先进个人。吸收新党员10人，其中"90后"2人，硕士研究生6人，中、高级职称7人。年末，有基层支部12个，党员203人。其中，无锡市人大代表3人、政协委员2人，江阴市人大代表5人（含常委2人）、政协委员17人（含常委4人）。

【教育活动】 2023年，农工党江阴市委会开展"凝心铸魂强根基、团结奋进新征程"主题教育活动，组织65名骨干党员赴南京市邓演达墓等党史教育基地开展专题培训，与民建江阴市委会联合开展主题教育座谈会，与无党派知联会共同组织主题教育观影活动，市人民医院总支赴皖南新四军旧址、中医院总支赴安徽省宁国市板桥红色记忆馆、药业支部与卫生支部赴安徽省和县革命烈士纪念馆、综合一支部与环保支部赴湖北省武汉市红巷和中央农民运动讲习所等中共党史教育基地参观，缅怀先辈的牺牲与奉献，时刻牢记合作初心。发挥市内农工党中央党史教育基地展示、学习、交流作用，全年接待市级以上培训班2批近百人，各类参观31批次650余人，日常公众参观4万余人。

【参政议政】 2023年，农工党江阴市委会在市政协第十六届二次会议上提交集体提案12件、个人提案12件，李洁代表市委会作题为"关注异地就医，助力共同富裕，推动江阴医疗卫生事业高质量发展"专题发言。《关注异地就医，助力共同富裕，推动江阴医疗卫生事业高质量发展》获优秀调研报告三等奖，《关于智构新格局，赋能新发展，助力镇街公立医院走出江阴路径》等4件提案获评优秀提案，《关于人民医院主体搬迁有关问题的建议》等2条信息获评优秀社情民意信息。吴疆等6名党员获评优秀市政协委员，刘斌等2名党员获评优秀民主监督员。开展民企债务风险、智慧港口建设、工改情况调研活动，完成农工党江苏省委会立项课题2篇、农工党无锡市委会立项课题3篇、江阴市政协课题3篇、市委统战部课题2篇。舒建华、奚海明撰写的《建议疏堵结合、长效监管破解长江禁渔之困》被农工党中央录用并上报全国政协。

【社会服务】 2023年，农工党江阴市委会向市残联"灿烂梦工坊"读书角捐款6000元，持续资助残障儿童6000元。在周庄镇山泉村、夏港街道普惠社区和长江村、新桥镇绿园社区等地开展义诊活动，向市特殊教育中心校、金钥匙儿童康复中心优秀学生颁发"农工励志奖学金"。全年开展"璀璨星空、点亮未来"世界孤独症日活动等各类社会服务活动45场次。围绕中共江阴市委统战部"五联五促"工作要求，助力周庄镇高质量发展，成立调研专班，形成周庄镇工改工作推进情况调研报告。开展"拾趣端午'她'安康"妇女健康讲座、"从心出发、法护'她'行"民法讲座等系列活动。 （薛艳芳）

九三学社江阴市委员会

【概况】 2023年，九三学社江阴市委员会（以下简称"九三学社江阴市委会"）贯彻落实九三学社十二大部署，推进"凝心铸魂强根基、团结奋进新征程"主题教育活动，各项工作取得新成绩。全年在微信公众号推送党史、社史、统战理论知识等文稿80余篇，被《团结报》录用2篇，其中《跨越千里的"清""澄"之约》被大篇幅报道；被社中央网站录用1篇，省级媒体录用15篇，无锡市级媒体录用50余篇，中共江阴市委统战部"暨阳同舟"微信公众号录用15篇。是年，社市委会获评九三学社江苏省委会2023年度宣传工作先进集体、九三学社无锡市委会综合类先进集体，农业技监支社获评九三学社江苏省委会2023年度宣传工作先进集体；张成奇、杜凯、吉丽青、郁昉4名社员获评九三学社江苏省委会2023年度先进个人，金力等11名社员获评九三学社无锡市委会2023年度先进个人。全年吸收新社员7人，其中，主体界别6人，具有中、高级职称5人，硕士研究生及以上学历4人，平均年龄38.4岁。年末，有基层支部7个，社员156人，平均年龄51.69岁，其中高级职称78人，占社员总数50%。

【主题教育】 2023年，九三学社江阴市委会深化落实"凝心铸魂强根基、团结奋进新征程"主题教育，召开部署会、推进会，传达学习社中央、社省委会、社无锡市委会和中共江阴市委统战部主题教育要求，组织开展以"信以载道、携手同行""厚植爱国情怀、凝聚奋进伟力"为主题的集体观影活动，赴浙江省嘉兴市南湖革命纪念馆参观，举办主题教育辅导报告会。各支社召开组织生活会，赴江抗祝塘纪念馆、渡江战役纪念馆开展学习教育。持续深化社史教育，组织参观浙江省嘉兴市褚辅成史料陈列馆，联合九三学社清华大学委员会参观王选事迹陈列馆。组织参加九三学社无锡地方组织成立70周年系列庆祝活动，其中在知识竞赛中，社市委会获线上答题团体优胜奖，1人获个人优胜奖，3人组合团获现场决赛二等奖。组织社员撰写"两个结合"（坚持把马克思主义基本原理同中国具体实际相结合、同中华优秀传统文化相结合）主题征文和社史理论征文，社市委会妇工委开展"凝聚'她'力量，引领新风尚"主题活动。年内，主委时平参加九三学社第八届全国青年论坛暨青工委委员培训班，2名社员参加中共无锡市委统战部培训班，21名社员参加九三学社无锡市委会组织的培训班、青年论坛、专题讲座和大讲堂，17名社员参加中共江阴市委统战部党外人士"凝心铸魂强根基、团结奋进新征程"专题培训班和"共建同心林、共画同心圆"植树活动。

【组织建设】 2023年，九三学社江阴市委会推动各支社持续开展"以党为师"共建、跨党派结对和支社间联合联谊活动，完善社务工作制度，制定社务工作手册，明确支社年度目标任务，注重阶段性总结、推进及提升。综合支社与市财政局第五党支部、兴澄支社与江阴兴澄特种钢铁有限公司二轧钢分厂党支部、城建支社与市住房和城乡建设局"红领先锋·乐享安居"党建联盟、青工委与市交通运输局第一党支部，分别以联合调研、植树活动、读书分享会、党史学习教育等形式，开展组织生活；电子电力、城建支社与市无党派知识分子联谊会城建小组赴浙江省舟山市的长宏国际产业园开展联合专题调研，农业技监与经贸支社赴顾山镇学习阵地建设，调研农村产业发展，城建、综合、农业技监支社联合开展主题教育。在中共江阴市委统战部民主党派星级支部考评中，电子电力、综合、兴澄3个支社获评"五星级支社"，农业技监支社获评"四星级支社"，学院支社获评"三星级支社"。

【参政议政】 2023年1月，九三学社江阴市委会在市政协第十六届二次会议上，提交集体提案10件、个人提案21件、社情民意信息6条。在市政协全会上的专题发言稿《下好科技金融"先手棋"，赋能科创江阴"新发展"》获中共江阴市委书记许峰肯定。社市委会提交的《勇担重担，细化实施，强力推进我市工改工作》等2篇调研报告分获市政协优秀调研报告二等奖、优秀奖，《关于做好"水"文章、释放"水"活力，打造"三生融合"的霞客湾科学城的建议》《关于聚焦"澄心办·办澄事"擦亮江阴营商环境品牌的建议》《关于我市招商引资工作的几点思考和建议》3件集体提案获评优秀提案；曹伟提交的《关于秋收秋管秋种面临的问题和建议》、顾青提交的《金融助力乡村振兴有待发力》、张成奇提交的《学校配餐公司食品安全隐患频现，亟须加强整顿与监管》获评优秀社情民意。王盛校等6名社员获评优秀政协委员，范恩卓等3名社员获评优秀民主监督员。在市政协"奋进新征程、建功新时代——献礼中共二十大"征文活动中，有9篇文章获奖。冯军在"科创江阴"建设民主议政会上作"优化科技金融生态，推动经济创新发展"发言，周晓东在"城市建设管理·城市更新"委员论坛上围绕小区物业管理提出

《巩固更新成果，当好城市管家建议》，郁昉在市政协视察“一湾一谷”建设推进会上提出《关于创新“南征”融资工作的建议》。年内，社市委会围绕“科创载体建设”和“区域一体化发展”两个重点课题，组织课题组赴上海市青浦区、浙江省嘉善市等地考察学习，分组赴市科技局、临港经济开发区数字创新港、江阴高新区创业园座谈调研，形成《关于江阴科创载体建设的思考和建议》《推动区域联动发展、助力江阴城市能级提升》调研报告。各支社围绕农业农村、医疗卫生、城市建设、科创发展等调研10余次，形成调研报告9篇。全年社员提交社情民意信息90余条，上报市政协、市委统战部以及上级社组织45条，其中被社中央录用4条、社省委会录用12条，被省政协录用1条、无锡市政协录用9条，中共无锡市委统战部、江阴市委办录用9条。社市委会获评江阴市政协2023年反映社情民意信息工作先进集体；2人获评无锡市政协2023年反映社情民意信息工作先进个人，2人获评江阴市政协2023年反映社情民意信息工作先进个人。

【民主监督】 2023年，九三学社江阴市委会结合与部门、镇(街道)对口联系工作，组织社员赴江南大学(江阴校区)建设工地、青阳科创园项目现场，开展对口协商，提出从美丽城镇建设角度规划青阳镇城镇建设、从产业集聚和培育的角度拓展科创园发展等建议。赴月城镇交通装备产业园、秦望山产业园等地调研座谈，提出立足项目落地、加快招引步伐等建议。联系市水利局开展“水美乡村”民主监督，实地调研“水美乡村”建设、河道整治情况，提出加大宣传力度、增强示范效应等建议。开展工改专题民主监督，持续关注江阴市“一湾一谷”建设和锡澄协同发展情况，形成《关于推进青阳镇工业园区升级改造的建议书》。

【社会服务】 2023年，九三学社江阴市委会深化落实中共江阴市委统战部“五联五促”要求，围绕同心助“她”主题，在青阳镇科普女性常见疾病和“两癌”(乳腺癌和宫颈癌)筛查预防知识，端午节赴镇(街道)开展中药驱蚊包制作活动。围绕“同心共建、助力乡村振兴”主题，组织社员赴江阴兴澄特种钢铁有限公司等企业和结对镇、村开展义诊、医疗知识讲座、垃圾分类宣讲等服务，参加青阳镇普照村“同名同心、携手共进”党建联盟活动，社员杜凯被聘为该村稻渔综合种养技术专家。与九三学社无锡市委会淡水渔业研究中心支社专家，共同建言青阳镇“同心赋能新模式‘稻鱼混养’助共富”项目。依托社会服务实践基地，组织农林专家赴顾山镇红豆村开展种植技术指导，组织医生、律师社员赴周庄镇金湾村开展医疗咨询、法律宣讲，与九三学社无锡市委会妇工委在狮山湖联合举办妇女健康讲座，在江阴兴澄特种钢铁有限公司二轧钢分厂设立兴澄支社社会服务实践基地，联合开展读书分享、赠书等活动。社员周晓东在市特殊教育中心校设立“腾飞特教园丁奖”，每年出资2万元用于激励优秀特教教师。社员曹亚明为“无锡九三微讲堂”开播线上讲座，有300余名社员收看。王新社、卞森浩、贾玉心等5名社员加入中共江阴市委统战部民营企业高质量发展服务团。社市委会全年累计开展各类社会服务活动20余场次，受益群众1000余人。持续深化校地合作，邀请清华大学专家教授到江阴，为“学专业、懂产业”专题培训、商务大讲堂等平台作科技讲座。与九三学社清华大学委员会、九三学社同济大学委员会交流互访，邀请专家教授调研江阴市科创载体、科技企业，巩固与高校紧密合作，争取高端技术支持。发挥南理工九三学社江阴兴澄特钢专家工作站作用，持续推进校企双方深度融合，不断助力提升企业自主创新能力，促进科技成果产业化，培养企业创新人才。联系九三学社江南大学委员会酿酒专家，对接顾山镇红豆村产业发展需求，推进水蜜桃深加工项目成功落地。 (郁 昉)

2023年4月15—16日，九三学社北京市委会副主委、九三学社清华大学委员会主委韩敏芳一行到江阴市开展交流调研，实地走访江苏长电科技股份有限公司 (郁 昉摄)

■类目编辑 成苏萍

江阴市总工会

【概况】 2023年，江阴市总工会贯彻落实中国工会十八大精神，围绕中心、服务大局，不断推动江阴工运事业和工会工作在新征程上开新局作表率。是年，市总工会被命名为江苏省县级工会规范化“一县一品”建设示范单位。至年末，全市有基层工会3057个，涵盖单位17683个；城镇职工总数89.24万人，其中工会会员87.64万人。

【江阴市工会第十六次代表大会召开】 2023年6月14日至15日，江阴市工会第十六次代表大会召开，无锡市委常委、江阴市委书记许峰，市领导计军、邵文松、程政、靳佳高、吴莉萍、郁秋皓、张国兴、魏锋，以及全市各行各业、各条战线工会代表200余人出席大会。市委书记许峰在开幕会上讲话指出，各级工会组织和广大职工群众投身“南征北战、东西互搏”*的火热实践，携手奋进建设社会主义现代化县域示范的全新征程。大会总结江阴市工会第十五次代表大会以来的主要工作，确定之后五年工作的总体规划和目标任务，选举产生49名江阴市工会第十六届委员会委员、11名经费审查委员会委员，市人大常委会党组成员、副主任张国兴当选市总工会主席。会议表彰一批工会工作先进集体和先进个人。

【职工思想政治引领】 2023年，江阴市总工会围绕学习贯彻习近平新时代中国特色社会主义思想主题教育，组织开展全市工会系统学习宣传贯彻中共二十大精神“三学三讲三提升”活动（推动中共二十大精神进企业、进车间、进班组、进“两新”组织*、进职工头脑，做到“三学”：以上率下学、原原本本学、全面覆盖学；突出“三讲”：专家骨干重点讲、注重行业分类讲、工会职工广泛讲；实现学习力、创新力、执行力的“三提升”）。线上线下开展专家辅导、工会论坛、知识竞赛、学习征文等活动80余场，参与职工超10万人次。举办江阴市“凝心铸魂跟党走、团结奋斗新征程”庆五一主题活动，推进职工思想政治工作进班组工程，开展“劳模工匠进校园、思政教师进企业”宣讲活动，23个单位获无锡市职工思想政治工作进班组工程奖项，周庄镇胡超获评全国职工宣讲比赛“云宣讲”达人。推进“书香企业”建设，青阳镇、祝塘镇、江阴城市发展集团有限公司、江阴天江药业有限公司获评全国工会职工书屋示范点。开展群众性精神文明创建和志愿服务活动，长泾镇总工会“微光大爱，传递温暖”项目获评2023年度江苏省职工志愿服务优秀项目。

【产业工人队伍建设改革】 2023年，江阴市总工会坚持把产业工人队伍建设改革（以下简称“产改”）纳入市委、市政府年度重点工作，市委主要领导对产改工作作出专题批示，召开产改联席会议2次。举办“大国工匠走进江阴”合作论坛，成立“大国工匠江阴工作站”，开通“工匠慕课”平台，被《工人日报》、新华网等主流媒体关注报道。组织启动3个重点工程、9个重点行业、20个重点企业示范引领性的劳动竞赛，参赛企事业单位216个、职工4.5万人次。推荐评选各级先进集体和先进个人53个（人），评选“十大科技创新标兵”、金牌工人、职工科技创新成果等165人（项）。全年开展安全生产等各类培训235场次，参训职工13.5万人次，农民工学历提升“求学圆梦”扩班120人。

【构建和谐劳动关系】 2023年，江阴市总工会聚焦职工权益维护，完善普法、监督、调解、援助、信访“5+N”互联网法律维权服务体系，构建全市劳动人事争议“1+3+N”（工会+人社、法院、司法+住建、企业家协会等多单位）联合调解机制，成立市、镇（街道）两级劳动关系联合调处中心，健全市、镇（街道）、村、企业四级劳动关系预警监测网络。江阴高新区、澄江街道、顾山镇3个工会获评无锡市工会劳动法律监督工作先进单位。制作《江苏省集体协商条例》解读漫画合集，全市签订工资专项集体合同建会企业建制率99%，顾山镇职工代表提出的《关于解决外来职工住房难的提案》获评2023年度全省优秀职工代表提案。深化新就业形态劳动者建会入会与维权服务，组建涵盖物流、家政、电商3大类6个新业态行业工会，新业态劳动者入会会员超1.2万人，组织开展“尊法守法·携手筑梦”澄“工”护“新”公益法律服务行动。维护职工安康权益，发布职工安康守护行动项目8项，建立江阴市职工安康教育基地3个,有3768个企业参加“安康杯”竞赛。

【职工服务阵地创优】 2023年,江阴市总工会着力构建线上线下融合、市镇工会联动、社会组织协同的职工服务阵地平台格局。新建女职工康乃馨服务站17个,正常运行工会户外劳动者服务站点54个,市职工服务中心工会户外劳动者服务站点被全国总工会评为2023年最美工会户外劳动者服务站点。举办工会专场招聘会,提供就业岗位2400余个,“江阴职工之家”微信平台发布用工信息40期、岗位1.5万个,职工阅读量22.68万人次。做精做优“惠购蛋糕”“欢乐观影”“惠购书籍”普惠项目,有63.17万人次职工消费,提供折扣优惠575.3万元。全面对接全省工会服务“一张网”,持续优化提升法律维权云平台、“澄工E校”、医疗互助手机版等功能模块,“江阴职工之家”微信公众号关注用户超过31.2万户,全年累计阅读量400万次,居全国工会新媒体传播力排行榜(县级排名前50)前列。

【工会改革创新】 2023年,江阴市总工会聚焦自身建设,持续推进工会改革,推进“县级工会加强年”专项工作,强化工会组织规范化建设,新招录社会化工会工作者12人,市总工会获评全省县级工会规范化“一县一品”建设示范单位。深入开展“澄工澄治”工会参与乡村社会治理试点工作,将工会工作融入“大数据+网格化+铁脚板”社会治理体系,在全市1571个综合网格、7123个微网格中形成“1+1+3”(配备1名党员骨干、1名工会网格员、3名职工志愿者)微网格治理架构,评选“澄工澄治”工会参与基层治理创新项目23项。实现职工医疗互助“指尖办”,参保单位1611个,在保职工17.5万人,全年发放互助金、大病救助金等231万元,市职工医疗互助获评全省互联网+普惠性服务优秀项目。进一步提升女职工工作特色品牌,市总工会“关爱女性健康·中医为你护航”行动入围全省工会女职工康乃馨志愿服务项目,贾嘉获评全国五一巾帼标兵。 (安世者)

中国共产主义青年团江阴市委员会

【概况】 2023年,中国共产主义青年团江阴市委员会(以下简称“团市委”)带领各级团组织、团干部和广大团员青年聚焦主责主业,深化改革攻坚,全面从严治团,不断提升全市共青团工作科学化水平,各项工作取得新进展。是年,在江阴市委和上级团组织的坚强领导下,团市委紧扣工作主线,持续深化共青团基层组织改革,全面推动青年发展型县域建设,扎实开展团员和青年主题教育,召开共青团江阴市第二十二次代表大会、中国少年先锋队江阴市第四次代表大会,平稳有序推进全市共青团各项工作。至年末,全市有各级团组织4731个,其中团(工)委126个、团总支279个、团支部4001个、毕业生团组织325个,团员46718人。

【坚定青年政治信仰】 2023年,江阴团市委从共青团十九大代表、“乡村振兴青年先锋”等中间挑选青年8人,成立江阴市“星火相澄”青年先锋讲师团,录制精品学习课程包8节,提供基层团组织学习。聚焦新兴领域青年,依托电商行业、外卖送餐行业等5个行业团工委,强化分类指导,线上用好团中央团员和青年主题教育学习平台,线下将原著学习资料包和冬日暖心礼包送至“小蜜蜂驿站”等服务阵地,推动新兴领域青年“线上+线下”模式学习。发挥组织化动员优势,邀请无锡市、江阴市两级“青年讲师团”成员先后围绕学习宣传贯彻习近平总书记关于江苏工作重要讲话重要指示、中共二十大精神,开展理论宣讲24场。依托非公有制企业、青年学习社开展“青春向党学思想,感恩奋进建新功”主题宣讲青年活动近20场,覆盖青少年约2000人次。打造“家乡党史我知道”“我是红领巾讲解员”等特色课程,组织开展“学习二十大,争做新时代好队员”“争做‘四个自信’好队员”等系列主题活动120余场。指导“众青飞扬”青年学习社获评无锡市示范型青年学习社。搭建“领学+督学”“个人自学+集体共学”相结合学习模式,定期开展读书分享会,共享学习资源,交流学习心得,分享学习经验。立足江阴区域特色,打造以乡村文化振兴、长江大保护为主题的精品青年学习社线路,引导广大团员青年在“沉浸式体验”中体悟乡村振兴意义,思考青年在乡村振兴中的角色定位、应有站位、奋斗方位和建功岗位。依托校外少先队实践基地,打造“澄才+”江阴市校外少先队实践特色活动,全年开展相关实践活动100余场,覆盖3000余人次,进一步丰富校外少先队活动内涵,提升队员的思想品德和综合素质。

【强化青年责任担当】 2023年,江阴团市委启动江阴市青年企业家“扬帆行动”三年行动计划,多部门联合发力,指导青年从就业创业全生命周期入手,增加与企业互动,促进青年人才与企业双向选择,提高就业创业成功率。举办“澄就未来”青年人才项目路演和2023年“让全国看见你”青年创新创业项目路演(江阴站)等活动,聘任青年创新创业导师3人,授牌市青创空间3个,开展江阴农村商业银行预授信金融服务。举办2023年江苏大学生志愿服务乡村振兴计划志愿者出征仪式,从省内6所高等院校招募志愿者23人。举办江苏省第三届青绘乡村青年文化创意设计大赛初赛对接会,邀请规划导师及青年大学生团队为美丽乡村建设出谋划策。开展2023年江阴市高素质青年农民培训班,鼓励各级团代表进一步发挥引领作用,团结带领团员青年投身现代农业产业建设。开展“安全生产,青年当先”江阴市青年安全生产示范岗“四互”(互访、互学、互查、互纠)行动,创成2022年度江阴市青年安全生产示范岗10个、无锡市青年安全生产示范岗3个。组织12个青年文明号开展“青春建功”行动,引导青年员工立足本职,进一步提升岗位技能。成立锡澄轨道交通S1线、江南大学江阴校区建设等重大项目中青年突击队8支,在重点项目中建新功。用好“返家乡”社会实践、“社区青春行动”等工作载体,与南京师范大学、南京工业大学团委签署团建共建协议，为家乡的发展注入新活力。组建社区志愿服务队22支，号召团员青年投身于乡村振兴、“三清三治”（清理各类垃圾、清理违建违放、清理家河家塘，治理农村厕所、治理农村污水、治理农田风貌）专项行动等，引导团员青年在服务基层治理、参与志愿活动中增长本领才干。

【拓宽青年发展路径】 2023年，江阴团市委组织开展2023年度江阴市大学生暑期勤工助学“阳光行动”暨“返家乡”社会实践活动，发动全市各级团组织征集实习岗位814个，匹配439名大学生参与暑期实习。实施2023年度江阴共青团“暖冬行动”，帮助194名困境青少年实现“微心愿”。推进2023年江阴市“梦想改造+”关爱计划，年内建设梦想小屋21个。出台《江阴市青年驿站管理办法（试行）》，13个酒店、宾馆、民宿挂牌建设“青年驿站”，覆盖全市10个企业密集板块，同时提供房间736间、床位1088张，切实解决外地青年到江阴“住宿难、求职难、融入难”等问题，一期项目入住人数197人。发挥桥梁纽带作用，密切青少年与人大代表、政协委员联系，为青年成长“代言”，为青年需求“发声”，为青年发展“献策”，倾听青年心声，提升工作实效，助力青年发展型城市建设，全年策划“青年与人大代表、政协委员面对面”非正式会谈8场。建设青年友好型小微阅读空间，丰富青年精神文化生活，鼓励青年“以青春之我”引领文明风尚。无锡市委常委、江阴市委书记许峰启动“江阴青年‘C’位计划”，发表署名文章《聚青年之势，创发展之城，书写中国式现代化江阴新实践的青春篇章》。规范落实2023年市人大重点建议《关于聚焦更广泛青年群体发展，加快建设江阴特色青年发展型城市的建议》，获代表“满意”评价。完成全国青年发展型县域试点建设中期评估，获团省委评估组高度肯定。

【稳固团的基层基础】 2023年，江阴团市委为进一步提升团干部业务能力素养，开展2023年度江阴共青团“磐石工程”专题培训班村（社区）工作者专场和学校团组织专场，全市230名团干部、60名村（社区）工作者参加培训。加强团干部评议，量化履职评价标准，全市278名团干部制定可量化赋分的目标责任清单。举办2023年度江阴市基层团组织书记集中述职会，各板块团（工）委负责人进行集中述职，围绕服务大局、服务青年、基础团务三方面汇报年度团干部目标责任清单完成情况。持续深化“青年之家”建设，全市新建“青年之家”云平台8个，完成全年活动情况录入，致力于建设“青年身边的共青团”。深化“一专一站两联”（专门委员会，团代表联络站，团的委员会成员联系团代表、团代表联系青年）建设，印发《关于深入推进全市团代表联络站建设的通知》，209名团代表均进站履职，联系团员青年2285人。深化区域化团建工作，江阴高新区团工委、澄江街道团工委、南闸街道团工委、云亭街道团工委、周庄镇团委发起成立“五域青锋”青年联盟，充分整合共青团优质资源，加强各板块优势互补。推进行业团工委建设，成立律师行业团工委、外卖送餐行业团工委。严肃团员发展，有序推进全年团员发展工作，持续合理控制团青比例。发展团员并录入系统5979人，完成率100%。全面核查2023年度团员发展档案工作，确保团员档案各个步骤、各个环节、各个要素经得起历史考验和组织检查。组织团干部观摩学生入团仪式，进一步提升仪式教育规范性，增强学生团员的光荣感、使命感。

（耿子钰）

江阴市妇女联合会

【概况】 2023年，江阴市妇女联合会（以下简称“市妇联”）坚持围绕中心、服务大局，以实施“五大工程”（巾帼红领、“澄”创有她、家风传“澄”、项目提质、强基增效）为抓手，着力抓好政治引领、妇女发展、家庭建设、维权服务、妇联改革等工作，全市妇联工作展现新面貌、取得新成效。5月，市妇联获江阴市委、市政府“比学赶超”奋进奖。年末，全市有妇联组织323个，其中市级1个、镇（街道）17个、市直单位32个、村（社区）273个；非公经济领域、社会组织领域等新兴领域妇联组织90个；妇联干部783人，其中市级14人、镇（街道）92人、村（社区）677人；妇女代表341人，分别为全国1人、省级5人、无锡市级52人、江阴市级283人。

【妇联基层组织建设】 2023年，江阴市妇联聚焦“三新”（新经济组织、新社会组织、新就业群体）领域妇联组织建设，成立新业态新就业群体女性协同服务平台，联动相关部门开展“凝‘新’聚力、暖‘新’关爱”巾帼行动，实施思想引领聚“新”、阵地打造联“新”、职业赋能强“新”、权益维护助“新”、生活关爱暖“新”、风尚倡导领“新”、典型培树育“新”的“七新”举措，营建关心关爱“服务圈”，不断增强“三新”群体女性的获得感、幸福感、安全感。全年建成暖新“妇女微家”10个，评选“三新”领域最美巾帼新星10人，新建外卖送餐、快递、物业服务行业等“三新”领域妇联组织18个，累计24个。全市累计建成各类“妇女微家”218个，“妇女儿童之家”273个。加强“一执委一实事”执委履职品牌建设，年内各级执委领办、主办、联办项目560项。发挥基层组织和执委示范作用，获评无锡市优秀基层妇联组织7个、最美基层妇联干部7人、优秀妇联执委项目5项，评选江阴市级执委示范工作室50个。举办江阴市基层妇联“领头雁”培训班，有320名妇联干部参与培训，实现理想信念、理论功底、工作能力“三提升”。持续实施女性公益“芳舟训练营”，举办妇女儿童公益项目大赛，赋能引领女性社会组织，增强项目服务专业性、特色化、精准度。

【妇女思想引领】 2023年，江阴市妇联开展“跟党奋进新征程、巾帼建功新时代”系列群众性主题宣传活动，成立“芙蓉花开”巾帼宣讲团，81名女性宣讲员通过网络矩阵开展三级联动宣讲，全市线上线下开展宣讲活动近百场，覆盖群众3万余人，宣讲文稿、视频入选江苏省妇联“巾帼心向党、奋进新征程”十佳示范文稿、十佳精品视频各1件，获评无锡市“百千万巾帼大宣讲”优秀宣讲员

4人。开展“巾帼好网民”活动,江阴嘉特网络信息有限公司网络主播贾嘉入选全国妇联第三届“百个巾帼好网民故事”公益慈善类名单,吴信柳获评省妇联优秀妇女工作通讯员,江阴市电子商务公共服务中心的“培塑融媒体能力素养 展现新时代巾帼风尚——江阴市电子商务公共服务中心赋能妇女群体提升融媒体能力案例”获评省妇联优秀融媒体工作案例。完善三八红旗手联盟建设,打造各级“三八红旗手工作室”28个,获评江苏省三八红旗集体1个和无锡市三八红旗集体7个、三八红旗手标兵1人、三八红旗手11人。组织参加第五届江苏女性融媒体大赛,报送优秀作品120余件,市妇联获大赛优秀组织奖,《我在江阴建高铁》获短视频组二等奖。叫响“志愿全澄、巾帼先行”,升级“1个阳光总站+30个阳光分站+300场阳光志愿活动+品牌矩阵”巾帼志愿服务3.0版本,百支巾帼志愿团队和2.5万余名巾帼志愿者深入社区,开展志愿活动300余场,覆盖家庭1万余户。“周庄妈妈、爱在路上”志愿服务项目获江苏省文明实践志愿服务项目大赛银奖。总站作为无锡市唯一巾帼志愿阳光站代表参加省巾帼志愿服务“头雁赋能计划”云培训课程录制。微电影《山路扶志长》讲述优秀共产党员、“无锡好人”、江阴市顾山实验小学教师吴艳玉组建志愿者团队资助山区学生的事迹,获评省巾帼志愿服务十佳微电影,吴艳玉获评江苏省巾帼志愿服务十大感动人物。

【服务妇女发展】 2023年,江阴市妇联实施“澄创有她”工程,落实“女大学生创业就业支持计划”,举办抖音直播巾帼创业雏鹰班,开展“春风送岗、职等你来”女性专场招聘会,推进家政服务进社区行动,全年帮助女性创业40余人,带动就业200余人,获评省级女大学生创业就业实践基地2个、省级巾帼家政服务社区示范工作站1个。建立完善“她播”直播间制度,培育巾帼直播带货女能手,入选省巾帼直播电商典型案例3个。开展科技创新巾帼有为女科技工作者联盟理事活动,成立临港科创妇女联合会,组织女科技工作者开展交流活动,鼓励用人主体单位出台支持女科技工作者政策措施,为女科技工作者创新创业、成长成才搭建平台。获评无锡市十大“巾帼科创之星”2人、“巾帼科创示范基地”1个、“巾帼科创工作室”2个。深化“巾帼建功”活动,评选江阴市级“巾帼文明岗”75个、“巾帼建功标兵”59人。持续推进“美丽庭院”“美丽家园”建设,命名“美丽庭院”示范(达标)户130户,获评省级巾帼示范家庭农场、现代农业科技示范基地、“美丽家园”示范点等5个,获省奖励资金6万元;获评无锡市“巾帼新农人”5人、无锡市“美丽家园”示范点3个。实施乡村振兴金融支持行动,与江阴农村商业银行开展“助力乡村振兴、促进妇女发展”战略合作,发放“乡村振兴巾帼贷”“巾帼创业贷”及妇女创业贴息小额贷款超1亿元。联合市发展改革委等14个单位启动市女企业家发展协同服务平台,为女企业家发展排忧解难、保驾护航。深化女企业家“领跑新时代”项目,举办女企业家协会成立35周年纪念活动,组织女企业家赴山东省开展红色研学和蓝色赋能活动,开展创新创业、政策宣讲、赋能提升等主题沙龙15场,引领女企业家坚定跟党创业,激发创新动能。深化“巾帼暖冬关爱”“幸福全澄爱”“善育童心”等品牌项目,精准服务妇女儿童和家庭。

【依法维护权益】 2023年,江阴市妇联实施“项目提质”工程,关爱妇女儿童维权温暖有情。策划“万家学法·法润万家”“三八维权周”“宪法宣传周”等巾帼普法活动,联动12个部门及社会组织开设《中华人民共和国妇女权益保障法》主题普法市集。年内,组织《中华人民共和国反家庭暴力法》《中华人民共和国宪法》《中华人民共和国民法典》等普法活动526场,发放宣传手册4.4万余份,惠及妇女儿童8万人次。召开全市维护妇女儿童合法权益联席会议,做优家事联调、反家暴联动处置、巾帼反诈、“澄爱护苗”“善育童心”“双护课堂”等实事项目。融入基层社会治理,探索开展“精网微格+妇联”工作模式,婚姻矛盾纠纷、家暴等隐患排查纳入市网格化服务管理机制入格事项,实现事前预防、事中处置、事后关爱全闭环。推动妇女议事成为基层妇女参与全过程人民民主重要途径,年内,围绕热点难点问题开展妇女议事活动202场,评选妇女议事能手8人,选树优秀议事案例8个,推动解决问题186个,把妇女群众“金点子”转化成社会治理“金钥匙”。“深化‘姐妹说’妇女议事会、推动妇女参与基层社会治理”项目获评2023年度法治江阴建设惠民实事工程优胜项目。帮扶困境妇女儿童,持续实施“小桔灯”困境儿童关爱、“春晖”单亲贫困母亲、“两癌”(乳腺癌、宫颈癌)特困妇女救助等品牌项目,年内走访慰问妇女儿童1200余人次,发放慰问物资110万元。深入开展“一户一策”精准微关爱行动,为19户困境家庭开展心理评估辅导、亲情陪伴、危机干预、权益保障、法律援助等“点对点”精准帮扶。试点打造澄江街道西大街社区“幸福+”家庭心理驿站,完成家庭心理评估17户、个案辅导51人次,受益覆盖2100余人次。组建“双护”(妇儿安全守护、权益维护)课堂公益讲师团,依托市婚姻家庭指导中心“幸福热线”“港湾”家事调解工作室等平台,开展婚姻家庭全周期辅导与支持服务,为1780对新婚夫妇开展新婚辅导,接待拟离婚夫妇1424对,调解劝和172对,参与诉前家事调解268件,化解成功45件、撤诉22件。连续五年参与“腾讯公益日”活动,发动基层妇联、社会组织、公益团队、志愿者团体等社会力量共同参与社会化筹资,全年筹款230万元,实施妇儿公益项目65项,惠及妇女儿童2.5万人次。

【家庭文明建设】 2023年,江阴市妇联实施“家风传澄”工程,家庭家教家风建设深入有效。常态化开展典型家庭寻找选树活动,年内获评全国“最美家庭”2户、省“最美家庭”3户、无锡市“教子有方”家庭3户,表彰江阴市级“五好家庭”“最美家庭”166户。与市纪委监委联合举办“家风传澄‘四敢’(干部敢为、地方敢闯、企业敢干、群众敢首创)争先”家风家教主题宣传月活动,授牌新时代家风家教实践基地9个，评选优秀家风家训作品27件，向全市家庭发出“凝聚家庭力量、奏响‘四敢’强音”倡议。开展“石榴花·澄霍一家亲”最美家庭交往交流交融活动，启动“澄霍家庭”成长赋能行动，增进两地妇女和家庭情感交流。贯彻落实家庭教育促进“一法一条例”（《中华人民共和国家庭教育促进法》《江苏省家庭教育促进条例》），“健全学校家庭社会协同育人机制”被写入市委、市政府2023年重点工作。完善家教服务阵地网络，联动镇（街道）、开发园区、机关、女企业家创成“幸福+”家教指导站16个，澄江街道、新桥镇等6个站点入选无锡“润家心坊”家庭心理健康驿站，持续激活“校家社企”协同联动能量。组织婚姻家庭教育辅导员培训赋能近百人次，评选示范家长学校35所、优秀家庭教育指导者215人、优秀家教微课和案例974个。开播融媒体《学·问》线上家教论坛4期，有近10万人次同时在线及点赞评论。“儿童友好城市”建设被列入江阴市“十四五”妇女和儿童规划重点项目，发布“儿童友好城市三大提升”（儿童友好主题活动提升行动、倡导儿童参与社会实践提升行动、儿童友好实事项目提升行动）行动，推动儿童友好融入社会各领域。启动“童心逐梦、澄就未来”儿童友好季，组织第三届家庭亲子迷你马拉松赛，开展“童·伴”帐篷show、“小小”社会实践团等系列活动。在全省县级市首创成立儿童友好成长基金，聘任首批“儿童友好城市推广大使”12人，新授牌儿童友好公园等实践基地12个，提升打造儿童友好银行、主题社区、企业等空间阵地50个。长泾镇儿童友好城镇项目经积极争取被列入2024年中央预算内项目。（郁婷婷）

江阴市科学技术协会

【概况】 2023年，江阴市科学技术协会（以下简称“市科协”）按照“四服务一加强”（服务科技工作者、服务创新驱动发展、服务全民科学素质提高、服务党和政府科学决策，加强自身建设）职能定位，努力提升科协工作成效，圆满完成全年各项任务。年内，召开江阴市科学技术协会第十一次代表大会，联合开展“最美科技工作者”选树表彰，完成“科创江苏”三年试点工作，立体打造共建共享科普活动品牌，发挥科技智库决策咨询支撑作用，全面夯实科协基层组织基础，协力推动江阴市科技馆展陈设计及开馆准备。是年，市科协获评中国科协2023年全国科普日活动优秀组织单位，江苏省、无锡市两级县级科协创新发展能力提升计划优秀单位，“科创江苏”试点县（市、区）优秀单位。江阴市科协科普工作经验在中国科协党校县级科协主席培训班上作交流，“四长”（医院、学校、农技服务机构负责人及科技型企业管理人员）工作经验在全国、江苏省两级科协组织培训班上作交流，《江阴市深化科创服务，做优“科创江苏”试点》经验文章获无锡市委书记杜小刚批示。至年末，全市有镇（街道）科协16个，开发园区科协2个，市级学会（协会、研究会）27个，学校（院）科协3个，企业科协（联盟）以及科创载体科协200个。

【服务科技工作者】 2023年，江阴市科协深入开展学习贯彻习近平新时代中国特色社会主义思想主题教育，围绕“牢记嘱托、感恩奋进、走在前列”开展学习讨论，支部书记专题讲授“弘扬科学家精神、传承红色基因、以担当作为服务‘科创江阴’建设”党课。成立江阴市科学家精神宣讲团，为首批宣讲团成员颁发聘书。组织科技工作者赴周培源、杨嘉墀等科学家精神教育基地以及红色革命教育基地开展学习实践，组织科协界别、九三学社界别、科技界别政协委员联合开展主题教育观影。与市委宣传部、市科技局联合选树表彰市首届“最美科技工作者”10人，联合市教育局开展第三届“明日科技之星”评选活动，推荐2名科技工作者获评2023年江苏省企业“创新达人”、2人获评2023年无锡市“最美科技工作者”，表彰市科协系统2018—2022年度先进个人65人，“四长”示范岗8人。深化江阴“科技工作者之家”升级版，走访慰问江苏必得科技股份有限公司、璜土智慧葡萄产业园、澄江跨境电商产业园、江苏雪豹日化有限公司等基层科技工作者30人。成立市“女科技工作者之家”、苏青集团企业“科技工作者之家”，以及祝塘镇、顾山镇、月城镇“科技工作者之家”服务站点，全市“科技工作者之家”服务站点累计达28个。市科协入选江苏省“科协代表之家”。举办市青少年科技教育工作者联盟专题沙龙、最美科技工作者沙龙、科技工作者“庆中秋、迎国庆”主题沙龙等活动12场，开展科技工作者访谈对话、科普讲座、经验分享以及文艺节目表演等活动，营造科技工作者“温馨之家”氛围。

【助力创新驱动发展】 2023年，江阴市科协落实“科创江苏”试点工作，细化江阴试点建设各项任务，通过中期检查评估，完成“科创江苏”三年试点工作。推进“双招双引”（招商引资、招才引智），为江阴高新区、临港经济开发区、新桥镇等地推荐企业、项目12个（项）。申报2023年度“科创江苏”专项行动计划建设项目，江阴天安数码城有限公司被认定为“科创中国”（无锡）科技服务工作站，江阴协统汽车附件有限公司“企业创新发展行动”项目入选“科创江苏”会企合作项目。引进高端学术资源，与省学会服务中心等单位开展产业需求交流对接活动，推动省级学会服务产业和企业活动走向深入，省低碳技术学会在江阴高新区设置学会科技服务站，省动力工程学会在新桥镇的江苏焱鑫科技集团有限公司成立学会科技服务站。承办2023年“专精特新”企业人才创新成长论坛、第九届江苏省青年科学家年会绿色低碳发展分论坛，协办第八届全国大型工程运载施工车辆数智化产业技术高峰论坛、长三角熔模铸造高峰论坛等。10个省级学会与30余个江阴企业开展洽谈，邀请吴培亨、李千目、檀润华等5名院士为江阴企业高质量发展增智赋能。推进科创服务立项，组织金桥工程、“讲比”活动等科创服务活动，有50项项目被立项。实施科技兴农富民工程，助力乡村振兴，立项资助工程项目8项。组织“院士专家科普乡村行”，为百户农户提供技术指导。受江苏省科协邀请，市科协主席俞均彦带队赴山西省吕梁市参加中国科协产业帮扶路演签约和技术指导活动。组织参加上级科协举办的科创赛事项目，江阴兴澄特种钢铁有限公司获“科创江苏”创新创业大赛新材料领域总决赛一等奖，组织企事业单位参加2023年“科创无锡”创新创业大赛，有6项项目入围决赛，其中江阴兴澄特种钢铁有限公司、市人民医院项目获二等奖。

【提升全民科学素质】 2023年，江阴市科协深化科技志愿内涵，开展科技志愿者、科普中国信息员网上注册工作，全市有1.5万名科技志愿者和4万名科普中国信息员注册，注册量和活动数居无锡市所辖县市区前列。成立“你点我来、筑梦未来”科技志愿服务队联盟，与科普教育基地等科技类场馆和中小学建立紧密关系，常态化开展科技志愿服务活动。培育科技志愿服务精品项目，“科普月城、筑梦未来”“优乐美天使志愿服务”等8项科技志愿服务项目获江阴市级立项。全市有1名个人、1个单位和4项项目获无锡市科技志愿服务“四个十佳”（十佳科技志愿者、十佳科技志愿服务队、十佳科技志愿服务项目、十佳科技志愿服务点）。深化“共享科普馆”提升行动，澄江街道西大街社区、滨江科技城小学建成“共享科普馆”，鼓励社会力量发展科普事业，市消防教育馆被评为江苏省科普教育基地，市晨光实验小学（共享科普馆）、江阴应急培训技术服务有限公司、市环保集团有限公司3个单位获评2023年无锡市科普教育基地，周庄镇金湾村获无锡市“基层科普行动计划”项目奖补，新增2所无锡市青少年科技创新教育示范学校。调整市全民科学素质工作领导小组成员，成员单位总数29个，组织成员单位及各级基层科协举办科普活动100余场，邀请江阴籍院士孙和平回江阴开展调研，为2所中学的学生作科普报告，为第三届江阴市“明日科技之星”颁奖；邀请3名教授专家到江阴开展“院士专家科普基层行”活动，参加2023年无锡市暨江阴市文化、科技、卫生“三下乡”集中服务。完成第七届全国无人机大赛江苏省赛、江阴市青少年科技创新大赛决赛、江阴市第二届金钥匙科技竞赛团体赛现场决赛、第五届科普剧大赛决赛、第二十九届江苏省青少年科技模型大赛（江阴市选拔赛）、中学生科普夏令营等赛事活动的主办或承办任务，8件作品在第34届省青少年科技创新大赛中获奖，9所中学、16所小学获评2023年江苏省全民科学素质大赛网络赛优秀单位，3所学校分获全省中小学生金钥匙科技竞赛团体决赛特等奖、一等奖、二等奖。

【科技智库建设】 2023年，江阴市科协规范智库保障机制，出台《关于进一步加强科协系统科技智库建设的实施意见》文件，完善智库建设重点工作、条件保障等内容，确保在建言献策、服务党委政府工作中发挥作用。加强与市科技人才专家咨询委员会专家成员的联系与服务，依托市科技工作者服务中心，协同市政协提案委员会创建“政协委员之家”。加强与科协界别政协委员的沟通联系，开展“金融赋能企业创新发展”等主题的学习调研活动，充分发挥政协科协界别的参政议政、建言献策作用。拓展学术交流平台，动员组织市级学（协）会、院校科协和基层科协，开展软科学课题研究、学术交流、科技论坛等活动，畅通联络渠道，引导科技工作者为江阴高质量发展服务。引导学会注册入驻“科创中国”融通服务平台，通过平台渠道优势，服务科技与经济融合发展。加强学术建设，建立学术交流成果申报和激励机制，对市级学（协）会、院校科协和基层科协的8项学术交流项目、10项软科学课题研究项目予以立项。拓宽建言献策渠道，向市委报送基层建议、调研报告和科技工作者动态信息，《江阴市深化科创服务，做优“科创江苏”试点》获无锡市委、江阴市委主要领导批示，20余篇调研文章和工作信息被《江阴党政信息》录用。履行江苏省科技工作者状况调查站点职责，为市委、市政府制定科技人才政策提供参考依据。

【科协系统深化改革】 2023年，江阴市科协深化科协系统改革，加强基层科协组织建设，召开第十一次代表大会，推动镇（街道）、园区科协按期完成集中换届，有160名“四长”加入各级科协组织。推动“四长”科技服务工作室建设，璜土镇“四长”科技服务工作室入选省科协试点，云亭街道“四长”科技服务工作室、祝塘中心小学“四长”科技服务示范岗获无锡市科协表彰资助，市科协“凝聚‘四长’力量，发挥‘四长’优势，以提升基层科协组织力优化科创服务水平”获评无锡市县级科协“四服务一加强”创新创优项目。推进企业科协组建，新建企业科协11个，获评省级示范企业科协1个，在江阴天安数码城成立市内首个科创载体科协，在市毗陵路小学成立市内首个小学科协。加强基层学会管理，评定星级学会9个，清理“僵尸”学会1个，市老科技工作者协会获省老科协工作特色奖。扩大科协改革成果，调整单位编制构成，市科技工作者服务中心更名为江阴市科技馆。与市文商旅集团共同推进市科技馆布展设计，考察学习安徽省合肥市、江苏省南通市海门区等地科技馆，优化市科技馆规划方案。巩固拓展和宣传展示市科协作为全国“十佳深化改革县级科协”改革成果，在中国科协科普服务乡村振兴观摩交流活动中作《提升基层科普服务能力、打造县域科普江阴样板》汇报交流，《凝聚智慧力量、奋进时代征程——江阴市科协五年工作成效》被“学习强国”平台、《江苏科技报》宣传推介。优化干部队伍作风，严格执行民主集中制和“三重一大”* 议事决策机制，坚持每月党组会议制度，对事业单位改革、大额经费使用、人事工作安排等重要事项进行集体研究、民主决策。配合市委巡察科协工作，深入排查各项差距与不足，自觉接受群众和巡察组监督。常态化开展党风廉政教育，筑牢明底线、守纪律、讲规矩的廉政大堤，持续提高党员干部廉洁自律的思想认识和觉悟。 （邱克玉）

江阴市归国华侨联合会

【概况】 2023年,江阴市归国华侨联合会(以下简称"市侨联")牢固树立"侨联+""+侨联"理念,不断建强海归人才工作链、涉侨企业工作链、为侨服务工作链,打造红色侨联、活力侨联、和谐侨联、有为侨联,各项工作取得新进展。组织侨界人士学习宣传贯彻习近平新时代中国特色社会主义思想,开展"侨我学习贯彻二十大""追梦中华,侨话未来"等主题活动。宣传侨界先进人物、典型事迹,持续开展"争当侨联建设者、争做侨界奋进者"奋斗典型宣传活动,挖掘宣传侨界"创业之星""文化之星""公益之星""服务之星"。继续加强基层侨联功能型党支部建设,推动云亭街道、璜土镇、周庄镇成立侨联分会功能型党支部,形成党建带侨建新模式。市侨联获评无锡市侨联系统先进集体,苏曦泓获评全国侨联系统先进工作者。至年末,全市有镇(街道)、园区侨联分会14个、侨商商会1个。

【参政议政】 2023年,江阴市侨联继续组织发动涉侨人大代表和侨界政协委员围绕市委、市政府的发展大局和人民群众关注的热点、难点问题,深入基层开展调查研究,撰写议案、提案、建议,反映社情民意,反馈侨界心声,为江阴经济社会发展建言献策。江阴市人大、政协"两会"期间,侨界政协委员童亮一提交的《关于加快推进数字乡村建设,以数字技术助力乡村全面振兴的建议》、赵文碧提交的《关于促进枢纽、产业和城市融合发展,推动江阴融入长三角区域一体化发展大局的建议》、吴茜提交的《关于发展全县乡村旅游的建议》等提案均被立案交办。

【为侨服务】 2023年,江阴市侨联加强侨资企业和侨界创新创业人士联系交流,继续推进"科创江阴·侨创先锋"工作品牌建设,全年有7个侨资企业被授予"侨创先锋工作室",打造"侨创先锋共建基地"2个。打响"侨益帮"工作品牌,深化警侨合作、检侨合作、法侨合作,联合市公安局、检察院、法院、司法局、侨办等单位成立市法治惠侨联盟,在镇(街道)建成"司法护侨工作室"8个、"警侨服务站"6个;与市律师协会联合签署关于法律服务侨资企业高质量发展合作协议,聘请7名侨界律师为侨界法律服务团成员;依托市企业合规风险防控中心,成立市侨界企业合规经营实践基地,为海外侨胞、归侨侨眷、侨资企业提供全方位、多层次、专业化的优质法律服务。开展"侨务法治宣传月"主题活动,宣传《中华人民共和国归侨侨眷权益保护法》,扩大侨法知晓率和覆盖面,持续提升基层群众法治素养,营造"知侨、护侨、爱侨"氛围。组织开展"澄侨同心·发展同行"侨商侨企大走访、大调研活动,走访侨资企业160余个,协调化解问题诉求30余个。推进为侨服务平台建设,市华侨中心、徐霞客镇方园村"侨胞之家"获评无锡市"五星侨胞之家"。做强做精"中医惠侨"品牌,组织举办"侨爱同心、健康同行"中医惠侨健康讲座,搭建线上线下医疗义诊、保健养生、咨询答疑平台,为侨界群众提供健康服务。发挥市华侨中心阵地作用,常态化开展声乐、手工、英语等兴趣小组活动,举办文化惠侨专题讲座,组织爱国主义教育主题观影活动,加强党的路线、方针、政策宣传。投用市侨联智慧管理系统,开展全市侨情资源普查,归集海内外侨情信息,全面提升侨联工作的信息化、智慧化水平。开展"侨创和谐、共建有我"党建带群建助力基层治理专项行动,举办"侨智乡村行"和"侨爱社区"主题活动,引导侨界群众参与基层治理、助力乡村振兴。

【联谊交流】 2023年,江阴市侨联加强沟通联动工作,巩固"地方侨联+大学侨联+校友会"和"基层侨联(涉侨社团组织)+海外华侨华人社团"2项机制建设,主动联系对接江南大学、南京理工大学、武汉大学等高校侨联,举办侨资侨智对接交流活动,促进科研、产业、资本等资源的有机衔接。联合成立江阴(北京)侨创中心,加强与海外侨团侨领、华侨华人的联系对接,团结凝聚海外新侨,以侨引侨做好海外人才招引。强化华侨文化交流基地建设,打造文化研学精品线路,传播中华优秀传统文化和江阴地域特色文化,全年新增无锡市华侨文化交流基地12个。开展"云上佳节汇""留学青年家乡行"主题活动,加强与海内外侨胞、留学生联谊互动,阐述中国发展理念,传递家乡的关心,宣传江阴发展成就,展示魅力江阴城市形象和发展环境。协助江苏省侨联华侨书画院在江阴开展"检侨联动送文化进基层"活动,12月25日,联合无锡市侨联、无锡市华侨书画院在江阴举办"亲情中华、丹青筑梦"——2024无锡侨界新年书画展。优化完善线上与线下、主题与常态相结合的服务机制,做好日常接待、联谊交流、节日问候等经常性工作。 (张永振)

江阴市文学艺术界联合会

【概况】 2023年,江阴市文学艺术界联合会(以下简称"市文联")以"三强一树"(强组织运转、强人才活力、强作品展演,树品牌形象)为目标,团结引领全市各级文联组织,紧紧依靠全市文艺工作者,当好主题创作的"主力军"、文艺攀峰的"先行者"、文艺惠民的"轻骑兵"、团结引领的"连心桥",全市文艺工作展现新面貌,各项工作取得新成效。至年末,全市有镇(街道)文联16个、开发园区文联2个、企业文联2个、村级文联1个;是年,新增国家级会员10人。市文联获2022年全省文联工作创新提名奖。

【春联悬挂暨志愿服务活动】 2023年1月11日,江阴市委宣传部、市文明办、融媒体中心、文体广电和旅游局、文联主办的"奋进新征程,新年开门红"春联悬挂活动暨万福万联进万家送祝福志愿服务活动在朝宗门举行,现场为"启航新征程,新年开门红"原创春联征集活动中部分获奖作者颁奖,并向市民代表、优秀志愿者代表、好人代表赠送福字。中山公园、天华文化中心、兴国园等7个江阴文化地标和16个镇(街道)、园区及全国文明村同时启动"奋进新征程,新年开门红"春联悬挂活动。百名书法志愿者共同开展江阴市万福万联进万家送祝福志愿服务活动。此次活动累计送春联送福字近万副。

【江阴文艺协会奖年度评选】 2023年3月,江阴市文联按照2022年度出台的《关于印发〈江阴文艺协会奖实施办法〉的通知》有关规定,经协会推荐、组委会评审,评选出2023年度江阴文艺协会奖8个子奖项获奖者44人,其中大奖1人、优秀创作奖14人、佳作奖16人、新人奖13人。

【2023年江阴市新春油画展】 2023年1月8日,江阴市委宣传部、市文联主办的2023年江阴市新春油画展在适园开展。此次展览展出油画58幅,作品选题和内容均涉及广泛,画面多姿多彩,贯注生气,展现江阴油画作者热爱生活、执着信念、关注现实的积极状态。2月28日,该展览结束。

【江阴高邮书法作品联展】 2023年2月10日,江阴市委宣传部、高邮市委宣传部、江阴市文联、高邮市文联主办的江河倾情·江阴高邮书法作品联展在立澄艺术馆开幕。两地书法家以笔联手、以墨结缘,展出书法作品80件。作品以吟咏长江和京杭运河的诗文为题材,各具特色的书法风格流派,为江阴市民带来开年大展。2月28日,该展览结束。

【首届无锡市综合材料绘画作品展——江阴巡展】 2023年2月17日,无锡市文联主办,无锡市美术家协会、江阴市文联承办的首届无锡市综合材料绘画作品展——江阴巡展在市展览馆展出。在该展览中,江阴市入选作品11件,其中1件获优秀奖。3月17日,该展览结束。

【江阴市青年书法临帖作品展】 2023年,江阴市文联组织征集《汲古得新》江阴市青年书法家协会第十四届会员临帖作品,收到全市青年书法爱好者书法作品130余件,经过展览评审委员会严格审核,评选出入展作品90余件,4月17日,在市天华文化中心展览馆开展。入展作品涵盖真、草、隶、篆、行书法传统五体,临写碑帖风格多样。5月10日,该展览结束。

【江阴市书画院建院30周年作品双展】 2023年4月26日,江阴市委宣传部、市文联主办的“翰墨流芳”江阴市书画院建院30周年书画作品展、专职画师作品展分别在适园艺廊、市天华文化中心展览馆开展。双展展出市书画院专兼职画师作品近百幅,作品囊括书法、油画、水墨等艺术体裁,集中反映江阴市经济社会发展成就,表达作者对美好未来的向往,展现了新时代江阴人民昂扬向上的精神风貌和美好的生活愿景。5月26日,该展览结束。

【夏和兴雕塑艺术馆开馆暨捐赠雕塑作品展】 2023年3月16日,江阴市委宣传部、市文体广电和旅游局、文联、公共事业集团主办的“文明的力量”夏和兴雕塑艺术馆开馆暨捐赠雕塑作品展在黄田港公园开幕。此次活动由深圳雕塑院原副院长、中国工艺美术雕塑协会副秘书长夏和兴(江阴人)捐赠创作雕塑作品157件,首批展出80余件。随后,在理“响”江阴——黄田港驿站召开夏和兴雕塑艺术研讨会。

【第二届“刘半农诗歌奖”颁奖音诗会暨《雪浪湖》文丛和剧本集首发式】 2022年,江苏省作家协会指导,扬子江诗刊、江阴市委宣传部、市文联主办,市作家协会、文学艺术研究院承办“教我如何不想她”第二届“刘半农诗歌奖”全国诗歌大赛,也是第六季“喜欢江阴的理由”主题网络文化活动之一,收到诗歌作品1083件,评选出“诗人奖”2人、“诗歌奖”10件。2023年4月25日,第二届“刘半农诗歌奖”颁奖音诗会暨《雪浪湖》文丛和剧本集首发式在江阴市新时代文明实践中心举行,现场为“刘半农诗人奖”获得者进行颁奖。颁奖现场还举行《雪浪湖》文丛和剧本集首发式以及第七季“喜欢江阴的理由”主题网络文化活动启动仪式。《雪浪湖》文丛一套5册及剧本集《那年橘花开》《溪源作品集》2册,均为江阴作家,以江阴人视角写江阴事、抒江阴情,在字里行间记录和弘扬江阴精神。

【“共画长江好”江阴艺术家写生采风活动】 2023年3月16日,江阴市委宣传部、市文联、江阴苏龙热电有限公司主办的“共画长江好”江阴艺术家写生采风活动启动。采风团由27人组成,沿着长江中游,从湖北省宜昌市开始,途经湖北省宜昌市秭归县、湖北省荆州市、湖南省岳阳市、湖北省赤壁市、湖北省武汉市、江西省九江市、安徽省铜陵市等地,历时14天,用独特视角和笔触,绘写长江两岸城市的历史人文、自然风光、风土人情,创作出一批彰显时代精神的文艺作品。8月10日,“共画长江好”江阴艺术家写生采风作品展在立澄艺术馆开幕,展出作品120余幅,作品涵盖国画、书法、油画、水彩等艺术门类。9月10日,该展览结束。

【“三新”跨年艺术展】 2023年8月,江阴市文联、团市委组织开展“新江阴、新青年、新文艺”文艺作品征集活动,旨在培养青年群体特别是新文艺群体中的优秀青年文艺人才,充分展示新一代江阴青年文艺家风采。征集门类有美术、书法、摄影、民间文艺、影视等。12月12日,“新江阴、新青年、新文艺”跨年艺术展在适园开展,展出作品67件。作品以青年视角聚焦发展中的江阴,反映新文艺群体青年人才多元现代的艺术理念、创作水平和审美追求。

(陈　佳)

江阴市工商业联合会

【概况】 2023年,江阴市工商业联合会(以下简称“市工商联”)在市委的坚强领导下,牢牢把握“两个健康”(非公有制经济健康发展和非公有制经济人士健康成长)主题,围绕中心、服务大局,强化政治引领、优化营商环境、助力民企发展、加强组织建设,各项工作取得新进展。年内,开展学习贯彻习近平新时代中国特色社会主义思想主题教育,组织书记讲党课2次、专题学习3次、交流讨论2次,组织党员干部赴渡江战役纪念馆开展红色研学,开展“我为发展献一计”商协会调研活动。深入推进理想信念教育实践活动,组织40余名企业家赴南京中山陵开展“同心建功新时代”理想信念教育。注重加强青年企业家队伍建设,与昆山市、张家港市工商联联合实施“聚菁向未来,创领新时代”昆澄张三地新时代企业家培养计划,组织50余名青年企业家赴北京大学、无锡太湖企业家书院等地学习培训。开展全国工商联上规模民营企业调研，海澜集团有限公司等14个民营企业入围2023年中国民营企业500强。年末，全市有镇（街道）、园区商会18个，市级行业商协会21个，江阴异地商会7个，异地江阴商会7个，青年商会1个；有各类会员5491个，其中企业会员4612个，团体会员62个，个人会员817个。市工商联被中华全国工商业联合会认定为2022—2023年度全国"五好"（政治引领好、队伍建设好、商会发展好、作用发挥好、工作保障好）县级工商联，并获评2022年度民营企业调查点工作先进单位，被江苏省工商业联合会评为2023年度全省民营企业调查点工作先进单位，被中华工商时报社评为2023年度江苏省"构筑民营经济舆论阵地"先进单位。

【参政议政】 2023年1月，在政协江阴市第十六届委员会第二次会议上，市政协委员、江苏中普金融外包服务有限公司总经理李海青代表市工商联作题为"做强科创企业梯队，集聚'科创江阴'主力军"专题发言，同时被转化为集体提案由市委书记许峰亲自督办；《做强科创企业梯队，聚集"科创江阴"主力军》《聚焦企业"智改数转"，助推经济高质量发展》2篇调研报告分获优秀调研报告三等奖和优秀奖，《关于高度重视民营企业代际传承，实现江阴民营经济高质量可持续发展的建议》等2件提案获评优秀提案。6月，市工商联副主席胡正伟在市政协生态环境治理现代化县域示范建设政情交流会上作交流发言。7月，市工商联副主席胡正伟在市政协"科创江阴"建设民主议政会上作"深化政产学研合作，助力'科创江阴'建设"主题发言。11月，组织工商联界别政协委员开展学习交流暨委员联系界别群众活动。年内，完成重点课题调研报告《深化企业合规改革，助力企业敢闯敢干》《打造产业数字金融平台，助力实体经济稳健发展》；报送资政建言信息40余条，其中6条被全国工商联、省工商联录用，4条得到无锡市委、江阴市委主要领导批示。

【会员服务】 2023年，江阴市工商联积极搭建政企服务平台，与市工业和信息化局联合举办制造业"智改数转"高峰论坛，帮助企业提升数字化、智能化水平，全市200余名制造业重点企业代表参加。联合市发展改革委、工业和信息化局、中国电信股份有限公司江阴分公司等部门，深入园区、镇（街道）商会开展江阴企业数字化转型巡展活动，宣传贯彻"智改数转"政策，提供"智改数转"服务。组织40余名企业家赴南京市参观全球"灯塔工厂"——上汽大通汽车有限公司南京分公司，学习企业"智改数转"先进经验。参与企业合规建设，与市公安局、法院等部门联合出台《江阴市涉案企业合规侦、诉、审全流程协作配合工作办法》，协助市检察院办理企业合规案件9件。与市司法局、法院联合出台《关于推进商会（企业）人民调解工作的实施意见》，在江阴高新区、澄江、申港、璜土等商会成立人民调解委员会。联合市人力资源和社会保障局开展2023年"百校千企万才"政企校携手促就业系列活动，举办民营企业招聘会、就业见习岗位推介会等。依托"澄商学堂""纳税人之家""海鹏大讲堂"等平台组织政策解读、形势分析讲座28场，培训人员超6000人次。

【经贸交流】 2023年4月，江阴市工商联在北京举办"情系家乡，共谋发展"2023江阴（北京）乡情恳谈会，为江阴市经济发展献计献策。5月，组织14名企业家参加第三届江苏发展大会无锡行暨第六届全球锡商大会，海澜集团有限公司等34个民营企业入围2023年无锡民营企业100强榜单。6月，组织10余名企业家赴广西壮族自治区来宾市忻城县考察交流，江苏富仁能源科技有限公司与忻城县政府签订新能源项目合作协议。8月，组织12名企业代表在中国—上合组织技术转移中心江阴协同中心线上参加中国青岛—白俄罗斯明斯克企业家贸易交流会，帮助企业拓展海外市场。10月，组织20余名企业家赴山东省青岛市、江苏省灌云县开展"拓市场、觅商机、促转型"考察学习活动，为企业"走出去"搭建桥梁。同月，组织异地江阴商会会长参加第四届江阴发展大会暨2023经贸洽谈会，上海市江阴商会会长、上海港湾集团董事长徐士龙在现场作交流发言。11月，组织9名企业家参加中国江苏省—柬埔寨西哈努克省工商推介会暨2023中柬（锡西）协作平台工作会议，为企业参与"一带一路"*建设拓宽空间。

【光彩事业】 2023年，江阴市工商联广泛发动商协会、民营企业参与乡村振兴，累计有154个企业实施"兴村"项目174项，投资6.2亿元，江阴市被江苏省工商业联合会评定为江苏省首批"万企兴万村"行动典型县，江苏美天奶业有限公司"牛奶梦工厂"项目被评定为江苏省"万企兴万村"行动典型项目（企业）。引导商协会、民营企业参与东西部对口支援协作，组织12名企业家赴陕西省延川县开展"澄商有爱，情满延川"对口协作活动，向延川县捐赠130万元。其中，市总商会、易制毒化学品行业协会、青年商会及法尔胜泓昇集团有限公司等13个民营企业向延川县教育科技体育局捐赠50万元，定向用于"澄延共建阳光体育场"项目建设；江苏新潮仁爱基金会向延川县中学捐赠50万元，定向用于助学奖学金，向延川县妇女联合会捐赠30万元，定向用于建设"妇女儿童之家"和关爱慰问留守困境儿童。

【基层商会建设】 2023年，江阴市工商联持续加强商会党的建设，开展以"政治引领好、队伍建设好、服务发展好、自律规范好"为主要内容的"四好"商会创建活动，加强基层商会联系、指导和服务，推进商会规范化建设。新建碳中和绿色企业商会、技术经理人协会、有色金属行业协会、工贸企业安全生产技术服务行业协会4个功能型党支部和山东商会1个实体型党支部，指导盐城商会、酒类饮品行业协会、中小企业协会3个商协会党支部完成换届工作，全年发展民营经济人士中共党员7人。9月，在无锡市工商联"红梅花香·锋彩商会"党建领航三年行动推进会上，市青阳商会党支部书记项目"'青'心向党"、周庄商会党支部书记项目"商会'红色引擎'

计划”、安徽商会党支部书记项目“‘红色领航 · 徽心聚澄’行动”入选第二批优秀书记项目。市青阳商会、青年商会被中华全国工商业联合会认定为2023年全国“四好”商会,市青阳商会、青年商会、徐霞客总商会被江苏省工商业联合会认定为2023年江苏省“四好”商会。市青年商会党支部被评定为江阴市2023年度基层党建“双强双优”(支部建设强、党员队伍强,党建质量优、服务发展优)五星级党支部。江阴高新区商会等12个基层商协会被市工商联认定为2023年度江阴市“四好”商会。是年,新建商协会3个,即市碳中和绿色企业商会、技术经理人协会、常州市江阴商会;指导市澄江商会、夏港商会、璜土商会、新桥商会、长泾商会、葡萄酒协会、临港综合物流服务业商会、浙江商会、盐城商会,上海市江阴商会10个商协会完成换届工作。(李盛凉)

江阴市红十字会

【概况】 2023年,江阴市红十字会围绕中心、服务大局,深化改革、创新实践,为全面推进中国式现代化江阴新实践发挥红十字会作用。年内,召开江阴市红十字会第十次会员代表大会,选举产生新一届理事会和监事会;募集社会捐赠款物812万余元,发放博爱系列救助款物566万余元;加强公益性应急救护培训,完成普及性培训28983人,持证培训7427人;完成造血干细胞血样采集入库197人,3名志愿者成功实现造血干细胞捐献,1名捐献志愿者上榜“江苏好人”。是年,海澜之家集团股份有限公司获中国红十字会总会突出贡献奖,市红十字无偿献血志愿者服务队队员戈建忠、唐建军分获中国红十字会“会员之星”和全国红十字志愿服务先进典型;市红十字会获江苏省红十字会“5 · 8”人道公益日活动优秀组织奖,2个单位获评省红十字会基层组织工作先进集体,3个博爱家园获评省红十字会2023年度优秀博爱家园;8个博爱家园获评无锡市红十字会2023年度优秀博爱家园。

【江阴市红十字会第十次会员代表大会召开】 2023年10月27日,该次大会召开,无锡市委常委、江阴市委书记许峰,无锡市红十字会党组书记、常务副会长陈烈蓉,江阴市市长包鸣,市领导邵文松、程政、许晨、尹志华,以及各行业红十字工作者、会员和志愿者代表出席。市委书记许峰寄语市红十字会,传递人道主义精神,书写人间大爱,谱写新时代江阴红十字事业发展新篇章。会上,红十字志愿者诵读国际红十字与红新月运动七项基本原则,市总工会代表市群团组织致贺词。会上颁发造血干细胞捐献者见义勇为奖励,表彰红十字会系统2018—2022年度先进个人、优秀红十字会员、优秀红十字志愿者、先进集体以及2018—2022年度江阴市红十字事业突出贡献奖。同时,聘请许峰为名誉会长,尹志华当选市红十字会第十届理事会会长,张悦当选市红十字会第十届理事会常务副会长,许玲当选市红十字会第二届监事会监事长。

【红十字宣传】 2023年,江阴市红十字会主动融入全市宣传思想工作和精神文明建设工作,开展多种形式宣传活动,普及红十字知识,宣传红十字文化,扩大红十字会影响力。5月8日“世界红十字日”,举办“红十字进商圈——红十字爱心单位”授牌仪式。6月“安全生产月”期间,联合有关部门开展“安全夜市”暨安全宣传咨询活动,普及急救知识,提高市民安全意识和自救互救能力。暑期,针对学生溺水事故易发高发,与市教育局、公安局、妇联、澄江街道办事处、文商旅集团联合开展“预防溺水 · 救在身边”主题宣传教育活动,举办防溺水知识讲座,演练水上救援,进一步做好青少年儿童防溺水安全教育。防溺水讲座视频被市教育局、妇联作为暑期安全教育宣传资料,转发至全市学生及家长。年内,参加“学用新思想‘苏’写新时代”主题宣传活动,市红十字会获优秀组织奖,祝塘中心小学作品《炎黄风尚 薪火相传——祝塘中心小学红十字会的三十年》获一等奖,并在省红十字好故事宣讲会上展示。

【博爱系列救助活动】 2023年,江阴市红十字会深入推进无锡市低收入人口动态监测和精准帮扶“3610行动”*,聚焦老龄群体、大病患者、特困群体,开展博爱送万家新春救助、新业态新就业群体关爱救助、“博爱江阴,乐享银龄”、博爱助残、博爱医惠等救助项目,援助陕西省延安市延川县和宁夏回族自治区固原市西吉县王民乡中心小学、原州区官厅镇沙窝小学及中卫市海原县贾塘乡双河小学等学校,全年发放各类救助金238万元,物资价值328万元。其中,元旦、春节、重阳节“博爱送万家”发放救助金116万元,救助困难家庭1548户。联合冠名医疗机构和市残联开展“博爱医惠”人道救助项目,为926名患癌病人、高龄老人投保2024年度“江苏医惠保1号”保险,为3000名残疾人投保“医惠锡城2024”普惠版保险,累计投保44万元。关注易走失特殊困难人员,免费配发定位手环,帮助走失人员平安回家。探索互联网+筹资新模式,网络筹资取得新突破,市红十字会获2023年江苏省红十字会“5 · 8”人道公益日活动优秀组织奖,“博爱江阴澄心守护”获评筹款优秀项目。

【造血干细胞和遗体器官捐献】 2023年,江阴市红十字会与市委宣传部和市文明办、公安局、见义勇为基金会联合印发《关于对我市造血干细胞捐献者实施市见义勇为奖励的通知》文件,将捐献造血干细胞纳入见义勇为基金会奖励范围。规范做好招募动员、跟踪随访、捐献服务、表彰奖励等工作,促进“三献”(献血、造血干细胞捐献、遗体和人体器官捐献)工作融合发展。组织历年成功捐献造血干细胞志愿者开展2023年联谊暨宣传活动,关心、关爱成功捐献造血干细胞志愿者。10月27日,江阴市红十字会第十次会员代表大会召开,会上,市委、市政府主要领导颁奖,表彰成功捐献造血干细胞志愿者代表。全年新增造血干细胞报名采样197人份,成功实现捐献3例;新增遗体、人体器官捐献报名登记398人(报名登记人体器官捐献388人、遗体捐献10人),实现遗体捐献1例、人体器官捐献2例。

【红十字救护培训】 2023年，江阴市红十字会应急救护培训入选市政府2023年民生实事项目，持续实施“澄救百千万”应急救护培训三年行动计划，推动应急救护进学校、进社区、进农村、进机关、进企业、进军营、进商圈。推动建设红十字应急救护培训基地、生命健康安全体验教室等应急救护阵地，市红十字服务中心（市红十字应急救护培训基地）常态化开展红十字生命教育，建成沿江危化品应急救援基地红十字应急救护培训基地，完成江阴中等专业学校生命健康体验馆升级建设。搭建以祝塘中心小学为代表的校园、周庄万事兴应急救护培训基地为代表的企业、新桥镇红十字服务中心为代表的基层、南门商圈“博爱之家”为代表的商圈4类培训服务平台，扩大应急救护服务同心圆辐射圈。选派50名学员参加省红十字会在江阴举办的应急救护师资培训班，经考核合格均获师资证书；8人参加省级培训获师资证书，至此全年新增师资证获得者58人。举办应急救护培训师资“精品课件、精品课堂、精品师资”评比活动，通过评比课件、授课视频及现场教学，进一步提升应急救护师资教学能力和技能操作水平。助推全市应急工作，在全市公安系统、消防系统配置AED（自动体外除颤器）43台。全年完成普及性培训28983人，持证培训7427人。

【红十字应急救援】 2023年，江阴市红十字会发挥功能型党支部作用，加强市红十字救援队理论武装，以党建引领红十字应急救援工作规范化发展。坚持日常训练和专项训练相结合，全面提升救援队专业化、实战化水平。组织市红十字救援队参与志愿服务，为第六届“狮山湖杯”山地定向运动赛、市级机关体育嘉年华、时裳新桥半程马拉松等活动提供安全保障。推动救援队与博爱家园结对，深入社区开展救护培训、防灾减灾救灾知识普及等志愿服务。开展“预防溺水·救在身边”水域救援演练，进一步提高救援队应对突发事故的综合指挥能力、快速反应能力、应急处理能力和协调作战能力。

【红十字会基层组织建设】 2023年，江阴市红十字会与市委组织部联合制定《关于加强全市红十字会基层组织建设的实施方案》，不断优化全市红十字基层组织体系，推动红十字基层组织向园区和“两新”阶层延伸拓展，建成快递行业、外卖送餐行业等4个“两新”组织红十字会。新桥镇、祝塘中心小学获评省级基层组织工作先进集体，澄江街道君山社区党委书记、社区主任王利民获评省级基层组织工作先进个人。

【红十字志愿服务】 2023年，江阴市红十字会常态化组织开展无偿献血、捐献造血干细胞、扶贫济困等红十字志愿服务活动。以博爱家园为志愿服务主阵地，遴选特色志愿服务项目，组织志愿者进社区，挖掘“爱心来敲门”“爱心洗衣坊”“红梅暖心、为爱加油”等特色服务项目，指导社区红十字志愿者提供健康服务、扶弱帮困、养老照护等符合红十字会宗旨、适应基层实际、满足群众需要的人道服务。联合市护理学会和人民医院开办首期养老照护服务专项培训班，将应急救护与养老照护培训相互融合，为老年人提供高质量和专业化养老护理服务。市人民医院、中医院等5个冠名红十字医疗机构全年开展“博爱送健康”活动59场，惠及8813人。是年，唐建军获评全国红十字志愿服务先进典型，璜土镇璜土村获评省优秀红十字志愿服务社区（村），吴迎兮获评省优秀红十字志愿者，高益峰等14人获评2019—2023年度无锡市优秀红十字志愿者。 （韩　斌）

江阴市残疾人联合会

【概况】 2023年，江阴市残疾人联合会（以下简称“市残联”）突出党的建设，以主题教育为抓手，进一步激发全市残联系统干部职工的工作热情，践行“四敢”*要求，围绕中心，服务民生，履职尽责，全面和超额完成江苏省、无锡市残联下达的各项目标任务，团结带领广大残疾人在全面发展和共同富裕道路上继续前进，推动全市残疾人事业高质量发展不断迈上新台阶。是年，完成全市持证残疾人基本状况调查工作，累计调查人数27142人，填表27044份，入户26804户，入户率99.11%。

【残联队伍建设】 2023年，江阴市残联推进服务型残联组织建设，建强残疾人工作者队伍，招录1名残疾人入事业编制。开办新闻写作、残疾人基本状况调查等培训班4期，组织外出参观学习和参加上级培训1000余人次，获第六届全国残联专职委员知识竞赛县（区）级组织奖。围绕残疾人事业高质量发展主题，创新调研报告转化和推动工作路径，党组班子成员开展残疾人就业、服务机构建设等课题调研，形成调研报告5篇，残工委成员单位提供调研报告4篇，召开调研报告交流转化座谈会，残疾人政协委员等递交和立案政协提案7件。深化“四敢”要求和“三强三树”（强素质树责任、强能力树标杆、强服务树形象）行动，市残联李敬言获评首批江阴市级机关“敢为之星”，召开学习“敢为之星”专题座谈会，进一步激发党员干部群众比学赶超、奋勇争先工作热情。

【助残共建合作】 2023年，江阴市残联成立市志愿助残联盟党总支部和澄小灿党建联盟，有16个企事业单位和社会团体加盟助残。继续与无锡市无党派知识分子联谊会开展结对共建，聘请医疗和法律专家为残服务，接受助残康复理疗券价值1万元，联合举办公益活动2次。全年接待中国残联和省内外残联交流学习15批次，与常州市天宁区残联、经济开发区残联联合开展推进残疾人事业一体化发展战略合作。

【残疾人救助保障】 2023年，江阴市残联实施困难残疾人动态监测和分类救助，审核“两项补贴”（困难残疾人生活补贴和重度残疾人护理补贴）18830人；开展“政策找人”摸排350人，及时办理23人；发放困难残疾人一次性救助1314户、131.4万元，集中托养服务补贴13人、14.9万元，残疾学生及困难残疾人家庭子女教育救助72人、23.1万元，企业按比例和超比例补贴99个、112.3万元；对38个“残疾人之家”开展月度抽查、年度考核,发放运行补贴389万元、创建补贴30万元、基本公共服务补贴147万元、辅助性就业出勤补贴和劳动性奖励170万元。落实6500名重度残疾人医疗保险和救助政策,为全市持证残疾人购买团体人身意外伤害险。募集公益资金29.7万元,为3000名残疾人购买“医惠锡城2024”补充保险。

【残疾人康复服务】 2023年,江阴市残联出台《江阴市残疾预防行动实施方案(2023—2025年)》,组织开展世界孤独症日、全国残疾预防日等主题活动,举办社区康复适宜技术培训班,澄江街道澄江路社区“残疾人之家”获评省级精神障碍社区康复服务示范点。是年,完成0~14岁残疾儿童基本康复训练救助557人、1518.82万元,白内障患者复明手术补贴1020人、111.92万元,全市中小学生脊柱侧凸筛查82319人;假肢、矫形器适配救助116人,基本辅具适配595人762件(套),助听器适配救助74人,听障儿童人工耳蜗植入救助3人;残疾人家庭无障碍改造30户,康复体育进家庭100人。全年残疾评定1344人,换发到期残疾人证743本,新发残疾人证1196本,受理残疾人证“跨省通办”89件,提供上门评残服务25人。推动落实残疾人亮证免费乘坐无锡市(含江阴、宜兴)范围内常规公交、城市轨道交通等公共交通工具政策,全年办理残疾人免费公交卡135张。推动儿童康复中心大楼项目进程,总面积近1万平方米,预计总投资1亿元,康复规模容量超300人。

【残疾人就业培训】 2023年,江阴市残联开展城乡联动线下招聘会5场,有86个企业参与活动,提供残疾人就业岗位116个,参加现场招聘残疾人超200人。组织残疾大学生就业培训会,应届大学毕业生就业13人,有1人创办酿酒坊,实现有就业需求和意愿的残疾人大学生100%就业。全年净增残疾人就业618人,完成全年任务的216.8%,就业率比上年增长7%。开展雇主沙龙4期,举办农村实用技术、电商直播、文创手工项目等培训10期,残疾人实名制培训456人,完成全年任务的117%。是年,市残联获评无锡市2022年度按比例安排残疾人就业工作优秀单位。

【残疾人公共服务】 2023年,江阴市残联开展“残疾人之家”三年提升行动,出台《江阴市“残疾人之家”建设、运行、管理办法》,召开“残疾人之家”建设现场推进会,新获评无锡市AAAA等级“残疾人之家”4个、AAAAA等级9个。新(改、扩)建澄江街道澄爱、云亭街道新敔山社区、徐霞客镇方圆村、周庄镇长寿社区4个“残疾人之家”,建成南闸街道蔡泾村、青阳镇树家村、华士镇曙新村、周庄镇华宏村、长泾镇南涠村5个残疾人服务站点,新增残疾学员136人,累计604人。澄江街道澄江路社区、南闸街道、周庄镇长寿社区等“残疾人之家”获评省“文艺残疾人之家”。全年新增残疾人居家托养服务153人,累计服务残疾人11918人次、23134小时。深化“1+N+X”(1个市残疾人文体艺展能中心,N个文体艺培训基地,X个文体艺培训项目)文体艺服务模式,全年新增残疾人器乐(口琴)培训基地和残疾人文体艺活动基地云亭活动点和祝塘活动点,累计建成文体艺培训基地8个、文体艺活动点2个。举办掼蛋、飞镖等各类培训、比赛60场,超600人参加,全市残疾人文体艺活动参与率35%。承办无锡市残疾人优秀节目走进江阴活动,组队参加并承办无锡市残疾人嘉年华活动,获2个第一名、1个第二名、1个第三名。龚彬获杭州第四届亚洲残疾人运动会坐式排球金牌。开展“2023年全民阅读走基层服务”“残健同读一本书”“阅分享灿成长”等残疾人阅读推广和分享活动50余场。

【残疾人法律救助工作站】 2023年,江阴市残联印发《关于进一步加强残疾人法律救助工作实施意见的通知》,建成市残联法律救助工作站,组建由陆逸君律师领衔的20人公益律师团队,建立残疾人之家“1+2”(1个镇街联系2个法律顾问,1个法律顾问联系2个站点)法律联系顾问制度,接待并处理残疾人法律咨询事件15件,通过江苏省残疾人法律救助工作站标准化建设验收。举办“惠残政策走进残疾人之家”法律助残公益讲堂21场,无障碍环境建设法学习、讲座4场,发放《中华人民共和国无障碍环境建设法》宣传册1200余份;结合持证残疾人专项调查工作,发放各类惠残政策、法律法规资料超2万份。全年受理残疾人来电、来信、来访和转办件19件,处理12345政务服务便民热线"中心来件78件次,及时接收率和办理率100%。

【助残公益宣传】 2023年,江阴市残联举办“公益的力量”全国助残日主题活动,组织“99腾讯公益日”募捐230万元,设立助残圆梦益起来、星宝贝家长学校、为爱编织等公益项目8项,累计募集资金和物资价值370余万元,名列无锡市第一,惠及残疾人超2万人。组织“生命的力量”励志宣讲26场,受众超1500人。残疾人贡旦旦获评“中国好人”,胡杨勇获评“江阴好人”、江阴十佳最美科技工作者。在无锡市级以上官方媒体发布信息124条,其中《江苏省江阴市公益助残探索与实践》被中国残疾人网首页新闻录用。加强自媒体平台运营管理,开设“全国助残日”“改革看亮点”“灿烂映像”等18个微信公众号专栏,“江阴残联”公众号位居全省县级市公众号影响力排行榜前列,11篇微信文章位列全省微信热文榜前三。市残联获省福利基金会2019—2022年度公益助残网络募捐先进工作奖、2022年度公益助残网络募捐工作特别贡献奖。

【助残社会组织】 2023年,江阴市残联积极培育助残社会组织,新成立和引进民办非企业单位(组织)4个,其中市澄小灿文化创意发展服务中心实现文创产品销售35.4万元,残疾人增收近4万元;市灿友辅助就业服务中心调配项目47项,辅助性就业收入52万元,比2022年增长30%;市凡星文化创意服务中心启动拍摄100名励志典型残疾人微视频,年内首批完成16人;市安和家庭关怀服务中心设立爱美乐慧少年读书会项目,入围无锡市“红梅生香”社会助残公益创投项目。

【助残创新实践】 2023年,江阴市残联依托“灿烂梦工坊”建成政协委员联系界别群众创新实践基地,对接政协助残资源,开展“五送一助”

(送医、送教、送文化、送器材、送健康,助残)和“五个一”(读一本经典好书、做一件助残好事、讲一个励志故事、议一个民生热点、交一件提案建议)活动,设立5个政协委员工作室(童亮一、张庆堂、薛艳芳、陆逸君、梦工坊发起人),与5个残疾人专门协会结对共建。是年,灿烂梦工坊公益服务中心获评江阴市“十佳公共文化空间”、入选省文化和旅游厅2023年度“最美公共文化空间”打造名单、入选《中国残疾人发展与社会进步年度纵览(2023)》案例。市残联与爱心单位、企业、部分镇(街道)募集资金60余万元,建成市级辅具服务智慧管理平台1个、家庭无障碍改造和辅具展示体验馆1个、镇(街道)服务中心8个、村(社区)服务站32个,开展辅具免费租赁、知识普及、宣传推广等公益服务,覆盖70余万人,其中老年人20.7万人,持证残疾人1.58万人。首次以开放式框架协议方式自主招标儿童康复服务机构,定点机构增至6个,分别为江阴光明眼科医院、英智澄江康复医院、金钥匙儿童康复中心、市第五人民医院、博医家康复医院、南医康复医院,实现全类别残疾儿童康复服务。 (冯 林)

江阴市哲学社会科学界联合会

【概况】 2023年,江阴市哲学社会科学界联合会(以下简称“市社科联”)围绕中心、服务大局,搭建平台、创新载体、整合资源,提升社科引领能力、原创能力、服务能力、治理能力,开创全市哲学社会科学事业繁荣发展新局面,为推进中国式现代化江阴新实践贡献社科智慧和力量。年末,全市建成社科普及基地18个,其中省级3个、无锡市级9个、江阴市级6个。

【社科理论武装】 2023年,江阴市社科联深入学习宣传贯彻中共二十大精神,团结带领全市社科界持续学习研究宣传阐释新思想,带头宣传宣讲,主要领导参加市委宣讲团,担任主讲成员,深入基层普及理论。与市委宣传部联合开展“深入学习贯彻习近平总书记考察江苏重要讲话精神”主题征文活动,收到稿件51篇,经专家组评审,获奖20篇,其中一等奖2篇、二等奖4篇、三等奖6篇和优秀奖8篇,市委党校等5个单位获优秀组织奖。推荐4篇优秀论文参加省社科联第十七届学术大会苏南区域专场交流,有1篇获省苏南专场二等奖。

【社科学术科研】 2023年,江阴市社科联以服务全市重要决策、重点工作、重大项目为导向,加强应用性课题研究,激活全市社科专家学者智力优势,围绕打造社会主义现代化县域示范、融入长三角一体化战略、“南征北战、东西互搏”*、加快构建现代产业体系及“高铁时代”江阴产业发展等重点热点,设计社科课题研究参考项目25项,确定“‘高铁时代’江阴产业发展的思考研究——基于SWOT分析”“江阴融入长三角一体化战略的路径思考研究”等年度立项课题26个,其中重点课题6个、精品立项资助课题10个、精品立项不资助课题10个。是年,年度课题全部结项,并形成咨政建议。“非遗美育助力长江国家文化公园(无锡段)文化生态建设研究”等4个课题被无锡市社科联立项,“江阴高质量发展的对比研究——以2013—2022年十年数据为基础”获批江苏省社科应用研究精品工程市县专项。

【社科普及】 2023年,江阴市社科联继续开展社科普及资助项目,筹集资金用于科普宣传活动,扶持社科普及基地,打造有亮点、接地气、能传播的社科普及品牌,全年获无锡市级资助项目2项,江阴市级资助项目13项。推进平台载体建设,参与省级社科普及基地复评创建工作,2个单位通过复评,其中市公共文化艺术中心被评为优秀;推荐3个单位参与创建省级社科普及基地,其中“薇采传创”非遗传承与再创基地建成省级社科普及基地。至此,全市形成省级3个、无锡市级9个和江阴市级6个三级社科普及阵地体系。探索社科普及标准化之路,与江阴职业技术学院合作,组织非遗通识课程研发,推出“虎头鞋”“百寿图”“纸马”“剪纸”等非遗普适性课程,优化非遗文化普及方式,为学校、机构和更多平台开展社科普及活动提供系列化、标准化产品。

【社科类社团管理】 2023年,江阴市社科联深入开展调查研究,先后到暨阳名贤研究院、谱牒学会、季札研究会及盛宣怀研究会等实地调研、交流,强化党建引领、推动学术繁荣、发挥智库作用等,征求意见和建议,取得良好效果。依法依规管理所属社会组织和与意识形态有关的课堂教学、报告会、研讨会、座谈会、讲座、论坛等,绝不给错误言论提供传播空间和渠道。严把社团审批、换届和年检三个重点管理关口,严格审核各类申请材料,全年审核7个社会组织变更业务主管单位申请材料,采取多种方式督促社会组织参加年检,帮助社会组织解决年检遇到的困难。 (章 剑)

江阴市无党派知识分子联谊会

【概况】 2023年,江阴市无党派知识分子联谊会(以下简称“市知联会”)围绕江阴市委、市政府中心工作,扎实推进自身建设,履职尽责,为中国式现代化江阴新实践实现良好开局作出贡献。巩固深化“矢志不渝跟党走、携手奋进新时代”政治交接主题教育成果,深入开展“凝心铸魂强根基、团结奋进新征程”主题教育,举办“中国式现代化探索、实践与启示”专题讲座1次,全年召开会长会议2次,理事会会议2次,会员大会1次。组织开展集体观影,赴陕西省延川县、浙江省嘉兴市南湖区、江苏省泰兴市和南京市、浙江省舟山市等地开展主题教育活动10余场,承办江阴市委统战部统战大学堂1期。在无锡市知联会纪念中共中央发布“五一口号”75周年主题征文活动中,提交征文6篇;全年撰写信息、通讯等稿件80余篇,被无锡市委统战部、江阴市委统战部微信公众号、网站以及“江阴知联”等平台推送工作信息24篇;完成由会员闵婷婷作曲,其他会员参与共同创作的市知联会会歌《逐梦未来》。与无锡市知联会开展挂钩结对活动3次,合作项目“共建赋能精准助残活动”获评全省残联系统2023年度创新示范项目表彰。与对口联系部门市检察院、法院、司法局开展活动7次;与农工党江阴市委会联合开展“品味书香共享阅读”读书活动;与市数政局、民建综合支部联合开展党建联盟读书活动;与市城乡规划设计院开展庆元宵节活动;与农业银行江阴分行等单位开展党建联盟。组织会员参加“共建同心林、共画同心圆”植树、香牌制作传承传统文化、精英人才徒步、重阳节老会员走进江阴高铁站等同心活动5场。至年末,有小组4个,会员121人。

【组织建设】 2023年,江阴市知联会在市委统战部“星级支部”创建中,有3个组获评“五星级小组”,1个组获评“三星级小组”。推荐吴海兰参加无锡市无党派人士培训班,推荐胡笛赴河北雄安新区挂职锻炼,组织6名骨干会员、10名新会员参加市委统战部专题培训班。全年吸收新会员10人,均为本科以上学历,平均年龄33.5岁;新认定无党派人士4人。

【参政议政】 2023年,江阴市知联会在政协江阴市第十六届第二次会议上作“深入推进县域治理现代化,持续构筑平安稳定的铜墙铁壁”专题发言,提交集体提案13件、个人提案25件,有2篇调研报告获优秀调研报告三等奖,3件提案获评优秀提案。会员上报信息40余条,其中1条被无锡市政协录用,2条获评优秀社情民意信息。武传刚、刘丹、吴铭韬获评市优秀政协委员。年内,组织会员围绕市委“南征北战、东西互搏”战略纵深推进、“一湾一谷”建设、“科创江阴”行动计划、做好污染防治工作等提出意见和建议。与云亭街道挂钩结对,开展“五联五促”(联络促协商,定期联系有制度;联建促共建,双向助力见实效;联动促参政,定期座谈知民意;联督促民主,专题监督谋发展;联谊促服务,社会服务亮品牌)活动,深入调研工改专题,并在专题民主协商座谈会发言。围绕“追强逐绿向新而行——奋力建设一流特色现代化开放化工园区”重点课题,课题组实地调研,广泛征求意见,形成调研报告。在政协界别同心联盟活动中,开展调研活动6次,提出相关意见、建议和议政成果报告3篇。在与无锡市知联会“加快推进澄艺空间珠链计划,打响江阴文化建设品牌”课题的民主监督工作中,刘丹撰写相关调研报告。组织会员围绕加快工业园区升级改造、打造县域社会治理样板中加强社会心理服务体系建设、持续提升长江治砂工作实效、加快推进江阴智慧港口建设等,开展民主监督和专题调研活动等8次。有6名会员担任市民主监督员,提出建议3条。刘丹、胡笛、赵志坚、杨婧获评市优秀民主监督员。

【社会服务】 2023年,江阴市知联会参与县域社会治理,创新创优项目,为平安法治江阴建设保驾护航。由副会长刘丹牵头,在江阴市企业家协会设立无锡首个民营企业司法保护实践基地,搭建民营企业与司法机关沟通交流、反映民情桥梁;针对港口企业的行业特色,创建“港口+法治”委员联系界别群众创新实践基地,开展“送法进企业”等活动,服务并解决港口企业生产经营中所涉知识产权、商事合同等法律问题4个,提升企业法律意识,维护保障企业合法权益。在“三八”妇女节、“六一”儿童节、6月5日环境日、12月4日宪法日等重要节点,会内律师、法官、检察官分别前往江阴职业技术学院、南京理工大学江阴校区和部分街道、社区及中小学校等开展案例教学、模拟法庭等活动近20场,涉及未成年人保护、预防电信诈骗、婚姻家庭案例讲解等主题。5名会员获聘中小学校法治副校长,石雨薇获聘省妇联“我助妇儿康·妇儿权益维护与安全守护课堂”讲师,参与的“律护蓓蕾”法律服务获评省司法厅法律服务品牌。与陕西省延川县永坪镇第二小学签约励志公益基金助学协议,提供公益基金1万元,吴海兰捐给学校价值6500元的体育器材,15名会员分别与永坪镇第二小学贫困学生开展“一对一结对助学”活动。为澄江街道城中社区20户贫困家庭捐助价值6000元的物资,为社区居民开展义诊服务,10名会员坚持无偿献血,是年累计献血3200毫升。城建组持续开展“金秋助学”活动,为4名困难环卫职工家庭子女上大学捐助8000元;吴建明为市知联会捐赠会服150套。

(沈海燕)

江阴市关心下一代工作委员会

【概况】 2023年,江阴市关心下一代工作委员会(以下简称“市关工委”)落实中共中央办公厅、国务院办公厅《关于加强新时代关心下一代工作委员会工作的意见》和江苏省、无锡市、江阴市《关于加强新时代关心下一代工作委员会工作的实施意见》,全市各级关工委坚持党建引领,不断加强政治思想建设、组织队伍建设和制度机制建设,传承红色基因、建设校外教育辅导站阵地、预防和减少青少年违法犯罪、“五老”(老干部、老战士、老专家、老教师、老模范)关爱下一代工程等工作取得扎实成效。

【社会主义核心价值观教育】 2023年,江阴市各级关工委联合市文明办、教育局和市委老干部局、团市委等部门,在全市青少年中广泛开展“老少心向党,奋斗新征程”主题活动。开展“五老”宣讲二十大精神活动,全市268名“五老”宣讲员编写文稿192篇,宣讲320场,有10.75万人次听讲。开展“五老”主题教育优秀讲稿评选活动,评出一、二、三等奖44篇,其中《烽火祝塘,红色热土》等6篇获评无锡市优秀讲稿。举办“老少心向党,奋斗新征程”老少同台节目视频比赛,各镇(街道)、园区关工委报送节目视频24个,获江阴市级一等奖4个、二等奖9个、三等奖11个,江阴高新区关工委选送的《奇志少年徐霞客》获无锡市一等奖。开展校外辅导站优秀活动视频展播工作,各镇(街道)、园区关工委制作优秀活动视频35个,其中江阴高新区、利港街道关工委选送的视频获省校外教育辅导站优秀活动视频二等奖。开展主题征文活动,收到全市各中小学校关工委选送的征文稿382篇,评出市级一、二、三等奖135篇,其中市关工委、教育局关工委、中船澄西高级技工学校、市实验小学获无锡市主题教育征文比赛优秀组织奖。开展思想道德教育活动，各级关工委发挥“五老”优势，配合相关部门，依托校外教育辅导站等阵地广泛组织发动，市关工委与市人大机关党总支、市委老干部局联合举办老干部“真人图书馆”活动，徐海锋、高德明等老干部为青少年讲述亲历的奋斗故事。

【校外教育辅导站建设】 2023年，江阴市关工委持续深入推进校外教育辅导站建设，探索多种形式合作办站模式，协同融合新时代文明实践中心（站、所）建设，推进校站结合、企站结合，联建联办，巩固优化“校站结合”长效机制。继续开展示范总站建设，发挥辅导总站、中心站指导带动作用，提升辅导站质量，年内新桥镇、南闸街道辅导总站获评示范总站，累计建成9个示范总站。各辅导站坚持“五育”（德育、智育、体育、美育、劳动教育）并举，打造特色，培植品牌，开展思想道德教育、法治教育、智力教育、科技教育、才艺拓展、心理疏导、生命健康教育和劳动实践等活动，特色课程、活动品牌逐渐成熟，辅导站吸引力和生命力持续增强。是年，全市有“五老”志愿者1100余人、在职教师义工3348人、社会志愿者966人参与辅导站活动，各镇（街道）辅导中心站、村（社区）辅导站、家庭辅导站及企业“彩虹课堂”开展各类教育辅导实践3000余项、活动4972次，参与学生18万人次。

【预防和减少青少年违法犯罪】 2023年，江阴市关工委加强市、镇（街道）两级法治教育讲师团和法治副校长队伍建设，举办法治教育讲师团成员培训班，开展法治教育200余场，受教育青少年8.35万人次。与市法治宣传教育领导小组办公室、司法局、教育局、振强律师事务所联合举办第二届“振强杯”青少年法治教育读书征文活动。联合市司法局、公安局、法院、检察院、教育局组织编印《青少年法治故事》第三辑2500册，赠送中小学生学习。开展“一帮一”“多帮一”活动，帮教失足（问题）青少年，全市有241名“五老”志愿者组成帮教小组76个，结对帮教失足青少年67人，转化率97%。多方联动关爱困境、留守儿童、新市民子女等群体，与市慈善总会、“德爱之家”义工社联合开展“德爱同行，助学圆梦”爱心捐赠活动，向甘肃省武威市学生捐赠助学金、校服、书本和体育用品等，价值7万余元。各镇（街道）、园区关工委配合有关部门开展关爱活动，组织“五老”志愿者参与未成年人司法保护、社区矫正、社会观护、禁毒教育等工作，依法维护青少年合法权益，“五老”常态化参与净化网络空间、文化市场和网吧义务监督、校园周边环境整治等。推进关爱工作站建设，总结宣传推广申港、云亭、要塞、祝塘等派出所关爱工作站经验，市公安局在全省公安派出所关爱工作站推进会上作经验交流发言，在祝塘、新桥司法所试点建立关爱工作站。推进建设全市政法系统关工委，加强政法系统关工委班子队伍建设，完善制度，明确职责，定期召开工作推进会。

【企业关工委工作】 2023年，江阴市企业关工委召开全市企业关工委工作推进会，出台并落实《关于加强企业关工委组织建设的意见》，推进组织建设提升年活动，全年新建企业关工委48个。推进“五星级”示范企业关工委创建工作，有22个企业关工委申报创建。开展“青春逢盛世，奋斗正当时”青工专题教育，全市114个企业关工委组织专题教育71场次，受益青工5000余人。举办青工教育讲师团成员培训，提高宣讲水平。在南闸塞特精密刀具有限公司举行“开工第一课”青工专题讲座。推广精亚集团关工委“实践岗”经验，扎实开展以建立“实践岗”为载体的“岗位学雷锋，争当好员工”主题活动。深入开展以传思想、传技术、传作风为重点的师徒结对活动。企业“彩虹课堂”提质扩面，新增企业“彩虹课堂”14个，累计有68个。市关工委协同顾山镇关工委、圣华盾科技防护股份有限公司，向陕西省延川县贫困生捐赠校服200套。

【关工委自身建设】 2023年，江阴市关工委在全市开展“五有五好”（有组织、有队伍、有制度、有活动、有效果，领导班子建设好、骨干队伍作用好、制度健全执行好、活动经常效果好、积极探索创新好）基层关工委建设“三年巩固深化年”活动，有66个村（社区）申报“五有五好”基层关工委。召开市关工委成员单位联席会议第一次全体会议，明确各成员单位职责，落实工作任务。不断加强与社会组织联系和合作，召开与社会组织联系和合作第六次工作交流会，并在江阴徐霞客读书协会新建关心下一代工作合作点。组织各镇（街道）、园区、条线关工委开展调查研究，形成调研报告11篇，其中市检察院关工委、利港街道关工委报告分别获无锡市一等奖、省二等奖。召开纪念市关工委成立30周年暨首届“最美五老”志愿者表彰会，无锡市关工委主任缪根宝参会，无锡市委常委、江阴市委书记许峰到会讲话，会上表彰关心下一代工作先进集体96个、先进个人133人，工作标杆10个、工作品牌10个，“最美五老”10人、提名奖获得者20人。蒋士凡、蒋云南获评江苏省关心下一代“最美五老”。进一步加强宣传工作，全年在澄露网刊登信息2221条，连续15年获评《中国火炬》宣传工作标兵单位，获无锡市关工委宣传报道工作一等奖。

（周　红）

■类目编辑　成苏萍

法治·军事

政法委

【概况】 2023年,江阴市委政法委坚持以习近平新时代中国特色社会主义思想为指引,认真学习贯彻中共二十大精神,以政治建设为统领,加强党对政法工作的绝对领导,扎实开展平安江阴建设、法治江阴建设、政法队伍建设,多元调处矛盾纠纷,攻坚化解重点涉稳风险,有力维护社会稳定,为加快建设社会主义现代化县域示范、当好县域经济高质量发展的排头兵提供坚强政法保障。年内,江阴市群众安全感为99.5%,继续保持无锡市各区(县、市)第一名、全省前列。是年,市委政法委被无锡市委、市政府评为践行新理念、赋能新发展“平安无锡”先进集体。

【思想政治建设】 2023年,江阴市强化党对政法工作的绝对领导,落实党建主体责任,扎实开展第二批主题教育,创办“江阴政法学堂”并组织4期讲座,对全市政法系统中青年干警开展政治轮训。筹建政法系统政治忠诚教育馆,探索建设基层政法关工站。组织市政法系统班子成员开展政治忠诚剖析,对市法院开展政治督察暨纪律作风督查巡查、执法司法检查。

【维护社会稳定】 2023年,江阴市落实重点领域单位防线组织建设,筑牢国家安全人民防线。开展国家安全教育,新建云亭街道国家安全主题园等2个国家安全警示教育基地,制作国家安全宣传动漫,在5个天主教堂布设反邪教宣传展板,发放防范邪教读本2.7万余本。开展“信访问题源头治理三年攻坚”,从源头上减少矛盾纠纷。是年,初信初访一次性化解率为98.1%,初次信访量较2022年下降22.8%,下降幅度高于无锡市平均水平。

【平安江阴建设】 2023年,江阴市常态化开展扫黑除恶斗争,对违法犯罪行为保持凌厉攻势。开展打击治理电信网络诈骗“天网”“心盾”两大行动,侦办完成2件“千人级”回流案件,“天空一号”专案侦办经验被全国推广。落实“事故处理、深度调查、隐患整改、综合治理”全链条处置机制,开展农村道路交通安全隐患整改攻坚,组织群租房安全管理百日攻坚和流动人口集宿区整治“双月会战”,切实提升本质安全水平。

【基层社会治理】 2023年,江阴市印发《强化基层治理和民生保障行动方案》,推动矛盾纠纷多元化解“一站式”平台建设,完成镇(街道)综治中心规范化建设,构建村(社区)—综合网格—微网格—户四级“金字塔”式工作体系。加强严重精神障碍患者服务管理,开展社区矫正对象外出审批事项专项整治活动,推进“阳光回归”损害修复工程,配齐35名安置帮教专职社工,建成省级安置帮教基地——江阴通力安置帮教基地。与中国法治现代化研究院开展政研战略合作,成立中国法治现代化研究院基层社会治理江阴调研基地,为推动全市政法工作现代化提供智力支撑。

【法治营商环境】 2023年,江阴市实施“服务企业敢干、护航经济发展”书记项目,出台政法系统服务企业敢干十二条措施,设立民营企业司法保护实践基地,共建“澄心招商·司法护航”联盟,因企而异优化司法供给。出台《江阴市涉案企业合规侦、诉、审全流程协作配合工作办法》,深化涉案企业合规改革。深度融入美丽家园建设,审结环境资源案件252件,以恢复性司法推动生态修复,以法治手段提升蓝天碧水净土“生态颜值”。

【政法队伍建设】 2023年,江阴市纵深推进全面从严管党治警,刚性落实防止干预司法“三个规定”(《领导干部干预司法活动、插手具体案件处理的记录、通报和责任追究规定》《司法机关内部人员过问案件的记录和责任追究规定》以及《关于进一步规范司法人员与当事人、律师、特殊关系人、中介组织接触交往行为的若干规定》)等铁规禁令,严守新时代政法干警“十个严禁”,常态化开展警示教育,引导政法干警防微杜渐、警钟长鸣。打造政法干部人才队伍“选育管用”全链条机制,加大优秀年轻干部发现培养选拔力度,增强政法队伍精气神。是年,市检察院获评全国模范检察院;全省检察系统和江阴市开展“学习江阴市人民检察院活动”。

【服务保障“企业敢干”】 2023年,江阴市推动政法各单位加快数字化建设,打造“一站式”诉讼服务中心,开设公安“涉企综合服务窗口”,成立公共法律服务园区分中心,为企业提供便捷高效服务。运用预重整、重整等手段帮助和支持困难企业走出困境，深化“类个人破产”改革试点，为诚信创业失利者提供重新发展机会。依法严厉惩治侵犯企业合法权益的犯罪行为，开展涉企虚假诉讼和虚假仲裁专项整治，快侦快办快结相关案件，增强企业及经营者安全感。强化对侵犯企业权益行为的多重监督，灵活采取“活封活扣”“置换保全”等措施，最大限度减少对企业正常生产经营活动的影响，营造包容审慎的发展环境。

【多元化解矛盾纠纷】 2023年，江阴市构建市、镇（街道）、村（社区）三级贯通的矛盾纠纷多元化解平台，提供信访接待、矛盾调处等“一站式”服务，实现“小事不出村社、大事不出镇街、矛盾就地化解”。指导镇（街道）分批选派村社干部、专职网格员到法庭、派出所蹲苗锻炼，参与诉前调解、庭审旁听，提升依法化解矛盾纠纷的能力水平。推动专业力量常态下沉村（社区），帮助基层预防、化解矛盾纠纷，提升年轻政法干警的群众工作能力。制定《关于进一步做优做实专业性人民调解组织、专业性行政调解队伍和专业性审判团队对接联动工作的意见》，围绕交通事故、劳动争议等8个矛盾纠纷多发重点领域成立专业调解组织，实现司法调解、行政调解和人民调解“三专力量”有机融合、联动联调。

【中国法治现代化研究院基层社会治理江阴调研基地成立】 2023年12月19日，中国法治现代化研究院与江阴市政法系统签署战略合作协议，挂牌成立“中国法治现代化研究院基层社会治理江阴调研基地”。双方探索建立“政府+研究院”政法智库，共同研讨推进司法综合改革，建立疑难复杂案件研讨机制，深度开展人才培养和业务培训，联合开展课题调研，共同打造政法工作品牌。

（李细应）

公　安

【概况】 2023年，江阴市公安局认真贯彻落实市委、市政府和上级政法公安机关决策部署，紧扣打造全国全省现代警务先行区示范区目标，扎实推进攻防一体化实战改革，全力做好防风险、护稳定、保平安、促发展各项工作，为经济社会高质量发展创造良好环境。年内，市公安局1个集体、1名个人受到全国表彰，5个集体、23名个人受到全省表彰，综合绩效继续保持无锡市第一。

【维护社会安定】 2023年，江阴市公安局全面推进合成维稳体系运行机制，针对重点领域涉稳风险矛盾强排摸预警和分析研判，做到“早预警、早介入、早处置”，完成全国“两会”*、中国—中亚峰会、江苏发展大会、杭州第19届亚运会等系列重大安保任务。强化矛盾纠纷化解，坚持和发展新时期“枫桥经验”，做精做实矛盾纠纷多元调处机制，探索“社会力量+人民调解员+民辅警”的纠纷调解新模式，全年化解各类矛盾纠纷7179件，调解成功率98.97%。依托联动中心做实矛盾风险联合化解工作，召开矛盾风险专题会商会60余次，向相关镇（街道）及职能部门交办矛盾纠纷调解556件，推动化解各类风险事件63件。强化群租房安全整治，全面开展群租房安全管理“五个一”（一房、一图、一账、一通道、一套安全设施）百日攻坚行动，结合“精网微格”工作，全量整治各类隐患，控增去存群租房1675户，整治安全隐患1088处，畅通第二生命通道1890处，办理涉出租房治安案件206件、消防案件16件、燃气案件9件。2—3月，组织开展流动人口集中住宿区整治“双月会战”，明确管理责任落实率、治安责任落实率、重点隐患整治率、实有人口登记率等指标100%落实，核查流动人口3.9万人，配齐配全各类消防设施3.54万个，新增技防设施1905套，打造品牌示范样板34处，全市202个流动人口集中住宿区居住环境、治安秩序、安全水平得到大幅提升，相关警情数、刑事发案数、纠纷数比2022年大幅下降，相关工作成绩得到无锡市委书记杜小刚等领导批示肯定。强化重大活动监管，响应市委、市政府和各界让经济社会“活起来、热起来”的目标，强化大型活动底数排摸和前置审核，统筹抓好政治风险和安全风险防范控制，完成市“两会”、高铁通“澄”梦想起航演唱会等204场大型活动安保任务。

【维护社会治安】 2023年，江阴市公安局深化主战主攻机制改革，升级改造合成侦查中心，落地落实分级分类办案制度，提升打大打新打集群能力，并通过组织开展夏季治安打击整治等系列专项行动，不断增强打击效能，全年抓获犯罪嫌疑人7934人，破获刑事案件4450件，破案率69.7%，比2022年增加10.7个百分点，破案绝对数和破案率均居无锡市第一。其中，八大类案件保持全破，盗窃案件破案率82.9%，24小时抓获率64%，侦破“蓝天商厦”特大养老诈骗案、国内首例“画皮”虚拟币钱包诈骗案、涉案40余亿元的特大非法买卖外汇地下钱庄案，破获的“秦某等人侵犯公民个人信息案”被公安部网安局评为打击侵犯公民个人信息犯罪十大典型案例，破获“802”特大制毒专案，并受到公安部通令嘉奖。加强城乡巡控处突，做大做强主城区高等级警务工作站，实现主城区“一站四所”（澄江警务工作站，君山、城中、要塞、西郊4个派出所）全覆盖，警务站未覆盖地区加快推进“巡处专业队”建设，围绕“又快、又多、又好”要求做优实战运行，全市黄标及以上重大警情平均到场时间比2022年缩短1分钟；城区黄标及以上重大警情平均到场时间比2022年缩短1分40秒。全年违法犯罪警情、刑事立案数量比2022年分别下降4.89%、21.2%，抢劫、抢夺、盗窃、扒窃等可防性案件发案比2022年下降4.64%。

【交通管理】 2023年，江阴市公安局统筹抓好预防事故保安全、规范执法护稳定、便民利企促发展、从严治警强队伍等工作，为打造县域治理现代化示范创造安全稳定的道路交通环境。全年道路交通亡人事故数、亡人数分别为137件、138人，比2022年分别下降5.5%、4.8%，全市道路交通安全形势总体平稳。排查整治道路风险隐患，牵头发挥市道路交通安全生产专业委员会职能，围绕“人、车、路、企”关键要素，推进重大道路交通安全事故隐患专项排查整治行动、农村道路交通安全专项整治行动、道路交通安全专项整治“七项攻坚”(人行横道关爱工程、重点隐患治理、电动自行车整治、违规占道施工整治、交通设施提升、交通安全宣传教育、高速公路交通安全)行动,完成省、市、县挂牌督办25处交通事故多发点段治理及“人行横道关爱工程”中20条重点人行横道、720条人行横道交通安全提升,华士镇、周庄镇、长泾镇、徐霞客镇4个事故预防攻坚重点镇道路交通事故亡人数比2022年分别下降31.3%、0、64.3%、25%。全覆盖走访“两客一危一货”(公路客运、旅游客运、危化品运输车辆及重型货车)等重点运输企业,累计检查企业2374个,约谈319个,背景审查重点驾驶人4.75万人次,调整驾驶员岗位53人,注销易肇事肇祸精神病患者、毒驾人员驾驶证17本,对127个存在一年内2次以上超载的货运企业负责人罚款25.4万元,会同交通运输部门对交通安全主体责任缺失的7个企业进行事故联合调查,对4个企业、2名企业负责人、2名企业安全员罚款15万元。梯次开展交通安全“春季守护行动”“夏季整治行动”“冬季整治行动”,全市12个整治点联勤夜查,1个公安检查站、1个固定治超站、1个高速公路服务区警务站24小时查控,200名交警铁骑动态巡防,强化路面布警、临查临检和亮灯警示,综合运用不停车称重系统、查缉布控系统等科技手段,累计查处各类交通违法142.45万件,现场查处58.6万件,比2022年分别上升54.28%、46.27%,其中酒驾醉驾2584件,“三超一疲劳”(超速、超员、超载和疲劳驾驶)违法行为9336起。攻坚治理两类重点车辆(工程运输车、电动自行车),开展电动自行车交通安全集中整治“百日行动”,全年查处电动自行车违法41.75万起。针对工程运输车,部署开展工程运输车整治“百日行动”,牢固树立“查源头胜过查路面”理念,紧盯交通安全、工地源头、企业源头三个方面,会同交通运输、城管、住建部门加强联合监管,通过采取情况大起底、风险大研判、违法大整治、社会大宣传“四大措施”,全面树立工程运输车管理“江阴规矩”,全年查获工程运输车交通违法15563件。推广线上道路交通事故快处新机制,依托“e路通”交通事故处理服务平台,实现车损及轻微伤交通事故视频快速定责理赔处置,时间缩短至5分钟,日均处理事故110起,占轻微交通事故总量的93.7%。启动城区六路(环城北路、环城南路、环城西路、环城东路、延陵路和毗陵路)品质提升工程,落实局部拓宽改造、增设非机动车道、优化人行横道等措施。在城区商超、医院、农贸市场、夜经济圈、学校周边新增停车泊位2700个。建成全市交通信号控制中心,对城区100个交通信号灯控路口进行交通优化,对600余个点位交叉口进行精细化交通设计,推进长江路大桥北路口东进口、环城南路通江路口东进口可变车道建设,实现快速路车均延误指数、干线停车延误次数、拥堵警情“三下降”及高峰平均车速、路口通行效率“两上升”。加强交通安全宣传教育,开设交通安全宣传员机器人账号,入驻全市818个百人以上网格群,定期自动发布交通宣传资讯,扩大宣传辐射效应。面向一老一少、电动车等重点群体,组织开展“美丽乡村行”“小手拉大手,骑乘戴头盔”等系列主题宣传活动2383场。年内,建成道路交通安全主题体验馆,强化对不同交通参与群体的具象化、互动式、精准性宣传,央视《开学第一课》栏目在该馆取景拍摄,全国农村交通安全管理工作现场会“无锡—苏州”观摩组专程到该馆考察参观。

【出入境管理】 2023年,江阴市受理审核公民因私出国(境)申请87966人次,其中因私出国36399人次,赴中国香港、中国澳门51125人次,赴中国台湾442人次。受理审核境外人员申办各类签证、证件717份,其中停留证件71份,签证延期及换发82份,居留许可507份,补换发台胞证57份;登记境外人员临时住宿12182人次;常住江阴市境外人员998人。处置各类涉外案事件40件,其中“三非”(非法就业、非法入境和非法居留)案件21件,其他出入境行政案件6件,妨害国(边)境刑事案件10件,其他刑事案件1件,其他案(事)件2件;查处“三非”外国人32人,其中非法入境1人、非法居留10人、非法就业21人;移诉妨害国(边)境管理嫌疑人39人,办理专案2件。公安政务服务方面,推出全省首个公安政务向村(社区)延伸服务点——周庄山泉村“太湖e警”综合服务点,设无锡市首个外国人来华服务专窗,持续牵头开展优化营商环境、警企联络等助企纾困专项行动,得到公安部、省公安厅、无锡市公安局各级领导的好评。

【户籍管理】 2023年,江阴市规范推进户口迁移“跨省通办”。对照江苏省公安厅《全国户口迁移业务跨省通办》目录,对开通地区人员一律按新模式办理,尚未开通地区按原模式办理,防止发生因受理模式不对等造成业务无法正常办结问题;组织派出所对在办业务“日清日结”,每日进行监测提醒,防止出现超时限通报问题。年内办理“跨省通办”户口8175本。优化落实“太湖e警”便民服务,江阴市24个户籍派出所的户政管理人员学习无锡市《关于认真做好“太湖e警”平台各类户籍业务办理工作的通知》《工作提示(太湖e警户籍业务)》等规范性文件,熟练掌握户口登记业务网上“不见面”办理的工作机制、业务口径、工作流程,以及“窗口亮证办”“线上委托办”等“免提交”办理的操作要领,准确把握受理、审核相关业务中的标准,确保“太湖e警”网上受理户口登记事项“应受尽受、能办尽办”,年内通过“太湖e警”网上办理户口业务115件次。不断强化户籍信息清理攻坚,紧盯户籍人口主项相关信息采集率100%的考核目标,加强对16周岁以下户籍人口父母或监护人信息、18周岁以上户籍人口相片信息等关键信息的采集维护。开展待领取居民身份证集中清理工作,厘清底数,明确流程,建立多种途径通知及定期跟踪制度,证件发放率提升至84%。开展无户口人员排查和落户问题“回头看”攻坚清零行动,核查出“一标三实”(标准地址,实有人口、实有房屋、实有单位)系统登记“无证人员”

及未落户人员41人，经督促提醒、政策宣传后，落户39人，核查注销离开江阴市2人，实现已发现无户口人员“清零”目标。

【车驾管服务】 2023年，江阴市公安局推行交管服务“马上办、网上办、就近办、一次办、自助办”，全年办理机动车业务49.3万笔、驾驶证业务13.8万笔。年内全市新增汽车4.32万辆，汽车保有量63.27万辆（其中新增新能源汽车1.57万辆，新能源车保有量4.41万辆）；新增摩托车4107辆，摩托车保有量5.65万辆；新国标电动自行车上牌3.3万辆；新增汽车驾驶人2.32万人，总数75.38万人；新增摩托车驾驶人1.69万人，总数23.56万人；年检车辆31.2万辆。建成车管所一站式智慧上牌区，变“现场预登记—查验”的传统查验流程为“手机扫描二维码—预录入—查验”，车主从进入查验区到查验结束只需要10分钟，日均新车上牌220辆。

【攻守兼备打好反诈“组合拳”】 2023年，江阴市公安局组织开展打击治理电信网络诈骗“天网”“心盾”两大行动，实体化运作专项办、研判打击、技术预警等“一室五组”，打、防、治三条战线取得成果。织密“天网”，全年破获案件953件，抓获犯罪嫌疑人2526人，50万元案件、100万元案件破案率分别为87.5%、100%，比2022年分别提升24.5个、44.4个百分点，打掉2个“千人级”诈骗团伙。抓获“回流”对象采取强制措施848人，打“回流”经验被公安部发文推广。全年返还涉案资金4361万元。筑牢“心盾”，组建1000人的“心盾劝阻队”，基层派出所“心盾宣教室”全覆盖，开展常态化、全覆盖、反复式宣防工作，组织集中宣讲2万余场次，到1.37万个个体工商户上门宣防，企业财会、高校师生群体、涉诈重点需宣防人员宣防进度分别为99.97%、99.19%、99.39%，群众反诈宣传知晓率在无锡市领先，江阴市电诈警情、发案数比2022年分别下降29.1%、26.8%。联管共治，将打击防范电信网络诈骗纳入人大代表议事厅活动，作为主题教育重点调研课题。落实联席会议制度，牵头成员单位在内部监管、线索传递、数据查询、条块宣传等领域持续发力。开展“两卡”（手机卡、银行卡）犯罪治理，累计打掉“两卡”违法犯罪团伙85个，抓获违法犯罪嫌疑人1364人。

【建成全省首个“知识产权保护服务前哨”】 2023年，江阴市公安局以“警企服务直通车品牌”为抓手，率先在全省打造首个专人入驻、覆盖高新产业集聚区的“知识产权保护服务前哨”。以“快维权、快协调、快服务”工作机制为牵引，实行实体化动作、嵌入式办公、问诊式服务，直接受理案件、登记举报线索、提供法律服务，切实维护企业合法权益，助力打造最优营商环境，为全市经济高质量发展提供更加坚实保障。年内，为企业提供法律服务230余次，受理侦办知识产权类案件12件，帮助企业挽回损失5000余万元，中央、省级媒体专题报道。

【公安政务服务向村（社区）延伸办理点】 2023年，江阴市公安局全面深化行政管理服务体系改革，探索公安政务服务向村（社区）延伸，在周庄镇山泉村创新建立全省首个公安政务服务向村（社区）延伸综合服务点——山泉村“太湖e警”综合服务点，将公安政务融入社区，因地制宜贴近群众、企业办事需求，实现就近办、错时办、自助办，让群众在家门口享受更贴心、更智慧、更便捷的公安政务服务。5月底，公安部副部长、国家移民管理局局长许甘露到江阴市调研，对相关做法予以充分肯定。年内，新增南京理工大学江阴校区警务室、金童警务室、长寿中心警务室、文林警务室4个服务点。

【110报警服务电话与12345政务服务便民热线对接联动】 2023年，江阴市公安局积极融入社会治理创新和智慧城市运行大局，把110报警服务电话与12345政务服务便民热线对接联动作为深化公安改革、建设现代化警务的重要目标，率先推动两条热线协同运作，组建专门团队、明确职责边界和流程规范，实现“平台打通、流程走通、交流畅通、联动部门无条件贯通”，有效缓解长期以来非警务类来电占用警力资源的难题，并通过优化平台架构和力量机制，逐步由“线下对接”向“双向推单”升级，以“双向奔赴”型为民服务机制，实现民意诉求件件有着落、事事有回音。

【“智慧新刑技”转型升级】 2023年，江阴市公安局以专业化、规范化、信息化、职业化为发展方向，推动“智慧新刑技”转型升级，不断提升侦查破案能力水平。以“1+6”模式（刑警大队建立电子物证检验实验室，周庄镇、青阳镇、长泾镇、澄江街道、江阴高新区和临港经济开发区6个合成侦查中队分别建设成分中心）构建刑侦电子物证实验室，声纹比对技术应用效果显著，成为刑事技术支撑打击破案新的增长点；影像实验提质赋能，助力案件24小时合成快速反应；丰富专业技术人才储备，提出多个贴近实战的革新与发明。是年，在全国公安机关刑事科学技术室能力验证中，市公安局刑事科学技术室6项大项、10项小项全部以最高等次“满意”通过，为全国县级公安机关之最。

（朱　斌　胡　娟）

检　察

【概况】 2023年，江阴市检察院坚持以习近平新时代中国特色社会主义思想为指导，深入贯彻习近平法治思想，认真落实市委和上级检察机关决策部署，坚持为大局服务、为人民司法、为法治担当，履职尽责、创新进取，各项工作取得新进步。全年办理刑事、民事、行政、公益诉讼等各类案件4728件，14件案件入选全国、全省典型案例，15项经验做法在全国、全省检察系统推广，223个案例被新华社、中央电视台等中央媒体报道，蝉联全省“五好”基层检察院，并被人社部、最高人民检察院联合授予第十届“全国模范检察院”称号。

【刑事检察】 2023年，江阴市检察院迭代升级侦监协作机制，实质化做好检警制约监督和协作配合，入选全省检察改革创新培育项目，获无锡市政法创新项目二等奖。严守客观公正立场，既做犯罪的追诉者，又做无辜者的保护者。加强侦查监督,监督立案撤案涉及对象 115 人,纠正漏捕漏诉 58 人,纠正侦查活动违法 81 件,介入重大疑难案件侦查 230 件,促进提高司法规范化水平。强化刑事审判监督,提起、提请抗诉案件 9 件。办理的史某等人开设赌场抗诉案,入选全省检察机关认罪认罚典型案例。常态化开展“冒用身份被判刑”审判监督活动,提请再审抗诉案件 2 件,同步出台身份信息核查工作规范,强化源头防范。相关做法被新华社内参刊发,分别被中央政法委、最高人民检察院、江苏省委主要领导批示。守好刑罚执行“最后一公里”,联合开展清理判处实刑罪犯未执行刑罚专项监督行动,124 名罪犯被依法交付执行,有力维护司法权威。

【民事行政检察】 2023 年,江阴市检察院贯彻落实精准监督理念,审查办理各类民事行政监督案件 304 件,提请抗诉、发出再审检察建议 6 件,实质性化解行政争议 20 件。重点办理民间借贷、建筑行业等虚假诉讼高发领域案件,涉案金额 1000 余万元。利用检察鉴定技术证实关键证据作假,帮助一虚假诉讼被害单位追回欠款 330 余万元,该案获评最高人民检察院民事检察监督典型案例。依托“府检联动”,强化行刑反向衔接,就不起诉案件向行政执法部门制发检察意见书 241 份,督促给予行政处罚 263 人次,避免出现“不刑不罚”。加大对履行监督职责中发现的行政机关违法行使职权或怠于行使职权行为的“穿透式”监督,发出检察建议 17 份,均获采纳,助推依法行政。

【公益诉讼检察】 2023 年,江阴市检察院立足公益诉讼“督促之诉、协同之诉”职能定位,围绕国有财产保护、生态环境和资源保护、公共安全等领域办理公益诉讼案件 139 件,发出检察建议 37 份,挽回国有资产损失 5000 余万元。聚焦市委、市政府关注的噪声污染、燃气安全、交通安全等重点领域,联合市人大办、政协办等单位,共同开展专项监督,推动源头治理。探索“六长出题”(根据江苏省检察院部署,市、县两级检察院围绕党委政府关注的问题、代表委员关心的议题、政法工作的重点,主动请求地方党委书记、政府首长、人大主任、政协主席、政法委书记、检察长出题,开展公益诉讼检察工作,以解决实际问题)工作,经市委主要领导出题、挂钩攻坚,长达 8 年的高层消防安全问题得以彻底解决,该案入选“党委书记出题”全省检察公益诉讼典型案例。拓展升级公益保护“朋友圈”,推行“网格 + 公益”工作机制,选聘 39 名专职网格员担任“益心为公”志愿者,协助检察机关调查取证 50 余次,发现公益损害线索 41 条,立案 39 件,为公益保护赋能增效。

【维护社会安全稳定】 2023 年,江阴市检察院贯彻总体国家安全观,依法批捕各类犯罪嫌疑人 569 人,起诉 2843 人。始终保持对恶性犯罪的高压打击态势,起诉故意杀人、强奸等严重暴力犯罪 40 人。严厉打击群众反映强烈的黄赌毒、盗抢骗犯罪,批准逮捕 373 人,起诉 1361 人,高效办理涉案资金 1 亿余元的“卡卡湾跨境网络赌博案”,起诉 13 人。遏制新型毒品、软性毒品蔓延,谨防麻醉药品、精神药品成为传统毒品替代物,起诉涉麻精药品(麻醉药品和精神药品)、毒品犯罪 18 人。依法惩治重大责任事故、重大劳动安全事故等危害安全生产犯罪 17 人,守牢城市安全生命线。

【优化法治营商环境】 2023 年,江阴市检察院坚持“法治是最好的营商环境”理念,出台护航“企业敢干”实施意见。会同市工商联开展“访百企”调研活动,走访 255 个企业,收集意见建议 63 条,推动解决征信恢复等一批涉法涉诉难题。依法打击侵犯企业合法权益犯罪,为企业挽回经济损失 1.2 亿余元,办理的荣某等 3 人职务侵占案入选全省检察机关营造法治化营商环境典型案例。在全省率先探索知识产权刑事侵权优先赔偿制度,明确民事赔偿责任优于刑事追缴,为被害企业争取赔偿款 245 万元。强化综合履职,促成无锡首例知识产权领域刑事附带民事诉讼,努力修复受损法益。1 名干警获评国家版权局查处重大侵权盗版案件有功个人。深化涉案企业合规改革,建立侦、诉、审全流程合规及行刑合规互认等机制,涉案企业合规整改后贡献税收约 1.5 亿元,新增就业岗位 500 个以上。

【助推美丽江阴建设】 2023 年,江阴市检察院持续践行“绿水青山就是金山银山”理念,全面落实市人大《关于扎实推进美丽江阴建设的决议》,办理破坏生态环境资源犯罪案件 18 件涉 40 人,依法对某公司偷排生产废水 4 万余吨污染案提起公诉。以恢复性司法推动生态修复,督促追缴到位生态修复赔偿金 690 余万元,彰显“恶意破坏环境当受重罚”的导向。守护一江碧水,重点对破坏长江流域生态环境、岸线资源的违法行为开展监督 83 次,深入推进长江船舶污染专案办理,督促清除岸坡垃圾 700 余吨,推动长江船舶污染物接收、转运、处置闭环规范管理,实现长效常治,该经验做法获最高人民检察院领导肯定。深入推进高速公路桥下空间专项监督,推动解决违规堆放、私搭乱建等问题,恢复桥下空间数千平方米。深化上下游、左右岸协同共治,与常州市检察机关建立环资领域公益诉讼工作协作机制,为锡常(无锡市和常州市)协同发展先行区生态协同建设凝聚法治合力。

【办好民生案件】 2023 年,江阴市检察院重拳惩治电信网络诈骗,起诉 266 人,涉案金额 3.5 亿元。依法办好最高人民检察院、公安部联合挂牌督办的“6·16”特大缅北电信网络诈骗案,批捕幕后“金主”5 人,起诉团伙成员 153 人,相关经验做法被最高人民检察院充分肯定,并被全省推广。在办理虚构药效诈骗 6000 余名老人案件中,精准认定诈骗金额,最终主犯获刑 12 年,被央视《今日说法》栏目专题报道。坚持“应追尽追、应退尽退、应赔尽赔”,全力挽回群众经济损失,在办理“蓝天商厦”特大养老诈骗案中,追赃挽损 1.1 亿元。瞄准非法提供个人信息、非法支付结算等上下游犯罪,彻底斩断犯罪链,起诉关联犯罪嫌疑人 255 人,对一名利用虚拟币平台非法转移 1100 余万元网络犯罪资金的被告人提起公诉,守护好群众“钱袋子”。

【做好为民实事】 2023年，江阴市检察院守牢司法为民"初心"，成立"检爱"志愿服务队，推出"检护夕阳"等9项为民服务项目，下沉社区、企业、学校开展文明创建、普法宣传、平安护学等志愿服务活动64次，获评江阴市最佳志愿服务组织。持续提升便民利民服务效能，开通"云接访""云救助""云监管"等线上平台，实现"让数据多跑路，让群众少跑腿"。保护老弱病残等弱势群体权益，运用支持起诉帮助54名农民工、老年人追讨劳动报酬、赡养费、人身损害赔偿等730余万元。聚焦妇女人身和人格权益保障，在打击犯罪的同时，检、警联动帮助被害智力障碍妇女与失散15年的家人团聚。

【未成年人保护】 2023年，江阴市检察院从严打击侵害未成年人权益犯罪，批捕60人，起诉50人。积极落实教育、感化、挽救方针，对犯罪情节轻微、认罪悔罪的33名未成年犯罪嫌疑人作出不起诉决定。建设江阴市未成年人司法保护工作站，搭建"帮教阵地+保护中心+服务点位"的罪错未成年人分级干预保护平台，开展技能培训、心理辅导、行为干预等97次，帮助迷途少年按下人生"重启键"。打造"澄爱护苗"未成年人刑事检察品牌，"空中法治课堂"获评全省检察机关精品网课。以司法保护助推家庭、学校、社会、网络、政府保护形成"化学反应"，家庭教育指导工作获全国人大监察和司法委员会肯定，"澄爱护苗"强制报告项目获评法治江阴建设惠民实事优胜项目。在"最江阴"App(智能手机的第三方应用程序)上线运行未成年人综合保护平台。

【助力反腐败斗争】 2023年，江阴市检察院助力打赢反腐败斗争攻坚战、持久战，完善监检衔接，与市监委会签署协作办案备忘录，深化职务犯罪"专人专岗"全省试点，不断提升案件办理质效。受理监委移送职务犯罪案件21件21人，依法办理江阴高新区青阳工业园区原党委书记陈某等职务犯罪案件，有效惩治群众身边的"蝇贪蚁腐"。查办司法机关工作人员侵犯公民权利、损害司法公正犯罪，立案侦查2件3人，维护司法公信力。结合办理的酒精检测舞弊帮助醉驾人员逃避刑责案，向公安机关制发检察建议，参与推动无锡市全市规范血液酒精检测启动、复核流程，完善内部监督管理，经验做法获最高人民检察院推广。

【协同推进轻罪治理】 2023年，江阴市检察院适应刑事犯罪结构轻型化的新变化，坚持办理与治理并重。强化政法协同，由市委政法委牵头，联合政法系统各单位在全省率先成立江阴市"一站式"轻罪治理中心，出台轻罪案件办理配套意见，优化提前介入、繁简分流等办案机制，轻罪案件办案周期平均压缩44%。整合全市阵地资源，设立主题鲜明的轻罪治理实践基地，承担矛盾调解、公益服务、观护帮教等职能，139名涉案人员接受惩戒体验和教育帮助，推动"违法者"主动向"护法者"转变。相关经验做法被最高人民检察院、省检察院推广，并获评无锡市法治建设创新项目，被《法治日报》《检察日报》等中央媒体报道13次。

【多元推进矛盾化解】 2023年，江阴市检察院坚持和发展新时代"枫桥经验"，综合运用领导包案、检察听证、司法救助等方式，做好风险防范和矛盾化解工作。深入贯彻宽严相济刑事政策，推行轻伤害赔偿保证金提存机制，促进双方当事人和解。注重运用司法救助修复社会关系，促进社会内生稳定。将公开听证作为矛盾化解的"加速器"，以"看得见、听得到"的方式最大限度赢得人民群众信任。全年开展检察听证86次，对153名刑事被害人发放司法救助金158万元，化解涉法涉诉矛盾69件，切实将矛盾化解在检察环节，做到矛盾不上交、不升级。

【系统推进诉源治理】 2023年，江阴市检察院坚持"办理一案、治理一片、惠及一方"，制发风险提示函28份、社会治理检察建议19份，堵塞治理漏洞。针对医保基金监管、麻醉精神类药品失管问题，向职能部门分别制发检察建议，促推完善医保监管、医疗机构合理用药考核以及处方监控联动等机制建设，其中1份检察建议获评全省优秀社会治理检察建议。创新打造普法新通道，上线"崇法课堂"，形成群众"点单"、检察院"接单"的菜单式法律服务模式，开展毒品预防、反诈等法律宣讲23次，促进全民法治观念养成，引领社会治理新风尚。

（吕 雅）

法 院

【概况】 2023年，江阴市法院坚持以习近平新时代中国特色社会主义思想为指导，深入贯彻习近平法治思想，忠实履行宪法法律赋予的职责，全面深化高质量司法实践。全年受理案件45503件，审执结41211件，比2022年分别上升25.17%和25.72%；审判10项考核指标全部位居无锡市前列，4项核心指标全部跃升全省法院前十，其中审限内结案率全省第一，一审服判息诉率、超12个月未结诉讼案件比居无锡市第一；执行12项考核指标中10项位居无锡市前三，核心指标实际执行到位率位居无锡市第一，审判、执行质效综合排名双双跃居无锡市第一。是年，市法院获无锡市级及以上集体荣誉12项、个人荣誉41项。

【维护社会安全稳定】 2023年，江阴市法院认真贯彻总体国家安全观，审结刑事案件2135件涉3223人。依法严惩故意伤害、抢劫、盗窃、抢夺等多发性严重暴力和侵财犯罪，审结此类案件388件503人。严厉打击严重危害社会治安犯罪，审结非法制造枪支、非法持有枪支案件19件19人。严厉打击经济犯罪，审结非法吸收公众存款、组织领导传销活动等犯罪案件7件12人，涉及集资参与人、参与传销活动人员2200余人，涉案金额3.84亿元。始终保持对电信网络诈骗犯罪的严打高压态势，从快审结缅北回流人员跨境电信网络诈骗案件76件264人。参与"断卡"专项行动(在全国范围内开展，为了打击治理电信网络新型违法犯罪，依法清理整治涉诈银行卡、电话卡、物联网卡以及关联互联网账号的行动)，审结帮助信息网络犯罪活动、侵犯公民个人信息等犯罪案件177件281人。坚决铁腕反腐，审结贪污、贿赂、渎职犯罪案件 22 件 24 人,1000 余名人大代表、政协委员以及部门、镇(街道)工作人员到院旁听职务犯罪案件庭审。突出对未成年人的特殊保护,审结未成年人犯罪案件 16 件 17 人,对 12 名未成年人犯罪记录予以封存,开展家庭教育指导 10 余次;联合市公安局、检察院、司法局打造江阴市城东未成年人司法保护工作站和未成年人一站式办案中心,共同护佑未成年人健康成长。是年,江阴市法院刑事审判庭获评全省法院系统先进集体。紧盯区域金融风险,审结金融纠纷案件 2008 件,涉案标的 31.73 亿元,与人民银行江阴市支行、市金融局、市司法局等单位建立常态化联席会议机制,共商共议重大金融纠纷事件。密切关注群体性劳资纠纷动态,协助指导稳控 10 起;提前介入处置并成功化解 2 起,涉及劳动者 130 余人。强化行政争议实质性化解,审结行政诉讼案件 242 件、行政非诉审查案件 121 件,充分利用调解、庭外和解等柔性方式弥合分歧,案件调解撤诉率 28.65%;推动行政机关负责人出庭出声出效果,行政机关负责人出庭应诉率 95%。

【多方联动化解矛盾纠纷】 2023 年,江阴市法院统筹各方力量,整合优势资源,打造融合式解纷体系。在市法院华士法庭劳动争议调裁中心设立"江阴市总工会驻人民法院职工法律援助站""江阴市法律援助中心驻劳动争议调裁中心工作站",推动设立"江阴市劳动关系联合调处中心",完善"法院+工会+司法+人社+仲裁"防治调裁审全链式体系,该经验做法被《人民法院报》头版报道,得到江苏省高级人民法院领导、江阴市委主要领导批示肯定,获评法治江阴建设惠民实事优胜项目,获"无锡市政法工作创新奖"。市法院徐霞客法庭金融纠纷调裁中心加强与市城运中心联动协作,借力其"一网统管"优势,以信息化赋能金融审判。成立道路交通事故纠纷调裁中心,推行专业化集中审理,并与市医疗保险基金管理中心、社会救助基金管理单位加强对接,推动一次性解决社保追偿、救助基金追偿事项。设立 3 个人大代表、政协委员调解工作室,借力代表、委员的影响力和协调力,化解矛盾纠纷 461 件。以党建为纽带深化"法院+"多元解纷格局,牵头 21 个部门、镇(街道)、学校、企业及行业协会党支部,组建党建联盟 10 个,合力化解医疗、教育、住房等民生领域矛盾纠纷,其中"法育未来"党建联盟获评江阴市示范党建联盟。

【优化法治营商环境】 2023 年,江阴市法院树牢"法治是最好的营商环境"理念,公正高效审结商事案件 16072 件,涉案标的 134.39 亿元。平等保护各类市场主体合法权益,审结涉企买卖、中介、委托等合同纠纷案件 3932 件。全面保护股东知情权、股东身份权、股东利润分配权等股东权利,审结股东权益纠纷案件 376 件。加大知识产权司法保护力度,审结知识产权案件 564 件,规范注册商标使用行为,审结商标权权属、侵权纠纷案件 149 件;强化公平有序竞争,审结不正当竞争纠纷案件 21 件。推出司法保障"企业敢干"18 项措施,在江阴市企业家协会设立"民营企业司法保护实践基地",因企而异优化司法供给。健全危困企业分类处置机制,审结破产案件 119 件,联动审执结相关个案 1600 余件,化解债权 370 亿余元,盘活土地房产 186 万余平方米,安置职工 5500 余人。探索建立破产合规机制,对重组成功企业扫清历史遗留,助力招商引资和产业升级,相关机制形成的理论成果被最高人民法院机关刊物《人民司法》采用。与市财政局、商务局、司法局、金融局共建"澄心招商·司法护航"联盟,打破信息壁垒,深化协作联动。召开江阴市首届破产案件资产推介会,与阿里资产等平台签约共建全省首个基层法院"重整投融资平台",推动困境企业财产和重整价值最大化。在全省法院破产审判工作会议上,市法院作为唯一的基层法院作经验交流。是年,市法院优化营商环境的经验做法被《人民日报》《人民法院报》和"学习强国"平台等媒体报道。

【护航美丽江阴建设】 2023 年,江阴市法院深入践行"绿水青山就是金山银山"理念,审结环境资源案件 282 件。严厉打击污染环境违法犯罪行为,审结中央第二生态环境保护督察组交办的江苏远泽电气有限公司超标排放重金属污染物案和江苏复兴船舶有限公司倾倒危险废物案,前者入选全省法院环境资源审判典型案例。严厉惩处违法占用耕地、永久基本农田行为,2 件非法占用农用地案入选全省涉刑土地矿产违法典型案例。加强生物多样性保护,审结非法狩猎和非法收购画眉鸟、穿山甲等危害珍贵濒危野生动物案件 10 件。深化生态系统跨域协同治理,与常州市天宁区、经开区法院联合制定实施意见,加大司法保障锡常(无锡市、常州市)协同发展先行区建设力度;与镇江市京口区生态环境局等 10 个单位召开联席交流会,完善要案会商、问题联破、成果共享等工作机制;与镇江市检察院等 4 个单位共建"碧水江洲·长江(扬中段)水生态资源司法修复基地",打造集生态修复、科普教育、综合治理于一体的司法保护综合性平台。深化恢复性司法实践,组织开展植树复绿、增殖放流活动,以法治手段提升蓝天碧水净土"生态颜值"。

【强化民生司法保障】 2023 年,江阴市法院坚持法理情有机融合,审结婚姻家庭、劳动争议、医疗、住房等民生案件 6504 件。优化诉讼服务品质,启用新建的诉讼服务中心,集诉讼引导、登记立案、诉讼保全等 10 余项辅助性事务于一体,实现"一次办好";推行"互联网+"升级自助诉讼服务功能,网上立案 12733 件,有效减轻群众诉累。设立驻云亭街道物业纠纷巡回法庭,通过先行调解、巡回审判、示范裁判,优化"家门口式"诉讼服务。开展"审务进基层、法官进网格"活动,与 273 个基层网格结对挂钩,参与矛盾纠纷源头化解 200 余次,快调快处涉诉矛盾纠纷 18133 件。强化特殊困难群体救助帮扶,向 38 名特困申请执行人发放救助款 55.9 万元。各法庭积极向基层一线延伸司法服务触角,其中,市法院周庄法庭"巡回法庭+协商议事"项目获"法治无锡建设惠民实事工程优秀奖"。

【兑现胜诉权益】 2023年,江阴市法院坚决攻坚执行难,执结案件11000件,执行到位57.07亿元,执行核心指标有财产可供执行案件法定审限内执结率、无财产可供执行案件终本合格率、执行信访办结率均为100%,实际执行到位率37.66%,位列无锡市法院系统第一。完善综合治理执行难大格局,牵头市司法局、律师协会共建执行终本积案化解平台,引入公益律师开展财产线索查找、合法权益救济等工作,有45名公益律师参与1057件执行终本案件维护。坚持善意文明执行,对暂时遭遇困难的企业,采用"鱼眼式"电子封条、物联网监管查封财产、物联网称重等"活封活扣"措施88次。重拳惩治规避和抗拒执行,移送拒执罪线索41条,立案侦查15件;运用信用惩戒措施,限制高消费人员6663人。开展"天擎2023"系列执行行动,加大对涉民生、企业、金融及刑事涉财等特殊主体案件的集中攻坚力度,晨间执行19次,现场拘传151人、拘留47人,执行到位2801.55万元。加大"执转破"力度,化解96个企业1234件执行积案,涉及债务94.22亿元。深化与市税务局的税费征缴联动,协助征税2.36亿元。

【融入基层社会治理】 2023年,江阴市法院设立11个"法官+工作站·智慧云法庭",集指导调解、线上开庭、法律课堂等多重功能于一体,以智慧司法赋能基层共治。发挥司法裁判引领作用,以小案件诠释大道理,2件案件分别入选最高院新时代推动法治进程年度十大案件和江苏法院弘扬中华优秀传统文化典型案例。打造全民共享的法治"公开课",进村入企到校开展法治讲座、提供法律咨询等60余次,受众2万余人次;借力"有事好商量"协商议事平台,开展"法官+政协委员"普法进社区活动;自编自导"澄法小剧场"推出短视频11集,获"无锡市法治文化作品优秀奖","江阴市人民法院"微信公众号累计8次登上全省法院系统新媒体影响力月度排行榜前十,系无锡市唯一上榜基层法院。发挥司法建议预警作用,先后就工伤保险、医疗卫生等领域存在问题,发送司法建议10份,其中1份获江阴市政府领导批示,1份获评全省法院优秀司法建议。坚持治罪与治理并重,与市检察院、公安局、司法局共同成立江阴市轻罪治理中心、江阴市新型犯罪研究中心,开展犯罪研判、风险预警、矛盾化解工作,加快推进从"个案治罪"向"社会治理"升级。

【优化审判管理】 2023年,江阴市法院优化审判管理运行体系,建立审限监督联防联控机制,流程管理与审务督查、作风检查一体开展,该项机制获最高人民法院肯定,经验做法被最高人民法院督察专刊采用。是年,江阴市法院审限内结案率99.62%,位列全省法院系统第一。抓好长期未结案件清理,逐人逐案制定清理方案,超12个月未结诉讼案件全部清零。强化院庭长监督管理,完善专业法官会议与审判委员会衔接机制,提高定案把关质量,一审服判息诉率93.64%,位列无锡市法院第一。加大发改(一审裁判案件被改判发回重审)案件评查力度,落实月评查月通报,一审裁判案件被改判发回重审率0.87%,发改案件数压降39.88%。加大庭审、裁判文书评查力度,一案件庭审获评全省法院百场优秀庭审,一裁判文书获全国法院环境公益诉讼优秀裁判文书一等奖。是年11月,江阴市法院作为唯一的基层法院,在全省法院执法办案工作推进会上作经验交流。

【建设民商事速裁审判体系】 2023年,江阴市法院加快建设民商事速裁审判体系,综合考量纠纷类型、案件数量、辖区产业集群特色,组建以道路交通、劳动争议、金融、民间借贷、婚姻家事等类案专审团队为核心的简案快审机制,推行立案"通达海系统智能分流"、庭长"人工分流"、团队"精细分流"的立体化三层分流模式,最大限度实现轻重分离、快慢分道,新收民商事速裁案件17588件、审结17197件,分别占全院民商事收结案总数的76.69%和77.87%;在研究室创新设置文书组,专门梳理研究类案要素,提炼制作出符合江阴市特点的9类案件简式文书,助力速裁团队提质增效。

【建立"执行+预重整"融通机制】 2023年,江阴市法院针对涉企执行案件案多人少和破产程序靡费耗时的问题,探索建立"执行+预重整"融通机制,通过执行程序衔接庭外重组与庭内重整,叠加释放执行效率功能与破产统筹功能,妥善处置6个待重整企业,化解破产债权78.5亿元;在江苏泓海能源有限公司执行转重整过程中,吸引投资款8.23亿元,帮助停摆10年的企业重获新生,获评江苏法院优化法治化营商环境典型案例。"执行+预重整"融通机制获无锡市法院创新项目一等奖,该经验做法被江苏省高级人民法院执行专刊录用,得到江阴市委、市人大主要领导批示肯定。

【开展行政征补协议司法确认试点】 2023年,江阴市法院针对涉征地拆迁行政诉讼频发、司法程序多且时间漫长的问题,创新发展行政审判领域"枫桥经验",探索开展行政征补协议司法确认试点,通过司法提前介入,从源头完善征收程序、规范签约行为,加快拆迁进程。是年,市法院与市检察院、司法局、住建局联合制定实施办法,研讨解决被拆迁人权益保障问题20余个,确认重大工程项目补偿安置协议7份;并与南京大学共建调研组,形成中国法治现代化研究院智库报告,为实践探索提供理论支撑,确保试点工作稳妥有序开展。 (高　悦)

司法行政

【概况】 2023年,江阴市司法局坚持以习近平新时代中国特色社会主义思想为指导,全面学习贯彻中共二十大精神,围绕江苏省司法厅、无锡市司法局工作要求,聚焦市委、市政府中心工作,锚定年度目标,统筹兼顾、稳步推进,司法行政各项工作成效明显。建立党政主要负责人述法"新模式",被《人民日报》等中央媒体报道。"澄心娇·阳光归"工程获省委常委、政法委书记刘建洋批示肯定。在全国范围内率先探索建立市场监管领域涉案企业合规审查机制,获无锡市地方标准立项。市高端纺织服装"产业链+法律服务"

联盟被确定为无锡市联盟示范点。江阴市司法局获全省司法为民先进集体、“法律明白人”培育工作成绩突出集体。“法援惠民生 · 澄薪无忧”被评为全省首批“法援惠民生”服务品牌。江阴市青少年法治教育基地(禁毒教育基地)被评为第10批省级法治文化建设示范点。深化市公证处绩效改革,打破公证员身份限制,实行在编和非在编同工同酬,实现办件数量和服务质量双提升。信息工作居全省县(市、区)司法局直报点第二名。调研成果显著,调研文章《打造一流法治化营商环境,促进县域民营经济高质量发展》在国家级政法类学术期刊《中国法治》发表。

【合法性审查】 2023年,江阴市司法局审查市政府行政规范性文件13份、重大行政决策事项10项、重大政府合同24份,审查其他政府文件207件,完成上级征求意见48份,出具各类意见196份,充分发挥法律事务参谋助手作用,参与各类专题研讨会、推进会65次,为江阴市重大战略发展保驾护航。妥善处理国有资产股权转让、城市更新招标事项变更、解除土地出让合同等市领导交办的涉法难题处置事项6项,研判法律风险,提出稳妥有效的解决思路和法律意见。牵头组织梳理国有土地上房屋征收和集体土地征收流程,明确各部门职责,通过规范征收程序,推动属地镇(街道)和相关部门按标准流程加强节点把控,助力重大项目平稳快速推进。优化用地报批审查流程,采取优先受理、容缺预审、分段审查、并行联审等方式加快审查时效,完成28批次用地报批审查,涉及土地291公顷,为全市土地要素保障提供精准法治支撑,助力经济社会高质量发展。完善规范性文件管理制度,推动出台《江阴市行政规范性文件制定和备案审查实施细则》,强化规范性文件从起草到发布实施全程管控。组织开展全市行政规范性文件全面清理,决定继续有效183件、废止21件、宣布失效7件、修改23件,为优化法治化营商环境、推进高质量发展夯实制度保障。全程参与指导行政规范性文件制发,主动赴市资规局、城管局等部门开展上门服务,通过座谈会等形式面对面交流,就核心条款提出修改建议,优化制度设计;牵头推进房票安置政策出台,召开协调会、论证会,广泛听取意见,推动政策及时落地生效。扩大公众有序参与政府决策,出台《江阴市重大行政决策和规范性文件制定公众参与办法》,拓宽公众参与制规途径,推动起草单位规范落实公众参与程序,充分利用政府网站、微信公众号、立法民意征集区、立法民意咨询员等方式对上级立法草案11份、市政府规范性文件4份征求意见,收到意见93条,最大程度倾听群众呼声、企业需求,切实增强决策科学性、可行性。组织开展全市重大行政决策档案评查,对照具体评查标准,邀请市档案史志馆专家,对各单位承办的市重大行政决策事项卷宗档案进行集中评审,推进重大行政决策档案管理的规范化。开展市政府重大行政决策执行情况督查,及时跟踪了解上年度重大行政决策事项执行情况,增强各承办单位实施重大行政决策管理的主动性,提高决策事项推进效率,规范决策程序履行。

【依法治市】 2023年,江阴市委依法治市办公室围绕上级部署,按照时序进度,稳步推进落实依法治市、法治政府建设的重点工作任务,积极担当、精准发力、重点突破。高起点统筹谋划全市法治建设。召开市委全面依法治市委员会会议、办公室会议,道路交通安全和运输执法领域突出问题专项整治工作推进会议。印发《中共江阴市委全面依法治市委员会2023年工作要点》《江阴市2023年法治政府建设工作计划》《关于组织开展全面依法治市“双提双评”专项行动的工作方案》等文件。开展法治江阴建设“一规划两方案”(《法治江阴建设规划〈2021—2025年〉》《江阴市贯彻落实〈法治政府建设实施纲要〈2021—2025年〉实施方案》《江阴市法治社会建设实施方案〈2021—2025年〉》)实施情况中期评估,完成“一规划两方案”评估报告。积极参与全国法治政府建设示范创建活动,推荐上报“在市场监管领域建立涉案企业合规审查机制”,推广江阴市法治建设先进经验。高标准抓住领导干部这个“关键少数”,持续推动领导干部做尊法学法守法用法典范,在依法治市委员会第五次会议上集体学习《习近平法治思想纲要》。组织全市市管干部轮训,邀请省委党校教授梁三利授课,践行习近平法治思想;组织各镇(街道)分管领导、司法所所长等法治人员培训,邀请江南大学教授胡杰授课,深入学习中共二十大精神与习近平法治思想。落实市委常委会、政府常务会学法制度常态化,下发2023年度市政府常务会议学法计划。召开江阴市党政主要负责人述法专题会议,建立党政主要负责人述法“新模式”,被《新华日报》等媒体报道。高质量补齐法治政府建设短板,做好中央依法治国办对江苏市县法治建设工作督察反馈意见、省对无锡市法治督察33个问题清单的整改工作,制定《江阴市贯彻落实中央依法治国办市县法治建设督察反馈问题整改任务清单》,统筹全市法治力量,加强各部门间协调配合,构建起上下贯通、协同高效的市县法治建设督察反馈问题整改体系。推进依法行政,全面落实依法行政工作报告制度,出台《2023年度法治政府建设情况报告》。高品质保障法治服务社会发展,制定专项方案,在全市范围内开展提升法治建设群众满意度集中宣传活动。实现城乡基层“援法议事”全覆盖,大力实施法治惠民实事项目,向全市各镇(街道)、各部门单位征集2023年度法治江阴建设惠民实事工程项目46项,入选20项。加强基层法治能力建设,创新打造“法治小区”样板3个。

【行政复议】 2023年,江阴市司法局根据上级统一部署,按照学习教育、检视改进、巩固提升等要求,以聚焦复议人员能力提升、聚焦案件办理质量提升、聚焦复议制度规范提升、聚焦行政复议满意度提升,开展行政复议“质量提升年”活动,充分发挥行政复议解决行政争议的主渠道作用,推进行政复议工作提质增效。全年收到行政复议申请231件,比2022年增加43件,增长22.9%。全面落实“把非诉挺在前面”的要求，通过“案前反馈”“案中协调”“案后跟踪”等办案环节，进一步促进行政争议的实质性化解，在审结的240件案件中，有208件案件得到实质性化解，实质性化解率达到87%。以“12·4”国家宪法日暨宪法宣传周集中宣传活动为契机，开展行政复议法学习宣传活动，组织各部门工作人员及广大群众参与行政复议法知识专项竞答以及“学习强国”平台答题活动，组织部分机关和镇（街道）分管负责人旁听行政复议听证会。强化行政复议监督制约效能，全年作出撤销决定5件，责令履职3件，确认违法1件，直接纠错率4%。

【法治宣传教育】 2023年，江阴市立足“八五”普法中期迎检和年度重点工作推进，开展精准普法，重点突出基层依法治理，持续加强法治文化建设，谋篇布局，多措并举激活治理现代化的法治动能。召开全市“八五”普法中期检查评估动员部署会，联合市人大、政协等部门组成4个检查组实地评估全市17个镇（街道）以及35个机关部门，通过无锡市“八五”普法中期评估验收。组织举办全市“八五”普法培训班，进一步夯实普法基础。各镇（街道）、部门按照普法责任制要求，创新制定个性普法责任清单，编制上报普法项目150余项，市法宣办从中筛选出“法治伴我行”“雏鹰助飞”“成坤说法”等重点项目10项，实施督导培育。召开2023年度国家机关普法责任制落实履职评议现场会，对市财政局、团市委等7个单位开展2023年度普法责任制落实履职评议，进一步强化普法责任制落实。将习近平法治思想专题学习纳入年轻干部培训、公务员初任培训等，同时结合公务员学法考法、“法律明白人”培训等工作，推动各层各级学习贯彻习近平法治思想；联合市关工委刊发《青少年法治故事（第三辑）》，打造青少年普法特色品牌；举办“崇尚法典精神 共筑泾彩舜间”民法典宣传活动暨“法律明白人”提能宣讲进百村启动仪式，推动民法典宣传覆盖城乡；统筹联动各相关部门举行“12·4”国家宪法日宣传活动，吸引3.6万人次线上观看。全年全市开展普法活动2061场。完成无锡市法治文化建设示范点梳理，江阴市青少年法治教育基地（禁毒教育基地）入选第十批“省级法治文化建设示范点”。联合市关工委打造全省首个司法所关爱工作站，做实做好2023年度江阴市政府民生实事工程丁果湖法治文化公园建设，以“法景一体”提升普法质效。参加第三届无锡市法治文化作品征集，28件作品获奖。举办“绘法青春 筑梦未来”全市青少年法治绘画书法比赛。每周推出“司小豚”普法动漫系列视频，阅读量累计超3万，并在法润江苏网、“无锡政法”微信公众号等平台转播。开展“法律明白人”、法治教育报告团成员业务培训，使其成为基层法治宣传、纠纷调解、维护稳定、参与社会治理等方面的能手。对省级以上民主法治示范村（社区）实施动态管理，拥有4个全国民主法治示范村（社区），122个省级民主法治示范村（社区）。打造“好乡伦”睦邻团、“小巷管家”等基层社会治理新模式，顾山镇红豆村基层治理经验案例被评为全省法治乡村建设典型案例。

【行政执法协调监督】 2023年，江阴市司法局全面推行证明事项告知承诺制，全市完成证明事项告知承诺10443件，减少证明材料7247件；全面推行行政处罚“三张清单”（不予处罚事项清单、减轻处罚事项清单和从轻处罚事项清单），在全市推行涉企轻微违法行为不予行政处罚清单，涉企一般违法行为从轻、减轻行政处罚清单制度，充分体现宽严相济的法治精神，让企业感受到“有温度的执法”。各执法机关作出不予处罚决定551件，涉及金额3111.83万元，减轻从轻处罚案件1659件，涉及金额7082.34万元；全面推动规范适用行政裁量权基准，开展行政裁量权基准专项督查，完善裁量基准制度；探索推行涉企行政合规全过程指导工作，开展企业行政合规全过程指导助推企业发展活力，持续推行柔性执法、精准执法，助力企业纾困解难，开展合规指导1082次，涉及企业1289个，《探索建立企业合规建设“新模式”护航企业高质量发展》入选省委依法治省办典型案例汇编；开展规范性文件备案审查工作，备案市政府规范性文件6份，备案审查部门行政规范性文件8份，对10份市政府重大行政决策和规范性文件开展后评估，审核生产安全事故调查报告34件；严格行政执法人员资格管理，给224名通过考试人员核发全国统一行政执法证件，完成2161名行政执法人员行政执法证的年审；严格行政执法人员执业管理，严格岗前培训，强化执法人员职业道德规范，提升执法能力和形象；全面落实行政执法“三项制度”（行政执法公示制度、行政执法全过程记录制度、重大执法决定法制审核制度），实现执法信息公示及时准确全面、执法过程留痕可溯有效、法制审核依法规范明确；深入推进基层综合执法规范化建设，指导镇（街道）不断完善执法制度，利用案卷评查等时机对各镇街各项制度落实情况进行检查，规范基层综合执法；创新基层行政执法联动机制，建立市级执法部门与镇（街道）挂钩包片制度，逐步推行管执联动工作机制；开展重点领域案卷评查专项行动，对公安、住建、交通运输、农业农村、应急和市场监管等重点执法领域2023年已办结的执法案卷进行集中评查；开展交通安全和运输执法领域突出问题专项整治工作，聚焦行政执法6大突出问题开展大排查行动，畅通行政执法监督反馈渠道，推动执法能力有效提升；拓展行政执法监督渠道，建立18个行政执法监督企业联系点，特邀18名行政执法监督员监督全市行政执法工作，推进社会力量参与行政执法监督；推进行政执法与刑事司法衔接工作，出台《江阴市行政执法与刑事司法衔接工作规定（试行）》，对卫健、医保领域两法衔接问题进行协调监督，提出工作建议。

【特殊人群管理】 2023年，江阴市司法局全面贯彻江苏省司法厅社区矫正“一三三模式”（围绕“促进融入社会、预防减少犯罪”一个目标，落实“精细管理、精准矫治、精心帮扶”三项机制，统筹“力量保障、科技支撑、阵地建设”三大要素，高质量推进全省社区矫正工作依法、规范、创新发展),以精细管理、精准矫治、精心帮扶为重点,落实“社矫安帮工作争先提优年”的部署要求,全年接收管理社区矫正对象,接收管理安置帮教人员,牵头召开3次重点人群工作会议。制定下发《关于进一步强化“三类人群”安全稳定精细化管理工作的通知》等6个管理制度及实施方案。深化社区矫正“队建制”改革,设立独立法人资格的社区矫正管理机构。严格按照社区矫正专职社工1∶15,安置帮教1∶50要求,配足工作人员。举行2次全市社矫安帮及后续照管业务培训班,160人次参加。市司法局以《中华人民共和国社区矫正法》颁布实施三周年暨江苏社区矫正工作试点二十周年为契机,通过培育打造“法治夜市”、制作短视频《二分钟带你了解社区矫正法》、践行“感恩回归”志愿服务精神、组织业务技能大比武等系列宣传活动,进一步提升社区矫正工作的社会影响力,营造全民支持、共同参与的良好氛围。建设“智慧矫正”一体化中心,重新布局三区十八室(监督管理区、教育帮扶区、综合管理区,工作人员办公室、社区矫正指挥中心、档案资料室等十八个功能室)及宣传展示上墙内容。同时,提升智慧矫正系统,建立电话汇报及声纹识别系统,打通公检法司之间的信息壁垒,开展数据交互,查漏补缺。与市交警大队开展合作,及时发现和查处5起社区矫正对象无证驾驶行为。与市委政法委、市公安局联动,制定重点人群管理百日攻坚专项行动方案并开展联合督查,全面梳理5类21种重点社区矫正对象情况,开展风险隐患排查26700余人次,处置异情1859次,发现并排除一般风险隐患涉86人次,化解经济纠纷涉23人次,帮扶困难家庭68户。对3239名安置帮教对象逐一走访、逐一核查、逐一谈话、逐一记录,走访6327人次,开展隐患排查9254人次,失联人员重新复联5人。推进“三类人群”(社区矫正对象、安置帮教对象和后续照管对象)规范化管理督查工作。通过政府购买服务,由市人民调解委员会、德法教育联合会、阳光心理咨询服务所为96名企业家常年提供心理矫治、德育引导等服务,引导社区矫正企业家参与抗洪救灾、捐赠物资、爱心助学等15类公益活动,捐款捐物近1300万元。办理跨市县活动68人次,确保42个企业正常运营,引进人才31人,签订合同2.7亿元,新增就业岗位98个。制定“澄心矫·阳光归”活动实施方案,开展4大系列12项品牌工程,获江苏省委政法委书记刘建洋批示。政府购买服务建设心理矫治中心,在全市推出心理教育课堂68场,开展团体辅导21场140余人次。通过沙盘、绘画投射测验、自测量表等为37名社区矫正对象及其家属提供靶向干预,为29名有“抑郁”“狂躁”等倾向性的对象建立“一人一档”,并制定个性化方案及跟踪观察治疗。开展“四个一”(宣读党和政府关心关怀的“一封公开信”,递上“一封家书”,送上法律知识资料的“一个法治礼包”,做好安置帮教政策的“一次宣导”)系列延伸帮教活动,赴溧阳市监狱、无锡市监狱为300余名无法与家人团圆的江阴籍服刑人员送去亲人的关爱。与省女子戒毒所创新开展“正念”戒治,并实施“艺术戒治+”项目,“1·5680”工作室在徐霞客镇挂牌,累计推出“正念”精品小班课6场次,团体辅导12课时。为全市127名专职社工开展禁毒戒毒主题业务培训,开展禁毒教育35场次。针对社区矫正和安置帮教对象中家庭存在困难的264人开展“冬日送温暖”困难帮扶活动。

【矛盾纠纷化解】 2023年,江阴市司法局坚持和发展新时代“枫桥经验”,充分发挥矛盾纠纷排查化解基础性作用。开展“千名调解员入网格进万家”深化“非诉服务”专项行动,强化人民调解、行政调解、司法调解“三调联动”,健全“一站式”化解机制。全年开展排查7183次,发现矛盾纠纷3048件,调解矛盾纠纷39345件。全市新增3个商会调解组织、10个企业调解组织、1个行业性调解组织、3个新业态调解组织。开展人民调解员备案和等级评定工作,配齐配强专职人民调解员。落实人民调解个案补贴,完成人民调解案件38140件的补贴发放,人民调解个案补贴市、镇两级发放144万余元。开展司法所协理员制度试点工作,对标江苏省、无锡市有关试点工作要求,结合江阴市实际,研究制定《关于开展司法所协理员制度试点工作的实施意见》,做好规范名称、队伍整合、人员配备、岗位分类、等级评定、招录管理六项工作,全市99名司法所协理员全部完成定岗定级。开展中小微企业“法治体检”专项活动,梳理涉企矛盾纠纷285件,审查合同、规章制度264份,为企业出具法律意见书230份,帮助企业化解风险解决问题129个,为企业挽回损失2170.2万元。同时,进一步深化司法所分类建设,推进中小型司法所培优升级,进一步做好“一所一品牌”建设。

【公证法律服务】 2023年,江阴市公证处办理各类公证9620件,比2022年增长25.57%;业务收费966.476万元,比2022年增长5.57%。宣传舆论重引导,营造正面行业氛围。深度剖析当前赋强推广的制约因素和对策及区块链电子赋强公证的实务运用,2篇专题论文被省公证协会《江苏公证》录用发表;紧扣“妇女节”“敬老月”“宪法日”等节日文化以及“法润春风”行业文化,深入基层,向弱势群体宣传普及公证法律知识;参与“律协青训”“企业法治协会讲座”,达到公证对口渗透最佳效果;“江阴公证处”微信公众号成功上线一周年,年内发布原创文章52篇,为办事群众第一时间获悉业务动态提供便捷渠道。惠企便民重质效,聚焦解决“急难愁盼”。服务特殊人群,获赠锦旗5面和感谢信1封;在5个镇(街道)部署远程公证Mini一体机,让家门口办证“15分钟公证圈”成为现实;携手商会、协会暖企、惠企,主动进企了解诉求,通过挂牌联络办公室畅通绿色服务机制,并以顾问模式协商优惠收费;首次参与“高铁通澄·梦想起航”群星演唱会幸运抽奖、“江阴好大米”评选等活动现场监督,并承办保障国资的还款协议赋强公证,释放更多业务潜能空间。全面改革绩效考核方案、转变激励机制,打破编内、编外身份限制,落实“同工同酬、优绩优酬”;加强人员培训,先后赴浙江省海宁市,广东省深圳市,江苏省苏州市相城区、张家港市等地公证处考察,并赴厦门大学集中学习,扎实提高理论、专技和服务水平。挖掘产品场景赋能,落地“公证+房票”,为江阴市房票转让交易、资金安全保驾护航探索新路径;办结“LP(有限合伙人)财产份额转让协议公证”,让企业合伙人权益转让退伙无忧,拥有选择权;服务企业发展,与市企业法治工作协会签约共建,揭牌成立“江阴市公证处企业法治协会联络办公室”,探索优化企业经营过程中的公证运用,与江苏华西产业集团签署公证法律顾问合同;全新搭建“带押过户公证提存”,与金融机构、不动产、政务中心合力助推江阴市二手房市场交易再上新台阶;定制“压岁钱提存公证”,聚焦未成年人保护提供可行新方案。

【公共法律服务】 2023年,江阴市司法局持续增强和优化公共法律服务供给,稳步提升公共法律服务保障能力和水平,不断强化公共法律服务质效。全年组织开展公共法律服务进园区、进企业、进村居活动1100余次,办理法律援助案件1917件,提供法律帮助2192次,各行业性专业性调委会及派驻市检察院、法院调解室调处纠纷21556件。强化平台载体建设,实体+热线+网络三大平台深度融合。完善市、镇(街道)两级公共法律服务中心和江阴高新区、临港经济开发区公共法律服务分中心建设,优化市级公共法律服务中心大厅功能设置,整合法治宣传、律师、公证、司法鉴定、行政复议、法律援助、人民调解等服务事项,提供“前店后厂”模式,确保群众走进一个大门,解决一揽子基本法律服务需求。优化“12348”语音热线平台服务,安排律师向全市居民提供免费语音呼叫座席服务,形成群众有所求,司法行政有回应的服务模式。以“12348”江阴法网为主的公共法律服务网络平台,为群众提供网上调解申请、公证预约办理、法律援助申请、律师聘请指引、司法鉴定申请引导等综合性法律服务,确保全市居民享受到7×24小时法律服务。优化法治营商环境,开展公共法律服务进园区活动。依托市公共法律服务中心临港分中心和江阴高新区公共法律服务工作站两大阵地,为园区企业提供“订单式”“立体化”法律服务。启动“临港智造·法企同行”公共法律服务进园区活动;联合市律师协会邀请专家在临港经济开发区为全市部分规模以上企业举办投融资法律实务讲座,助力“企业敢干”;联合市台办举办“澄”心惠台之“法律服务进台企”专题活动,为园区台资企业建立服务机制。打造一刻钟法律服务圈,村(居)法律顾问惠民利民。全市261个行政村(社区)实现法律顾问全覆盖,建立值班制度,督促村(社区)法律顾问每周到辖区村(社区)进行挂牌服务,每月服务时间满8小时,集中解决基层群众提出的法律问题,现场提供法律意见,化解矛盾纠纷,每季度举办1期法律知识讲座,为村(社区)群众普及法律知识。维护弱势群体合法权益,法律援助民生工程稳步推进。组织举办法律援助实战化业务培训,提升刑事辩护名优律师团和基层法律服务工作者办案队伍的服务能力。全方位实施法律援助案件质量监管,严格庭审旁听制度、案件归档制度、电话(实地)回访制度、督查考评制度,通过落实法律援助办案全流程监管,助推案件高质量发展。建立法律援助案件质量同行评估专家委员会,开展案件质量同行评估并通报评估结果,倒逼法律援助整体质量提升。新增村(社区)法律援助联络点7个,规范化改造24个村(社区)法律援助联络点,明确服务内容、申请范围、工作流程等,满足周边群众的法律需求。持续深入开展“产业链+法律服务”行动,市高端纺织服装“产业链+法律服务”联盟被确定为2023年无锡市“产业链+法律服务”联盟示范点,《纺织行业转型升级求发展》被评为2023年无锡市“产业链+法律服务”优秀法律服务产品,《江苏某跨境电子商务产业园公司诉广州某服装公司、刘某加工合同纠纷案》被评为2023年无锡市“产业链+法律服务”优秀法律服务案例,“江阴市‘产业链+法律服务’助推乡村振兴”党建联盟被江阴市委组织部评为江阴市“示范党建联盟”。组建由1名公职律师、1名公证员、12名专职律师组成的江阴市涉外法律服务人才库;55名律师组建公益律师团参与法院终本案件。在江阴市交通事故理赔中心设立法律服务站,把法律服务窗口前移,为群众提供优质、便捷的法律服务。设立的“货车司机之家”法律援助联络点在全省法律援助品牌建设推进会上展示。“江阴市法律援助中心为尤某某盗窃、敲诈勒索案提供法律帮助”意见书获评2023年度江苏省优秀法律帮助意见书。(蒋洁云)

人民武装

【概况】 2023年,江阴市人武部在无锡军分区党委和中共江阴市委的正确领导下,深入贯彻习近平强军思想,举旗铸魂塑忠诚、聚焦主业抓备战、重心下移打基础、争创一流强落实、创新突破谋发展,各项任务圆满完成,全市人民武装建设呈现出持续向好、稳步发展的良好局面。

【政治教育】 2023年,江阴市人武部以学习宣传贯彻中共二十大精神为主线,把握“学思想、强党性、重实践、建新功”总要求,开展学习贯彻习近平新时代中国特色社会主义思想主题教育,组织“学习强军思想、建功强军事业”教育实践活动,抓实个人自学、党课辅导、领学领读等环节。落实全面从严治党主体责任,开展“严守政治纪律、严禁违规喝酒”专项教育整顿活动,通过学讲话案例、对照检视剖析、建立长效机制,做到学习跟进、认识跟进、行动跟进。抓好红色资源挖掘工程和政治文化环境建设,促进理论学习和教育实践相结合,组织赴延安精神无锡学习天地、长泾镇新四军六师师部驻地旧址等地进行现地教学,开展集体政治生日活动,重温入党初心,打造市人武部图书室、廉洁文化长廊,营区政治氛围得到提升。

【战备训练】 2023年,江阴市人武部坚持把谋战练战备战作为第一要务,严格规范战备秩序,落实战备值班要求,强化作战值班员的业务培训,组织修订国防动员援战方案,改造建设值班室。落实训练要求,分批次组织民兵分队开展基地化训练,新任专武干事参加无锡市专武干部集训暨资格认证,选送新任专武部长、民兵骨干参加省军区集训。8 月,遴选民兵教练员对要塞中学等 5 所学校学生进行军训,并分 6 批次对全市 19 所学校学生军训工作进行督导检查;10 月,联合辖区驻军部队、市公安局、交通运输局、海事局、卫健委和长博集团等单位,组织完成"国防交通长江渡运保障演练",训练水平和应急应战能力得到实际检验。

【民兵建设】 2023 年,江阴市人武部围绕保障打赢目标,抓优质资源挖掘,走访企业 30 余个,完成 15 个国防动员潜力领域核查,高质量完成军事设施普查建库工作。落实《民兵建设"十四五"规划》,着眼融入联合作战体系,聚焦国防动员援战使命任务,优化力量结构、调整建设布局,突出新域新质、创新编组方法,在新的起点上推进民兵工作创新发展。开展民兵组织整顿工作,提升基干民兵党员比例、退役军人比例、专业技术对口率。加强基层规范化建设,重点围绕基层人民武装部阵地建设、队伍建用、工作履职、制度落实、综合保障 5 个方面,采取现地检查、量化评比方式,组织指导镇(街道)武装部、(社区)民兵营连部和企业民兵连部,全部通过基层武装部规范化建设达标评定,徐霞客镇武装部被评为省级先进单位。

【征兵工作】 2023 年,江阴市人武部在征兵工作中强化各级各类毕业生特别是大学毕业生征集,加大备战打仗急需人才征集力度,严把关口,对照"五率"(报名率、上站率、合格率、贡献率、退兵率)各项指标要求,按兵役登记、应征报名、送站体检、体格检查、政治考核、役前教育、审批定兵等节点精准把控,及时处理网上咨询,有效提升征兵工作质效。加强宣传,用好标语、宣讲等传统手段,发放各类宣传手册万余份;用足手机、网络等新兴媒介,发送征兵宣传公益短信、小视频 2 万余条;用活移动电视、户外大屏等信息平台,密集滚动征兵宣传标语;走进学校,通过政策宣讲、复学退役士兵言传身教等方法激发高校青年入伍热情;深入企业宣讲政策,促进企业职工带编入伍工作。抓好役前教育,制定周密方案,实行全程跟踪管理,对预定新兵按照连队班排模式管理,带训教官持证上岗,严格落实一日生活制度,认真组织预定新兵教育。组织新兵入伍欢送仪式,激励新兵安心服役、建功立业。全年征集的新兵中大学生占 88.31%,大学毕业生占 69.07%。

【双拥共建】 2023 年,江阴市人武部围绕创建全国双拥模范城"五连冠"目标,发挥协调军地职能作用,会同市退役军人事务局扎实做好双拥工作,走访慰问现役军人家庭,法律援助军人军属 20 余次,推动优秀退役军人到政府、学校、国企任职。开展教育拥军,协调军人子女 111 人以第一志愿优待入学,相关做法被《新华日报》刊发。联合市委宣传部深入推动国防教育进机关、进学校、进企业活动,协调开设市级党校国防教育课程,统筹军地力量集智讲好民兵轮训备勤、新兵役前教育等期间的国防教育优质课,不断推动国防知识普及大众化、政策法规宣传常态化、国防教育宣讲制度化。成立军地联合考核组,联合市委组织部对专武干部进行履职量化考核,激发干事创业的积极性。

【江阴职业技术学院兵役服务站揭牌】 2023 年,江阴市人武部为适应征兵工作新形势,探索创新高校征兵模式,在江阴职业技术学院开展兵役服务站试点工作。3 月 16 日,组织兵役服务站揭牌仪式暨高校武装部规范化建设现场会。江阴职业技术学院兵役服务站秉持集约、便捷、高效理念,打造大学生从入伍到退役"全链条"兵役服务,采用"一站一家四服务"架构,设有一个征兵工作站、一个戎耀之家,常态化开展国防教育、征兵工作、权益维护、退役服务四类服务,主动为应征大学生提供兵役征集政策咨询、组织初检初审及结果查询,为现役大学生提供家庭保险和法律援助等服务,为退役大学生做好复学办理、学费补偿、就业创业扶持等服务工作,激发大学生服役的内在动力,形成一套贴合实际、便于操作的工作机制,为大学生搭建参军报国的绿色通道、光荣退役的优待平台,成为无锡市高校兵役工作的示范。相关活动被中央军委国防动员部要讯刊发,江苏省教育厅官网报道。

【廉洁征兵】 2023 年,江阴市人武部将廉洁征兵贯穿征兵工作全过程。加强宣传教育,充分利用网络、报刊、电视、橱窗等媒体,向社会广泛宣传廉洁征兵的规定和纪律,向应征青年及家长发放廉洁征兵监督卡和廉洁征兵政策规定告知书,与应征青年签订应征青年志愿献身国防、严守廉洁纪律承诺书,重点组织参与征兵人员学习廉洁征兵法规纪律、案例剖析,并签订廉洁征兵承诺书。畅通监督渠道,在全市设廉洁征兵举报信箱 20 个,每周开箱检查。聘请廉洁征兵监督员 69 名,在征兵各环节进行现场监督。完善监督机制,与市纪委监委建立关于征兵监督和违纪违法案件移送机制的试行工作办法,进行 4 次实地联合督查。在征兵过程中,严格落实"零报告"制度,对应征青年和家长进行电话抽查,反馈廉洁征兵情况,对预定新兵采取逐个谈心的方式摸排廉洁征兵情况,建立一人一册档案。征兵结束后,发放应征青年及家长回访调查问卷,对落选青年和家长进行电话回访,做好思想疏导并重点摸排廉洁征兵情况。 (符银芬)

国防动员与人民防空

【概况】 2023 年,江阴市发展和改革委员会(国动办)坚持以习近平新时代中国特色社会主义思想为指导,坚持"平战结合、军民结合、寓军于民"的国防动员方针,以党的政治建设为统领,以高质量发展统揽全局,聚焦主责主业、守正创新,努力为开创国防动员、人民防空新局面打牢坚实基础。

【国防动员能力建设】 2023 年,江阴市发展和改革委员会(国动办)全面落实国防动员体制改革决策部署,组织转隶相关手续办理,按要求圆满完成机构、职责、队伍、资产等要素转隶移交。强化建章立制，召开江阴市国动委第一次全体会议，印发市国防动员委员会工作规定等制度性规范性文件，调整市国动委组成人员和成员单位，明确各成员单位工作职责，推进国防动员组织体系重组重塑。强化工作衔接，做好潜力调查，开展江阴市人防系统国防动员潜力数据普查，按时高质量完成普查任务；全年多次配合市人武部完成省军区下达的国防动员优质潜力资源调查任务。完成江阴市国动办办公场所保密专网建设，夯实后续完成任务基础。

【人防指挥中心战备能力建设】 2023年，江阴市发展和改革委员会（国动办）坚持做好基本指挥所、基层指挥所以及各通信要素机房的日常维护巡检工作，定期组织安全检查，严格执行安全值班制度，及时排查各类突发应急事件10件。人防通信警报系统始终保持良好的战备状态。扎实做好人防通信系统网络安全工作，组织人防通信网络安全专项检测加固和网络攻防演练。按照人防训练大纲和“按纲施训”的要求，组织人防通信保障专项训练310课时，有效增强人防通信保障能力。不断增强人防警报系统建设，组织4轮全市防空警报系统巡检，完成防空警报系统升级改造。完成9月18日全省防空警报统一试鸣，试鸣成功率100%；完成防护区机动指挥通信系统联训暨跨区支援演练；完成机动指挥所跨区支援实战化训练任务。

【灾备中心管理水平和服务能力建设】 2023年，江阴市发展和改革委员会（国动办）坚持灾备中心日常安全监控制度，及时解决系统故障问题17个；严格按照3级计算机系统安全等级保护标准，组织开展2023年度等级保护测评工作；全年灾备系统运行平稳，数据灾备安全可靠。完成灾备中心年度专项服务工作，完成25个灾备用户单位灾备客户端升级、灾备数据有效性验证工作，完成20个接入单位的备份数据恢复测试演练工作。全年新增灾备接入数据38TB，完成3个重要灾备用户的应急数据恢复工作，有效保证全市重要信息系统的安全运行。

【防空备战能力建设】 2023年，江阴市发展和改革委员会（国动办）以提升战备能力为引领，强化备战打仗思想，坚持按纲施训，参加并完成多次人防机动指挥通信系统训练，赴江苏省盐城市、常州市和安徽省宣城市等地区进行跨区支援，通过卫星、短波、超短波、4G等传输手段实现人防机动指挥所与市指挥平台间的互联互通；指导澄江街道要塞社区约200人进行临战疏散演练；为市区小学四年级、初中一年级发放《人防知识》免费读本9000余册；联合团市委、市少工委，充分利用敔山湾少年宫人防教育基地开展活动，为少年儿童宣讲国动知识；通过融媒体平台制作发布宣传短视频，进社区为市民宣讲避难疏散知识，让国防动员知识在全社会普及。持续组织人防抢险专业队骨干开展水上冲锋舟救援技能培训，全面提升抢险队员的应急救援能力。

【人防工程建设】 2023年，江阴市人防工程建设管理工作领域坚持高质量发展，按省、无锡市人防主管部门年度目标任务要求，取得显著成效。出具建设条件通知书129份，办理人防工程开工21个、人防工程竣工验收备案31个，出具新建民用建筑修建防空地下室行政许可决定52份，核发人防工程平时使用证项目166项，完成上级下达的目标任务；持续推进人防领域安全生产排查整治，确保全市人防工程安全生产工作零事故；加速推进全市自建人防工程体系提质增效，通过1个自建人防工程的竣工验收。

（谢小龙）

武　警

【概况】 2023年，武警无锡支队江阴中队（以下简称“武警江阴中队”）坚持“稳中求进、创安争先”，突出旗帜引领，聚力练兵备战，扎实打牢基础，持续纯正风气，聚焦官兵成长成才，持续营造“想干事者有平台、能干事者有成绩、干成事者有荣誉”的氛围，努力推动中队建设全面进步、全面过硬。年内，中心任务圆满完成，执勤目标绝对安全。是年，参加省、无锡市各项比赛取得较好成绩。10余人被武警无锡支队表彰为“四有优秀个人”。

【训练执勤】 2023年，武警江阴中队狠抓新时代执勤安保规范化建设，被列为武警无锡支队试点，在全支队率先完成制高点鹰眼和AR实景地图等建设工作10余项，100%按照时间节点完成任务清单，迎接武警江苏总队规范化执勤等级评定受到检查组高度评价和充分认可，1人被武警江苏总队表彰为“执勤先进个人”。完成江阴市步行街联勤武装巡逻任务，确保节假日期间社会安全稳定。参加武警无锡支队“太湖卫士”军人运动会群众性体育竞赛、“八一”枪王挑战赛，获团体第二名。

【思想政治建设】 2023年，武警江阴中队突出学习宣传贯彻中共二十大精神，学习二十大报告金句，拍摄快问快答小视频，推动习近平强军思想入心入脑。大力推进中队本级“三心”（敬畏心、责任心、上进心）教育，开办士兵讲堂，探索“辩论赛式”课堂教育新模式。参加支队“学习二十大、阶段亮成绩”知识竞赛、“唱响嘹亮战歌、奋进建军百年”主题歌咏比赛，分别获得三等奖、二等奖，1人参加武警江苏总队优秀政治教员比武获三等奖。发展党员2人、团员2人。

（王　影）

■类目编辑　朱其涛

人力资源

综　述

【概况】 2023年，江阴市人社局围绕“就业是最基本的民生”理念，深入实施就业优先战略，不断健全促进就业创业体制机制，聚力聚焦重大政策落实、重要工作推进、重点群体帮扶，全力推动高质量充分就业，持续提升人力资源服务供给能力。年内，提供就业岗位6.85万个，城镇新增就业3.16万人；扶持自主创业8144人，带动就业1.85万人，城镇调查失业率控制在5%以内，应届返江阴市高校毕业生就业率超93%，全市人才资源总量54.8万人。是年，江阴市作为唯一县级市代表，向全国人社系统推介就业工作经验，就业创业工作连续两年受到省政府通报表扬，江苏省人力资源和社会保障厅发感谢信高度肯定2023年江阴市就业创业工作取得的成绩。

【打造零工市场】 2023年，江阴市人社局从市场架桥服务+人社综合业务服务+劳资维权服务的“3+”服务角度，新投入经费近20万元，在市人力资源市场内一体化建设江阴市零工市场。市场共两层，面积2000余平方米，设置61个常设摊位。市场开辟民营人力资源服务机构、公益性社会服务组织和头部互联网平台企业服务专区，引入优质社会化力量提供就业服务。特别设置面试室、职业指导室、直播室等个性化招聘场地，为零工就业群体提供职业指导、技能培训、就业困难人员帮扶等一条龙招聘求职服务。市零工市场搭建交流对接平台，促进人岗精准匹配，线下每周举办两次招聘会并开展纺织和电子商务专场等特色零工招聘活动100余场；线上依托“就在江苏”“苏心聘”、江阴人力资源公共服务网等平台，动态更新零工招工信息。年内，市零工市场顾山分市场建成。

【“家门口”就业服务中心（站）扩容】 2023年，江阴市人社局围绕构建覆盖城乡、设施完善、功能多样、服务规范、保障有力的基层公共就业服务网络，着力创建省级标准化“家门口”就业服务站，打通服务群众“最后一公里”。年内，在镇（街道）新建基层公共就业服务中心2个，在村（社区）新建就业服务站27个，做到“一镇一特色、一站一品牌”，并联动各镇（街道）人社职能部门开展人才夜市星光驿站活动。

人才开发

【概况】 2023年，江阴市人社局坚持外引内育，持续深化校企合作，擦亮“才聚江阴”品牌，完善校地人才引育机制，深入实施职业技能提升行动，大力培育“江阴工匠”，各类人才资源稳固集聚。年内，新增青年人才16283人、高技能人才8010人、高层次人才1450人、海外留学回国人才369人、博士后21人、“太湖人才计划”先进技能制造领军人才2人，江苏省首席技师2人。至年末，全市人才总量达54.8万人。

【人才引育】 2023年，江阴市人社局聚焦全市产业发展需要，坚持引人才、促就业双轮驱动，发放大学生租房补贴、就业见习补贴等青年人才就业扶持资金1349万元。组织273个次企业赴36所高校招才引智，近万人现场达成就业意向；新建13个高校引才联络站；在武汉大学等高校启动“职场启航·就在江阴”江阴名企进名校计划。举办“澄就未来·扬帆计划”“才聚江阴·留澄之约”青年人才就业创业系列活动，开展校企人才合作恳谈会、百校代表“访企拓岗”江阴行等系列活动，为企业发掘和吸纳大量优秀人才。深入实施职业技能提升行动，持续提升职业培训质量。加大数字经济、新能源、新材料等行业领域人才培育，开展首批工业机器人操作运维员等数字技能人才等级认定，新增数字技能人才3161人。

就业创业

【概况】 2023年，江阴市人社局面对复杂多变的宏观形势，围绕稳岗稳就业，实施就业优先战略，加强重点群体帮扶，打出政策措施“组合拳”，实现就业形势整体稳定。全年提供就业岗位6.85万个，城镇新增就业3.16万人，城乡就业困难人员就业再就业4950人，城镇调查失业率控制在5%以内。大力实施创新驱动战略，推进大众创业、全民创业，大力整合创业资源，营造创业氛围，充分激发社会创新动能，全市扶

2023 年 7 月 29 日,江阴市举办“澄就未来·扬帆计划”青年人才就业创业系列活动启动仪式 （市人社局提供）

持自主创业 8144 人,带动就业 1.85 万人。

【就业服务】 2023 年,江阴市人社局把稳定就业规模摆在突出位置,为企业发展提供多维度支撑,持续深入实施稳岗返还政策,为 2.6 万余个企业发放稳岗返还资金 1.26 亿元;继续实施阶段性降低失业保险费率政策,为 4.15 万个企业减免失业保险费 6.74 亿元;新投放“苏岗贷”融资项目信贷资金 16 亿元,惠及企业近 400 个,放贷额度在全省县级市领先;发放一次性扩岗补助、企业用工交通补贴 896.45 万元。举办线上线下招聘会 121 场,赴贵州省织金县、荔波县,云南省普洱市等地开展“春风千里行”系列劳务招聘会,新建 3 个劳务基地、务工人员驿站,与连云港市灌云县开展南北结对帮扶合作,与新疆维吾尔自治区霍城县共建“澄霍劳务合作基层工作站”。聚焦高校毕业生、就业困难人员等重点群体,以就业帮扶助力充分稳定就业,建档立卡退捕渔民 100% 就业,“零就业”家庭动态清零。

【创业服务】 2023 年,江阴市人社局持续加大创业资金、创业载体、创业服务支持力度,充分调动创新创业积极性,实现以创业带动就业。完善“五补一贷一奖”(一次性创业补贴、创业租金补贴、创业带动就业补贴、创业社保补贴、创业实体注销社保补贴,富民创业担保贷款,大学生创业项目奖励)创业政策体系,持续提高融资便捷度,建立小微企业名录库点对点精准推送创业扶持政策,发放各类创业补贴 997 万元、创业贷款 4025 万元。推动创业载体建设,新建省级创业示范基地 1 个,举办大学生创业实训营等系列创业活动,5 项项目获评省级大学生优秀创业项目。

劳动维权

【概况】 2023 年,江阴市人社局坚持防治融合,不断提升劳动关系治理能力和治理水平,劳动关系和谐稳定的态势持续巩固。坚持惩防并举,“互联网 + 书面审查”1.02 万个企业;开展打击人力资源市场违法违规行为“雷霆行动”、根治欠薪专项整治行动;向公安机关移送拒不支付劳动报酬案件 12 件,公布重大劳动违法行为 8 起。大力整治欠薪,启动“来江阴请放心·澄薪无忧”民生服务品牌建设,新建农民工工资争议速裁庭,大力推进工程建设领域农民工工资月结月清。加强矛盾调处,新建江阴市劳动关系联合调处中心,联合市司法局、法院、总工会举办首届江阴市劳动人事争议调解业务技能竞赛,提升一线人员劳动争议化解能力。推进新时代和谐劳动关系创建,培育省级优秀劳动关系和谐企业 3 个,无锡市级优秀劳动关系和谐企业 53 个。全年妥善处理各类社保监察、工伤、仲裁案件 1 万余件,全市劳动关系整体和谐。

【劳动人事争议仲裁】 2023 年,江阴市人社局聚焦推动劳动争议多元化解、扎实提升办案质效,创新建成江阴市劳动关系联合调处中心,启动“来江阴请放心·澄薪无忧”品牌建设,形成劳动争议“调裁审执”一体化建设新格局,有效控制各类劳资矛盾,推进劳动关系和谐和社会稳定。全年立案处理各类劳动人事争议案件 3962 件,其中工伤待遇等社会保险争议 1034 件、劳动报酬争

2023 年 7 月 29 日,江阴市举办 2023 夏季青年人才大型招聘会 （市人社局提供）

议1839件、确认劳动关系争议557件,经济补偿金、赔偿金以及其他争议532件。至年末,结案3949件,结案率99.7%,其中裁决结案1044件,调撤结案2905件,调撤率为73.6%。妥善处理集体争议案件30件,涉及职工425人。

【工伤认定和劳动能力鉴定】 2023年,江阴市人社局围绕工伤预防、工伤康复、工伤补偿"三位一体"工作体系建设,精细开展工伤认定和劳动能力鉴定工作。全市累计受理工伤认定6208件,认定工伤5780件;组织因工劳动能力初次鉴定5489人次,非因工或因病劳动能力初次鉴定633人次,因果关系鉴定452人次,复核鉴定169人次,组织工伤康复181人次。

【劳资矛盾源头防控】 2023年,江阴市人社局坚持源头治理,"互联网+书面审查"企业1.02万个;开展打击人力资源市场违法违规行为"雷霆行动",对全市206个人力资源服务机构、劳务派遣单位开展联合检查;对196个劳务派遣企业进行年度核验和等级评价。完成省、无锡市两级企业薪酬调查,省级薪酬调查企业样本数209个、无锡市级320个以及上市企业21个,指导企业落实最低工资标准,健全工资合理增长机制。

人事管理

【概况】 2023年,江阴市人社局持续加大事业单位改革指导力度,进一步规范岗位设置、人员聘用、公开招聘等。深入实施事业单位管理岗位职员等级晋升制度,76人晋升职员等级。全年审核事业人员、编外人员招聘方案27次,公开招聘教师464人、医疗卫生专业技术人员147人、其他事业单位117人(包括组织部名校优生76人)。完成全市事业单位工作人员2022年度考核审核工作,审核优秀4729人、不合格6人,审批嘉奖4479人、记功250人。办理调动87人,其中市外调入11人、市内调动53人、调往市外23人。办理事业人员辞职辞聘78人,开除6人。

【工资福利管理】 2023年,江阴市人社局完成全市事业在职人员正常晋升薪级工资审批以及因岗位变动的工资调整。完成新招录事业人员138人工资审核。为机关、参公单位138人、事业单位678人办理退休审核。办理丧葬抚恤费审核159人、遗属补助审核33人。核定全市2943名编外人员用工经费总量。核定全市86个全额拨款事业单位因工应休未休年休假补贴2322.05万元。

【专技人员职称评审】 2023年,江阴市人社局持续深入推进职称评审改革,继续实施工程系列中级职称电子化评审。年内,受理工程系列职称评审951人,通过623人;组织实施全市中小学、幼儿园中级和高级(副高)职称评审,受理中小学、幼儿园教师一、二级职称评审409人,188人通过中小学一级教师专业技术资格评审,47人通过中小学二级教师专业技术资格评审,100人通过幼儿园一级教师专业技术资格评审;4人通过幼儿园二级教师专业技术资格评审;受理中小学、幼儿园副高级职称评审326人,187人通过评审。职称评审申报过程实现"不见面"服务,全年申报并通过职称初定(含教育系列)1926人。

城镇职工队伍建设

【概况】 2023年,江阴市城镇非私营企业职工总数89.24万人。年内,市人社局组织举办各类培训班,提高职工人员素质和就业技能,组织企业岗位技能提升培训4998人,完成职业技能鉴定取证17510人,新增技能等级备案机构54个。

【职业能力培训】 2023年,江阴市人社局弘扬精益求精的工匠精神,营造尊重劳动、崇尚技能的社会氛围,进一步规范技能人才培训,提升管理服务水平,不断提高培训人员技能水平和就业创业能力。全市新增高技能人才取证8010人,其中技师和高级技师304人;组织创业培训3028人;企业岗位技能提升培训4998人;组织机关事业单位工勤人员职业素质提升培训考核523人;开展补贴性职业技能培训22603人。至年末,全市技能人才总量为352294人,其中高技能人才总量为13.82万人,每万名劳动力中高技能人才1328人。

(张沛菡)

■类目编辑 朱其涛

农　业

综　述

【概况】　2023年，江阴市深入学习贯彻习近平总书记关于“三农”*工作的重要论述和各级农村工作会议部署，锚定“在推进农业现代化上走在前”重大任务，高标定位、创新实干。推进高标准农田建设，大力开展农业绿色高质高效创建，提升高素质农民培育效能，做强产业体系和农业品牌，扎实推动农业生产全程全面机械化和农机装备智能化绿色化，严格农机安全生产监管。年内，江阴市被评为中央农作物秸秆综合利用重点县、省农作物病虫害绿色防控县；璜土镇被评为首批国家农业产业强镇。

【评为省级农作物病虫害绿色防控县】　2023年，江阴市推进农业绿色高质量发展，开展农作物病虫害绿色防控基地和稻麦田草害综合治理示范区建设。市农业农村局参考《2023年江苏省绿色防控联合推介产品和技术名录》和《2023年无锡市区稻麦病虫草害绿色防控产品主推品种目录》，根据江阴市实际，拟定2023年江阴市主要农作物病虫草害绿色防控主推品种，并对2022年省级绿色高质高效示范方的经营主体实施补助，产生促进效应，进一步提升全市病虫害绿色防控水平。12月，江苏省植物保护植物检疫站发布2023年度省级农作物病虫害绿色防控县等相关事项结果，江阴市被评为第二批省级农作物病虫害绿色防控县，江阴市农业技术推广中心植物保护站被评为第二批省级农作物病虫害监测预警标准化区域站。江苏华西都市农业科技发展有限公司、江阴故乡情农业发展有限公司被评为2023年度省级农作物病虫害绿色防控达标基地，江阴市观西建荣农机服务专业合作社被评为第三批农作物病虫害专业化防治三星级服务组织。　（夏秋霞）

【璜土镇获评首批国家农业产业强镇】　2023年，江阴市璜土镇坚持以点带面、示范引领，按照“一带一园多基地、一镇一村多亮点”乡村振兴路径，统筹推进镇域产业发展、基础设施、农村社区、环境治理、主体培育五大工程，打造独具特色农业产业强镇。8月，农业农村部办公厅、财政部办公厅联合发文公布首批国家农业产业强镇名单，全国770个乡镇被认定为国家农业产业强镇，江阴市璜土镇（葡萄）入选。

（程静雯）

【江阴市乡村投资发展有限公司成立】　2023年3月23日，江阴市注册成立乡村投资发展有限公司，是从事农、林、牧、渔专业及辅助性活动为主的企业，注册资本1亿元。其经营范围中重点涉农项目包括种畜禽生产、水产养殖、家禽屠宰、牲畜屠宰、生猪屠宰、家禽饲养、牲畜饲养；林木种子生产经营；农业生产资料的购买、使用；农业机械销售和租赁，专用设备修理；农产品的生产、销售、加工、运输、贮藏及其他相关服务；农业生产托管服务；农业专业及辅助性活动，农业技术推广服务、技术开发、技术咨询、技术交流、技术转让；与农业生产经营有关的技术、信息、设施建设运营等服务；农林牧渔业废弃物综合利用；农业面源和重金属污染防治技术服务；土地使用权租赁；谷物、蔬菜、花卉、水果、树木、豆类和园艺产品种植经营；水产品冷冻加工，畜禽委托饲养管理服务；食用农产品初加工、批发等，搭建以市级平台公司为龙头、功能区平台公司为依托、各镇（村）平台为基础的三层构架，加速推进农业基础设施建设。

【长江禁捕放流】　2023年，江阴市继续纵深推进长江禁捕执法监管，全年开展禁捕巡查16499次，出动巡查人员51263人次，开展联动执法58次，检查农贸市场3313次，检查水产、餐饮经营户13608户次，立案查处涉渔违法案件54件。年内，全长30米渔政执法船“江盾号”建成并下水运行；向长江投放暗纹东方鲀鱼苗苗种60万余尾，连续22年累计向长江放流暗纹东方鲀和青鱼、草鱼、鲢鱼、鳙鱼1.8亿余尾。

（赵婷婷）

种植业

【概况】　2023年，江阴市坚持早谋划、早部署、早推进，积极开展水稻绿色高质高效创建，全力防控粮油病虫草害，深入推进耕地质量提升和化肥减量增效工作，确保粮食生产稳面积、提单产、增效益，实现粮食丰产丰收。全年粮食生产实现面积、单产和总产“三增”,比 2022 年粮食生产面积增加 46.67 公顷、每公顷单产增加 20 余千克、总产增加 900 吨;蔬菜播种面积 12420 公顷,产量 40.16 万吨,叶菜自给率超 95%;果品种植面积 2510 公顷,产量 7.78 万吨。是年,江阴市全面启动第三次全国土壤普查,完成全市 414 个表层样点调查采样工作。

【粮食生产实现“三增”】 2023 年,江阴市粮食生产实现面积、单产和总产“三增”。粮食播种面积 19186.67 公顷,总产 13.18 万吨。其中,小麦种植面积 7940 公顷,每公顷产量 4729.5 千克;水稻种植面积 9313.33 公顷,每公顷产量 9312 千克。主推品种南粳 46、南粳 3908、南粳 5055、宁香粳 9 号等优良食味水稻品种覆盖率达 89.3%,处于全省和无锡市领先地位。

【水稻绿色高质高效创建】 2023 年,江阴市在徐霞客镇、华士镇、顾山镇、周庄镇、青阳镇、长泾镇、南闸街道 7 个镇(街道)创建省市级水稻绿色高质高效示范片 12 个,面积 866.67 公顷。徐霞客镇北渚村种植的扬麦 34 高产攻关田经省级专家测产,平均每公顷产 9267 千克,其中产量最高田块每公顷产 9586.5 千克,创无锡市小麦高产新纪录;该村种植的宁香粳 9 号高产攻关田经省级专家测产,平均每公顷产 11844 千克,被省农业技术推广总站通报表彰为全省 20 个高产典型之一。

(王坚纲)

【粮油病虫草害防控】 2023 年,江阴市围绕“虫口夺粮”保丰收、绿色防控保质量、农药减量保安全的工作思路,不断提升全市病虫害绿色防控水平,全力保障农业生产安全、农产品质量安全和农业生态安全。年内,稻麦主要病虫害中等发生,轻于 2022 年。经过科学防控,全市粮油主要病虫草害发生面积 11.55 万公顷次,防治面积 25.34 万公顷次,通过防治,挽回损失 2.44 万吨,尚有损失 0.13 万吨。是年,江阴市被评为第二批省级农作物病虫害绿色防控县。

(夏秋霞)

【省级园艺作物标准园创建】 2023 年,江阴市为进一步扩大园艺作物标准园生产示范效应,促进园艺业转型升级、提质增效,继续围绕“规模化、标准化、商品化、品牌化、社会化”等主要考核建设内容,开展省级园艺作物标准园创建工作。年内,完成江阴故乡情农业发展有限公司和无锡东岳生态农业科技发展有限公司 2 个单位的省级园艺标准园创建工作,全市累计完成 20 个省级园艺标准园认定。市农业农村局组织参加省级以上园艺类评比活动 8 次,获特等奖 3 个、金奖 31 个、银奖 53 个,由此获优秀组织奖。

(周 鹤)

【省级高素质农民培育实训基地建设】 2023 年,江阴市为促进绿色农业产业发展,提升高素质农民培育效能,继续着力打造新型农民培育平台。年内,举办部级培训班 2 期,完成培训 200 人;举办省级培训班 14 期,完成培训 1200 人;举办农民素质素养提升培训班 6 期,完成培训 240 人。江阴市林度农机服务专业合作社被评为省级高素质农民培育实训基地;新建江阴市南国花木专业合作社、江阴市璜土乐哈哈家庭农场 2 个江阴市级高素质农民培育实训基地。至年末,全市累计有省级基地 4 个、市级基地 17 个,建设数量处于全省领先。

(王静东)

【高标准农田建设】 2023 年,江阴市围绕“逐步把永久基本农田全部建成高标准农田”目标要求,按照“先规划后建设、先流转后建设、先平整再配套”原则,坚持整区域推进高标准农田建设。全年落实项目 29 项,面积 1573.34 公顷。其中,江阴市级项目 26 项,面积 806.67 公顷;省级项目 3 项,面积 766.67 公顷。成功申报特别国债项目 1066.67 公顷,争取国债资金 3740 万元。至年末,全市永久基本农田 2.03 万公顷,其中上图入库高标准农田面积 1.49 万公顷,占面积总量的 73.4%。

(王 伟)

养殖业

【概况】 2023 年,江阴市出台多项生猪生产扶持政策,生猪生产稳中有升。全市生猪存栏 3.58 万头,母猪存栏 0.72 万头,累计出栏生猪 3.23 万头,地产能繁母猪存栏 0.62 万头,规模猪场保有 12 个,超额完成江苏省、无锡市下达的生猪生产目标任务;全市水产养殖总面积 2932 公顷,年产量 20107 吨,其中鱼类 17558 吨、虾蟹类 2382 吨。

【首个省级动物疫病净化评估养殖场建成】 2023 年,江阴市严格落实江苏省动物疫病净化工作要求,通过交流学习、现场观摩、业务培训,科学开展奶牛布病、结核病净化监测工作,指导规模奶牛场开展奶牛结核病净化场建设。12 月,江苏省农业农村厅公布 2023 年通过省级动物疫病净化评估养殖场名单,江阴市宝祥牧业有限公司上榜,实现市动物疫病净化场零的突破。

【养殖池塘标准化改造】 2023 年,江阴市完成中央环保督察针对池塘标准化改造的无锡市级、省级销号验收。6 月,江苏省《池塘养殖尾水排放标准》执行,江阴市出台《关于加强全市标准化养殖池塘长效管护的通知》,加强建后管护,同时开展 0.33 公顷以上塘口信息摸排和养殖尾水、清塘污泥处置登记,全力配合新一轮太湖综合治理。至年末,全市累计完成池塘标准化改造面积 562.4 公顷,退养 75 公顷,实现规模养殖场改造全覆盖。

【无锡市首个养殖尾水智能监测小屋建成】 2023 年,江阴市坚持生态优先、绿色发展,保障水产品有效供给,推动水产养殖业转型升级,建成投用无锡市首个养殖尾水智能监测小屋。该监测小屋位于申港街道,占地面积 6.5 平方米,墙体采用优质防腐木材料,设计使用年限 25 年,配备养殖尾水水质在线监测设备,实现水质监测自动化,具有环保、美观、维护简便和抗压性强等优点。

【水产养殖种质资源名录制成】 2023 年,江阴市完成首次水产养殖种质资源普查。该项工作历时 3 年,制作完成全市水产养殖种质资源名录,收集全市水产养殖品种 34 种,涵盖淡水鱼类、虾蟹类、两栖爬行类、棘皮及其他 4 大类品种,每个物种均详细标注学名、别名、生物学分类、生活习性、种质资源类型、分布区域等信息,并配以图文介绍。

该名录对于掌握全市水产养殖种质资源家底、加强水产种质资源保护与开发具有重要意义。

【2个单位获评无锡市级农业种质资源保护单位】 2023年，江阴市2个单位被评为首批无锡市级农业种质资源保护单位，分别是以江苏威特凯鸽业有限公司为建设单位的太湖点子鸽保种场、以江阴市申港三鲜养殖有限公司为建设单位的暗纹东方鲀保种场。至年末，太湖点子鸽保种场建立太湖点子鸽家系110个、320对，扩繁群1015对，产区存栏量6000余只；暗纹东方鲀保种场年产暗纹东方鲀夏花200余万尾。

【亚运会参赛马匹防检疫】 2023年9月，为保障杭州第19届亚运会马术比赛顺利举行，确保中国国家马术队国内参赛马匹符合进入无疫区健康标准，江阴市严格按照防疫规定，为来自新桥镇海澜国际马术俱乐部的9匹参赛马做好进入无疫区前各项动物卫生监管工作，严格实行马匹6个月健康管理。每周派兽医实施现场检查不少于2次，监督指导马场落实生物安全措施，指导马场做好马匹日常管理、免疫、疫病检测、健康检查、环境及虫媒消杀等工作，并做好监管记录，全力保障杭州亚运会参赛马匹在江阴的防检疫工作。（鲍明明）

农业产业化建设

【概况】 2023年，江阴市紧扣"市级科技园、镇级产业园、村级特色园"产业体系，着力培育经营主体、提升产业园区、延伸产业链条、做强农业品牌、做活产品流通，整合资金、土地、人才等资源要素，推动现代农业规模化、集约化、品牌化、科技化发展。年内，基本完成《江阴市现代农业专项规划》编制，加快推进农村土地经营权统一流转，夯实园区产业发展用地基础；出台《关于全面推进乡村振兴加快实现农业农村现代化奖励政策意见（2023年）》，引导政策资金向农业农村重大项目倾斜；成立由市农业农村局负责管理的江阴市乡村投资发展有限公司，推进农业基础设施建设。

【农业园区建设】 2023年，江阴市充分发掘资源、市场、文化、区位优势，高起点规划布局、大联动创建格局、全要素集聚开局，建成一批集组织化、数字化、产业化、特色化、生态化发展于一体的农业产业园、特色园。是年，无锡市农业农村局公布2023年无锡市市级农业产业园、农业特色园认定名单，顾山镇、月城镇2个镇产业园被评为无锡市级农业产业园，南闸街道观山村、青阳镇小桥村、申港街道创新村、周庄镇长南村、祝塘镇金庄村5个村特色园被评为无锡市级农业特色园。

【农民专业合作社建设】 2023年，江阴市坚持以立农为农、联农带农为导向，开展农民合作社服务体系建设和示范社培育工作，完善政策体系，优化监管服务，创新体制机制，推进农民合作社规范发展和质量提升，助推农户加快实现增收致富。是年，江阴市谷盛农业专业合作社、江阴市永恒农业专业合作社入选国家农民合作社示范社评定名单；江阴故乡情果业专业合作社、江阴市雪峰农业专业合作社入围2023中国农民合作社500强。

【新增2个省"农业板"挂牌企业】 2023年，江阴市持续高效开展金融下沉工作，孵化、培育、服务一批无锡市级以上农业产业化龙头企业挂牌，破解"融资难、融资贵、融资慢"问题，助力涉农企业做大做强，实现规范化、跨越式发展。是年，江阴市宸宇农业科技有限公司、江阴正汉农业科技发展有限公司在江苏股权交易中心"农业（乡村振兴）板"正式挂牌。

【新增5个无锡市级农业龙头企业】 2023年，江阴市聚焦乡村重点产业和特色产业，围绕"扩数量、提质量、增效益、优结构"主题，助力企业整合资源、加大投入、提高产能、做强品牌，实现数量和质量"双提升"。是年，采纳科技股份有限公司、升辉新材料股份有限公司被评为省级农业产业化龙头企业，江阴市大康华农业科技发展有限公司、江阴华昌食品添加剂有限公司、江苏吉麦隆物流有限公司、西树食品（无锡）有限公司被评为无锡市级农业产业化龙头企业。

【农业经营示范主体建设】 2023年，江阴市积极培育壮大新型农业经营主体，基本形成以龙头企业为骨干、农民专业合作社为纽带、家庭农场和种养大户为基础、多种生产经营主体并存的新型农业经营格局。是年，江苏省农业农村厅公布1000个新型农业经营主体领头雁名单，江阴市6个家庭农场、4个示范社、4个农业企业、1个农业农村创业带头人入选。

【示范家庭农场建设】 2023年，江

2023年，月城优农家庭农场发展服务中心获评江苏省"十佳家庭农场服务联盟"（市农业农村局提供）

阴市坚持因地制宜、分类指导,根据江苏省第三轮农村改革试验任务,推进家庭农场特色发展和联合发展,全力构建家庭农场服务体系,促进家庭农场创新模式、联合经营、价值共享,培育一批规模化程度高、经营效益好、示范效应强的家庭农场。是年,江阴市祝塘兰芬家庭农场、青阳文英家庭农场、璜土语泉花木家庭农场被评为2023年省级示范家庭农场;江阴市文林苏锡杭家庭农场获评江苏省"百佳家庭农场",江阴月城优农家庭农场发展服务中心获评江苏省"十佳家庭农场服务联盟"。

【建成全市首个省级出口农产品示范基地】 2023年12月,江苏省农业农村厅、南京海关公布第十四批省级出口农产品示范基地(区)拟认定名单,江苏佰澳达生物科技有限公司被认定为出口益生菌示范基地,成为全市首个省级出口农产品示范基地。该公司是聚焦益生菌及大健康产业的科技创新型企业,多年来,通过政府引导和企业创新,初步形成产品外向化、基地规模化、技术标准化、管理规范化的发展格局,出口规模不断扩大,产品远销美国、巴西、澳大利亚等国。此次获评省级出口农产品示范基地,有助于该公司进一步提升农产品质量安全水平、提升品牌国际竞争力,同时也为市内其他优势农产品出海开启新征程。 (赵 鸿)

农业机械化

【概况】 2023年,江阴市全面落实省农机化"两大行动"(农业生产全程全面机械化推进行动、农机装备智能化绿色化提升行动),高标准完成江苏省农业生产全程全面机械化示范县建设,稳步推进农机装备更新迭代,为江阴市农业高质量发展提供农机化保障。全年新增农机具购置总价1700万元,新增各类农业机具超300台(套)。是年,全市有农机合作社83个,农机维修厂及维修点41个;主要农作物耕种收获综合机械化水平超96%。

【农机购置补贴政策】 2023年,江阴市农业农村局在原先补贴政策基础上,制定并联合市财政局出台《关于印发2023年度江阴市农机化发展补贴实施细则的通知》,充分发挥财政补贴资金的政策导向效应,激发种植大户购机热情。严格参照省级农机购置补贴操作流程操作,加强对重点机具、重点环节监督检查,实时公开政策实施相关信息,定期组织农机购置补贴工作人员开展廉政警示教育培训。推广使用具有人脸识别功能的手机App办理购机补贴,利用补贴机具二维码管理和物联网监控等技术,加快推进本地补贴全流程线上办理。年内,购机户自主使用手机App进行线上补贴办理申请实现100%全覆盖。全年落实省级以上农机购置与应用补贴资金602万元,其中中央级资金505万元、省级资金97万元;江阴市级资金补贴297万元。全年新增100马力以上拖拉机22台、高速插秧机44台、谷物联合收割机6台、谷物烘干机10台、植保无人机30台、喷杆喷雾机9台、测深施肥装置8台(套)、辅助驾驶系统设备73台(套)和其他农机具300余台(套),农机具购置总价1700万元。

【秸秆综合利用】 2023年,江阴市农业农村局持续做好秸秆综合利用工作,推动生态循环农业绿色化发展。制定江阴市秸秆机械化还田和生态型犁耕深翻还田专项资金实施的细则,严格落实夏季秸秆还田每亩补助10元、秋季犁耕深翻每亩补助40元的省级补助政策,下发政策告知书、技术路线和作业标准等。面向全市从事秸秆收储利用的相关农业企业或单位,根据实际秸秆收储利用量,结合收储成本,按不超过秸秆收储成本的50%给予补助,最高补助标准不超过每吨100元。年内,成功申报2023年中央农作物秸秆综合利用重点县项目,即在全市6个主要农业生产镇建设秸秆集中收储点,在秸秆综合利用企业开展秸秆能源化利用能力提升和基料化利用模式探索工作。项目总投资1622万元,其中中央补助894.2万元,整合往年省级资金48万元,企业自筹679.8万元,2023年秋收部分机具投入生产。是年,全市夏季小麦面积0.79万公顷,秸秆机械化还田面积0.79万公顷;秋季水稻面积0.93万公顷,秸秆机械化还田面积0.73万公顷;犁耕深翻还田面积0.14万公顷,秸秆还田率84%。全年综合利用秸秆量9.98万吨,综合利用率95.5%,其中秸秆机械化全量还田利用秸秆8.77万吨,机械化还田秸秆利用率83.92%;多种形式利用秸秆1.21万吨,主要利用形式包括能源化利用1.1万吨、工业原料化利用0.11万吨,多种形式秸秆利用率11.58%。

【生态型犁耕深翻】 2023年,江阴市超额完成秸秆机械化犁耕深翻试点县任务面积0.13万公顷,经镇(街道)审核确认作业面积0.14万公顷,涉及12个镇(街道)、作业种

2023年,江阴市华士镇秸秆打捆作业现场 (市农业农村局提供)

植户 40 户。全年落实省级补助资金 83.05 万元，经市财政局将补助资金指标下达至各镇（街道），各镇（街道）通过江苏省惠民惠农财政补贴资金"一卡通"系统直接发放到补贴对象。

【农机安全生产监管】 2023 年，江阴市农业农村局持续做好农机安全监督指导工作，建立农机服务组织"基层网格员公示牌"制度，实现全市 59 个农机服务组织公示牌上墙全覆盖。出台《江阴市农机安全生产网格化管理奖励办法（试行）》，提高网格员队伍对农机安全隐患信息采集、录入、上报积极性。组织举办基层农机安全网格员培训现场会，与扬州大学联合举办江阴市 2023 年基层农机人员培训班等，全面压实农机安全生产责任，提升农机安全监管人员业务水平，为农机安全生产打牢基础。加强农机源头监管，规范办理农机牌证监管各项工作。在全市各镇（街道）先后开展"送检下乡""送检上门"等活动。全年累计检验大中型拖拉机 605 台、联合收割机 224 台、拖拉机运输机组 213 台，农机"三率"（拖拉机、联合收割机登记上牌率、年检率、驾驶人持证率）超 90%，农机政策性保险投保率达 100%；注册登记中型拖拉机、联合收割机 38 台；备案登记粮食烘干机 42 台、高速插秧机 113 台；注销登记中型拖拉机 48 台、收割机 14 台、拖拉机运输机组 27 台；核发农机驾驶证 14 本。推进拖拉机运输机组整治，保障农机道路交通安全。召开拖拉机运输机组整治推进会议，集中宣讲对拖拉机运输机组监管的相关规定、要求。出台政策加大对不合格拖拉机运输机组报废引导力度，在省级补助 1000 元/台、江阴市补助 2000 元/台基础上，各镇（街道）、村（社区）根据实际情况给予配套补贴，报废的拖拉机运输机组由具备资质企业回收拆解。强化对镇（街道）拖拉机运输机组监管工作的考核督导，将逐步淘汰拖拉机运输机组作为市级重点工作之一列入 2023 年镇（街道、园区）乡村振兴实绩考评细则，每月月中、月末在全市通报拖拉机运输机组监管工作进度。全年累计拆解报废拖拉机运输机组 12 台、轮式拖拉机和联合收割机 22 台。联合市公安局交警大队开展拖拉机道路交通安全执法专项行动，将全面整治拖拉机运输机组交通违法行为纳入市道路交通安全"百日攻坚"行动，全面摸排脱检脱保拖拉机运输机组，逐一登记造册，抄送市公安局交警大队。在全市 11 个交警中队辖区开展上道路拖拉机联合执法检查，全年开展联合执法检查 8 次，出动执法人员 50 人次，查处违法案件 7 件。加强农机安全隐患排查，打击各类农机违法违规行为。开展农机安全生产执法检查，对参加跨区作业的外地联合收割机逐台检查，全年累计出动检查人员 150 人次，检查作业农机 353 台次，查处各类违法违章案件 39 件，其中罚款处罚 35 件，警告处罚 4 件。

2023 年江阴市农机动力及主要机具保有量一览表

表 6

农机动力、主要机具名称	计量单位	数量	农机动力、主要机具名称	计量单位	数量
一、农机动力			五、其他机械		
柴油机	万千瓦	11.83	高速插秧机	台	573
汽油机	万千瓦	2.26	机械育秧设备	套	92
电动机	万千瓦	13.71	田间管理机械	台	4495
二、农用拖拉机			其中：机动植保机械	台	2866
大中型	台	742	农用水泵	台	2436
小型	台	374	六、大中型农具		
三、联合收割机			旋耕机	台	932
半喂入式	台	77	微型耕整机	台	1496
全喂入式	台	176	机引犁	台	231
四、粮食烘干机	台	407	秸秆粉碎还田机	台	60

2023 年江阴市主要农业机械项目作业面积一览表

表 7　　单位：万公顷

项目	机耕面积	机种面积		机收面积		机械植保面积	机械秸秆还田面积
		小麦	水稻	小麦	水稻		
数值	3.27	0.78	0.86	0.79	0.93	3.36	1.54

（孙　镇）

■类目编辑　王萍芳

综 述

【概况】 2023年,江阴市工业条线围绕“推动实现质的有效提升和量的合理增长”发展任务,统筹推进稳增长、强集群、调结构、促转型、优服务、防风险、保稳定等各项工作,制造业高质量发展迈出坚实步伐。全年完成规模以上工业产值7014.1亿元,比2022年增长4.6%;完成规模以上工业增加值1524.1亿元,增长8%。完成工业投资387.21亿元,增长7.4%。完成高技术产业投资184.1亿元,占固定资产投资的20.8%。江阴市入选2023年全国消费品工业“三品”(增品种、提品质、创品牌)战略示范城市。产业集群培优做强,协同推进“345”现代产业集群*强链工作,高端装备产业全年完成产值1119.4亿元,成为江阴市第四个千亿级产业。江阴市节能环保集成装备产业集群获评省级中小企业特色产业集群。坚持“产业集群+特色产业园区”发展模式,创成无锡市级特色产业园区2个,形成首批示范。9个企业跻身“中国企业500强”、12个企业入围“中国制造业企业500强”,在全省各县(区、市)中占比第一;3个企业获评省优秀企业,4名企业家获评省优秀企业家。新增国家级专精特新“小巨人”企业*27个、省级专精特新中小企业99个、省级企业技术中心22个。数实融合提质增效,江阴市入围省制造业智改数转*成效明显地区,受到省政府通报表扬。全年创成各类智能制造标杆282个,江阴兴澄特种钢铁有限公司成为全球特钢行业首个“灯塔工厂”。开展922个企业的数字化诊断工作,实现纺织服装行业和专精特新企业全覆盖,全年数字经济核心产业营收完成588.81亿元。产业焕新步伐加快,全年单位地区生产总值能耗下降6.2%,居无锡市各县(市、区)前列,年实现节能量5万吨标煤;新增国家绿色工厂4个,创历史新高,新增国家绿色供应链管理企业1个,新增省级绿色工厂9个,完成295个企业的节能诊断。临港化工园区通过省第一批化工园区认定复核,关闭退出化工企业5个。 (谭滔涛)

【企业技术中心建设】 2023年,江阴市加快创新主体培育,强化创新载体建设。推进国家、省和无锡市三级企业技术中心的创建工作,以创建企业技术中心为抓手,促转型升级。全市新增省级企业技术中心22个,新增无锡市级企业技术中心54个。全市累计拥有国家级企业技术中心7个、省级企业技术中心132个、无锡市级企业技术中心264个。

【新技术新产品推广应用】 2023年,江阴市有56项新技术新产品研发项目列入省重点技术创新计划,125项新技术新产品研发项目列入无锡市重点技术创新计划,36种新产品新技术通过省级新产品新技术鉴定,20种新技术新产品列入江苏省重点新技术新产品推广应用目录,推动工业经济的高质量发展。

(吴 明)

【节能改造】 2023年,江阴市组织实施15项重点节能改造与循环经济项目,年实现节能量超过5万吨标煤。全市获得省级节能专项资金1800万元,其中江苏利港电力有限公司等6个企业往期竣工验收项目1384万元,江阴兴澄特种钢铁有限公司等4个企业绿色化改造项目416万元。全社会综合能耗约1600万吨标准煤(等价法),其中全社会电力消费量285.44亿千瓦时,工业用电量235.17亿千瓦时;全市规上工业综合能耗1525.13万吨标煤,规上工业增加值能耗1.001吨标准煤/万元(当量法),比2022年下降13.1%。

【清洁生产审核】 2023年,江阴市组织17个企业开展自愿性清洁生产审核,制订各类清洁生产改造方案及措施181项,累计投入2037万元,产生经济效益1094万元。所有方案及措施全部实施后,年可节标煤1444吨,其中节电411万千瓦时、节天然气18万标准立方米、节水2.5万吨、节生物质燃料5600吨;减排二氧化碳2903吨、二氧化硫22吨、氮氧化物1.8吨、挥发性有机物0.4万吨。 (祁晓蕾)

【化工产业安全环保整治提升专项行动】 2023年,江阴市紧扣“绿色低碳、提质增效”主线,严格执行国家产业政策和节能、环保、安全、质量等相关法规、条例、规章,结合产业发展实际,做好产业规划和政策引导,在保障产业链、供应链安全、稳定前提下,加快推进化工产业落后产能关停退出、低端产能改造提升、低质企业转型升级,巩固深化化工产业安全环保整治提升，推进化工产业高质量发展。全年关闭退出化工生产企业5个，完成临港化工园区省级园区认定复核工作，认定4个化工生产企业为化工重点监测点，推动化工生产企业老旧装置更新改造项目现场审核，推动化工产业焕新工程实施。宣传贯彻《江苏省化工园区管理办法》精神，推动临港化工园区提质升级，深入推进化工园区内腾退企业工作，推进原有化工园区范围适度调整，引导优质化工生产企业入园进区。（何海林）

工业性投资

【概况】 2023年，江阴市完成工业投资387.21亿元，比2022年增长7.4%，增速比2022年提高21.4个百分点。完成技改投资190.92亿元，比2022年下降4.4%，占工业投资的49.3%。全市高技术产业投资占固定资产投资的20.8%，比2022年提高3.8个百分点。其中，高技术制造业完成投资154.1亿元，占工业投资的39.8%，占固定资产投资的17.4%。从投资规模看，全市有460项项目统计入库，总投资1528亿元。其中，50亿元以上项目5项，10亿元至50亿元项目45项，5亿元至10亿元项目25项，1亿元至5亿元项目133项。按行业结构分：机械行业完成投资占投资总量的22.1%；电子信息行业完成投资占投资总量的13.7%；轻工行业完成投资占投资总量的2.6%；生物医药行业完成投资占投资总量的4.1%；纺织行业完成投资占投资总量的5.4%；新材料、新能源行业完成投资占投资总量的38.3%；金属制品行业完成投资占投资总量的3.2%；冶金行业完成投资占投资总量的1.6%。（吕　英）

【重点项目】 2023年，江阴市滚动推进163项工业重大项目开工建设，总投资1327.4亿元，全年累计完成投资318.1亿元。其中，77项项目竣工投产或部分投产，全年完成投资175.1亿元，分别是盛合晶微半导体（江阴）有限公司三维多芯片集成封装项目、盛合晶微半导体（江阴）有限公司28纳米以下大规模集成电路制造、瀚宇博德科技（江阴）有限公司年产24万平方米高密度多层印刷线路板智能产线及环保治理设施提升项目、江阴佩尔科技有限公司生物医用镍钛合金材料与器件生产项目、江阴长庚高科技材料有限公司功能性聚酯薄膜及聚酰胺薄膜新型包装材料的生产项目、江阴新杰科技有限公司电子专用材料开发与制造及等离子清洗设备的研发生产项目、也美科技（江阴）有限公司年产1000台（套）智能检测设备项目、江苏佰澳达生物科技有限公司年产100吨高活益生菌项目、阳光卫生医疗科技江阴有限公司采用非织造布复合技术生产卫生医疗产业用纺织品二期项目、江阴市龙腾管件有限公司整厂搬迁及金属管件技改扩能项目、江阴齿轮箱制造有限公司整厂搬迁扩能项目、江苏必得科技股份有限公司轨道交通车辆配套产品扩产项目、江苏秋林特能装备股份有限公司年产5000台金属容器项目、江苏华西村海洋工程服务有限公司深水域16兆瓦级海上风机智能化安装平台项目、星科金朋半导体（江阴）有限公司年产1700万颗系统级存储模块先进封装与测试技改扩能项目、江苏大隆凯科技有限公司年产500套节能环保废金属处理设备扩能项目、江阴兴澄特种钢铁有限公司新建智能集控项目、远景动力技术（江苏）有限公司高储能高安全软包装智能电池项目、远景动力技术（江苏）有限公司高储能高安全软包装电池项目（一期）扩能项目、远景动力技术（江苏）有限公司高储能高安全智能电池项目（二期）12吉瓦时改扩建项目、远景能源有限公司远景高新智能化传动系统项目、江阴耀元新材料有限公司耀元新材料光伏基地项目、中建材（江阴）光电材料科技有限公司高效异质结电池项目、江阴市恒润传动科技有限公司年产4000套大型风电轴承生产线项目、江苏华昽环保设备有限公司人工智能和环保设备产业园项目、江阴市瑞景金属制品有限公司废钢资源回收再利用项目二期、江阴尚驰机械设备有限公司太阳能光伏回转式减速器研发生产基地项目、江苏坤奕环境技术股份有限公司移动式高盐高有机废水环境控制系统及环保膜组件项目、江阴纳力新材料科技有限公司年产新型复合薄膜1亿平方米新建项目、江苏振江新能源装备股份有限公司新建风力发电机部件项目、江苏华兰药用新材料股份有限公司年产胰岛素注射笔垫片活塞制品20亿只预灌封注射器活塞护帽制品扩能项目、江苏双良氢能源科技有限公司年产绿电制氢装备100台新建项目、江苏海伦石化有限公司海伦石化建设PTA（精对苯二甲酸）成品仓储项目、江阴百宏能源科技有限公司年产6万吨特种新材料冷轧拉丝项目、江阴润成机电科技有限公司年产5万件航空发动机零部件航空航天用高端轴承风电及相关领域滑动轴承零部件设计制造项目、江阴市金属制管有限公司年加工15万吨无缝钢管新建项目、弘元光能（无锡）有限公司上机数控光伏产业一体化制造项目（一期）、大明重工有限公司大明重工压力容器项目、江苏长澄钢构有限公司年产50万吨大型特种钢结构件产品建设项目、江苏酸王泵制造有限公司高端特种环保装备制造项目、江苏永益重钢有限公司永益重钢项目、江苏长强钢铁有限公司长强制氧设备节能技术改造项目、江苏佳太新能源科技有限公司长强电化学液冷储能项目、江阴市惠尔信精密装备股份有限公司年产5000台（套）5兆瓦以上风电齿轮箱工改项目、江阴塞特精密工具有限公司年新增4万把硬质合金刀具精密加工耐磨镀层智能化技术改造项目、江阴市赛英电子股份有限公司年产1000万套电子器件IGBT（绝缘栅双极型晶体管）用封装结构件技改扩能项目、江苏海基新能源股份有限公司年产10吉瓦时锂离子电池及电池组项目、江阴远闻纺织有限公司年生产5万台竹节纱赛络纺及包芯纱智能装置项目、江阴市江伦建材有限公司智能化自动化年产30万吨节能材料项目、江苏博顺带业有限公司年智能化生产绿色轻质新型输送带300万平方米项目、江阴市旌融科技产业发展有限公司年产1000万套汽车减振器生产项目、江苏金和泰纤维科技有限公司年新增4万吨涤纶短纤维扩能项目、江阴悦达化纺有限公司高端差别化环保型纤维扩能项目、江阴市华泰新能源有限公司华士镇域内200兆瓦分布式光伏发电项目、江阴慧昊金属材料有限公司年产100万套新能源车动力电池箱体新建项目、江苏尊阳电子科技有限公司年产60亿颗集成电路封装项目、江阴燎原装备制造有限公司2万套风电轴承类产品扩能及深加工项目、江阴兴佳新材料有限公司年产150万吨绿色包装新材料项目、江阴电工合金股份有限公司高速铁路用高强高导铜合金接触网材料生产建设项目、江苏联诚精密合金科技有限公司精密铸造智能化及配套加工项目、新途(无锡)新能源科技有限公司年产40万套新能源汽车电池盒组件项目、雅派新材料(江苏)有限公司年产5.4万吨绿色环保高性能纤维项目、海澜之家集团股份有限公司海澜云服高端智能制造平台技术改造项目、江苏阳光股份有限公司数字化智能化车间技术改造项目、昆宇(无锡)新能源科技有限公司年产15万套新能源配件新建项目、江苏沿方医疗科技有限公司年产40亿只丁腈手套10亿只口罩新建项目、升辉新材料股份有限公司年储存1万吨膜材料智能制造扩建项目、无锡爱柯毛绒科技有限公司年产300万米毛绒布300万米中高档针织呢绒改建项目、江阴沐祥精工科技有限公司年产50万套新能源汽车零部件及25万件通用机械零部件5万件医疗器材零部件项目、江苏裕恒铝业科技有限公司年产25000吨新能源车辆零部件项目、江阴市恒润环锻有限公司年产10万吨齿轮深加工项目及年产5万吨12兆瓦海上风电机组用大型精加工锻件扩能项目、江阴海达高分子新材料有限公司年产1.2万吨汽车橡胶密封件项目、优彩环保资源科技股份有限公司年产11万吨新型功能型复合低熔点纤维技改项目、优彩环保资源科技股份有限公司新建研发展示中心项目、无锡必克液压股份有限公司年产3万套精密液压零部件扩能项目、江阴汉思雅纺织有限公司年产700万条高档医疗康复用品及1200万条医用高档充气悬浮翻身床单和500万个医用止滑靠垫新建项目。

(陈　松)

新兴产业

【概况】 2023年,江阴市新能源、新材料、车船及机械装备、生物医药、电子信息等新兴产业实现规模产值增长5.5%,增速高于传统产业1.6个百分点,占全市规模产值比重46.3%。

【新能源产业】 2023年,江阴市新能源行业规模产值比2022年增长7.8%,占全市规模工业的10.7%。全市新能源产业以风电装备制造业和光伏产业为发展重点。全市新能源产业拥有超百亿级企业1个、超10亿级企业6个,继续保持强劲增长势头。全市风电产业基本形成包括风电特钢、轮毂、塔座、主轴、塔筒、法兰、齿轴、轴承座、机舱罩、特种涂料等关键零部件相互配套发展的格局,风电主机年产能为6000兆瓦。彭博新能源财经公布的2023年全球风电整机制造商排名中,远景能源有限公司较2022年提升2位,名列第二。光伏产业涵盖硅料生产、单晶硅拉棒(多晶硅铸锭)、硅片切割、电池片生产、组件封装和专用生产设备制造等多个环节,并介入分布式电站领域,在终端应用市场占据一定市场,形成较为完整的产业链条。

【新材料产业】 2023年,江阴市新材料产业规模产值比2022年增长8.2%,占全市规模工业的10.7%。江阴市新材料产业主要产品包括:精对苯二甲酸(PTA)、苯乙烯、可发性聚苯乙烯(EPS)、聚酯切片(PET)、聚酰胺(PA)、乙酸丁酯、沥青、不饱和聚酯树脂及聚苯乙烯上游原料苯乙烯、特种涂料上游偏酐、下游特种薄膜、工程塑料等,产品种类较为齐全。全市具有年产PTA(精对苯二甲酸)180万吨、聚苯乙烯60万吨、沥青100万吨等的生产能力。

【车船及机械装备产业】 2023年,江阴市车船及机械装备产业全年规模产值比2022年增长8.7%,占全市规模工业比重为16.8%。江阴市车船及机械装备产业拥有骨干船厂2个,各类车船、机械类配套规模以上企业近500个;拥有380万载重吨的大中型民用钢制船舶的年生产能力;配套产品中,汽车保险杠、气门芯等一批“小”产品占据各自细分领域的龙头地位。

【电子信息产业】 2023年,江阴市电子信息产业规模产值比2022年下降7.4%,占全市规模工业比重的6.6%。江阴市电子信息产业依托江苏长电科技股份有限公司、盛合晶微半导体(江阴)有限公司等龙头企业,致力于打造国内、乃至国际领先的集成电路产业基地,形成包含集成电路芯片设计、特色晶圆制造、封装测试、半导体设备、湿电子化学品等在内的全产业链生态。至年末,全市电子信息产业拥有规模以上工业企业100余个。电子信息产业发展后市可期,总投资38亿元的长电微电子晶圆级微系统集成项目部分厂房封顶,项目达产后,形成年产晶圆凸块132万片、晶圆级芯片尺寸封装42亿颗、扇出型芯片包覆封装22亿颗、极高密度扇出型封装2.4万片的生产能力,覆盖一系列高附加值、高增长市场的应用领域;总投资84亿元的盛合晶微半导体(江阴)有限公司三维多芯片集成封装项目持续采购设备,部分设备投入使用,项目达产后,形成凸块工艺加工96万片、三维多芯片集成封装19.2万片的年生产能力。

【生物医药产业】 2023年,江阴市生物医药产业规模产值比2022年增长1.5%,占全市规模工业的比重为1.6%。全市有生物医药产业规模以上企业40余个,拥有江阴天江药业有限公司、江苏华兰药用新材料股份有限公司、江阴苏利化学股份有限公司等一批销售超亿元骨干企业,培育出江阴贝瑞森生化技术有限公司、江苏力博医药生物技术股份有限公司等潜力企业,涉足中、西医药,医药设备,生物疫苗等多种产品,在中药配方颗粒、畜牧兽用疫苗领域占据一定市场地位。

规模经济

【概况】 2023年，江阴市有规模以上工业企业2463个。规模以上工业产值比2022年增长4.6%；工业增加值增长8%（可比价）。全市规模工业资产增长5.4%；所有者权益增长5.5%。全市规模工业产品销售率为96.1%，下降0.7%；成本费用利润率7.5%。年内，全市有9个企业入围“中国企业500强”，12个企业入围“中国制造业企业500强”。全市有税务销售收入超百亿元工业企业12个，纳税超亿元工业企业26个。

【“百强”工业企业】 2023年，江阴市“百强”工业企业产值增长5.4%，占全市规模工业的61.1%；营业收入增长6%，占全市规模工业的65.5%。

2023年江阴市工业“百强”企业一览表

表8　　单位：万元

企业名称	税务销售收入	入库税金
中信泰富特钢集团股份有限公司	13240094	199181
海澜集团有限公司	15952128	224141
远景能源有限公司	4941433	62581
江苏扬子江船业集团有限公司	1404129	137381
江苏长电科技股份有限公司	1240999	30847
江苏新长江实业集团有限公司	9684921	92732
江苏华西集团有限公司	2791295	27418
双良集团有限公司	2799235	68424
三房巷集团有限公司	8007820	38849
瀚宇博德科技(江阴)有限公司	419201	63655
法尔胜泓昇集团有限公司	1687471	46863
江苏阳光集团有限公司	3591106	39198
江苏西城三联控股集团有限公司	1819238	7343
江苏利电能源集团	1166386	32219
江苏利安达集团有限公司	741107	28319
江阴天江药业有限公司	370685	38910
江阴模塑集团有限公司	555823	14603
建滔电子材料(江阴)有限公司	224489	2073
江苏华宏实业集团有限公司	742848	9622
阿法拉伐(江阴)设备制造有限公司	213187	16138
阿尔法(江阴)沥青有限公司	387372	2060
江苏云蝠服饰有限公司	270984	11514
江阴华润制钢有限公司	649803	11397
江苏焱鑫科技集团有限公司	235223	6108
江阴海达橡塑股份有限公司	249608	9821
江苏红柳床单有限公司	317605	8978
江苏吉鑫风能科技股份有限公司	129715	5076
江苏新顺微电子股份有限公司	57953	4553
江苏康瑞新材料科技股份有限公司	128890	6203

续表 8

企业名称	税务销售收入	入库税金
江阴苏龙热电有限公司	875793	17894
江苏富仁集团有限公司	449075	11792
恩骅力工程材料(江苏)有限公司	334026	27859
江阴标榜汽车部件股份有限公司	117879	6706
江阴江化微电子材料股份有限公司	98910	6092
江苏紫米电子技术有限公司	94606	3358
江阴创瑞电力装备有限公司	197734	2038
江苏苏青水处理工程集团有限公司	116647	7010
江阴宝柏包装有限公司	207969	5209
江阴市恒润重工股份有限公司	288680	-1208
江阴南泰家纺用品有限公司	102481	5533
江阴市申澄集团有限公司	127399	5475
江阴方圆环锻法兰有限公司	207184	5444
江苏江顺精密科技集团股份有限公司	136635	8867
江苏通利光学新材料集团有限公司	402762	3073
华能江阴燃机热电有限责任公司	199511	8195
江苏精亚集团有限公司	136392	6238
江阴电工合金股份有限公司	255660	3908
东洋机电(江阴)有限公司	55217	6225
江阴信邦电子有限公司	298824	17757
威茨曼金属制品(江阴)有限公司	83214	8551
江苏耀坤液压股份有限公司	51658	3655
江苏宝利国际投资股份有限公司	247928	309
大明重工有限公司	254711	2043
江阴市华方新能源高科设备有限公司	70224	4247
江阴市劲松科技有限公司	130206	3457
中联重科建筑机械(江苏)有限责任公司	133889	5635
江苏嘉盛新材料有限公司	222626	5745
江苏华兰药用新材料股份有限公司	60160	3814
江苏中基新能源科技集团有限公司	193622	9360
江苏升辉投资集团有限公司	93376	2515
江苏安凯特科技股份有限公司	39962	3703
江苏苏利精细化工股份有限公司	106598	7282
江阴机械制造有限公司	51840	3607
江阴市科诚技术有限公司	86510	6373
江阴华新精密科技股份有限公司	118332	-480
江阴热电有限公司	285527	4156
江苏怡达化学股份有限公司	83676	2813

续表 8

企业名称	税务销售收入	入库税金
江阴市艾格赛伦精密机械制造有限公司	20096	3040
江阴市华骏机械有限公司	41931	2555
中建钢构江苏有限公司	152113	2976
江阴熔原装备制造有限公司	150654	5012
优彩环保资源科技股份有限公司	288184	4612
江阴市天虹金属铸造有限公司	128062	2567
江苏中力叉车有限公司	161540	9380
振宏重工(江苏)股份有限公司	125111	4610
采纳科技股份有限公司	45826	2884
江苏长龄液压股份有限公司	54837	4168
摩拓乐液压机械(江阴)有限公司	51975	-105
江阴爱科森博顿聚合体有限公司	36384	1228
凯澄起重机械有限公司	43815	2915
江阴润玛电子材料股份有限公司	54442	4096
江苏风和医疗器材股份有限公司	42250	2927
江阴宗承钢铁有限公司	182486	4571
江苏必得科技股份有限公司	25900	1725
江苏省宏晟重工集团有限公司	123099	1766
光大水务(江阴)有限公司	27321	1397
江阴市华盛印刷有限公司	53750	2085
江阴市精成数控有限公司	80542	3312
宏泽(江苏)科技股份有限公司	57140	2652
赛勒罗亚车业(中国)有限公司	20017	3688
光大环保能源(江阴)有限公司	20419	2234
无锡鹰贝精密轴承有限公司	35221	1895
江苏斯菲尔电气股份有限公司	52191	3382
江苏龙新铝业有限公司	97919	2145
中南红文化集团股份有限公司	89527	4163
江苏天华纱业集团	106622	1877
江阴金童石化装备有限公司	46425	4100
沐祥集团有限公司	180689	2433
江阴加华新材料资源有限公司	67293	1617
江阴佩尔科技有限公司	23461	4327

说明:税务销售及入库税金数据为江阴市统计口径

【9 个企业入围“中国企业 500 强”】 2023 年 9 月 20 日,中国企业联合会、中国企业家协会在安徽省合肥市举办新闻发布会,江阴市 9 个企业入围“中国企业 500 强”榜单。分别是海澜集团有限公司,完成营业收入 1203.3 亿元,列 213 位;江苏新长江实业集团有限公司,完成营业收入 1142.8 亿元,列 227 位;三房巷集团有限公司,完成营业收入 823.7 亿元,列 293 位;远景能源有限公司,完成营业收入 690.8 亿元,列 336 位;双良集团有限公司,完成营业收入 550.96 亿元,列 416 位;江苏华宏实业集团有限公司,完成营业

收入528.6亿元,列432位;江苏扬子江船业集团有限公司,完成营业收入521.3亿元,列444位;江苏阳光集团有限公司,完成营业收入520.5亿元,列448位;江苏华西集团有限公司,完成营业收入515.1亿元,列453位。会上,“2023中国制造业企业500强”名单同步揭晓,江阴市有12个企业上榜,除上述9个企业外,还有法尔胜泓昇集团有限公司、江苏长电科技股份有限公司、江阴江东集团公司3个企业入围。

【税务销售收入超百亿元企业】 2023年,江阴市有12个工业企业税务销售收入超百亿元。分别是海澜集团有限公司、中信泰富特钢集团股份有限公司、江苏新长江实业集团有限公司、三房巷集团有限公司、远景能源有限公司、江苏阳光集团有限公司、双良集团有限公司、江苏华西集团有限公司、法尔胜泓昇集团有限公司、江苏扬子江船业集团有限公司、江苏长电科技股份有限公司、江苏利电能源集团。

【纳税超亿元企业】 2023年,江阴市工业企业入库税金超亿元的有26个,其中税金超10亿元企业有3个。分别是海澜集团有限公司,实现入库税金22.4亿元;中信泰富特钢集团股份有限公司,实现入库税金19.9亿元;江苏扬子江船业集团有限公司,实现入库税金13.7亿元。税金5亿元至10亿元的企业有4个。分别是江苏新长江实业集团有限公司,实现入库税金9.3亿元;双良集团有限公司,实现入库税金6.8亿元;瀚宇博德科技(江阴)有限公司,实现入库税金6.4亿元;远景能源有限公司,实现入库税金6.3亿元。税金1亿元至5亿元的企业有19个。

纺织工业

【概况】 2023年,江阴市规模以上纺织企业完成营业收入1740.4亿元,比2022年增长9%,占全市规模以上营业收入的23.8%。全市开票销售收入前50名工业企业中纺织企业有9个,分别是海澜集团有限公司、三房巷集团有限公司、江苏阳光集团有限公司、江苏华西集团有限公司、江苏华宏实业集团有限公司、江苏利安达集团有限公司、江苏红柳床单有限公司、优彩环保资源科技股份有限公司、江苏云蝠服饰有限公司;全市入库税金总额前50名工业企业中纺织企业有10个,分别是海澜集团有限公司、江苏阳光集团有限公司、三房巷集团有限公司、江苏利安达集团有限公司、江苏华西集团有限公司、江苏云蝠服饰有限公司、江苏华宏实业集团有限公司、江苏红柳床单有限公司、江阴南泰家纺用品有限公司、江阴市申澄集团有限公司。全年纺织行业主要产品产量为:化学纤维367.6万吨,其中涤纶纤维351.6万吨、锦纶38451吨、腈纶595吨;棉纺织行业生产纱43.2万吨,其中棉纱10.7万吨、棉混纺纱22万吨、纯化纤纱10.4万吨;布23170.3万米,其中棉布3653.3万米、棉混纺布13393.5万米、纯化纤布6123.5万米、色织布6094.4万米;印染布41138.3万米;呢绒8814.6万米;绒线5358.5吨;非织造布77010.6吨;口罩81057万只;服装37563.4万件,其中梭织服装3943万件(含羽绒服装186万件,衬衫667.6万件)、针织服装33620.5万件。是年,中国企业联合会、中国企业家协会在安徽省合肥市举办新闻发布会,发布“2023中国企业500强”“2023中国制造业企业500强”“2023中国服务业企业500强”榜单。江阴市分别有9个、12个、6个企业入围。入围“2023中国企业500强”的江阴市纺织企业有5个,分别是海澜集团有限公司、三房巷集团有限公司、江苏华宏实业集团有限公司、江苏阳光集团有限公司、江苏华西集团有限公司。7月31日,中国服装协会发布“2022年服装行业百强企业”名单,全国130个企业上榜,江阴市有3个企业上榜,分别是:海澜集团有限公司,营业收入位列第2,利润总额位列第3;江苏阳光集团有限公司,营业收入位列第10,利润总额位列第8,营业收入利润率位列第40;江苏贝德服装集团有限公司,利润总额位列第80,营业收入利润率位列第32。9月26日,江苏省工商联发布“2023江苏民营企业200强”“2023江苏民营企业制造业100强”榜单,省工商联、省科学技术发展战略研究院联合发布“2023江苏民营企业创新100强”。入围“2023江苏民营企业200强”的江阴市纺织企业有海澜集团有限公司、三房巷集团有限公司、江苏阳光集团有限公司、江苏华宏实业集团有限公司、江苏利安达集团有限公司5个企业,海澜集团有限公司以营业收入1203.25亿元排名第9,三房巷集团有限公司排名第14,江苏阳光集团有限公司排名第29,江苏华宏实业集团有限公司排名第83,江苏利安达集团有限公司排名第197;入围“2023江苏民营企业制造业100强”的江阴市纺织企业有海澜集团有限公司(第9位)、三房巷集团有限公司(第14位)、江苏阳光集团有限公司(第22位)、江苏华宏实业集团有限公司(第60位)4个企业。是年,江苏省委、省政府发文表彰江苏省优秀企业、江苏省优秀企业家,江阴市3个企业被评为江苏省优秀企业,4位企业家被评为江苏省优秀企业家,江阴市纺织企业中,海澜集团有限公司党委书记、董事长周立宸被评为江苏省优秀企业家。

【技术改造】 2023年,江阴市纺织工业在建重点重大项目有14项,占全市重点重大工业项目的8.6%,分别是美德丰(江苏)科技有限公司纺织品和服装的设计及研发项目,总投资10.26亿元;阳光卫生医疗科技江阴有限公司采用非织造布复合技术生产卫生医疗产业用纺织品二期项目,总投资4.3亿元;江阴天香染整有限公司峭岐绿色印染智造园配套10万平方米标准厂房建设项目,总投资3.8亿元;江阴市无染彩实业有限公司新建环保彩线及总部基地项目,总投资3亿元;江苏金和泰纤维科技有限公司年新增4万吨涤纶短纤维扩能项目,总投资2.3亿元;江阴悦达化纺有限公司高端差别化环保型纤维扩能项目,总投资1.8亿元;江阴市强力化纤有限公司强力研发中心项目,总投资2亿元;海澜之家集团股份有限公司海澜云服高端智能制造平台技术改造项目,总投资1.6亿元;江苏阳光股份有限公司数字化智能化车间技术改造项目,总投资1.5亿元;江阴智通新材料科技有限公司年产1亿平方米可设计孔洞材料新建项目,总投资5亿元;无锡爱柯毛绒科技有限公司年产300万米毛绒布300万米中高档针织呢绒改建项目,总投资1.18亿元;江阴市浩晟网业有限公司年产200万件高档呢绒服装新建项目,总投资1.1亿元;优彩环保资源科技股份有限公司新建研发展示中心项目,总投资1亿元;江阴汉思雅纺织有限公司年产700万条高档医疗康复用品及1200万条医用高档充气悬浮翻身床单和500万个医用止滑靠垫新建项目,总投资2.01亿元。

【技术创新】 2023年,江阴市纺织行业中,江阴芗菲纺织科技有限公司的8种新产品通过省级鉴定,分别为弹力缎纹面料、多彩羽毛纱及其针织面料、仿毛圈圈纱及其面料、混纺环保纱线及其面料、金银丝拉毛纱及其针织面料、抗菌速干混纺纱线及其面料、全棉双层起绉面料和柔软抗起球混纺纱线及其面料。

化工、医药工业

【概况】 2023年,江阴市规模以上化工、医药企业完成营业收入981.9亿元,比2022年下降3.6%,占全市规模以上营业收入的13.4%。有7个化工、医药企业进入全市开票销售收入前50名;有6个化工、医药企业进入全市入库税金前50名。全年化工、医药行业主要产品产量为:化学试剂37593.5吨、涂料(油漆)55671.3吨、合成纤维单体2105950吨、初级形态塑料970739吨、化学农药原药14556吨、化学药品原药1105吨。江阴市有2个化工贸易企业入围"2023中国服务业企业500强",分别为江阴市金桥化工有限公司(第244位)、江阴市川江化工有限公司(第478位)。入围2023年度国家级专精特新"小巨人"名单的江阴化工、医药企业有2个,分别为江阴爱科森博顿聚合体有限公司和江苏南农高科技股份有限公司。

【技术改造】 2023年,江阴市化工、医药工业在建重点重大项目有8项,占全市重点重大工业项目的4.9%,分别是江苏海伦石化有限公司PTA(精对苯二甲酸)技改扩能项目,总投资45.15亿元;江阴佩尔科技有限公司生物医用镍钛合金材料与器件生产项目,总投资10.35亿元;江苏风和医疗器材股份有限公司微创高端医疗耗材及机器人生产制造项目,总投资10亿元;江苏佰澳达生物科技有限公司年产100吨高活益生菌项目,总投资5亿元;江苏华兰药用新材料股份有限公司年产胰岛素注射笔垫片活塞制品20亿只预灌封注射器活塞护帽制品扩能项目,总投资3亿元;江阴嘉鸿医疗科技有限公司年组装20亿只医用橡胶制品项目,总投资1.27亿元;采纳科技股份有限公司年产9.2亿支套医用注射穿刺器械产业园建设项目,总投资3.09亿元;江苏沿方医疗科技有限公司年产40亿只丁腈手套、10亿只口罩新建项目,总投资11亿元。

轻工工业

【概况】 2023年,江阴市规模以上轻工企业完成营业收入96.2亿元,比2022年下降3.6%,占全市规模以上营业收入的1.3%。有3个轻工企业进入全市开票销售收入前50名;有1个轻工企业进入全市入库税金前50名。全年轻工行业主要产品产量为:家具59.32万件;皮革服装3.8万件;机制纸及纸板9.48万吨;纸制品5.12万吨;多色印刷品569.46万对开色令。

【技术改造】 2023年,江阴市轻工工业在建重点重大项目5项,占全市重点重大工业项目的3.1%,分别是:无锡市盛馆实业发展有限公司食品加工和冷链物流项目,总投资2.04亿元;江阴泓潮科技有限公司高纯石英砂加工项目,总投资1.15亿元;筷牧(江苏)食品生物科技有限公司食品冷链销售检测中心项目,总投资3亿元;江阴市江伦建材有限公司智能化自动化年产30万吨节能材料项目,总投资3亿元;江苏博顺带业有限公司年智能化生产绿色轻质新型输送带300万平方米项目,总投资2.5亿元。

机电冶金工业

【概况】 2023年,江阴市机电冶金工业完成销售收入4111亿元,比2022年增长3.8%,占全市总量的56.2%。其中,冶金工业完成1961.2亿元,占全市总量的26.8%;机械工业完成1793.5亿元,占全市总量的24.5%;电子工业完成356.3亿元,占全市总量的4.9%。是年,有机电冶金工业在建重点项目93项,占全市重点项目的57.1%,完成投资总计217.8亿元,占全市重点项目完成投资的68.5%。有30个机电冶金企业进入全市开票销售收入前50名,31个机电冶金企业进入全市入库税金前50名。江阴兴澄特种钢铁有限公司获全球特钢行业首个"灯塔工厂"。江苏斯菲尔电气股份有限公司、江阴市赛英电子股份有限公司、江苏法尔胜光电科技有限公司、江苏新顺微电子股份有限公司、江苏人和环保设备有限公司、振宏重工(江苏)股份有限公司、江阴华新精密科技股份有限公司、江阴市惠尔信精密装备股份有限公司、江苏远卓设备制造有限公司、江阴全华丰精锻有限公司、江阴电工合金股份有限公司、江阴市精成数控有限公司、江阴爱科森博顿聚合体有限公司、无锡翔龙环球科技股份有限公司、江阴市天马电源制造有限公司、无锡市恒特力金属制品有限公司、无锡瑞昌精密铸造有限公司、江阴六环合金线有限公司、江阴市恒业锻造有限公司、江苏龙山管件有限公司、江阴市凯华机械制造有限公司21个企业入围国家级专精特新"小巨人"企业。江阴机电冶金企业入围"2023年中国民营企业500强"的有7个,分别是江苏新长江实业集团有限公司、远景能源有限公司、双良集团有限公司、江苏扬子江船业集团有限公司、法尔胜泓昇集团有限公司、江苏西城三联控股集团有限公司和江苏华宏实业集团有限公司。

2023 年江阴市机电冶金工业重大项目一览表

表 9　　单位:万元

序号	企业名称	项目内容	所属区域	计划总投资	2023 年完成投资
1	盛合晶微半导体(江阴)有限公司	三维多芯片集成封装项目	江阴高新区	840000	268660
2	盛合晶微半导体(江阴)有限公司	28 纳米以下大规模集成电路制造	江阴高新区	721980	38950
3	长电微电子(江阴)有限公司	晶圆级微系统集成高端制造项目	江阴高新区	380000	64678
4	瀚宇博德科技(江阴)有限公司	年产 24 万平方米高密度多层印刷线路板智能产线及环保治理设施提升	江阴高新区	103936	9789
5	无锡克雷伯实业发展有限公司	年产 5 万套高端智能装备及通用仪器	江阴高新区	100000	48505
6	江阴新杰科技有限公司	电子专用材料开发与制造及等离子清洗设备的研发生产项目	江阴高新区	62010	13410
7	也美科技(江阴)有限公司	年产 1000 台(套)智能检测设备项目	江阴高新区	53000	50215
8	江阴市龙腾管件有限公司	整厂搬迁及金属管件技改扩能项目	江阴高新区	36800	14703
9	江阴齿轮箱制造有限公司	整厂搬迁扩能项目	江阴高新区	30000	14430
10	江阴齿轮箱制造有限公司	产业数字化领域设备购置项目	江阴高新区	12000	8196
11	江苏安凯特科技股份有限公司	电解槽生产基地项目	江阴高新区	25182	3772
12	江苏必得科技股份有限公司	轨道交通车辆配套产品扩产项目	江阴高新区	20586	2864
13	江苏秋林特能装备股份有限公司	年产 5000 台金属容器	江阴高新区	20000	6264
14	江阴圣邦微电子制造有限公司	集成电路芯片设计及测试	江阴高新区	30000	17009
15	星科金朋半导体(江阴)有限公司	年产 1700 万颗系统级存储模块先进封装与测试技改扩能项目	江阴高新区	20900	10539
16	江苏昕感科技有限责任公司	年产 100 万片 6 英寸硅基半导体芯片制造	江阴高新区	108000	30000
17	江苏新顺微电子股份有限公司	6 英寸硅基半导体芯片技改项目	江阴高新区	19048	10923
18	江苏大隆凯科技有限公司	年产 500 套节能环保废金属处理设备扩能项目	江阴高新区	10000	3862
19	江苏云电合创新能源科技有限公司	江苏云电合创新能源储能设备研发及生产项目	江阴高新区	27500	6101
20	江阴兴澄特种钢铁有限公司	新建智能集控项目	江阴高新区	10358	4296
21	贝卡尔特(江苏)精细钢绳有限公司	年产 8000 吨精细帘线自动化智能项目	江阴高新区	20714.7	1900
22	远景动力技术(江苏)有限公司	高储能高安全软包装智能电池项目	临港经济开发区	500000	94708
23	远景动力技术(江苏)有限公司	高储能高安全软包装电池项目(一期)扩能项目	临港经济开发区	200000	25983
24	远景动力技术(江苏)有限公司	高储能高安全智能电池项目(二期)12 吉瓦时改扩建项目	临港经济开发区	300000	37914
25	远景能源有限公司	远景高新智能化传动系统项目	临港经济开发区	69252	9681
26	远景能源有限公司	远景大兆瓦传动技术产品项目	临港经济开发区	52000	4038
27	江阴康瑞卫智达科技有限责任公司	康瑞卫智达精密零部件项目	临港经济开发区	500000	4456
28	江阴耀元新材料有限公司	耀元新材料光伏基地项目	临港经济开发区	250000	162168

续表9

序号	企业名称	项目内容	所属区域	计划总投资	2023年完成投资
29	双鹏新能源科技（江苏）有限公司	年产25吉瓦大尺寸高效光伏单晶硅片项目	临港经济开发区	250000	40340
30	中建材（江阴）光电材料科技有限公司	高效异质结电池项目	临港经济开发区	180420	136138
31	江阴市恒润传动科技有限公司	年产4000套大型风电轴承生产线项目	临港经济开发区	115800	13954
32	江苏耀坤液压股份有限公司	年产14万套邮箱、60万套钣金件、150万套油管扩建项目	临港经济开发区	104583	7591
33	江苏华眬环保设备有限公司	人工智能和环保设备产业园项目	临港经济开发区	100000	32091
34	江阴尚驰机械设备有限公司	太阳能光伏回转式减速器研发生产基地项目	临港经济开发区	50000	10354
35	江苏坤奕环境技术股份有限公司	移动式高盐高有机废水环境控制系统及环保膜组件项目	临港经济开发区	32000	2230
36	江阴复睿金属科技有限公司	复睿智造项目	临港经济开发区	31725	13840
37	江阴宏力工程机械有限公司	纯电动智能仿生扫地机生产建设项目	临港经济开发区	30000	8587
38	江苏振江新能源装备股份有限公司	新建风力发电机部件项目	临港经济开发区	30000	13718
39	江苏双良氢能源科技有限公司	年产绿电制氢装备100台新建项目	临港经济开发区	20000	14723
40	江阴润成机电科技有限公司	江阴润成年产5万件航空发动机零部件航空航天用高端轴承风电及相关领域滑动轴承零部件设计制造项目	临港经济开发区	10000	3950
41	江阴市远大布业有限公司	无油水润滑环保节能型螺杆空压机项目	临港经济开发区	10000	2900
42	江阴市金属制管有限公司	年加工15万吨无缝钢管新建项目	临港经济开发区	60000	8450
43	江阴市虹桥机械制造有限公司	年产洗衣机配件80万台（套）及工程机械配件10万件	临港经济开发区	12000	8450
44	弘元光能（无锡）有限公司	上机数控光伏产业一体化制造项目（一期）	临港经济开发区	250000	25896
45	江苏暨澄阳电力装备有限公司	年产22000台（套）智慧电网设备	临港经济开发区	31000	3200
46	江阴凯迈机械有限公司	年产80万套光伏发电光热发电及工程机械回转器搬迁扩能项目	临港经济开发区	11000	3382
47	大明国际控股有限公司	大明高端装备产业园项目	靖江园区	500000	40715
48	大明重工有限公司	大明重工压力容器项目	靖江园区	139200	10700
49	江苏长澄钢构有限公司	年产50万吨大型特种钢结构件产品建设项目	靖江园区	102000	12790
50	江苏酸王泵制造有限公司	高端特种环保装备制造项目	靖江园区	55000	3542
51	江苏永益重钢有限公司	永益重钢项目	靖江园区	30000	3568
52	江苏中力叉车有限公司	中力新能源搬运设备制造项目	靖江园区	20000	6640
53	江苏长强钢铁有限公司	长强制氧设备节能技术改造项目	靖江园区	11500	3098
54	江苏长强钢铁有限公司	长强127特种钢管项目	靖江园区	100000	20200
55	江苏永益华元物流有限公司	永益新材料智造项目	靖江园区	130000	15280
56	江苏骥鑫船舶设备有限公司	骥鑫航空装备制造项目	靖江园区	100000	6753
57	江阴市惠尔信精密装备股份有限公司	年产5000台（套）5兆瓦以上风电齿轮箱工改项目	南闸街道	50000	12747

续表 9

序号	企业名称	项目内容	所属区域	计划总投资	2023 年完成投资
58	江苏金沣海盛机械装备有限公司	年产 50000 吨能源装备精密加工生产线项目	南闸街道	30000	11477
59	江阴塞特精密工具有限公司	年新增 4 万把硬质合金刀具精密加工耐磨镀层智能化技术改造项目	南闸街道	12800	10885
60	江阴市赛英电子股份有限公司	年产 1000 万套电子器件 IGBT 用封装结构件技改扩能项目	南闸街道	10500	7179
61	江苏海基新能源股份有限公司	年产 10 吉瓦时锂离子电池及电池组项目	云亭街道	300000	24714
62	江阴远闻纺织有限公司	年生产 5 万台竹节纱赛络纺及包芯纱智能装置项目	云亭街道	50000	14909
63	江阴宇博金属精密制造有限公司	年产 6 万吨工程机械精密配件智能生产线项目	云亭街道	30000	16783
64	江苏华轶石化设备有限公司	年加工 1 万吨石化设备技改项目	云亭街道	20000	13623
65	江苏长龄液压股份有限公司	高端液压部件扩能和智能升级项目	云亭街道	19989	3106
66	江阴宇瑞新颖炉料有限公司	年产 8000 吨包芯线、4000 吨铝粒项目所用厂房翻建项目	云亭街道	10000	7509
67	江阴市科安传动机械有限公司	年新增 25000 台(套)航空发动机关键零部件扩能项目	云亭街道	11000	5783
68	江阴市华澄线缆有限公司	年产 180000 千米工业风能新能源汽车用电线电缆生产项目	青阳镇	21000	15700
69	江阴市青阳园区投资开发有限公司	年产 460 万套新能源汽车电池盒组件生产项目	青阳镇	94000	64503
70	阿法拉伐(江阴)设备制造有限公司	年产 40 万套换热器扩能项目	徐霞客镇	100000	36469
71	江阴林格科技有限公司	年产 100 万套汽车柴油发动机高压共轨系统用数字阀项目	徐霞客镇	15000	7000
72	江阴市晨生新材料技术有限公司	年产 200 万套智能投影设备配件新建项目	徐霞客镇	12000	7000
73	江阴盛龙冶金科技有限公司	年产 100 台高精密冷轧设备项目	徐霞客镇	22000	3000
74	江阴慧昊金属材料有限公司	年产 100 万套新能源车动力电池箱体新建项目	华士镇	100000	14410
75	江苏尊阳电子科技有限公司	年产 60 亿颗集成电路封装项目	华士镇	63000	19497
76	江苏胜达科技有限公司	年产胎圈钢丝 8 万吨胶管钢丝 2 万吨扩建项目	华士镇	55000	16165
77	江阴燎原装备制造有限公司	20000 套风电轴承类产品扩能及深加工项目	华士镇	16000	9010
78	江阴电工合金股份有限公司	2 万吨/年新能源汽车三电(电池包、电机、电控)用高压连接件项目	周庄镇	31000	17000
79	江阴电工合金股份有限公司	高速铁路用高强高导铜合金接触网材料生产建设项目	周庄镇	12000	11550
80	江阴道达汽车饰件有限公司	年产 30 万套汽车装饰件自动化技术升级改造项目	周庄镇	20000	2150
81	江阴海虹新能源科技有限公司	年产机加工零部件 800 万套技改扩能项目	周庄镇	10500	2160
82	江苏联诚精密合金科技有限公司	精密铸造智能化及配套加工项目	新桥镇	100000	21672
83	新途(无锡)新能源科技有限公司	年产 40 万套新能源汽车电池盒组件项目	新桥镇	100000	75168

续表9

序号	企业名称	项目内容	所属区域	计划总投资	2023 年完成投资
84	昆宇(无锡)新能源科技有限公司	年产 15 万套新能源配件新建项目	新桥镇	10000	9737
85	江阴星澄工业发展有限公司	星澄智能装备精密仪器及零部件制造项目	新桥镇	160000	51943
86	无锡共成金属有限公司	年产 5000 万件精密铝合金零部件技改项目	长泾镇	31800	14680
87	江阴市高达输送机械科技有限公司	年产 1000 台(套、条)自动化成套控制装备新建项目	长泾镇	30000	22315
88	江阴市创联企业管理有限公司	低碳节能环保设备及医疗设备建设项目	顾山镇	55000	55329
89	江阴华新精密科技股份有限公司	新能源车用驱动电机铁芯扩建项目	顾山镇	44458	38939
90	江阴沐祥精工科技有限公司	年产 50 万套新能源汽车零部件、25 万件通用机械零部件、5 万件医疗器材零部件项目	顾山镇	15000	17999
91	江苏裕恒铝业科技有限公司	年产 25000 吨新能源车辆零部件项目	顾山镇	10000	11740
92	江阴市恒润环锻有限公司	年产 10 万吨齿轮深加工项目及年产 5 万吨 12 兆瓦海上风电机组用大型精加工锻件扩能项目	祝塘镇	106319	46106
93	江阴市恒润环锻有限公司	年产 5 万吨 12 兆瓦海上风电机组用大型精加工锻件扩能项目	祝塘镇	53830	16484

【27 种产品通过省工业和信息化厅新产品(新技术)鉴定】 2023 年,江阴市机电冶金行业有 9 个企业 27 种产品通过省工业和信息化厅新产品(新技术)鉴定。分别为江苏新扬子造船有限公司的“新一代 1800TEU 集装箱船、2600TEU 集装箱船、3500TEU 集装箱船、4600TEU 集装箱船、15000TEU 集装箱船”;江苏法尔胜缆索有限公司的“悬索桥主缆及节点抗火成套技术与产品、防火吊索、悬索桥用 Φ5.65 毫米 2200 兆帕锌铝合金镀层钢丝索股”;江阴华新钢缆有限公司的“Φ5.60 毫米 2200 兆帕桥梁用热镀锌铝合金钢丝、Φ7.0 毫米 2100 兆帕桥梁用热镀锌铝合金钢丝”;江阴爱科森博顿聚合体有限公司的“GL3019 柔性光纤二次被覆 PBT 材料”;江苏蓝齐尔新材料科技有限公司的“高强度低膨胀因瓦合金线材、高强高导铜银合金线材”;江阴宝能精密新材料股份有限公司的“超高强度金刚石绳锯用骨架材料”;江阴兴澄特种钢铁有限公司的“海上风电大壁厚法兰用连铸圆坯、汽车变速器用 SAE5120H 高温渗碳齿轮钢、>800兆帕高端乘用车用高强度胀断连杆用钢、机器人谐波减速机柔性部件用钢、工程机械用高韧性超高强钢板 XCHT960E、大厚度低温韧性超高强海工钢 F690 的研制、连铸工艺生产的高韧性大厚度耐热钢板 14Cr1MoR(H)、630 兆帕级移动压力容器用 P460NL1 高强韧钢板、(WJ)53C 大厚度钢板、高压油气输运用 X70MO 高强厚壁海底管线钢板、复合型线材控冷技术”;江阴兴澄合金材料有限公司的“高性能电动工具用 65SiCrMoV 盘条”;江苏双良氢能源科技有限公司的“JSDJS1－1000/1.6 型碱性水电解制氢系统”。

(周霞男)

电力工业

【概况】 2023 年,江阴市有电力生产企业 16 个,其中省调电厂 6 个、公用电厂 5 个、自备电厂 5 个,装机容量 686 万千瓦,年发电量 351.34 亿千瓦时,比 2022 年减少 5.8%;年供气量 1584.84 万吨,比 2022 年减少 8.98%;年供热量 4757.4 万吉焦,比 2022 年减少 8.95%。全社会用电量 285.44 亿千瓦时,比 2022 年增加 2.18%;工业用电量 235.17 亿千瓦时,比 2022 年增加 1.8%。受国内外政治、经济大环境影响,全市总体用电量比 2022 年度小幅增长。

【电力安全整治】 2023 年,江阴市电力安全生产专委会在全市范围开展电力行业安全生产专项整治提升行动和重大事故隐患专项排查整治行动,进一步压紧压实行业监管责任、属地管理责任、企业主体责任,持续深化电力企业安全风险隐患排查整治力度,督促 3 个重点燃煤发电企业按时完成非统调燃煤电厂重大危险源(液氨罐区)安全风险防控目标任务,督促电力企业整改安全风险隐患 116 处,从源头上压降安全风险源点,确保电力生产供给安全。

【电力平衡管理】 2023 年,根据江苏省、无锡市发改委统一部署,江阴市按 160 万千瓦电力缺口编制电力负荷管理方案。12 月下旬,针对江苏省因极寒天气引发电网出现的短时段、突发性电力缺口,市发改委会同市供电公司紧急采取响应措施,在执行需求响应基础上进一步实施电力负荷管理,有力保障全市电网平稳运行,电力供需平衡,尽力降低短时段电力负荷管理对全市企业正常生产秩序的影响,有效落实江苏省、无锡市能源保供要求。

(陈　嘉　吴勇翔)

■类目编辑　朱其涛

数字经济和数字化转型

综　述

【概况】　2023年，江阴市贯彻江苏省、无锡市数字经济提速和数字化转型决策部署，围绕数字江阴建设目标要求，构建“一办六组”管理架构，即市数字经济提速和数字化转型领导小组办公室（以下简称“市数转办”）和6个专项工作组，形成一组（数字经济提速和数字化转型领导小组）、一局（市大数据管理和政务服务局）、一中心（市市域社会治理现代化指挥中心）、一公司（市大数据股份有限公司）工作模式。3月，江阴市大数据管理和政务服务局正式更名成立（以下简称“市数政局”），牵头负责市数转办和数字政务工作组工作，统筹协调数字经济、政务、治理、生活、生态、基础设施等各专项组工作，推动江阴市数字经济提速和数字化转型快速发展。在市数字经济提速和数字化转型领导小组领导下，市数转办与6个专项工作组提高政治站位，主动担当作为，强化靠前思维、系统思维、法治思维、创新思维，做好数字经济提速和数字化转型。年内，制定2个年度工作要点、6个专项工作要点和信息化项目管理办法、“数字江阴”评定办法等推进保障机制，梳理22项重点目标、93项专项任务和51个重点场景清单，3个场景被列入2023年度无锡市数字化转型重点场景；完成“2＋6＋51”（2个年度工作要点、6个专项工作要点和51个重点场景清单）目标任务体系，发挥“一办六组”牵头作用，明确工作组职责分工，推动部门协同会商，形成全链条工作推进模式，为全面数字化转型提供体制机制保障，助推江阴市数字经济提级赋能和数字化转型加速推进；召开市数转办成员单位会议和专题工作会议各7次，推进落实上级工作20余项；组织参加第六届数字中国建设峰会、2023年中国国际数字经济博览会等活动；创建6个无锡市数字化人才实训基地、2个无锡市数字化转型促进中心；建立江阴市首席数据官队伍并组织培训，健全数字化人才引育机制，全面提升数字化人才队伍的数字素养和技能；组织召开“数字江阴”推进大会，在全市营造数字化转型等浓厚氛围。推动数字经济发展，全市数字经济核心产业规模以上企业188个，比2022年同期净增13个，超额完成无锡市下达的目标任务，实现营收588.81亿元。推进政务服务数字化转型，围绕“个人、企业、项目”三大全生命周期，推进主动、精准、个性化服务。重塑再造办事流程，推广电子证照、电子签章服务，在业务协同、流程优化、范围拓展等多方面推进两个免于提交和不见面审批，推动政务服务提质增效。推动城市治理、数字生活发展。发挥“大数据＋指挥中心”整合优势，加快构建“一网统管”治理体系，打造“数据中台＋能力底座＋运营平台＋安全大脑”四个功能，依托江苏省、无锡市共性能力支撑，上架统一身份认证、统一支付等支撑能力。完成电子证照库和电子印章，接入各类物联网感知设备2.6万余台。创新建立“警网联动”人口库更新机制，推动社会治理机制创新。制定“最江阴”App提升计划，丰富、优化民生资源，提升平台用户使用率和体验感。加快数字生态建设。年内，日常网络安全通报、无锡“网安2023”专项行动通报数分别比2022年下降5%、87%。网络安全事件通报接受率、处置率、结件率均100%。加快数字基础设施建设。采用SRV6网络切片技术对政务外网基础设施IPV6改造，完成200T边缘AI算力建设，建成5G基站1116个，市域信号覆盖率超99%，沪宁沿江高铁江阴段、锡澄轨道交通S1线5G网络全线开通。实施信息化项目管理。实施集约建设信息化项目，全年评审新建项目47项，验收项目27项，核减资金3772万元。“数字江阴”建设获无锡市级以上荣誉27项，其中国家级13项、省级10项，江阴市获评中国通信企业协会2023年数字化推动高质量发展示范市；江阴市城运中心“数字底座”获智慧中国“强基赋能”示范奖、“江阴现代社区数字化平台”获全国新时代“枫桥经验”优秀案例；市自然资源和规划局“基于实景三维的自然资源全业务应用融合工程”获中国地理信息产业协会2023年度地理信息产业优秀工程银奖。　（季志龙）

【江阴市大数据管理和政务服务局揭牌成立】　2023年3月22日，江阴市大数据管理和政务服务局揭牌仪式在市政务服务中心举行，市行政

2023 年 3 月 22 日，江阴市大数据管理和政务服务局揭牌成立

（市大数据管理和政务服务局提供）

审批局更名为江阴市大数据管理和政务服务局，进一步助力政府深化"放管服"*改革、推进数字化转型。无锡市委常委、江阴市委书记许峰，市长包鸣，市领导王琪、吴莉萍参加揭牌仪式。市大数据管理和政务服务局成立后加挂市行政审批局牌子，在原有职能基础上增加大数据发展规划的组织实施、工作考核、专业化人才培育、重大应用场景策划指导等行政管理职责以及市级财政性资金信息化项目建设审核和评审、牵头拟定全市公共数据资源管理相关标准规范和管理办法并做好监督实施等工作。

【"数字江阴"推进大会召开】 2023 年 7 月 27 日，2023"数字江阴"推进大会召开，总结数转成效、提升数字素养、谋划未来发展。无锡市委常委、江阴市委书记许峰动员全市进一步解放思想、真抓实干，打造数字产业高地、塑造数字转型标杆、创造数字场景应用，用"数字变量"激发高质量发展、高效能治理、高品质生活"最大增量"。全市凝聚共识，拥抱数字时代，全力推进数实融合发展，以数字化全面驱动生产生活和治理方式变革。打造数字经济新优势，持续深化企业"智改数转"*水平，加快数字贸易，推进农业数字化，培育数字要素市场，打造数字产业发展主阵地。推动数字政府高效能，以数字化重构政府履职能力。按照政务服务"一网通办"，市域治理"一网统管"，政府运行"一网协同"的"三网融合"总体建设要求，全面推动政府高效运行。推进数字治理高质量，精确掌握城市运行质态，创新提升城市治理效能。开启数字生活新体验，强化基本公共服务数字化供给，畅通直达人民群众、市场主体的数字化服务渠道，使群众生活更便捷。营造数字生态软环境，提升全民数字化素养和技能，强化网络数据安全，营造安全、开放、健康数字生态。夯实数字基建硬实力，重点推进新型基础设施、新基建发展及传统基础设施数字化改造，加速形成高速、智能、泛在、安全、绿色的数字基础支撑。

【首轮首席数据官队伍培训班开班】 2023 年 12 月 20 日，江阴市首席数据官（CDO）队伍培训班在江阴传媒集团开班。有 32 个部门单位、19 个镇街园区和 11 个国资公司以及驻江阴企业的首席数据官和数据专员参加培训，市数政局局长江国虔主持开班仪式。江阴市委常委、常务副市长王琪出席开班仪式并进行动员。活动由市数政局、城运中心主办，市大数据股份有限公司承办，采用课堂教学与现场教学相结合方式，由分别来自无锡市大数据管理局、江阴市城运中心、腾讯研究院及悦通律师事务所等大数据领域的专家进行授课，授课内容涵盖国家战略、数字政府、人工智能、普法宣传贯彻等方面。参训人员对双良集团有限公司、江苏华兰药用新材料股份有限公司、江苏富仁集团有限公司等企业进行实地考察。

【"数智未来 全民乐享"数字化转型场景体验活动】 2023 年 8 月 28 日，江阴市大数据管理和政务服务局组织参加无锡市大数据管理局"数智未来 全民乐享"数字化转型场景体验活动。无锡市大数据管理局副局长、二级调研员权辉，市数政局局长江国虔参加无锡市数字化人才实训基地江阴地区授牌仪式，并为 6 个入选单位进行授牌。授牌结束后，参会人员赴璜土镇参观故乡情智慧葡萄园、精品种植示范园、葡萄博览园和农产品展销中心，观看智慧葡萄生产管理系统、智能气象检测和物联网控制技术等数字化应用展示效果，了解智慧葡萄园将数字化技术嵌入整个生产和销售过程。（蒋孙珺）

数字经济

【概况】 2023 年，江阴市贯彻落实江苏省、无锡市数字经济提速和数字化转型决策部署，制定出台《2023 年度江阴市数字经济提速和数字化转型工作要点》《数字经济工作组 2023 年工作要点》等文件，提出全市数字经济发展目标、空间布局和主要任务，优化培育发展数字经济政策措施。是年，全市有数字经济核心产业规模以上企业 188 个，比 2022 年同期净增 13 个，全年实现营收 588.81 亿元。推动企业实施智能化改造、数字化转型，促进江阴市传统产业转型升级、制造业高质量发展，全年争创省级以上标杆企业 230 个、无锡市级标杆企业 52 个。江阴兴澄特种钢铁有限公司成为全球特钢行业首个"灯塔工厂"，海澜集团有限公司获评国家新一代信息技术与制造业融合发展试点示范，双良节能系统股份有限公司、江苏长电科技股份有限公司和江阴天江药业有限公司获评 2023 年度国家级智能制造优秀场景。江阴市入围省制造业智改数转成效明显地区。江阴市电子商务产业园获评 2023 年度江苏省电子商务示范基地。

（费　希）

【数字产业培育】 2023年,江阴市数字经济领域科技型中小企业入库137个,无锡市"雏鹰"*"瞪羚"*"准独角兽"*三类企业入库22个,盛合晶微半导体(江阴)有限公司连续第3年蝉联江苏独角兽企业*、江苏雷博微电子设备有限公司获评江苏省潜在独角兽企业*。无锡棱光智慧物联技术有限公司"数字化全生态智慧体育场馆解决方案"入选2022年度智能体育典型案例、江苏领悟信息技术有限公司入选2023年江苏省专精特新软件企业培育库、海澜智云科技有限公司"基于工业互联网的绿色智能制造系统"获2023中国国际数字经济博览会首届"青山杯"工业互联网+绿色低碳创新大赛二等奖。

【重大产业项目建设】 2023年,江阴市开展数字经济项目建设是推进数字经济发展的重要支撑。年内,市数字经济及其核心产业投资127.22亿元,比2022年增长125.9%;全年推进智能化建设重点项目23项、轻量化改造项目40项。总投资38亿元的长电微电子晶圆级微系统集成高端制造项目完成投资6.47亿元,部分厂房封顶;盛合晶微三维多芯片集成封装项目完成投资26.87亿元,部分设备入驻厂房并投入使用;江苏昕感科技有限责任公司年产100万片6英寸硅基半导体芯片制造项目完成投资3亿元,完成主厂房部分楼板混凝土浇筑。

【特色园区建设】 2023年,江阴市产业聚"能"强链,产业加速整合,江阴新能源产业园、微电子产业园获评无锡市首批特色产业园区。江阴市新能源产业产值达800余亿元,比2022年增长16%,弘元光能、双良新能源等项目建成投产,试运行远景动力电池项目和中建材高效异质结电池项目;江阴市微电子产业园总营业收入183.7亿元,引进以江苏首芯半导体科技有限公司为代表的9个集成电路企业,入驻企业42个,签约德龙半导体及新能源高端装备项目和首芯半导体薄膜沉积设备研发及生产项目,进一步增强园区产业集聚效应。

【数字产业活动】 2023年,江阴市举办第八届"i创杯"互联网创新创业大赛江阴分站赛,发掘新能源电机行业激光智能装备项目等优秀互联网创新创业项目,为江阴市数字经济高质量发展注入新动能。举办第三代半导体生态圈活动暨"芯链计划"发布会、"问道"面对面企业有话说——集成电路产业高峰论坛、中国江阴(首尔)新兴产业合作恳谈会、"同心向党共江阴"党建联盟合作签约仪式暨瀚联半导体基金专场研讨会、盛合晶微产业资本对接会等专场活动,推动重大产业项目签约落地。组织数字经济企业参加2023年世界物联网博览会、第三届中国集成电路设计创新大会暨无锡IC应用博览会、集成电路(无锡)创新发展大会等活动,增强产业互动。

(陈　燕)

2023年6月21日,江阴市长电微电子晶圆级微系统集成高端制造项目新厂房封顶仪式举行　　(市大数据管理和政务局提供)

【企业数字化诊断服务】 2023年,根据江苏省《制造业智能化改造和数字化转型诊断工作指引(2023年版)》要求,无锡市下发《无锡市企业数字化诊断服务工作指引》,明确对无锡市3000个企业进行数字化诊断服务,其中江阴市指标922个。11月24日,江阴市采购中心对2023年企业数字化诊断服务项目进行开标工作,确定江苏欣业企业服务有限公司、海澜智云科技有限公司等9个入围服务机构为全市922个企业实施数字化诊断,帮助企业梳理智能化改造、数字化转型存在的不足和问题,提出"一企一策"个性化解决方案以及顶层规划方案,助力企业完成"数字画像"。

【江阴兴澄特种钢铁有限公司成为全球特钢行业首个"灯塔工厂"】 2023年,世界经济论坛公布最新灯塔工厂名单,江阴兴澄特种钢铁有限公司作为中国钢铁行业唯一代表入选,成为全球特钢行业首个、江阴市首个"灯塔工厂"。兴澄特钢聚焦"铁、钢、轧、能、环、研"六大板块,实现"智能互联、智能工厂、智能装备、IT基础设施"一体化智能产线,取得大数据分析支持的制造工艺定制设计、智能闭环控制持续提升炼钢产品质量、AI赋能轧钢工序高效制造、多模态仿真实现高炉"黑箱透明化"以及物联网与高阶分析推动能、水、碳显著降低等5项重大突破与成果,推动特钢行业由传统制造向智能制造转变,填补世界特钢行业"灯塔工厂"空白。

【3个企业获评国家级智能制造优秀场景】 2023年12月,工业和信息化部公布智能制造示范工厂揭榜单位和优秀场景名单,江阴市双良节能系统股份有限公司、江苏长电科技股份有限公司以及江阴天江药业有限公司3个企业获评2023年度智能制造优秀场景。双良节能系统股份有限公司成立于1982年,公司

通过研发设计制造集成溴化锂、空冷器、换热器等产品，为国内最大的设计及制造商。双良节能获评智能制造“主动客户服务”优秀场景，实现客户需求分析、服务策略决策和主动式服务响应。江苏长电科技股份有限公司成立于1972年，2003年在上海证券交易所上市。长电科技推进“制造”迈向“智造”数字化转型，打造芯片成品制造产业先进制造、智能制造可持续发展新范式，坚持以“两化融合、智能生产”为目标，制定全面智能化方针策略。长电科技建成企业级工业互联网，达到设备之间互联互通，并用智能系统对生产设备运行状态进行实时监控和指挥调度。江阴天江药业有限公司创办于1992年，是融中药配方颗粒产销研为一体的国家高新技术企业，为国内首个“全国中药饮片改革试点单位”和首批“中药配方颗粒试点生产企业”。天江药业全面融合传统中药与现代质控方法，将智能控制、智能物流仓储、智能配送等先进核心技术装备应用于高品质中药配方颗粒生产制造过程，基于“天江云”大数据挖掘的智慧管理和决策的新管控模式，确保产品质量稳定可控、安全有效，成为江苏省中药配方颗粒智能化生产的标志性企业。

【海澜之家入围新一代信息技术与制造业融合发展示范名单】 2023年12月，工业和信息化部公布2023年新一代信息技术与制造业融合发展示范名单，海澜之家集团股份有限公司申报的“服装行业数字化供应链协同运营能力”入选“两化”融合管理体系贯标方向名单。海澜之家结合20余年发展经验，通过对行业的观察与分析，确定通过数字化和智慧化提升生产力的发展方向。加速产业结构升级转型，通过5G＋AI、智能机械臂等新技术布局典型应用场景，落成海澜云服智慧工厂，实现数智化生产、网络化协同、个性化定制等制造服务为一体的新模式。（张铖嘉）

【创建“5G＋工业互联网”应用示范】 2023年，5G技术凭借高速率、低延时和大连接能力在纺织服装、金属冶炼、通用设备制造等行业形成多个场景赋能，推进传统制造业的转型升级。至年末，江阴市累计建设“5G＋工业互联网”项目32项，依据工业和信息化部编制的《5G全连接工厂建设指南》，重点推进5G工厂建设，海澜之家集团股份有限公司“海澜云服5G智慧工厂”和江阴兴澄特种钢铁有限公司“兴澄特钢精品特殊钢5G工厂”2项项目获评江苏省5G工厂，实现零的突破；海澜5G智慧工厂、江阴申桦密封5G智慧工厂、华西钢铁5G工厂等6项项目入选工业和信息化部5G工厂项目名录。（费　希）

【电子商务稳步增长】 2023年，江阴市电子商务在恢复和扩大消费、促进数实融合等方面发挥重要作用。年内，全市网络零售额实现220.45亿元，比2022年增长7.54%；农产品网络零售额5.12亿元，占无锡市农产品网络零售额比重的12.71%，比2022年增长46.35%；直播带货销售额22.92亿元，其中“抖音”直播零售额14.97亿元，占无锡市总量的32.68%；“快手”直播零售额1.5亿元，占无锡市总量的41.4%，在无锡市八个区县中均位列第一。推动电商产业集聚发展，江阴市电子商务产业园获评2023年度江苏省电子商务示范基地，为江阴市获评的第4个省级跨境电商产业园和省级电商示范基地，顾山镇品牌服装集聚区获评省县域电商产业集聚区，为江阴市首个获评的省县域电商产业集聚区。（沈　忱）

【农业农村数字化】 2023年，江阴市农业农村局持续推进农业农村数字化建设，提升农业生产管理水平。根据省农业物联网管理服务平台统计，全市农业物联网技术推广应用覆盖率超46%，建设完成智慧农业园区（江阴故乡情农业发展有限公司）1个、数字牧场（江苏美天奶业有限公司）1个、智慧灌溉项目（长泾镇蒲市村高标准农田）1项。江阴故乡情农业发展有限公司入选省种植业智慧园区名单、省数字农业农村基地名单。（严秋钫）

数字政务

【概况】 2023年，江阴市大数据管理和政务服务局挂牌成立。年内，市数字政务聚焦政务服务数字化转型和企业侧群众侧需求，以“一网通办”建设为基础，深化“互联网＋政务服务”，推动大数据管理和政务服务创新发展。建成“一网通办”服务总门户，实现市、镇（街道）、村（社区）三级覆盖，打造线上线下一体联动、深度融合的政务服务体系。围绕个人、企业、项目打造三大全生命周期，优化“一事联办”，办事流程重塑再造，提供更多“一站式”“一窗式”服务。以智能导办、慧办服务为基础，建立个人和企业两大数字空间，从个人、企业、政府多维度拓展应用场景，推出中介超市，创新涉税服务专区，通过“一人一档一像”“一企一档一像”建设，推进主动、精准、个性化服务。加强部门业务系统衔接，开展政务服务事项精细化梳理，审批业务最小颗粒化梳理，推广电子证照、电子签章服务，运用RPA、OCR、AI人工智能等能力，在业务协同、流程优化、范围拓展等多方面实现“两个免于提交”审批服务和不见面审批服务，为“一件事一次办”、智能导办、“澄策之窗”“澄事之窗”自助终端、中介超市等服务提供精准化、个性化业务支撑，推动政务服务提质增效。

【“一网通办”平台建设】 2023年，江阴市数政局进一步加大“一网通办”建设力度，全面助力政务服务提质增效。依据《无锡市政务服务事项动态调整管理办法》，持续做好全市行政权力事项和公共服务事项的梳理、认领、编制等工作。依托“一网通办”平台和江苏省政务服务事项管理系统，重点对企业群众高频办理的政务服务事项开展颗粒化拆分。年内，市级大厅22个入驻部门1400余事项、18个镇街园区4000余事项完成精细化梳理，为“一网通办”平台规范化、标准化建设夯实基础。构建覆盖市、镇、村三级“一网通办”数字化政务服务网络，提供多端同质同源办事通道，实现统一受理、协同办理、综合管理，并逐级落实。18个镇街园区、7个市级大厅入驻部门完成“一网通办”平台切换上线并使用。以数字化创新和数据共享支撑“一网通办”平台建设。纵向争取江苏省、无锡市两级对江阴市“一网通办”平台数字化赋能，横向对接江阴“数字底座”技术能力，从业务、数据和技术三个维度提供统一支付、统一身份认证、统一电子印章、统一电子证照、统一智慧物流、电子公证、AI智能预审等七大基础能力支撑。与省事项管理平台、好差评系统，无锡电子证照等平台完成对接，促进政务服务事项规范管理，评价服务全覆盖，电子证照线上线下融合。实现身份证、户口簿、结婚证、营业执照、出生医学证明5类电子证照在“一网通办”平台中免于提交；实现电子签章身份认证电子化，电子印章CA认证防篡改，政务服务事项办结交付电子化。政务服务“一事一评”累计评价1600494条，满意率99.99%，有效差评100%整改、实名差评100%回复。归集无锡电子证照库证照159种27180张。与无锡电子印章中心对接，注册印章129枚，高频使用印章34枚。推行全流程电子化审批，年内户外广告、店招备案、夜间施工许可、水土保持方案审批、乡村建设规划许可证、污水排放许可证、林木采伐许可证7项业务实现网上申报、网上审核、网上发证。（许嘉恬）

【优化三大全生命周期】 2023年，江阴市数政局深入推进“放管服”改革，按照市委、市政府持续优化营商环境的战略部署，以企业、个人的期待和诉求为导向，围绕个人出生到死亡，企业成立至破产，项目落地至达产过程中存在的痛点、难点，运用一体化平台、电子证照库、数据共享、AI智能审批、区块链等技术，优化三大全生命周期，提升三大全生命周期服务数字化能力。个人全生命周期，进一步减少二次录入；企业全生命周期纳入综合窗口管理；项目全生命周期引入项目预警功能。三大全生命周期中，个人一件事累计办理11万余件，企业一件事累计办理3万余件，237项项目被纳入项目全周期管理。年内，三大全生命周期作为数字政务实践案例获评2023年中国互联网大会互联网助力经济社会数字化转型特色案例，获2023年中国国际数字经济博览会“新场景”创新成果二等奖，并入选《中国电子政务年鉴(2022)》电子政务经典案例。（侯 蓓）

【提升中介服务质效】 2023年，江阴市数政局响应省委、省政府“提升中介服务质效”重点改革任务号召，按照“一地注册、全省通行”建设标准，会同相关部门探索打造“中介超市”平台，试点开展信用星级评价管理、资质等级动态管理，为项目单位和中介机构提供网上选取和承接中介服务，承担信息发布、网上交易、事项管理、评价公示等综合性服务工作，实现全市行政审批中介服务“一网展示、竞争择优、规范管理”，促使中介服务行为公开化、规范化、高效化。项目单位在中介超市平台发布采购需求6722项，选取6713项，项目总成交额4236万余元。（彭雪燕）

【打造农村宅基地建房审批“一件事”】 2023年，江阴市数政局贯彻落实省委、省政府关于深化“放管服”改革决策部署，加强改进农村住房审批管理，打造农村宅基地建房审批“一件事”。将涉及市自然资源和规划局、住房和城乡建设局、农业农村局以及各镇街园等有关部门办理的乡村规划许可证、农村宅基地批准书、农村宅基地和建房(规划许可)验收等事项进行业务整合。通过流程优化再造，多个证照跨部门协同并联办理，实现高水平“减环节、减时间、减材料”。依托农村宅基地建房审批“一件事”平台建设，打通线上办理渠道，运用电子签名、电子证照等数字化、智能化形式，推动业务全流程电子化，以部门间信息内部流转代替群众线下奔波，实现农村宅基地建房审批便利化改革由“线下群众跑腿”转变为“线上数据跑路”，全面提升企业和群众办事的便利度、获得感。年内，农村宅基地建房审批“一件事”在申港街道、徐霞客镇、华士镇、长泾镇等多个镇(街道)开展试点工作。（张艺译）

【“契约江阴”电子公证】 2023年，江阴市数政局以“契约江阴”平台和电子公证能力建设为核心，深化政务服务领域数字化转型。“契约江阴”平台通过整合区块链、电子公证、多方安全计算等尖端技术，推动电子数据合法性革新，从根本上解决传统纸质文档面临的伪造、丢失、难以追溯等问题。为政府部门和企业提供更加可靠、符合法规服务，提升电子数据在法律上的地位和价值。在服务政务方面，通过“电子公证+不动产远程登记系统”创新应用，简化不动产交易流程，提高交易效率；推出“区块链+公证监管账户”，加大公共资金监管力度，提升透明度和安全性。金融服务领域，江阴农村商业银行用电子公证技术，完成首笔不良贷款快速处置，20天出具执行证书，大幅度降低处理时间和成本。企业服务领域，全年751个企业参与，在线签署合同数量4000余份。市数政局通过建立全闭环的监管机制、加强系统间互联互通、不断扩展服务场景，进一步提高政府监管能力和服务效率。年内，“江阴契约城市”荣获“2023数字政府建设优秀案例”评选活动中的创新引领案例奖项，并在全省审改创新案例交流会上进行案例推广。

【澄策之窗提升】 2023年，江阴市数政局致力于深化惠企服务，通过系统性策略和技术创新，提升“澄策之窗”平台的功能和服务效率。6月2日，召开市惠企服务会议，详细介绍平台提升方案，并发布《江阴市澄企服务平台(澄策之窗)管理暂行办法》《江阴市澄企服务平台(澄策之窗)“澄企小助手”政企互动工作机制》，为惠企服务标准化和系统化运行奠定基础。“澄策之窗”平台完成与锡企服务平台耦合升级，实现与财政申报平台的全面数据互通，提高政策发布和数据共享效率。实行惠企政策项目化管理和数字化改造，通过建立“一企一档”共享数据库，使企业能更方便获取适用政策信息，享受“免申即享”政策福利。年内，平台录入政策234条、项目120项，发布政策解读、知识库问答及前沿资讯，提升政策的可访问性和理解度。采取创新宣传和内容运营策略，进一步扩大平台影响力和提高企业用户参与度。“澄策之窗”提供一站式惠企政策服务，激活用户数7.3万余个，在技术和功能上得到全面提升，在推动江阴市企业服务数字化、提升政务服务效率和企业满意度上发挥核心作用。

（王 艺）

数字治理

【概况】 2023年,江阴市获评2023年全国数字化推动高质量发展示范市。全年规划数字治理场景21个,完成20个,其中3个场景被纳入无锡市数字治理重点场景。构建“一局一中心一公司”为核心的大数据建设和推进体制,三方协同合作,形成数字化建设从规划、建设到运营的闭环。做实城市治理“一网统管”,形成城市事件联勤联动大协同模式;整合300万条群众诉求,针对违建、消防等问题精准分析研判,变“经验决策”为“数据决策”。做好便民利企服务“一网通办”,推进“个人、企业、项目”三大全生命周期“一事联办”,做到“一窗受理、一站服务、一章审批”。做深政务办公“一网协同”,实现市、镇、村三级一体化部署,深入推进机关内部集成改革。做优市民生活“一网触达”,升级“最江阴”App服务效能,推动新生入学登记、线上医疗等近2100个应用“一端集成”。聚焦城市治理和数字生活场景,打造智慧水利、智慧政务、智慧医疗等30个应用;聚焦基层治理场景,打造江阴“澄心治”现代社区数字化平台,入选全国新时代“枫桥经验”优秀案例。建设统一数字底座,夯实数字城市“压舱石”。物联感知创新突破。在全国县级市中率先建设政务物联网平台,获评2023年中国移动数字政府样板工程。云网中台日趋完善。实现非涉密系统100%上云,政务外网实现政务部门100%全覆盖。数据中台卓有成效。累计归集26亿条数据,提供1063个资源共享交换服务。

(张雨璇)

【社情民意研判平台】 2023年,“江阴社情民意研判平台”获评2023数字政府建设创新引领案例和2023年度无锡数字化转型五星场景。江阴市城运中心依托12345政务服务便民热线*及智慧城市综合管理平台,整合分析2020年以来网络及部门各类社会治理事件300万件。针对“一人多诉”“一事多诉”“一时多诉”“一地多诉”四大维度,持续密切关注。全年生成热点问答144条,推送预警信息至相关联动单位131次,协调联动部门完成“微幸福”民生工程531项,并出具各类专项报告40余份。实现提前发现民生热点、疑难堵点、风险隐患等问题,数据从“看见”提升至“预见”。

(陶志宇)

【文明城市创建提升工程】 2023年,江阴市委宣传部通过“文明江阴云平台”灵活配置指标、更新点位数据、优化随手拍界面,提升文明城市创建相关工作效率。依托平台“协同共享,跨屏联动”能力,开展各类实地考察任务31项,完成点位检查3480个,累计检查指标92640项。发现并下发整改任务24100条,市民投诉504条,90%完成整改。云平台的正式运行,使文明创建动态化管理更高效便捷,为常态化文明创建提供有力的机制保障。平台设有宣传、展示功能,及时发布各类主体创建中的经验和动态,增强各类主体参与性与创建性。 (周 圣)

【“一门店一档”平台】 2023年,江阴市璜土镇根据《关于印发江阴市数字经济提速和数字化转型领导小组数字经济工作组等2023年度工作要点的通知》,启动“璜土一门店一档”场景项目建设,创新探索门店商铺管理新模式,提升智慧化管理水平。10月31日,璜土镇政府与中国电信股份有限公司无锡分公司签订软件开发合同,12月完成应用软件系统开发。该项目通过数字化转型和信息共享,加快门店管理部门的信息汇总,实现店铺精确化监管,增强商铺规范经营,优化商铺治理体系和服务体系。门店商户可在App端维护店铺信息、安全自检上报、查看证件办事指南及店铺积分等,职能部门可在PC端对店铺巡查、进行隐患、通知公告、积分管理。

(何卓伟)

【智慧社区建设】 2023年,江阴市委组织部、市城运中心牵头,联合市委政法委、市农业农村局、民政局、住房和城乡建设局等14个部门,建设成立智慧社区(数字乡村)工作专班,制定《江阴市进一步推进党建引领基层治理加强智慧社区(数字乡村)建设工作的三年行动计划(2023—2025年)》,在全省范围内率先发布《江阴市智慧社区(数字乡村)建设规范》《江阴市智慧社区(数字乡村)评价体系》。引入多元市场主体,创新专班结对模式,推动全市首批35个试点建设,建成五星级示范试点8个、四星级示范试点12个、三星级示范试点14个,构建“澄心治”江阴现代社区数字化平台,形成“澄心治”智慧社区(数字乡村)创新品牌,江阴市被确定为江苏省智慧社区建设综合试点地区,获评2023年无锡市党建引领基层治理创新案例、全国新时代“枫桥经验”优秀案例,入选“2023年无锡大数据领域十大新闻”。

(马学睿)

【周庄数据中台建设】 2023年,周庄镇政府试点建设周庄数据中台,打破政府部门之间的数据壁垒,实现数据共享整合,推动实现“大数据+网格化+铁脚板”,提升社会治理能力。该平台主要搜集有关周庄的人、地、事、物、组织数据,数据来源于江阴“一网统管”江阴大数据共享交换平台中不同部门、不同表单、不同字段的离散数据,经汇总、清洗、整理、分类形成周庄辖区内的结构化数据,数据落地直接使用,并可用于数据挖掘和分析。同时,周庄镇以“数据中台+N^3”(N为N个部门、N个系统、N个物联网资源设备,3次方表示部门所涉业务系统、物联网设备、数据资源)方式推进智慧周庄一体化平台建设,与“实战”数据共享、碰撞,数据中台内的数据越来越精准,所有与数据中台对接的系统、部门实现一处更新、处处共享更新,最终形成数据闭环。至年末,从市大数据共享交换平台内搜集登记数据59495条、企业登记信息9942条、个体登记信息27971条,存量数据共享、应用到子平台,及时更新增量数据,实时给到子系统,赋能到基层治理各个环节中。

【大数据赋能“厂中厂”监管】 2023年,周庄镇开发建设“企业租赁监管平台”,以数据赋能“厂中厂”现象监管,从周庄数据中台内一次性批量获取全量数据作为底数,协同安排所在村村委、应急管理科、城管中队、生态环境科、经济发展和改革局(周庄镇政府下设部门)、市场监督管理局周庄分局、税务局周庄分局、周庄供电所等部门上门"体检",为"厂中厂"建立"健康档案",并实施分级分色分类;定期通过周庄数据中台从江阴市大数据共享交换平台获取新增市场主体数据,新增数据分发到各村(社区)网格员核实"一标三实"地址,经后台自动分析比对得出"一址多厂"数据,并派单给监管部门上门落实检查。租赁企业监管平台于7月底上线试运行,至年末,经比对发现66个"一标三实"地址重复,涉及979个"厂中厂"数据,及时安排网格员、村社区企业专管员进行信息完善,为"厂中厂"企业建立相应档案,同步派单给监管部门上门"体检",关停213个"厂中厂"。 (黄 澄)

【12345政务服务便民热线启动"六强化六提升"改革】 2023年,江阴市城运中心推动高效处置一件事,启动12345政务服务便民热线"六强化六提升"改革。创新体系强机制。发布《关于优化12345政务服务便民热线内部运行质效暨强化联动指挥"六强化六提升"工作实施方案(试行)》,按照"统一受理、统一派单、统一监督、统一研判、统一考核"事件协同模式,调整中心12345政务服务便民热线运行组织架构,成立队伍建设专班、统一受理专班、联动协调专班、数据赋能专班、督导考核专班,实行各业务节点专班化运行模式。完善功能强平台。建立全市统一事件库,推动受理要素清单和分类清单标准化。提档升级原智慧城市综合管理平台和12345政务服务便民热线平台,建成联勤联动指挥平台,完善"12345+"体系,加强事件处置数字化全过程监管、督导和反馈。开发社情民意分析研判平台,强化事前事中预警能力,形成预警提示单和信息快报,按规定联动处置和预警闭环。统筹协调强联动。针对职责不清、部门推诿扯皮、疑难复杂等工单,建立专班—中心领导—市领导与事件情形、协调难度、典型意义相对应的分级分类协调机制。启动社会治理一件事改革,召开跨部门协调会,针对11类复杂未办结事件处置,出台会商意见,形成长效管理机制。与市人大常委会合作设立"民生瞭望台",建立民生月报机制,召开"民生议事厅"活动,召集人大代表和相关部门负责人共同解决"急难愁盼"一件事,年内完成首期"加快充电桩建设"诉求分析和发布。联合相关职能部门举办5期12345政务服务便民热线网上直播活动。通过《政风热线》电台直播节目办理相关诉求326件,满意率100%。优化手机端功能,上线"马上答"智能服务,响应民生关注热点。全年江阴市12345政务服务便民热线接到有效诉求53万余件,比2022年增长5.19%,电话系统为市民服务91.6万次,群众对诉求件的办理满意率97.91%。完成对53万余件热线诉求的梳理,汇总形成21批次"微幸福"民生工程"攻坚类"建议工单509件,其中477件被列入市重点督办事项。

(陈 玲 钱秋洪)

【出台政务信息基础设施统建共享管理办法】 2023年,江阴市率先出台《江阴市政务信息基础设施(数字底座)统建共享管理办法(暂行)》,围绕信息化项目建设全生命周期,按照"统存量、控增量、优管理、强赋能"原则,对新建项目开展共性能力技术统筹,规范基础设施共性能力复用,提高财政资金使用效能。

(董菊香)

【数字底座夯实运用基础】 2023年,江阴市城运中心立足政务云、政务外网、政务数据、物联网端、安全等领域,建成数字底座一期平台,发布第一批数字底座基础共性能力复用清单,涵盖统一身份认证、物联网平台、智能搜索、智能语音、智能问答、OCR图文识别、RPA等17项能力。物联网平台接入智慧社区、智慧停车等10大场景路感知设备3万余件,为全市风险隐患智能感知奠定基础。 (高坤祥)

【出台江阴市网格事项管理办法】 2023年,江阴市城运中心落实市委、市政府为基层减负指示精神,出台《江阴市网格事项管理办法》,把为网格员减负落到实处。按照"五入"(具体业务事项入格、服务对象底数入格、服务对象培训入格、专业力量队伍入格、联动协调机制入格)原则,将132项巡查类入格事项减少至39项,25项采集类入格事项减少至2项。市智慧城市综合管理平台(网格化管理平台)流转处理事件204535件,结案归档203576件,整体办结率99.53%。其中,网格员巡查上报入格事件197520件,上报非入格事件539件、综合执法系统对接事件794件、公安平台推送5464件、12345政务服务便民热线系统推送218件。镇(街道)、村(社区)处置事件42166件,占事件总数的20.62%;经市级12345政务服务便民热线流转相关职能部门处置事件19694件,占事件总数的9.63%。

【"消防格"治理模式】 2023年,江阴市城运中心和市消防大队深入贯彻市委、市政府关于"九小场所"*消防安全防范要求,建立消防安全网格化治理新模式。网格叠加强化力量配备。在1390个综合网格基础上,叠加34个"消防格",市消防大队34名专业联防队员配置到消防格内,联合属地消安委办工作人员、专职网格员,形成"1+N+N"全链式治理队伍(1名消防网格员+N名消安委办人员+N名专职网格员),加强力量联动、专业互补。技术支撑深化数据融合。为34名消防网格员配备专业终端,在原有网格化App上增设消防安全模块,打通数据通道,实现"九小场所"数据实时更新共享。建立消防场所一标三实数据库,组织消防联防队员走访"九小场所",排查问题隐患一键上报至市网格化管理平台,实现信息共享,提高事件发现速度和处置效率。建立专项交办优化联动机制。落实采集、查处、整改、反馈、复查全流程闭环机制,排查发现的"九小场所"消防安全隐患问题,由市、镇两级城运中心通过网格化平台统一流转至两级消安委办,消安委办统一交由各职能部门办理,实现消防隐患事件处置联动。 (袁智聪)

【公路路网养护管理】 2023年,江阴市交通运输局为进一步加强公路日常养护监管和道路养护工作,制订公路养护计划和道路养护考核方案,为考核和养护部门提供科学数据支撑,部署自动化智能辅助系统来提高公路日常养护考核的精确度与效率。完成六大工区日常巡查工作线上电子化、工作工单数字化、57辆清扫保洁类车辆监管监控在线化，日常清扫保洁工作的调度智能化、考核核算自动化。软硬件设备以智能化GPS定位监测管理技术为基础，针对巡查、养护保洁类车辆计算有效清扫保洁里程数据库，得到人员出勤率、车辆具体清扫里程及清扫轨迹、工区巡查里程、清扫保洁里程、每日清扫率、月度清扫率等核心考核数据。通过信息化留痕数段计算里程和清扫完成率，保障全市公路路网养护。

【智慧工地云平台建设】 2023年，江阴市交通运输局推进智慧工地云平台建设，完善平台架构，细化各工程建设板块内容，为市在建重点交通项目保驾护航。长山大道快速化改造工程、滨江路快速化改造工程（城区段）、锡澄路快速化改造工程（塘头桥至顾桐路）纳入平台统一管理。各项目设工程组织管理、工程建设管控及工程党建工作三大板块，通过智慧工地云平台，压实项目进度、质量、安全、环保等工作，强化党建引领，探索无纸化办公，缩短审批流程。以信息化形式，助力长山大道快速化项目建设、滨江路快速化项目完成黄山路斜拉桥关键节点、锡澄路快速化项目开工建设；保障重点项目荣获省、无锡市品质工程、平安工程等荣誉；擦亮工程建设特色党建品牌，将党建工作与在建交通工程项目紧密联系，激活党建工作驱动力、影响力。 （段姝竹）

数字生活

【概况】 2023年，江阴市完成21个数字生活场景建设。借助“最江阴”App入口流量优势，推动政务服务、公共服务和生活服务等近2100个应用“一端集成”，拓宽便民生活服务项目。举办江阴市首届数字生活节暨“最江阴”App上线五周年庆，App新增下载量21万次，新增注册量5万人，上线智慧体育、积分、预约挂号等场景功能23个，黏性用户逐步提高。建设智慧停车平台，将管理平台和“最江阴”App深度融合，实现大会员卡、积分体系等。

（张雨璇）

【“澄颐享”智慧养老服务平台】 2023年，江阴市民政局持续聚焦政府监管和为老服务两大需求，创新打造“政府+协会+市场”模式，通过“政府提供场地、协会组织实施、社会力量投资运营”方式，打造“一网化、全过程、立体化”为老服务资源集聚平台，统筹调度全市为老服务资源，为老年人提供“一人一策”居家养老方案，探索构建“互联网+”养老服务体系。科学构建以“澄颐享”智慧养老服务平台为系统中枢，养老服务指挥和监管中心、社区居家养老服务示范中心、智慧助餐中心、标准化建设和技能实训中心、为老服务社会组织孵化中心为支撑的“一平台五中心”。平台入驻社会组织、养老服务商等各类机构近300个，与中国电信江阴分公司、海康威视数字技术股份有限公司共建“长三角智慧养老联合实验室”，联合中国人寿保险股份有限公司江阴支公司打造线下服务队伍，制定“澄心100”社区金服管家计划。开通“88012349”养老服务热线和微信小程序，公开为老服务菜单，老年人可自主选择服务项目并进行全过程满意度评价。开拓“互联网+护理服务”，以平台为信息集聚中心，线上联动、线下协同医疗资源上门为老年人开展助浴、护理和康复等服务，打通为老服务的“最后一公里”。全年“88012349”呼入电话量3356个，其中咨询类电话1603个，审批上门援助预约服务381232单；为困难、高龄、独居重点的839户老年人家庭定制24小时紧急呼叫装置。社区居家养老服务示范中心取得医疗机构许可，实现医保接入。示范中心居家上门医疗服务作为试点项目，经市卫健部门审批通过，全年服务1580人，其中为560余名老人建立健康档案，完成38人次的上门医疗护理服务。“澄颐享”智慧养老服务平台被省人大社会建设委员会、省老龄事业发展研究会定为第一批江苏省老龄文明实践基地。

（陈　洁）

【数字健康项目建设】 2023年，江阴市卫生健康委员会升级迭代“健康江阴”公众号功能，上线“健康江阴”互联网诊疗服务平台，建成市人民医院、市中医院2个互联网医院，开展“澄医查”、互联网问诊、在线配药、快递送药等互联网医疗服务。全市二级以上公立医院均开通手机线上医保支付功能，推进线上付费服务；全市18个医疗机构完成116台自助设备铺设，提供挂号、缴费、报告查询、报告打印、发卡等多种自助服务，检验、检查报告调阅超1146万笔，自助机缴费较窗口缴费减少排队等候50%，手机线上缴费较窗口缴费减少排队等候53%。提高医共体内“影像会诊、检验检测、病理诊断、心电会诊、超声会诊”五大共享中心信息平台使用效能；健全分级诊疗制度，完善双向转诊通道和平台，促进优质医疗资源上下流动，打造有序就医环境，市域就诊率90%，基层医疗机构门急诊占比大于65%。启动“数字健康2.0”项目，推进智慧医院、智慧管理和智慧服务建设，按照“业务系统一朵云、基础设施一张网、互联互通一平台、便民惠民一站式、综合监管一张屏”推进实施具体项目，打造与高质量“健康江阴”相适应的数字化服务体系和运营保障体系。

（戴晓军　唐晓钰）

【智慧停车场景建设】 2023年，江阴市城管局协同市大数据股份有限公司共同升级优化智慧停车功能，运用大数据对城市停车位进行采集、管理与信息发布，实现停车位资源实时更新、查询与导航一体化服务，使停车位资源利用最大化，以及车主停车体验最优化，解决江阴市“停车难”的城市痛点。年内，“最江阴”App智慧停车接入江阴市140个停车场数据，智慧停车场景用户3.5万人，用户在“最江阴”App客户端可查询附近停车场名称、地址、与本人定位距离、剩余车位、车库位置等信息，全市有70%的停车场支持“最江阴”App线下扫码支付或线上订单支付，进一步扩大该数据，实现城市智慧停车功能线上支付全覆盖。智慧停车提高人们出行效率，实现车位资源合理配置，建立城市停车一张网，打造城市公共数据互联互通。 （翁怡龄　张　琳）

【江阴市校外培训机构监管平台启用】 2023年5月6日，江阴市举办校外培训（艺术类、体育类）机构监管平台启动仪式。无锡市文化广电和旅游局副局长孔祥年，无锡市体育局副局长袁伟强，江阴市领导程政、杭成、钱晴参加活动。现场公布江阴市校外培训（艺术类、体育类）机构监管平台上线单位名单并对代表机构进行授牌。平台创新三项校外培训（艺术类、体育类）领域的监管举措，培训机构、课程在“最江阴”App上直观展现；所有培训费用都可通过平台缴纳，进入由主管部门开设的监管账户，以培训资金根据“一课一销”模式进行结算。通过上述措施最大限度地减少“卷款跑路、挪用办学经费、退费难、超期收费”等突出问题，保障广大中小学生身心健康和生命安全，为推进江阴市校外培训机构规范监管，促进非学科类教培行业健康有序发展，构建良性市场竞争环境提供有力支撑。

（孙　玥）

【智慧体育场馆建设】 2023年，为响应江苏省体育局关于智慧体育场馆建设号召，促进数字经济与体育产业深度融合，给市民带来安全便捷的健身环境，江阴市体育中心先后投运系列智慧化产品，打造智慧体育场馆。通过与市大数据股份有限公司共同研发智慧体育场馆系统升级版本，整合体育中心各类健身会员卡，打造各场馆“一卡通”联通项目，累计注册会员6万余人。系统同时开发对应的微信小程序和移动端App，可联通场馆管理系统实现线上场地预订等服务，暨阳体育公司就场馆场地信息、客流情况、水电能耗等投运客流能耗集成管理系统数据，根据实际情况实时更新显示于各场馆电子屏。让市民错峰前往各场馆锻炼，各场馆可根据系统来分析场馆能耗变化，提升场馆效能。至年末，体育场二楼平台建成江阴首个智慧步道，游客跑步运动时将运动数据传输至跑道智慧大屏，并同步上线微信小程序，将运动视频发布朋友圈打卡，为游客运动健身提供多元化体验与服务。江阴市体育中心智慧场馆项目获评2023年江苏省智慧体育场馆示范项目，并在全省各级县市中位居榜首；江阴市2个单位获评2023年度无锡市数字化转型星级场景。（缪婵彦）

【公共交通“一码通乘”】 2023年，根据江阴市数字经济提速和数字化转型工作领导小组办公室发布的《关于再次征求江阴市数字经济提速和数字化转型工作领导小组和各工作组成员名单、2023年度江阴市数字经济提速和数字化转型工作要点意见的通知》文件相关要求，江阴城市发展集团有限公司完成在“最江阴”App中拓展“一码通乘”数字化生活场景建设工作。“最江阴”App正式上线建设数字生活场景，市民可通过“最江阴”App完成公交车辆实时位置查询、查看最新城市公交线路调整信息以及手机二维码乘坐公交车。（刘成鹏）

【政务信息化统筹建设】 2023年，江阴市大数据股份有限公司遵循“全面统筹、节约高效、资源复用”原则，进一步加强全市政务信息化统筹建设力度。全年维保项目与全市39个需求部门和249个供应商进行多轮协商、谈判，通过新建取消、尾款分期、项目整合和压缩等方式，将原来超过1亿元的维保预算总额，压降为5200万元，为政府节省财政资金超50%。按照“互联网+政务服务商务”建设初衷，“最江阴”App紧跟市民生活节奏，实时追随用户需求，不断丰富和优化民生资源，提升平台用户使用率和体验感，全年开展线上线下活动20场。其中，不断优化在“最江阴”App支付体系和券票核销功能，融合“线上+线下”双线消费模式，承办各类消费券发放活动，拓展数字人民币支付场景，全年举办5轮数字人民币消费券发放活动，累计发放金额超1000万元，总参与人数400万人次；开展江阴市首届数字生活节暨“最江阴”App上线五周年庆活动，推出“积分当钱花”概念，8天时间，10万余人参与，全平台消耗积分520余万分；有目标、分层次推进智慧化数字场景建设，是年先后开发上线“智慧停车”“学区查询”“预约挂号”“人才礼遇卡”“积分兑换”等23个功能场景，持续完善平台服务矩阵，满足市民高质量、多样化服务需求。其中，“智慧停车”汇集主城区140个停车场数据，实现“空位查询、一键导航、先离后付”等功能，为市民提供更智能、便利的停车服务；“智慧体育场馆”实现用户从购票、预约到核销的线上全流程办理，一站式线上服务大幅提升用户体验，激发群众的运动热情，5000余市民体验数字化体育服务，场地预定1万余人次；全新上线12345功能，收集群众诉求，聚明智、集民力，做好上情下达、下情上达，有效引导舆论，凝聚共识。是年，“最江阴”App发挥城市大会员卡效应，拓展各类商家数量157个，并与麦德龙超市上线首个联名商城。（王　硕）

数字生态

【概况】 2023年，江阴市坚持以习近平总书记关于网络强国的重要思想为指导，学习贯彻习近平总书记关于网络安全工作“四个坚持”（坚持网络安全为人民、网络安全靠人民的理念；坚持网络安全教育、技术、产业融合发展；坚持促进发展和依法管理相统一；坚持安全可控与开放创新并重）重要指示精神，扎实推进网络安全高质量发展各项任务，加强网络安全工作统筹，构建保障体系，提升防护能力，不断优化行业生态，为江阴市经济社会发展筑牢网络安全保障。（沈虎峰）

【夯实网络安全基础】 2023年，江阴市委网信办完成互联网资产普查，累计盘点网资产数量400余个，其中网站系统203个，采集口IP 159个，App和小程序56个。市城运中心构建网络安全运营体系来保障“云、网、数、端”全方位安全。通过部署态势感知设备，形成云网安全大脑，使网络安全事件可视化、全局化。建立完善网络安全事件闭环处置流程，组建网络安全事件处置团队，全年出具网络安全周报48次，月报5次；处置各类网络安全事件381件，100%落实闭环处理。开展2023年网络安全事件应急演练，全面提升网络安全事件应急处置能力。（陈新元）

【网络安全等级保护制度】 2023年，江阴市公安局进一步严格落实登记保护制度。年内，全市实施网络安全等级保护系统的单位 136 个,等保系统 236 个,其中三级等保系统 48 个、二级等保系统 188 个。

（夏　艺）

【数字生态培育】 2023 年,江阴市委网信办举办网络安全宣传周活动,与市公安局、教育局等部门开展网络安全宣传“进社区”“进校园”等主题活动。举办江阴市第二届网络安全技能大赛,切实加强网络安全专业人才选拔和培养,促进各级各部门网络安全意识和防护技能提升,引领全市社会面网络安全知识宣传普及。发动全市相关部门参加无锡市“工匠杯”网络安全技能大赛和江苏省数据安全技术应用职业技能竞赛活动,3 人进入“无锡工匠杯”网络安全技能大赛决赛。（沈虎峰）

数字基础设施建设

【概况】 2023 年,江阴市持续推进以 5G 为代表的数字基础设施建设,推进政务网、政务云建设,加快推进数字建设,为经济社会运行夯实数字基础设施底盘,为经济高质量发展提供重要支撑。全年,建成 5G 基站 1116 个,市域信号覆盖率超 99%。鼓励企业将 5G 技术融入企业数字化改造,形成工业领域的典型应用场景,新开工建设 5G 应用项目 12 项,海澜之家集团股份有限公司、江阴兴澄特种钢铁有限公司 2 个企业入选 2023 年省 5G 工厂名单,海澜之家集团股份有限公司、江阴申桦密封件有限公司、江阴华西钢铁有限公司等 6 项 5G 工厂项目入选工信部 5G 工厂名单。江苏阳光集团有限公司、江苏富仁工业物联网有限公司、海澜智云科技有限公司 3 个标识解析二级节点平台新增接入企业 1946 个。沪宁沿江高铁站江阴段、锡澄轨道交通 S1 线 5G 基站全线开通。优化布局,探索“云网融合”新架构。完成财政专网和社保专网并网改造工作。减少统付线路 612 条,节约财政资金 200 余万元,为打造“一张网”“一朵云”信息化基础设施建设架构打下基础。按照无锡市城运中心统一部署,研究基于 IPV6 + 技术的新一代政务云网架构,完成政务网拨号网络 IPV6 改造,为数字政府建设高质量云网通路,使政府数字化转型跑出“加速度”。（陆　豪）

【中国电信江阴分公司】 2023 年,中国电信股份有限公司江阴分公司（以下简称“江阴电信”）持续开展 5G 基础设施建设,推进“智改数转”,助力“科创江阴”建设。全年建设开通 5G 基站 468 个,累计建设开通 2300 个,实现沪宁沿江高铁江阴段、锡澄轨道交通 S1 延长线 5G 网络全线覆盖。持续推进新型城域网建设,建成 2 个边缘 DC 核心机房,14 个汇聚局,出口总带宽 2400G,迁移固网宽带用户 32 万户。举办企业数字化转型系列活动、乡镇巡展沙龙活动、研学活动 35 场,组织 300 余个规模以上企业数字化诊断,为企业数字化转型答疑解惑,助力地方信息化建设和企业智改数转建设。加快与行业龙头、上市公司、智改数转先进企业合作,以 5G + 行业应用为抓手,打造 5G 工厂,赋能产业发展。与双良集团有限公司、江阴华西钢铁有限公司、江阴兴澄特种钢铁有限公司、江阴华浩纱业有限公司、江阴振江新能源科技有限公司等多个企业达成 5G 战略合作意向,签订多项 5G 定制网项目,打造“5G + AR”“5G + AI”“5G + 云 MES”“5G + 智慧港口”“5G + 能耗管理平台”等 20 余项工业互联网标杆应用场景。推进数字政府建设及国家治理能力现代化,承接市城运中心项目,实现“统一受理、统一派单、统一监督、统一研判、统一考核”事件协同模式,建成“一网统管社情民意研判平台”。在“2023 数字政府建设创新引领案例”答辩及发布活动中,获评全国 2023 数字政府建设创新引领案例。该场景在无锡市数字化转型场景星级评定中,获评无锡市五星级数字化转型场景。完成“江阴契约城市平台”建设,平台具备高安全系数、数字化、智能化、电子化等特点,实现不见面审批办理,减少企业纠纷、节省司法资源、提升政府公信力。该场景在无锡市数字化转型场景星级评定中,获评无锡市三星级数字化转型场景。在 2023 数字化转型推动高质量发展大会上,江阴电信将“一网统管 + 数字底座”合作项目与数字化转型系列新举措、新路径相结合,以“城市大脑助推城市高质量发展”为主题进行申报,江阴市获评中国通信企业协会 2023 年数字化推动高质量发展示范市。实施乡村振兴战略,聚焦数字乡村建设,打造“数字乡村”微服务平台,助力政府加强基层党建、提升乡村治理、便捷百姓生产生活。与夏港街道三元村、徐霞客镇方园村、月城镇水韵社区等 17 个村（社区）签约开展特色“数字乡村”建设试点,并全部获评 2023 年江阴市智慧社区（数字乡村）星级示范,其中获评五星级村（社区）5 个、四星级村（社区）6 个、三星级村（社区）6 个。响应“我为群众办实事”号召,投身民生实事项目建设,在全市范围 688 个小区、2029 个企业内,建成 3764 个具有智慧在线安全监管功能的电动自行车充电站。参与文明城市创建和农村人居环境整治工作,累计整治各类分纤箱 1315 个,完成文明城市建设需求 2315 处,整理各类用户线缆 16470 处。完成 17 个老旧小区线路改造工作,改造面积 140 万平方米,迁改用户 5000 余户。开展“护航 2023”专项行动,全年完成重要会议、汛期、中高考、节假日等 13 次重要通信保障任务,参与保障人员 94 人次。（丁　铭）

【中国移动江阴分公司】 2023 年,中国移动通信集团江苏有限公司江阴分公司（以下简称“江阴移动”）助力推进城市更新,加快数字经济提速和数字化转型,加大信息基础设施建设力度,加强 5G、云计算、大数据、物联网、人工智能等新一代信息技术布局和应用研究,在 5G 网络建设、智慧城市建设、通信服务保障、文明城市创建等重点领域贡献智慧力量。江阴移动筑牢网络发展根基,夯实数字新基建能力。对照江苏移动与无锡市政府签署的“5G 建设与融合创新应用”战略合作协议要求,发挥 5G 网络频段资源优势,打造“覆盖领先、技术先进、性能优越”的 5G 精品网络。年内,江阴移动建成 5G 站点 3500 余个,实现城区、乡镇（街道）、村（社区）5G 网络全覆盖,网络质量评估全省领先。响应市“南征”战略,提前规划部署管线、基站等通信配套,运用新技术(高铁公专网异频组网)强化重要交通枢纽覆盖,专网速率提升55%。沪宁沿江高铁江阴段60个4G/5G专网站点全量开通,实现沿线网络100%连续覆盖和行车过程中各站无感知无缝切换。千兆宽带优势巩固。全面推进“宽带+5G+Wi-Fi”全千兆建设,全市小区具备千兆宽带接入能力,率先完成IPv6全网络、全流程端到端部署,将Wi-Fi6技术运用到千兆家庭网。家庭宽带、企业宽带、互联网电视规模全面领先,持续巩固有线宽带市场江阴主导运营商地位。加速云大物发展布局,提升信息化服务能力。江阴移动准确把握数字化时代特征,围绕江阴市创新驱动核心战略和产业强市主导战略,建强数据中心,建优新型算网服务。以算力为中心,网络为根基,推动算力成为与水电一样“一点接入、即取即用”的社会级服务。江阴移动投入专项建设资金3000余万元,建成机架340个,提供11P算力服务数据中心,纳入“8+31+X”(8指中国移动八大数据中心、31指31个省、X指很多小的数据中心)移动云运管,为市公安局、教育局等重点客户提供算力服务。配合市城运中心统筹边缘计算资源池节点规划布局建设,推进政务云“单节点”向“双中心”演进;依托优质跨境海缆资源、江阴千兆VC-OTN政企专网,开通全国县域首个中日、中韩“服贸通”国际数据专线,服务、组网、交付创新提升效能,助力江阴跨境服贸拓展。聚焦纺织、钢铁、港口、电力等行业龙头,推动企业通过5G专网实现内外网升级改造,打造海澜云服“7天交付”智能工厂、利电“无人化堆取料”“数字料厂”标杆应用,建设“5G双域专网”助力江阴兴澄特种钢铁有限公司“灯塔工厂”申报。发挥信息技术能力优势,推动江阴政务数字化治理,提高效能。打造政务云平台,完成政务云IPV6改造,实现多云纳管、主动式云智运维,助力电子政务向集约化、整体化模式转变。配合市人大常委会办公室建设“数字人大”项目,实现办公无纸化、会议智能化、履职在线化、应用场景化、决策智慧化,提高会务服务效率和质量;助力市医保局“互联网+监管”,保障医保定点机构的有序经营;推动智慧城市建设。OneNET平台接入城运中心“一网统管”平台,承建全市统一物联感知平台,实现统一标准,全域感知,赋能智慧城市治理体系。年内,完成10大场景2.7万个设备连接,完成与江阴事件中心(江阴联情联动平台)对接,实现物联事件一点触发,全网快速流转处置,江阴市“一网统管”全域物联感知项目获评集团公司数字政府样板工程,签约10项数字乡村项目。推动智慧社区建设。试点“天鹤智慧小区”应用,推广社区通试点应用。结合中国移动智慧社区平台能力,将新技术融入至社区生活各个环节,助力智慧民政打通社区“最后一公里”。推进2023年江阴市民生实事工程——电动自行车充电站、新能源汽车充电桩建设。至年末,建成充电桩1620个(3240个充电口),在建150个,建成充电桩统一接入市城运中心物联网平台,实时监控,统一管理。推动智慧养老建设。响应市工业和信息化部适老化改造要求,融入市政府“适老化”工作大局,以“老年手机课堂”为抓手,搭建适老化服务体系,帮助老年人跨越数字鸿沟。开展“老年手机课堂”30余场,走入40余个社区,服务老年客户1.2万余人。推动5G行业应用,发挥信息化协会理事长单位引领作用,携手各方产业,推进江阴市规模以上企业“智改数转绿提”工作,助力江阴产业集群整体竞争优势进一步扩大。围绕市委、市政府“产业强市”战略,发挥科研院所、各会员单位人才和技术优势,开展科技服务、学术交流、政策咨询、服务会员等工作。年内,协会新增会员单位12个,累计单位会员103个,常态化覆盖信息化工作者1000余名,参与市科协学术交流项目1项,企会协作项目1项,科普项目1项并获得立项。定期组织企业走访调研,了解企业需求,为企业提供数字化和绿色化诊断,提供“一企一策”解决方案,助力企业数字化转型。围绕智改数转、企业网络安全、5G+工业互联网开展学术交流活动6场、科普活动4次、专题研讨会2场,镇(街道)智改数转系列活动7场,承办无锡市“十园千企”系列活动江阴站活动,搭建企业互动交流平台,推动企业数字智能化转型升级,助力6个会员企业申报江苏省星级上云。以5A级社会团体标准为导向,促进协会规范化发展,荣获市科协颁发的四星级协会荣誉。深入践行央企社会责任,全面筑牢网信安全“防火墙”。根据国家、省、市及上级公司工作部署,与市公安局反诈中心联动,开展骚扰诈骗治理工作,开展反诈宣讲200余场,对外发送反诈公益短信250余万条,关停风险号码1.5万个,向市公安局移交有效线索抓获诈骗嫌疑人8名。参与文明城市创建。至年末,江阴移动派出2596余人次参与空中缆线整治,完成整治各类通信线缆整理序化问题点4012个,整治各类分纤箱1912个,捆绑整理各类用户线2.5万余条,助力市容市貌环境提升。配合完成老旧小区改造项目12项,惠及住户超8800户。

（汪海鸥）

【中国联通江阴分公司】 2023年,中国联合网络通信有限公司江阴市分公司(以下简称“江阴联通”),聚焦网络强国、数字中国主责,拓展联网通信、算网数智业务,为创新信息技术、赋能经济发展、丰富人民生活贡献联通力量。江阴联通继续联合江阴电信共建共享5G网络,全年新增5G站点783个,进一步扩大镇(街道)及以上区域全覆盖、行政村有效覆盖,实现5G即开即共享。新增千兆光网覆盖18.03万户,全市千兆光网覆盖户数80.91万户,全面提供FTTR(光纤到房间)等家庭组网服务,全年规划布局10G PON OLT设备62套,实现全区具备千兆接入能力100%。面向互联网经济打造提供主播、教育、游戏、全屋智能、家庭安防等多场景、定制化宽带产品,为全市民众开启联通智家多彩数字生活新体验,坚持央企责任担当,参与江阴市文明城市创建与市政工程项目建设,整治各类分纤箱264个,完成文明城市建设需求1245处，捆绑整理各类用户线4014条，助力市容市貌环境提升。加快推进老旧小区改造建设，完成7个老旧小区改造，配合市政府完成环城北路、环城南路、周庄镇周山路等18条道路的线路整治光缆入地工作；完成长山大道快速化改造、滨江路快速化改造（城区段）、锡澄路快速化改造、江阴靖江长江隧道南接线和南引线道路建设、大桥南路改造等通信管线迁移工作。江阴联通持续推动5G融合应用走深向实，推动工业化与信息化融合及“智改数转绿提”，聚焦云计算、大数据、物联网、大安全等热点领域进行产品开发与应用推广，为千行百业赋能赋智赋值。与临港经济开发区、联东U谷、周庄印染产业园、深业研创产业园签署战略合作协议，配合市政府园区工改项目，打造园区建设标杆，助力“南征北战、东西互搏”战略*规划；配合江阴高铁站开通，建设高铁站进出口监控及违停抓拍项目，致力于重点场景重点监测；进一步深化“5G＋MEC（边缘计算）”智能化车间服务的5G智能化工厂项目，同江苏风和医疗器材股份有限公司签订5G专网项目，用数字化手段，提升生产效率；协助江阴生态环境局推进污染源视频监控项目和用电工况云平台智慧环保项目，配合市应急管理局建设化工企业安全生产管理信息化和重大危险源在线监控智慧安监项目；为全市33所中学提供中考标准化考场监控智慧考场项目；为周庄镇、祝塘镇、靖江园区97个企业提供数字化诊断服务和报告，助推江阴市企业进行数字化转型；联合市城运中心，打造数字乡村项目，经过现场调研，结合各村特点和发展定位，为华士镇曙新村、祝塘镇景阳村、华士镇陆丰村、周庄镇宗言村搭建数字乡村平台，获评江阴市数字乡村星级示范项目。 （石钰婷）

【江苏有线江阴分公司】 2023年，江苏有线网络发展有限责任公司江阴分公司（以下简称“江苏有线江阴分公司”）围绕“融创全业年”目标任务，探索“智慧广电＋公共服务＋社会治理＋产业振兴”新路径，持续深化数字智能化应用，扩大广电5G品牌影响力，为江阴数字经济发展和智慧城市建设注智赋能。落实江阴市文明城市创建工作，全力配合全市空中线缆整治百日攻坚、“三清三治”*线缆整治行动，巡查线路长度1800千米，各类光机立柜、光交箱3700个，整理各类线缆140千米。做好市委、市政府各类重要视频会议保障。持续深化“视界先锋”品牌建设，打造“有线幸福敲门行”志愿服务品牌项目，全年策划开展进社区、高铁行、情暖夕阳、安全防范、温暖秋冬等50余场次、155人次参与的主题志愿服务活动。向江阴市社会救助管理中心捐赠并安装监控系统。强化数字赋能，全面融入江阴数字化转型发展大势，构建高速、泛在、智慧、安全的新型有线电视网络，加快推进全市广电网络IP化、光纤化进程，年内完成全市光纤覆盖22万户，累计覆盖率67%，为实现有线电视网络与融合媒体、5G移动网等新兴业态和传播渠道的相互融通、协同服务，推动有线电视网络“云、网、端”资源要素的有效整合提供有效支撑。澄江西颐景家苑FTTH（光纤到户）项目获2023年江苏有线“192杯”优质工程评比一等奖。围绕“文化强国”“数字乡村”“乡村振兴”等战略部署，持续推进“一云、双网、三用、四统、5G、多屏”产业平台及“4K江苏、智慧广电”业务平台建设，部署“一镇一品”电视平台收官建设，7个目标镇（街道）智慧广电乡村工程项目通过省级复评验收。组建“数智全业”创新工作室，打造智慧社区（数字乡村）项目，不断拓展“智慧广电＋”应用场景，发挥智慧广电在文化宣传、产业发展、基层治理、公共服务中的重要作用，捍卫基层党的宣传思想文化主阵地地位。 （张媛媛）

【施工图审查数字化】 2023年，江阴城市发展集团有限公司下属江阴市建设工程施工图审查中心有限公司助力“科创江阴”建设、工程建设营商环境优化，推进工程建设全过程数字化转型，建设工程施工图审查实现报审、审查、出具意见、回复、图纸签章、云存档全线数字化，实现建设单位“申报简化、审查高效、成本降低”审查服务需求和职能部门“档案固化、查询简捷、分析有据”监管提升要求。施工图审查数字化聚焦以数字化、网络化、智能化为特征，通过数字化技术，审查专家可方便快捷地查阅和比对图纸、提取关键信息，提高审查准确性和效率，推动人工审查向智能辅助审查转变。优化江阴工程建设投资营商环境。全年审查工程建设项目225项，总面积490万平方米，完成2023年市重大产业项目审批制度改革“三提三即”*优化提升工作，完成江苏长龄液压、江阴电工合金、澄源科技、首芯半导体等项目“拿地即开工”，以企业群众办事“跑最少的路、花最少的时间、交最少的材料”为目标，实现江阴市产业项目“拿地即开工”常态化。 （卢 平）

■类目编辑 周梦姣

开放型经济

综　述

【概况】 2023年,江阴市对外贸易实施"稳中提质"战略,全年完成进出口总额1572.9亿元,位列全省县级市第三,规模与2022年度持平。其中,出口1052.4亿元,下降2.1%;进口520.5亿元,增长4.3%。全年实现服务外包执行金额11.2亿美元,比2022年增长10.7%,其中离岸服务外包执行金额8.7亿美元,增长3.5%。全年实际使用外资11亿美元,总量创历史新高。全市新批境外投资项目26项,完成中方协议投资额9691万美元,其中"一带一路"*项目16项,中方协议投资额8269.42万美元。全年完成对外直接投资额45011.83万美元,占无锡市的33.83%,总量位列江苏省同类城市第一。

【江阴经贸合作洽谈会】 2023年10月28日,第四届江阴发展大会暨2023江阴经贸洽谈会开幕。海内外近700名工商、科技、教育、医卫、文体、新闻传媒、金融等领域的江阴人和在江阴学习、工作过的知名人士,以及为江阴经济社会发展做出突出贡献的外籍人士汇聚一堂,叙情谊、谋发展、话未来。开幕式现场签约重大项目40项,包括集成电路和专项基金项目、新能源装备项目、新能源汽车零部件项目、高端装备产业项目、高端服务业项目、基金和总部平台项目及城市战略合作项目7大类。中信泰富有限公司董事长、总裁曾晨,中国工程院院士、南京理工大学校长付梦印,第十四届全国人大代表、中国工程院院士、江南大学校长陈卫,第十四届全国人大代表、无锡灵山文化旅游集团战略规划委员会主席、无锡拈花湾文化投资发展有限公司董事长吴国平,新东方教育科技集团有限公司董事长、总裁俞敏洪,第十四届全国政协委员、上海港湾集团董事长、上海市江阴商会会长徐士龙,阿法拉伐海洋事业部运营总裁兼运营中国区总裁马特思在现场作交流发言。开幕式当日,全市累计签约项目217项,总投资超千亿元,项目涵盖新能源、集成电路、生物医药、新型材料、数字经济、现代服务业等领域。

2023年度江阴市十佳外商投资企业一览表

表10

企业名称	开票销售收入(万元)	入库税金(万元)	进出口额(万美元)
中信泰富特钢投资有限公司	4488588	150795	119931
远景能源有限公司	3894593	57925	80777
江苏新扬子造船有限公司	1068716	40879	2549
瀚宇博德科技(江阴)有限公司	412860	63655	11493
江阴信邦电子有限公司	289858	17757	33596
星科金朋半导体(江阴)有限公司	385246	15808	214563
阿法拉伐(江阴)设备制造有限公司	218567	16138	23253
恩骅力工程材料(江苏)有限公司	336190	6838	25604
江阴贝卡尔特合金材料有限公司	199164	15350	9269
安姆科公司	101849	3415	5038

安姆科亚太研发中心 （市商务局提供）

对外贸易

【概况】 2023年，受全球经济衰退、国内外需求不足、国际贸易摩擦增加、全球产业链重塑等各种因素影响，不确定因素增多，江阴市外贸工作持续承压运行。据海关统计，全年完成进出口总额223.8亿美元，列全省县级市第3位，比2022年下降5.3%。其中，出口149.7亿美元，下降7.2%；进口74.1亿美元，下降1.3%。以人民币计价，2023年江阴市实现外贸进出口总值1572.9亿元，与2022年度持平。其中，出口1052.4亿元，下降2.1%；进口520.5亿元，增长4.3%。全年实现服务外包执行金额11.2亿美元，比2022年增长10.7%。其中，离岸服务外包执行行金额8.7亿美元，增长3.5%；在岸服务外包执行金额2.5亿美元，增长46.5%。是年，市商务局落实政策兑现、展会组织、走访调研、品牌培育、服务贸易、应对贸易摩擦和助力新业态发展等方面工作，全年兑付到企业外贸扶持资金7660.47万元，项目数合计1123项；优化信保统保平台承保方案，推动出口信用保险扩面降费，拓展服务内容的广度和深度，全市中小企业出口信用保险统保平台承保企业231个，比2022年增长4.67%，承保保额10.17亿美元。

2023年江阴市进出口十强企业（集团）一览表

表11 单位：万元

企业名称	实绩
江苏长电科技股份有限公司	2369810
三房巷集团有限公司	1805587
江阴兴澄特种钢铁有限公司	840142
远景能源有限公司	575448
中船澄西船舶修造有限公司	541860
盛合晶微半导体（江阴）有限公司	423643
江苏天晨船舶进出口有限公司	335882
法尔胜泓昇集团有限公司	249402
江阴市金桥化工有限公司	244530
江阴信邦电子有限公司	234912

【外贸出口】 2023年，江阴市加快外贸转型升级，实施“稳中提质”战略，完成出口额1052.4亿元，比2022年下降2.1%。出口产品主要为纺织品、钢铁、塑料及其制品、船舶、集成电路5大类（分别占比为16%、15%、14%、10%、8%），呈现“2升3降”的状况。钢铁及钢铁制品出口148.6亿元，增长0.5%；集成电路出口83.7亿元，增长0.3%；塑料及其制品出口151.7亿元，下降3.2%；船舶出口87.2亿元，下降13%；纺织品出口182.3亿元，下降14%。此外，机电产品出口520.9亿元，增长7.3%；高新技术产品出口147.1亿元，下降1.8%。新能源产品出口增长迅猛，全年风力发电设备及零件出口62.7亿元，增长42.1%；太阳能电池出口20.6亿元，增长19%；锂电池出口12.7亿元，增长3.6倍。

【品牌优势培育】 2023年,江阴市商务局组织企业申报江苏省、无锡市重点培育和发展的国际知名品牌,全市有63个品牌获评,其中35个品牌获评2023—2025年度省级重点培育和发展的国际知名品牌,占全省的7.38%和无锡市的35%,品牌数量和质量位列全省县级市及无锡市各板块第一;另有28个品牌获评2023—2024年无锡市重点培育和发展的国际知名品牌。服务贸易平稳发展,江阴临港经济开发区获评2023年省级服务贸易基地,贝卡尔特(中国)技术研发有限公司、江阴天江药业有限公司获评江苏省服务贸易重点企业。

【外贸服务保障】 2023年,江阴市商务局针对对外贸企业影响较大的如俄乌战争、人民币贬值、大宗原材料价格不稳等情况,开展多轮次走访调研,排查重点企业在订单、物流、收汇等方面面临的困难,落实重点外贸企业服务专员制度,"一企一策"帮助解决实际困难;听取企业诉求,协调解决矛盾,为企业抢订单搭建桥梁;联合国家外汇管理局江阴市支局、宁波银行股份有限公司江阴支行举办4次"外贸大讲堂",邀请专家重点解读RCEP(区域全面经济伙伴关系协定)、汇率、融资等外贸企业关心的热点问题,分区域分批次组织全市400余个外贸企业负责人进行宣贯培训;编印发放600余份《外贸稳中提质政策服务案例》宣传手册,帮助企业及时了解惠企政策。

【政策扶持】 2023年,江阴市商务局推进"千企万人海外商洽拓订单行动",结合江阴市产业结构,制定《2023年度江阴市线上展会和重点境外展会计划》,加大政策扶持力度,组织企业参加第六届中国国际进口博览会,第133届、第134届广交会,广拓市场,多接订单。

【降出口风险】 2023年,江阴市全年统筹安排380万元财政资金用于进一步优化信保统保平台承保方案,支持继续开展"平台统筹 + 自费"模式,涵盖进出口额3000万美元以下的外贸企业,新增2000万美元以下服务外包企业,推动出口信用保险扩面降费,降低企业开拓国际市场风险。完善贸易摩擦预警机制,持续加大对上争取力度,支持企业有效应对贸易摩擦。指导江苏中基新能源科技集团有限公司、中船澄西船舶修造有限公司、盛合晶微半导体(江阴)有限公司等5个企业申报7项公平贸易项目,争取到省级扶持资金499万元。

【助力新业态做强服务贸易】 2023年,江阴市商务局围绕实施现代化产业体系建设三年行动,在做强新能源、集成电路、高端装备、生物医药4个战略性新兴产业和加快打造"345"产业链群*(见"345"现代产业体系)进程中,新申报省级服务贸易基地1个、服务贸易重点企业2个。组织4个企业参加2023年中国国际服务贸易交易会,扩大企业营销市场和国际知名度,推动服务贸易和货物贸易融合发展。有针对性地辅导符合条件的服务外包企业申报中央和省级资金,发挥产业资金的导向和撬动作用。是年,8个企业获得中央资金"创新发展服务贸易"项目资金补助650.87万元;15个企业获得省级资金238万元。

利用外资和对外经济合作

【概况】 2023年,江阴市新增外商投资项目67项(新设项目36项、增资项目31项,其中新设投资总额超千万美元项目8项、新批协议外资超3000万美元重大项目11项、投资总额超亿美元项目3项)。工商登记协议注册外资13.69亿美元,实际使用外资11亿美元。

2023年江阴市十大新设外商投资项目一览表

表12　　单位:万美元

名　　称	协议注册外资
澄欣咖啡(江阴)有限公司	5000
江苏阳光控股集团有限公司	4740
江阴顿维科技有限公司	4315
江阴铧茂投资有限公司	3020
澄芯集成技术(江阴)有限公司	3000
液空(江阴)气体有限公司	1122
贝卡尔特(江苏)精细钢绳有限公司	1061
江阴德诚房地产有限公司	494
友泉食品包装(江苏)有限公司	381
江阴雅盛包装材料有限公司	153

2023年江阴市十大到位外资项目一览表

表13 单位:万美元

名　　称	到位外资
远景动力技术(江苏)有限公司	24218
盛合晶微半导体(江阴)有限公司	19400
江苏扬船投资发展有限公司	8472
阿法拉伐(江阴)设备制造有限公司	3000
江阴市鸿大贸易有限公司	2495
长电微电子(江阴)有限公司	2473
江阴鑫宝利金属制品有限公司	2290
江阴市深业科技产业园有限公司	2003
贝岭(江阴)供应链管理有限公司	1843
江阴宗承钢铁有限公司	1700

【外商投资企业协会重启】 2023年,江阴市重启市外商投资企业协会,打造“江阴好时光”外企活动品牌。选取综合体、商场、餐饮、酒吧、高尔夫俱乐部等23个场所,为在江阴市的外企高管开通VIP通道,发放133张“专属权益卡”;举办江阴市外资企业2023春季Tee台交流会、“外籍人士看江阴”、运河啤酒节、“问道面对面 同心共未来”外资企业恳谈会、外商圣诞联谊等活动;向全市外资企业发放《近期外资政策汇编》《外商投资政策服务案例汇编(中、英、日、韩文版)》,宣传国家对外开放政策,指导企业享受各项外资政策红利。

【对外投资与经济合作】 2023年,面对严峻复杂的国际形势,江阴市商务局牢固树立底线思维,持续加强企业指导服务,为企业“走出去”助力护航。是年,新批境外投资项目26项,完成中方协议投资额9691万美元,其中“一带一路”项目16项,中方协议投资额8269.42万美元,占全市的85.33%。完成对外直接投资额45011.83万美元,占无锡市的33.83%,总量位列江苏省同类城市第一。至年末,江阴市有境外企业(机构)376个,遍布57个国家和地区,累计中方协议出资额73.6亿美元,其中“一带一路”沿线国家投资项目130项,占比34.57%;中方协议投资额19.9亿美元,占比27.04%。贝德服装集团股份有限公司、江苏云蝠服饰股份有限公司、江阴远景动力投资合伙企业、江阴海澜之家国际商业有限公司、江阴模塑集团有限公司5个企业入围江苏省本土跨国企业50强。贝德服装集团股份有限公司投资800万美元设立贝德服装(柬埔寨)有限公司,规划20条智能吊挂流水线、员工1000人的规模;贝德老挝服装生产基地于2022年9月启动,工厂建有40条生产线,雇用员工2000人,设计年产能2000万件(套)各类针织服装,产品销往欧美及日本市场。模塑科技墨西哥汽车零部件工厂获得国际汽车头部品牌企业的6项项目订单,2023年主营业务收入21648.4万美元,比2022年增长8.3%。海澜之家在菲律宾马尼拉SM Fairview City Mall和Robinson Manila Place双店同开,菲律宾是海澜之家继马来西亚、新加坡、泰国、越南、老挝之后,进驻的第六个国家。升辉新材料股份有限公司对升辉包装材料(新加坡)有限公司增资800万美元,利用新加坡自贸港优势,开拓国际市场;新设立升辉包装材料(泰国)有限公司,中方协议投资额1500万美元。江阴市舒乐家用纺织品有限公司在摩洛哥新设莱迪斯纺织有限公司,中方协议投资额1000万美元。江阴市余润能源科技有限公司合资设立余润科技(泰国)有限公司,中方协议投资额2143万美元。

【境外风险防控】 2023年,江阴市商务局联合市政府外事办、市公安局举办境外投资企业安全培训,根据《江阴市海外利益领域风险排查化解工作方案》,制定《全市海外利益领域安全风险集中排查化解百日行动方案》,收集《境外企业安全生产管理制度和应急预案》62份和《境外安保方案及应急预案》58份。定期摸排境外投资企业在外人员情况,至年末,排查80个境内投资主体111个境外企业(项目),全市境外投资企业在境外人员总数为13527人,其中中方人员数612人,在外中方人员均处于安全状态。

(计　燕　章　艳　苏仕强　王明珠)

■类目编辑　聂小琴

开发区(功能区)建设

江阴国家高新技术产业开发区

【概况】 2023年，江阴国家高新技术产业开发区(以下简称“江阴高新区”)在市委、市政府的领导下，紧扣“打造国内一流的创新型国际化园区”目标定位，自觉牢记嘱托、感恩奋进、走在前列，全力全速推进中国式现代化“高新”实践。全年完成地区生产总值809.52亿元，比2022年增长6.3%；规模以上工业产值1162.57亿元；全社会固定资产投入171.83亿元，其中工业投入106.41亿元，比2022年增长5.4%，服务业投入65.41亿元；一般公共预算收入36.88亿元，比2022年增长17.9%；进出口总额79.58亿美元；到位注册外资3.52亿美元。

【主导产业发展】 2023年，江阴高新区以特钢新材料为主导，微电子、生命健康、高端装备为特色，新能源为战略的“1+3+1”先进制造业集群进一步发展壮大。特钢新材料方面，新材料(特钢制造)国家新型工业化产业示范基地在工业和信息化部发展质量评价中被评为五星级(全国28个、江苏省4个)，江阴兴澄特种钢铁有限公司建成全球特钢行业首个“灯塔工厂”，法尔胜泓昇集团有限公司入选“中国制造业企业500强”、国家服务型制造示范企业，江苏龙山管件有限公司、江阴全华丰精锻有限公司入选国家专精特新“小巨人”企业*，中国贝卡尔特钢帘线有限公司入选国家绿色工厂。全区特钢新材料产业规模以上产值561.2亿元，比2022年增长8.5%。集成电路方面，初步形成集成电路设计、芯片制造、封装及测试的全产业链，同步带动电子产品及零部件、5G通信等细分领域发展，江苏长电科技股份有限公司入选“中国制造业企业500强”，江苏长电科技股份有限公司的“产品质量优化”入选2023年度国家智能制造优秀场景，江苏新顺微电子股份有限公司、江苏法尔胜光电科技有限公司、江苏斯菲尔电气股份有限公司入选国家专精特新“小巨人”企业，微电子产业园区域工改取得明显成效，全区微电子产业规模以上产值302.4亿元。生命健康方面，着重构建集中药配方、创新药、诊断试剂盒于一体的产业链，形成现代中药、医疗器械、新药研发、智慧康养四大发展方向，江阴天江药业有限公司的“智能仓储”入选2023年度国家智能制造优秀场景，江阴佩尔科技有限公司、江苏风和医疗器材股份有限公司、江苏佰澳达生物科技有限公司一期等重点项目竣工投产，全区生命健康产业规模以上产值53.9亿元，比2022年增长9.7%。高端装备方面，江阴大地装备股份有限公司、江阴市博汇机械成套设备有限公司获评省级企业技术中心，江苏国范智能科技有限公司等3个企业入选省级中小企业公共服务示范平台，全区高端装备产业规模以上产值80.1亿元，比2022年增长14.4%。新能源方面，全区新能源产业规模以上产值18.7亿元。

【项目攻坚】 2023年，江阴高新区加快建设微电子、生命健康、新能源和智能制造三大主题产业园区，编制专项规划、优化产业配套、严格项目准入。深化链式招商、基金招商、驻点招商，赴海内外一线城市开展高频次招商活动，年内累计签约超亿元项目25项，其中超50亿元项目1项、超10亿元项目3项、超5亿元项目4项；签约超1000万元文化产业项目3项。备案超亿元项目21项，其中超10亿元、超5亿元项目各5项。新开工项目32项、新投产项目27项。江阴长电微电子晶圆级微系统集成项目、江阴盛合晶微三维多芯片集成封装项目和昕感科技项目入选省重大项目，省、无锡市重大项目投资完成率分别达280%、115%。创新实施“综窗改革”，3项项目实现“拿地即开工”，1项项目实现“报建即开工”，20项高频事项实现“跨区域通办”。

【创新提质】 2023年，江阴高新区启动建设科创载体超30万平方米、投用超50万平方米，“两基地三中心”(哈尔滨工业大学未来技术江阴创新基地、西安交通大学科技成果转化基地，比利时、俄罗斯、哈萨克斯坦海外创新中心)落地，121未来产业园开园，星河科创园建成投用。高效运营各类研发机构、“科创飞地”，引育科创项目62项。建成科技招商全生命周期管理平台，完成科技招商项目超500项，高新技术企业增至225个，科技型中小企业评价入库465个，获评省“独角兽企业”*1个、省“潜在独角兽企业”*1个、省“瞪羚企业”*10个。新增国家专精特新“小巨人”企业5个、省

2023年10月28日,江阴市举行2023江阴国家高新区开放创新合作交流会 (江阴高新区党政办提供)

专精特新中小企业21个、省工程技术研究中心10个、省企业技术中心5个。入选国家重大人才工程6人、省双创人才5人、省双创团队1个。扎实推进"智改数转"*,实施技改项目54项,投入技改资金超65亿元,新增国家智能制造试点示范2个、国家绿色工厂1个、省级智能车间4个。获"十四五"国家重点研发计划等省级以上项目13项,争取上级资金超7000万元。全面推进绮山湖科创谷一期建设,高质运行新兴产业投资基金,高新技术产业产值占规模以上工业产值比重达76.6%,科技创新成效获省政府督查激励。

【社会事业】 2023年,江阴高新区全面落实稳就业惠民生政策,发放各类涉民生补助1.71亿元,新增本地劳动力就业4253人,扶持自主创业超800人,全年居民人均可支配收入达7.1万元,比2022年增长5.1%。启动教育高质量发展三年行动,3所学校竣工投用,5所学校纳入集团化名校办学体系。无锡市"15分钟医保服务圈"示范点全面建成,市中医外科医院"中医疡科"获评省非物质文化遗产,打造无锡市基层特色专科2个。老旧小区改造工程收尾,东苑八期安置房项目启动建设,建成"三定一督"(定时、定点、定人,督导)垃圾分类小区21个。姚澄艺术馆和姚澄剧场竣工,举办首届姚澄锡剧文化艺术节,锦隆社区"锦绣书房"获评全国"最美农家书屋"。接管投运江阴高铁站,日均到发旅客近万人次。持续开展"厂中厂"、城镇燃气、建筑施工、群租房等专项整治,平安高新、法治高新建设不断深化,安全生产形势平稳向好。

【生态环境】 2023年,江阴高新区深入推进园区"工改",腾退、盘活、整治各类低效用地超80公顷,拆除面积25.5万平方米,形成千亩连片地块1个。完成大气整治工程项目325项,关停化工企业1个,空气优良天数比率80.4%。启动雨污水管网综合整治提升工程,新建、整修雨污水管网10千米,完成管网整治76个。全面压实河长制,3条河道登上市级以上红榜,3条河道获评无锡市美丽幸福示范河湖,国、省考断面优Ⅲ比例保持100%。完成凤凰山北宕口生态修复治理项目,整治空闲土地25.47公顷,整治沪宁沿江高铁沿线地块11万平方米,征收土地清表平整60公顷。编制"无废园区"建设试点实施方案,"绿岛"项目一期建成投运,"三点一中心"(涉重污泥协同处置点、膜渣综合利用点、废包装容器综合利用点,中小企业危险废物集中收集贮存中心)小微企业危废收集及配套项目稳定运行,累计安全处置危废40余吨。 (陈　健)

2023年江阴高新区各社区基本情况一览表

表14

村(社区)名称	户数(户)	人口(人)	村(社区)党支部(党总支、党委)书记	村(社区)主任
山观社区	1592	4868	张宇忠	张宇忠
金山社区	3400	9515	刘奇云	刘奇云
双牌社区	2449	6959	钱春华	钱春华
锦隆社区	1314	4016	宦华健	宦华健
杨市社区	2074	5934	王　勇	王　勇
滨江社区	2017	5370	陈　屈	陈　屈
长山社区	1879	5393	沈民富	沈民富
石牌社区	2788	8097	黄炜冬	黄炜冬
金童社区	1897	4937	方　勇	方　勇
寿山社区	2360	7506	周云华	周云华
蟠龙社区	1336	4306	刘卫江	刘卫江
山源社区	2233	7132	胡国才	胡国才

江苏江阴临港经济开发区

【概况】 2023年,江阴临港经济开发区聚焦“四敢”(干部敢为、地方敢闯、企业敢干、群众敢首创)、聚力“双争”(争先进位,争创“国开”),开拓进取、砥砺前行。全年完成地区生产总值1001.99亿元,比2022年增长5.9%;一般公共预算收入45.8亿元,比2022年增长12.8%;规模以上工业产值1686.52亿元;限额以上批零业销售额3145.32亿元;进出口总额69.97亿美元;到位注册外资4.23亿美元,比2022年增长10.9%。全社会固定资产投资162.11亿元。是年,江阴临港经济开发区获评江苏省服务贸易基地;江阴临港经济开发区节能环保集成装备产业集群获评江苏省中小企业特色产业集群。

【港口发展】 2023年,江阴临港经济开发区依托长江经济带,面向太湖科创湾,深度融入长三角,加快港、产、城融合发展,全力推动无锡(江阴)港转型升级、提质增效,为江阴市实现“产业更高端、创新更澎湃、城市更美好、人民更幸福”贡献港航力量。无锡(江阴)港完成货物吞吐量3.78亿吨,比2022年增长7.8%,其中江阴临港经济开发区完成3.61亿吨,增长8.2%;完成集装箱运量76万标箱。无锡(江阴)港货物吞吐量排名全球港口第16、全国港口第13、全国内河港口第3。不断深化配套服务,江阴市进境肉类指定监管场地通过海关总署验收;苏南码头取得港口危险货物作业附证,内港池750米岸线取得港口经营许可证。无锡(江阴)港航线航班全面提升,开通江阴市至挪威、英国远洋航线2条,江阴市至日本、越南近洋航线2条,江阴市至河北省唐山市、浙江省宁波市内贸直航航线2条,江阴市至江苏省宜兴市内河航线1条,累计开辟集装箱班轮航线53条,航班每周122班。推进“生态岸线、绿色港口、零碳园区”绿色联盟行动,7个港口企业被认定为绿色港口。其中,江苏江阴港港口集团股份有限公司被认定为国家四星级绿色港口;中信中煤江阴码头有限公司被认定为省五星级绿色港口;江苏丽天石化码头有限公司、江阴苏龙热电有限公司被认定为省四星级绿色港口;江苏利士德化工有限公司、江阴新西港物流有限公司、江阴东升仓储有限公司被认定为省三星级绿色港口,绿色港口数量和质量均处于全省前列。

【城乡建设】 2023年,江阴临港经济开发区坚持城乡统筹,功能品质持续提升。日处理1万吨的石庄污水处理厂提升改造工程通水运行,临港科技工业园主体封顶,江阴临港科创园二期初具雏形,创新港三期全面开工。交付港郦花苑三期安置房419套,建成融城苑二期B2、湖滨佳苑一期东区安置房1586套。弘毅路、景贤路竣工通车。加快30个污水处理提质增效达标区建设。建成“美丽农居”工程10个、“美丽河湖”21条。辖区6个国、省考断面手工监测平均水质达到或优于Ⅲ类水质,其中5个断面平均水质达到Ⅱ类。$PM_{2.5}$年均浓度33.2微克/立方米,空气优良天数比率78.9%。完成大气污染防治工程801项、治水重点工程41项、土壤(地下水)污染防治重点项目61项。对上争取污染物入库总量2098.86吨,完成大气约束性减排878吨,占全市约束性减排任务的79.82%。

【江阴综合保税区】 2023年,江阴综合保税区完成进出口总值7.47亿美元,比2022年增长32.6%;外资到账2238万美元;入库税金1.66亿元;区内新增企业39个,活跃企业70个,累计在册企业967个;完成报关单20713笔;监管货值23.53亿美元,在海关总署全国综保区绩效评估中东部地区排名上升2位。新招引项目13项,举办综保区项目集中开工仪式、长三角创新合作项目签约活动,江阴凯迈机械有限公司、无锡光思伏新能源科技有限公司实现签约当年投产,江苏德海汽车科技股份有限公司、蓝齐尔新材料有限公司等项目快速推进。开工建设中园慧创科创载体、筷牧食品冷链销售检测中心、乌克兰盛焀冷链物流加工等项目。引进科技型企业20个,新增双创人才项目5项、实用新型专利19件,新增无锡市“太湖人才”和临港开发区“港城英才”项目各1项,入选无锡市“雏鹰企业”*培育入库1个。全年完成跨境进出口值4291万美元,突破高价值进口药品首单,完成1笔租赁贸易。推动“区港一体化”工作,实施西卡口改造,推进大宗商品物流分拨场地建设。办理“内外贸分类监管业务”1项,“自动到货确认业务”2项,“一般纳税人资格试点企业”3项。

【招商引项】 2023年,江阴临港经济开发区坚持“一切为了项目、为了项目一切”,以产业链招商、以商引商、活动招商、基金招商等方式开展项目招引。全年到位注册外资4.23亿美元,推动开发区利用外资扩量提质。全年签约重大项目72项,总投资501亿元,其中固定资产投资超50亿元项目(江阴利港电厂2×100万千瓦机组扩建项目、双良新能源产业基地项目)2项,超10亿元项目4项;备案总投资超百亿元项目1项,超50亿元项目1项,超10亿元项目5项,超5亿元项目5项。

【主导产业发展】 2023年,江阴临港经济开发区围绕“123”现代产业集群(指1个千亿级新材料特色产业,新能源和高端装备2个千亿级新兴产业,节能环保、智能制造和现代物流3个未来产业),加快推进12个特色主题产业园区建设,新能源产业规模以上产值完成577.71亿元,比2022年增长27.45%。投运长三角(江阴)数字创新港二期等科创载体超18万平方米,北京市、上海市、深圳市“科创飞地”建成投运。净增高新技术企业34个,新入库“雏鹰企业”“瞪羚企业”“准独角兽企业”*81个,创历史新高。新增国家级专精特新“小巨人”企业3个、省专精特新中小企业24个。新增省级研发机构11个,累计有效期内高新技术企业237个,有效发明专利拥有量1615件。慧居科技股份有限公司上市;双良节能系统股份有限公司“主动服务客户”场景入选2023年度国家智能制造优秀场景,双良节能系统股份有限公司获省长质量奖;远景能源有限公司入选工业和信息化部绿色供应链管理企业名单。

【重点重大项目建设】 2023年,江阴临港经济开发区坚持以重大项目为抓手,持续打造新材料、新能源和高端装备、节能环保、智能制造、现代物流等产业集群,加快形成更具竞争力的临港"123"现代产业集群,推进经济高质量发展。年内,远景大兆瓦传动技术产品项目、海伦石化PTA(精对苯二甲酸)技改扩能项目等27项项目被列入无锡市重点项目,恒润传动风电轴承项目、凯迈机械光伏设备项目等53项项目被列入江阴市重点项目,其中弘元光能项目、双良新能源产业基地等42项项目开工建设,远景动力电池二期、中建材高效异质结电池等30项项目竣工投产。

【社会事业】 2023年,江阴临港经济开发区城镇职工养老保险、医疗保险、失业保险、被征地农民基本生活保障、最低生活保障为主的"五道保障线"水平超过全市平均水平。政府兜底、市民参与的大病医疗互助基金,参保率100%,大病医疗补助人数8054人次,补助金额1437.53万元。优化教育结构,江阴市澄西高级中学、江阴临港科创实验学校二期投入运营。全年组织安全检查20余次,检查"两易一密一新"(易燃易爆、易制毒,密集场所和新领域)场所110余个次;组织应急演练2次,各类培训、讲座600余场次;开展各类检查2944个次,发现隐患23355处,完成隐患整改21518处,立案查处139件,处罚金额434.56万元。畅通信访渠道,完善联调联控机制,全年接访群众34批330余人次;按照"保交楼、保民生、保稳定"工作要求,开展突出社会矛盾排查化解工作,化解各类积案和重大矛盾纠纷40余件,确保辖区社会和谐稳定。

【农业农村工作】 2023年,江阴临港经济开发区现代农业稳步提质,完成农业农村重大项目投资9.79亿元,建成高标准农田210.27公顷,标准化改造养殖池塘216.8公顷,完成农业总产值11.81亿元。推进"三清三治"(清理各类垃圾、清理违建违放、清理家河家塘,治理农村厕所、治理农村污水、治理农田风貌),完成22条无锡市美丽幸福河道建设,创建省级绿美村庄2个。

(陈喜凤)

江苏江阴—靖江工业园区

【概况】 2023年,江阴—靖江工业园区全面贯彻新发展理念,聚焦江阴市、靖江市发展增长极、先进制造集聚地、跨江融合桥头堡、联动协作示范区发展定位,加快建设高质量跨江融合发展试验区。全年完成地区生产总值121.87亿元,比2022年增长5.6%;规模以上工业产值261.14亿元,比2022年增长11.5%;一般公共预算收入9.43亿元,比2022年增长6.3%;固定资产投资额27.57亿元,比2022年增长14.5%;限额以上批发业销售额474.28亿元,比2022年增长2.8%;进出口总额12.77亿美元,比2022年增长161.9%;到账外资7433万美元;港口货物吞吐量6400万吨。

【融合发展】 2023年,江阴—靖江工业园区围绕高质量跨江融合发展主题,举办园区成立20周年系列主题活动,服务推动无锡市—泰州市、江阴市—靖江市就新一轮跨江合作对接洽谈。9月12日,无锡市、泰州市共同举行加快江阴—靖江工业园区建设发展合作协议签约仪式;12月24日,江阴—靖江工业园区高质量跨江融合发展大会举行,江阴市、靖江市签订新一轮合作协议,进一步推动跨江融合高质量发展。

【招商引项】 2023年,江阴—靖江工业园区立足"5+1"产业(船舶制造、高精钢构、特色冶金、机械装备、汽车零部件和港口物流)基础,聚焦智能制造、高端装备、节能环保和现代物流等发展方向,全年累计外出走访100余次,对接企业100余个,举办2023经贸合作洽谈会、园区产业发展恳谈会和第8届全国大型工程运载施工车辆数智化产业技术高峰论坛,参加新加坡—江苏开放创新合作交流会等活动并全方位介绍园区。完成重大产业项目招商签约8项,其中固定资产投资10亿元至50亿元项目1项,5亿元至10亿元项目2项,1亿元至5亿元项目4项;重大产业项目招商备案4项,其中总投资10亿元至50亿元项目2项,5亿元至10亿元项目2项。新开工项目7项,总投资52.74亿元;在建产业项目14项,总投资134.5亿元,竣工项目5项。

【主导产业发展】 2023年,江阴—靖江工业园区坚持产业强区主导战略,聚焦产业基础高级化和产业链现代化两大方向,着力做好补链、延链、强链。全年开票销售总收入754.37亿元,规模工业总产值比2022年增长11.5%,铁路、船舶、航空航天和其他运输设备制造业销售比2022年增长33%;金属制品业销售比2022年增长21%;通用设备制造业销售比2022年增长45%,产业特色更加鲜明。高新技术产业、战略性新兴产业指标取得较大突破,全年高新技术产业产值占比较2022年提升3.16个百分点;战略新兴产业产值占比较2022年提升3.77个百分点。园区重点骨干企业运行稳中有进,是年,江苏扬子江船业集团有限公司完工交付船舶55艘,合同金额31亿美元;造船主业营业收入近240亿元,利税总额超50亿元,新接造船订单97艘,合同金额超70亿美元,在手订单中待制造船舶187艘,合同金额超140亿美元。

【科技创新】 2023年,江阴—靖江工业园区坚持实施创新驱动战略,年内新增高新技术企业3个,通过科技型中小企业认定20个,战略性新兴产业产值占规模以上工业产值比重比2022年增加3个百分点,研发投入占地区生产总值的7%;江苏新扬子造船有限公司、江苏格尔顿传动有限公司获评省级工业互联网示范工程标杆工厂,中建钢构江苏有限公司获评智能制造工厂示范基地;新增国家重点人才项目1项、省"登峰计划"人才1人、省"双创人才"*1人、省卓越博士后1人。国内用户侧单体最大的铅碳电池储能项目建成启用,园区企业屋顶光伏项目装机容量52.3兆瓦;完善和优化园区公共上岸点功能,全港船舶污染物接收、转运和处置率超过90%。

【重点重大项目建设】 2023年,江阴—靖江工业园区产业项目的质量、重大项目的数量、有效投资的总量均取得突破。年内,全生命周期平台有无锡市级重大产业项目8项,总投资108.7亿元。江阴市级重大产业项目14项,总投资134.51亿元,其中总投资50亿元的大明大型装备项目主体建设完成,部分生产线进场安装调试试运行;总投资13亿元的中建材绿色低碳建筑新材料项目水域部分码头平台主体及配套建设完成;总投资10亿元的骥鑫航空装备制造项目5幢厂房主体建设完成;总投资10亿元的长强5G+智能制造127特种钢管项目完成厂房主体建设。

【社会事业】 2023年,江阴—靖江工业园区推进共建共享,践行富民惠民的发展宗旨,用心办好民生实事。年内,总投资22亿元的六圩新安置区建设启动,一期工程部分楼层封顶,二期工程进行桩基工程施工。开展拆迁过渡群众慰问和重点对象走访,提升在外过渡被拆迁户保障水平。兴业路大修项目开工;江花幼儿园南侧道路新建工程竣工通车。对"空巢"老人、独居老人制定居家养老上门服务套餐。莲沁苑社区居家养老服务中心"中央食堂"正式运营。 (毛 璧)

江阴霞客湾科学城功能区

【概况】 2023年3月21日,江阴市对主体功能区建设进行先行探索,有力推动"南征"战略,抢抓长三角区域一体化和锡澄协同发展的重大机遇,启动江阴霞客湾科学城功能区建设。该功能区覆盖月城镇、青阳镇、徐霞客镇、祝塘镇4个镇,面积276平方千米。江阴霞客湾科学城管理办公室(以下简称"霞科办")为市政府派出机关,牵头负责功能区发展。年内,霞科办落实市委、市政府"南征北战、东西互搏"总战略*,以打造产、城、人、文、生态一体融合的高水平功能园区为定位,以建设"智慧互联之城、绿色生态之城、青春时尚之城、未来科技之城"为目标,进一步创新管理体制、整合资源要素,优化运行机制、提升服务质效,加快推动霞客湾科学城功能区建设,最大限度统筹好开发开放资源和激发创新活力动力,加快构建霞客湾科学城功能区与月城镇、青阳镇、徐霞客镇、祝塘镇一体化发展、高质量发展的新格局,为"科创江阴"和现代化滨江花园城市建设贡献"南征"力量。是年,制定出台《江阴霞客湾科学城功能区管理体制和运行机制的实施意见》;完成功能区发展各项规划设计;江南大学(江阴校区)一期等工程项目顺利推进;签约重点科创项目26项,总投资20.4亿元;在谈项目34项,计划总投资43亿元。

【规划编制】 2023年,霞科办围绕"一岛、两心、四坊"(科学中枢岛,科教孵化中心、国际文旅中心,加速创新坊、未来创智坊、智造转化坊、应用研发坊)的总体布局,完成霞客湾科学城空间规划与总体城市设计、青阳科教孵化中心城市设计、霞客国际文旅中心更新设计等3个城市设计;完成锡澄(分别指无锡市、江阴市)协同发展区产业规划、科技创新发展规划、智慧城市规划、青阳区域综合开发研究暨国际人才社区规划、园博园核心区总体规划和修建性详规、南部区域水系规划等7个专项规划;功能区统筹发展规划、功能区道路交通与市政设施专项规划2个规划形成阶段性成果。通过城市设计与空间规划的融合、详细规划与专项规划的衔接,进一步推进功能区建设。

【项目建设】 2023年,霞科办加快推进科教孵化中心建设,江南大学(江阴校区)一期20栋建筑进入全面装饰装修阶段;旌阳湖科创园、府前路启动建设;公寓房、配套道路完成方案设计。推进国际文旅中心建设,12月下旬,启动核心区烟火街巷、道路建设。招商运营有序推进,与《中国国家地理》杂志社、浙江开元酒店管理股份有限公司、中国旅游集团有限公司等达成合作。全面推进各项基础设施配套工程,霞客湾500千伏高压线路工程通电运行;水系连通工程完工;青阳国际人才社区完成项目实施主体招标;增设S1线霞客湾科学城站点,并开工建设;锡澄路快速化改造工程、沪武高速拓宽工程进展顺利。

【招商引项】 2023年,霞科办项目招引有序开展,签约重点科创项目26项,总投资20.4亿元;在谈项目34项,总投资43亿元。MUST(清华大学宽视场巡天望远镜项目)巡天望远镜、后政品欣咖啡园、通用智能、创元1898研究院、高熵新材等项目落地。招商体系优化重塑,完成市场化招商体系架构建设和人员招聘,制定出台功能区产业准入、科创载体管理运营等相关文件。招商动能全面激发,举办"霞客杯"中国江阴第六届创新创业大赛武汉城市赛、上海城市赛等活动;霞客湾创智园建成投运;锡澄协同发展区智能制造基地示范工程一期年末竣工,锡澄协同发展区科创园区建设工程项目完成基础施工、部分厂房结构封顶。

【要素保障】 2023年,霞科办整合成立2个市级国资平台,其中江阴市科技产业发展集团有限公司获AA+主体信用双评级。全力压降债务规模,3个国资公司完成债务清零,退出财政部监管平台。"引江济太"EOD(生态环境导向的开发)项目获国家开发银行授信22亿元、国家绿色发展基金投资3.4亿元。组建基金管理人团队,设立包含从天使轮到拟IPO(首次公开募股)阶段的各类科创产业基金。清华大学无锡研究院光电研究中心、电科莱斯智慧城市研究中心等平台签约落地,为发展新质生产力加速赋能。

【管理运作】 2023年,霞科办制定出台《江阴霞客湾科学城功能区管理体制和运行机制的实施意见》,构建"功能区+镇(街道)+国资公司"协同发展架构,梳理完善权责清单。搭建国资公司框架体系,制定江阴市科技产业发展集团有限公司组织体系和薪酬考核方案,成立招商服务、工程管理、私募基金等市场化运营子公司,全面提升市场能级。

■类目编辑 朱其涛

阵容变化

【概况】 2023年,江阴市企业上市工作领导小组贯彻落实市委、市政府全力打响“江阴板块”品牌要求,应对资本市场政策变动新挑战,培育后备力量,打下坚实基础。年内,新增2个上市公司:慧居科技股份有限公司、江苏科强新材料股份有限公司;新增1个上市过会企业:江苏江顺精密科技集团股份有限公司;平移至交易所企业4个:江苏安凯特科技股份有限公司、江苏耀坤液压股份有限公司、技源集团股份有限公司、江阴华新精密科技股份有限公司;新增2个申报上市材料企业:升辉新材料股份有限公司、江苏风和医疗器材股份有限公司;新增3个江苏证监局辅导备案企业:无锡佰翱得生物科学股份有限公司、盛合晶微半导体(江阴)有限公司、江阴市惠尔信精密装备股份有限公司;新增1个完成股改企业:无锡佰翱得生物科学股份有限公司。至年末,全市累计有上市公司61个,其中境内上市39个(主板29个,创业板9个,北交所1个)、境外上市22个。“新三板”* 挂牌企业58个。

【慧居科技】 2023年7月10日,慧居科技股份有限公司在香港联合交易所(以下简称“港交所”)主板上市,股票代码2481. HK。公司是中国第二大非国有跨省供热服务供应商,主要从事清洁能源、联合能源供热。

【科强股份】 2023年9月26日,江苏科强新材料股份有限公司在北京证券交易所(以下简称“北交所”)上市,股票代码873665。公司主要从事高性能特种橡胶制品的研发、生产和销售。

慧居科技股份有限公司外景　　(市地方金融监管局提供)

A股上市公司动态

【概况】 2023年,“江阴板块”A股上市公司严格按照中国证监会、江苏证监局等监管部门的相关文件要求,规范企业发展,提高公司市值,树立企业良好形象。模塑科技、ST澄星、华西股份、江苏阳光、海澜之家、三房巷、双良节能、长电科技、协鑫能科、百川股份、江南水务、吉鑫科技、华宏科技、海达股份、江阴银行、神宇股份、苏利股份、江化微、恒润股份、电工合金、振江股份、怡达股份、优彩资源、必得科技、长龄液压、华兰股份、采纳股份、标榜股份等公司向全体股东分配年度利润。

【模塑科技】 2023年1月30日,按照中国证券监督管理委员会江苏监管局出具的行政处罚决定书相关要求,公司拟聘请公证天业会计师事务所(特殊普通合伙)对公司2020年度财务报告进行重新审计。4月14日,子公司辽宁名华模塑科技有限公司正式投产启用,具备200万根/年(约50万车套)汽车保险杠及外饰系统的全流程生产及交付能力。4月25日,公司董事会研究决定:2022年度不派发现金红利,不送红股,不以资本公积金转增股本。12月12日,公司发布2023年前三季度利润分配方案:以公司总股本

918015389 股为基数,向全体股东每10 股派发现金 2.17 元(含税),分红总额 1.99 亿元。

【ST 澄星】 2023 年 3 月 29 日,公司董事会向上海证券交易所(以下简称“上交所”)申请撤销对公司股票实施的其他风险警示。是日,公司发布 2022 年度利润分配方案:以公司总股本 662572861 股为基数,拟向全体股东每 10 股派发现金红利 0.8 元(含税),合计派发现金红利 5300.58 万元(含税)。

【法尔胜】 2023 年 4 月 29 日,公司董事会研究决定:2022 年度不派发现金股利,不送红股,不进行公积金转增股本。5 月 12 日,为进一步优化公司管理架构,减少管理层级,提高经营管理效率,公司拟吸收合并全资子公司江苏法尔胜环境科技有限公司。7 月 1 日,公司全资子公司江苏法尔胜环境科技有限公司完成注销登记手续。

【华西股份】 2023 年 6 月 28 日,公司发布 2022 年度利润分配方案:以公司总股本 886012887 股为基数,向全体股东每 10 股派现金 0.2 元(含税),共计派发现金红利 1772.03 万元(含税)。7 月 21 日,江苏华西集团有限公司控股股东江阴市华士镇华西新市村村民委员会将其持有的集团 80% 股权转让给联华基金。该次权益变动后,联华基金持有华西集团 80% 股权,并通过华西集团间接控制上市公司 2.6 亿股股份表决权,占上市公司表决权总额的 29.34%,成为上市公司间接控股股东,华西股份实际控制人变更为江阴市国资办。9 月 23 日,公司实际控制人变更完成,由华西村委会变更为江阴市国资办。

【江苏阳光】 2023 年 3 月 14 日,公司原董事长、总经理缪锋辞职,董事会同意选举陆宇为董事长,高青化为总经理。3 月 15 日,公司增持计划实施完成,控股股东一致行动人郁琴芬通过集中竞价交易和大宗交易方式累计增持 1784 万股,占公司总股本的 1%。该次增持后,郁琴芬持股比例达 9.09%。4 月 28 日,为使公司资产更加独立,权属更加清晰,降低经营风险,满足未来持续经营发展需求,公司拟以自有资金购买江苏阳光集团所属一宗土地使用权。该次交易涉及土地面积 180172 平方米,账面价值 2537.19 万元,评估价值 1.7 亿元。5 月 16 日,陈丽芬与江苏阳光集团有限公司、郁琴芬、孙宁玲终止原一致行动关系,并由江苏阳光集团有限公司、郁琴芬、孙宁玲签署新的一致行动人协议。该次权益变动不涉及各方实际持股数量的增减,不会导致公司控股股东、实际控制人发生变化。5 月 25 日,公司聘任杨之豪为董事会秘书。6 月 3 日,公司实际控制人陆克平将其持有的公司间接控股股东江苏阳光控股集团有限公司 66.79% 的股权及对应全部权益转让给其子陆宇,公司实际控制人由陆克平变更为陆宇。7 月 11 日,公司发布 2022 年度利润分配方案:以方案实施前公司总股本 1783340326 股为基数,每股派发现金红利 0.02 元(含税),共计派发现金红利 3566.68 万元。

【海澜之家】 2023 年 5 月 31 日,公司发布 2022 年度利润分配方案:以方案实施前公司总股本 4319607585 股为基数,每股派发现金红利 0.43 元(含税),共计派发现金红利 18.57 亿元。

【三房巷】 2023 年 1 月 12 日,公司完成可转债发行,募集资金 25 亿元,其中 13 亿元用于江阴兴佳新材料有限公司年产 150 万吨绿色包装新材料项目,12 亿元用于江苏兴业塑化有限公司年产 150 万吨绿色多功能瓶片项目。2 月 15 日,公司使用募集资金对全资下属公司江苏兴业塑化有限公司认缴出资 12 亿元,其中 0.2 亿元列入注册资本、11.8 亿元计入资本公积;公司对江阴兴佳新材料有限公司认缴出资 12.87 亿元,其中 0.25 亿元列入注册资本、12.62 亿元计入资本公积,用于实施募集资金投资项目。4 月 26 日,公司发布 2022 年度利润分配方案:以方案实施前公司总股本 3896339676 股为基数,每股派发现金红利 0.15 元(含税),共计派发现金红利 5.84 亿元。

【双良节能】 2023 年 2 月 3 日,公司全资子公司江苏双良低碳产业投资管理有限公司对外投资设立参股公司新良新能源科技(江苏)有限公司,持股比例 45%。5 月 22 日,公司向不特定对象发行可转换公司债券申请获上交所上市审核委员会审议通过,计划募集资金 26 亿元,其中 18.6 亿元用于内蒙古自治区 40 吉瓦单晶硅二期项目(20 吉瓦)、7.4 亿元用于补充流动资金。5 月 24 日,公司发布 2022 年度利润分配方案:以方案实施前公司总股本 1870661251 股为基数,每股派发现金红利 0.3 元(含税),共计派发现金红利 5.61 亿元(含税)。6 月 27 日,公司可转债申请获证监会同意注册批复。8 月 8 日,公司向不特定对象发行可转换公司债券。8 月 26 日,公司拟以自有资金购买江苏利创新能源有限公司持有的公司控股子公司江苏双良新能源装备有限公司 15% 的股权,交易金额 6.66 亿元。9 月 20 日,公司发布 2023 年半年度利润分配方案:以方案实施前公司总股本 1870661251 股为基数,每股派发现金红利 0.2 元(含税),共计派发现金红利 3.74 亿元。9 月 22 日,公司持股 5% 以上股东上海同盛永盈企业管理中心(有限合伙)计划 3 个月内增持公司股份,增持金额不低于 1 亿元且不高于 2 亿元,增持股份数量不超过公司总股本的 1%。9 月 29 日,公司收购控股子公司江苏双良新能源装备有限公司少数股东股权完成工商变更登记。12 月 18 日,王磊申请辞去公司董事会秘书职务,在聘任新的董事会秘书之前,由公司财务总监马学军代行董事会秘书职责。12 月 30 日,公司发布 2023 年度向特定对象发行股票预案,募集资金总额不超过 25.6 亿元,其中 16.1 亿元用于内蒙古自治区 38 吉瓦大尺寸单晶硅拉晶项目、2.5 亿元用于江阴市年产 700 套绿电智能制氢装备建设项目、7 亿元用于补充流动资金。

【长电科技】 2023 年 3 月 2 日,公司董事会换届选举高永岗为董事长,原董事长周子学届满离任。3 月 31 日,公司发布 2022 年度利润分配方案:以实施权益分派股权登记日登记的总股本 1786557826 股为基数,每股派发现金红利 0.2 元(含税),共计派发现金红利 3.57 亿元。

【ST 工智】 2023年1月5日,公司拟向苏州福臻智能科技有限公司出售所持有的天津福臻工业装备有限公司100%股权。2月9日,公司拟以发行股份及支付现金方式收购江西鼎兴矿业有限公司70%股权,及江西兴锂科技有限公司49%股权,并拟向实际控制人之一艾迪非公开发行股份募集配套资金。4月4日,公司子公司上海我耀机器人有限公司拟向延格投资管理(宁波)有限公司转让其所持有的黑龙江严格供应链服务有限公司40%股权。4月29日,公司董事会研究决定:公司2022年度不派发现金红利,不送红股,不以公积金转增股本。5月4日,苏州福臻决定终止收购天津福臻事宜。6月8日,公司副董事长、总经理赵亮辞职,聘任魏强为公司总经理。6月16日,公司拟在江西省宜春市宜丰县投资设立全资子公司宜丰县哈工锂能新能源有限公司。10月20日,公司副董事长、总经理魏强辞职,聘任田晓吾为公司总经理。

【协鑫能科】 2023年4月1日,公司拟将注册地址由"江苏省江阴市徐霞客镇马镇西街96号二楼"变更为"江苏省江阴市临港开发区海港路18－1号202室"。6月3日,沈强申请辞去公司副总裁兼董事会秘书职务,暂由公司副董事长、联席总裁费智代行董事会秘书职责。6月16日,公司发布2022年度利润分配方案:以公司股权登记日总股本扣除回购专户上已回购股份后的1614640948股为分配基数,向全体股东每10股派发现金红利1.9元(含税),共计派发现金红利3.07亿元。7月1日,公司发布向不特定对象发行可转换公司债券预案上会稿,拟募集资金总额不超过25.51亿元,其中17.86亿元用于协鑫电港项目(二期),7.65亿元用于偿还债务。7月6日,公司向不特定对象发行可转换公司债券申请获深圳证券交易所审核通过。7月31日,王振辉辞去公司联席总裁兼首席执行官(CEO)职务。9月2日,公司聘任杨而立为董事会秘书。12月9日,公司全资子公司协鑫智慧能源拟以自筹资金收购协鑫电力持有的公司下属控股子公司浙江建德抽水蓄能电站34%的股权。12月20日,公司决定终止向不特定对象发行可转换公司债券事项并撤回申请文件。

【中南文化】 2023年4月22日,公司董事会研究决定:2022年度不派发现金红利,不送红股,也不进行资本公积金转增股本。

【百川股份】 2023年5月9日,公司发布2022年度利润分配方案:以实施方案时股权登记日(2023年5月12日)收市后的总股本为基数,向全体股东每10股派发现金红利0.5元(含税)。

【宝利国际】 2023年2月2日,控股股东、实际控制人及其一致行动人签署投资框架协议、股份转让协议、表决权放弃协议。转让前,公司控股股东、实际控制人周德洪及其一致行动人周秀凤合计持有公司股份326008128股,占公司总股本的35.38%。该次交易,周德洪及其一致行动人周秀凤将12.39%的公司股份以协议转让方式转让给江苏东祁工业自动化技术有限公司,同时放弃剩余22.99%公司股份所对应的表决权利。转让后,江苏东祁合计拥有公司12.39%的股份表决权,成为公司控股股东,邓杰成为公司实际控制人。2月13日,江苏东祁提出终止原协议,公司控制权变更终止,周德洪、周秀凤与江苏东祁及保证人等签署解除协议。4月26日,公司董事会研究决定:2022年度不进行现金分红、不送红股,也不进行资本公积金转增股本。9月1日,公司全资子公司江苏宝利油品有限公司完成注销登记手续。10月31日,公司控股股东、实际控制人周德洪及其一致行动人周秀凤拟将其持有的公司28%的股份通过协议转让方式转让给上海洪蒿信息管理合伙企业(有限合伙)(18%)及其一致行动人上海地山承亿私募基金管理合伙企业(有限合伙)(5%)、长风私募基金管理(海南)有限公司(5%)。该次交易完成后,洪蒿信息成为公司控股股东,刘洪涛、魏星星夫妇成为公司实际控制人。11月15日,公司以自有资金500万元投资设立全资子公司上海宝利乐泰企业管理有限公司。

【江南水务】 2023年3月22日,公司拟将其持有的江阴北控禹澄环境产业投资合伙企业(有限合伙)49.99%股权份额及其全部权益转让给天津沃达维德能源科技有限公司,经协商转让价格为2663万元。5月11日,公司拟以非公开方式向专业投资者发行公司债券,总额不超过10亿元,期限不超过5年,利率待定,用于偿还到期债务、补充流动资金、项目投资等。6月20日,公司发布2022年度利润分配方案:以方案实施前公司总股本935210292股为基数,每股派发现金红利0.09元(含税),共计派发现金红利8416.89万元。9月2日,2023年面向专业投资者非公开发行公司债券完成,发行规模6亿元,最终票面利率3.1%。11月10日,公司拟以不超过6亿元自有资金购买江苏江阴农村商业银行股份有限公司可转债并实施转股成为其股东。11月28日,公司拟将持有的江阴市锦绣江南环境发展有限公司48%股权转让给江阴市华锐环境发展有限公司,转让价格6815.22万元。

【吉鑫科技】 2023年5月20日,公司发布2022年度利润分配方案:以2022年度利润分配实施公告确定的股权登记日总股本97736万股扣减回购专用证券账户中6969724股后的股本970390276股为分配基数,向全体股东每10股派发现金红利0.41元(含税),共计派发现金红利3978.6万元(含税)。12月19日,公司选举朱陶芸为董事长。

【爱康科技】 2023年4月25日,公司拟实施以简易程序向特定对象发行股票计划,拟向特定对象发行不超过2亿股股票,募集资金总额不超过3亿元(含本数),扣除发行费用后募集资金净额全部用于浙江省湖州市爱康2.42吉瓦高效异质结光伏电池建设项目。5月16日,公司董事会研究决定:2022年度公司拟不进行利润分配,不以资本公积金转增股本。7月14日,公司注册地址由"江阴市华士镇"变更为"浙江省杭州市余杭区"。8月22日,公司完成公司名称、注册地址及经营范围工商变更登记手续,取得浙江省市场监督管理局换发的营业执照。

【华宏科技】 2023年5月26日,公司发布2022年度利润分配方案:以公司总股本剔除已回购股份2240835股后的579710363股为基数,向全体股东每10股派发现金红利2元(含税),实际现金分红总额1.16亿元。12月2日,公司拟与北京车兄弟科技发展有限公司、江阴市天诚汽车服务有限公司共同投资设立江苏华宏再生资源有限公司,注册资本1000万元。其中,公司出资600万元,占注册资本的60%,江苏华宏再生资源有限公司成立后,成为公司控股子公司。12月13日,全资子公司浙江中杭新材料科技有限公司拟以自有资金9000万元收购山东烁成新材料科技有限公司100%股权,签署股权转让协议。12月16日,山东烁成新材料科技有限公司完成工商变更登记,公司收购完成。

【海达股份】 2023年5月19日,公司发布2022年度利润分配方案:以截至2022年12月31日公司股份总数601234191股为基数,向全体股东每10股派发现金股利0.2元(含税),合计派发现金股利1202.47万元。10月26日,公司子公司JIANGYIN HAIDA SINGAPORE PTE. LTD.拟使用自有资金在罗马尼亚投资设立全资孙公司HAIDARUBBER & PLASTIC ROMANIA SRL,注册资本70万美元。

【广信材料】 2023年1月13日,公司投资设立的控股子公司江西扬明微电子材料有限公司完成工商注册登记并取得营业执照。2月17日,公司被认定为江苏省"专精特新"中小企业。2月23日,公司决定将持有的创兴精细化学(上海)有限公司60%股权以及应收借款本金5275.87万元,合并交易对价4000万元出售给上海德威涂料有限公司。3月20日,公司拟以自有或自筹资金与深圳市鹏峰谷科技有限公司在江西省龙南市共同投资设立江西扬臻光电新材料有限公司,其中公司出资300万元,持股比例60%。4月13日,江西扬臻光电新材料有限公司完成工商注册登记。4月24日,公司拟以自有或自筹资金与尤家栋及深圳市锦龙科技有限公司在江苏省苏州市共同投资设立苏州扬明微电子材料有限公司,其中公司出资1680万元,持股比例60%。4月27日,公司董事会研究决定:2022年度不派发现金红利,不送红股,不以资本公积金转增股本。5月16日,苏州扬明微电子材料有限公司完成工商注册登记。11月7日,公司向特定对象发行股份募集资金到账,募集资金1亿元,全部用于江西省龙南市年产5万吨电子感光材料及配套材料项目。11月17日,公司1亿元定向增发上市。11月25日,公司注销全资子公司湖南广裕感光新材料有限公司。

【江阴银行】 2023年6月1日,公司发布2022年度利润分配方案:以实施方案时股权登记日(2023年6月6日)收市后的总股本为基数,向全体股东每10股派现金红利1.8元(含税)。6月13日,原董事长孙伟辞职,执行董事、行长宋萍代为履行董事长职责。6月29日,公司聘任倪庆华为行长,卞丹娟为董事会秘书。11月14日,公司发行2023年"三农"(农业、农村、农民)专项金融债券,总规模10亿元,债券品种为3年期固定利率债券,票面利率2.88%,用于支持"三农"产业。

【神宇股份】 2023年6月7日,公司发布2022年度利润分配方案:以截至2022年12月31日公司股份总数178822526股为基数,向全体股东每10股派发现金股利0.9元(含税),合计派发现金股利1609.4万元。6月21日,郭著名辞去财务总监兼董事会秘书职务,公司聘任顾桂新为财务总监兼董事会秘书。8月23日,公司拟于香港投资设立全资子公司,投资金额220万美元,并通过该香港子公司在越南投资新设子公司,投资金额210万美元。10月9日,香港全资子公司完成注册登记手续。11月3日,公司拟将持有的神创博瑞新材料有限公司99.9%的股权转让给苏州采奕动力科技有限公司,转让价格1.03亿元。

【苏利股份】 2023年3月8日,公司控股子公司江阴苏利化学股份有限公司通过高新技术企业认定。3月28日,公司及全资子公司无锡苏利卓恒贸易有限公司(以下简称"苏利卓恒")拟分别以自有资金1.45亿元和629.16万元收购公司子公司江阴苏利化学股份有限公司(以下简称"苏利化学")23%和1%的股权。收购事项完成后,公司及苏利卓恒各持有苏利化学99%和1%的股权,苏利化学成为公司全资子公司。4月15日,苏利化学取得无锡市行政审批局换发的营业执照。6月7日,公司发布2023年度向特定对象发行A股股票预案,募集资金总额不超过6亿元,其中4.3亿元用于江苏省泰兴市高效环保农用化学品、阻燃化学品生产项目,1.7亿元用于泰兴市年产1000吨啶酰菌胺生产项目。6月21日,公司发布2022年度利润分配方案:以方案实施前公司总股本180001918股为基数,每股派发现金红利0.55元(含税),共计派发现金红利9900.11万元。

【江化微】 2023年5月17日,公司发布2022年度利润分配方案:以方案实施前公司总股本296644037股为基数,每股派发现金红利0.07元(含税),以资本公积金向全体股东每股转增0.3股,共计派发现金红利2076.51万元,转增88993211股,该次分配后公司总股本为385637248股。8月2日,公司拟使用自有资金5亿元对控股子公司江化微(镇江)电子材料有限公司进行增资,公司持股比例由60%增加至74.29%。

【恒润股份】 2023年2月22日,公司董事长、总经理承立新辞去总经理职务,仍继续担任公司董事长,聘任周洪亮为公司总经理。5月20日,公司全资子公司江阴市恒润环锻有限公司通过高新技术企业认定。6月8日,公司发布2022年度利润分配方案:以方案实施前公司总股本440858003股为基数,每股派发现金红利0.04元(含税),共计派发现金红利1763.43万元。7月18日,公司股东承立新拟通过协议转让方式将其持有的公司无限售流通股24952563股股份(占公司总股本的5.66%)以19.35元/股的价格转让给浙江易凡资产管理有限公司。该次权益变动后,承立新持有公司股份比例由22.66%减少至

17%。7月29日，公司拟与上海六尺科技集团有限公司共同出资设立六尺恒润智算（上海）有限公司，注册资本1亿元，其中公司认缴出资额5100万元，占合资公司注册资本的51%。8月31日，公司控股子公司上海润六尺科技有限公司收购上海六尺科技集团有限公司持有的芜湖六尺智算科技有限公司100%股权。12月13日，公司董事长承立新无法正常履行董事长职责，由董事、总经理周洪亮代为履行董事长职责。

【电工合金】 2023年4月21日，公司终止2022年度以简易程序向特定对象发行股票事项，原计划募集1.83亿元用于投资建设新能源汽车高压连接系统关键零部件项目改为自有资金投资。4月27日，公司发布2022年度利润分配方案：以截至2022年12月31日公司总股本33280万股为基数，向全体股东每10股派发现金红利1.8元（含税），合计派发现金股利5990.4万元（含税）。11月24日，公司实际控制人陈力皎和冯岳军与厦门信息集团资本运营有限公司签署股权转让协议及表决权放弃协议，拟以间接方式转让公司29.99%股份。自工商变更登记完成之日起，陈力皎放弃其直接持有公司31.25%的表决权，实际控制人由陈力皎和冯岳军变更为厦门市国资委。

【振江股份】 2023年4月29日，公司拟收购关联方江阴振江电力工程有限公司100%股权，目标股权总交易对价1.1亿元。6月6日，公司原总经理刘浩堂辞职，聘请任易勋为总经理。是日，公司发布以简易程序向特定对象发行股票预案，募集资金总额不超过3亿元，其中2.4亿元用于江阴市新建风力发电机部件项目，0.6亿元用于补充公司流动资金。6月29日，公司收购江阴振江电力工程有限公司100%股权完成工商变更登记。7月1日，公司拟在江苏省南通市海门区设立全资子公司江苏振江海风新能源有限公司。7月6日，公司发布2022年度利润分配方案：以2022年年末总股本142625500股扣减不参与利润分配的回购股份7066股及拟回购注销激励对象所持有的限制性股份587500股，即142030934股为基数，每股派发现金红利0.2元（含税），合计派发现金红利2840.62万元。7月15日，公司全资子公司江苏振江海风新能源有限公司完成工商登记。10月21日，公司修改2023年度以简易程序向特定对象发行股票预案，以23.32元/股的价格发行12864493股，募集资金总额3亿元。12月16日，公司拟以自有资金在香港设立境外全资子公司振江（香港）控股有限公司，投资总额750万美元，并拟通过该子公司以自有资金在沙特阿拉伯设立境外全资孙公司JZNEE Renewable Energy Technology Arabian LLC，投资总额2800万沙特里亚尔。12月28日，公司撤回2023年度以简易程序向特定对象发行股票申请文件。

【怡达股份】 2023年3月17日，公司发布2022年度利润分配方案：以公司总股本85759517股为基数，向全体股东每10股派发现金红利1.5元现金（含税），以资本公积金向全体股东每10股转增9股。

【优彩资源】 2023年4月12日，公司发布2022年度利润分配方案：公司2022年度不进行年度利润分配，不进行资本公积金转增股本。9月23日，公司发布2023年半年度利润分配方案：以方案实施股权登记日公司总股本为基数，向全体股东每10股派发现金股利1.5元（含税）。11月29日，公司以自有资金在江阴市设立全资子公司江阴市旌彩资源回收有限公司，注册资本1000万元，公司持股比例100%。

【必得科技】 2023年6月2日，公司发布2022年度利润分配方案：以方案实施前公司总股本14040万股为基数，每股派发现金红利0.15元（含税），共计派发现金红利2106万元。

【长龄液压】 2023年5月30日，公司发布发行股份及支付现金购买资产并募集配套资金暨关联交易预案，拟向许建沪、江阴尚拓企业管理合伙企业（有限合伙）发行股份及支付现金购买其各自所持有的江阴尚驰机械设备有限公司（以下简称“江阴尚驰”）股权的70%部分，总交易对价3.36亿元，其中股份支付2.06亿元，现金支付1.3亿元。该次交易完成后，江阴尚驰成为公司控股子公司。同时，公司计划向不超过35名特定对象募集2.05亿元配套资金，其中1.4亿元用于支付并购对价及支付中介机构费用等、0.65亿元用于补充流动资金。6月9日，公司发布2022年度利润分配方案：以方案实施前公司总股本136266760股为基数，每股派发现金红利0.35元（含税），共计派发现金红利4769.34万元。6月30日，公司关于发行股份及支付现金购买资产并募集配套资金申请获上交所受理；7月31日获上交所审核通过；8月26日获中国证监会同意注册批复。9月8日，江阴尚驰完成过户手续办理，公司持有江阴尚驰70%股权。

【华兰股份】 2023年6月28日，公司发布2022年度利润分配方案：以公司总股本剔除已回购股份180400股后的135606267股为基数，向全体股东每10股派发现金红利3元（含税），合计派发现金红利4073.6万元。

【采纳股份】 2023年5月10日，公司发布2022年度利润分配方案：以公司总股本94035122股为基数，向全体股东每10股派发现金股利4.5元（含税），共计派发现金股利4231.58万元，以资本公积金向全体股东每10股转增3股。

【标榜股份】 2023年5月11日，公司发布2022年度利润分配方案：以公司总股本9000万股为基数，向全体股东每10股派发现金股利6元（含税），共计派发现金股利5400万元，以资本公积金向全体股东每10股转增3股，共计转增2700万股。

【科强股份】 2023年5月15日，公司董事会研究决定：公司不进行2022年度利润分配。10月31日，公司在上海市投资设立控股子公司上海科帏新材料有限公司，注册资本500万元，其中公司出资300万元，持有60%股权。

“新三板”挂牌企业动态

【概况】 2023年，“江阴板块”58个“新三板”挂牌企业借助全国中小企

江苏科强新材料股份有限公司外景　（市地方金融监管局提供）

业股份转让系统平台，规范公司治理，严格信息披露，助推产业发展。江阴市新昶虹电力科技股份有限公司、江苏润达光伏股份有限公司、无锡翔龙环球科技股份有限公司、江苏云峰科技股份有限公司、江阴硅普搪瓷股份有限公司、江苏宝得换热设备股份有限公司、江阴市晓达金属制品制造股份有限公司、江苏睿鸿网络技术股份有限公司8个公司向全体股东分配年度利润；江苏睿鸿网络技术股份有限公司通过非公开发行股份募集资金2160万元；2个公司（孚尔姆、ST舜阳）在全国中小企业股份转让系统终止挂牌。

【新昶虹】 2023年5月15日，公司发布《2022年度股东大会决议公告》，审议通过《2022年度董事会工作报告》《2022年度监事会工作报告》《2022年度财务报告》。7月5日，公司发布2022年度权益分派实施公告：以公司总股本11054万股为基数，向全体股东每10股送红股1.6股，每10股转增0.9股，每10股派0.6元现金。7月11日，公司与句容浩天电力有限公司、常州荣旭科技有限公司共同出资设立江苏盛发电力有限公司，注册资本1000万元，其中公司出资100万元，占注册资本的10%。9月12日，公司拟向安徽圣阳光伏电力开发有限公司现金出资500万元，用于认缴500万元注册资本。增资完成后，公司持有安徽圣阳光伏电力开发有限公司20%股权。

【标榜新材】 2023年5月19日，公司发布《2022年度股东大会决议公告》，审议通过《2022年度董事会工作报告》《2022年度监事会工作报告》《2022年度报告及摘要》《2022年度利润分配方案》：综合考虑2023年度生产经营对资金的需求，公司决定2022年度不进行利润分配，也不进行资本公积转增股本。

【海特股份】 2023年1月5日，公司被认定为江苏省"专精特新"中小企业。1月9日，公司拟出资设立全资子公司江苏瑞智针织品有限公司，注册资本1000万元。3月23日，公司拟在美国以境外直接投资方式设立全资子公司HAITEE GALAXY FASHION CORPORATION（海特星曜时尚有限公司），注册资本100万美元。5月19日，公司发布《2022年度股东大会决议公告》，审议通过《2022年度董事会工作报告》《2022年度监事会工作报告》《2022年度报告及摘要》《2022年度利润分配方案》：考虑公司经营情况，暂不进行利润分配。8月30日，公司拟在新加坡成立全资子公司HONOR OCEAN（SINGAPORE）PTE. LTD.，即荣洋（新加坡）有限公司，注册资本200万美元。

【万事兴】 2023年5月18日，公司发布《2022年度股东大会决议公告》，审议通过《2022年度董事会工作报告》《2022年度监事会工作报告》《2022年度报告及年报摘要》《关于公司2022年度利润分配预案》：公司决定2022年度不进行利润分配，也不进行资本公积金转增股本。

【孚尔姆】 2023年1月16日，公司全资子公司江苏孚尔姆智能装备有限公司投资设立江苏孚尔姆激光科技有限公司，注册资本3000万元。9月8日，公司收到全国中小企业股份转让系统有限公司出具的《关于终止江苏孚尔姆焊业股份有限公司股票挂牌的决定》。10月17日，公司股票终止挂牌。

【润达光伏】 2023年5月18日，公司发布《2022年度股东大会决议公告》，审议通过《2022年度董事会报告》《2022年度监事会报告》《2022年度报告及摘要》《2022年度权益分派方案》：拟以未分配利润向全体股东每10股派发现金红利1.5元（含税），共计派发现金红利915万元。5月24日，因该次权益分派基准日母公司财务报表中可供分配利润为－94491.1元，不符合《权益分派业务指南》的相关规定，公司决定终止权益分派。10月25日，公司拟设立全资子公司江苏润达光伏销售有限公司，注册资本1000万元。11月20日，公司发布2023年半年度权益分派实施公告：以公司股权登记日应分配股数5920万股为基数，向参与分配的股东每10股派发现金1.5元。

【万兴股份】 2023年5月12日，公司发布《2022年度股东大会决议公告》，审议通过《2022年度董事会报告》《2022年度监事会报告》《2022年度报告及年报摘要》《2022年度利润分配预案》：公司决定2022年度不进行利润分配，也不进行资本公积金转增股本。

【奥派装备】 2023年5月22日，公司发布《2022年度股东大会决议公告》，审议通过《2022年度董事会报告》《2022年度监事会报告》《2022年度报告及摘要》《2022年度利润分配方案》：为公司长远发展考虑，公司2022年度不进行利润分配。

【翔龙科技】 2023年4月27日，公司发布《2022年度股东大会决议公告》，审议通过《2022年度董事会报告》《2022年度监事会报告》《2022年度报告及摘要》《2022年度利润分配方案》:公司2022年度拟不进行现金分红和转增股本。7月17日,公司入选江苏省第五批专精特新"小巨人"企业。12月28日,公司发布2023年半年度权益分派实施公告:以公司总股本6100万股为基数,向全体股东每10股派5元现金。

【无锡协力】 2023年5月17日,公司发布《2022年度股东大会决议公告》,审议通过《2022年度董事会报告》《2022年度监事会报告》《2022年度报告及摘要》《2022年度利润分配方案》:根据公司实际情况,拟定2022年度不进行利润分配,不进行资本公积金转增股本。

【力博医药】 2023年5月11日,公司拟投资新设全资子公司力博医药生物技术股份(广东)有限公司,注册资本1000万元。5月19日,公司发布《2022年度股东大会决议公告》,审议通过《2022年度董事会报告》《2022年度监事会报告》《2022年度报告及摘要》《2022年度利润分配方案》:公司基于战略发展考虑,2022年度暂不进行利润分配。5月26日,公司拟投资新设全资子公司无锡麦森生物科技有限公司,注册资本500万元。8月22日,公司投资新设全资子公司江西力博医药生物技术有限公司,注册资本300万元。

【云峰科技】 2023年5月10日,公司发布《2022年度股东大会决议公告》,审议通过《2022年度董事会报告》《2022年度监事会报告》《2022年度报告及摘要》。6月15日,公司发布2022年度权益分派方案:以公司总股本4539万股为基数,向全体股东每10股派2元现金。

【硅普搪瓷】 2023年5月22日,公司发布《2022年度股东大会决议公告》,审议通过《2022年度董事会报告》《2022年度监事会报告》《2022年度报告及摘要》。7月4日,公司发布2022年度权益分派方案:以公司总股本3615万股为基数,向全体股东每10股派5元现金。

【宝得换热】 2023年4月21日,公司发布《2022年度股东大会决议公告》,审议通过《2022年度董事会报告》《2022年度监事会报告》《2022年度报告及摘要》。5月15日,公司发布2022年度权益分派方案:以公司总股本1794.8万股为基数,向全体股东每10股派0.84元现金。11月21日,公司发布股票定向发行说明书,拟以12.81元/股的价格定向发行股票不超过3122560股,预计募集资金总额不超过4000万元,用于补充流动资金和采购原材料及生产设备。11月30日,公司定向发行股票申请收到全国中小企业股份转让系统有限责任公司同意定向发行的函。

【四方游泳】 2023年5月10日,公司发布《2022年度股东大会决议公告》,审议通过《2022年度董事会报告》《2022年度监事会报告》《2022年度报告及摘要》。5月17日,公司拟与关联方周喜乐共同投资设立控股子公司江苏蓝朋友运动科技有限公司,注册资本1000万元,其中公司认缴出资500.1万元,占注册资本的50.01%。公司拟投资设立全资子公司江阴禾泽农业科技公司,注册资本不超过500万元。8月11日,公司拟与自然人陆兆兵共同投资设立控股子公司江阴瑞森特复合材料有限公司,注册资本100万元,公司认缴出资55万元,占注册资本的55%。

【晓达股份】 2023年5月22日,公司发布《2022年度股东大会决议公告》,审议通过《2022年度董事会报告》《2022年度监事会报告》《2022年度报告及摘要》。6月14日,公司发布2022年度权益分派方案:以公司总股本2850万股为基数,向全体股东每10股派1.58元现金。6月14日,何嘉勇辞去公司董事长职务。6月16日,公司选举俞国奇为董事长。11月23日,公司拟以自有资金不超过50万美元在新加坡设立境外全资子公司。

【睿鸿网络】 2023年1月20日,公司发布股票定向发行说明书,拟以24元/股的价格定向发行股票不超过90万股,预计募集资金总额不超过2160万元,用于补充流动资金。3月6日,公司定向发行股票认购完成,募集资金2160万元。5月12日,公司发布《2022年度股东大会决议公告》,审议通过《2022年度董事会报告》《2022年度监事会报告》《2022年度报告及摘要》。5月19日,公司发布2023年第二次股票定向发行说明书,拟以34元/股的价格定向发行股票不超过175万股,预计募集资金总额不超过5950万元,用于补充流动资金。是日,公司拟对外投资设立全资子公司广西睿鸿科技有限公司,注册资本2000万元。6月19日,公司发布2022年度权益分派方案:以公司总股本1177万股为基数,向全体股东每10股转增20股,每10股派4元现金。7月18日,公司全称拟由"江苏睿鸿网络技术股份有限公司"变更为"江苏睿鸿信息科技股份有限公司",公司证券简称和证券代码不变。

【德海股份】 2023年5月12日,公司发布《2022年度股东大会决议公告》,审议通过《2022年度董事会报告》《2022年度监事会报告》《2022年度报告及摘要》《2022年度利润分配方案》:公司2022年度不进行利润分配。6月29日,鞠建东通过协议转让方式持有公司95%的股份,为公司第一大股东、控股股东和实际控制人。7月10日,陈海度辞去董事长职务,陈丽洁辞去总经理职务。7月28日,过琳辞去公司财务负责人、董事会秘书职务,鞠建东担任公司董事长、总经理,顾成龙担任公司董事会秘书。8月11日,公司名称由"江苏海大纺织机械股份有限公司"变更为"江苏德海汽车科技股份有限公司",证券简称由"海大股份"变更为"德海股份",证券代码不变,公司注册地由"无锡市南丰工业配套园B区A12－13号"变更为"江阴市临港经济开发区滨江西路江阴临港科技工业园A1幢"。

募集资金使用

【概况】 2023年,"江阴板块"通过首发、再融资等方式从资本市场直接融资58.86亿元,借力资本市场,实现企业跨越式发展。

【慧居科技】 2023年7月10日,慧居科技股份有限公司在港交所主板上市,首发募集资金2.51亿元,主要用于供热调峰锅炉建设项目、一级输配管网建设项目及补充营运资金。

【科强股份】 2023年9月26日,江苏科强新材料股份有限公司在北交所上市,首发募集资金1.88亿元,主要用于高性能阻燃棚布和密封材料生产项目及厂区智能化升级改造项目。

【三房巷】 2023年1月12日,江苏三房巷聚材股份有限公司公开发行可转换公司债券,募集资金25亿元,用于江阴兴佳新材料有限公司年产150万吨绿色包装新材料项目和江苏兴业塑化有限公司年产150万吨绿色多功能瓶片项目。

【绿色经济】 2023年2月23日,绿色经济发展有限公司非公开发行股份募集资金0.2亿元,用于偿还未偿还债务及利息。

【睿鸿网络】 2023年3月7日,江苏睿鸿网络技术股份有限公司非公开发行股份募集资金0.22亿元,用于补充公司流动资金。

【双良节能】 2023年8月8日,双良节能系统股份有限公司公开发行可转换公司债券,募集资金26亿元,用于40吉瓦单晶硅二期项目(20吉瓦)以及补充流动资金。

【长龄液压】 2023年9月26日,江苏长龄液压股份有限公司非公开发行股份募集资金2.06亿元,用于收购江阴尚驰机械设备有限公司70%股权。

【广信材料】 2023年11月16日,江苏广信感光新材料股份有限公司非公开发行股份募集资金1亿元,用于年产5万吨电子感光材料及配套材料项目以及偿还银行借款。

经营业绩

【概况】 2023年,江阴市A股上市公司总资产4478.11亿元,比2022年增加356.21亿元;总股本323.38亿股;实现营业收入1701.46亿元,比2022年增长3.43%;实现净利润96.44亿元,比2022年下降23.74%;年终市值2618.51亿元,比2022年增长68.81亿元。17个上市公司净利润高于2022年。江苏阳光、三房巷、四环生物、法尔胜、百川股份、华宏科技、宝利国际、恒润股份、怡达股份、ST工智10个公司亏损。

2023年"江阴板块"国内上市公司业绩汇总一览表

表15

代码	公司名称	每股收益(元)	每股净资产(元)	净资产收益率(%)	每股现金净流量(元)	营业收入(万元)	净利润(万元)	总资产(万元)	净资产(万元)	负债率(%)	总股本(万股)	流通股(万股)	市值(亿元)
000518	四环生物	-0.07	0.47	-14.49	-0.01	23541.90	-8041.49	66097.50	51278.05	22.42	102955.62	102953.57	34.18
000584	ST工智	-0.53	0.71	-50.86	0.07	218785.54	-40478.67	410516.79	54885.49	86.63	76093.76	75898.74	29.90
000700	模塑科技	0.49	3.78	13.95	-0.20	872154.30	45347.70	938024.91	348298.67	62.87	91801.54	91801.54	64.26
000890	法尔胜	0.03	0.07	40.48	-0.05	44593.05	-6187.03	154506.86	14307.16	90.74	41950.40	41949.10	22.78
000936	华西股份	0.08	5.77	1.42	0.10	285814.67	7239.31	645660.28	511569.81	20.77	88601.29	88579.09	71.77
002015	协鑫能科	0.56	6.76	8.53	-0.46	1014369.36	96247.86	3189310.19	1286566.83	59.66	162332.46	162332.46	200.97
002445	中南文化	0.05	0.90	6.30	-0.05	72103.37	12920.63	264742.12	219635.63	17.04	239166.83	238144.18	56.68
002455	百川股份	-0.79	2.77	-22.02	-0.37	411249.06	-57013.85	1144114.91	238437.14	79.16	59317.13	49778.00	44.01
300135	宝利国际	-0.05	1.04	-4.58	-0.04	214598.83	-4839.38	229358.61	93358.42	59.30	92160.00	92160.00	29.95
600078	ST澄星	-0.09	2.80	-3.17	0.10	310096.81	3053.83	553098.15	229043.92	58.59	66257.29	66257.29	55.85
600220	江苏阳光	-0.06	1.10	-4.85	-0.06	171701.51	-9583.18	406086.85	207250.78	48.96	178334.03	178334.03	35.49
600370	三房巷	-0.07	1.51	-4.22	0.04	2347929.15	-27496.04	1609316.69	629677.04	60.87	389634.50	389634.50	94.29
600398	海澜之家	0.68	3.56	19.26	0.29	2152754.91	291843.53	3371284.18	1603767.42	52.43	438100.39	438100.39	320.53
600481	双良节能	0.80	3.69	21.60	0.24	2314926.93	160314.34	3009066.15	708711.76	76.45	187066.13	187066.13	158.26
600584	长电科技	0.82	14.57	5.80	2.72	2966096.09	147024.47	4257947.18	2615117.43	38.58	178882.80	178882.80	534.08
601199	江南水务	0.35	3.98	8.96	-0.02	136401.41	32338.69	609631.42	372668.86	38.87	93521.03	93521.03	46.39
601218	吉鑫科技	0.14	2.97	4.60	-0.40	138974.67	13123.24	373908.08	290217.02	22.38	97709.59	97600.32	39.08

续表 15

代码	公司名称	每股收益（元）	每股净资产（元）	净资产收益率（%）	每股现金净流量（元）	营业收入（万元）	净利润（万元）	总资产（万元）	净资产（万元）	负债率（%）	总股本（万股）	流通股（万股）	市值（亿元）
002645	华宏科技	-0.28	6.19	-4.12	0.17	688087.50	-19351.03	612667.51	376490.91	38.55	58152.12	53905.54	65.71
300320	海达股份	0.23	3.64	6.36	-0.04	273513.30	13900.19	359913.56	222376.25	38.21	60123.42	49009.08	46.78
300537	广信材料	0.04	3.88	0.96	0.28	50993.67	882.56	126444.10	78157.99	38.19	20012.17	13658.92	39.26
002807	江阴银行	0.87	7.10	12.56	-0.09	386495.60	201994.60	18602957.90	1607596.30	91.36	217206.89	217047.45	77.11
300563	神宇股份	0.28	5.79	5.05	0.44	75500.81	5044.65	128425.22	105170.67	18.11	17819.25	12279.64	28.49
603585	苏利股份	0.11	13.12	0.79	-3.39	195820.85	1419.30	568816.79	320688.10	43.62	18000.21	18000.21	25.76
603078	江化微	0.27	4.24	6.43	-0.41	102990.80	6715.99	270739.23	187518.26	30.74	38563.72	33119.31	61.78
603985	恒润股份	-0.08	7.59	-1.04	-0.87	184869.23	-3599.12	494762.56	334957.34	32.30	44085.80	44085.80	109.55
300697	电工合金	0.41	3.17	13.33	0.00	239242.23	13658.95	156049.29	105821.14	32.19	33280.00	25480.00	43.00
603507	振江股份	1.29	16.98	7.90	1.69	384162.25	20389.08	636110.47	250189.75	60.67	14203.09	14203.09	36.80
300721	怡达股份	-0.24	7.41	-2.85	-0.69	181411.86	-5266.47	263659.01	125177.07	52.52	16484.67	13716.09	24.61
002998	优彩资源	0.42	4.95	8.22	-1.21	244592.74	13704.07	246062.77	170173.78	30.84	32640.26	24447.40	25.95
605298	必得科技	0.21	6.82	3.13	-0.48	34819.44	3024.08	126523.22	98613.84	22.06	14450.00	4290.00	22.53
605389	长龄液压	0.73	14.65	5.14	0.87	80631.43	10644.88	252408.40	216392.90	14.27	14408.71	3406.68	38.56
301093	华兰股份	0.88	18.31	4.81	2.02	62292.31	11792.79	271157.34	248617.31	8.31	13578.67	9668.88	43.86
301122	采纳股份	0.92	14.78	6.35	-1.45	41047.06	11256.41	192909.60	180659.16	6.35	12224.57	4424.57	41.39
301181	标榜股份	1.27	12.03	10.94	-1.15	57095.16	14879.20	158839.86	140739.14	11.40	11700.00	3900.00	33.03
873665	科强股份	0.70	5.23	13.44	1.19	34964.94	7506.38	79964.96	68658.93	14.14	12999.00	3299.32	15.86
合计						17014622.74	964410.46	44781082.66	14312790.25		3233817.33	3120935.12	2618.51
平均		0.30	6.07	3.55	-0.04	486132.08	27554.58	1279459.50	408936.86	68.04	92394.78	89169.57	74.81

上市（挂牌）后备企业动态

【概况】 2023 年，江阴市对全市上市（挂牌）后备企业继续进行滚动调整，严格筛选审核后备企业名录，挖掘培育发展潜力大、效益高、后劲足的优质企业，优化后备企业资源库，不断做优做强后备企业集群。江苏安凯特科技股份有限公司、江苏耀坤液压股份有限公司、技源集团股份有限公司、江阴华新精密科技股份有限公司 4 个企业平移至交易所受理；升辉新材料股份有限公司、江苏风和医疗器材股份有限公司 2 个企业向交易所申报上市材料；无锡佰翱得生物科学股份有限公司、盛合晶微半导体（江阴）有限公司、江阴市惠尔信精密装备股份有限公司 3 个企业向江苏证监局申报辅导；无锡佰翱得生物科学股份有限公司 1 个企业完成上市股改工作。

【安凯特】 2023 年 2 月 22 日，江苏安凯特科技股份有限公司上市材料平移至上交所主板。

【耀坤液压】 2023 年 3 月 2 日，江苏耀坤液压股份有限公司上市材料平移至深交所主板。

【技源集团】 2023 年 3 月 3 日，技源集团股份有限公司上市材料平移至上交所主板。

【华新精密】 2023 年 3 月 3 日，江阴华新精密科技股份有限公司上市材料平移至上交所主板。

【升辉新材料】 2023 年 6 月 30 日，升辉新材料股份有限公司向上交所主板申报上市材料。

【风和医疗】 2023 年 6 月 30 日，江苏风和医疗器材股份有限公司向上交所科创板申报上市材料。

【佰翱得】 无锡佰翱得生物科学股份有限公司向中国证监会江苏监管局申报辅导备案，江苏证监局确认辅导备案日为 2023 年 4 月 3 日。

【盛合晶微】 盛合晶微半导体（江阴）有限公司向中国证监会江苏监管局申报辅导备案，江苏证监局确认辅导备案日为 2023 年 6 月 28 日。

【惠尔信】 江阴市惠尔信精密装备股份有限公司向中国证监会江苏监

管局申报辅导备案,江苏证监局确认辅导备案日为2023年12月29日。

政府服务

【概况】 2023年,江阴市高度重视企业上市挂牌工作,从各方面为企业上市提供“一站式”服务。举办“江阴板块”资本学堂走进深圳活动、深交所企业上市专题座谈会、北交所上市推进活动;做好企业上市挂牌奖励政策兑现工作,调动企业上市挂牌积极性。是年,新增上市公司2个,上市挂牌公司通过首发、定向增发等方式从资本市场直接融资58.86亿元。

【“江阴板块”资本学堂走进深圳】 2023年5月21—26日,江阴市地方金融监督管理局会同华泰联合证券在深圳资本市场学院举办“江阴板块”企业负责人资本专题培训活动。江阴市委常委、常务副市长王琪,深圳资本市场学院副院长张韶辉,江阴市委组织部公务员局副局长吴剑峰,江阴市地方金融监督管理局党组书记、局长胡光远,华泰联合证券江苏区域负责人陈石等人出席开班仪式,王琪作开班动员讲话,张韶辉和陈石致辞。江阴市有关部门、上市公司协会、部分上市企业负责人40余人参加培训会。会议由资本市场学院王珏主持,依托深圳资本市场学院,邀请华泰证券研究所副所长兼总量研究负责人张继强、毅达资本投资总监孙吉川、华夏基石创始合伙人董智波、毕马威中国风险管理咨询总监高原、招商蛇口顾问刘宁等知名金融机构及上市公司高管进行线下授课。该期培训共5堂课程,包括变局下的经济与市场的专题教学、注册制背景下企业发展的战略选择、新时代新经济下的投资并购策略研讨、上市企业风险内控进阶宝典以及上市公司资本运作助力产业发展等方面内容;统筹考虑江阴企业发展需求、授课师资专业权威等因素,实现师资高端、精准对口、内容实用,对加快“江阴板块”高质量发展、推进企业创新升级,提升江阴企业家、核心高管创新意识与发展能力具有积极意义。

【深交所企业上市专题座谈会】 2023年8月10日,江阴市地方金融监管局组织举办“深交所 促提升 谋发展”深交所企业上市座谈会,深交所上海中心江苏区域主任黄丽娜、副主任黄积严,江阴市地方金融监管局副局长谈海燕,江阴市上市公司协会常务会长、执行会长王利峰以及江阴市相关上市后备企业参加会议。黄丽娜、黄积严与企业相关负责人深入交流,详细了解企业发展历程、经营情况、行业趋势、上市进展等情况,并结合当前资本市场最新形势以及深交所上市审核关键点,帮助与会企业谋划上市路径,为企业上市工作提出切实有效的建议。

【北交所上市推进活动】 2023年9月26日,江阴市第一个北交所上市企业科强股份登陆资本市场。是日,为在全市营造争上市、抢上市、能上市的北交所上市氛围,江阴市地方金融监督管理局举办北交所上市推进活动,市科技局、工业和信息化局负责人,江苏科强新材料股份有限公司、江阴上市公司协会和证券机构、60余个重点后备企业、“专精特新”企业代表参加活动。江阴市委常委、常务副市长王琪出席活动并讲话。活动针对北交所发布首批八项改革创新举措相关问题,邀请北交所华东区域副首席代表、江苏基地负责人金艳蓉做新政讲解,从改革出台背景、改革基本情况及市场制度特色进行全方位内容介绍及政策解读。

【奖励政策兑现】 2023年,江阴市为进一步调动企业首发上市及“新三板”挂牌积极性,推动上市挂牌公司做优做强,按照《关于全力重塑“江阴板块”新优势的若干政策意见》《关于进一步促进“江阴板块”高质量发展的若干政策措施》文件精神,根据镇(街道)、园区审核申报,开展全市上市挂牌公司奖励政策兑现工作,兑现3039.22万元。通过兑现政策,大幅度降低企业上市挂牌成本,进一步调动企业登陆资本市场积极性。 (黄佳婧)

■类目编辑 徐文辉

综 述

【概况】 2023年,江阴市住房和城乡建设部门健全完善诚信体系,加强监管力量配置和管理执法能力。规范企业主体责任,建立工程综合督查制度,完成"智慧住建"平台二期建设,实现工程施工智能化监管,加大原材料管理,开展工程质量治理行动和安全专项整治,强化工程质量通病防治和原材料、混凝土质量管理,规范既有建筑改造装饰装修、小型建设工程和零星作业,加强综合执法,实现在监项目226项,建筑面积1078.39万平方米。深化建筑工地扬尘管控治理,严把建设工程消防设计审查验收。全年新建民用建筑100%执行绿色建筑设计标准,总建筑面积270.87万平方米,新增绿色建筑270.87万平方米。加强建筑业企业资质管理,全年完成60个企业资质申报,其中建筑业企业58个,监理企业2个。

【建筑工程勘察设计】 2023年,江阴市住房和城乡建设部门完成深基坑支护设计方案审查58项,新建民用建筑100%执行绿色建筑设计标准,总建筑面积270.87万平方米;新开工装配式建筑48.38万平方米,竣工成品住房面积134.85万平方米,海绵城市建成区面积55.84平方千米。

建筑施工

【概况】 2023年,江阴市住房和城乡建设部门坚持问题导向,着眼源头治理,狠抓改革创新,奋力构建全过程、全方位、全覆盖建设工程质量安全监管体系,大幅提升建设工程品质。是年,市住房和城乡建设部门新增监督项目175项,比2022年下降57.3%;建筑面积250.38万平方米,比2022年下降45.5%。新增提前介入项目65项,建筑面积193.38万平方米;拥有在监项目369项(单体1924个),建筑面积1592.84万平方米,比2022年下降5.79%;竣工验收项目145项(单位工程379项),建筑面积531.32万平方米,比2022年增长2.5%;新增绿色建筑面积270.87万平方米。实施房屋安全鉴定85户,出具鉴定报告26份,意见书21份。年内,获江苏省"扬子杯"优质工程1项、无锡市"太湖杯"优质工程17项、获评江苏省建筑施工标准化星级工地15个,无锡市建设工程质量安全管理云观摩工地1个。

2022—2023年江阴市建筑创优工程一览表

表16

奖项	工程名称	施工单位	参建、监理单位
江苏省"扬子杯"优质工程	江阴市医疗中心(江阴市人民医院东院)——门急诊大楼	江阴建工集团有限公司	五洲工程顾问集团有限公司(监理)
无锡市"太湖杯"优质工程	毗陵路小学新建项目	江阴市新德建设工程有限公司	江苏鸿成工程项目管理有限公司(监理)
	智慧移动建筑的生产制造(厂房、综合楼)项目	江苏南通六建建设集团有限公司	江苏丰华建筑系统集成有限公司(参建)
	新建年产300万吨MT土壤改良剂项目	中国能源建设集团江苏省电力建设第一工程有限公司	江苏中源工程管理股份有限公司(监理)
	江阴法院诉讼服务中心和执行指挥中心业务用房项目	江阴市凯立得建设工程有限公司	江苏澄宁项目管理咨询有限公司(监理)

续表16

奖项	工程名称	施工单位	参建、监理单位
无锡市“太湖杯”优质工程	澄地2018-C-37号A区地块商品房开发项目(6号)	江阴建工集团有限公司	江苏鸿成工程项目管理有限公司(监理)
	澄地2019-C-7地块商品房开发项目(17号楼)	上海家树建设集团有限公司	
	澄地2018-C-37号A区地块商品房开发项目(4号)	江阴建工集团有限公司	江苏鸿成工程项目管理有限公司(监理)
	澄地2019-C-7地块商品房开发项目(18号楼)	上海家树建设集团有限公司	
	澄地2019-C-19号地块商品房开发项目(15号楼)	江阴建工集团有限公司	江苏新东方工程管理咨询有限公司(监理)
	澄地2018-C-23(A、B)地块江阴南门商业街区建设项目(B地块1~6号楼)	江阴市新德建设工程有限公司	江苏外建工程管理有限公司(监理)
	商品房项目(C地块一期)(3号楼)	广东腾越建筑工程有限公司	
	电子车牌读卡器一期项目	江苏新得利建设有限公司	
	澄地2018-C-37号A区地块商品房开发项目(5号)	江阴建工集团有限公司	江苏鸿成工程项目管理有限公司(监理)
	秦望山产业园区道路建设工程(纵一路)	江阴市市政建设工程有限公司	
	秦望山产业园区道路建设工程(纵二路)	江阴市市政建设工程有限公司	
	秦望山产业园区道路建设工程(横一路)	江阴市澄祥鑫建设有限公司	
	朝阳路道路工程(环山大道北段—礼敬寺路)	江阴新城建设工程有限公司	

【施工安全监管】 2023年,江阴市住房和城乡建设部门完善工程监管机制,督促企业落实企业主体责任,确保全市建设工程安全生产。压实企业主体责任,与施工、监理企业签订安全生产工作告知承诺书670份。落实建设工程施工现场自查问题周报制度,督促建设、施工和监理单位开展施工现场质量、安全和文明施工自查自纠,全方位落实整改报送等各类问题,周报报送47期,整改施工现场问题约4.5万个。突出重要节点,开展节后复工及“两会”*期间专项检查,重点就备案人员到岗履职和人员安全培训等方面进行专项整治。累计检查在建工地335个次,签发整改通知书158份,信用扣分36份,对3个单位进行处罚。突出重点部位(环节),出台《江阴市建筑施工安全集中整治专项行动实施方案》《全市建设工程安全隐患大排查工作方案》,集中开展危险性较大的分部分项工程、建筑施工机械、建筑施工预防高处坠落、高空坠物安全和建筑施工消防安全隐患专项检查,组建4个专班开展百日攻坚安全大检查。全年开展安全巡查抽查1838个次,开具安全隐患整改通知书1148份,局部停工整改通知书28份,发现安全隐患3703处,整改3703处,整改率100%。在扬尘防治方面检查工地1956个次,开具停工整改意见书5份,对5项项目实施行政处罚。

【工程质量监管】 2023年,江阴市住房和城乡建设部门狠抓关键要素,确保全市建设工程质量。专项整治,采用监督科室巡查和督查组抽查形式对全市32项装配式建筑项目进行专项治理;开展预拌混凝土企业技术档案和原材料专项检查,对全市预拌混凝土企业质量控制资料进行统一模板要求;加强对各企业原材料质量的监管,对混凝土企业用特细砂进行全覆盖抽检;突出工程质量通病防治和原材料、混凝土质量管理,抽测工地现场钢筋、棒钢、外墙涂料、排水管等。开展全市混凝土质量管控和检验培训,联合9个混凝土企业,对151项在建项目、139个施工单位、106个监理单位的343名人员,进行混凝土生产、交货验收和混凝土试块制作等环节的专题培训。组织28个参建单位参加江苏省工程资料管理要点专项培训,建筑工程质量常见问题检查防治要点、防水工程细部节点技术应用培训等。组织全市20个混凝土生产企业参加2023年无锡市“住建工匠”职业技能竞赛,“江达杯”自密实混凝土比赛。不定期集中发布工程项目内部培训资料，提升项目管理人员和施工班组整体水平。着眼重点环节，强化检测环节管理，完善检测机构收样和重要试验场所视频监控设施联网，保证检测活动全过程可追溯；督促检测机构在收样环节对试样和人员进行比对核实；督促落实外检活动见证检测程序。加强见证取样送检环节管理，增加监督检查频次，细化封样标识匹配性抽查。加强检测全流程信息化管理，调研、部署、试运行检测监督管理软件平台，实现在线监管。全年开展质量巡查抽查669个次，开具质量监督抽查整改通知书248份，局部停工整改通知书3份，信用扣分5份。

2023年7月25日，市住建局建设工程管理服务中心开展2023年江阴市第一期装配式建筑质量安全管理培训 （市住建局提供）

建筑市场管理

【概况】 2023年，江阴市住房和城乡建设部门以城乡环境综合整治为抓手，建立企业建筑工地施工扬尘治理管理体系，完善主管部门施工扬尘防治监管体系，遏制建筑工地施工扬尘对大气污染的影响。强化建筑市场质量安全监管，健全建筑企业信用管理体系，规范建筑市场行为。全年行政处罚案件158件（含2022年结转），发出处罚决定书138份，收缴罚款370余万元。与市生态环境部门共同出台《江阴市施工工地扬尘污染防治精准管控要求》，与建筑施工企业签订建筑施工扬尘管控责任状，开展扬尘防治检查1950余次，开具整改单135份，处罚金额13万元。公布建筑工地扬尘污染防治攻坚“红黑榜”7期。办理消防审验项目307项，备案抽查项目160项。年内，开展信用考评3次，189个企业纳入考评对象，受理信用修复案件88件。

【规范建筑市场】 2023年，江阴市住房和城乡建设部门立足资质审核、信用管理、农民工工资支付等重要抓手，规范建筑市场行为。完善资质申报受理和初审流程，审核企业资质申报材料，组织召开资质申报专家评审会，狠抓企业资质初审关，累计完成资质申报企业60个，其中建筑业企业58个、勘察设计企业2个。抓好建筑业企业信用管理，严查建设工程发包与承包行为、建设领域挂证行为、现场实名制管理，对累计扣分超过一定分值的企业实施重点审查、重点监管、强制培训等信用惩戒。开展建筑市场行为专项检查2次，公布实名制管理检查通报8份，检查实名制台账360份，发出整改通知单92份、扣分通知单12份，行政处罚3件。抓好农民工工资支付管理，组织对全市房地产开发项目建设单位、施工单位进行实名制管理培训；联合市人力资源和社会保障相关部门推广农民工工资“月结月清”制度；实行实名制考勤系统。全市安装实名制考勤系统工程项目180项。实行银行代发工资制度，设立专用账户180个，累计银行代发工资10.66亿元。解决农民工欠薪矛盾，全年调查处理较为严重的农民工上访讨薪事件7件，解决欠薪事件1698件。处理国务院“互联网+督查”平台事件582件，回复市12345政务服务便民热线*督办986件。

【工程建设监管】 2023年，江阴市住房和城乡建设局围绕住建执法中心工作，规范程序、严格执法，持续深入做好执法查处工作，为职能部门日常监管提供有力保障。依据《中华人民共和国行政处罚法》《住房和城乡建设行政处罚程序规定》等法律法规，制定《江阴市住房和城乡建设局行政处罚案件审理委员会工作规则》，完善未整改案件和结案条件，发布涉企从轻处罚、免于处罚清单。组织骨干人员，赴扬州市、常州市住建执法支队学习交流。组织旁听江苏省住房和城乡建设厅组织的全省住房和城乡建设系统暨城市管理行政执法科级以上干部培训班。邀请江苏漫修律师事务所的法律专家开展案件查办疑难问题专项辅导。组织普法宣传贯彻队伍进镇（街道）、执法部门、企业一线、社区、校园。是年，市住建执法部门加强交流合作，强化源头管理，规范案件移送，全年办理行政处罚案件158件（含2022年结转），其中文明施工类12件、施工安全类34件、施工质量类31件、消防类49件、房产市场类6件、勘察设计类3件、民工工资类4件、招投标类18件、违法分包类1件，发出行政处罚决定书138份。全年结案145件，罚款370余万元（含2022年发处罚决定书，2023年交款）。

【建筑工地施工扬尘专项治理】 2023年，江阴市住房和城乡建设部门进一步明确建筑工地扬尘治理工作要求，加强事前精准管控，严格落实建筑工地扬尘治理“566”（“5个严禁”指严禁施工车辆带泥上路，严禁高空抛物，严禁现场搅拌混凝土和砂浆，严禁易扬物料露天放置，严禁土方裸露堆放；“6个不开工”指审批手续不全不开工、围挡不符合要求不开工、地面硬化不达标不开工、冲洗排放设备不到位不开工、保洁人员不到位不开工、不签订市容环境卫生责任书不开工;"6 个 100%"指施工现场围挡率、进出道路硬化率、工地物料覆盖率、场地洒水清扫保洁率、密闭运输率、出入车辆清洗率均达到 100%)要求,做好开工前扬尘防治交底工作,确保开工前对工地扬尘管控做到要求明,措施实;要求做到扬尘污染防治常态化管控。是年,市住房和城乡建设局加强组织管理,建立市建设工程文明施工联席会议制度;加强智慧工地平台建设,出台《关于进一步推进全市智慧工地建设和管理工作的通知》,对智慧工地按基础版、提升版要求,完善政府类投资项目、创优类项目实现车辆冲洗抓拍、手机 App 在线监测、现场安全隐患排查等扩展功能,实现智慧工地迭代升级。抓好专项整治,6 月 15 日至 9 月 10 日,就全市重点区域扬尘污染防治开展百日攻坚行动;10 月 20 日至 12 月 31 日,开展全市建筑工地精管善治专项行动;同时对东翎府、华东师大江阴实验学校、高铁枢纽等重点大型工地和基础土方开挖工地,以蹲点检查等方式开展专项抽查。全年通过现场实地巡检、督查和智慧工地平台线上巡查、检索全市各类工地文明施工扬尘管控工地 1956 个次,发现问题 383 个,立行立改 310 个,开具书面整改单 135 份,信用扣分 12 份,移送并立案处罚 8 件,处罚金额 13 万元,发布扬尘污染防治"红黑榜"7 期。

【建设工程消防验收】 2023 年,江阴市住房和城乡建设局全年办理消防审验项目 307 项,备案抽查项目 160 项。与市自然资源和规划局联合下发《既有建筑改变使用功能规划住建联合审查办法》,创新通过"正负面清单"形式指导既有建筑改变功能的消防手续办理事宜。按照"尊重历史、合理利用"原则,联合有关部门共同制定《江阴市既有建筑补办消防验收(备案)手续实施细则》。通过施工图技术审查、消防安全评估、房屋结构安全鉴定等方式提升单位消防本质安全水平,同时通过结果应用、部门联动畅通历史遗留项目的办证路径,先后组织对 16 个企业开展消防验收补办工作。持续优化消防审验工作流程,在无锡市内率先开展消防关键节点验收工作。组织建设各方结合"主体结构完工""建筑节能及保温施工""装修及设施设备安装"等关键节点开展前置验收,引导建设主体做到"施工过程即同步验收过程"。公开公示现场评定抽查项目及检查方式,明确区分关键项目、主要项目和一般项目,消防验收"闭卷"考试改为"开卷",对企业早交底、早指导、早检查,切实保证消防施工质量。组织对 96 个企业开展施工过程服务。

【建筑企业信用管理】 2023 年,依据江阴市住房和城乡建设局《关于进一步调整江阴市建筑业企业信用综合评价工作的通知》规定要求,江阴市住房和城乡建设局全年开展 3 次信用分季度更新工作,累计有 172 个建筑业企业参与季度更新。其中,35 个企业获绿色信用标识,13 个企业获蓝色信用标识,20 个企业获黄色信用标识。年内,对全市新设立企业和非江阴市企业初始信用分进行申报审核及进行推送工作,全年审核申请信息 133 条。组织开展失信企业信用修复工作,在送达行政处罚决定书的同时附送信用修复提醒函,告知失信企业信用修复办理方法和流程,依托无锡市公共信用信息服务平台,对满足修复条件的失信行为进行线上修复,全年受理信用修复件数 81 件。

【城建档案管理】 2023 年,江阴市住房和城乡建设档案管理部门接收项目 128 项,单体工程 602 个,面积超 546 万平方米;签订报送承诺书 132 份、档案验收意见书 131 份;出具接收凭证 128 份;推进联合限时验收事项,对接全省统一的工程建设项目审批和管理平台,完成项目审核 120 项;排架入库 26614 卷案卷。年末,馆藏档案达 247750 卷,卷内目录达 827145 条。全年完成新接收项目扫描挂接 9214 卷,电子数据量达 775.64G,馆藏档案数字化扫描图纸档案 1035 张,文书档案 753408 张。全年接待查借阅档案人员 708 人次,调阅档案 9950 卷次。

(李星儿)

■类目编辑　周梦姣

房地产业

房地产市场监管

【概况】 2023年，江阴市住房和城乡建设局继续做好企业服务，加强房产开发全过程监管，严格落实商品房交付使用竣工验收、预销售审批等相关要求，做好商品住房价格备案管理，严厉打击违法违规开发销售行为，健全完善相关政策。是年，全市新建商品房成交102.2万平方米，比2022年下降19.9%；成交8263套，比2022年下降17.8%；成交金额139.93亿元，比2022年下降11.94%。全市二手房成交126.56万平方米，比2022年增长10.88%；成交10723套，比2022年增长6.73%；成交金额100.43亿元，比2022年增长20.75%。

【商品房预销售审批】 2023年，江阴市住房和城乡建设局办理商品房预售项目38项，现售备案9项；完成商品房交付使用竣工验收项目38项，交付面积344.2万平方米；公布2022年度房地产开发企业信用综合考评结果，强化企业信用体系建设；制定下发《关于做好我市住宅、楼宇地名命名更名管理工作的通知》，办理以楼盘命名项目2项。

【房地产市场销售管理】 2023年，江阴市住房和城乡建设局严格贯彻落实保交楼、保民生、保稳定“三保”要求，会同市经济社会重点领域安全稳定风险排查化解工作领导小组综合办公室制定下发《全市房地产领域涉稳风险专项治理工作方案》等文件，成立全市房地产领域涉稳风险专项治理工作领导小组，由市政府分管领导担任组长，政府办分管副主任、市住建局主要负责人担任副组长，市相关部门分管负责人为成员，在市住建局设立领导小组办公室，下设12个工作专班，强化工作统筹和风险治理。各板块参照市级模式，对应建立组织领导体系，全力推动风险排查化解工作，化解澄江街道瑞澄名筑、顾山镇瑞名雅苑、周庄镇蔚蓝璟苑、新桥镇星光苑、云亭街道敔光雅苑北区、华士镇帝景花园、夏港街道云栖雅苑、云麓花园等问题楼盘的矛盾风险，并交付。持续加强预售资金监管，出台《关于积极应对疫情影响做好商品房交付工作的通知》，实施江阴市促进房地产市场平稳健康发展“十二条”暖市政策，分级分类释放部分监管资金用于保交楼建设，全年累计拨付监管资金100.42亿元，其中拨付纾困资金44.97亿元，保障项目开发建设。组织召开房地产经纪机构备案工作专题会议，完成培训考核2批次、391人次，实现中介机构备案122个。应对关于群众反映房地产销售过程中的问题，全年处理12345政务服务便民热线"中涉及房产销售问题2534个，信访件160件。进一步加强房地产市场监测，优化江阴市房地产市场监测和预警报告。对监管项目按照工程进度、款项支付、销售动态、资金监管、融资信用、负面舆情、项目运营七大监测指标逐一监测分析，根据监测指标评分将监管项目分为“绿、蓝、黄、红”四大类，及时预警，供相关部门决策参考。落实《江阴市商品房预售资金监管办法》《江阴市商品房预售资金监管操作规程》《关于促进江阴房地产市场平稳健康发展的若干措施》《关于进一步加强商品房预售资金监管的通知》等文件，加强在全市商品房预售资金全过程监管，确保定金、首付款以及按揭贷款监管渠道。

【群租房整治】 2023年，江阴市住房和城乡建设局常态化开展房地产市场秩序整治，管好用好群众商品房预售资金；加大销售现场标准化建设检查督查，严厉打击违规销售行为；深入开展房地产市场秩序整治，对江阴澄晟置业有限公司、江阴卓晟置业有限公司、江阴威新合房地产开发有限公司，江阴市万城置业有限公司4个房地产开发企业违规使用商品房预售款项行为进行专项处罚，合计罚款11万元，并责令整改到位。指导房地产经纪机构协会做好人员培训考核和机构备案管理，进一步规范房产交易经纪行为。综合运用微信公众号、510房产网、江阴市房地产业协会等平台加强市场进行正面宣传，正确引导舆论，及时组织开展房地产相关政策宣传贯彻解读，为市场规范运行营造良好舆论环境；契合市场需求，指导督促开发商加快市场热销高品质住房入市；优化二手房带抵押过户办理流程，提升安全性、便捷性、普惠性，将二手房带抵押过户业务办理从中国建设银行江阴支行、中国农业银行江阴分行等银行进行扩面，公积金带抵押过户业务落地，进一步促进二手房市场活跃,推动房地产市场可持续性发展。

房屋征收

【概况】 2023 年,江阴市政府房屋征收办公室根据市委、市政府部署,做好全市房屋征收拆迁补偿安置指导、协调及相关管理工作,全市房屋征收拆迁和安置房建设平稳推进、规范实施。全年全市征收拆迁完成 346.1 万平方米,其中主城区完成 74.91 万平方米;完成无锡市房屋征收攻坚拔点项目 51 项;新启动安置房建设 120 万平方米,建成 35 万平方米;安置在外过渡被拆迁户 2100 户,其中城区安置在外过渡被拆迁户 360 户。

【征收拆迁安置】 2023 年,江阴市政府房屋征收办公室持续制订完善相关政策。以市住房和城乡建设局名义会同市法院、检察院、司法局联合出台《关于开展国有土地上房屋征收补偿安置协议司法确认工作的实施办法(试行)》,在江苏省开创先河,该项工作于多项征收项目中推行实施;在深入调研的基础上,修订完善江阴市非住宅营业用房的评估政策,将非住宅营业用房评估标准调整为不低于按照非住宅非营业用房评估价格;研究制定《江阴市市区征收住宅房屋房票安置实施方案(试行)》,并于 2 月 15 日起正式施行;制定《关于进一步规范我市房屋征收工作的通知》并下发至各板块及相关部门,进一步强化征收工作属地负责制,规范房屋征收补偿、安置实施行为;会同澄江街道、市土地储备中心研究制定《江阴市市区存量安置房跨区域安置实施方案》,为市区存量安置房和在外过渡户双下降工作开展提供政策保障。

【司法保障及信访】 2023 年,江阴市政府房屋征收办公室优化国有土地上房屋征收司法强制流程,在每个流程节点上均对征收实施单位提出具体工作要求,提高程序性资料的规范性,进一步规范司法强制流程。制作发放国有土地上房屋分户补偿方案告知书 38 份,协助市政府作出国有土地上房屋征收补偿决定 14 份、集体土地责交令 8 份。处理行政诉讼案件 27 件,行政复议案件 1 件,政府信息公开案件 18 件。通过司法强制案件依法办理执行,有力推动房屋征收拆迁工作。接待来访群众、解决矛盾纠纷。妥善处理国家、江苏省、无锡市交办的信访事项,指导配合属地化解信访积案。

住房保障与管理

【概况】 2023 年,江阴市住房和城乡建设局贯彻落实上级决策部署,推进保障性安居工程建设,发展保障性租赁住房,进一步完善公租房和经济适用房制度。全年建设(筹集)棚改安置住房 732 套、保障性租赁住房 4843 套(间)、公租房 184 套,新增住房保障家庭 368 户,发放租赁补贴 63.5 万元。

【调整住房保障标准】 2023 年 6 月,江阴市住房和城乡建设局印发《关于调整 2023 年度住房保障准入标准的通知》,将低收入和中等偏下收入家庭的收入线标准由 2022 年人均 3267 元/月、5228 元/月分别提高至人均 3393 元/月、5428 元/月。

【保障房分配管理】 2023 年,江阴市住房和城乡建设局通过发放租赁补贴、配租公租房、配售经济适用房等方式,实现市区范围内低收入及中等偏下收入家庭"应保尽保",解决新就业人员和外来务工人员的阶段性住房困难。全年配租公租房 283 套,销售经济适用房 37 套,发放租赁补贴 164 家庭户。新增各类住房保障家庭 368 户(城镇户籍居民 174 户,新就业和外来务工人员 194 户),发放租赁补贴 63.5 万元。

【发展保障性租赁住房】 2023 年,江阴市住房和城乡建设局继续贯彻国务院办公厅《关于加快发展保障性租赁住房的意见》文件精神,指导各镇(街道)、园区推进保障性租赁住房项目建设(筹集)工作,全年建设(筹集)保障性租赁住房 4843 套(间),基本建成 3455 套(间)。

物业管理

【概况】 2023 年,江阴市住房和城乡建设局围绕中心工作,发挥职能作用,加强与各职能部门以及辖区街道、社区沟通联系,全市物业管理工作有序开展。制定《江阴市物业服务质量考评办法(修订)》《关于规范物业服务信息公开公示的通知》等相关规定。全年办理前期物业服务合同备案 13 份,业委会成立备案 31 份,前期物业承接查验备案 37 份;配合市财政局做好 2022 年度物业费补贴发放绩效评价工作;推进《江阴市住宅小区物业管理水平全面提升行动实施方案》,组织开展"提质提优""红黑榜"专项抽查,对照市城管委有关城市精细化管理要求,成立精细化考核小组,不定期对全市在管物业管理项目进行暗访,并指导各镇(街道)物业管理部门开展辖区内精细化检查活动。

【党建引领物业管理】 2023 年,江阴市住房和城乡建设局根据"暨阳红—盟红江阴"基层党建三年行动计划,物业行业党委召开"红色物业"党建联盟交流会,汲取党建创建经验和理念。构建"党建引领、行业指导、属地管理"物业管理服务新模式,鼓励物业企业成立企业党支部,充分发挥党支部战斗堡垒作用,推进党建工作向行业延伸,向领域覆盖。组织物业企业参与江苏省、无锡市先锋物业、党建引领物业服务工作示范点评选,发挥党建引领示范作用,推进宜居住区建设。

【物业专项整治】 2023 年,江阴市住房和城乡建设局为进一步提升全市住宅小区物业服务水平,多次组织物业企业召开居民小区提质提优部署推进会,开展住宅小区环境整治、飞线充电等系列专项整治行动,累计 8 批次、309 人次对建成区内 567 个物业小区进行"双随机"抽查,检查项目 1197 项,发布"红黑榜"2 次、督查专报 10 份、问题告知书 566 份,督促处理问题 7165 个。结合"文明江阴云平台"实地测评通报情况,督促物业公司及时整改小区内不文明情况,年内整改问题 2626 个;以查促进,不断改善居民小区整体面貌,同时建立"回头看"机制,将问题整改形成闭环,对考评结果建立"红黑榜",并通过"众智澄城""最江阴"等媒体平台进行公示。

【物业规范管理】 2023年，江阴市住房和城乡建设局为贯彻落实物业行业安全管理责任制度，及时下发关于加强物业管理及安全管理的各类通知，督促物业企业按照通知要求认真贯彻落实防汛防台、燃气安全、电瓶车充电管理、消防安全等各类安全工作，并联合属地、物业协会实地督查安全管理工作情况。根据市消安委办《江阴市高层建筑、专业市场消防安全排查整治专项行动方案》，配合市消防救援大队，通过行业抽查、企业自查等形式开展高层建筑消防安全排查。6月汛期前，及时下发防汛工作计划，督促各物业企业开展防汛准备工作。汛期联合属地、物业企业出动4380人次，对全市567个居民住宅小区防汛工作进行巡查；汛期后，督促企业及时进行隐患排查，根据排查情况，制定治理整改方案并落实整改责任制，排查隐患1425处，清理障碍与积水905处，抢险60处。

【物业服务全覆盖工作】 2023年，江阴市住房和城乡建设局为进一步推进物业管理全覆盖工作，实现无物业小区（居民区）"有清扫保洁、有物业维修、有绿化养护、有安全防范、有停车管理"的基本物业服务目标，摸排辖区内无物业管理小区，按照以块为主，以社区管辖区域为界，将辖区内无物业管理小区的数量、规模、形态进行摸排。至年末，全市住宅小区有753个，实施专业化物业服务小区626个，属地社区、村委代管小区66个，业主自治小区50个，物业覆盖率达98%。全市成立自治组织284个，其中业主委员会227个、物业管理委员会57个，自治组织覆盖率41.04%。

【物业管理补贴绩效考核】 2023年，江阴市住房和城乡建设局结合《江阴市物业服务质量考评办法（修订）》《关于调整江阴市物业管理补贴标准的意见》文件要求，会同澄江街道梳理2022年度安置房转让情况，完成老旧、拆迁安置小区物业补贴发放前期准备工作，申报拨付2022年度补贴总金额5811.19万元，经审核折后，最终发放补贴金额3324.98万元，折扣系数71.53%。

（李星儿）

住房公积金管理

【概况】 2023年，江阴市新增住房公积金缴存单位2033个、缴存职工44047人；归集住房公积金（不含新职工住房补贴）44.05亿元；提取住房公积金65.05万人次、34.57亿元；发放住房公积金贷款5488笔、21.53亿元；住房公积金使用率达78.36%，进一步支持职工住房消费需求，助推江阴经济稳定运行、房地产市场发展。

【住房公积金扩面工作】 2023年，无锡市住房公积金管理中心江阴市分中心面对复杂严峻的宏观形势，负责人带队对各镇、街道企业进行实地走访，展开住房公积金调研，分析研判企业运行、地方经济发展等情况，听取关于制度扩面、政策宣传、服务改进等方面意见建议。深化与各镇（街道）沟通合作，科学分解扩面指标、严格筛选扩面目标企业、精准开展宣传活动，根据企业经营情况分类施策、一企一策推进扩面工作，做到实事求是、灵活稳妥、科学精准，持续扩大住房公积金制度助企惠民效果。

【支持住房消费】 2023年，无锡市住房公积金管理中心江阴市分中心与各委托银行、担保公司沟通协商，做好商业贷款转公积金贷款工作，减轻缴存职工商业贷款的还款压力。年内，受理商转公贷款3606户，涉及资金13.32亿元，为缴存职工减少利息支出1.45亿元。宣传租房提取新政等政策，引导新市民、青年人、多子女家庭用足用好公积金。年内，受理租房提取4.93万笔、金额达2.89亿元；推进存量房"带押过户"公积金贷款工作，进一步简化江阴存量房交易流程，减轻当事人筹集过桥资金压力，促进江阴存量房交易市场健康有序发展。

【业务办理快捷便民】 2023年，无锡市住房公积金管理中心江阴市分中心践行为民服务理念，持续提升服务效能。推进数字转型，推广网上营业厅、"无锡公积金"微信公众号、"全国住房公积金"小程序、"江苏政务服务"App、"灵锡"App等网上办理渠道，指导单位经办人、缴存职工线上办理业务，切实深化"不见面服务"改革。是年，个人业务离柜率达97.73%、单位不见面归集率达99.58%。推进政务服务全面向银行网点延伸，为市民提供"家门口"便捷政务服务。年内，有银行延伸网点8个，下沉事项7项，全年受理前置审批5134笔，录入初审率100%。推进区域合作，开展单位登记开户、退休提取、租房提取等12项服务事项"跨省通办"、全程网办，开展"跨省通办"的"两地联办""代收代办"业务，开展"长三角购房提取公积金""长三角退休提取公积金"等业务，进一步推进住房公积金部门联办、跨省通办、区域协办，减少职工"两地跑""折返跑"，充分落实利民为民、便民惠民服务理念。

（喻惠敏）

■类目编辑 周梦姣

商贸流通服务业

综　述

【概况】　2023年,江阴市商务局贯彻无锡市《关于全力打造"美食之都、购物天堂"加快培育创建国际消费中心城市的实施方案》决策部署,推动消费提质增效,先后开展新春嘉年华、新能源车促消费、江阴市家居文化节、夏日消费季、运河啤酒音乐节、第十八届"汤包节"、金秋消费季等各类促消费活动10场。在无锡市范围内率先以数字人民币方式发放新能源车促消费补贴300万元,拉动汽车消费2亿元,全年发放惠民消费券超1200万元。忠义街区入围江苏省首批"江苏味道"美食街区,3个企业入围无锡市首批"数字商圈商街(商店)示范单位",城市消费吸引力和承载力不断提升。大力推进县域商业体系建设,江阴市获评全国首批县域商业"领跑县"。全年实施农贸市场、物流配送中心、农批市场等9项升级改造项目,4项项目获得中央、省奖补资金469.1万元。开展"一刻钟便民生活圈"创建工作,5个社区入选无锡市首批"一刻钟便民生活圈示范社区"。开展"邻里生活节""小修小补""助老帮幼"等系列生活服务活动,提升居民幸福感。鼓励老字号企业开展示范创建、品牌宣传、经营创新,2个企业被认定为第三批"无锡老字号"。鼓励发展绿色流通,促进绿色消费,江阴万达广场获评无锡市首批"无废商场"。是年,江阴市服务业主要经济指标平稳回升,全市实现服务业增加值2351.97亿元,比2022年增长4.8%,占全市地区生产总值比重47.4%;完成服务业投入497.82亿元,比2022年增长2.8%,占全市固定资产投资比重56.2%,其中房地产投资206.66亿元,比2022年下降5.8%。全市规模以上服务业营业收入292.84亿元,与2022年持平,其中涉及GDP核算的营利性服务业营业收入191.34亿元,比2022年增长7.6%;实现社会消费品零售总额711.7亿元,比2022年增长1.9%。全市46项服务业重点项目总投资430.98亿元,全年完成投资额106.1亿元,累计完成投资额229.37亿元,涉及现代物流、研发平台、科技服务、教育、健康养老、商务商贸、休闲旅游等类别,产业类型更趋多元化,超10亿元项目16项。江阴泰富临港医院、国乐岛项目被列入2023年江苏省服务业重点项目。

【消费券促消费】　2023年,江阴市先后开展新春嘉年华、新能源车促消费、金秋消费季等10场促消费活动。以数字人民币方式发放新能源车促消费补贴300万元,促成全市新能源汽车销售741辆,拉动汽车消费2亿元,带动商场餐饮等零售消费超2000万元;发放中秋、国庆惠民消费券100万元,带动假日消费超千万元,南门八佰伴、万达广场两个综合体国庆期间累计客流量比2022年增长8%,家电卖场节日期间实现销售额比2022年增长46%。

【县域商业体系建设】　2023年,江阴市商务局全面落实商务部关于建设县域商业体系的决策部署,强化政策引导,注重消费驱动,大力推进县域商业体系建设,持续部署各板块、各重点企业开展相关项目建设工作。全市完成9项项目建设,其中,升级改造农贸市场3项,新建乡镇商贸中心1项,新建县级物流配送中心1项,新建乡镇快递物流站点2项,新建农产品冷链集配中心1项,新建农产品批发市场冷链工程1项,县域商业体系建设项目完成率100%。经项目遴选、培训指导、跟踪进度、资金申报等流程,4项项目获上级资金扶持469.1万元。其中,3项项目获中央扶持资金429.1万元,1项项目获得省级扶持资金40万元。11月,经商务部认定,江阴市入选首批全国县域商业"领跑县"。

2023年江阴市服务业重大项目投资完成情况一览表

表17　　　　单位:万元

序号	项目类别	项目名称	计划总投资	当年完成投资额	累计完成投资额
1	科创园区	中新智地制造产业园项目	500000	10850	43412

续表 17

序号	项目类别	项目名称	计划总投资	当年完成投资额	累计完成投资额
2	科创园区	绮山湖科创谷一期项目	495126	2224	2224
3	科创园区	江阴市霞客湾科学城科教孵化中心一期项目	439142	35642	153801
4	休闲旅游	国乐岛项目	250000	65368	207503
5	现代物流	嘉盛 LNG 调峰储配站工程项目	250000	15167	179692
6	科创园区	星河科创产业园项目(A 地块)	140000	38993	152873
7	健康养老	江阴泰富临港医院	140000	36483	88782
8	科创园区	星河科创产业园项目(B 地块)	130000	18226	119941
9	科创园区	锡澄协同发展区科创园区项目	122000	64787	64787
10	现代物流	贝莱特华东(江阴)医药冷链数字化中心项目	109900	16187	16187
11	商务商贸	纺织品和服装的设计及研发项目	102555	37649	56957
12	研发平台	长三角(江阴)数字创新港项目	100000	12109	39721
13	研发平台	海澜智云工业互联网平台项目	100000	47959	120136
14	科创园区	联东 U 谷(江阴)高新科技创新港项目	100000	29250	100000
15	科创园区	江阴深业研创科技产业园	100000	58416	60366
16	科创园区	克雷伯智能装备仪器项目	100000	48505	59178
17	科创园区	江阴临港科创园二期项目(高端装备制造产业基地项目)	85000	23258	23258
18	科创园区	江阴临港科技工业园	80000	37178	37178
19	休闲旅游	无锡绿珠文华新建酒店项目	76200	18255	66975
20	休闲旅游	新桥镇文体中心项目	70000	42974	90000
21	科创园区	生物医药创新港项目	67000	41970	69885
22	科创园区	周庄绿色生态智创园配套标准厂房项目	65000	5800	5800
23	科创园区	低碳节能环保设备及医疗设备建设项目	55000	55329	66000
24	科创园区	锡澄协同发展区智能制造基地示范工程一期项目	54700	34566	54700
25	现代物流	泰州港靖江港区八圩作业区博联码头改扩建工程项目	50000	10890	29212
26	商务商贸	凤凰荟购物中心	50000	31861	50000
27	科创园区	中园慧创(江阴综保区)科创产业基地项目	50000	8878	8878
28	现代物流	五号码头装卸效能提升项目	40000	16226	40445
29	教育	南师大附属江阴实验学校项目	40000	10113	10113
30	教育	南师大附属幼儿园项目	40000	25601	25601
31	商务商贸	中农都农副产品综合交易中心项目	35000	11062	27358
32	休闲旅游	方程荟 1992 时尚夜生活主题文创产业园	31800	15636	31800
33	研发平台	科技研发大楼项目	30000	1017	29985
34	现代物流	牧野鲜生食品冷链销售检测中心项目	30000	6236	6236

续表 17

序号	项目类别	项目名称	计划总投资	当年完成投资额	累计完成投资额
35	现代物流	申通国际智慧物流项目	25000	17010	17010
36	现代物流	盛馆食品加工和冷链物流项目	20400	10642	10642
37	现代物流	申通国际智慧物流项目(华士枢纽)	20000	10520	10520
38	科技服务	生态环境综合研究检验检测项目	20000	10992	20029
39	休闲旅游	新桥全域文旅(苏东坡马嘶桥至飞马水城片)建设项目	18000	22600	22600
40	现代物流	年仓储不锈钢卷材200万吨项目	18000	11150	11150
41	研发平台	润成机电航空发动机轴承零部件设计制造项目	10000	3950	10855
42	休闲旅游	文体中心二期项目	10000	12000	12000
43	休闲旅游	民乐广场停车楼三期建设项目	10000	10000	10000
44	科技服务	900吨/日一般工业固废资源综合利用技改扩能项目	10000	7450	11900
45	科技服务	桥梁质量控制技术研发及检测项目	10000	1958	10009
46	健康养老	江阴南闸医院扩建工程项目	10000	8028	8028

(袁　晔　陆晓晓)

批零贸易业

【概况】 2023年,江阴市实现社会消费品零售总额711.7亿元,比2022年增长1.9%。在21个大类商品限额以上批发零售业零售额中,有13个类别实现正增长,其中五金电料类、体育娱乐用品类、金银珠宝类销售表现突出,分别比2022年增长62.7%、22%和15.4%。8个大类商品负增长,其中汽车类全年零售额比2022年下降13.3%,石油及制品类比2022年下降3%。

2023年江阴市各镇(街道)、开发区商品贸易情况一览表

表 18

单位	限额以上批零企业					
	零售额(万元)	比2022年增减(%)	批发业销售额(万元)	比2022年增减(%)	零售业销售额(万元)	比2022年增减(%)
江阴高新区(含青阳园区)	210315.2	10.0	9784603.5	13.0	207536.3	11.1
其中:青阳园区	6393.4	21.0	81199.4	54.3	6439.8	21.9
临港经济开发区	410102.6	3.7	31453237.8	-2.2	386325.7	20.5
靖江园区	32826.3	-30.4	4710017.5	3.0	32826.3	-22.6
澄江街道	1192747.0	-3.6	9194048.0	-6.8	1282485.4	-4.5
南闸街道	23167.0	10.0	1938544.8	0.4	22330.9	11.1
云亭街道	127367.8	14.1	1507856.0	-12.4	122148.3	14.7
月城镇	18887.5	-24.7	1195709.0	4.6	12049.7	-23.6
青阳镇(含青阳园区)	37713.5	1.0	967202.1	15.5	25320.7	1.2
徐霞客镇	50461.2	3.9	2771024.6	7.1	43251.0	0.4
华士镇	69008.8	-42.5	1979896.3	1.4	62003.4	-45.7
周庄镇	84031.2	-45.1	2487898.7	-13.0	74705.7	-62.3
新桥镇	220023.4	15.4	7164295.9	0.2	227431.2	3.0

续表 18

单位	限额以上批零企业					
	零售额（万元）	比2022年增减（%）	批发业销售额（万元）	比2022年增减（%）	零售业销售额（万元）	比2022年增减（%）
长泾镇	19130.3	12.9	1405799.2	106.2	16861.7	14.7
顾山镇	39151.7	5.6	855027.4	4.2	15649.8	2.1
祝塘镇	51573.9	5.9	421119.0	7.3	47425.6	3.7
全市	2580114.0	-4.4	77755080.4	0.6	2571911.9	-5.0

2023年江阴市限额以上批零贸易企业零售商品分类销售额一览表

表19

商品分类	零售额（万元）	比2022年增减（%）
汽车类	861803.1	-13.3
石油及制品类	401178.1	-3.0
粮油食品类	331322.7	-3.9
服装鞋帽针纺织类	331475.9	3.4
中西药品类	137566.5	10.1
金银珠宝类	108677.7	15.4
日用品类	47864.2	0.7
化妆品类	10469.4	-60.3
烟酒类	46069.7	7.8
家电和音像器材类	32444.3	5.4
饮料类	25359.3	1.7
通信器材类	20318.1	4.4
文化办公用品类	10345.4	-13.2
五金、电科类	17188.4	62.7
建筑及装潢材料类	7169	8.3
体育、娱乐用品类	8714.2	22.0
家具类	2689.7	-15.9
煤炭及其制品类	882.5	702.3
机电产品及设备类	93.0	-85.1
书报杂志类	227.7	-21.0
电子和音像制品类	6.2	3.3
其他	403.6	-37.4
合计	2402268.7	-5.2

（袁　晔　蔡月娅　王　帅）

电子商务

【概况】 2023年,江阴市国家电子商务进农村综合示范建设工作稳步推进,1—12月,江阴市网络销售额220.45亿元,比2022年增长7.54%;农产品网络销售额5.12亿元,占无锡市农产品网络零售额比重为12.71%,比2022年增长46.35%。是年,江阴市电子商务产业园获评2023年度江苏省电子商务示范基地,全市累计获评4个省级跨境电商产业园和省级电商示范基地。顾山镇品牌服装集聚区获评省县域电商产业集聚区,是江阴市首个获评该荣誉的产业集聚区。

【国家电商进农村综合示范项目通过验收】 2023年上半年,按照江苏省商务厅对电商进农村示范县项目的复核要求,江阴市商务局针对示范县建设成效进行梳理并形成专项报告,并通过省商务厅和第三方专业机构组织的复核验收,专题成果在《江苏商务发展参考》上展示刊发。

【完善电商物流体系】 2023年,江阴市商务局加强部门协调联动,推动农村电商物流体系建设,通过示范县项目打造申港、长泾两个示范末端共配中心和一个智慧云仓,智慧云仓具有云仓和物流两个功能,通过技术赋能,帮助电商企业实现全流程保姆式托管服务。是年,统仓共配中心(一期、二期)快递派件592.5万件,日均处理快递件量16000票以上,分拣错误率低于1%。智慧云仓与邮政、圆通、极兔、顺丰快递公司建立合作,从下半年投入运营至年末,发货总量65万单,日发货12000余单。通过规模优势降低快递公司揽件价格,平均每单分拣、打包、贴单成本降低0.1元左右,快递包裹配送费降低0.3元至2元不等。

【提升江阴产品知名度】 2023年,江阴市商务局对接字节跳动、拼多多等知名电商平台,推广视频营销、直播带货、社区拼购等模式,拓宽销售渠道,先后遴选推送40个企业逾百款产品对接"东方甄选"直播间、央视网选等平台,向全国乃至全世界展示江阴地方特色和独特文化底蕴,提升江阴品牌知名度。

【直播电商产业势头强劲】 2023年,江阴市参与淘宝直播的商品数为25157个,实现网络零售额64511.5万元;抖音直播零售额149714.4万元,活跃店铺数614个,直播达人481人,直播6.7万场,占无锡市的32.68%;快手直播零售额36276.8万元,活跃店铺数498个,直播达人68人,直播8122场,占无锡市的41.4%,位列无锡市八个板块第一。

【助力"澄商出海"】 2023年,江阴市与阿里巴巴集团签订战略合作协议,对接阿里国际、速卖通、Lazada(来赞达)等阿里旗下跨境平台资源,邀请阿里国际导师辅导江阴跨境电商企业,为企业出海提供优质流量通道。组织全市电商企业参与长三角跨境电商峰会和交易会,举办数字贸易赋能"澄商出海"江阴跨境贸易高质量发展论坛活动,汇聚亚马逊国际站、TikTok等专业服务商和平台,为中小企业跨境出海提供数字赋能。

【培育跨境新业态】 2023年,根据无锡市级"一区一品"的要求,江阴市商务局充分发挥纺织服装的产业基础优势,形成"跨境电商+纺织服装产业带"融合发展模式,依托江阴市电子商务公共服务中心,为全市跨境电商企业提供运营孵化、人才培训、项目对接等服务,通过云蝠跨境电商产业园和澄江跨境电商产业园两大载体进行高质孵化,联合云蝠跨境公共海外仓和嘉易通跨境集货智慧云仓打造跨境电商集货储运基地以及内外衔接的跨境仓储服务体系。 (沈　忱)

供销合作经济

【概况】 2023年,江阴市供销合作总社以高质量发展为主题,服务乡村振兴战略,围绕目标任务,坚持稳中求进的工作总基调,强化工作创新、细化工作责任,深化供销合作社综合改革。依托"乡村振兴 澄心为农"党建联建,搭建村级农产品流通网络,组织社有企业与6个重点村签约,通过消费帮扶助力村级集体经济增收,培育农产品特色品牌,全链条打通农产品销售渠道;落实巡察整改工作,针对34个问题制定36条整改措施,退缴1.81万元,制定完善8个制度,完成率100%;组织开展基层供销社青年职工销售大比武活动,全年完成销售54万元,提高供销青年员工业务技能,推动供销流通服务水平提升。是年,市供销合作总社被中华合作时报社、中华全国供销合作总社信息中心、中华全国供销合作总社声像中心授予"2023—2024年度乡村振兴观察点",被评为江苏省供销合作社系统"二十强县级供销合作社",获评无锡市供销合作社系统优秀等次单位。

【市供销合作社第六次代表大会召开】 2023年12月25日,江阴市供销合作社第六次代表大会召开,合作社机关、基层社、下属党支部、农民专业合作社、社有企业及各镇(街道)的102名代表参加会议。会议审议并通过《江阴市供销合作社第六次代表大会工作报告的决议》《江阴市供销合作总社章程(修订稿)》,选举产生新一届理事会、监事会;总结2019—2023年供销合作社改革发展的主要成效和基本经验,分析面临的新形势、新任务,谋划新阶段推进改革的发展蓝图,统一思想认识,明确工作重点,部署改革任务。该次会议进一步健全完善供销合作社治理机制,优化各级联合社机构设置、职能配置,强化民主管理、民主监督,充分发挥供销合作社作为为农服务的合作经济组织的生力军作用。

【农业社会化服务】 2023年,江阴市供销合作总社加强基层组织建设,创建村级供销合作社1个,参(领)办农民专业合作社(联合社)3个;紧密联结农民利益,提升为农服务能力,分类推进基层社改革改造2个;加强基层社经营服务功能,开展社会化服务,建成市级现代农业综合服务中心1个,系统土地托管服务面积6000公顷;参(领)建三产融合发展综合体1个,引领培育供销品牌10个。全年农药集中配送销售总额2035万元,肥药集采统配面积8333.33公顷，农药废弃包装物回收98.4万吨，无害化处置率100%。赴河北省保定市、江苏省徐州市等地考察学习再生资源回收利用体系，推动江阴市绿色低碳循环发展经济体系建设，助力垃圾分类，促进经济社会发展全面绿色转型。

【社有资产监管】 2023年，江阴市供销合作总社优化社有资产运营模式，健全社有资产管理制度，发挥监事会对社有资产保值增值、财政资金使用和企业重大投资、并购重组、资产运营情况的监督职能，制定《江阴市供销合作社资产租赁管理规定》，搭建新的社有资产管理信息系统，分类管理社有资产，设定租赁价格底线，使社有资产整体情况更加全面、清晰、直观。通过江苏澄供合作投资有限公司、江阴市澄合投资管理有限公司等平台，以股权管理、资本运营、投资融资和项目建设为重点，实现社有资产保值增值。规范企业管理体制机制，多措并举推动社有企业发展。社有企业结对协作地区销售农产品1120万元。深化社有企业改革，推进“三降两清一扭”（降应收票据、应收账款、预付款项、其他应收款和存货“两金”占比，降销售费用、管理费用、财务费用三项费用率，降资产负债率；清理“僵尸企业”，清理处置经营风险；扭亏增盈），解决遗留问题。

（黄　娜）

粮油购销

【概况】 2023年，江阴市发展改革委贯彻落实习近平总书记关于粮食安全重要论述和指示批示精神，提高政治站位，扛稳粮食安全责任，狠抓粮食储备管理，制定出台《江阴市地方政府储备粮管理办法》，完善粮食管理制度。组织夏秋两季粮食收购，收购临时储备粮稻麦2.9万吨。做好储备轮换，全年轮入政策性粮食7.31万吨，轮出7.75万吨。调整规模存储库点至4个，均达到1.5万吨以上仓容及原粮储备规模。西石桥不再存储原粮。调整成品粮油储备规模，调减0.17万吨静态储备成品粮粳米、0.1万吨静态储备菜籽油为动态储备。加快仓储设施建设，江阴白屈港粮食储备库有限公司中心库建设项目完成工程总量的55%。组织老旧仓房腾退，结合全市土地流转实际，完善收购库点布局，取消文林（含西旸桥）、石庄等3个老旧散小的临时收购库点。加强日常监管，开展政策性粮食月度巡查，组织政策性粮油库存检查。做好辖区内军粮供应保障。调整完善区域粮食应急供应点体系建设，全市有各类粮油应急保障企业61个。

【粮食收购轮换】 2023年，江阴市发展改革委应对市场形势变化，启动全市夏、秋两季临时储备粮收购，解决农民卖粮难问题，守住“种粮卖得出”底线。夏季收购本地临储小麦2.14万吨，收购价格为2.56元/千克（三等）；秋粮收购临储稻谷0.77万吨，收购价格2.72元/千克（三等），两季收购零投诉。网上招标采购轮入地储粮稻谷3.87万吨、临储小麦转储1.98万吨、成品粮粳米0.2万吨、大豆油0.02万吨，地储粮原粮、成品粮油轮换任务按时完成。开展政策性粮油库存检查和2023年新收获小麦库存检查，在库粮食数量真实、质量良好、储存安全。

【粮油应急保供】 2023年，江阴市发展改革委做好成品粮油和军粮应急保供，做好成品粮（粳米、小麦粉）和成品油（食用植物油）储备，保障辖区内军粮供应。根据规模化存储库点要求，调整集并原粮规模存储库点，完成西石桥成品粮仓房改造保障应急储备，调减0.17万吨静态储备粳米、0.1万吨静态储备菜籽油为动态储备，健全完善应急保障体系，落实动态储备存储单位，调整粮油应急保障企业。

【粮油质量监管】 2023年，江阴市发展改革委加强粮油质量监管，开展政策性粮食月度巡查，年内组织粮食质量安全专项检查等各类监督检查26批次。加强粮油质量安全风险监测，做好地储粮出入库粮食质量安全风险监测，做好两季收购期间区域性粮情安全风险监测，开展在库粮食3月、9月的储存品质普化监测和在地央企最低收购价粮食质量监测，年内分两批次开展库存粮食质量专项检查，全年完成各类检测332批次，县级地方储备粮出入库检测率达100%，在库粮食质量专项检查数量不低于30%，全市未发生因粮油卫生质量而引起的食品安全事故。

（齐　新　吕万元）

烟草专卖

【概况】 2023年，江阴市烟草专卖局（无锡市烟草公司江阴分公司）坚持稳中求进工作总基调，抓好主营业务工作，高质量发展和现代化建设迈出坚实步伐，发展质量效益有新提升。全年销售卷烟7.2万箱，比2022年增长3.58%；实现销售收入39亿元，比2022年增长9.26%；上缴税金1.58亿元，比2022年增长5.33%。是年，江阴市烟草专卖局获评无锡市卷烟打假打私工作标兵单位，无锡市烟草公司江阴分公司被江阴市委、市政府评为江阴市百强明星企业、重点骨干企业、十佳结对帮扶薄弱村工作先进单位，党支部被无锡市烟草专卖局党组表彰为先进党支部。

【卷烟营销网建】 2023年，无锡市烟草公司江阴分公司依托销售渠道、线上直播、零售户诚信互助小组“三大阵地”，打造卷烟品牌培育“工商零消”生态链，全年开展品牌宣讲直播活动11次，建成35个“十百千”（在无锡市发展100个以上拥有不少于10名雪茄烟消费者会员的卷烟零售户作为雪茄烟核心销售点，最终在无锡市范围内建立1000名以上消费者的手工雪茄烟消费者库）雪茄烟核心销售点，实现传统雪茄烟销量47.85万支；全市A档雪茄烟零售客户6户，占无锡市14户A档雪茄烟零售客户的42.86%。坚持“客户自愿、量质并举”原则，加快推进现代卷烟零售终端建设步伐，突出品牌赋能、数据赋能、资源赋能、管理赋能，有序推进各类终端建设。坚持“烟草主导、多方参与、共同促进、融合发展”的建设思路，利用江阴市乡村经济发达的资源优势，对接江阴市农业农村局，注重收集全市各村委会、网格员等信息，开展农网加盟终端调研、选点和建设工作,以农网终端实际经营需求为导向,制定差异化服务策略,率先打造一批"功能强、经营好、形象美、满意度高"的特色农网加盟终端,有序推动"金丝利"商业流通品牌向农网延伸,推进卷烟城乡营销网络一体化均衡发展。至年末,全市新建"金丝利"零售加盟终端10个(农网终端7个)、"金丝利·通"新现代终端41个(农网终端8个)、"美好金丝利"合作终端3个。推进零售客户信用体系建设,引导零售客户签订诚信经营协议书,提高客户守法经营意识。全市有A级以上零售客户8271户,占零售户总数的98.84%;AAA级零售客户168户,占无锡市AAA级零售客户的32.62%。推进文明吸烟环境建设,常态化做好吸烟设备基础信息维护,全年新增高铁站、蒲市村等吸烟点115个,累计建成吸烟点7191个,文明吸烟环境建设密度达到7.28个/平方千米。

【零售许可证管理】 2023年,江阴市烟草专卖局按照《无锡市烟草制品零售点合理布局管理规定(2023版)》,加强卷烟零售许可证总量控制,统一调整零售点饱和区,严把行政许可"入口关",加大经营异常零售户清理力度,推进学校周边零售户清理工作,动态更新中小学校和幼儿园周围持证零售户名录。至年末,全市卷烟零售许可证总数8414户,比2022年减少98户,新办385户,退出483户,其中学校周边零售户减少193户,保持卷烟零售市场进退有序。严格执行"12313"烟草专卖服务热线、"12345"政务服务便民热线"处置规范流程,强化工单承办全过程管控,"12313""12345"平台处置质效得到提升,全年接工单603件,及时处置率100%,工单处置满意度99%。落实国家烟草专卖局发布的《电子烟管理办法》、江苏省烟草专卖局印发的《江苏省电子烟零售点布局规定》,全年核发电子烟零售许可证11份。

【电子烟监管】 2023年,江阴市烟草专卖局(无锡市烟草公司江阴分公司)严格执行《电子烟管理办法》《电子烟国家标准》等法律法规以及国家烟草专卖局印发的《电子烟常态化市场监管工作方案》,依法履行电子烟监管法定职责,坚持依法加强电子烟监管,加强与市场监管部门联合协作,强化与公检法等部门的司法衔接,取缔关停未依法获得烟草专卖许可证的电子烟市场主体,严厉打击涉电子烟违法经营行为,引导获得烟草专卖许可证的电子烟市场主体守法合规经营,规范电子烟市场经营秩序。年内查获2件电子烟重大案件。

【市场监管】 2023年,江阴市烟草专卖局组织开展"净链2023""平安寄递""利剑10号""联合打击寄递渠道涉烟违法活动"等专项行动,发挥协作机制作用,加强与公安、邮管、交通等部门协作,深入开展联合执法检查;巩固完善与公检法跨部门办案协作机制,办结上报"7·28"重大案件,"5·24""6·13"案件持续深挖扩线。灵活采取错时查、交叉查、突击查等方式抓好卷烟市场监管工作,强化与行业内部营销、物流、内管等部门的协调联动,强化卷烟零售客户订单异常数据研判,前移监管端口,精准打击违法违规行为。全年查获各类涉烟违法案件422件,查获违法卷烟2137.89万支、总案值3308.34万元。其中,查获真烟2119.57万支,案值3119.41万元;查获假私烟8.32万支,案值188.93万元;刑事拘留10人,判刑不法烟贩10人。（张　炜）

盐业专营

【概况】 2023年,江阴市盐业有限公司(以下简称"江阴盐业")贯彻落实江苏省盐业集团以及苏盐井神股份有限公司的重要决策部署,坚持稳中求进,狠抓经营强基,细分渠道开拓市场,全年实现销售收入3917万元,利润218万元,完成小包装食盐销售8335吨,大包装食盐销售1952吨,工业盐销售6062吨,全年服务终端数量1856个,建成B类规模淮盐品牌样板店160个,常态化开展进机关、进学校、进农贸、进社区科学用盐宣传活动,与江阴市市场监督管理局、疾病预防控制中心等部门联动,参加"3·15"国际消费者权益日、"5·15"全国防治碘缺乏病日宣传等活动。第三季度,江阴盐业通过食盐批发许可证换证验收和江苏省、无锡市两级工业和信息化部门盐品储备工作考核。在"8·24"食盐突发抢购事件中,2天内保供小包装食盐1600余吨;12月,应对雨雪冰冻灾害天气应急响应,保供融雪剂、融雪盐152吨。

【做好品牌推广建设】 2023年,江阴盐业突出"中华老字号""全国质量奖"和"淮"牌盐影响力,通过投放灯箱、电子屏广告等形式,提升淮盐品牌市场穿透力,形成国企品牌值得依赖的广泛认知,全年先后推出2款天然健康绿色食盐新品种,销售特色食盐324吨,比2022年增长61.33%。

【做好B类超市供应】 2023年,江阴盐业继续做好与吉麦隆、大统华等重要B类商超系统的沟通对接,在确保长期合作良好的基础上,集中调整扩大B类商超排面,样板店陈列标准化,统一设置纵向排列,突出主推产品陈列位置,生鲜配套打堆,同时对销售品种进行优化配置,B类商超的供应品种不断推陈出新,在供品种提升到18种。针对受百姓欢迎的单品,坚持进行周二收银台促销导购及定时定量特价特惠活动,确保商品顺利进入消费者手中,让百姓放心满意。

【做好学校的保供任务】 2023年,江阴盐业继续承担起全市各类高中及大中专学校的食盐保供任务,建立健全学校食盐供应品种目录并上报江阴市教育局备案,完成学校食盐直配156次,做到校园食盐配送次日达、全覆盖,响应苏南食材配送公司对九年制义务学校的食盐供应工作,全年在江阴市九年制义务教育学校内举办食盐知识普及宣传活动5次。（许　颖　孙　敏）

住宿餐饮业

【概况】 2023年,江阴市文明办、商务局、市场监督管理局等部门联合发出"反对浪费 崇尚节约""文明餐桌"行动倡议书,号召全市餐饮经营单位、从业人员、广大消费者争做行业自律的引领者、节约风尚的倡导者、“光盘行动”的践行者。市文明办、商务局、市场监管局开展专项行动督导检查，开展餐饮浪费专项治理行动，凝聚政府部门、行业协会、餐饮商家、消费者等社会合力，营造“浪费可耻、节约光荣”的餐饮环境。6月，市商务局召开江阴市商业场所“百团进百万企业千万员工”安全宣讲培训会议，采取“线上直播”+“线下授课”相结合的方式，集中培训消防安全、餐饮燃气、应急逃生和典型事故等内容，督促餐饮单位等商业场所落实主体责任，提升安全风险防范和应急处置能力。至年末，全市住宿与餐饮业营业额93.08亿元，比2022年增长7.4%。

【参展江苏国际餐饮博览会】 2023年4月17日，江阴市烹饪协会、餐饮业商会名店名厨专委会一行参加在南京国际展览中心举行的2023第十三届中国·江苏国际餐饮博览会。江阴泓昇苑酒店的“笋烤鲥鱼”、江阴永丰源大酒店和江阴新东方酒店的“刀鱼馄饨”入选“水韵江苏·舌尖上的春天·百道春令菜”，并在展会展出。

【举办“名厨大讲堂”】 2023年5月19日，在第18届中国徐霞客旅游节期间，江阴市烹饪协会、餐饮业商会名店名厨专委会在徐霞客镇天航渔港大酒店举办2023年第一期“名厨大讲堂”活动。其间，举行名店名厨专委会授聘仪式，发布名店名厨专委会年度工作计划。市商务局、文体广电和旅游局、消保委、食安办、科协、工商联等单位和餐饮相关单位参加活动。该期大讲堂特邀江阴市第二届名店名厨专委会副主任石勇讲授4道吕四海鲜佳肴烹饪方法，70余个会员单位的155名厨师和江阴中专校烹饪班的25名师生观看听讲。

【5道“非遗”江阴菜团体标准起草】 2023年，江阴市成立“江阴菜”标准化工作机构，制定并发布《“江阴菜”团体标准管理办法》，办法规定范围、规范性引用文件、术语和定义、基本要求、原辅料要求、制作工艺、装盘、质量要求、烹调技术等各个环节点。年内，首批完成红烧河豚鱼、清蒸刀鱼、过桥鳝、扎腻头、面拖蟹5道“非遗”江阴菜团体标准的起草工作。

【江阴蟹黄包制作技艺入选省“非遗”名录】 蟹黄汤包是一种手工制作的以螃蟹和猪肉为原料的小汤包，佐以面粉制作而成，经蒸笼加温后直接食用。2006年，永丰源大酒店本着“拯救江阴传统名点”的目的，在江阴市政府的支持下，举办首届江阴永丰源蟹黄汤包节，此后连年举办。2008年，永丰源蟹黄包烹饪技艺被命名为江阴市非物质文化遗产。该店还组建蟹黄汤包技艺传承与研发团队，成员10余人，获得过几十项荣誉和奖项。2023年11月3日，永丰源大酒店申报的“江阴蟹黄包制作技艺”入选第五批江苏省级非物质文化遗产代表性项目名录。 （袁 晔）

【星级饭店管理】 2023年，江阴市6个星级饭店（五星级饭店3个，四星级饭店2个，三星级饭店1个）全年营业收入3.8亿元，房间出租率38.52%。是年，市文体广电和旅游局强化星级饭店市场管理，以无废细胞创建和文明旅游示范单位培育创建为抓手，不断提升星级饭店服务品质，指导江阴泓昇苑酒店和江阴国际大酒店创成无锡市首批“无废细胞”。狠抓安全生产，在春节、清明节、五一国际劳动节、端午节及中高考、寒暑假等重点时间节点，开展星级饭店安全生产检查工作，督促各星级饭店加强内部安全管理，规范市场秩序，提高防范能力。全年检查31个次，出动70人次。

（顾情义）

居民服务业

【概况】 2023年，江阴市家庭服务行业协会完成换届选举。10月，市家庭服务行业协会组织会员单位参加2023年首届全国家政服务业职业技能竞赛，获“整理收纳”项目决赛优胜奖。至年末，全市60周岁以上老年人口35.84万人，占户籍人口28.29%，比2022年增加1.95万人，增幅1.49%；65周岁以上老年人口27.11万人，占户籍人口21.41%，占老年人口75.66%；80周岁以上高龄老年人口5.04万人，占户籍人口3.98%，占老年人口14.07%。是年，申港街道创新村、华士镇陆新村获评2023年江苏省老年友好型社区建设单位。全市获评全国示范性老年友好型社区2个、江苏省老年友好型社区建设单位3个。周庄镇倪家巷村获第四届江苏省“敬老文明号”称号。全市开展老年人运用智能技术专项普及培训工程，普惠老年人1.1万人。（袁 晔 于海娟）

【家政技能大赛获奖】 2023年9月16日，由江阴市总工会主办，澄江街道总工会、市家庭服务行业协会工会承办，江阴市乐茵儿童用品有限公司、江阴市天成职业培训学校协办的2023年江阴市家政服务行业职业技能大赛“乐茵杯”育婴师精英赛在乐茵公司举办，参赛者均是首次参加的长期从事一线工作的员工。经决赛，昊柏可爱可多、宝康母婴、乐茵公司分获团体金、银、铜奖，11名选手获优秀奖，7个企业获优秀组织奖。10月，市家庭服务行业协会组织会员单位参加江苏省家庭服务业协会举办的全国家政服务业职业技能竞赛决赛选拔赛，江阴市惠邻家政服务有限公司许梅琴、蔡萍2人分获“母婴护理”项目第一、第二名，无锡大澄小事生活服务有限公司杨丽获“整理收纳”项目第三名，3位选手入围决赛。10月31日至11月2日，3位选手随江苏省代表队赴四川省绵阳市参加2023年首届全国家政服务业职业技能竞赛决赛，杨丽获“整理收纳”项目决赛优胜奖。 （袁 晔）

【老年健康服务体系完善】 2023年，江阴市加强老年人基本医疗保障，将老年健康与医养结合服务纳入国家基本公共卫生服务，完善健康教育、预防保健、疾病诊治、康复护理、长期照护、安宁疗护6个环节的老年健康服务体系。新增公建公营护理院1个（江阴市利港医院增挂江阴市利港护理院牌子），新增无锡市安宁疗护试点机构3个（江阴市人民医院、江阴市第五人民医院、江阴颐乐居爱心护理院有限公司），开展老年友善医疗机构创建工作，新增省级老年友善医疗机构2个，总建成率达95%以上，其中优秀比例达25%以上。至年末,全市有老年病医院1个(江阴市中医院增挂),设立老年医学科的二级及以上公立综合性医院6个,医养结合机构15个。

【老年健康服务能力建设】 2023年,江阴市深化养老健康服务人才队伍专业化建设,举办2期"老年综合评估技术在基层医疗机构中的推广应用"学习班,推动老年医学临床适宜技术推广,规范全市老年医学科老年综合评估工作,加强老年健康服务能力建设。规范做好65周岁及以上老年人健康管理项目,年内完成老年人健康体检17.93万人,健康管理率69.09%。是年,江阴市人民医院老年医学科获评首批江苏省优秀老年营养病房。

【医养结合服务】 2023年,江阴市推动医疗卫生与养老服务有机结合,全市有"两证"(医疗机构执业许可证、养老机构备案)齐全的医养结合机构达15个,其中医办养3个、养办医12个;8家养老机构与社区卫生服务中心签署合作协议,推进"家门口的医养结合"。是年,全市17个镇(街道)、开发区实现家庭病床服务全覆盖,创新开展"互联网+护理服务",为中、重度失能患者提供上门诊疗、护理服务。 (于海娟)

邮政·快递

【概况】 2023年,江阴邮政快递行业强化寄递渠道安全监管,加强部门协作,针对涉烟寄递、跨区域揽件等违法行为开展联合执法,加强"双随机"执法检查,规范快递行业经营秩序,年内约谈企业9个,查处行政执法案件9件,处罚金额7.7万元。利用快递车辆、丰巢快递柜、邮件处理场所等工具和阵地,开展反诈防骗宣传,增强市民反诈"免疫力"。成立江阴市快递行业妇联,联合发布"驿路先锋·粉红关爱"暖蜂行动。举办快递员技能比赛,开展"最美快递员""快递标准化优秀网点"等评选活动,提升行业凝聚力,提高快递员业务能力。至年末,江阴市有快递品牌16个,分支机构24个,快递公司9个,备案网点424个,邮政支局31个,村邮站125个。全年快递收派件总量3.4亿件,比2022年增长12.3%。中国邮政集团有限公司江苏省江阴市分公司(以下简称"江阴市邮政分公司")实现总收入7.68亿元,比2022年增长11.4%。其中,非寄递业务实现收入4.72亿元,寄递业务实现收入2.96亿元,总收入在全省县级分公司中排名第二。

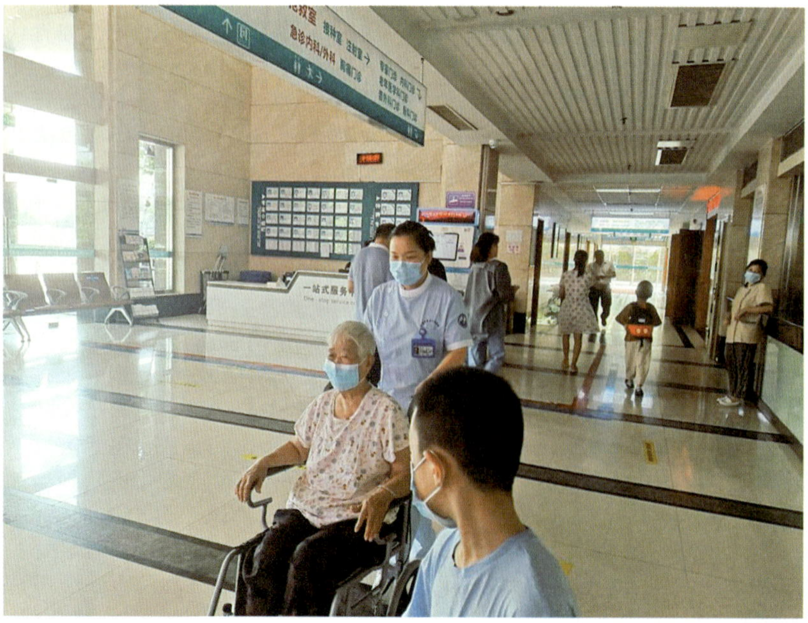

江阴市第三人民医院为无亲属陪伴的80周岁以上老年人提供全程伴医服务
(市卫健委提供)

【江阴市快递行业妇女联合会成立】 2023年2月24日,为进一步做好新业态新就业群体的思想引领和凝聚服务工作,江阴市快递行业妇女联合会成立暨第一次妇女代表大会召开,邮政、顺丰、中通、申通、圆通、韵达、极兔、京东、丹鸟、鑫达等快递企业的35名妇女代表参加大会。大会选举产生江阴市快递行业妇女联合会第一届执行委员13名,其中主席1名、副主席2名。同日,市委组织部、市人力资源和社会保障局、市总工会、市妇联、市红十字会5个部门联合发布"驿路先锋·粉红关爱"暖蜂行动,"驿路有你"妇女微家揭牌,为快递行业妇女提供思想引领、家庭教育、技能提升、维权保护、关爱帮扶等全方位服务。

【江阴市快递行业红十字会成立】 2023年8月,为更好地开展快递行业红十字会工作,江阴市快递行业红十字会成立,履行红十字会的权利和义务,弘扬"人道、博爱、奉献"的红十字精神,加大新业态新就业群体关心关爱力度。年内为2名快递员争取到市红十字会助学金6200元,对接市红十字会为快递员发放暖心年夜饭160份。

【江阴站开通纪念珍藏邮册发行】 2023年9月28日,沪宁沿江高铁通车运营,江阴站正式启用,江阴市邮政分公司发行1000册《驰澄》江阴站开通纪念珍藏邮册。邮册以江阴人文历史、交通区位、经济建设、社会风貌、江阴站建设历程等内容为设计主线,结合相关题材票品及纪念封、纪念银章进行设计开发。沪宁沿江高铁开通后一周,又追加制作邮折、邮册、纪念封等产品用于限量零售。

【邮政惠农协同生态构建】 2023年,江阴市邮政分公司聚焦农村"三难"(融资难、销售难、物流难)痛点,发挥"四流合一"(商流、物流、资金流、信息流的结合)资源禀赋优势,强化顶层设计,推广集农村电商、普惠金融、寄递物流等于一体的综合服务解决方案,构建农民获利、消费者获益、邮政获客、政府获赞的邮政惠农协同生态。聚焦乡村产业"融资难",为家庭农场、优质农民合作社社员、种植养殖大户等解决贷款问题，融资E贷款放款4769.16万元。聚焦“销售难”，做大农产品商流规模，加强产销对接渠道建设，实现农产品交易额4199.64万元。聚焦“物流难”，推广“特快极速鲜+快包农产品”寄递服务，逐户上门走访，实现农产品寄递服务应对接尽对接，寄递金额2378.03万元。融入地方助农惠农工程，组织开展3场“江阴好”系列农产品进机关、进企业、进社区“三进”展销服务活动和5场“江阴好”农特产品直播活动。年内，江阴市邮政分公司收到表扬信1封、锦旗1面。

2023年江阴市注册快递企业一览表

表20

企业名称	企业品牌	注册地址
中国邮政集团有限公司江苏省江阴市分公司	EMS	江阴市梅园大街383号
江阴市申通快递服务有限公司	申通快递	江阴市徐霞客镇峭岐博爱路2-1号
江阴市神鹿航空物流服务有限公司	OCS-SINOPANS	江阴市澄杨路98号16栋1210
江阴市鑫达快件服务有限公司	联邦快递	江阴市云亭街道云顾路13号
江苏申通国际货运有限公司	申通快递	江阴市周庄镇长寿村长啸路199号
江阴市全通速递有限公司	圆通速递	江阴市祝塘镇金庄路8号
江苏瑞德快递有限公司	申通快递	江阴市周庄镇长寿村长啸路199号
江阴市泽恩仓储物流有限公司	中通速递	江阴市月城镇冯泾路18号
江阴市韵仕达货运有限公司	韵达快递	江阴市祝塘镇祝璜路98号

（朱怡洁）

物流业

【概况】 2023年，江阴市贯彻落实习近平总书记对江苏工作重要讲话和重要指示精神，加快构建多式联运体系、多港联动格局，提升物流供应链驱动力，提高城市产业链竞争力。突出科学统筹和整体谋划，发布《江阴市推进多式联运多港联动建设现代化物流枢纽示范城市实施方案》《江阴市推进无锡（江阴）港高质量发展三年实施方案（2023—2025）》，推进《无锡（江阴）港总体规划》落地落实，加快建设现代化物流枢纽示范城市；推动构建枢纽通道，沪宁沿江高铁开通运营，锡澄轨道交通S1线开始运行，江阴靖江长江隧道右线贯通，沪武高速扩建工程江阴先导段进入施工阶段，徐霞客枢纽建设加速推进；服务上海国际航运中心建设，对接上海港、宁波港，优化航线航班，开通“江阴—挪威（奥斯陆）”远洋直达航线1条，“江阴—宁波—日本”近洋航线1条，新开“江阴—唐山”“江阴—宁波”内贸直航航线2条，累计开辟集装箱班轮航线53条，航班每周122班，件杂货航线16条；开展省重点物流企业培育和申报，围绕《关于推动江阴市“开放型经济更高水平开放、服务业更高质量发展”若干政策措施》，支持规模以上物流企业做大做强，兑现奖补资金616万元，江阴市长江港口综合物流园入选2023年度江苏省省级示范物流园区10强，江苏江阴港港口集团股份有限公司、华西化工码头有限公司入选2023年度江苏省重点物流企业30强；发展网络货运平台，推进互联网技术与物流行业深度融合，优化完善《江阴市物流运输企业政策奖励实施办法》，江苏华溢物流有限公司、江苏鼎晟运通管理有限公司、指北针供应链管理有限公司、江苏易船货科技有限公司等企业获得网络货运平台资质。11月10日，无锡（江阴）港外贸进口铁矿石码头扩能改造试点项目入选港口功能优化提升交通强国专项试点项目（第一批）。是年，江阴港港口吞吐量突破3.7亿吨，创历史新高，位列全国内河港口第三位；完成集装箱吞吐量57万标箱，比2022年增长7.55%；集装箱运量累计完成76万标箱，比2022年增长17%；本地重箱吞吐量33.14万标箱，比2022年增长6.36%。

【港口资源整合】 2023年，江阴港能级提升，新增每年8万~10万标箱作业能力，恢复8类、9类危险货物集装箱作业资质。10月，投资近20亿元的20万吨级改扩建项目开工。12月，长江（江阴段）疏浚沙综合利用项目开工，年末累计上岸疏浚沙35.63万吨。做亮“智慧港”品牌，江阴智慧港口公共服务平台项目一期提前建成并试运行。做优“开放型”平台，推进区港联动，实现化学药进口保税首单和单笔药品进口货值超千万元的双突破。

【物流项目建设推进】 2023年，在江阴市6个省级“十四五”物流业规划重点项目中，深国际（江阴）高端制造业供应链、江阴普凯标准厂房及仓储项目（一期）、中粮仓（江阴）扩建12万吨立筒仓仓储设施3项项目竣工投产；贝莱特华东（江阴）医药冷链数字化中心项目开工建设；长三角进出口邮件分拨中心项目和月城物流园项目启动规划设计。

【推进城乡共配】 2023年,江阴市完善城乡快递物流配送体系,搭建高效城乡配送网络,江阴飞达供应链服务有限公司派件772.5万件。在“交邮合作”取得初步成功的基础上,推动公交、邮政两网合一,扩大合作范围和服务进村的覆盖范围。是年,全市完成10个交邮联运节点建设。

【新增7个省绿色港口企业】 2023年,江阴市加快港口绿色低碳发展转型步伐,深化绿色港口建设。12月,江苏省综合交通运输学会港航分会公布2023年度江苏省绿色港口等级认定结果,中信中煤江阴码头有限公司、江苏丽天石化码头有限公司、江阴苏龙热电有限公司等7个港口企业获评,其中五星级1个、四星级2个、三星级4个。自2020年江苏省开展绿色港口创建以后,江阴市创建成功五星级绿色港口2个、四星级绿色港口2个、三星级绿色港口9个,绿色港口数量和质量均处于全省前列。

【首条集装箱外贸直航远洋航线开通】 2023年,江阴市织密江阴港集装箱航线网络,提升港口综合服务水平,增强货物进出口便利性,满足地区企业对接RCEP(区域全面经济伙伴关系协定)国家贸易物流需求。7月26日,无锡(江阴)港开通首条集装箱外贸直航远洋航线,中国籍货轮“天恩”号驶入江阴苏南集装箱码头3号泊位,完成装箱后驶往挪威(奥斯陆OSLO)中心港口。该条外贸新航线的开通,是无锡市“双联双提”* 工程的重要突破。

【全球最大装箱量集装箱船拖带出江】 2023年3月28日,由江苏扬子江船业集团下属企业——江苏扬子鑫福造船有限公司建造的全球最大装箱量集装箱船“鑫福104”轮通过江阴长江大桥。该船长399.9米、型宽61.3米,最大装箱量24346标箱,甲板面积24000平方米,最大堆箱层数25层,满载后可达22层普通住宅的高度,融合中国造船企业在集装箱船领域最新研发成果及智能化手段,具有安全、节能、环保、智能化程度高等优势,是当时全球装箱量最大的船舶。

【港口集团获评国家级“绿色港口”】 江苏江阴港港口集团股份有限公司2013年开始创建绿色低碳港口,建设分布式风力发电系统、风光互补供电系统、光伏发电系统等项目,风能、太阳能绿电占总用电量的近一半,集团通过“治粉尘、治垃圾、治污水、控排放、新能源、复造绿”等措施提高绿色发展水平,以绿色发展推动港口转型提质,促进港口高质量发展。2023年3月,经中国港口协会现场评审,江阴港口集团大澄分公司通过全国四星级“绿色港口”等级评价。

【国际智慧物流项目打造】 2023年,申通快递国际智慧物流项目致力于现代物流行业高质量发展,设置双层自动分拣矩阵、三层自动集包交叉带、自动转盘、面单6面扫DWS、4节装卸伸缩机等输送分拣设备及配套设备,通过信息识别、履带传送自动完成快件精准分拣、快进快出,实现物流的自动化、可视化、可控化、智能化、网络化,提高“端到端”的流通转化效率和物流生产协同效率,推动江阴转运中心成为集江苏省区域运营总部、电商运营、结算中心等功能为核心的智慧物流枢纽中心。该项目主体包括华士镇新出港场地建设及周庄镇老场地设备改造,其中一期工程华士镇新出港场地已投入使用,吞吐量从日均80万单提升至200万单左右,二期工程周庄镇老场地设备改造有序推进。

【申夏港区码头工程通过竣工验收】 2023年6月,江阴临港新城开发建设有限公司组织召开无锡(江阴)港申夏港区3号码头港池(东侧)码头工程竣工验收会,经现场勘查、审查资料等程序,项目通过验收。该工程位于长江下游江阴水道申夏港区,新沟河口至老夏港河口之间,距锡澄运河口上游约3.5千米,建设8个3000吨级多用途泊位,设计年通过能力219万吨,其中集装箱年通过量16万标准箱,是无锡市“双联双提”工程、江阴市“北战”战略、无锡(江阴)港高质量发展的重点推进项目,是长江中下游化肥、粮食等“散改集”“集改散”特色服务品牌。

(张 诚 张倩倩)

旅游业

【概况】 2023年,面对复杂严峻的国际形势、持续低迷的经济环境,江阴市文体广电和旅游局整合资源和市场,融合多元业态,丰富旅游业态,调整旅游产业结构,推动江阴市旅游业提质发展。做大做强徐霞客IP,举办第十八届中国徐霞客国际旅游节开幕式及文商体旅消费节系列活动。策应全国青年发展型县域试点建设,组织举办“缤纷夏日 活力暨阳”2023江阴文体旅青春消费季系列活动。启动“霞光在前 走读江阴——城市漫步(Citywalk)”活动。挖掘旅游资源,推出“游圣、军事、学政、民乐、中医”五大文化旅游线路;联合市纪委监委策划“廉洁文化旅游”线路产品;遴选推出“水韵江苏”长江文化旅游精品线路、非遗旅游线路、乡村旅游精品线路等特色线路。围绕“5·19”中国旅游日主题,推出优惠措施;指导全市重点文旅企业,推出各类消费休闲主题活动,有效拉动“江阴游”消费市场。融入上海大都市圈、长三角一体化、锡澄一体化,开展江阴文化旅游推介,联合无锡市锡山区、惠山区和常州市天宁区等周边城市建立长三角县域文化旅游协会合作联盟,举办旅游休闲消费嘉年华联合推广活动,释放文旅消费叠加效应。持续深化落实文旅合作,与连云港市灌云县开展结对帮扶合作。指导做好A级景区等级复核评定工作。推动江阴滨江要塞旅游区创建无锡市“无废景区”。联合市政府有关部门通过璜土葡丽和园民宿验收,并挂牌江阴市第五个民宿。按时完成《江阴市“十四五”旅游规划》中期评估报告;持续做好《长江国家文化公园江阴段建设保护实施规划》相关事宜。全年旅游总收入201.62亿元。

【“江阴—灌云”文旅对口帮扶合作】 2023年3月2日,江阴市文体广电和旅游局组织相关业务科室、下属单位、重点旅游企业,赴灌云县开展实地调研,对接帮扶合作项目。考察组实地考察该县公共文化阵地、A 级景区、工业旅游区、文旅消费区等地，了解当地文化发展主要情况。通过对接洽谈合作项目、开发线路产品，双方就未来加强公共文化服务领域合作共建、推进场馆阵地建设等方面达成共识。江阴文旅指导灌云县申报南北结对帮扶合作事项经费，为持续深化落实文旅合作争取有利政策。年内，灌云县出台四大国有景区对江阴市民免费开放的优惠政策。

【第十八届中国徐霞客国际旅游节】 2023 年 3 月 26 日，第十八届中国徐霞客国际旅游节开幕式暨运河公园樱花园开园仪式在运河公园三期举行，无锡市委常委、江阴市委书记许峰，江阴市委副书记、市长包鸣，江苏省文化和旅游厅旅游推广处处长于倩，无锡市文化广电和旅游局局长蒋蕴洁，江阴市人大常委会主任计军，江阴市政协主席邵文松，无锡市商务局副局长钟渊，无锡市体育局副局长李海红共同启动开园仪式，市领导程政、陈涵杰、杭成、钱晴、时平、张桂清等参加活动。该次活动以“春风又绿江南岸”为主题，聚焦江阴“一江一河”城市生态景观T台，策应长江国家文化公园江阴段建设，推动文商体旅多元融合，助推江阴文旅市场复苏振兴。旅游节期间，举办运河公园樱花节、顾山红豆文化旅游节、全国成人游泳锦标赛、璜土胡子小镇乡村旅游暨田园风筝节、狮山湖定向越野赛、东林半山“扑满好市”系列市集、中篇评弹《教我如何不想她》首演、滨江公园风筝帐篷节、第七届“全澄欢乐跑”、月城长三角龙舟邀请赛、2023“金杯”奖全国中老年手风琴邀请赛、滨江公园啤酒音乐节、2023 年江苏省青少年马术锦标赛、璜土葡萄文化旅游消费节、全民健身节、长泾月饼开炉节暨旅游消费节、徐霞客国际学术研讨会、“乡村振兴 漫居郁桥”农文旅推介、2023GLDC 国际标准舞全国锦标赛、《徐霞客之路》大型民族交响乐首演等系列活动。

【江阴—惠山文体旅一体化发展座谈】 2023 年 4 月 12 日，江阴市文体广电和旅游局组织市体育和旅游产业联合会、重点企业一行，赴惠山踩点踩线，召开江阴—惠山文体旅一体化发展座谈会，做好“政府搭台，企业唱戏”文章，为两地资源互通、合作引流、共同促进“研学＋旅游”“赛事＋旅游”等新消费业态搭建交流合作平台，推动两地文旅协作合作工作持续扎实开展。

【大理（江阴）文旅推介会】 2023 年 4 月 26 日，“霞客春风·穿越时空——跟着霞客游大理”大理（江阴）文旅推介会在江阴市举办。云南省大理白族自治州原政协副主席、大理白族自治州徐霞客研究会顾问陆璐及研究会一行、大理白族自治州有关旅行社及景区负责人，江阴市文体广电和旅游局党委书记冯涛和局相关责任科室、江阴市徐霞客研究会、江阴市旅行社代表参加会议。该次推介活动，播放大理白族自治州文化旅游宣传片《有一种生活叫大理》，推介 5 条霞客主题线路，两地旅行社代表签订意向性合作协议。

2023 年 6 月 22 日，第十八届中国徐霞客国际旅游节的活动之一——长三角龙舟邀请赛在月城镇双泾生态园举行 （市文体广电和旅游局提供）

【“中国旅游日”文旅推介】 2023 年 5 月 19 日，江阴市文体广电和旅游局组织参加“美乡美宿 惠游惠山”惠山区“5·19”中国旅游日主题活动，开展江阴文旅专场推介，联手无锡市锡山区、惠山区共同发布 3 条锡澄一体化旅游线路，整合集聚优质文化旅游资源，搭建区域文旅合作推广新平台，促进三地文旅资源融合共享。

【旅游休闲消费嘉年华活动推广】 2023 年 5 月 20 日，江阴市文体广电和旅游局在敔山湾启动 2023 江阴—长三角旅游休闲消费嘉年华联合推广活动，携手连云港市灌云县、常州市天宁区、无锡市锡山区和惠山区文旅单位，举办文艺演出，推出文旅精品、风味好物，为市民游客献上“好看、好玩、好购”的惠民休闲大餐。

【江阴市旅游协会换届】 2023 年 7 月 25 日，江阴市旅游协会召开第五次会员代表大会，会议审议通过《江阴市旅游协会第四届理事会工作报告》《财务工作报告》《章程（修正案）》，选举产生江阴市旅游协会第五届理事会成员和监事，朱松林当选会长，吴协平、缪舒炎、张晓钟、唐伟芳为副会长，葛仁堂任秘书长，聘请唐仲贤为名誉会长。江阴市政协副主席、市文体广电和旅游局局长钱晴等领导和江阴市旅游协会会员代表出席大会。

【“霞光在前 走读江阴——城市漫步（Citywalk）”活动启动】 2023 年 10 月 14 日，江阴市委常委、宣传部部长程政，副市长杭成，市政协副主席、市文体广电和旅游局局长钱晴以及团市委、市委统战部、文商旅集团等部门领导在江阴高铁站启动“霞光在前 走读江阴——城市漫步（Citywalk）”活动，市各部门、镇（街道）分管负责人，江阴商会乡贤、南京理工大学（江阴校区）和江阴职业

2023 年 10 月 14 日,“霞光在前 走读江阴——城市漫步(Citywalk)”活动在江阴高铁站启动 （市文体广电和旅游局提供）

技术学院大学生、海归人才等参加活动。活动发布《读澄记——典籍里的江阴》城市漫步线路、“江阴walk”青年爆款养成计划、“万人坐高铁游江阴”、“以跑会友 畅游江阴”体旅融合等项目,通过城市漫步(Citywalk)这一全新的生活方式,开启城市文旅体验新视角,传递“游圣、军事、学政、民乐、中医”五大文化名片的魅力,赋能江阴文体旅产业融合高质量发展。

【“东方甄选看世界”直播江阴】 2023 年 10 月 28 日,“东方甄选看世界”到江阴市,通过“旅游直播、文化讲解、特产带货”三者合一的模式,推荐江阴市文化旅游资源。新东方创始人俞敏洪、主播董宇辉游览江阴鹅鼻嘴公园、小石湾炮台、徐霞客故居,和万千网友一起领略锁航要塞、江尾海头的风光景色,探寻游圣足迹。该次直播的“抖音”及官方App 直播间观看人数突破 5 万人次,“抖音”直播间总点赞量 1970 万个。

（顾情义）

重点市场

【概况】 2023 年,江阴长江港口物流园区交易中心、江苏华东石化物资交易市场、江阴市贯庄金属材料市场有限公司、江阴综保区交易市场、江阴沿江石化市场有限公司、江苏长阳金属材料市场有限公司、江阴景澄物流配送交易市场 7 个专业市场开票销售均突破百亿元。是年,7 个百亿级市场上缴税收 13.3 亿元,比 2022 年下降 0.3%。

【江阴长江港口物流园区交易中心】 该中心位于滨江西路 2 号,拥有各类商务、交易服务配套用房 8 万平方米,入驻客户 4313 个,是一个以金属材料、煤炭能源、纺织机电等产品交易为主,兼具港口货物装卸、仓储、水陆运输等功能的集物流、商贸于一体的大型综合交易市场。2023 年,该中心受国际形势复杂多变、国内经济复苏速度缓慢、大宗商品需求不振等因素冲击较大,整体运行处于调整之中。全年引进新企业 196 个。是年,该中心成交额 934.94 亿元,上缴税金 5.61 亿元。

【江苏华东石化物资交易市场】 该市场位于滨江西路 2 号,拥有各类商务、交易服务配套用房 2 万平方米,入驻客户 998 个,是一个以石油化工产品为主的大型专业交易市场。2023 年,市场受汇率市场大幅波动、下游需求减弱等因素影响,整体运行处于调整之中。市场内江阴市金桥化工有限公司为“中国服务业企业 500 强”“中国民营企业 500 强”“江苏省民营企业 200 强”企业。是年,市场新入驻企业 38 个,成交额 708.11 亿元,上缴税金 1.49 亿元。

【江阴市贯庄金属材料市场】 该市场位于江阴市果园路 9 号,始建于 2000 年,占地面积 15.87 公顷,是一个集钢铁贸易、物流仓储、商务服务于一体的综合性大型专业市场,入驻钢贸企业 400 余个。市场成交额逐年递增,先后被评为无锡市优秀市场、全国文明诚信经营示范市场、中国商品百强市场等。2013 年,市场仓储搬迁至南闸街道群友钢材市场(江阴市锡澄路 892 号),占地近 20 万平方米,拥有 7.8 万平方米库房和 180 米(锡澄)运河岸线,年吞吐量 650 万吨。市场以数字化仓库为目标,不断升级仓库软件,采用二维码提单提货,实现无纸化管理;改造仓库布局,增加设备联网等技术手段,实现仓库的可视化,实时监控库存、入库、出库等情况;采用智能地磅,实时采集车辆出入库过磅重量,实行智能化车辆引导。2018 年开发专门为钢厂、贸易商、终端客户、物流等各环节提供配套服务的电子商务平台,即江阴卓能钢材电商平台(卓能网),实现线上、线下同时交易,与招商银行、农业银行等银行完成网上支付的支付功能测试。2023 年,市场两个载体上缴税金 8117 万元。

【江阴综合保税区交易市场】 该市场位于江阴市海港路 18 号,规划总面积 3.6 平方千米。2023 年,市场引进新注册企业 78 个,累计在册企业 966 个。招引新项目 13 项,举办综保区项目集中开工仪式、长三角创新合作项目签约活动,江阴凯迈机械有限公司、无锡光思伏新能源科技有限公司实现当年签约当年投产,德海汽车零部件、动力电池干法隔膜等项目快步推进。开工建设中园慧创科创载体、筷牧食品冷链销售检测中心、乌克兰盛婠冷链物流加工等项目。全年完成跨境进出口值 4291 万美元,突破高价值进口药品首单,完成一票租赁贸易。是年,市场完成开票销售 478.65 亿元,上缴税金 1.66 亿元。

【江阴沿江石化市场】 该市场位于江阴市璜土镇石化新材料产业园,成立于 2006 年,入驻各类企业 800 余个,主要涉及石油化工、金属材料、纺织材料、新能源科技等领域。市场依托辖区内的生产型大企业,发展产业链上下端的贸易招商,推进各类优质企业入驻。2023 年,市场内江阴市川江化工有限公司入围

"中国服务业企业500强"。是年，市场上缴税金1.79亿元。

【江苏长阳金属材料市场有限公司】 该市场位于江阴—靖江工业园区沿江高等级公路21号，是一个集仓储、金属加工、物流配送、贸易经营于一体的综合性大型物流配送交易市场。市场总投资3亿元，占地面积25万平方米，拥有商务办公楼2万平方米、室内仓库5.3万平方米、室外仓库4.8万平方米。市场入驻经营客户200余个，年销售钢材300万吨。市场调整战略决策，改善营销模式，利用电子商务开展产品销售与市场开拓，开源节流提高效率，合理调配各种资源节能降耗。加大技术改造和招商力度，提供优质服务，完善各项配套设施，借助互联网优势，更新优化市场网站，制作微信小程序，进行线上线下推广。2023年，市场做好各项管理工作，加强安全检查，对现场所有行车进行检查整改，确保安全生产。是年，市场完成开票销售259.26亿元，上缴税金1.34亿元。

【江阴景澄物流配送交易市场】 该市场位于江阴市澄江东路3号，隶属玖隆钢铁物流有限公司，总投资1.6亿元，占地面积13.4万平方米，是一个集仓储、金属加工、物流配送、贸易经营于一体的综合性大型商贸流通产业园，是华东地区具有一定规模的钢铁物流交易市场。市场拥有室内仓库5万余平方米，入驻企业主要涉及金属材料、化工贸易、五金机电、物流运输、纺织等贸易流通领域。2023年，该市场实施维修改造工程，提升园区环境。严格落实人员培训、设备到期检测及相关风险演练工作，保障市场安全运行。优化服务，新增仓储租赁面积8700平方米，保持与厦门建发集团有限公司、江苏苏美达集团有限公司、江阴景和钢铁贸易有限公司等客户联系，落实仓储协议的续签工作，确保仓储业务保持在30万吨以上水平，坚持引入资源和仓库场地出租双向发展。是年，市场完成开票销售104.26亿元，上缴税金6002万元。

【江南农副产品批发市场】 该市场位于江阴市锡澄路88号，是一个集副食、粮油、蔬菜、水果、水产、冷冻制品等于一体的大型综合性农副产品批发市场。市场于2004年1月9日开业，注册资本8500万元，占地面积21.8公顷，建筑面积16万平方米，总投资4.2亿元，入驻各类经营户近1000户。主要分为副食区、水果区、蔬菜区、水产区、粮油区、冰鲜鸡交易区、猪肉批发区、冷冻区、生鲜肉类区、自产自销区、零售区、干货区、商贸城及海鲜综合批发区14个区域。市场在苏南地区乃至全国同行业享有较高的知名度和优良口碑，曾获评农业部"定点市场""全国农产品综合市场——十大市场""全国农产品综合批发——五十强市场"等。该市场农产品批发量占全市消费量的80%以上，批发范围辐射至苏州市、泰州市、常州市、无锡市等周边地区。市场进行大规模整合建设，完善配套服务设施，2011年投资350万元成立新的检测中心，2012年成立监控中心，2021年在淡水鱼区成立电子结算系统，实现商品可追溯。2023年，市场升级门禁系统，向智能化市场转型。市场快检检测92453次，其中销毁不合格蔬菜、水产品1546.2千克，检测总量比2022年增长2.13%，全年市场成交额47.5亿元。

【江苏中农都农副产品批发市场】 该市场位于江阴市锡澄路1189号，占地面积20万平方米，2023年3月30日开业，辐射长三角核心区域，是一个多功能智慧化农副产品一级批发市场。市场包含果蔬、水产、鲜肉、冷冻、南北货、粮油、副食、百货8个大厅，拥有8栋4万余平方米蔬菜、水果一级批发大棚，1栋鲜肉一级批发交易大厅，39栋农产品、商业经营用房，自持恒温、低温冷库房，存储量2万吨。市场配套专用小客车及货车停车场地约2万平方米，满足商户及消费者停车需求。市场内设置标准化农产品快速检测室，检测项目覆盖农残、兽残、非法添加和重金属等重要检测项目筛查。设置食用农产品快检信息显示屏，集中公示入场销售食用农产品抽检结果信息。市场致力于提供高品质产品和优质服务，通过引进新品种、改进物流系统、提升售后服务，提升客户满意度和品牌影响力。2023年，市场检出不合格食用农产品20批次，销毁不合格食用农产品5吨。是年，市场成交额20亿元。

（陆晓晓）

■类目编辑 聂小琴

金 融 业

综　述

【概况】　2023年,江阴市金融系统面对世界经济复苏动力不足和国内周期性、结构性矛盾交织叠加等困难挑战,全面贯彻习近平总书记对江苏工作重要讲话重要指示精神,认真落实中央金融工作会议和江苏省、无锡市决策部署,坚持稳中求进工作总基调,深入实施“南征北战、东西互搏”战略*,加快建设现代化滨江花园城市,全力巩固经济社会平稳健康发展态势,在维持金融系统稳定的同时,进行改革创新,提高金融业服务质量,围绕支持实体经济、强化信贷服务、推动金融创新、强化风险合规、完善融资担保等方面不断向持续稳健、成熟高效、高质量发展的方向迈进,实现规模、质量和效益的良性扩张,有效保障江阴经济社会的稳定发展,为继续当好全国县域高质量发展排头兵贡献金融力量。至年末,全市金融机构本外币各项存贷款余额首次突破万亿元大关,累计余额10863.91亿元,比2023年年初增加1238.78亿元;各项贷款余额4865.1亿元,比2023年年初增加615.19亿元。全市制造业贷款余额1426.32亿元,占全市贷款余额(不含贴现)比重为31.81%,高于无锡市平均11.84个百分点。普惠贷款有贷户40496户,比2022年增长25.86%,普惠小微贷款余额699.38亿元,比2023年年初增加153.92亿元,增长28.22%,高于无锡市平均1.86个百分点。全市保险机构保费收入累计104.87亿元,比2022年增长16.61%;赔付支出累计19.19亿元,比2022年增长20.85%。证券交易开户总数481447户,年度交易额10183.49亿元,年度累计上缴税金1865.67万元。全市小贷公司贷款余额15.37亿元,比2023年年初增加0.66亿元,增长4.47%。全市典当公司贷款余额1.27亿元,比2023年年初增加127.72万元,增长1.01%。全市担保机构担保余额35.59亿元,比2023年年初增加5.77亿元,增长19.37%,平均放大4.19倍。

【澄信金融】　2023年,江阴市地方金融监督管理局启动“金融+”进板块系列活动、举办银企面对面交流恳谈会等形式多样的政银企对接活动,揭牌无锡“金融会客厅”——江阴金融服务驿站。通过政府搭建银行和企业之间沟通的平台,增进互信,深化金融服务颗粒度,健全服务机制,聚焦融资需求,强化精准服务,引导和鼓励银行业金融机构加大金融产品创新力度,扶持各类企业发展,不断将政银企合作引向深入,着力营造最优金融生态。全年开展政银企对接活动8次,涉及银行、企业人员500人次,累计授信金额704.1亿元。同时,发挥澄企联中小企业转贷资金平台的“纾困增效”作用,推动平台与驻江阴银行机构合作。澄企联中小企业转贷资金因其建立健全多元化可持续的城镇化投融资机制,有效缓解中小企业融资难、融资贵的问题,全年转贷金额累计61.82亿元、惠及企业服务企业635个,为企业节约融资成本1831.89万元。年内,支持江阴农商银行做大“苏质贷”,全年累计放款4.85亿元,服务企业50个;支持江苏银行开展“人才贷”业务,创新与“高科贷”叠加、错位支持方案,全年为27个企业提供“人才贷”金额1.13亿元;9个银行机构为全市96个科创企业实现知识产权质押融资9.7亿元;推动南京银行江阴支行投放江苏省内首笔“环保担”贷款3500万元;推动江阴市政府先后与农业发展银行江阴市支行、江苏银行江阴支行、中信银行江阴支行签署意向性投融资战略合作协议,意向授信金额累计900亿元,有效支撑全市经济发展。　(刘　亮)

银行业

【概况】　2023年,江阴市各银行机构扎实推进服务实体经济、深化金融改革、防控金融风险等工作任务,以高质量履职持续推动辖区经济金融高质量发展。至年末,全市银行机构各项存款余额5998.81亿元,比2022年增长11.6%,其中非金融企业存款余额2713.48亿元,比2022年增加250.76亿元。各项贷款余额4865.1亿元,比2022年增长14.48%,其中企(事)业单位贷款余额3973.27亿元,比2023年年初增加571.59亿元；住户贷款余额879.07亿元，比2023年年初增加39.39亿元，存贷款维持平稳增长态势。全市不良贷款余额比2022年有所增加，不良贷款率上升0.10个百分点。

2023年江阴市银行机构存款情况一览表

表21

单位	人民币存款		外币存款	
	年末余额（亿元）	比2022年增减（%）	年末余额（亿美元）	比2022年增减（%）
农发行江阴市支行	13.30	-21.87	—	—
工商银行江阴支行	485.88	42.25	0.68	44.81
农业银行江阴分行	922.55	20.26	3.40	3.65
中国银行江阴分行	425.87	18.85	5.52	24.41
建设银行江阴支行	474.68	17.92	7.06	98.22
交通银行江阴分行	222.68	4.11	1.16	-17.43
浦发银行江阴支行	336.04	-4.11	0.85	-17.53
招商银行江阴支行	147.00	4.25	0.67	43.08
中信银行江阴支行	123.06	2.57	0.61	-38.77
华夏银行江阴支行	58.18	-38.20	0.25	462.65
兴业银行江阴支行	66.84	11.79	0.12	12.29
北京银行江阴支行	19.84	-17.50	0.02	-26.24
南京银行江阴支行	194.13	0.15	0.70	291.80
光大银行江阴支行	64.80	23.27	0.11	464.68
民生银行江阴支行	64.24	2.18	0.16	-68.38
恒丰银行江阴支行	38.45	-7.57	0.08	141.03
浙商银行江阴支行	42.60	20.26	0.00	-1.65
渤海银行江阴支行	8.92	26.05	0.00	—
广发银行江阴支行	50.48	-35.24	0.00	6.08
平安银行江阴支行	55.02	-10.78	0.01	-27.52
南洋银行江阴支行	10.29	-10.59	0.23	452.15
宁波银行江阴支行	144.60	29.84	0.98	-8.95
江苏银行江阴支行	210.46	12.96	0.99	-11.10
苏州银行江阴支行	16.71	-7.01	0.00	58.60
江阴农商银行	1236.11	11.00	0.97	-11.55
常熟农商银行江阴支行	12.57	20.20	—	—
张家港农商银行江阴支行	33.69	24.45	—	—
无锡农商银行江阴支行	37.40	-18.57	—	—
江阴浦发村镇银行	13.32	7.20	—	—
汇丰银行江阴市支行	3.14	-73.72	0.03	-36.93
邮储银行江阴市支行	240.94	21.27	0.00	-32.34
上海银行江阴支行	24.10	93.26	0.00	—

说明：因外币存款单位为亿美元，且小数点仅保留两位，部分银行外币存款余额为0（浙商银行江阴支行外币存款余额34万美元；渤海银行江阴支行外币存款余额11万美元；广发银行江阴支行外币存款余额31万美元；苏州银行江阴支行外币存款余额18万美元；邮储银行江阴市支行外币存款余额8万美元；上海银行江阴支行外币存款余额6万美元）

2023年江阴市银行机构贷款情况一览表

表22

单位	人民币贷款		外币贷款	
	年末余额(亿元)	比2022年增减(%)	年末余额(亿美元)	比2022年增减(%)
农发行江阴市支行	99.55	1.28	—	—
工商银行江阴支行	403.85	12.83	—	-100.00
农业银行江阴分行	562.63	12.85	0.88	24.84
中国银行江阴分行	328.27	27.29	0.67	-27.27
建设银行江阴支行	516.59	22.07	3.61	54.11
交通银行江阴分行	191.03	1.68	0.02	-79.14
浦发银行江阴支行	192.35	1.51	—	-100.00
招商银行江阴支行	129.66	35.81	0.06	-2.62
中信银行江阴支行	156.15	6.58	—	-100.00
华夏银行江阴支行	82.30	-10.89	—	—
兴业银行江阴支行	94.74	31.15	—	-100.00
北京银行江阴支行	42.21	54.49	—	—
南京银行江阴支行	145.78	-4.90	0.25	41.68
光大银行江阴支行	148.68	12.73	0.18	-50.09
民生银行江阴支行	57.09	36.61	—	—
恒丰银行江阴支行	56.35	147.86	—	-100.00
浙商银行江阴支行	34.99	77.01	—	—
渤海银行江阴支行	37.28	14.16	—	—
广发银行江阴支行	40.46	-10.81	—	—
平安银行江阴支行	44.71	9.78	—	—
南洋银行江阴支行	18.83	-16.23	—	—
宁波银行江阴支行	115.81	23.12	0.09	-90.76
江苏银行江阴支行	185.31	7.48	—	-100.00
苏州银行江阴支行	30.01	24.01	—	-100.00
江阴农商银行	784.30	14.41	0.10	-42.77
常熟农商银行江阴支行	37.53	26.82	—	—
张家港农商银行江阴支行	15.60	12.20	—	—
无锡农商银行江阴支行	89.83	5.15	—	—
江阴浦发村镇银行	13.45	-16.49	—	—
汇丰银行江阴市支行	9.33	122.32	—	-100.00
邮储银行江阴市支行	109.49	37.20	—	—
上海银行江阴支行	33.97	104.12	—	—

【中国人民银行江阴市支行】 2023年,支行有职工35人。内设办公室、纪检监察室、金融服务一部、金融服务二部、金融管理部、外汇管理部6个部门。全年深入贯彻落实中共中央及上级行有关金融工作和经济社会发展的各项决策部署,引流金融资源全方位灌溉实体经济领域,深耕乡村振兴、绿色金融、外汇服务等重点领域,紧抓金融风险防控关键环节,牢牢守住不发生区域性、系统性金融风险的底线。

推动实体经济稳中有进。抓住银行作为货币政策传导中枢的关键,通过行长联席会、专题座谈会、专题调研等形式,引导金融机构多渠道"输血",全力保障实体经济资金需求,金融总量指标保持较快增长态势;充分发挥货币政策工具的精准滴灌作用,着力疏通货币政策直达实体经济的堵点,有效引导金融资源投向重点领域,有力支撑全市经济平稳向好;深入推进小微金融服务"敢贷、愿贷、能贷、会贷"长效机制建设,做到广宣传、重引导、强考核,持续促推银行机构普惠金融服务能力不断增强、普惠金融服务覆盖面不断扩大,全市普惠小微贷款较快增长态势得到保持。12月末,全市制造业贷款余额1426.32亿元,比2023年年初增加156.23亿元,增长12.69%,为近五年同期最快增速,比2022年上升10.74个百分点。全市基础设施贷款余额1470.53亿元,比2023年年初增加274.12亿元,增长22.91%,高于全市贷款增速8.1个百分点。全市涉农贷款余额3449.62亿元,比2023年年初增加429.04亿元。全市普惠小微贷款余额699.38亿元,比2022年增长28.22%,高于全市贷款增速13.5个百分点。

推动金融改革成势见效。继续推动江苏首个专精特新"小巨人"企业快贷中心建设,建立相关监测机制;研究搭建江阴乡村振兴数字化金融服务平台,助推"金融支持乡村振兴示范区"建设;加大农村信用体系建设,重点围绕"三信"(信用户、信用村、信用乡镇)评定"、征信促融等工作,助推辖区农村信用体系建设高质量发展。会同市政府有关部门、金融机构、中诚信绿金公司,聚焦绿色金融"江阴有什么、江阴缺什么、江阴应该抓什么"三个问题开展大讨论,明确"标准+数据库+政策支持体系+综合服务体系"的转型金融工作框架,有序开展绿色金融改革创新。推动区块链应用场景创新扩面,推动"银企融资对接"应用场景试点上线首日落地,拓宽中小企业融资渠道,至12月末,银行受理融资授信业务3笔,金额325万美元。加大优质服贸企业试点推进力度,持续推动专精特新及高新技术企业参与试点,至12月末,新增贸易便利化试点银行3个、试点企业148个(货贸企业97个、服贸企业51个),其中新增专精特新及高新技术试点企业18个,累计办理贸易便利化试点业务26458笔,金额36.68亿美元,比2022年分别增长198%、122%。加强跨国公司跨境资金集中运营业务政策的宣传和指导,使市场主体更好地享受政策红利,全年辖内8个集团企业通过跨国公司外币资金池跨境流入4.54亿美元,跨境流出4.07亿美元,境内资金归集23.97亿美元。

推动金融生态持续向好。深入推进风险监测预警协调机制建设,定期组织召开相关会议,重点加大对中小金融机构流动性风险和信用风险的关注度,金融风险监测预警工作不断深化。强化与市纪委监委、公安、司法机关的协作,进一步健全"线索梳理+证据固定+侦办宣判"三轮驱动工作机制,积极拓展洗钱案源,加强存量案件排查分析,加强协作配合,挖掘有价值的线索,至12月末,推动全辖以洗钱罪宣判案件3件、检察院在诉1件、法院待宣判1件。会同市公安局构建反诈保护性止付机制,共同制定"公安出函—人行承接—商行管控"工作流程,做好诈骗受害人预警劝阻账户资金保护工作,压降江阴地区涉诈案件数量,至12月末,辖区止付账户数51000余户,涉及受害人数量7100余人。与市公安局建立打击非法金融活动常态化合作机制,在案情共享、线索分析、行刑衔接等环节加强协作,畅通联动机制,强化与市监管部门合作,牵头制订跨部门监管计划。清明节,对辖内10个祭祀用品类经营单位开展监管走访,对非法使用人民币图样行为起到打击、震慑作用。

推动金融服务提质增效。聚焦惠民利企,健全财税库银横向联动机制,优化退税处理流程,实现退税业务即来即办,及时释放政策红利,帮助企业纾难解困。至12月末,退库35.6万笔、129.63亿元,其中"六税两费"即资源税、城市维护建设税、房产税、城镇土地使用税、印花税(不含证券交易印花税)、耕地占用税,教育费附加、地方教育费附加,减免退税10634笔、0.18亿元;留抵退税1135笔、23.92亿元;出口产品退税12536笔、88.05亿元。紧紧围绕应用增量扩面、场景持续创新、生态不断完善总目标,积极开展数字人民币试点工作,至12月末,全市个人钱包、对公钱包累计月活69.13万个、线下门店改造2.81万户,数字人民币试点正指标水平指数排在无锡市全辖第一。坚守征信信息安全底线,定期督促征信接入机构、代理查询点、政务中心查询窗口做好信息安全工作,严格落实系列信息安全管理要求,防止差错事故的发生。健全辖区金融纠纷多元化解运行机制,至12月末,金融纠纷多元化解工作站调解金融案件116件。面对保交楼、降息等大背景,12345政务服务便民热线投诉咨询量激增,及时回应群众诉求,办结率100%。抓住"3·15""6·14""12·4"等时间节点,构建"志愿服务+金融宣传"双轮驱动工作模式,开展金融知识宣讲活动,进一步提升群众金融素养水平。 (朱艺叶)

【国家金融监督管理总局江阴监管组】 2023年,国家金融监督管理总局江阴监管组有员工3人。3月,中共中央、国务院印发《党和国家机构改革方案》,决定在中国银行保险监督管理委员会基础上组建国家金融监督管理总局,5月18日,国家金融监督管理总局揭牌。7月20日,国家金融监督管理总局无锡监管分局正式揭牌。是年,国家金融监督管理总局江阴监管组坚持以习近平新时代中国特色社会主义思想为指导,认真学习贯彻中共二十大及中央经济工作会议精神,全面贯彻落实上级各项决策部署,立足新发展阶段、贯彻新发展理念、构建新发展格局,担当作为,攻坚克难,推动各项工作取得较好成效。

持续开展党风廉政和纪律规矩教育。研究制定学习宣传贯彻方案,召开集体学习研讨会,专题学习中共二十大报告及辅导读本,确保各项要求落到实处。按月开展学习教育,增强执纪意识;通过案例学习,警钟长鸣,以案为戒,时刻保持警醒;通过中央八项规定*精神落实情况自查,"四风"*问题"回头看",廉政风险、保密制度执行情况等盘查,提升遵纪守法自觉,远离"红线""高压线"。传导新时代主流思想舆论,弘扬中华民族传统美德和文化,贯彻落实好中共中央、系统各级党委关于意识形态工作的决策部署和指示精神,营造积极向上的氛围。

坚持金融赋能实体经济的根本宗旨。加强调研和窗口指导,推动江阴银行业进一步优化金融资源配置,聚焦民营经济、制造业、普惠型小微企业、高新技术企业和绿色经济等的金融赋能。至2023年12月末,江阴辖内银行民营企业贷款余额2036.99亿元,占比42.03%,比2022年增长10.88%;制造业贷款余额1426.32亿元,占比31.81%,比2022年增长14.51%;普惠型小微企业贷款余额596.1亿元,比2022年增长26.76%;高新技术企业贷款余额288.86亿元,比2022年增长27.24%;绿色经济贷款余额501.38亿元,比2022年增长54.18%。

突出重点领域稳定和重点机构风险防范工作。配合市政府做好涉险房地产企业的风险化解。根据市政府相关工作要求,督促银行机构加强房地产预售资金监管账户的管理,确保工程款和农民工工资的及时支付,同时协调银行机构尽量满足涉险房企贷款展期等合理纾困要求,确保"保交楼"工作完成;根据联合出台的无锡房地产新政20条,推动机构落实"认房不认贷"、存量首套房利率调整等政策,促进房地产市场平稳健康发展。推动银行配合地方政府依规开展存量债务的化解处置,防止"硬着落";强化大额授信风险动态监测,按季组织银行召开大额信贷风险分析会,依法依责配合地方政府做好风险协调处置,努力做好企业的帮扶工作;重点推动江阴浦发村镇银行信用风险排查处置。对存量贷款,督促准确信贷分类,充分揭示风险,逐笔逐户制定风险化解处置方案,加大不良处置和核销力度,同时争取发起行和地方政府支持,并强化新增信贷的拓展和管理,确保优增量信贷稀释存量风险。

稳慎应对各类金融风险。坚持系统观念、底线思维,强化源头治理,探索建立并用好"监测预警、介入处置、有效防御"风险防控监管体系,严守不发生系统性风险底线。有序处置江阴地方大型企业风险。组建华西集团72.36亿元、法尔胜泓昇集团52.84亿元联合授信,协调推进阳光集团联合授信组建工作,推动华西财务完成股权解质押登记备案、三房巷财务启动解散申请流程,切实维护地方经济社会稳定。督促银行机构加快西城三联控股集团等企业的风险暴露,及时下调贷款风险分类,指导西城集团债委会推进企业破产重整进程,有序推动风险出清。

夯实依法管监基础。规范监管履职,修订行政处罚、市场准入、消保委员会工作规则,开展行政处罚"回头看"、行政许可不规范行为专项排查和信访举报专项督查,进一步提升履职规范性。信访举报投诉处理,召开消保工作专题会议,制定投诉处理回访、举报疑难件会商等机制,编发消保制度及案例汇编,规范举报人沟通话术模板,上线"红黄警示"办理时限提醒小程序,提升信访举报应对能力。

织密社会安全稳定"防护网"。强化安全生产管理,组织开展"安全生产月"活动,举办"学法守法用法筑牢安全防线"专题讲座,开展安保事故隐患专项排查整治行动。年内与江阴市公安局联合开展银行业第八轮安全评估检查,针对问题落实闭环管理,对有问题机构下发监管提示函,推动以查促改、消除隐患,全年未发生重大安全生产事故。强化金融消费者权益保护,指导开展防范非法集资、打击治理电信网络诈骗、金融消费者权益保护教育宣传月活动。

优化车险理赔。强化社会民生保障,指导辖内保险机构"车险理赔服务质量提升年"活动与无锡市"e路通"交通事故处理服务新机制有机结合,组织保险机构实地参观指挥大厅、实景体验理赔流程、实际使用经验交流,推动6个保险公司借助科技赋能,实现屏对屏取证、不见面定责和精准打击保险欺诈。针对车辆理赔难点,邀请行业车险理赔资深专职人员和交警支队警务技术专家专题讲解事故车辆定损、人伤理赔和交通法规等实务知识,覆盖全辖超百余名理赔从业人员。无锡市保险业协会联合无锡市金融工会,举办车险业务职工技能竞赛,通过理论考试、车辆定损实务、新能源汽车实操、视频快处等系列比赛环节,进一步提升车险理赔人员的综合技能。围绕深化品牌打造,联合市公安局交警大队,组织开展"保险力量,警保联动保畅通"等广场宣传活动,进一步扩大"e路通"知晓覆盖面,帮助客户体验一键完成"双报"(公安报警和保险报案)和一码维修、一码就医等服务。

提升金融为民能力。推进《中国银行业自律公约》调研,对全市银行业基层网点职工工作状况进行专题调研,推动自律公约走深走实,保障基层网点职工合法权益。协助无锡市银行业协会举办两期银行高管人员培训班,与厦门大学联合举办银行高管人员培训班,邀请浙江大学教授上门授课,促进全市银行业高质量发展。

2023年年末,全市银行业金融机构32个,与2022年持平;银行网点数280个,比2022年减少2个;从业人员4960人,比2022年减少28人;在编人员4818人,比2022年减少24人;存款总额5998.81亿元,比2022年增长11.6%;贷款总额4865.1亿元,比2022年增长14.48%;不良贷款余额66.52亿元,比2022年增加10.94亿元,不良贷款率1.38%,比2022年上升0.11个百分点;全年实现账面利润81.6亿元。

(金仁明)

【中国农业发展银行江阴市支行】 2023年,支行有在编员工19人。内设客户部、综合部2个部门。支行以党的建设为引领,以高质量发展为主题,围绕年度目标任务,扎实推进各项工作。是年,支行获评江苏省分行先进基层党组织。

保证收储资金供应。全年累计发放收购贷款2.75亿元,其中支持夏粮收购资金1.09亿元,收购小麦4.12万吨;支持秋粮收购资金1.52亿元,收购稻谷5.63万吨;支持成品粮油轮换资金0.14亿元,轮入大米3370吨、成品油200吨。

支持园区改革。围绕江阴园区规划和整治提升实施方案对接各板块,以“江阴市集体土地入市试点”为契机,深度融入地方产业园区改革,因地制宜创新园区支持模式,于2023年1月投放工业园区改造类贷款5亿元,用以支持周庄环保设备产业园提升改造。

支持农地业务。支持江阴临港城市建设发展有限公司实施的江阴临港绿色智造产业园升级改造项目。该项目获批贷款10亿元,至2023年年末,累计投放3.5亿元。

2023年年末,支行各项贷款余额99.55亿元,比2022年增长1.28%;贷款日均余额99.98亿元,比2022年增长5.59%。各项存款余额16.31亿元,比2022年下降10.87%;存款日均余额17.24亿元,比2022年下降34%。FTP利润(商业银行内部资金定向转移带来的利润)1.05亿元。无不良贷款,无违规违纪案件发生,实现安全生产无事故。 (郁聪慧)

【中国工商银行股份有限公司江阴支行】 2023年,支行有员工352人。内设个人金融业务部、公司金融业务部、机构与结算业务部、信贷管理部、综合管理部等5个部门,下辖1个营业室和24个二级支行。是年,支行以开展主题教育契机,强化服务实体经济的主责主业,守住不发生系统性风险底线,进一步提升市场竞争能力。年内,获评江阴市重点骨干企业、市服务地方先进单位。

服务实体经济稳定支撑。支行大力支持城市更新、产业绿色转型,累计审批新项目8项,审批金额43.26亿元;普惠业务比2022年增加15.16亿元。配合供给侧结构性改革,聚焦先进制造业发展升级,稳步提升信贷经营能力,注重信贷投向重点领域,民营企业贷款、制造业贷款平均增幅为10%,科技金融增长25%,绿色金融增长34%。2023年支行各项贷款比2022年增加45亿元。

乡村振兴服务快速推进。支行认真贯彻落实中共中央关于经济金融工作指示,结合全市工作部署,进一步推动普惠领域重点客群增长,客户服务覆盖面持续扩大,取得良好的发展成效。年末,普惠贷款余额47.07亿元,贷款增长37.27%,超贷款平均增速,贷款利率保持市场较低水平。全年累计投放普惠贷款88.21亿元,比2022年增长45.58%。普惠贷款客户数2183户,比2022年增加585户,增长36.6%。为切实解决科创企业创业初期融资难、融资贵的问题,推出分行特色场景融资产品“高新区科技积分贷”和“临港开发区科技贷”;围绕特色农业产业实际情况,大力推广“种植e贷”“兴农致富贷”“苏农贷”等特色融资产品,各项创新融资产品均实现业务落地。

数字化转型加快步伐。支行不断丰富数字人民币钱包的应用场景,加强与市税务局、人民银行江阴市支行联动,引导客户开通对公数字钱包进行纳税缴款支付。签订系统内首笔单位数字人民币钱包代扣税款协议,并将企业职工基本养老保险费成功缴入国家金库无锡市中心支库,数字人民币钱包带来的便捷体验得到客户的认可和赞许。年末,工商银行江阴支行数字人民币开户超9万户、数字人民币薪资代发服务应用40余户、数字人民币线下商户改造5200余户。支行“兴农通”乡村振兴金融服务统一品牌C端客户增加8000户。

积极履行社会责任。支行定期组织党员群众走进社区、工厂、村镇等,累计开展金融知识普及、反诈宣传近50场,网点堵截多起电信诈骗,获市公安局、市见义勇为基金会表彰,有力地保障老百姓的钱袋子。推动人员、业务下沉,解决金融服务“最后一公里”的问题,持续推动网点竞争力提升。开展党员志愿服务,推动在职党员深入社区、客户、基层为群众服务,开设“党员示范岗”,更好地提升窗口服务和接受监督。牵头组建重点企业的联合授信,按照政府管控要求,向上争取政策和资源,并率先对企业实施利率优惠,降低企业财务成本,维护地区经济金融稳定。

全面从严治党深入推进。深入推进内控合规“价值服务年”活动,持续营造“三不违”(不能违、不敢违、不想违)的合规氛围,纵深推进从严治党从严治行。坚持把加强廉洁教育作为预防腐败的重要举措,抓好年轻干部员工教育监督管理,落实54项监督要求;集中开展纪检业务相关培训5次,提升纪检干部的履职能力,开展线上全行员工纪法教育学习培训2次;开展参观看守所警示教育基地、开展纪检干部家庭助廉等特色活动8次,营造“环境倡廉”的氛围。

2023年年末,支行本外币各项存款余额491.77亿元,比2022年增加145.91亿元;本外币各项贷款余额403.85亿元,比2022年增加45.43亿元。 (郁利花)

【中国农业银行股份有限公司江阴分行】 2023年,分行有在岗职工646人。内设公司金融部、个人金融部等7个部门,下辖营业部、周庄支行等36个营业网点,是江阴市网点覆盖面最广的国有银行。是年,分行紧扣中央金融工作会议精神,坚守服务实体经济高质量发展的主责主业,迎难而上、担当作为。年内,分行被评为第六届中国农业银行文明单位、无锡市工人先锋号,被江阴市委、市政府授予“2021—2023年度突出贡献金融机构”“服务地方先进单位”“百强明星企业”等荣誉称号。

支持产业强市。响应江阴市委、市政府“南征北战、东西互搏”战略*,全面对接省市级重点项目、重大产业集中开工项目以及各类招商引资项目,不断提升融资服务水平,运用“城市更新贷”“产业园区贷”等产品,参与老旧小区改造、新型城镇化建设等城市更新行动;支持沪宁沿江高铁、锡澄轨道S1线通车,助推江阴市正式跨入“双铁”时代;

支持江阴节能环保设备产业园等镇(街道)工业园区升级改造项目。持续抓好政策性开发性金融工具配套融资等重点领域投放,服务霞客湾科学城、中信集团等一批标志性项目,全年累计发放项目贷款78.5亿元。

服务乡村振兴。聚焦高水平建设农业强市战略,坚决当好服务乡村振兴"主力军",全力服务农业产业链全过程,加大对重要农产品保供产业以及全市主要名特优农业产业支持力度,并在高标准农田建设、乡村人居环境整治、宜居宜业和美乡村建设等领域实现一系列突破。年内相继与祝塘镇、长泾镇、月城镇等地区签约乡村振兴项目6项,涉农贷款余额355亿元,比2022年增加65.5亿元。同时,联合市农业农村局共同启动"美丽乡村深耕"行动,以多渠道方式保障农户资金支持,聘请15名行政村书记担任"三农"*高级顾问,使支农贷款更精准、更有效。

深化五大金融。围绕中央金融工作会议精神。支持科技金融,紧扣全市"345"现代产业体系*,相继出台专精特新"小巨人"企业贷、白名单科创贷、科技e贷等差异化信贷政策,分层精准服务制造业、数改智转*等重点领域投资建设,增加实体贷款69亿元,居四行第一。提速绿色金融,深入贯彻江阴"双碳"*系列专项行动,支持工业经济绿色低碳转型发展等重点项目,全年净增45.3亿元,比2022年增长110%;发展普惠金融,先后开展"扫园区""拓市场""进千村"等主题活动,推广"一项目一方案一授权"批量发展新模式,推出增信类产品苏服贷、苏贸贷、科技e贷等,线上类产品惠农e贷、商户e贷等各具特色的金融新品,全年普惠贷款净增21.1亿元、比2022年增加4.1亿元。融入养老金融,助力民政部门养老服务体系建设,主动对接全市养老机构。各网点同步开展适老化改造,设立涉老服务区,为广大老人提供老花镜、血压计等辅助设备。推动数字金融,深化掌银生态建设,加快布局多样化智慧应用场景,联合市教育局为全市82所学校上线"智慧校园",联合中国电信股份有限公司江阴分公司铺设充电桩300余个,使用人数超万人。打造数币生态场景,在不动产交易、公共资源交易等领域,实现全省、全市多项"首单应用"。

助力金融维稳。主动实施减费让利,通过利率下调、手续费优惠等措施,帮助江阴各类主体减费让利。为企业出台金融扶持政策,年内为中小微企业发放江苏省纾困增产增效专项资金超亿元,切实帮助民营企业纾困解难、走出困境。同时面对复杂的市场环境,坚决贯彻中共中央关于防范化解重大金融风险的相关要求,突出攻坚克难,积极化解大额风险,通过参与联合授信等方式,有力支持实体经济健康发展和地方金融生态稳定。年末分行不良贷款实现"双降",不良率低于江阴同业平均0.2个百分点。

2023年年末,分行本外币各项存款余额947亿元,比2022年增加156.7亿元;本外币各项贷款余额569亿元,比2022年增加65.4亿元。 (夏祯阳)

【中国银行股份有限公司江阴分行】 2023年,分行有职工433人。内设综合管理部、信息科技部、风险内控部、公司金融部、个人数字金融部、普惠金融事业部、交易银行部、纪委办公室、营业部9个部门。至年末,分行下辖17个镇(街道)网点、5个城区网点。是年,分行紧随上级行战略指导与要求,坚持高质量发展,立足江阴区域经济环境、立足内部机制与渠道建设优化,主动作为、全力以赴,各项工作进展顺利,党的建设有力有序加强,经营业绩整体稳中有进、稳中向好。

积极投身地方建设。分行紧跟市委、市政府"南征北战、东西互搏"战略,主动对接城市更新项目。参与江阴高新区、沪宁沿江高铁、临港开发区、霞客湾科学城、绮山湖科创谷等城市更新项目,合计获批授信72亿元,至2023年年末贷款余额23.32亿元;参与江阴工业园区、徐霞客园区、周庄镇工业园、华士工业园区升级改造项目,合计获批授信31亿元,至2023年年末贷款余额2.27亿元。参与江阴地区首项国家级生态环境保护EOD项目,绮山湖"引江济太"项目,获批授信4亿元。

高质量服务实体经济。分行把握政策利好,发展科技金融客户群,2023年实现科技客户群余额、户数"量、质"双提升。是年,科技金融贷款余额40.2亿元,总户数298户,比2022年增加9.78亿元,新增户数78户,支持江阴市科技金融客户群发展。普惠业务稳中有进,增速保持前列。分行普惠贷款余额67亿元,比2022年年末增加22.44亿元,增长50.35%;普惠户数2907户,比2022年增加979户,增长50.8%。分行连续三个季度获江阴市政府"金融支持奖"。

提升金融服务质量和消费者权益保护水平。坚持"以客户为中心"的发展思想,从被动应对转变为主动作为,强化源头管理和监控机制,做好全辖投诉的压降工作,推进金融纠纷多元化解机制建设,保障金融消费者权益,达成三方调解37笔,比2022年多调整22笔。聚焦"一老一少一新"(老年人、青少年、新市民)等重点人群,开展"五走进"(走进企业、走进乡村、走进商圈、走进校园、走进社区)宣传活动近百场,帮助重点弱势群体掌握必要的金融知识和技能,切实解决人民群众急难愁盼的问题。全年反诈工作突出,获集体三等功。

勇于担当社会责任。分行与4个企业签订廉洁共建协议,通过各自公开自律承诺,建立监督联动机制,共同推进党风廉政建设工作。与共建单位开展联学活动、共上党课活动,深化银政、银企联系。连续第10年举办暖冬圆梦公益活动,累计帮扶受助儿童450余人,累计资助金额超35万元。

2023年年末,分行本外币存款余额464.93亿元,比2022年增加75.67亿元;本外币贷款余额333.03亿元,比2022年增加68.71亿元。实现营业收入9.63亿元,拨备前利润7.38亿元,净利润2.91亿元。

(袁 晔)

【中国建设银行股份有限公司江阴支行】 2023年,支行有职工436人。内设办公室、财务会计部、风控合规部、公司业务部、个人金融部、国际业务部、零售信贷部和普惠金融事业部8个部门，个金数字化经营团队、乡金直营团队、大客户经营团队、机构业务经营团队、住房金融直营团队和分期直营团队6个团队，下辖27个网点。是年，支行围绕中央的相关政策要求和市委、市政府“南征北战、东西互博”的战略部署，以服务地方经济为己任，主动作为，扛起国有大行责任担当。年末在人民银行江阴市支行考评中获“A类行”称号，在江阴市政府综合评价中排名前列，获“金融支持奖”。

服务地方经济建设。支行继续发挥自身优势，为全市经济建设贡献更多建行力量。在支持江阴城市更新项目上，不断优化提升方案组合、审批效率，审批通过城市更新项目10项，金额165亿元。其中，成功牵头江阴市政府最大的中心区域城市更新银团项目、霞客湾科学城（青阳区域）城市更新项目及绮山谷区域城更项目等。支持工业园区升级改造项目，针对区域特点，解决集体土地工改融资难问题，进一步助力政府推动产业结构优化。支行审批通过工改项目6项，银团总金额173亿元。

金融科技赋能民生工程。支行始终坚持科技创新，用金融科技的力量着重解决民生痛点问题。持续做好“最江阴”App数字钱包维护，方便学生家长足不出户进行学费缴纳；助力全市数字人民币推广，与江阴市商务局合作开展全市首次数字人民币消费券发放活动，并参与数字人民币红包发放活动。全年发放数字人民币红包50万元，新增开立数字人民币2万户，月活10万户。

支持实体经济发展。支行贯彻中共中央、国务院决策部署，服务地方小微企业，针对性解决各类小微企业“融资难”问题，通过平价利率解决“融资贵”问题，通过“苏岗贷”等产品解决各类中小企业主和个体经营户的融资需求，新增投放普惠贷款14亿元，普惠贷款余额63.53亿元，累计服务小微企业5200个，在全市银行业中名列前茅。同时不断加大对实体经济高质量发展的支持力度，进一步加大对先进制造业、战略新兴产业、绿色信贷、乡村振兴等领域信贷投放。至12月末，制造业贷款余额177亿元，绿色信贷余额34亿元，涉农贷款余额245亿元。

合力化解区域金融风险。支行始终与市政府同心同向，不断献计献策，在风险化解中创新思路，勇于担当，战斗在化解金融风险的第一线，为维护区域金融生态稳定做贡献。至2023年年末，支行不良贷款余额明显低于年初余额，重点项目处置推进有成效，资产质量保持在可控范围内，不良贷款和不良率实现“双降”。

2023年年末，支行一般性存款时点余额524亿元，比2022年增加113亿元；各项贷款余额542亿元，比2022年增加99亿元，在全市处于领先位次。（薛　宇）

【交通银行股份有限公司江阴分行】 2023年，分行有在编员工170人。内设综合管理部、财务与营运管理部、风险与授信管理部、公司业务部、普惠金融事业部、个人金融业务部、国际业务部7个管理部门，下设6个支行、1个营业部。是年，分行全面贯彻落实中央金融工作会议精神，围绕市委、市政府各项中心工作，与地方经济同频共振，以高质量金融服务助力江阴市实体经济、乡村振兴、社会民生，全力践行金融为民的责任使命。

提升服务实体水平。科技金融方面，围绕江阴高新技术企业、专精特新“小巨人”企业等重点客户群体，满足企业全生命周期金融需求。至2023年年末，战略新兴产业贷款余额22.49亿元，比2022年增加5.19亿元。绿色金融方面，紧盯制造业“双碳”升级改造需求，加强对绿色企业及其上下游信贷支持。至2023年年末，绿色信贷余额7.61亿元。普惠金融方面，加强重点项目制客群的营销和服务，带动集群式普惠金融业务的发展，普惠两增贷款全年净增4.42亿元。养老金融方面，全年预约及正式开立养老金资金账户超7000户。做好养老金融知识的宣传普及和康养产业金融服务，助力养老金融体系高质量发展。数字金融方面，不断加大数字人民币推广力度，持续扩大数字人民币金融知识覆盖面，推动数字经济发展，全年开立个人数字人民币账户32698户，对公数字人民币账户1145户，数字人民币收单商户258户。

党建引领强调研。班子打头阵，以调研开局、以调研破题。聚焦产业政策投向、县域个人服务、乡村振兴举措、区域风险管控、条线队伍融合、干部人才建设、考核激励制度等领域，通过求真务实、系统周密的高质量调查研究，力求使各项政策和各方面工作更加符合江阴实际、符合客观规律、符合群众意愿。同时，组建党员先锋队8个、示范岗8个，通过“党员带头干”引领“全员大包干”，持续激发干事创业、奋发有为的强劲正能量。打造“初心讲堂”“红色足迹”等教育品牌，并通过共创共建，学习先进、锤炼党性，赋能业务、蓄势前行。5月，与江阴临港经济开发区举办绿色金融交流会，并签订200亿元战略合作框架协议；6月，与市农业农村局联合开展“养护水生生物建设美丽江阴”长江渔业资源增殖放流特色活动。2023年，分行连续四个季度被地方监管部门授予“金融服务奖”流动红旗表彰。

2023年年末，分行本外币各项存款余额230.92亿元，比2022年增加8.15亿元；本外币各项贷款余额191.19亿元，比2022年增加2.55亿元。（肖　军　费王开）

【上海浦东发展银行股份有限公司江阴支行】 2023年，支行有职工225人。内设办公室（安全保卫部）、公司业务部（普惠金融部）、交易银行部、零售业务部、风险管理部、法律合规部、运营管理部7个管理部门，设有公司客户一部、金融机构一部、零售客户一部（财富）、零售客户二部（普惠）、私人银行中心、个贷经营中心、信用卡部7个营销团队，下辖营业部、朝阳路支行、虹桥路支行、人民路支行、开发区支行、澄东支行、澄西支行、周庄小微支行8个营业网点。是年，支行推进南京分行“夯实客群、明确策略、强化过程、以人为本”工作思路和“拓客户、强队伍、调结构、控风险”核心要求，党建及经营管理各项工作有序开展。

调整总量结构。支行总存款被动减少，储蓄存款顶住压力，年末余额基本与年初持平，并站稳110亿元关口；结算性存款逆势增长，占总存款比例46.79%，为历年最高，负债结构持续优化。资产投放方面，支行着眼江阴"345"特色产业，抓住市头部企业和重大项目，同时在贷款、绿色信贷等关键领域重点发力，普惠贷款完成监管目标任务，对公中长期贷款、科创贷款、绿色贷款均比2023年初增加。其中落地某企业重大并购项目，累计投放19.9亿元，打破支行单项项目历史投放额纪录，有效优化资产结构。

优势业务保持稳健。创新业务屡有突破，通过与系统内兄弟单位协同作战，支行联合西安分行、呼和浩特分行、浦银租赁股份有限公司等系统内兄弟单位，跟进江阴"走出去"企业项目，新增投放14.8亿元；解决NRA账户开立等一系列难点问题，办理分行首笔募集资金境外放款业务；聚焦自贸业务合作，以跨境人民币资金池带动国际结算效果显著；联合国家外汇管理局官网、总行金融市场部组织"浦银避险 靠浦共赢"企业服务沙龙活动，并相继落地"浦银避险"大宗商品期权业务，扩大"浦银避险"品牌在当地的影响；面对数字人民币带来的新挑战，零售板块先行先试，落地总行首笔财政代发单位内部账户数字人民币批量转账业务，实现数字人民币服务新突破。

持续筑牢"反诈"防线。各网点一线堵截多起以"账户年检"为名的诈骗，朝阳路支行有客户在他行汇出1万余元的情况下，阻止客户后续款项汇出，挽回经济损失5万元，收到江阴市公安局表扬信。组织"全民反诈在行动""反诈拒赌校园行"宣传月主题活动，联合市公安局、市融媒体中心举办《全"澄"反诈——中秋篇：中秋庆团圆，绷紧反诈弦》专题节目，承办全市银行业反诈工作座谈会，1名员工获江阴市见义勇为基金会表彰。在"3·15"等重要时点走入社区、走进学校，讲解网络诈骗、非法集资、假币等典型特征，开展金融风险提示，为人民群众提供贴心、全面的金融服务。支行被评为2023年无锡市银行业普及金融知识万里行先进单位。营业部通过中国银行业协会"千佳"示范单位的复评。

多措并举促业务。开展主题教育，提升政治站位，紧扣主题教育要求，学习传达中共中央、各级政府、监管机构和总行、分行的重要政策方针，实现党的政治理论和全行中心工作的有效链接。响应调查研究，金融理论研究小组抓住当前热点经济金融问题，形成调研论文4篇，获无锡市金融学会一等奖1篇、二等奖2篇、三等奖1篇；参加总行"党建促发展重点项目"，以科创金融为切入点，全年科创金融板块成绩显著，实现党建与中心工作同频共振。筑牢意识形态阵地，广泛宣传总行30周年行庆，被各类媒体累计录用文章26篇，传承并弘扬支行优秀企业文化，创建总行企业文化建设示范基地。支行党委获评上海国资委系统"红旗党组织"；支行工会首次获无锡市五一劳动奖状；支行第五党支部获评总行党委"五星"党支部，朝阳路支行获评总行百强网点，3名员工获评总行先进个人。

2023年年末，支行存款余额336.04亿元，同业市场占比4.94%；各项贷款余额194.99亿元，同业市场占比4.01%。（谢思远）

【江苏银行股份有限公司江阴支行】 2023年，支行有职工110人。内设营业部、公司业务部、零售业务部、小微业务部、综合管理部、安全保卫部6个部门，下设朝阳路、科技、周庄、临港4个经营性支行。是年，支行坚决贯彻落实上级行决策部署，在服务地方发展、推进金融创新、防范化解金融风险、履行社会责任等方面积极作为，各季度及年度金融服务实体经济高质量发展综合考评成绩保持全市前三。为民利企能力提升，持续走进社区、企事业单位、社会机构等大力开展金融消费者权益保护知识宣传，介绍支行"苏银融党建"品牌以及金融产品服务体系。参与各类公益活动，结对帮扶薄弱村、开展"文明交通"志愿服务、组织"慈善一日捐"等，积极履行社会责任。年内，支行被评为江阴市服务地方先进单位、市重点骨干企业，获"金融环境奖""金融服务奖"。

持续优化金融供给。聚焦实体经济发展，增加对绿色低碳、先进制造、乡村振兴等重点领域信贷投放，制造业贷款净增加11.06亿元，绿色贷款净增加16.56亿元。服务地方经济建设，推进江阴临港数字智造产业园升级改造项目、江阴市"引江济太"江阴段环境治理与科创产业融合发展项目、江阴市新国联集团有限公司并购、沿江区域城市更新项目等新增授信88.4亿元。

科技金融凸显品牌特色。与市政府签署金融赋能"科创江阴"300亿元战略合作协议，参与临港科创项目集中签约、企业路演等活动，推动江阴高新区科创企业全生命周期金融服务平台正式上线，落地全市首笔初创期科技型企业"天使贷"产品，全部科技型贷款比2022年增加16亿元，"苏科贷""人才贷"等政府合作类金融产品占江阴市场份额第一，深化与市人才发展集团"人才金融服务"战略合作。

普惠金融再上新台阶。普惠贷款余额突破25亿元，普惠实贷增长率20.65%，高于全部实贷13个百分点。与镇(街道)、园区、行业协会广泛共建，组织金融服务分队走村访企开展移动金融服务，设置金融服务专员提供个性化金融解决方案，提升金融服务可得性与普惠性。

2023年年末，支行各项存款余额217.5亿元，比2022年增加23.53亿元，增长12.13%；各项贷款余额185.3亿元，比2022年增加12.62亿元，增长7.3%。全年累计办理银票贴现118.6亿元。（严 佳）

【江苏江阴农村商业银行股份有限公司】 2023年，江阴农商银行有在职员工1752人。内设公司金融部、零售金融部、普惠金融部、信贷管理部、计划财务部、稽核审计部等28个部门。江阴区域下辖1个营业部、25个支行、49个分理处；江阴辖外设立常州、无锡、苏州3个分行，盱眙等8个异地支行，以及海口苏南等5个村镇银行。是年，该行面对复杂严峻的宏观环境和多重超预期困难挑战，坚持稳字当头、稳中求进，统抓党建和经营，统筹发展和安全，深化改革转型和创新提质。年内,上榜“全球银行业1000强”“江苏省服务业100强”“农村商业银行高质量发展100强”,在第三届江苏资本市场峰会上被评为2023年度最具投资价值企业,获评无锡市幸福企业建设示范单位,获2021—2023年度江阴市金融高质量发展奖等奖项。

促进党业融合。坚持党管金融原则,切实把坚持党的领导和加强党的建设贯穿全行经营管理工作的全过程各领域。统筹推进党、工、团、妇“四建联动”,围绕“金芙蓉”主题,打造“金芙蓉·红引擎”“江银梦想+”等群团主题品牌,以品牌促业务、以业务强品牌。加强党建共建、外联外拓,与市农业农村局、财政局、人力资源和社会保障局、科技局、团市委等部门开展深入对接,成为市财政局惠民惠农财政补贴资金“一卡通”业务的主代理行,依托团省委搭建平台,落地“新农菁英贷”系列贷款产品;开展第三代社保卡换发、人社业务及政务服务“就近办”等工作。在乡村振兴、创业就业、信息共享等领域加强合作,不断增强战略互信,实现合作共赢。

服务实体经济。着力服务乡村振兴,制定整村授信2023—2025年行动方案,择优参与璜土镇创业创新孵化园项目等农业重大项目建设,累计授信5.14亿元,涉农与小微企业贷款占比保持在90%以上。重点服务产业强市,紧跟江阴“产业强市”战略部署,聚焦江阴“345”现代产业集群建设,全年新增“引江济太”等重点项目银团授信34.84亿元,江阴“千亿特色产业”“战略新兴产业”“未来产业”贷款余额160亿元,供应链金融辐射核心企业上下游客户超4000户。持续做好增户拓面,充分发挥点多面广的传统优势和线上线下融合服务优势,进一步整合内外部数据资源,有序推进“三化”(网格化、标准化、数字化)营销走访塑形,全面提升营销触达转化。至年末,全行有信贷客户8.7万户,比2022年增加8606户,增长11%。

力推转型创新。全面贯彻新发展理念,围绕中央金融工作会议“五篇大文章”精神,制定第八届董事会三年战略规划,明确“产业振兴、小微普惠、社区生活、财富管理”四大银行战略定位。以“数字化零售转型”和“全方位服务转型”为两翼,融入“数字江阴”建设,启动科技信息中心项目,助力地方数实融合;推进新核心项目群建设,提升自主可控科技水平,全面赋能高质量发展。持续布局场景生态,围绕生意、生活、生命“三大场景”,拓展相对应的“三大市场”,持续完善“三生三市”配套产品服务体系、客户权益体系、系统平台支撑体系。年末,全行手机银行客户突破100万户,第三代社保卡换卡超46万张,线上贷款客户数2.7万户。加快探索拓展数字人民币应用功能与使用场景,全年发放数字人民币贷款12.6亿元,拓展数字人民币代发企业201个、数字人民币收单商户7603户。

坚持金融为民。持续探索“一行一品”创建,打造书香银行、家庭幸福、儿童成长、银龄关爱等特色主题网点,新增6个普惠型支行、5个金融便民服务点、4个分理处启动金邻里社区网点转型试点,形成支行—网点—普惠金融服务点—线上服务一体化服务网络,不断激发网点服务效能,提升“金邻里”社区银行品牌影响力。履行社会责任,捐赠教育基金,支持江苏省妇女儿童基金项目10万元、对口支持陕西省延川县教育事业20万元;支持消费扶贫,参与“我在延川有棵苹果树”活动,认领千株苹果树,助力延川县农民增收致富;推广建设“爱心驿站”,为广大户外劳动者搭建共享营业网点公共资源,提供公益惠民暖心服务,实现江阴辖内全覆盖。

2023年年末,该行资产总额1860.3亿元,比2022年增长10.2%;各项存款总额1392.1亿元,比2022年增长9.9%;各项贷款总额1153.5亿元,比2022年增长11.9%。江阴辖内缴纳税费2.87亿元。(吴芝琼)

【华夏银行股份有限公司江阴支行】 2023年,支行有在职员工47人。内设营业部、公司客户部、个人客户部、小微企业客户部、贸易金融部、风险管理部6个部门,下辖周庄、新桥、临港3个支行。是年,支行上下聚焦价值创造和资本回报,立足江阴县域经济,切实把服务实体经济作为首要任务,助力做好“六稳”*“六保”*工作。支行坚持全面从严治党,依规合法、稳健经营,坚持稳中求进工作总基调,完整、准确、全面贯彻新发展理念,主动服务和融入新发展格局,以战略规划为引领,以价值创造为核心,以转型发展为动力,持续深化结构调整,持续提升发展质效,全力推动地区经济高质量发展,为建设“强富美高”*新江阴贡献支行力量。

做好信贷支持。支行围绕全市重大项目建设、现代化产业体系建设、绿色低碳转型发展等重点工作,做好信贷支持工作,不断增强服务意识、提高服务能力、强化服务效果,助力社会经济发展。支行对全市的高新技术企业成立专业服务小组,新增累计授信额度3.6亿元,新增服务客户5户。支行充分践行“商行+投行”战略,以债券承销、融资租赁等方式,着力拓展客户开发的深度与广度,提供全链条、综合化投融资服务,着力打造“商行+投行”综合金融解决方案,承销发行5亿元PPN,落地两笔融资租赁撮合业务,金额5.2亿元。

践行普惠金融。支行深入落实中央金融方针政策,落实利率优惠,开发普惠小微企业,切实提升普惠金融服务水平,根据不同客户群体特征与需求,不断提升产品的适配度和服务针对性,为114个小微企业提供金融服务,全年累计实现净投放5525万元。支行加大平台项目储备,强化专业性,开发一手房按揭平台、二手房中介平台等,加快授信放款流程,服务好石牌社区等开发商,全年累计投放194笔,金额1.61亿元。

2023年年末,支行一般性存款余额59.99亿元,一般性存款日均65.38亿元。其中对公存款余额53.21亿元,对公存款日均57.22亿元;个人存款余额6.78亿元,个人存款日均8.16亿元。贷款余额82.24亿元。(朱梦欢)

【江阴浦发村镇银行】 2023年,该行有正式职员40人。内设综合管理部、资金财务部(含运管)、风险管理部、授信审查部、业务管理部、微贷中心、营业部7个部门,下辖周庄支行1个网点。是年,该行以“小而美”为目标导向,围绕年度工作主线,全行上下凝心聚力、攻坚克难,明确工作重心,进一步加强结构转型,严守风险底线。

提升客户经营水平。该行梳理完善组织架构,成立业务管理部,进一步加强营销过程管理,提高营销精细化管理水平。同时,通过外部招聘和内部转岗,建立起专门的微贷客户经理团队,全行上下坚定信心做好业务下沉,重点做好“三农两小一新”(农业、农村、农民,小微金融、小区金融,新型农业经营主体)业务转型,提升服务县域经济质效,推动全行各项业务结构调整取得实效。

坚守风险合规底线。是年,该行成立风险处置化解工作小组,推进整体处置化解工作。开展风险家底大排查,全面梳理并动态掌握真实风险状况;定期召开风险例会,制订整改计划和具体落实工作措施,跟踪处置措施的落实进度、处置化解的实际成效,对不良及重点风险客户实施分级管理,综合运用现金清收、重组、核销等手段,有效控制、盘活、处置不良贷款。全年不良贷款处置5662.12万元。

优化股权结构。引入江阴市新国联集团有限公司成为新股东,进一步优化股权结构,促进公司长期可持续发展。根据监管要求,修订《公司章程》《股东大会议事规则》《董事会议事规则》,进一步强化党的领导与公司治理的融合、“三会”(董事会、监事会、股东大会)职权与规范运作、股东行为与管理交易管理、董事监事履职要求等。

重视消费者权益保护。该行深入践行“以人民为中心”的发展思想,牢牢把握新时代金融消费者权益保护工作的新要求,始终把保护金融消费者权益放在重要位置。将消费者权益保护工作质量纳入季度考核评级体系;制定高管投诉接待机制,每月开放1个工作日为高管接待日。全年处理消费者投诉4件,均与客户达成一致意见,无投诉升级情况。

2023年年末,江阴浦发村镇银行资产总额16.47亿元,各项存款余额13.32亿元,比2022年增加9亿元;各项贷款余额13.45亿元。

(吴梦萦)

【中国邮政储蓄银行股份有限公司江阴市支行】 2023年,支行有员工123人。内设综合管理部、风险合规部、零售金融部、公司金融部4个部门,下辖7个二级支行、28个代理营业所。是年,支行立足江阴经济社会发展实际,服务实体经济,防控金融风险,各项业务稳健发展,各项管理工作扎实推进。年内,获江阴市2023年二季度“金融服务奖”。

支持实体经济。先后参与临港申港工业园、璜土工业园升级改造项目、综合保税区标准厂房项目、江阴市工业产业提质增效三集中项目等,充分发挥行服务实体经济、服务科技创新的积极作用。践行普惠金融战略,累计发放小微企业贷款(含小微企业主贷款)13.83亿元,其中线上发放贷款2.7亿元。始终坚持“三农”业务的战略地位不动摇,推进祝塘镇文林区域建设美丽宜居新农村、徐霞客镇“菜篮子”工程蔬菜高标准生产基地建设、金顾山果品等项目落地,获批贷款超10亿元。

风险内控管理。全年多次开展警示教育、制度教育、典型案例剖析教育等,全行平安运行,未发生重大风险隐患和重大资金案件。抓和谐企业文化建设,持续推进“职工之家”建设,组织开展“慈善一日捐”、“汇聚邮储正能量 无偿献血传爱心”公益献血、退休职工欢送会等系列活动。

2023年年末,支行各项存款余额240.95亿元,比2022年增加42.26亿元;各项贷款余额109.49亿元,比2022年增加29.68亿元。

(朱雨乔)

保险业

【概况】 2023年,江阴市保险业全面贯彻落实市委、市政府决策部署,聚焦“服务乡村振兴”和“服务实体经济”两大关键领域,充分发挥保险职能作用,服务经济社会高质量发展。至年末,江阴市保险行业实现产险、寿险保费收入104.87亿元,比2022年增长16.61%;赔付支出19.19亿元,比2022年增长20.85%。其中产险保费收入29.11亿元,比2022年增长11.1%;赔付支出15.51亿元,比2022年下降15.95%。寿险保费收入75.76亿元,比2022年增长30.7%;赔付支出3.68亿元,比2022年增长47.03%。

2023年驻江阴市各财产保险公司业务情况一览表

表23

公司名称	保费收入(万元)	比2022年增减(%)	赔款(万元)	比2022年增减(%)	赔付率(%)
人保财险江阴支公司	92701.00	6.16	53073.19	17.31	57.25
太平洋产险江阴支公司	78850.56	11.74	42574.82	8.72	53.99
平安产险江阴中心支公司	78694.00	9.25	36618.00	7.84	46.53
国寿财险江阴支公司	15577.93	13.16	8049.65	25.00	51.67
太平财险江阴支公司	4639.20	10.32	2712.30	13.23	58.46

续表23

公司名称	保费收入（万元）	比2022年增减（%）	赔款（万元）	比2022年增减（%）	赔付率（%）
永安财险江阴支公司	3363.54	—	2405.57	—	71.52
紫金保险江阴支公司	3076.70	22.99	1342.11	-6.94	43.62
中华保险江阴支公司	2983.00	—	2403.00	—	80.56
阳光产险江阴支公司	1890.47	13.93	790.47	-22.82	41.81
英大财险江阴支公司	1880.45	27.69	711.64	53.18	37.84
华安保险江阴支公司	1804.44	-28.82	968.82	30.39	53.69
大地保险江阴支公司	1225.90	-4.27	541.00	-1.29	44.13
天安财险江阴支公司	1189.71	28.84	785.17	24.98	66.00
安盛天平江阴支公司	1053.71	-20.08	798.57	-7.64	75.79
国任保险江阴支公司	745.03	-37.97	598.58	9.31	80.34
长安保险江阴支公司	497.88	—	106.24	—	21.34
大家财险江阴支公司	413.72	—	173.20	—	41.86
安诚公司江阴支公司	348.44	173.97	90.28	—	25.91
渤海财险江阴支公司	207.90	-61.34	347.73	3149.81	167.26
永城财险江阴支公司	0.00	—	0.00	—	—

2023年驻江阴市各寿险保险公司业务情况一览表

表24

公司名称	保费收入（万元）	比2022年增减（%）	赔(给)付			
			赔付（万元）	比2022年增减（%）	其他各类给付（万元）	比2022年增减（%）
中国人寿江阴支公司	244413.00	0.50	12702.00	11.66	37140.00	76.35
太平洋人寿江阴支公司	132904.00	1.52	5896.20	-2.32	14676.00	1.16
平安人寿江阴支公司	88292.00	11.30	5934.00	17.20	11440.00	70.04
中意人寿江阴支公司	58780.00	399.68	4591.20	12407.86	2547.10	345.07
新华人寿江阴支公司	47287.00	764.55	2568.00	2776.02	16372.00	2318.74
友邦人寿江阴支公司	43597.00	88.34	1973.10	37.87	678.59	126.70
国联人寿江阴支公司	35951.97	-25.98	315.29	5.12	8579.10	356.15
太平人寿江阴支公司	26406.00	-7.13	0.00	0.00	0.00	0.00
建信人寿江阴支公司	21132.42	—	1011.76	—	2037.32	—

续表24

公司名称	保费收入（万元）	比2022年增减(%)	赔(给)付			
			赔付（万元）	比2022年增减(%)	其他各类给付(万元)	比2022年增减(%)
华夏人寿江阴支公司	15099.53	—	83.53	—	1781.47	—
利安人寿江阴支公司	11828.00	—	730.63	—	5.59	—
富德生命江阴支公司	8573.30	—	2.90	—	906.84	—
同方人寿江阴支公司	6938.20	6.21	462.78	6.22	152.97	56.57
泰康人寿江阴支公司	6115.10	635.51	271.02	45.16	0.00	0.00
中信保诚江阴支公司	4407.60	—	12.00	—	0.00	—
交银人寿江阴支公司	2413.20	—	68.98	—	134.22	—
英大人寿江阴支公司	1612.73	—	0.36	—	29.94	—
人民人寿江阴支公司	1033.60	-26.17	89.66	57.37	392.05	-15.61
阳光人寿江阴支公司	688.00	—	50.00	—	0.00	—
民生人寿江阴支公司	40.44	—	10.75	—	15.32	—
中汇人寿江阴支公司	37.90	—	1.00	—	0.00	—
长城人寿江阴支公司	0.00	—	0.00	—	0.00	—

（刘　亮）

【中国人民财产保险股份有限公司江阴支公司】 2023年，江阴支公司深入贯彻总公司战略服务，聚焦江阴地方发展战略所需，心系人民美好生活所向，发挥保险保障作用，主动融入江阴地方发展大局，在服务实体经济、加强民生保障等方面发挥保险应有作用，努力提升城市治理的参与度、融入度和贡献度，做好金融保险服务“五篇大文章”。年内，支公司获评省分公司“五型联合党支部”、江阴市年度十佳服务农业现代化先进单位、江阴市百佳诚信单位、人保财险总公司“商团百强团队”等。

深入服务乡村振兴。响应乡村振兴战略，深入完善惠农保险服务网络，优化惠农保险产品供给。年内，首次将小麦增额保险、鸽子养殖保险、种蛋鸡养殖保险、仔猪养殖保险等险种纳入政策性农业保险补贴范围，小麦每亩保额由700元提高至900元，拓展创新险种鮰鱼养殖保险、水稻倒伏保险、古树名木保险、螃蟹养殖气温指数保险等商业险种，全面助力江阴本土农业品牌高质量发展，为农业增产、农户增收、农业现代化建设提供有力保障。是年，农业保险参保农户3.67万户次，为农业生产提供风险保障5.8亿元，保障力度比2022年增长7.92%；农业保险保费收入2655.07万元，其中政策性农业保险保费2379.32万元。

优化养老金融服务。落实应对老龄化国家战略，聚焦健康江阴建设需求，深度参与多层次社会保障体系建设；加快产品服务适老化改造，提升新市民、新就业形态人员服务水平。2023年，为江阴市24个养老院提供总保额5.32亿元的养老服务机构责任保险保障；为26个养老院提供总保额1.15亿元的团体意外伤害保险；为260个居家养老服务机构（日间照料中心、站）提供总保额3998万元保额的居家养老机构责任保险保障，全市受益老人近5000人。

做实数字金融赋能。推进客户线上化，开启微信报案、救援、理赔、一键续保等服务，让广大客户体验更多增值高效服务。2023年，个人客户线上化率54.3%。推动“保险+风险减量服务+科技”新商业模式在安全生产、社会治理、客户运营、防灾防损等场景应用，变“事后”补偿为“事中”响应、“事前”预警相结合，降低事故发生概率，进一步发挥保险在防灾减灾救灾中的机制优势。全年为江阴市11个重点企业安装水淹设备，搭建水淹预警平台，提升风险防范水平，在应对暴雨、台风中发挥重要作用。推进电梯责任保险，为全市6900台电梯提供750亿元保额的保障；为411个安全生产企业实施现场隐患排查服务，提供安全生产责任保险风险保障超40亿元。

做好绿色金融服务。发展绿色

出行保险，全年承保新能源汽车2.14万辆，承担保险责任477.54亿元。积极服务绿色清洁低碳能源体系建设，为远景能源有限公司等重点新能源企业提供多重风险保障，为风电等行业提供系统风险解决方案，为“双碳”领域提供风险保障。助力环境污染治理，推进环境污染责任保险试点工作，进一步完善运行模式，形成“政府政策引导、企业积极响应、事先预防为主、事后补救为辅”的多方共赢的良性体系。全年为680个企业提供5.33亿元的环境污染责任风险保障。

深化普惠金融服务。推动惠民保、人人安康、岁岁安康、“松龄保”等个人健康险业务，进一步提升运营水平，着力解决服务“最后一公里”问题，满足广大群众健康养老需求。2023年，和谐家园投保42838户，累计赔款金额303.21万元。推广落实江苏省、无锡市医保局的“江苏医惠保1号”和“医惠锡城”工作，成立专班工作小组，开展“进政府、进企业、进社区、进药店”，推广参保人数超2.69万人。

积极践行社会责任。年内，开展“江阴市困难群众慈善救助责任保险”项目，从实质上帮助困难群众减轻经济负担，切实缓解因病致贫、因病返贫等问题，保障困难群众家庭基本生活；联合爱心企业，为江阴市困难群体以及残疾人发放3000份惠民保险，帮助减轻医疗救治负担，防范因病致贫、返贫。全年承担各类风险保障16607亿元，上缴各类税金9641万元、处理各类事故案件67126件、支付赔款超5.36亿元。

2023年年末，支公司完成保费收入92701万元。其中，车险完成保费收入65674万元，团险完成保费收入17437万元，个险完成保费收入6924万元，农险完成保费收入2655万元，乡村振兴11万元。市场份额保持第一，持续引领江阴财险市场。（卞　莉）

【中国人寿保险股份有限公司江阴支公司】 2023年，江阴支公司面对经济环境复杂多变、市场利率的持续下行等形势，坚持战略引领、高质量转型，公司全体员工围绕江苏省、无锡市公司提出的要求，结合江阴公司三年发展规划，不忘初心、牢记使命，用最大的努力，争取最好的结果，齐心协力、迎难而上，交出一份可圈可点、厚重提气的江阴国寿新答卷。全面推进风险管控工作，通过整合部门和条线资源，多部门协作、齐抓共管，共同织起一张风险防范网。让风控常态化，及时准确的提示和通报，发挥能动性，让风控工作被动变主动。全年完成保费收入24.44亿元。

业务居全省第一。公司全年首年期交4.4亿元，比2022年增长9%；10年期交1.8亿元，比2022年增长14%；标保1.25亿元，比2022年增长12.59%。各项核心业务指标规模稳居全省第一，首年期交超第二名1.23亿元。银保首年期交完成7676万元，完成率134%，规模贡献、完成率均为全省第一。大短险保费完成8814万元，全省第五。在江阴寿险新单市场的份额为51%。

转型升级提质态。2023年是行业转型的关键之年，对队伍发展提出量质并举的更高要求。全年新增出勤人员333人。公司在晋增育留上精益求精，全力打造“最强两乡、提振城区、深耕收展”的队伍发展格局。借力省公司乡村、乡镇“两乡”政策资源，为“两乡”片区定期搭建售后服务专员招募活动平台，开办“两乡”属地“签约班”“启航营”，在澄东片区率先组织“两乡”新锐营，由点及面力争实现重乡重镇突破性发展。

持续发展活力。重点落地省公司“八大工程”之一众鑫优增工程，尝试探索“客资建队伍”的新育成模式，坚定新人从业信心，促进新人产能有效转化。一年的新锐营运作，年内增加219个正常出勤人员，培育31名新主管，营销、收展分别晋升一名处部级以上主管，营内新人月均举绩63.1%、月均增员率为20.78%、月均星级33.26%，全年新人年度期交保费7273万元，比2022年翻番。

（刘　燕）

证券业

【概况】 2023年，江阴市主要有证券公司30个，全年开户数481447户，托管市值1476.11亿元，年度交易额10183.49亿元，营业收入20703.13万元，上缴税金1865.67万元。

2023年江阴市主要证券营业部经营情况一览表

表25

单位	开户数（户）	托管市值（亿元）	交易额（亿元）	营业收入（万元）	上缴税金（万元）
华泰证券江阴分公司	143823	942.55	3677.51	8228.87	72.36
国联证券江阴分公司	39939	83.81	1337.27	2852.05	16.25
东北证券江阴营业部	47754	75.98	933.52	2362.29	96.82
中信建投证券江阴营业部	3463	13.92	751.84	754.00	4.51
银河证券江阴营业部	27932	22.55	522.96	736.35	55.45
南京证券江阴营业部	33438	75.77	391.56	1449.31	124.27

续表25

单位	开户数（户）	托管市值（亿元）	交易额（亿元）	营业收入（万元）	上缴税金（万元）
中信证券江阴营业部	10750	49.64	273.85	239.98	675.46
海通证券江阴营业部	25975	12.67	263.23	375.05	52.84
东吴证券江阴营业部	4187	18.14	254.48	353.17	2.09
光大证券江阴营业部	8009	13.53	240.20	397.63	0.18
广发证券江阴营业部	11345	22.46	162.90	521.84	0.29
东方证券江阴营业部	4212	2.08	144.89	229.28	2.33
国元证券江阴营业部	7033	4.98	143.39	123.11	29.55
天风证券江阴营业部	14483	1.94	130.14	-35.20	21.12
长城证券江阴营业部	4532	8.44	127.10	225.26	14.79
兴业证券江阴营业部	2797	18.78	111.29	135.32	6.34
中泰证券江阴营业部	5960	11.05	93.91	174.14	9.02
招商证券江阴营业部	33444	17.59	81.52	162.15	0.76
国信证券江阴营业部	12701	6.22	79.10	177.82	9.19
国泰君安证券江阴营业部	14042	21.90	77.74	421.81	41.58
西部证券江阴营业部	3773	3.30	60.89	227.56	575.68
东海证券江阴营业部	3104	2.74	59.17	89.37	0.35
申万宏源证券江阴营业部	2930	36.55	58.84	70.95	40.52
华西证券江阴营业部	748	0.92	49.14	55.23	2.61
长江证券江阴营业部	9459	2.40	47.78	126.21	5.82
东方财富证券江阴营业部	1093	1.53	30.77	61.22	0.17
中金财富证券江阴营业部	1282	1.37	26.38	55.47	0.00
安信证券江阴营业部	1115	1.78	25.24	35.03	2.87
华福证券江阴营业部	1307	0.37	16.09	44.26	2.45
银泰证券江阴营业部	817	1.15	10.79	53.61	0.00

（刘　亮）

■类目编辑　纪晓华

港口　口岸

口岸管理

【概况】 2023 年，江阴口岸始终围绕市委、市政府决策部署，深入推进"北战"战略，在海事、海关、边检、引航等口岸部门的紧密配合下，一手抓运营、一手强管理。口岸管理水平不断提升，口岸营商环境不断优化，进出口通关时间不断压缩，有力助推江阴开放型经济和服务业高质量发展。全年完成货物吞吐量 3.78 亿吨，比 2022 年增长 7.8%；完成外贸吞吐量 6328.55 万吨，比 2022 年下降 0.56%；集装箱吞吐量完成 57 万标箱，比 2022 年增长 7.55%；完成外贸箱量 2.34 万标箱，比 2022 年下降 12.62%。进出口货值 131.29 亿美元，比 2022 年下降 7%；口岸进出国际航行船舶 3434 艘次，比 2022 年增长 4%。

【口岸开放】 江阴港水运口岸东距上海 180 千米，西至南京 204 千米，沿江深水岸线长达 35 千米，处于长江 A、B 级航道分界点，是江海河联运、水公铁换装的天然良港，也是无锡地区唯一的出海通道。1992 年 5 月 20 日，江阴水运口岸经国务院批准成为对外开放一类口岸。至 2023 年，江阴口岸建有泊位 155 个，其中，对外开放泊位 42 个，万吨级以上泊位 48 个。2023 年 8 月 22 日，利港电厂一期码头获批临时启用。10 月 17 日，无锡（江阴）港申夏港区联合铁钢码头获批临时启用。12 月 6 日，江阴临港经济开发区江阴苏南国际集装箱码头进境肉类指定监管场地正式获批。

【口岸规范化建设与管理】 2023 年 10 月，江阴市商务局会同江阴海事局、江阴海关、江阴出入境边防检查站等单位组成联合检查组，先后对江阴口岸 22 个单位对外开放码头的 2023 年度综合运行情况进行检查和考评。联合检查采取听汇报介绍、看现场设施、查台账记录、问制度落实等形式对各开放码头进行全面细致的检查，把"规范、引导、服务、把关"的原则贯穿到现场检查的全过程。经现场交换意见，结合平时检查，考核评价量化打分汇总后通报各开放码头企业，同时上报省商务厅，受到上级业务部门的肯定。

【口岸营商环境】 2023 年，江阴口岸开展跨境贸易便利化行动，持续深化通关模式改革，推广进出口货物"提前申报"、进口货物"两步申报"模式，深化水港进口货物"船边直提"和出口货物"抵港直装"改革试点。通过学习借鉴先进口岸经验，优化货物监管流程，持续巩固压缩进出口货物整体通关时间，口岸通关效率得到进一步提升。发挥部门合力，依托江阴口岸党建联盟，开展"走进企业服务基层"系列活动，聚焦市场主体关切，对所反映的问题及时回应，积极对上争取，推动研究解决，切实服务企业发展。召开"问道"面对面 同心聚合力——港产城融合发展问计于企座谈会，进一步整合港口资源、完善政策举措，更好地服务港口企业提档升级，加快形成高质量发展新格局。

【口岸信息化建设】 2023 年，江阴口岸按照江苏省建设具有世界聚合力的双向开放枢纽行动和无锡市跨境贸易便利化专项行动方案要求，深化智慧口岸和智慧海关建设，全力搭建江阴智慧港口公共服务平台。落实国家口岸办、省商务厅工作部署要求，加快国际贸易"单一窗口"推广应用，全市外贸数据覆盖率超过 60%，列无锡地区首位。

【口岸生产经营】 2023 年，江阴港吞吐量持续走高，增速明显加快。完成货物吞吐量 3.78 亿吨，比 2022 年增长 7.8%，增速比 2022 年同期高 3.94 个百分点。外贸保持稳定态势，内贸占比逐年增高。外贸吞吐量完成 6328.55 万吨，比 2022 年微降 0.56%。其中，进口完成 6079.78 万吨，比 2022 年微降 0.31%，出口完成 248.77 万吨，比 2022 年下降 6.18%。内贸吞吐量完成 31466.64 万吨，比 2022 年增长 9.65%。货种结构保持稳定，主要货种金属矿石、煤炭及制品、矿建材料、钢铁、化工产品，分别占吞吐总量的 34%、27.53%、22.39%、8.02% 和 2.6%。金属矿石、矿建材料、钢铁均保持增长态势，金属矿石作为第一大货种完成吞吐量 12849.12 万吨，比 2022 年增长 0.6%；矿建材料作为第三大货种完成 8464.17 万吨，比 2022 年增长 55.59%；钢铁作为第四大货种完成 3033.02 万吨，比 2022 年增长 17.8%。集装箱箱量有所增长，航线航班全力拓展，比 2022 年增长 7.55%。其中，外贸箱量完成 23436 标箱，比 2022 年下降 12.62%；内贸箱量完成546600标箱，比2022年增长8.63%。江阴苏南国际集装箱码头有限公司积极开辟航线航班和拓展货源，4月，宁波远洋开通“江阴—宁波”点对点直航；5月，江阴港与宜兴港、无锡新安港签署《无锡市港口集装箱联盟战略发展框架协议》，开辟无锡、宜兴内河集装箱支线；7月，开通首条集装箱外贸直航远洋航线。至年末，江阴港拥有集装箱班轮航线53条，航班每周122班。

（季本胜）

【江阴港货物吞吐量突破3.78亿吨】 2023年，江阴港港口吞吐量3.78亿吨，比2022年增长7.8%，位居全国内河港口第三。主要货种金属矿石、煤炭及制品、矿建材料、钢铁、化工产品，分别占吞吐总量的34%、27.53%、22.39%、8.02%和2.60%。其中，矿建材料和钢铁增速迅猛，有力拉动内贸吞吐量增长。年内，江阴港内贸吞吐量完成3.15亿吨，比2022年增长9.65%。

（朱怡洁）

2023年江阴港分货类吞吐量一览表

表26　　单位：万吨

货物分类	吞吐量	其中		其中		占全港(%)	比2022年增减(%)
		进港	出港	外贸	内贸		
煤炭及制品	10406.83	6161.82	4245.01	284.15	10122.68	27.53	-6.54
石油、天然气及制品	689.36	463.97	225.39	278.98	410.38	1.82	5.70
金属矿石	12849.12	6734.95	6114.17	5016.35	7832.77	34.00	0.60
钢铁	3033.02	2054.59	978.43	237.39	2795.63	8.02	17.80
矿建材料	8464.17	4347.46	4116.71	4.63	8459.54	22.39	55.59
水泥	553.44	283.13	270.31	0	553.44	1.46	6.07
木材	13.59	11.69	1.90	0	13.59	0.04	54.78
非金属矿石	33.22	21.26	11.96	0	33.22	0.09	-28.77
化肥及农药	96.77	52.55	44.22	0	96.77	0.26	-3.62
粮食	151.54	142.47	9.07	125.25	26.29	0.40	-37.63
机械、设备、电器	5.35	0.31	5.04	3.68	1.67	0.01	-68.12
化工原料及制品	981.55	793.57	187.98	364.34	617.21	2.60	-11.73
有色金属	9.61	1.93	7.68	1.46	8.15	0.03	126.12
轻工、医药产品	77.71	68.01	9.70	0	77.71	0.21	48.61
农、林、牧、渔业产品	38.36	0.91	37.45	0	38.36	0.10	171.48
其他	391.55	213.22	178.33	12.32	379.23	1.04	6.71
合计	37795.19	21351.84	16443.35	6328.55	31466.64	100.00	7.80

（陈　蕾）

海　事

【概况】 2023年，江阴海事局在江阴市委、市政府的坚强领导下，认真思考海事工作进一步主动服务和融入区域新发展格局的着力点，立足职能优势、深化改革创新，围绕“北战”攻坚突破目标，高标准、高质量推进水上安全监管、长江生态保护以及港口资源整合，为全市加快推进现代化滨江花园城市新篇章做出海事贡献。是年，安全保障4.6亿吨货物进出江阴港，比2022年增加4.9%。其中，完成国际航行船舶货物运输6117万吨，占港口船舶装卸货物总量的13.3%。安全保障40.8万艘次船舶进出，服务国际航行船舶3476艘次、开普型船舶511艘次，江阴港成为开普型船进江首选港。成功救助遇险船舶216艘次，救助遇险人员831人次，搜救成功率100%，未发生人员死亡失踪事件，未发生一般等级以上事故。

【水上安全管理】 2023年，江阴海事局打造水上交通一体化组织指挥体系，实施江阴市水上搜救中心智能化升级和江阴新夏港河口快反处置中心改造，开发运行江阴港池群智能管理系统、长江江阴段统一锚泊调度系统，构建“一轴两翼”（以江阴市水上搜救中心和江阴新夏港河口快反处置中心为轴，江阴长山AB级航区快反处置中心和石利港区快反处置中心为两翼）新型快反组织架构，打造船、港、闸“三位一体”运行机制，实现交通组织一体化、服务保障一体化、联动治理一体化。深化“港池群”综合治理，实现快反处置中心与港航综合调度合署办公，大幅提升江阴港内港池作业效率。纵深推进AB航区水域综合治理，查处超航区、超载2类违法行为167起，AB航区快反处置中心获评江苏海事局二类优秀快反处置中心。签订澄泰、澄张交界水域执法联动协议，建立澄张靖快反单元互调机制，实现进大庆港、福南水道等交界水域联合监管。开展运输船舶违法违规信息跨区域跨部门通报专项治理行动，与地方交通部门联合发布船舶信用级别互认通告，将江阴船闸、新沟船闸过闸船舶数据接入江苏海事局智汇江海系统，全年开展信息互通112件次、信用等级互认21艘次，初步实现江河交汇水域信用联合监管。开展船舶“全过程不违规不违法”示范创建，深化运用船舶安全等级标识管理，全年检查黄码及以上赋码船舶7417艘次，到港低标准船舶数量持续降低。全面推行“柔性执法”，实施首违不罚、轻微免罚102件，不断提升执法水平，持续营造和谐执法环境。开展港作船、渡船等重点船舶专项整治，深入推进内河船舶超载运输综合治理“百日行动”，辖区显性违法行为实现动态清零。发挥江阴市水上交通专业委员会牵头单位作用，联合水利、交通等专委会成员单位开展专项行动6次，共同防抗台风、寒潮、能见度不良等恶劣天气28次。牵头修订《江阴市水上搜救和船舶污染事故应急预案》，开展危化品船舶应急处置综合演习、军地联合演练等活动，进行船舶污染事故应急处置桌面推演，提高水上应急处置能力。

【船舶污染防治】 2023年，江阴海事局落实《江苏省长江船舶污染防治条例》，与地方交通、生态环境等部门联合印发船舶水污染物联合监管工作方案，建立季度联席会议机制，与市检察院建立船舶污染防治执法诉讼协作机制，初步形成长江船舶污染物接收转运处置全链条管理模式。做实船舶污染防治“江苏模式”，落实“一零两全四免费”（“一零两全”指靠港和锚泊船舶污染物零排放、全接收，在航船舶污染物排放全达标；“四免费”指内河船舶免费生活垃圾接收、免费生活污水接收、免费水上交通、免费锚泊）治理机制，强化运行“124”（一零两全四免费）专班，常态化开展明查暗访。全年辖区开展船舶生活垃圾接收10.2万艘次，比2022年增长1.2%；接收量683.4吨，比2022年增长45.9%；开展船舶生活污水接收9.2万艘次，比2022年下降0.3%；接收污水3.3万立方米，比2022年增长7.4%，岸电使用5.3万艘次，比2022年增长48%；用电量1339.4万千瓦时，比2022增长25%。深化危化品船舶高质量选船，全年开展危化品选船224艘次，淘汰低标准船舶15艘次。推动辖区危化品码头、流动供油船舶AI智能监控全覆盖。开展流动供油作业船舶专项整治，检查流动供油船舶651艘次，实施行政处罚20件，辖区夜间供油作业比2022年下降约70%。全力支持江阴港洗舱站运营，全年开展洗舱和洗舱水接收作业203艘次，比2022年增长48.2%，实现“应洗尽洗”。完成交通强国建设海事试点任务，起草《压载水排放检查指南》。与江阴海关签署压载水监管合作协议，创新推出压载水排放监管“五步工作法”（选船、取样、快检、详检、处置），开展省内首次压载水自主取样和现场快速检测，开展取样检测16艘次，其中送检10艘次，为在全国海事系统内全面开展压载水监管提供“江阴经验”。

【全力服务江阴港航发展】 2023年，江阴海事局全面深化区域战略合作，与江阴临港经济开发区、江阴高新区、江阴靖江工业园区分别签订战略合作协议，深度融入江阴地方发展格局全面形成。撰写推动江阴港打造百万标箱强港专题报告，得到江阴市委书记批示肯定。推动江阴港整体布局调整，配合完成无锡（江阴）港总体规划修编，助推江阴靖江工业园区八圩专用航道建设项目落地。率先在江阴引入疏浚沙综合利用理念，从项目申报、方案编制、通航保障等方面提供海事方案，助力项目高效实施。在江阴市沿江水域建成4处内河小型船舶待装待卸临时停泊区，新增660个小型船舶停泊点，释放港口锚泊资源。深化水上绿色综合服务区建设，升级优化岸电、政务自助等10余项功能，让船民享受“水陆同质”服务。开展辖区供给船舶规范化管理，严格执行“五个统一”（水上供给船舶管理实行统一管理主体、统一停泊区域、统一作业时段、统一经营范围、统一服务标准）和“五项禁止”（水上供给船舶禁止违规开展经营、禁止低标船舶运营、禁止夜间时段作业、禁止随意划江横越、禁止私自接送人员），淘汰低标准供给船7艘。支持江阴兴澄特种钢铁有限公司20万吨级码头改造、利港电厂一期码头改扩建、长江村内港池规划调整，港口码头发展能级显著提升。助力江阴港五号、六号码头改扩建工程实施，项目入选交通强国第一批专项试点。服务辖区造船业发展，维护中船澄西船舶修造有限公司、江苏新扬子造船有限公司等43艘海轮下水试航。挖掘12.5米深水航道效能，累计保障511艘次开普型船舶进港，为企业节省物流成本超12亿元。 （陈炜杰）

海　关

【概况】 2023年，江阴海关认真贯彻落实习近平总书记重要指示批示和给红其拉甫海关全体关员重要回信精神，践行海关总署“铸忠诚、担使命、守国门、促发展、齐奋斗”的工作要求，把握南京海关“站在全局思考局部、站在未来思考当下、站在当下思考过往、站在对方思考自己”的科学方法，提升监管效能和服务水平，筑牢国门安全屏障，助推高质量发展、高水平开放。2023年，累计监管进出口货物5619万吨、货值131亿美元；监管国际船舶3434艘次，出入境船员3.7万人次。

【智慧海关建设】 2023年，海关总署部署开展智慧海关建设，江阴海关积极响应，制订行动计划和任务清单，立足业务实际、统筹关地资源开展项目建设。是年，承办海关总署进境粮食智慧检疫监管场景建设，上线运行进境粮食智慧检疫监管平台,实现进境粮食下脚料无害化处理和可视化监控,预计每年减少粮食焚毁2万余吨,为企业带来近2000万元收益,获评海关总署智慧海关建设“十佳项目”第一名。是年,江阴海关还参与海关总署智慧商检出口危包性能检验政策研究及平台建设,选派业务骨干参加“液化天然气(LNG)线上返税”“非政策性退税电子化”等8项智慧海关建设项目集中工作。同时,发力建设智慧监控指挥中心、压载水藻类智能识别检测、智慧减免税后续管理、智慧后勤、电子档案建设管理5项自主创新智慧项目。

【“滞瞒逃骗害”风险治理】 2023年,江阴海关根据海关总署、南京海关统一部署,聚焦“滞瞒逃骗害”五大风险领域,优化防控机制,强化综合治理,筑牢国门安全防线。是年,整改涉危场所安全管理问题18个,综合采取提前申报、船边验放、远程作业监控等手段,加快危险品通关,防治口岸滞留风险,守牢安全生产底线。开展“打击进出口危险品伪瞒报”专项行动,查发危险品伪瞒报事件9件,相关案例被海关总署专项行动简报采用。全面提升口岸疫情疫病防控能力,平稳完成“乙类乙管”转段,承办南京海关生物涉恐突发事件应急处置演练,建成南京海关辖区内首个传染病现场快速检测样板,开展严防外来物种入侵三年专项行动及“国门绿盾”“护松”等行动,加强动植物检疫风险评估预警,截获有害生物198种、6326种次,全国首次截获优雅皇冠宽喙象、筛孔六节象,全省首次截获卢卡斯长小蠹;查获禁止进境动植物及其产品43批次、进境濒危物种制品2件。“一品类一方案”深化商品检验监管,检出进口铁矿商业指标不合格709批次,进出口危险品不合格39批次,进口食品不合格事件4件。加强对属地进出口企业的规范管理,健全稽核查“查发导向”作业制度,办结稽核查作业110件,会同商务、外汇管理等部门加强虚假贸易全链条管控。

【海关缉私】 2023年,江阴海关立足打私主责主业密切联系各执法部门,完善新型警务合成作战机制,有效推进反走私综合治理。是年,立案侦办刑事案件11件,其中海关总署缉私局二级挂牌督办案件1件,南京海关缉私局大要案1件。是年,联合江阴市市场监督管理局开展打击海南离岛免税商品“套代购”走私专项行动,联合海警部门及南昌、深圳、中山、佛山等地海关,开展打击涉海(水)走私、“水客”走私、稀土及贵金属出口走私等专项行动,落实公安部“猎狐2023”专项行动工作部署,劝返外逃泰国的走私犯罪嫌疑人1人。

【口岸营商环境】 2023年,为对接江阴市外贸发展需求,江阴海关启动“澄心诚意”金钥匙服务品牌建设,出台优化营商环境16条措施和民营、外资企业专门扶持举措,实施“春熙行动”“护航行动”,设立“沈鸿宇工作室”驻企服务站,组织“关长送政策上门”40次、大型政策宣讲会9场,精准服务惠企上千个。综合施策落实减税降费政策,为集成电路等产业减免税款6483万元,为出口企业签发RCEP(区域全面经济伙伴关系)原产地证书5255份,签证金额1.99亿美元。深化大宗资源商品检验监管模式改革,多元组合推进“船边直提”“抵港直装”“船边验放”“边卸边检”等便利改革供给,节省企业装卸费用近1000万元,通关效率比2022年提升30%,进口铁矿“依申请检验”推广率居南京海关首位。开辟民生物资、高新技术产品绿色通道,快速通关长江沿线首批进口巴西玉米,协同上海海关为真空包装等高新技术货物提供一体化布控查验便利,通关时长平均节省2天。

【外贸企业纾困】 2023年,江阴海关聚焦高新技术产业保供稳链,落实落细惠企改革,在南京海关首个实现减免税快审系统应用尽用全覆盖,推动辖区4个集成电路龙头企业全覆盖参与企业集团加工贸易监管模式改革、全覆盖享受AEO(经认证经营者)高级认证企业便利,节省税款、保证金、报关等费用5000余万元。释放海关信用管理改革红利,创新“板块式”AEO培育模式,新增4个企业通过AEO高级认证;畅通企业容错纠错通道,办结34件主动披露事件。聚焦企业需求定制个性化享惠方案,将辖区船舶改装业务合规纳入加工贸易管理,节省企业税金2000余万元;将大口径钢坯检验周期由一个月缩短至半天,大幅提升特种钢材企业出口效能;纾困小微民营企业,全流程帮扶烧麦、米酒等5种食品首次出口。

【口岸开放平台建设】 2023年,江阴海关响应“北战”行动要求,支持口岸开放布局优化调整。是年,推动苏南国际集装箱码头进境肉类指定监管场地正式获海关总署批准设立,江阴港商品结构进一步多元化;探索药品进口“区港联动”模式,全年药品进口总值超5000万元;高效办理利港电厂1号码头、国控港口码头临时启用手续,保障电煤等急需物资顺畅进口;支持江阴港5号码头、兴澄码头、中粮码头开展智能化改造,进一步释放外贸运力;在苏南国际集装箱码头落地“离港确认”和“同船运输”业务,码头联运服务范围进一步拓宽;设立港发国际码头散杂货保税场地,补齐港口散杂货保税物流功能。支持江阴综保区落实高质量发展综合改革23条措施,试通分类监管非保税货物直转保税货物通道,落地“优化分类监管货物管理”措施,为超大风电设备提供“区港联动、抵港直装”便利。

(韩冬冬)

边防检查

【概况】 2023年,江阴出入境边防检查站(以下简称“江阴边检站”),按照国家移民管理局、江苏出入境边防检查总站(以下简称“江苏边检总站”)工作要求,完成维护口岸安全稳定、打击跨境违法犯罪、优化口岸营商环境的使命任务。是年,动用警力14800余人次,检查出入境(港)船舶3366艘次,员工68418人次,船员换班3706人次,签发各类边检行政许可37711份,检查上下外轮人员15万余人次,巡视检查各类船舶5336艘次,查处边检行政案件12件。践行“我为国门添光彩”活动,创办“弘扬职业精神”主题演讲、云南淬炼之旅主题分享会，制定年度普法责任清单，打造“一队一品”名片。是年，江阴边检站获评全省港口边检勤务改革先进单位、全省边检机关“我为国门添光彩”优秀组织单位和“警保联盟”先进单位，1个党支部获评全省边检机关十佳党支部、江阴市学雷锋活动示范点及“十佳志愿服务组织”号，1个执勤队被评为江阴市青少年素质教育实践基地，9人被江苏边检总站记个人三等功，2人获全省边检机关成绩突出党员民警，1人获评首届江苏“最美军嫂”提名奖并代表江苏边检总站参加华东协作区竞赛，1名家属获评全省边检机关好警嫂，1人获评江阴市“青年岗位能手标兵”，1人获评江阴市“三八”红旗手。

【口岸安全管控】　2023年，江阴边检站坚决贯彻落实国家移民管理局和江苏边检总站决策部署，发挥边检职能优势，纵深推进公安部“獴猎”行动—2023、“三非”外国人（在中国非法就业、非法入境和非法居留的所有外国人）治理“犁平”行动及打击治理电信网络诈骗“百日行动”等系列专项行动。聚焦第31届世界大学生夏季运动会、杭州第19届亚运会、第6届中国国际进口博览会等系列安保任务，深入开展夏季治安打击整治、水上无线电秩序联合整治等专项行动。发挥“网格化”管理优势，延伸入出境（港）船舶闭环监管链条，根据江苏边检总站《出入境船舶风险评估及勤务应对办法》，梳理细化港口边检25类常遇勤务流程，分级分类开展勤务部署，编制船体和行李物品检查“两类操作手册”《船体检查“一本通”》印发全省推广学习。是年，查获套用境外AIS（船舶自动识别系统）“马甲船”6艘，发现网上在逃人员6人，劝返滞留境外涉嫌网络电信诈骗在逃人员1人，排查各类风险隐患28处，推动口岸治理从“控事稳局”向“深耕善治”有效转型。

【口岸营商环境】　2023年，江阴边检站融入无锡“双联双提”（全力推进多式联运、多港联动，提升物流供应链驱动力、提高城市产业链竞争力）和江阴“北战”战略，扎实推进政务服务“一窗通办”“一网通办”，减少证明材料、压缩办理时限、提升网办比例，集中推出便捷通关、优先验放、快速办证、“15分钟服务圈”、24小时值守“五项承诺”和一般业务网上办、特殊业务预约办、批量业务错峰办、紧急业务绿色通道办“四办举措”，精细化保障服务口岸营商环境。科学划分4个边检警务室，建立“点对点”警企联络机制，靠前服务科考船、洗舱船、新造船等68艘次。对接长三角区域一体化、长江经济带和江苏自贸区等发展战略，为898名外籍船员简化办理长三角过境免签手续，为24艘次国际航行船舶一次性办结入出境手续，为357艘次国际航行船舶简化边检手续，减少船舶滞港时间800余小时，签发长三角区域通行证件2155份，为企业节省跨口岸办检手续时长1428小时。作为全省首个系统化常态化为驻地政府提供数据支持的单位，编印边检数据分析报告12期，报告样板被全省边检机关推广借鉴。是年，首次获江阴市委、市政府2023年三季度“担使命做贡献”季季评真抓实干奖。

【人才队伍培养】　2023年，江阴边检站聚焦体系化、法治化、信息化、现代化业务建设要求，深化“能力素质提升年”活动，以“队伍执法水平走前列”为目标，通过年度基层基础比武竞赛、举办学习贯彻中共二十大精神专题政治轮训班、组织机关基层民警交流轮岗、教官团捆绑教学等方式途径，稳步提升全站民警基础体能、警务技能、业务水平，全年开展常用政策法规、基础业务知识和勤务技能、边检外语等专题学习培训70余次。是年，1个党支部获评国家移民管理局全警实战大练兵“标兵单位”，1名民警获评国家移民管理局全警实战大练兵“标兵个人”，1名民警被选入江苏边检总站边检业务教官队伍人才库，1门课程获评江苏边检总站边检专业“精品课程”，39人取得中级以上警务数据分析师资质，自主搭建的“中国籍船员出境后非法入境筛查模型”入选全国移民管理机构建模大赛。

【新指挥中心启用】　江阴边检站始终遵循江苏边检总站“边检数字化转型”工作要求，以实战、实用、实效为原则，2022年初启动指挥中心项目，2023年12月正式投入使用。新指挥中心建筑面积350余平方米，涵盖视频会议区、指挥调度区、会商研判区、日常办公区等八大功能区域，打造立体化口岸维稳管控模式，实现数据信息一站存储、基础要素一图展现、警力资源一键指挥。依托指挥中心升级改造，全力推进“智改数转”和网络安全强基工程，先后召开专题会议8次，细化25项具体清单，构建对口岸限定区域、小散码头无盲区、无死角的全时段、全覆盖管控。是年，启用29套船舶监管梯口设备“点上站岗”，增配2个海防监控站“加密补盲”，布建59个探头“智能监控”，配备1套无人机系统“空中巡航”，信息识别成功率达90%，视频监控智能化平台应用经验做法得到江苏边检总站肯定并在全省系统推进会议上交流经验。“滤网”系统与“江盾”系统融合暨侦码系统应用研发项目，被列入江阴市委深化改革重点建设清单。

（周怡均）

长江引航

【概况】　2023年，长江引航中心深入贯彻落实习近平总书记关于推动长江经济带、长三角一体化发展的重要论述精神，全面落实江阴市委、市政府和上级主管部门的决策部署，持续围绕无锡“双联双提”工程、江阴“北战”攻坚突破目标，聚焦主责主业，铸牢主角意识，着力保稳定、保畅通、保安全、优结构、优服务，持续推动江阴市地方经济高质量发展。年内，长江引航中心引领中外籍船舶58101艘次（含移泊8633艘次）、里程717万千米、净吨7.02亿。其中，引领国际航线船舶40980艘次（含移泊6652艘次），国内航线船舶17121艘次（含移泊1981艘次）。引领江阴港中外籍船舶5927艘次（含移泊521艘次）、里程82.5万千米、净吨1.08亿。长江引航中心被中国交通企业管理协会、交通行业优秀企业管理成果评审委员会评为2023年度交通运输文化建设优秀单位,江阴引航站获评2023年交通运输部长航系统先进基层党组织,引航员封俊获评第四届“全国优秀引航员”、张蕾获评“江苏省五一创新能手”、胡昭源获评“江苏省技术能手”。

【保障长江物流供应链稳定畅通】 2023年,长江引航中心聚焦主责主业,全力保障长江水运物流供应链高效畅通。召开服务港航企业专题座谈会,对外发布《长江引航中心八项服务承诺(2023版)》,以创新服务举措为沿江经济高质量发展蓄势赋能。因时因势调整生产组织模式,优化调派管理程序,实现引航艘次、里程、总吨三项指标比2022年增长10%以上,引航载货量创历史新高。深入践行“一寸水深一寸金”服务理念,实现镇江港以下开普型船舶靠泊常态化。引航服务纪录持续实现新突破,保障3艘国产新一代高性能超大型船舶出江交付;引领“海兴”轮试验性锚泊,开创营运开普型船舶在镇江联检锚地锚泊先例;引领船长300米的重载散货船“远旺海”轮,刷新福南水道靠泊船舶最大长度纪录。服务国家战略,对接“一带一路”*倡议,引领“蓝色领航者”轮出江,保障亨通华海科技服务有限公司累计10万千米海缆交付;引领南极科考任务保障船“天惠”轮安全出港;助力沿江港口40余万辆汽车出口海外;服务长江安徽段水运口岸外贸直航业务重启、岳阳口岸国际直达航线开通,为开放型经济发展提供重要支撑。

【保障口岸经济安全绿色发展】 2023年,长江引航中心全面落实全员安全责任制,开展“长江引航本质安全基础年”“桥区、渡区水域引航安全”等专项活动,打牢“四本”(人本、机本、环本、管本)之基,未发生等级以上责任事故,引航安全形势持续稳定。深化双重预防机制,全线开展安全检查290余次,一线引航督查1700余次,持续推进江苏VTS(船舶交通服务)覆盖区“全过程不违章”,有效处置船舶失控险情98件。夯实教培成效,组织开展安全知识讲座12期,引航技术交流活动220余次,累计覆盖8900人次。征集论文63篇,获奖61篇,7篇论文在亚洲航海学会线上交流,首次举办现场论文评审会。推进大安全格局建设,与基层站开展“点对点”对接,与外单位开展交流活动330余次,织牢织密联防联控安全网,在共建共治上取得新成效。推进安全文化建设,修编《长江引航中心港口引航操作指南》,组织安全知识竞赛和五好引航班组评选,开展22期“二十四节气话安全”主题宣传,安全文化发挥新效能。

【服务港口高质量发展】 2023年,长江引航中心江阴引航站融入江阴市新发展格局,充分发挥专业技术优势,助力江阴港口发展提档升级。细化落实大型进江海轮“直进直出、直靠直离”绿色通道服务举措,为江阴港引领10万吨级以上船舶536艘,助力江阴港“大船大港大物流”战略稳步发展。量身定制引航方案,完成首艘装载进口巴西玉米的“阿波罗”轮进江引航任务。深度融入“北战”战略,保障苏南码头首条外贸远洋航线开通,助力无锡(江阴)港开辟近洋外贸航线;为无锡(江阴)港外贸进口铁矿石码头扩能改造项目、江阴兴澄特种钢铁有限公司20万吨级码头改扩建工程、中粮贸易码头专业化改造等重点项目提供引航技术支持。聚焦民生重点,开展辖区港口企业产业链摸底调研,为重点企业实施“一企一策”、重点船舶“一船一策”精准服务,加大助企纾困力度,助力重点产业强链补链延链。为民生重点企业开辟绿色通道,累计保障155万吨粮食、483万吨电煤、240万吨成品油、972万吨化工原料、5782万吨铁矿石安全进入江阴港。助力中船澄西船舶修造有限公司船舶修造业务升级拓展,安全引领287艘次修造船舶进出该公司码头,比2022年增长25%。严紧细实抓好安全风险防范化解,年内,保障3230艘次危化品船舶安全进出江阴港,为港口安全绿色发展保驾护航。（黄　伟）

船舶检验

【概况】 2023年,中国船级社江阴办事处(以下简称“江阴办事处”)认真贯彻落实中国船级社系统工作会、安全质量工作会各项要求,开展职业健康安全教育和安全生产月活动,提升服务质量水平,确保检验安全质量;为江阴港口的航运、船舶制造业服务,努力保护江阴港口水上生命和财产安全,保护相关水域及环境,全年江阴办事处未发生人员安全事故和安全质量责任事故。年内,完成各类船舶检验707艘次,其中入级营运检验船舶232艘次、国内营运检验船舶375艘次、入级建造和国内建造船舶45艘、船舶审核55艘次,各类船用产品检验3673个工作控制号,各类检验总收入7684万余元。

【中国船级社助力中谷物流集装箱船建造工作收官】 2023年8月,由中国船级社负责检验的“中谷长沙”轮在江苏新扬子造船有限公司码头交付,标志10艘4600标箱系列集装箱船建造项目收官。该系列船由中国船级社检验,由江苏新扬子造船有限公司为上海中谷物流股份有限公司建造,历时25个月。该系列船总长228米,型宽40米,型深19.6米,设计吃水13.75米,货舱及甲板合计可载运4600标准集装箱,由上海船舶研究设计院设计,具有绿色及环保附加标志。因船东营运策略调整,应客户需求,该系列船拟结合建造检验完成国内航行船舶至国际航行船舶的变更。在该系列船建造期间,中国船级社审图中心响应客户需求,及时完成图纸复核工作,现场检验服务单位配合船厂梳理技术变更,提前做好检验准备,配合船厂按期高质量完成系列船舶的交付。中谷系列集装箱船的交付,是中国船级社全面贯彻绿色发展、低碳发展、循环发展,加快推动航海绿色低碳转型的深刻实践。（戴　怡）

■类目编辑　党　辉

乡村振兴

综　述

【概况】 2023 年，江阴市开展“三清三治”（清理各类垃圾、清理违建违放、清理家河家塘，治理农村厕所、治理农村污水、治理农田风貌）农村环境卫生专项整治，三类村转化率 95%。深化农村人居环境“红黑榜”制度运用，全年 7 个村上榜无锡市季度“红榜”，评定 20 个村入江阴市红榜。按照“三美一高”（生态美、环境美、人文美、管护水平高）思路，启动省级宜居宜业和美乡村示范创建，新桥镇 1 个镇与长泾镇蒲市村等 14 个村被评为全省首批生态宜居美丽乡村示范镇村。强化“三资”* 管理，制定出台“三资”监管系列文件，在全省率先推行“三务”公开*“户户通”全覆盖建设并在无锡市推广。是年，全市实现村级总收入 28.7 亿元，村均收入 1120 万元；村级收入超亿元有 4 个村、超千万元有 69 个村。深化农村土地制度改革，省集体经营性建设用地试点累计成交 19 宗 72.47 公顷。严格农村产权交易应进必进，不断盘活农村资源资产，全年交易 5304 宗，交易金额 6.2 亿元，溢价增收 158.6 万元。江阴市被评为省“万企兴万村”行动典型县，7 个镇村入选省乡村振兴示范镇村。

【月城水芹入选省级重要农业文化遗产名录】 2021 年起，江阴市月城镇戴庄村在市委、市政府支持下，聚焦产业振兴，依托村内传统特色种植业花塘水芹，谋划实施花塘水芹主题产业园项目，推进高标准农田基础设施建设，对土地进行集体流转经营，走规模化种植，公司化、品牌化运营之路。水芹主题产业园项目于 2022 年 5 月开工建设，至 2023 年年末全面竣工达产。产业园占地 66.67 公顷，年产水芹 500 万千克，产值 3500 万元，形成千亩级市级蔬菜保供基地，带动周边农业产业蓬勃发展。2023 年 12 月，省农业农村厅发布江苏省第三批省级重要农业文化遗产名录公示名单，江阴市月城镇水芹文化系统入选。（程静雯）

【获评省“万企兴万村”行动典型县】 2023 年，江阴市立足“产业强市”，引导工商力量参与乡村振兴，开展“万企兴万村”行动，紧扣党建联盟、发展联动、项目联推、人才联育、载体联创等方面，引导工商企业深挖农村资源的多元价值和多重功能，优化乡村生产要素资源配置，推动村企优势互补、共同发展。7 月，江苏省工商业联合会通报 2023 年江苏省“万企兴万村”行动先进典型（第一批），全省 5 个市（县、区）被评定为区域性典型，江阴市被评为江苏省“万企兴万村”行动典型县。

（夏秋霞）

【1 镇 6 村获评省级乡村振兴示范镇村】 2023 年，江阴市注重农业农村优化发展，从生态、产业、美化、致富等多方面引导镇村挖掘各自特色与优势，深化推进乡村振兴建设，取得较好成效。12 月，江苏省农业农村厅、省乡村振兴局联合公布 2023 年江苏省乡村振兴示范乡镇、示范村创建名单，顾山镇获评江苏省乡村振兴示范乡镇，璜土镇璜土村、华士镇曙新村、周庄镇山泉村、新桥镇郁桥村、长泾镇蒲市村、顾山镇红豆村入选省乡村振兴示范村。

（程静雯）

农村综合改革

【概况】 2023 年，江阴市深化农村改革创新，发挥资源优势，助力乡村建设，因地制宜探索发展新路径。持续推进省第四轮农村改革试验任务，打造智慧化办案模式，建设标准化护渔执勤点；持续加大农村集体“三资”监管，及时发现并督促整改各类问题；出台相关文件，建立农村宅基地建房“一件事”审批平台，稳步推进农村宅基地线上审批工作，确保符合翻建条件农户快捷办理。

【智慧巡护标准化护渔执勤点建设】 2023 年，江阴市农业农村局组织实施省第四轮农村改革试验任务之一的长江禁渔工作。围绕“目标发现快、人员到位快、案件处置快”目标，紧抓指挥调度、情报收集、先期处置和快速出击等举措，树立智慧巡护理念，构建“1 + 2 + N”（“1”即江盾平台；“2”即江阴市公安局和农业农村局；“N”即禁捕退捕成员单位及网格员、护渔员等力量根据需要参与处置）快速出击机制，形成立体式全方位快速发现体系；升级江阴市农业行政执法系统，打造智慧化办案快速处置模式。至年末，4 个全省首批标准化护渔执勤点在长江江阴

段正式启用,配套使用4套护渔智能警戒设施。 (赵婷婷)

【农村集体“三资”监管】 2023年,江阴市巩固“两清”(村级集体资金违规出借和集体资产出租问题清理)成果。6月,市农业农村局联合市纪委开展“两清回头看”,督促推进2020年“两清”问题整改销号,整改完成率99.5%,及时纠正新发现资金出借、资产出租等方面问题90个,收回资金523万元。严格农村产权交易应进必进,不断盘活农村资源资产,全年交易5304宗,交易金额6.2亿元,溢价增收158.6万元。常态化开展“三资”季度检查和审计监督,全年完成“三资”季度检查10个镇(街道)、40余个村,纠正财务核算不规范、采购流程不严谨等问题30余个;完成对12个村“三资”专项审计,发现并督促整改问题124个。持续提升基层“三资”业务能力,围绕最新集体经济组织会计制度、村级工程、采购、产权交易等内容开展业务培训,全年培训镇农经中心工作人员、村会计等300人次。

【农村宅基地线上审批】 2023年,江阴市出台《关于加强和规范农村宅基地管理工作意见》,进一步明确宅基地管理相关要求,厘清各部门职责,规范宅基地建房审批流程。梳理中央、省、无锡市宅基地相关政策文件,汇编形成《农村宅基地管理法律政策问答》,下发至镇(街道)、村,强化政策解读和宣传。健全镇级“一个统一窗口对外受理、相关部门协调配合”的宅基地联审联办机制,建立江阴市农村宅基地建房“一件事”审批平台,有序开展宅基地线上审批,确保符合翻建条件农户快捷办理,全年发放宅基地批准书38本。

村级集体经济

【概况】 2023年,江阴市以“强村富民”为目标,加强政策引导、机制创新、措施扶持,引导村村、镇村抱团联合,因地制宜、因村施策拓展村级集体经济发展空间,创新集体经济发展路径,探索新时代强村富民高质量发展之路,农村集体经济发展保持在无锡市及全省前列。

【“一村一策”发展村级集体经济】 2023年,江阴市制定《“一村一策”发展新型农村集体经济行动实施方案》,在巩固提升传统发展路径基础上,拓展农村集体经济发展新领域,创新农村集体经济发展新模式。全面梳理村级经济、资产资源等实际情况,升级改造旧厂房、废旧办公楼等闲置资产,因村制宜拓展发展空间;推进村村、镇村抱团联合,发展物业经济、飞地经济、融合经济、服务经济等,促进新时代强村富民高质量发展。是年,周庄镇山泉村、金湾村被评为无锡市“一村一策”示范村,获奖补资金共45万元;周庄镇宗言村等7个村被评为2022年江苏百强股份经济合作社。 (许 嘉)

【村级公益事业建设“一事一议”项目】 2023年,江阴市继续发挥财政奖补资金作用,严格控制奖补范围,突出公益性、急需性要求,围绕群众需求最迫切、反映最强烈、利益最直接的村组道路、文体场所、村容村貌等问题,坚持村民民主决策,通过村级集体投入,建设公益事业项目。全年落实奖补资金1567万元,涉及项目65项,其中相对薄弱村项目13项,有效缓解村级建设资金压力。

【集体经济相对薄弱村扶持】 2023年,江阴市深入落实《关于扶持集体经济相对薄弱村发展助力乡村振兴的实施意见》,年内安排专项资金,对全市列入无锡市级帮扶的24个集体经济相对薄弱村实施深度帮扶,助力相对薄弱村振兴发展。至年末,累计落地村级经济发展项目32项,实际完成投资1.78亿元,收益率7.8%。其中对上争取无锡市级财政补助资金2912万元,江阴市级财政配套补助资金2539.5万元;24个集体经济相对薄弱村村级收入2.02亿元,村均村级收入840.94万元,人均村级收入超1000元,村级集体经济实力有效增强,均衡发展水平显著提升。

美丽宜居乡村建设

【概况】 2023年,江阴市深入学习贯彻习近平总书记关于总结推广浙江“千万工程”(千村示范、万村整治)经验的重要批示精神,坚持以人民为中心的发展思想,践行“绿水青山就是金山银山”的发展理念,进一步推动全市农村人居环境整治提升工作走深走实,加快推进宜居宜业和美乡村建设,农村人居环境整治提升长效管护合格率稳定保持在95%以上。市住房和城乡建设局紧盯乡村振兴新形势、新要求,高标准、高质量推进现代“美丽农居”建设、特色田园乡村建设和农村住房条件改善工作,全力提升农房和村庄建设现代化水平。启动50个规划发展村开展现代“美丽农居”建设,4个村创建无锡市特色田园乡村,3个村创建省级特色田园乡村,1个村被列入江苏省传统村落名录,完成农房改善3033户。10个建制镇建成区面积8856公顷,常住人口44.97万人;村庄建设用地面积10839公顷,常住人口60.36万人。长江自来水覆盖率100%,日供水能力57.7万立方米,供水管道长1442千米,绿地面积1975公顷。 (谢晓红 杨 昕 李星儿)

【农村人居环境整治提升】 2023年,江阴市持续推进农村基础设施提档升级,全市行政村实现三类以上水冲式公厕全覆盖,16.84万个户厕无害化卫生普及率99.99%,行政村生活垃圾分类设施覆盖率100%,农村生活污水治理覆盖率93.2%,农村生态河道覆盖率提升至68.83%,通自然村组内部道路硬化率100%,村道宜林路段绿化率100%,乡道村道实现优良中等路全覆盖;集中开展“三清三治”农村环境卫生专项整治行动,组建专项行动工作专班,对全市2282个自然村开展全覆盖暗访督查,编发《江阴市农村人居环境整治提升专报》7期,《“三清三治”农村环境卫生专项整治行动专班督查专报》5期;以生态宜居美丽乡村建设为抓手,分批分级培育建设示范村庄,累计创成省生态宜居美丽乡村示范镇1个(新桥镇)、示范村14个,培育命名江阴市美丽村庄26个。

(谢晓红 杨 昕)

【现代“美丽农居”建设】 2023年,江阴市住房和城乡建设局以现代

“美丽农居”建设为契机，全面提升基础设施、公共服务和生态环境建设一体化水平，提高乡村宜居宜业水平。贯彻省、无锡市关于农房建设质量安全管理有关要求，落实“一户一宅、建新拆旧”等农房建设管理责任，提升农房建设设计水平，加强农房建设监督管理等，统筹推进农房建设质量安全管理工作。年内，启动50个规划发展村开展“美丽农居”建设，其中建设完成28个，建成先行示范点2个。

【农房改善】 2023年，江阴市住房和城乡建设局贯彻省委、省政府关于开展农村住房条件改善专项行动的要求，实施自建房安全隐患排查，结合江阴市现代“美丽农居”建设和农村房屋安全隐患排查整治，推进农村住房条件改善工作，全年完成农村住房条件改善3033户。

【特色田园乡村建设】 2023年，江阴市住房和城乡建设局围绕“特色”“田园”“乡村”3个核心要素，进一步规范特色田园乡村建设和申报管理，建立特色田园乡村建设村庄储备库，建设标准严格对照《江苏省特色田园乡村评价命名标准》执行，建成无锡市特色田园乡村4个，创建省级特色田园乡村3个。至年末，全市累计建成无锡市及以上特色田园乡村28个，其中省级特色田园乡村10个。 （李星儿）

城乡融合发展

【概况】 2023年，江阴市坚持推动城乡产业聚合、科技契合、资源整合，推动实现物联网、大数据、云计算、人工智能在农业生产上的应用。年内，市自然资源和规划局会同市城乡规划设计院有限公司举办党建结对共建和驻镇村规划师签约仪式，相关部门单位和乡镇签订“驻镇村规划师”合作协议书。围绕农业科技创新工作，大力推进农业新技术、新品种链接推广；持续推进农业农村数字化建设，提升农业生产管理水平。

【驻镇村规划师】 2023年，江阴市自然资源和规划局为推动党建业务深度融合，强化规划引领乡村全面振兴，贯彻落实市委组织部《关于开展全国党建引领乡村治理试点“基石工程”重点攻坚项目提升行动的通知》精神，11月8日，会同江阴市城乡规划设计院有限公司举办“党建先锋引领，规划陪伴成长”党建结对共建和驻镇村规划师签约仪式，市自然资源和规划局、徐霞客镇人民政府、周庄镇人民政府、祝塘镇人民政府和市城乡规划设计院有限公司签订“驻镇村规划师”合作协议书，市委组织部和市住房和城乡建设局、农业农村局、江阴城市发展集团有限公司参加活动。通过开展“规划师下乡”活动，引导规划设计师投身乡村振兴，高水平编制具有前瞻性、地域性、人民性、适用性的规划设计，优化乡村资源要素配置，完善公共服务配套设施，促进三产融合发展，提升城乡风貌品质。 （付 捷）

【农业科技创新衔接】 2023年，江阴市农业农村局围绕农业科技创新工作，推进农业新技术、新品种推广，凝聚科技资源，整合创新力量，形成创新成果，实现技术创新链和产业链双向融合、科研优势和主体功能有机衔接。是年，全市稻麦、特色水产、特色畜禽3个省级产业技术体系基地项目通过年度评审，新增省级产业技术体系基地2个，评定市级产业技术体系基地10个；围绕江阴市特色果品产业发展，深入开展政产学研合作，与南京农业大学对接，启动南农—江阴果树种业研究中心项目；江阴市威特凯鸽业有限公司和江阴市申港三鲜养殖有限公司入选首批无锡市级种质资源保护单位。

【数字农业建设】 2023年，江阴市农业农村局贯彻省、无锡市要求，持续推进农业农村数字化建设，有效提升农业生产管理水平。推进省“互联网+”农产品出村进城试点县建设，完善农产品电商服务中心功能，打造全品类线上销售平台，全面提升农村电商发展水平。推进农业数字化建设，江阴故乡情农业发展有限公司智慧葡萄园数字园区、江苏美天奶业有限公司智慧牧场启动建设，江阴故乡情农业发展有限公司入选2023年度省级数字农业农村基地。 （严秋钫）

2023年，云亭街道花山村姚家自然村被列入江苏省传统村落名录 （市住建局提供）

乡村治理

【概况】 2023年，江阴市纵深推进全国党建引领乡村治理试点“基石工程”，加强党对乡村治理的集中统一领导，夯实基层基础，坚持把保障和改善农村民生、促进农村和谐稳定作为根本目的，在乡村治理的重要领域和关键环节上创新实践，抓好乡村治理示范典型，发挥引领作用，提高乡村治理效能。年内，市级

“积分制”案例入选第五批全国乡村治理典型案例,被央广网、交汇点、《无锡日报》等各类媒体报道;华士镇曙新村入选第三批全国乡村治理示范村;月城镇“民情帮帮团”获评第三批省乡村治理典型案例;组织“海澜之家杯”江阴市首届和美乡村篮球联赛(村BA)、华西村中国农民丰收节等活动。

【“积分制”管理入选第五批全国乡村治理典型案例】 2023年,江阴市将“积分制”嵌入全国首批乡村治理体系试点建设,并延续至全国党建引领乡村治理试点建设中,将善治目标细化为更加明确、更可达成的具体积分内容,从“点上试”到“面上推”,从“面子靓”到“里子美”,从“软倡导”到“硬约束”,从“有得益”到“有权益”,有效推动乡村治理提质增效。是年,农业农村部公布第五批全国乡村治理典型案例,江阴市“积分制”管理案例入选。

【月城镇入选第三批全省乡村治理典型案例】 2023年,江阴市月城镇紧扣乡村治理难点堵点,创新培育由民情观察员、人民陪访员、法治监督员、纠纷调解员4支队伍组成的“诚心帮·民情帮帮团”,打通服务群众“最后一公里”。是年,省农业农村厅公布第三批全省乡村治理典型案例名单,提炼总结26个乡村治理好典型、好做法,江阴市月城镇《“民情帮帮团”打造共治共享“连心桥”》上榜。

2023年,江阴市建成投运无锡市首个养殖尾水智能监测小屋

(市农业农村局提供)

【华士镇曙新村入选第三批全国乡村治理示范村】 近年来,华士镇曙新村坚持以党建引领推动乡村治理,着力构建政治、自治、法治、德治、智治“五治”融合的治理体系,推动宜居宜业和美乡村建设。2023年11月17日,农业农村部、中央宣传部、司法部联合公布第三批全国乡村治理示范村镇名单,华士镇曙新村入选。12月,又被江苏省农业农村厅、省乡村振兴局联合公布为2023年江苏省乡村振兴示范村。

(程静雯)

■类目编辑 王萍芳

城市建设与管理

城市建设

【**概况**】 2023年，江阴市住房和城乡建设局贯彻落实市委、市政府部署要求，围绕“南征北战、东西互搏”战略*，化风险、惠民生，为整体经济运行服务，提升人民群众生活品质。年内，下穿江阴高铁站先行建设项目、大桥南路快速化改造工程、环城四路品质提升工程、江阴市澄西高级中学改造等项目竣工。

【**大桥南路（芙蓉大道—徐霞客大道）快速化改造工程竣工**】 该工程北起芙蓉大道，向西南方向，经江阴高铁站，终点接紫金路，道路全长4.96千米，采用高架+短隧道+主辅路的快速化改造方案。主要工程内容包括：地面道路，主线隧道高架，立交匝道及高铁站落客平台高架，地面桥梁、箱涵及全线市政配套排水工程、管线综合、路灯照明、交通工程。其中埠路桥路隧道长668米；站前高架长2265米；芙蓉大道立交设N匝道，匝道桥长634米；站前立交共设A、C-H、J及L共9条匝道，匝道桥全长3183.22米。全线地面道路4.96千米，新建地面道路跨河桥2座（丰产桥、夹沟河桥），新建2.6米×4.5米箱涵1座。该项目建安合同标价13.21亿元，由江阴中铁建昆仑城市发展有限公司负责建设，东南大学建筑设计研究院有限公司负责设计，中铁十五局集团有限公司负责施工，苏州市路达工程监理咨询有限公司负责监理，于2020年9月11日开工，2023年9月20日竣工。

【**高铁站先行建设项目竣工**】 该项目位于江阴市澄江街道高铁站区配套路网，分别为虹桥南路、花山路、西桥路、还建道路。下穿高铁站先行建设项目合同标价4165.17万元，该项目于2022年11月开工，2023年12月竣工。虹桥南路工程（大桥南路至新长铁路北），该项目位于江阴高铁枢纽西北侧。为城市主干路，道路全长49.62米，道路红线宽度为40米。该工程由东南大学建筑设计研究院有限公司设计，江阴市市政建设工程有限公司施工，江苏外建工程管理有限公司监理。花山路工程（新澄杨线至新长铁路北），该项目北起规划新澄杨路，南至新长铁路北，沿途与大桥南路平交，新建兴澄河桥桥梁跨径为10米+20米+10米，桥梁总宽为41.7米，灌注桩基础，埋置式轻型桥台，桩接盖梁式桥墩，预应力混凝土简支空心板梁。新建北潮河桥桥梁跨径为1米×20米，桥梁总宽为40.6米，灌注桩基础，重力式轻型桥台，预应力混凝土简支空心板梁。该工程由华设设计集团股份有限公司负责设计，江阴市市政建设工程有限公司负责施工，江苏外建工程管理有限公司负责监理。西桥路工程，该项目北起大桥南路，南至沪宁沿江高铁北，为城市主干道，全长190.65米，施工路段道路路宽为42.7～45.5米。该工程由深圳市市政设计研究院有限公司负责设计，江阴市市政建设工程有限公司负责施工，江苏外建工程管理有限公司负责监理。高铁站还建道路工程，该项目东起高铁站站房，西至公交车停车场，沿途与西桥路平交。沿线供站房配套用房、铁路派出所、信号楼、铁路单身宿舍、工区综合楼、配电所使用。分东西两段，东段长度132.71米，道路宽度为6.5米。西段长度217.99米，道路宽度为8米。该工程由江阴市城乡规划设计院有限公司负责设计，江阴市市政建设工程有限公司负责施工，江苏外建工程管理有限公司负责监理。

【**环城四路品质提升改造工程竣工**】 该工程包括环城东路（环城北路—环城南路）、环城北路（君山路—环城东路）、环城西路（人民中路—环城南路）、延陵路（朝阳路—大桥北路）、环城南路（环城西路—环城东路）项目，均采用EPC（Engineering Procurement Construction 指承包方受业主委托，按照合同约定对工程建设项目的设计、采购、施工等实行全过程或若干阶段的总承包）模式。其中，环城东路、环城北路、环城西路、延陵路项目由江阴市城乡规划设计院有限公司、江苏培韵建设有限公司负责设计及施工，江苏外建工程管理有限公司负责监理，于2023年3月开工，12月竣工。环城南路项目由江阴市城乡规划设计院有限公司、江阴市民用建筑安装工程有限公司负责设计及施工，江苏中源工程管理咨询有限公司负责监理，于2023年2月开工，12月竣工。环城东路，该项目毗邻东城河，重点打造成一条滨河景观带。结合景观设计配植绿化，衔接沿河上下平台的公共空间,竖立具有标志性节点,提升夜景形象,丰富城市景观界面,为百姓提供茶余饭后的休憩场所。环城北路,该项目通过向道路北侧整体拓宽2~6米实现车行双向四车道,沿东横河用沿河景观带设置人行道空间,整体打造亲水景观步道,提升慢行交通环境,人民医院北门路段增加转弯车道,设停车等候区,缓解交通压力。延陵路(朝阳路—大桥北路)为环城北路延伸段,改造路段西起朝阳路,东至大桥北路,全长1231米。调整公交专用车道路权,允许社会车辆直行和右转通行。硬化处理沿线拥堵节点处的部分侧分带,改造为车行道,提升道路通行率。对建筑外立面进行修复、装饰和重塑,建筑外立面改造7万平方米,共41栋。重点改造延陵路和文定路交叉路口的文定商城,改造采用深灰色、金属质感的穿孔铝板、格栅和古典咖真石漆(局部)等建材,并规范优化整体店招。道路整体景观改造提升,侧分带绿地整体下木出新(指重新种植林冠层下的灌木以及在当地条件下生长达不到乔木层的低矮乔木),优化提升延陵古邑节点,增加"灵趣蒲桥"口袋公园、小区出入口、背街小巷文化提升以及城市家具优化等内容。环城西路,该项目沿锡澄运河景观带交通干线,从环城南路至人民路段整体西拓20米,设计为双向六车道,全面升级道路结构。环城南路,该项目为江阴市中心主城区主要干道,并列入核心商圈城市更新包内。提升重点内容为道路拓宽改造、规划双向四车道、打通交叉口瓶颈,提升通行能力,同时对道路交叉口进行微改造,改善高峰期商圈周边道路拥堵现状。虹桥路以西电力、通信管线落地,提升城市空间品质。

【皮弄路竣工】 该项目位于澄江街道皮弄村,西起大桥南路,东至新石路段,在新长线K423+044(皮弄村道口)附近下穿铁路。北侧为一泵站,新建立交结构采用分离式钢筋混凝土框架结构,立交引道采用U形槽和挡墙。道路全长393.24米,宽为12米,沿线主要以相交现状及规划道路由西向东依次为大桥南路、新石路。皮弄路为双幅路型式,即路宽为3.25米(机动车道)×2+2.75米(非机动车道)×2=12米。道路设计等级为城市次干道,路面采用沥青玛蹄脂碎石混合料,双向二车道。排水工程分为雨水,主要收集于道路泵站内,排入已建大桥南路排水系统。该工程建筑安装工程投资2391.21万元,由新长铁路有限责任公司负责代建,中铁上海设计院集团有限公司负责设计,中铁二十三局集团第二工程有限公司负责施工,上海天佑工程咨询有限公司负责监理,于2021年9月开工,2023年10月竣工。

【江阴市火车站消防站竣工】 该项目位于谢北路南,世新南路西侧,主要建筑工程为新建2栋消防公用建筑,1栋消防训练塔楼,项目东侧1条便道。总建筑面积5774平方米,其中地下室73.52平方米,总用地面积8289平方米,占地12.4公顷,总投资5200万元。该项目由江阴市城乡规划设计院有限公司负责勘察设计,江苏贵兴市政工程有限公司负责施工,江苏中锐华东建筑设计研究院有限公司负责监理,于2022年5月开工建设,10月主体封顶,2023年7月竣工。

【江阴市澄西高级中学竣工】 该项目位于利港街道利港河东,规划路南,苍山路西,镇澄路北。主要建筑工程为3座教学楼共12轨36班,1座试验楼,1座行政楼,2座宿舍楼,1座食堂,1座体育馆。项目总用地面积6.69公顷,总建筑面积4.68公顷,其中地下建筑面积为3319.01平方米,占地100公顷,总投资3.92亿元。该项目由江苏中锐华东建筑设计研究院负责勘察设计,江阴市房屋建设工程有限公司负责施工,大洲设计咨询集团有限公司负责监理,于2022年3月开工建设,12月封顶,2023年8月竣工。

【先锋幼儿园项目竣工】 该项目位于澄江街道城南路东、恒大帝景小区西南、华侨路北侧。总用地面积8970平方米,总建筑面积7469.72平方米,总投资7793.39万元,其中建安费用3082万元。地上建筑面积7167.32平方米(地上三层),地下建筑面积302.4平方米(消防水池泵房),规模6轨18班。该项目由江阴市城乡规划设计院有限公司负责勘察设计,江阴市城建集团有限公司负责施工,江苏澄宁项目管理咨询有限公司负责监理,于2021年7月正式开工,2022年8月竣工,2023年6月通过综合验收。

【江阴市锡澄运河特色空间塑造项目】 该项目北起杏春桥,南至芙蓉大道,西接通江路,东至环城西路(梅园路),被评为江苏省住建厅美丽宜居城市建设试点项目,并被列入省"乐享园林"民生实事项目之一。该项目以锡澄运河为轴线,东岸以多样城市文化活动为特色,设有现代中式花园、活力乐园、梅苑印记、台地广场、水禅院、渔翁岛、足球场等配套设施。西岸以自然生态为主要风格,设有滑草场、滑板园、工业印象园、篮球场、综合服务中心等配套设施。公园绿道南北贯通,设有多个运动场地及各类健身器材,配有旅游生态公厕、停车位、标识牌、座椅等基础设施。跨锡澄运河、应天河、运粮河、西横河建设4座人行景观桥,将公园各区域进行串联。该项目由杭州园林设计院股份有限公司负责设计,杭州萧山园林集团有限公司、江阴市风景园林工程有限公司、江阴市市政工程建设有限公司等负责施工,江苏中源工程管理咨询有限公司、江苏外建工程管理有限公司负责监理,于2022年2月开工,2023年4月竣工。2023年,该项目获无锡市第三届"民心工程奖"金奖。 (李星儿)

城市管理

【概况】 2023年,江阴市城市综合管理局切实把中央、江苏省、无锡市决策部署转化为城市管理高质量发展具体实践,打造"最干净城市"、创建国家生态园林城市等目标,聚焦精管善治总要求,以城市最干净、监管最严格、管理最精细、生态更宜居、人民最满意为工作标准,全面提升城市综合管理水平。9月,第27次市长办公会议讨论通过并下发《关于优化主城区城市管理工作机制的实施方案》,在主城区对城市管理行政执法队伍实行市城管局与澄江街道共管模式，进一步厘清市城管局、澄江街道城市管理工作职责边界清单。11月，江阴市环境卫生发展有限公司正式成立，推进环卫作业市场化改革。土地山建筑垃圾处置场及周边环境整治、京沪高速江阴和江阴北道口区域景观改造、大桥路以及运河公园沿线亮化提升等工程完工。完成华宇园、朝阳公园、天鹤公园等7个老旧公园绿地提升改造，提升城市绿化景观品质，构建功能复合公园绿地体系。建成开放阅享园、长江路运动乐园、延陵·芳草园等“江小澄”口袋公园15个。打造“超净路”示范路23条，打造“席地而坐”示范区5个。推进主城区环路内污水主管网建设、澄西污水处理厂四期扩建、一期管网修复等工程项目，新建污水主管网41千米，建成污水处理提质增效达标区5个，城区排水管网“四位一体”（测绘、检测、排查、设计）检测330千米。新改建管径100毫米以上供水管网34.82千米，新建燃气管线181千米，完成港口排涝站建设、江阴市滨江实验幼儿园西侧活水顶管、运粮河北侧景观提升等7项水环境综合治理工程。是年，获2022年度无锡市宜居无锡先进集体、江阴市人民满意机关等荣誉称号。（康　晓）

【优化城市环境秩序】　2023年，江阴市城市综合管理局围绕打造“全国最干净城市”要求，以区域性综合提升为抓手，深耕城市精细化管理。制定“1+19”工作体系，“1”指《江阴市打造“全国最干净城市”区域性综合提升工作方案》一个总方案；“19”指《打造“全国最干净城市”区域性综合提升拆墙透绿专项方案》《打造“全国最干净城市”区域性综合提升桥下空间专项方案》《打造“全国最干净城市”区域性综合提升城市绿化增色添藤专项方案》《打造“全国最干净城市”区域性综合提升城市家具专项方案》《打造“全国最干净城市”区域性综合提升户外广告专项方案》《打造“全国最干净城市”区域性综合提升管线标志桩专项方案》《打造“全国最干净城市”区域性综合提升照明专项方案》《打造“全国最干净城市”区域性综合提升环卫保洁专项方案》《打造“全国最干净城市”区域性综合提升社会公厕专项方案》《打造“全国最干净城市”区域性综合提升生活垃圾分类专项方案》《打造“全国最干净城市”区域性综合提升农贸市场专项方案》《打造“全国最干净城市”区域性综合提升架空线专项方案》《打造“全国最干净城市”区域性综合提升架空管专项方案》《打造“全国最干净城市”区域性综合提升城市道路交通设施提升专项方案》《打造“全国最干净城市”区域性综合提升市区禁鸣专项方案》《打造“全国最干净城市”区域性综合提升商业布局优化专项方案》《打造“全国最干净城市”区域性综合提升公共停车场专项方案》《打造“全国最干净城市”区域性综合提升高速公路出入口环境整治专项方案》《打造“全国最干净城市”区域性综合提升城市外立面保持整洁专项方案》。以区域性综合提升总体方案为指引，紧盯19项专项方案落实落细落地。聚焦7个重点提升单元，明晰各单元范围，厘清工作职责，画出“工作图纸”，完成年度提升任务。定期开展5项专项（停车管理、生活垃圾分类、建筑工地管理、住宅小区管理、桥下空间管护）“红黑榜”测评，组织“红黑榜”单项测评33次，发布“红黑榜”通报4期，评选出红榜项目50项，黑榜项目25项。实施“6+2+16”（环卫保洁6项机械化工作、双班制、作业16小时）精细化保洁模式，完成背街小巷整治提升21条，累计打造“超净路”示范路23条，新增设立“席地而坐”试点区域5个，新改建休憩座椅723张。新改建城市公厕（一类）10座、农村公厕50座。无害化处置生活垃圾74.86万吨、有机垃圾8.5万吨、资源化利用建筑垃圾25万吨，生活垃圾无害化处理率100%。全市查处流动摊担、店外（占道）经营5000余次，编制《江阴市店招标牌设施设置规划》，查处违规户外广告4.3万平方米、人行道违停9.76万次、犬类管理3749次。完善智慧停车平台建设和应用，打造全市“停车一张网”，接入206个停车场6万余个泊位动态数据，完成120个公共停车场“先离场后付费”场景建设，新增停车泊位2700余个，共享停车泊位500余个。智慧城管综合管理平台依托“最干净镇街”考核模块，常态化开展城市管理信息采集工作，实现采集、受理、处置、结案全流程闭环，办结各类案件6万余件，办结率98%，全面提升城市精细化管理水平。

（周益凯）

【综合执法】　2023年，江阴市城市综合管理局推进城管执法队伍共建共管、融入融合，进一步释放“城管+”共治共享乘数效益。举办“综合执法大讲堂”专题讲座12次，组织跨区域学习考察3次，召开专题培训和片区交流会4次，编印执法工作指导手册3册，开展行政执法规范化建设专项行动，针对队伍建设、执法行为、事务外包、服装标识等方面开展排查，排查执法人员356名、协管人员561名，排查服务外包事务协议11份，落实整改群众反映的城管突出问题11个，排查整改服装标识不规范问题72个，全面提升综合执法水平和队伍形象。开展城管执法案卷评查，承办行政诉讼案件8件，其中6件结果维持、2件撤诉。推进“城管进社区 管理再精细”工作，延伸城管服务。建立“属地牵头、条块整合、合力共治”运行机制，按照“1+N”（在“城管进社区”挂钩进驻的方式上，主城区每个社区由1名辖区城管队员牵头进驻，环卫管理、公用服务、市政园林等条线各派1名管理人员对接服务。其中，8个城市管理基础薄弱、文明创建任务重的社区，由市城管局班子成员带头挂钩，街道及社区各派1名干部协同指导）组团模式，市城管局班子成员带头挂钩8个重点社区，45名条线管理人员对接覆盖主城区37个社区（村）；各镇、街道综合执法局挂钩社区78个，进驻城管队员96名。参与走访260余人次，走访社区126个、各类家庭400余户，发放调查问卷1800余份，采集有效问题230余个，找准制约基层治理的“堵点”“痛点”，建成智慧违建管理平台，助力全市工改工作，拆除违建155.14万平方米。开展燃气执法“蓝剑2023”专项行动，构建隐患排查、问题交办、执法督导一体化工作格局，查处城镇燃气违法案件 211 件、处罚 118 万元。是年，城管领域查处违法案件 11954 件、处罚 882.15 万元。（陆军浩）

【垃圾分类】 2023 年，江阴市垃圾分类工作领导小组办公室制定出台《2023 年江阴市城乡垃圾分类工作实施方案》等指导性文件，建成生活垃圾分类小区 357 个，垃圾分类设施覆盖率 100%，完成 60 个省级垃圾分类达标小区建设并通过考评。4 人被评选为无锡市生活垃圾分类达人，江阴市南闸实验学校、江阴市敔山湾第二实验幼儿园等 5 所学校被评为无锡市垃圾分类示范学校。（张　颖）

【市政道桥管养】 2023 年，江阴市城市综合管理局持续实施市政道路、桥梁、隧道网格化、精细化管理，纵向到边，横向到角，做到责任全覆盖、管理无遗漏，确保市政道路（桥梁、隧道）安全稳定运行。巡查市政道桥隧 17.35 万千米，修补沥青混凝土路面 15690 平方米、人行道板 16840 平方米、侧平石 7286 米、灌缝 61854 米、盲道 1417 米。桥梁栏杆油漆出新 3746 米，栏杆构件修复 260 米，桥梁伸缩缝清理 17640 米，限载牌、公告牌等标识标牌修复 166 块，桥下空间清理 8670 平方米，更换澄江西路隧道灯具 1105 套，“五云新桥”获评 2023 年度江苏省市政设施优质养护片。完成立新路、中山北路等 10 条城区管养范围内市政道路地下隐患检测。完成杨市桥、延陵路桥等 22 座桥梁结构定期检测，完成虹桥南路与塘前路节点架空道路、澄江西路隧道进行沉降监测；完成杏春桥、五星桥等 84 座桥梁病害抢修。完成城区道路开挖修复 74 个，组织管线协调会议 27 次，开发项目小区道路验收 41 个。（王　佳）

【供水保障】 2023 年，江阴市城市综合管理局新改建管径 100 毫米以上供水管网 34.82 千米，改造农村供水管网及户表 1.89 万户，安全供水 2.62 亿立方米，合格率 100%。完善 18 类供水突发事件应急预案及应急网络，开展应急演练并完成评估。（崔红发）

【照明设施管理】 2023 年，江阴市城市综合管理局修订完善《江阴市城市照明设施维护考核办法》，全年完成 38 项照明项目方案审查及 39 项照明项目专项验收。完成 3700 盏路灯节能改造及 1000 套单灯控制器安装，完成 40 个配电箱改造和 1000 杆灯杆防粘贴涂料喷涂。实施主次干道、背街小巷和老旧小区路灯补装改造 266 盏，路灯亮灯率 99%，设施完好率 98%，及时修复率 100%。推进城区景观亮化提升，完成大桥路沿线和锡澄运河公园沿线景观亮化提升工程。全面推进城乡照明一体化，完成长泾镇路灯节能改造，建成青阳镇照明监控平台并纳入市级平台统一控制。（仲涛涛）

【燃气安全管理】 2023 年，江阴市城市综合管理局新建燃气管线 181 千米、新增天然气居民用户 3.7 万户，完成居民用户“瓶改管”12567 户、非居民用户“瓶改管”“瓶改电”3614 户，完成管道燃气管阀更新 25 万户，完成瓶装气居民用户隐患灶具整改 82185 户。培训送气工 349 名，考核通过 294 人，淘汰 55 人，约谈送气人员 136 名，扣分 102 人，吊证 18 人。组织开展“蓝剑 2023”执法行动，查处燃气领域违法违规案件 190 件，处罚金额 116.44 万元，打击黑气点 32 个，收缴钢瓶 394 个。（张　忠）

电力供应

【概况】 2023 年，国网江阴市供电公司贯彻江阴市委、市政府和上级公司决策部署，紧扣高质量发展主题，攻坚克难、担当作为，全力服务全市经济社会发展，有力应对电力保供、能源转型、改革攻坚等一系列挑战，各项工作取得新成绩。全市全社会用电量 285.44 亿千瓦时，比 2022 年增长 2.18%；公司完成售电量 255.64 亿千瓦时，比 2022 年增长 1.29%；调度最高用电负荷 433.81 万千瓦。至年末，江阴地区有 35 千伏及以上变电站 97 座、变电容量 1860.6 万千伏安，35 千伏及以上输电线路 2642.2 千米，10（20）千伏配电线路 7397.35 千米。是年，公司获评无锡市幸福企业示范单位。电力供应有力有序。落实迎峰度夏各项措施，经受住暴雨、大风、高温等考验，迎峰度夏期间实现重要设备零过载、需求响应零启动。组织 370 户用户参与度冬需求响应，最大错峰 30 万千瓦。完成中高考、航天器发射测控等 56 项重要保电任务。组织“节约用电进校园”等活动 20 余次。开展重大事故隐患专项排查整治行动，完成 51 处隐患整治，发现并治理 110 千伏峭新变等变电站周边隐患 35 处。开展频繁停电专项整治，全市用户平均停电时间比 2022 年下降 20.61%。通过复杂类不停电作业能力验收，成为江苏省内首个可独立开展 17 项复杂类不停电作业项目的县级供电公司。累计开展不停电作业 4328 次，减少停电时户数 18.57 万时户。电网建设加快推进。落实属地责任，全力保障凤城至梅里 500 千伏线路工程、陆桥加强工程投运，110 千伏杏春变等 4 项输变电工程按期投产。推进配农网改造升级，完成配农网工程 945 项，架空线路入地 15.19 千米。助力“轨道上的江阴”建设，完成江阴高铁站项目接电，投运锡澄轨道交通 S1 线 110 千伏花山变电站。完成霞客湾科学城、滨江路快速化改造等工程线路迁改，投运江阴市首条 220 千伏电缆隧道。开展通信无人机规模化试点行动，完成 162 条光缆线路全自主巡检。投用江苏省内首套县级新一代集控系统、市供电公司首批变电站开关柜巡检操作机器人。完成 110 千伏黄台全息感知智慧化变电站改造、110 千伏化绮线等高压电缆数智化全景示范段建设。投运全自动 FA（馈线自动化）线路 415 条，FA 线路投运率 83.99%。服务品质持续提升。成立重大项目服务工作小组，按期完成盛合晶微等 40 项各级重点重大项目接电。电力接入工程政企共担机制常态运转，落实项目 9 项、资金 3223 万元。落实“三零三省”服务（低压小微企业用电报装“零上门、零审批、零投资”服务，高压用户用电报装“省力、省时、省钱”服务），节省高低压客户办电成本 1.88 亿元。配合市政府出台电水气协同报装政策，实现电水气业务“一表申请、统一受理、联动办理”。强化工单管控,“95598”投诉意见工单比 2022 年下降 28.47%。创建“村网共建”电力便民服务点 17 个,实现镇(街道)、园区全覆盖,徐霞客镇方园村服务点获评国家电网公司示范点。江阴高新区供电所获评国网江苏省电力有限公司五星级乡镇供电所。改革创新不断突破。做好政策调整配合工作,尖峰电价、第三监管周期输配电价、购售同期调整实现平稳过渡。推动工商业用户进入电力市场,完成市场化交易电量 184.92 亿千瓦时。推进设备运检全业务核心班组建设,16 项自主实施业务通过国网江苏省电力有限公司达标认证。加强科技创新管理,新增各类专利授权 6 项。创新引入 RPA 技术(机器人流程自动化),开发应用计量采集、用电检查、电费管理等专业业务场景 21 个,大幅提高营销管控工作效率。1 项项目获江苏省企业管理现代化创新成果二等奖。绿色发展成效显著。推进市场化光伏建设工作,利港市场化集中式光伏发电项目、中电建霞客渔光互补项目开工建设。是年,全市新增分布式光伏并网容量 25.48 万千瓦,比 2022 年增长 33.5%。建成新能源运行监控平台,累计接入风电、光伏、储能、充电站等各类用户 823 户,实现江阴市存量用户全覆盖。优化充电桩报装流程,完成 1.35 万余户居民充电桩接电。完善充电设施布局,完成迁移改造充电站 7 个、充电桩 49 台,助力城市充电服务圈建设。公司运营充电桩完成充电量 892.16 万千瓦时。推广乡村电气化项目 220 项。通过社会责任管理体系复评。1 项履责行动获“金钥匙·面向 SDG(可持续发展目标)的中国行动”优胜奖。公司连续第四年获全国品牌故事大赛一等奖。

【国网江阴市供电公司首批变电站操作机器人“上岗”】 2023 年 4 月,国网江阴市供电公司 110 千伏李家变巡检操作机器人完成电容器柜操作任务,实现由人工到智能机器人“巡检+操作”。依托高精度视觉控制操作平台、高扭矩多自由度操作平台和智能运动平台,智能机器人能熟练进行旋转开关柜旋钮、摇进摇出手车和分合地刀等操作。利用机械臂前端搭载的可见光相机、红外成像仪等数据采集装备,可对开关柜进行可见光、红外、局放等检测工作,并将数据实时传送至后台管理系统,实现高效快速设备巡检。首批投用的 10 个“巡检+操作”机器人,应用在变电站 10 千伏设备上,分别布置在重要保供电、距离生产基地较远以及需要增加巡视频次的变电站。机器人充满电可满足 6 小时巡检或 4 小时连续操作任务,同时根据电量情况实现自主回充。以 110 千伏黄台变开关室为例,机器人仅需 13 分钟就能完成 10 千伏线路运行改检修倒闸操作任务,90 分钟可完成全站开关柜可见光、红外、局放检测任务,减少人员路途耗费时间,提高设备巡检效率。

【助力“轨道上的江阴”建设】 2023 年 5 月,锡澄轨道交通 S1 线 110 千伏花山变电站投运;5 月 10 日,沪宁沿江高铁江阴站站房成功送电。国网江阴市供电公司与锡澄轨道交通 S1 线、沪宁沿江高铁江阴站建设方进行项目对接,提前介入,根据客户用电预期和工程建设周期,高标准制定接电工程建设方案并有序实施,为“轨道上的江阴”建设提供安全、可靠的电力支撑。

【江苏省首套县级集控站新一代集控系统正式投用】 2023 年 6 月,在国网江阴市供电公司变电运维监控中心,110 千伏塔南变设备信息成功接入新一代 ECS-6000 监控系统,江苏省首套县级集控站新一代集控系统正式投用。新一代集控系统结合变电集控站业务需求,为“变电设备主人”专用设备监控系统。该系统通过“一体监控、全景展示、数据穿透、顺控操作调用、无纸化操作、智能告警、自动验收”等关键技术,改变原有变电站主设备和辅助设备监控系统分离状况,实现主设备和辅助设备一体化监控和联动,以及设备检修部门对电网信息的全面掌握。有效解决设备监控强度不足、设备管理细度不够、生产信息化程度不足、智能化支撑力度不足等问题。

【国内规模最大超高压跨江输变电工程建成投运】 2023 年 7 月,国内规模最大超高压跨越长江输变电工程——泰州凤城至无锡梅里 500 千伏输变电工程正式建成投运,最大年送电量超 260 亿千瓦时,为长三角地区夏季电力供应提供坚强保障。凤城至梅里 500 千伏输变电工程是国家电力“十三五”规划重点项目。工程建设历时近三年,新建 2 座 385 米世界最高的输电高塔,跨越长江档距 2550 米,线路总长 178 千米,总投资超 15 亿元。凤城至梅里跨江工程在长江南岸的落点位于江阴境内,为江苏境内第六条高等级过江电力通道。该工程可将苏北风电、光伏等清洁能

2023 年 7 月 2 日,国内规模最大的超高压跨越长江输变电工程——泰州凤城至无锡梅里 500 千伏输变电工程正式建成投运 (国网江阴市供电公司提供)

源送至无锡市,并辐射至苏州市、常州市等苏南中心城市,保障地方经济高质量发展。提升江苏境内30%的过江输电能力,每年可减排二氧化碳1000万吨。

【江阴市首条220千伏电缆隧道投运】 2023年,220千伏芙运线迁改工程竣工恢复送电,江阴地区首条220千伏电缆隧道建成投运。江阴靖江长江隧道工程开建后,国网江阴市供电公司与江阴靖江隧道工程无锡市指挥部、江阴市交通局密切联系,年内完成第二过江通道"南引线"工程涉及的全部输电线路迁改。在"南接线"工程涉及220千伏芙运线迁改工程中,将芙运线43~44号架空输电线路改为电缆线路入地,为城市建设让道。电缆隧道全长213米,单仓结构,在运220千伏电缆线路2回。该电缆隧道工程于2023年9月1日开工,11月30日建成投运。

【1个电力便民服务点获评国家电网公司示范点】 2023年11月,国网江阴市供电公司参与共建的徐霞客镇方园村"村网共建"电力便民服务点在全国申报的639个服务点中脱颖而出,入选国家电网公司"村网共建"电力便民服务示范点名单。是年,市供电公司响应上级公司关于创建"村网共建"电力便民服务示范点工作要求,认真组织、统筹资源、稳步推进,依托徐霞客镇方园村便民服务站打造"村网共建"电力便民服务点,将便民服务、低压台区改造、安全用电、设施保护、节约用电等电力工作内容纳入村务综合治理范畴,全面提升服务响应效率和水平。在服务站设立"网上国网云服务自助终端""党员先锋"流动窗口,为用户提供用电咨询、业务办理、电费缴纳等"一站式"服务,提升供电服务质效。依托"村网共建"电力便民服务点,不断创新服务内容,立足打通农村供电服务"最后一米",为村民提供更优质、高效的供电服务。

【江阴"水电气"联合报装服务落地】 2023年12月,国网江阴市供电公司、江苏江南水务股份有限公司、江阴天力燃气有限公司协同完成江阴高新区蟠龙山公园配套用房项目"水电气"联合报装业务受理,江阴首笔"水电气"线上联办业务正式落地。按照江阴"一件事"集成服务工作方案,在市行政审批局牵头下,联合相关单位推动"水电气"业务线上联办,将办理窗口前移至政务服务中心,在各单位营业厅设立"共享窗口",为客户提供"一体化"报装水电气便捷通道。通过政务服务网"工程建设项目审批综合管理"平台,各单位共享客户营业执照、产权证明、立项批复等资料,加快审批、压缩时限、降低成本。企业线上填写申请表,国网江阴市供电公司、江苏江南水务股份有限公司、江阴天力燃气有限公司三个单位收到申报信息,立即派出相关人员全程跟进项目报装情况,联合组织勘察,拟订服务方案。至年末,江阴各镇(街道)设立"水电气联合报装"窗口15个。

【配网不停电作业复杂类项目通过验收】 2023年12月,国网江阴市供电公司10千伏配网不停电作业复杂类项目通过国网江苏省电力有限公司验收,成为江苏省内首个可独立开展17项复杂类不停电作业项目的县级供电公司。始终坚持"能带不停"原则,从提高供电可靠性出发,大力推广配网不停电作业。市供电公司不停电作业中心配置作业小组4个,配网不停电作业专用车28辆,不停电作业工器具库房1间,满足33项作业要求,均实行标准化智能管理,承担全市配网不停电作业任务。

【1件作品在全国品牌故事大赛中获奖】 2023年12月,由中国质量协会主办的2023年品牌创新大会暨第十一届全国品牌故事大赛总决赛举办,国网江阴市供电公司1件参赛作品《红豆,不止爱情》获得一等奖,该次为公司连续第四年在全国品牌故事大赛获得一等奖。市供电公司持续发力、深入挖掘亮点特色,致力讲好澄电故事、传播澄电声音,打造特色品牌故事,提升品牌影响力和美誉度。

【海上测控任务电力保障】 2023年,国网江阴市供电公司高度重视,按照海上测控安全供电工作要求,将每一次航天器发射测控保电工作定为特级保电任务,加强领导,精心组织,层层落实保电工作责任,确保保电工作万无一失。接到保电任务,公司即刻与重要用电客户协商,制定详尽保电方案和应急预案。对与重要用电同线路和同母线客户进行重要用电时段告知,要求客户在重要任务期间加强安全用电管理。用电检查人员对相关变电站及下级配电设施防渗漏、防雷电等情况进行重点检查,协助基地完成柴油发电机、UPS电源投切试验。提前对相关线路和变电站进行巡视检查和消缺,合理调整停电计划,保证任务期间电网封网运行。保电期间,相关变电站由无人值班改为有人值班,用电检查人员到基地现场参与值守,公司领导带领相关部门负责人在公司值班室加强值班,按照"设备零故障、客户零闪动、工作零差错、服务零投诉"保电要求最大限度提高电力保障的可靠性。年内,完成航天器发射测控保电任务16次。

(周宇峰)

■类目编辑 周梦姣

生态环境

综　述

【概况】 2023 年，江阴市委、市政府牢牢把握生态环境治理现代化县域示范建设重大战略机遇，紧盯目标，加压奋进，纵深推进污染防治攻坚战，推动全市生态文明建设取得积极进展。年内，制定印发《江阴市建设生态环境治理现代化县域示范实施方案（2023—2025 年）》，明确 8 大类 29 项重点任务，推动传统行业绿色低碳转型，基本建成长泾镇印染集聚区一期工程。践行长江大保护战略，精准治气、系统治水、科学治土，进一步完善生态环境基础设施。是年，$PM_{2.5}$（细颗粒物）浓度 32 微克/立方米，空气优良天数比率 80.3%，比 2022 年增加 1.1 个百分点。18 个国、省考断面水质优Ⅲ比例连续 3 年保持 100%，其中Ⅱ类水占比 55.6%。长江干流总磷浓度 0.074 毫克/升，在江苏段保持最好水平，有 9 条主要入江支流达Ⅲ类及以上，其中 8 条达Ⅱ类，比 2022 年增加 1 条。深入实施“双碳”（碳达峰与碳中和）系列专项行动，创成国家级绿色标杆企业 5 个、省级绿色发展领军企业 3 个。江阴市着力打造减污降碳协同创新城市入选（全省唯一）生态环境部减污降碳协同增效典型案例，江阴临港化工园区入选生态环境部化工园区“一园一策一图”试点，江阴市印染产业集群清洁生产审核入选生态环境部创新试点项目名单。江阴生态环境局获评生态环境部 2023 年生态环境保护执法大练兵表现突出集体。

【弘扬生态理念】 2023 年，江阴生态环境局坚持以习近平生态文明思想为指导，加大宣传力度，提升公众生态文明意识。开展“六五”环境月系列活动，召开生态环境工作新闻发布会，邀请江阴市融媒体中心、“江阴发布”等媒体记者参加，同时发布 2022 年生态环境状况公报。8 月 15 日，举行江阴市“全国生态日”主题宣传活动暨生态环境基础设施项目集中开竣工仪式，制作海报、视频等，在大商场、党政机关、公园、公交站台等公共区域宣传，展示环保工作成效。宣传推广全市治污攻坚、生态修复、基础设施建设、荣誉表彰等，被无锡市级以上媒体录用文章 126 篇，其中被《中国环境报》头版头条刊登 1 篇、“江苏生态环境”公众号发布 10 篇、“无锡生态环境”公众号发布 70 篇。“江阴生态环境”微信公众号发布 537 篇，总阅读量约 10.6 万次；“江阴生态环境”微博公开 1372 条，总阅读量约 343 万次。推动宣传阵地建设，滨江公园入选江苏省生态文明教育实践基地，要塞实验小学入选无锡市一级生态文明教育实践基地，顾山镇红豆村村民委员会入选无锡市二级生态文明教育实践基地。持续扩大滨江公园省生态文明教育实践基地宣传影响力，展示江阴生态文明建设成果，传达生态文明理念，开展“走进太湖明珠”志愿者生态文明行、“生态江阴，美丽家园”、长江大保护暑期生态夏令营等活动。组织参加生态环境部举办的“美丽中国，我是行动者”2023 年全国青少年自然笔记征集活动，有 4 幅作品获评全国赛优秀作品，江阴生态环境局获评优秀组织单位。

【环保审批管理】 2023 年，江阴生态环境局及时掌握重大项目环评编制和报批进度，对市级以上重大项目，每月调度 2 次环评审批情况；对省级以上项目建立服务卡，采取提前服务、上门服务等方式，推进项目审批。年内，审批环评项目 304 项，核发排污许可证 805 张，实施排污总量调拨项目 275 项。全年调拨化学需氧量（COD）348 吨、挥发性有机物（VOCs）588 吨，支持保障全市重大项目实施和发展。

生态环境治理现代化县域示范建设

【概况】 2023 年，江阴市委、市政府深入贯彻习近平生态文明思想，坚持“共抓大保护、不搞大开发”，抓住建设生态环境治理现代化县域示范重大机遇，推动传统行业转型升级，培育壮大绿色发展动能，统筹推进治污攻坚和生态修复。1 月 19 日，江苏省生态环境厅出台《关于支持江阴建设生态环境治理现代化县域示范的意见》，明确江阴市围绕“创新”“深改”“强基”三个关键词和“集”“提”“治”三个关键字，建设生态环境治理现代化县域示范。江阴市全力推进生态环境治理现代化县域示范建设，制定印发《江阴市建

2023 年 2 月 6 日,江苏省生态环境厅与无锡市召开厅市会商会,共同签署江阴建设生态环境治理现代化县域示范战略协议。图为签约仪式现场

（江阴生态环境局提供）

设生态环境治理现代化县域示范实施方案(2023—2025 年)》,成立领导小组,明确健全生态环境保护组织体系、加快推进环境治理全民行动体系、健全生态环境执法监管体系、大力推动产业绿色低碳发展、提升生态环境基础设施支撑能力、全面统筹生态保护修复、加强环境风险系统防控、推动管理支撑能力提升 8 大类和建立健全基层环保机构、推进纺织印染行业集聚发展、全面提升污水集中收集处理能力等 29 项重点任务,推动全市经济高质量发展和生态环境高水平保护。

【体制机制持续优化】 2023 年,江阴生态环境局紧盯生态环境治理体系和治理能力现代化,持续优化监管执法体系,不断提高生态环境治理精准度和实效性。全面推进非现场执法,利用在线监测数据精准发现问题并第一时间处理,正面清单企业由 33 个增至 82 个,对评分等级高、安装在线监测设备的企业,做到无事不扰。环境监测人员全部申领行政执法证。江阴临港化工园区设立生态环境科,于 3 月 9 日挂牌,会同生态环境执法分局实体化联动运作。

【推动绿色转型】 2023 年,江阴市加快打造“345”现代产业集群*,推进智能化改造和数字化转型,江阴兴澄特种钢铁有限公司成为全球特钢行业首个“灯塔工厂”。加速行业转型升级,4 个钢铁企业完成全流程超低排放改造工程,化工园区外化工企业减少至 40 个,基本建成长泾镇印染集聚区一期工程。实现年节能量 5 万吨标煤,单位国内生产总值能耗下降率完成上级目标任务。提速实施整县分布式光伏开发试点,加大港口岸电、新能源车辆等清洁能源推广使用力度,完善建设绿色公共交通基础设施,绿色低碳生活成为社会新风尚。推动工业园区升级改造,关停整治“散乱污”企业 286 个。争取上级环境治理资金 1.77 亿元;“环保担”等 4 种生态金融产品获资金支持 58.35 亿元。

【巩固生态屏障】 2023 年,江阴市完成省级生态环境基础设施、太湖治理、长江大保护等重点工程项目 53 项,建成“无废城市”项目 11 项。新增污水处理能力 11.6 万吨/日、危险废物处置能力 9 万吨/年、固体废物处置能力 19.78 万吨/年。持续建设霞客湾生态湿地项目,形成水面 191.87 公顷。推进白屈港长江湿地保护小区建设,锡澄运河“生态微岛”呈现“串珠成链”城市景观,建成桃花港长江湿地保护小区,升级建设窑港口长江湿地保护小区省级湿地公园,造林绿化 374.13 公顷。探索生态产品价值实现,完成“生态券”试点交易 2 宗,价值 267.7 万元。“江阴市城市生态环境综合治理案例”入选世界运河城市论坛生态环境保护与生态修复典型案例。至年末,生物多样性调查记录震旦鸦雀等各类生物 1679 种。

【服务重大项目】 2023 年,江阴市为进一步加强排污总量指标管理,更好支持全市产业提升和优质重大项目落地建设,实现社会经济发展和生态环境保护协同共进,根据《中华人民共和国环境保护法》《排污许可管理条例》等法律法规,制定出台《江阴市排污总量指标管理办法(试行)》文件,从总量储备、总量管理、总量调拨、经济奖惩等方面改革创新,建立总量储备保障新机制,支持全部省、市重大项目落地。破除生活源指标不用于工业类建设项目的壁垒,跨类别支持上机数控光伏产业一体化制造等 3 项市级以上重大产业项目。加快工业园区升级改造,江阴市建业化工有限公司等 53 项关停项目成功入库,腾出挥发性有机物指标 741 吨。试点实施 2 项项目承诺制审批,出台《江阴高新技术产业开发区规划环评与项目环评联动改革实施方案(试行)》,促进区域绿色高质量发展。

污染防治攻坚战

【概况】 2023 年,江阴市委、市政府坚决贯彻长江大保护战略,抓住建设生态环境治理现代化县域示范机遇,深入打好污染防治攻坚战,改善生态环境质量,持续实施“蜗牛警示牌”“水气红黑榜”等举措,加强“五气共治”(治理燃煤烟气、有机废气、汽车尾气、餐饮油烟以及工地扬尘),坚持系统治水,推动全域天更蓝、水更清、空气更清新,有效防控环境风险。

【大气污染防治】 2023 年,江阴生态环境局牵头制定《江阴市 2023 年大气污染防治工作计划》,聚焦重点工程、重点行业、重要时间节点开展深度治理。持续开展协商大户深度友好减排工作,保障杭州第 19 届亚运会、第六届中国国际进口博览会期间空气质量,颗粒物、二氧化硫、氮氧化物、挥发性有机物分别比

2022 年减排 109.2 吨、108.5 吨、414.9 吨、525.8 吨。制定印发和实施《江阴市铸造行业新一轮大气污染综合提升实施方案》，完成第一轮整治铸造企业 190 个，淘汰关停 50 个。强化机动车尾气执法监管，建立生态环境、公安、交通部门联合路检路查机制，累计路检柴油货车 960 辆次，入户检测柴油车 250 辆次。加大重点区域周边港口码头、施工工地非道路移动机械检查力度，累计抽测非道路移动机械 360 辆次。落实港口码头粉尘防治长效监管机制，加强港口企业粉尘排放实时监测。开展企业重污染天气应急减排评级和豁免申报审核工作，梳理重点、简化管理名单 853 个，进行第二轮梳理登记管理名单 7523 个。强化微环境治理，加强重点区域周边 500 米范围深度保洁、散煤和生物质禁烧，打击露天烧烤行为，加强管控施工工地扬尘，每日开展微环境整治方案落实情况巡查，定人定岗定责，压紧部门、属地工作责任。12 月，组织开展年度大气污染防治攻坚，出动执法检查 1992 人次，检查点位 904 个，发现问题 48 个，依据环境保护法律法规实施查封案件 2 件、立案处罚案件 1 件，整改督查问题 20 个。是年，完成大气治理工程 3763 个，$PM_{2.5}$浓度 32 微克/立方米，空气优良天数比率 80.3%。

【水污染防治】 2023 年，江阴市以建设长江生态安全示范区为引领，制定《江阴市新一轮太湖治理“1 + 8”三年行动方案》，推进企业雨水与污水分流整治、工业与生活污水分质处理，全面整治涉磷、涉氟企业，提升企业内部雨水与污水管网排查整治和排污口规范工程，有 878 个企业完成该项工程。印发《江阴市工业与生活污水分质处理评估的通知》，全市有 20 个城镇污水处理厂完成纳管企业评估及整改方案编制。9 条主要通江入湖河道实施“一河一策”治理，完成治水工程 165 项和美丽幸福河湖 162 条，建成国家水系连通及水美乡村试点县项目。开展第二期国、省考断面深度溯源工作，全面排查重点控制区域内入河排污口，形成问题清单 55 份，整治完成率 100%。建立国、省考断面保障机制，确保主汛期间国、省考断面水质稳定。实施市域交界河道断面联防联控机制，江阴、锡山、惠山、张家港生态环境局加强会商联动，开展交界河道上下游联保联治，完成二干河栏杆桥断面移位至江阴境内监测考核。全年新建污水主管网 41 千米，完成城区 90 个小区雨污分流改造、70 个村庄生活污水治理项目，建成污水处理提质增效达标区 5 个，创成省“绿色港口”7 个、“四星级中国绿色港口”1 个。推进重点断面控制区域内的农田退水调查治理，完成徐霞客镇方园村 86.67 公顷农田排灌系统生态化改造。推行“三池两坝”（沉淀池、曝气池、生态净化池以及夹在这三个池中间的两个过滤坝）治理模式，全域完成水产养殖尾水治理 465.67 公顷，建成投用无锡市首间养殖尾水智能监测小屋，江阴市申港三鲜养殖有限公司获评农业农村部水产绿色健康养殖五大行动骨干基地。是年，境内国、省考断面水质优Ⅲ比例继续保持 100%。

2023 年 8 月 15 日，江阴市举行“全国生态日”主题宣传活动启动暨生态环境基础设施项目集中开竣工仪式 （江阴生态环境局提供）

【土壤污染防治】 2023 年，江阴市持续加强土壤污染防治工作，建成“无废城市”项目 11 项，秦望山绿色循环产业园建设国家级绿色资源循环利用基地，江阴高新区“无废园区”建设实施方案通过无锡市组织的专家评审，建设省内首个通过评审的非化工“无废园区”，江阴市首个园区一般工业固体废物智能化收运体系试点项目——周庄镇一般工业固体废物转运数据中心正式投运。启动危险废物规范化管理专项排查，发现隐患问题 497 个，录入无锡市安全生产监管平台，并督促按期整改。开展铝灰渣专项排查、小微企业危险废物收集单位安全生产风险专项整治、巩固、提升行动，有 3100 余个小微企业危险废物收集处置签约，部署 122 个行业小类 4100 余个企业开展化学物质筛查。全市农用化肥 1.24 万吨，比 2020 年削减 2%，农药施用 769 吨，比 2020 年削减 1.66%；废旧地膜残膜回收 1022 吨，有效回收率 97.33%；农药包装废弃物无害化处置率 100%；受污染耕地安全利用率 100%。是年，全市完成土壤污染防治重点任务 359 项，土壤安全基本保持稳定。

（程 凯）

生态环境优化

【概况】 2023 年，江阴市城市综合管理局围绕江苏省第十三届园博会筹备和创建“全国最干净城市”、国家生态园林城市等目标，完成《江阴市绿地系统规划（2022—2035）》《江阴市公园体系规划（2022—2035）》编制修编工作，以及京沪高速江阴道口、江阴北道口区域景观改造和梅园桥等 18 座桥下空间利用提升工程，推进华宇园等城区 7 个老旧公园绿地改造，建成口袋公园 15 个。环城东路东侧景观、阅享园、延陵路小游园 3 项项目获评 2023 年江苏省“乐享园林”活力空间项目，福巷、锡澄运河特色空间塑造项目获评江苏省公众喜爱的高品质绿色空间实践项目，15 个公园成为江苏省首批城市公园绿地开放共享试点。6 个公园获评江阴市首批儿童友好公园。

【园林绿化管护】 2023 年，江阴市城市综合管理局编发《江阴市绿化管理办法》，修订市管公园、绿地养护管理考核办法，发布《2023 年江阴市绿化苗木信息指导价》，完成城市绿地外来入侵物种普查和城市绿地生物多样性监测等，编制《江阴市园林废弃物处理利用示范区建设规划》。组织开展“园林大讲堂”、园林绿化行业绿化工职业技能培训暨选拔赛、园林绿化行业第二期绿化工培训鉴定等活动。持续打造“送绿进万家”服务品牌，开展“乐享生态园林美、共建清洁美丽澄”送绿进万家暨全民护绿志愿活动，发放花籽 2500 份、绿植 2300 盆、家庭园艺手册 1200 份。组织家庭园艺讲座，“送绿进万家”获年度江阴市十佳志愿服务项目；开展花事园事活动，组织江阴市第八届春兰展、蕙兰展、黄田港公园二月初八民俗艺术节等活动。是年，修剪整形行道树 3.8 万株，修剪老旧小区遮阳控高乔木 0.6 万株，补植城区绿化面积约 2.3 万平方米，整治行道树树穴约 1100 个。维修公园广场路面等 5455 平方米，维修增设护栏 2875 米，维修坐凳、灯具等 1163 处，清洗公园广场园路 3.7 万平方米、座椅及标示牌 8115 个。打造兴国园等“席地而坐”示范区 5 个，首批开放黄山湖公园、芙蓉湖公园等 15 个公园绿地共享区域，创成江阴市首批儿童友好公园 6 个。建成园林废弃物收集站点 26 个，园林废弃物综合处理利用项目进入试运营阶段。

【城市绿化景观提升】 2023 年，江阴市城市综合管理局完成京沪高速江阴道口、江阴北道口区域景观绿化改造工程和杏春桥、梅园桥、毗陵路桥、塘前路桥等 18 座桥下空间利用提升项目，推进完成华宇园、永安绿苑、朝阳公园、天鹤公园、胡山源纪念绿地、花山路沿线绿地、澄塞河（绮山路—大桥路）两侧绿地 7 个老旧公园绿地改造工程，实施黄山湖公园、大桥公园等公园水体治理等项目。节假日花卉环境布置地栽花卉 3.13 万平方米、盆摆 11 万盆、立体布景 12 个、灯笼 2011 个、中国结 180 套。

【“江小澄”口袋公园】 2023 年，江阴市城市综合管理局持续深化“江小澄”口袋公园建设，建成开放阅享园、长江路运动乐园、延陵 · 芳草园、延陵 · 同乐园等口袋公园 15 个，福巷被列入江苏省公众喜爱的品质绿色空间实践项目，阅享园、延陵路小游园（延陵 · 同乐园、延陵 · 芳草园）2 项项目入选江苏省“乐享园林”活力空间建设项目。

（王　佳）

生态基础设施建设

【概况】 2023 年，江阴市城市综合管理局围绕生态基础设施建设目标，推进重点项目建设和污染防治攻坚，新建污水主管网 41 千米，完成 70 个村庄生活污水治理项目，PPP（政府、企业和民间资本参与的运作模式）项目农污设施及 2018 年前农污设施运行总体平稳。完善城区排水系统，建设主城区 8 条道路管网，完成 90 个小区雨污分流改造，排水管网“四位一体”（测绘、排查、检测、修复设计）检测 330 千米，建成污水处理提质增效达标区 5 个，开展污水处理提质增效达标区“回头看”。完成新桥污水处理厂（0.6 万吨/日）扩建项目、南闸污水处理厂二期扩建项目（1.5 万吨/日）主体工程、华士镇中心污水处理厂（2.5 万吨/日）新建项目主体工程，澄西污水处理厂四期扩建项目（4.5 万吨/日）开工建设。对城区 660 千米市政管网、823 套农污设施、21 个污水处理厂进行专业运维考核，确保污水处理设施发挥应有效能。开展餐饮油烟治理，集中督查检查主城区餐饮服务单位 600 余个，发现问题 150 余个，查处餐饮服务单位违法排放油烟事件 7 件，实施行政处罚。加强在线油烟监测平台运维管理，平台在线率稳定在 85%。

（陶晓华　辛键溶）

【华士镇中心污水处理厂及污水治理设施提升工程】 该工程位于华士镇应天河南侧、规划道路东侧、江阴华西华新针织品有限公司西侧，总体规划用地面积 5.2 公顷，项目一期总投资 39619 万元。污水处理厂总规划处理能力 10 万吨/日，一期实施土建 5 万吨/日、设备 2.5 万吨/日能力。配套污水管网一期 10 千米。污水处理厂尾水重铬酸盐需氧量（COD_{Cr}）、氨氮含量（NH3-N）、总磷含量（TP）执行《地表水环境质量标准》（GB3838 – 2002）V 类标准，总氮含量执行《江苏省太湖地区城镇污水处理厂及重点工业行业主要水污染物排放限值》（DB32/1072 – 2018）表 2 标准。2023 年年末，完成主体工程。

【南闸污水处理厂二期扩建工程】 该工程位于南闸街道泾南路 3 号南闸污水处理厂厂区东侧空地，占地面积约 0.93 公顷，总投资 10726.47 万元。二期工程扩建规模为 1.5 万吨/日，出水执行《江苏省太湖地区城镇污水处理厂及重点工业行业主要水污染物排放限值》（DB32 / 1072 – 2018）表 2 标准，其中化学需氧量（COD）、总磷含量（TP）和氨氮含量（NH_3-N）指标执行《地表水环境质量标准》（GB3838 – 2002）的 IV 类水标准。2023 年年末，完成主体工程。

【新桥污水处理厂扩建工程】 该工程位于新桥镇雷下村，利用存量土地，提标和扩容污水处理设施，总投资 1700 万元，占地面积 0.17 公顷。分两期建设，近期扩容 0.6 万吨/日，远期扩容 0.4 万吨/日。出水水质在达到《江苏省太湖地区城镇污水处理厂及重点工业行业主要水污染物排放限值》（DB32/1072 – 2018）表 2 标准和《城镇污水处理厂污染物排放标准》（GB18918 – 2002）表 1 一级 A 标准的基础上，化学需氧量（COD）从 50 毫克/升降低至 40 毫克/升，总磷含量（TP）从 0.5 毫克/升降低至 0.4 毫克/升。2023 年年末，完成近期扩容 0.6 万吨/日建设。

（邱俊永）

生态环境执法

【概况】 2023年,江阴生态环境局开展信访化解活动,全面排查摸底重点信访人和重点信访企业,推进全员执法,优化执法方式,提高执法机构和执法人员依法履职能力,强化环境执法监管和监测,全力整改督查交办问题,完成第二轮中央环保督察反馈问题整改4项、按时序推进整改3项,77件信访交办件完成整改。26项省专项环保督察反馈问题完成整改25项,1项按时序整改。

【环境信访】 2023年,江阴生态环境局开展信访化解活动,全面排查摸底重点信访人和重点信访企业,进一步完善信访办理工作机制,从源头上预防和减少信访问题发生。是年,受理各类环境信访事件1251件,比2022年下降22.1%。

【环境执法监管】 2023年,江阴生态环境局全面推进全员执法,优化执法方式,强化督导帮扶,实施"两打"专项行动(打击危险废物环境违法犯罪和重点排污单位自动监测数据弄虚作假专项行动),提升生态环境行政执法案卷质量,规范行政执法案卷文书制作水平,全面提高执法机构和执法人员依法履职能力,获评生态环境部2023年生态环境保护执法大练兵市、县级表现突出集体。依托走航监测、自动监测、工况用电等科技手段,加强非现场执法检查。强化现场溯源排查,推进排污口整治工作。全年出动环境执法检查18954人次,检查企业7290个次;查处环境违法行为普通立案833件;下达行政处罚决定书599份,罚款金额5951.6万元;落实新环保法处置案件17件,其中实施查封扣押案件10件、限产停产案件2件、移送环境污染犯罪案件4件、行政拘留案件1件。

【环境监测】 2023年,江阴生态环境局完成饮用水及备用水水源地、"十四五"考核重点断面地表水、重点考核河道支流支浜以及排涝泵站出水、建成区消劣提质水体、"十四五"考核地下水、降水、交通噪声、区域噪声、功能区噪声等环境质量监测任务,监督性监测586个重点污染源、48个入河排污口、17个危险废物发证经营单位、3个生活垃圾和危险废物焚烧单位废气中二噁英等污染源,专项监测农田退水、农田灌溉水质、农村黑臭水体、池塘养殖尾水、农村生活污水处理等,协同监测13个碳排放核查重点企业废气,监测32个涉重金属企业及周庄镇、华士镇、徐霞客镇、祝塘镇、江阴高新区电镀工业集聚区周边土壤和地下水,企业周边大气消耗臭氧层物质和氢氟碳化合物试点等,监督检查80个排污单位自行监测现场。在全市水、气、声监测网络基础上,进一步优化水、气自动监测点位,新建堤闸管理处水质自动监测站,推进栏杆桥手工监测断面和自动站迁移工作。全年固定式机动车尾气遥感监测设备监测车辆73万余辆次,捕捉超标车辆2.7万余辆次;激光雷达走航150余次。至年末,全市有监测水站121个、气站85个、噪声站15个,产生自动监测数据250万个。

【环境安全应急保障】 2023年,江阴市进一步加强水源地规范化建设,开展集中式饮用水水源治理与水源地隐患排查,完成绮山应急备用水水源地达标建设,形成"双水源供水"互联互备安全供水网络体系。建立健全水源地长效监管机制,集中式饮用水水源地水质达标率100%。完成江阴高新区、江阴临港化工园区三级防控体系方案编制和相关建设,推动江阴临港化工园区成功申报生态环境部化工园区突发水污染事件"一园一策一图"示范试点建设。加强隐患排查治理,对699个企业开展环境安全隐患排查,通过企业自查、部门抽查,排查出各类隐患问题1067个,全部完成整改。开展突发环境污染事件应急演练,切实提升全市防范突发环境风险能力。开展辐射安全生产大检查行动,对市级管控涉源单位、废旧金属熔炼企业、伴生放射性矿开发利用单位检查率100%。

【生态环境"测管治"一体化平台】 2023年,江阴生态环境局为切实提高生态环境保护监管智慧化水平,持续优化生态环境"测管治"一体化数字平台,累计接入企业3334个,监测范围包括824个废水排放口、46个进水口、714个废气排放口、18247个用电工况监测点等。该平台分析各类点位监测数据,建成19类预警模型,分析、预警、监测污染源异常情况,全年推送预警异常信息6154条。 (程 凯)

水资源管理

【概况】 2023年,江阴市深入实施最严格水资源管理制度,以解决水资源高效集约利用等为导向,以考核为抓手,着力抓好水资源优化配置、高效利用、科学治理和有效保护,水资源及节约用水工作取得阶段性成效。是年,全市用水总量控制在32.92亿立方米,万元地区生产总值用水量降至25.63立方米,万元工业增加值用水量降至38.02立方米,农田灌溉水有效利用系数提升到0.6772,完成省市级等节水型建设任务15个。

【最严格水资源管理】 2023年,江阴市严守水资源消耗"双控"(总量和强度实行控制)红线,围绕省水资源工作提出的许可量远超计划量问题,编制完成《江阴市取水许可量分类压减方案》,组织实施减存量、控增量工作,全年完成核减水量1.03亿吨。严格水资源论证和取水许可管理,注销取水许可证16本,延续50本。严格计划用水管理,全市287个自备水取用水单位计划率100%,同时联合市城市综合管理局对主城区公共供水水量较大的93个非居民用水单位下达年度用水计划。深化用水直报制度改革,全市取水许可证均纳入直报系统名录库,按期完成基层定报表、年报表填报工作。是年,全市用水总量控制在32.92亿立方米,万元地区生产总值用水量降至25.63立方米,万元工业增加值用水量降至38.02立方米,农田灌溉水有效利用系数提升至0.6772,全面完成用水总量和效率控制目标。

【地下水管理】 2023年,江阴市严格地下水管理和保护,组织开展沪

2023 年 6 月 12 日,江阴市滨江公园获评江苏省生态文明教育实践基地

(江阴生态环境局提供)

宁沿江高铁江阴段沿线、地下水位异常等重点区域专项整治活动。强化地下水日常管理,持续推进“水到井封”,全年注销封填地下水井 5 眼。全面摸排登记地下水取水工程,建立 36 个地下取水工程、39 眼监测井地下水取水工程台账,并动态更新。是年,全市地下水开采量持续降低,全年地下水用水总量 23.79 万立方米,比 2022 年减少 12.5 万立方米,市内地下水位埋深最低点回升至 26.96 米,比 2022 年回升 0.72 米。

【节水型社会建设】 2023 年,江阴市大力推进节水技术创新与示范项目引领,落实载体创建补贴及相关财税激励政策,以重点行业、重点大户为重点,有序推进国家、省、无锡市三级重点监控用水单位水平衡测试工作,全市 13 个单位开展年度水平衡测试工作。是年,完成涵盖省市级节水型企业、学校、小区等节水型社会建设任务 15 个。

【水权制度改革】 2023 年,江阴市充分发挥金融要素在提升水资源节约集约利用中的作用,11 月 30 日,兴业银行江阴支行与江阴市云亭精毛纺染整有限公司签订“节水贷”融资协议 100 万元,为无锡市年度首单。率先完成区域水资源论证,优化营商环境,服务区域经济,提高审批效率,临港经济开发区通过区域水资源论证省级验收审查,江阴高新区完成区域水资源论证编制。是年,全市完成水权交易 6 单,交易总水量 20.46 万吨,交易额 18.64 万元,成交单数、交易水量、交易金额均创历史新高,位居无锡市年度第一。

【水资源规范化建设】 2023 年,江阴市水利局实施取水口规范化建设,按照“三规范、二精准、一清晰”(工程建设规范、取水行为规范、档案台账规范,取水计量精准、监控传输精准,标志标识清晰)要求,完成 262 个企业取水工程规范化建设,提升 5 个取水单位取水设施规范化建设。持续开展水源地标准化建设,按《集中式饮用水水源地管理与保护规范》(DB32/T4030 - 2021)及《江苏省集中式饮用水源地长效管理与保护评估指南(试行)》要求,完成利港地下水水源地、白屈港绮山湖应急水源地标准化建设工作,并通过无锡市水利局组织的现场验收。巩固 3 个长江集中式饮用水水源地达标建设成果,完成 2023 年度长效管护评估报告编制。

【水法宣传】 2023 年,江阴市水利局在“世界水日”“中国水周”期间,组织党员先锋队和水利志愿者,围绕长江大保护、水资源管理等内容,深入企业、学校、社区等开展水法知识和政策宣传,送水法进企业,宣讲节水政策,普及节水知识,围绕节水型园区创建主题,举办节水技术培训班,邀请专家讲授,并与 70 个企业代表及水资源管理人员进行座谈交流,助力企业实施节水增效、降低成本。送水法进校园,与徐霞客镇政府、市教育局联合举办“节水护水、你我‘童’行”启动仪式暨党媒小记者“实境课堂”专项活动,153 名小记者组成小记者团,实地参观定波水利枢纽、江南水务节水教育基地和白屈港绮山湖应急水源地;与江阴职业技术学院联合开展“饮水思源知恩,节水环保力行”科普系列活动。送水法进社区,开展节水科普宣传,张贴标语,向群众发放宣传手册、环保袋等节水资料。举办“水美江阴”主题摄影绘画比赛,面向公众征集市内长江、河道湖泊、水利工程、水源地、节约用水等建设成果及水环境风貌、水利工作的摄影、绘画作品,引导公众对水体的关注。

(王广美)

■类目编辑　成苏萍

水利建设

综　述

【概况】 2023年,江阴市水利工作深入落实习近平总书记“节水优先、空间均衡、系统治理、两手发力”治水思路和关于治水方面重要论述精神,持续推进防汛抗旱、江河保护治理、重大水利工程建设、节水型社会建设等重点工作,促进水利高质量发展。2023年汛期,江阴市总降水量977.5毫米,比常年同期增长21.4%,对全市有影响的台风1个,为2305号台风“杜苏芮”。面对汛情,市防汛指挥部各成员单位协同配合,组织召开会商会议10次,及时启动应急响应3次,全市累计出动巡查除险人员1.8万余人次,处置涉汛警情和市政隐患1089件,沿江各口门及时抢排涝水5.84亿立方米,全力确保安全度汛。全年实施重点水利工程8项(含续建),完成水利投资11.4亿元,投资完成率100%。其中,水系连通及水美乡村建设试点县项目全面完工,打造霞客湾生态湿地200公顷,建成水美乡村6个,综合治理河道30条、50.9千米;新桃花港江边枢纽工程建成投用,在区域抢排涝水中发挥重大作用;老桃花港整治工程完成投资60%,十一圩港河道整治工程、白屈港综合整治工程开工建设。持续深化河(湖)长制管理,全年保障各级河长巡河履职6.5万余次,累计处理河湖问题7000余个,动态整改率超96%,69条新一轮环境综合整治河道水质优Ⅲ比例提升至98.6%。全域推进美丽幸福河湖建设,高标准严要求打造美丽幸福河湖162条,超额完成35条。全面推进农村水利管理,全年争取小农水专项资金1562万元,结合高标准农田建设,维修养护农村灌排泵站28座,沟通整治小微水系17.03千米,全市农田灌溉水有效利用系数达到无锡市下达指标。新建农村生态河道42条(段)、89.2千米,覆盖率超75%,提前两年完成建设任务,在全省涉农县中排名前列。强化水资源刚性约束,全年压减取水许可总量1.03亿立方米,完成取水设施规范化建设262项,完成省市级节水型载体15个、水权交易6单、“节水贷”1例。严格河湖岸线监管,完成全市1007条河道名录更新及矢量化工作,严厉打击长江河道非法采砂,监管疏浚砂有序利用。强化水利工程安全运行,完成白屈港抽水站机组大修等工程,实施长江堤防蚁患区整治21.39千米,全年调度闸站引水28.47亿立方米,有效保障全市灌溉用水、畅流活水需求。强化依法行政,全年依法办理涉水行政审批17件,规范征收各类行政规费9961.12万元,为企业助企纾困减免487万元。提升安全生产水平,有序开展全市水利重点领域、重大事故隐患、燃气使用安全、消防安全等专项整治行动,全年水利安全生产无事故。

【成立江阴市水利投资发展集团有限公司】 2023年,江阴市激发改革创新活力,抓住政策性金融工具支持水利基础设施建设,于9月11日成立江阴市水利投资发展集团有限公司,促进水利投融资改革。该公司为市水利局管理的二级国有企业,由市国资办协同市水利局管理,公司注册资本1亿元,主要经营业务包含水利工程、工业水厂、码头及相关配套设施的建设资金筹措、工程建设和运营管理等。按照“产权明晰、权责明确、政企分开、管理科学”的原则进行市场化运作,以多业态协同发展为驱动,全面提升融资能力和水平,不断挖掘、孵化、培育优良资产及项目,力争实现投资收益和资金平衡,实现水利建设项目投资的良性循环和公司的可持续发展。

水利工程

【概况】 2023年,江阴市按照加快构建区域现代水网要求,以提升水利工程建设质量为核心,不断健全水利市场监管机制,着力提升建设管理水平,建成一批打基础、利长远、惠民生、促发展的重点水利工程。是年,全市实施重点水利工程(含续建)8项,实际完成水利工程建设投资11.4亿元,投资完成率100%。

【新桃花港江边枢纽工程】 新桃花港江边枢纽工程位于江阴市新桃花港与长江交汇处,概算投资为21613.2万元。主要建设内容为拆除新桃花港入江口现有单孔8米节制闸,在原有节制闸内河侧新建新桃花港江边枢纽。工程包括:新建泵站1

座，采用 3 台机组，单机设计流量为 16 立方米/秒，单机额定功率 900 千瓦，排水流量 48 立方米/秒，具备引水功能；新（扩）建水闸 1 座，孔口净宽 28 米，闸底高程 0 米，节制闸设 3 孔，两侧边孔闸孔净宽 8 米，中间孔为通航孔，闸孔净宽 12 米；扩挖内河侧河道 387.6 米，长江侧两岸堤防加固 336.8 米，进水渠道总长 387.6 米。工程由新桃花港江边枢纽工程建设处作为项目法人负责实施，上海市政工程设计研究总院（集团）有限公司设计，江苏省水利建设工程有限公司施工，上海东华工程咨询有限公司监理。工程于 2021 年 12 月 30 日开工，2023 年 11 月 24 日完工。该工程的建设，提高江阴及周边地区防洪排涝能力，改善区域水环境。

【综合整治和水系连通试点项目增加工程】 江阴市中小河流治理重点县综合整治和水系连通试点项目增加工程位于江阴市华士镇和新桥镇，概算投资为 5647.79 万元。主要建设内容为对蔡港河、山北横河、东塘港和泰清河进行综合整治，包含疏浚河道，新建木桩护岸，新建管涵出水口，沿河岸坡绿化，节点景观设计。工程由江阴市防汛防旱服务中心作为项目法人负责实施，无锡市水利设计研究院有限公司设计，江苏省水利建设工程有限公司和江阴市华士水利建设工程有限公司施工，无锡市水利设计研究院有限公司监理。工程于 2022 年 7 月 20 日开工，2023 年 9 月 1 日完工。工程完成后，通过河道疏浚、水系连通、河道清障、岸坡整治等综合措施，提高河道行洪排涝能力，改善农村水环境和用水条件。

【水系连通及水美乡村建设试点县项目】 江阴市水系连通及水美乡村建设试点县项目位于江阴市徐霞客镇、祝塘镇和青阳镇，概算总投资 43925.07 万元。主要建设内容为拆除塘埂 28.82 万立方米，新建闸站 1 座，河道清障 81.71 万平方米，清淤疏浚 46.6 万立方米，新建生态挡墙防护 18.44 千米、木桩防护 45.41 千米、岸坡绿化 31.26 万平方米，布置管护道路 2.54 万平方米，布设生态浮床、沉水植物等 14.48 万平方米，打造青阳镇马家村、下庄坝村，徐霞客镇王村、陈家谷村，祝塘镇东庄住基村、汪家村 6 个水美乡村建设示范点，治理示范水面 13.8 万平方米。工程由江阴市农村水利服务中心作为项目法人负责实施，江苏省水利勘测设计研究院有限公司设计，江苏省水利建设工程有限公司、南京河川建设工程有限公司、南京市水务建设工程有限公司、江阴市璜塘水利工程有限公司、江阴新城建设工程有限公司、江苏淮禹建设有限公司、江阴市水利工程公司施工，上海东华工程咨询有限公司监理。工程于 2022 年 6 月 28 日开工，2023 年底全部完工。该项目的实施，促进项目区内水系流通，提升河道引排能力，完善河湖生态系统结构，形成环湖连通绿廊，营造水岸一体景观带，实现生态保护、环境治理、水安全保障、经济发展有机融合。

2023 年，江阴市水系连通及水美乡村建设中治理水面面积 56.05 万平方米，治理岸线 49.03 千米。图为徐霞客镇方园村元塘浜河岸新面貌

（市水利局提供）

【镇村河道轮浚及生态河道建设工程】 江阴市 2023 年镇村河道轮浚及生态河道建设工程位于澄江街道、夏港街道、利港街道、月城镇、青阳镇、华士镇、长泾镇 7 个镇（街道），对 26 条镇村河道进行清淤和岸坡整治，概算总投资 1191.37 万元。主要建设内容为对立新河、胜利河、丰收河、团结河、东风河、马塘河等 24 条河道进行清淤，清淤总长度 18.28 千米，清淤方量 33.15 万立方米；对五房浜、杨园浜、蒲家桥浜、王家竹园浜等 9 条河道进行岸坡整治，整治长度 7.85 千米。工程由江阴市河道流经的各镇（街道）作为项目法人负责实施，无锡市水利设计研究院有限公司设计。工程于 2023 年 3 月开始实施，至年底 7 个镇（街道）工程全部完工。工程实施后，消除河道内源污染，改善河道水质，增强河道行洪排涝能力，减少水土流失。

【长江岸线滨江公园段安全隐患整治工程】 江阴市长江岸线滨江公园段安全隐患整治工程位于澄江街道。滨江公园所含船厂公园段建成于 2014 年，韭菜港公园段建成于 2019 年，建设时以原扬子江船厂及原韭菜港轮渡沿江驳岸为基础修建公园设施。原驳岸因年久失修，在江水冲刷、台风暴雨等恶劣天气作用下，导致部分堤岸破损、内部掏空、局部塌陷下沉等隐患。工程概算总投资 625.56 万元，主要建设内容为对船厂公园与韭菜港公园 7 段沿江驳岸进行修复加固。工程于 2023 年 5 月 8 日开工，7 月 25 日完工。工程由江阴市江堤闸站管理中心作为项目法人负责实施，无锡市水利设计研究院有限公司设计，江苏远程环境科技有限公司施工，无锡市水利设计研究院有限公司监理。项目实施后，消除了隐患，有利于保障人民群众生命财产安全，确保安全度汛。

河湖管理

【概况】 2023 年，江阴市认真贯彻落实江苏省、无锡市关于河湖长制工作、美丽幸福河湖建设总体部署，继续深入推进美丽幸福河湖建设，推动河湖长制工作机制创新，强化河湖水域岸线管理，保障重要河湖水域水质健康和水生态环境持续改善，河湖面貌持续向好，更好地满足人民群众对优美水生态环境、优质水文化空间向往。

【河长制管理】 2023 年 3 月 1 日，江阴市召开建设生态环境治理现代化县域示范暨新一轮美丽幸福河湖建设动员大会，下发 2023 年河长制工作与美丽幸福河湖建设目标任务书，持续压紧压实属地和部门责任。全市服务保障各级河长巡河履职 6.5 万余次，对巡查发现的问题及时通过河长制信息平台交办处理，全年累计处理河湖问题 7000 余个，动态整改率超 96%。严格落实省级河长交办单的任务整改，制定新沟河支浜水质提升方案并组织实施，完成长江岸线 24 个违法违规问题整改。深化污染源头治理，18 个国省考断面水质优Ⅲ比例保持 100%，69 条新一轮环境综合整治河道水质优Ⅲ比例提升至 98.6%。

【美丽河湖建设】 2023 年，江阴市制定出台《江阴市深化美丽幸福河湖行动实施意见(2023—2025 年)》，明确按照每年 12% 的比例推进美丽幸福河湖建设，至 2025 年全市新增 370 条以上美丽幸福河湖，2030 年基本实现全市域美丽幸福河湖全覆盖。高标准、严要求推进幸福美丽河湖建设，组织开展对 2021—2023 年度黑榜河道“回头看”，发现问题及时闭环整改。结合最干净城市、农村人居环境、“三清三治”(清理各类垃圾、清理违建违放、清理家河家塘，治理农村厕所、治理农村污水、治理农田风貌)等专项行动，每月通过无人机巡飞和人工巡查方式扎实开展河湖暗访巡查，进行综合测评并通报。全年发布美丽河湖行动红黑榜 12 期，利用无人机巡查家河家塘 493 个、河道 1277 条次，发现并交办疑似问题 5972 个；组织打捞水面垃圾杂物 1.51 万吨、水葫芦 281 吨；在确保完成无锡市下达美丽幸福河湖建设任务 127 条基础上，组织制订 162 条美丽幸福河湖创建计划并于年底全面创建完成，超额完成 35 条，全年为推进美丽幸福河湖建设投资 3.98 亿元。

2023 年，青阳镇马家村水美乡村建设中治理水面面积 1.5 万平方米，治理岸线 1.3 千米。图为该村河岸新面貌 (市水利局提供)

【河湖长效管护】 2023 年，江阴市全面摸清全市河湖底数，完成全市 1007 条河道名录更新及矢量化工作，梳理复核全市家河家塘 6271 个。强化河湖管理保护，打捞水面漂浮垃圾及水葫芦 1.2 万吨，制止各类水事违法行为 96 次，发出提醒函 36 份，移交违法线索 26 条，清理江河岸线违规行为 2168 起。突出长江岸线监管，启用无人机对长江岸线开展常态化巡查，按期完成水利部下发 600 个河湖清“四乱”(乱占、乱采、乱堆、乱建)督查遥感图斑核查任务、江苏省水利厅下发 40 个长江岸线动态遥感变化点、65 个水域面积变化点核查任务。组织各镇(街道)推进镇级河湖保护规划编制。启动第一批 20 条重点河湖水域监测任务。

(王广美)

■类目编辑 王萍芳

综　述

【概况】　2023 年，江阴市交通运输局积极践行“四敢”（敢为、敢闯、敢干、敢首创）要求，以建设现代综合交通运输体系为引领，在重塑交通枢纽地位、优化交通运输保障、提升综合治理效能等攻坚突破中担当先行，交通运输高质量发展迈出坚实步伐。区域互通提速推进，江阴站正式启用，沪宁沿江高铁通车，锡澄轨道交通 S1 线试运行，江阴靖江长江隧道右线贯通，南接线全面开工建设。沪武高速扩建江阴先导段进入全面施工。长山大道快速化改造一期具备通车条件，滨江路城区段、锡澄路快速化改造加快推进。江苏江阴港港口集团股份有限公司 5 号码头、通用码头改扩建工程开工建设，列入国家首批港口功能优化提升交通强国试点项目。申张线全线三级航道整治提升工程全面推进，纺织大桥建成通车。民生服务提升效能，杏春客运公交首末站投入运营，开通 3 条毗邻公交线路，实现毗邻县（市、区）公交化通达率 100%，创成江苏省城乡公交一体化达标县（市、区）。坚守安全发展底线，提升道路普货运输本质安全水平，推进重型载货车辆智能监控设备应用试点建设，建立“线上线下联动一体化”精准执法协同机制，营造安全有序交通运输发展环境。抓深抓细货车司机、网约车司机群体和快递行业党建工作，开展“最美司机”“最美快递员”典型选育活动，发布“益路有爱”志愿服务品牌，提升行业凝聚力。至年末，江阴交通完成政府投资 79.34 亿元。江阴市境内公路总里程达 2293.61 千米（高速公路除外）。其中一级公路 399.12 千米、二级公路 732.4 千米、三级公路 364.43 千米、四级公路 797.66 千米。长江汽渡 2 个。有航道 43 条，总里程 394.55 千米，包括可通航航道 33 条，里程 353.29 千米，不可通航航道 10 条（均为等外级航道），里程 41.26 千米。其中三级航道（锡澄运河）里程 25.39 千米；四级航道（锡十一圩线）里程 8.33 千米；五级航道里程 42.61 千米（申张线 29.98 千米、锡十一圩线 1.37 千米、老锡澄运河 11.26 千米）；六级航道里程 4.52 千米（锡十一圩线 2.17 千米、澄虞线 2.35 千米）；七级航道里程 36.29 千米（白屈港 23.49 千米、新沟河 5.1 千米、北塘河 7.7 千米）；等外级航道里程 277.41 千米。通航船闸 1 座。铁路里程江阴段 71.3 千米。城乡万人拥有公交车 6.16 标台，行政村公交覆盖率 100%，自然村公交通达率 93.2%。全年完成公路客运量 251 万人次，公交客运量 3304.64 万人次，铁路到发旅客 115.7 万人次；货物运输量 6615 万吨，其中公路货运量 4973 万吨，水路货运量 1642 万吨。铁路发送货物 15.92 万吨。江阴港全年完成集装箱吞吐量 57 万标箱，货物吞吐量完成 3.78 亿吨，比 2022 年增长 7.8%。年内，市交通运输局被评为江苏省交通运输系统先进集体，无锡市践行新理念、赋能新发展“宜居无锡”先进集体。

铁　路

【概况】　2023 年，江阴市轨道交通项目建设取得重大突破，江阴站正式启用，沪宁沿江高速铁路通车运营。盐泰锡常宜铁路江阴站至惠山站段完成前期工作，过长江段明确采用隧道方案。无锡至江阴城际轨道交通工程（S1 线）全线试运行。

【沪宁沿江高速铁路江阴段】　2023 年 3 月，中国国家铁路集团有限公司正式明确新建江苏南沿江城际铁路线路名称为沪宁沿江高速铁路（以下简称“沪宁沿江高铁”）。3 月 31 日，江阴站站房主体部分装饰装修完成施工。4 月 26 日，江阴站客服信息系统进行静态验收。5 月初，沪宁沿江高铁全面进入静态验收阶段；5 月 20 日，完成全线铺轨。6 月 11 日，启动接触网热滑试验；6 月 15 日，进入联调联试阶段。8 月 16 日，沪宁沿江高铁联调联试工作结束，进入试运行阶段。9 月 5 日，沪宁沿江高铁环境保护和水土保持、供电、工务、通信系统、信号系统 5 个专业动态验收报告通过专家评审；9 月 15 日，沪宁沿江高铁通过中国国家铁路集团有限公司联合江苏省人民政府组织的初步验收；9 月 28 日，沪宁沿江高铁及江阴站正式通车运营。运营初期，江阴站每日开行动车组列车 20 列。10 月 11 日，按照第四季度列车运行图调图后，江阴站开通长线班次，停站办客车次68班/天（日常65班/天，周末增加2班，高峰增加1班）。10月21日，沪宁沿江高铁江阴站发送旅客10281人，单日旅客发送量首次破万。自9月28日开通至12月31日，江阴站累计到发旅客115.7万人次，其中发送旅客58.6万人次，到达旅客57.1万人次。

【无锡至江阴城际轨道交通工程】 2023年2月13日，无锡至江阴城际轨道交通工程（以下简称"S1线"）首列车在无锡地铁1号线正线调试工作启动。2月20日，S1线马镇到堰桥"轨通"。3月30日，S1线站点命名正式确定，由北向南分别是：江阴外滩站、中山公园站、南门站、江阴中医院站、江阴高铁站、南闸站、峭岐站、青阳站、霞客湾科学城站、马镇站。5月18日，S1线全线"轨通"。6月6日，S1线与无锡地铁1号线贯通运营动车调试正式启动。6月15日，全线环网"电通"。8月9日，全线热滑试验完成。9月23日，S1线与无锡地铁1号线信号系统贯通升级工作完成。9月28日，无锡至江阴城际轨道交通项目通过工程验收。10月7日，S1线在马镇站启动为期3个月的空载试运行。11月7日，S1线列车进入无锡地铁1号线进行载客服务。12月7日，S1线试运营前安全评价通过专家评审。

公　路

【概况】 2023年，江阴市公路建设持续推进。年内，江阴靖江长江隧道右线贯通，江阴侧明挖隧道段主线主体结构完成，南接线主体结构施工稳步推进。沪武高速扩建工程江阴先导段进入全面施工。长山大道快速化改造一期工程通车试运行。滨江路快速化改造工程（城区段）桥梁主体完成率超70%，锡澄路快速化改造（塘头桥—顾桐路）桥梁下部结构施工加快推进，暨南大道以南段与凤翔路北延完成顺接。田由路西延稳步推进，范钱路东延、下穿南沿江先行建设项目、新华路东延等工程完工并通车。新改建农村公路13千米，创建美丽农村路18千米、平安放心路1条。

沪宁沿江高铁沿线掠影　　（张　岚摄）

【江阴靖江长江隧道工程】 2023年3月30日，江阴靖江长江隧道项目江南明挖段首件顶板施工完成。4月6日，江南明挖段地下连续墙全部施工完成。4月27日，江南明挖段B匝道主体结构施工完成。5月17日，江阴靖江长江隧道盾构右线隧道贯通。5月28日，江南工区工作井后续段主体结构封顶。9月11日，江阴靖江长江隧道BIM（建筑信息模型）协同智慧管理平台获第29届智能交通世界大会创新大赛江苏赛区一等奖第一名。11月25日，江南明挖隧道主体结构封顶。12月2日，南引线桥上跨五星路首榀钢箱梁吊装完成。至年末，江阴侧明挖隧道段主线主体结构总体全部完成。

【江阴靖江长江隧道南接线工程】 江阴靖江长江隧道南接线工程采用双向六车道高速公路标准建设，设计时速100千米，主线均采用桥梁形式，桥梁标准宽度33.1米。起点顺接江阴靖江长江隧道南引线，芙蓉大道至南云路段利用规划廊道（规划西外环路线位），之后在锡澄运河东北侧穿越，上跨锡澄路、下穿沪宁沿江高铁及规划盐泰锡常宜铁路、上跨新长铁路及改建新长铁路，终点到徐霞客枢纽，全长9.32千米。2023年5月30日，江苏省交通运输厅出具项目施工行政许可，6月1日，项目正式开工。8月8日，江阴大道至徐霞客枢纽段最后一根钻孔灌注桩浇筑完成。8月15日，首根墩柱开始浇筑，该项目从桥梁基础施工过渡到下部结构施工阶段。11月7日，作为南接线工程项目关键节点之一，主线跨老锡澄运河悬浇连续梁0号块开始施工。12月9日，第一片预制箱梁安装完成，项目进入桥梁上部结构施工阶段。至年末，江阴靖江长江隧道南接线工程各标段全部完成三场两区（钢筋加工场、拌合场、预制场、办公区、生活区）建设并全面开工。项目建成后，对缓解江阴大桥交通压力，落实长三角一体化、完善区域高速公路网络和江阴靖江一体化发展具有重要意义。

【沪武高速扩建工程】 沪武高速公路太仓至常州段扩建工程起于苏沪界，终于常州南互通，其中江阴段33.17千米。江阴段全线采用两侧拼宽总体扩建方案，采用双向八车道高速公路标准扩建，设计时速120千米，路基宽度42米。扩建后设互通式立交5处，其中原位扩建3处，分别为新桥互通、华西互通、峭岐枢纽；移位新建1处，为长寿互通；新增1处，为徐霞客互通。2023年8月1日，沪武高速扩建工程江阴先导段开工建设。8月15日，拌合站临建施工，10月15日投产。10月16日，徐霞客枢纽互通式立体交叉C跨主线桥首件盖梁浇筑完成。11月，江阴段全线率先完成沪武高速公路扩建工程全线用地组卷报批征前工作。12月9日,完成首片30米预制箱梁浇筑施工。全年完成工程产值2.2亿元。该项目扩建后,对落实长三角区域一体化发展战略、提升高速公路通行能力和服务水平具有重要意义。

【滨江路快速化改造(城区段)工程】 2023年3月20日,滨江路快速化改造(城区段)工程黄山路斜拉桥完成合龙。4月14日,黄山路斜拉桥首根斜拉索起吊安装,试点应用碳纤维复合材料斜拉索。5月12日,新建黄田港桥主线首节钢箱梁吊装完成。12月1日,滨江路快速化改造(城区段)项目报送的《空间异型斜拉桥基于BIM的正向设计指南》,通过2023年度江苏交通运输现代化示范区平安百年品质工程要点任务验收。至年末,工程全线下部结构基本完成,桥梁上部结构施工完成率超70%,路面工程、桥面系及附属工程启动。该工程完工后,有利于提升道路服务水平,纾解江阴城区交通拥堵问题,对拓展城市发展空间具有重要意义。

【长山大道快速化改造工程】 长山大道快速化改造工程总投资25.77亿元,改造范围自东定路至半夜浜桥,长度6.1千米,总体采用隧道、高架与地面主辅路相结合方式,均为双向六车道。2023年4月29日,敔山湾隧道主体封底完成,6月11日封顶完成。9月18日,云亭高架沥青摊铺完成。12月30日,长山大道全线完成道路沥青摊铺。至年末,云亭高架段主线和敔山湾隧道主体结构完成,全线累计产值完成率99%。该工程建成后,有利于提升城市能级,提高区域辐射力,助力沿江城市群区域一体化协同发展。

【锡澄路快速化改造工程(塘头桥至顾桐路)】 锡澄路快速化改造工程(塘头桥至顾桐路)项目北起规划顾桐路,往南分别与新谊路、北环路、府前路、青霞路和暨南大道交叉,终于无锡界(塘头桥),顺接凤翔快速路,全长5.9千米。总体采用高架改造方案,主线双向六车道,其中4对上下匝道,总投资34.96亿元。2023年3月1日,项目开工建设。4月23日,首件墩柱浇筑完成。6月29日,首件盖梁浇筑完成。7月15日,利民立交桥拆除,为后续跨暨南大道钢箱梁施工提供作业面。8月18日,首跨预制箱梁安装完成。10月12日,高架与凤翔路北延完成顺接。至年末,项目完成工程产值3.8亿元。

【田由路西延伸段】 田由路西延伸段项目位于华士镇,一期路线全长1.52千米,按二级公路标准建设,设计时速60千米。全线新建桥梁两座,其中苗泾河桥桥宽19米,长度105米;张家港河桥主桥跨越三级航道,桥宽25米,长度520米。二期新建3条辅道,按三级公路标准建设,总投资1.89亿元。2023年7月6日,项目一期开工。7月7日,首件桩基施工完成。11月初,完成110千伏和35千伏高压线迁改及首件立柱浇筑。12月27日,主墩墩身浇筑完成,该项目进入主桥上部结构施工阶段。至年末,项目完成工程产值4000万元。

2023年3月20日,滨江路快速化改造(城区段)工程黄山路斜拉桥完成合龙 (郭 希 摄)

公共交通

【概况】 2023年,江阴市坚持"公交优先、均等普惠"的公交发展理念,更新新能源公交车30辆,优化调整公交线路36条,开通定制公交124条,维护更新公交站台133个,新增网络预约出租车166辆。年内,完成《锡澄轨道S1线接驳换乘规划》并通过专家评审,明确轨道交通各站点接驳设施和公交线路接驳方案。"全澄通"App功能升级完善,实现车、站运行实况查询,并提供出行线路规划,公共自行车查询,火车票、汽车票一键购买等出行服务,全部城乡公交线路均实现市民卡、银联支付及二维码支付功能,群众出行便捷度和舒适度得到有效提升。实现毗邻县(市、区)公交化通达率100%,创成江苏省城乡公交一体化达标县。

【杏春公交首末站投入运营】 2023年6月26日,江阴市杏春公交首末站正式投入运营。杏春公交首末站位于锡澄运河东侧、环城西路西侧,总建筑面积3600平方米,车站运营公交路线有城市公交16路、20路、30路、76路等。作为江阴城市更新项目之一,杏春公交首末站的投运完善城市公交线路布局,为百姓提供便捷出行服务。

【3条毗邻公交线路开通】 2023年4月30日,江阴市开通至常熟毗邻公交,城镇公交325路支线延伸至常熟市尚湖镇南村坝站,停靠站点8个,日发班次4班;常熟公交319路延伸至江阴市顾山镇吉麦隆站,停靠站点4个,日发班次5班。9月26日,继江阴市昌达路与张家港市长江西路打通后,江阴城市公交12路优化延伸至张家港高峰公交首末站,成为江阴和张家港之间第三条

毗邻公交,沿途设23个站点,日发58班。11月13日,江阴市镇村公交509路延伸至常州市武进区郭家村站,停靠站点29个,日发班次6班。至年末,江阴市开通至张家港市、常熟市尚湖镇、无锡市锡山区、常州市武进区5条毗邻公交线路,实现毗邻县(市、区)公交化通达率100%,满足居民公共交通出行,提升出行便利性、舒适性、高效性,推动长三角区域公共交通一体化更高质量发展。

【创成江苏省城乡公交一体化达标县(市、区)】 2023年,江阴市继续坚持"公交优先、均等普惠"公交发展理念,统筹推进基础设施建设,持续升级数字公交能级,推进城乡公交一体化建设,提升公交服务质量,促进城乡居民共享公交发展成果,基本实现城乡公交线网规划和运营调度"一张图",城乡公交智能信息服务"一张网",城乡居民出行共用"一张卡",城乡公交服务质量"一个标准体系"的建设目标。8月,江阴市被江苏省交通运输厅确定为城乡公交一体化达标县(市、区)。至年末,全市行政村到市区(区域中心)公交直达率84.3%,AAA级以上景区公交通达率100%,城乡交通运输一体化水平连续3年获评省级AAAAA,有效形成"线网层次多元化、城乡网络一体化、换乘衔接便捷化"城乡公交一体化服务体系,城乡居民出行幸福感得到提升。

【公交23路车组获评"无锡市工人先锋号"】 江阴市城市公交23路于2006年1月开通,路线由新华站开往江南批发市场,全程25千米,沿线设置40个站点,日发班次55班,每班间隔时间10~20分钟。该车组有驾驶员14人,全线累计投入空调大客车10辆。自线路开通以来,车组以"安全优质、和谐规范、重诺守信、争优创先"为目标,做好日常营运工作,为乘客提供周到、细致、贴心的乘车服务,营造安全、舒适、优美的乘车环境,赢得市民乘客好评。2023年5月,无锡市总工会发布《关于表扬2023年无锡市五一劳动奖和工人先锋号的通报》,江阴市公共交通有限公司公交23路车组获评"无锡市工人先锋号"。

水 运

【概况】 2023年,江阴市水运发展提档升级,推动出台《江阴市推进无锡(江阴)港高质量发展三年实施方案(2023—2025)》,推进《无锡(江阴港)总体规划》修编及总规环评编制,长山港区规划局部修订获省政府批复。年内,引导5个零散低效内河码头腾退岸线;申夏港区3号港池8个集装箱泊位通过竣工验收,恢复8、9类危险品集装箱功能;江苏江阴港港口集团股份有限公司5号码头、通用码头改扩建工程开工建设,列入国家首批港口功能优化提升交通强国试点项目;中粮码头专业化改造项目基本完成现场施工;申张线全线三级航道整治提升工程全面推进,纺织大桥建成通车。至年末,江阴船闸累计通过各类船舶19.1万艘,船舶通过量8712万总吨,货物通过量8499万吨,全年减免过闸费1836.92万元。

【国家首批港口功能优化提升交通强国试点项目】 2023年11月,交通运输部办公厅公布14个港口功能优化提升交通强国专项试点项目(第一批),无锡(江阴)港外贸进口铁矿石码头扩能改造试点项目(综合类)入选。该项目以港口功能优化提升为总目标,聚焦码头等级提升、装卸工艺专业化改造,融合绿色提级、智慧赋能,实施江苏江阴港港口集团股份有限公司5号、通用码头改扩建工程,实现在集约高效利用既有港口资源基础上提升港口发展能级,提高智慧绿色发展水平。该项目于2023年9月开工,建设内容包括3个15万吨级散货泊位,水工结构均按靠泊20万吨级散货船舶设计和建设,总投资18亿元,建成后将增加设计年通过能力4800万吨,成为沿江最大外贸进口矿石接卸转运基地,为优化外贸进口铁矿石"海进江"港口布局、降低物流成本、提高保障能力提供支撑。

【航线航班开辟】 2023年,江阴港全面加强与上海港、宁波港等沿海沿江港口联动,积极开辟航线航班,多途径拓展集装箱货源。4月,宁波远洋运输股份有限公司开通"江阴—宁波"点对点直航。5月5日,江阴港、宜兴港、无锡新安港共同签署《无锡市港口集装箱联盟战略发展框架协议》,三港之间通航的内河运输船舶实行优先靠泊、优先保障、优先通过。7月26日,江阴港开通首条集装箱外贸直航远洋航线,首艘江阴—挪威远洋直航船舶在江阴港靠泊作业。8月17日,江阴—日本客户定制航线开通,首批60标箱货物运抵日本。11月20日,江阴—宜兴内河定班集装箱班轮开通。至年末,江阴港拥有集装箱班轮航线53条,航班密度每周122班。多条航线开通,丰富货物进出口选择,对江阴融入国内国际双循环发展新格局、助力长江经济带高质量发展具有积极意义。

【申张线(张家港—江阴段)航道整治工程】 申张线(张家港—江阴段)航道整治工程南起江阴市与张家港市交界周家码头处,北至申张线与东横河交汇处,整治长度29.94千米。工程自2008年开始,先后完成23.81千米三级航道标准整治及北新桥、中康桥等8座桥梁改建。2023年8月24日,纺织大桥项目比合同工期提前2个月建成通车。新建的纺织大桥道路设计等级为三级公路,路线全长584.78米,桥梁全长251.28米,宽13.5米,通航净高7米,满足三级航道通航标准,可满足千吨级船舶通行。10月25日,包含新桥段、华西段6.13千米航道整治和北涸大桥、陆家桥2座桥梁改建工程的剩余段项目全部签约。12月15日,剩余段进入正式施工阶段,为有效改善申张线通航条件、助推长三角高等级航道网和江苏省干线航道网完善提升提供支撑。

【江阴港货物吞吐量列全国内河港口第三】 2023年,江阴港港口全年吞吐量突破3.78亿吨,比2022年增长7.8%,位列全国内河港口第三。主要货种保持稳定,金属矿石、煤炭及制品、矿建材料、钢铁、化工产品,分别占吞吐总量的34%、27.53%、22.39%、8.02%和2.6%。其中矿建材料和钢铁增速迅猛,有力拉动内贸吞吐量增长,全年内贸吞吐量完成3.15亿吨,比2022年增长9.65%。

【绿色港口创建】 2023年,江阴市交通运输局坚持生态优先发展理念,积极引导沿江港口企业完善相关硬件设施和管理制度,争创省级、国家级绿色港口。5月,2023年中国港口协会绿色港口等级评价评审结果发布,江苏江阴港港口集团股份有限公司大澄分公司码头获评全国四星级绿色港口。12月,江苏省绿色港口等级认定结果发布,江阴市入选港口企业7个,其中五星级1个、四星级2个、三星级4个,绿色港口获评数量位列全省第一。至年末,江阴港累计创建成功五星级绿色港口2个、四星级2个、三星级9个,港口绿色发展水平在全省保持前列。

交通行政执法与监管

【概况】 2023年,江阴市交通运输局加快推进法治交通建设,成立江阴交通运输行业法律服务站。强化源头管理,对"黑榜"企业、省交通运输厅通报的高风险企业、发生道路运输亡人伤人事故的运输企业开展联合调查、约谈,运用安全生产"一法两条例"(《中华人民共和国安全生产法》《江苏省安全生产条例》《无锡市安全生产条例》)立案处罚60件。加快推进重型载货车辆智能监控设备应用试点,累计完成安装1306辆。加强江阴港港口经营市场监管,开展帮扶式指导、邀约式检查,切实提升港口安全管理水平。对船舶超载运输、船舶配员不足、船舶超航道等级航行等开展专项检查,累计检查船舶1.35万艘次。连续开展"锡交蓝·护航春运""非法营运车辆清零""苏水安澜"等执法行动,严厉打击各类交通运输违法行为,累计结案2986件。狠抓超限超载治理,建立"线上线下联动一体化"精准执法协同机制,累计查处超限超载车辆1526辆,监督卸驳载货物2.08万吨。开展"蓝盾2023"专项执法行动,累计开展质量督查72次,安全督查62次,实现在建交通重点工程督查覆盖率100%。

【道路普货运输安全联合管理试点】 2021年11月起,江阴市交通运输局坚持先行先试,多路径探索道路普货运输安全管理机制,研究出台"道路普货运输安全管理联合体"管理服务内容"15条"和运行参考标准"9条",引导企业组建"联合体平台"。"联合体平台"统一配备专职安全管理人员,为加入该平台的普货运输企业提供安全生产管理服务,指导、协助并部分参与普货运输企业落实安全生产主体责任,包括统一实施安全生产培训教育、车辆动态监控、车辆技术管理、安全检查指导服务等。2023年,《江苏省安全生产条例》《无锡市安全生产条例》修订时吸收江阴市交通运输局安全联合管理相关经验。12月,省交通运输厅下发《关于转发江阴道路普货运输安全综合治理工作经验做法的通知》,向全省交通运输系统推荐学习。至年末,江阴市实施安全联合管理的道路普货运输企业达40%,实施安全联合管理的运输企业未发生同责以上亡人事故。

【重型载货车辆智能监控设备应用试点】 2023年,江阴市政府按照江苏省、无锡市关于重型载货车辆智能监控设备安装应用试点相关工作部署,成立试点工作小组,研究制订《江阴市重型载货车辆智能监控设备安装应用试点工作方案》,市交通运输局、公安局、司法局、财政局、城市综合管理局、应急管理局、市场监督管理局、银保监监管组等部门及各镇(街道)、园区按照职责分工,抓好任务落实,合力推进试点工作实施。按照"政府引导、市场运作"原则,以不增加重型载货车辆车主负担为前提,在省政府补助500元/辆标准上,市财政拨付专项补助资金,对智能监控设备安装再补助500元/辆。加强政策宣传贯彻推广,组织平台运营服务供应商开展上门服务,对接安装工作。至年末,全市1306辆重型载货车辆完成智能监控设备安装,行业安全监管水平有效提升。

【江阴交通运输行业法律服务站成立】 为进一步推动交通运输行业法治建设,更好优化法治化营商环境,2023年10月18日,江阴市交通运输局在江阴市道路货运行业党群服务中心成立江阴交通运输行业法律服务站。按照"党建引领、法治护航"思路,将该服务中心打造成集行业党建联盟阵地、法律政策咨询服务点、便民服务站的一体化平台,为交通运输从业人员提供法律咨询、法律援助等法律服务,着力解决涉及交通运输从业人员切身利益的法律问题。年内,通过面对面座谈交流、法律问题咨询等形式,向货车司机宣讲法律法规,解读道路货物运输驾驶员从业资格管理改革政策等,累计发放宣传资料150余份,打通交通运输从业人员法律服务"最后一公里"。

【道路运输"一件事"服务模式】 2023年,江阴交通运输局联合市大数据管理和政务服务局,首次推出道路运输证照联办"一件事"特色服务。市场主体在办理营业执照相关登记时,可一并申请办理相关经营许可事项,实现承诺即入、当场即办。企业仅需一次申请、一套材料,即可一次办结,无须重复登录、多次提交。交通审批窗口网上接收申请资料后,在营业执照容缺情况下,实行"信用+告知承诺"审批模式,向申请主体提供便利服务。证照联办"一件事"模式支持24小时在线提交申请并可选择免费邮寄服务,企业足不出户即可取得纸质营业执照和道路运输许可电子证书,实现全流程不见面办理。年内,交通审批窗口累计完成"一件事"证照联办事项106项,有效缓解企业和群众办事多部门跑路、长时间办理、材料重复提交等问题,营商环境得到优化。

(朱怡洁)

■类目编辑 徐文辉

经济事务管理

发展计划管理

【概况】 2023年，江阴市发改委贯彻市委、市政府统一部署，认真履行经济部门职能，践行高质量发展理念，有序推进经济社会发展、重大项目建设、绿色低碳发展、营商环境优化等重点工作，保障全市经济社会稳中有进。加强宏观调控，深入规划编制，推动区域一体化、功能区建设、对口支援协作工作落实，加强现代化建设试点推进。服务重大项目建设，充分发挥投资动能，保障项目推进有力。持续优化营商环境，推动涉企政策精准落地，全力打响“澄心办·办澄事”营商环境品牌。强化保民生意识，推动民生实事落地，促进共同富裕。

【国民经济和社会发展目标管理】 2023年，江阴市发改委围绕高质量发展需求，牵头制定国民经济和社会发展年度计划，细化目标任务分解，协调推进高质量考核。全市地区生产总值比2022年增长5.9%；一般公共预算收入增长9.5%；规模以上工业增加值增长8%；规模以上服务业营业收入与2022年持平；固定资产投资完成886.3亿元；社会消费品零售总额增长1.9%；进出口总额与2022年持平；实际使用外资11亿美元；居民人均可支配收入增长4.7%；城镇新增就业人数2.75万人，城镇调查失业率控制在5%左右；单位地区生产总值能耗完成上级下达目标任务；化学需氧量、氨氮、挥发性有机物和氮氧化物等主要污染物减排量完成上级下达目标任务；$PM_{2.5}$年均浓度31.9微克/立方米，空气质量优良天数比率80.3%，地表水达到或好于Ⅲ类水体比例100%。工业经济保持稳步增长，全年完成规模以上工业产值7014.1亿元，比2022年增长4.6%。9个企业入围“中国企业500强”、12个企业入围“中国制造业企业500强”。现代服务业融合发展，6个企业入围“中国服务业企业500强”，江阴高新区、双良节能系统股份有限公司入选江苏省“两业”（先进制造业和现代服务业）融合标杆引领典型试点。农业生产稳定向好，建成高标准农田1573.33公顷，全年粮食播种面积19200公顷、总产量1.3亿千克，蔬菜12333.33公顷、总产量40万吨。创新引擎更加强劲，新增高新技术企业172个，入库科技型中小企业2365个，新增入库无锡市“雏鹰企业”*“瞪羚企业”*“准独角兽企业”*367个。建成投用科创载体超80万平方米，新增省级以上科创平台25个；新增省级企业技术中心22个、省级工程研究中心1个、省级技术标准创新基地1个。制（修）订国际、国家、行业标准124项。“南征北战、东西互搏”战略*稳步实施，江南大学（江阴校区）主体结构全部封顶；水系连通及水美乡村试点工程全面完工；旌阳湖科创园等项目有序推进；宽视场巡天望远镜（MUST）、后政品欣咖啡园等项目顺利落地。港口岸线资源加速整合优化，新开通远洋、近洋航线各1条，新启用对外开放码头1个；无锡（江阴）港完成货物吞吐量3.78亿吨，比2022年增长7.8%，集装箱运量76万标箱，比2022年增长17%。持续推动工业园区升级改造，完成腾退整治产业用地933.33公顷，形成连片用地超300公顷、千亩以上可用地块2个。 （朱嘉成）

【高质量发展考核】 2023年，根据江阴市委考核办工作部署，江阴市发改委牵头负责市（县）区高质量发展绩效评价考核工作，常态化跟踪指标进展、开展情况分析，针对落后指标，督促各责任部门加强对接、对标找差、扬长补短。年内，江阴市绩效评价指标得分位列无锡市第二，重大产业项目投资获无锡市加分最多，重点工作评价指标得分位列无锡市第一，高质量发展绩效评价考核总分位列无锡市第三，为江阴市综合考核获无锡市第一等次提供重要支撑。根据省和无锡市高质量发展考核导向，结合江阴市委、市政府重要决策部署，组织开展镇（街道）、园区高质量发展绩效评价考核工作，定期对考核指标进行监测评价与结果分析，强化部门对下指导、板块与上对接，推动各镇（街道）、园区固优补短、争先创优，合力促进全市经济社会高质量发展。

（张成奇）

【经济运行分析调研】 2023年，江阴市发改委充分发挥经济运行联席会议制度作用，围绕39项经济运行重点指标，会同各相关经济部门，开展月跟踪、季预测，做好运行分析监测。搭建经济运行数据监测平台，选取各行业部分重点企业常态化跟踪监测运营状况，提升行业分析精准度，有针对性地提出政策建议，确保经济始终运行在合理区间。至年末，全市完成地区生产总值4960.51亿元，比2022年增长5.9%，在无锡市高质量考核中位列第一，规模以上工业增加值、进出口总额、一般公共预算收入等多项重点指标增速高于无锡市平均水平。（徐卫军）

【固定资产投资管理】 2023年，江阴市发改委科学制定《2023年度政府投资项目计划》。全年排定政府投资项目138项，总投资1029亿元，年内完成投资267亿元。狠抓有效投资，合理分解目标任务，将投资目标分解到各镇(街道)、园区，既压担子又重服务。定期开展项目实地检查，掌握项目最新情况，针对存在问题的项目，开会协调解决，协同项目单位找准问题根源，及时研究对策，确定解决方案，确保项目顺利推进。全年通过协调会解决问题30余个；完成固定资产投资886.3亿元，比2022年增长4.8%。（周　吉）

【重大产业项目建设管理】 2023年，江阴市落实重大产业项目全生命周期管理制度，统筹各方力量，协调各方资源，细化项目节点，持续推动重大产业项目建设。全市4项省级重大项目总投资152.2亿元，年内完成投资41.2亿元；102项无锡市重大项目总投资1557.9亿元，年内完成投资321.8亿元；221项江阴市重点重大项目总投资1921.8亿元，年内完成投资410.3亿元。是年，江阴市招引的10亿元以上重大产业项目中，签约项目备案率100%，备案项目开工率68.6%，投资完成率23.2%，年新增产值43.7亿元，年增税收2.3亿元，增加就业人数2042人。（刘剑君）

【减煤“攻坚战”】 2023年，江阴市扣除单机10万千瓦及以上重点耗煤企业煤炭消费量，其他类型煤炭消费量为376.36万吨，比2022年下降2.39%。推进能源结构调整和优化，推进新能源和清洁能源应用，不断提高能源利用效率。至年末，全市光伏总装机容量1164兆瓦。江阴市自2021年9月获批国家整县(市)屋顶分布式光伏开发试点以后，累计并网容量511兆瓦，其中，2023年并网容量275兆瓦；试点总户数937户，并网项目中居民项目271项，企业项目666项。（许志坚）

【营商环境优化】 2023年，江阴市围绕构建新发展格局，以经营主体需求为导向，着力推动政务服务数字化、要素配置市场化、政策供给精准化，创新升级改革举措，不断激发市场活力和社会创造力，持续打响“澄心办·办澄事”营商环境品牌。年内，印发《关于支持民营经济发展壮大实施方案》，加快构建服务民营企业高质量发展政策体系，成功入选省民营经济高质量发展示范县(市、区)培育对象名单。落实企业开办“一件事”改革，办理无锡市首单个体工商户全程电子化变更；构建“跨部门、跨区域、跨层级”的数字化协同应用；采取工程竣工联合验收、重大产业项目提前介入等方式缩短企业等待时间。全年完成67项单位项目联合竣工验收，10项项目实现“拿地即开工”、9宗地块完成“交地即发证”、13个小区6629户业主完成“交房即发证”。开展“法院+N”多部门联动，成立劳动争议调裁中心，建立“法院+工会”“法院+仲裁”等多元解决纠纷机制，搭建“府院联动”平台，推动企业破产处置协调联动机制常态化、实质化运行，推行简单破产案件简易审、破产预重整等制度，依法处置困境企业。实施弹性出让年限，降低用地成本，采用“出让合同+投资监管协议”模式，建立出让综合效益评估制度。全年7宗15.47公顷产业用地实行弹性出让年限30年供地，11项项目落实优惠政策，降低成本1.9亿元。引进大学生超1.6万人，新增高层次人才1300人，新增留学归国人员315人，推荐申报省“双创博士”* 计划4人，全市人才总量达55万人。深入开展金融服务民营经济共建机制试点工作，加强“信用+金融”融合建设，先后与中国农业发展银行、江苏银行、中信银行签署意向性投融资战略合作协议，金额累计900亿元。建成全省首个县级市外国人到中国工作一站式服务专窗，年内投用科创载体76.8万平方米，新增省级创新联合体3个、工程技术研究中心21个、院士及研究生工作站4个，招引落地科技人才项目38项。（徐钰斌）

财　政

【概况】 2023年，江阴市财政部门面对持续加大的经济下行压力和财政减收增支困难，秉持“大财政”理念，围绕“南征北战、东西互搏”发展战略*，充分发挥财政职能作用，树立过“紧日子”思想，筑牢“三保”(保工资、保运转、保基本民生)底线，持续巩固拓展经济社会发展成果，推动财政各项工作实现平稳有序发展。

【多措并举稳定收入】 2023年，江阴市财政系统坚持挖潜增收与涵养财源同向发力，全力提升财政收入质量。年内，加强退税资金保障，释放减税效应，支持市场主体稳定发展；贯彻落实增值税留抵退税等各项减税降费政策，全市增值税留抵退税均衡分担资金净上解－1.74亿元，比2022年减少6.93亿元，有效增加可用财力。加强部门间工作联动，协调数据资源，深化大数据分析平台搭建；协同公安、医保等部门，及时发现涉税风险，提高行业纳税遵从度。针对不同行业研究财税增收具体举措，形成制度化应对措施，确保应收尽收。稳定存量财源，加大对重点企业、重点行业精准服务力度；挖掘增量财源，加强房地产行业、建筑业预缴管理及限售股减持等税收征管，推动对外投资回流、个转企(个体工商户申请登记为有限责任公司、合伙企业、个人独资企业等)工作；全面排查零散非税收入增长点，挖掘增收潜力，推进非税收入精细化、规范化和科学化管理；制定出台《江阴市政府非税收入征管考核实施细则》，优化奖惩机制，调动部门和单位积极性，保证非税收入依法征收、应收尽收。是年，全市完成一般公共预算收入248.29亿元，比2022年增长9.5%，超额完成收入目标，位列无锡市第一。

【稳中求进深化改革】 2023年10月，江阴市国有资产清查利用工作被列入全省试点，为苏南唯一入选的县（市、区）。年内，市财政系统坚持全领域、全覆盖，全量清查国有资产家底；坚持强监管、防风险，用制度管权管事管资产；坚持边清查、边盘活，挖掘闲置低效资产价值，全年累计盘活资金34.4亿元，盘活资产36.3亿元，形成一批可复制推广的江阴样本。狠抓项目资金评审，发挥评审中心专业优势，提高政府资金使用效益。全年完成51项工程招标控制价的评审，累计送审19.3亿元，核减1.73亿元；累计实施跟踪评审项目67项，总投资17.61亿元；累计完成121项工程结算评审，送审3.42亿元，核减0.31亿元，核减率9.04%；累计审核拨付资金67.76亿元，有力保障项目资金安全高效使用。发挥政采政策功能，全年政府采购预算金额7.92亿元，实际采购金额7.05亿元，预算节约率11%。开展“政采贷”（政府采购信用担保贷款）业务，推行政府采购资格承诺制等，有效扶持中小企业发展，不断优化营商环境。

【重点项目保障】 2023年，江阴市财政系统坚持服务经济社会发展大局，保障重点项目建设。年内，为盐泰锡常宜铁路、沪宁沿江高铁、第二过江通道、第三过江通道等重点重大项目及市中医院、澄西高级中学、澄江街道老旧小区改造等地方急需项目建设提供资金支持。不断优化政策支持范围，全年兑付市本级产业政策资金9.23亿元。引导政府投资基金重点支持“345”现代产业*集群，10只子基金投资项目50项，投资金额31.33亿元，覆盖全市战略新兴产业主要细分领域。全年完成14个城市更新单元合拢，总投资455.47亿元，获银行授信额度326.33亿元，为塑造特色城市风貌、改善人居环境打下坚实基础。全年争取专项债券项目51项，债券资金67.09亿元，比2022年增长46%，在全省同类城市中排名第一。

【重点民生保障】 2023年，江阴市财政系统坚持改善民生与兜牢底线统筹兼顾，聚焦居民就业创业，落实失业保险、就业创业扶持等政策措施，累计安排资金2.85亿元，支持促进就业创业、职业技能提升等。全年投入22.56亿元用于保障退休人员养老金连年增长，医疗待遇稳步提升。投入41.04亿元确保一般公共教育支出“两个只增不减”（一般公共预算教育支出和按在校学生人数平均一般公共预算教育支出逐年只增不减），确保义务教育教师收入不低于公务员收入水平；支持集团化办学，保障义务教育学段课后延时服务，持续扩充优质教育资源，促进义务教育均衡发展。投入2.01亿元支持公共文化事业发展，建成图书馆、文化馆总分馆服务体系，新增“艺风微书房”24小时城市书房4个，支持打造“澄艺快递”名片，按需配送文化活动。推动室外健身设施更新、管护和安全检测，新增体育公园5个，新建步道29.8千米。聚焦全面乡村振兴，持续拓宽资金来源渠道，在农林水支出预算、占一般公共预算比重两高于2022年的前提下，根据土地出让收入的6%计提专项资金7.3亿元，用于支持农田水利建设、农村供水保障、农村人居环境整治、村庄公共设施建设和管护等。

【管控风险治理】 2023年，江阴市财政系统坚持遏制增量与化解存量齐抓共管，标本兼治推进风险管控攻坚。年内，调整设立江阴市防范化解地方债务风险领导小组，设立双组长制度，制定《江阴市本级偿债备付金管理办法（试行）》等制度文件，出台“一企一策”等提级管理方案，对重点镇（街道）和重点企业进行提级管理，提升财政风险应对能力。向上争取政策支持，全年化债任务完成率117.7%，政府性债务规模和债务率明显下降。持续加强平台公司经营管理，合理安排化债顺序，有序推进融资平台公司整合撤并或市场化转型，全年上报退出平台39个，其中18个获批退出监管范围，全市经营性债务增长率在年度管控目标范围内。落实“降成本”要求，对存量高成本债务开展“削峰行动”，压减信托、融资租赁等非标融资规模，优化债务结构，清理综合融资成本5.5%以上债务。至年末，隐性债务融资成本下降6个基点，经营性债务融资成本下降21个基点。

【财政管理提效】 2023年，江阴市财政系统坚持建章立制与增效赋能协同推进，提升财政管理效能。深化预算一体化建设，将镇（街道）、园区全部纳入一体化系统管理，确保各民生项目与“三保”目录项目编码一一对应，提升预算管理一体化数据质量。加强绩效管理，在实现项目绩效管理全覆盖基础上，促进预算精准编制，加强绩效评价及预算论证结果运用，促进部门提高绩效管理水平和财政资金使用效益。制定《2023年江阴市财会监督专项行动方案》，全面开展财经纪律重点问题整治、代理记账机构专项整治、广电系统会计信息质量联动检查、财政（国资）资金安全专项检查、省文化和旅游发展专项补助政策执行情况检查等，推动财会监督走深走实。

【国资改革】 2023年，江阴市财政系统坚持推进国企市场改革，提升国资运营效益，充分发挥国资支撑引领作用。年内，优化国有资本布局，完成重大战略性重组和专业化整合，组建江阴文化商业旅游产业集团有限公司、江阴市环保集团有限公司、江阴市乡村投资发展有限公司、江阴市交通投资发展有限公司、江阴市水利投资发展集团有限公司等国资公司，发挥国有资本在城市运营、项目落地、产业提质中重要作用。引导市属国有企业坚守主责主业，主攻核心业务，推动主业经营提质增效，提升企业竞争力。创新服务措施，推进新能源、生态环保、数字经济、港口物流、大数据等重大产业项目建设，督促国有企业履行好经济、政治和社会责任。全年市属国有企业资产总额875.45亿元，比2022年增长23.45%；净资产总额320.11亿元，利润总额15.45亿元。

2023 年江阴市一般公共预算收入情况一览表

表 27　　单位:万元

项目	一般公共预算收入					
	合计		税务		财政	
	完成实绩	比 2022 年增减(%)	完成实绩	比 2022 年增减(%)	完成实绩	比 2022 年增减(%)
市本级	381933	-22.03	103624	16.32	278309	-30.56
高新区	368826	17.90	351839	18.09	16987	14.06
临港经济开发区	457965	12.75	437216	13.36	20749	1.36
靖江园区	94290	33.30	91077	32.54	3213	58.98
镇(街道)合计	1179853	19.34	1126436	19.15	53417	23.30
全市合计	2482867	9.46	2110192	18.10	372675	-22.60

2023 年江阴市财政预算执行情况一览表

表 28　　单位:万元

项目	2023 年度预算数(调整)	2023 年度完成情况		2022 年完成	与 2022 年相比	
		完成数	完成调整预算(%)		增减额	增减(%)
一、一般公共预算支出合计	2595566	2556191	98.48	2445949	110242	4.51
(一)一般公共服务支出	204417	193979	94.89	187577	6402	3.41
(二)公共安全支出	136813	132823	97.08	125800	7023	5.58
(三)教育支出	429458	410443	95.57	409665	778	0.19
(四)科学技术支出	109965	98840	89.88	87010	11830	13.60
(五)文化旅游体育与传媒支出	20012	20128	100.58	20055	73	0.36
(六)社会保障和就业支出	357658	370331	103.54	337030	33301	9.88
(七)卫生健康支出	205813	185616	90.19	214328	-28712	-13.40
(八)节能环保支出	51506	60292	117.06	59378	914	1.54
(九)城乡社区支出	497747	500593	100.57	446167	54426	12.20
(十)农林水支出	96298	105754	109.82	104972	782	0.74
(十一)交通运输支出	83147	105180	126.50	89121	16059	18.02
(十二)资源勘探工业信息等支出	70443	79902	113.43	72623	7279	10.02
(十三)商业服务业等支出	17371	8527	49.09	9497	-970	-10.21
(十四)自然资源海洋气象等支出	32168	25050	77.87	17512	7538	43.04
(十五)住房保障支出	194096	175640	90.49	188297	-12657	-6.72
(十六)粮油物资储备支出	7569	7930	104.77	5107	2823	55.28

续表28

项目	2023年度预算数（调整）	2023年度完成情况		2022年完成	与2022年相比	
		完成数	完成调整预算(%)		增减额	增减(%)
(十七)灾害防治及应急管理支出	20546	17352	84.45	13856	3496	25.23
(十八)其他各项支出	28715	27295	95.05	29246	-1951	-6.67
(十九)债务付息支出	31624	30275	95.73	28554	1721	6.03
(二十)债务发行费用支出	200	241	120.50	154	87	56.49
二、政府性基金预算支出	2158598	2003162	92.80	1483802	519360	35.00
三、社会保险基金预算支出	350884	346565	98.77	341626	4939	1.45

（朱弘迪）

税务

【概况】 2023年，江阴市税务部门推动各项工作提质增效、全面向好。全年完成各项收入698.95亿元，比2022年增长17.3%；完成一般预算税收收入211.02亿元，比2022年增长18.1%。开展主题教育，完善“中心组示范学、支部集中学、党员自主学、青年创新学”的四学机制。结合建言献策、专项巡察、对标检视，形成务实管用工作举措和长效机制。年内，国家税务总局主题教育第三巡回督导组两次到江阴市督导调研；青阳分局入选省税务局首批“枫桥式”税务所，并作为江苏省唯一代表在七省（市）新时代“枫桥式”税务所建设现场会上交流发言。全面推进政治机关建设，细化65条举措，将政治机关建设体现在税费服务第一线。完成“支部建在股室上”，新设机关支部13个，全局4个支部与无锡市税务局机关科室党支部开展共建。建立党建与业务融合的“五融合五提升”（思想融合、目标融合、业务融合、队伍融合、作风融合，提升认知、提升站位、提升境界、提升能力、提升绩效）工作法，形成攻坚案例8个，“小澄说税”项目获无锡市税务局“党员先锋队”称号。全面推进从严治党，创新工作提醒单监督方式，督促整改问题86个。作为无锡市税务局试点设立2个派出机构监督小组，推动专责监督向派出机构有效延伸。开展廉政文化建设，选送3件作品在江阴市纪委监委举办的第三届“江上清风”廉洁文化作品大赛中获奖。搭建人才成长梯队，完善“青苗—青禾—青穗”全链条干部培养机制，采取定期调整与日常调整相结合，鼓励青年立足岗位历练成才，2名干部入选省税务局青年才俊，1人获省税务局通报表扬。营造向上向善环境氛围，发挥群团组织桥梁纽带作用，全省税务系统“青年文明号”开放日暨党建带群建现场观摩活动在江阴市举办。推进文化阵地建设，挂牌“光辉税月”新时代文明实践点，投用“澄读税美”职工书屋。持续加强老干部工作，建成金税花园老干部活动中心，成立离退休干部管理服务工作办公室。是年，江阴市税务局获得“全国工人先锋号”“全国青年文明号”等荣誉。

【服务地方高质量发展】 2023年，江阴市税务部门把握服务地方经济高质量发展首要任务，扛牢压实税收主责主业。依法依规组织税费收入，一般预算税收收入增幅位列周边县区前列；完成森林植被恢复费征管职责划转；12月1日，完成社会保险费申报缴纳流程调整优化。加强与重点税源企业挂钩联系，完善“经济—税源—税收”收入预测分析模型，预测准确率在无锡市排名靠前。做好以税资政，开展常态化经济运行监测，每月分析税收收入完成情况，跟进全市44项重大产业项目进展，掌握税源产出节奏，完成专题税收经济分析27篇，获市委、市政府领导批示12人次。

【落实落细税费优惠政策】 2023年，国家发布税费优惠政策70余项，江阴市税务部门落实落细税费各项政策，充分释放政策效应，助力产业强市。不断深化拓展“政策找人”，通过税收大数据和电子税务局、征纳互动平台等渠道，推送提示提醒信息46批次，受众104.5万户次，实现精准推送，确保政策应享尽享、直达快享。全年新增减税降费及退税缓费超65亿元，惠及纳税人、缴费人32.5万户次，其中制造业受益占比超50%，中小微企业受益占比超70%；落实增值税留抵退税23.92亿元，规模及户次均居无锡市首位；落实先进制造业增值税加计抵减超8亿元；办理出口退（免）税106.12亿元，退税效率居无锡市前列。

【现代化税收风险防控体系试点建设】 2023年，江阴市税务部门作为苏南地区唯一县级局试点，率先实施税务总局现代化税收风险防控体系建设。精准把握县级局在税收风险防控分级分类体系中的职责定位，在全省范围内率先形成适应现代化风险防控要求的机构设置和岗责配置，成立税收监管运营中心并实体化运转。长泾分局、徐霞客分局由属地税源管理分局转型为专业化应对分局。制定风险防范直报机制、递进式监督评价机制、局领导调度工作制度以及税收监管任务一体化统筹机制4项制度,形成本地化体制机制,推动防控体系顺畅运转。选取重点监管事项和行业,开展风险分析、指标建模、疑点验证等工作,一体防范纳税人遵从风险、税务人执法风险和税务机关管理风险。

【优化税费服务资源布局】 2023年,江阴市税务部门坚持以人民为中心发展思想,调整服务资源布局,推动办税缴费服务更便利、营商环境优化更有感、税费争议化解更高效。稳步推进“1个运营中心+1个主办税服务厅+3个区域延伸点+N个智能微税厅”的办税服务新格局,提档打造办税缴费“10分钟便民圈”。税费服务运营中心建设初见成效,线上业务集约化处理率97.69%,实现税费服务“一口进、一口出”。配套江阴功能区建设,以霞客湾科学城办税服务厅为试点,推行办税服务厅数字化转型,改造原有实体办税窗口,开展“无柜式”办税,配套远程“云柜台”税费办理,实现“智能导办+自助快办”“简事快办+疑难兜底”“云端快享+实时监测”新模式,办税缴费效率提高40%,平均业务办理时长压缩至5分钟以内,最大程度便利纳税人和缴费人。组建征纳互动服务团队、可视答疑团队、“数电发票”服务保障青年突击队3个团队,实现征纳互动交流4.7万次,受理各渠道诉求准期反馈率及诉求人满意率均为100%。“小澄说税”税务宣传团队开展“云辅导”19次,参与制作的政策辅导微信推文阅读量首次突破10万。

【2项创新服务举措在全国和全省推广】 2023年,江阴市税务部门坚持创新引领,承接上级多项纳税服务试点取得较好成效。持续深化“税直达”纳税信用评价预警提醒试点,该项目被纳入国家税务总局便民办税春风行动第三批举措在全国推行,并入选全国税务系统第二批主题教育百佳案例;迭代项目“信用对账单”(事前预防失信、事中失信纠正、事后信用修复)预先服务被评为无锡市信用应用创新示范案例。承接“苏税援”涉税专业服务平台试点,全市129个涉税专业服务机构入驻,成交金额超3000万元,获省政务办、省税务局联合推广。

【重点领域监管】 2023年,江阴市税务部门坚持合力攻坚,加强税务监管,全面防范税费风险。主动开展发票风险专项管理,严格杜绝源头虚开,严密防范虚开外溢,严肃查处输入型虚开,取得成效6702.15万元。抓实企业所得税后续管理,取得成效2.39亿元。完成全省首例无形资产关联交易反避税调整,全年入库非居民企业所得税12.85亿元。构建包含一个指引和五个配套文件在内的土地增值税“1+5”管理指引,被无锡市税务局采纳吸收,全年完成清算项目64项,清算审核成效7.34亿元。加强社保非税风险防控,有效压降上年度社保欠费,维护职工权益,探索优化土地出让金征收流程和风险防控方式方法,征收土地出让金129.39亿元。

【夯实税收征管基础】 2023年,江阴市税务部门高度重视征管基础工作。全面落实“三项制度”(行政执法公示制度、执法全过程记录制度、重大执法决定法制审核制度),制定说理式执法文书模板,围绕37项指标开展专项执法督察,发挥公职律师和法律顾问作用,促进干部业务精湛、执法精确,税务执法行为得到进一步规范。清洗匹配第三方及互联网数据1.4万条,丰富大数据资源。做好协同共治,加强与网格化平台对接,发布任务数量位列无锡市第一。 (胡雨晨)

审 计

【概况】 2023年,江阴市审计局围绕市委、市政府中心工作,聚焦预算执行、科技创新、乡村振兴、权力运行、民生保障和绿色发展重点领域统筹开展项目审计。全年完成计划内审计项目27项,完成上级审计机关和市委、市政府交办审计事项14项,发现问题417个,查纠违规和管理不规范资金39.84亿元,促进增收节支2.71亿元,推动健全完善制度26项,移送违法违纪疑点线索9条;向社会公开审计结果和审计信息96项,向审计委员会报送各类请示、报告、要情36篇。深化政治机关建设,结合“澄审·暨阳红”党建品牌创建、党员干部“亮身份、显担当、作表率”主题实践活动,开展学习贯彻习近平新时代中国特色社会主义思想主题教育。全年开展党组中心组理论学习14次,全体党员干部参加各类主题学习活动40次。年内,江阴市审计局被评为江苏省审计通联宣传工作先进单位;1项项目获无锡市(县)、区审计机关优秀审计项目三等奖;1人被评为江苏省审计通联宣传工作先进个人。

【审计监督全覆盖】 2023年,江阴市审计局围绕党委、政府中心工作,紧扣“五大板块”(高质量发展、乡村振兴战略、民生保障、统筹发展和安全、权力规范运行)开展项目审计,全年完成计划内审计项目27项,临时交办事项14项。紧扣财政加力提效,关注“四本预算”编制执行、财政收支真实合法效益、专项资金分配管理使用、落实过“紧日子”要求等情况,对一级预算单位实施大数据审计全覆盖,对重点单位进行现场审计,同级审工作报告反映问题290个;完成政府投资项目审计12项,持续跟踪工程和拆迁审计项目300余项,完成工程投资额审计18.38亿元,核减2.04亿元,核减率11.1%;针对城市更新、土地收储、市级重点建设项目前期征收(拆迁)跟踪审计,出具审核意见421份,涉及拆迁民房1991户、企业及非住宅643个,拆迁面积136.6万平方米,土地面积40.68万平方米,节约财政资金6722.52万元。紧扣科创江阴建设,审计中关注科技创新政策措施落实、科创载体运行绩效、相关专项资金安排使用管理等情况,审计发现问题36个,提出审计建议3条,推动13个被审计单位完善相关制度。紧扣乡村振兴战略实施,完成农村人居环境整治相关政策和资金专项审计调查,聚焦政策落实、资金安全、项目绩效进行“穿透式”审计,报告反映问题23个,提出审计建议5条,助力完善乡村体制机制建设,推动提升农村人居环境,加快建设美丽宜居乡村;完成江阴市农业产业园区运行管理情况专项审计调查，推动构建现代农业产业体系、生产体系、经营体系，推进粮食生产功能区、重要农产品生产保护区建设，移送问题线索5条，项目成果形成审计专报，召开专题会议，推进问题整改。紧扣民生保障和绿色发展，完成江阴市就业补助资金和失业保险基金审计，重点关注就业补助资金和失业保险基金分配管理使用、重点人群就业、职业技能提升、就业政策落实等情况，审计发现问题23个，查出管理不规范金额558万元，提出需要关注事项5项，提出审计建议3条，推动落实就业政策，促进高质量就业；完成祝塘镇领导干部自然资源资产审计，关注领导干部履行自然资源资产管理和开发利用责任、贯彻执行中央和省市重大决策部署、遵守相关法律法规、完成相关目标任务等情况，审计发现问题18个，需要关注事项1项，提出审计建议3条，以审计监督推动镇（街道）贯彻落实绿色发展理念，促进领导干部履行自然资源资产管理和生态环境保护责任。紧扣权力运行规范，完成祝塘镇、市委老干部局和市人社局、交通运输局、科协及江阴城市发展集团有限公司等单位7名领导干部经济责任审计，重点关注部门板块贯彻执行党和国家、上级党委和政府重大决策部署，重大经济事项决策执行和效果，重大改革任务推进，预算执行等情况，审计发现问题127个，提出审计建议27条，推动健全完善“四敢”（敢为、敢闯、敢干、敢首创）制度机制，促进领导干部履职尽责。

2023年9月22日，市审计局工作人员开展江阴高铁配套建设项目跟踪审计 （市审计局提供）

【审计整改工作】 2023年，江阴市审计局严格落实习近平总书记在二十届中央审计委员会第一次会议上关于“审计整改‘下半篇文章’与揭示问题‘上半篇文章’同样重要，必须一体推进”的指示精神，上半年组织开展近五年审计查出问题整改情况“回头看”，加强与主管部门沟通协作，加强对被审计单位指导督促，推动整改成效提升。11月，启动审计整改提档攻坚行动，根据省委第十巡视组《关于巡视江阴市的反馈意见》，梳理分析各类“挂号”问题具体情况，对整改进度滞后、整改难度较大，需加快推进整改的问题，发出整改督查函，并将相关情况报送市委巡察办、市检察院，借力推进审计整改，确保应改尽改；对完成整改的问题，开展“回头看”工作，督查被审计单位整改成效，推动相关单位强化制度规范。五年来审计查出问题1662个，整改“销号”1631个，整改销号率98%；财政同级审反映问题290个，整改“销号”263个，整改销号率90.69%；查纠违规和管理不规范资金39.84亿元；修订完善制度26项，由点及面开展专项整治和检查督查7次；促使加快拨付或调整项目资金3.52亿元，追缴各类欠款或盘活存量资金1.46亿元；镇（街道）国有资产专项治理盘盈房屋、土地、公共基础设施等资产82.84亿元，盘活资金超10亿元。

【研究型审计运用】 2023年，江阴市审计局围绕构建集中统一、全面覆盖、权威高效的审计监督体系，坚持在贯通融合、创新创优上下功夫，提高审计工作的系统性、协同性、效益性，最大限度发挥审计监督实效。结合工作实际，完成《政府审计对促进产业科技创新政策落实的思考和建议》《国有企业审计监督的相关思考》《基层审计机关审计整改面临的问题及对策分析》等13个年度创新工作研究课题，组织开展“智汇‘心’分享”研究型审计交流研讨12期，提升审计研究能力和业务水平。以审计专报为切入口开展研究型探索，精简报送数量，提高报送质量，向市委、市政府报送各类报告、专报36篇。围绕创新技术手段，开展“智慧审计”探索研究，对“金审三期”工程各模块进行研究并全面推广使用，持续强化各类新技术新方法的应用，有效促进信息技术与审计业务深度融合；上线更新并完善政府投资项目审计管理系统和财政全覆盖审计作业平台，助力审计工作更精准、更高效。将常规审计与大数据审计深度结合，探索智慧型审计新模式，在就业补助资金和失业保险基金、部门预算执行审计和自然资源资产审计等项目中，运用信息化手段扩大审计覆盖面，分别建立和运用多个大数据分析模型，有效提升审计效率。

【大监督格局构建】 2023年，江阴市审计局立足构建“大监督”工作格局，持续推动审计监督与组织、人大、纪检监察、行政司法、党政督查等其他监督协同融合，深化检审协作、巡审联动，固化合作机制，形成监督合力，将近年来未完成整改的问题送交市检察院和市委巡察办，提升审计整改成效；落实对协审机构监督指导，完善竞标聘用、以审代训、业务培训、清单管理、考核评估等机制方式，规范行为管理，推进工作协同。全面落实《关于进一步加强内部审计工作的意见》，协同构建内审工作体系，研究推进江阴市内部审计工作常态化、制度化、规范化，推动国家审计与内部审计协同发展。江阴市委审计委员会审议通过并印发《关于设立基层党(工)委审计委员会的工作方案》，推动各镇(街道)板块设立基层党(工)委审计委员会全覆盖，推动完善内部审计工作体系，为推进内部审计与国家审计协同发展夯实基础，推动各镇(街道)、园区、部门单位提升内部审计工作质量和效率。年内，市审计局指导推动市内部审计协会在南京大学举办内审人员履职能力提升研修班；吸纳市农业农村局、江阴市新国联集团有限公司、江阴公用事业集团有限公司、江阴城市发展集团有限公司等相关单位的6名内审人员跟班参与市级审计项目实施，拓宽内审人员赋能成长途径渠道；推动江苏江南水务股份有限公司建立审计人才库，培养高水平复合型人才，助力开展国有企业内部审计。

【审计人才队伍建设】 2023年，江阴市审计局坚持“以审计精神立身、以创新规范立业、以自身建设立信”原则，深入推进审计人才队伍建设“七大行动”(红色引领行动、能力提升行动、创新实践行动、主审培养行动、廉洁从审行动、青年培育行动、文化润审行动)，加强自身建设，不断提高统筹谋划、守正创新能力水平，推动江阴审计工作高质量发展。强化廉政建设，落实落细党风廉政建设“责任清单”，严格落实“一岗双责”*、管党治党政治责任，推动全面从严治党向纵深发展。加大“四不两直”(是指不发通知、不打招呼、不听汇报、不用陪同接待，直奔基层、直插现场的调研方式)监督检查力度，组织开展抽查3次，重点关注审计“八不准”(不准由被审计单位和个人报销或补贴住宿、餐饮、交通、通信、医疗等费用；不准接受被审计单位和个人赠送的礼品礼金，或未经批准通过授课等方式获取报酬；不准参加被审计单位和个人安排的宴请、娱乐、旅游等活动；不准利用审计工作知悉的国家秘密、商业秘密和内部信息谋取利益；不准利用审计职权干预被审计单位依法管理的资金、资产、资源的审批或分配使用；不准向被审计单位推销商品或介绍业务；不准接受被审计单位和个人的请托干预审计工作；不准向被审计单位和个人提出任何与审计工作无关的要求)工作纪律和“公务餐”制度执行情况。强化作风养成，对标上级审计机关考核要求，整理质量控制、绩效管理等11项基本指标和9项附加指标，通过“一季一评”开展干部实绩“比、晾、晒”活动，营造比学赶超干事氛围。强化能力提升，坚持周例会制度，做到法规政策每周学、日常工作每周抓、难点问题每周议；坚持精准培养与“以审代训”相结合，派出35人次业务骨干参加省委巡视、无锡及江阴市委巡察、上级审计机关项目；坚持审计实务导师制，选聘优秀导师对新录用审计人员进行一对一指导；组织开展年轻干部公文写作测试，编制六类试题，全方位锻炼年轻干部语言表达能力和公文写作水平；结合主题教育，开展“澄审·青年说”主题演讲活动，引导青年审计干部坚定理想信念，激发干事热情，提升能查、能说、能写基本功。 (陈敏敏)

统 计

【概况】 2023年，江阴市统计局深入贯彻习近平总书记关于统计工作的指示批示精神，围绕市委、市政府中心工作，强化党建引领，立足发展大局，认真履职尽责，积极发挥统计职能，为谱写“强富美高”*新江阴现代化建设新篇章提供坚实统计保障。

【第五次全国经济普查】 2023年，江阴市统计局开展第五次全国经济普查。4月19日，江阴市政府印发《关于做好我市第五次全国经济普查的通知》，成立江阴市第五次全国经济普查领导小组，全面部署第五次全国经济普查工作。7月，江阴市第五次全国经济普查领导小组从市发改委、工信局、住建局、商务局、市场监管局等部门抽调业务骨干，聘请会计师事务所专业人员，组建办公室(以下简称“市经普办”)，全市构筑自上而下、层层抓落实的责任体系；各镇(街道)、园区以基层统计人员、村(居)干部为主体组建普查指导员和普查员队伍。8月15—16日，市经普办在澄江街道先锋社区开展第五次全国经济普查清查试点，全过程模拟经济普查清查流程。8月18—31日，市经普办对所有普查指导员和普查员进行“下沉到底”的业务培训，进一步提高业务能力。9月12日，市经普办联合市委宣传部共同制定《江阴市第五次全国经济普查宣传工作方案》，明确宣传责任分工。清查期间，全市布置“经普驿站”19个，张贴海报5200余张，充分利用微信平台、车载移动媒体终端等新媒体开展宣传，基本做到广播有声音、电视有影像、报纸有文章、网络有看点、户外有广告、社区有专栏。市经普办建立工作例会制度、分片包干制度、抽查提醒制度，定期召开会议，及时跟踪工作进度，不定期开展抽查督查，统筹推进各项工作。推动市政府召开单位清查工作推进会、重点产业清查工作部署会等会议，推动全市上下统一思想，保障工作质量。单位清查审核阶段，组织各镇(街道)、园区业务骨干近30人集中办公，一对一指导数据核查、平台纠错等业务，保障审核验收工作。至年末，第五次全国经济普查在高质高效有序推进中。

【统计造假专项治理行动】 2023年，江阴市统计局开展统计造假屡禁难绝专项治理行动。4月23日，印发《统计造假屡禁难绝专项治理行动实施方案》，成立领导小组及办公室，对全市统计造假屡禁难绝专项治理行动作出全面部署。组织开展一套表单位入退库规范性自查，对100个入库单位、50个退库单位的资料进行复查，确保入退库规范。组织开展数据比对，针对重点统计指标，采用计算机程序校验、资料核验等方式对数据异常、总量较大、波动异常的调查对象进行比对，及时修正有关数据。开展专项数据核查，组织各镇(街道)、园区结合实际进行自查自纠，必要时进行现场核查，全年核查515个企业的有关数据,纠正93个企业当期数据偏差问题。5月和9月,组织对两批由省统计局直接抽取的单位开展省级统计执法检查。年内,按照统计执法检查"三年全覆盖"计划,组织对江阴高新区、澄江街道、云亭街道、华士镇、新桥镇等5个地区开展本级统计执法检查。全年完成122个企业(项目)的统计执法检查工作,6个企业被给予警告的行政处罚。做好统计调查项目审批,按照统计调查项目管理有关要求,规范审批程序,严格调查评估,高标准审核通过《江阴市城市节水统计制度》。

【统计调查】 2023年,江阴市统计局不定期召开农业、工业、固定资产、贸易、劳动工资、科技等专业业务培训会、年报培训会和工作布置会,讲解最新统计知识和上级要求,确保原始数据质量。各科室人员通过电话、微信、QQ等方式实时在线解答疑问,帮助基层统计人员正确理解各项统计指标含义和上报口径,必要时进行走访调研、现场指导,确保原始数据准确、客观,反映实情。各专业利用多种方式分析相关指标情况,审核是否符合逻辑,对数据进行即报即审,避免出现错填、漏填等现象。重点关注数据异常且企业端说明不清晰的企业,核实查清具体原因,着力提高企业源头数据质量。

【统计服务】 2023年,江阴市统计局强化统计服务工作,将统计信息、统计分析的完成情况纳入公务员平时考核和年度考核。聚焦各级重大战略部署和热点、周边对比情况、工作重点难点等撰写统计专报和汇报。全年完成经济信息73篇、统计分析90篇,6篇信息、分析被各级各部门采用或得到市领导正面批示。优化《江阴统计》《江阴统计数据》《江阴统计年鉴》等产品的指标设置,确保科学合理、紧跟形势,满足社会各界数据需求。高标准制作经济形势分析展板、经济发展排行榜等会议资料。建成无锡市"数字档案室",设立全部档案目录数据库,对永久、30年(长期)的文书档案、照片档案、实物档案实现100%数字化。做好12345政务服务便民热线"回复工作,全年受理热线工单29件,服务满意率100%,结果满意率100%。开展"微幸福"民生工程,为澄江街道贯庄社区老年活动室更换崭新桌椅7套,解决老旧桌椅安全问题,做到"民有所呼,我有所应"。

【统计监测】 2023年,江阴市统计局继续实施主要经济指标月度预警监测制度。密切跟踪监测主要经济指标发展动态情况,及早发现苗头性、趋势性、倾向性问题。用好GDP(地区生产总值)统一核算平台,运用多维度数据分析研究经济运行情况。每月中下旬汇总各镇(街道)、园区相关指标,积极研判分析经济发展趋势。制订2023年核心指标专项监测评价办法,定期收集数据,按考核要求做好整理汇总,确保目标任务按时有序推进。

【统计普法】 2023年,江阴市统计局深耕统计普法教育。将全年普法计划纳入《2023年江阴市统计法治建设工作方案》,结合第五次全国经济普查,对全年普法宣传工作作出具体部署。组织编印《统计法治和统计知识科普手册》。9月21日,举办第十四届"中国统计开放日"活动。12月8日,承办江苏省纪念《中华人民共和国统计法》颁布40周年活动,通过宣传展板、现场表演、有奖问答、发放资料等通俗易懂方式向市民介绍统计工作、统计法规和《关于深化统计管理体制改革提高统计数据真实性的意见》《统计违纪违法责任人处分处理建议办法》《防范和惩治统计造假、弄虚作假督察工作规定》《关于更加有效发挥统计监督职能作用的意见》的出台背景和主要精神等内容,提升社会公众对统计法治的认知。年内,以学雷锋纪念日和政府开放月为契机,分别到澄江街道贯庄社区和靖江园区开展普法宣传,发放法律宣传资料,引导调查对象及时、规范、准确填报数据;通过"八五"普法中期评估验收;推进统计法规进党校活动,邀请无锡市统计局统计执法监督处专家到市委党校为年轻干部培训班学员授课,开展警示教育。

【统计基层基础建设】 2023年,江阴市统计局继续加强统计基层基础建设。年内,组建包含37名基层统计人员在内的统计法治建设联络员队伍,参与普法宣传、配合执法检查等工作。上半年、下半年各更新一次基层统计人员基本信息,及时掌握基层统计人员配备情况。多次举办统计法治讲座和经济数据建模、统计分析课题写作等培训,全方位提升基层统计人员综合素质。

【统计信用红名单企业认定】 2023年,江阴市统计局继续开展统计信用红名单认定工作。根据《江苏省统计信用红名单企业认定工作方案》要求,按照认定基本原则和标准,落实企业承诺、资格审核、信用审查、社会公示、认定公布等流程工作要求,认定12个江阴市统计信用红名单企业。组织对已有统计信用红名单企业开展审查,择优推荐成为上级统计信用红名单企业,5个企业被认定为无锡市统计信用红名单企业。

【企业入库】 2023年,江阴市统计局通过争取市领导支持、加强培训、及时推送信息等方式开展入库工作。局领导班子成员分赴各板块指导,形成专业协同、基层配合的良好局面。全年新增"四上"单位(规模以上工业,有资质的建筑业、有开发经营活动的全部房地产开发经营业,限额以上批发和零售业、限额以上住宿和餐饮业,规模以上服务业法人单位)810个,新增数量在无锡市各县(市)、区中领先,占无锡市比重的33.5%。 (张 帆)

自然资源规划管理

【概况】 2023年,江阴市自然资源和规划局围绕市委、市政府工作部署,开展"微改革·微创新"行动,高质量完成各项工作任务,为建设"美丽江阴"提供坚实保障。完成规划审批职能回归,整合规划全链条业务,实现规划审批"一网通办";探索智能化审批模式,打造"慧选址""掌上验"平台,提高规划服务效能。完成国土空间总体规划编制,完成全市"20+10"工业园区详细规划及城市设计报批工作,编制《江阴市历史文化名城保护规划》等专项规划,加快完善"两级三类"(两级指县级、镇乡级,三类指总体规划、详细规划、专项规划)空间规划体系。出台《江阴市建筑物停车配建指标》,从源头分析解决“停车难”问题。加强区域规划研究,编制《江阴—张家港协作示范区空间协同规划》,优化青山未来社区、高铁新城、“一湾一谷”(霞客湾科学城和绮山湖科创谷)等重点地区规划设计,做好“园博园”规划服务和指导。强化要素保障,持续服务经济社会发展。完成全国首宗“国有+集体”组合用地审批、供地、发证,完成用地报批476.2公顷、林地报批17.95公顷,198项市级以上重大产业项目按时序应保尽保。完成“标准地+双信地+定制地”供应36宗145.47公顷,保障绮山湖科创谷地下环路项目地下空间用地需求,挂牌出让Mx产业复合用地2宗5.87公顷。消化批而未供土地206.76公顷,更新盘活产业土地245.6公顷,存量土地供应占比达73%,土地集约利用水平不断提高。购买占补平衡指标158.2公顷,较同期省自然资源厅成交单价节约资金10551万元,保障重点区域、重大项目建设。谋划招商出让工作,实现经营性土地出让金132亿元,完成目标任务的102%,为城市发展提供资金保障。强化资源监管,持续筑牢耕地保护红线,层层压实耕地保护责任,统筹谋划耕地后备资源,年度实际耕地面积23200公顷,完成耕地保护目标,数年来首次实现耕地净增加。实施“澄土稳耕”行动,加强耕地“进出平衡”管理,完成土地整治项目48.87公顷。全力推进“大执法”工作模式,做好耕保督察、卫片执法等各类违法用地整治工作。在江苏省卫星应用技术中心江阴分中心打造全系统“智慧大脑”,实现每半月提取一次疑似变化图斑,及时发现并制止违法行为,全年实现违法用地“零增长”。加强生态系统保护修复,开展黄山北坡地质灾害治理项目,启动国家森林城市创建工作,绿化造林374.13公顷,新建和提升省级“绿美村庄”5个,建成江阴白屈港长江湿地保护小区,林木覆盖率、自然湿地保护率稳步提升。完成生态产品价值实现机制全国试点工作,建立以“生态券”交易为核心的生态产品价值实现机制,挂牌出让2宗附带“生态券”经营性用地,推动试点工作从理论研究转入全面实践。强化服务为民,持续提升自然资源服务。擦亮“澄心登·证e达”不动产登记品牌,实现除批量件外所有常规业务“T+0”即办、立等可取,创新打造“掌上登”平台,基本解决历史遗留安置房办证问题。出台《关于进一步加强建设用地出让管理的通知》等文件,上线“多测合一”平台,不断优化营商环境。建成森林防火预警中心用房及系统平台,完成黄山“引水上山”改造等工程,加强地质灾害、森林防灭火等日常防治,全年行业领域安全形势平稳。

【“微改革·微创新”行动】 为深化推进机构改革,持续提升自然资源规划服务保障能力,2023年1月起,江阴市自然资源和规划局立足主责主业,围绕市委、市政府“南征北战、东西互搏”“科创江阴”等战略部署,创新开展“微改革·微创新”行动,在党的建设、固本强基、资源保护、规划引领、项目保障、政务服务、历史遗留问题攻坚等维度制定50条举措,均按时序完成年度任务,实现全国首宗“国有+集体”组合用地供地、发证,完成自然资源领域生态产品价值实现机制全国试点工作,获省政府大督查表彰。是年,江阴市获评江苏省自然资源节约集约利用模范市、土地执法模范市;入选部省级典型案例3例,新增部省级试点3个;市自然资源和规划局获江阴市“四争”先进集体3次、真抓实干奖1次,为推动江阴市高质量发展提供坚实保障。

【规划审批职能整合】 江阴市行政审批局与市自然资源和规划局于2022年根据《江阴市人民政府专题会议纪要》签订委托协议,将规划审批中的技术审查工作委托市自然资源和规划局开展,行政审批局凭自然资源和规划局出具的审查意见发放规划许可,进一步理顺规划审批管理职能,优化营商环境。2023年1月1日起,原行政审批局7名工作人员调配至自然资源和规划局工作,自然资源和规划局正式负责规划审批技术审查事宜。是年5月,建设用地规划许可证、建设工程设计方案、建设工程规划许可证从“40审批平台”和“联审平台”迁移至自然资源“全业务、大融合”一体化平台办理,整合规划全业务链条,实现规划审批“一网通办”。规划审批管理职能调整后,有效提升规划审批服务效能。

【历史遗留安置房登记发证】 为彻底化解历史遗留安置房办证问题,2021年起,江阴市开展历史遗留安置房办证“清零行动”,用3年时间完成全市143个小区76109套历史遗留安置房登记发证工作。江阴市自然资源和规划局根据相关文件,明确政策依据、领导小组、工作专班、部门职责等内容,打通办证路径。按照“先易后难、先简后繁”原则,制定《全市历史遗留问题安置小区需完成办证任务清单和完成时间节点》,与市住房和城乡建设局、行政审批局及相关镇(街道)协力推进。至2023年12月8日,完成全部涉及国有建设用地历史遗留安置房办证工作。针对剩余集体土地征收报批难题,市自然资源和规划局积极对上争取,获省自然资源厅支持,同步准备后续划拨、出让手续等相关材料。至12月31日,基本解决全市历史遗留安置房办证问题。

【“国有+集体”用地组合供应模式】 2023年1月起,江阴市自然资源和规划局为满足企业用地需求,提高土地利用水平,增加农村集体收入,致力打通“国有+集体”组合用地审批、供地和登记全链业务,在全省率先出台《关于工业项目跨宗地建设审批和登记的实施意见》,解决企业“跨权属”项目建设手续办理问题。2月10日,江阴电工合金股份有限公司高铁接触网材料生产建设项目实现“拿地即开工、交地即发证”,成为全省首个跨宗新开工建设项目。深化江阴市集体经营性建设用地入市省级试点工作,9月28日,长泾舜丰纺织循环产业园污水处理厂项目用地顺利出让,成为全国首宗“国有+集体”组合供地。推动省自然资源厅在全国率先出台《关于建(构)筑物跨国有和集体建设用地不动产登记的指导意见(试行)》,构建完备“跨权属”建(构)筑物不动产登记系统体系,解决跨宗项目首次转移、变更、抵押等全部登记业务。10月25日，为长泾舜丰纺织循环产业园污水处理厂发放全国首张“国有+集体”组合用地产权证书。江阴市“国有+集体”用地组合供应模式，被《新华日报》《中国自然资源报》和江苏卫视等媒体报道，获评2023年度全省自然资源系统创新创优成果。

【生态产品价值实现机制全国试点工作】 2021年5月25日，江阴市被自然资源部确定为全国建立生态产品价值实现机制试点城市，成立试点工作领导小组，出台《江阴市自然资源领域生态产品价值实现机制试点实施方案》，组建包括中央党校、北京林业大学、中国自然资源经济研究院生态所等高水平专家团队工作小组，全面推开试点工作。2023年，市自然资源和规划局基于生态系统物质供应、调节服务、文化服务功能，测算出2023年江阴市生态产品价值，全面摸清市内生态产品家底。完成《江阴市生态券交易管理办法》等24项理论研究类、政策类、应用示范类、技术类政策文件研发，构建成套理论、技术、示范和制度体系。打造滨江公园、霞客湾、绮山水源地、废弃矿山、入江河道、渔业养殖6个应用示范项目，形成生态改善与经济发展良性互动发展模式。明确“生态券”价值内涵，建立不同地类之间“生态券”换算体系，实现不同地类占补转换。创新搭建以“生态券”为载体交易机制，实施“开发者受益、使用者付费、破坏者受罚”的生态用地占补平衡制度。年内，在敔山湾64号云溪谷地块、青阳金桥小学西侧地块完成2宗“生态券”试点交易案例，试点工作从理论研究转入全面实践。

【“慧选址”系统运行】 2023年3月，为快速掌握目标地块基本信息，为土地招商、政府决策等提供综合支撑，江阴市自然资源和规划局启动建设“慧选址”系统。该系统通过移动端接入自然资源“全业务、大融合”一体化平台，分为无预选地块和有预选地块模式。无预选地块模式以控规地块、工业园区、土地储备、批而未供、供而未用5类数据为底板，根据用地性质、筛选范围、用地规模、避让条件、周边配套等进行规划选址分析，筛选出备选地块进行空间分析，并对筛选出的可选地块提供图斑导出功能和二次地块套合属性分析；有预选地块模式支持多种格式文件的规划地块范围导入，从土地来源、地类分析、现状分析、规划分析、管理分析5大类35个专题套合分析，支持动态显示各项专题地图浏览，检索查阅各地类属性、地块占压比例、详细地块属性，生成地块套合分析报告，对涉及占压永久基本农田进行预警提醒和备注审批说明等。工作人员可通过“慧选址”系统手机端口快速查询地块基本信息，进行快速决策，提高工作效率。11月23日，江阴市“慧选址”系统正式上线运行。

【“掌上验”系统运行】 2023年6月，江阴市自然资源和规划局为提升项目开竣工核验效率，启动开发“掌上验”系统。该系统作为规划智能化辅助系统，能够获取自然资源“全业务、大融合”一体化平台的项目资料，通过系统自动分析放线或验线成果图与规划许可图纸差异，快速形成审核报告，帮助审批人员自动完成开工放线和基础验线两项审批事项的审核工作。江阴市自然资源和规划局官网开通“掌上验”申报端口，为企业打造便捷申报路径，方便企业“一键式”网上申报。是年12月，“掌上验”系统上线运行，在方便企业、提速增效同时，统一审查标准、减轻审批压力、避免人工核对误差。

【“掌上登”系统试运行】 2023年8月28日，江阴市自然资源和规划局为提升不动产登记便民惠民服务质效，启动建设“掌上登”系统。该系统依托江阴市自然资源和规划局微信公众号“线上苏小登”端口，建立不动产登记“掌办”通道，实现不动产首次登记、预告登记、转移登记、变更登记、注销登记、更正登记、遗失补证、换证登记8大类业务可“掌上办”。“掌上登”系统突破不动产登记电脑端局限，推动不动产登记从能办、可办向智办、易办升级。是年12月，“掌上办”系统上线试运行。

【自然资源江阴市卫星应用技术分中心建设】 2022年1月起，江阴市自然资源和规划局根据江苏省自然资源厅《关于同意建设南京等5个市级卫星应用技术中心和江阴等3个县级卫星应用技术分中心的通知》，开展江阴市卫星应用技术分中心试点建设(以下简称“江阴卫星分中心”)，提升自然资源保护利用综合监管效能。江阴卫星分中心充分利用航空航天遥感、卫星导航定位、无人机、塔基摄像头、地理信息科学等技术，快速获取不同区域、不同比例尺、不同精度影像和矢量数据；根据不同时相卫星遥感影像提取地貌变化图斑，确定重点监测区域；结合山林水草湖田各类自然资源监测需求，实现自然资源全面动态感知，提升自然资源综合监测工作智能化、现代化水平。2023年1月，江阴卫星分中心进入实体化运行。10月起，每半月自动提取一次疑似图斑，对违法建设行为早发现早制止，实现全年违法用地“零增长”。

【二手房“带押过户”】 2022年6月起，江阴市自然资源和规划局为群众解决在押不动产过户难题，在全省率先开发存量房转移登记、抵押变更、抵押设立三合一“带押过户”集成登记端口，通过一次收件、一次登簿，直接生成一本不动产证、两份登记证明；完成全省第一笔二手房“带押过户”业务。2023年，根据自然资源部、中国银行保险监督管理委员会联合发布的《关于协同做好不动产“带押过户”便民利企的通知》，市自然资源和规划局持续探索，推动“带押过户”业务扩面增量。2月12日，完成首例工业企业项目不动产“带押过户”。6月21日，完成首例跨行“带押过户”业务。10月7日，完成首例涉公积金贷款二手房“带押过户”。至12月31日，二手房“带押过户”业务可在农业银行、建设银行、江阴农商银行等48个银行网点和住房置业、融资担保等30个金融机构常态化办理，全年办理“带押过户”业务985笔，涉抵押金额12.5亿余元。江阴市二手房“带押过户”业务模式为群众、企业节约交易成本，节省办事时间，降低交易风险，被评为2023年度全国第一批不动产登记优化营商环境典型案例和2023年度法治江阴建设惠民实事工程优秀项目。

【江阴市城市蓝线专项规划(2021—2035)】 为加强对江阴市城市河道、湖荡、水库等地表水体规划与控制、保护与管理,保障城市防洪排涝、供水和通航安全,提升城市功能品质,2022年6月起,江阴市自然资源和规划局委托江苏省城市规划设计研究院有限公司开展《江阴市城市蓝线专项规划(2021—2035)》编制工作。规划基准年为2020年,规划期限为2021—2035年,规划范围为江阴市域范围。该规划综合考虑江阴市河道管理与保护要求,统筹考虑城市水系整体性、协调性、安全性和功能性,提出蓝线划定原则,确定城市河道蓝线划定范围,加强城市水体周边空间保护和管理,协调城市水系控制、保护用地与城市规划建设用地的关系,为城市河湖综合治理和管控提供重要支撑。2023年10月27日,该规划通过专家论证。

【江阴市城市黄线专项规划(2021—2035)】 为科学布局各类基础设施,提升基础设施建设和运营水平,2022年6月起,江阴市自然资源和规划局委托江苏省城市规划设计研究院有限公司开展《江阴市城市黄线专项规划(2021—2035)》编制工作。该规划期限为2021—2035年,近期为2021—2025年,规划范围为江阴市全市域,规划重点区域为城镇开发边界范围。规划按照《城市黄线管理办法》要求,坚持系统性、可操作性、远近结合、节约用地、刚性弹性结合等原则,摸清现状,深入剖析存在问题,结合江阴市实际,提出规划目标任务,对交通、供水、排水、燃气、供电、通信、供热、环卫、消防、抗震等专项规划进行系统梳理和优化,划定黄线控制内容,突出黄线控制要求,为土地出让、地块改造及黄线设施建设提供依据和引导。2023年11月9日,该规划通过专家论证。

【自然资源"大执法"机制】 2023年,江阴市自然资源和规划局为提高江阴市自然资源规划执法效率,维护自然资源管理秩序,坚持把"严起来"作为自然资源管理主基调,全力构建自然资源"大执法"工作机制,将土地执法规程和内容拓展到矿产、规划、测绘、林业等自然资源全领域,通过规范流程、科技支撑、部门联动、制度落实等方式,做到源头严防、过程严管、后果严惩,构建"全链条执法"。1月,自然资源实时智能监管系统正式运行,对全市自然资源实施全天候实时化自动巡查,实现违法状态"发现在初始,解决在萌芽"。5月5日,市自然资源和规划局、检察院联合出台《关于落实行政检察与自然资源行政执法衔接工作实施办法(试行)》,进一步健全执法工作机制,一体化开展耕保督查、森林督查、卫片执法等各类违法用地整治工作,开展省违法用地"清零行动",对2022年、2023年耕保督查发现的问题100%整改到位,实现全年违法用地"零增长"。

【"智慧土储"系统投入使用】 2022年7月起,江阴市自然资源和规划局为实现土地储备全周期跟踪管理,科学开展土地收储、出让工作,启动江阴市"智慧土储"信息管理系统项目,主要打造"四库一平台"土地储备智慧管理体系。"四库"即通过数据治理,建立土地潜力库、计划实施库、储备库和供应库4个土地储备核心库;"一平台"即构建一套土地储备信息管理平台,赋能储备计划、收储、资金、运营,管护土地储备全过程,支撑土地储备智慧管理。2023年3月20日,"智慧土储"信息系统完成专家验收,并投入使用。

【林草生态综合监测】 2023年6月起,江阴市自然资源和规划局为全面查清全市域森林资源种类、数量、质量、结构和保护利用情况,以及为保护和利用森林资源提供基础数据支撑,开展2023年度林草生态综合监测项目,采用遥感判读与现地调查相结合方法,依据收集归整森林资源保护、管理、利用档案资料,对国土变更调查成果中林地范围外的森林资源开展小斑区划和属性调查,形成全市森林资源数据库,构建森林资源基础信息数据平台。该次调查在2021年国土变更调查成果数据林地外,区划出有植被覆盖小斑43975个,林地内小斑44384个,总面积17124.81公顷,蓄积控制样地991个;完成284个国家图斑监测外林业调查工作,并提交国家林业和草原局。

【土地承包经营权登记发证】 2023年4月起,江阴市自然资源和规划局为坚持和完善农村基本经营制度,切实维护农民权益,推动乡村全面振兴,根据自然资源部、农业农村部《关于做好不动产统一登记与土地承包合同管理工作有序衔接的通知》,会同市农业农村局按照职责分工,建立登记信息与承包合同信息共享使用工作机制。6月24日,完成全市11.7万份农村土地承包经营权登记数据库和档案成果清理、整合、更新、完善等工作,实现发证数据、档案成果有效关联。6月27日,市自然资源和规划局在江阴市不动产统一登记平台增设土地承包经营权受理、审核、登簿、制证发证模块,统一事项分类、办理流程、审批时限、审查要件、审查内容、表单图则、刚性要素等内容,形成标准化模板,为"常态化"开展农村土地承包经营权确权登记工作提供保障。6月29日,市自然资源和规划局为青阳镇里旺里村4位村民颁发江阴市第一批新版土地承包经营权证书。

(付 捷)

市场监督管理

【概况】 2023年,江阴市市场监督管理局围绕"讲政治、强监管、促发展、保安全"工作总思路,聚力发展市场主体、激发市场活力、维护市场秩序,忠实履行市场监管工作职责,主动服务高质量发展大局。成立"党建铸魂 良药惠民"党建联盟,推动成立外卖送餐行业工青妇组织、红十字会,找准民生服务、群团工作切入点,打造"党建+"特色品牌。贯彻"一严到底"不放松,以深化党风廉政建设为引领,动员部署全系统行风建设,体检式监督、系统性规范初见成效。统筹推进每月工作总结、双月评估反馈、季度指导意见、即时沟通协调和人事建议内部管理五项制度。年内,10个分局获评星级市场监管分局,其中国家级五星分局1个、省级四星分局6个、无锡市级三星分局3个。创新年轻干部培养模式,举办青年干部成长汇报会、中青年干部座谈会、能力素质提升培训班,推动年轻干部快速健康成长。紧跟政策导向,突出宣传实效,在江阴电视台策划播放“市监进行时”专题节目52期;通过微信公众号“江阴市场监管”推文450篇,阅读量60.8万。

【质量强市建设】 2023年,江阴市落实《质量强国建设纲要》要求,紧扣地方产业实际,开展质量提升行动,推进质量品牌建设。召开全市质量工作会议,印发《江阴市深化质量强市建设实施意见》。辅导培育企业争创各级各类奖项,新增江苏省省长质量奖企业1个,无锡市市长质量奖企业1个,无锡市质量管理优秀奖企业1个,“江苏精品”认证企业13个,江苏省质量信用AAA级企业5个、AA级企业6个,获评无锡市“十大质量工匠”2人;国家纺织产品质量检验检测中心(江阴)入选无锡市首批“465”(4个地标产业、6个优势产业和5个未来产业)现代产业集群质量基础设施“一站式”公共服务平台。宣传推广质量变革创新成果,《兴澄特钢数字化质量管理赋能特钢智造》获评中国质量(成都)大会典型案例,“澄质汇”质量基础设施一站式服务入选2023年苏浙皖赣沪质量基础设施一站式服务典型案例25佳,江阴兴澄特种钢铁有限公司《质量管理赋能特钢智造》入选2023年苏浙皖赣沪企业首席质量官质量变革创新典型案例50佳,海澜之家集团股份有限公司《基于RPID技术的商品全生命周期数字化管控》等10个案例获评无锡市质量微创新典型案例。市市场监督管理局联合市人社局、总工会、团市委等部门举办江阴市首届首席质量官职业技能竞赛,参赛选手近200人,成为全市重点行业主题劳动竞赛项目。依托“澄质汇”质量基础设施一站式服务平台,设立“人才培育”模块,开展线上培训、考试4期,近千名企业质量高管和部门负责人参训。是年,《江阴市狠抓质量工作促进高质量发展的启示》一文在《市场监管研究参阅》第42期刊登。

【标准化推进】 2023年,江阴市落实《国家标准化发展纲要》要求,推进全域标准化工作。江阴市企业主导、参与完成国内外标准制(修)订124项,获批立项60项,网上声明公开企业标准1309项,全市承担3个国际标准化技术组织、12个国内标准化技术组织,行业标准话语权不断增强。新增中国标准创新贡献奖1个,全省首个中药领域技术标准创新基地落户江阴。社会联动救助基本公共服务国家标准化试点(全省首批国家专项试点)、省级离子交换树脂战略性新兴产业标准化试点、江苏省纺织技术标准创新基地均以高分通过验收。融入长三角一体化发展,牵头建设长三角(沿江高速、沪苏通铁路)特殊钢及钢制品标准质量提升示范试点,促进区域特殊钢及钢制品质量水平整体跃升。

【优化营商环境】 2023年,江阴市市场监督管理局深入实施“听声音,办实事,解难题”主题活动,连续3年开展市场监管大走访活动,累计走访各类市场主体1.5万余个,解决问题1.4万余个。出台《关于贯彻落实中共中央 国务院〈关于促进民营经济发展壮大的意见〉的实施方案》,推行27条具体措施,支持民营经济做大做优做强。牵头市发展和改革委员会、人社局等19个部门建立江阴市扶持个体工商户发展联席会议制度,出台支持个体工商户高质量发展政策举措22条,开展全省首批个体工商户分型分类精准帮扶工作试点,促进个体工商户健康发展。成立江阴市公平竞争委员会,牵头全市各成员单位清理存量文件101件、抽查文件129件、督促整改2件。整治涉企违规收费,检查行政事业收费14项,规范港口企业15个,规范协会商会收费行为87项,为企业退款35万余元。深入排查农贸市场、公寓房转供电主体,指导督促退还电费200万元。创新外资登记“跨前云服务”,提供先确认后签章、先预审后申报、先收件后补充等服务,全年在线辅导企业1200个次;探索“1+N”外资登记服务,将跨前云审与容缺办理、预约办理等相结合,大幅提高便利度。简化股东身份证明,在全省首创以APEC(亚太经合组织)商务旅行卡替代中国使(领)馆签证证明,降低开办成本。推行外资开办“0.5天一次结”、食品经营许可“最多核一次”和“告知承诺制”、食品药品许可“效期叫早服务”等举措,降低市场主体办事成本,优化营商环境。继续实施包容审慎柔性执法,在严守法律、安全底线前提下,采取责令改正、批评教育、指导约谈等措施,深入实施市场监管领域“免罚”“轻罚”“免强”清单,作出不予处罚343件、减轻处罚639件,不予实施强制措施72件次。深入推进企业合规机制建设,公开选任第三方监督评估专业人员11人,对6个涉案企业开展合规审查,对1个企业开展合规法治体检;在全省试点探索建立涉案企业合规审查机制和企业合规“行刑衔接”制度。

【规范市场秩序】 2023年,江阴市市场监督管理局强化计量监管,全年完成13.2万台(件)计量器具强制检定,对266批次定量包装商品开展计量监督检查。持续强化广告导向监管,聚焦医疗、药品、食品、房地产等民生重点领域,部署开展医疗美容行业问题,“神医”“神药”虚假违法广告整治和互联网广告领域治理,不正当营销活动导向监管,户外广告专项治理等专项整治行动,查办广告违法案件241件。强化重点时段、重点商品、舆情热点价格监管,及时处置各类投诉举报,为群众退款61万元,切实维护市场秩序,服务保障民生。强化反不正当竞争监管,聚焦互联网、平台经济等领域,紧盯市场主体、消费者“急难愁盼”问题,打击仿冒混淆、商业贿赂、刷单炒信等不正当竞争行为,保障公平竞争,查办不正当竞争案件173件。坚持“以网管网”工作思路,结合“3·15”“6·18”“双11”等重要时间节点开展网络交易综合监测4次,开展抖音直播、长江禁渔、认证认可等专项监测27次,监测网站、网店、公众号、App等2.7万个次,发现涉嫌违法违规线索304条。发动20个重点电商企业参加百企贯标工程,开展“助力合规 赋能云端”系列电商培训2场,覆盖企业51个,推动电商企业规范经营。

【信用体系建设】 2023年,江阴市市场监督管理局深入推进市场主体信用提升,促进市场主体活力不断增强。开展"春风塑信"经营主体信用提升行动,年内累计修复行政处罚信息213条、经营异常名录信息518条、个体工商户经营异常状态44809户。建立"全链路修复、全覆盖提醒、全流程指导"工作机制,举办信用修复培训16场,指导213个次市场主体提前停止行政处罚公示。全市36个部门和18个镇(街道)、园区统一使用江苏省市场监管信息平台,全面归集涉企信息,涵盖行政许可、行政处罚、抽查检查、失信联合惩戒以及行政指导共28万条,为加强事中事后监管奠定基础。深入推进"双随机、一公开"*监管,对校外培训、房产中介、零售药店、游艺娱乐、知识产权、人力资源市场等47个重点领域开展抽查,并向社会公示检查结果。落实全省跨部门综合监管试点工作,牵头33个监管部门开展联合抽查86次,联合抽查对象占抽查总数50%,比2022年增长10%,惠及市场主体5100余个。

【重点领域综合执法】 2023年,江阴市市场监督管理局聚焦重点领域,加大综合执法力度,严守安全底线。严格落实法制审核"一案一审"和"清单式反馈",推进执法过程有记录、执法决定有审核、执法结果有公示。部署江阴市民生领域案件查办"铁拳"行动,开展制止餐饮浪费、"两超一非"(超范围、超限量使用食品添加剂和非法添加非食用物质)问题食品、茶叶过度包装、加油机作弊等专项执法行动,全年查办案件2620件,罚没款3349万元,移送公安机关案件25件。集中优势执法资源,重拳出击严查重处违法行为,查办一批典型案例,其中入选国家级典型案例3件,入选省级典型案例9件,入选无锡市级执法稽查典型案例36件,获省市场监督管理局挂牌督办1件。年内,"江阴市场监管"公众号发布典型案例61件,强化执法震慑效应。实行行政处罚案件"简案快办"执法模式,提高基层执法人员办案效率。常态化推进"长江禁渔"工作,全年出动执法人员9335人次,检查水产制品生产企业、加工小作坊、商超、餐饮单位等市场主体16941个次,与上海市崇明区市场监管局签订"长江禁捕打非断链"专项行动联动执法工作机制备忘录,坚定不移打好"十年禁渔"持久战。是年,江阴市市场监督管理局被市场监督管理总局评为"长江禁捕打非断链"专项行动表现突出集体,江阴市市场监管综合行政执法大队被评为全省市场监管系统"铁拳"行动成绩突出集体。

【消费维权】 2023年,江阴市市场监督管理局开展放心消费创建活动,提振消费信心,净化消费环境。开展文明诚信经营户评定,评选三星经营户1733户、四星经营户221户、五星经营户40户,提升市场经营户文明素养,营造干净舒适的消费环境。全面整治市场环境,农贸市场内部洁净度92%,垃圾收集容器整洁率85%。倡导和推行"线下实体店无理由退货"承诺,深化"美丽乡村 放心消费"创建行动,全市承诺线下无理由退货商户2355户,承诺厂商一体化无理由退货企业18个;培育省级放心消费创建示范单位20个、示范区域7个,新建消费维权服务站30个。围绕"提振消费信心 共建诚信江阴"主题,全年开展现场宣传活动19场次,发放《消费之友》专刊3500册、法律法规宣传资料2.3万份、消费维权法律知识有奖问卷2万份,发布2022年度江阴消费投诉十大热点、十大典型案例、十大消费提示,广泛宣传消费维权知识,提升消费者维权意识和维权能力。全年受理投诉举报事件40950件,均按时办结。市消费者权益保护委员会接待到访和咨询人员27528人次,受理解决消费者投诉事件22404件,其中重大投诉917件、群体投诉84件,为消费者挽回经济损失1210万元。

(张　琪)

国有资产经营管理

【江阴市新国联集团有限公司】 2023年,江阴市新国联集团有限公司(以下简称"集团公司")坚定"一二三四五"发展战略(围绕"做大规模、做强实力、做优品牌,当好全市国资公司的排头兵和领头羊"一个目标,实施"实业+金融"二轮驱动,立足"能源环保、金融投资、产业发展"三大板块,坚持"市场化、法治化、专业化、证券化"四大理念,狠抓"改革、项目、管理、服务、党建"五大任务),聚焦能源、环保、金融、产业主责主业,持续提升企业经营发展和党的建设工作质效。年内,完成江阴苏龙热电有限公司股权收购,成为苏龙热电有限公司第一大股东;组建运营江阴市环保集团有限公司,致力打造区域一流环保综合运营服务商;探索金融投资板块MD(董事总经理)职级体系改革,优化集团公司全员绩效考核评价和子企

江阴燃机热电项目　　(市新国联集团有限公司提供)

业经营业绩考评。江阴燃机热电有限公司1×489兆瓦燃气轮机创新发展示范项目及补单项目完成补单机组主厂房结构封顶，示范机组主厂房钢屋梁吊装；江阴周北热电有限公司新建2×450蒸吨亚临界锅炉和2×70兆瓦背压汽轮机供热燃煤机组完成项目核准；天然气高压管网项目完成77千米高压管道及相关附属设施建设，二期西段管线实现通气；江阴整县(市)屋顶分布式光伏开发试点项目加快推进，签约项目70兆瓦。国家资源循环利用基地项目秦望山绿色循环产业园通过初验审核，累计落地项目14项，全年处置各类废弃物超130万吨；生态环境治理重点项目土地山建筑垃圾处置场封场项目全面完成；"无废城市"建设重点项目江阴市华锐绿色能源有限公司一般工业固废资源化热电联产项目开工建设，全市一般工业固废收运体系优化完善。秦望山工业供水、铝灰资源化利用项目完成前期工作；周庄镇绿色生态智创园完成集聚区主厂房封顶。参与城市开发建设，全年新竞拍地块7块，拍得商住地块10块，面积53.87公顷，总金额超51亿元；66号地块"运河壹号"项目示范区建成开放，配套工程运河路和幼儿园建设同步推进。优化金融板块业务布局，收购江苏江阴农村商业银行股份有限公司、江阴浦发村镇银行股份有限公司股份，增持澄邦基金股份，增强集团公司在中南红文化集团股份有限公司实控人地位；新投资江苏普莱医药生物技术有限公司、江苏昕感科技有限责任公司、江苏尊阳电子科技有限公司等上市后备企业，参与江苏江阴农村商业银行股份有限公司、双良节能系统股份有限公司可转债项目。全年新增融资50亿元，发行疫情防控债5.44亿元、新国联PPN(非公开定向债务融资工具)7.5亿元，发行全国区县首单低碳转型挂钩公司债三期合计20亿元。围绕江阴"345"现代产业体系*建设，参与组建无锡联胜投资合伙企业及新晨珖创业投资基金、新微超元基金、启泰基金、高新区新兴产业基金、澄创一期基金、旸昀基金、高新合励基金等市场化及专项基金7只；推动江阴市政府投资基金集中募设子基金12只，总认缴规模315亿元，累计投资项目43项，全面覆盖战略性新兴产业主要细分领域，基金招引、产业赋能作用初步显现。江阴新国联创业投资有限公司在管私募股权基金4只，其中母基金2只，含江阴市政府投资基金50亿元和江阴高新区新兴产业投资基金10亿元；江阴新国联股权投资基金累计投资项目8项，均为江阴市"345"产业重点骨干企业。新增和修订集团公司法律事务、内审、风险控制管理等制度20项。坚决守牢安全稳定发展底线，落实安全监督管理常态化。开展国有资产清查利用专项行动，全面清查集团公司及41个子企业重点土地房屋、对外投资、债券债务、无形资产等，促进国有资产盘活利用。交付使用上海江阴大厦，打造江阴"科创飞地"，融入大上海"都市圈"。落实"六稳"*"六保"*工作任务，集团公司旗下3个担保公司全年担保余额36.24亿元，在保企业631个。通过市场化手段做好相关重点企业纾困和不良资产处置，推动纾困基金组建完成并出资，维护地方金融生态环境稳定。全年实现营业收入91.5亿元，利润总额9.13亿元，入库税金3.2亿元；完成项目投资57项，投资总额58.67亿元。是年，集团公司获评2022年度服务"强富美高"新无锡现代化建设先进集体、AA+主体信用评级、江阴市百强明星企业等；江阴市政府投资基金获2023年长三角最佳政府引导基金。（陈　瑜）

【江阴城市发展集团有限公司】 2023年，江阴城市发展集团有限公司(以下简称"集团公司")落实市委、市政府各项决策部署，凝心聚力、真抓实干。持续推进重点工程，承接各类项目140项，完成总产值29.2亿元。核心商圈"城区六路"(环城东路、南路、西路、北路和延陵路、毗陵路)、虹桥路、中山路、澄江路、梅园路等道路品质提升工程完工；利用纱厂口袋公园、南菁中学改扩建一期、下穿沪宁沿江高铁规划道路先行建设项目等民生工程完工；华东师范大学江阴实验学校、国乐岛、中医院异地新建等在建项目有序推进；房产业务稳步实施，全年竞得土地7块，面积46.07公顷，总金额46亿元。年内在建地块4块，其中东翎府项目全年销售244套，认购金额4.9亿元；澄云庐项目完成样板房展示，蓄客情况良好，获2023年全球建筑设计大奖(银奖)；澄地2022－C－9贯庄地块首开区建设、澄地2023－C－14革新地块立项工作、南闸安置房项目装修及室外工程有序推进。公交保障能力持续提升。完善公交路网，优化调整公交线路21条，其中配套高铁通车优化线路7条；新杏春站投运，日发车辆233班次；江阴—张家港毗邻公交开通，投入纯电公交车12辆，日发56班次。道路管养成效不断改善，国、省、市道及7个高速公路出入口累计1100余千米路域的日常养护、清扫保洁、应急处置工作保障高效，优良路率连续7年保持100%。资产管理实现突破，盘活利用资产超17.44万平方米，收缴各类租金738万元，引进金茂酒店进驻澄星大厦运营管理，澄星资产盘活进入实质阶段。忠义街区运营良好，入围江苏省首批"江苏味道"美食街区，获评无锡市"夜间消费集聚区"。科创服务能力逐步提升。资质能力提档升级，新增工程设计公路专业甲级资质及工程咨询单位资信甲级资质2项、乙级(二级)资质8项；新增发明专利2项、各类实用型专利16项；江阴市风樯网络科技有限公司入选无锡市"雏鹰企业"*。深化企业改革，健全体制机制。"三重一大"*决策机制规范执行，厘清党委会、董事会、总经理办公会权责边界，各直属单位核心制度修订和完善工作基本完成。深化人才强企工作，全年提拔正股职5人、副股职5人、各直属企业中层干部32人；引进各类人才74人(其中中高级职称人员13人)。安全保障持续推进，全年开展各类专项检查932次，出动人员3157人次，排查整治隐患703处；在建项目安全生产标准化考评率全覆盖，加强重点领域日常巡管、监测预警和应急管控能力。推进企业文化建设，集团公司获评全国工会职工书屋示范点，集团公司工会获评2018—2023年度江阴市模范职工之家。党建引领不断深入。持续推进“暨阳红—盟红江阴”基层党建三年行动,与111个共建单位建成24个党建联盟,在乡村振兴、产业强市、重大项目、服务发展等方面发挥实效;打造“众志成‘城’、四力共‘发’”“乡村规划且改善提升,创设村庄时代画卷”等书记项目13项、党建品牌22个,逐步形成“一支部一品牌,一领域一特色”的发展格局,各下属党组织获各类奖项13项次。是年,企业资产总额280亿元,净资产超110亿元,全年完成全口径营业收入17.6亿元,实现利润1.72亿元,入库税金0.8亿元,经济运行稳中有进。

(陆 滢)

【江阴公用事业集团有限公司】 2023年,江阴公用事业集团有限公司(以下简称“集团公司”)紧扣民生保障、城市管理、市场经营3条主线,完成全年各项目标任务,主要经济指标实现大幅增长。重点项目有力推进。检测板块完成股份改制,新增医药包装、皮革箱包等38项项目产品、442个参数检测能力;新设立洛阳办事处,成立江苏澄信环境检测技术有限公司。物业板块拓展江阴口岸、市人武部、华士镇等物业项目25项;完成花鸟市场异地安置工作;落地江阴职业技术学院校园生活街项目;天华文化中心光伏项目成功并网发电。资产板块通过公开拍租等方式盘活各类资产9.3万平方米。停车板块新增停车场35个,新增停车泊位3273个;建成营运敔山湾会展中心、大众巷等新能源汽车充电站23个。照明板块完成照明设施节能改造项目(第五期),承接并完成锡澄运河公园(三期)亮化、高铁周边亮化等照明工程。医疗板块按照二级口腔专科医院标准,启动江阴市口腔医院新址改建项目。科创动能持续增强。江苏澄信检验检测认证股份有限公司通过高新技术企业认定,全年申请专利16项,获专利授权14项,主导修订国家标准1项,参与制定国家标准4项,获评工信部产业技术基础公共服务平台。江阴敔山湾城市服务有限公司、江阴市直属机关物业管理有限公司通过ISO 9001质量管理体系、ISO 14001环境管理体系等审核认证。江阴国源资产经营有限公司搭建完成国有资产全生命周期智慧管理平台。江阴城充停车管理有限公司完成与市停车管理平台的融合组网工作,全面落地“先离场后付费”等功能。服务保障更加完善。加强照明设施日常巡检,实现路灯亮灯率99.7%、完好率98.8%。沟通入驻路径,推进城区无物业老旧小区国资全托管。协助生态环境等部门,参与移动源污染大气防治监测工作,为第19届杭州亚运会保驾护航。全年接收、处置12345政务服务便民热线诉求1749条,按时办结率100%、满意度100%。在无锡市农贸市场长效管理半年度考评中,在管农贸市场全部合格,其中立新和健康农贸市场在参评的20个江阴市场中分别位列第一、第二。完成3977名适龄学生口腔筛查及2.3万人次局部涂氟。自身建设全面加强。有序部署冬春火灾防控、极端天气防范、重点项目监管等工作,实现全年“零”事故的安全生产工作目标。聚焦经营风险管控重点,启动集团公司总部及江阴敔山湾城市服务有限公司内部巡察工作。持续提升集团公司清廉文化氛围,原创公益片《廉如》在中央、省、市各级媒体平台展播。

(任彬斌)

【江苏江南水务股份有限公司】 2023年,江苏江南水务股份有限公司经营态势稳中有进,加快建设全国中小型城市水务企业行业标杆,圆满完成全年目标任务。发展质效稳步提升,全年完成供水量2.61亿立方米,售水量2.35亿立方米,严格落实水质新国标要求,水质综合合格率100%。完成锡澄轨道交通S1线沿线改管工程,推进滨江路、锡澄路快速化给水管道改造,有力保障政府重大项目建设。全年完成DN100以上给水管道敷设137千米,各类水表安装3.3万只,水表周检3.9万只;完成各类涉水抢维修服务4.25万次,累计巡查管网长度8911千米,巡查市政消火栓1.7万次。实施肖山水厂泵房技改,节能降耗取得明显成效。民生服务持续优化。全年完成11个镇(街道)45个行政村1.45万户居民农网及户表改造;完成老旧小区立管改造5000户;深化“放管服”*改革,推进水电气报装业务联合受理、办理试点工作。完成营商项目55项,平均办结时间2.33个工作日;开展朝阳路、黄山路、凤凰路等50个路面积水点及江锋路、通渡路等45条过水孔优化改造;落实污水处理费及水资源费缓征、小微企业和个体工商户用水“欠费不停供”等各类惠企政策,惠及商户527户。环境板块持续发力。正式运营青阳镇中心污水处理厂及青阳镇城南污水处理厂,开辟城乡污水处理“厂网一体化”新路径;完成南闸污水处理厂二期扩建并试运行;高效运转外拓专班,中标城区二期排水管网“四位一体”(测绘、疏通、检测、修复)、老城区控源截污改造、主城区环路内污水主管网建设等10项项目;全年完成排水管网精细化养护4217千米,清疏雨污水检查井6万个;修复城区通江南路过西横河污水管、梅园路过兴澄河污水管、立新路雨水管等16处排水管网5.3千米。激发创新活力,启动首届雏鹰培训班,持续打造企业内训师队伍,开展管理、技术、技能类培训87场次;全年投入研发资金超1000万元,成果转化金额200万元;深化创新圈、孵化圈、服务圈“三圈融合”,15项创新项目立项通过,5项科创项目完成结题评审,获实用新型专利21项、软著权2项,5项发明专利进入实质审查阶段;组织员工参加各类技能竞赛、行业竞赛,5人获无锡市级及以上技能竞赛奖项;加速物联网产品开发,推进公园直饮水、小区消防立管压力数据采集项目,科技营收超600万元。

(王 铮 崔一帆)

【江阴市产业发展中心有限公司】 2023年,江阴市产业发展中心有限公司(以下简称“公司”)贯彻落实市委、市政府及上级主管部门的决策部署,聚焦招商主责主业,持续夯实基础,创新招商方式,较好完成全年目标任务。融入全市功能区建设大局,根据功能区划分调整招商部门设置。其中,霞客湾招商部、澄东南招商部分别常驻对应功能区，根据功能区产业定位，全力配合开展招商工作。招商队伍专业性稳步提升，坚持“内强素质，外树形象”，强化业务培训、素质提升；配优配强外语技能人才、产业背景人才。内部管理持续优化，全面梳理相关业务流程，修订和完善内控管理、财务管理制度，切实规范内部流程。绩效薪酬制度逐步完善，实行新绩效考核办法，有效信息考核月度平均完成率超90%，进一步调动招商人员工作积极性。全年公司新获取项目信息165条（其中自主获取占80%），向各功能区、板块新推荐项目135项，完成签约项目12项。

（毛国伟）

【江阴市人才发展集团有限公司】 2023年，江阴市人才发展集团有限公司（以下简称“集团公司”）围绕“科创江阴”建设要求，以布局发展新质生产力为引领，着力促进人才链、产业链、创新链深度融合，集团公司工作有力推进，经营平稳有序，为高质量发展提供才智支撑。年内，围绕链接企业需求端和打通高校输出端，大力引进高层次人才和优秀青年人才。坚持国际视野觅才，建立高层次人才专家库，对接各类高端人才160余人次，为52个企业精准匹配60名海外专家人才，其中4人入选2023年度国家级重点人才工程项目。坚持校地对接揽才，依托武汉大学、南京理工大学江阴校区组织举办江阴高校日、百名博士江阴行、名校优生江阴行等引才专项活动近10场，全年举办“才聚江阴”校园招聘会、“链动就业”直播带岗等招聘活动104场，提供岗位2.4万个。坚持线上线下育才，组建城市猎聘联盟，在库合作猎头机构10余个。建成网上委托报名服务平台，全年开展招考招录54批次，服务企事业单位考生6400人次。打造“澄才教育”培训品牌，启用线上“澄才课堂”，提供学历教育、职称评定、定制培训等多样化培训服务。推进人才、项目、资本深度融合，引导新兴产业、科创项目到江阴发展。聚力推动科技招商，组建江阴市霞客湾科技产业发展有限公司，进驻霞客湾开展产业科技招商。聚力建强科创载体，建成江阴（北京）医疗器械创新中心，与江阴高新区共同推进CDMO合同研发生产组织、产业服务平台及4项医疗器械领域科创项目。加强与院所的产学研合作，在霞客湾成立电科航天新型智慧城市江阴研究院。聚力做优科创服务，加大科创项目培育力度，人才基金对接各类项目100项，立项项目16项，完成项目投资4项；对接“科创飞地”，落地科创项目11项。在月城镇成立科创服务工作站，为属地企业提供人才项目申报、专利代理等一站式服务。全年申报国家高新技术企业、科技型中小企业、“三类”企业、专利申请等各类项目251项，完成技术交易额7207万元，科技企业招商入库91个。完善人才服务保障体系，全面打造人才引育留用优良生态。高效运营人才公寓，加大人才公寓建设资金投入，着力盘活闲置国有资产，启动汇雁城人才保障性租赁住房一期项目改建，敔山湾人才公寓入住率100%。高质量推进人才服务，协办“澄望您来 澄就未来”江阴市首届人才节，上线首张涵盖金融产品、医疗健康、文旅餐饮、购房特惠、人才咖啡等专属服务领域的人才礼遇卡，用卡人数突破3000人。高标准谋划人才活动，联合相关职能部门、群团组织共同打造人才“下午茶”品牌活动，全年举办下午茶活动10次。

（陆洪亮）

【江阴文化商业旅游产业集团有限公司】 2023年6月27日，江阴文化商业旅游产业集团有限公司（以下简称“江阴文商旅集团”）揭牌成立。江阴文商旅集团是江阴市委、市政府批准组建的市属一级国有企业，承担全市文化、体育、旅游资源综合开发和商业运营职能，致力于融合发展文体旅产业，主要从事绿化工程建设和文化、商业、体育、旅游产业经营，以及城市公共服务保障等业务。年内，举办中国足球协会甲级联赛等省级以上大型赛事9项67场次，获“国家公共体育场馆开放使用第一批典型案例”等各级荣誉或称号13项。新承接锡澄轨道交通S1线绿化恢复等工程项目24项，完成迁改各类苗木3.8万株，公共绿地绿化补植4.7万平方米，更换草花地栽7.3万平方米，修剪行道树5.2万余株。送电影下乡公益放映2400场，江阴市红星电影院完成放映16457场次。举办“高铁通澄 梦想起航”群星演唱会、首届运河啤酒音乐节、微醺码头夜市等活动，长江大保护展示馆等各大场馆和公园景区全年接待参观团队690余批次。是年，江阴文商旅集团实现营业收入3.6亿元，完成投资3.3亿元。

（周雪怡）

■类目编辑　王萍芳

综　述

【概况】 2023年,江阴市全面贯彻落实中共二十大精神、习近平总书记考察江苏重要讲话重要指示精神和中共江阴市委十四届六次全会精神,以打造具有全国影响力的先进制造业科创中心为目标,以贯彻落实"科创江阴"建设行动计划(2022—2025年)为路径,以创新引领、产业赋能、企业育强、生态培优为要求,全面落实"四个走在前"*"四个新"*重大任务,科技创新工作稳中有进,推进中国式现代化江阴科技新实践实现良好开局。年内,全社会R&D(研究与开发)支出占地区生产总值的2.99%。全市高新技术产业产值占规模以上工业产值比重为38.8%。发布《江阴市现代生物医药大健康产业发展规划(2021—2025年)》《关于加快建设全国有影响力的先进制造业科创中心的若干政策措施》《江阴市关于支持科技创业载体高质量发展实施细则》《江阴市加快科技创新平台建设行动计划(2023—2025年)》《打造具有全国影响力的先进制造业科创中心行动方案》等文件,完善《"科创江阴"建设行动计划(2022—2025年)》《江阴市科技创新专项资金管理实施细则》等文件。举办江阴市第33届科技节、"霞客杯"中国江阴第六届创新创业大赛。指导企业承担实施无锡市级以上各类科技项目287项,其中无锡市级以上各类科技计划项目44项,无锡市级以上各类创新载体15个,无锡市级以上各类研发机构126个,无锡市级以上人才项目65项,无锡市级以上各类荣誉、奖项29项。全市高新技术企业1002个,科技型中小企业入库超2300个,新增无锡"三类"*企业入库367个,位列无锡市第一,均创历史新高。

【第33届科技节】 2023年10—11月,江阴市举行第33届科技节,主要活动有江苏省J-TOP(技术开放式合作伙伴关系)创新挑战季新材料产业专场暨长三角(江阴)科技创新合作论坛、"一带一路"*外籍院士江阴行、扬子江县域知识产权论坛、清澄TALK—清华技术解码"江阴智造"实现路径暨江阴企业家进清华活动、长三角孵化器建设高峰论坛暨江阴市孵化器协会成立大会等16场。活动签约项目29项,对接企业27个,落地人才项目超40项。9月20—21日,"霞客杯"中国江阴第六届创新创业大赛颁奖典礼暨第33届科技节·人才创新周启动仪式成功举办,来自全球的50个创新创业团队和来自江阴市的8个优秀创业企业,通过线上线下的方式齐聚江阴。邀请双一流高校院所领导、专家,科技镇长团,全市高新技术企业、科技型中小企业代表,科技公共服务机构、省级以上科技企业孵化器、加速器代表,创新创业领军人才代表等约100人参加。江阴市领导、江苏省科技镇长团团长、高校院所领导共同启动江阴市第33届科技节。（温京涛　王依琳）

【"霞客杯"中国江阴第六届科技创新创业大赛】 2023年,江阴市采取"大赛+霞客之光技术需求发布"相结合的方式举办"霞客杯"中国江阴第六届创新创业大赛,按照产业类别精准聚焦,强化具有江阴特色的"城市赛+海外赛+企业赛+总决赛"的赛事格局,挖掘海内外高校、科研院所的优质项目,推动优质创新资源向江阴市集聚。4月启动,历经6个月,除在江阴市举办外,还先后途经苏州市、深圳市、武汉市、珠海市横琴新区、北京市、合肥市、上海市等地,吸引国内外950多个团队、100多个企业参赛,落地项目40项。（安雪松）

科技管理和服务

【概况】 2023年,江阴市以科技自立自强为核心,聚焦打造具有全国影响力的先进制造业科创中心目标,推动创新链产业链资金链人才链深度融合,持续深化"科创江阴"建设,"一湾一谷一区一港"*创新格局加速形成,以科技创新支撑高质量发展,推动江阴加速形成新质生产力。支持企业申报科技计划项目,争取上级各类科技人才资金9800余万元。（李志坚）

【承担科技计划项目287项】 2023年,江阴市获批准实施国家、省、无锡市级科技、人才计划项目287项。获批无锡市级以上各类科技计划项目44项,分别为国家重点研发计划1项,国家自然科学基金青年项目3项,省科技成果转化专项资金5项,省产业前瞻与关键核心技术3项，省碳达峰碳中和科技创新专项资金、省国际科技合作、省科技人才、省企业重点实验室验收后补助、省自然科学基金青年项目、苏南国家自主创新示范区建设专项资金各1项，省产学研合作项目26项。获批无锡市级以上各类创新载体15个，分别为无锡市级众创空间2个，无锡市级科技企业孵化器3个，无锡市异地孵化器4个，无锡市创新联合体6个。获批无锡市级以上各类研发机构126个，分别为省院士工作站1个，省工程技术研究中心21个，省研究生工作站1个，无锡市工程技术研究中心101个，无锡市重点实验室2个。获评无锡市级以上各类荣誉、奖项29项，分别为：2022年度省科学技术奖4项，省级科技企业孵化器绩效评价优秀2项、良好2项，省工程技术研究中心绩效评优14项，无锡市众创空间绩效评价优秀6项，无锡市腾飞奖1项。获批无锡市级以上人才项目73项，分别为国家级重大人才计划A类项目2项，省"双创计划"*创业类团队1个、创业类人才5人、科技创新类人才1人、科技副总*15人，无锡市"太湖人才计划"创业领军人才46人、创新人才3人。

2023年江阴市获江苏省级及以上科技计划项目一览表

表29

类　别	项　目　名　称	参　与　单　位
国家重点研发计划项目(1项)	长寿命高稳定性轴承钢绿色高效产业化核心技术	江阴兴澄特种钢铁有限公司
国家自然科学基金青年项目(3项)	靶向线粒体的XJB-5-131抑制软骨细胞铁死亡延缓骨关节炎进展的机制与应用研究	江阴市人民医院
	基于氧化应激和兴奋毒性双靶联合的MSC细胞膜仿生共递送系统及其抗脑缺血再灌注损伤研究	江阴市人民医院
	虎杖通过降低成纤维细胞的ASIC3表达抑制M2型巨噬细胞极化改善增生性瘢痕的作用机制研究	江阴市中医院
省科技成果转化专项资金项目(5项)	新能源汽车超高功率密度模块电源用车规级芯片的研发及产业化	江苏新顺微电子股份有限公司
	基于"细胞膜区分机理"抗细菌感染1类新药培来加南(PL-5)的研发及产业化	江苏普莱医药生物技术有限公司
	重大交通工程用高端紧固件钢生产关键技术研发及产业化	江阴兴澄合金材料有限公司
	超大型废旧金属液压高效智能打包成套装备研发及产业化	江苏大隆凯科技有限公司
	超大跨桥梁工程用高性能长寿命缆索研发及产业化	江苏法尔胜缆索有限公司
省碳达峰碳中和科技创新专项资金项目(1项)	超大功率风电机组空心主轴绿色制造技术研发及产业化	振宏重工(江苏)股份有限公司
省产业前瞻与关键核心技术项目(3项)	面向新一代数据中心DPU的基于RDL的先进多芯粒封装技术研发	星科金朋半导体(江阴)有限公司
	环保低能耗OCA光学级PET离型膜关键技术的研发	江阴华美光电科技有限公司
	核燃料组件用特种不锈钢丝材的关键技术研发	法尔胜泓昇集团有限公司
省国际科技合作项目(1项)	生物基纤维/羊毛功能面料生产关键技术的海外应用合作开发	江苏阳光股份有限公司
省自然科学基金(1项)	基于冠状病毒3CL蛋白酶结构的广谱抑制剂开发	无锡佰翱得生物科学有限公司
省科技人才项目(1项)	江苏外专百人计划	无锡佰翱得生物科学有限公司
省企业重点实验室验收后补助(1项)	江苏省轴承钢重点实验室	江阴兴澄特种钢铁有限公司
苏南国家自主创新示范区建设专项资金项目(1项)	苏南国家自主创新示范区建设专项资金高新区奖励补助资金	江阴高新区科技局
2022年度省科学技术奖项目(4项)	船用高止裂韧度特厚钢板关键制造技术及应用(二等奖)	江苏新扬子造船有限公司(第3)
	大型能源装备用超大厚度钢板连铸替代模铸关键技术创新及产业化(二等奖)	江阴兴澄特种钢铁有限公司(第1)
	基于SiP封装的设施农牧业高可靠性生境传感系统创制及应用(二等奖)	江苏长电科技股份有限公司(第1)
	优异功能菌选育与微生物肥料创制(二等奖)	江阴市鹏鷂联业生物科技有限公司(第4)

续表 29

类　　别	项　目　名　称	参　与　单　位
省级科技企业孵化器绩效评价项目(4 项)	江阴高新技术创业中心	江阴高新技术创业园管理委员会
	江阴百桥生物医药园	江阴百桥国际生物科技孵化园有限公司
	江阴软件园	江苏江阴软件和文化创意产业发展有限公司
	江阴天安数码城科技创业服务中心	江阴天安数码城有限公司
省产学研合作项目(26 项)	纺织品精准快速检测关键技术研发	必维申优质量技术服务江苏有限公司
	海洋环境下航空用高温合金及其涂层的性能检测设备研发	江阴博衍机械设备有限公司
	集成电路智能检测算法研究	江阴矽捷电子有限公司
	钢铁固废盾饼智能热压系统的研发	江苏大隆凯科技有限公司
	无刷直流电机的无位置传感器驱动技术研发	无锡美高微电子科技有限公司
	船舶极短期运动预报系统开发	江阴耐波特船用设备有限公司
	高效抗菌日化产品的研发	江苏雪豹日化有限公司
	多通道高速集成电路测试系统研发	江阴捷芯电子科技有限公司
	基于云边聚合计算的电力远程物联网监控管理系统的研发	江苏斯菲尔电气股份有限公司
	智能充换电站控系统及云平台开发	江阴帕沃特起重机械有限公司
	开展基于离散元法的微细特种合金线建模及生产工艺研发	无锡市蓝格林金属材料科技有限公司
	差速摩擦挤压增材制造的主轴及控制系统技术开发	江苏优耐思机器人科技有限公司
	海洋工况用太阳能电池组高性能铝壳的技术开发	江阴旭初科技有限公司
	建筑环控一体化成套装备系统设计与研发	江阴市脉运智能科技有限公司
	金属表面高性能防腐耐磨高效绿色制备技术开发	江阴市开来环保科技有限公司
	低熔点高分散性钴盐粘合剂制备技术研发	江阴市三良橡塑新材料有限公司
	微型高效气液反应装置及其控制系统的技术开发	无锡青澄装备科技有限公司
	智能喷涂机器人复合移动控制系统的技术开发	智绘机器人科技(江阴)有限公司
	JE70/JE79 核级新型节流装置疲劳、涡流频率计算研究	江阴市节流装置厂有限公司
	某商用车驾驶室前悬置轻量化研发与产业化	江阴圣世杰机械制造有限公司
	重型工程机械耐磨耐腐蚀活动构件生产工艺研发	江苏富朗特工程机械有限公司
	智能燃气表管理系统的研发	江苏中威智能设备有限公司
	自复位双弹簧体系粘滞流体阻尼器的研发	江苏工邦振控科技有限公司
	煤制甲醇工艺流程智能调度优化技术研发及产业化的研究	海澜智云科技有限公司
	基于三维点云的工业产品误差检测软件算法研究	江苏集智海洋科技有限公司
	基于仿生视觉的无人机避障路径规划系统开发	无锡火眼光电科技有限公司
省“双创计划”科技副总项目(15 项)	苏旭中(江南大学)	必维申优质量技术服务江苏有限公司
	杨兰兰(江苏科技大学)	江阴博衍机械设备有限公司
	马文中(常州大学)	江阴市得宝新材料科技有限公司
	杜晓飞(南京工程学院)	江苏宝得换热设备股份有限公司

续表 29

类　别	项　目　名　称	参　与　单　位
省"双创计划"科技副总项目(15 项)	贠永震(徐州工程学院)	江阴矽捷电子有限公司
	魏雪云(江苏科技大学)	江苏大隆凯科技有限公司
	尹进(江苏理工学院)	无锡美高微电子科技有限公司
	洪智超(江苏科技大学)	江阴耐波特船用设备有限公司
	蒋先涛(上海海事大学)	映目(无锡)科技有限公司
	朱培逸(常熟理工学院)	江苏贝索生物工程有限公司
	周东帅(江苏理工学院)	江阴丽晶电子科技有限公司
	孟祥祎(江苏科技大学)	无锡市蓝格林金属材料科技有限公司
	王婵(江南大学)	江苏雪豹日化有限公司
	马国军(江苏科技大学)	江阴捷芯电子科技有限公司
	苏胤杰(江苏科技大学)	江苏斯菲尔电气股份有限公司
省"双创计划"双创人才项目(1 项)	靶向癌细胞中 KIFC1 蛋白的 PROTAC 分子的研发	无锡佰翱得生物科学股份有限公司
省工程技术研究中心绩效考评优秀项目(14 项)	江苏省(新扬子)船舶与海洋工程装备工程技术研究中心	江苏新扬子造船有限公司
	江苏省加油站设备工程技术研究中心	江阴市富仁高科股份有限公司
	江苏省船舶修造工程技术研究中心	中船澄西船舶修造有限公司
	江苏省清洁能源装备工程技术研究中心	江苏双良锅炉有限公司
	江苏省振动与压实工程技术研究中心	柳工无锡路面机械有限公司
	江苏省电子精密冲压模具工程技术研究中心	江阴华新精密科技股份有限公司
	江苏省环保新型农药制剂工程技术研究中心	江阴苏利化学股份有限公司
	江苏省海工装备工程技术研究中心	江苏华西村海洋工程服务有限公司
	江苏省液压机械工程技术研究中心	江苏华宏科技股份有限公司
	江苏省静液压驱动及控制工程技术研究中心	江苏海鹏特种车辆有限公司
	江苏省配用电智能集成终端工程技术研究中心	江阴长仪集团有限公司
	江苏省工程机械装备动力系统关键零部件工程技术研究中心	江苏耀坤液压股份有限公司
	江苏省大型锻件工程技术研究中心	江阴南工锻造有限公司
	江苏省煤矿安全装备工程技术研究中心	江苏中煤矿山设备有限公司
省院士工作站(1 个)	王基铭(中国石化集团公司)	江阴天澄机械装备有限公司
省研究生工作站(1 个)	江苏科技大学	江苏斯菲尔电气股份有限公司
省工程技术研究中心(21 个)	江苏省高储能高安全智能锂离子电池工程技术研究中心	远景动力技术(江苏)有限公司
	江苏省冶金余热利用装备工程技术研究中心	无锡翔龙环球科技股份有限公司
	江苏省风电叶片用自动化生产设备工程技术研究中心	江阴市科诚技术有限公司
	江苏省高稳定环保同轴电缆工程技术研究中心	江阴凯博通信科技有限公司
	江苏省(雷博)工业半导体设备工程技术研究中心	江苏雷博微电子设备有限公司
	江苏省高精度检测技术服务工程技术研究中心	江苏澄信检验检测认证股份有限公司
	江苏省结构生物学创新药物发现工程技术研究中心	无锡佰翱得生物科学股份有限公司
	江苏省高性能动力与储能锂离子电池工程技术研究中心	联动天翼新能源有限公司

续表29

类　　别	项　目　名　称	参　与　单　位
省工程技术研究中心(21个)	江苏省高性能镀膜靶材制备工程技术研究中心	梭莱镀膜工业(江阴)有限公司
	江苏省智能网联新能源商用车工程技术研究中心	江苏前晨汽车科技有限公司
	江苏省液氮生物容器装备工程技术研究中心	江苏深绿新能源科技有限公司
	江苏省母婴益生菌菌株研究及产业化工程技术研究中心	江苏新申奥生物科技有限公司
	江苏省工业互联网智能控制工程技术研究中心	海澜智云科技有限公司
	江苏省(祥瑞)不锈钢精线工程技术研究中心	江阴祥瑞不锈钢精线有限公司
	江苏省铝材精深加工与智能化工程技术研究中心	江阴鼎鑫铝业有限公司
	江苏省能源装备用超大型金属锻件工程技术研究中心	江阴市恒业锻造有限公司
	江苏省汽车自动化工装及控制设备工程技术研究中心	江阴名旭模塑有限公司
	江苏省(锋菱)超硬工具工程技术研究中心	江苏锋菱超硬工具有限公司
	江苏省高性能工程塑料管材工程技术研究中心	江苏海威塑业科技有限公司
	江苏省城乡规划设计工程技术研究中心	江阴市城乡规划设计院有限公司
	江苏省精密滚子轴承工程技术研究中心	无锡沃尔德轴承有限公司

(夏建军)

产学研合作

【概况】 2023年,江阴市推动企业、行业、联盟、协会、高校等相关资源深度融合,深入推进具有江阴特色的政产学研协同创新体系建设。围绕江阴市主导产业,鼓励企业对接国内外高校院所开展技术合作,分专题、分领域组织实施专题产学研对接行动。是年,全市实施重点产学研合作项目109项,获批省级企业院士工作站1个,新建江阴市市级企业院士工作站1个,新增省级工程技术研究中心21个、无锡市级工程技术研究中心101个、江阴市级工程技术研究中心116个。

【持续实施“霞客之光”创新攻关计划】 2023年,为进一步攻克制约江阴市产业发展的关键核心技术与“卡脖子”技术难题,加快推动科技成果转化与产业化,助推霞客湾科学城、绮山湖科创谷建设,江阴市持续实施“霞客之光”创新攻关计划。持续挖掘企业技术需求,开展技术需求诊断,定期建立发榜榜单,鼓励有研发能力的高校院所、企业、创新平台组成联合体,主动揭榜,联合攻关。2023年“霞客之光”榜单围绕全市“345”现代产业体系*主攻方向,聚焦“双碳”*、电子信息、节能环保、生物医药、先进制造、新材料等领域,共计发布210项项目技术需求,其中11项揭榜项目经评审后获立项,支持金额总计110万元。

【持续推进“江阴—清华创新引领”行动计划】 2023年,江阴市结合企业实际需求,依托清华大学资源,通过“揭榜挂帅”方式,累计接收该校11个院系17名教师的17项项目申报,经过项目评审,立项12项项目(5项重点类、7项引导类),支持清华大学2030创新引领行动“宽视场巡天望远镜精密光电研发基地(MUST)项目”落地江阴市并开工建设。聚焦江阴“345”现代产业集群,9项项目入驻江阴(北京)创新中心和临港(北京)创新中心进行孵化。承办“霞客杯”创新创业大赛北京城市赛,累计注册落地江阴13项科技人才项目。

【全面启动与南方科技大学合作】 2023年,江阴市充分依托南方科技大学创新创业资源,组织开展“霞客杯”中国江阴第六届创新创业大赛深圳赛,吸引40项项目参赛,5项项目入围总决赛。46名江阴新生代企业家走进南方科技大学工学院参加为期一周的能力提升学习。企业家们在研修期间,与南方科技大学工学院专家交流各类技术难题。围绕江阴“霞客之光”企业创新需求,依托南方科技大学丰富的科技资源,组织14个企业与南方科技大学专家就其中17项项目进行线上线下交流对接;开展首批江阴—南科大创新攻关专项资金申报,累计接收来自9个院系、26名教师的26项项目申报申请,江阴15个企业参与联合申报。经过两轮评审,最终确定6项项目立项,支持金额200万元。

【重点产学研合作项目109项】 2023年,江阴市依托科技镇长团、中科(江阴)创新园、武汉大学长三角科技创新中心、各高校技术转移中心江阴分中心等组织和机构,围绕江阴市产业发展的重大需求和关键共性技术问题,支持重点骨干企业与国内外各类创新主体和创新力量紧密合作。采取“引进来”和“走出去”等形式,先后开展产学研对接活动20余场次;举办2023年江苏省J-TOP创新挑战季新材料产业专场暨长三角(江阴)科技创新合作论坛活动。年内,持续对接清华大学、武汉大学、清控科创控股股份有限公司、哈尔滨工业大学、南方科技大学、中国科学技术大学的高端创新资源,达成产学研合作项目109项,获批省产学研合作项目立项26项。

【企业院士工作站建设】 2023年,江阴市继续推进"院士集聚计划",以企业创新需求为导向、企业研发机构为依托、产学研合作项目为纽带,引导省内外院士及其创新团队向企业集聚,为企业服务,攻克产业核心关键技术,促进科技成果产业化,培养企业创新人才队伍,为增强企业自主创新能力和市场竞争力提供支撑。是年,新建江阴市级企业院士工作站1个,即海澜智云科技有限公司的俄罗斯工程院院士奥夫琴尼柯夫·亚历山大·伊万诺维奇工作站。至此,全市累计引进64名国内外院士与企业合作建站。

【企业研发机构建设】 2023年,江阴市聚焦培育企业创新能力,把企业研发机构建设作为提升自主创新能力的战略抓手。新增省级工程技术研究中心21个;无锡市级工程技术研究中心101个;江阴市级工程技术研究中心116个。对江阴市40个省级工程技术研究中心开展绩效评估,其中获评优秀14个。至年末,全市累计建有国家级工程技术研究中心2个;江苏省级工程技术研究中心232个;无锡市级工程技术研究中心599个;江阴市级工程技术研究中心1754个。

(周红芬 怀梦迪)

知识产权保护

【概况】 2023年,江阴市市场监督管理局按照市委、市政府总体要求,深入实施知识产权强市战略。围绕国家知识产权强县建设示范县和江苏省知识产权保护示范区建设目标,着力培育高价值知识产权,统筹推进知识产权创造、运用、保护、管理、服务工作,尊重知识价值的氛围进一步浓厚。持续开展知识产权"双打"(打击侵犯知识产权和制售假冒伪劣商品)"铁拳"专项执法行动,加大知识产权保护力度,进一步优化创新环境和营商环境,2件案件入选无锡市十大知识产权执法保护典型案例。江阴市知识产权工作连续四年(2019—2022年)获省政府真抓实干督查激励表彰。

【知识产权服务产业发展】 2023年,江阴市强化知识产权公共服务供给,发挥江阴市知识产权集聚区功能优势,开展专利快速预审、专利优先审查、专利侵权分析与风险防范等专题指导,组织培训17场,培训逾700人次,指导企业提升知识产权保护意识,提高知识产权创造运用管理水平。是年,全市发明专利授权1494件,比2022年增长39.76%;有效发明专利拥有量7303件,比2022年增长23.22%。办理知识产权质押融资17.06亿元,比2022年同期增长115.68%。培育知识产权优势企业,新增中国专利优秀奖3项,江苏专利优秀奖2项,江苏专利发明人奖1项,无锡市专利奖金奖、银奖、优秀奖各1项,获评国家知识产权示范企业3个、优势企业2个。"海澜之家HLA"品牌获评首批AAA(全国级)知名商标品牌。

【知识产权保护】 2023年,江阴市成立无锡市知识产权保护中心江阴分中心,加快建设知识产权快速协同保护体系,在知识产权布局规划、信息分析利用、维权援助及快速协同保护等方面延伸服务资源、强化保障能力。江阴市、宜兴市、义乌市等163个县(市、区)签署协作协议,共同建立县域跨区域知识产权保护协作机制,推动异地办案、信息交流和知识产权协同保护,该协作机制获江苏省知识产权局和中国专利保护协会支持。开展"阳山"水蜜桃、"甘露"青鱼等地理标志证明商标保护专项行动,打击知识产权侵权假冒行为。是年,查处各类知识产权领域侵权假冒案件86件,办理专利侵权纠纷行政裁决案件8件。

【知识产权文化培育】 2023年,江阴市组织开展"推进知识产权强企工程,全力支持创新发展"4·26世界知识产权日主题活动,提升尊重知识、崇尚科学和保护知识产权的意识,营造鼓励创新的法律环境。是年,召开2023年扬子江县域知识产权高质量发展论坛,论坛以"建设知识产权强县 支撑县域高质量发展"为主题,进一步扩大江阴知识产权工作影响力。

【商业秘密保护】 2023年,江阴市推进商业秘密保护强基提质工程,强化政策宣贯和服务培育,对全市729个企业开展培训,举办专题讲座、示范交流52场次,促进企业增强商业秘密保护意识和保护能力。成立江阴市仪器仪表产业公平竞争联盟,立足产业特点,消除企业商业秘密保护认识盲区,建立健全内部保护机制,助力仪器仪表行业健康可持续发展。9月,贝卡尔特集团作为重点培育的商业秘密保护示范点,受邀参加第十届中国公平竞争政策国际论坛暨全国公平竞争大会,集团副总裁、中国区总裁于达明在大会上发言。持续深化商业秘密保护"两点一基地"建设,累计建成商秘保护示范点93个、维权联系点10个、保护基地1个。是年,江阴市入选首批江苏省商业秘密保护创新试点城市。

(张 琪)

科技创新载体

【概况】 2023年,江阴市坚持"政府主导、企业主体、市场运作"原则,聚焦薄弱短板,量质并举推进科创载体建设。提高创新型企业、科技成果、科技项目的产出效率,提升科技企业孵化载体的运行质效。开工建设科创载体131.8万平方米,建成投用89.26万平方米。新增无锡市级科技企业孵化器3个,无锡市级众创空间2个。 (周京利)

【新型研发机构建设】 2023年,江阴市突出体制机制创新,强化政策引导保障,通过发展新型研发机构,强化产业技术供给,促进科技成果转移转化,推动科技创新和经济高质量发展。主动对接高校院所及江苏省产业技术研究院,推进新型研发机构建设。是年,江阴市科技局根据《江阴市新型研发机构管理办法(试行)》,继续开展江阴市新型研发机构的申报工作,经专家审核论证,认定安姆科科技研发有限公司为2023年度江阴市新型研发机构,邦利威焊接(江苏)有限公司为2023年度江阴市新型研发机构(筹)。

【技术转移机构建设】 2023年,江阴市与南京理工大学、江苏理工学院签订合作协议,成立南京理工大学技术转移中心(江阴)、江苏理工学院国家技术转移中心江阴分中心;与南京农业大学、南昌大学、常熟理工学院和江南大学续签合作协议,继续保持南京农业大学技术转移中心江阴分中心、南昌大学技术转移中心江阴分中心、常熟理工学院技术转移中心江阴分中心和江南大学技术转移中心江阴分中心正常运行,充分发挥高校和科研院所人才培养优势,推动高校和科研院所科技成果转化为现实生产力,为江阴市经济社会发展提供科技和智力支持。

2023 年江阴市技术转移机构一览表

表 30

序号	技术转移机构名称	参与单位	所在园区、街道、镇
1	南京理工大学技术转移中心(江阴)	南京理工大学	—
2	江苏理工学院国家技术转移中心江阴分中心	江苏理工学院	—
3	南京农业大学技术转移中心江阴分中心	南京农业大学	—
4	南昌大学技术转移中心江阴分中心	南昌大学	—
5	常熟理工学院技术转移中心江阴分中心	常熟理工学院	—
6	江南大学技术转移中心江阴分中心	江南大学	—
7	西安交大(江阴)技术转移中心	西安交通大学	江阴高新区
8	东南大学(江阴)技术转移中心	东南大学	江阴高新区
9	江苏科技大学(江阴)技术转移中心	江苏科技大学	江阴高新区

(周红芬　怀梦迪)

【众创空间】 2023 年,江阴市高新中科创新中心、栖拓空间被确定为无锡市级备案众创空间,全市累计建成众创空间 39 个。

【孵化器】 2023 年,江阴集成电路设计创新中心、江阴东方慧谷科技园、清丞(江阴)孵化器被确定为无锡市级科技企业孵化器。全市累计建成市级以上科技企业孵化器 8 个。

2023 年新增无锡市级科技企业孵化器一览表

表 31

序号	孵化器名称	运营主体	所在园区、街道、镇
1	江阴集成电路设计创新中心	江阴集成电路设计创新中心有限公司	江阴高新区
2	江阴东方慧谷科技园	江阴慧谷科技服务有限公司	江阴高新区
3	清丞(江阴)孵化器	绿丞(江阴)孵化器有限公司	临港经济开发区

科技创新型企业

【概况】 2023 年,江阴市坚持企业创新主体地位不动摇,靶向发力、精准扶持,培育以创新型领军企业为引领,高新技术企业为重点,科技型中小企业为主体的"雁阵型"企业集群。全年获批省科技企业上市培育计划入库企业 3 个,高新技术企业 413 个,通过江苏省评价遴选"瞪羚企业"* 12 个、"潜在独角兽企业"* 2 个、"独角兽企业"* 1 个;无锡市"准独角兽企业"* 培育库入库 8 个、"瞪羚企业"* 培育库入库 156 个、"雏鹰企业"* 培育库入库 203 个;科技型中小企业评价入库企业 2365 个。

2023 年江阴市新增省级"独角兽企业"一览表

表 32

序号	企业名称	所在园区、街道、镇
1	盛合晶微半导体(江阴)有限公司	江阴高新区

2023年江阴市新增省级“潜在独角兽企业”一览表

表33

序号	企业名称	所在园区、街道、镇
1	江苏雷博微电子设备有限公司	江阴高新区
2	江苏海基新能源股份有限公司	云亭街道

2023年江阴市新增省级“瞪羚企业”一览表

表34

序号	企业名称	所在园区、街道、镇
1	江苏风和医疗器材股份有限公司	江阴高新区
2	星科金朋半导体(江阴)有限公司	江阴高新区
3	盛合晶微半导体(江阴)有限公司	江阴高新区
4	江苏法尔胜光电科技有限公司	江阴高新区
5	江阴凯博通信科技有限公司	江阴高新区
6	江苏雷博科学仪器有限公司	江阴高新区
7	江苏飞慕生物科技有限公司	江阴高新区
8	江阴亨德拉科技有限公司	江阴高新区
9	无锡海潮新能源科技有限公司	江阴高新区
10	联动天翼新能源有限公司	江阴高新区
11	无锡海菲焊接设备有限公司	月城镇
12	无锡市奥斯韦特科技有限公司	祝塘镇

【高新技术企业】 2023年,江阴市扎实开展高新技术企业培育工作,申报高新技术企业562个,申报数创历史新高。江阴兴澄特种钢铁有限公司、江苏雷博微电子设备有限公司等413个企业被认定为高新技术企业,其中到期重新认定高新技术企业175个,新认定高新技术企业238个,全市高新技术企业认定通过率为73.5%。至年末,全市累计高新技术企业1002个,较2022年净增172个,总数居无锡市第二。

(周京利)

2023年江阴市新认定高新技术企业一览表

表35

序号	企业名称	所在园区、街道、镇
1	江苏中康安慧安全科技有限公司	江阴高新区
2	江阴全华丰精锻有限公司	江阴高新区
3	无锡安致医疗科技有限公司	江阴高新区
4	江苏乾合微电子有限公司	江阴高新区
5	江苏爱森思电气有限公司	江阴高新区
6	江阴市宏勇医疗科技发展有限公司	江阴高新区
7	江苏澄信检验检测认证股份有限公司	江阴高新区
8	江苏银河芯微电子有限公司	江阴高新区
9	江苏智慧生态环境检测有限公司	江阴高新区

续表35

序号	企业名称	所在园区、街道、镇
10	江苏帕萨兰宇保温科技有限公司	江阴高新区
11	江阴市纪泽万家科技有限公司	江阴高新区
12	江阴唯农生物科技有限公司	江阴高新区
13	江苏冠之星管道系统有限公司	江阴高新区
14	江阴捷芯电子科技有限公司	江阴高新区
15	江苏国范智能科技有限公司	江阴高新区
16	江苏雷博微电子设备有限公司	江阴高新区
17	江苏利得智能监测科技有限公司	江阴高新区
18	江阴普朗克科技有限公司	江阴高新区
19	江阴市斯奈客科技有限公司	江阴高新区
20	江阴市金欧起重机械设备有限公司	江阴高新区
21	无锡鸿利成套电气设备有限公司	江阴高新区
22	无锡道宇软件有限公司	江阴高新区
23	江阴润方机械制造有限公司	江阴高新区
24	江苏尚柯智能科技有限公司	江阴高新区
25	江阴市星宇电讯设备有限公司	江阴高新区
26	江阴微弧金属科技有限公司	江阴高新区
27	江苏宝丽轻金属技术有限公司	江阴高新区
28	江苏国泰环境监测有限公司	江阴高新区
29	江阴天泽医学检验实验室有限公司	江阴高新区
30	无锡科拉尼精密机械有限公司	江阴高新区
31	爱波瑞(江苏)科技发展有限公司	江阴高新区
32	江阴金书简新材料科技有限公司	江阴高新区
33	无锡竹笋智能科技有限公司	江阴高新区
34	江阴市扬城机械制造有限公司	江阴高新区
35	无锡佰翱得生物科学股份有限公司	江阴高新区
36	江阴市瑞信安全技术服务有限公司	江阴高新区
37	江阴圣邦微电子制造有限公司	江阴高新区
38	江苏联固电气有限公司	江阴高新区
39	江阴百盛电气控制有限公司	江阴高新区
40	江阴市正邦制管有限公司	江阴高新区
41	无锡美高微电子科技有限公司	江阴高新区

续表35

序号	企业名称	所在园区、街道、镇
42	江阴启跃信息科技有限公司	江阴高新区
43	江阴天澄机械装备有限公司	江阴高新区
44	江阴市南方管件制造有限公司	江阴高新区
45	无锡金阶智能网络科技有限责任公司	江阴高新区
46	无锡中科金研激光燃气轮机部件有限公司	江阴高新区
47	江阴四方游泳康复产业股份有限公司	江阴高新区
48	放宠(无锡)网络科技有限公司	江阴高新区
49	科泰检测技术服务(无锡)有限公司	江阴高新区
50	昆承新材料科技(江苏)有限公司	江阴高新区
51	无锡海兰慧言科技有限公司	江阴高新区
52	江苏一和合金科技有限公司	江阴高新区
53	江苏贝索生物工程有限公司	江阴高新区
54	江苏天烁数字科技有限公司	江阴高新区
55	江苏君澄空间科技有限公司	江阴高新区
56	江阴市军创智澄技术研究有限公司	江阴高新区
57	江阴市鑫志冲件有限公司	临港经济开发区
58	江阴市三联机械制造有限公司	临港经济开发区
59	江阴豪露镍钛材料制品有限公司	临港经济开发区
60	江阴市强力纺织有限公司	临港经济开发区
61	江阴市星亚食品机械有限公司	临港经济开发区
62	泰山石膏(江阴)有限公司	临港经济开发区
63	江阴希格诺通信科技有限公司	临港经济开发区
64	无锡嘉德复合材料有限公司	临港经济开发区
65	江苏博诚节能玻璃有限公司	临港经济开发区
66	江阴市精奇数控有限公司	临港经济开发区
67	江苏叶茂厨卫科技有限公司	临港经济开发区
68	江苏恒盈电子科技有限公司	临港经济开发区
69	无锡烁邦智能设备制造有限公司	临港经济开发区
70	江阴市嘉能药化设备有限公司	临港经济开发区
71	江苏塞恩斯金属新材料科技有限公司	临港经济开发区
72	江阴泓瑞鑫汽车部件有限公司	临港经济开发区
73	江阴市阳诚节能科技有限公司	临港经济开发区
74	江苏双良冷却系统有限公司	临港经济开发区
75	江阴市黄丹净化设备有限公司	临港经济开发区
76	江阴市恒中精工机械有限公司	临港经济开发区
77	江阴宝能精密新材料股份有限公司	临港经济开发区

续表35

序号	企业名称	所在园区、街道、镇
78	江阴长力科技有限公司	临港经济开发区
79	苏利制药科技江阴有限公司	临港经济开发区
80	无锡新圣邦环境科技有限公司	临港经济开发区
81	江苏巨光光电科技有限公司	临港经济开发区
82	江阴市崎美机械有限公司	临港经济开发区
83	江阴市一英机械制造有限公司	临港经济开发区
84	江阴市美托金属制品有限公司	临港经济开发区
85	江阴市索菲电子科技有限公司	临港经济开发区
86	江阴市磊森机械有限公司	临港经济开发区
87	江阴市莱尔机械有限公司	临港经济开发区
88	江阴市泽睿机械有限公司	临港经济开发区
89	无锡市科曼达智能装备科技有限公司	临港经济开发区
90	江阴华昌食品添加剂有限公司	临港经济开发区
91	江阴富茂电机技术有限公司	临港经济开发区
92	江阴华西化工码头有限公司	临港经济开发区
93	江阴纳力新材料科技有限公司	临港经济开发区
94	江苏博乐电力能源装备有限公司	临港经济开发区
95	江苏艾沐柒柒科技有限公司	临港经济开发区
96	江阴市荣新塑化有限公司	临港经济开发区
97	江苏申氢宸科技有限公司	临港经济开发区
98	无锡市汇流化纤科技有限公司	临港经济开发区
99	艾德曼金属材料(江阴)有限公司	临港经济开发区
100	华业激光技术(无锡)有限公司	临港经济开发区
101	耐恩(江苏)工业智能技术有限公司	临港经济开发区
102	江苏明昱智能科技有限公司	临港经济开发区
103	江阴逐日信息科技有限公司	临港经济开发区
104	江苏畅享空间企业管理有限公司	临港经济开发区
105	江阴行知云软件有限公司	临港经济开发区
106	江苏优耐思机器人科技有限公司	临港经济开发区
107	江阴金牛科技有限公司	临港经济开发区
108	无锡青澄装备科技有限公司	临港经济开发区
109	江阴市创仁软件科技有限公司	临港经济开发区
110	江苏尚辰机械有限公司	靖江园区
111	江苏铭展特钢制造有限公司	靖江园区
112	中建钢构江苏有限公司	靖江园区
113	江阴长仪集团有限公司	澄江街道

续表35

序号	企业名称	所在园区、街道、镇
114	江苏澄暨阳电力设备有限公司	澄江街道
115	江阴市科宇电器有限公司	澄江街道
116	江阴市富仁智能科技有限公司	澄江街道
117	江苏中锐华东建筑设计研究院有限公司	澄江街道
118	江苏领悟信息技术有限公司	澄江街道
119	江阴衡天建设工程检测有限公司	澄江街道
120	江阴市科雷特工具有限公司	澄江街道
121	江阴市硕淳环保科技有限公司	澄江街道
122	江阴艾力特机械制造有限公司	南闸街道
123	江阴市圣曼不锈钢线棒品有限公司	南闸街道
124	江阴市联达印染机械有限公司	南闸街道
125	江苏日新印染机械有限公司	南闸街道
126	江阴凯鑫装备科技有限公司	南闸街道
127	江阴雅峰印染机械有限公司	南闸街道
128	江苏威尔富数控科技有限公司	南闸街道
129	江阴市三和重工钢制品有限公司	南闸街道
130	江阴市友聚机械设备有限公司	云亭街道
131	江苏科茂新材料科技有限公司	云亭街道
132	江阴市全佳数码科技有限公司	云亭街道
133	江阴共盟成型技术有限公司	云亭街道
134	江阴市建华干燥设备有限公司	云亭街道
135	江阴市春燕轻工配件有限公司	云亭街道
136	江阴德鼎纺织有限公司	云亭街道
137	江苏浩业纤维科技有限公司	云亭街道
138	江阴启创自动化设备有限公司	云亭街道
139	江阴润渲纸业有限公司	月城镇
140	江阴洋田气体设备有限公司	月城镇
141	江阴市虎踞冶金设备有限公司	月城镇
142	江阴市荣辰机械制造有限公司	月城镇
143	无锡万怡环保科技有限公司	月城镇
144	江阴樱花梦家庭用品有限公司	月城镇
145	江阴市恒鼎特钢制品有限公司	月城镇
146	无锡市硕威智能焊接装备有限公司	月城镇
147	江苏秦郡环保科技有限公司	月城镇
148	江阴市腾龙机械制造有限公司	月城镇
149	江阴卧龙玻璃钢船艇有限公司	月城镇

续表35

序号	企业名称	所在园区、街道、镇
150	无锡沃尔德轴承有限公司	青阳镇
151	无锡华澄线缆有限公司	青阳镇
152	江阴市浩盛电器线缆制造有限公司	青阳镇
153	无锡市万盛橡塑制品有限责任公司	青阳镇
154	江阴市晶磁电子有限公司	青阳镇
155	无锡天博电器制造有限公司	青阳镇
156	江阴市千里马电工材料有限公司	青阳镇
157	江苏海协机械科技有限公司	青阳镇
158	江阴福达染整联合机械有限公司	青阳镇
159	江阴市友邦家居用品有限公司	青阳镇
160	江苏华风新材料科技有限公司	徐霞客镇
161	无锡润滤机械设备有限公司	徐霞客镇
162	江苏新昱住宅工业科技有限公司	徐霞客镇
163	江阴市博豪电热电器制造有限公司	徐霞客镇
164	江阴市汇思拓机械科技有限公司	徐霞客镇
165	合威智能装备(江苏)有限公司	徐霞客镇
166	江苏博克尔新材料科技有限公司	徐霞客镇
167	江阴市华拓芯片测试有限公司	徐霞客镇
168	江阴市永达车业有限公司	徐霞客镇
169	江苏夏邦制冷设备有限公司	徐霞客镇
170	无锡珩大液压设备有限公司	徐霞客镇
171	江阴市大久金属科技有限公司	华士镇
172	江苏华塑新型建材有限公司	华士镇
173	江阴市进册金属制品有限公司	华士镇
174	江阴市达越无纺布有限公司	华士镇
175	江阴优普拉斯法兰有限公司	华士镇
176	江阴誉球耐火材料有限公司	华士镇
177	江苏尊阳电子科技有限公司	华士镇
178	江阴市沪澄绝缘材料有限公司	华士镇
179	江阴市中鼎节能流体科技有限公司	华士镇
180	江阴特美新型材料有限公司	华士镇
181	江阴市源仁纺织有限公司	华士镇
182	江阴市品佳塑业有限公司	华士镇
183	江苏宝鹏科技管业有限公司	华士镇
184	江阴泉能环境科技有限公司	周庄镇
185	江阴市恒业锻造有限公司	周庄镇

续表35

序号	企业名称	所在园区、街道、镇
186	江苏三方盛重工科技有限公司	周庄镇
187	江苏银江精密科技有限公司	周庄镇
188	江阴市国祥锻造有限公司	周庄镇
189	江阴方辰汽车零部件有限公司	周庄镇
190	江阴伟韬塑料新材料有限公司	周庄镇
191	江阴中奕达轻合金科技有限公司	周庄镇
192	江阴中为自动化系统工程有限公司	周庄镇
193	江阴宝弘机械法兰有限公司	周庄镇
194	江苏延立汽车零部件有限公司	周庄镇
195	江阴市龙润法兰有限公司	周庄镇
196	江阴市周庄瑞庆合金材料有限公司	周庄镇
197	江阴市旺发科技有限公司	新桥镇
198	江苏精亚环境科技有限公司	新桥镇
199	江阴东升新能源股份有限公司	新桥镇
200	江苏苏青水处理工程集团有限公司	长泾镇
201	江阴市文明体育塑胶有限公司	长泾镇
202	江阴市欧莱特彩印有限公司	长泾镇
203	无锡市荣跃机械科技有限公司	长泾镇
204	江阴市良友化工设备制造有限公司	长泾镇
205	江苏润驰智造装备科技有限公司	长泾镇
206	江阴骏驰新材料科技有限公司	长泾镇
207	培迪新材料科技(江苏)有限责任公司	长泾镇
208	无锡凯创精密金属有限公司	长泾镇
209	江苏华玉电器科技有限公司	顾山镇
210	华茂环保科技(江阴)有限公司	顾山镇
211	江苏联益友测控技术有限责任公司	顾山镇
212	江阴市力达印刷包装机械有限公司	顾山镇
213	江苏通达家居用品有限公司	顾山镇
214	江阴市航勤特种电机有限公司	顾山镇
215	江阴市比拓精密机械有限公司	顾山镇
216	江阴乐华电器有限公司	顾山镇
217	江阴市裕峰电子有限公司	顾山镇
218	无锡柔缦纺织有限公司	顾山镇
219	江阴市烨泰织造有限公司	顾山镇
220	江苏京硕新能源车辆有限公司	顾山镇
221	江苏嘉士茂纺织科技有限公司	祝塘镇

续表 35

序号	企业名称	所在园区、街道、镇
222	江阴富达管业有限公司	祝塘镇
223	江阴凯之梦服饰有限公司	祝塘镇
224	江阴天而然纺织科技有限公司	祝塘镇
225	江阴市圣瑞驰机械科技有限公司	祝塘镇
226	无锡市造漆厂有限公司	祝塘镇
227	江苏高科电机有限公司	祝塘镇
228	江阴市嘉铭印刷包装机械有限公司	祝塘镇
229	无锡鹰贝电化学工程有限公司	祝塘镇
230	江阴市方鸿超硬工具有限公司	祝塘镇
231	江阴市孔声乐器有限公司	祝塘镇
232	江阴市恒法瑞精密机械有限公司	祝塘镇
233	江苏阿拉高分子塑料有限公司	祝塘镇
234	无锡迈田机械设备有限公司	祝塘镇
235	江苏圣澜服饰创意有限公司	祝塘镇
236	江苏晟林科技有限公司	祝塘镇
237	川创净化设备(无锡)有限公司	祝塘镇
238	无锡市汇东暖通设备有限公司	祝塘镇

(周京利)

2023 年江阴市重新认定高新技术企业一览表

表 36

序号	企业名称	所在园区、街道、镇
1	江苏华西村海洋工程服务有限公司	江阴高新区
2	江阴兴澄特种钢铁有限公司	江阴高新区
3	梭莱镀膜工业(江阴)有限公司	江阴高新区
4	江阴市立信智能设备有限公司	江阴高新区
5	江阴市远帆软件有限公司	江阴高新区
6	无锡华轶法兰有限公司	江阴高新区
7	江苏飞慕生物科技有限公司	江阴高新区
8	江阴嘉云铝材有限公司	江阴高新区
9	江阴法尔胜泓昇不锈钢制品有限公司	江阴高新区
10	江苏圣富利环境工程有限公司	江阴高新区
11	江阴特锋机械有限公司	江阴高新区
12	江阴精力汽车装备有限公司	江阴高新区
13	江苏新顺微电子股份有限公司	江阴高新区
14	江苏长电科技股份有限公司	江阴高新区
15	江阴硕人节能环保科技有限公司	江阴高新区

续表 36

序号	企业名称	所在园区、街道、镇
16	无锡旗连电子科技有限公司	江阴高新区
17	江苏易政达信息科技有限公司	江阴高新区
18	江苏垦乐节能环保科技有限公司	江阴高新区
19	江苏斯菲尔电气股份有限公司	江阴高新区
20	无锡贝塔医药科技有限公司	江阴高新区
21	江苏中德电子材料科技有限公司	江阴高新区
22	江阴市春瑞金属制品有限公司	江阴高新区
23	江阴慕达斯真空设备有限公司	江阴高新区
24	江苏风和医疗器材股份有限公司	江阴高新区
25	江阴德龙能源设备有限公司	江阴高新区
26	江阴联众环保工程有限公司	江阴高新区
27	江苏普莱医药生物技术有限公司	江阴高新区
28	江阴万康医疗科技有限公司	江阴高新区
29	江阴德尔热能机械有限公司	江阴高新区
30	江阴市黄山船舶配件有限公司	江阴高新区
31	江苏中宏环保科技有限公司	江阴高新区
32	江阴帕沃特起重机械有限公司	江阴高新区
33	江阴凯博通信科技有限公司	江阴高新区
34	凯澄起重机械有限公司	江阴高新区
35	江阴市华硕机械制造有限公司	江阴高新区
36	江阴零聚科技有限公司	江阴高新区
37	联动天翼新能源有限公司	江阴高新区
38	江苏泽成生物技术有限公司	江阴高新区
39	江苏智冷物联技术有限公司	江阴高新区
40	江阴金缘锯业有限公司	江阴高新区
41	江阴苏达汇诚复合材料有限公司	江阴高新区
42	无锡波士思达环保科技有限公司	江阴高新区
43	无锡菩禾生物医药技术有限公司	江阴高新区
44	江苏新申奥生物科技有限公司	江阴高新区
45	江苏法尔胜光电科技有限公司	江阴高新区
46	江阴矽捷电子有限公司	临港经济开发区
47	江阴市蓝天工业炉窑制造有限公司	临港经济开发区
48	江阴市乐天紧固件有限公司	临港经济开发区
49	江苏欧迈格板式换热器制造有限公司	临港经济开发区
50	江苏惠康特种纤维有限公司	临港经济开发区
51	无锡市骏视照明电子有限公司	临港经济开发区

续表36

序号	企业名称	所在园区、街道、镇
52	江阴市腾马标准件工具有限公司	临港经济开发区
53	江阴中达软塑新材料股份有限公司	临港经济开发区
54	江苏界达特异新材料股份有限公司	临港经济开发区
55	江苏华兰药用新材料股份有限公司	临港经济开发区
56	江苏孚尔姆焊业股份有限公司	临港经济开发区
57	江阴铠乐丰环境工程科技有限公司	临港经济开发区
58	安洁利德科技(江苏)有限公司	临港经济开发区
59	江阴听阳机械有限公司	临港经济开发区
60	江阴市卡利格机械有限公司	临港经济开发区
61	江阴市天邦涂料股份有限公司	临港经济开发区
62	中建材浚鑫科技有限公司	临港经济开发区
63	江苏怡达化学股份有限公司	临港经济开发区
64	江阴龙源石英制品有限公司	临港经济开发区
65	江阴市新盛医疗器材设备有限公司	临港经济开发区
66	江苏双良锅炉有限公司	临港经济开发区
67	江阴天汇环保设备有限公司	临港经济开发区
68	江苏晋德铁路器材有限公司	临港经济开发区
69	双良节能系统股份有限公司	临港经济开发区
70	江阴宏力工程机械有限公司	临港经济开发区
71	江苏大东新材料科技有限公司	临港经济开发区
72	江苏朗润环保科技有限公司	临港经济开发区
73	江阴市洪峰五金锻造有限公司	临港经济开发区
74	江阴市六和智能设备有限公司	临港经济开发区
75	江苏盖姆纳米材料科技有限公司	临港经济开发区
76	江苏申牌万向轮有限公司	临港经济开发区
77	江苏德纳精工轴承有限公司	临港经济开发区
78	江苏法尔胜缆索有限公司	临港经济开发区
79	江阴市德惠热收缩包装材料有限公司	临港经济开发区
80	江阴诚公转印包装材料有限公司	临港经济开发区
81	江苏远望神州软件有限公司	临港经济开发区
82	江苏友诺环保科技有限公司	临港经济开发区
83	江苏中泰检测检验有限公司	临港经济开发区
84	中铁建电气化局集团康远新材料有限公司	靖江园区
85	江苏骥鑫船舶设备有限公司	靖江园区
86	大明重工有限公司	靖江园区
87	江阴市万和自动设备有限公司	澄江街道

续表36

序号	企业名称	所在园区、街道、镇
88	江苏方程电力科技有限公司	澄江街道
89	江阴信和电力仪表有限公司	澄江街道
90	江苏海陆科技股份有限公司	澄江街道
91	江阴宝柏包装有限公司	澄江街道
92	天裕(无锡)装备技术有限公司	澄江街道
93	江阴市永欣印染机械有限公司	南闸街道
94	江苏宝得换热设备股份有限公司	南闸街道
95	江阴市兆锦机械有限公司	南闸街道
96	江阴市勤丰金属制品有限公司	南闸街道
97	江阴市东泽铝业科技有限公司	南闸街道
98	江阴市安海船舶设备有限公司	南闸街道
99	江苏长龄液压股份有限公司	云亭街道
100	江苏江凌测控科技股份有限公司	云亭街道
101	江阴市中源环境仪器有限公司	云亭街道
102	江苏中和智能包装有限公司	云亭街道
103	江苏吉鑫风能科技股份有限公司	云亭街道
104	江苏宝利国际投资股份有限公司	云亭街道
105	江阴祥瑞不锈钢精线有限公司	云亭街道
106	江阴润源机械有限公司	云亭街道
107	江苏康瑞新材料科技股份有限公司	云亭街道
108	江阴市大云纺机科技有限公司	云亭街道
109	江苏秋林特能装备股份有限公司	月城镇
110	江苏宜宝设备制造有限公司	月城镇
111	江苏必得科技股份有限公司	月城镇
112	世泰仕塑料有限公司	月城镇
113	江阴市南方不锈钢管有限公司	青阳镇
114	江阴市嘉宇新材料有限公司	青阳镇
115	江阴市华恒仪表有限公司	青阳镇
116	江阴市辉龙电热电器有限公司	青阳镇
117	江阴博衍机械设备有限公司	青阳镇
118	江阴市茂辉铝业有限公司	青阳镇
119	江阴市亚龙换热设备有限公司	徐霞客镇
120	无锡凯瑞德流体技术有限公司	徐霞客镇
121	江阴林格科技有限公司	徐霞客镇
122	无锡市玉邦树脂涂料有限公司	徐霞客镇
123	江苏锋菱超硬工具有限公司	徐霞客镇

续表 36

序号	企业名称	所在园区、街道、镇
124	江阴市万里锻件有限公司	徐霞客镇
125	江阴丹尼尔冷却器有限公司	徐霞客镇
126	江苏富朗特工程机械有限公司	徐霞客镇
127	江阴市同方机械配件制造有限公司	徐霞客镇
128	江阴天田容器制造有限公司	徐霞客镇
129	江阴双特机械设备有限公司	徐霞客镇
130	江阴市凯信模锻有限公司	徐霞客镇
131	江阴市沙江纺织科技有限公司	华士镇
132	江苏胜达科技有限公司	华士镇
133	江阴东邦钢球机械有限公司	华士镇
134	力同铝业(无锡)有限公司	华士镇
135	江阴市华正金属科技有限公司	华士镇
136	江阴市美泰装饰材料有限公司	华士镇
137	江苏苏轶新材料科技有限公司	华士镇
138	江阴博尔汽配工业有限公司	华士镇
139	江阴燎原装备制造有限公司	华士镇
140	江阴华士医疗器械有限公司	华士镇
141	江阴市神鹿塑胶有限公司	华士镇
142	江苏天顺印业有限公司	华士镇
143	无锡翔龙环球科技股份有限公司	华士镇
144	江苏华宏科技股份有限公司	周庄镇
145	江阴市劲松科技有限公司	周庄镇
146	全通汽车装备科技江阴有限公司	周庄镇
147	江苏名阳高分子新材料有限公司	周庄镇
148	江阴名旭模塑有限公司	周庄镇
149	江阴市龙玉锻压有限公司	周庄镇
150	江苏江顺精密机电设备有限公司	周庄镇
151	江阴万事兴汽车部件股份有限公司	周庄镇
152	江阴市华方新技术科研有限公司	周庄镇
153	江阴思安塑胶防护科技有限公司	周庄镇
154	江阴市德赛环保设备有限公司	周庄镇
155	江阴市四纺机新科技制造有限公司	周庄镇
156	江阴鼎鑫铝业有限公司	周庄镇
157	江阴市德伯仁管件有限公司	周庄镇
158	江阴森豪金属科技有限公司	新桥镇
159	江苏焱鑫科技股份有限公司	新桥镇
160	江苏柯恒石化电力机械有限公司	新桥镇
161	江阴市鑫宝铁塑制品有限公司	长泾镇

续表36

序号	企业名称	所在园区、街道、镇
162	江阴市永兴机械制造有限公司	长泾镇
163	江阴市花园铝塑包装有限公司	长泾镇
164	江苏文明人造草坪有限公司	长泾镇
165	江阴骏华纺织科技有限公司	长泾镇
166	江阴市仕旋机械有限公司	顾山镇
167	江阴沐祥节能装饰工程有限公司	顾山镇
168	江阴达克罗金属制品有限公司	顾山镇
169	无锡市恒特力金属制品有限公司	祝塘镇
170	江阴市苏麦克汽车回收处理设备有限公司	祝塘镇
171	江阴宏恒机电科技有限公司	祝塘镇
172	无锡全世全流体科技有限公司	祝塘镇
173	江阴市雨晨机械制造有限公司	祝塘镇
174	无锡市向燕消防设备有限公司	祝塘镇
175	江苏恒泽复合材料科技有限公司	祝塘镇

【新增国家自然科学基金青年项目3项】 2023年，江阴市入选国家自然科学基金青年项目3项，入选江苏省基础研究计划自然科学基金青年基金项目1项。另有江阴市级社会发展科技示范项目立项19项。

2023年江阴市入选国家自然科学基金青年项目一览表

表37

负责人	单位	项目内容
孙　伟	江阴市人民医院	靶向线粒体的XJB－5－131抑制软骨细胞铁死亡延缓骨关节炎进展的机制与应用研究
吕　伟	江阴市人民医院	基于氧化应激和兴奋毒性双靶联合的MSC细胞膜仿生共递送系统及其抗脑缺血再灌注损伤研究
孙子荔	江阴市中医院	虎杖通过降低成纤维细胞的ASIC3表达抑制M2型巨噬细胞极化改善增生性瘢痕的作用机制研究

【科技金融】 2023年，江阴市举办“创业江苏”科技金融支撑行动江阴专场活动、江阴市生物医药产业集群科技金融服务直通车暨“智荟澄”生物医药企业科技金融专场对接活动等科技金融路演对接活动，获评“创业江苏”科技金融支撑行动示范市；全年23批103个科技型中小微企业申报“锡科贷”，累计向科技企业发放科技贷款7.5亿元。 （陶郁科）

科技人才工作

【概况】 2023年，江阴市全面落实“暨阳英才计划”2.0升级版政策，创新创业人才加速集聚。新引进科技人才项目207项，入选无锡市“太湖人才计划”项目49项。

【国家重大人才计划项目取得历史突破】 2023年，江阴市申报国家级重大人才计划A类项目8项，入选2项，占无锡市入选总数的50%，为近五年首次入选。组织申报国家外国专家项目10项，省国合项目、海外研发机构等项目9项。获批省外国专家工作室3个。入选无锡市“太湖人才计划”创业领军人才项目46个、创新领军人才项目3项。

【高层次科技人才服务】 2023年，江阴市深化外国人来华工作许可不见面审批，“外国人来华工作服务专窗”正式揭牌运营，最大限度减化办事流程。是年，办理外国人来华许可相关业务317件。其中新办外国人工作许可证89张，境外申请51件，境内申请38件；办理延期163件，其中外国高端人才延期48件，外国专业人才延期115件。

（安雪松）

■类目编辑　朱其涛

教　育

综　述

【概况】　2023 年，江阴市教育系统以赶超之心、争先之态、四敢之为，牢牢抓住立德树人根本任务，持续深化教育改革，扎实推进高质量教育体系建设，奋力攀登江阴“大格局教育”新高度。12 月 26 日，市委、市政府召开全市教育高质量发展大会，动员全市上下以更高标杆、更大力度、更实举措，加快推进教育高质量发展，加快建设现代化教育强市，全力办好人民满意的教育，为全面推进中国式现代化江阴新实践夯实“教育基石”。是年，持续加大学校新建和改扩建力度，扩充优质教育资源覆盖面，江苏省、无锡市级优质幼儿园覆盖率由 2022 年的 81.33% 提升至 92.03%，升位幅度位居无锡市第一。深入推进基础教育集团化办学，组建扩容教育集团 9 个，全市义务教育公办学校集团化办学覆盖率 54.02%。义务教育优质均衡达标率由 2022 年的 87.5% 提升至 90.63%，高标准通过江苏省义务教育优质均衡发展县（市、区）现场评估。加快全市高品质学校和优质特色学校建设，全市普通高中 42 项建设项目接受无锡市“双新”（普通高中新课程新教材）示范区视导评估，江苏省南菁高级中学（以下简称“南菁高中”）通过首批江苏省高品质示范高中（G20）现场评估，江阴市第一中学确定为省高品质特色高中立项学校，9 所高中被确定为江阴市高品质特色项目学校。江阴市华士高级中学（以下简称“华士高中”）“高中融合型心理健康教育课程基地”入选省高中课程基地项目。产教融合助推职业教育创新，提升职业教育办学能力，江阴职业技术学院、江苏省江阴中等专业学校（以下简称“江阴中专”）先后成立产业学院 6 个。江阴职业技术学院与江苏理工学院达成 2 项项目、3 个专业的本科办学合作，获省职业院校技能大赛金牌 6 块，6 项项目入围国赛集训，获“创响无锡”无锡市大中专院校创新创业大赛一等奖 10 个，江阴职业技术学院获全国软件和信息技术专业人才大赛省一等奖。细化民办学校考核内容，促进民办学校规范办学。开展跨部门联合抽查，依法治理整顿校外培训机构。持续推进校园安全隐患排查整治，推进平安校园建设。完成江阴智慧教育（2020—2022 年）三年行动计划，提升教育信息化整体水平，全市有省级智慧校园 95 所，占智慧校园总数的 95.89%。构建现代信息技术和大数据支撑的智能化督导体系，提升教育督导信息化水平和教育督导效度信度。江阴市获评江苏教育现代化先行区实践基地（全省 6 个，无锡市唯一）。推进师德师能双提升，评选出师德教育品牌 10 个、师德工程建设先进单位 10 个、师德标兵 34 人、师德先进个人 192 人。潘永惠入选教育部中等职业学校名校长培养对象，马维林获评国家高层次人才特殊支持计划（全省唯一），戴加成入选“苏教名家”培养对象，蔡海峰等 4 人入选省教学名师，缪宏敏等 6 人入选“锡教名家”培养对象，孙海锋等 10 人获评正高级教师，高层次名师获评数量列无锡市第一。蒋志远等 6 人入选首批江阴市名校长工作室主持人，陆丰等 58 人入选第三批江阴市中小学名师工作室主持人。开展师能大比武活动，有 91 人次获省、无锡市比赛一等奖，112 人获评无锡市教学能手，179 人获评江阴市学科带头人。招录公办教师 464 人，首次面向普通高校 2023 届优秀毕业生设立招录专岗，完成招录指标 41 人；乡村教师定向培养 100 人；引进教育高层次人才 1 人、紧缺性人才 8 人、柔性人才 47 人。推进义务教育阶段教师“县管校聘”改革，试点校实现初中学段 100% 全覆盖。加强后备人才库建设，有校级领导后备人才库 395 人、中层正职后备人才库（40 周岁以下）382 人和青年后备人才库（30 周岁以下）245 人，“789 工程”（有序提拔一批“70 后”校长，遴选一批“80 后”校级领导干部，培养一批“90 后”中层干部）中青年干部培训班（2021—2023）顺利结业，举办第三期青苗培训班，50 名乡村定向师范生参加。全面培养高素养学生，组织开展“童声里的中国”“我是强国小主人”“向国旗敬礼”等教育实践活动。1 人获评新时代江苏好少年，9 人获评无锡市新时代好少年，2 人获评无锡市新时代好少年标兵，1 人获评无锡市十佳小公民，2 人获评无锡市优秀小公民。开展“澄”心十事系列活动，聚焦家庭教育、校园周边安全、健康成长等主题,集中攻坚、精准施策,全年召开新闻发布会2次。花园实验小学原创大型儿童剧《今天我是升旗手》获评第九届全国优秀儿童戏剧展演优秀剧目,获2023紫金文化艺术节优秀剧目特别奖。南菁高中刘锦霖获2023年全国中学生生物学奥林匹克竞赛金牌(无锡市唯一),敔山湾实验学校黄钰安获全国青少年信息学奥林匹克联赛一等奖。年末,全市有各级各类学校286所,其中幼儿园(办班点)158所(个)、小学55所、九年一贯制学校8所、初中32所、普通高中12所、中等职业学校2所、行业企业办高级技工学校1所、普通高等学校2所(含南京理工大学江阴校区,以下简称"南理工江阴校区")、特殊教育中心校1所、成人教育中心校15所(不含成人培训机构);在校学生242314人(含学龄前儿童,不含南理工江阴校区),公办学校在职员工17348人。(焦　洁)

2023年12月26日,江阴市委、市政府召开全市教育高质量发展大会

(市教育局提供)

【教育系统党组织建设】 2023年,江阴市教育局党委深入开展学习贯彻习近平新时代中国特色社会主义思想主题教育,把握"学思想、强党性、重实践、建新功"总要求,一体推进理论学习、干事创业、检视整改,在"基石工程"乡村治理、思政一体化建设、校园安全等为民实事上求实效。贯彻落实中小学校党组织领导的校长负责制,推进覆盖率80.4%。组建教育工委宣讲团,进入校园宣讲中共二十大精神近30场,覆盖教育系统师生3600余人次。培育党建项目,申港实验小学党支部"'三诚'先锋队,领航筑梦行"获评省中小学"一校一品"党建文化品牌项目建设成果,华士高中党委"党建凝聚合力,诚毅铸魂暖心"、云亭实验小学党支部"传承'逊群'精神、赓续红色血脉"等4校项目获评无锡市党建文化品牌项目建设成果,新桥中心小学党支部"多维聚力'135'五色工程育桃李"、市实验小学党支部"擦亮'臻美先锋'党建品牌、建立幼小衔接时光驿站"等16校项目获评第四批江阴市"一校一品"党建文化品牌项目建设成果。对照党支部分类晋级标准和"双强双优"(支部建设强、党员队伍强,党建质量优、服务发展优)指标体系,江阴中专二支部、峭岐实验小学党支部、周庄实验幼儿园教育集团党支部等被评为江阴市"双强双优"五星级党支部。开展"学思践悟新思想、聚力'四敢'启新程"党课创优活动,采用电影党课、音乐党课、诗词党课、故事党课等新型党课,讲好讲活党的理论,年度评选出教育系统十佳"四型"党课。市教育局党委获江阴市深入学习贯彻习近平总书记考察江苏重要讲话精神主题征文优秀组织奖。"暨阳红——盟红江阴·国家级'双新'示范区项目实施"党建联盟获评江阴市年度示范党建联盟。(汤永锋)

【教育经费投入】 2023年,江阴市教育经费总支出65.65亿元,其中地方一般公共教育经费41.04亿元,占全市一般公共预算支出的16.06%。全市义务教育阶段公用经费拨款19970.46万元。继续实施家庭经济困难学生费用减免和补助政策,对学前教育阶段特别困难幼儿免除保教费,对义务教育阶段特别困难学生减免午餐费,对高中阶段特别困难学生减免学费及住宿费。全年资助困难学生8698人次,发放资助经费958.36万元,发放生源地大学生助学贷款94笔计120万元。

(夏苏苏　张建锋)

【学校基本建设】 2023年,江阴市实施各类学校基本建设项目32项,其中新建学校项目12项,改扩建学校项目14项,总投资73.29亿元。澄西高级中学(以下简称"澄西高中")新校区、滨江科技城中学、滨江科技城小学等新建学校及南菁高中新南菁书院、江苏省江阴高级中学(以下简称"江阴高中")教学楼等改扩建项目建成投用。加快推进江南大学江阴校区、华东师范大学江阴实验学校等重点项目建设。启动市特殊教育中心校异地新建、江阴中专校园扩建、南菁高中实验学校城西校区、南京师范大学附属江阴实验学校、五星幼儿园等项目建设。

(李迟丰)

【学校德育工作】 2023年,江阴市各级各类学校围绕深入学习中共二十大精神,健全"八礼四仪"(仪表之礼、餐饮之礼、言谈之礼、待人之礼、行走之礼、观赏之礼、游览之礼、仪式之礼,入学仪式、成长仪式、青春仪式、成人仪式)教育常态长效机制,开展"童声里的中国""我是强国小主人""向国旗敬礼""传承中华传统美德、涵养核心价值观"等主题教育和"万名追梦好少年""新时代好少年""十佳小公民"评选等活动,市实验小学雷煜盛获评新时代江苏好少年,9名学生获评无锡市新时代好少年,市实验小学耿天乐与祝塘中心小学徐鸣获评无锡市新时代好少年标兵,市实验小学金益多获评无锡市十佳小公民,华士实验小学王季萱与立新中心小学居雅楠获评无锡市优秀小公民。推进"大思政课"建设,江阴市"协同创新大中小学大思政"项目在2023年江苏省大中小学思政课一体化建设区域综合示范项目评审中被立项。立新中心小学陈青获无锡市小学道德与法治

青年教师基本功大赛一等奖,12 名教师主讲的思政课获评无锡市思政“金课”。常态化开展文明创建,重视生态文明教育,市教育局获评“美丽中国,我是行动者”2023 年全国青少年自然笔记征集活动优秀组织单位。徐霞客中学、璜土中心幼儿园获评江苏省节水型学校,毗陵路小学和人民东路小学获评无锡市节水型学校,20 所学校获评江阴市绿色学校。开展生活垃圾分类宣传实践活动,5 所学校获评无锡市生活垃圾分类示范学校。常态化开展校园防欺凌、防性侵工作,全面落实强制报告制度,敔山湾实验学校举办“润心铸魂、江阴德育在行动”江阴市中小学主题班会暨防欺凌教育展示活动。以《中华人民共和国民法典》颁布日为契机,开展宣传教育活动,有 12 万人次参加。江阴初级中学(以下简称“江阴初中”)获评无锡市毒品预防宣传教育示范学校,山观高级中学(以下简称“山观高中”)、南闸中心小学、江阴中专获评无锡市毒品预防宣传教育优秀学校。组织参加第八届江苏省学生“学宪法、讲宪法”比赛,江阴初中吕奕与暨阳中学李顶力获省一等奖,新桥中心小学陈子帅获省二等奖。开展国防教育,南菁高中实验学校获评全国国防教育示范校。全面推进劳动教育,开展“劳动润心志、实践砺成长”主题活动和中小学劳动教育现场观摩会,南菁高中获评江苏省劳动教育特色学校,13 所学校获评第二批江阴市劳动教育特色学校。举行义务教育阶段劳动精品课评比竞赛,评选出“金课”20 余节。稳步推进学生品格提升工程,4 所学校项目被立项为第七批无锡市中小学生品格提升工程建设项目,澄西高中“赓续红色基因的澄中奋斗者行动”完成省结项调研,获评省品格提升工程建设优秀项目,市第一初中“枫杨少年励实先锋行动”和河塘中心小学“光影镌刻者:和美少年微光行动”获评无锡市品格提升工程建设精品项目。持续推进“全澄有爱 · 润心”行动,广泛开展生命教育、抗挫折教育、青春期教育等心育活动。深化全员德育导师制,开展班主任基本功大赛、专题培训,促进班主任队伍优质发展,峭岐中学李玉君、夏港中学贾珺获无锡市班主任基本功大赛特等奖,7 人获一等奖,9 人获二等奖,34 人获评无锡市德育工作能手,84 人获评江阴市德育工作能手,成立第三批江阴市德育名师工作室 5 个。加强心理学科课程研究,新桥中心小学选送的心理剧获江苏省中小学“校园心理剧”一等奖,3 人获无锡市中小学心理健康教育优质课评比一等奖,1 人获二等奖。华士高中“高中融合型心理健康教育课程基地”入选省高中课程基地项目。江阴初中、长山中学获评无锡市心理健康教育特色学校。加强家庭教育指导,制作“全澄有爱”心育系列视频、“全澄暖心”心理健康教育课程、“澄心”家长系列谈视频,帮助家长掌握科学家教方法。印发《关于持续深入推进学校家访工作的实施意见》,深入推进家访“333”(每班确保三分之一家庭入户家访、三分之一家庭面对面家访、三分之一家庭电话网络家访)工程,紧密家校联系。开启新一轮优秀家长学校和示范家长学校评定工作,推动家校(园)数字化共育,应天幼儿园获评江苏省数字化家校(园)共育示范单位。 (杨伟忠)

【校园安全】 2023 年,江阴市教育局落实教育部相关通知精神,采取制定计划、编印小册子、规范记录实施情况等措施,全面推行“1530”安全教育模式(每天放学前 1 分钟、每周放学前 5 分钟、每个节假日放假前 30 分钟,对学生进行安全提醒和安全教育),结合班内、校内及周边、国内外最新校园安全案例,开展安全教育提醒。落实《无锡市校园消防安全管理规范》《无锡市校园用电安全管理规范》精神,推广使用无锡市校园安全管理系统,规范安全管理,促进安全隐患排查整改和闭环管理。开展安全生产风险专项整治巩固提升年行动,投入 440 万余元,升级改造 44 所初高中学校危化品仓库硬件;专项整治校园用电安全,各校投入 726.5 万元,整治隐患问题 944 个;实施消防安全攻坚行动,投入 685 万元,189 个校区完成整改项目 376 项;推进燃气专项整治行动,200 个使用管道燃气校区更换符合国家最新标准的“灶管阀”,安装食堂燃气泄漏报警器、切断阀,报警信号接入监管平台,其中 83 个校区完成灶具自动熄火装置整改;完成 22 所寄宿制学校(校区)1.6 万张双层床的隐患整治。开展“澄心守护”校园周边安全隐患专项整治行动,排查整治安全隐患问题 69 个。推进重大事故隐患专项排查整治行动,全年未发现重大事故隐患。组织举办消防安全、食品安全管理、责任督学安全督查等专题培训,汇编并转发 138 个学生伤害事故典型案例,加强安全事故防范意识。组建校园安全专家顾问团队,发出《关于印发〈江阴市校园安全专家管理暂行办法〉并公布首批江阴市校园安全专家名单的通知》,首批 8 名安全专家入库。组织参加 2023 年度无锡市儿童消防绘画作文大赛,参赛绘画作品、作文获一等奖 1 个、二等奖 4 个、三等奖 5 个、优秀奖 12 个,8 名教师获评优秀指导老师,市教育局获优秀组织奖。经市委政法委、市教育局、公安局联合审查,推荐江阴职业技术学院、新桥中学、山源幼儿园等 26 所学校(园)参评无锡市 2023 年度平安校园。是年,市教育局安全生产监督管理科获评无锡市食品安全工作先进集体。(钱丽锋)

【教育科研成果】 2023 年,江阴市教育科研工作以《江苏省“十四五”教育科研发展规划》为纲领,贯彻落实《江阴市“十四五”教育事业发展规划》,实践细化“走向美学的区域教科研”目标,围绕课题研究、项目推进、队伍建设、成果孵化、科研考核等,提升教育科研品质,持续助力江阴教育高质量发展。是年,立项省规划重点及专项课题 10 项、省教师发展研究课题 5 项、省第十五期教研课题 12 项、无锡市规划及专项课题 46 项;南菁高中实验学校承担的 2 项课题、江阴中专承担的 1 项课题被遴选为第七批江苏省教育科学规划精品课题;祝塘中学获省教研第十三期课题研究成果特等奖,敔山湾实验学校获省教研第十三期课题研究成果一等奖,南菁高中、暨阳中学获省教研第十三期课题研究成果二等奖;完成 44 项江阴市教育科研专项资金项目结项鉴定和中期检查，立项 2023—2024 学年江阴市教育科研专项资金项目 24 项；评选出第五批江阴市教育科研新秀 60 人、优秀教育科研中心组成员 7 人、优秀教科室主任 73 人；市教育局获第 35 届江苏省“教海探航”征文竞赛先进组织奖。　　（何伟忠）

【教育工会建设】 2023 年，江阴市教育工会以“勇担新使命，服务新发展”为主题，开展师德师风教育，培训工会干部 265 人次，组建教育系统“巾帼宣讲团”，组织宣讲活动 12 场次，受众 1100 人次。组织暑期“彩虹课堂”教师志愿服务，在全市各镇（街道）设立辅导站 190 个，参与志愿服务教师 6800 余人，开设各类课程、社会实践活动 220 余门（次），累计服务学生、家长 6.5 万人次。组织开展“灯光书市”江畔夜读活动，集中展出优质图书 3000 余种，举办专家公益讲座、读书成果展示等，吸引家长、学生、市民 3.5 万人次参加。评选出市第一初中“枫铎”、江阴高新区金童中心小学“红润金童”等江阴市级师德教育品牌 10 种，南菁高中、市特殊教育中心校等 10 所学校获评江阴市师德工程建设先进学校。组织江阴市第 22 届教师技能大赛，5500 余人参加校级比赛、147 人参加市级比赛、5 人参加无锡市级比赛，南菁高中实验学校徐骊君、辅延中心小学袁君琳获无锡市一等奖；首次将幼儿园保育员技能比赛列入大赛项目，全市 321 名保育员参赛。举办校园健身运动会等文体活动，参与教职工超过 3.6 万人次。组织参加全市职工羽毛球比赛，教育代表队获男子团体冠军、男子双打前两名、女子单打第一名。南菁高中杨培明劳模创新工作室获评全国教科文卫体系统示范性劳模和职工创新工作室，江阴中专获评江苏省推动厂务公开民主管理工作先进单位，江阴高中政治组获评无锡市五一巾帼标兵岗，“彩虹课堂”获评江阴市宣传思想文化工作优秀项目。南菁高中张敏军获无锡市五一劳动奖章，市第二中学翁新芝入选“无锡好人”，山观高中黄晓琴获评无锡市五一巾帼标兵，江阴高中徐霞、云亭实验小学胡可慧获评无锡市五一创新能手，江阴中专林旭获评江阴市金牌工人。　　（吴建新）

2023 年 6 月，江阴市花园实验小学原创大型儿童剧《今天我是升旗手》获评第九届全国优秀儿童戏剧展演优秀剧目。10 月，获 2023 紫金文化艺术节优秀剧目特等奖　　（市教育局提供）

【教育督导】 2023 年，江阴市教育督导部门坚持高质量要求，突出问题导向，按照“服务大局、把握重点、深化落实、整体提升”工作思路，深入推进教育督导改革，切实履行督政、督学和评估监测等职责，不断提升教育督导工作水平。接受无锡市对江阴市政府教育履职情况考评，推动整改无锡市反馈的督政问题 14 个。对月城镇和顾山镇政府教育履职情况进行实地督导，对全市 16 个镇（街道）开展教育履职年度考评。对 16 所中小学校和 25 所幼儿园进行素质教育和办园行为综合督导，对全市中小学进行“双减”* 工作、心理健康教育、“课间十分钟”及校园安全管理、食堂食品安全等专项督导。　　（杨卫忠）

【教育数字化建设】 2023 年，江阴市教育局完成“江阴智慧教育”三期项目建设和验收工作，至此，“江阴智慧教育”三年行动计划（2020—2022 年）全部实施完毕，有效提升全市教育数字化整体水平。推进智慧教育云平台应用，打造“澄优课”“澄云校”“澄微网”等教育信息化品牌项目。为全面提升全市教师数字素养、信息素养和信息化教学应用能力，组织开展江阴市第三届“澄优课”在线教学大比武活动，有 580 名教师参加比赛，“澄优课”活动情况被“学习强国”平台、江苏教育信息化公众号、《江苏教育》杂志等媒体报道；开展教师信息素养提升培训，组织参加 2023 年中小学教师信息技术创新与实践活动、2023 年“领航杯”江苏省信息化教学优质课大赛等，云东实验小学何锦宜等 262 名教师在全国、省、无锡市级比赛中获奖。组织 54 所学校 523 名学生参加 2023 年“领航杯”江苏省中小学生信息素养提升实践活动，有 48 人在省级比赛中获奖，237 人在无锡市级比赛获奖，屠敏、徐臻杲 2 名教师获评省级先进个人，别立明等 3 名教师获评无锡市优秀辅导员，市教育信息化和装备管理服务中心获评优秀组织单位。　　（曹徐丰）

基础教育

【概况】 2023 年，江阴市教育局制定《江阴市高质量实施集团化办学行动计划》，新组建、扩容教育集团 9 个，全市累计组建教育集团 26 个，涵盖成员学校 76 所，义务教育集团化办学覆盖率 54.02%，通过江苏省义务教育优质均衡发展县（市、区）现场评估。学前教育普及普惠监测达标率提升至 84.6%。学校内涵发展水平不断提升，首批江阴市优质特色学校建设项目结项，建成文化建设优质特色学校 20 所、教学改革优质特色学校14所、评价改革优质特色学校3所;完成第二批江阴市优质特色学校建设项目申报,其中课程建设优质特色建设项目学校立项23所、教师发展优质特色建设项目学校立项12所、学生成长优质特色建设项目学校立项15所。市教师发展中心“基于实验培养创新人才——义务教育实验教学改革示范区建设的江阴实践”入选省义务教育课程与教学改革项目,华士高中“高中融合型心理健康教育课程基地”入选省高中课程基地项目;南菁高中实验学校“基于STREAM(科学、技术、阅读与研究、工程、艺术、数学六门学科英文首字母缩写)教育理念的初中物理实验拓展项目化实践”、毗陵路小学“基于跨学科主题学习的‘融慧’课程的实践研究”获无锡市基础教育前瞻性教学改革项目立项;华士实验小学“基于促进真实性学力的课程与教学变革”、辅延中心小学“‘国学养根’特色课程文化建设”、南菁高中实验学校“初中‘立体数学’学科示范中心”、青阳初中“‘乐创’工程教育课程基地”4项项目获无锡市义务教育课程与教学改革项目立项,南菁高中实验学校“理科创新实验课程基地”获无锡市高中课程基地项目立项。推进学生综合素质评价改革,实施“互联网+学生综合素质评价”,运用大数据等现代信息技术,探索“德智体美劳”五位一体评价体系。 (朱炎林)

【学前教育】 2023年年末,江阴市有幼儿园(办学点)158所(个),其中公办79所,民办79所。在园幼儿39716人,其中新市民子女12308人,在省、无锡市优质园就读幼儿占比89.6%,普惠性幼儿园覆盖率93.62%。是年,小朴幼儿园等6所幼儿园创建为江苏省优质幼儿园,敔山湾第二实验幼儿园等9所幼儿园创建为无锡市优质幼儿园。

(冯竹君)

【义务教育】 2023年年末,江阴市有小学55所、初中40所(含九年一贯制学校、体育中学)。在校小学生112957人,其中新市民学生41224人;在校初中生46946人,其中新市民学生18389人。小学入学率、巩固率、毕业率均保持100%;初中生入学率、巩固率、毕业率分别为100%、99.1%、98.8%。是年,全市义务教育学校全面实施“双减”政策,开设“学科类课程”“素养类”两大类课程近500门,学校提供课后服务率100%。 (苏岱昌)

【高中教育】 2023年,江阴市普通高中教育推进学校内涵建设,有42项建设项目接受无锡市“双新”(普通高中新课程新教材)示范区视导评估。是年,有7193人参加省学业水平合格性(六门学科)考试,3847人参加省学业水平合格性(语数外)考试。有6055人参加高考,普通类本一达线3537人,普通类本一进线率66.87%,600分以上880人,物理类最高分692分,历史类最高分662分,5名学生被清华大学、北京大学录取。职教高考本科上线率67.1%。年末,全市有普通高中12所(四星级高中8所、三星级高中4所),学生23036人,其中新市民学生7646人。

(姚 强)

【特殊教育】 2023年年末,江阴市各类学校(含幼儿园)在校持证残疾学生666人,其中市特教中心校在籍学生287人(送教上门103人),随班就读在籍学生379人(学前52人,小学193人,中学134人)。全市户籍适龄残疾儿童义务教育入学率保持100%。市特殊教育中心校的“特教学校专业能力建设项目”和北涸中心小学的“融合教育示范校建设项目”通过省特殊教育指导中心专家组的视导验收。 (张玲玲)

【体艺科技教育成果】 2023年,江阴市教育局与市文体广电和旅游局联合出台《江阴市青少年体育“5621”(5项运动项目,每项项目至少布局6所小学、2所初中、1所高中)计划实施方案》,规划布局运动项目共同体5个。全市有18万名中小学生全覆盖参加体质健康测试,参加中小学生体质健康抽测13153人、体育艺术技能抽测11228人,参加阳光体育运动会武术、啦啦操、趣味田径比赛4362人。全市学生体质健康合格率97.74%。徐霞客中学女子橄榄球队获全国青少年U系列(英式7人制橄榄球)积分赛暨业余联赛冠军,青阳中学女子橄榄球队06~07年龄组4名队员入选江苏省队,市第三实验小学获2023年无锡市校园棒垒球联赛小学软式棒垒球A组冠军,南菁高中实验学校刘柏宏获第18届世界象棋锦标赛男子U16组比赛冠军,并晋升为国内最年轻的男子象棋国家大师,江阴高中刘奎泽获全国第一届学生(青年)运动会武术比赛冠军,祝塘中心小学黄鑫媛获全国羽毛球U7女子组冠军,周庄实验小学冯诺伊获全国国际跳棋锦标赛冠军。城中实验小学获评江苏省艺术教育特色学校。花园实验小学参与演出的儿童剧《今天我是升旗手》作为江苏省唯一入选剧目,参加第九届全国优秀儿童戏剧展演并获优秀剧目奖。在无锡市第42届中小学生“百灵鸟”艺术展演中获16金28银,在无锡市中小学生“三独”(独唱、独舞、独奏)比赛中获48金,在无锡市新市民子女才艺大赛中获3金3银。市第二中学、徐霞客中学被命名为首批无锡市体教融合项目实践基地(中小学校体育特色项目)。花园实验小学、市第一初中、市第一中学等8所学校被列入无锡市中小学生艺术团(中心)项目建设名单。开展青少年科技教育,组织科技类竞赛活动,培养学生科技创新和实践能力,101名学生在教育部认定的全国科技类竞赛活动比赛中获奖,8件作品在省青少年科技创新大赛中获奖,264名学生在省青少年科技模型大赛总决赛中获奖,314名学生在省中小学生“金钥匙”个人竞赛中获奖。江阴高中、北涸中心小学、南菁高中实验学校分获省中小学生“金钥匙”团体竞赛特等奖、一等奖、二等奖。毗陵路小学应邀在2023年江苏省“全国科普日”主场活动暨首届江苏省青少年科创教育成果博览会上设展位展示科技教育特色,获得好评。南菁高中实验学校周煜获无锡市第四届青少年科技创新市长奖,2名学生获提名奖,南菁高中实验学校获创新教育摇篮奖。礼延实验学校、周庄实验小学创成无锡市青少年科技创新教育示范学校。

(刘学东 朱晓洪)

【传统文化进校园】 2023年,江阴市教育局持续推进锡剧、二胡、书法等传统文化进校园活动。举办学校小锡班、二胡班艺术展演，全市20所学校“小锡班”133个节目近1000名学生、33所学校“二胡班”298个节目3000余名学生参加活动。二胡班学生、小锡班师生演出节目分别被央视《宝贝亮相吧》栏目组拍摄录用。与市纪委监委、市文体广电和旅游局联合举办“锡剧廉洁教育进校园”观摩活动，全市20所学校“小锡班”参加演出。与市委宣传部、市文体广电和旅游局、文联等部门联合召开全市“书法进校园”工作推进会，开展“书法普及”我推广、“强国复兴”我书写等系列活动，举办“七彩绘”“文润暨阳·翰墨飘香”“长江村杯”等书画比赛。举办中小学音乐教师锡剧技艺培训和锡剧、二胡课型大比武。参加无锡市第十二届“小小红梅奖”少儿锡剧邀请赛，获4金2银。山观实验小学锡剧《穆桂英挂帅》获评江苏省“小梅花”集体节目，青阳实验小学何熠晨获中国少儿戏曲小梅花荟萃“小梅花”称号。由朱华琴主编的锡剧专著《锡花满园——江阴市锡剧进校园创造性转化的实践与研究》出版。年内，全市新增二胡班学校8所、书法基地学校10所。

【校园足球】 2023年，江阴市教育局继续全覆盖举办全市校园足球联赛，155支队伍2291人参加比赛311场。举办2023年第五期江苏足协校园足球定向E级教练员培训班，国家女子足球队前队员翁晓洁、翁新芝担任培训讲师，全市29所全国青少年校园足球特色学校的30名教师参加培训。组织全市61所全国青少年校园足球特色学校、11所全国足球特色幼儿园考核工作。参加各级各类足球赛事，在2023年全国第一届学生（青年）运动会足球比赛中，市第二中学吴烨嘉、陈佳丽、张嘉珏、金雅茹代表江苏队获中学组女子足球冠军；市第一中学张宇东、林子强、杭天沅、朱嘉熙、张宇豪、蒋政浩代表江苏队获中学组男子足球冠军。在2023年“省长杯”卡尔美江苏省青少年校园足球联赛中，市第一中学、第二中学、利港中学分别获高中男子组冠军、高中女子组第五名、初中女子组第四名、初中男子组第五名。江阴中专获2023年“省长杯”江苏省职业学校第十届足球比赛高职男子组第三名。在2023年无锡市青少年校园足球冠军赛中，澄西高中、市第二中学、利港中学、江阴中专分别获高中男子组、高中女子组、初中男子组、中职男子组冠军。在无锡市第四届幼儿足球（亲子）嘉年华中，周庄实验幼儿园华宏分园、江阴高新区实验幼儿园获特色组团体一等奖，江阴高新区长山中心幼儿园获普及组团体一等奖。市第二中学吴烨嘉入选U20国家女子足球队。（刘学东）

中等职业教育

【概况】 2023年，江阴市中等职业教育推动落实《关于推动江阴现代职业教育高质量发展的实施意见》相关要求，围绕打造标志性学校建设，坚持内涵发展战略，加大学校基础建设和师资队伍培养，全面开展普职融通试点，职业教育办学能力不断增强。全市有中等职业学校2所（江苏省江阴中等专业学校和江阴市华姿中等专业学校）、行业企业办高级技工学校1所（江阴澄西船厂高级技工学校）。中等职业学校招生3859人，对外培训1.8万人次。毕业学生2988人，99%拥有学历毕业证书和中级技能等级证书，一次性就业率99%，专业对口就业率86%。有549人参加江苏省普通高校对口单独招生考试，录取率100%，其中本科进线366人，进线率66.7%。江阴中专、江阴市华姿中等专业学校（以下简称“华姿中专”）继续与江阴职业技术学院、南通科技职业学院、无锡科技职业学院、江苏旅游职业学院、苏州农业职业技术学院、常州机电职业技术学院等高职院校开展分段培养试点，分段培养专业10个，招生人数294人。中等职业教育有省优质专业4个、职业学校现代化专业群4个、在线精品课程1个，无锡市现代化品牌专业4个、特色专业4个、职业教育精品课程17个；有国家级紧缺型人才培训基地计算机应用与软件技术、数控技术2个，有省现代化实训基地3个，无锡市校企合作示范组合12个，无锡市、江苏省联职院现代学徒制示范项目5项，校外实习基地245个。是年，江阴中专党委书记、校长潘永惠入选教育部新时代中等职业学校名校长培养对象。至年末，有专任教师1010人，其中拥有高级及以上职业资格证书教师501人，“双师型”（拥有教师职称和中级以上技术职称）教师502人，在校学生13172人。

【职业教育高质量发展】 2023年11月24日，江阴市政府印发《关于推动江阴现代职业教育高质量发展的实施意见》，以贯彻落实全国职业教育大会精神，破除职业教育改革发展的深层次体制机制障碍，巩固职业教育类型定位、构建现代职业教育体系、服务技能型社会建设，培养更多、更高素质的技术技能人才、能工巧匠、大国工匠。是年，江阴中专大数据与会计专业、华姿中专园林技术专业入围江苏省中等职业教育优质专业。在无锡市职业教育质量提升攀登计划2023年度重点项目评选中，江阴中专“课、践、赛、岗一体育人的德法课堂”“‘一体两翼·双线联动·思专融合’思政课堂”和华姿中专“‘三全’‘三融’育匠人”“扬耕读文化、砺勤劳品质”4项项目获评无锡市职业教育思政教育示范项目。江阴中专大数据技术专业获评无锡市职业学校高水平专业（群），《ASP.NET应用系统设计与开发》《汽车维修基础》2本教材被列入无锡市职业教育新型教材名单。江阴中专“汤明清数计融合名师工坊”和华姿中专“沈勤丰智慧新农人名师工坊”被列入无锡市职业教育名师工坊名单。江阴中专“‘食尚江阴’烹饪职业体验中心”被列入无锡市中小学职业体验示范中心名单。江阴中专“‘三方共育、四岗递进’高职汽车技术技能人才培养模式构建与实践”案例入选2023年江苏省交通运输职业教育产教融合典型案例，“雏鹰梦工场”获批江苏省大学生创业示范园，跨境电商实训基地入选首批无锡市跨境电商实训基地培育项目，获江苏省职业院校教学能力大赛二等奖3个、三等奖2个，获2023年江苏省职业院校技能大赛一等奖6个、二等奖17个、三等奖14个(其中有5项项目参加全国技能竞赛省集训队),获2023年无锡市职业院校技能大赛一等奖5个、二等奖22个、三等奖31个,获无锡市中职学校教学大赛一等奖5个、二等奖3个、三等奖7个(8件作品入围省赛)。获2023"创响无锡"职业院校创新创业大赛一等奖5个、二等奖11个、三等奖11个,江阴中专、华姿中专获优秀组织奖。

【普职融通】 2023年,江阴市普职融通试点规模继续扩大。是年,祝塘中学、澄西高中、要塞中学开展普职融通试点,招生总计划313人。所有志愿考生第一年学籍统一录入对应高中,一年级结束后集中办理转学手续,进入江阴中专高新区校区、华姿中专相应专业,继续完成高中阶段教育并参加江苏省职教高考。

(成长城)

社会教育

【概况】 2023年,江阴市社会教育坚持"以人民为中心"新发展理念,不断完善终身学习体系。"江阴终身学习网"及15个分平台的活跃度及学习人数持续攀升,在省社会教育服务指导中心发布的2023统计年度公告中,再次以高分获表彰。举办2023年江阴市社区教育干部能力提升培训班,讲解中国社区教育发展的最新理论动态和先进实践经验,全力提升社区教育干部专业成长。组织各类实用技能培训,提高劳动者的综合素质,增强再就业能力。广泛开展书法、绘画、声乐、舞蹈等文体活动,丰富百姓业余文化生活。

【社区教育成果】 2023年,江阴市教育局组织开展社区教育相关课题项目立项工作,在年度江苏省社会教育规划课题拟立项名单中,周庄镇成人教育中心校课题"基于共生理论的农村社区老年学习共同体研究"获重点立项,澄江街道成人教育中心校课题"构建家校社协同的'三全育人'模式"获立项资助。社区培训学院的"原厂影像工作室"获省第四批社区教育"名师工作室"立项。在无锡市开放大学、无锡市社会教育服务指导中心组织的2023年无锡市社区教育优秀数字化课程资源评选中,江阴市3门课程获一等奖、4门课程获二等奖、9门课程获三等奖,市教育局获优秀组织奖。

【民办教育】 2023年,江阴市教育局贯彻国家、省和无锡市要求,加强学科类隐形变异培训防范治理工作,切实规范校外培训行为,深化"双减"治理成果。至年末,全市有民办学校和社会培训机构89所,其中民办义务教育学校5所、民办幼儿园79所、民办非学历教育培训机构5所。

(陈建波)

普通高等教育

【概况】 2023年,江阴市内有南理工江阴校区和江阴职业技术学院2所高校。南理工江阴校区面向全国招收全日制本科生370人、研究生2631人(其中全日制研究生2433人,非全日制研究生198人)。年末,校区有学生5300余人。江阴职业技术学院面向江苏及6个外省(自治区)招生,录取全日制专科生2469人;与江苏理工学院合作本科教育,开设环境工程技术专业高职与应用本科"3+2"分段培养项目,录取新生30人,开设旅游管理、汽车服务工程专业"0+2""专转本"联合培养项目,录取本科段学生94人,在学院就读;应届全日制专科毕业生2553人;成人继续教育录取2570人,非全日制在籍学生5759人,当年毕业2622人;学院连续第三年获评全省高校毕业生就业工作量化督导A等高校、江苏省优秀"戎耀之家";继续教育学院获评无锡市成人(继续)教育先进集体;江阴开放大学获评省优秀考点。

【南理工江阴校区教育教学改革】 2023年,南理工江阴校区立足江阴及周边区域产业特点和基础,结合学校优势学科特色以及"双一流"建设需要,重点布局网络空间安全、智能制造、新能源、新材料等相关学科方向,以及网络空间安全学院、智能制造学院、新能源学院、中法工程师学院等教学科研机构,开设机械工程、材料科学与工程、网络空间安全、信息管理与信息系统、新能源科学与工程、智能制造工程、数据科学与大数据技术7个特色本科专业,开设本科生课程373门、全日制研究生课程535门。探索建立实践平台开放共享机制,组织"本科工程"项目申报,获批立项校级重点项目5项、自主选题项目16项,涵盖产教融合、项目式课程(群)、规划教材、教师教学能力发展、学生实践能力提升等建设领域。优化基础实验条件,组织完成校区物理、力学公共基础实验等10项项目的升级改造方案论证及2个实验升级改造,推进科研成果转化为优质教学资源。推进校区工程训练中心、与体育课教学等一体化建设,探索建设"校内一中心、校外多基地"工程实训平台体系,分别在江苏澄信检验检测认证股份有限公司、双良集团有限公司、江苏富仁集团有限公司设立实训基地,推动建设南理工—远景—讯湃动力电池检测联合工程中心,提升人才培养实践能力,打造人才培养特色,为"强基拓新"创新人才培养改革做好准备工作。

【南理工江阴校区师资队伍建设】 2023年,南理工江阴校区提升师资队伍水平,支持专项指导青年教师基金申报;推进各学院科研团队建设,助力青年教师参与团队科研工作。优化师资队伍结构,年度获批国家级青年人才3人,累计9人,实现校区专业学院国家级人才全覆盖;获批国家青年基金项目18项,资助率36.5%。

【南理工江阴校区科研创新服务】 2023年,南理工江阴校区持续推进校地联合培养博士后,鼓励和支持新进教师深度融入企业科技创新,6名青年教师博士后入站,10个地方龙头企业挂牌博士后联合培养基地,1人获江苏省2023年卓越博士后计划资助;组织青年教师与企业开展科研合作,与双良集团有限公司、申达集团有限公司、市人民医院等单位开展合作;丰富企业教师内涵和类型,聘任6名地方龙头企业人力资源总监(主管)担任企业教师,参与指导学生就业相关工作;加强海外人才交流,与政府相关部门共建海创学院,借助平台和校区师资力量更好服务海归人才。

【南理工江阴校区承办全国性赛事及论坛】 2023年7月、8月，南理工江阴校区先后牵头承办第二十二届全国大学生机器人大赛和第三届智能无人系统应用挑战赛，邀请“两院”（中国科学院和中国工程院）院士、部省市领导、相关单位、知名企业和2000余名市民现场观摩比赛。承办科创工程师大会、女催化科学家论坛等高端学术论坛，近20名“两院”院士、30名国家级领军人才走进校区开展学术交流活动。

【南理工江阴校区学生技能竞赛】 2023年，南理工江阴校区组织实施2021级本科生科研训练项目105项，包括国家级1项、省级12项、校级重点18项、校级普通74项；组织、保障学生参加各类竞赛47项，学生获奖744人次，其中省部级以上获奖23项，人次占比64.2%。2020级网络空间安全学院本科生夏沛文获南京理工大学校长奖章，获评江苏省三好学生；2021级智能制造学院本科生常书源获南京理工大学青年五四奖章；2020级新能源学院新能源科学与工程班获评江苏省先进班集体。

【江阴职业技术学院教学内涵建设】 2023年，江阴职业技术学院依据无锡市“465”产业体系、江阴“345”现代产业体系*，动态调整专业设置，加快专业建设步伐。构建专业群教学资源体系，落实质量提升工程。开展“岗课赛证”综合育人改革，加强专业技能培养。贯彻“课程思政”要求，思想政治教育、创新创业教育、劳动教育、“工匠精神”培育融入专业群人才培养课程内容。实施线上线下混合教学、理实虚立体化教学、全程智能化教学、空中课堂教学等改革，形成课堂新形态。年内，新增网络营销与直播电商专业，全院开设专业41个。2部教材入选首批“十四五”职业教育国家规划教材，1门课程获评江苏省职业教育一流核心（线下）课程，2门课程入选江苏高等继续教育“一平台两系统”首批试运行在线课程资源。有“1+X”证书制度项目14项。被认定为无锡市数字化人才实训基地，获评无锡市研学旅行社会实践教育优秀示范学校。澄江跨境电商实训基地获评无锡市跨境电商实训基地培育单位。在无锡市职业教育质量提升攀登计划重点项目中，获评无锡职教思政教育示范项目1项、职教“名师工坊”1项、学生“技能雏鹰”5人。在江苏省职业院校技能大赛中，师生获二等奖6项、三等奖7项。在江苏省纺织服装行业服装设计制作职业技能竞赛暨省纺织服装院校服装设计大赛中，获学生组金奖。学生获第十四届“蓝桥杯”全国软件和信息技术专业人才大赛江苏赛区一等奖、第十三届华东区大学生计算机辅助设计（CAD）应用技能竞赛一等奖、第十二届国际贸易综合从业技能（POCIB）全国大学生外贸从业能力大赛高职组团体一等奖等。在江苏省高等学校劳动教育优秀实践项目评选中获二等奖。在江苏省高校微课教学比赛中，获一等奖1项、二等奖1项、三等奖2项。

【江阴职业技术学院师资队伍建设】 2023年，江阴职业技术学院重视高素质、专业化、创新型教师队伍建设，落实名师领航工程，开展职业教育“双师型”教师认定工作，有在编教职员工471人，其中专任教师341人，正高职称教师24人。年内，1名教师入选江苏省教学名师，2名教师入选省“青蓝工程”优秀青年骨干教师培养对象，“双师型”教师占专业教师81.33%。“原厂影像工作室”获批江苏省社区教育“名师工作室”。计算机网络技术专业数字化教学创新团队获评省信息化教学优秀团队，1名教师获评省信息化教学优秀个人，1名教师获评无锡市“太湖文化优青”，1名外聘教师获评江苏省高职类产业教授。教师获第七届“启航杯”江苏省高职院校新教师教学竞赛一等奖、第二届江苏省高校艺术教师基本功展示活动个人全能一等奖、第五届江苏省高职高专院校思想政治理论课中青年教师教学比赛二等奖、江苏省第二届高校体育教师教学基本功比赛二等奖、外研社“教学之星”大赛江苏赛区三等奖等优异成绩。

【江阴职业技术学院产教融合】 2023年，江阴职业技术学院加大职业教育联盟建设力度，持续推进江苏省示范性职业教育集团（联盟）培育单位建设，年内成为全国高端装备制造（工业控制技术）行业产教融合共同体副理事长单位和全国数智文旅行业产教融合共同体理事单位，牵头成立江阴国家高新技术产业开发区先进制造产教联合体，获批无锡市首批市级市域产教联合体培育单位。在无锡市高校产教融合重点项目中，“江阴高端装备产教融合共同体”获评无锡市重点产业产教融合共同体，数控技术专业获评无锡市产教融合示范专业，海澜产业学院获评无锡市示范产业学院。学院建有海澜产业学院、云计算大数据产业学院、装饰装修产业学院、海鹏汽车产业学院、生态环境产业学院、艾芙莱航空产业学院6个产业学院，案例“江阴职业技术学院与江苏海澜集团共建‘海澜产业学院’，积极推进‘政行企校’协同育人机制”入选2023版《江苏省高等职业教育质量年度报告》。

【江阴职业技术学院科教融汇】 2023年，江阴职业技术学院服务“科创江阴”建设，聚力打造江阴及周边地区“一线人才的培养中心”“技能人才的培训中心”“技术创新的服务中心”“传统文化的传承创新中心”。年内，“基于物联网的智慧电驱系统研发与产业化”科技创新团队获评江苏省高校优秀科技创新团队，“智能网联工业电机驱动”工程技术研究开发中心获批立项江苏省高职院校工程技术研发中心，累计建有省级工程技术研发中心2个。签约横向项目15项，到账经费56.8万元。全年获授权专利8件，其中1件发明专利成功实现转让。“薇采传创”非物质文化遗产传承与再创基地获评江苏省社科普及示范基地。成立徐霞客旅游学院，擦亮徐学研究品牌，培养造就新时代霞客传人。依托学院“智造未来职业体验示范中心”“智慧云创新技术展示体验中心”，接待中小学生开展职业体验活动。

（张龙龙　任　沁）

教师队伍

【概况】 2023年，江阴市教育系统公办学校在职员工17348人（不含南理工江阴校区)。公办学校在编专任教师14189人,其中幼教1111人、小学5373人、初中3910人、普通高中2237人、职业高中968人、成教118人、大学472人。全市幼教、小学专任教师本科率分别为95.50%和93.49%,初中、高中、中等职业学校专任教师研究生以上学历分别为7.80%、24.27%、7.85%。至年末,全市教育系统有教育部新时代中小学名师名校长培养计划1人(杨培明)、教育部新时代职业学校名师(名匠)名校长培养计划1人(潘永惠),江苏省人民教育家培养工程培养对象1人、"苏教名家"培养工程培养对象5人、省特级教师24人、省"教学名师"9人、省(无锡市)名校长(名教师)9人、省"333"工程培养对象和博士15人,无锡市中小学教育名家培养工程培养对象13人、学科带头人240人,江阴市名教师56人、名校长4人。正高级职称教师84人。有江苏省名师工作室2个、无锡市名师工作室16个、江阴市名校长工作室6个、江阴市名师工作室58个。

【深化"县管校聘"改革】 2023年,江阴市"县管校聘"改革试点校实现初中学段100%全覆盖。贯彻落实《江阴市教育系统内教师调动管理制度》《江阴市义务教育学校校长教师交流轮岗管理制度(试行稿)》精神,进一步规范全市教育系统内教师调动和校长、教师交流轮岗工作,在常规交流基础上,继续深化"三人一校三学科"城乡结对交流、超编学校单向交流工作,全年义务教育学校有733人参加常规交流,占符合交流条件总人数23.21%,交流教师中名优骨干教师358人,占交流教师总数的48.84%;超编学校选派48名教师在全市范围内单向交流。

【教师职称评审】 2023年,江阴市教育系统中小学、幼儿园参评一级教师任职资格有351人,其中中小学参评229人,通过188人,通过率82.1%;幼儿园参评122人,通过100人,通过率81.96%;乡村学校符合条件直接认定一级教师11人。中小学、幼儿园高级职称申报326人,其中非乡村系列职称申报115人,通过59人,通过率51.3%;乡村系列职称申报11人,通过4人,通过率36.4%;乡村定向申报200人,通过124人,通过率62%。通过职称初定625人,其中取得中小学一级职称65人、中小学二级职称471人、幼儿园二级职称71人、讲师职称6人、助理讲师职称12人。

【教师招录】 2023年,江阴市教育局面向社会公开招聘事业编制教师464人,其中普通中小学教师319人,职业类学校教师17人,幼教编外用工定向转公50人,幼儿园公办教师11人,乡村定向师范生49人,高端紧缺人才7人,南菁高中提前招录优秀高校毕业生11人。落实乡村教师定向培养计划100人,其中学前10人、小学50人、初中40人,历史类最高622分;物理类最高636分,报考热度保持高位运行,师源储备进一步优化。全市累计录取培养乡村定向师范生516人,155名毕业生到岗工作。

【加强人才引进培育】 2023年,江阴市教育局深化宣传《江阴市"暨阳名师"教育高层次人才引育实施细则》人才政策,全年引进高端人才1人,南菁高中、江阴高中等13所学校引进教育高层次柔性人才47人。与市人才办联合出台《关于开展2023年江阴市"暨阳英才"子女入学申请工作的通知》,进一步规范人才子女入学政策,落实14名人才子女入学、配偶入职协调等事宜。加强人才培育,南菁高中戴加成获评江苏省"苏教名家"培养工程培养对象,江阴职业技术学院曹宝飞、南菁高中印晓明和范丙军、夏港实验小学蔡海峰、晨光实验小学钱军伟5人获评江苏省"教学名师",市第一中学李忠、南菁高中徐海龙等10人晋级正高职称,南菁高中卢炜入选第五批江苏省乡村优秀青年教师培养奖励计划人选,市城中实验小学缪宏敏、长泾中学杨凤楼、市教师发展中心孙春成、华姿中专沈勤丰、南菁高中薛海燕和徐海龙6人获评第二批"锡教名家"培养工程培养对象(无锡市30人);江阴高中解晴等111人获评第十批无锡市中小学教学能手,市实验小学张晨聪等176人获评第九批无锡市中小学教学新秀。

【教师干部队伍建设】 2023年,江阴市教育局党委调整干部332人,其中调整学校校级和机关、直属事业单位股级领导235人,分别为提拔96人(正职17人、副职79人)、交流85人(含转任专职副书记50人)、到龄退岗45人、延迟退岗6人、免去职务1人、免去兼任职务2人;调整直属学校中层干部97人,其中中层正职57人、中层副职40人。加强后备人才库建设,有校级领导后备人才库395人、中层正职后备人才库(40周岁以下)382人和青年后备人才库(30周岁以下)245人。举行江阴市小学校长任职资格培训班,2017—2022年新任小学校长85人参加培训;江阴市教育系统"789工程"中青年干部培训班(2021—2023)结业;江阴市教育系统第三期青苗培训班开班,组织入职乡村定向师范生50人参加集中培训。

【推进支教合作交流】 2023年,江阴市教育系统选派60名教师赴新疆维吾尔自治区等地支教交流,其中新疆维吾尔自治区伊犁哈萨克自治州霍城县22人(高中14人,江阴中专8人),陕西省延安市延川县6人,山西省吕梁市方山县31人(高中11人,初中20人),江苏省连云港市灌云县1人。选派10名教育教学专家赴霍城县进行为期3个月的柔性援疆支教教学。新疆维吾尔自治区伊犁哈萨克自治州霍城县、江苏省连云港市灌云县同时安排学校行政领导、骨干教师近150人到江阴市跟岗培训,增进教育合作交流。

(汤永锋)

■类目编辑　成苏萍

综 述

【概况】 2023年，江阴市文体广电和旅游局以习近平新时代中国特色社会主义思想为指导，深入学习贯彻中共二十大精神，加强文化建设，展现城市文化特色，培育滋养城市文明。是年，新增"艺风微书房"4个，完成祝塘镇公共文化空间、利港街道图书馆、月城大戏院提升改造，锡剧评弹艺术馆、"剧说月城"文化共享空间、夏和兴雕塑艺术馆、陈复澄艺术馆、姚澄艺术馆建成开馆；月城镇弦歌水韵园入选2022年度全国最美乡村文化空间创新案例，双泾村入选文旅部2023年"四季村晚"示范展示点；水韵社区24小时图书馆、灿烂梦工坊公益服务中心2个单位入选2023年度江苏省"最美公共文化空间"打造对象。全年组织开展文化惠民活动3000余场；"澄艺快递"按需配送文化活动366场次，获评江苏省公共文化服务"十佳案例"；"艺起来"公益小剧场举办演出85场次，引进话剧《家》等精品剧目16场，市公共文化艺术发展中心艺术剧场获评第三批江苏省示范小剧场。举办市民文化节、"芙蓉花奖"评奖、江阴发展大会文艺演出等重大文化活动，承办江苏省小剧场演出季曲艺专场优秀剧目巡演，举办"书香江阴"读书节系列活动。与中央音乐学院、北京大学在北京市联合举办纪念"刘氏三杰"暨民族音乐大师刘北茂诞辰120周年音乐会，与中国煤矿文工团联合举办"古城新韵·古韵江南"民族音乐会。元林民族乐团、小红花艺术团、古琴文化研究会3个群众文化团队入选2023年度江苏省"优秀群众文化团队"培育对象名单；原创大型儿童剧《今天我是升旗手》先后获评第九届全国优秀儿童戏剧展演优秀剧目、2023紫金文化艺术节优秀剧目特别奖，并入选江苏艺术基金2023年度资助项目立项名单；中篇评弹《教我如何不想她》获2023江苏省文艺大奖·第十届曲艺奖（节目奖和文学奖），与中篇评弹《巨赞法师》共同入选2023—2025江苏省舞台艺术、美术书法创作行动计划；歌曲《我的相思》获无锡市"五个一工程"（由中共中央宣传部组织的精神文明建设"五个一工程"评选活动，1992年起每年进行一次，包括一部好的戏剧作品，一部好的电视剧或电视片作品，一部好的电影作品，一部好的社会科学图书，一部好的社会科学理论文章。1995年起，将一首好歌和一部好的广播剧列入评选范围，"五个一工程"的名称不变。）优秀作品奖；文艺作品获无锡市"群芳奖"10金9银6铜，获奖数居各县（区）之首。完成黄山炮台旧址修缮及小石湾明清古炮台展陈项目，完成要塞司令部旧址安防、消防、防雷工程和徐霞客故居防雷工程；完成徐霞客故居、高城墩遗址、适园、江阴文庙、周水平纪念馆5项"百宅百院"活化利用项目，在徐霞客故居打造首场园林沉浸式表演"霞映东方 游圣雅集"文化传承交流活动。对上争取文保专项资金1170万元，启动江阴蚕种场修缮。推进"非遗进校园"，在全市开设20个小锡班，77个二胡班，举办2023年度江阴市"学校二胡班"艺术展演、江阴市"锡剧廉洁教育进校园"汇报演出，江阴小锡班、二胡班登上央视戏曲频道"宝贝亮相吧"栏目。任氏疡科、朱氏针灸、江阴蟹黄包制作技艺、江阴麦秆画、珠绣5项项目入选第五批江苏省非物质文化遗产名录，全年组织开展各类非遗展示展演、网络直播活动100余场次。

【江阴市文化高质量发展大会召开】 2023年9月9日，江阴市文化高质量发展大会召开。无锡市委常委、江阴市委书记许峰在会上强调，要深入学习贯彻中共二十大精神，全面准确理解把握习近平总书记关于社会主义文化建设的重要论述和考察江苏重要讲话精神，按照江苏建设文化强省的总体部署，落实无锡市文化高质量发展大会的最新要求，聚力打响文化品牌，全面建设文化强市，书写新时代文化高质量发展江阴篇章，为加快建设社会主义现代化县域示范注入更澎湃的文化力量。市领导计军、邵文松、陈兴华、程政、王琪参加会议。与会人员集体观看江阴文化建设宣传片《文润暨阳》，相关市领导解读江阴市文化高质量发展系列政策文件。会议表彰江阴市"十佳公共文化空间""十佳文化企业""十佳文化社会组织"。市文体广电和旅游局、市文联、江阴高新区、新桥镇、江阴文化商业旅游产业集团有限公司领导作交流发言。

【"我的名字叫江阴"专场演出】 2023年10月28日下午，第四届江阴发展大会暨2023经贸洽谈会在江阴大剧院开幕，海内外近700名活跃在工商、科技、教育、医卫、文体、新闻传媒、金融等领域的江阴人和在江阴学习、工作过的知名人士，以及为江阴经济社会发展做出突出贡献的外籍人士受邀到江阴市，共同欣赏江阴市文体广电和旅游局主办的“我的名字叫江阴”专场文艺演出。整台演出以综艺情景剧形式呈现，讲述江阴籍海外华侨爷爷携孙女回乡探亲发生的故事，融合声乐、器乐、舞蹈、锡剧等艺术形式。

【两名江阴锡剧演员拜师周东亮伉俪】 2023 年 12 月 24 日下午，修身守正·薪火相传——著名锡剧伉俪周东亮、季春艳收徒仪式暨季超、缪宇哲、任子博、顾正阳、余萍、李佳、季子艺拜师仪式在南京博物院小剧场举行。江苏省委宣传部、省文化和旅游厅、省演艺集团、省戏剧家协会、江苏艺术基金管理中心、南京博物院有关领导出席，江阴市、张家港市、宜兴市相关单位的领导以及各兄弟院团领导、艺术家到场见证。江阴市锡剧评弹艺术传承中心青年演员顾正阳、季子艺，分别拜周东亮、季春艳为师。

文化设施

【概况】 2023 年，江阴市着眼打造高品质文化空间，在管理服务的人性化、精细化、品质化上下功夫，让文化空间成为人们心中“让生活更美好”的文化家园。年内新增“艺风微书房”4 个，完成祝塘镇公共文化空间、利港街道图书馆、月城大戏院提升改造，指导灿烂梦工坊公益服务中心、水韵社区 24 小时图书馆打造江苏省最美公共文化空间，促成锡剧评弹艺术馆开馆。是年，月城镇弦歌水韵园入选 2022 年度全国最美乡村文化空间创新案例；月城镇双泾村入选文旅部“四季村晚”示范展示点；江阴市公共文化艺术发展中心艺术剧场获评第三批江苏省示范小剧场。7 个镇(街道)完成智慧广电(乡镇)建设并通过江苏省广播电视局验收，实现智慧广电(乡镇)建设全覆盖。

【市公共文化艺术发展中心列省科普基地优秀等次】 2023 年 2 月，江苏省哲学社会科学界联合会发布《关于 2022 年度江苏省社会科学普及基地建设工作调研评估结果的通报》，江阴市公共文化艺术发展中心(图书馆)位列优秀等次。该中心(图书馆)多次开展读书节系列讲座和活动，以多元形式传递阅读文化，普及社科知识，举办“书香飘扬 全澄接力”阅读知识大赛、“21 天读江阴”系列读书比赛、儿童绘本剧大赛、暨阳大讲坛、全民诗歌朗诵大赛、“全澄共读”阅读马拉松大赛、国学公益课堂、非遗直播、文化巡展等系列活动，先后被评为全国读者最喜爱图书馆、全国青年文明号、全国最美基层图书馆、全民阅读示范基地、省社科普及品牌示范基地、江苏省文明单位、爱国主义教育基地。12 月 28 日，文化和旅游部发布关于第七次全国县级以上公共图书馆评估定级上等级馆名单，该中心(图书馆)第七次被评估为一级馆。

【2 个场馆入选省“最美公共文化空间”打造对象】 2023 年 3 月 14 日，江苏省文化和旅游厅公布 2023 年度江苏省“最美公共文化空间”打造对象和“优秀群众文化团队”培育对象名单，江阴市灿烂梦工坊公益服务中心、水韵社区 24 小时图书馆入选 2023 年度“最美公共文化空间”打造对象名单，江阴市元林民族乐团、江阴小红花艺术团、江阴市古琴文化研究会入选 2023 年度“优秀群众文化团队”培育对象名单。

【“艺风书房”迎阳路少儿分馆开馆】 2023 年 4 月 22 日，江阴市图书馆“艺风书房”迎阳路少儿分馆揭牌开馆。该馆建筑面积 189 平方米，有少儿藏书 2500 余册，主要面向 12 岁以下的儿童，定期举办亲子阅读活动，为少年儿童量身打造触手可及的阅读阵地。

【月城镇弦歌水韵园入选最美乡村公共文化空间】 2023 年 5 月，在文化和旅游部全国公共文化发展中心联合中国群众文化学会、中国建筑装饰协会、成都市人民政府、新华网开展的 2022 年乡村公共文化空间设计展示活动中，月城镇弦歌水韵园入选最美乡村公共文化空间。该园占地面积 7.12 公顷，围绕“水韵江南 月洒清辉”主题，融合戏曲艺术和水韵文化，分弦歌醉月、清音草庐、梨园凤鸣、陶然清辉 4 个主题功能空间，涵盖展览室、排练室、创作室、船上古戏台、露天广场等阵地，设计独特、功能齐全。

【艺术剧场入选省示范小剧场】 2023 年 8 月 21 日，江苏省文化旅游厅(省文物厅)公布第三批江苏省示范小剧场认定结果名单，江阴市公共文化艺术发展中心艺术剧场入选。艺术剧场建筑面积约 600 平方米，座席 401 个，配备较为完备的舞台灯光、音响设备，并建立一支专职管理运营团队。剧场以“人人能进剧场、个个能上舞台”为目标，大力推进全民艺术普及，塑造“艺起来”公益小剧场

2023 年 9 月 19 日，市锡剧评弹艺术馆开馆　（市文体广电和旅游局提供）

品牌。是年，“艺起来”公益小剧场完成演出85场次，超过3万人次观演。

【市锡剧评弹艺术馆开馆】 2023年9月19日，江阴市锡剧评弹艺术馆开馆仪式在天华文化中心举行，无锡市文化广电和旅游局副局长孔祥年，江阴市委常委、宣传部部长程政，江阴市副市长杭成，江阴市政协副主席、市文体广电和旅游局局长钱晴为“江阴市锡剧评弹艺术馆”揭牌。评弹表演艺术家、国家一级演员、上海评弹团原副团长徐惠新，锡剧“梅派”艺术新一代传人、国家一级演员、无锡市锡剧院院长蔡瑜参加开馆仪式。该馆围绕锡剧和评弹的艺术特点以及在江阴的发展历程、代表人物、代表作品、荣誉成就等主题内容，通过图文、影像、服饰、乐器等进行展示，叠加小剧场功能，打造为集展览展示、戏曲演出、文化交流、非遗传习、艺术普及等业态为一体的“小而美”艺术空间。

【6个场馆入选无锡市“艺术拾珍·美好空间珍珠链”计划】 2023年12月27日，无锡市文化广电和旅游局公布2023年无锡市“艺术拾珍·美好空间珍珠链”计划入选名单，江阴市满庭芳郊野花园、顾山镇丰硕造物民宿、江阴市图书馆延陵路绿道分馆、新四军六师师部驻地旧址、曹颖甫故居、立澄艺术馆入选。

公共文化

【概况】 2023年，江阴市文化工作注重公共服务深入基层、服务群众的理念，人均接受文化场馆服务次数6.32次，位列无锡市第二。开展“我们的中国梦——文化进万家”主题惠民活动，为基层送戏送演出85场，送评弹255场；实施“澄艺快递”江阴市公共文化服务精准配送项目，按需配送文化活动366场次；打造“艺起来”公益小剧场品牌，举办演出85场次，引进话剧《家》等精品剧目16场。

【“金兔纳福2023年江阴市新春音乐会”举行】 2023年1月19日晚，“金兔纳福2023年江阴市新春音乐会”在市天华文化中心艺术剧场举行，音乐会由市委宣传部、市文体广电和旅游局、市文学艺术界联合会联合主办，市公共文化艺术发展中心、市锡剧评弹艺术传承中心、市音乐舞蹈家协会承办，特邀无锡民族乐团、江阴市刘天华二胡协会、江阴市暨阳国乐社演出《庆典序曲》《欢乐歌》《良宵》《百鸟朝凤》《光明行》等曲目。市委常委、宣传部部长程政，市人大常委会副主任许晨，副市长杭成，市政协副主席陈兴初，市政协副主席、市文体广电和旅游局局长钱晴参加活动，全市各级“好人”、公安干警、医务工作者、快递员、环卫工人代表等受邀到现场观看。该次音乐会在网上同步直播，33825名观众在线观看。

【“澄艺快递”公共文化服务精准配送项目】 2023年2月，江阴市文体广电和旅游局公共文化服务精准配送项目——“澄艺快递”被评为2022年度江阴市宣传思想文化工作创新项目。8月1日，该项目推介会在市公共文化艺术发展中心（图书馆）举行。推介会以项目提供方现场推介、各镇（街道）点单主体填写意向书的创新方式，问需于民，精准对接。该次推介有80余个供给主体参与申报各类公共文化项目123项，包括江苏省演艺集团锡剧团、西安话剧院、南京市话剧团等专业院团9个，经专家评审购买公共文化服务项目77项。9月26—28日，江苏省文化和旅游厅在南通市召开全省公共文化服务高质量发展推进会，江阴市围绕“澄艺快递”工作报送的案例《问需于民，精准对接——深化公共文化供给侧结构性改革的江阴实践》入选全省公共文化服务高质量发展“十佳案例”。12月19日，江阴市“澄艺快递”案例被写入《中国文化报》头版《江苏高品质公共文化服务添彩美好生活》。是年，“澄艺快递”按需配送文化活动366场次。

【2023年文化进万家巡演活动】 2023年4月9日，“团结向前进，一起向未来”2023年“我们的中国梦——文化进万家”巡演活动启动仪式暨首场文艺演出在江阴市天华文化中心广场举行，市委常委、宣传部部长程政，市人大常委会副主任许晨，副市长杭成，市政协副主席陈兴初，市政协副主席、市文体广电和旅游局局长钱晴等领导共同启动。活动视频展示江苏省“千个最美公共文化空间”和“千支优秀群众文化团队”入选对象、“澄艺快递”江阴市公共文化服务精准配送项目，展示并表彰2022年度江阴市群众文艺创作成果，一批歌曲、小品、评弹说唱、戏曲联唱等节目上演。至年末，文化进万家活动送戏送演出85场，送评弹255场。

【锡剧廉洁教育进校园】 2023年6月12日，“江上清风拂校园 百年锡剧唱廉洁”江阴市“锡剧廉洁教育进校园”汇报演出在江阴大剧院举行。演出分实验教材联唱、锡剧红色经典、校园小锡剧3个篇章，全市20所小学的学生代表进行展演，以戏育

2023年1月19日晚，“金兔纳福”2023年江阴市新春音乐会在市天华文化中心艺术剧场举行　　（市文体广电和旅游局提供）

廉、以文化人，营造廉洁教育氛围，引导学生从小树立正确的价值观和道德操守，涵养清风正气。

【2024 江阴新年音乐会】 2023 年 12 月 29 日晚，由江阴市委宣传部、市文体广电和旅游局主办，江阴文化商业旅游产业集团有限公司、市公共文化艺术发展中心、市锡剧评弹艺术传承中心承办的“光明行”2024 江阴新年音乐会在江阴大剧院上演，特邀无锡民族乐团联合江阴市刘天华二胡协会、江阴市暨阳国乐社共同演出。江阴市领导程政、许晨、杭成、陈兴初、钱晴参加活动，全国道德模范(提名)、“中国好人”“江苏好人”、优秀志愿者等先进典型代表及公安、教育、城管、卫生、住建、交通等行业代表观看演出。江阴农商银行提供支持。 (顾情义)

文学艺术

【概况】 2023 年，江阴市文联坚持以党建兴文艺，围绕游圣、学政、军事、民乐、中医五大文化品牌，引导文艺家扎根人民、扎根生活、深入群众、深入基层，创作一批反映和凝聚江阴精神的优秀文艺作品。是年，市文联征集“新江阴、新青年、新文艺”“江阴市第五届摄影艺术展”等文艺作品 1000 余件，以文艺精品创作带动文艺家队伍建设。作家协会出版长篇散文《东京梦寻录》、诗集《一个人的县城：江阴新诗选》等文学著作，11 篇作品在省级以上赛事中获奖。民间文艺家协会少儿故事讲演《在烈火中永生》获首届“夏友梅杯”全国青少儿故事大赛金奖，在省级以上刊物发表故事 10 篇。戏剧曲艺家协会大型儿童剧《今天我是升旗手》获评第九届全国优秀儿童戏剧展演优秀剧目、2023 紫金文化艺术节优秀剧目特别奖，并入选江苏艺术基金 2023 年度资助项目立项名单，中篇弹词《教我如何不想她》获江苏省文艺大奖·第十届曲艺奖，与中篇评弹《巨赞法师》共同入选 2023—2025 年江苏省舞台艺术创作行动计划。音乐舞蹈家协会舞蹈《髯口小戏娃》获第十二届“小荷风采”全国少儿舞蹈展演“小荷新秀”称号，女声小组唱《我的江南》获 2023 江苏省文艺大奖·音乐奖二等奖。美术家协会油画《幸福港之一》入选第二届“时代中国”全国美术作品展览，版画《水乡寻迹》入选第二十五届全国版画作品展，12 件作品入选国家级展览，38 件作品在省级展览比赛中入选、获奖。书法家协会行草《宋词数首》入展全国第三届书法临贴作品展，草书《世说新语》入展“金鸡逐梦”——中国当代草书名家作品学术研究展，3 件作品入展国家级展览，14 件作品在省级展览比赛中入选、获奖。摄影家协会在国家级比赛展览中，有 25 件作品分别入展、获奖和发表，在省级比赛展览中，有 13 件作品入选、获奖；《故园》入选 2023 第十届大理国际影会，《世界第一跨江输电塔成长记》入展第十一届全国农民摄影大赛。影视家协会故事短片《家书》入围 2023 金花奖·北京国际儿童电影展，并获第九届“根亲中国”华语电影短片大会优秀作品奖。(陈　佳)

【《今天我是升旗手》获奖】 2023 年 6 月，大型儿童剧《今天我是升旗手》代表江苏省参加第九届全国优秀儿童戏剧展演，获“优秀剧目”奖，同月获江苏艺术基金 2023 年度资助项目。该剧根据全国“五个一工程奖”获得者黄蓓佳的同名小说《今天我是升旗手》改编，由江阴市锡剧评弹艺术传承中心、市公共文化艺术发展中心、花园实验小学联合创演，是江阴首部大型儿童剧。10 月 30 日晚，2023 紫金文化艺术节在江苏大剧院闭幕，《今天我是升旗手》获优秀剧目特别奖，是唯一获该奖的作品。

【中篇评弹《教我如何不想她》公演】 2023 年 7 月 15 日，江阴市作家周林海创作，市锡剧评弹艺术传承中心创排，特邀上海评弹团原副团长、国家一级演员徐惠新导演的江阴原创大型曲艺作品中篇评弹《教我如何不想她》在江阴市天华文化中心艺术剧场举行公演。该作品立足江阴地域文化特色，聚焦优良家风传承主题，讲述刘半农、刘天华、刘北茂江阴刘氏三杰鲜为人知的家传故事。该作品入选 2023—2025 江苏省舞台艺术创作行动计划，获 2023 年第二届紫金戏剧文学奖提名奖，获江苏省文艺大奖·第十届曲艺奖节目奖和文学奖两个奖项。

【江阴市获第七届无锡市“群芳奖”10 金 9 银 6 铜】 2023 年 11 月 10 日，在无锡市第七届“群芳奖”评选活动中，江阴市 25 件舞台艺术类作品获 10 金、9 银、6 铜；美术书法类作品 5 件获奖，4 件入展；市文体广电和旅游局获优秀组织奖。江阴市获奖总数和金奖总数在该届“群芳奖”评选中均位居无锡市各县(区)之首。

【中篇评弹《巨赞法师》作品研讨会召开】 2023 年 12 月 14 日，原创中篇评弹《巨赞法师》试演及专家研讨会在江阴市公共文化艺术发展中心召开，江苏省文联一级巡视员刘旭东，江苏省曲艺家协会驻会副主席、秘书长孙志兵，浙江省社科院哲学研究所所长、教授陈永革等专家出席。《巨赞法师》由江阴市锡剧评弹艺术传承中心创排，特邀江苏省常州文学创作中心副主任、一级编剧言禹墨创作，国家一级演员、上海评弹团原副团长徐惠新导演，作品入选 2023—2025 年江苏省舞台艺术创作行动计划。专家们就演出效果和修改提升进行研讨交流。(顾情义)

2023 年江阴市文学作品参赛情况一览表

表 38

作品名称	作者	体裁	参赛名称	主办单位	获奖情况
《庆历四年秋》	夏坚勇	长篇散文	第六届朱自清散文奖	《人民文学》编辑部、扬州市人民政府	优秀作家奖
《承天门之灾》	夏坚勇	长篇散文	第五届《钟山》文学奖	《钟山》编辑部	长篇作品奖

续表 38

作品名称	作者	体裁	参赛名称	主办单位	获奖情况
《影事:李叔同画像》	金雪松	诗歌	李叔同国际诗歌奖	《诗刊》杂志社	新锐奖
《巩义行吟》(组诗)	金彪	现代诗	“诗在中原 歌咏中华”第七届中国诗歌节主题诗歌征集	文化和旅游部、中国作家协会、河南省人民政府	优秀作品奖
《浮梁红茶,江南秘境的乡愁或柔嫩鲜香的诗经》(组诗)	金彪	现代诗	“浮茶杯”红茶文学作品全国征文大赛	中华合作时报社、江西省浮梁县委、县政府	二等奖
《以草木之心描绘一只猴子》(外四首)	金彪	现代诗	第三届“猴王杯”华语诗歌大奖赛	《中国文艺家》杂志社	入围奖
《一册水墨乡愁的古老札记或亘古不变的慢时光》	金彪	现代诗	“窖藏 88 · 岁月弥香——我与光阴的故事”征文大赛	贵州习酒股份有限公司、文艺报社	入围奖
《凤堰梯田,雕刻在巴山汉水间的绝版诗意与乡愁》	金彪	现代诗	“凤堰梯田 · 魅力相约”全国有奖征文	《延河》杂志社、安康日报社、陕西省汉阴县委宣传部	纪念奖
《追鱼》	陶青	散文	江苏省报纸副刊好作品奖	江苏省报纸副刊协会	一等奖
《冰栩的心愿》	陶青	散文	江苏省报纸副刊好作品奖	江苏省报纸副刊协会	二等奖
《我和工行一见倾心》	梅玉珍	散文	“我与江苏工行 40 年”征文大赛	扬子晚报社	二等奖

2023 年江阴市文学著作出版和文学作品发表情况一览表

表 39

类别	作品名称	作者	体裁	出版社或发表刊物
文学著作	《东京梦寻录》	夏坚勇	长篇散文	译林出版社
	《花瓣中的呼吸》	李霆	散文、随笔	百花文艺出版社
	《游思悟得》	姚毓青	散文	团结出版社
	《大唐帝国的后半生》	陈炜	历史散文	现代出版社
	《一个人的县城:江阴新诗选》	庞培(主编)	诗集	上海文艺出版社
文学作品	《讲台无边》	郇丽雅	短篇小说	《海燕》
	《江阴鲥鱼记》	王荣方	散文	《江南晚报》
	《叔侄间》	王荣方	散文	《青春》
	《千岁申港》	王荣方	散文	《江南晚报》
	《追鱼》	陶青	散文	《莽原》
	《徐霞客与黄道周》	陶青	散文	《美文》
	《江南的冬天》《春晒头》《大热天头》等 6 首	庞培	散文	《红岩》
	《从旧事物出发》	庞培	散文	《收获》
	组诗	庞培	诗歌	《诗刊》
	《月缺一角》	缪文宗	中篇小说	《四川文学》
	《春好图》(外一首)	金彪	现代诗	《辽河》
	《浮梁红茶,江南秘境的乡愁或柔嫩鲜香的诗经》(组诗)	金彪	现代诗	《中华合作时报》
	《许你一个未来:号声中的男孩成长》	吴正毅	文学评论	《中华读书报》
	《少年心事当拏云》	吴正毅	文学短评	《读友》(炫动版)
	《少年在现实中成长》	吴正毅	文学短评	《读友》(炫动版)
	《希望之光熠熠生辉》	吴正毅	文学短评	《读友》(炫动版)

续表 39

类别	作品名称	作者	体裁	出版社或发表刊物
文学作品	《成长是告别谎言的过程》	吴正毅	文学短评	《读友》(炫动版)
	《每个孩子都是一颗小小星球》	吴正毅	文学短评	《读友》(炫动版)
	《传承优秀传统文化的“技”与“魂”》	吴正毅	文学短评	《读友》(炫动版)
	《不懈的守望》	吴正毅	文学短评	《读友》(炫动版)
	《在坚强和柔软之间成长》	吴正毅	文学短评	《读友》(炫动版)
	《一个有趣而温暖的故事》	吴正毅	文学短评	《读友》(炫动版)
	《隐秘的梦》	金雪松	诗歌	《诗刊》
	《还原》	金雪松	诗歌	《民族文学》
	《青山录》	金雪松	诗歌	《诗刊》
	《远山》	金雪松	诗歌	《山东文学》
	《汪洋册页》	金雪松	诗歌	《福建文学》
	《一只苍鹭》等组诗 6 首	严　寒	诗歌	《诗刊》
	组诗 7 首	严　寒	诗歌	《太湖》
	《春到江南马兰香》《故乡的香樟浴》	蔡亚春	散文	《农民日报》
	《母亲的黑发》《陪母亲跳健身操》	蔡亚春	散文	《中国电视报》
	《缝补出来的幸福生活》《一饭三停顿》	蔡亚春	散文	《人民政协报》
	《葫芦馄饨香》	蔡亚春	散文	《人民铁道报》
	《母亲的“智能”幸福》	蔡亚春	散文	《中国应急采购报》
	《久违的稻草绳》	蔡亚春	散文	《中国政府采购报》
	《给父亲搓脚底心》《借故陪父亲散步》	蔡亚春	散文	《老年杂志》
	《清炒草头》	蔡亚春	散文	《山西晚报》
	《夏天的雨》	蔡亚春	诗歌	《甘肃农民报》
	《致大学毕业生》	蔡亚春	诗歌	《四川民族教育报》
	《家风育人》	张　清	散文	《黄石日报》
	《家门口的“幸福味”》	张　清	散文	《东南早报》
	《家风是人生的航标灯》	张　清	散文	《南川报》
	《祸兮福所倚》	张　清	散文	《茅山道讯》
	《竹根摆件》	张　清	散文	《牛城晚报》
	《父亲的手风琴》	张　清	散文	《沧州晚报》
	《口琴带给我的欢愉》	张　清	散文	《太原晚报》
	《秋天是一幅画》	张　清	散文	《今日儋州》
	《谁自故乡消失》	张　清	散文	《大益文学》
	《文学是一盏灯——读蔡亚春的〈边走边写〉》	张　清	书评	《天水晚报》《张家界日报》
	《理发理出幸福来》	张　清	散文	《现代家庭报》
	《十月》《做一株谷穗》《芦苇花开在秋天》	周国平	诗歌	《中国金融文学》
	《大雪中的草木》	周国平	诗歌	《中国诗刊报》
	《除夕》《红灯笼,流荡幸福的红》《拜年》	周国平	诗歌	《中国诗歌年选》

续表 39

类别	作品名称	作者	体裁	出版社或发表刊物
文学作品	《静待花开》《风筝是一只找不到故乡的鸟》	周国平	诗歌	《春晖文学》
	《一次轻微的颤抖》	周国平	诗歌	《神州诗歌报》
	《我的村庄》《春之侧》	周国平	诗歌	《北方诗歌》
	《鹦鹉》《屋顶上的鸟》	周国平	诗歌	《白孔雀诗选》
	《回家》《故乡的鸟》《我们谈论梨花开》《隐居》	周国平	诗歌	《北方诗刊》
	《我的故乡没有那么大》《故乡的苦楝树》	周国平	诗歌	《诗生活诗选》
	《载不走的思念》《今夜，那轮清瘦的月亮》《目光》《相逢》《尘世的肖像》《梦的影子》《梦见一个人》	周国平	诗歌	《青年文学家》
	《想起乡下的老屋》《湖荡幻景》《油菜花》《想起了村前的那棵老槐树》《我们彼此靠近》	周国平	诗歌	《白银》
	《载不走的思念》《今夜，那轮清瘦的月亮》《目光》《梦的影子》《在一个午后阅你》《相逢》	周国平	诗歌	《当代优秀爱情诗选》岭南丛书
	《故乡是一弯瘦弱的月亮》《我喜欢迟缓的事物》	周国平	诗歌	《中华山诗刊》
	《三月，梦境的缘》《粽子的清香在五月流淌》	周国平	诗歌	《神州文学》
	《七月流火》《望江》《蜻蜓》	周国平	诗歌	《九天文学》
	《三月的风姿》《我对春风说句话》	周国平	诗歌	《白孔雀诗选》
	《遇见一棵树》《小镇风情》《有你真好》	周国平	诗歌	《现代作家》
	《土房子》《那时候我们还很年轻》	周国平	诗歌	《白孔雀诗选》
	《采集露珠的人》	周国平	诗歌	《江苏工人报》
	《三月，梦境的缘》《粽子的清香在五月流淌》	周国平	诗歌	《驼铃》
	《端午》	周国平	诗歌	《黄河新诗报》
	《移民后的张哥》《一样的梦》《第一次当“群演”》	孔利新	散文	《泰州晚报》
	《敲开幸福之门》	孔利新	散文	《江南晚报》
	《投资理财 App 竟然是“窃听器”》	丁臻炜	小说	《啄木鸟》
	《青青向阳竹》	丁臻炜	散文	《派出所工作》
	《再见一座城》	丁臻炜	散文	《江苏公安文艺》
	《高启强：时代与个人的狂飙》	丁臻炜	评论	《人民作家》
	《岂曰无衣》	丁臻炜	评论	《江苏公安文艺》
	《春花三帖》	倪传余	散文	《无锡日报·太湖周刊》
	《菱与莼》	倪传余	散文	《中国教师报·文化周刊》
	《春来迎风回》	曹亚菊	诗歌	《生活晚报》
	《剪一段时光》	曹亚菊	散文	《山西晚报》
	《记忆里的村小》	曹亚菊	散文	《金陵晚报》
	《种子的生命力》《三月桃花》	潘明山	诗歌	《江苏经济报》
	《窗外的母亲永远消失了》	潘明山	散文	《江苏经济报》
	《你从春天起航，走向红火未来》	梅玉珍	散文	《人民政协报》
	《童亮一：引进境外先进理念推动县域电商发展》	梅玉珍	人物传记	《华人时刊》

2023年江阴市民间文艺作品参赛(参演)情况一览表

表40

作品名称	作者	门类	参赛(参演)名称	主办单位	获奖情况
《锦上花》	黄方照	剪纸	“第十六届中国民间文艺山花奖·优秀民间工艺美术作品”初评	中国民间文艺家协会	入选
《在烈火中永生》	讲演:谢小熠 指导老师:宋春娣	少儿故事讲演	首届“夏友梅杯”全国青少儿故事大赛	“夏友梅杯”全国青少儿故事艺术展演活动组委会	金奖
《王二小》	讲演:董烨洋、黄梓豪 指导老师:陆雅婷	少儿故事讲演	首届“夏友梅杯”全国青少儿故事大赛	“夏友梅杯”全国青少儿故事艺术展演活动组委会	银奖
《嫁媳》片段	严　新	锡剧	2023全国民间文艺展演(溧阳专场)	中国民间文艺家协会民间戏曲艺术委员会	优秀节目、优秀演员
《农家乐来了个怪老头》	徐凤清	故事	第二届“富春杯”浙江省青年故事会征文活动	浙江省杭州市民间文艺家协会等	入围

2023年江阴市民间文艺作品出版(发表)情况一览表

表41

作品名称	作者	门类	发表刊物(作品集名称)	主办单位(出版社)
《白色坟墓》《大炮局长》《小香花店》《死也不肯折的老屋》	徐凤清	故事	《野马渡》	江苏省民间文艺家协会
《土厨子开农家乐》《小丑治怪病》	徐凤清	故事	《上海故事》	上海市群艺馆
《放生鱼》	徐凤清	故事	《故事会》	上海文艺出版总社
《善庄故事》	徐凤清	故事	《民间文学》	中国民间文艺家协会
《一根扁担杨家枪》	刘建东	小说	《今古传奇》	湖北省文学艺术界联合会
《五弦琴》	顾　瑜	故事	《远古的回声——神农炎帝故事集成》	北岳文艺出版社

2023年江阴市戏剧曲艺作品参赛(参演)情况一览表

表42

作品名称	作者	门类	参赛(参演)名称	主办单位	获奖情况
《今天我是升旗手》	编剧:蔡晓英 导演:许曼地 副导演:刘继英 指导老师:唐　健、景艺涛、赵　琼、王晓洁、蔡红霞	儿童剧	第九届全国优秀儿童剧戏剧展演	文化和旅游部艺术司	优秀剧目
《沙家浜·遮不住红太阳万丈光芒》	编剧:汪曾祺、杨毓珉、肖　甲、薛恩厚	锡剧	2023年度“中国少儿戏曲小梅花荟萃”活动	中国戏剧家协会	业余组“小梅花十佳”称号
《今天我是升旗手》	编剧:蔡晓英 导演:许曼地 副导演:刘继英 指导老师:唐　健、景艺涛、赵　琼、王晓洁、蔡红霞	儿童剧	2023紫金文化艺术节	江苏省委宣传部、省文化和旅游厅、省文学艺术界联合会	优秀剧目特别奖
《教我如何不想她》	周林海	中篇弹词	江苏省文艺大奖·第十届曲艺奖	江苏省文学艺术界联合会、省曲艺家协会	节目奖三等奖、文学奖
《三十八朵菊花》	仲宇蕾	苏州评弹	江苏省文艺大奖·第十届曲艺奖	江苏省文学艺术界联合会、省曲艺家协会	表演奖决赛入围

续表 42

作品名称	作者	门类	参赛(参演)名称	主办单位	获奖情况
《珍珠塔·哭塔》	编剧:谢　鸣、成进森、钱惠荣 演出:计丽静	锡剧	2023粤港澳大湾区(深圳)青年戏剧节"中国戏曲红梅大赛"	广东省深圳市文化广电旅游体育局、罗湖区委宣传部、罗湖区文化广电旅游体育局、罗湖区文联、中国田汉研究会	锡剧花旦组"红梅金花"第一名
《情探·阳告》	演出:朱家怡	锡剧	2023粤港澳大湾区(深圳)青年戏剧节"中国戏曲红梅大赛"	广东省深圳市文化广电旅游体育局、罗湖区委宣传部、罗湖区文化广电旅游体育局、罗湖区文联、中国田汉研究会	锡剧青衣花旦组"红梅金花"第一名
《珍珠塔·跌雪》	编剧:谢　鸣、成进森、钱惠荣 演出:顾正阳	锡剧	2023粤港澳大湾区(深圳)青年戏剧节"中国戏曲红梅大赛"	广东省深圳市文化广电旅游体育局、罗湖区委宣传部、罗湖区文化广电旅游体育局、罗湖区文联、中国田汉研究会	锡剧小生组"红梅金花"第一名
《嫁媳·自叹》	编剧:俞介君 作曲:叶传卿 演出:季子艺	锡剧	2023粤港澳大湾区(深圳)青年戏剧节"中国戏曲红梅大赛"	广东省深圳市文化广电旅游体育局、罗湖区委宣传部、罗湖区文化广电旅游体育局、罗湖区文联、中国田汉研究会	锡剧青衣花旦组"红梅金花"第二名
《玉蜻蜓·画楼绣阁》	编剧:季彦辉、田　夫 作曲:叶传卿 演出:严紫怡	锡剧	2023粤港澳大湾区(深圳)青年戏剧节"中国戏曲红梅大赛"	广东省深圳市文化广电旅游体育局、罗湖区委宣传部、罗湖区文化广电旅游体育局、罗湖区文联、中国田汉研究会	锡剧青衣组"红梅金花"第三名
《玉蜻蜓·庵堂认母》	编剧:季彦辉、田　夫 作曲:叶传卿 演出:计丽静	锡剧	2023江苏省文艺大奖·第十一届戏剧奖决赛	江苏省文学艺术界联合会	入围
《王华买父·小王华命不好》	作曲:周林华 演出:顾正阳	锡剧	2023江苏省文艺大奖·第十一届戏剧奖决赛	江苏省文学艺术界联合会	入围
《孟姜女·哭长城》	作曲:吴忠良 演出:季子艺	锡剧	2023江苏省文艺大奖·第十一届戏剧奖决赛	江苏省文学艺术界联合会	入围
《珍珠塔·跌雪》	编剧:谢　鸣、成进森、钱惠荣 演出:姜佳晨	锡剧	2023江苏省文艺大奖·第十一届戏剧奖决赛	江苏省文学艺术界联合会	入围
《玉蜻蜓·画楼绣阁》	编剧:季彦辉、田　夫 作曲:叶传卿 演出:严紫怡	锡剧	2023江苏省文艺大奖·第十一届戏剧奖决赛	江苏省文学艺术界联合会	入围
《穆桂英挂帅·辕门外三声炮》	编剧:张建广 演出:孟雨涵等	锡剧	2023年度"中国少儿戏曲小梅花荟萃"江苏省选拔活动	江苏省文学艺术界联合会	"小梅花集体节目"称号

2023年江阴市音乐舞蹈作品参赛(参演)情况一览表

表 43

作品名称	作者	门类	参赛(参演)名称	主办单位	获奖情况
《聋口小戏娃》	创编:杜国军、谭旭仰、朱华琴 指导:朱华琴、王　捷、曹　怡	舞蹈	第十二届"小荷风采"全国少儿舞蹈展演	中国舞蹈家协会	作品获"小荷新秀"称号;朱华琴、王捷、曹怡获"小荷园丁"称号;协会获"小荷之家"称号
《永不忘却的81192》	徐　磊、周燕萍、王若旖	诗朗诵	全国第八届中小学生艺术展演	教育部	朗诵类二等奖
女声小组唱《我的江南》	作词:秦　逸 作曲:兰海军	音乐	2023江苏省文艺大奖·音乐奖	江苏省文学艺术界联合会、省音乐家协会	二等奖

续表43

作品名称	作者	门类	参赛(参演)名称	主办单位	获奖情况
男声小合唱《忠诚》	作词:兰海军 作曲:顾黎强	音乐	江苏省"学习贯彻党的二十大精神"主题新创舞台艺术作品征稿活动	江苏省文化馆	二等奖
男声独唱《大试卷》	作词:秦　逸 作曲:兰海军	音乐	江苏省"学习贯彻党的二十大精神"主题新创舞台艺术作品征稿活动	江苏省文化馆	优秀奖
琵琶演奏	张红英、朱梦舟、弘音琵琶室内乐成员	音乐	2023年江苏小茉莉花奖比赛	江苏省音乐家协会	优秀指导教师、组合A组金奖
女声独唱	丁　当	音乐	第六届"新莺奖"暨2023江苏省流行音乐大赛·声乐(流行演唱)总决赛	江苏省流行音乐学会	成人组新莺大奖

2023年江阴市美术作品参赛(参展、发表)情况一览表

表44

作品名称	作者	门类	参赛(参展、发表刊物)名称	主办单位	获奖情况
《幸福港之一》	仰　超	油画	第二届"时代中国"全国美术作品展览	中国美术家协会、深圳市委宣传部、深圳市文学艺术界联合会、深圳市福田区委员会、深圳市福田区人民政府	入选
《幸福港之三》	仰　超	油画	2022·美丽湾区——全国中国画、油画、动漫作品展	中国美术家协会、广东省文学艺术界联合会、广州市文学艺术界联合会	入选
《小憩之二》	仰　超	油画	中国梦·2022艺术草原——中国画、油画作品展览	中国美术家协会、中国文学艺术基金会、内蒙古自治区文化和旅游厅、九三学社内蒙古自治区委员会、内蒙古自治区政协书画院	入选
《生长长生1》 《生长长生2》	仰　超	油画	致青春——2023江苏省青年美术家提名展	江苏省青年美术家协会、无锡市文化广电和旅游局、无锡市青年联合会	入选
《平凡的颂歌》	夏　静	油画	2022·美丽湾区——全国中国画、油画、动漫作品展	中国美术家协会、广东省文学艺术界联合会、广州市文学艺术界联合会	入选
《大先生》	夏　静	油画	研究与超越——第三届中国小幅油画展(2023)	中国油画学会、诸暨市人民政府	入选
《隐秀美学精神在油画中的体现》	夏　静	论文	《美与时代》	郑州大学美学研究所、河南省美学学会	发表
《构建区域美术艺术生活大舞台的实践研究》	夏　静	论文	《大观》	河南省开封市文学艺术界联合会	发表
《和音》	夏　静	油画	"御风而行向未来"长三角绘画作品联展	长三角文艺发展联盟、上海市文学艺术界联合会、江苏省文学艺术界联合会、浙江省文学艺术界联合会、安徽省文学艺术界联合会	入选
《江上即景》	夏　静	油画	"与时偕行"江苏省油画雕塑院作品展	江苏省文化和旅游厅	入选
《水乡寻迹》	尤春毓	版画	第二十五届全国版画作品展	中国美术家协会、江苏省文化和旅游厅	入选
《水乡寻迹》	尤春毓	版画	首届"太湖境象"江苏美术设计双年展	江苏省美术家协会、无锡市委宣传部、无锡市文学艺术界联合会、江南大学设计学院	优秀作品
《运河两岸》	尤春毓	版画	江苏省第九届新人美术作品展览	江苏省美术家协会、南通市委宣传部	新人奖

续表44

作品名称	作者	门类	参赛（参展、发表刊物）名称	主办单位	获奖情况
《天宫随想》	陈　爽	油画	时代颂歌——2022百家金陵画展（油画）	中国美术家协会、江苏省委宣传部、省文化和旅游厅、省文联	入选
《孕—律》	陈　爽	油画	江苏省第二届新文艺群体美术作品展	江苏省美术家协会、连云港师范高等专科学校、连云港市文学艺术界联合会	入选
《使命·火眼金睛》	陈　爽	油画	首届"太湖境象"江苏美术设计双年展	江苏省美术家协会、无锡市委宣传部、无锡市文学艺术界联合会、江南大学设计学院	入选
《筑梦人》	周　倩	中国画	逸韵和光——2023·中国画作品展	中国美术家协会、江苏省文学艺术界联合会、无锡市人民政府	入选
《暖阳下》	周　倩	中国画	扬州美术双年展——2022江苏美术写生作品展	江苏省美术家协会、扬州市委宣传部、扬州市文化广电和旅游局、扬州市文学艺术界联合会	入选
《岁月定格》	周　倩	中国画	青春梦享——2023年江苏省青年美术家协会新人展	江苏省青年美术家协会	入选
《和风逸韵》	陈一非	中国画	逸韵和光——2023·中国画作品展	中国美术家协会、江苏省文学艺术界联合会、无锡市人民政府	入选
《湃》	陈一非	中国画	首届"太湖境象"江苏美术设计双年展	江苏省美术家协会、无锡市委宣传部、无锡市文学艺术界联合会、江南大学设计学院	入选
《溯》	陈一非	中国画	青春盛绘——2023年江苏省青年美术家协会年度大展	江苏省青年美术家协会、苏州市美术家协会	入选
《中庭黛色》	周希平	中国画	泾上丹青——2023·中国写意画作品展	中国美术家协会、安徽省文学艺术界联合会	入选
《最可爱的人》	花悦琳	少儿美术	第三届全国少儿美术作品展	中国美术家协会、中国民族文化艺术基金会	入选
《一隅》其一	陈雨萌	油画	研究与超越——第三届中国小幅油画展（2023）	中国油画学会、诸暨市人民政府	入选
《一隅》	陈雨萌	油画	青春梦享——2023年江苏省青年美术家协会新人展	江苏省青年美术家协会	新人奖
《玉门关外》	唐筱敏	综合材料	江苏省第九届新人美术作品展览	江苏省美术家协会、南通市委宣传部	新人奖
《汉马》	唐筱敏	综合材料	首届江苏综合美术大展	江苏省文学艺术界联合会、省美术家协会、淮安市委宣传部	入选
《江南怀古》	唐筱敏	综合材料	首届"太湖境象"江苏美术设计双年展	江苏省美术家协会、无锡市委宣传部、无锡市文学艺术界联合会、江南大学设计学院	入选
《晨光里》	蔡剑涯	水彩粉画	江苏省第九届新人美术作品展览	江苏省美术家协会、南通市委宣传部	提名奖
《战疫有我》	蔡剑涯	中国画	扬州美术双年展——2022江苏美术写生作品展	江苏省美术家协会、扬州市委宣传部、扬州市文化广电和旅游局、扬州市文学艺术界联合会	入选
《画室的黄色沙发》	任天骏	油画	江苏省第九届新人美术作品展览	江苏省美术家协会、南通市委宣传部	新人奖
《她》	任天骏	油画	青春盛绘——2023年江苏省青年美术家协会年度大展	江苏省青年美术家协会、苏州市美术家协会	入选
《老友》	朱张华	油画	青春盛绘——2023年江苏省青年美术家协会年度大展	江苏省青年美术家协会、苏州市美术家协会	优秀作品

续表 44

作品名称	作者	门类	参赛(参展、发表刊物)名称	主办单位	获奖情况
《背向烈阳》	朱张华	油画	江苏省第九届新人美术作品展览	江苏省美术家协会、南通市委宣传部	入选
《我们去往何方》	鲍安诺	综合材料	首届“太湖境象”江苏美术设计双年展	江苏省美术家协会、无锡市委宣传部、无锡市文学艺术界联合会、江南大学设计学院	入选
《韵》	鲍安诺	中国画	江苏省第九届新人美术作品展览	江苏省美术家协会、南通市委宣传部	入选
《凝·望》	鞠俊雯	油画	江苏省第九届新人美术作品展览	江苏省美术家协会、南通市委宣传部	新人奖
《整装待发》	赵　敏	版画	江苏省第九届新人美术作品展览	江苏省美术家协会、南通市委宣传部	新人奖
《容器 No. 6》	顾小波	油画	江苏省第九届新人美术作品展览	江苏省美术家协会、南通市委宣传部	入选
《山水云滋》	陈　亮	中国画	第四届江苏省山水画展览	江苏省美术家协会、宿迁市文学艺术界联合会、沭阳县委宣传部	入选
《浮图系列 2》	曹亚明	综合材料	首届江苏综合美术大展	江苏省文学艺术界联合会、省美术家协会、淮安市委宣传部	入选
《忠诚卫士》	孙　盈	水彩画	首届江苏综合美术大展	江苏省文学艺术界联合会、省美术家协会、淮安市委宣传部	入选
《修鞋爷爷》	鄢文杰	色粉画	首届江苏综合美术大展	江苏省文学艺术界联合会、省美术家协会、淮安市委宣传部	入选
《惟吉金之零落》	曹艺以	综合材料	首届“太湖境象”江苏美术设计双年展	江苏省美术家协会、无锡市委宣传部、无锡市文学艺术界联合会、江南大学设计学院	入选
《细水流年 2》	吴　怡	油画	扬州美术双年展——2022 江苏美术写生作品展	江苏省美术家协会、扬州市委宣传部、扬州市文化广电和旅游局、扬州市文学艺术界联合会	入选
《童·画》	朱　蓓	中国画	青春盛绘——2023 年江苏省青年美术家协会年度大展	江苏省青年美术家协会、苏州市美术家协会	优秀作品
《韶光 轮滑》	王则忱	油画	青春梦享——2023 年江苏省青年美术家协会新人展	江苏省青年美术家协会	新人奖
《草地上的割草工》	鞠俊雯	油画	青春梦享——2023 年江苏省青年美术家协会新人展	江苏省青年美术家协会	新人奖
《牡丹仙鹤图》	吴有佑	中国画	青春梦享——2023 年江苏省青年美术家协会新人展	江苏省青年美术家协会	入选
《生活滋味》	陈一格	水彩画	青春梦享——2023 年江苏省青年美术家协会新人展	江苏省青年美术家协会	入选

2023 年江阴市书法作品参赛(参展)情况一览表

表 45

作品名称	作者	门类	参赛(参展)名称	主办单位	获奖情况
《宋词数首》	严春亚	行草	全国第三届书法临帖作品展览	中国书法家协会	入展
《诗词数首》	严春亚	行草	全国首届“竹筒井杯”书法篆刻大赛	四川省书法家协会、大英县委、大英县人民政府	一等奖
《诗词数首》	严春亚	行草	首届“倪元璐杯”全国行草书大赛	浙江省书法家协会、绍兴市上虞区人民政府	一等奖

续表45

作品名称	作者	门类	参赛(参展)名称	主办单位	获奖情况
《诗词数首》	严春亚	行草	“翰墨清风”2023全国清廉书法作品大展	中国纪检监察杂志社、浙江省纪委省监委、浙江省文学艺术界联合会	最高奖
《清廉有关诗词选》	严春亚	行草	第三届“包公杯”全国书法篆刻大赛	安徽省文学艺术界联合会、安徽省纪律检查委员会宣传部等	二等奖
《诗词数首》	严春亚	行草	第二届“李白杯”全国书法作品大赛	湖北省书法家协会、省书法报社、孝感市文学艺术界联合会等	三等奖
《诗词数首》	严春亚	行草	第三届“赵孟頫杯”全国书法篆刻展	浙江省书法家协会、湖州市委宣传部、湖州市文学艺术界联合会	提名奖
《强富美高展》	严春亚	行草	“强富美高”新江苏主题书法展	江苏省文学艺术界联合会、省书法家协会	入展
《世说新语》	许　达	草书	金鸡逐梦——中国当代草书名家作品学术研究展	中国书法家协会	入展
《初月楼论书随笔》	许　达	草书	全国第五届草书展名家邀请展	中国书法家协会	入展
《强富美高展》	许　达	行书	“强富美高”新江苏主题书法展	江苏省文学艺术界联合会、省书法家协会	入展
《阅江楼记》	孙　琳	隶书	江苏省首届中青年书法篆刻作品展	江苏省书法家协会	优秀
《东坡题跋》数则	肖　勇	行草册页	江苏省首届中青年书法篆刻作品展	江苏省书法家协会	入展
《录赵孟頫松雪斋题跋》	赵　坚	行草	江苏省首届中青年书法篆刻作品展	江苏省书法家协会	入展
《世说新语二则》	周利宗	行书	江苏省首届中青年书法篆刻作品展	江苏省书法家协会	入展
《野客丛书摘录》	黄少波	楷书	江苏省首届中青年书法篆刻作品展	江苏省书法家协会	入展
《庚子销夏记》选录	徐兴国	行草	江苏省首届新文艺群体书法篆刻作品展	江苏省书法家协会	入展

2023年江阴市书法类论文出版(发表)情况一览表

表46

作品名称	作者	出版(发表)刊物	主办单位
《蔡襄与葛密之交游以及〈扶护帖〉》	武宝民	《书法》	上海书画出版社有限公司
《蔡襄致葛宫六通信札研究》	武宝民	《中国书画》	经济日报社
《书法投稿的成本》	蒋君慧	《中国书画报》	天津美术学院
《楷书合体书法实践初步探索》(上、下)	蒋君慧	《中国书画报》	天津美术学院
《书法史上没有专精者的一席之地》	蒋君慧	《中国书画报》	天津美术学院
《倪瓒与张端、张宣父子的诗文往来》	汪小玲	《书法报》	湖北省文学艺术界联合会、省书法报社

2023年江阴市摄影作品参赛(参展、发表刊物)情况一览表

表47

作品名称	作者	参赛(参展、发表刊物)名称	主办单位	获奖情况
《石浦开渔节》	潘福才	第三届“高帆杯”全国摄影大展	中国摄影家协会	入展
《灯火璀璨》	潘福才	“筑梦洋口港，领航新辉煌”中国洋口港建设20年摄影展	《大众摄影》杂志社	入展

续表 47

作品名称	作者	参赛(参展、发表刊物)名称	主办单位	获奖情况
《步步登高》	潘福才	中国摄影报—壹图版	中国摄影报社	刊发
《热情服务》	潘福才	“千年古镇烟火拼茶”摄影展	江苏省摄影家协会等	入展
《故园》	黄佳琴	2023 第十届大理国际影会	大理国际影会组委会	入选
《智能机器人点燃价值引擎》	黄佳琴	《中国摄影报》	中国摄影报社	刊发
《梦曲》	黄佳琴	第 23 届平遥国际摄影大展	平遥国际摄影大展组委会	入选
《古镇夜色》	黄佳琴	“千年古镇烟火拼茶”摄影展	江苏省摄影家协会等	入展
《世界第一跨江输电塔成长记》	黄亮安	第十一届全国农民摄影大展	中国摄影家协会	入展
《阳光照耀能源船》	黄亮安	“筑梦洋口港,领航新辉煌”中国洋口港建设 20 年摄影展	《大众摄影》杂志社	入展
《风雪急救》	黄亮安	第九届深圳摄影作品年度展	深圳摄影家协会	入选
《袅袅薄雾映黄海森林公园》	黄亮安	喜庆党的二十大——第二届锦绣中华(金鼎奖)全国风光摄影大赛	江苏省摄影家协会等	佳作奖
《晨光中的锡北运河》	陈凌虹	“魅力锡北 越来越美”全国摄影作品展	中国摄影报社	入展
《运河之城黄金水道》	陈凌虹	《中国摄影报》—发现(42)期	中国摄影报社	刊发
《母爱》	朱建平	第十四届中国摄影艺术节暨第五届天鹅之城——中国三门峡自然生态国际摄影大展	中国三门峡自然生态国际摄影大展艺委会	典藏奖
《美丽的周家堂》	朱建平	“魅力锡北 越来越美”全国摄影作品展	中国摄影报社	入展
《古镇夜市》	朱建平	“千年古镇烟火拼茶”摄影展	江苏省摄影家协会等	入展
《乡村大舞台》	庞澄勋	“魅力锡北 越来越美”全国摄影作品展	中国摄影报社	入展
《伞·影》	庞澄勋	“中国原生态最美山乡——安徽·石台”全国摄影大展	《大众摄影》杂志社	入展
《画意江南》	顾　强	《中国摄影报》作品版整版刊发	中国摄影报社	刊发
《江阴长江沿线夜色》	顾　强	“灵通南通 大美无锡”摄影作品联展	江苏省摄影家协会、南通市文学艺术界联合会、无锡市文学艺术界联合会、南通市启东市委宣传部	入展
《钢城夜色》	陆卫宇	“灵通南通 大美无锡”摄影作品联展	江苏省摄影家协会、南通市文学艺术界联合会、无锡市文学艺术界联合会、南通市启东市委宣传部	入展
《和睦相处》	庄东威	第三届条子泥杯美丽海湾全国摄影大展	《大众摄影》杂志社	入展
《月是故乡明》	庄东威	“千年古镇烟火拼茶”摄影展	江苏省摄影家协会等	入展
《神女峰》	沈文华	第 23 届平遥国际摄影大展	平遥国际摄影大展组委会	入选
《母子乐》	周湘基	第五届天鹅之城——中国三门峡自然生态国际摄影大赛	中国摄影家协会	入展
《天桥》	卢小海	“我遇见最美的光”第八届医务人员摄影大展	《大众摄影》杂志社	入展

续表47

作品名称	作者	参赛(参展、发表刊物)名称	主办单位	获奖情况
《休憩》	郭　松	“首都后花园,天然大氧吧——长城之约,休闲之都”摄影展	《大众摄影》杂志社	入展
《刀上功夫》	蔡意同	“传承文化根脉,铸牢中华民族共同体意识”中国民俗摄影大赛	中国摄影报社	入展
《古镇新貌》	唐佩岚	“魅力锡北 越来越美”全国摄影作品展	中国摄影报社	入展
《秋收研学》	周震东	“魅力锡北 越来越美”全国摄影作品展	中国摄影报社	入展
《古道倩影》	陈亚娣	“中国原生态最美山乡——安徽·石台”全国摄影大展	《大众摄影》杂志社	入展
《乡村盛事之元宵祭祖》	谭华勇	第六届中国凤凰民俗摄影双年展	中国摄影家协会、湖南省文学艺术界联合会、湘西州人民政府	展出
《古镇晨曦》	方建清	“千年古镇烟火栟茶”摄影展	江苏省摄影家协会等	入展
《穿梭》	苏品华	“千年古镇烟火栟茶”摄影展	江苏省摄影家协会等	入展
《一眼千年》	褚澄刚	“千年古镇烟火栟茶”摄影展	江苏省摄影家协会等	入展
《乐享童年》	陈静芳	“千年古镇烟火栟茶”摄影展	江苏省摄影家协会等	入展
《古镇夜色美》	范建华	“千年古镇烟火栟茶”摄影展	江苏省摄影家协会等	入展

2023年江阴市电影电视作品参赛(参展)一览表

表48

作品名称	作者	类别	参赛(参展)名称	主办单位	获奖情况
《家书》	王　晗	故事短片	2023金花奖·北京国际儿童电影展	北京国际儿童电影展组委会	入围
《家书》	王　晗	故事短片	2022第十一届国际大学生微电影盛典	中国高等院校影视学会、共青团北京市委员会、中国社会科学院新闻与传播研究所世界传媒中心、中国文化信息协会等	剧情片单元三等奖
《家书》	王　晗	故事短片	第九届“根亲中国”华语电影短片大会	中国电影家协会	优秀作品奖
《家书》《倒悬之镜》	王　晗	故事短片	首届“香港国际网络电影节”	香港国际电影协会、香港国际网络电影节协会	入围
《这双手》	王　晗	公益短片	第八届中国梦·青年影像盛典	中国文化信息协会国际影视文化交流专业委员会、中国社会科学院新闻与传播研究所世界传媒研究中心、中国高等院校影视学会	一等创优作品
《这双手》	王　晗	公益短片	“喜迎二十大 奋进新征程”微视频征集活动	经济日报社	优秀作品奖
《倒悬之境》	王　晗	故事短片	第四届广州(国际)城市影像大赛	广州市委宣传部	最佳创意奖、最佳制作奖
《家书》	王　晗	故事短片	2023第五届“筑梦北京”北京影协电影短片创作大赛	北京市文学艺术界联合会、北京电影家协会	入围

续表48

作品名称	作者	类别	参赛(参展)名称	主办单位	获奖情况
《江豚豚防疫小课堂》	田宇琳、张　莹、张　骁、芮　娴、王鑫磊、缪逸尘	新媒体融合创新	中国县市区域媒体2022年度优秀作品	中国县市报研究会	三等奖
《“肖八跨”的十年》	朱琳琳、杨　菁、赵俊淇、严　琪、吴信柳	短视频	2022年度中国县市区域报新闻奖	中国县市报研究会	二等奖
《校门口的胖叔叔》	杨　科、陶航飞、吴　昊、刘永红、蒋晓蕾	短视频	2022年度中国县市区域报新闻奖	中国县市报研究会	一等奖
《村里来了网红书记》	杨　科、陶航飞、吴　昊、刘永红、蒋晓蕾	短视频	2022年度中国县市区域报新闻奖	中国县市报研究会	一等奖
《塔吊司机任春翠:我在江阴建高铁》	严　琪、吴信柳、薛浩治	短视频	2023“她说”江苏女性融媒体创意大赛	江苏省妇女联合会	二等奖
《强国有我》	葛建伟、王　晗、肖向伟	公益短片	第五届江苏省广告行业设计制作职业技能竞赛暨全省“紫金奖”公益传播设计大赛现场赛	江苏省广告协会	职业组银奖
《瓜田奇案》	施　震、刘旭爽、薄秋敏、奚雯霞等	广播剧	2022年度江苏省广播电视少儿精品节目评选	江苏省广播电视局	优秀节目奖
《瓜田奇案》	施　震、刘旭爽、薄秋敏、奚雯霞等	广播剧	2022年度江苏省优秀广播电视节目奖	江苏省广播电视局、江苏省广播电视协会	电视文艺主持三等奖
《小米奇遇记》	施　震、刘旭爽、薄秋敏、奚雯霞、朱玥霖等	网络音频节目	2023年第二季度全省重点网络视听项目库入选项目评选	江苏省广播电视局	2023“弘扬社会主义核心价值观 共筑中国梦”主题原创网络视听节目推荐作品
《时光拾萃——为你悦读·这里是江阴岁末》特别节目	张　露	播音主持	2022年度江苏省优秀广播电视节目奖	江苏省广播电视局、江苏省广播电视协会	江苏省广电电视彩虹三等奖
《大江之上》	夏新炯、田宇琳、郭春艳、姜　烨	专题	2022年度江苏省优秀广播电视节目奖	江苏省广播电视局、江苏省广播电视协会	江苏省广电电视彩虹三等奖
《萌虎说非遗·甲马·万物有灵》	作者:冯树康 指导老师:葛建伟	微视频	第三届江苏省大学生网络文化节	江苏省委教育工委、省教育厅	一等奖
《夏港“小红砖”哪里需要哪里搬》	葛建伟	新媒体设计	第三届江苏省大学生网络文化节	江苏省委教育工委、省教育厅	三等奖

(陈　佳)

文化产业

【概况】 2023年,江阴市文化部门紧跟时势布局,强化产业发展措施,把握文化产业高质量发展着力点,组合各类资源要素,推动文化产业结构优化升级。完成特色文化产业调查,上报新增500万元以上文化产业项目。开展文体旅产业招商,推动国乐岛、园博园招商项目落地,与文商旅集团就城市文体旅项目对接。设计制作《江阴文旅产业投资指南》,组织企业参加无锡(粤港澳大湾区)文化产业合作大会,与深圳华侨城文化旅游科技集团有限公司签约城市文旅资源开发运营合作项目。

(顾情义)

【“高铁通澄 梦想起航”群星演唱会】 2023年9月25日晚,为庆祝沪宁沿江高铁江阴站9月28日通车,江阴文化商业旅游产业集团有限公司在市体育中心主体育场举办“高铁通澄 梦想起航”群星演唱会。该次演唱会邀请张信哲、郑智化、乌兰图雅、阿里郎、梦然、倪中乐、彭等、伍珂玥、海来阿木等歌手，演唱近30首经典歌曲，入场观众2.3万余人。

【微醺码头活动】 2023年7—10月，江阴文化商业旅游产业集团有限公司在船厂公园持续性开展微醺码头活动，集结花植、文创手作、地方美食、微醺小酒、乐队演出等约40个潮流市集，实现销售369万元，工作日人流量1000人左右，节假日人流量3000～5000人。

【江阴首届运河啤酒音乐节开幕】 2023年8月18日，由江阴文化商业旅游产业集团有限公司承办的江阴首届运河啤酒音乐节在锡澄运河公园樱花园内开幕。休闲区内摆放68个夏季食饮、潮玩创意等特色主题摊位。活动持续至28日，为期11天，吸引约40万人入园游玩，公园内经营性商户营业额比往日增长约55%。

【万人坐高铁游江阴】 "万人坐高铁游江阴"活动是2023年江阴市政府为庆贺沪宁沿江高铁开通而推出的一项旅游惠民活动，由江阴文化商业旅游产业集团有限公司承办。该活动首发团日期为10月19日，11月26日最后一批团队到达，到江阴旅游团队62批次10032人，大多是上海、南京、常熟、金坛、武进等沪宁沿江高铁沿线城市的游客，其中南京、上海往返游客7032人，占总人数的70.1%，游客年龄大多集中在45～70岁，参观的主要景点为鹅鼻嘴公园、船厂公园、远望2号船、江苏学政衙署遗址、飞马水城等，给江阴市旅游市场创造收入150万元左右。

【公园节日景观布置】 2023年，江阴市澄景城市园林服务有限公司坚持精细管理、科学规划、品质建设的理念，做好公园景观布置，营造节日氛围。元旦、春节悬挂发光灯笼156组、节日灯笼1855个、中国结180套，在文明广场、芙蓉湖公园、鲥鱼港公园等设置景观小品，布置地栽草花1.1万平方米，盆摆约4万盆；五一国际劳动节在黄田港公园、芙蓉湖公园、文明广场、兴国园等重要地点通过组雕小品、花境植物等营造氛围，布置地栽草花9300平方米，盆摆2.8万盆；国庆节悬挂国旗1038面、灯笼179个，在文明广场、大桥路与延陵路路口、青山路与通渡路路口、天华轴线等重要地点通过绿雕与景观小品结合的方式布置节庆氛围，布置地栽草花1.1万平方米，盆摆4.5万盆。全年在主要路口、公共绿地和公园广场布置地栽草花5.32万平方米，盆摆11.3万盆。

【体育运营】 2023年，江阴暨阳体育产业有限公司坚持以体育强市为全市高质量发展助力，围绕"内抓管理、外树形象、提档场地、引进赛训、发展群体、盘活资产、提高效益"工作思路，推动各项工作发展。是年，该公司完成营收3117.9万元；承办省级以上大型赛事9项67场次，全市性群众体育赛事活动93项447场次；培训各类体育学员5776人，开展公益课堂等活动，受益群众1.8万人次，接待各类健身休闲市民近160万人次；投入近1000万元用于场馆基础设施提档升级及智慧场馆建设；先后获得"国家公共体育场馆开放使用第一批典型案例""中国田径协会验收合格2类田径场地""江苏省体育消费场景典型案例""江苏省智慧体育场馆示范项目""江苏省体育产业示范单位""江苏省体育场馆体育培训示范项目""无锡市课后服务体育活动基地"等荣誉。

（袁　婷）

2023年国庆节，江阴市文明广场氛围布置

（江阴文化商业旅游产业集团有限公司提供）

【融媒体产业经营】 2023年，江阴市融媒体中心（传媒集团）立足主业、勇拓空间，以数字资源为顶端要素、"1+9"（大数据产业+政务服务、商务服务、文化创意、教育培训、应急培训、户外广告、市民卡业务、印务发行、影视演艺等传媒产业）产业集群为底座的金字塔型稳健体系逐步成型，经营收入实现"五连涨"。以融媒硬招牌作为支点，新增《应急时刻》《市监进行时》2档电视专题栏目，承接53个微信代维，拓展各镇（街道）报纸专版业务，策划执行"南征北战、东西互搏"战略＊推进暨重大项目建设攻坚大会、数字江阴推进大会、全市产业强市大会、江阴发展大会等重大活动，推出《江阴好》《澄心不改 远亦为邻》《临港澎湃》《时裳之旅》等宣传片。统筹推进江阴精神展示馆、长江大保护展示馆等重点场馆建设项目，拓展镇村、银企业务，中船澄西船舶修造有限公司50周年庆典、农商行战略合作、海澜集团战略合作等百万级项目相继落地。培训产业创造"千万市场"，传媒教育重点打造语言培训、江阴小记者系列2个产品，在全市范围内对接18所小学，招募近2000名小记者，组织开展各类小记者活动100余场，5000余人次参与。策划推出"江阴小记者 行走中国"等系列文化研学活动，主办、承办"最美童音"2023江阴市少儿口语传播能力大赛、"春日之约"2023传

媒教育艺术展演、“童声飞扬”2023传媒教育口语传播夏季展演、“初升之美”江阴传媒教育首届学生绘画作品展等配套活动。创新开展应急培训服务,推出“培训 + 演练 + 宣传”“培训 + 实训 + 演练”等菜单式定制化服务,立足江阴辐射长三角地区,拓展南京、宜兴、常熟等地安全员实训业务,承办化工过程安全管理研讨班、无锡市危化品安全监管执法人员能力提升培训班、无锡市应急管理系统岗位执法技能竞赛等项目,获无锡市应急管理局及应急部专家高度评价。是年,江苏江阴应急培训技术服务有限公司成为无锡市唯一入选江苏省20个工伤预防示范机构。数字产业迈入亿元级别,大数据公司发挥云、网、数、端、安等技术优势,参与智慧城市建设,承接全市政务信息化维保项目和城区智慧化改造项目,为政府节省财政资金超50%,受到市领导褒奖。发展点对点战略合作,统筹推进全市“数字健康2.0”“智慧水利”“智慧人才综合管理平台”等信息化项目,“一网通办”“一网统管”等项目均按计划有序推进,其中“数字底座”项目开发进度超90%。按照“互联网 + 政务服务商务”的建设初衷,加快“最江阴”App智慧化数字场景建设步伐。实施惠民战略,运营活动20场次,推出庆元旦惠民展映、新春消费券发放、新能源汽车数字人民币消费红包发放、“五一”家电清洗节等活动,其中新能源汽车数字人民币消费红包发放是江阴市在数字人民币场景运用的首次尝试。结合道路与环境特点,设计并完成139个新型户外广告设施建设。市民卡公司换发“两卡”(市民卡和社保卡)约3.1万张,归档整理省社保卡业务数据30万余条。 (徐丽莉)

群众文化

【概况】 2023年,江阴市文化部门坚持创新活动形式、丰富活动内容的宗旨,不断激发群众参与热情。举办“书香江阴”读书节系列活动、市民文化节、第十届江阴市“芙蓉花奖”评奖、全国冬季“村晚”等群众性文化活动,在“5·19中国旅游日”举行“徐霞客之路”综艺民族交响音乐会,在徐霞客故居仰圣园举办“霞映东方,游圣雅集”沉浸式演出。

【第二十七届“书香江阴”读书节开幕】 2023年4月22日,第二十七届“书香江阴”读书节开幕式在黄田港公园举行。江阴市委常委、宣传部部长程政,无锡市新闻出版局(版权局)副局长、无锡市全民阅读办公室副主任顾必成,江阴市人大常委会副主任赵巧新,江阴市副市长金丹菁,江阴市政协副主席陈兴初,江阴市政协副主席、市文体广电和旅游局局长钱晴启动读书节。活动现场表彰2022年度江阴市委宣传部等十佳书香机关、江阴公用事业集团有限公司等十佳书香企业、江苏省南菁高级中学等十佳书香校园、朱小英家庭等十佳书香家庭、江阴高新区陈卫娟等十佳公益阅读推广人、江阴高新区残疾人之家等十佳书香残疾人之家。该届读书节围绕“阅见美好 共向未来”主题,征集全市各级各类活动项目4128个,梳理出重点活动243个,其中市级85个,镇(街道)、园区158个。 (顾情义)

【韵百年江阴文娱中心成立】 2023年7月,韵百年江阴文娱中心在市区人民中路百乐城挂牌成立。该中心拥有10余名文艺专业老师,常年举办文艺培训和表演,开设声乐、乐器、舞蹈、书画、摄影等6大类课程。学员以中老年人为主,经培训后,相继在中山公园、运河公园、敔山湾公园、申港公园等地举行20余场公益性演出,每场演出观众均有上千人。至年末,采取线上线下相结合的教学方式,培训学员500余人。是年底,该中心组织8名学员赴迪拜参加阿联酋华侨华人第十届春晚演出,获荣誉参赛奖。 (李佳艳)

【阅读马拉松大赛开赛】 2023年8月20日,“全澄共读”——2023年江阴市阅读马拉松大赛在市图书馆总馆、镇(街道)分馆、职工书屋等18个阅读空间同时开赛,全市近400名市民参加,比赛阅读书籍选用江阴作家、鲁迅文学奖得主夏坚勇的“宋史三部曲”收官作《东京梦寻录》。比赛产生18名分赛点冠军,云亭街道分赛点选手获得总冠军。作为城市品牌读书活动,江阴市“阅读马拉松”自2019年起举办5届,活动将阅读从私人领域带入公共空间,向社会集中展示阅读的力量,营造全市“爱读书、读好书、善读书”的浓厚阅读氛围。

【第十届江阴市“芙蓉花奖”评定】 2023年4—9月,江阴市文化部门举办第十届江阴市“芙蓉花奖”评奖活动,在全市77件舞台艺术类作品、231件美术书法类作品中,评出舞台艺术类精品节目奖25件,精品节目提名奖1件,优秀节目奖26件,优秀

2023年8月20日,“全澄共读”阅读马拉松开赛

(市文体广电和旅游局提供)

节目提名奖25件；美术、书法作品一等奖6件、二等奖12件、三等奖20件，入展作品60件。该批获奖作品通过“江苏公共文化云”进行线上展演，美术书法作品通过巡演进行线下展示。

【多人入选省群众文化“百千万”工程】 2023年10月30日，2023紫金文化艺术节在江苏大剧院闭幕。闭幕式为江苏省第三批群众文化“百千万”工程入选品牌、团队、骨干代表颁奖，江阴市阳光女子乐坊、江阴天华合唱团、江阴市姊妹越剧团获评优秀群文团队，徐富荣、许建春、姜少伯、陶镧、方芳、高玉红6名骨干获评优秀群文骨干。江阴市入选前两批省群众文化“百千万”工程的优秀群文活动品牌江阴市民文化节，优秀群文团队江阴市长青艺术团、江阴夕阳之约艺术团，优秀群文骨干刘冰、陈亮、黄丰、单建东、蔡红霞、陆文勤、刘志刚、顾黎强、谭旭仰、顾强、汪小玲、王俭、董小妹通过复核。

【市民文化节开幕】 2023年11月10日，“勇担新使命 共谱新华章”——2023年江阴市民文化节在市公共文化艺术发展中心艺术剧场开幕，江阴市委常委、宣传部部长程政，市人大副主任许晨，副市长杭成，市政协副主席陈兴初，市政协副主席、市文体广电和旅游局局长钱晴，市文体广电和旅游局党委书记冯涛，市文联党组书记唐晓峰，市文联主席李克雨，市委宣传部副部长余益平共同启动。现场颁发年度群众文化系列奖项，发布2023年江阴市民文化节系列活动，包括青年音乐节、戏曲艺术节、市民读者节三大子品牌和文艺演出、文化展览、文博课堂、文创市集、镇街联动五大板块。活动历时2个月，开展文化活动200余场。

【全国冬季“村晚”举办】 2023年12月23日，“福满双泾 最美是吾乡”全国冬季“村晚”月城镇双泾村示范展示活动在月城大戏院举办，副市长杭成参加活动。该活动由文化和旅游部主办，文化和旅游部公共服务司、文化和旅游部全国公共文化发展中心承办，江阴市委宣传部、市文体广电和旅游局、月城镇党委和政府实施。活动有歌舞、情景剧、戏曲联唱、村歌故事、小锡剧、广场舞等节目，通过国家公共文化云、江苏公共文化云全程直播，总观看量50万人次。　（*顾情义*）

企业文化

【概况】 2023年，江阴市总工会和各镇（街道）总工会适应时代发展需要，利用“职工之家”阵地，结合企业生产实际，根据职工兴趣爱好，组织开展迎新春插花、掼蛋比赛、读书会、法治宣传、安全生产月、劳模工匠进校园、手机摄影培训、诗词朗诵、短视频制作培训、卡拉OK比赛、茶艺培训等活动，重点企业根据各自特点开展丰富多彩的企业文化活动。

【职工网络掼蛋比赛】 2023年1月23—24日，江阴市总工会举办2023年“江阴农商银行杯”“迎新春贺新年”职工网络掼蛋比赛。其间，每天下午2点开始，微信绑定打开“来几局”App，点击“官方比赛”进行比赛。比赛结束后，系统自动生成成绩并确定获奖名次，排名前500名的选手获工会蛋糕券奖励，最高金额888元。

【华宏公司职工读诗会】 2023年3月24日，周庄镇总工会在江苏华宏科技股份有限公司阅读客厅组织开展“乐群读书荟”——“工享阅读 与你相约”职工读诗会。诵读内容有《初春》《我有一个春天》《春天，遂想起》等有关春天的诗词，意在礼赞新时代，表达对美好生活的向往和追求；诵读《红船，从南湖起航》《不能忘却的红色记忆》《党旗颂》等经典诗词，缅怀峥嵘岁月，砥砺初心使命，抒发对党和祖国深沉的爱。

【长江村学习二十大知识竞赛】 2023年6月3日，江阴市夏港街道长江村总工会组织开展“凝心铸魂跟党走 团结奋斗新征程”学习二十大知识竞赛活动，村集团近百名企业职工代表参加。竞赛设置个人必答题、团队共答题、抢答题、简答题、观众互动题五个环节，内容涵盖中共二十大相关知识、中共党史等。经评比，长扬系统获一等奖，钢管系统获二等奖，房产系统获三等奖，长宏、长强、长达系统获优胜奖。

【夏港街道职工礼仪培训】 2023年7月12日，夏港街道总工会在江阴高拓精密模具有限公司开展商务礼仪培训，助力企业职工掌握和运用现代商务、社交、接待礼仪，提升员工综合素质，有30余名员工参加培训。礼仪培训师通过实例示范，让员工学习职场着装、沟通接待、电梯迎送、会务茶水及餐桌礼仪等具体要点，与员工互动交流，加深员工对商务礼仪知识的理解。

【祝塘职工摄影微视频大赛举办】 2023年8月16日，祝塘镇总工会、镇文联联合举办“踏遍祝塘地 寻找梧塍美”职工摄影、微视频大赛。该次比赛有50余名职工参与投稿，经专家评定、网络投票，评选出庄晓东《祝塘新貌》等6件摄影、微视频作品为一、二、三等奖，纪念奖若干名。

【云亭街道开展女职工非遗点翠体验活动】 2023年9月13日，云亭街道总工会在街道康乃馨服务站开展女职工“明珠翠羽 传承非遗”文化体验活动。老师讲解点翠工艺的起源，“裁羽”“点羽”等点翠技法，手把手做示范，女职工根据点翠首饰的形状，通过裁剪、粘贴等环节，制作富有美感且独具风格的仿点翠饰品。

【市总工会职工周末课堂举办手机摄影等培训】 2023年9月25—26日，江阴市总工会职工周末课堂举办手机摄影培训，中国摄影家协会会员、无锡市摄影家协会副主席、江阴市摄影家协会主席顾强为60名爱好手机摄影的职工讲解手机摄影基础和摄影技艺。11月17日起，职工周末课堂举办8节《手机短视频拍摄与制作》培训课，邀请江阴职业技术学院计算机科学系动漫制作技术与计算机应用技术专业讲师卞何立，教授设置、景别、运镜、构图等拍摄技巧和后期剪辑手法，50名职工参加培训。12月5日、9日，职工周末课堂举办茶艺培训，邀请中国传统文化爱好者、资深茶人、高级茶叶审评员、高级茶艺师戚元国讲授中国茶文化、茶礼、茶叶、茶具等基础知识和常见茶叶冲泡技巧,40名职工参加培训。

【职工诗词诵读】 2023年9月29—30日,为弘扬中华优秀传统文化,增强职工群众对传统文化的认同感和自豪感,江阴市总工会联合江阴农商银行举办“情满中秋节 诗歌寄明月”中秋节线上有奖诗词诵读大会,让职工围绕“中秋、赏月、思乡、团圆”的主题朗诵中秋诗文。要求朗诵的内容积极向上,彰显传统节日魅力,朗诵吐字清楚,语速适当,感情饱满真挚,表达自然流畅,富有感染力,时长不短于30秒,不超过1分钟。该活动有10人获一等奖,奖励工会蛋糕券188元,120人获二等奖,奖励工会购书券50元,三、四、五等奖若干。

【华士镇举办职工硬笔书法培训班】 为传承中华汉字文化,提高职工文化素养,丰富职工文化生活,2023年10月24日至11月16日,华士镇总工会在镇“职工之家”举办职工硬笔书法培训班,有20余名职工参加培训。该次培训班邀请镇书画协会会长、龙砂书画院院长赵利东授课。

【祝塘镇举办职工卡拉OK大赛】 为贯彻落实中共二十大精神,丰富职工业余文化生活,展示职工文艺风采,以文艺力量凝聚“融入霞客湾,争创发达镇”的豪情壮志,2023年11月9日,祝塘镇总工会举办职工卡拉OK大赛。各村、企事业单位35名职工报名参赛,19人参加决赛,评委为选手的演唱点评指导。大赛评选出一等奖1人,二等奖2人,三等奖3人,优秀奖4人。

(澄　鉴)

【兴澄特钢公司合资成立三十周年系列活动】 2023年,江阴兴澄特种钢铁有限公司以合资成立三十周年为契机,党工团协同举办“砥砺三十载、奋进新征程”党建知识竞赛、第二届集体婚礼、合唱专场、管乐专场、中秋广场音乐会和首届“兴澄听我说”辩论赛等庆祝合资成立三十周年系列活动,并举办图片展和三十周年庆典活动。 (狄梦龙)

【法尔胜企业文化活动】 2023年3月4日,法尔胜泓昇集团工会、女工委联合举行“凝聚巾帼力量 争做四敢女性”主题活动,组织女职工参观江阴天华国防教育馆,进行户外拓展及美食制作,120余名女职工参加。4月15日,组织63名职工参加集团第六届职工羽毛球公开赛。7月18日,组织176名员工无偿献血41200毫升。8月15日,举行“金秋助学”奖助金发放仪式,资助5名职工子女,奖励1名考入名校职工子女。是年暑假,组织“同心有梦”夏令营活动,为42名职工子女开设文化学习、安全教育、科学实验、运动竞技、艺术创作、音乐、朗诵等课程。

2023年12月18日,兴澄特钢合资成立三十周年暨战略合作伙伴洽谈会举行

(江阴兴澄特种钢铁有限公司提供)

9月23日,在集团总部举行趣味运动会,约180名员工参与6项趣味项目,资产投资集团、行政部、法尔胜子集团分获第一、二、三名。

(周建忠)

【第八季“长电好声音”】 2023年5月16日,江苏长电科技股份有限公司党委、工会组织举办第八季“长电好声音 聚‘芯’向未来”活动。该次“长电好声音”以相声、脱口秀、情景剧等节目形式,演绎生产一线故事。

(陆静艳)

【江南水务举办“劳动我最美”故事会】 2023年5月31日,江苏江南水务股份有限公司举办“劳动我最美”劳模故事会。公司中层以上干部及各部门、子公司员工代表200余人参加。13名参赛选手分别讲述周松庆、孙燕春等身边劳模的“真人、真事、真情”故事,分享袁隆平、南仁东等科学家的感人事迹。评委评出一等奖1人、二等奖3人、三等奖5人,并现场颁奖。 (任翔灏)

【江阴农行打造特色文化阵地】 2023年,中国农业银行股份有限公司江阴分行将该行成立40余年的行史资料,整理编印成《深耕江阴 春华秋实》画册,把连续发行41期的《江阴农行报》汇编成合订本,并把画册和合订本分发到所属37个支行和分行机关科室,组织广大职工学习江阴农行发展史。年内,该行制作5期大型“农行文化墙”板报,每期均在各网点展示,彰显农行为民服务的举措和企业文化风采。该行每周在主流媒体《江阴日报》上开设“农行园地”专栏,至年末,连续发刊20年,成为《江阴日报》连续发刊时间最长的固定性专栏。是年,该行获评第六届中国农业银行文明单位、无锡市工人先锋号。

(肖秋云)

文化交流

【概况】 2023年,江阴市文化部门注重文化交流,持续不断“引进来”“走出去”,注入创新活水,为全市文化赋能、促发展、放新彩。年内,赴无锡市惠山区、连云港市灌云县等地进行文旅合作交流;大型儿童剧

《今天我是升旗手》到淮安市等地巡演。引进“感念有‘锡’·寻游圣地——延安文艺无锡巡演”“太古遗音”古琴名家巡回音乐会，打造江阴专场；与中央音乐学院、北京大学联合举办纪念“刘氏三杰”暨民族音乐大师刘北茂诞辰120周年音乐会，与中国煤矿文工团共同主办《古城新韵·古韵江南》民族音乐会。

【民族音乐会上演】 2023年5月23—24日，由中国煤矿文工团、江阴市文体广电和旅游局共同主办的“古城新韵·古韵江南”民族音乐会在江阴兴澄特种钢铁有限公司、顾山镇共享文体中心、南京理工大学江阴校区以及江阴市公共文化艺术发展中心艺术剧场连续演出4场。该活动也是江阴市“缤纷夏日 活力暨阳”2023江阴文体旅青春消费季系列活动之一。

【大型儿童剧《今天我是升旗手》巡演】 2023年6月8日，作为江苏省唯一入选第九届全国优秀儿童戏剧展演剧目，江阴市创排的首部大型儿童剧《今天我是升旗手》在四川省南充大木偶剧院展演。7月19日晚，《今天我是升旗手》巡演首场演出在无锡大剧院举行，无锡市委常委、宣传部部长李秋峰，江阴市领导程政、杭成、钱晴观看演出。9月23日，该剧在淮安市淮安大剧院演出。

【古琴名家巡回音乐会奏响】 2023年7月29日下午，由中国传统文化促进会古琴文化艺术工作委员会指导的“太古遗音”古琴名家巡回音乐会在江阴大剧院举行，全国各地的古琴演奏家为江阴市广大古琴爱好者上演一场音乐视听盛宴。市领导程政、杭成、钱晴观看音乐会。“太古遗音”古琴巡演音乐会系列活动自2020年举办后，在全球举行公益演出40余场。

【江阴灌云联袂送戏进乡村】 2023年9月20—21日，由江阴市文体广电和旅游局、灌云县文体广电和旅游局联合主办的“澄情满云山”江阴灌云联袂送戏进乡村活动在灌云县伊山镇王圩村、下车镇青山村文化广场举办。灌云县领导以及省委扶贫工作队、江阴驻灌云前方联络组、江阴市和灌云县两地文旅局代表出席活动，双方就公共文化服务体系建设、文化高质量发展、艺术生产、文化活动举办、非遗保护、文旅融合等方面进行交流和探讨。

【纪念刘氏三杰暨民族音乐大师刘北茂120周年诞辰音乐会上演】 2023年9月24—25日，纪念刘氏三杰暨民族音乐大师刘北茂120周年诞辰音乐会先后在中央音乐学院歌剧音乐厅、北京大学百周年纪念讲堂举办。活动由中央音乐学院、北京大学、江阴市人民政府联合主办，中央音乐学院民乐系、北京大学百周年纪念讲堂承办。市领导杭成、钱晴出席活动，市文体广电和旅游局、刘天华二胡协会、刘半农研究会相关代表参加。音乐会上演刘氏三杰的《摇篮曲》《良宵》《教我如何不想她》等代表性作品。

2023年5月23—24日，“古城新韵·古韵江南”民族音乐会在江阴市上演
（市文体广电和旅游局提供）

【《曲雅艺芳》上演】 2023年10月11日晚，由江苏省文化和旅游厅主办、江阴市文体广电和旅游局承办的2023年江苏省小剧场演出季优秀剧目巡演《曲雅艺芳》曲艺专场在江阴市公共文化艺术发展中心艺术剧场上演。南京市、无锡市、徐州市、常州市、苏州市、盐城市、扬州市、宿迁市八个城市的曲艺艺术家到江阴市，用苏州评弹、徐州琴书、扬州弹词、常州评话、相声、江淮说唱等多艺术形式演绎多个故事，其中有获国家级、省级奖项的作品。

文化遗产保护

【概况】 2023年，江阴市坚持创造性转化、创新性发展的工作思路，深挖非物质文化遗产价值，找到传统文化和现代生活的连接点，站在更高的位置科学布局，年内完成黄山炮台旧址修缮及环境整治工程，完成小石湾明清古炮台布展，完成要塞司令部旧址安防、消防、防雷工程和徐霞客故居防雷工程，出台《全市文物行业重大事故隐患专项排查整治2023专项工作方案》。全年实地检查各类文保点87处，清点核对博物馆藏品3711组4587件。对上争取文保专项资金1170万元，启动江阴蚕种场修缮。组织各类非遗展示、展演、培训、网络直播等活动100余场次。创新文化遗产活化利用方式，完成徐霞客故居、高城墩遗址、适园、江阴文庙、周水平纪念馆5项“百宅百院”活化利用项目，在徐霞客故居打造首场园林沉浸式表演“霞映东方 游圣雅集”文化传承交流活动。持续推进“非遗进校园”，举办2023年度江阴市“学校二胡班”艺术展演、江阴市“锡剧廉洁教育进校园”汇报演出，江阴小锡班、二胡班登上央视戏曲频道《宝贝亮相吧》栏目。任氏疡科、朱氏针灸、江阴蟹黄包制作技艺、江阴麦秆画、珠绣5项项目入选第五批江苏省非物质文化遗产名录。

【“文化和自然遗产日”文庙会场活动】 2023年6月10日,为提高市民非物质文化遗产保护意识,传承弘扬中华优秀传统文化,江阴市文化部门举行“加强非遗系统性保护 促进可持续发展”——2023年“文化和自然遗产日”文庙会场活动。该活动有非遗小秀场、本土非遗展演、非遗项目现场体验、“暨阳非遗故事”展播、成人古琴班、非遗手作点翠等11个板块。市领导程政、杭成、钱晴参加活动。

【“霞映东方 游圣雅集”文化传承交流活动】 2023年7月14日晚,江阴市文体广电和旅游局在徐霞客故居仰圣园举行“霞映东方 游圣雅集”文化传承交流活动。该活动首次采用园林沉浸式表演形式,融合园林实景与南北戏剧,呈现一场视听盛宴。市领导程政、杭成、钱晴参加活动。该次表演邀请多位南北戏曲名家,将戏曲、器乐、多媒体融合,结合仰圣园廊、亭、湖的园林空间,让园林“活”起来,带领观众感受亭台楼阁与文博历史的交汇。

【“小锡班”学员亮相央视舞台】 2023年10月30日,央视《宝贝亮相吧》栏目组走进江阴市南闸中心小学,录制《传承绽放》《梅花赋》《我的乡音》等群体节目,60余人参加。江阴市自2010年启动“锡剧进校园”工程,至2023年末,全市有20所小学组建“小锡班”,吸引6000余名学生加入,江苏省锡剧团、无锡市锡剧院、江阴市锡剧评弹艺术传承中心等剧团的专业教师常年担任“小锡班”艺术指导教师。

【5项项目入选省级非物质文化遗产代表性名录】 2023年11月3日,第五批江苏省非物质文化遗产代表性项目名录公布,江阴市入选的非遗项目有5项:中医诊疗法(任氏疡科)、针灸(朱氏针灸)、汤包制作技艺(江阴蟹黄包制作技艺)、麦秆剪贴(江阴麦秆画)、珠绣,涉及传统医药、传统技艺、传统美术3个大类。

【江阴“小锡班”获无锡市奖项】 2023年11月16日,由无锡市文明办、无锡市教育局主办的第十六届无锡市新市民学校(子女)才艺展示活动在无锡市少年宫举行,江阴市申港实验小学“小锡班”的表演唱获得金奖。11月24日,由无锡市文明办、无锡市教育局、无锡市文化广电和旅游局、无锡广电集团主办的无锡市第十二届“小小红梅奖”少儿锡剧邀请赛在无锡市少年宫举行,29所中小学、幼儿园的287人表演《珍珠塔》《游园》《江姐》等节目,比赛评出金奖9个、银奖12个、铜奖8个,江阴市南闸中心小学、月城实验小学、申港实验小学、青阳实验小学的节目获金奖,峭岐实验小学、长寿实验小学的节目获银奖。

【首届学校“小锡班”指导老师风采展演】 2023年12月6日,首届江阴市学校“小锡班”指导老师风采展演在市公共文化艺术发展中心艺术剧场举行,市领导程政、杭成参加活动。该次展演展示学校小锡班指导教师们的专业功底,让市民感受传统文化的典雅气韵。 (顾情义)

融媒体

【概况】 2023年,江阴市融媒体中心(传媒集团)学习贯彻习近平总书记重要讲话精神,围绕中心、服务大局,主动识变应变求变,以生态智媒新姿态塑造主流舆论新格局,推进融合事业迈向新天地,综合实力始终走在全国县融“第一方阵”。深化移动传播战略,不断完善报、台、网、微、端、屏“六位一体”现代传播体系,新媒体全平台“粉丝”数近2000万人。以数字资源为顶端要素、“1+9”产业集群为底座的金字塔型稳健体系逐步成型,产业经营各项指标总体稳中有进。利用融媒品牌优势,关注前瞻性产业,在政务服务、教育培训、文化创意等领域强链延链,传媒产业实现跨越发展。年内,江阴市融媒体中心(传媒集团)获评国家级、省级荣誉近20项,获2023年全国广播电视媒体融合先导单位、江苏省2022年度县级融媒体中心建设年度优秀案例、全省广播电视系统先进集体、“强富美高”新无锡现代化建设先进集体等奖项,并在2022年度江苏省县级融媒体中心高质量发展综合评估中以综合得分第一名的成绩获优秀等次。在江阴市委、市政府“担使命作贡献”季季评活动中获一季度、四季度“真抓实干”奖和二季度“四争”先进集体。

【主题宣传】 2023年,江阴市融媒体中心(传媒集团)以习近平新时代中国特色社会主义思想为引领,扛起新闻宣传和舆论引导的职责使命。围绕中央、省委、无锡市委和江阴市委决策部署,紧扣中国式现代化江阴新实践,推进“奏响‘四敢’强音 聚力江阴高质量发展”“科创江阴”“‘三清三治’看村容”大型全媒体新闻行动,推出“牢记嘱托、感恩奋进、走在前列——深入学习贯彻习近平总书记考察江苏重要讲话精神”“奏响‘四敢’强音 聚力江阴高质量发展”“新时代 新征程 新伟业”“开新局 谋新篇”“学思想 强党性 重实践 建新功”“南征北战、东西互搏”“奋进新征程 共建文明城”“澎湃科创引擎 加快数字赋能——全力打响‘科创江阴’品牌”等20个专题专栏,全媒体刊发主题报道7000余篇。内宣外宣有效联动,讲好江阴故事,联合江苏省广播电视总台采访制作融合报道《新“县”象印记——江苏江阴:“制造业第一县”的智造之道》;联合云南省丽江广播电视台、浙江省天台县传媒中心等7个部门,首次推出大跨度全媒体直播行动《霞印万里 美好中国——中国旅游日“霞客之路”沿线融媒联动直播》;联合江阴市委网信办举办“自媒体大V看江阴”城市体验官活动,全方位、立体式呈现沪宁沿江高铁通车盛况和江阴城市发展新面貌。在各类中央媒体发稿46篇(条),其中央视《新闻联播》2条;在省级主流媒体发稿222篇(条),其中在《江苏新时空》发稿50条,位居苏南同级城市发稿量前三;被“学习强国”各级平台用稿651篇。

【融合创新】 2023年是媒体融合发展作为国家战略整体推进的第十年,江阴市融媒体中心(传媒集团)以新一轮国企深化提升行动为契机,紧扣高质量发展做文章,切实提高媒体深融改革的势能和效能。结合业务实际,优化部门(子公司)设置，新闻研究室相关职能并入总编室；调整江阴市澄闻速递有限公司和江阴市澄闻文化传播有限公司为2个独立运营子公司。加快全媒体深度融合，《江阴日报》探索转战移动端，以"短视频+版面+朋友圈海报"形式进行融媒报道；"澎湃907"广播焕新升级，打通传播链路，与受众实现跨媒体互动；优化掌上阅读、电视新闻移动端多平台同步直播的视听效果和技术保障。差异化运营品牌矩阵，"江阴发布"微信公众号粉丝数61.3万人，"最江阴"微信公众号粉丝数80.1万人，完成《江阴地名故事》《嗨佤江阴》等系列推文，新媒体传播指数长期位居全国同级城市排行榜最前列；"江阴融媒新闻"视频号有机融合时政要点与新鲜表达，全年总发稿数392条，总播放量超350万次；"江阴时刻"视频号着眼民生实事，呈现江阴城市发展气象与人民生活风貌，粉丝数年度增长率50%；"江阴映像"视频号坚持精品化、人文化、专业化路线，用普通人的视角打开新时代奋斗者的画卷，推出《大地之上》《了不起的手艺》等系列优质视频；"最江阴评论部"抖音号紧跟全网热点进行优质内容创作，粉丝数近1000万人，累计点赞超4.2亿个，稳居全国县级融媒抖音号第一；"最江阴"头条号粉丝数73万人。"最江阴"App更迭至V4.1.0版本，至年末，下载量总计超303万次，注册用户超193万人，高峰期日活跃用户80万人，功能访问总量2亿次。陆续开发上线智慧停车、学区查询、预约挂号、12345政务服务便民热线"等17个数字场景，搭建智慧化数字场景网络。

2023年9月22日，江阴市举行"数字健康2.0"工程签约仪式

（市融媒体中心提供）

【媒体队伍建设】 2023年，江阴市融媒体中心（传媒集团）以提高核心竞争力和增强核心功能为破局战略，优化组织架构、内控制度和人才培养模式，高质量发展动力得到进一步激发。把握"学思想、强党性、重实践、建新功"的总要求，通过党委中心组理论学习、专题党课、主题党日活动，把中共二十大精神学深悟透、落实落地。有序推进2023年度党建书记项目"互联网+新闻+服务——融媒先锋赋能县域基层治理"，全媒体新闻中心党支部获评江阴市2022年度"双强双优"五星级党支部。中心（集团）评选表扬5名优秀共产党员、4名优秀党务工作者和2个先进党支部，注重在生产经营一线、青年职工和高知识群体中发展党员，年内发展党员8人，优化党员队伍结构。子公司全年通过公开招聘引进11名核心岗位专业人才。李春被评为高级记者，实现正高级职称"零突破"。中心（集团）提拔正股干部2人（"85后"1人），副股干部6人（"85后"4人、"95后"1人）。举办2023年第一期管理能力提升培训班，出台"融媒大师班"实施方案，促进专精人才和全媒人才的快速成长和多元发展。

【媒体宣传成果】 2023年，江阴市融媒体中心（传媒集团）与省台共同采制的融合报道《潮起东方 寻找百强"共富"密码》获第33届中国新闻奖融合报道二等奖，实现中心（集团）成立以来中国新闻奖创优新突破。"最江阴"App入选2023中国新媒体大会"媒体+"创新案例库首批上线案例，获2023长三角广播电视媒体融合典型案例奖；轻量化融媒生产平台获2023年度"王选新闻科学技术奖"三等奖、2023年度江苏省广播电视科技创新优秀项目二等奖和无锡市媒体融合创新典型案例；"最江阴评论部"抖音号及作品获评2022年网评工作"创四优"竞赛优秀网评账号、优秀网评作品；"江阴时刻"获评"新征程·新品牌"江苏省广播电视媒体融合产品品牌；"江阴融媒新闻"视频号获评2023年度全省网络视听新媒体"十佳"栏目（节目）；"江阴小记者志愿服务"获2023年度江苏省报业协会小记者活动一等奖。在2023年公布的各级各类优秀作品评选活动中，中心（集团）获得省级及以上新闻评比优秀作品17件次，地市级新闻评比优秀作品55件次。中心（集团）旗下江阴市大数据股份有限公司入选江苏省2023年第一批入库科技型中小企业。 （徐丽莉）

■类目编辑　聂小琴

综　述

【概况】 2023年，江阴市卫生健康系统以"健康江阴"建设为主线，推进医药卫生体制改革，夯实公共卫生基础，提升医疗健康服务能力，较好完成年度各项工作任务。江阴市有医疗卫生机构710个，其中医院、卫生院、社区卫生服务中心56个；编制床位8277张，实际开放床位9520张；卫生技术人员13039人。全市卫生健康支出185615万元，占全市财政支出的7.26%。全市医疗服务总诊疗1122.4万人次，比2022年上升11.2%；收治住院31.4万人次，比2022年上升19.7%。是年，江阴市卫生健康委员会被评为江苏省爱国卫生运动70周年表现突出集体，市中医院晋升三级甲等中医医院，市人民医院、市中医院均首次进入2022年度全国三级公立（中医）医院绩效考核A等级，青阳医院、中医骨伤医院新创成二级甲等医院。全市建成国家级重点专科1个、省级重点专（学）科（含建设单位）14个、无锡市级重点专科（含建设单位）19个。

【疾控机构改革】 根据江苏省委编办关于做好市县疾控机构改革工作的要求，经江阴市委编委研究，并报无锡市委编办同意，2023年5月31日，江阴市卫生健康委员会加挂江阴市疾病预防控制局牌子，标志着江阴市疾病预防控制体系改革进入新阶段，全市疾病预防控制事业迈向高质量发展新征程。11月30日，江阴市疾病预防控制中心（江阴市卫生检测中心）、江阴市卫生监督所职责整合，重新组建江阴市疾病预防控制中心，加挂江阴市卫生监督所、江阴市卫生检测中心牌子，为江阴市卫生健康委员会（江阴市疾病预防控制局）所属全额拨款事业单位。

【"数字健康2.0"工程启动】 2023年，江阴市卫生健康委员会启动"数字健康2.0"工程，规划全民健康信息平台、掌上"健康云"和智慧医院项目建设。该工程以建设连续性、整合性医疗卫生服务体系为目标，全面重塑江阴市卫生健康数字化服务体系和运营保障体系，为群众提供全方位全周期"智慧医疗"服务。9月22日，江阴市卫生健康委员会与江阴传媒集团有限公司举行"数字健康2.0"工程签约合作仪式，"最江阴"App预约挂号功能上线启动。12月28日，江阴"数字健康2.0"项目启动会召开，对项目进行全面动员和部署。

【国家"千县工程"县域肿瘤防治中心建设】 2023年11月8日，国家"千县工程"县域肿瘤防治中心建设单位、江阴市肿瘤防治中心在江阴市人民医院揭牌启动。江阴市人民医院成为无锡市首家启动县域肿瘤防治中心建设的医院。该中心联动江苏省肿瘤医院处理疑难病例，将医疗资源拓展到区域内基层医疗机构，为基层医疗机构赋能，为群众提供"防、筛、诊、治、康"一体化管理服务。

【江阴口腔医院揭牌】 2023年，江阴市口腔病防治所引进国资改制，于5月18日揭牌成立江阴口腔医院。医院集医疗、教学、科研、预防、保健为一体，是国有二级口腔专科医院、口腔医学教学科研中心、无锡市口腔医学会副会长单位、江阴市医学会口腔医学分会主任委员单位、江阴市口腔质控中心挂靠单位。医院有诊疗椅位30台，病床15张，临床科室10个，年门诊服务患者超5万人次。

【"光明行"白内障复明工程】 "光明行"白内障复明工程由江苏元林慈善基金会发起主办，与地方卫生部门达成协议，对辖区内参与医保的白内障患者进行资助，通过政府支持、医保报销、基金会补助，让白内障患者接受免费复明手术，帮助患者重见光明。一期项目于2014年8月至2016年8月完成，江苏元林慈善基金会出资5000余万元，资助江阴市、靖江市、泰兴市2万余名白内障患者。2023年10月25日，江阴市卫生健康委员会和江苏元林慈善基金会举行"光明行"第二期白内障复明工程签章仪式，继续资助白内障患者完成复明手术。

【学会协会换届】 2023年，江阴市医学会、江阴市中医药学会、江阴市医师协会和江阴市预防医学会分别召开换届大会，选举产生江阴市医学会第九届理事会、江阴市中医药学会第七届理事会、江阴市医师协会第四届理事会和江阴市预防医学会第七届理事会。10月16日，江阴市护理学会成立，致力于培养护理技术人才，推进护理学科和护理事业发展。

【南北结对帮扶合作】 2023年，江阴市卫生健康委员会务实推进医疗卫生领域南北结对帮扶工作。江阴市、连云港市灌云县两地卫生健康委领导率队开展互访，组织召开工作联席会，商议帮扶合作内容，江阴市第三、第四、第五人民医院以及疾控中心、妇幼保健院相继与灌云县结对医疗机构签订合作帮扶协议书，落实协议内容，互派人员进行业务交流培训。 （杨 荣 冒小鸥）

爱国卫生

【概况】 2023年，江阴市持续巩固国家卫生城市和全国健康城市建设样板市建设成果，推动新时代爱国卫生工作迈上新台阶。加强爱国卫生组织管理，督促各镇（街道）、园区、部门持续开展“七大专项提升行动”（爱国卫生组织管理提升行动、健康教育和健康促进提升行动、市容环境卫生提升行动、生态环境巩固提升行动、重点场所卫生提升行动、食品和生活饮用水安全提升行动、疾病防控与医疗卫生服务提升行动），做好国家卫生城镇常态化巩固提升工作。倡导文明健康绿色环保生活方式，利用“两微一端”（微博、微信和新闻客户端）、短视频等形式开展健康促进工作，组织开展爱国卫生专项行动。巩固无烟环境建设成果，开展禁控烟宣传教育，协调各镇（街道）、相关部门持续开展公共场所禁控烟工作监督检查，委托第三方机构对全市公共场所开展控烟暗访评估。挖掘爱卫历史，弘扬爱卫精神，推进全市爱国卫生教育基地和“网红打卡点”建设。是年，全市居民健康素养水平提升至40.09%。

【爱国卫生运动】 2023年，江阴市深入开展爱国卫生运动，在全社会倡导文明健康、绿色环保的生活方式。组织开展“传承爱卫新风 欢度健康佳节”“第35个爱国卫生月”“周末卫生日”“爱卫新征程健康中国行”等主题活动，提高健康知识传播力和可及性。加强爱国卫生教育基地建设，江阴市云亭街道敔山湖健康主题公园被评为无锡市爱国卫生教育基地。加强“五小”（小餐饮店、小浴室、小美容美发店、小舞厅、小旅店）行业卫生监管，确保环境卫生条件达标、卫生管理制度健全、消毒设施齐全、病媒生物防制制度完善、从业单位和服务人员证照齐全。

【国家卫生城镇复审】 2023年，江阴市制定《江阴市国家卫生城市复审工作实施方案（2023—2024年）》，全面推进“七大专项提升行动”，以标准、问题和民生需求为导向，启动新一轮国家卫生城镇复审工作。各镇（街道）、部门坚持全面整治、重点整治与专项整治相结合，统筹治理城乡环境卫生，完善洁化、绿化、亮化、序化长效管理机制，不断提升城乡环境卫生水平。7月，徐霞客镇等6个镇（街道）、长泾镇蒲市村等43个行政村通过无锡市级国家卫生镇、省卫生村现场评估复审。

【病媒生物防制】 2023年，江阴市组织开展“清除四害迎新春”“露头蚊蝇消杀和春季灭鼠”“防制病媒净环境”等活动，动员群众清理死角、清除积水、翻盆倒罐，铲除病媒生物孳生环境。举办全市病媒生物防制技术培训班及现场演练观摩活动；璜土镇组织开展“公益灭蟑进社区”试点工作；建成17个病媒生物防制示范化小区（自然村），不断提升病媒生物防制效果。

【烟草烟雾控制】 2023年，江阴市爱卫办加强控烟宣传教育，组织开展“5·31世界无烟日”控烟宣传进校园活动，全面参与第七届“健康江苏·我为控烟发声”公益接力活动，推动无烟理念融入学校和家庭教育。联合市文明办开展乱扔烟头整治专项提升行动，规范公共场所禁烟标志张贴，制作下发禁烟标识1.2万张。加强公共场所控烟监督执法，委托第三方机构对全市100个公共场所无烟环境进行暗访并及时通报整改，对全市医疗卫生单位开展禁控烟督查2次；组织各镇（街道）开展969个公共场所控烟专项监督检查，持续巩固无烟环境建设成果。 （周 萍）

健康促进

【概况】 2023年，江阴市卫生健康委员会围绕建设“健康江阴”总目标，大力健全健康教育网络，打造线上线下宣传阵地，开展多元化健康知识和技能普及。整合全市各医疗卫生单位健康教育处方资源，打造“健康直通车”“人医科普直播间”“公益灭蟑进社区”等示范窗口项目6项。坚持每季度下发健康教育核心工具包，全年开展市级主题宣传活动22次，印发宣传资料221万余份，发送健康贴士短信24万余人次；编辑出版《江阴健康》赠刊2期，免费赠阅1.2万份。《江阴日报》刊登科普文章25篇；“快乐出发”健康栏目播出健康科普稿件52篇；制作江阴电视台《江阴新闻》前15秒公益广告6期。“健康江阴”微信公众号推送信息336条，关注人数114万人；“江阴卫生健康”微信订阅号推送健康科普文章60期263篇；举办网络直播节目“健康直通车”3期。江阴健康视频联播平台播放音像资料9万次，累计时长56万小时。组织“健康五进”（进机关、进学校、进企业、进社区、进镇村）巡讲活动61场，受众6900余人。新增公交候车亭、电子阅报栏、灯箱等宣传点位5个；设置健康教育宣传栏262个；开展健康讲座1680场次、公众咨询活动497次；完成个体化健康教育1.1万余人次。

（李燕芳 周 萍）

【“健康江阴”建设】 2023年，江阴市健康办制定下发《2023年“健康江阴”建设工作要点》，深入推进健康镇村（社区）、健康促进医院、健康家庭、健康场所等“健康细胞”工程建设。年内，建成省级健康镇2个、省级健康村（社区）17个、省级健康促进医院1个，评选健康家庭254户。新建职业健康体验馆1个，创成江苏省健康企业1个、无锡市健康企业9个，43人获评江阴市“职业健康达人”。各镇（街道）结合建设“美丽乡村”“美丽庭院”和开展“三清三治”*等专项行动，将健康促进元素融入健康主题公园、健康步道

和健康小屋建设,注重建管并用,发挥典型示范作用,不断夯实健康城市建设微观基础。 (周 萍)

【健康素养监测与干预】 2023年,江阴市开展城乡居民和全市中小学生健康素养网上测评,累计完成10.6万人,知晓率82.81%,行为正确率88.39%。开展居民健康素养与烟草流行监测工作,完成问卷2842份,年内全市居民健康素养水平达40.09%,成人烟草吸烟率低于19.76%。

【推进"优质服务基层行"】 2023年,江阴市卫生健康委员会以提升基层卫生服务能力为抓手,持续推进"优质服务基层行"活动,全市27个基层医疗机构活动参与率和基本标准达标率均为100%,新增达到推荐标准医疗机构3个,推荐标准达标率55.6%。推进村卫生室服务能力评价工作,达到基本标准村卫生室119个,达标率96%,新增甲级村卫生室15个,累计建成率17%。利港社区卫生服务中心、月城卫生院、周庄中心卫生院在"优质服务基层行"活动中获国家卫生健康委员会通报表扬。

【家庭医生签约和居民健康档案管理】 2023年,江阴市卫生健康委员会创新项目管理模式,落实签约服务团队管理居民健康档案,规范健康档案向签约居民开放。优化家庭医生签约服务,采用"1+1+N"(1指家庭医生,1指社区护士,N指专科医生、公卫医师、药师、心理咨询师、营养师、康复理疗师、社工义工等)模式组建网格化家庭医生签约服务团队199个,完成个性化签约17.71万人,重点人群签约率达76.67%。全市建立居民电子健康档案163.71万份,建档率91.87%,使用率55.23%。 (李燕芳)

人口监测与家庭发展

【概况】 2023年,江阴市卫生健康委员会进一步落实"三孩"生育政策及配套支持措施,提升家庭发展能力,促进人口长期均衡发展。年内,全市常住人口出生7431人,人口出生率4.72‰;出生人口中男性3870人、女性3561人,出生人口性别比109;出生人口中一孩4104人,二孩2773人,三孩及以上554人。全年办理常住人口生育服务登记数7806人(其中一孩4624人、二孩2790人、三孩及以上392人)。年内,结婚"一件事"平台,生育服务登记网上预约受理审核773件。出具职工公积金贷款购房二孩及以上家庭认定证明479份;审核产假期间企业社会保险补贴中生育二孩、三孩女职工281人;审核国家人口监测系统中全人口、死亡人口省间重复信息101878条。

【计生奖励关爱】 2023年,江阴市卫生健康委员会开展计划生育特殊困难家庭关怀关爱行动,落实双岗联系人制度、家庭医生签约、就医绿色通道"三个全覆盖"。审核农村计生家庭奖励对象32107人,发放农扶金3035.43万元;审核计生家庭特别扶助对象3151人,发放特别扶助金2889.5万元;发放公益金510户124.7万元;发放计生并发症扶助金329人100.75万元;审核企业持独生子女父母光荣证退休人员一次性奖励对象12292人,发放奖励金4425.12万元。对80名计生特殊人员进行眼健康筛查,为5名白内障患者提供公益复明。年内,全市计生特殊家庭住院护工保险参保人数2960人,保费66.6万元。是年,澄江街道和长泾镇的"暖心家园",分别被评为省级示范点和无锡市级示范点。

【婴幼儿照护服务】 2023年,江阴市卫生健康委员会联合市发改委、教育局印发《关于进一步推进托幼一体化建设发展的意见》,推动镇(街道)整合幼教资源,促进托位数稳步上升。全市149个托育机构(含开设托班幼儿园)可提供3岁以下婴幼儿托位数7859个,每千人常住人口托位数4.4个。年内,72个托育机构依法完成备案;澄江街道博洲爱维叶幼儿园被评为江苏省普惠托育机构,云亭街道三河口幼儿园、祝塘镇文林和湘幼儿园被评为无锡市普惠托育机构。全市普惠托育机构镇(街道)覆盖率94.1%。

(缪海蓉)

卫生人才队伍建设

【概况】 2023年,江阴市卫生健康委员会坚持人才为先的发展理念,深入推进办名院、建名科、增名医"三名"战略,构建人才服务平台,优化人才发展环境,全面提升人才工作水平。全系统有卫生专业技术人员13039人,其中具有卫生类高级专业技术职称2135人,中级专业技术职称5139人,占卫生专业技术人员的58.7%;具有博士研究生学历人员70人,硕士研究生学历人员961人,大学本科学历人员6128人,占卫生专业技术人员的54.9%。年内,引育博士6人,招聘事业编制卫技人员147人,其中医学专业硕士及以上研究生83人、本科学历59人、大专学历5人,合同制卫技人员189人,新增培养农村订单定向医学生15人。

【卫生人才引育培养】 2023年,江阴市卫生健康委员会成立市卫生健康高层次人才引才顾问团,先后赴华中科技大学同济医学院、南京医科大学、中国医科大学等高校开展高层次人才推介招引活动。与北京大学医学院签订为期3年的卫生健康事业高质量发展与卫生人才培养计划,通过开办线上线下培训班、跟岗实践等形式,学习现代化医院管理经验,提升临床医护人员职业化技能水平。在南京医科大学设立首个县级人才服务校园工作站,年内开展专场校园日活动2次,在市人民医院医疗集团、市中医院医疗集团、市疾病预防控制中心设立南京医科大学毕业生就业基地。推进"暨阳名医"人才聚智工程,评选产生2023年度江阴市"暨阳名医"领航专家人选团队4个、培育团队4个、入库团队8个,给予每个团队专项建设基金10万~100万元;市人民医院陈明龙团队入选"无锡太湖人才计划"名单。设立基层医疗卫生单位医师岗位津贴,对57名在社区卫生服务站(村卫生室)工作满6年、具有执业(助理)医师及以上资格的编外医务人员发放专项补助114万元。

【卫生行业科研培训】 2023年，江阴市卫生健康委员会开展行业教育培训，促进全市医疗技术水平不断提升。落实住院医师规范化培训，新增规培人员84人。江阴市人民医院作为国家级住院医师规范化培训基地，全年培训骨干人才5人、乡村医生8人。依托全市3个省基层卫生人员实训基地开展基层卫生人员适宜技术培训757人次。完成继续教育项目75项，其中国家级3项、江苏省级23项、无锡市级49项。年内，获国家自然科学基金青年项目立项3项、省卫生健康委科研项目立项2项、省医学引进新技术二等奖7项、江苏中医药科学技术奖三等奖1项。（张开钰）

【医师定期考核】 2023年11月，江阴市医学会对全市医疗机构执业（助理）医师进行2021—2023年度医师定期考核工作，400个医疗机构的4364名执业（助理）医师参加考核，合格4351人。（李燕芳）

卫生监督

【概况】 2023年，江阴市卫生健康委员会贯彻落实《诊所备案管理暂行办法》，266个诊所应转尽转，新备案诊所37个。全面把好卫生行政许可关，全年办结各类申请9025件，其中不见面审批7583件，占比84.02%。年内，开展各类专项检查、整治38项次，立案查处违法案件65件，罚没款224.79万元；实施重大行政处罚决定法制审核2件；申请法院强制执行案件1件；对126个放射诊疗机构开展专项整治，对其中存在违法违规行为的3个机构实施行政处罚，罚款10.5万元；监督检查医疗机构1560个次，严格规范各类诊疗行为。开展医疗机构“信用+综合监管”工作，进一步强化医疗机构依法执业，对22个次医疗机构的不良执业行为记77分。对全市33个医疗机构消毒质量进行检测，采样合格率100%；对118所学校开展春季和秋季学校卫生和传染病防控专项检查，学校饮用水样品抽检合格率92.5%。全市消毒产品生产企业日常监督检查实现全覆盖，消毒器械现场抽样合格率100%；对5个餐饮具集中消毒单位进行监督检查，抽检合格率100%；对80个医疗机构开展禁控烟监督检查，禁控烟工作全部达标。开展涉水产品生产企业专项监督检查工作，检查涉水产品生产企业74个，卫生许可批件155个；监督抽检涉水产品11件，合格率100%；开展集中式供水单位、二次供水单位、现制现售饮用水等专项监督检查，饮用水抽样检测合格率100%。调查处理职业卫生投诉举报4件、公共场所案件1件，移送职业卫生案件12件，函告镇（街道）公共场所违法线索12条。

【开发“澄医查”平台】 2023年，江阴市卫生健康委员会在全省率先开发“澄医查”医护信息查询平台，方便群众就医前快速有效查询医疗机构、医生、护士相关信息，保障群众看病就医知情权、选择权、监督权，为卫生监督部门高效开展医疗市场监管开辟新型社会监督渠道，切实提高卫生监督执法效能。至年末，平台查询量超136万人次。

【普法宣传】 2023年，江阴市卫生健康委员会进一步加大普法宣传力度，在传统普法宣传基础上，不断创新普法宣传形式。拍摄职业卫生普法宣传片《健康劳动 幸福生活》；制作中医针刺类技术卫生监督、医疗病历监督要点普法微课等宣传视频；编创口腔医疗器械消毒要点情景剧；举办“关爱医师 以法护航”医疗卫生领域普法宣传活动。全年开展各类专题普法宣传活动20次，编印发放各类宣传资料8000余份。

【打击无证行医】 2023年，江阴市卫生健康委员会持续加大无证行医打击力度，构建“1+N”（1指卫生健康部门，N指公安局、市场监管局、医保局等相关部门）打击无证行医长效机制，全年查处无证行医案件30件，没收违法药品器械497箱（袋），没收牙床7张，罚没款152万余元，向公安机关移送非法行医涉嫌犯罪案件3件3人，奖励无证行医举报人8人次计8000元。

【创建卫生监督示范单位】 2023年，江阴市卫生健康委员会持续推进医疗机构卫生监督示范单位创建工作，从医疗房屋面积、科室设置、功能布局、管理制度、传染病防控、医疗废物处置等方面，对全市新申报的13个诊所、门诊部进行现场评估验收，其中12个诊所、门诊部通过验收合格。对验收中存在问题的单位，市卫生监督所加大指导力度，督促整改，不断推动创建工作走深走实，为群众就医安全提供保障。（任燕萍）

疾病控制

【概况】 2023年，江阴市全年累计报告乙类传染病（不含新型冠状病毒感染）12种1011例，发病率57.07/10万，比2022年（920例）上升9.89%。传染病网络报告率、及时率和完整率均为100%。累计报告甲乙类传染病死亡病例10例。全年报告1起传染病突发公共卫生事件。加强HIV（艾滋病毒）感染者和AIDS（艾滋病）病人管理，CD4（免疫细胞）检测率99.1%，病毒载量率99.5%，接受抗病毒治疗率97.7%，总人群筛查率32.9%，新增HIV/AIDS病例比2022年下降2.2%。现存麻风病治愈者随访率100%。结核病患者和疑似患者总体到位率98.91%，确诊肺结核病例比2022年上升4.95%，病原学阳性率80.99%，入学新生和新入职教职员工结核病筛查率分别为97.08%、89.33%。全市完成查螺面积118万平方米，未发现活钉螺；开展盐碘监测和碘营养调查，碘盐合格率100%，人群碘营养情况在适宜水平；开展肝吸虫病、土源性线虫病监测。全面完成慢病管理和监测、死因监测、全民健康生活方式行动工作任务，各项指标均达要求，其中高血压、糖尿病规范化管理率分别为77.01%和76.88%，控制率分别为62.29%和60.41%。开展国家急性心脑血管监测项目和慢阻肺高危人群早期筛查与综合干预项目，完成肿瘤高危人群随访管理，不断健全完善防治结合的重大慢性疾病筛查、监测与干预体系。2013—2017年肿瘤登记数据库首次被世界卫生组织（WHO）国际癌症研究中心五大洲肿瘤数据库收录。全市初一女生首针HPV(人乳头瘤病毒)疫苗接种率92.17%,全程接种率90.02%,列无锡市第一;适龄儿童水痘疫苗免费接种率超95%。全市哨点医院完成HIS系统(医院信息管理系统)食源性疾病病例直报功能建设,实现从HIS端到国家平台的互联互通;完成大气污染调查项目,形成个体暴露调查"江阴模式";完成6个营养餐厅(食堂)建设和1个"老年人营养新型食堂"示范点建设;参与5项江阴地方菜品团体标准制定。受理职业病诊断40人,出具职业病诊断报告36份、职业病诊断证明书41份。参与江苏省《职业卫生实验室质量控制样品研制规范》地方标准起草;完成生活饮用水新项目、新技术的验证及应用;开展鹦鹉热衣原体、结合分枝杆菌、脑膜炎奈瑟菌、手足口病毒等核酸检测新项目检查;具备CMA(中国计量认证)资质认定项目6大类210项。加强公共卫生中青年骨干人才培养,选派1人参加第八期省级现场流行病学培训项目、2人参加第九期无锡市现场流行病学培训项目,开展新进职工理论培训12次、实践技能培训2次。实施江阴市继续医学教育项目12项,在研各级科研课题4项,其中无锡市2项、江阴市2项。发表论文4篇,其中SCI(科学引文索引)论文2篇,授权国家发明专利1项。

(缪　英)

【大气污染对人群健康影响队列随访追踪调查】 为更好研究大气污染物对人体亚临床指标的健康影响,中国疾病预防控制中心环境与健康相关产品安全所和复旦大学联合发起"大气污染对人群亚临床指标健康影响的队列研究"。江阴市作为项目现场之一,2023年4月,在国家项目组和省疾病预防控制中心的指导下,江阴市疾病预防控制中心抽取江阴高新区杨市社区、锦隆社区40~89岁年龄段计200人作为该项目调查对象。调查内容包括问卷调查、体格检查和生物样品采集。该项目的开展有利于及时探索大气污染物对人群健康影响,为采取有效干预措施和降低大气污染导致的健康危害提供科学依据,助力"健康江阴"高质量建设。

(金宇星　张　力)

【免费丙肝病毒核酸检测项目】 2023年5月,江阴市疾病预防控制中心联合市人民医院、中医肝胆医院及各社区卫生服务中心开展免费丙肝病毒核酸检测项目。全年累计完成既往丙肝患者抽血检测279人,问卷调查130人,发放宣传册560份。对检出的42例阳性感染者全部转介到定点医疗机构接受规范抗病毒治疗。通过项目实施,进一步掌握既往丙肝患者的感染现状,降低丙肝流行水平,助力实现2030年消除病毒性肝炎公共卫生危害目标。

(陆红达　梁晨影)

【癌症防治核心知识知晓率调查】 2023年5月18日,江阴市启动2023年癌症防治核心知识知晓率调查。调查通过随机抽样,确定600名居民作为调查对象,结果显示江阴市居民癌症防治核心知识平均知晓率为77.85%,其中25~34岁年龄组知晓率最高,为82.32%;男性、女性知晓率分别为76.87%和78.84%。居民癌症防治核心知识知晓率调查可有效估算人群癌症防治核心知识知晓水平,发现居民癌症防治认知常见误区和盲区,提升癌症防治能力,提高常见恶性肿瘤早期诊断比例和总体癌症5年生存率,为肿瘤全生命周期管理和全民癌症防控行动提供实践基础。

(章　剑　王冠玉)

【肝吸虫专项监测调查】 2023年11月,江阴市疾病预防控制中心组织相关医疗机构,对江阴高新区、南闸街道、璜土镇、长泾镇、祝塘镇等镇(街道)、园区开展肝吸虫终宿主——人、猫、狗感染情况监测调查。调查随机抽取5个监测点人群粪样1000份,猫、狗粪样25份,进一步掌握江阴市肝吸虫病感染情况,镜检结果显示全市存在肝吸虫感染风险。

(黄梦佳　李　玲)

妇幼保健

【概况】 2023年,江阴市卫生健康委员会坚持以妇女儿童健康需求为导向,以提高妇女儿童健康素养为目标,为妇女儿童提供全周期全方位全过程健康服务。全市产科分娩总人数7035人,活产数7020例,孕产妇死亡率0,新生儿死亡率0.79‰,婴儿死亡率1.05‰。孕产妇健康管理率99.01%,儿童健康管理率99.05%,免费婚(孕)前健康检查率97.65%。开展产后家庭访视和健康指导工作,制定月子中心产后访视服务流程,规范产后访视工作,提高产后访视率,对全市月子中心执业医师、执业护士进行产后访视专项业务培训,加强产后访视人员队伍建设。

【提升"两癌"检查服务质效】 2023年4月,江阴市上线宫颈癌、乳腺癌筛查线上预约系统,服务对象可通过微信小程序预约"两癌"筛查初筛及转诊,查看检查报告。全年完成宫颈癌初筛42275人次,筛查出HPV阳性4745人,宫颈癌前期病变97人,宫颈癌10人;完成乳腺初筛41950人次,筛查出乳腺原位癌及癌前病变3人,乳腺癌18人;宫颈癌早诊率91.59%,乳腺癌早诊率100%,阳性个案治疗和随访率100%。

(袁薇婷)

【签约专家工作室】 2023年2月,江阴市妇幼保健院与无锡市妇幼保健院签约合作,成立专家工作室,聚焦妇幼特色专科建设,在技术指导、双向转诊、人才培养等方面开展紧密合作。签约工作室专家团队每周定期来院坐诊、带教、开展讲座等,为全市妇女提供妇科宫颈疾病诊治、宫颈癌筛查、产前筛查诊断、遗传优生咨询及绿色通道转诊等服务。年内,工作室接诊900余人次,开展宫颈手术50人次,为31名孕妇开通产前诊断绿色通道,其中羊水穿刺异常引产6例。

(苏秋霜)

【出生"一件事一次办"信息系统应用】 2021年起,江阴市依托"最江阴"App和"江阴公安微警务"公众号平台,在省内率先推出新生儿出生"一件事"服务专栏,为市民提供新生儿户口登记、社保卡申领、市民卡申领3项服务事项线上办理服务。2023年9月,按照省政府办公厅《关于加快推进"一件事一次办"打造政务服务升级版

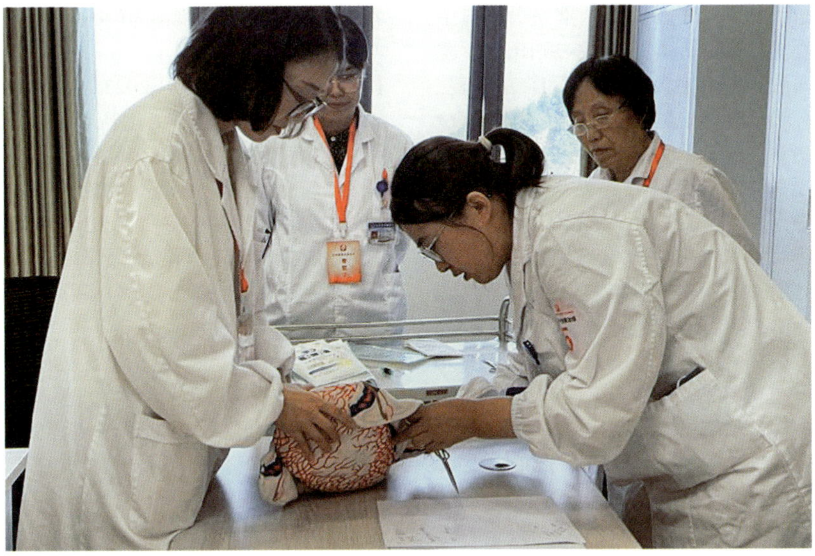

2023年10月8日，江阴市妇幼健康职业技能竞赛决赛在市人民医院举行
（周绪凤 摄）

的实施意见》，全市17个助产机构全面应用江苏省出生“一件事一次办”信息系统，实现江阴市全域新生儿出生医学证明签发、户口登记、社会保障卡申领、医保缴费4项服务事项全流程线上办理，突破区域限制，实现跨市通办。至年末，全市完成出生“一件事”线上办件282件。

【妇幼健康职业技能竞赛】 2023年9月，江阴市卫生健康委员会联合市总工会、市妇联共同举办2023年度江阴市妇幼健康职业技能竞赛，通过初赛、决赛，决出竞赛单项一、二、三等奖，并推荐5人组成江阴市代表队参加无锡市决赛，获无锡市团体一等奖、单项一等奖2个，获个人二等奖1个、个人三等奖2个。全面提升妇幼健康服务能力，切实维护妇女儿童健康。

（唐妍彦）

【母婴阻断一体化门诊建设】 2023年，江阴市卫生健康委员会制定下发《江阴市消除艾滋病、梅毒和乙肝母婴传播行动计划实施方案（2023—2025年）》。年内，市人民医院完成“母婴阻断一体化门诊”建设，实现全市感染孕产妇和新生儿定点医疗机构闭环管理。全年艾滋病母婴传播率、先天梅毒发病率及乙肝母婴传播率均为0，产前艾滋病、梅毒和乙肝检测覆盖率达100%。

（唐剑娇）

医政管理

【概况】 2023年，江阴市卫生健康委员会始终坚持居民健康核心理念，围绕分级诊疗制度建设、医疗服务体系建设、医疗行风建设、医疗技术监管和平安医院建设等重点工作，持续不断提升医疗质量、改善就医环境、均衡医疗资源。江阴市人民医院医疗集团和中医院医疗集团在基层医疗机构设立专家工作室76个、联合病房12个、护士工作室8个、慢病联合门诊8个。全市新增15个江苏省甲级村卫生室，3个基层单位完成提档升级，创成1个“江苏省社区医院”，全市达到“优质服务基层行”国家推荐标准的乡镇卫生院（社区卫生服务中心）占45%，居无锡市前列。建成江苏省首批农村区域性医疗卫生中心功能中心3个、江苏省基层医疗卫生机构管理干部培训实践基地1个、江苏省基层卫生人员实训基地推荐标准1个，市人民医院成为无锡市首个血友病治疗中心。巩固实施国家基本药物制度试点工作成果，常态化开展“家庭药师进万家”活动，全市成立与家庭医生签约融合的家庭药师工作室11个；市人民医院专门开设药学门诊，免费为患者提供“一对一”精准用药服务。开展“千医巡诊万村行”活动，建立县域巡回医疗和派驻服务工作机制，组建67个团队下乡开展义诊、巡诊、健康讲座等服务。

【医共体建设新模式】 2023年，江阴市卫生健康委员会持续推进优质医疗资源扩容，探索龙头医院与基层薄弱医院“一院一策”紧密型帮扶项目。2月，市中医院在周庄医院设置分院，开展“全面托管型”合作；6月，市人民医院在利港医院设置分院，开展“技术托管型”合作，依托总院医疗资源强化分院业务能力。合作后两个分院业务量、业务收入均比2022年同期增长超50%。

【打造服务型就医流程】 2023年，江阴市卫生健康委员会制定印发《江阴市改善就医感受提升患者体验主题活动实施方案（2023—2025年）》，优化就医服务流程，为患者提供覆盖诊前、诊中、诊后的全流程、个性化、智能化服务，持续增强人民群众卫生健康服务获得感和幸福感。全市二级以上医院实现预约诊疗全覆盖，其中4个医院实现检查检验集中预约并建立“一站式”入出院服务中心，8个医院开设“预住院”模式，1个医院开展“互联网＋护理”服务；通过增设弹性服务窗口和自助服务机，优化预约服务、诊间结算、移动支付、线上查询等功能，辅以先诊疗后付费、专家弹性门诊、假期门诊、夜间门诊等方式，就诊高峰期患者排队等待时间减少50.9%；院前医疗急救3分钟出车率达97.48%。市人民医院和中医院建成互联网医院，开展互联网诊疗服务，全年预约诊疗230万人次，比2022年增长44%。至年末，全市22个医疗机构开展方便老年人服务，为70岁以上老年人开设挂号、缴费、取药优先窗口31个。

【提升护理水平】 2023年，江阴市卫生健康委员会落实《江阴市“十四五”护理事业发展规划》，创建无锡市级专科护士培训基地2个，确定江阴市级护理临床重点专科17个、建设单位5个、江阴市级护理学科带头人11人，培养无锡市级老年护理专业护士20人、江苏省级医疗护理员43人。制定印发《江阴市进一步改善护理服务行动计划实施方案（2023—2025）》，在全行业开展以“强基础、提质量、促发展”为主题的进一步改善护理服务行动。

【学术交流和医学继续教育项目管理】 2023年,江阴市医学会围绕全市卫生工作重点,以学术年会和专题学术会议为抓手,开展高质量学术交流活动,促进科技人才成长。年内,举办各类专业学术交流活动148期,参会人员2万余人次,其中国家级继续教育项目2项、省级继续教育项目18项、无锡市级继续教育项目50项;邀请北京、上海、南京等地知名教授和国内顶尖医学专家授课,推动全市医务人员理论水平和专业技能提升。至年末,全市有103项医学继续教育项目通过专家评审,其中获评2022年度无锡市级以上医学继续教育的46项项目获资金资助16.7万元。 (李 江)

中医药工作

【概况】 2023年,江阴市完善中医药服务体系,加强中医药人才培养,着力改善中医药发展条件,提高中医药综合服务能力,全力争创全国基层中医药工作示范县。年内,江阴市中医院获评三级甲等中医医院,被江苏省综合医改试点工作领导小组确定为公立医院高质量发展省级试点单位。提升医学专科建设水平,市中医院新增肛肠科、脾胃病科、肺病科3个省级中医重点专科建设单位;季光岐黄学者工作室、上海市炎癌转化病证生物学前沿科学研究中心江阴市分中心落户市中医院。市中医骨伤医院通过二级甲等中医专科医院专家组评审。基层医疗机构中医馆、中医阁建设及中医馆等级评价工作稳步推进,青阳中心卫生院、马镇卫生院、顾山卫生院通过五级中医馆评审,石庄卫生院、利港医院通过五级中医馆建设单位初评,全市建成五级中医馆7个,占比33.3%,社区服务站(村卫生室)中医阁建设占比72.82%。完善中医师承教育,发挥名老中医传承工作室和江阴市龙砂医学传承研究院等载体功能,推进第二期13个名老中医传承工作室建设工作,新增无锡市名中医工作室2个、江阴市名中医工作室4个,招收师承学员34人,率先在4个基层医疗机构建设名中医基层工作站,长期开展名中医驻点工作。加强中医药人才培养,新增无锡市名中医2人,入选龙砂医派青年骨干人才培训班7人、江苏省中医馆骨干师资培训1人;组织开展2023年度江苏省基层卫生技术人员中医药知识与技能培训,培训学员37人。

【中医药适宜技术推广应用】 2023年,江阴市统筹推进全市中医药适宜技术推广应用,促进中医药服务增点扩面,全市社区卫生服务中心(乡镇卫生院)均可开展6类10项中医药适宜技术,全年累计开展中医药适宜技术体验活动143场次,受惠群众11736人次。推进中医适宜技术防控儿童青少年近视试点工作,全面建成“1+5+X”儿童近视防控网络(打造1个中医适宜技术防控儿童青少年近视基地,建成5所中医适宜技术防控儿童青少年近视试点学校,拓展至更多学校及基层医疗机构,培训开展中医适宜技术防控儿童青少年近视),通过融媒体直播等方式开展近视防控宣教知识与小视频宣传,促进耳穴压丸、角针原穴法等中医适宜技术在儿童青少年近视人群中的推广与应用。

【中医药文化建设】 2023年,江阴市传承“中医之乡”文化特色,持续推进中医药文化建设,将中医列为全市“五大文化”(游圣、学政、军事、民乐、中医)品牌之一,为江阴中医药事业传承发展提供文化保障。年内,举办第二届长三角(江阴)现代中药大健康产业创新峰会暨中华中医药学会专科专病合作发展平台年会,推动中医药行业及生命健康事业高质量发展;举办世界中医药学会联合会中医药文献与流派研究专业委员会第八届学术大会暨江苏省中医药学会基础理论与文献研究专业委员会2023年年会,探讨医史文献与中医流派研究。开展中医药廉政文化建设,印发《关于加强全市中医药廉政文化建设的通知》,在医疗机构打造中医药廉洁文化特色场景,弘扬中医药廉洁风气。支持传统医药类非物质文化遗产代表性项目传承发展,任氏疡科疗法、针灸(朱氏针灸)入选第五批江苏省非物质文化遗产代表性项目名录。在江阴市博物馆举办“食草记——传统中医文化展”,展示江阴中医药发展历史与成就。举办第四届“广心杯”中医药文化节,建设蟠龙社区中药展示馆、江阴高新区金童小学中医药文化馆、江阴高新区杨市社区中医药文化绿道。组织中医药文化进校园活动,在“开学第一课”活动中宣讲中医药科普知识;在南闸中心小学、城西中心小学、虹桥小学开展“岐黄进校园”活动;在虹桥小学、祝塘小学开展中医药健康讲座;在高新区实验小学开展“弘扬中医文化 坚守匠心精神——小小药师初长成”主题活动等。 (曹 娅)

■类目编辑 徐文辉

体 育

综 述

【概况】 2023 年，江阴市体育工作始终坚持"以人民为中心"的发展理念，全面落实"全民健身"战略，着力提升竞技体育实力，推进体育产业发展，努力开创全市体育事业发展新局面。大力推进全民健身"六个身边"（完善群众身边的体育健身组织、建设群众身边的体育健身设施、丰富群众身边的体育健身活动、支持群众身边的体育健身赛事、加强群众身边的体育健身指导、弘扬群众身边的体育健身文化）工程建设，全民健身设施配置实现市镇村三级全覆盖。至年末，全市有室内健身场馆 1890 个，面积 60 万平方米；健身步道 803 条，健身路径 1805 套，覆盖全市每个镇（街道）、村、社区；全市人均体育场地面积 5.17 平方米。全年举办"海澜之家杯"首届和美乡村篮球联赛（村 BA）、江阴市社区运动会等各级群体赛事活动 900 余项次，开展青少年体育竞赛 30 项次，承办全国成人游泳锦标赛等省级以上体育竞赛 30 项次；青少年联赛参赛人数近 9000 人次；举办 2023 时裳新桥 · 江阴半程马拉松，规模效益创新高；创新举办首届幼儿体适能大赛，推动幼儿体育项目开展。高质量完成体育"三进校园"（三大球进校园、冠军明星进校园、资深教练进校园）工作，全年送教进校园 448 人次。是年，江阴市获评江苏省幼儿体育示范区；江阴市第二中学和徐霞客中学获评无锡市体教融合示范基地；江阴市业余体育学校创成国家高水平体育后备人才基地（2021—2024）；江阴籍运动员在省级以上体育竞赛中获金牌 82 枚。江阴市文体广电和旅游局在全省县级体育重点工作督查考核中位列前三，获评全省县级体育工作先进单位。

【海澜马术骑手获国际赛事金牌】 2023 年 2 月 27 日，在意大利罗马蒙特利布蕾蒂（Montelibretti）举行的国际马术三项赛（盛装舞步、场地障碍和越野赛）系列比赛中，海澜国际马术俱乐部骑手包英凤代表中国队获 2023 年国际马术三项赛首个冠军，并在随后的二星级项赛长途赛（CCI2*-L）中获季军。10 月 2 日，江阴骑手包英凤、孙华东与队友组成的中国马术三项赛队经过 3 天角逐，以 86.8 的总罚分获杭州亚运会马术三项赛团体金牌，填补中国马术项目在亚运会历史上金牌空白。

【江阴运动员随国家队出征】 2023 年 7 月 5 日，江阴籍球员吴澄舒入选中国国家女子足球队大名单，作为中场运动员出征世界杯。10 月 2 日，中国国家女子垒球队在杭州亚运会决赛中获银牌，江阴籍运动员陈佳在整场比赛中发挥出色，为中国队夺得银牌立下功劳。10 月 27 日，中国坐式排球女队在杭州第 4 届亚洲残疾人运动会坐式排球决赛中以五战全胜战绩获冠军，江阴籍运动员龚彬随队出征。12 月，江阴市第二中学高三学生吴烨嘉入选国家 U20 女子足球队，作为中场球员，备战亚洲杯。

【全国气排球邀请赛夺冠】 2023 年 7 月 25 日，"中国体育彩票杯"第八届中国最美乡村全国气排球邀请赛在江西省婺源市举行。比赛为期 10 天，设男子青年组、中年组、老年组和女子青年组、中年组、老年组 6 个组别，共 317 支代表队 3000 余名运动员参加比赛。江阴市气排球中年男子队经过激烈角逐，获中年男子组冠军，是江阴市气排球运动历史性突破。

【第一届全国学生（青年）运动会获佳绩】 2023 年 11 月 15 日，第一届全国学生（青年）运动会在广西壮族自治区南宁市落幕，江阴运动员在羽毛球、足球、柔道、游泳、自行车、田径、武术等项目中获金牌 7 枚、银牌 2 枚、铜牌 2 枚。其中张佳俊在田径中学组 200 米半决赛中，以 20 秒 90 的成绩创造新的全国青年纪录；邓雨菡在中学组女子游泳 400 米混合泳中游出 4 分 51 秒 16 的成绩，远超该项目运动健将水平。朱嘉熙等 6 人助力江苏队首次获全国综合性运动会男子足球冠军。

【江阴学子晋升男子象棋国家大师】 2023 年 11 月 24 日，第四届世界青少年象棋锦标赛男子 U16 组比赛在美国得克萨斯州休斯顿市结束，14 岁江阴学子刘柏宏以七战五胜二平积 12 分，获 U16 组男子个人冠军，晋升象棋国家大师，成为江阴市第一位、国内最年轻男子象棋国家大师。

群众体育

【概况】 2023年,江阴市文体广电和旅游局践行“全民健身”和“健康中国”国家战略,坚持“以人民为中心”思想和“大健康”发展理念,大力推进全民健身与全民健康深度融合。年内,更新完成国民体质监测设备,完善市镇两级国民体质监测网络,年可承担3000人测试任务;14个镇(街道)完成中华全国体育总会备案,成立4个体育类社会组织,确保“10分钟体育健身圈”更高质量发展;建成健身步道3000米、篮球场2个、羽毛球场2个、健身广场1个、口袋公园1个,全市人均体育场地面积位于无锡市前列;做好健身路径保养管护工作,健身器材维修率93.8%。全年培训三级社会体育指导员500人。至年末,全市有社会体育指导员9637人,其中国家级68人、一级378人、二级1302人、三级7889人,每万人拥有社会体育指导员54人;举办徒步、足球、飞盘、游泳技能、跑步、篮球、健身气功巡回培训展示等群体赛事活动百余项次。

【第八届元旦公益徒步大会】 为贯彻落实“全民健身”国家战略,引领健康生活新时尚,提升传统群体品牌活动影响力,2023年1月1日,由江阴市全民健身工作指导委员会主办,市文体广电和旅游局、市体育总会承办的“江阴银行杯”第八届元旦公益徒步大会拉开序幕。该次大会以“为爱行走 · 大美江阴”为主题,采取“线上徒步”参赛方式,即在比赛期间任意一天,不指定线路,不限徒步完成时间,参赛者使用任意手机跑步软件(App)单次完成5千米或8千米迎新徒步,并将徒步轨迹图截图通过江阴农商银行公众号“元旦徒步大会”菜单内的完赛及证书通道上传,审核通过后,即视为完成比赛。

【市级机关体育嘉年华活动】 2023年3月18—19日,由江阴市委市级机关工委、市文体广电和旅游局、市总工会主办的“跃动暨阳 · 2023江阴市市级机关体育嘉年华活动”在江阴市体育中心举行。市委常委、组织部部长、统战部部长吴莉萍,市人大常委会副主任、市总工会主席张国兴,市政协副主席、市文体广电和旅游局局长钱晴等出席开幕式。该次活动由趣味赛和达标赛组成,分设13项项目,来自市级机关41个单位的560余名机关干部职工参赛。比赛充满趣味性和娱乐性,富有协作性和竞技性,促进各单位之间交流,提振机关干部职工干事激情。

【江阴市首届极限飞盘HAT赛】 2023年4月2日,由江阴市文体广电和旅游局、市体育总会主办,市体育事业发展服务中心、市飞盘运动协会承办的江阴市首届极限飞盘HAT赛在江阴市体育中心拉开帷幕。来自全国各地的8支队伍160名飞盘爱好者齐聚江阴,展开对决,为市民展示飞盘运动独特魅力。比赛结果为A1队获冠军,A3队、B2队分别获亚军、季军。

【2023年江苏省老年人体育节在江阴开幕】 2023年4月21日,由江苏省体育局、省老龄委办公室、省老年人体育协会主办,无锡市老年人体育协会、江阴市文体广电和旅游局、江阴市老龄工作委员会办公室、江阴市老年人体育协会承办的2023年江苏省老年人体育节在江阴市体育中心开幕。省委原副书记、省政协原副主席任彦申,省委原常委、省纪委原书记弘强,省委原常委、省人大原常务副主任林祥国,省政协原副主席、省政府原副省长许津荣,省政协原副主席、省老年人体育协会会长王雪非出席活动。无锡市委常委、江阴市委书记许峰,市领导杭成、钱晴参加活动。开幕式设主会场和直播分会场,全省各设区市和行业协会老年人体育协会等都设置在线分会场。开幕式现场,江阴市老年体育团队展演《龙腾狮吼》《木兰飘香》《凤舞吉祥》等节目,将民间艺术文化与体育健身活动相结合,展示老年人快乐健身精神面貌。该次体育节以“守正创新 健身前行”为主题,持续至11月底。其间,江阴市开展“人社杯”乒乓球比赛、“恒润杯”太极拳比赛、2023年敬老节暨老年人体育健身精品节目展演等多元化赛事和健身活动,持续增强老年人体质,提高老年人健康水平。

【“全民健身日”启动暨首届和美乡村篮球联赛(村BA)】 为响应乡村振兴号召,推动乡村体育高质量发展,建立乡村体育发展新格局,2023年8月8日,江阴市“全民健身日”主题活动暨“海澜之家杯”首届和美乡村篮球联赛(村BA)启动仪式在新桥镇飞马水城举行。无锡市委常委、江阴市委书记许峰出席开幕式。市领导程政、杭成、钱晴参加活动。该次联赛以“和美新农村、活力新生活”为口号,全市有近200支队伍参加。分为镇街赛、分区赛和总决赛,各镇街赛第一名获分区赛参赛资格,决出8支队伍参与总决赛。经过2个月的角逐,澄江街道贯庄社

2023年9月13日,江阴市“全民健身日”主题活动暨“海澜之家杯”首届和美乡村篮球联赛(村BA)总决赛在市体育中心举行

(市文体广电和旅游局提供)

区队获联赛总冠军，海澜集团有限公司获优秀组织奖。

【“鸿茅药酒杯”广场舞大赛】 为丰富群众文化生活，推动公共文化服务高质量发展，2023年9月17日至10月6日，“鸿茅药酒杯”江阴市广场舞大赛展演活动分别在新桥镇、申港街道、澄江街道、徐霞客镇4个片区举行，全市40支民间广场舞队伍进行展演大赛。历时2个月，产生17支队伍进入总决赛。10月27日，总决赛在江阴市融媒体中心举行，祝塘芳草地舞蹈队获一等奖，澄江街道芙蓉花艺术团、周庄镇芳草依依舞蹈队、月城镇月牙儿舞蹈队获二等奖，云亭街道定山奇迹舞蹈队、青阳镇科创青阳舞蹈队、璜土镇春天里舞蹈队、新桥鎏金岁月舞蹈队、南闸南之星舞蹈队获三等奖。

竞技体育

【概况】 2023年，江阴市文体广电和旅游局结合省体育局县级体育督查办法要求，提前谋划竞赛训练和青少年体育相关工作，深入推进体教融合，开展青少年体育竞赛30项次，创新举办首届幼儿体适能大赛，承办省级以上体育竞赛30项次和无锡市竞赛工作两项次。完成江阴市三级体育裁判员培训5项次，达标人数163人。做好无锡市17项次小学生比赛报名参赛任务。发挥体旅融合优势，策应徐霞客旅游节创新举办澄锡惠三地龙舟邀请赛和丁果湖象棋邀请赛，举办2023时裳新桥·江阴半程马拉松，参赛选手破万人。年内，江阴骑手包英凤、孙华东和队友获杭州亚运会男子马术三项赛团体冠军，陈佳随中国女子垒球队获亚军；刘柏宏在第四届世界青少年象棋锦标赛中获冠军；江阴国际跳棋队在江苏省智力运动会上获7金5银3铜；在第一届全国学生（青年）运动会上，江阴男女足球、田径、武术等项目获金牌；吴澄舒入选新一届女足国家队，首发参加世界杯，吴烨嘉入选U20女足国家队，黎明、刘宇诚入选U17男足国家队。全年入选省三线队运动员31人。是年，江阴市运动员累计获省级及以上金牌82枚。

【海澜飞马水城举办多项马术比赛】 2023年1月14—15日，江阴市新桥镇海澜飞马水城举办2022年中国马术盛装舞步青少年冠军杯赛总决赛，比赛分设青年组个人赛、少年甲组个人赛、少年乙组个人赛，35对人马组合参加比赛；3月18—19日，举办“海澜之家”2023年中国马术场地障碍青少年冠军杯赛（飞马水城站），比赛分设少年B组、A组和青年B组、A组4个级别，来自全国29个俱乐部117对人马组合参加比赛；6月30日至7月2日，举办2023年中国马术盛装舞步冠军杯赛暨亚运会选拔赛；7月6—8日，举办2023年江苏省青少年马术锦标赛；8月20—22日，举办2023年江苏省青少年马术冠军赛，比赛分A、B组，包括场地障碍赛、盛装舞步、两项赛和三项赛，来自苏州、常州、南京、无锡、南通5个地区的运动员和马匹参加比赛；10月21—22日，举办2023年中国马术U系列俱乐部杯赛（华东区）。

【第23届全国成人游泳锦标赛】 2023年3月25—26日，“四方游泳杯”第23届全国成人游泳锦标赛在江阴市体育中心游泳馆举行。大赛设成人组个人项目（18～64周岁）和接力项目，来自全国各地47个游泳协会、俱乐部，841名运动员组队参加，参赛者全部为业余选手。个人项目自由泳、仰泳、蛙泳分别设50米、100米、200米组别，蝶泳设50米、100米组别；接力项目设4×50米男女混合自由泳接力和4×50米男女混合泳接力。经过两天激烈角逐，江阴队获男子第三、女子第二、团体第三。

【澄锡惠三地象棋比赛】 2023年5月20—21日，“泗河·丁果湖”2023年江苏省象棋乡镇、特色村（社区）暨澄锡惠三地象棋比赛在江阴市南闸街道举办。来自全省40个乡镇、18个特色村（社区）116名选手参赛。经过7轮对弈，分别决出乡镇组个人赛、团体赛前8名；特色社区（村）组个人赛、团体赛前8名；澄锡惠组（江阴市，无锡市锡山区、惠山区）团体赛前3名。

【省青少年游泳（县组）锦标赛获佳绩】 为实施“全民健身”国家战略，推动青少年游泳运动普及与发展，2023年5月25—27日，2023年江苏省青少年游泳（县组）锦标赛在江阴市体育中心游泳馆举行。比赛设置11～12岁组别，来自全省24支代表队177名参赛人员在自由泳、蝶泳、仰泳、蛙泳、自由泳接力、混合泳接力等竞赛项目中展开角逐。江阴队获团体总分第二。

【全国青少年羽毛球系列挑战赛（江阴站）】 为普及和推广校园羽毛球运动，增强青少年羽毛球竞技水平，2023年6月3日，2023年活力羽人“李宁C50杯”全国青少年羽毛球系列挑战赛（江阴站）在江阴市体育中心羽毛球馆开赛，来自全国49支队伍近400人参加，赛程两天，设置7～14岁组别，分儿童组单打、少年组单打、少年组双打、儿童无差别双打、儿童组双打、亲子双打等项目。

【承办中国足球足协杯比赛和甲级联赛】 2023年6月24日，2023中国足协杯（江阴赛区）比赛在江阴市体育中心拉开帷幕。该场比赛由无锡吴钩队对阵天津津门虎队，最终天津津门虎队以2比0获胜。2023中国足协杯有来自全国64支球队参赛，包括中超、中甲、中乙、业余各16支球队，共进行7轮63场比赛，所有场次均实行单场淘汰对决。7—9月，2023年中国足球甲级联赛（江阴赛区）的6场比赛在江阴市体育中心举行，无锡吴钩队作为主队，分别迎战四川九牛、济南兴洲、东莞莞联、南京城市、石家庄功夫和苏州东吴6支参赛队伍。

【省青少年橄榄球（女子）锦标赛夺冠】 2023年7月9—12日，2023年江苏省青少年橄榄球（女子）锦标赛在江阴市体育中心举行，来自南京市、无锡市、徐州市、南通市、宿迁市5支代表队80名运动员参加。比赛设置甲组（16～17岁）、乙组（14～15岁）组别，分为专项比赛与体能竞赛。徐霞客中学女子橄榄球队员表现优异，以全胜战绩获乙组冠军。

【全国国际跳棋青少年锦标赛】 2009年起，江阴市开始在小学和幼儿园公益性推广国际跳棋，帮助20余所小学、幼儿园将国际跳棋引入校本课程和幼儿园半日活动中，成立江苏省国际跳棋队,历年来诞生全国青少年组冠军 15 人、亚洲冠军 2 人、世界亚军 2 人、国家大师 1 人、棋协大师 1 人、棋协候补大师 5 人。2023 年 8 月 3—6 日,2023 年全国国际跳棋青少年锦标赛在江阴市新爵国际大酒店举行,来自全国各地 635 名运动员参赛。江苏省棋牌运动管理中心主任、江苏棋院院长朱晓军,国家体育总局棋牌运动管理中心国际跳棋和五子棋部副主任陈浩等领导参加开幕式。比赛设 U8、U10、U12、U14 四个年龄段,男子组和女子组分别进行 100 格和 64 格比赛。

【时裳新桥 · 江阴半程马拉松开跑】 2023 年 10 月 22 日,2023 时裳新桥 · 江阴半程马拉松在江阴市新桥镇鸣枪开跑,无锡市委常委、江阴市委书记许峰,江阴市委副书记、市长包鸣,江苏省体育局竞赛管理中心主任吴超,无锡市体育局局长陈奕,江阴市人大常委会主任计军,江阴市政协主席邵文松,中国武术协会副主席、江苏省武术协会主席周建平等领导出席。该次比赛首次升级为中国田径协会 A1 赛事,设置半程马拉松和欢乐跑两个项目,来自英国、马来西亚、新加坡、南非等国家以及全国各地超万名选手报名参赛,创参赛人数和赛事规模历史之最。半程马拉松全长 21.1 千米,男子组王佩林和女子组唐晓芳,分别以 1 小时 5 分 58 秒和 1 小时 17 分 50 秒的成绩获冠军。该届赛事还设置文创集市,吸引众多知名企业和品牌参展并推出活动。

【第 12 届全国水中健身操比赛】 为贯彻落实《全民健身条例》,持续推动全国水中健身运动发展,2023 年 11 月 4—5 日,"碧源杯"2023 年第 12 届全国水中健身操比赛在江阴市体育中心游泳馆举行,来自全国 13 支队伍 200 余名运动员展开角逐。比赛设置比赛项目和展示项目,苏州奥妮花样游泳俱乐部、三亚学院、武汉体育学院分别获小学组、普通院校组、体育院校组团体总分第一名。

2023 年江阴市承办省级及以上比赛一览表

表 49

项目	时间	参赛队	人数(人)	地点
2023 年中国大学生象棋线上赛	1 月 1—2 日	37	213	天天象棋 App(线上)
2022 年中国马术盛装舞步青少年冠军杯赛总决赛	1 月 14—15 日	14	35	江阴市海澜飞马水城
"海澜之家"2023 年中国马术场地障碍青少年冠军杯赛(飞马水城站)	3 月 18—19 日	29	117	江阴市海澜飞马水城
2023 年全国成人游泳锦标赛	3 月 25—26 日	47	841	江阴市民水上活动中心
2023 年江苏省小太阳杯儿童棋类比赛	3 月 25—26 日、4 月 1—2 日	100	1339	江阴市新爵国际大酒店
第一届全国学生(青年)运动会马术项目预选赛	5 月 12—14 日			江阴市海澜飞马水城
江苏省象棋乡镇、特色村(社区)暨澄锡惠三地象棋比赛	5 月 20—21 日	58	116	江阴市南闸街道泗河村
2023 年省青少年游泳(县组)锦标赛	5 月 25—27 日	24	177	江阴市民水上活动中心
全国青少年羽毛球系列挑战赛	6 月 3—4 日	49	400	江阴市体育中心羽毛球馆
2023 中国足协杯(江阴赛区)	6 月 24 日	2		江阴市体育中心
2023 年中国马术盛装舞步冠军杯赛暨亚运会选拔赛	6 月 30 日至 7 月 2 日			江阴市海澜飞马水城
2023 年江苏省国际跳棋锦标赛	7 月 1—2 日	22	309	江阴市新爵国际大酒店
2023 年江苏省青少年马术锦标赛	7 月 6—8 日	5	36	江阴市海澜飞马水城
2023 年省青少年橄榄球(女子)锦标赛	7 月 9—12 日	5	80	江阴市体育中心
第一届全国学生(青年)运动会(公开组)马术三项赛预赛无锡站	7 月 14—16 日	12	53	江阴市海澜飞马水城
2023 年全国国际跳棋青少年锦标赛	8 月 3—6 日	26	635	江阴市新爵国际大酒店
第一届全国学生(青年)运动会(公开组)马术项目盛装舞步预赛无锡站	8 月 4—6 日	6	33	江阴市海澜飞马水城
2023 年江苏省青少年马术冠军赛	8 月 20—22 日	5	42	江阴市海澜飞马水城

续表 49

项目	时间	参赛队	人数(人)	地点
2023 中国足球协会甲级联赛	7 月 2 日、15 日、30 日,8 月 27 日,9 月 9 日、13 日	7		江阴市体育中心
2023 第四届"芙蓉杯"全国青少年足球邀请赛	10 月 1—5 日	31	400	江阴市体育中心
国际鸽联"世界杯"职业信鸽联赛(云外水庄站)	10 月 19 日至 11 月 26 日	81	1081	江阴市月城镇云外水庄
"江阴周庄"第十三届长三角象棋团体公开赛	10 月 20—22 日	28	39	江阴市周庄镇金湾国际酒店
2023 年中国马术 U 系列俱乐部杯赛(华东区)	10 月 21—22 日	13	65	江阴市海澜飞马水城
2023 时裳新桥·江阴半程马拉松	10 月 22 日		10000	江阴市新桥镇
2023 年"碧源杯"全国水中健身操比赛	11 月 4—5 日	13	203	江阴市民水上活动中心
"荥阳·楚河汉界杯"2023 第八届全国象棋业余棋王赛"乐在棋中"江苏赛区总决赛	11 月 10—12 日	14	212	江阴市新爵国际大酒店
2023 年全国太极拳公开赛总决赛	12 月 16—20 日		755	江阴市海澜飞马水城
江苏省第 23 届"小太阳杯"儿童棋类比赛	2023 年 12 月 31 日至 2024 年 1 月 1 日	77	937	江阴市新爵国际大酒店

2023 年江阴市参加国家级及以上比赛成绩一览表

表 50

运动员	赛事名称	时间	地点	项目组别	名次
刘朱娟	全国国际跳棋锦标赛暨第五届全国智力运动会测试赛	3 月	安徽合肥	64 格女子组	六
许紫春	2023 年全国拳击锦标赛	4 月 22 日	广东深圳	女子 57 公斤	一
许紫春	2023 年埃诺达杯国际拳击邀请赛	6 月	哈萨克斯坦阿斯塔纳	女子 57 公斤	三
陈　果	2023 年全国自行车场地锦标赛暨青年锦标赛	6 月 1—6 日	浙江杭州	麦迪逊赛	三
周艳兵	2023 年全国田径大奖赛	6 月	重庆	男女混合 4×400 米	三
周艳兵	2023 年全国田径大奖赛	6 月	重庆	女子 4×200 米	三
周艳兵	2023 年全国田径冠军赛	6 月	辽宁沈阳	女子 4×400 米	三
陆伟一	2023 年全国田径冠军赛	6 月	辽宁沈阳	男子 100 米	六
林志超	2023 年全国少年拳击锦标赛(U14 组)	7 月 18—27 日	河北保定	U14 男子 57 公斤级	三
周艳兵	2023 年全国田径锦标赛	7 月	浙江衢州	女子 4×400 米	二
黄　娜	2023 年全国田径锦标赛	7 月	浙江衢州	女子 4×400 米	二
陆伟一	2023 年全国田径锦标赛	7 月	浙江衢州	男子 100 米	二
庄子涵	2023 第二届"天长杯"全国国际跳棋公开赛	7 月	安徽天长	64 格男子 U12	二
余　悦	2023 年全国少年柔道锦标赛(U16、U14 组)	8 月 25—30 日	重庆荣昌	U14 女子 63 公斤级	三

续表 50

运动员	赛事名称	时间	地点	项目组别	名次
张柯涵	2023 年全国国际跳棋青少年锦标赛	8 月	江苏江阴	64 格男子 U8	三
陈梓睿					四
蔡文泽					七
朱峰民					八
曹家铭				64 格男子 U10	二
庄子涵				64 格男子 U12	二
朱梓豪					五
周宸旭					六
徐　烨				100 格男子 U14	六
冯诺伊				64 格女子 U8	一
沈艺楠					二
吴君睿				64 格女子 U10	七
姚瑾萱				64 格女子 U14	三
吴楚予					六
匡宇婷					八
赵佳宸	2023 年全国中小学生象棋锦标赛	8 月	江苏江阴	小学生 C 组	二
赵益腾					三
张竞予					六
王江南	第一届全国学生(青年)运动会(公开组)柔道项目预赛	9 月 6—9 日	内蒙古乌兰察布	男子 81 公斤级	一
张钦宇				男子 100 公斤级	五
朱嘉熙	第一届全国学生(青年)运动会男子足球(校园组)	9 月 16—27 日	山东潍坊	校园组	一
林子强					
张宇豪					
蒋政浩					
杭天沅					
张宇东					
李　丹	2023 年全国青年垒球锦标赛	9 月	辽宁大连	女子垒球	三
辛佳蒋	第一届全国学生(青年)运动会	10 月	广西南宁等	公开组团体女子团体	一
陈　果				公开组场地女子 4 公里团体赛	四
付清园				公开组场地男子竞速赛	五
张佳俊				中学组 200 米	一
				中学组 4×100 米	一
				中学组 100 米	四
陆伟一				大学甲组 4×100 米	二
陶雨晴				校园组 100 米	三
				校园组 200 米	六
				校园组 4×100 米接力	八
黄　娜				公开组 4×100 米	七

续表 50

运动员	赛事名称	时间	地点	项目组别	名次
邓雨菡	第一届全国学生(青年)运动会	11 月	广西南宁等	校园组女子 400 米混合泳	三
刘奎泽				中学男子组自选太极剑	一
				中学男子组自选太极拳	八
王星照				中学男子组自选太极拳	二
陈佳丽	第一届全国学生(青年)运动会女子足球(校园组)	11 月	广西南宁等	校园组	一
吴烨嘉					
张嘉珏					
金雅茹					
傅雅钰					

体育产业

【概况】 2023 年,江阴市体育产业聚焦市场实际情况,着力拓展消费人群,促进江阴体育产业高质量发展。海澜飞马水城马术运动与休闲旅游场景、江阴市体育中心多业态综合运营服务场景入选 2023 年江苏省体育消费场景典型案例。深入推进“体育 + 科技”,无锡棱光智慧物联技术有限公司“数字化全生态智慧体育场馆解决方案”入选 2022 年度国家智能体育典型案例名单;江阴市体育中心被认定为 2023 年江苏省智慧体育场馆示范项目;江阴四方游泳康复产业股份有限公司装配式泳池专用 SMC(片状膜塑料)片材智能制造车间被认定为 2023 年江苏省体育企业智能车间。年内,2 项项目获 2024 年度江苏省体育产业发展专项资金 130 万元;江阴市体育中心被国家体育总局列为公共体育场馆开放使用第一批典型案例场馆。全年完成体彩销售 12.19 亿元,比 2022 年增长 34%,继续保持全国县区领先,获省体育局表扬通报。是年,江阴暨阳体育产业有限公司完成营收 3117.9 万元;承办省级以上赛事 9 项 67 场次、全市性群众体育赛事活动 93 项 447 场次;培训各类体育学员 5776 人,开展公益课堂等活动惠及群众 1.8 万人次,接待各类健身休闲市民 160 万人次;投入近 1000 万元用于场馆基础设施提档升级及智慧场馆建设。 (顾情义　周雪怡)

【棱光智慧入选 2022 年度智能体育典型案例】 2023 年 4 月 26 日,工信部和国家体育总局公布 2022 年度智能体育典型案例名单,江阴高新区企业无锡棱光智慧物联技术有限公司“数字化全生态智慧体育场馆解决方案”入选。年内,该方案系统研发进行全面革新,体现较高先进性、创新性和智能化水平,获 2023 年度江苏省体育产业发展专项资金项目支持。

【2 个案例入选省体育消费场景典型案例】 2023 年 10 月 8 日,江苏省体育局公布 2023 年江苏省体育消费场景 100 个典型案例名单,其中精品案例 20 个,典型案例 80 个,涉及时尚运动与户外营地、体育休闲旅游基地、体育健身场馆、体育融合创新、数字体育消费、时尚赛事与体育消费主题活动 6 大类消费场景。海澜飞马水城马术运动与休闲旅游场景入选精品案例,江阴市体育中心多业态综合运营服务场景入选典型案例。

【2 项项目入选 2024 年度省体育产业发展专项资金项目】 2023 年 11 月 3 日,江苏省体育局公示 2024 年度江苏省体育产业发展专项资金项目,江阴四方游泳康复产业股份有限公司“系列化装配式泳池生产设备的数字化改造项目”、江苏文明人造草坪有限公司“可移动拼装式人造草坪的研发与产业化项目”分别获专项资金 60 万元、70 万元。

【创成国家高水平体育后备人才基地(2021—2024)】 江阴市业余体育学校自 1964 年创办以来,坚持走体教融合发展之路,逐步形成“体育为本、教育为根、读训并重、全面发展”的办学理念,提出“冠军的摇篮”“造就有修养、有文化的高水平运动员和体育后备人才”的办学目标,坚持“选好苗子、打好基础、系统训练、积极提高”的训练方针,践行“德行良善、技能优异、内涵丰厚、文化达标”的办学行为,为国家、省优秀运动队和大学院校输送大批优秀体育后备人才。2017—2023 年输送人才:省一线 18 人,省三线 34 人,国际健将 1 人,国家健将 2 人,国家一级 64 人。2023 年,江阴市业余体育学校成功创建国家高水平体育后备人才基地(2021—2024)。 (顾情义)

■类目编辑　徐文辉

社会事务

人口管理

【概况】 2023年，江阴市公安局创新服务理念、优化服务举措，高效率、高质量开展公安户政服务。至年末，全市户籍人口1266634人，总户数405763户，其中男性621190人、女性645444人；外来暂住人口873366人，其中务工667715人、建筑23046人、投资经商22124人、服务业16566人、其他人员143915人。年内，市公安局出入境管理部门受理审核公民因私出国境申请87966人次，其中因私出国36399人次，赴港澳地区51125人次，赴台湾地区442人次；受理审核境外人员申办各类签证、证件717份，其中停留证件71份，签证延期及换发82份，居留许可507份，补换发台胞证57份；登记境外人员临时住宿12182人次；常住江阴市境外人员998人。

【群租房安全整治】 2023年，江阴市公安局坚持“市县主战、派出所主防”实战机制牵引，在全市开展以“五个一”(一房、一图、一账、一通道、一套安全设施)为主要内容的群租房安全管理百日攻坚行动，结合“精网微格”工作，全量整治各类隐患，畅通第二生命通道，控增去存群租房1675户，整治安全隐患1088处，畅通第二生命通道1890处，办理涉出租房治安案件206件、消防案件16件、燃气案件9件。组织开展流动人口集中住宿区整治“双月会战”，明确“5个100%”(管理责任落实率、治安责任落实率、重点隐患整治率、实有人口登记率、风险人群见底率)标准，核查流动人口3.9万人，配齐配全各类消防设施3.54万个，新增技防设施1905套，打造品牌示范样板34处，全市202个流动人口集中住宿区居住环境、治安秩序、安全水平得到大幅提升，相关警情、刑事发案、纠纷数比2022年大幅下降。

【户口迁移“跨省通办”】 2023年，江阴市公安局对照江苏省公安厅《全国户口迁移业务跨省通办》目录，对开通地区人员一律按新模式办理，尚未开通地区按原模式办理，防止因受理模式不对等造成业务无法正常办结问题；组织派出所对在办业务“日清日结”，每日进行监测提醒，防止出现超时限通报问题。年内办理“跨省通办”户口8175本。

【“太湖e警”便民服务】 2023年，江阴市公安局运行“太湖e警”江阴公安网办中心，通过“线上办、一网办、预约办”，最大限度解决企业群众提交材料多、来回跑等突出问题。全市24个户籍派出所户政管理岗位工作人员学习无锡《关于认真做好“太湖e警”平台各类户籍业务办理工作的通知》《工作提示(太湖e警户籍业务)》等文件规范，掌握户口登记业务网上“不见面”办理工作机制、业务口径、工作流程，以及“窗口亮证办”“线上委托办”等“免提交”办理操作要领，做到在受理、审核相关业务中准确把握标准，确保“太湖e警”网上受理户口登记事项“应受尽受、能办尽办”。年内，通过“太湖e警”网上办理户口115本。

【出入境服务管理】 2023年，江阴市公安局根据上级部署要求，县(区)级公安出入境窗口增加开具外国人无犯罪记录证明业务，实现让群众“少跑路”。在“太湖e警”平台小程序端开设境外人员临时住宿申报以及外国人居留许可延期网上申请模块，实现自助办、掌上办，灵活便捷的办理方式。市公安局会同市科技局落实人员常驻管理，将外国人来华工作许可、居留许可等诸多事项合并为“一件事”，实现“一窗式”办理，提高外国人到江阴市工作便利化水平。年内，专窗办理外国人工作类居留许可176份。

(胡　娟)

居民收入与消费

【概况】 2023年，国家统计局江阴调查队城乡一体化住户抽样调查资料显示，全市居民收入稳步增长，生活水平继续提升。全体居民人均可支配收入73861元，比2022年增长4.7%。其中城镇居民人均可支配收入84952元，比2022年增长4.3%；农村居民人均可支配收入47846元，比2022年增长6.3%。居民生活消费支出同步增长，城镇居民人均生活消费支出44685元，比2022年增长6.8%；农村居民人均生活消费支出32120元，比2022年增长9.9%。

【工资性收入】 2023年，江阴市城镇居民人均工资性收入50996元，农村居民人均工资性收入 28971 元，分别比 2022 年增长 5.3% 和 5.8%。

【经营净收入】 2023 年，江阴市城镇居民人均经营净收入 11925 元，农村居民人均经营净收入 5090 元，分别比 2022 年增长 2.1% 和 10.2%。

【财产净收入】 2023 年，江阴市城镇居民人均财产净收入 12368 元，农村居民人均财产净收入 8277 元，分别比 2022 年增长 3.0% 和 4.1%。

【转移净收入】 2023 年，江阴市城镇居民人均转移净收入 9663 元，农村居民人均转移净收入 5508 元，分别比 2022 年增长 4.1% 和 9.1%。

【食品消费】 2023 年，江阴市城镇居民人均食品消费支出 12265 元，农村居民人均食品消费支出 9257 元，分别比 2022 年增长 6.4% 和 5.4%。居民家庭食品消费支出占家庭生活消费支出的比重（“恩格尔系数”），城镇与农村分别为 27.4% 和 28.8%，分别比 2022 年下降 0.2 和 1.2 个百分点。

【衣着消费】 2023 年，江阴市城镇居民人均衣着消费支出 3563 元，农村居民人均衣着消费支出 1889 元，分别比 2022 年增长 5.5% 和 5.9%。

【生活用品及服务消费】 2023 年，江阴市城镇居民人均生活用品及服务消费支出 2232 元，农村居民人均生活用品及服务消费支出 1909 元，分别比 2022 年增长 4.3% 和 8.8%。

【居住消费】 2023 年，江阴市城镇居民人均居住消费支出 7213 元，农村居民人均居住消费支出 5110 元，分别比 2022 年增长 5.4% 和 8.5%。

【交通和通信消费】 2023 年，江阴市城镇居民人均交通通信消费支出 8119 元，农村居民人均交通通信消费支出 5821 元，分别比 2022 年增长 4.9% 和 14.8%。

【医疗保健消费】 2023 年，江阴市城镇居民人均医疗保健消费支出 1907 元，农村居民人均医疗保健消费支出 1411 元，分别比 2022 年增长 11.8% 和 14.3%。

【文教娱乐消费】 2023 年，江阴市城镇居民人均文教娱乐消费支出 6977 元，农村居民人均文教娱乐消费支出 5112 元，分别比 2022 年增长 9.7% 和 11.7%，占全年生活消费支出比重分别为 15.6% 和 15.9%。

【其他用品和服务】 2023 年，江阴市城镇居民人均其他用品和服务消费支出 2409 元，农村居民人均其他用品和服务消费支出 1611 元，分别比 2022 年增长 12.6% 和 22%。

（刘　潇）

社会保障

【概况】 2023 年，江阴市人社局突出人民至上惠民生，按照构建多层次社会保障体系要求，持续推进扩面提质、待遇提标、风控提效、服务提优。城乡居民养老保险基础养老金、被征地农民养老年龄段人员养老补助金标准分别调高至 507 元、1075 元。连续第 19 次调整提高企业退休人员养老金，增资后人均月养老金达 2434 元。年末，基本养老、工伤、失业保险参保人数分别达 66.50 万人、59.82 万人、57.06 万人。

【完善社保体系】 2023 年，江阴市人社局以新业态从业人员、个体及灵活就业人员等群体为重点，完善参保扩面长效机制，扩面新增参保 3.3 万人。促进工伤保险向职业劳动者全覆盖，推进 156 个铁路、公路、水运、水利、能源、机场类工程建设项目参加工伤保险，覆盖职工 1 万余人；对 407 个涉工伤未参保企业开展集中整改专项行动，涉及职工 2.7 万人。加大城乡居民基本养老保险集体补助试点推进力度，新增 101 个集体经济组织申请备案，覆盖面超 50%。开展“立体化”“多维度”工伤预防宣传，对 24 个大中型企业，以及涵盖危化品、职业病防治、建筑施工、新就业形态等 4 个领域的中小企业进行工伤预防培训，共培训 8200 人次。

【人社公共服务】 2023 年，江阴市人社局优化“15 分钟人社服务圈”，推进“社银合作”，扩容银行服务网点 194 个。围绕最大程度便民，推广灵活就业“一件事”、企业参保“一件事”、退休“一件事”三个省定“一件事”办理；实施工伤联网结算，市人民医院、中医院、澄江康复医院 3 个医院启用工伤联网结算系统。提升数字化管理水平，推广应用电子档案管理系统，拓展社会保障卡一卡通在图书馆、“澄事之窗”自助服务设备等功能场景上的应用。

（张沛茜）

民政事务

【概况】 2023 年，江阴市民政局坚持以人民为中心的发展理念，以推动高质量发展为主题，以改革创新为动力，满足人民美好生活需要为目标，践行“民政为民、民政爱民”的工作理念，把保障民政对象基本权益作为首要责任，聚焦特殊群体、群众关切，落实各项惠民政策，确保新时代民政事业高质量发展。是年，持续完善社会救助体系，规范运行各类救助政策。优化养老设施供给，提升养老服务质量。开展社区治理创新实践、社区营造公益创新“善治家园”项目，加强和创新基层社会治理，启动全市首个户外协商议事阵地“澄事 · 花园客厅”。完善社会组织联动监管机制，实施社会组织等级评估和专项检查等工作。规范做好婚姻登记、地名命名、救助管理、残疾人“两项补贴”等专项事务，统筹推进全市殡葬设施改造提升，提高社会基本服务水平。加强福利彩票销售管理，全年福利彩票销售 3.56 亿元。

【社会救助体系】 2023 年，江阴市民政局持续完善以基本生活救助、专项社会救助、急难救助为主体，社会力量参与为补充，城乡统筹、政策衔接、分类分层的社会救助体系。市社会联动救助基本公共服务标准化专项试点通过国家验收，并在江苏省民政标准化试点验收中获优秀等次。出台《江阴市社会救助基本公共服务事项清单（2022 版）》，社会救助领域制度和规范进一步配套完善。出台低保、特困工作监督管理办法，强化对镇（街道）最低生活保障、特困人员供养工作监督管理。全面落实低保扩围政策，推动社会救助进一步提质、增效。规范运行各类救助政策，精准帮扶各类困难群体，至年末，全市有低保对象 1745 户 2388 人，特困供养人员 860 人，城乡低保标准上调至每人每月 1095 元，城乡特困供养生活标准上调至每人每月1645元。全年发放最低生活保障金2236.25万元,特困人员供养金1482.32万元;开展临时救助181户次,发放临时救助金21.06万元;开展深度救助18户,发放深度救助金16.41万元;为98名低保家庭非义务教育阶段学生发放学业补贴60.6万元。持续放大“福村宝”乡村公益医疗互助模式效应,打造乡村公益医疗“江阴样本”,平均减轻困难群众医疗负担39.13%。

【养老服务】 2023年,江阴市民政局围绕年度主要目标和重点任务,构建以居家为基础、社区为依托、机构为补充、医养结合的养老服务体系,全市养老服务设施、养老服务供给能力、养老服务功能水平进一步提升。至年末,全市有养老机构23个,养老总床位14404张,其中机构养老床位6956张,居家养老床位7448张,每千名老年人口养老床位数达40.19张;全市医养结合型机构15个(护理院12个、康复院2个、卫生室1个),护理型床位4679张,占机构养老总床位的67.27%。居家养老服务机构249个,其中城市社区74个,农村社区175个,城市社区和农村社区居家养老服务覆盖率分别为90.24%和91.15%,援助60周岁以上老人享受服务64083人次,高龄困难老人服务100%覆盖。建成农村区域性养老服务中心10个,城市街道综合养老服务中心7个,实现全市街道综合性养老服务中心全覆盖。完成1180人次居家上门提升服务、1008张家庭养老床位及500户适老化家庭改造。全市有20个供餐机构、195个助餐点,100%覆盖乡镇街道全域,满足补贴要求用餐老人5105人,用餐次数728942次。对全市61名重点服务对象开展周巡访关爱,完成巡访率100%。推进养老机构等级评定、养老机构运营补贴评估,完成3000余名在院老人的身体能力评估。推进126个居家养老服务机构等级评定,152个居家养老服务站建设和运营评估,完成20个供餐机构、195个助餐点运营评估。强化养老服务人才队伍建设,完成线上护理员职业资格培训259人,专业化轮训16场。开展助浴、能力评估等培训,参加培训人员400余人。“澄颐享”智慧养老服务平台审核入驻15个社会组织、23个养老机构、207个居家养老服务站点和25个专业服务商,为全市839户老年人家庭提供紧急支援服务。市智慧养老经验做法在老龄文明智库专题研讨会上受到江苏省内专家好评,研讨会直播全网点击量达155.1万次。常态化做好养老机构安全生产和疫情防控工作,完成23个机构安全生产专项检查,隐患整改率100%。

【儿童福利】 2023年,江阴市困境儿童总数990名,全年发放困境儿童基本生活补贴1056.72万元。市民政局紧扣江苏省、无锡市两级工作部署要求,突出市未成年人救助保护中心阵地建设、困境儿童应保尽保、规范收养登记三项工作,着力创新创造,取得突破性进展。协同关爱机制化。构建“苏童成长”协同关爱机制。建立市级联席会议制度,召开未成年人保护联席会议,联动市妇联、教育局等部门和社会组织,实施“儿童友好城市建设提升行动”,提升儿童友好城市能级;联动市公安局、妇联、残联、教育局、医疗保障局等单位动态开展困境儿童排查,实施“四色”[对困境儿童的监护、生理和行为三类指标划分四个风险等级:一级为高风险等级(红色等级)、二级为中高风险等级(黄色等级)、三级为中低风险等级(蓝色等级)、四级为低风险等级(绿色等级)]分类管理,推行精准施策、精细管护;与江阴市中等专业学校携手共建,建成首个校外挂牌德育基地。救助保障精准化。开通“88012340”未成年人保护热线电话,建立并运行未成年人保护信息平台,落实困境儿童调标补差,实现困境儿童应补尽补;落实困境儿童巡访关爱,兜牢困境儿童关爱底线。阵地建设品牌化。年内筹集爱心捐款26万元,完成未保中心阵地提档升级,打造“未保活动示范基地”。提升儿童关爱之家品牌建设,持续开展“童舟共济”“沁润青苗”“南星启航”“爱月童行”“悦色关爱”等17项品牌项目,受益儿童781人。其中8个镇(街道)关爱之家创建成为省级关爱之家。关爱服务多元化。规范使用关爱资金,推进“福彩圆梦”孤儿助学工程,资助6名孤儿完成中专、大专、本科及硕士研究生学业;实施“明天计划”项目,组织全市部分孤儿及事实无人抚养儿童39人参加体检,并资助1名农村先心患儿实施手术;依托关爱之家阵地,开展儿童关爱之家活动,完成线下关爱活动528场,线上活动6场。实施个案项目32项,其中10个案例被《托举朝阳——来自江阴的未保实践样本》收录,走访、帮扶困境儿童7665人。宣传培训常态化。参加“锡心护童,慈善同行”2023年无锡市儿

2023年3月31日,江阴市举行“澄颐享”养老服务综合服务启动仪式

(市民政局提供)

童主任实务技能选拔赛，江阴市获团队一等奖，长泾镇儿童主任许科锋获个人一等奖。组织开展江阴市儿童主任业务培训和实务技能竞赛，全年累计培训儿童督导员和儿童主任308人。通过线上、线下多渠道宣传困境儿童相关政策，制定并发放政策宣传资料3000余份，宣传品3000余个。收养登记规范化。联系市公安局，落实协调事实收养儿童落户相关政策，全面办理儿童落户28名。严格按程序办理合法收养登记。全年办理收养登记12件，撤销收养登记1件。

【区划地名及界线】 2023年，江阴市民政局贯彻落实《江苏省地名管理条例》《无锡市地名管理条例》，规范地名日常管理和审批，全年命名（更名）地名18个。加强路名牌日常检查和管理维护，修复歪斜、破损、锈蚀路名牌，对缺失情况进行查漏补缺。贯彻落实国务院《地名管理条例》相关工作，会同市住房和城乡建设局联合印发《关于做好全市住宅区、楼宇地名命名更名管理工作的通知》，明确全市住宅区、楼宇的命名、更名工作，由市住建部门征求民政部门意见后批准。年内，江阴市入选省级“深化乡村地名服务、点亮美好家园”试点地区，联合澄江街道办事处革新社区居委会、市飞达驾校和社会组织，为被列入无锡市地名文化遗产名录的“璜铜桥”设置保护碑；在省级地名文化遗产村落顾山镇红豆树坞村增设一面地名文化墙；通过“江阴发布”专栏推出“江阴地名故事”系列推文28篇。会同市住建局、文体广电和旅游局、水利局、交通运输局、档案史志馆联合发文公布2023年江阴市地名文化遗产保护名录，收录地名27个，其中14个入选无锡市级名录，1个入选省级名录。组织市、镇（街道）两级专家组，指导各镇（街道）地名规划编制和专家论证工作，至年末，实现17个镇（街道）地名规划编制全覆盖。牵头召开锡常线（江阴市与常州市新北区、天宁区、武进区段）界线联检会议，毗邻双方市、镇、村三级共同签订新一轮“平安边界”共建协议书，完成锡常线第五轮行政区域界线联检。以联检为契机，江阴市、常州市天宁区两地民政局组织镇（街道）、村（社区）有关人员实地踏勘，解决锡常线12号界桩重新埋设问题。

【社区治理】 2023年，“智慧社区”平台持续推进建设。江阴市民政局联合市城市运行管理中心申报江苏省智慧社区建设试点，江阴市成为全省十六个江苏省智慧社区建设综合试点单位之一。指导云亭街道“汇聚基层新力量，谱好‘五社’协奏曲”申报全省“五社联动”*机制创新试点项目。组织2名社区工作者参加无锡市社工技能大赛，市民政局获最佳组织奖，2名社区工作者获二等奖。推荐澄江街道浮桥社区、祝塘镇石堰村的社区治理创新项目参加无锡市民政局2023年社区治理创新项目现场评审会，分别获三等奖和优秀奖。推荐8名社区工作者获评无锡市优秀社区工作者。打造全市首个户外协商议事阵地“澄事·花园客厅”，创设品牌LOGO、形象、专属色彩（橙色）、吉祥物等，在实践运行中，以集体规约解决居民关注的难点、痛点和堵点问题。在全市范围内以村（社区）为主体实施“善治家园”社区治理创新项目，征集到17个镇（街道）申报的81项项目，筛选出34项项目入围，最终评选出一等奖3项，二等奖15项，三等奖16项，发放奖励金61万元。完成4项省级“为民办实事”项目——村、社区综合服务设施改造提升，完成村、社区办公服务用房新建、改扩建项目9项，补助省、市级经费225万元。联合市委组织部对全市41名村、社区书记（主任）进行年度履职培训，完成村（居）务监督委员会主任专业培训。

【婚姻登记】 2023年，江阴市婚姻登记中心建立婚姻家庭辅导室，打造品牌化服务项目，规范办理婚姻登记。全年办理结婚登记5564对，离婚申请3231对，离婚登记2376对，补领婚姻登记974对，跨区登记936对，登记率和登记合格率均为100%。推进落实公民婚育“一件事一次办”政务服务改革，推动线上服务“一网通办”，线下办理“一窗受理”。完成“一件事一次办”1867件。倡导文明婚俗，打造“幸福澄双对”主题活动乐园，开展移风易俗和《中华人民共和国民法典》宣传，邀请“最美家庭”、金婚老人以及先进模范等群体作为江阴市的结婚登记特邀颁证师，常态化为新人提供特色颁证志愿服务，传递家教家风正能量。在运河公园设立户外颁证点，开展云颁证服务，打造彰显江阴特色魅力的颁证仪式流程，提升新人的仪式感和幸福感。落实“婚姻冷静期”制度，做好婚姻家庭辅导，年内服务4628人次，其中服务“幸福澄双对”项目1780人次。全年接待准备协议离婚夫妻1424对，劝返172对，当场劝返率12%，回访120人，收到咨询服务反馈表238份。

【流浪乞讨人员救助管理】 2023年，江阴市民政局坚持应助尽助，开展“寒冬送温暖”“夏季送清凉”救助行动，做到“发现一例，救助一例”，全年救助流浪乞讨人员139人次。以“大爱寻亲，温暖回家”为主题开展救助寻亲服务。做好“长期滞留人员”安置后期工作，全新运行“救助管理”系统。开放避寒场所27个，为有需要的群众提供取暖、过夜场所，避免寒冬露宿街头。引导社会力量参与街面救助，加大街面巡查力度，全年出动街面巡查762次，发现和劝导43人次，发放救助物资208件。开展“6·19”救助站开放日活动，扩大救助管理工作影响力。

【殡葬服务】 2023年，江阴市民政局贯彻落实《江苏省殡葬管理条例》，加强殡葬规范管理。按照《江阴市殡葬设施改造提升实施方案》，统筹推进全市殡葬设施改造提升，完成市级层面花山地域一体化建设项目一期工程，二期稳步推进。集中指导夏港、申港、璜土、月城等镇（街道）殡葬设施改造工程的设计、立项、招标和资金保障等。推进安息堂内部格位改造，指导顾山镇北涸安息堂、长泾镇河塘安息堂完成改造。开展“巩固和深化‘活人墓’、噪音扰民等突出问题整治规范”行动，定期开展村级墓区违规建设和经营排查，深化殡葬专项整治成果。深化“白事通”平台建设，完成镇（街道）纪念堂业务系统和历史数据迁移更新，完善优化网上预约等功能。

加大文明办丧引导力度，做好法规政策和文明办丧宣传。规范落实集中文明办丧奖补政策，引导群众、集中小区居民至守灵服务点治丧。制定《江阴市文明办丧指引》，倡导文明殡葬新风，加强行业监管，全年实施文明办丧154例，下拨奖励补贴资金30.8万元。引导市场登记“一条龙”商户入驻“白事通”平台，提升殡葬服务群众满意度。倡导文明新风，清明祭扫服务多元化，全年祭扫66371人次，“江阴网上云祭扫”1419人次。优化殡仪火化预约服务，全年预约14547人次；落实殡葬惠民，全年免除基本丧葬费1034.69万元，惠及11387户家庭。

【残障人士补贴发放】 2023年，江阴市民政局突出“应享尽享”，制定《江阴市“两项补贴”发放管理制度规范》，落实困难残疾人生活补贴和重度残疾人护理补贴相关政策，严格信息比对、日常核发等环节，全年发放困难残疾人生活补贴9041.23万元，惠及对象10.98万人次，重度残疾人护理补贴1633.54万元，惠及对象11.33万人次。

【江阴市慈善总会】 2023年，江阴市慈善总会围绕群众需求和社会关切，不断创新募集方式，积聚公益慈善力量，在服务大局、改善民生、促进和谐等方面发挥作用。年内，获2023年度江苏省慈善总会慈善网络募捐优秀团队奖。建成无锡市首个县市区级综合服务和枢纽平台——慈善工作总站(社会工作总站)。全年募集资金3668.9万元，其中“慈善一日捐”1258万元，冠名基金283.5万元，共富基金405.9万元，定向捐赠资金1461万元，北京市、天津市、河北省地区防汛救灾款82.5万元，甘肃省、青海省抗震救灾捐款19.43万元，其他慈善基金及捐赠158.57万元。全年支出资金6813.75万元，其中助学资金157.89万元，助困资金527.65万元，助残资金20.79万元，助医资金501.1万元，镇(街道)慈善会资金拨付571.96万元，定向捐赠资金拨付3908.4万元，北京市、天津市、河北省防汛救灾款拨付82.5万元，其他慈善基金支出1043.46万元，救助困难群众3.4万人次。救助服务注重实效。联合各镇(街道)慈善会开展“帮困千户·暖冬大行动”，全年帮扶困难家庭922户，发放救助金、救助物资184万余元。持续开展“六一微心愿”公益活动、“吉麦隆金秋助学”慈善助学品牌项目，分别在儿童节、开学季为全市500余名困难家庭儿童送节日慰问，为全市困难家庭中小学生、大学生48人发放助学金76.69万元。重启“助学千人·阳光夏令营”活动，累计服务困难家庭儿童427人次。探索商业保险机制介入困难群众救助工作，开展“苏慈助医——低保对象补充医疗救助”项目。持续援助陕西省延川县“慈善幸福家园”建设，资助慈善资金40万元；帮扶连云港市灌云县1000户低保、特困、困难残疾人家庭，发放总价值80万元的家电包；“六一”儿童节前夕，为连云港市灌云县600名困境儿童采购学习用品。成立江阴市“流浪乞讨人员救助关爱基金”，进一步维护和保障特殊群体需求。数字慈善体现质效。开展“慈善一日捐”暨网络募捐活动，3天时间通过腾讯公益平台募集善款超1000万元，参与5.65万人次，为江阴市规模最大的网捐项目。组织“公益慈善市集”活动，将募捐场景从运河公园延伸至南门八佰伴商圈，实现线上线下场景互联，现场1233人次募捐，网捐平台同步筹得善款3万余元。开展“婚姻纳福慈善助爱”项目，打造慈善体验新场景。开通数字人民币钱包，畅通数字人民币社会公益捐赠渠道。设立两单慈善信托，持续探索“慈善+金融”发展模式。进一步推进“阳光慈善”建设，全面更新改版慈善总会官网，推进“业财一体化项目”建设。慈社联动取得成效。市级慈善总站(社工总站)建成，中国青年政治学院教授史柏年受邀揭牌，“市—镇(街道)—村(社区)”三级慈善工作阵地进一步完善；全市17个镇(街道)慈善社工全部到位到岗，累计开展督导培训40次，时长146.5小时，督训900人次，进一步加强慈善专职工作者队伍建设。第五届“善客”志愿服务项目落地社区，18项项目开展服务活动近百场，服务2000余人次。市慈善工作总站《多维互推的困境儿童专业服务体系构建—以“蝴蝶宝贝”罕见病儿童救助个案为例》获2022—2023年度江苏省优秀社会工作案例。

【社会组织】 2023年，江阴市民政局创新完善“五项联合”(部门联动、评估联动、联合打非、联动执法、联手清理“僵尸型”组织)监管机制，联动施策，赋能聚力，全面助推社会组织发展提质增效。全年新增登记社会组织25个，注销161个。至年末，在册登记社会组织1236个，其中社会团体353个、民办非企业单位877个、基金会24个(含江苏省民政厅登记15个，无锡市民政局登记3个)，全市备案社会组织2387个。健全联席会议制度，牵头召开全市社会组织管理工作联席会议联络员会议，坚持部门联动，形成发展合力。年内注销“僵尸型”社会组织139个，完成整改5个。对2021年末年检、年检不合格社会组织发出书面整改通知218份。以全市艺术类培训许可启动为契机，解决8个艺术类民非机构业务主管单位转隶遗留问题。全面启动社会组织行政处罚工作，依程序对社会组织违法行为做出警告行政处罚，发展环境持续优化。开展社会组织等级评估工作，举办评估培训，在资格审查、实地考察的基础上，对17个申报3A级以上的社会组织开展专家现场评审。是年，评定5A级社会组织4个，4A级社会组织3个，3A级社会组织6个，2A级社会组织26个，1A级社会组织5个，全市获等级的社会组织占比提升至57.93%。江阴市青年点点爱心港获评首届江苏省先进社会组织；1个案例获评江苏省行业协会商会服务高质量发展优秀案例；5个案例上榜2023年无锡市社会组织高质量发展案例，其中市民政局申报的“搭建平台、激发活力、创新联动——全力助推社会组织培育提质增效”案例获评无锡市社会组织培育基地案例。(沈晶莹)

退役军人事务

【概况】 2023年，江阴市退役军人事务工作坚持以高质量发展为主题，守正创新、科学谋划、主动作为，夯实基层基础，精准精细服务，提升退役军人的获得感、幸福感和满意感。年内，江阴市退役军人事务局荣获退役军人事务部年度宣传工作先进单位、江苏省退役军人事务宣传工作先进单位、江苏省退役军人就业创业工作先进单位；局长宦雪忠获评退役军人事务部宣传工作先进个人、副局长洪向宇获评江苏省退役军人就业创业工作先进个人；村（社区）服务站聘用指导员做法获评江苏省退役军人工作创新创优活动优胜项目；顾山镇退役军人服务站站长黄嘉军获评江苏省优秀退役军人服务站站长；云亭街道花山村退役军人志愿服务队、澄江街道新华社区志愿服务队创富菁英汇义工社秦昆瑞获评江苏省退役军人志愿服务“双百”先进典型；江阴公用事业集团有限公司党委副书记钱江、江阴出入境边防检查站二级警长张可儿分别获江苏省最美退役军人提名奖、最美军嫂提名奖。

【商圈拓展型退役军人服务中心成立】 2023年8月，江阴市首个商圈拓展型退役军人服务中心——江阴市安徽商会退役军人服务中心揭牌成立，有力拓宽社会化拥军、行业拥军、企业拥军新路子。

【就业创业】 2023年，江阴市退役军人事务局继续深挖资源强化退役军人就业创业扶持工作，全年组织退役军人专场招聘会3次，线上推荐工作岗位8期。开展两季自主就业退役军人适应性培训，年度自主就业退役军人就业率、培训参训率均达到100%。常态化开展退役军人进村（社区）招聘工作，符合有服役经历、获奖等方面条件的退役军人给予额外加分。开展选聘退役军人进事业单位、国有企业、辅警岗位工作。年内，市退役军人事务局联合市教育局、人社局、人武部出台《江阴市关于促进优秀退役军人到学校任教的实施意见（试行）》，组织首次聘用招录工作，定向招聘退役军人岗位。12月20日，市退役军人事务局推动出台《关于促进优秀退役军人到国有企业工作的指导意见（试行）》，全力保障退役军人高质量稳定就业。

【优待抚恤】 2023年，江阴市退役军人事务局按时、足额向优抚对象、服务对象发放慰问补助款，向重点优抚对象拨付门诊费，组织重点优抚对象短期疗养。向各类“参战参试”退役人员发放慰问补助款；向所有享受国家抚恤补助的重点优抚对象发放春节慰问金。向军休老干部发放春节慰问金以及优抚对象元旦、春节节日补助。做好全年新申报各类优抚对象工作，100%完成上级要求任务。

【拥军褒扬】 2023年，江阴市退役军人事务局持续推进国防教育进机关、进学校、进企业、进社区、进农村，增强全社会了解国防、关心国防、支持国防的普遍共识。全面建立和落实军地相互支持互办实事“双清单”（部队为驻地办实事清单、驻地为部队办实事清单）制度，完成驻江阴市部队需求事项21项，地方需要部队支持事项5项。为驻军部队随军家属无工作人员发放生活补助金，协调解决驻军部队及江阴籍军人子女转学入学，解决驻军部队子女进优质资源学校就学入托。春节、“八一”期间走访慰问驻江阴市部队官兵，并发放慰问品；军地双方联合走访慰问重点优抚对象，并发放慰问金；走访慰问现役军人家庭。开展“走边防、看亲人”慰问边海防官兵活动，先后赴新疆维吾尔自治区和广东省，向3个驻军部队的官兵发放慰问品和慰问信。年内，江阴市举行首批社会化拥军单位授牌暨“戎澄优享汇”第一批优待项目发布仪式，现场发布10大类101项优待项目清单，提供公共交通、文体旅游、医疗健康、餐饮住宿等方面的专属优待服务。

【军休服务】 2023年，江阴市退役军人事务局落实军休干部“两个待遇”（政治待遇和生活待遇）。投入100万元装修改造综合楼和附属用房，新建理发室、情感服务室和法律援助室，提升基础设施建设水平。持续开展文体活动，组织人员参加无锡市军休干部掼蛋比赛，分别获得第一名和第三名；参加无锡市军休干部钓鱼比赛，分别获得第一名1人、第二名2人。组建志愿服务队，依托老兵故事宣讲团和银发医疗队，为学生以及附近居民服务300余人次。落实情感服务机制，实行每周电话、每月探望制度，打造亲情服务，军休干部满意率100%。

【烈士纪念】 2023年9月30日，江阴市各界在市革命烈士纪念馆参加向革命烈士纪念碑敬献花篮仪式，深切悼念为民族独立、人民解放和国家富强、人民幸福英勇献身的烈士。年内，市退役军人事务局组织开展“2023崇尚·清明祭英烈”主题活动。革命烈士纪念馆全年接待3252批34933人，其中团队664批25989人，散客2560批8866人，烈士家属28批78人；与南京理工大学江阴校区结成党史教育基地共建单位，进一步扩宽红色场馆资源；联合市档案史志馆，推出《江阴农民运动史》《江阴要塞起义》《江阴渡江战役史》等党史教育专题课件，为参观团队开展党史专题宣讲10余次。会同新媒体持续推出“红色主播”“红色记忆”“江阴渡江战役史”三个系列栏目。全年投入10余万元整修展厅墙面、进行管网改造和版面升级，全面提升公共服务水平。

（许　龙）

退休职工管理

【概况】 2023年，江阴市人社局围绕“六个老有”*总体目标，组织开展企业退休人员社会化管理服务工作，规范化管理、人性化服务。年内，协助网上异地资格认证22人次，纸质异地资格认证56人次。全年接收企业退休职工档案1.86万份。为退休人员提供工龄复审、独生子女补贴、入伍退伍资料、房产过户、户口迁移等查、借阅档案2800人次，复印档案资料6000页。全市各镇（街道）春节慰问退休职工1649人，高温慰问2302人，发放慰问金186.7万元。组织生日慰问6391人，死亡慰问1200人，发放慰问金109.44万元。

【文体活动】 2023年，江阴市人社局精准化对接退休职工需求，丰富退休职工文化生活。围绕学习宣传贯彻中共二十大精神，继续打造“人社情暖暨阳红”品牌，为全市退休人员开展春节发短信贺岁、送朋友圈祝福活动；举办江阴市第十三届“人社杯”退休人员乒乓球比赛和象围棋比赛，全市19支队伍150名退休人员参赛；举办“情暖暨阳红 共唱幸福曲”企业退休人员合唱观赏活动2场、声乐培训班16场；组织“喜迎中秋 欢度国庆”江阴市企业退休人员人社小知识问答幸运大抽奖，4.1万名群众参与；组织“爱洒金秋 情暖暨阳”——“敬老月”主题系列活动，开展“学知识 我健康”讲座16场，惠及企业退休人员1000人次，“做手工 焙幸福”34场，惠及企业退休人员1350人次；举办“人社情暖暨阳红 芬芳越韵系初心”送戏惠民越剧观赏等活动，持续扩大活动的影响力和覆盖面，使广大退休人员享有获得感和幸福感。　（徐秋萍）

文明创建

【概况】 2023年，江阴市文明创建工作聚焦举旗帜、聚民心、育新人、兴文化、展形象，紧抓新一届全国精神文明建设先进典型选树表彰重大契机，大力培育和践行社会主义核心价值观，统筹推动文明培育、文明实践、文明创建，持续推进城乡精神文明建设融合发展，着力提高全社会文明程度，丰富人民群众精神文化生活。

【全国文明城市建设常态长效】 2023年，江阴市完善由市委书记、市长担任“双组长”的市创建领导小组建设，落实市、镇（街道）、村（社区）分级负责制，强化“一把手”工程，落实文明委成员单位分工负责制，配强专职队伍，实体化运行创建工作专班。加强联席会议、暗访督查、诉求回应、慢直播和媒体曝光等制度落实，推出“不文明行为随手拍”征集活动，协调召开推进会、联席会、点调会、协调会等15次，协调市领导、板块、条线主要负责人深入挂钩网格205人次，与市纪委监委、市委组织部、市创建办联合督查，组织季度测评4次，编发通报45期，处理市民投诉41件，刊发新闻报道234篇，媒体曝光10期，通报整改问题2.41万个。优化“最江阴”App“文明江阴云平台”，对接市城运中心推进文明创建嵌入“数字城市运行图”。制定并推动“九大专项提升行动”（空中缆线整治、交通秩序整治、违法小广告整治、飞线充电整治、停车秩序整治、市容环卫责任落实、乱扔烟头整治、居民小区楼道杂物乱堆放整治、毁绿种菜整治），深化“美丽江阴 · 美家美户”系列创建活动，推进老旧小区、主要街巷等城市更新，加强农贸市场、商贸综合体部位整治，实施楼道亮化、电梯加装、口袋公园建设等民生工程，推进农村人居环境整治，推动文明生活理念深入人心，解决市民群众反映强烈的创建难题，提升市民群众获得感、幸福感和满意度。

【新时代文明实践中心建设】 2023年，江阴市文明办贯彻落实《江阴市关于深化拓展新时代文明实践中心建设工作实施意见》，新建改造月城镇、顾山镇、祝塘镇3个新时代文明实践所，开展新时代文明实践示范所、站评选。志愿服务队伍建设进一步完善，新增志愿服务团队120个，注册志愿者人数增加10000人。优化“江阴市新时代文明实践云平台”服务功能，开发完成网页端平台，进一步优化志愿服务“点派接评”模式，开发完成网页端平台。以“学雷锋、学炎黄、见行动”为全年志愿服务总主题，推动文明实践志愿服务与群众需求有机融合，全年实施重点项目12期2400余项，志愿者30万余人，受益群众80万余人。“理响江阴”学习驿站实现镇街园区全覆盖，学习宣传贯彻中共二十大精神，开展新时代文明实践理论宣讲活动1000余场，服务群众5万余人。创新开展“点亮星夜”“文明江阴 温暖秋冬”“澄艺夜校”文明实践主题活动。

【公民思想道德素质提升】 2023年，江阴市深入落实《新时代爱国主义教育实施纲要》《新时代公民道德建设实施纲要》，统筹布设社会主义核心价值观公益广告，持续深化江阴文明“八不”行为规范，弘扬培育时代新风。健全“江阴好人”选树发布制度，发挥先进典型示范引领作用，持续开展“全澄行动、寻找好人”线索征集活动，推进时代楷模、最美人物、身边好人等典型选树宣传，年内新增“中国好人”2人，“江苏好人”3人，“江苏省最美人物”2人，“江苏省岗位学雷锋标兵”1人，“江苏省文化科技卫生‘三下乡’活动服务标兵”1人，“无锡好人”8人，“无锡最美人物”7人，“无锡市岗位学雷锋标兵”3人，无锡市学雷锋活动示范点2个。春节期间，累计走访41名道德模范、身边好人、最美人

2023年“理响江阴”学习驿站新时代文明实践“青山绿色环保小卫士”活动
（市文明办提供）

物,发放慰问金5万元。

【“美丽江阴·美家美户”系列评选活动】 2023年,江阴市下发《关于持续深化“美丽江阴·美家美户”系列评选活动的通知》,统筹市住建局、城管局、农业农村局、市场监管局等相关责任单位,在全市开展“最美乡村”“最美院子”“最美书房”“最美门店”“最美楼道”“最美街巷”系列评选活动。围绕环境之美、风尚之美、人文之美、秩序之美,推动“三清三治”*移风易俗,红白理事会建设,打造出10个“步步皆景观,处处蕴文化”的“最美乡村”。围绕布局美、环境美、绿化美、家庭美、行为美,打造出10个美丽宜居生活的“最美院子”。推进“书香江阴”品牌建设,评选10户家庭书房为“美丽书房”,评选10户家庭书房为“最美书房”。落实“门前五包”、诚信经营,评选出10个“最美门店”、10个“美丽门店”,发挥示范引领作用,带动和辐射周边商户提升文明经营水平和店铺整体面貌。细化3方面10条评选标准,评选出20个“文明楼道”、10个“最美楼道”,打造家风家训、文明公约、邻里相助等和谐邻里主题微景观。聚焦“小而精”“和而美”,突出人文、秩序、整洁特点,强化部门齐抓共管,在全市推选出10条“最美街巷”,示范引领提升城市的美誉度和市民居住环境的舒适度。

【群众性精神文明创建】 2023年,江阴市深入实施乡风文明提升工程,加强对市级以上文明村镇的日常调研和评估指导,加大对省级以上文明村镇检查力度。参评第七届全国文明单位、文明村镇,开展江阴市文明村镇、文明单位、文明社区、文明家庭、文明校园创建评选工作,深化“城乡结对、文明共建”活动。强化道德评议会、善行义举榜相关工作制度落实,倡导移风易俗,弘扬时代新风。与文明城市创建、新时代文明实践中心建设开展紧密结合,做好各类公益广告刊播。深化“我们的节日”主题活动,推动传统文化深入基层、深入群众。王晓东获评江苏省第五届红色故事大赛优秀讲解员。举办“做文明有礼江阴人”主题活动,进一步推进全市精神文明建设和乡风文明建设。

【未成年人思想道德建设】 2023年,江阴市围绕立德树人根本任务,紧扣“扣好人生第一粒扣子”主题,举办“童声里的中国”少儿歌谣创作比赛、“童真里的色彩”儿童画创作比赛等“童”字系列活动,征集歌谣作品4000余件,绘画作品800余件。举办“书香伴我成长”青少年征文大赛、儿童剧《今天我是升旗手》观后感征文比赛等。持续开展全市“八礼四仪”[“八礼”指仪表之礼、仪式之礼、言谈之礼、待人之礼、行走之礼、观赏之礼、游览之礼、餐饮之礼,“四仪”指入学仪式(7岁)、成长仪式(10岁)、青春仪式(14岁)、成人仪式(18岁)]示范观摩活动,举办“青春勇担使命 强国复兴有我”18岁成人仪式等“四仪教育”示范观摩活动,举办“践行挺膺担当 强国复兴有我”无锡市10岁成长仪式示范观摩活动暨江阴市城中实验小学10岁成长仪式示范观摩活动。开展第五届“江阴市新时代好少年”推选活动,评选江阴市“新时代好少年”100名,其中标兵10名,1名获评“新时代江苏好少年”、2名获评无锡市“新时代好少年标兵”。组织开展“新时代好少年”宣讲道德模范与身边好人事迹活动。开展首批“红领巾”学雷锋志愿服务岗推选,2个单位入选无锡市级“红领巾”学雷锋志愿服务岗。开展“2023年江阴市未成年人心理健康服务月”活动,开展“芙蓉花开”学校心理健康教育月活动,开展“抒写诗意心灵 共筑成长梦想”江阴市青少年心理健康诗歌创作比赛,助力未成年人健康成长。

诚信建设

【概况】 2023年,江阴市全面贯彻江苏省无锡市信用体系建设工作各项部署要求,强化政务诚信示范引领,深化信用惠民便企服务,落实信用领域突出问题专项治理各项任务,打造优良信用环境,助力全市营商环境持续优化。在全国城市信用监测排名中持续位列全国县域城市第一方阵,年度平均排名保持全省县级城市第一,连续第四年获全省政务诚信年度考核一等次,获评第四批全国社会信用体系建设示范区。

【社会信用信息体系建设】 2023年,江阴市制定出台《2023年度江阴市社会信用体系建设工作意见》《2023年江阴市镇街园区部门社会信用体系建设工作考核办法》《江阴市关于建立健全失信政府机构相关人员责任追究机制的通知》《江阴市关于加强行业信用监管标准化建设的实施意见》等文件。市信用监管服务一体化平台系统三期完成验收,“诚信江阴”网站公示重点行业领域市场主体信用承诺信息47.7万条。对全市34个重点行业开展信用监管标准化建设,推动全市227个政府监管项目实施合同履约信用监管。完善市场主体失信提示和失信预警机制,按照国家和江苏省失信惩戒措施清单,公开共享行业信用评价信息20万余条,公开税收、劳动保障、食品安全、安全生产、环保、建筑、广告、文旅等行业领域守信红名单和失信约束名单123名,诚信红名单企业103个,行业失信约束名单企业20个,发挥信用支撑社会治理功能。在生产制造、货运物流、工程建设、公共服务领域应用第三方信用报告364份。在“信易贷”服务上,出台《江阴市加强信用+金融融合建设,推进“澄易贷”试点工作的方案》《江阴市“澄易贷”专项风险补偿业务管理办法》,率先建立县级城市“信易贷”推行和保障机制,创建中小微企业融资信用评价体系,推广应用“澄易贷”综合信用服务平台,引导银行等金融机构落实惠企融资政策,“澄易贷”平台注册入驻企业超9000个,信用贷款规模达669.38亿元,缓解全市中小微企业融资难题。加强失信修复服务,根据国家发改委《失信行为纠正后的信用信息修复管理办法(试行)》要求,通过信用整改、专题培训、信用承诺、提交信用报告等方式开展失信主体信用修复,引导全市400余个失信主体完成信用修复。市场主体严重失信占比、行政处罚失信占比均低于2022年江苏省、无锡市平均水平。优化守信激励服务，通过信用监管服务一体化平台累计推送企业信用信息52万余条，为守信市场主体实行惠企政策“快速兑现”，提供政策匹配、政策申报、政策审批、政策兑现全流程服务20万企(人)次。

【诚信示范创建宣传推广】 2023年，江阴市通过诚信江阴网、江阴发改委公众号、“江阴发布”微信公众号、江阴电视台、《江阴日报》等媒体载体刊登信用建设及动态简讯224篇，其中无锡市级以上网站刊登120篇，全面宣传江阴市诚信建设成果和诚信建设导向。组织召开江阴市社会信用体系建设暨“澄易贷”试点工作推进会、江苏省县级地区创新信用管理与服务试点工作江阴现场调研会、第三届信用管理师培训开班仪式、“试点‘澄易贷’，赋能企业信用融资变现”主题宣推活动、企业信用管理修复培训等重点诚信宣传培训活动20余场次。推动各镇(街道)部门分别举行“澄易贷”宣推、文明加分、诚信企业宣言、校园食品、环保安全、高利贷借款等诚信宣传活动400余场次，发放宣传资料2万余份。报送省级信用管理示范企业4个，获评无锡市信用管理示范企业20个，评选全市诚信示范镇(街道)、村(社区)38个，诚信户300余户。

社会志愿服务

【概况】 2023年，江阴市志愿服务工作充分结合新时代文明实践中心(所、站)工作需求，坚持把服务社会、关心群众作为重要任务，完善志愿服务积分和管理制度；强化基层公共文化服务资源整合和功能融合，搭建新时代文明实践志愿服务活动的主阵地、主战场，提升群众满意度。

【学雷锋志愿服务】 2023年，江阴市坚持把学雷锋志愿服务站建设与新时代文明实践中心(所、站)建设相结合。坚持以全市域为整体，以市、镇(街道)、村(社区)三级为单元一体化推进。全市19个新时代文明实践所、267个新时代文明实践站实现学雷锋志愿服务站(岗)全面提升。坚持规定与自选相结合，组织党员群众开展各类文明实践活动；用好“新时代文明实践云平台”，开发网页端界面，优化“点单派单相结合、线上线下相结合”工作模式，针对基层群众关注焦点和实际需要，制定服务清单，以“菜单”形式进行发布，组织引导志愿者采取开设讲堂、恳谈交流、心理疏导、公益帮扶、上门拜访等灵活多样的形式，开展全覆盖、分众化、菜单式的文明实践活动，推动群众需求与文明实践志愿服务精准对接。

【文明实践志愿服务品牌】 2023年，江阴市继续以学雷锋、学炎黄、见行动为主题，坚持“一月一重点”，开展传统文化、迎新送暖、学习雷锋、卫生健康、舞动青春等12项2400场重点志愿活动。组织“邻里守望、情暖万家”志愿服务社区行10站活动，开展“澄艺夜校”“温暖秋冬”“点亮星夜”主题志愿服务活动，受益群众近3万人。组织开展“迎新送暖”志愿活动，走访慰问困难群众家庭350余户。开展“文明春运行 温暖回家路”主题志愿服务活动，服务旅客近8万人。继续推进实施全市新时代文明实践志愿服务保障计划，“量身定制”新时代文明实践志愿活动意外保险，覆盖全市所有新时代文明实践志愿活动，保障额度达210亿元，28个“益”路有你礼遇志愿典型爱心联盟成员单位为志愿服务典型提供衣、食、住、行、乐等方面30余项优先、优惠、优待礼遇。 (林豆豆)

■类目编辑 周梦姣

公共安全

自然灾害防治

·气象预报预警·

【**概况**】 2023年，江阴市气象局全面贯彻中共二十大精神，落实习近平总书记关于气象工作的重要指示精神，创新求变，全方位推动江阴气象事业高质量发展。完善部门间统筹规划、共建共享和预报预警联动机制，筑牢气象防灾减灾第一道防线；不断完善气象灾害防御工作机制，提高灾害性天气综合观测能力，提升预警信息发布时效。聚焦为发展服务工作，提升多领域气象服务能力，精准服务生态环境建设、乡村振兴、城镇化建设和公共气象建设。推动气象预报预警信息、气象防灾减灾管理与智慧城市网格化服务管理机制紧密结合，提升气象服务体系和气象灾害防御体系建设。开展气象灾害综合风险普查，履行安全生产监管职能，深入学校、社区、企业开展科普宣传，为公共安全、社会安全等提供气象保障。全年24小时晴雨预报准确率88.22%，最高气温预报准确率85.21%，最低气温预报准确率90.96%。全年各类突发气象灾害预警信号无漏发、错发现象，预警信号发布准确率100%。是年，江阴市气象局被评为2022年度无锡市防灾减灾救灾工作先进集体；政务微博“江阴气象”被评为2022年度无锡市政务新媒体“十佳微博”。

【**气象服务**】 2023年，江阴市气象局在春运、汛期、农业生产（春耕春播、夏收夏种、秋收秋种等）、节假日（元旦、春节、清明、五一、端午、中秋、国庆）、重大社会活动（“两会”、高考、中考、中超中甲附加联赛江阴赛区、“无锡杯”足球联赛江阴赛区、江阴发展大会暨2023年经贸洽谈会、中国农民丰收节、“高铁通澄，梦想起航”群星演唱会）等发布各类专题天气服务信息。冬半年每天制作森林火险等级气象预报。全年制作发布重要天气报告33期，天气旬报35期，春运专题气象服务材料40期，“两会”专题气象服务材料1期，“足协杯”气象服务专报2期，沿江航道气象服务专报5期，“无锡杯”足球联赛气象服务专报6期，2023年中国足球协会甲级联赛江阴赛区气象服务专报9期，2023年中国农民丰收节气象服务专报3期，灾害性天气预警信号77次（预警信号发布正确率超95%，平均提前量2～3小时），气象应急短信50条73.2万人次，开具气象资料证明87份。联合市农业农村局发布农业生产天气提示8次，联合市应急管理局发布灾害性天气安全提示6次，联合市自然资源和规划局发布地质灾害风险提示1次。及时收集更新气象灾害预警信息接收库，完善气象服务对象信息库，提高预警信息发布实效性。全年通过电台、电视台、报纸、“96121”声讯电话、“江阴气象”网站、“江阴气象”微博、“江阴气象”微信、“直通式为农气象服务”QQ群、气象信息员“钉钉群”等多种渠道向社会公众及时提供最新天气实况、预报预警等气象服务，为市民生产生活以及出行活动提供重要参考。

【**重大气象灾害应急响应**】 2023年，江阴市气象局为应对各类气象灾害影响，做好各项气象服务和保障工作。1月13日20时起，市气象灾害防御领导小组启动全市气象灾害（寒潮）Ⅲ级应急响应，提示交通部门注意寒潮带来的低温雨雪对交通产生的不利影响；6月10日10时30分，发布强对流高温影响天气研判。6月18日10时30分，无锡市气象局提升重大气象灾害（暴雨）Ⅳ级为Ⅲ级应急响应命令；6月29日16时，无锡市气象局启动重大气象灾害（强对流）Ⅲ级应急响应。接到命令后，市气象局严格按照流程，做好应急响应工作，落实领导带班和应急值班制度，及时加密发布天气实况，提醒公众做好防范；联合市自然资源和规划局、应急管理局发布地质灾害风险提示和黄色预警信息各一次。

【**防雷减灾**】 2023年，江阴市气象局不断强化防雷安全监管检查，推进气象行政执法能力建设，开展气象政务服务。年内，气象窗口编制新版办事指南，完成政务服务知识库、政务服务地图系统等有关信息维护工作，不断推进气象政务服务标准化、规范化。做好江苏省“互联网＋监管”平台和省市场监督管理局“双随机、一公开”监管＂平台的信息录入工作，事项完成率100%。推进“互联网＋政务服务”，全面应用电子证照，全年累计签发电子证照8

张。报送中介服务事项，督促中介机构入驻网上中介超市。及时做好门户网站栏目更新，对照第三方测评结果，逐条逐项整改，补缺补差。主动向社会公开行政执法信息，接受社会监督。全年门户网站累计公示行政许可 14 项，更新“政策法规解读”2 次，开展“双随机、一公开”监管 4 次。至年末，市气象局窗口完成雷电防护装置设计审核 10 项，竣工验收 4 项，审批升放气球活动 6 项，并全部录入江苏省气象依法行政综合监管平台行政许可“双公示”系统和江阴市“双公示”系统。

【气象科普】 2023 年，江阴市气象台电话接受新闻媒体采访 10 次。在“3 · 23”世界气象日、“5 · 12”全国防灾减灾日、“6 月安全月”、江阴市 2023 年“全国科普日”活动启动仪式等活动中开展气象科普宣传，提高市民气象防灾减灾意识。6 月，市气象局气象专家针对气象灾害，对市应急管理局灾害信息员进行防灾减灾业务指导培训。7 月，参加农业保险村级协保员培训讲座 2 次。10 月，与市应急管理局联合举办江阴市防灾减灾(防雷安全)培训班，市减灾委各成员单位以及各镇(街道)、园区相关业务负责人，危化、工贸等重点企业安全负责人参加该次培训。 (耿　丹　谢柯轩)

· 防汛抗旱 ·

【概况】 2023 年，江阴市汛期为 5 月 1 日至 9 月 30 日。总降水量 977.5 毫米，比常年同期多 21.4%，属于偏多。其中 5 月偏少 25.9%，6 月明显偏多 73.7%，7 月偏多 36.3%，8 月异常偏少 40.2%，9 月偏多 42.8%。6 月 17 日入梅，7 月 11 日出梅，梅雨期长 24 天，梅雨量 481 毫米，比常年梅雨量偏多 85.9%，呈现梅雨期正常、梅雨量明显偏多的特征。汛期内河水位(青阳)出现 6 天超警戒水位，6 月 19 日出现最高内河水位 4.54 米，超警戒水位 0.54 米。汛期长江未出现超警戒水位现象，9 月 2 日出现最高潮位 5.57 米。针对汛情，市防汛抗旱指挥部周密部署、积极防控、科学调度，及时启动应急响应 3 次，充分发挥水利工程作用，最大限度发挥江河调蓄水功能，沿江口门利用潮位差及动力排水 5.84 亿立方米，全市河网水位始终控制在防洪保证水位以下，完成防汛防台风各项任务，维护全市经济社会发展和人民群众生命财产安全。

【抵御强降雨】 2023 年据江阴市气象局报告，汛期全市出现暴雨 3 天，分别是 6 月 18 日(168.4 毫米)、6 月 19 日(82.6 毫米)、7 月 8 日(60.3 毫米)。降雨期间部分道路、小区出现短时期积水现象。针对雨情、汛情，市防汛抗旱指挥部提前部署、统一调度、科学指挥，最大限度降低灾害影响。

【防御台风】 2023 年汛期，发生对江阴市有影响的台风 1 次，即 2305 号台风“杜苏芮”。受其影响，7 月 28—29 日，全市出现 6 ~7 级大风，部分地区伴有雷暴大风天气。面对台风侵袭，市防汛抗旱指挥部各成员单位协同配合，合力防御应对，排查老旧房屋及简易工棚 999 户次，组织 185 艘船只回港避风，保证人民生命财产安全和社会生产生活秩序稳定。

2023 年江阴市汛期降雨量一览表

表 51

站名	汛期总雨量(毫米)	雨日(天)	汛期最大日雨量(毫米)
肖山	906.00	62	86.00(7 月 7 日)
青阳	1080.00	60	96.50(6 月 18 日)
定波	902.00	59	104.00(6 月 17 日)
气象台	977.50	67	168.40(6 月 18 日)

2023 年江阴市汛期水位特征值一览表

表 52

江河名	站名	最高水位(米)	日期	最低水位(米)	日期
长江(江阴段)	肖山	5.57	9 月 2 日	1.87	5 月 6 日
锡澄运河	青阳	4.54	6 月 19 日	3.32	5 月 2 日

(王广美)

· 防震减灾 ·

【概况】 2023 年，江阴市防震减灾工作全面贯彻落实习近平总书记关于防灾减灾救灾的重要论述和防震减灾重要指示批示精神，围绕“主线贯穿，重点突出，基础夯实”原则，切实维护地震监测环境和设施，完善防震减灾体系，持续开展防震减灾科普宣传，推进各项地震灾害风险防范工作稳步开展。

【地震监测环境维护】 2023 年，江阴市做好防震减灾工作，有效保护地震监测环境和设施，保证地震监测数据连续性和完整性。年内，维护白石山、卧龙湖地震遥测台，地震预警江阴基本站和君山强震台，巡查处置各类突发情况；加强电磁波地震前兆台管理维护，保障数据交换及时准确；市地震监测台网接入政务网，白石山、卧龙湖地震台站由数字电路10兆专线改为政务网100兆专线，与电信部门重新签定服务合同。全年出动巡查、维护各台站设施设备、监测环境等30余人次。

【**完善防震减灾体系**】 2023年，江阴市防震减灾工作采取点对点方式与镇(街道)直接沟通，如期推进临港经济开发区区域性地震安全性评价；将属地过渡期应急避难场所日常管理维护纳入公园日常管理工作，经费统筹安排，确保应急避难场所平灾结合、有效运转。年内，完成江阴市第一次全国自然灾害普查房屋建筑承灾体调查成果汇编并通过多级核查检验，同时向省住房和城乡建设厅提出申请，把普查数据成果留存在江阴市“智慧住建”综合管理平台上共享，为农房普查、危房排查等后续工作开展提供有力支撑。

【**防震减灾科普宣传**】 2023年，江阴市防震减灾科普宣传工作以防范灾害风险、护航高质量发展为中心，不断提高市民防震减灾意识，提升全市防震减灾综合能力。年内，根据时间节点和广大市民关注的热点，在全市组织开展防震减灾宣传活动。从社区网格员、工作人员中配强骨干，增强防震减灾宣传工作力度；在南门八佰伴商业中心举办防灾减灾主题现场活动，提升市民自我防御能力。利用住建系统优势，对接物业管理科，发挥物业直接面对业主宣传优势，多层联动进小区，加强防震减灾宣传，扩大宣传受知面。3月27日是全国中小学生安全教育日，通过对接市科学技术协会、教育局等，组织全市学校师生收看“地震科普，携手同行”主题活动2023年首场活动实况。4月，挑选出选手参加江苏省防震减灾科普讲解大赛。5月12日是第15个全国防灾减灾日，5月6—12日为防灾减灾宣传周，其间，组织江阴市中小学开展地震应急逃生演练，指导防震减灾示范学校江阴市要塞中学编写地震应急逃生演练方案，组织国旗下安全教育主题活动，全校师生积极配合投入演练。9月7日，市防震减灾联席会议办公室组织召开市防震减灾联席会议，各成员单位及璜土镇、江阴高新区、临港经济开发区防震减灾分管负责人参加会议，解读讨论2023年江阴市防震减灾任务清单，明确工作任务及职责。

【**江阴市地震宏观观测站建成**】 2023年3月，江阴市住房和城乡建设局地震灾害防御科与中信泰富特钢集团股份有限公司对接沟通，双方共建江阴市地震宏观观测站。年内，市住建局多次组织专家现场指导宏观观测工作，明确观测要求及范围。市地震宏观观测站努力为市民了解地震灾害防御、地震监测预报、地震前兆异常现象原理等有关科普知识提供便利。 (李星儿)

·地质灾害防治·

【**概况**】 2023年，江阴市坚持以人民为中心的发展理念，以防为主、防抗救相结合，持续提升综合防灾能力，根据国务院《地质灾害防治条例》、江苏省《地质灾害防治重点工作分工方案》和《2023年度地质灾害防治方案》等法规和文件要求，制定《江阴市2023年度地质灾害防治方案》，建立健全地质灾害防治各项工作制度，实现地质灾害隐患点群测群防全覆盖，常态化开展地质灾害隐患汛前排查、汛中巡查和汛后核查，做好年度地质灾害防治工作，最大限度减少人民群众生命财产损失。

【**地质灾害隐患点排查**】 2023年，江阴市根据江苏省自然资源厅《关于开展2023年地质灾害风险隐患排查工作的通知》要求，做好汛期前地质灾害隐患点排查工作。至3月30日，全市排查出各类地质灾害隐患点36处，较2022年核减1处，其中重要地质灾害隐患点3处。按地质灾害隐患点分类，有崩塌隐患34处、滑坡1处、地裂缝1处；按各镇(街道)隐患点分布，分别为南闸街道7处、周庄镇6处、澄江街道4处、城东街道5处、云亭街道5处、华士镇5处，顾山镇2处、月城镇1处、祝塘镇1处。上述36处隐患点中，滑坡、崩塌为市内最主要的地质灾害类型，主要分布在关闭矿山遗留的宕口，是全市地质灾害防治工作的重点。此外，地面沉降和地裂缝灾害重点防治区在青阳镇、徐霞客镇、祝塘镇、长泾镇、新桥镇、顾山镇、月城镇、周庄镇、华士镇等。年内，36处隐患点均实现动态监测。

【**地质灾害群测群防**】 2023年，江阴市自然资源和规划局联合市应急管理局等多部门，做好人员、物资、资金、技术等应急处置准备。统筹开展地质灾害汛前排查、汛中巡查和汛后复查，切实加强对“三查”工作的组织协调和监督指导。市住建、水利、交通、教育、文体广旅、公用事业等有关部门按照职责分工，组织行业领域开展地质灾害隐患排查工作。各镇(街道)、园区按“属地管理、分级负责”的原则，针对排查确定的地质灾害隐患点，及时制定(更新)、发放“两卡一案”(地质灾害防灾工作明白卡和防灾避险工作明白卡，地质灾害危险点防御预案)。推动全市地质灾害防治工作从“人防”向“人防+技防”转变，建立健全地质灾害防治各项工作制度。针对年内春、夏雨水丰沛的实际情况，密切关注5月至9月下旬地质灾害易发期的重点防范工作，落实防灾责任和防范措施，确保群测群防全覆盖。至年末，市内所有地质灾害隐患点“两卡一案”均完成更新并发放完毕，相关数据录入江苏省地质灾害防治管理系统。

(付 捷)

农产品质量安全

【**概况**】 2023年，江阴市抓实抓细农产品质量安全风险监测，对全市范围内地产农产品开展风险监测和监督抽查，全年完成各级地产农产品质量安全定量监测3170批次，合格率超99%。

【**农产品质量安全风险监测**】 2023年3月，江阴市农业农村局为进一步健全农产品质量安全监测制度、依法开展农产品质量安全监测工作，结合省农业农村厅《关于开展2023年农产品质量安全监测工作的通知》、无锡市农业农村局《关于开展2023年无锡市级农产品质量安全监测工作的通知》要求，制定下发《关于开展2023年江阴市农产品质量安全监测工作的通知》，对全市蔬菜、水果、畜产品、水产品等开展风险监测和监督抽查工作。检测工作采取“双随机”方式分片区开展，主要从生产基地、养殖场和屠宰场抽样。澄江街道、徐霞客镇、华士镇、周庄镇、新桥镇、顾山镇范围内的监测任务由上海必诺检测技术服务有限公司承担；云亭街道、南闸街道、申港街道、夏港街道、璜土镇、长泾镇范围内的监测任务由江苏华测品标检测认证技术有限公司承担；江阴高新区、利港街道、月城镇、青阳镇、祝塘镇范围内的监测任务由谱尼测试集团江苏有限公司承担。承担监测任务的监测机构严格按照监测方案要求，科学、公正地做好抽样和检测工作，数据及时上传至江苏省农产品质量追溯管理平台。各镇(街道)、园区全面配合，协助协调，确保监测工作有序开展，对在检测过程中发现的不合格农产品，及时做好风险防控和预警，分析原因，落实整改。全年完成各级地产农产品质量安全定量监测3170批次，其中种植业产品2549批次，畜禽产品313批次，水产品308批次，抽检率1.7批次/千人，合格率超99%。

(黄重静)

【完成农药减量目标】 2023年，江阴市农业农村局植保部门根据省、市专项行动要求和目标，规范农作物病虫测报技术，提高病虫草害预测预报准确率，推进专业化统防统治和绿色防控示范区建设，加强科学用药宣传培训，落实农药集中配送等各项措施，确保有效控制重大病虫危害，保障重要农产品有效供给，完成农药减量使用目标。据稻麦主要病虫草防治用药、种植户农药使用强度抽样调查和市农资部门农药销量等相关数据测算，全年全市主要农作物农药施用量227.37吨，完成省、市下达的控制目标任务。

(宿爱凤)

【化肥减量增效工作】 2023年，江阴市持续深入推进化肥减量增效工作，促进耕地质量提升。全市耕地质量等级较2022年稳中有升，测土配方施肥技术推广覆盖率超93%，推广应用配方肥、商品有机肥、有机无机复混肥、缓控释肥等新型肥料8500余吨，化肥施用量比2022年下降超2%。

(冯耀栋)

食品药品安全

【概况】 2023年，江阴市市场监督管理局按照市委、市政府决策部署，贯彻执行食品药品安全监管“四个最严”(建立最严谨的标准、实施最严格的监管、实行最严厉的处罚、坚持最严肃的问责)要求，落实监管责任，加大执法力度，守牢安全底线，持续提升现代化治理水平，食品药品安全形势稳定向好。是年，市市场监督管理局被无锡市食品安全委员会评为无锡市食品安全工作先进集体。

【统筹推进食品安全】 2023年，江阴市召开全市食品药品安全工作会议，全面总结食品药品安全工作情况，表彰2022年度江阴市食品安全工作优秀集体、优秀个人，为江苏省“名特优”、江苏省食品安全示范小作坊、无锡市“锡食名坊”获奖单位颁奖。年内，召开全市点调会4次、风险会商1次，编写《江阴食品安全(专刊)》12期，建立食品安全委员会成员单位常态化沟通联络机制，强化部门协作，夯实工作基础。全面落实食品安全“两个责任”(食品安全属地管理责任和企业主体责任)，成立市、镇(街道)两级领导小组，组建工作专班，形成市级5人、镇级71人、村级1820人的包保干部队伍体系，逐级落实“三张清单”(责任清单、任务清单、督查清单)和“一张承诺书”(食品安全责任与任务承诺书)要求。推进基层食品安全委员会办公室(以下简称“食安办”)星级达标建设工作，累计培育无锡市四星级食安办2个、三星级食安办9个，切实提升标准化、规范化管理水平，夯实食品安全基层治理基础。

【食品产业发展】 2023年，江阴市市场监督管理局顺应时代要求、群众期盼，聚焦“惠民生、促发展”工作目标，深化“食安江阴”品牌引领，持续推动食品产业规范管理、提档升级。12月，无锡市食品安全宣传周主场活动暨首届江阴市名优食品博览会在江阴市体育中心开幕。该届食博会布展面积5000平方米，入驻参展商200余个，现场开展采购对接、投资洽谈、产品发布、直播推广等活动，推动食品产业融合发展、高质量发展。年内，建成投运周庄食品小作坊集中加工区，总投资900万元，占地面积8000平方米，建筑面积10000平方米，签约入驻小作坊28个。至年末，全市累计有食品小作坊集中加工区7个、特色街区1个，在全省率先实现食品小作坊集中加工区区域性全覆盖。

【食品安全监管】 2023年，江阴市市场监督管理局在强化食品安全监管中，全面推动“两个责任”(属地管理责任、生产经营单位主体责任)落地落实。年内检查食品生产企业284个次，摸排食品经营单位10527个，排查食品安全问题，落实监管闭环。围绕重点领域、重点环节、重点主体，排查食品安全隐患，强化监检联动，全年完成食品监督抽检15230批次，靶向开展节令食品、校园食品、保健食品等专项抽检6期，严格落实不合格食品核查处置工作。严格执行农贸市场产地准出、市场准入有关规定，全市农产品交易市场完成食用农产品快检38.5万批次。对全市3441个特殊食品经营企业进行全覆盖检查，着力排隐患防风险，进一步规范经营行为。开展制止餐饮浪费专项行动，检查餐饮单位9035个次，指导696个单位将制止餐饮浪费纳入风险管控清单，查处餐饮浪费违法案件39件，强化餐饮单位守法意识和节约意识。开展网络餐饮专项整治行动，通过线上线下渠道检查入网餐饮服务单位3318个，推广“食安封签”，防范网络餐饮食品安全隐患。开展集中用餐单位专项整治行动，对学校、医院、养老机构、老年助餐服务机构、机关等401个食堂进行全覆盖检查，压紧压实企业主体责任，促进提高食品安全保障能力。

【食品安全社会共治】 2023年，江阴市市场监督管理局聚焦民生热点，坚持齐抓共管、多元共治，积极构建食品安全共建共治共享格局。全力推进江阴市2023年民生实事项目,12月8日,江阴市丁果湖食品安全主题公园开园。作为江阴市青少年食品安全科普基地,公园设置法治宣传、科普知识、互动娱乐三大区域,在公园景观中打造食品安全知识宣传阵地。在全市范围累计建成多功能"食安小屋"21个,成为市民身边的"食安之家"。开展"你光盘、我奖励""你我同查""网红说食安"和青少年公益夏令营等特色活动,推动食品安全理念走进千家万户。组织食品抽检合格备份样品捐赠活动,全年累计捐赠物资438份,价值1.3万元,充分发挥合格备份样品利用价值,助力公益事业发展。举行"食安校长谈"电视访谈直播节目,邀请学校校长、人大代表、政协委员、学生家长共同探讨交流校园食品安全工作,直播节目浏览量10万人次。升级"暨阳红骑士"数字平台2.0,增加"随手拍"功能,引导1800名外卖骑手主动参与食品安全治理,获批无锡市外卖配送行业数字化建设试点,经验做法被国务院食安委工作简讯专题刊登。

【药品医疗器械安全】 2023年,江阴市市场监督管理局聚焦集采中选品种、特殊药品、高值医疗器械、儿童化妆品等药械化产品,开展药品经营和使用、涉疫药械稳价保质、医疗器械质量安全、化妆品一号多用等专项检查,出动执法人员4372人次,检查单位1985个次。推进药品网络销售监管,处置各类网络违法线索24条。对48个一类器械生产企业开展全覆盖检查,强化器械全生命周期质量管理。上报药品不良反应报告2081例、器械不良事件报告992例、药物滥用报告8例;联合市卫健委印发通报2期,开展药品抽检180批次、化妆品抽检35批次,保障公众健康和用药安全。对市疾控中心、疫苗接种点等44个单位开展全覆盖检查,确保疫苗储存和运输符合质量管理规范、疫苗可追溯管理等要求,有效保障疫苗质量安全、流向可控。压缩药品、医疗器械经营许可时限至7个工作日,全年办理药械经营许可698份、执业药师注册356份、二类器械备案515份。成立江苏省药品监督管理局审评核查江阴工作站、江阴市生命健康产业创新服务中心,为企业提供一站式、全生命周期服务,推动全市生物医药产业高质量发展。构建全方位药事服务体系(指医院和药房分离的服务,是实现医药分离的一种服务模式),全市建成"药事驿站"57个,推动药事服务扩面提质。

【食品药品执法】 2023年,江阴市市场监督管理局严厉打击食品药品安全违法行为,全年查办食品案件1050件,罚没款765.89万元;查办药品、医疗器械、化妆品案件100件,罚没款374.51万元。查办江阴市某药品经营企业从非法渠道购进药品系列案,依法查处使用医保卡套刷药品的违法行为,直接挽回国家经济损失140余万元,入选江苏省药品安全专项整治行动暨"雳剑2022"十佳案例。依法查处江阴市某公司未经许可生产药品案,入围首届长三角地区药品安全领域行政处罚评选案例。查办陈某销售假冒食品案,对生产、销售假冒洋酒的上下游单位进行全链条查处,摧毁制假窝点1个,涉案总货值近1000万元,该案获江苏省市场监督管理局挂牌督办。 (张 琪)

公共卫生安全

【概况】 2023年,江阴市持续加强公共卫生服务能力建设,严格落实新时代卫生健康工作方针,确保公共卫生安全。强化传染病预警监测和风险评估,网络直报率、及时率、卡片完整率、疫点措施落实率均达100%;持续推进免疫规划各项工作,全年接种免疫规划疫苗、非免疫规划疫苗62万余剂次,免疫规划疫苗接种率均超95%;全面提升卫生应急人员素质,有效规范应对各类突发事件;进一步强化公共卫生监测,任务完成率100%。

【各类传染病防控】 2023年,江阴市传染病防控部门强化传染病预警监测和风险评估,及时发现和快速有效处置各类传染病疫情。全市报告乙类传染病病例(不含新冠病毒感染)12种1011例,发病率57.07/10万;报告丙类传染病病例4种9850例,发病率556.01/10万。累计报告聚集性疫情11件(手足口病聚集性疫情5件、流感聚集性疫情4件、诺如病毒聚集性疫情1件、流感暴发性疫情1件),比2022年增长83.33%。完成国家伤寒+副伤寒、手足口病、腹泻病监测任务和无锡市霍乱、流感监测任务。规范开展疫情报告管理工作,未发生法定传染病漏报现象,网络直报率100%、及时率100%、卡片完整率100%,卡片综合指数100分,疫点措施落实率100%,均达工作目标。继续加大艾滋病检测筛查力度,全年检测各类人群58万余人次,总人群筛查率32.9%,VCT(艾滋病自愿咨询检测)门诊免费咨询检测1251人次。

【免疫规划工作】 2023年,江阴市持续推进免疫规划各项工作,提升服务质量,守牢接种安全底线,筑牢人群免疫屏障。全年接种免疫规划疫苗、非免疫规划疫苗62万余剂次,免疫规划疫苗接种率均超95%,无接种差错事故发生。按全省统一部署,实施水痘减毒活疫苗2剂次免疫策略,为全市6周岁以下符合接种条件的适龄儿童接种水痘减毒活疫苗28698剂次,完成率位于无锡市前列。推进二价HPV疫苗(宫颈癌疫苗)免费接种项目,全市初一女生首针接种率92.17%,第二剂次接种率90.02%,接种率位于无锡市前列。

【提升突发公共卫生处置能力】 2023年,江阴市进一步健全卫生应急组织体系,组织卫生应急培训和演练等,全面提升卫生应急人员素质,有效规范应对各类突发事件。全年发生1件突发公共卫生事件,为甲型H1N1流感暴发疫情。年内,市疫情防控部门对全市各医疗卫生单位疫情管理人员开展伤寒、手足口、水痘、流感等疫情应对培训,提高基层单位处置初始疫情能力;在疾病流行期间与教育部门加强信息互通,发现疫情苗头尽早介入处理,严格落实措施控制疫情,没有发生大面积暴发;联合市教育局发文,推动重点人群流感疫苗接种,全年流感疫苗接种36454剂次,最大程度减少病例发生,保障易感人群健康。

【公共卫生监测】 2023 年,江阴市公共卫生监管部门持续开展食品安全风险监测。全年累计监测样品 82 件,任务完成率 100%;累计监测食源性疾病病例 2115 例,任务完成率 103.17%;累计处置疑似食源性疾病暴发事件 2 件,经流行病学调查,确认食源性疾病暴发事件 1 件。全面开展各类环境卫生监测,开展空气污染对人群健康影响(SCOPA – China)跟踪调查,对 2017 年基线调查的 40 ~ 89 岁人群开展随访调查。开展不吸烟女性肺癌危害因素调查,全年完成病例与对照 169 例。开展农村居民室内健康危害因素监测和农村环境卫生监测。开展公共场所微小气候监测,涉及场所 26 个,监测样品 95 件,监测项次数 893 个;全年监测公共场所公共用品 505 件,检测项次数 1335 个。开展生活饮用水监测,监测覆盖率 100%,任务完成率 100%。对全市中小学校开展学生缺课监测工作,监测覆盖率 100%,日报告率 100%。建设营养餐厅(食堂)6 个、老年人营养新型餐厅示范点 1 个。 (章　婵)

应急管理

【概况】 2023 年,江阴市应急管理局以安全生产"专项整治巩固提升年"和"基础建设强化推进年"为抓手,坚持源头治理、科学防范,系统谋划、整体推进,统筹年度各项重点任务,推动全市安全生产形势持续平稳,生产安全事故起数、亡人数继续保持"双下降"。完善各级党政领导和相关部门安全生产工作清单,调整优化安委会、专委会组织框架和工作机制,明确农贸市场、专业市场、校外培训机构等安全监管职责。组建 264 名专职安全员队伍,安全生产及公共安全事项纳入"精网微格"治理。一体化推进专项整治巩固提升年、基础建设强化推进年和重大事故隐患排查行动,扎实开展企业安全生产突出风险隐患排查治理,推进全市百日冬季安全风险排查整治行动,深入开展"两易一密一新"(易燃易爆、人员密集、新业态)单位、场所底数排摸、隐患排查和安全治理,完成市领导挂钩"老大难"问题攻坚 10 个,排查整治各类隐患 1.5 万余处,整治重大事故隐患 352 处。深化"厂中厂"联合攻坚,出台工作指导手册,培育工业园区示范典型,治理"厂中厂"突出问题 5520 个,拆迁"小散乱"企业 700 余个。深化应急管理综合执法改革和队伍规范化建设,在无锡市首批通过省应急管理厅规范化考核验收。出台非现场执法工作办法,实施"逢查必考"机制,全市应急管理系统事前立案 1193 件,"一案双罚"(对安全生产违法行为在依法处罚违法单位的同时,对未履行法定职责的单位主要负责人予以处罚)578 件,重大案件 186 件,曝光典型案例 82 件,"无证电焊作业举报案件"入选应急部安全生产举报典型案例,在中央电视台新闻频道播出。强化风险防控体系集成建设,在全省率先建成"省、市、县、乡"四级应急指挥体系,新增全民自救互救项目点 89 个,投用具有智慧在线安全监管功能的电动自行车充电桩 6674 个。与中国石油大学(华东)开展校地合作;与常州安能基地开展区域战略性协作,推动应急救援跨区域合作;与张家港市、无锡市锡山区、常州市天宁区开展森林防灭火联防联控联训,提高"打早、打小、打了"处置能力。聚焦党建赋能安全生产,创建基层书记项目"三三三"党建模式(建立"局党委—党支部—党员个人"三级联动机制;三联发力,强化支部联建,强化部门联动,强化政企联心;三员协同,当好惠企助企"安全员"、问需于企"服务员"、互帮互学"联络员"),打造"安全守夜人""应急先锋""安全尖兵"等党建品牌。是年,江阴市应急管理局获评全国应急管理新闻宣传暨学报用报先进单位、2023 年度全省危化品安全监管先进单位、2023 年度无锡市应急管理系统岗位执法技能竞赛团体二等奖、2023 年一季度江阴市"担使命作贡献"季季评活动"四争"先进集体、2021—2023 年度江阴市水上搜救先进单位;原创短视频《安全应急 8 小时》《大客车逃生演练》获 2023 年度无锡市应急科普作品二等奖。

【压实安全生产责任】 2023 年,江阴市坚持高位统筹,建立健全党政领导安全生产工作清单,市委常委会、市政府常务会议专题部署研究安全生产工作 21 次,全市安全生产工作大会及市安委会会议 15 次。全体市领导深入一线督导检查,常态化先研究问题,再部署落实。持续优化安委会、专委会组织框架和工作机制,配套形成风险研判、飞行检查、挂牌督办等 11 项具体制度和流程图,首次对农贸市场、专业市场行业主管部门试用职责分工协商协调确认办法,着力堵塞安全监管盲区。组织推进重点行业领域 6 大类 18 项达标提升项目创建,对重点行业领域实行季度风险研判机制,对密室逃脱、剧本杀等娱乐经营新业态开展重点调研,形成课题报告并在《江苏应急管理》杂志上刊发。出台《关于进一步规范上级交办问题隐患整改闭环工作的通知》《江阴市镇(街道)安全生产监测评价及"红黑榜"评比办法》,牵头组织全市有关镇(街道)、园区公开招聘专职安全员 65 人,推动全市 25449 个生产经营场所配备专兼职安全员、消防安全员 38990 人。

【推进安全生产专项整治】 2023 年,江阴市应急管理局突出问题导向,强化隐患整改治理,严防较大以上事故发生。一体化推进专项整治巩固提升年和基础建设强化推进年行动及重大事故隐患排查等 50 余项专项整治,完成市领导挂钩"老大难"问题攻坚 10 个,排查整治各类隐患 1.5 万余处,整治重大事故隐患 352 处。推进危化品企业装置设备带"病"运行和高危细分领域、重大危险源企业及油气储存企业等专项整治,深化醇基燃料风险防控。在化工企业特殊作业试行"手指口述"安全确认法,规范特殊作业操作流程。开展冶金等工贸行业重大事故隐患专项整治行动,宣传贯彻国务院安委办印发的《重大事故隐患判定标准汇编》,引导企业主动晒问题、晒整改、晒方法,253 个企业通过无锡市系统平台上报重大事故隐患情况。深化"厂中厂"联合攻坚,出台工作指导手册,培育华士镇宁泰工业园区示范典型,带动全市创建示范点位20个，治理存在突出问题“厂中厂”5520个，拆迁“小散乱”企业700余个。在钢铁企业开展“智能化改造”与“智改数转”*试点建设，关停深井铸造企业9个。推动粉尘涉爆等高危企业信息化建设，实现24小时在线监管。全市623个劳动密集型企业安装烟感装置，覆盖率100%；121个重点有限空间企业完成“挂牌上锁”；打造70个“红马甲”示范企业。

【强化安全风险防控】 2023年，江阴市应急管理局强化源头治理思维，持续推动安全治理模式向“事前预防”转变。全面落实风险报告制度，推动工矿企业开展安全风险辨识上报，指导企业开展较大风险“扫码”自查，由“报风险”向“报管并重”转变。全市13037个工贸企业完成安全生产风险定期报告，报告较大风险信息42159条、重大风险信息98条。持续推进标准化创建，化工行业涉及“两重点一重大”（重点监管的危险化工工艺、重点监管的危险化学品和重大危险源）企业标准化建设全覆盖，3个企业被批准为无锡市第二批化工重点监测点，工贸领域建成一级标准化企业1个、二级25个、三级156个，在涉爆粉尘、有限空间、深井铸造等高风险企业培育示范点，推荐各类先进301个。推进重点领域安全风险在线监测，完善重大危险源、深井铸造、粉尘涉爆等高危企业风险监测预警系统，运用无人机、视频探头、数据传感器等信息化装备对企业开展智慧巡查监督。投用具有智慧在线安全监管功能的电动自行车充电桩6674个，推广企业安全用电监控预警设备1305台。开展执法督导，聚焦生命通道、动火作业、发包出租、火灾防控等开展联合检查、交叉执法，突出重大危险源和液化烃、丁二烯、液体燃料生产及工业气体经营、危化品票据经营、仓储设施等专项执法检查，开展“非现场执法”试点，实施“逢查必考”机制。全年全市应急管理系统事前立案1193件，“一案双罚”578件，重大案件186件，曝光典型案例82件。

【安全宣传】 2023年，江阴市应急管理局推动各级各部门各单位理论学习中心组开展安全生产专题学习146场次，开展“百团进百万企业千万员工”宣讲活动151场次，组织“安全生产月”“安全夜市”等主题宣教活动。推动重点场所开展应急逃生演练1333场次，各企业组织开展安全教育活动1690场次，企业主要负责人开展“五带头”（带头研究组织本企业重大事故隐患排查整治、带头落实全员安全生产岗位责任发挥管理团队和专家作用、带头对动火等危险作业开展排查整治、带头对外包出租等生产经营活动开展排查整治、带头开展事故应急救援演练活动）行动1113场次。制作播出“江阴应急时刻”电视专题节目12期，制作“江阴应急管理”报纸专版6期，每月更新“应急之声”广播内容，开展全市企业复工复产安全培训直播，在线观看25万余人次。组织安全宣传进社区活动，累计投放各类安全公益广告、海报横幅3321处，发放知识手册、倡议书等16万份，发送安全公益短信234万余条。动员社会公众和从业人员参与全国“人人讲安全、个个会应急”网络知识竞赛、“十大逃生演练科普视频”展播、线上“逃生演练训练营”以及优秀文艺活动网络展评等线上活动。推进安全学校建设，年内建成安全学校17所、现场教学点89个，培训各类人员5.5万人次，市安全生产考试点全年组织“三项作业”人员（高危行业主要负责人、安全管理员和特种作业人员）考试40997人次。组建安全宣讲“轻骑兵”，开设“微宣讲”“微课堂”，建立重点企业“逢查必考、定期抽考”机制，推动企业落实安全培训主体责任。是年，市应急管理局拍摄的《安全接力棒》音乐电视成为应急管理部“应急管理好声音”展播江苏省首发作品，原创小品《工地惊魂》成为省安全应急科普环省行演出唯一入选县级市节目，“安全生产微宣讲”被《中国应急管理报》专题报道，市安全生产考试点获评2023年全省安全生产培训考试先进单位。

【应急基础建设】 2023年，江阴市应急管理局高标准建设沿江基地二期项目，标准化建设应急指挥所，率先在全省构建“省、市、县、乡”四级应急指挥体系，初步实现基层立即响应、救援力量快速赶赴现场、多部门联合开展先期处置格局。聚焦一网统管建设，开启信息化巡查新模式，实现多灾种、多行业重点领域应急“智慧巡查”，全年巡查企业场所3万余个次。新增交通建设工程领域应急救援队伍和综合性社会救援队伍各1支，“澄应联盟”队伍拓展为9个行业领域13支队伍，拓宽全

2023年5月18日，江阴市危险化学品知识竞赛在市融媒体中心举办

（市应急管理局提供）

市专业化社会应急救援领域覆盖面,省危化品应急救援江阴队被列入省、无锡市专业骨干队伍。在无锡地区首次举办社会化应急救援技术竞赛,分行业、领域实现"一月一练""一月一训",全年开展各专项演训26次。深化区域合作、校地合作,与中国石油大学(华东)联合挂牌国家安全科学与工程研究院石油化工本质安全技术研究中心江阴基地、安全监管监察学院(青岛)江阴分院、中国石油大学(华东)大学生实践教学基地,实现资源共享、合作共赢。结合公众开放日,常态化开展青少年安全实训营和社会公众参观体验活动,累计培训1万余人次,成功申报江苏省安全应急科普场馆,并被省推荐申报国家应急科普基地。持续优化应急资源要素保障,与江阴市应急产业企业达成应急物资储备战略保障合作关系,整合入库应急物资千余种。

【防灾减灾救灾】 2023年,江阴市应急管理局不断完善防灾减灾体系,建立应急状态减灾委成员单位天气会商制度,加强自然灾害风险研判分析,编发全市自然灾害风险形势分析报告4份,发布减灾工作提示单23条,开展检查、应急处置联动35次,组织开展2023年自然灾害防治工作自查,启动市级专项应急预案修订工作,新发或修编市级专项应急预案6个。持续提升基层减灾能力,指导自然灾害高发镇(街道)编制自然灾害救助专项预案,落实镇(街道)制定救灾物资储备计划,深入指导减灾示范社区创建,推进社区应急宣教,全年统计社区开展各类活动160余次,市、镇(街道)、村(社区)开展"5·12全国防灾减灾日""国际减灾日"宣传活动138次。全面优化救灾救助服务,制定《受灾人员救助规范》《江阴市社会应急力量建设规范》,推动全市灾害救助责任保险和城乡常住居民住房财产保险落地实施,完成开发江阴市自然灾害风险普查成果应用系统"应急资源一张图",推动自救互救工程三年行动计划实施,建成自救互救项目点89个,举办第三届青年自救互救运动会暨自救互救技能竞赛演练,提升全民自救互救意识。

(唐小雯)

特种物品与设备安全

【概况】 2023年,江阴市推动公共安全监管向纵深发展,加大对剧毒、易制爆、易制毒三类危险化学品监管,做好辐射污染安全管控和白蚁防治工作,抓好全市特种设备安全生产,防范安全事故。年内,市公安局按照公安部和江苏省公安厅部署,结合打击整治枪爆违法犯罪专项行动、安全生产专项整治、禁毒"净边2021"专项行动等工作,将三类危险化学品统一纳入安全监管重点工作,层层分解任务,创新管理模式,构建全覆盖、全方位、全流程管理体系,有效预防危险化学品流失、被盗等事件或案件发生。市住房和城乡建设局完成全市169项新建房屋白蚁预防项目处理,做好市内1200余个蚁情监测站点的维护和观察工作。江阴生态环境局确保放射源安全控制。市市场监督管理局强化特种设备安全隐患排查治理,建立企业隐患自查、村(社区)网格员隐患排查、市场监管部门监督检查的三级隐患排查治理机制。是年,市内特种物品与设备安全运行。

(李星儿)

【扫除危险物品安全隐患】 2023年,江阴市危险物品单位储存场所治安防范全部100%安评达标,未发生丢失被盗、非法流失、打响炸响情况。年内,市公安局组织开展全市集中销毁枪支、管制器具行动1次,组织统一销毁烟花爆竹行动1次;整改消防隐患5029处,办理消防拘留案件9件,抄送消防救援部门查处单位场所134个,比2022年增长10%。

【严密涉危监管】 2023年,江阴市公安局落实重要节点危险物品特别管控措施,全年开展枪爆物品检查整治5项次,整治危管单位"四防"(人防、物防、技防、制度防)隐患279处,查处行政案件45件,涉及人员22人、单位23个,危险物品储存场所治安防范安评合格率100%。启动涉枪涉爆风险隐患排查见底,对74名涉枪、3名涉爆人员逐一摸排见底并签订责任书,落实每月见面和动态管控;依托公安部涉爆研判中心协作机制,建模筛查枪爆警情案件、涉危从业人员等数据1.8万条,对2022年以来75件涉枪、涉爆警情"回头看",梳理枪爆爱好者、"发烧友"285人,核查"三区五场"(山区、湖区、林区和建材化工市场、五金加工市场、小商品批发市场、大型集贸市场、物流配货市场)等重点部位场所152处次,按照"六不放过"(涉案物品没有全部收缴不放过、来源没有完全查清不放过、贩运网络没有彻底打掉不放过、制贩窝点没有端掉不放过、涉案人员没有得到惩处不放过、关联行业问题没有倒查整顿不放过)加强"枪爆刀"等清缴,收缴枪支51支、子弹774发、管制刀具152件等一批危险物品并安全销毁。

(胡 娟)

【核与辐射安全管控】 2023年,江阴市加强辐射污染安全管控。开展辐射安全生产大检查行动,对市级管控涉源单位、废旧金属熔炼企业、伴生放射性矿开发利用单位检查率100%,市级管控射线装置检查率超50%;组织开展II类γ射线移动探伤单位辐射安全生产检查。建立闲置源季度排查制度,风险放射源应收尽收。全年全市送贮10个放射源使用单位28枚废旧放射源。开展一次辐射事故应急演练。是年,累计检查辐射企业235个次,出动人员483人次。其中,检查涉源化工企业8个、四类和五类放射源单位49个、伴生矿利用单位1个、外来移动探伤单位1个、废旧金属熔炼单位8个、三类射线装置单位161个,检查率均为100%。

(程 凯)

【白蚁防灭治】 2023年,江阴市以"推进行业管理、服务人民群众、促进白蚁防治事业发展、树立行业形象"为目标,高质量超计划完成白蚁防治公共服务,减少白蚁对百姓的危害。全年完成全市169项新建房屋白蚁预防项目处理,建筑面积480余万平方米,办理白蚁防治合格证171份。做好市内1200余个蚁情监测站点的维护和观察工作,并通过公共媒体和微信平台发布白蚁分飞高峰期预警,通过宣传提高市民的白蚁防治意识。注重白蚁预防工程回访复查,全年回访1026项新建房屋白蚁预防工程，对指定街区（环城北路北、健康路东、澄康路西、益健路南）的67户居民楼进行白蚁调查，及时治理其中存在白蚁危害现象的工程，有效保障房屋使用安全。对全市26个公园开展林地白蚁综合治理，有效控制白蚁对园林分化的危害。开展土白蚁研究探索，设置白蚁电子监控装置，全年新增80个白蚁电子监控装置，不断提升全市白蚁防治工作科技含量和灭治效率。

（李星儿）

【特种设备安全】 2023年，江阴市市场监督管理局认真贯彻落实中央、省、市各级关于安全生产工作决策部署，以压降特种设备事故为目标，以防范系统性安全风险为核心，深入开展特种设备安全专项整治提升行动，保持全市特种设备安全稳定形势。压实企业主体责任，开展“特种设备企业主体责任推进年”活动，通过法律法规宣传、事故警示教育、典型案例通报等形式，指导企业负责人全面树立特种设备安全“第一责任人”理念。宣传贯彻特种设备“两个责任”（质量安全主体责任和使用安全主体责任）规定，明确企业特种设备安全总监和安全员职责，全面推行“日管控、周排查、月调度”管理机制。开展化工企业特种设备安全提升行动，对全市76个化工企业开展全方位体检，加强安全风险防范。深化起重机械专项整治，排查停用起重机械4653台，起重机械维保绑定28587台，培训地操（地下管道中操作）人员1.5万人次，全面推行遥控器保管箱专人专管制度。开展快开门式压力容器本质安全提升行动，排查隐患58处，培训作业人员349人。强化叉车安全监管，培训叉车作业人员3482人次，摸排流动叉车522辆，建立流动叉车底数清单，查处违法叉车67辆。开展老旧住宅电梯安全评估整治，完成161台老旧住宅电梯评估，消除电梯安全隐患。开展高压气瓶和气瓶质量安全追溯体系运行情况专项排查行动，规范气瓶充装行为。深化特种设备智慧监管，运用“特种设备智慧云平台”推动信息化管理，完成码头吊智慧系统安装138台，全市9个液化石油气充装单位安装“阳光充装”系统，提升特种设备安全管理水平，夯实安全监管基础。在特种设备安全领域引入“吹哨人”制度，发挥社会监督和群防群治作用，有效保障特种设备安全运行。全年累计检查特种设备相关单位4682个次，发现并整改隐患1833处，签发特种设备安全监察指令书386份，立案查处案件127件，罚没款470余万元。

（张 琪）

火灾事故与防范

【概况】 2023年，江阴市消防救援大队接警出动5416次，出动车辆10229辆次，出动人员58773人次，其中，火警1603次、抢险救援796次、社会救助2596次、虚假警334次、公务执勤87次；解救被困群众37人，保护财产价值2.31亿元。全年全市发生各类火灾警情1603次（日均4.39次），伤1人，直接财产损失1045.3万元；与2022年相比，火灾数、损失数分别下降26.67%、20.22%，伤人数持平，亡人数净减1人。其中，非轻微火灾215次，伤1人，直接财产损失799.86万元，比2022年下降8.96%；非轻微火灾数增长48.28%，伤人数持平，亡人数净减1人。非居民火灾1094次，伤1人，直接财产损失829.71万元；非居民火灾数、损失数分别下降34.33%、15.84%，伤人数净增1人，亡人数净减1人。全市继2001年以来连续23年未发生有较大人员伤亡的火灾事故。

【灾情分析】 2023年，江阴市发生各类火灾警情1603次（日均4.39次）。从火灾发生区域看，澄江街道火灾数居首位，发生231次火灾事故（含交通工具火灾），占总数的14.41%；周庄镇157次，占总数的9.79%；华士镇146次，占总数的9.1%；徐霞客镇140次，占总数的8.73%；璜土镇107次，占总数的6.67%；江阴高新区97次，占总数的6.05%；利港街道95次，占总数的5.93%；青阳镇84次，占总数的5.24%；祝塘镇83次，占总数的5.18%；长泾镇81次，占总数的5.05%；申港街道75次，占总数的4.68%；云亭街道60次，占总数的3.74%；月城镇58次，占总数的3.62%；顾山镇57次，占总数的3.56%；南闸街道55次，占总数的3.43%；夏港街道45次，占总数的2.8%；新桥镇32次，占总数的2%。

从起火场所情况看，住宅类火灾559次，直接财产损失218.4万元，分别占总数的34.87%和20.89%；工贸企业类火灾194次，直接财产损失426.65万元，分别占总数的12.1%和40.82%；交通工具类火灾182次，直接财产损失277.3万元，分别占总数的11.35%和26.53%；经营性场所火灾86次，直接财产损失32.42万元，分别占总数的5.36%和3.1%；垃圾废弃物回收处理存放场所火灾189次，直接财产损失9.04万元，分别占总数的11.79%和0.86%；其他类火灾393次，直接财产损失81.49万元，分别占总数的24.52%和7.80%。与2022年相比，除住宅、交通工具、经营性场所火灾有所上升外，其他火灾均有不同程度下降。住宅类火灾上升7.5%，交通工具火灾上升18.18%，经营性场所火灾上升2.38%；工贸企业火灾下降6.28%，垃圾废弃物回收处理存放场所火灾下降38.24%，其他场所火灾下降57.05%。

从火灾发生原因看，因遗留火种引发火灾840次，占总数的52.4%；因电气引发火灾468次，占总数的29.2%；因生活用火不慎引发火灾186次，占总数的11.6%；因自燃引发火灾37次，占总数的2.31%；因生产作业引发火灾66次，占总数的4.12%；其他原因引发火灾6次，占总数的0.37%。

从火灾发生时段看，火灾高发时段为18时至20时，发生火灾238次；14时至16时发生火灾214次；12时至14时发生火灾208次；16时至18时发生火灾199次；10时至12时发生火灾178次；20时至22时发生火灾149次；8时至10时发生火灾118次；22时至24时发生火灾88次；6时至8时发生火灾74次；0时至2时发生火灾50次；4时至6时发生火灾45次；2时至4时发生火灾42次。

【火灾防范】 2023年，江阴市消防救援大队扎实推进消防安全整治提升等专项行动，着力提升防范化解重大安全风险、应对处置各类灾害事故的能力水平，继续保持全市火灾形势稳定向好态势。定期开展消防安全形势分析评估，细化镇(街道)、园区和成员单位年度消防工作任务清单，制订高质量发展综合考核消防安全评价指标。全年下发各类文件82份，召开部署、培训会15次，开展专题督导8次。联合市住建局、司法局等部门研究出台《江阴市物业专项维修资金用于部分消防应急维修申请流程》；会同市应急管理局、市委组织部举办年度安全生产管理干部主体培训班。持续完善镇(街道)消防安全委员会组织架构及监管主体“双备案”制度，17个镇(街道)、园区消委办全部实体化运作，消防工作站完成挂牌。深化公安、消防部门“六联”(火灾隐患联治、监督指导联动、重大事故联处、消防安全联宣、业务技能联训、重要事项联商)工作机制，下发督导通报18期，受理派出所移交案件289件。调整确定重点单位959个(其中二级重点单位665个、三级重点单位294个)、火灾高危单位15个。每季度召开重点单位例会，指导各单位按照江苏省消防救援总队提出并牵头编制的《单位消防安全管理规范》开展标准化消防安全管理达标创建。指导推动15145个“九小”场所(建筑面积300平方米以下小商场、额定就餐人数100人以下小饭店、床位数50张以下小旅馆，以及小型公共娱乐、休闲健身、医疗、教学、生产加工、易燃易爆危险品销售储存等场所)设置专兼职消防安全员。举办全市工贸企业火灾防控线上培训会，参加人数15万人次。将劳动密集型企业消防整治纳入安全生产委员会年度攻坚项目，全年排查企业312个，督改隐患377处。加大对全市工贸类特别是纺织服装类企业监督抽查和检查，成立工作专班会同市应急管理局检查企业130个，督改隐患287处，立案处罚企业4个。组织全市排查检查纺织服装类企业2180个，发现消防隐患2432处。聚焦工业企业、“九小”场所、群租房、经营性自建房、商场市场、高层建筑6类重点领域和大型商业综合体、公共娱乐场所、剧本娱乐场所、室内冰雪场所、文物保护建筑和博物馆、养老机构、混合生产经营场所、商住混合体建筑、餐饮场所、旅馆、学校、医疗机构、儿童福利院、党政机关办公用房、建设工程施工现场、人防工程、劳动密集型企业、危险化学品企业、粮食和物资储备场所、地铁场所等21类重点场所，推进消防安全重大风险隐患专项排查整治行动。督办重大火灾隐患单位7个，均按期整改销案；检查排查高层公共建筑185栋、高层厂房27栋；检查高层住宅2678栋，督改隐患2606处，受案查处单位42个；检查专业市场73个，发现隐患353处，受案查处单位33个。无锡市挂牌的7个“老大难”问题按时完成整改。全覆盖检查工业企业12676个、“九小”场所15145个、群租房2950间、经营性自建房5962栋、高层建筑2890栋、商场市场133个，督改隐患74879处。在线开展检查巡查和数据传输，累计向镇(街道)移交隐患1308处，整改1168处。严格燃气消防整治，累计检查企业4250个，检查率100%，发现隐患398处，督改隐患398处。推进“三合一”场所(住宿与生产、仓储、经营一种或一种以上使用功能违章混合设置在同一空间内的建筑)隐患治理，打造全市“三合一”场所视觉热力图，排查“三合一”场所1928个，督改隐患1977处，新增消防“五件套”(灭火器、逃生绳、防烟面罩、应急手电、口哨)672套，整改搬离1286个。全年检查单位2460个次，督改隐患737处，执法处罚695件，临时查封单位4个，责令停产停业单位49个，罚款600.5万元。推广安装电动车智能化充电系统211套、简易喷淋202套、独立式感烟探测器1607个。8个老旧小区完成年度消防设施改造，新建市政消火栓150个。与澄江街道签订委托执法试点工作协议，完成首案办理。全年调查火灾事故51次，对7次火灾事故单位立案处罚，依法拘留2次火灾事故责任人。开展差异化练兵工作，全年开展大队级演练35次，前置备勤115次，组织修订预案1043份。开展防消联勤检查单位16453个，发现隐患5413处，发放宣传资料13297份。完成1171栋高层建筑消防电梯测试。完成6047条市政消火栓数据、4938条其他水源数据普查工作并印制辖区水源手册。结合“110宣传日”“安全生产月”“119消防宣传月”等开展集中宣传40次。利用消防宣传车开展流动宣传89次，组织消防

2023年1月18日，江阴市某新型材料有限公司火灾扑救现场

(市消防救援大队提供)

志愿者开展进企业、进社区等宣传活动92次。深入辖区单位开展消防培训和应急演练107次，发放宣传资料2.5万份。指导基层开展“小火亡人”警示教育51次。在户外大屏、楼宇电视等媒介播放消防标语、宣传海报等2.3万次。开展开学第一课、消防进军训、夜市宣传等活动12次。在江阴职业技术学院举行全市校园消防安全月活动启动仪式暨首届大学生志愿者消防运动会。创作消防锡剧作品《永当合格消防员》；举行江阴市消防主题儿童绘画作品展；发布江阴消防品牌形象“消豚豚”。是年，市消防教育馆获评江苏省科普教育基地、无锡市首批残疾预防宣传教育基地，全年接待各类参观人员5100余人。（郁璐娴）

2023年6月15日晚，江阴市25个单位在南门忠义街开展“安全夜市”暨安全宣传咨询活动（市应急管理局提供）

【森林防灭火】 2023年，江阴市加强市应急管理局、自然资源和规划局、公安局、气象局等部门会商研判，强化森林防火督导检查和预警，推进森林防火专项整治“巩固提升年”行动，开展“森林防火宣传月”，林业“安全生产月”，森林防灭火宣传进林区、进景区、进机关、进学校、进乡村、进社区等活动，抓好春节、清明等重点时段进行宣传教育，其中市应急管理局坚持“线上+线下”森林防灭火宣传，重点时段日发送警示短信提醒万余条，悬挂宣传横幅和警示标志5000余条（块）。开展火灾隐患排查整治专项行动、打击违法用火行为专项行动和输配电设施火灾隐患专项排查治理行动。加快完善森林防火基础设施，全力推动森林火灾远程视频监测预警平台、以水灭火工程和无线通信指挥系统建设，全年新增蓄水池3个（蓄水量400吨）、泵房4座、消防栓77个、消防管道6.98千米、视频语音播报器2个、高点智能双光云台2个、市级森林防火预警中心用房1座、护林站站点3个。其中江阴市应急管理局深化实施森林防灭火基层“硬八条”（健全镇级体制、强化村级机制、规范设置卡口、加强护林队伍、开展宣传教育、加大基础建设、科学扑救处置、严格值班值守），进一步细化基层涉山板块森林防灭火工作职责清单；建立市、镇、村三级联防联控联动联训机制，实现与张家港市、无锡市锡山区、常州市天宁区森林防灭火联防联控；购买高扬程水泵、高压水枪、消防水带等装备物资，全市10个涉山板块、46个涉山村均建设有一线物资装备库，41个主要道口均配备实战化扑救物资装备，确保第一时间应急处置。全市全面提升应急实战能力，科学设置演练科目开展联训、联战，组织市内专业、半专业森林火灾扑救队技能竞赛演练30余次，出动高扬水泵89台次、消防车36台次，参训1000余人次。是年，未发生森林火灾和人员伤亡事故；江阴市在江苏省第14届林业系统森林防火技能竞赛中获组织奖。（唐小雯　付　捷）

域内安全技防

【概况】 2023年，江阴市公安局坚持深入推进防控体系现代化建设，紧盯“四率”目标（排盲率、新增公共部位视频高清率、社会面公共部位视频完好率、社会面视频联网在线率），落实落细排盲、建设、提质三项工作，确保在关键时刻、重要节点、重大事件中发挥实战作用。

【强化联网建设】 2023年，江阴市公安局围绕支撑警务实战要求，因地制宜开展联网建设工作，完成联网、提质任务。年内，推动重点部位开展智能感知建设；推动全市社会面感知设备提档升级、各镇（街道）治安监控社会化服务升级等项目建设，全年投入经费3000余万元，完成感知设备智能化建设和改造。推动城管、交通、水利、应急、医保等部门资源共享。鼓励社会资源接入，宣传贯彻《无锡市公共安全视频图像信息系统管理办法》，公布《无锡市公共安全视频图像信息联网共享平台资源接入目录》，提高社会单位法律法规意识。全市社会面联网建设工作和运维质态明显提升。

【强化运维提质】 2023年，江阴市公安局面对全市面广、量大、设备运行环境复杂等特点，综合施策，全力攻坚。年内，设立运维提质工作专班，集中办公，针对性开展点位分类梳理、问题收集反馈、平台同步更新等工作，建立统一的操作手势、值班制度和流程规范，确保及时发现问题、解决问题，推动问题闭环处理。加强运维监测，提高感知故障预警能力。建立联席机制，与市委平安办、市城运中心建立工作联系制度，定期通报运维质态，分派整改任务，提升运维质量。（胡　娟）

保安安全防护

【概况】 2023年，江阴市公安局按照上级机关部署要求，不断加强保安行业监管服务工作，扎实开展日常监管工作,全面排查整改风险隐患,实现安全隐患、基础数据见底,行业监管能级、社会治理效能显著提升。全市有保安服务公司10个(迁移外市1个),派驻单位702个,派驻保安3707人;小区物业服务公司191个,在管小区459个,派驻保安1115人。

【保安行业监管能级提升】 2023年,江阴市公安局以江苏省保安服务监管信息系统更新升级应用为契机,组织开展全市保安服务单位摸排见底工作,全面完成新系统录入备案,实现基础数据动态见底。年内,精准核查保安从业单位,组织属地派出所全量摸排辖区保安服务公司和居民小区底数,对发现未向属地公安机关备案或未报备案信息变化的,督促限期备案或整改,切实纳入监督管理视线。实施自主申报保安从业人员数据,在前期保安从业单位精准核查基础上,推广应用江苏省保安服务监管信息系统,督促单位负责人及时录入保安员信息,对所有保安员一律要求持证上岗,确保所有保安员信息准确、更新及时。全年新增持证保安员593人。动态更新重点要素信息数据采集,针对保安守护的押运公司、学校、银行、易制爆、危化企业等重点单位、场所、部位及人员,开展动态背景审查、实时视频监控、定期走访摸排,动态更新信息数据。全年摸排重点单位98个,重点部位134处,重点人员156人,对不符合岗位要求的6人调离原岗位。

【保安队伍管理】 2023年,江阴市公安局按照国务院《保安服务管理条例》,加强保安人员教育培训,提升职业素质和实战技能。年内,组织属地派出所对辖区内保安员、保安从业单位负责人开展保安队伍规范化管理工作;明确保安员岗位职责、任务要求;通过保安服务业务技能培训,规范保安员礼貌用语、着装规范、巡逻守护、登记检查、应急处置、现场救护等行为,提升保安员实战能力与队伍素质。强化保安员资格审查,对报名参加保安员资格证考试人员进行"公安大数据"研判比对,依法梳理和取消不符合保安员资格考试人员。加强派驻保安员管理,规范服务行为。督促全市治安保卫重点单位、学校、医院、娱乐场所等单位按规定与保安服务公司签订保安派驻合同,按要求配备持证保安员,杜绝无证保安员在上述单位违规从事保安工作。常态化督导检查保安从业单位和客户单位按照规定配齐保安装备、统一着保安员服装,佩戴保安服务标志,携带保安证,亮证执勤,规范保安服务行为。加强日常管理,消除监管盲区。依照江苏省公安机关保安监督检查工作有关规定,制定保安从业单位检查表,社区民警每月定期检查辖区内保安从业单位基本情况,准确核对相关信息,指出检查中发现问题,当场送达检查情况登记表,通过签署"责任状"等形式,督促保安从业单位依法履行相关职责,确保辖区内保安从业单位规范服务。通过不定期实地检查、电话回访等方式,对保安从业单位进行监督检查,强化工作标准,实现对保安从业单位定点、定位、定人的精细化管理。依法规范保安员资格考试,采取人证比对等措施规范考场秩序,全年组织保安员资格考试24场,参考人员1256人。

【保安行业安全质态管控】 2023年,江阴市公安局加强严管严控,提升保安行业安全质态。年内,针对普通保安服务公司开展经营资质复核。组织属地派出所对存在擅自变更住所地址、办公及训练场所面积减少、车辆挪作他用等问题的保安服务公司,暂收其保安服务许可证,责令限期整改到位,对拒不整改或不再符合条件的,吊销保安服务许可证。对不按规定向公安机关备案或未及时变更备案信息的(包括服务区域、服务项目、从业人员等),督促限期完成备案,全年限期整改到位保安服务公司10个,新增备案51个。针对自招保安员单位开展摸底补盲备案工作。对没有向公安机关备案或者备案手续不规范的,督促限期备案或整改;对在物业管理区域开展门卫、巡逻、秩序维护等服务的保安员无证上岗的、在本单位以外或者物业服务公司在备案服务区域以外开展保安服务的,限期整改并依法处罚。全年查处保安类违规案件24件。持续规范保安员队伍入口管理。通过开展人证核验、案事件倒查、外省人员大数据比对、前科劣迹人员滚动筛查等方式,动态排查清退不适合担任保安员工作人员。全年排查清退4人,抓获违法犯罪保安人员1人。

【优化联勤联防】 2023年,江阴市公安局优化联勤联防机制,提升保安队伍实战化保障能力。年内,对接无锡市保安协会,动员保安从业单位和保安队伍参与保安联勤联防工作。深入社区、群众和服务单位,开展"保安心向党 护航新征程"系列主题活动。以公安信息平台为支撑,开展巡逻防范、宣防警示、服务群众等活动,展示保安队伍在协助公安机关打击违法犯罪、参与巡逻防控、服务经济社会发展、维护社会治安中发挥的作用和取得的成效。对提供有效案件线索并协助查破案件、防范事故的保安员给予奖励,鼓励保安企业及保安员主动参与联勤联防。是年,勇救落水少年的保安员蔡惠洪获江阴市见义勇为基金颁发的见义勇为证书和奖金。

2023年江阴市(场所)保安服务有限公司一览表

表53

公司名称	成立时间	公司地址	从业人数	服务单位
江阴市飞龙保安服务有限公司	2012年10月28日	江阴市长江路169号2307室	450余人	53个
江阴市春风保安服务有限公司	2012年3月28日	江阴市周庄镇宗言村王庄路1号	270余人	64个

续表53

公司名称	成立时间	公司地址	从业人数	服务单位
江阴市特种押运保安服务有限公司	2009年12月6日	江阴市梅园大街395号	250余人	35个
江阴市保安服务有限公司	1999年1月10日	江阴市人民东路715弄7号	1600余人	275个
江阴市金鹏保安服务有限公司	2010年6月28日	江阴市新园路6号A栋8楼	480余人	110个
江苏飞鹰保安服务有限公司	2005年3月29日	江阴市大桥路96—100号	300余人	82个
江阴市雄鹰保安服务有限公司	2021年8月13日	江阴市文化中路15号	200余人	58个
江阴市大桥保安服务有限公司	2022年1月13日	江阴市通渡北路9号	60余人	13个
江苏苏之酥保安服务有限公司	2021年2月7日	江阴市花东路188号	5人	1个
江苏金锐保安服务有限公司	2021年4月19日	江阴市长江路218号1806室	40余人	11个

（韩洪海）

网络安全

【概况】 2023年，江阴市始终坚持以习近平总书记关于网络强国的重要思想为指导，扎实推进网络安全高质量发展各项任务，全面加强网络安全工作统筹，着力构建保障体系，持续提升防护能力，不断优化行业生态，为全市经济社会发展筑牢网络安全保障。（沈虎峰）

【落实网络安全等级保护制度】 2023年，江阴市公安局进一步严格落实等级保护制度，完善等级保护工作落地机制，实施《江阴市公安局网络安全等级保护制度实施方案》，进一步强化等级保护制度的落实和检查。督促党政机关和涉及制造业、金融、民生等重点行业的重要信息系统进一步严格落实网络安全等级保护制度，开展“三类问题”（存在重大网络安全隐患、未按照规定落实等级保护制度、等级保护制度整改不到位）整治行动，全年通报存在安全隐患的机关事业单位及国有企业19个，联合约谈3个，涉及网络风险隐患均得到迅速有效处置。年内，全市实施网络安全等级保护系统的单位126个；等级保护系统234个，其中三级等保系统46个，二级等保系统188个。（夏　艺）

【工业企业信息安全】 2023年，江阴市工信局切实履行工业企业信息安全主管责任，要求企业落实好信息安全主体责任，发动重点工业企业加强信息安全建设，提升工业控制系统网络和信息安全防护能力，鼓励企业参与江苏省工业信息安全星级防护评估。年内，远景动力技术（江苏）有限公司由省级工业控制系统安全防护一星级企业升级为二星级企业。（费　希）

【“云、网、数、端、安”高效保障体系】 2023年，江阴市城市运行管理中心构建网络安全运营体系用于保障“云、网、数、端”全方位安全。年内，部署态势感知设备，形成云网安全大脑，实现网络安全事件可视化、全局化，网络安全防护水平提升。建立和完善网络安全事件闭环处置流程，组建网络安全事件处置团队，全年发布网络安全周报48次、月报5次；处置各类网络安全事件381件，全部落实闭环处理。开展2023年网络安全事件应急演练，全面提升网络安全事件应急处置能力。（陈新元）

【第二届网络安全技能大赛】 2023年，江阴市委网信办联合市公安局、人力资源和社会保障局、总工会、互联网协会、江苏江阴农村商业银行股份有限公司举办江阴市第二届网络安全技能大赛，通过网络安全法律法规、网络安全标准、网络安全管理知识、网络安全技术知识等竞赛，加强网络安全专业人才选拔和培养，促进各级各部门网络安全意识和防护技能提升，引领全市社会面网络安全知识宣传普及。大赛经过初赛和决赛，分别产生党政机关组和企业组个人一、二、三等奖。（沈虎峰）

■类目编辑　王萍芳

澄江街道

【概况】 澄江街道地处江阴市中心城区，是江阴市委、市政府所在地及全市政治、经济、文化中心，孕育"刘氏三杰"（刘半农、刘天华、刘北茂）、教育家吴研因、爱国高僧巨赞、中国中药化学研究先驱赵承嘏、"中国机器人之父"蒋新松等一批人。区域面积65平方千米，下辖6个行政村和31个社区居委会。2023年年末，有户籍人口286892人，其中男性138322人、女性148570人；有少数民族29个1154人，其中蒙古族78人、回族203人、藏族8人、维吾尔族2人、苗族115人、彝族21人、壮族110人、布依族14人、朝鲜族42人、满族270人、侗族32人、瑶族32人、白族7人、土家族153人、哈尼族1人、黎族12人、佤族4人、畲族9人、拉祜族1人、水族2人、土族5人、达斡尔族3人、仫佬族4人、羌族9人、毛南族2人、仡佬族3人、锡伯族6人、俄罗斯族4人、鄂温克族2人。有外来暂住人口72635人，其中男性41432人、女性31203人。

政治建设　坚持把学习贯彻中共二十大精神和习近平总书记重要讲话重要指示精神，作为头等大事和首要政治任务，不断强化思想理论武装，第一时间学习贯彻，多措并举宣传宣讲。开展学习贯彻习近平新时代中国特色社会主义思想主题教育，带领全体党员干部以学铸魂、以学增智、以学正风、以学促干。街道党工委理论学习中心组开展集中学习研讨15次，领办微调研课题18项，各级党组织党员开展集中学习3.6万余人次。建立"三检两报两诊"（通过自主检视、上级检查、群众检验的方式报工作疑难、报差距不足，力争小问题现场"会诊"、大问题跟踪"联诊"）机制，完成整改问题492个。严格落实意识形态工作责任制，持续深化新时代文明实践工作。加强党支部标准化规范化建设，持续推进"把支部建进小区"，不断完善"街道—社区—小区—楼栋家园"四级党组织架构。项目化推动党群阵地链式布局，建成"澄事·睦邻点"党群议事平台10个，着力打造天鹤社区基层治理示范点、"我有一亩三分地"微治理等特色党建品牌。突出实干实绩导向，选拔任用中层干部9人、职级等级晋升24人，1名社区书记选任进入事业编，专职网格员转任社工15人。落实全面从严治党主体责任，一体推进"三不腐"（不敢腐、不能腐、不想腐），坚持"三个区分开来"（把干部在推进改革中因缺乏经验、先行先试出现的失误和错误，同明知故犯的违纪违法行为区分开来；把上级尚无明确限制的探索性试验中的失误和错误，同上级明令禁止后依然我行我素的违纪违法行为区分开来；把为推动发展的无意过失，同为谋取私利的违纪违法行为区分开来），激励干部敢为善为。锲而不舍落实中央"八项规定"* 及其实施细则精神，驰而不息纠"四风"* 树新风。不断深化"三转一提"* 行动，围绕文明创建、安全生产、生态环保开展专项监督，围绕国有资产、集体资产转供电开展项目化监督。加大监督执纪问责力度，全年立案51件、党纪政纪处理47人，诫勉谈话8人、提醒谈话17人。

经济建设　全年实现地区生产总值684.7亿元；完成一般公共预算收入27.09亿元，比2022年增长26.91%；全社会固定资产投资额121.34亿元，比2022年增长9.4%；规模以上工业产值160.8亿元；规模以上服务业营业收入68.43亿元，比2022年增长7.88%；限额以上批发业销售额919.4亿元，限额以上单位零售额119.27亿元；到账外资2212万美元，进出口总额8.09亿美元。绮山湖科创谷一期、青山未来社区等重大项目有序推进；方程荟文创项目建成投运；国乐岛项目完成三大场馆主体施工；凤凰荟购物中心项目主体已建成；江阴农商银行科技信息中心项目开工建设。江阴经贸合作洽谈会期间，集中签约青山未来社区商业文化、高铁枢纽观海天地商业等项目7项，总投资20亿元。新扬船企业管理中心总部项目、"药丁"医药OTC营销综合服务平台、忠义街青果路适园商圈等项目落户街道。规模以上工业企业研发支出2.5亿元，高新技术产业产值占规模以上工业产值比重43%。

社会建设　征集"霞客之光"创新攻关计划技术需求18个，实施产学研合作项目8项，认定高新技术企业15个。新增"雏鹰企业"* 入库

11个、"瞪羚企业"*入库8个、科技型中小企业备案89个、省级工程技术中心1个。推进"双招双引"(招商引资、招才引智)工作,国家级人才工程A类申报6个,省"双创人才"*申报1人,"暨阳英才计划"*项目入库培育10项,新增外国高端人才和专业人才来华工作15人。栖拓空间获评无锡市众创空间。全力办好街道十件民生实事,全年民生支出12.44亿元,比2022年增长5%。城镇新增就业人数5810人,开展创业精准帮扶1269人次,成立2个辅助性就业站点。新增社保扩面13653人,发放被征地农民保障金8720万余元、尊老金610万余元、残疾人护理补贴和生活困难补贴"两项补贴"978万余元、各类优抚人员定期补贴750万余元。建成投运梅园社区、澄江路社区、板桥社区3个日间照料中心(助餐点),完成街道退役军人服务站建设。做好省级"儿童关爱之家"运营,服务各类儿童2500余人次。完成花园实验小学教学用房建设工程和中山小学教学楼重建工程,完成19所小学智慧黑板更新改造和26所学校暑期维修改造。推进家庭医生签约工作,新增家庭医生签约32535人。推进食品安全"双安双创"(国家食品安全示范城市创建和农产品质量安全县创建),提升食品安全治理水平。开展文体惠民活动,组织"澄艺快递"项目演出200场次、受惠群众30万人次,举办省第四届社区篮球邀请赛、村BA澄江赛,新增江苏省优秀群众文艺团队3个。提升政务服务质效,完成市、街道、社区(村)三级一体化"一网通办"平台建设。全年便民服务中心办理事项47800余件,新增市场主体8025个。持续健全37个村(社区)便民服务综窗业务,完善村(社区)便民服务考核,完成便民服务事项14900余件。落实"一件事"并联审批业务,办结1950件。巩固提升城市文明形象,强化环境卫生整治,常态长效做好文明创建工作。持续推广街道市民文明程度积分管理平台,办理审核加分项20890项,发布志愿活动项目2358项。完成剪金街"最美街巷"立面改造提升工程,7个楼道、街巷获评市级"最美楼道""最美街巷"。打响"澄之声"宣讲品牌,开展基层理论宣讲300余场。推进法律宣传进机关、进乡村、进社区、进学校、进企业、进单位"六进"和反诈宣传工作,开展各类法治宣传活动350余次,举办法治讲座148场次,提供法律咨询服务3万余人次。强化一线调解工作实效,各级调解组织受理并调解各类民事纠纷2730件,调解成功率100%。定期召开法律援助工作研讨例会,受理法律援助案件246件。压降信访存量,化解信访积案5件。

2023年澄江街道主要经济社会指标一览表

表54

指　　标	单　位	数　量	比2022年增减(%)	指　　标	单　位	数　量	比2022年增减(%)
地区生产总值	亿元	684.70	2.60	限额以上单位零售额	亿元	119.27	-3.60
其中:第一产业	亿元	1.02	8.50	固定资产投资总额	亿元	121.34	9.40
第二产业	亿元	246.64	4.10	其中:工业投资	亿元	0.23	—
第三产业	亿元	437.04	1.80	进出口总额	亿美元	8.09	-10.10
一般公共预算收入	亿元	27.09	26.91	其中:出口额	亿美元	7.16	-13
农林牧渔业总产值	亿元	1.44	5.11	到位注册外资	万美元	2212	2413.60
粮食产量	万吨	0.04	33.33	居民人均可支配收入	元	76259	5
规模以上工业利润总额	亿元	14.94	1.40	中小学校在校学生数	人	48224	5

2023年澄江街道各村(社区)基本情况一览表

表55

村(社区)名称	户数(户)	人口(人)	村(社区)党支部(党总支、党委)书记	村(社区)主任
绮山社区	1632	4303	陆焕雅	—
立新社区	3802	9912	沈　刚	沈　刚
板桥社区	2026	5351	李联峰	李联峰
花山社区	1865	5244	陆惠军	陆惠军
运河社区(筹)	379	826	夏惠文	—
革新社区	2666	7156	范春燕	范春燕

续表55

村(社区)名称	户数 (户)	人口 (人)	村(社区)党支部 (党总支、党委)书记	村(社区)主任
先锋社区	3428	8646	顾建刚	顾建刚
澄南社区	4148	10292	徐中兴	徐中兴
梅园社区	1806	4531	薛玲芝	薛玲芝
塔南社区	3285	8206	夏　菁	夏　菁
文富社区	3288	8362	蒋　敏	蒋　敏
西郊社区	1807	4876	匡小萍	匡小萍
贯庄社区	4369	12183	徐建卫	徐建卫
新华社区	4616	12566	巫　敏	巫　敏
天鹤社区	3128	8033	赵丽君	赵丽君
蒲桥社区	3584	9240	陆惠明	陆惠明
文定社区	4267	11102	张　静	张　静
环城东路社区	2979	8466	吕桂芬	吕桂芬
城中社区	4884	14037	吴娅荣	吴娅荣
西大街社区	2023	4997	顾亚华	顾亚华
芙蓉社区	2861	7221	承　育	承　育
要塞社区	3315	9033	丁士福	丁士福
花园社区	5199	14388	吴胜男	吴胜男
澄康路社区	5508	16459	周怡科	周怡科
澄江路社区	5419	15982	吴　海	吴　海
君山社区	3232	8928	王利民	王利民
北大街社区	2628	6223	赵　蕾	赵　蕾
浮桥社区	3071	8379	吴　敏	吴　敏
黄田港社区	2992	7607	毛锦洁	毛锦洁
黄山社区	6097	16518	汪金子	汪金子
江锋社区(含江锋村)	2687	6396	顾庆丰	—
皮弄村	938	2580	钱海祥	钱海祥
谢园村	269	633	张　敏	张　敏
花北村	294	634	徐国强	徐国强
通运村	625	2011	林　勤	林　勤
红光村	855	3252	沈建明	沈建明
璜塘上村	751	2319	陆怡安	陆怡安

【澄江街道拆迁安置】 2023年,澄江街道全年完成征收拆迁签约1084户75万平方米,14项无锡市攻坚拔点项目全面完成,保障绮山湖科创谷、青山未来社区、锡澄S1线等重大项目推进。完成林荫大道、新澄杨路、过江第二通道等重点工程清点清障。完成教师二村、省田里、联发市场周边等市级出让地块清障任务,累计腾让17个地块经营性用地83.33公顷,出让金85.2亿元。完成司法保障手续办理52户,实施拆除20户。实施跨项目安置等新举措,完成西横河北侧、人民东路南侧等项目850户1070套安置房分房工作,安置面积近12万平方米。

【澄江街道城市提升工程】 2023年,澄江街道启动城区32个城市更新单元建设，完成阳光新村、梅园新村、蒋家巷新村等5个老旧小区改造工程，完成90个小区控源截污改造工程。聚焦改善群众出行环境，助力完成城区六路品质提升工程。完成黄山路、梅园大街、人民东路等6条市容管理示范路创建，完成延陵路、长江路、香叶路等4处口袋公园*建设。阳光假日、黄山华都、恒大帝景等8个小区成立首届业委会；金宸国际、幸福里、长江国际等11个小区完成业委会换届；五星花苑、南方花苑小区成立物管会。完成既有多层住宅电梯加装32台，着力推进垃圾分类"三定一督"*建设。规范实施背街小巷"小扫"保洁，持续加大考核检查力度。

【澄江街道生态整治】 2023年，澄江街道狠抓工业大气污染治理和餐饮油烟管控，扎实开展微环境专项整治，全面完成422项大气污染治理任务，$PM_{2.5}$浓度和空气质量优良天数比率继续保持全市前列。推进"绿岛"项目建设，建成澄富涂装喷涂中心。开展污水管网改造、河道排口排查整治和支浜水体治理，完成东城河、采矿河、夹沟河3条美丽示范河湖建设，4个国、省、市考断面均稳定在Ⅱ、Ⅲ类水质标准。

【澄江街道安全稳定风险排查】 2023年，澄江街道深入开展重大事故隐患专项整治行动，聚焦"两易一密一新"*"九小场所"*"厂中厂"等重点领域，严查各类风险隐患。全年检查生产型企业291个次，整改隐患3908处；排查高层住宅959栋，整改隐患431处；排查"三合一"场所*250个，整改隐患124处；排查"九小场所"1975个，整改隐患481处；排查出租房屋17422户，备案群租房72户，整改隐患292处；排查自建房3768幢，整改隐患96处。完成天然气管阀更新60235户，餐饮场所瓶改管、瓶改电379户。开展街道经济社会重点领域安全稳定风险排查工作，排查风险矛盾13件，化解9件。

【澄江街道社区治理】 2023年，澄江街道进一步完善社区服务功能，建成如锦天鹤社区改造示范点、"澄事·花园客厅"居民议事共治点、江锋大厦楼宇党群服务中心等服务阵地。完成华润江湾城、碧桂园雅澜名苑、龙湖天阙雅苑等11个小区1.46万余户110余万平方米住宅房屋验收移交，增加社区用房和居民活动室2900平方米。推进"善治家园"社区治理创新项目，澄康路社区、浮桥社区、城中社区等7个社区获市一、二等奖。强化村（社区）级"三资"*监管，农村产权交易中心交易项目488项，成交总金额7700余万元。推进"一网统管"平台建设，完善"一长五员"（网格长，联络员、网格员、信息员、督查员、巡查员）体系，推行"基层吹哨、部门报到"工作机制，探索"智慧网格＋条线"联动工作模式。建成如锦天鹤未来社区智慧管理平台，上线"智能安防""关爱宝""诉求通"等10余个数字化应用场景，推动网格服务精细化。

（朱海洋）

南闸街道

【概况】 南闸，因闸得名。宋天禧年间建黄田闸和蔡泾闸。黄田闸位于江阴以北，又称北闸；蔡泾闸位于黄田闸之南，明万历年间，改称南闸。该街道地处江阴市南郊，东接云亭街道，东南与徐霞客镇相连，南与月城镇隔河相望，西邻常州市郑陆镇，西北与江阴临港经济开发区相接，东北紧挨中心城区澄江街道。区域面积45平方千米，下辖10个行政村和3个社区居委会。2023年年末，有户籍人口47625人，其中男性23921人、女性23704人；有少数民族20个248人，其中蒙古族10人、苗族39人、回族16人、土家族72人、满族12人、朝鲜族5人、壮族37人、维吾尔族4人、乌孜别克族1人、侗族16人、彝族7人、布依族9人、藏族2人、白族3人、羌族8人、瑶族1人、哈尼族3人、景颇族1人、傈僳族1人、土族1人。有外来暂住人口29377人，其中男性17651人、女性11726人。

政治建设　抓实学习贯彻习近平新时代中国特色社会主义思想主题教育，开展中心组学习16次、专题研讨7次。揭牌成立南花园"学习强国"大讲堂，开展"贯彻二十大、奋进新征程""理响江阴""百姓名嘴"宣讲，组织党政领导、村（社区）书记进村入企宣讲50余场，组织"理论＋文艺"阐释宣讲120场，辐射党员群众5万余人次。用好"南闸发布"微信公众号，年内推送动态信息1087条，向各级主流新闻媒体报送稿件168篇。举办2023年"书香南闸"阅读打卡线路发布暨数字阅读平台启动仪式，开展"书香沁童心、'悦'读迎春风"等系列活动100余场，打造南新书咖、龙运书笺小驿等特色阅读空间，实施南闸村、观西村2个农家书屋提升工程，南闸图书馆获评无锡市"钟书·阅读"示范空间。实施乡风文明提升工程，深化精神文明建设，开展"全澄有爱"文明创建等各类志愿服务活动500余场。强化党组织建设，开设"头雁竞飞"微论坛，实施年轻干部导师制培育计划，绘制"一村一品"党建品牌地图，新建江阴塞特精密工具有限公司一个红色车间，提档升级基层党建指导站、金三角红色展厅、花果村红色教育基地等阵地资源。围绕"践行'四敢'（干部敢为、地方敢闯、企业敢干、群众敢首创）要求"等9个主题开展各类教育活动100余场。构建网格四级党组织体系，孵化13项网格微项目，将群众关注的32个"高频"痛点问题纳入"网格微项目"清单，党员承接办结事件21件，完成道路硬化、电网改造、停车场建设等"微实事"20余件。广泛开展"我为南闸献良策"活动，征集意见建议20余条。发动党员干部开展进农村、进社区、进企业，访党员、访干部、访群众"三进三访"微调研，实施"进百家门、访百家情、解百家难、暖百家心"大走访，走访居民群众家庭291户。抓好新业态新就业群体党建，开展法律援助、暖心义诊、红色观影、送清凉和送温暖等活动10余场，协助解决网格问题158个。实施"红色汇智、育才计划"，设置6个培训专题，累计培训300余人次。组织年轻干部调研，11个年轻干部调研小组围绕乡村振兴、基层治理、惠民利民等10个课题，形成调研报告10余篇，提出工作建议13条。加强党风廉政建设，全年处置线索22件、办理案件17件、办理业务范围内信访件1件,挽回经济损失15.69万元,“第一种形态”谈话19人,提请市纪委监委为2名党员干部澄清正名。围绕安全生产、美丽幸福河湖整治、为民办实事工程等重大决策部署落实情况开展监督,发出督查通报5份、纪律检查建议书4份。深化廉洁教育,《风骨咏诵、锡曲唱廉》获无锡“步弓石杯”廉洁文化作品大赛二等奖,《老王的超能力》获第三届“江上清风”廉洁文化作品大赛二等奖,《串门》获“清风故事会”三等奖。主动接受街道人大工委、政协工委监督,召开南闸街道第二届选民代表会议第三、四次会议,28条建议意见全部按期回复。南闸街道狮山湖人大代表联系点获评无锡市五星级“家站点”。擦亮“南闸工匠”品牌,完善企业“职工之家”建设,建成江苏安科瑞电器制造有限公司女职工康乃馨服务站,江苏联通纪元印务股份有限公司获评无锡市厂务公开民主管理先进单位。持续服务青年,1人获评第二届无锡市乡村振兴青年先锋、2023年度无锡市最美新型青年农民,观西村陶湾自然村入选江苏省第三届“青绘乡村”青年文化创意设计大赛竞赛基地。搭建女性创新创业平台,依托金三角打造“她播”直播间,以“短视频+直播”为街道女性创新创业赋能。

经济建设　全年完成一般公共预算收入4.52亿元,比2022年增长27.46%;累计完成规模以上工业产值153.23亿元,比2022年增长8.97%。全年实现地区生产总值78.04亿元,比2022年增长3.9%。限额以上单位零售额2.32亿元,比2022年增长10%;工业开票销售收入完成183.17亿元;服务业开票销售收入完成246.42亿元。全年完成到位注册外资657万美元,比2022年增长255%;进出口总额完成30252万美元,比2022年增长35.6%,其中出口额完成27497万美元,比2022年增长33.5%。全年高新技术产值占规上工业产值比重43.4%,江阴市惠尔信精密装备股份有限公司、江苏南农高科技股份有限公司、江阴市赛英电子股份有限公司被工业和信息化部评为第五批专精特新“小巨人”企业*。2023年12月,江苏省工业和信息化厅公示2023年江苏省省级企业技术中心认定名单,江阴市赛英电子股份有限公司技术中心入围。完成重大产业项目签约5项,启动南闸街道精密机械产业园一期项目,南闸医院改扩建工程落地建设,东盟工业园区南工锻造项目完工。

社会建设　新增“雏鹰企业”*入库6个、“瞪羚企业”*入库7个、“准独角兽企业”*入库1个,有效期内高新技术企业38个,1个企业获评省级企业技术中心。申报“暨阳英才计划”*创业人才2人,申报启明计划3人,完成博士人才专项2人,新增海外留学归国人才13人,新增高层次人才30人。实施文化惠民工程,开展各类演出440场。打造“南书房”阅读品牌,开展阅读活动215场。举办省滑翔伞俱乐部联赛、省象棋乡镇赛、“澄锡惠”山地定向赛等体育赛事,南闸街道第二届全民运动会闭幕。涂镇村建成江苏省健康村。建成无锡市首个食品安全主题公园,成立无锡首支“食安啄木鸟”志愿服务队,助力守护街道“舌尖安全”。“西沟河整治促‘臭水沟’变‘微景点’”项目成为江阴市唯一入选的2023年无锡市“民声留言板”十大优秀案例。社会保障体系不断完善,向1648名被征地农民发放保险金,向6863名居民发放养老保险金。推动就业创业,全年提供就业岗位1500个,解决城镇就业人数1300人,推荐就业227人,扶持自主创业380人。做好养老、扶贫、助残等各项工作,全年发放各类救助金1380余万元。办好人民满意教育,南闸实验学校、南闸中心小学分别加入南菁实验学校教育集团和江阴市实验小学教育集团。南闸中心小学“小锡班”登上中央电视台栏目。落实安全生产责任制,开展重大事故隐患专项排查整治,全年检查生产经营单位783个次,排查整改隐患6547处,挂牌督办企业2个,关停取缔企业5个,立案查处23件,罚款83.64万元。整改完成无锡、江阴两级安全督导反馈问题25个。排查治理“三合一”场所163个、“九小场所”隐患139处。开展燃气安全整治工作,完成更换合格灶具2367户、改电104户。完成801名严重精神障碍患者监护人以奖代补工作,发放监护费31.93万元。开展“八五”普法工作。做好人民调解工作,全年调解矛盾纠纷321件,调处成功率100%;处理信访件230件,完成市级以上交办指令12件,接待来访群众72批次。基础设施不断完善,完成消防中队改造工程、南庄路及水产场路等道路亮化工程,新增机动车位357个。花山河2000吨分布式污水处理设施投入使用,污水处理厂二期扩建工程基本完工。56路公交线路延伸至江阴高铁站、客运总站,投放共享电动车500辆。推进花山河清淤工程,完成5条河道清淤整治,清理排水沟渠、泄洪渠等1万余米。推进征拆工作,聚焦重点工程保障,启动城市更新项目,全年征拆面积13.91万平方米,完成无锡市攻坚拔点项目2项。原敬老院地块安置房主体结束施工。城市品质明显提升,全年拆除违建122处、2.5万平方米,拆除户外广告930平方米,清理乱贴、乱画、乱涂“三乱”4600余处,立面出新8.8万平方米。持续打好蓝天、碧水、净土保卫战,全年$PM_{2.5}$平均浓度31.9微克/立方米,比2022年下降4.2%,降幅列江阴4个省控站第一名,空气优良率79.3%。水环境质量持续向好,4条市级考核河道水质达到Ⅲ类标准。建立街道水环境三级防护安全体系,提升突发水污染事件应急防控能力。开展美丽幸福河湖专项整治,完成10条无锡美丽幸福示范河道建设,泗河村陈士河、花果村花山河被无锡市评为“展示河道”,6次登上无锡市、江阴市美丽幸福河湖红榜。105个自然村开展“三清三治”*农村环境卫生专项整治。推进生态化改造,完成高标准农田建设127.92公顷,更新造林3.81公顷,生态化改造项目3项、22.66公顷。观西村陶湾自然村获评江苏省特色田园乡村,曙光村朱家自然村获评江阴市美丽农居。

2023年南闸街道主要经济社会指标一览表

表56

指　　标	单　位	数　量	比2022年增减(%)	指　　标	单　位	数　量	比2022年增减(%)
地区生产总值	亿元	78.04	3.90	限额以上单位零售额	亿元	2.32	10
其中:第一产业	亿元	2.65	14.20	固定资产投资总额	亿元	13.46	0.47
第二产业	亿元	37.79	8.60	其中:工业投资	亿元	6.58	22.58
第三产业	亿元	37.61	-0.80	进出口总额	亿美元	3.03	35.6
一般公共预算收入	亿元	4.52	27.46	其中:出口额	亿美元	2.75	33.50
农林牧渔业总产值	亿元	3.5	0	到位注册外资	万美元	657	255
粮食产量	万吨	0.46	24.30	居民人均可支配收入	元	64622	4.50
规模以上工业利润总额	亿元	6.42	20.12	中小学校在校学生数	人	5045	1.90

2023年南闸街道各村(社区)基本情况一览表

表57

村(社区)名称	户数(户)	人口(人)	村(社区)党支部(党总支、党委)书记	村(社区)主任
花果村	954	3445	顾志刚	顾志刚
谢南村	808	2573	谢兴福	谢兴福
紫金社区	808	2230	张　微	张　微
施元社区	694	2007	徐国刚	徐国刚
曙光村	1045	3728	金顺才	金顺才
涂镇村	852	2952	袁达成	袁达成
南新社区	1404	3888	何　刚	何　刚
蔡泾村	1831	6034	薛建忠	薛建忠
龙运村	1713	5478	蒋中平	蒋中平
南闸村	1048	3449	王　梁	王　梁
观山村	884	2972	吴克平	吴克平
泗河村	1213	4074	曹国洪	曹国洪
观西村	1474	4795	徐　锋	徐　锋

【新增3个专精特新“小巨人”企业】 江阴市惠尔信精密装备股份有限公司主导产品为“风电齿轮箱零部件”,是风电装备产业链核心装备,5兆瓦以上风电齿轮箱零部件技术指标均达到国内领先、国际先进水平,国内市场占有率超17.31%。公司先后攻克超5兆瓦风电底座毛坯加工工艺、5兆瓦风电固定轴毛坯加工工艺、高致密性、高精度等行业关键核心技术难点,产品享誉国内外。江苏南农高科技股份有限公司主导产品为“圆环系列产品”,该系列产品获得国家一类、二类新兽药证书,属于工业“六基”(基础零部件、基础元器件、基础工艺、基础材料、基础软件和产业技术基础)领域先进基础工艺,技术填补了国内动物疫苗市场空白,国内领先。江阴市赛英电子股份有限公司主要生产1~5英寸普通晶闸管用陶瓷管壳、特高压用6英寸超大晶闸管用陶瓷管壳、压接式IGBT陶瓷管壳、IGBT模块散热基板,为特高压直流输变电工程、柔性直流输变电工程中,国产器件取代进口器件提供重要支撑保障。2023年7月14日,根据工业和信息化部《关于公布第五批专精特新“小巨人”企业和通过复核的第二批专精特新“小巨人”企业名单的通告》,上述3个企业被评为第五批专精特新“小巨人”企业。

【南闸中心小学“小锡班”登上央视舞台】 南闸中心小学于2010年成立“小锡班”,多年来不断传承创新锡剧特色,先后被评为第三批全国中小学中华优秀传统文化传承学校、无锡市锡剧传承特色学校、江阴市传承锡剧示范学校、江阴市模范“小锡班”、锡剧进校园先进单位等。2023 年 10 月,央视《宝贝亮相吧》栏目组走进学校,群体《梅花赋》、男单《红色的种子》选段《我是一颗革命的种子》、合唱《珍珠塔》选段《和和睦睦更美好》、女单《海岛女民兵》选段《东海前哨守国门》4 个节目参加展演,节目播出后获得较好反响。至年末,南闸中心小学"小锡班"的学员累计 11 次登上央视舞台。

【观西村陶湾自然村获评省特色田园乡村】 观西村陶湾自然村以"田园筑梦"党建品牌为引领,坚持"生态优先、绿色发展"理念,聚焦特色田园乡村建设,立足村庄区域位置、历史文化、特色风貌和田园景色,保留村落的传统肌理和风貌格局,利用乡土材料,挖掘乡土风情,打造廉竹书屋和党史村史馆,开发乡村旅游、精品民宿,发展绿色产业。2023 年 7 月 17 日,第十一批次江苏省特色田园乡村名单公布,陶湾自然村获评江苏省特色田园乡村。

【南闸中小学加入南菁与实验教育集团】 2023 年 5 月 30 日,经江阴市委教育工委 2023 年第四次(扩大)会议审议,同意江阴市南闸中心小学以"协作型"方式加入江阴市实验小学教育集团,江阴市南闸中心小学加挂"江阴市实验小学教育集团南闸校区"牌子;江阴市南闸实验学校以"协作型"方式加入江苏省南菁高级中学实验学校教育集团,江阴市南闸实验学校加挂"江苏省南菁高级中学实验学校教育集团南闸校区"牌子。

【街道举办第二届全民运动会】 2023 年 8—11 月,南闸街道举办第二届全民运动会,运动会组织比赛 13 项,参与人员 2240 人。12 月 27 日,街道召开第二届全民运动会闭幕式暨群众体育表彰大会,为运动员个人、团体项目比赛冠军代表队、团体总分前八名代表、入场式十佳方队、运动会组织保障先进单位、优秀健身团队、群众体育先进个人、群众体育先进单位等进行颁奖。

(蔡小菲)

云亭街道

【概况】 云亭街道,地处江阴城区东南部副城中心,距江阴市中心 6 千米,辖区内有定山(江阴第一峰)、毗山、绮山、耙齿山,是国家重点文物保护单位——佘城遗址所在地。东邻周庄镇,南与徐霞客镇,西与澄江街道、南闸街道相接,北与城东街道毗连。长山大道、云顾公路贯穿南北,澄鹿公路、江阴大道横亘东南。区域面积 40.17 平方千米,耕地面积 1107 公顷,下辖 6 个行政村和 5 个社区居委会。2023 年年末,有户籍总人口 58550 人,其中男性 28253 人、女性 30297 人。有少数民族 18 个 1503 人,其中布依族 67 人、朝鲜族 6 人、侗族 58 人、哈尼族 13 人、回族 142 人、景颇族 2 人、拉祜族 19 人、满族 50 人、蒙古族 31 人、苗族 464 人、仫佬族 1 人、羌族 61 人、畲族 12 人、水族 8 人、土家族 278 人、瑶族 25 人、彝族 200 人、壮族 66 人。有外来暂住人口 40536 人,其中男性 23899 人、女性 16637 人。

政治建设　把"学思想"作为首要任务和贯穿始终的主线,街道班子成员、第一书记和各村(社区)党组织书记带头领学,领导班子开展理论学习中心组学习 16 次,开展专题研讨 3 次,邀请江南大学、江阴市委党校等专家举办专题培训讲座 3 次,开展书记讲党课活动 123 次。开展基层党员冬训,组织党课辅导、专题报告、业务培训等各类学习 15 场次;发放学习资料 3000 余套,培训党员群众 4800 余人次。开展学习贯彻习近平新时代中国特色社会主义思想主题教育,不断增强"四个意识"*、坚定"四个自信"*、做到"两个维护"*,政府治理效能有效提升。推动领导干部学法懂法用法,运用法治思维和法治方式推动政府各项工作。自觉接受人大工作监督和社会监督,15 条选民代表建议按期办结。贯彻落实民主集中制,"三重一大"*事项按规定经集体研究决定。加强机关内部管理,落实各项制度纪律,履行政府信息主动公开职责,发布政务文件 35 件。联合行业主管部门引导 11 名新业态党员用好"暨阳红骑士"小程序开展云端学习,指定专人通过微信定期向 18 名流动党员推送学习资料 54 次,建立"1 + 1"联系机制为年老体弱党员开展上门联学活动 320 余人次。新提拔机关中层正股 4 人,副股 8 人,轮岗交流 18 人。选优配强雁阵队伍,选派 1 名机关中层正职任行政村村书记,1 名优秀机关编外人员任行政村副书记(主持工作),提拔 1 名居委委员任社区书记,选任 6 名优秀年轻人任社区副书记、村(社区)一般工作人员等。开展基层党务培训 3 次,组织 11 个"两新"组织*党组织赴周边学习,新成立非公企业党组织 3 个,新发展党员 31 人,其中非公有制经济组织党员 15 人,推动党的组织覆盖和工作覆盖"两个覆盖"拓面提质。成立 8 支"群心共治"志愿队,以项目化方式制定年度服务清单,开展"共筑幸福家"等公益活动 7 场,"青年讲师团"走村入社政策宣讲 11 次,惠及群众 5000 余人次。利用街道新时代文明实践所、道德讲堂、花山村党员教育阵地、毗山村农家书屋等场所开展党性党风党纪宣传教育活动。结合学习贯彻习近平新时代中国特色社会主义思想,开展以学铸魂、永葆忠诚强担当,以学增智、践行宗旨勇担当,以学正风、廉洁奉公善担当,以学促干、推动发展敢担当"四学四担当"行动,打造"陆家冲廉洁文化示范路""街道上市企业党建廉盟海特展示馆""匠心绣廉""党史学习驿站""诚信书屋""江南画村"等意识形态阵地,营造风清气正、崇廉尚俭的良好氛围。以"主题党日活动""5 · 10 思廉月"为抓手,组织街道、村(社区)工作人员前往市人民法院现场旁听职务犯罪案件庭审,开展"学思践悟强党性、勇担使命建新功"党日活动,观看《亲而有度、清而有为》警示教育片,邀请江阴市委党校教师讲授"坚持全面从严治党、深入推进党的自我革命"专题党课等,打牢廉洁根基。加强年轻干部教育管理监督,组织街道青年干部参与市纪委监委、市委组织部和团市委联合举办的"青音话廉——扣好廉洁从政的第一粒扣子"主题征文活动,组织拍摄《匠心绣廉》微视频。全年实施主动约话 188 人次、提醒谈话 12 人次、立案审查 15 人次、党纪处分 12 人次,提出纪律检查建议书 3 份。对监督检查发现的形式主义、官僚主义以及吃拿卡要、优亲厚友、以权谋私等问题直查快办,全年查处问题线索2件。加快推进街道拆迁安置房建设,向市纪委监委申请完成改革创新风险备案1件。落实意识形态工作责任制,召开半年度意识形态领域情况分析研判会议。落实党风廉政建设主体责任和“一岗双责”*,持之以恒纠正“四风”*,始终把纪律和规矩挺在前面。抓好无锡市委巡察反馈问题整改,不折不扣落实47条整改措施,全力整治群众身边的腐败和作风问题,维护风清气正的政治生态。发挥“云亭智慧广电”平台、“活力云亭”微信公众号的理论宣传作用,累计录播《云亭新闻》45期,推出360余条微信。被各类媒体录用稿件180余篇。树立“人民政协为人民”理念,进一步提升“有事好商量”协商议事特色品牌,完善联系界别群众制度机制,全年街道、村(社区)两级联合挂钩结对的政协委员开展协商议事13次,常态化开展专题协商、对口协商、提案办理协商和村(社区)协商,助力解决群众急难愁盼问题。街道团工委新建社会领域团支部16个,全年发展社会领域团员14人。智慧团建系统团组织、团干部、团员、学社衔接录入率100%,完成所有支部6个专题的实践教育学习并录入系统,组织开展团员和青年主题教育学习。推动网上“青年大学习”活动,全年21期累计参学2.6万余人次。

经济建设 全年完成地区生产总值173.33亿元,一般公共预算收入7.08亿元。完成限额以上单位批发额147.9亿元,限额以上单位零售额12.74亿元。完成规模以上工业产值194亿元,增加值52.2亿元,数字经济核心产业营业收入超6.5亿元。组织企业开展技术改造、“小巨人”培育、“三高两低”(能耗高、污染物排放高、安全生产风险高,附加值低、技术水平低)企业关停、企业上市等政策申报工作,为江苏吉鑫风能科技股份有限公司、江苏长龄液压股份有限公司、江苏科强新材料股份有限公司、江苏和时利新材料股份有限公司等30余个企业争取各级各类奖补资金1500余万元。做好116个规模以上工业企业统计报表数据的采集、整理、汇总、上报。申报国家级专精特新“小巨人”企业1个,被认定无锡市企业技术中心7个(江阴旭初科技有限公司、江苏博顺带业有限公司、江苏东方液压有限公司、江阴凯达机电制造有限公司、上海富渥机械工程技术江阴制造有限公司、江阴南方新能源科技有限公司、江阴市星宇化工有限公司),新增数字经济核心产业规模以上企业1个、创新型中小企业33个,完成绿色工厂星级管理评定26个,节能诊断企业13个,工业企业绩效评价数据告知与复核工作完成率100%。全年完成固定资产投资56.01亿元,其中工业投资13.91亿元。新备案10亿元以上项目1项,新开工重大项目4项,在列重大产业项目11项,年底竣工项目1项。坚持把招商引资作为“一号工程”,党政主要领导带头开展“点对点”精准招商。组织外出招商6次,发展大会暨经贸合作洽谈会现场签约项目10项,总投资36.3亿元。综合施策鼓励企业自改,筹建大经数字供应链科创园和云亭“智谷”科创产业园,累计盘活存量土地3.33公顷,整治低效用地超26.67公顷。街道水稻种植面积230.13公顷,小麦种植面积186.67公顷,总产量3085.63吨。坚持稳产保供,建成高标准农田46.67公顷。完成镇级现代农业专项规划,新增家庭农场2个。县级以上示范家庭农场记账App全覆盖。坚持“藏粮于地、藏粮于技”战略,改造中低产农田,毗山村建成46.67公顷高标准农田。持续推进粮食生产全程机械化,全年更新大中型拖拉机1台、乘坐式自动插秧机1台、全喂入式收割机2台、高效农业机械大棚王1台。强化农田水利工程管护,对各村灌溉站进行维护保养,农田配套沟渠整理;完善农民用水合作组织,做好农业用水成本核算和控制,从源头上节约用水,降低运行成本。深入推进化肥农药减量增效行动,主要农作物化肥、农药施用量分别比2022年下降2%、1.5%,废旧农膜回收率98%以上,畜禽粪污综合利用率100%;实施秸秆还田,秸秆还田率100%。延长产业链,推进农产品初加工、精加工、深加工,发展生鲜电商、定制农业。培育高素质农民60人,云亭万福家庭农场申报市“科技兴农富民工程”。新建1个毗山村村级农产品质量安全服务站,61个经营主体全部纳入监管,全年检测农产品5092份,打印合格标签64869张。开展春秋两季集中免疫和夏季养殖场环境高温大消毒。免疫生猪猪瘟4378头,口蹄疫4078头,禽流感37893羽。使用消毒药35千克,消毒面积3.5万余平方米。母猪存栏301头。

社会建设 发挥“链主”企业引领作用,新增高新技术企业9个(总数48个),无锡市“雏鹰企业”*入库11个,“瞪羚企业”*入库11个,科技型中小企业入库122个,新引进科技型企业92个。新增上市企业1个(总数6个),获评国家级专精特新“小巨人”企业1个,省“潜在独角兽企业”1个。成功申报省级工程技术研究中心1个、无锡市工程技术研究中心4个、江阴市工程技术研究中心5个,“暨阳英才”*入库项目4项。推进教育优质均衡发展,完成云亭实验小学东区扩建工程和云亭中学图书馆改造,获评江苏省、无锡市优质幼儿园各1所。云亭中学获评无锡市中小学生品格提升工程特色项目、江阴市优秀学校“彩虹课堂”、江阴市中小学劳动教育特色学校培育学校。云亭实验小学获评无锡市中小学校“一校一品”党建文化品牌项目、无锡市平安校园、无锡市教育系统立德树人先锋党组织、江阴市教育系统宣传工作先进集体。云亭中心幼儿园获评无锡市托幼机构卫生保健工作先进集体、江阴市三八红旗集体。夯实全民健康保障,开展健康进学校、进企业、进社区、进村、进机关“五进”巡讲3次,家庭医生签约9490人。关注“一老一小”,提供居家养老援助、“银龄”助餐等服务77109人次,累计救助困境儿童43人。紧盯文化惠民,打造“一村一品”文化品牌,举办云亭山水文化节,全年送戏、送影、送评弹208场,服务群众57万人次。推进征地拆迁,完成无锡市“攻坚拔点”项目 3 项，“江南水街”沿湖配套用房完工，完成征收拆迁 15.01 万平方米。提升基础设施，完成沈家浜路东段改造工程，推进沈家浜路南段延伸和沈巷路延伸工程，实施雨污水提质增效达标区整改工程 17.3 万平方米，完成雨污水管网“四位一体”（测绘、疏通、检测、修复）工程 26 千米，完成澄杨路污水处理工程、花山村高家墩生活污水治理工程。开展防范金融风险宣传活动，部门联动做好稳控化解。全年开展广场宣传活动 2 次，发放宣传册、宣传品等 120 余份。做好涉及产值、能源、工资等月报、季报、年报的数据监测和分析研判。做好第五次全国经济普查工作，摸清经济家底，服务发展决策。做好人口变动情况抽样调查、富民进程抽样调查、住户调查等。新建暖云新工坊创新实践基地，推进党群服务中心提档升级。以创建“最干净街道”为目标，细化单元网格巡查，实施精细化管理，查处各类违法行为为 355 件，拆除破损、安全隐患户外广告 973 平方米，清理乱贴、乱画、乱涂“三乱”6000 处，拆除各类违法建筑 5.5 万平方米。探索“城管 + 社区 + N”联勤联动模式，深入推进“城管进社区”，打造 37 度温暖社区，解决小区各类热点难点问题 160 个。深入开展“三清三治”*农村人居环境卫生专项整治，27 个Ⅲ类村庄全面转化为Ⅱ类村庄。余城头创成江阴市级美丽村庄。绿色发展持续用力，践行绿色发展理念，加强工业污染源监管，实施“两治一提升”（治理噪声、异味污染，提升人民群众获得感）专项行动，累计开展巡查 857 人次，关停取缔“散乱污”企业 17 个，完成绿色工厂星级管理评定 26 个，节能诊断企业 13 个。完成第二轮中央环保督察 2 项问题整改验收，全部 88 件信访件销号。实施大气污染防治项目 113 项，全年 $PM_{2.5}$ 平均浓度 32 微克/立方米，优良天数比率 83.8%，优良率位居全市第一。实施云亭中学及周边安置房区块控源截污工程，建成美丽示范河湖 19 条，美丽河湖 8 条，创成全域美丽河湖。推进土壤污染防治行动，完成检测土壤污染重点监管单位 3 个。开展化肥农药减量增效行动，施用量比 2022 年下降 2%。做好护林防火和秸秆禁烧工作，实施定山区域封山育林 137 公顷，秸秆还田率 100%，新增造林 1.4 公顷，林木覆盖率 30.1%。落实就业优先战略和积极的就业政策，举办城乡联动大型招聘会 1 场，“云”招聘会 2 次，新增用工岗位 2400 个，城保净增 376 人，扶持自主创业 445 人，办理创业担保贷款 5 笔，发放创业补贴 23 笔。做好社会救助、社会福利等工作，发放各类补助帮扶金 555 万元，创成无锡市 AAAAA 级“残疾人之家”1 个。全年完成居民养老保险待遇资格认证 6076 人，办理企业退工 394 人次，失业金领取 342 人次。全年发放被征地农民保障 3220 人次，计 199.44 万元，为 198 名灵活就业人员、92 名居保人员办理退休手续，为 82 名退休职工办理死亡慰问并发放慰问补贴。推进数字政务，优化“1 + 10”服务模式和“一网通办”建设，累计办理各类审批服务事项 3.6 万件，其中“一网通办”9000 余件。推进“精网微格”工程建设，打造“党群共建、多元共治、成果共享”基层治理共同体，“五社联动”*工作获评省级试点项目。推进“八五”普法，举办公共法律服务“六进”活动 25 场，培育法律明白人 105 人。实施扫黑除恶、全民反诈等行动，打击各类违法犯罪活动。建成社会矛盾调处服务中心，优化矛盾调处机制，接待来访群众 227 批次，处理信访事项 200 件，调解矛盾问题 723 个。树牢安全生产“红线意识”和“底线思维”，安委办、消委办实体化运行，配足专职安全员，规范第三方安全技术机构服务，安全责任体系不断加固。开展危化品、粉尘涉爆、有限空间作业、“厂中厂”等重点领域安全生产检查，检查企业场所 2245 个次，排查整改隐患 9808 处。开展燃气隐患“百日清零”行动，巡查整治群租房 358 户，出租房 1233 户。深化宣教培训，累计开展安全宣传活动 60 次，组织应急救援演练、安全技能培训 43 场，培训企业班组安全员、重点岗位员工 6000 余人次。12345 政务服务热线*诉求回复 6237 条，群众满意率 100%，10 项民生实事基本完成。

2023 年云亭街道主要经济社会指标一览表

表 58

指　　标	单　位	数　量	比 2022 年增减（%）	指　　标	单　位	数　量	比 2022 年增减（%）
地区生产总值	亿元	173.33	1.60	限额以上单位零售额	亿元	12.74	14.10
其中：第一产业	亿元	3.29	75	固定资产投资总额	亿元	56.01	-5.60
第二产业	亿元	84.56	2.30	其中：工业投资	亿元	13.91	8.80
第三产业	亿元	85.48	-0.80	进出口总额	亿美元	3.17	-23.70
一般公共预算收入	亿元	7.08	-10.90	其中：出口额	亿美元	2.90	-19.40
农林牧渔业总产值	亿元	4.49	84	到位注册外资	万美元	102	5000
粮食产量	万吨	0.31	-16.70	居民人均可支配收入	元	71344	4.20
规模以上工业利润总额	亿元	9.57	28	中小学校在校学生数	人	6035	0.07

2023年云亭街道各村(社区)基本情况一览表

表59

村(社区)名称	户数(户)	人口(人)	村(社区)党支部(党总支、党委)书记	村(社区)主任
云亭社区	1430	4577	刘敏虎	刘敏虎
新敔山社区	1846	6462	钱锡江	钱锡江
迎瑞社区	945	3029	陈　强	陈　强
金云社区	3282	10481	卜晓东	卜晓东
云东社区	1475	4720	唐　强	唐　强
定山村	1985	6150	陈明华	陈明华
云新村	910	3173	曹经纬	曹经纬
毗山村	1920	6098	沈建钧	沈建钧
云亭村	1598	5275	顾创业(副书记,主持工作)	顾创业(副书记,主持工作)
佘城村	1462	4977	谭金中	谭金中
花山村	1155	3573	朱雪春	朱雪春

【海基新能源获评省“潜在独角兽企业”】 江苏海基新能源股份有限公司成立于2016年4月。公司主营储能用锂离子电池、电池组以及系统的研发、生产、销售和服务,产品定位于“泛储能”应用领域,下游应用覆盖至大型集装箱式储能系统、工商业储能产品、户用储能设备以及通信备电等应用领域。自成立以来,海基新能源陆续实施大量储能项目,该产品广泛应用于风力光伏发电消纳、智能微电网、分布式家庭等应用场景。“独角兽企业”是开辟新领域新赛道的生力军,因发展速度快、数量稀少、爆发式增长、颠覆式创新等特点,对引领产业转型升级、推动经济结构调整作用显著。2023年11月24日,江苏“独角兽企业”暨高新区“独角兽企业”和“瞪羚企业”评估结果线上发布会在南京举行,江苏海基新能源股份有限公司获评江苏省“潜在独角兽企业”。

【无锡市首个街道级欧美同学会成立】 2023年4月,云亭街道欧美同学会(云亭街道留学人员联谊会)成立,这是无锡市首个街道级、江阴市首个镇街级欧美同学会(留学人员联谊会),由归国留学人员为主体自愿组成。第一届理事会成员11人,其中会长1人,执行会长1人,副会长5人(含副会长兼任秘书长1人),理事4人,另设外联理事若干。云亭街道欧美同学会推出“海归聚同心”“学长有话说”系列活动,定期组织会员分享留学报国、成长创业、创新发展等方面的新思路和新方向,为大家联系交流、互助成长搭建平台、提供舞台。7月,为做好云亭街道留学人员服务工作,特邀云亭籍美国奥斯汀大学教授徐海青担任云亭街道欧美同学会顾问。

【科强新材料在北交所挂牌上市】 江苏科强新材料股份有限公司创立于2001年,是一个高新技术企业,国家级专精特新“小巨人”企业,主要致力于特种高性能橡胶(布、板、带)制品的研发、生产和销售,为全球客户提供密封、缓冲、传送等领域的系统解决方案。产品主要应用于光伏、轨道交通、石油石化、钢铁冶金等领域。公司获专利77件,包括6件发明专利和71件实用新型专利,掌握多种高性能特种橡胶制品的配方技术和工艺装备技术,形成以硅胶板、车辆贯通道棚布、橡胶密封制品、特种胶带胶布等多项产品为主的产品构成要素。“科强股份”于2022年2月21日直接挂牌“新三板”创新层,挂牌“新三板”期满一年后,2023年3月上旬完成辅导验收,并向北交所提交上市申请。是月14日获受理,7月21日过会。9月26日,该公司在北京证券交易所正式挂牌上市(股票简称:科强股份,股票代码:873665),成为江阴市首个在北交所上市的企业。该次公开发行股票数量为3000万股(不含超额配售),发行价格每股6.28元,募集资金主要投向高性能阻燃棚布及密封材料生产项目、厂区智能化升级改造项目。 (李国娟)

夏港街道

【概况】 夏港街道位于江阴市城区西郊,东邻主城区,南邻南闸街道,西至申港街道,北枕长江。区域面积34.76平方千米,其中长江水域面积5.73平方千米,下辖10个行政村(社区)和2个城市社区。2023年年末,有户籍人口41025人,其中男性19888人、女性21137人;有少数民族31个1791人,其中蒙古族20人、回族140人、藏族22人、维吾尔族11人、苗族281人、黎族532人、壮族52人、布依族54人、朝鲜族16人、满族102人、侗族42人、瑶族19人、白族31人、土家族184人、哈尼族43人、哈萨克族1人、傣族6人、黎族1人、傈僳族113人、佤族20人、畲族9人、拉祜族24人、水族11人、东乡族14人、景颇族4人、土族1人、仫佬族3人、羌族24人、仡佬族6人、阿昌族1人、怒族4人。有外来暂住人口48945人,其中男性30333人、女性18612人。

政治建设　围绕学习宣传贯彻习近平新时代中国特色社会主义思想和中共二十大精神主线,持续强化政治引领和思想铸魂工程,全年召开街道党工委会议专题研究部署基层党建工作5次,召开中心组理论学习18次,学习专题85篇,研究制定《2023年夏港街道党建工作要点》。打造"五心(初心、忠心、爱心、孝心、恒心)领航"党建品牌,推进基层党组织"党建书记项目"。实施党员"冬训+"模式,开展党员学习教育活动。开展主题教育,组织"走听解评"行动12次,各类学习活动70余次。推进"双强双优"*党支部建设,成立小区党支部和"两新"*党组织各2个,评选表彰"五心"先锋70余人。三元村党总支获评无锡市村党组织"雁阵计划"检查评估5A级达标单位。推进年轻干部"薪火工程"和村(社区)书记"头雁工程",组织村(社区)党组织书记赴北京大学开展专题培训,组织39名年轻干部参加"五心领航青干聚力"年轻干部培训。开展"五心领航聚合力,同心善治绘'枫'景"社会治理现代化新实践活动。强化党建引领小区治理,组建小区党支部和功能性党支部,打造"红色物业"。畅通党员中心户民情民意收集渠道,收集并妥善解决群众"微心愿",打通基层治理"最后一米"。建成投用北京大学乡村振兴研究实践基地,接纳北大师生五个批次80余人。长江村与盐城市滨海县淮河村开展"红石榴村村结对"活动,并捐款100万元,推动共同富裕。全面贯通"五心"线路,打造"五心"文化特色品牌,陈复澄艺术馆建成开馆,接待各类访客1万余人次。以新时代文明实践所、站、点为依托,举办"万安颂"理论宣讲、百姓名嘴宣讲200余场,道德讲堂50期,理响江阴夏港"五心"驿站、三元村理响驿站、三元村村史馆建成投用。被省级以上媒体录用文稿。打造"志愿'典'亮希望·文明温暖夏港"新时代文明实践所所长项目,常态开展新时代文明实践活动,培养创评一批文明典范。守牢阵地安全,完成10个出版发行单位和4个印刷企业年审工作,多部门联合开展影院、书店、宗教等场所安全检查暨"扫黄打非"联合专项行动。举办冰心读书节启动仪式,推出13个阅读品牌,打造8个"领读会",开展各类阅读活动400余场。持续开展文化"五送"活动,4个原创小品、舞蹈节目获江阴市"芙蓉花奖",2个创作故事获无锡市"群芳奖"金奖和银奖。开展"筑牢反邪防线 共建平安江阴"反邪教宣传月、《中华人民共和国民法典》宣传月、宪法和法律法规宣传等活动。开展"助力推广普通话,民族团结一家亲""心连心、一家亲,手拉手、齐步走"等主题活动,有2000余人次参与。配合完成省委对江阴市及临港经济开发区巡察工作,持续压实意识形态工作责任制,进一步营造风清气正政治生态。

经济建设　全年完成一般公共预算收入9.25亿元,比2022年增长26.89%;限额以上单位销售额619亿元,比2022年增长6.8%;限额以上单位零售额32.06亿元,比2022年增长5.11%;固定资产投资29.08亿元,新增到账外资1.15亿美元,新长江集团等重点骨干企业支撑有力,经济指标总体运行在合理区间。经洽会签约项目7项,总投资47亿元。全年在建项目8项,总投资27.8亿元;拟建项目3项,总投资23.5亿元。全力攻坚数字科技产业园等地块拆迁腾退,完成集中连片腾退用地19.52公顷,完成市任务率146.4%,形成可连片用地44公顷;完成低效用地整治40.75公顷,完成率122.2%,均在全市前列。建成科创载体3万平方米,中科长江(江阴)创新中心、清丞(江阴)孵化器开园运营。申报江苏省专精特新企业10个。新增无锡市智能车间1个,新增江苏省星级上云企业2个,完成26个规模以上企业的数字化诊断。完成12个企业节能诊断工作,新增24个各类绿色工厂企业。新增各类上市后备企业3个。长江大保护与乡村振兴百村座谈会在长江村举办。

社会建设　新增国家级专精特新"小巨人"企业2个,省级企业技术中心2个,省星级上云企业2个,省级智能车间1个。高新技术产值占比达13%。新增"双创人才"项目25项,新增"雏鹰企业""瞪羚企业"8个,江阴市高拓精密模具有限公司入库无锡市"准独角兽企业"。全力做好"双下降"工作,空置安置房下降94套,安置在外过渡户152户。景贤路改造、排水管网"四位一体"工程及排水达标区建设、临港科创实验学校初中部扩建等民生工程顺利完工。启动夏港实验小学综合楼、夏东苑四期安置房建设。万安佳苑获评无锡市园林居住区,沿河东路获评江阴市"最美街巷"。深化小区治理,加强红色物业创建,进一步提升监督管理水平。扎实开展"三清三治"专项行动,街道自然村合格率、转化率均为100%,农村人居环境长效管护合格村比例100%,获评无锡市"三清三治"*农村环境卫生专项整治行动先进集体。葫桥村获评省级卫生健康村。打好"蓝天、碧水、净土"保卫战,3件中央环保督察件成功销号,环境信访比2022年下降20.95%。完成大气治理任务15项,完成率100%。$PM_{2.5}$全市排名提升1位,空气优良天数比率全市排名提升7位。长济桥国考断面,老夏港河省考断面,新夏港河、西横河市考断面均达标。开展"厂中厂"和"散乱污"企业专项排查整治,关停取缔12个。完成9项水污染防治重点工程项目,完成率100%。深化新夏港河待闸区长效管理,清理垃圾1000余吨。完成街后河等5条河流清淤轮浚、生态岸坡建设,完成北横沟河生态河道验收及严家村河等3条美丽示范河湖建设及验收。完成景贤村8.93公顷、夏南村4.6公顷高标准农田建设。打好长江大保护修复攻坚战,常态长效做好长江禁渔工作,组织禁捕巡查1400余次,推动长江流域夏港段绿色发展。开展16个安全生产专委会和"两易一密一新"新业态新风险行业安全隐患大排查大整治,排查整改各类隐患8000余处。开展各类宣传活动20余场、应急演练100余场。聚焦燃气安全,推进餐饮场所瓶装气改管、改电整治工作。聚焦道路交通安全,开展道路交通安全隐患排查整治行动。健全完善矛盾纠纷信访领导包案机制,处理各类群体矛盾纠纷事件8件,接待信访400余人次,结办网信件100余件,化解各类积案10件。完成法律援助案件20件,建成三联村"心联小站"等法律援助联络点5个。成立"万安驿栈"普法联盟,完成市"八五"普法中期评估验收。专班化处置欠薪矛盾300余个,推进恒大"保交楼"和江阴西城钢铁有限公司重整生产工作。夏港街道人民调解委员会驻夏港派出所人民调解工作室被评为江苏省公调对接工作成绩突出单位。落实稳就业惠民生政策,举办各类招聘会,实现本地劳动力就业新增2000余人,实名援助就业困难人员30余人,扶持自主创业400余人,创业带动就业400余人。保障困难群众2000余人,发放各类补助500余万元,居家养老援助服务率100%。发放教育基金60余万元。夏港中学获评无锡市书香校园建设示范点,中考成绩创历史新高,位列全市镇(街道)中学第一。夏港实验小学获评无锡市"四有"好教师团队。夏港实验幼儿园获评无锡市教育系统立德树人先锋党组织。举办"和美乡村"篮球联赛、全澄欢乐跑等活动。深化"两微"(微幸福、微心愿)工程,受理12345政务服务便民热线诉求事项5000余件,及时反馈率、群众满意率均为100%;完成"微幸福"工程50个,入选江阴市级以上33个;完成党员"微心愿"68件。优化"一窗通办"和线上办理服务,办结各项业务3万余件,群众获得感持续提升。

2023年夏港街道主要经济社会指标一览表

表60

指　　标	单　位	数　量	比2022年增减(%)	指　　标	单　位	数　量	比2022年增减(%)
地区生产总值	亿元	293.88	3.65	限额以上单位零售额	亿元	32.06	5.11
其中:第一产业	亿元	0.54	—	固定资产投资总额	亿元	29.08	—
第二产业	亿元	125.21	—	其中:工业投资	亿元	12.36	—
第三产业	亿元	168.13	—	进出口总额	亿美元	13.58	8.99
一般公共预算收入	亿元	9.25	26.89	其中:出口额	亿美元	12.37	11.34
农林牧渔业总产值	亿元	0.84	7.69	到位注册外资	万美元	11543	14.28
粮食产量	万吨	0.03	—	居民人均可支配收入	元	67846	5.45
规模以上工业利润总额	亿元	360.98	—	中小学校在校学生数	人	6585	13.61

2023年夏港街道各村(社区)基本情况一览表

表61

村(社区)名称	户数(户)	人口(人)	村(社区)党支部(党总支、党委)书记	村(社区)主任
长江村	790	3533	李洪耀	范兴龙
普惠社区	1242	3539	王俊华	王俊华
夏东社区	1580	4574	夏建峰	夏建峰
夏港社区	1386	3724	吴银芝	吴银芝
普惠苑社区	1880	5636	谢正君	谢正君
苏港路社区	3816	13881	宣雅军	宣雅军
三元村	730	2728	徐晓芸	徐晓芸
李沟头村	396	1445	张　平	张　平
三联村	1202	4668	赵晓波	赵晓波
景贤村	576	2184	蒋惠军	蒋惠军
夏南村	1190	4403	黄惠忠	黄惠忠
葫桥村	839	3079	李君成	李君成

【获评国家级专精特新“小巨人”企业2个】 江阴市精成数控有限公司是一个专业从事高端精密机械基础件及连接传动部件、轮毂、高精度高强度杆端关节轴承等研发与生产的企业。先后被评为江苏省高新技术企业、江苏省民营科技企业、江苏省科技型中小企业、江苏省示范企业科协、江阴市专精特新科技小巨人企业、江阴市百佳企业等。企业项目“高强度、低摩擦、高耐磨自润滑杆端关节轴承”被评为国家级“火炬”计划项目。企业累计拥有授权专利30余件,其中发明专利1件,申请待授权发明专利5项。江苏远卓设备制造有限公司是一个集高效换热器及其机组的研发、制造、销售于一体的科技型企业。公司和清华大学、上海交通大学、东南大学等建立长期产学研合作关系,不断提升企业研发能力。先后被评为高新技术企业、科技型中小企业、江苏省最具成长性的高科技企业100强、无锡市“瞪羚企业”、江阴市专精特新“小巨人”培育企业、江阴市“两化融合”示范单位等。2023年,江阴市精成数控有限公司、江苏远卓设备制造有限公司分别入围工业和信息化部第五批国家级专精特新“小巨人”企业名单。

【获省星级上云企业1个】 江苏苏龙能源有限公司系江阴苏龙热电有限公司的全资子公司,注册资本2亿元,资产总额超8亿元,是一个以电力销售、港口煤炭、供热、压缩空气、输出管理、煤炭中转、新能源为主的大型综合能源服务公司。2023年6月26日,江苏苏龙能源有限公司入围江苏省工业和信息化厅首批省星级上云企业名单。

【获评省级智能车间1个】 2023年12月14日,江苏省工业和信息化厅发布2023年江苏省智能制造示范车间名单,江阴市精成数控有限公司精密轴承滚子智能制造车间入围。该车间采用国产数控系统配套核心关键装备,建立车间级工业通信网络和工业级终端,系统、装备、零部件有效集成,可与人员之间实现信息互联互通。智能车间配有高速高精国产钻攻数控设备,数控系统与机器人的协同工作,在业内率先实现上下料装夹环节采用机器人代替人工操作,节省30%以上的人力;建立基于物联网技术的制造现场“智能感知”系统,通过全制造过程可视化集成控制中心,实现对加工中心、机器人、检测系统等的全面支持,最终达到少人化、协同化生产机制。

【葫桥村获评省健康村】 2023年,葫桥村以召开建设省级健康村动员誓师大会为起点,上下联动、整合资源,动员全村上下统一思想、提高认识,致力于全面提升健康治理水平,提升村民健康素养,全面改善村庄健康状况。12月29日,省爱国卫生运动委员会办公室和健康江苏建设领导小组办公室印发《关于公布2023年省健康镇村、健康社区评估结果的通知》,葫桥村获评省健康村。

【高拓精密模具有限公司入库无锡市“准独角兽企业”】 江阴市高拓精密模具有限公司成立于2011年,是一个集模具制造、硅钢片冲压和电机组装、生产、销售于一体的综合性企业。企业获30余件发明和实用新型专利技术,通过ISO9001、IATF16949质量管理体系认证。2023年11月7日,无锡市科技局公布第二批无锡市“雏鹰企业”“瞪羚企业”“准独角兽企业”培育拟入库企业名单,江阴市高拓精密模具有限公司入库。

【清丞(江阴)孵化器投运】 2023年4月23日,清丞(江阴)孵化器投运仪式在江阴临港经济开发区举行。仪式现场孵化器主要负责人分别与首批入孵项目、合作机构、金融合作机构、创业导师等进行签约。是年,孵化器完成3000平方米空间建设,打造800平方米的共享实验室、综合活动室、会议室、洽谈区等公共服务空间。12月,入选无锡市级科技企业孵化器。

【长江大保护与乡村振兴百村座谈会举办】 2023年12月8日,以“共护母亲河、同建幸福村”为主题的长江大保护与乡村振兴百村座谈会在夏港街道长江村举行。来自长江沿江两岸近百个村庄的代表齐聚一堂,总结交流长江流域生态保护与乡村振兴成功经验,共同聚焦长江经济带发展战略,推动落实长江大保护任务,齐心协力共绘更加壮美的长江新图景。江苏省人大常委会常务副主任、党组副书记樊金龙,全国人大常委会代表工作委员会副主任傅文杰,无锡市委常委、江阴市委书记许峰分别致辞。无锡市人大常委会常务副主任徐劼,江阴市领导计军、赵巧新、魏锋,夏港街道全体党政领导,长江村党委书记李洪耀等参加座谈会。与会人员一同观看短片《一江碧水向东流》。长江村书记李洪耀宣读倡议书,并举行长江大保护与乡村振兴百村倡议书签署仪式。

【北京大学乡村振兴研究与实践江阴基地揭牌】 2023年4月1日,在夏港街道长江之星农业湿地生态园内举行北京大学乡村振兴研究与实践江阴基地揭牌暨“重走孝通路、续写富民篇”专题调研启动仪式。国务院参事室副主任、党组成员王卫民,国务院参事室特约研究员、中国劳动学会会长、人力资源和社会保障部原党组副书记、原副部长杨志明,北京大学党委常务副书记陈宝剑,江苏省政府参事室原主任、中国社会学会原会长宋林飞,农业农村部政策与改革司副司长王宾,国务院参事室干部,《中国乡村振兴》杂志社总编辑文炜,北京大学社会学系主任周飞舟,江苏省农业农村厅副厅长许善平,江苏省委组织部组织二处二级调研员余祥明,无锡市和江阴市领导柏长岭、许峰、吴莉萍、张韶峰、魏锋、张桂清,以及相关领导、专家参加活动。活动现场,北京大学乡村振兴研究与实践江阴基地正式揭牌,江阴与北京大学合作的两大课题签约。北京大学社会学系教授、北京大学城乡发展研究中心主任卢晖临被聘为江阴市乡村振兴顾问,中国城市规划设计研究院村镇所主任工程师刘泉被聘为江阴市驻村规划师。同时启动“重走孝通路、续写富民篇”专题调研。

【夏港街道长江村与滨海县淮河村结对】 2023年7月,江苏省“红石榴村村结对”启动仪式在江阴市举办。省委统战部副部长、省民宗委主任马连美,省民宗委副主任邓飞,盐城市委统战部副部长、市民宗局局长黄斌，滨海县委常委、统战部部长鲍晓峰，无锡市委常委、统战部部长周常青，江阴市委常委、统战部部长郁秋皓，夏港街道党工委书记徐洪伟，长江村党委书记李洪耀等出席活动。活动由无锡市委统战部副部长、市民宗局局长张文伟主持。会上，启动江阴市夏港街道长江村与滨海县淮河村“红石榴村村结对”项目，现场签订“红石榴村村结对”共建协议书，举行捐赠仪式，由长江村向淮河村捐赠“红石榴村村结对”资金100万元。

【“走进江阴·赋能临港”科技成果发布会召开】 2023年7月26日，中国科学院金属研究所“走进江阴·赋能临港”科技成果发布会在夏港街道召开。江阴市副市长曹兴华，临港经济开发区管委会副主任严建定，中科院金属研究所所长助理、科技处处长黄粮，中科院金属研究所科技处副处长李鹏，夏港街道党工委书记徐洪伟，夏港街道办事处主任徐韶润，临港经济开发区科技局局长徐喜洪等出席发布会，共同启动“中国科学院金属研究所走进江阴·赋能临港科创活动月”。会上，江苏新长江无缝钢管有限公司、江阴豪露镍钛材料制品有限公司、江阴市西城钢铁有限公司、江阴市精成数控有限公司同中科院金属研究所签约产学研项目；徐洪伟为中科院金属研究所科技处主管马俊飞颁发“院地合作科技服务奖”；中科院金属研究所专家学者围绕特种合金、先进钢铁、前沿材料等方面报告最新科研成果，并发布中科院金属研究所2023版最新科技成果汇编。

【陈复澄艺术馆开馆】 2023年10月25日，位于夏港街道永安公园内的陈复澄艺术馆正式开馆，“一生所爱——陈复澄手工劳作展”也同步拉开帷幕。全国政协委员、中国书法家协会副主席王丹，江阴市市长包鸣，市领导程政、张韶峰、杭成、陈兴初、钱晴出席活动。全国政协委员、中国书法家协会副主席王丹，市长包鸣共同为陈复澄艺术馆揭牌，市委常委、宣传部部长程政向陈复澄颁发捐赠证书，市长包鸣讲话并宣布作品展开幕。全国政协委员、中国书法家协会副主席王丹发言，市委常委、临港经济开发区党工委副书记、管委会副主任张韶峰主持活动，陈复澄致答谢词，北京大学原常务副校长吴志攀以视频方式祝贺艺术馆开馆，夏港街道党工委书记徐洪伟介绍艺术馆筹备情况。陈复澄艺术馆四面环水，建筑面积1700余平方米。馆内收藏陈列陈复澄的部分著作及手稿、艺术作品出版物、毛笔书法、篆刻、复澄壶、复澄砚、复澄壁、拓片等系列艺术作品及藏品。

（金晨兰）

申港街道

【概况】 申港街道位于江阴市城区西部，东与夏港街道紧邻，西与利港街道相连，南与南闸街道和常州市相邻，北枕长江5.5千米岸线。区域面积38.8平方千米，下辖10个行政村和3个社区居委会。2023年年末，辖区有户籍人口46312人，其中男性23222人、女性23090人；有少数民族31个1327人，其中蒙古族42人、回族141人、维吾尔族13人、苗族247人、彝族146人、壮族235人、布依族46人、朝鲜族10人、满族76人、侗族35人、瑶族40人、土家族144人、哈尼族22人、傣族9人、黎族6人、畲族8人、水族18人、羌族14人、白族13人、藏族5人、东乡族2人、景颇族1人、柯尔克孜族1人、拉祜族6人、傈僳族5人、毛南族4人、仫佬族1人、土族1人、佤族8人、锡伯族7人、仡佬族21人。有外来暂住人口30578人，其中男性20291人、女性10287人。

政治建设 开展党工委理论中心组学习16次，开展理论宣讲100余场，打造实境教育点5个、音乐思政课1堂。召开党工委会议25次。围绕乡村振兴、基层治理、为民服务等内容深入实施街道、村（社区）基层党建“书记项目”15项。围绕新能源、新材料、新农旅、新青创四项优势产业，建立产业党建联盟4个。监督执纪问责力度进一步强化，全年对20名党员进行立案查处，协助市纪委监委办理留置案件4件，对3名党员进行诫勉谈话，对19名党员进行提醒谈话。缪燧纪念馆获评首批无锡市崇德倡廉廉洁教育基地。

经济建设 实现地区生产总值214.82亿元，比2022年增长8.9%。完成一般公共预算收入10.19亿元。完成规模以上工业产值545.36亿元，比2022年增长21.1%。完成限额以上批发业销售额190.7亿元、限额以上零售额2.37亿元、规模以上服务业营业收入19.44亿元，完成到账外资18441万美元。完成固定资产投资45.62亿元，比2022年增长45.12%，全年签约项目10项、总投资95亿元；远景大兆瓦传动、华兰药用等12项总投资超百亿元项目开工建设，申桦密封件、尚驰太阳能回转器等5项项目竣工投产。54.87公顷高标准农田建设全面完工，“梓淼”草莓在江苏省优质草莓品鉴推介活动上获特等奖。“申港河”大米获“江苏省好大米”特等奖，江阴市申港三鲜养殖有限公司参展的冰青鲥鱼获第22届中国绿色食品博览会金奖，公司创成省级巾帼现代农业科技示范基地。科创园二期等科创载体开工建设，数字创新港二期建成投用，“智改数转”深入推进，江阴申桦密封件有限公司入选工业和信息化部2023年5G工厂名录。全年规模以上工业企业研发投入27.05亿元，比2022年增长31.95%，达成产学研合作项目10项。江苏满院生态农业发展有限公司获批科技部农业智能知识服务平台研发与应用示范基地，远景能源有限公司入选工信部绿色供应链管理企业。

社会建设 全年新增省级专精特新中小企业6个、省级星级上云企业5个、省级智能车间1个、无锡市智能场景1个，新增省级研发机构3个、无锡市级研发机构3个，高新技术企业净增22个，获批科技型中小企业99个，“三类”企业培育入库18个，入选“太湖人才”项目1项、“暨阳英才”人才项目2项、“港城英才计划”人才项目1项。围绕工业园区升级改造、城市更新三年行动等重大战略，征收拆迁地28.72万平方米，南理工江阴校区周边地块征收全面完成，依法拆除

违搭违建超14万平方米,湖滨佳苑二期419套安置房预分房工作稳步落实。工改集中连片腾退用地40.5公顷,盘活存量用地10.33公顷、整治低效用地65.33公顷。亚包大道、申泰路、新沟南路等干道实现改造提升,申埠河、申新二号河河道水环境综合整治阶段性完工。深入开展"三清三治"专项*整治,34个自然村全部通过无锡市考核验收,建成西新河、申新三号河等5条无锡市美丽示范幸福河湖,完成申兴村梅家湾美丽村庄规划设计并启动建设。中央环保督察信访交办问题全部整改完成,$PM_{2.5}$浓度32.1微克/立方米,优良天数比率79.2%,国考新沟桥断面稳定保持Ⅲ类水质,省考申港口断面稳定保持Ⅱ类水质,119项大气污染防治工程项目及11项水环境保护重点工程全面完成。扶持自主创业596人,援助城乡就业困难人员317人,新增城镇就业1305人,累计发放困难群众慰问金、低保金、困难儿童保障金等各项民生保障资金737.63万元。深入推进政务改革,优化提升"一站式综窗"服务,大力推行"一网通办",受理各类审批事项18127件,12345政务服务便民热线投诉件签收率、办结率、群众满意率均为100%。教育、医疗、卫生等社会事业全面进步,6项民生实事工程保障有序,临港幼儿园北园扩建主体竣工,申港中学临时用房改造完成,申港农贸市场正式投用,完成"微幸福"民生工程31项。围绕重点领域、重点行业开展排查整治,全年检查生产经营单位586个次,发现隐患3789处,落实整改3698处。组织开展经济社会重点领域风险隐患排查化解和突出信访问题源头治理行动,强化矛盾纠纷多元化解一站式平台建设,稳妥化解各类积案和矛盾纠纷678件,获评无锡市扫黑除恶工作先进单位。

2023年申港街道主要经济社会指标一览表

表62

指　标	单　位	数　量	比2022年增减(%)	指　标	单　位	数　量	比2022年增减(%)
地区生产总值	亿元	214.82	8.90	限额以上单位零售额	亿元	2.37	25.70
其中:第一产业	亿元	1.16	-9.40	固定资产投资总额	亿元	45.62	45.12
第二产业	亿元	142.97	10.90	其中:工业投资	亿元	28.91	30.34
第三产业	亿元	70.69	5.30	进出口总额	亿美元	12.91	30.80
一般公共预算收入	亿元	10.19	-2.65	其中:出口额	亿美元	12.16	32.20
农林牧渔业总产值	亿元	1.68	-0.59	到位注册外资	万美元	18441	72.57
粮食总产量	万吨	0.26	0	居民人均可支配收入	元	69062	4.70
规模以上工业利润总额	亿元	28.18	212.64	中小学校在校学生数	人	3919	3.18

2023年申港街道各村(社区)基本情况一览表

表63

村(社区)名称	户数(户)	人口(人)	村(社区)党支部(党总支、党委)书记	村(社区)主任
于门村	655	2161	李秋珍	吴植林
申南村	1674	5947	何惠忠	何惠忠
东刘村	784	2468	吴海侠	吴海侠
滨江村	673	2484	宋桃英	宋桃英
创新村	772	2783	郑华叶	郑华叶
申西村	1156	3864	毛剑峰	毛剑峰
申浦村	827	2797	盛　开	盛　开

续表63

村(社区)名称	户数(户)	人口(人)	村(社区)党支部(党总支、党委)书记	村(社区)主任
申港村(申港社区)	2621	8697	殷振迅(村) 黄　磊(社区)	殷振迅(村) 黄　磊(社区)
横塘村	979	3386	黄明华	黄明华
申兴村	1842	6514	薛栋亭	薛栋亭
江南社区	1141	3564	李建军	李建军
锦湖苑社区	451	1647	殷　梁	殷　梁

【远景能源入选绿色工厂和绿色供应链管理企业】 远景能源有限公司致力于推动全球绿色能源转型，通过技术创新让风电和储能成为“新煤炭”，电池和氢燃料成为“新石油”，智能物联网成为“新电网”，零碳产业园成为“新基建”，同时培育绿色“新工业”体系。远景能源由旗下智能风电和储能技术公司远景能源、动力电池企业远景动力、智能物联网企业远景智能三大主要业务板块组成，共同构建能源转型整体解决方案。远景能源通过碳中和技术产业园生产风电装备、储能装备、氢能装备、动力电池等高端绿色能源装备和产品。2023年2月9日，工业和信息化部公示2022年度绿色制造名单，申港街道企业远景能源有限公司入围绿色工厂名单和绿色供应链管理企业名单。

【获评省五星级上云企业1个】 江阴优燃科技有限公司于2017年创办，是一个专业从事基础工业燃烧系统研发、质检、销售和服务的高新技术企业。公司长期致力于国际先进且独有的大涡湍流燃烧模拟技术和数字化燃烧控制技术研究，拥有自主研发的火焰监测平台、数字化燃烧技术开发平台以及国内唯一的大涡湍流燃烧模拟实验室。2023年12月27日，江苏省工业和信息化厅公布2023年度第二批省星级上云企业名单，该公司被认定为五星级上云企业。

【瑞士安姆科集团项目开工】 安姆科集团是全球最大的消费品包装公司，“三总部三基地”项目计划总投资2亿美元，分两期实施。一期计划投资1亿美元，设立亚太研发总部、新材料事业部亚太总部、医疗健康包装事业部大中华区总部，建设新材料包装生产基地和医药包装生产基地。二期计划投资1亿美元，建设食品和日化包装生产基地。2023年10月24日，瑞士安姆科“三总部三基地”项目开工仪式在申港街道举行。无锡市委书记杜小刚、无锡市政协主席项雪龙等出席活动，无锡市委常委、江阴市委书记许峰，江阴市市长包鸣，江阴市领导计军、邵文松等，安姆科大中华区总裁余昕参加活动。年末，亚太研发总部投用。

【“申港河”稻米获“江苏好大米”特等奖】 江阴市申港虹虹家庭农场位于申港街道申兴村，生产规模计33公顷，是县级示范家庭农场、市级水稻病虫害绿色防控示范区，按照绿色食品要求实施水稻标准化生产，参与省农产品质量安全入网追溯管理，其水稻生产全程可追溯。该农场开展品牌建设和农产品质量安全认证，2020年注册“申港河”商标，“申港河”大米获绿色食品认证，为广大消费者提供绿色、健康、安全的农产品。2023年1月，省农技推广协会、省作物协会、省水稻产业技术体系联合主办的第七届“芳桥杯”“江苏好大米”品鉴推介结果公布，申港虹虹家庭农场“申港河”稻米获“江苏好大米”特等奖。

【滨江村获评省健康村】 滨江村位于长江之滨，申港街道北部，村域面积6.03平方千米，拥有5千米长江黄金岸线，下辖46个村民小组5801人，先后获全国科普示范社区、省绿色社区、无锡市社会主义现代化新农村建设示范村、无锡市文明社区等。该村围绕“健康生活”总目标，把“健康村”建设摆在村委工作关键位置，着力构建“健康村”建设长效体系，推动“健康村”建设驶上“快车道”。2023年1月，申港街道滨江村获评江苏省健康村。

【申兴村获评省生态宜居美丽示范村】 申兴村自觉践行绿水青山就是金山银山的理念，厚植生态底色，突出发展特色，彰显乡村本色，把建设生态宜居的美丽乡村作为实施乡村振兴战略的抓手，全面启动美丽乡村建设，取得显著成效。围绕农村“三美一高”(生态美、环境美、人文美，管护水平高)建设目标，深入开展农村人居环境整治提升工作。2023年4月，江苏省委农村工作领导小组发布《关于2022年度江苏省生态宜居美丽乡村示范建设评价情况的通报》，公布2022年度江苏省生态宜居美丽示范村名单，申兴村上榜。

【缪燧纪念馆获评无锡市首批崇德倡廉廉洁教育基地】 缪燧纪念馆占地面积4660平方米，建筑面积240平方米，包括展览室、廊道、碑亭、缪燧仿铜像、橱窗、荷花池等。展览室内容包含场景再现、实物书籍、主要事迹、家风家训等，集中展示缪燧的生平事迹，融入人文、历史、典故，围绕“家训”“家风”“家书”“传承”四个主题，阐述“廉与勤”“俭与孝”等文化内涵，既传承和弘扬缪燧的精神，更强化申港的廉政文化建设。2023年7月，无锡市亲清政商廉洁教育基地启用暨全市首批崇德倡廉廉洁教育基地授牌仪式举办,申港街道缪燧纪念馆获评无锡市首批崇德倡廉廉洁教育基地。

【申港街道文旅推介会召开】 2023年5月31日,申港街道在季子文化公园举办文旅推介会暨2023年季子文化节开幕式。活动通过丰富多彩的表演形式,重温"诚信、仁义、守礼、贤达"季子文化内涵,感受"礼延传诚 文荟申港"的历史底蕴和民俗浓情。活动现场推介申港特色文旅融合旅游景点,签约文旅合作项目6项。申港街道党政领导,江苏省季子文化研究会等季子研究机构代表、季子吴氏宗亲代表,乡贤代表,各村(社区)书记、主任、副书记、文化条线负责人,各学校校长,机关科室代表等参加活动。

【申港农贸市场升级开业】 2023年12月30日,全新升级的申港农贸市场开业,街道相关党政领导、机关科室负责人、各村(社区)书记、事业单位、驻街道单位负责人、市场商户代表和基层党员群众代表参加活动。新升级的农贸市场严格规范干湿分离、宰杀分离和生熟分离,在水产区域,每个摊位门口都设有排水槽,地面干燥整洁,空气中没有异味,提高顾客们的购物体验。市场内还专门设置公平秤、农产品检测室、志愿服务站等功能室,可以满足顾客多方位的需求。新建1.5万平方米的两层卖场,分南北两区,配建屋面停车位约200个,功能包括传统菜场、小商品市场、品牌超市等,满足不同人群消费需求。(高　婧)

利港街道

【概况】 利港街道位于江阴市西部,东与申港街道、西与璜土镇相接,南邻常州市,北靠长江,区域面积59.42平方千米,下辖9个行政村和7个社区居委会。2023年年末,辖区总人口66211人,有户籍人口55688人,其中男性27772人、女性27916人;有少数民族21个253人,其中白族2人、布朗族1人、朝鲜族3人、侗族8人、仡佬族1人、哈尼族6人、回族6人、拉祜族1人、傈僳族2人、满族13人、蒙古族7人、苗族18人、畲族1人、水族1人、土家族20人、佤族3人、维吾尔族4人、锡伯族2人、瑶族4人、彝族20人、壮族130人。有外来暂住人口10523人,其中男性7538人、女性2985人。

政治建设　开展主题教育,举办"书记讲党课"162次,开展乡村振兴大讲堂3期,组织延安精神无锡学习天地实景教学等研学交流21次。聚焦"红色领航、五链五新"品牌,建立"治理+、服务+、文化+"功能型党支部,联动市总工会启用安康·小蜜蜂驿站。高效完成村(社区)届中分析,为村(社区)干部队伍优化做好准备。坚持严的主基调,组织各级警示教育29场,有效运用"四种形态",主动约谈党员干部150余人,查办案件16件,处理党员干部9人,持续营造风清气正的良好氛围。

经济建设　完成一般公共预算收入11.3亿元,固定资产投资45.76亿元,其中工业投入35.59亿元,到位注册外资10332万美元。签约超百亿元项目1项、超50亿元项目2项、超亿元项目7项,利电能源五期项目开工,耀元新材料一期投产,双鹏新能源一期竣工。有入库税金超千万元企业25个,其中超5亿元企业1个、超亿元企业2个、超5000万元企业3个,慧居科技港交所上市,利港上市板块增至6个。临港科技工业园主体封顶,中新智地(江阴)智能制造产业园综合物流港引进蒙特等外资项目,深国际加快吸引物流企业入驻。双良节能系统股份有限公司获江苏省省长质量奖,江苏耀坤液压股份有限公司获江阴市质量管理优秀奖,宏泽水制氢电解槽等一批新品填补国内空白,中信中煤江阴码头有限公司获评省五星级绿色港口。完成集中连片用地19.6公顷,盘活存量用地45公顷,整治低效用地55.53公顷,拆迁房屋12.41万平方米。组织市集促消费等系列活动。新增高标准农田23.33公顷,粮食播种面积稳定在633.33公顷,完成106.67公顷水产养殖池塘生态化改造,东支大米获"江阴好大米"金奖。2023年3月13日,双良节能系统股份有限公司、江苏振江新能源装备股份有限公司2个企业分别入围2022年度无锡市重点产业集群龙头企业。

社会建设　全年申报认定高新技术企业22个,科技小企业101个,入库无锡"雏鹰企业"和"瞪羚企业"20个,新增星级上云企业7个,上榜省级专精特新"小巨人"企业5个。江市村人才公寓基本竣工,新增博士后4人、归国留学生17人、高层次人才80人,2名海外人才入选"启明计划"。整治优化西利路周边沿线环境,完成港城大道、贵宾路绿化升级,弘毅路建成通车,龙亭路、河南路等5条道路改造完成。港欣花苑三期、龙港三期安置房主体封顶,港郦花苑三期安置房交付投用,港欣花苑一村、港郦花苑智慧小区完成建设。开展"三清三治"*工作。建成西石桥社区、苍山村人才公寓楼、智慧物流仓储等工程,为相对薄弱村年均增收200万元。黄丹村中陇圩入选无锡特色田园乡村。建成江苏省健康镇,利港医院挂牌市人民医院利港分院,澄西医院新设医疗美容等专科,利港社区卫生服务中心开展家庭病床服务。澄西高级中学新校区投用,并通过省四星级高中考评。多个作品荣获无锡市"群芳奖"。建成大气污染物排放在线监测系统,完成7条美丽示范河湖建设,省、市考断面水质稳定达标。利港集镇区生活污水管网及泵站建设加紧推进,排查检测排水管网168千米。引入第三方专业团队深化利港集镇区精细化管理,拆除违建36处14.33万平方米,建成生活垃圾分类达标小区5个,新增停车泊位450个。严格落实安全工作月度例会制度,更新天然气用户管阀9831套,更换隐患燃气灶具4905套。民生实事项目全面完成,财政支出中民生占比85%。新增就业岗位1200个,扶持自主创业235人,保持"双零"家庭动态清零。开展3个村社城乡居民基本养老保险集体补助试点。利港文化空间对外开放,展览馆升级改造,开展文化惠民活动超300场次。

2023 年利港街道主要经济社会指标一览表

表 64

指　　标	单　位	数　量	比 2022 年增减(%)	指　　标	单　位	数　量	比 2022 年增减(%)
地区生产总值	亿元	190.21	3.65	限额以上单位零售额	亿元	1.68	-6.67
其中:第一产业	亿元	4.49	6.7	固定资产投资总额	亿元	45.76	194.66
第二产业	亿元	140.76	3.7	其中:工业投资	亿元	35.59	263.16
第三产业	亿元	44.95	3.1	进出口总额	亿美元	20.62	-16.79
一般公共预算收入	亿元	11.30	33.41	其中:出口额	亿美元	10.69	-20.58
农林牧渔业总产值	亿元	4.49	-29.73	到位注册外资	万美元	10332	55.88
粮食产量	万吨	1.05	-9.48	居民人均可支配收入	元	68203	5.20
规模以上工业利润总额	亿元	38.32	53.34	中小学校在校学生数	人	4026	-2.12

2023 年利港街道各村(社区)基本情况一览表

表 65

村(社区)名称	户数(户)	人口(人)	村(社区)党支部(党总支、党委)书记	村(社区)主任
黄丹村	1177	4358	朱建良	朱建良
西安社区	620	2203	魏国瑜	魏国瑜
兴利社区	729	2530	赵勇洪	赵勇洪
芦埠港社区	1345	4350	蒋国伟	蒋国伟
陈墅村	865	3568	江建洪	江建洪
利港村	1774	6086	姚建军	姚建军
兴港社区	887	2652	缪　云	缪　云
巨轮村	1132	4007	曹建锋	曹建锋
西奚墅村	829	3183	陈华中	陈华中
北郭庄村	1402	4612	孙佩俊	孙佩俊
江市村	1190	4160	徐玉娟	徐玉娟
苍山村	1048	3367	康晓春	康晓春
西石桥社区	1463	4465	牟学军	牟学军
后梅社区	800	2475	盛南华	盛南华
维常村	812	2769	钟　渊	钟　渊
东支社区	650	2269	薛　强	薛　强

【双良节能获省长质量奖】 双良节能系统股份有限公司成立于 1982 年,2003 年在上交所上市,专注于“节能、节水、环保”领域的技术创新和业务拓展,产品市场占有率持续提升,2016 年、2020 年两度获“中国工业大奖”。2017 年获评工业和信息化部服务型制造示范企业。2019 年获评工业和信息化部绿色制造系统解决方案供应商。2018 年和 2020 年两度获评工业和信息化部制造业单项冠军产品,2020 年入选国家首批先进制造业和现代服务业融合发展试点方案企业,是无锡市唯一获评企业。2022 年营业收入 144.76 亿元,比 2021 年增长 277.99%。2023 年,双良节能获 2023 年度江苏省省长质量奖。

【利港医院中医馆获评省五级中医馆】 2021年起，利港医院对照《江苏省基层医疗卫生机构中医馆服务能力等级建设评价标准》，建设面积为450平方米的中医馆，规范设置中医体质辨识区、中医适宜技术治疗区、龙砂门诊、中医康复科等中医工作室，是“龙砂医学流派特色门诊”挂牌单位。中医馆由中医师、中医护理、中医康复技师和中药剂师组成中医药服务团队，有主任医师1人，副主任中医师2人，主治医师2人，中医师2人，主管中药师2人，主管护师1人；设置规范化中药房及煎药室，配备中药材500余种。2023年，江苏省中医药管理局发布第三批基层医疗卫生机构五级中医馆评价结果的通知，江阴市利港医院中医馆获评省五级中医馆。

【振江新能源获全省首笔“环保担”授信】 江苏振江新能源装备股份有限公司成立于2004年3月，于2017年A股上市。公司主营业务为风电设备和光伏设备零部件的设计、加工与销售，主要产品包括机舱罩、转子房、定子段等风电设备产品，以及固定式、可调式、追踪式光伏支架等光伏设备产品，是国家高新技术企业，国家专精特新“小巨人”企业、江苏省五星级上云企业、江苏省互联网标杆工厂、江苏省“两化融合”转型升级示范试点企业，该次申请“环保担”贷款，主要用于新建风力发电机部件。作为江阴绿色领军企业，振江新能源还可享受“零保费”政策，开启绿色企业融资担保新模式，进一步拓展企业融资渠道。2023年1月，振江新能源获南京银行无锡分行发放的江苏省内首笔“环保担”贷款，成功实践绿色企业融资担保新模式。

【黄丹村中陇圩自然村获评无锡市特色田园乡村】 中陇圩自然村坐落于黄丹村延陵中心路中心地段，呈带状十字分布于中心路两侧，有村民102户373人。近年来，黄丹村围绕美丽乡村建设要求，以渔耕文化为基础，从中陇圩自然村开始，进行点、线、面人居环境综合整治，实现全村道路硬化全覆盖、主干道全路段亮化及绿化配套；探索农村经济发展的新路子，打造具有特色乡村文化的“窑港湿地、乡愁渔村”品牌。2023年，该村获评无锡市特色田园乡村。

【上机数控光伏产业一体化智造基地一期开工达产】 无锡上机数控股份有限公司是高端智能化装备及光伏晶硅产品供应领域的一个国家级专精特新“小巨人”企业，以“高端装备+核心材料”双轮驱动业务格局为基础，致力于打造品质优异、技术先进、综合能耗低的光伏全产品线，并逐步形成多个发挥联动效应的光伏产业基地。2023年1月1日，投资超100亿元的上机数控光伏产业一体化制造基地项目一期，在利港街道举行开工仪式，该项目征地33.33公顷，主要涵盖光伏电池和光伏组件生产。8月2日，上机数控一期16吉瓦N型TOPCon高效组件首片下线。1号厂房7条生产线全部完成安装调试。2号厂房、3号厂房13条生产线加快建设，项目达产后年销售收入220亿元，新增就业2800人。

【蒙特集团亚太江阴生产基地开工】 2023年3月2日，蒙特集团亚太江阴生产基地开工仪式在利港街道举行。该项目总投资5000万美元，位于中新智地(江阴)智能制造产业园内，按照蒙特集团标准及国际性绿色建筑认证标准定制，包括16000平方米现代化生产车间及8000平方米智能化仓库，约1600平方米的亚太区产品研发测试中心，500平方米的亚太培训中心等，是蒙特集团工业事业部所有产品的设备制造基地，生产从转轮到设备的全系列加湿除湿产品、高品质PP材质和合金材料的工业除雾产品。

【耀坤液压新厂区项目开工】 2023年5月5日，江苏耀坤液压股份有限公司新厂区项目在利港街道举行开工仪式。该项目总投资10亿元，位于利港街道滨江西路907号，总用地面积46123平方米，新建厂房及附属建筑面积43947.1平方米(包含地下室621.43平方米)。正式投产后，可实现年产14万套油箱、60万套钣金件、150万套油管。新厂区项目建设是耀坤液压逐渐向自动化智能化制造升级、资源整合优化战略的具体落实。新厂区项目在表面处理工艺环保、整体车间环境智能管控上作全面升级改进，在提高生产效率的同时，打造绿色低碳智能制造新标杆。

【双良新能源产业项目一期开工】 2023年6月9日，双良新能源产业项目一期双鹏25吉瓦大尺寸光伏硅片项目开工仪式在利港街道举行。该项目总投资超100亿元，用地60公顷，布局生产大尺寸单晶硅片、光伏组件、光伏封装材料和绿电制氢系统，全部达产后预计年开票销售450亿元、年税收8亿元。一期项目双鹏25吉瓦大尺寸光伏硅片项目，由双良集团有限公司与江苏新霖飞集团共同投资25亿元，至年底完成厂房建设和设备安装调试。

【国家电投江阴利港光伏发电项目开工】 2023年6月28日，国家电投江阴利港光伏发电项目开工，这也是江阴首项渔光互补综合开发项目。该项目由江阴市和澄新能源有限公司投资开发建设，采用渔光互补模式进行综合开发，将光伏电站与养殖业相结合，在鱼塘上建设光伏电站，形成“上可发电，下可养殖”的发电模式，将有效节约土地，提高土地利用率。项目方租用利港街道苍山村、维常村一般农用地106.66公顷，建设规模为100兆瓦。建成后，每年可向江阴提供1.12亿千瓦时绿色清洁电力，相当于每年可节约标煤3.5万吨，并减少多种大气污染物的排放。

【慧居科技港交所上市】 2023年7月10日，双良集团旗下的慧居科技股份有限公司，在香港联合交易所主板上市，成为“江阴板块”第60位成员。这是江阴历史上首只H股，也是利港街道第6个上市公司。慧居科技是中国第二大非国有跨省供热服务供应商，拥有一整套领先的清洁能源供热服务技术，以及数字化供热服务管理软件工具及客服系统。

【中信泰富能源江阴利电五期扩建工程开工】 2023年10月28日，中信泰富能源江阴利电五期扩建工程开工仪式在利港街道举行。该项目计划投资超100亿元，建设两台1000兆瓦高效清洁燃煤发电机组，选用超超临界二次再热机型，是中国乃至国际上最先进高效的燃煤发电机组，与利电一期机组相比，每发

10亿千瓦时电可减少约14.4万吨二氧化碳排放，单位供电碳排放强度下降18.4%。该项目计划于2025年年底前实现双投，建成投产后每年向社会提供电力约88亿千瓦时，能够支撑800亿元的地区生产总值增加值。

【澄西高中新校区正式启用】 澄西高中新校区项目用地面积为6.69公顷，总建筑面积为46762.66平方米，设计办学规模为12轨36班，新建3幢教学楼、1幢综合楼、1幢行政楼、2幢学生宿舍、1幢体育馆、1幢食堂，以及一片400米标准跑道运动场。新校区于2023年9月交付使用。10月26日，江阴市澄西高级中学新校区启用仪式在利港街道举行。12月底，通过江苏省四星级高中考评。

【利港街道文联第二次代表大会召开】 2023年12月18日，利港街道文学艺术界联合会第二次代表大会胜利召开。江阴市文联、临港经济开发区、利港街道等相关领导出席会议。大会审议通过新的《利港街道文联章程》，选举产生利港街道文联第二届委员会委员。

【利港街道总工会第二次会员代表大会召开】 2023年1月9日，利港街道总工会第二次会员代表大会召开。江阴市总工会、利港街道相关领导出席会议。大会审议并通过《街道总工会第一届委员会工作报告》《街道第一届经费审查委员会工作报告》，选举产生街道总工会第二届委员会、经费审查委员会和女职工委员会。在街道总工会第二届委员会第一次全体委员会上，选举产生新一届利港街道总工会主席、副主席、常务委员、经审会主任，并产生女职工委主任，完成各项议程。

【利港街道科学技术协会第二次代表大会召开】 2023年1月9日，利港街道科学技术协会第二次代表大会召开，江阴市科协、利港街园相关领导，以及58名来自利港各条战线的科技工作者代表参加会议。大会选举产生利港街道科学技术协会第二届委员会，并在街道科学技术协会第二届委员会第一次全体委员会上，选举产生新一届利港街道科学技术协会主席、副主席，并任命协会秘书长。

【利港街道青年商会成立】 2023年12月22日，利港街道举行“活力青商、聚‘利’启航”——江阴市利港街道青年商会成立仪式。江阴团市委、江阴市工商联、江阴市青企协、利港街道等相关领导参加活动。在江阴市利港街道青年商会第一次会员大会上，表决通过《江阴市利港街道青年商会章程(草案)》，选举产生利港街道青年商会第一届理事会，并成功推选出2名名誉会长。

(缪 磊)

璜土镇

【概况】 璜土，美玉之土，境内高城墩良渚文化遗址被评为1999年全国十大考古发现之一。该镇位于江阴市西大门，东临江阴市利港街道，西接常州市新北区龙虎塘街道，南与常州市天宁区青龙街道、郑陆镇相接，北枕长江，沪宁高速、京沪高铁穿镇而过，拥有独特的区位优势和便利的交通优势。曾获评国家卫生镇、全国环境优美镇、全国亿万农民健身活动先进乡镇、全国综合实力千强镇、中国城乡统筹科学发展试点镇和江苏省文明镇、江苏省健康镇等。璜土村获评全国文明村、江苏省乡村振兴示范村，小湖村、璜土村、篁村村获评江苏省文明村。璜土镇生态环境优美，除万亩葡萄外，还有翠冠梨、草莓、水蜜桃、玉米以及大闸蟹等特色产品，农业产业发展突出，曾获评全国“一村一品”示范镇，2023年获评全国农业产业强镇。全镇区域面积64.49平方千米，耕地面积2439.4公顷。下辖12个行政村(其中璜土村和石庄村为村社合一)和花湖社区。2023年年末，辖区总人口103268人，户籍人口55514人，其中男性27603人、女性27911人；有少数民族19个211人，其中布依族3人、藏族1人、朝鲜族7人、侗族17人、哈尼族2人、回族7人、黎族2人、傈僳族1人、满族12人、蒙古族8人、苗族17人、仫佬族1人、水族1人、土家族42人、土族1人、瑶族1人、彝族5人、仡佬族2人、壮族81人。有外来暂住人口47754人，其中男性27541人、女性20213人。

政治建设 镇党委、政府坚持以习近平新时代中国特色社会主义思想为指导，坚决贯彻中央和省市委各项决策部署，召开党委会议20次，研究党建议题32项。开展主题教育，逐字逐句学习中共二十大报告等必读书目，开展党委中心组理论学习16次，集中研讨2次，组织各类党课辅导、专题报告13场，持续擦亮“良渚大讲堂”“学习强国号”等宣讲品牌，宣讲22场次，受众5800人。确定“我为群众办实事”实践活动项目193项，开展各类文体活动75场。优化落实在职党员“三报到三服务”制度，深化党员联户、联职、联群制度，参与志愿服务活动6000余人次。配合市委巡察工作，主动认领巡视反馈意见，制订落实3类11项35条整改措施方案，各项整改措施有力推进、成效明显。推进“璞玉工程”干部培养品牌，完成13个村(社区)班子届中分析研判。“龙澄领航”锡常区域一体化党建联盟获评江阴市示范党建联盟，璜土村第一党支部获评江阴市“双强双优”* 五星级党支部、无锡市示范型党支部，1人获评无锡市担当贡献者，学习型、服务型、创新型、发展型“四型”党课入围作品1部。落成华湖社区共富广场，组建“共富华湖”党建联盟、璜土医院高质量发展区域党建联盟。推行“三全三一”(全域划格、一网融通，全科赋能、一网兜底，全员共治、一网情深)网格党建，发布党建引领基层治理“基石工程”项目10项，创新智联平台，化解重大信访矛盾9件，调处矛盾纠纷897件。聚能“两新”组织* 抓服务，成立交通运输行业功能型党支部1个，组建暖“新”帮帮团、“璜小蜂”志愿服务队，建成恒阳物流党建驿站，举办劳动维权、应急救援、职业规划等专题培训6场，开展健康咨询、交通普法、节日慰问等暖“新”活动14场。办理人大代表议案建议41件，受理办结12345政务服务便民热线5346件，及时签收率和满意率均为100%。为民服务中心受理各类审批和服务事项1.26万件，按时办结率和群众

满意率均为100%。全年查处各类行政处罚案件1146件。深入推进市委巡察反馈问题整改和成果运用,健全完善《璜土镇行政事业性国有资产管理办法》等制度25份,反馈问题整改完成31个,完成率88.6%。

经济建设　完成规模以上工业产值306.21亿元,一般公共预算收入6.7亿元。完成固定资产投资36.32亿元,完成限额以上批发业销售额411.43亿元,完成限额以上单位零售额4.93亿元,完成规模以上服务业营收4.97亿元。连续7年入选全国综合实力千强镇,排名从最初的226位跃升至140位。江阴石化物流园被评为江苏省现代服务业高质量发展集聚区。科创载体开工建设面积5.29万平方米,技术合同成交额6.3亿元,省级专精特新"小巨人"企业申报数居临港经济开发区第一。签约钛电极等超亿元项目9项,累计总投资34.5亿元;开工中建材一期等超亿元项目8项,累计总投资58.28亿元;竣工依梯凯等超亿元项目5项,累计总投资25.5亿元;完成入库投资项目18项,累计总投资35.92亿元。完成化工园区地块签约10项,腾出土地27.62公顷。全年签约企业17个,房屋面积24万平方米,土地42.11公顷,年度任务完成率146%。完成企业房屋拆除18.11万平方米,年度拆除率110%。完成86.67公顷高标准农田建设和23.33公顷池塘生态化改造。累计获评省级示范家庭农场6个、无锡市级4个、江阴市级23个,江阴故乡情果业专业合作社入围中国农民合作社500强。打造"村村富"镇村联合发展平台,统筹村级股份经济合作社收购园区低效闲置土地,建设优质中小企业孵化园,可为全镇村级集体经济收入每年增加1000万元以上,实现村民和村集体"双增收"。

社会建设　完成全社会研发投入3.94亿元,高新技术产业产值占规模以上工业产值39.6%。全年完成高新技术企业申报24个,净增3个,"雏鹰企业"*入库9个,"瞪羚企业"*入库10个,"准独角兽企业"*入库1个,完成璜土"东大门(利城)"形象提升工程,建设口袋公园3个,新时代文明实践所实现异地新建并投入使用,璜土中学一期改造项目全面封顶。组织开展"我们的节日"活动75场,送戏送演出下乡46场,举办各类书画、非遗展8场,各类文艺培训9期,线下接受服务52万人次,人均5.8次。开展第三届教育基金奖学奖优颁奖活动,奖励优秀师生240人,发放基金77万元。璜土医院挂牌"常州市第一人民医院江阴协作医院",成立"上海长海医院教授梅志军静脉曲张工作室"等多个名医工作室,石庄卫生院中医馆创成江苏省五星级中医馆。组织开展羽毛球、拔河、全澄欢乐跑、掼蛋等全镇性群众体育赛事10余场,举办首届村BA"和美乡村"篮球联赛。改善道路形象,完善农村道路交通设施,安装沿河护栏1000余米。打通排水动脉,建设12块5.31平方千米提质增效排水达标区,新建污水管网33.33千米,养护排水管网202千米,清疏雨污水检查井4000余座。聚力"融城"发展,全面完成小湖未来城概念性城市设计方案,推动南部城镇产业能级和城市能级"双提升"。围绕打造"全国最干净城市"目标,完成垃圾分类房建设小区8个。组织拆除违法建设39处,面积15.68万平方米;广告拆除58处,面积1625.6平方米。深入推进"两微一非"(利用微路长微信群、小微执法,非接触执法)服务管理执法体系,结合"点位长"工作机制,推动"城管进社区"走深走实,构建"综合执法+商户"共治联盟,唤起城市管理的社会共治。集中开展"三清三治"*农村环境卫生专项整治行动,清理农村房前屋后乱堆放垃圾、陈年积存垃圾、建筑垃圾等1.93万立方米,新增路灯52盏,补绿、增绿2000平方米,璜土村荣登无锡市农村人居环境整治提升红榜,利城村利城自然村、篁村村东篁自然村、常泽桥村东常泽桥自然村获评江阴市美丽村庄,篁村浜、薛家浜2条河道获评江阴市美丽幸福河湖红榜河湖。完成文苏饭店等5个企业锅炉整治提升,利安特劳保用品制造有限公司等7个企业挥发性有机化合物低效收集或处理设施升级改造,江苏大东钢板有限公司等5个企业在线监测安装。全镇$PM_{2.5}$平均浓度32.5微克/立方米,空气优良比率79.5%。完成51个涉磷企业和8个重点企业接入城镇污水处理厂评估。开展入河排污口排查整治,制定长江流域和太湖流域入河排污口"一口一策",152个排口全部录入系统。全面排查整改石庄河沿线排口,发现问题均整改到位,国、省考断面水质达到Ⅲ类标准。推动全镇涉铝灰企业纳入全生命周期监控系统或小微收集体系,开展工业废盐和工业副产盐排查,完成605个企业污染源"一企一档"系统填报。开展"散乱污""厂中厂"整治,完成整治30个。开展特殊人群上门帮扶,进一步扩大服务覆盖面,发放各类特殊困难群体帮扶资金1000余万元。开展各类助残活动60余场,"9·9"公益募捐18万元,启动石庄村"残疾人之家"建设。开工建设启港苑四期安置房128套,融城苑三期668套安置房竣工交付。完成安置房不动产首次登记6500套,消化空置安置房3间,下降在外过渡户30户。本地劳动力就业1175人,推荐就业375人,完成年计划167%。城保扩面新增1300人,加强《中华人民共和国劳动法》《保障农民工工资支付条例》等政策法规宣传力度,全力维护职工权益。创新"智联平台"聚合网格微信群,打造"数字网格员",汇聚全镇居民3.1万人,实名率84.7%,探索出网格化管理、精细化服务、信息化支撑的基层治理新路径。联合省内院校,打造大学生社会实践基地,发布第一届"扬帆计划"大学生社会实践项目。信访办理案件及时受理率、按期办结率和参评率、满意率均为100%。加强基层安全力量配备,增配专职安全员13人,开展分级分类监管企业(场所)检查5255个次,排查隐患1.11万处,强化"三合一"场所、群租房动态监管,检查"三类场所"141个次,重大隐患全部闭环整改清零。

2023 年璜土镇主要经济社会指标一览表

表 66

指　　标	单　位	数　量	比 2022 年增减(%)	指　　标	单　位	数　量	比 2022 年增减(%)
地区生产总值	亿元	185.63	4.6	限额以上单位零售额	亿元	4.93	-4.40
其中:第一产业	亿元	4.63	-8.7	固定资产投资总额	亿元	36.32	-18.80
第二产业	亿元	99.15	0.8	其中:工业投资	亿元	26.27	-34.50
第三产业	亿元	81.85	10.3	进出口总额	亿美元	—	—
一般公共预算收入	亿元	6.7	-10.4	其中:出口额	亿美元	—	—
农林牧渔业总产值	亿元	6.6	3.80	到位注册外资	万美元	—	—
粮食产量	万吨	0.93	-3.90	居民人均可支配收入	元	68824	4.40
规模以上工业利润总额	亿元	11.11	-20.0	中小学校在校学生数	人	5440	0.90

2023 年璜土镇各村(社区)基本情况一览表

表 67

村(社区)名称	户数(户)	人口(人)	村(社区)党支部(党总支、党委)书记	村(社区)主任
利城村	1120	3605	周肖军	周肖军
北湖西村	860	2782	刘建维	刘建维
高果村	1526	4973	许建明	许建明
璜土村(社区)	1506	4612	钱俊贤	钱俊贤
小湖村	2250	6712	周国伟(至 7 月)	周国伟(至 7 月)
篁村村	1895	5923	高旭伟	高旭伟
常泽桥村	1111	3508	张建清(至 7 月)	张建清(至 7 月)
汇南村	1024	3210	丁　成	丁　成
芦墩村	1005	3374	周　雷	周　雷
石庄村(社区)	1121	3369	彭　辉	彭　辉
花港苑村	2811	9407	彭文锋	彭文锋
启港苑村	886	2895	朱立军	朱立军
花湖社区	537	1144	曹　洁	曹　洁

【璜土镇(葡萄)入选国家农业产业强镇】 璜土葡萄具有 40 年的种植历史,是江苏省著名商标、省名牌产品,也是 2008 年北京奥运会特供水果。璜土是中国南方 13 省葡萄产业发展高层论坛的发源地,是与浙江大学合作的葡萄发展的科研基地。璜土生产的美人指葡萄获得"中华名果"称号,璜土镇入选全国"一村一品"示范镇,被授予"全国优质葡萄生产基地"称号。2019 年,璜土镇被农业农村部、财政部批准开展农业产业强镇建设。中央农业产业示范强镇示范项目智慧葡萄园、南京农业大学江苏省果树品种改良与种苗繁育工程分中心先后落户璜土,产学研成果在璜土加速转化,建设高标准精品种植示范园,建成农产品展销中心,建设商品化处理示范车间,建设葡萄博览园、农产品电商中心和葡萄酒、葡萄汁中试车间等,葡萄产业得到全面提升。2023 年 8 月,农业农村部办公厅和财政部办公厅联合发文公布首批国家农业产业强镇名单,璜土镇(葡萄)被认定为国家农业产业强镇,成为全国首批 770 个入选乡镇之一。

【璜土镇"残疾人之家"获省市荣誉】 2018 年 8 月,璜土镇"残疾人之家"成立后,创新工作思路,做好残疾人工作。引入手工劳动项目,实现残疾人学员的"赋能增收";通过多样化的教育培训课程,开展历史文化、民风习俗等基本知识学习;建立残疾人康复器具租赁展示点,帮助残疾人学员在"家门口"康复锻炼;开展形式多样的文体和志愿活动,丰富并丰满残疾人之家内涵,助力残疾人学员实现更好的生活;深化全民阅读活动,开展残疾人读书活动宣传,让"阅读"点亮残疾人的生活,让"书香"伴随每一个温馨时刻,让残疾人在阅读中陶冶情操、增长知识,增强信心和勇气,提高参与社会能力。2023 年,璜土镇"残疾人之家"获评江苏省级书香"残疾人之家"、无锡市 AAAAA 等级"残疾人之家"。

【2 村获评省生态宜居美丽示范村】 2021 年以来,璜土镇持续推进美丽乡村建设和农村人居环境整治,加强乡风文明建设,大力推进"厕所革命"和治污、治水项目建设,推动村庄环境从干净整洁有序向生态宜居美丽升级。璜土村从治理手段入手,坚持"把家园当公园建设管理"理念,以建设"物质小康村""生态小康村""文化小康村"为目标,打造党建、道德、清廉等 15 个特色文化,建成教子文化林、孝文化路、葡萄风情小村等景点。高栗村围绕"改造、凝练、提升、新增、融合",保持原有框架,以党建引领、文化为基,挖掘特色文化内涵,因地制宜打造景观小品,在原有基础上适度美化,挖掘文化内涵,植入文化基因,在提升村貌的同时放大文化软实力。先后创建成为无锡市美丽乡村示范村、无锡市乡村治理工作先进村等。2023 年 4 月,璜土村、高栗村获评省生态宜居美丽示范村。

【中建材高效异质结电池项目落户璜土】 2023 年 1 月 7 日,中建材高效异质结电池项目举行开工仪式。该项目由中国建设集团下属企业中建材(江阴)光电材料科技有限公司投资建设,总投资 50 亿元,项目主要产品是高效异质结电池,具有较高的技术附加值,在生产过程中涉及上下游原材料达数十种,计划吸引上下游企业入驻,进一步促进地区太阳能产业集聚发展。其中一期项目投资 18 亿元,新建高效电池厂房、研发大楼等建筑物,总建筑面积约 8 万平方米,4 月厂房主体结构封顶,年底设备进厂安装、调试基本完成。该项目(一期)建成投产后,可新增年销售收入超 20 亿元,年缴纳税收超 1 亿元。

【"村村富"镇村联合发展平台项目启动】 "村村富"镇村联合发展平台由璜土镇党委、政府统筹,12 个行政村股份经济合作社联合抱团发展,谋划"闲置土地用起来、优质企业留下来、村集体经济强起来"思路,建设总面积 11.64 公顷的优质中小企业孵化园区,推动强村富民、工改加速、转型升级。2023 年 6 月,"村村富"产业孵化园一期项目完成招投标,9 月 8 日开工建设,总投入 1.13 亿元,建设 5.2 万平方米标准厂房。至年底,办公楼、综合楼主体基本完成;一期混凝土厂房主体框架基本完成;钢构厂房脚手架搭建完成过半,主梁浇筑完成超 40%。"村村富"镇村联合发展平台项目被列入无锡市"一村一策"乡村振兴示范点。

【璜土镇新时代文明实践所启用】 2020 年以来,璜土镇结合实际,因地制宜,从建平台、建队伍、开展实践活动着手,大力拓展提升新时代文明实践所(站)建设,不断提升志愿服务质量,培育新时代文明实践品牌,打造全新的"文明会客厅"。以新时代文明实践所(站)为依托,全面铺开新时代文明实践工作,打造"特长型"志愿队伍,整合各类资源,调动各方力量,以群众需求为导向创新方式方法,全方位、多领域开展新时代文明实践活动,全面构建起"美美与共"的"大美"格局,持续为璜土镇新时代文明实践注入动力与活力。2023 年 12 月 7 日,璜土镇举行新时代文明实践所启用仪式暨"文明江阴、温暖秋冬"主题实践活动,进行"以文明实践之力绘就民生幸福底色"项目汇报暨新闻发布会,展示并表彰 2023 年度璜土镇新时代文明实践站优秀项目,发布璜土镇新时代文明实践所服务指南视频。璜土镇职工活动中心、"青年之家"、妇女儿童活动中心、"科技工作者之家"、"政协委员之家"、"五社联动"创新工作坊、理响江阴璜土驿站等相继揭牌。

【璜土第十五届葡萄文化节】 2023 年 8 月 18 日,2023 年江苏省优质葡萄品鉴暨江阴·璜土第十五届葡萄文化节在璜土镇智慧葡萄园举行。活动以"科技兴农,产业富民"为引领,以"葡萄"为媒,深入推进璜土乡村振兴和农旅文融合发展,进一步激发乡村产业活力,提升乡村整体环境和农村居民生活品质,提升璜土葡萄知名度和品牌影响力,打造"农业+旅游+生态+文化"综合发展模式,提升璜土现代农业发展水平。中国农学会葡萄分会、江苏省农业推广总站、南京农业大学园艺学院,江苏省葡萄协会、省农业休闲观光协会,无锡市农业农村局、市商务局、市电商协会,江阴市委、市政府、临港经济开发区等单位有关领导,璜土镇的相关部门领导、金融机构、企业、各村(社区)书记、果农代表以及新闻媒体记者等嘉宾参加开幕式。

【璜土镇文学艺术界联合会完成换届】 为进一步团结引领基层文艺家、文学艺术工作者,全面推动璜土镇文化艺术事业的发展与繁荣,2023 年 12 月 27 日,璜土镇文学艺术界联合会召开第三次代表大会,听取和审议《璜土镇第二届文联工作报告》,修改并通过《文联章程》,选举产生镇文联第三届委员会。在璜土镇文学艺术界联合会第三届委员会第一次会议上,选举产生镇文联第三届委员会主席、副主席,通过镇文联名誉主席、秘书长、副秘书长人选,讨论并通过镇文联下属各协会会长、副会长名单。

【璜土镇乡村篮球联赛】 2023 年 8 月 12—18 日,"海澜之家杯"江阴市首届和美乡村篮球联赛——璜土镇乡村篮球联赛举办,12 个村代表队参加比赛。经过 7 天 20 场比赛,汇南村、石庄村、小湖村及利城村 4 支队伍分获前四名,汇南村代表队代表璜土镇参加临港赛区比赛。

(*詹绍辉*)

月城镇

【概况】 月城镇是中国民间文化艺术之乡,位于江阴市西南部,东临徐霞客镇,南联青阳镇,西接常州市经济开发区横山桥镇,北以秦望山为界与南闸街道为邻。区域面积 38.5 平方千米,耕地面积 769 公顷,常住人口 53891 人,下辖 8 个行政村和 2 个社区。2023 年年末,有户籍人口

41444人，其中男性20474人、女性20970人；有少数民族16个256人，其中白族4人、傣族1人、侗族16人、彝族5人、布依族9人、土族1人、满族5人、回族10人、黎族3人、蒙古族3人、苗族85人、羌族1人、水族4人、土家族93人、瑶族6人、壮族10人。有外来暂住人口12447人，其中男性7593人、女性4854人。

政治建设　扎实开展学习贯彻习近平新时代中国特色社会主义思想主题教育，一体推进理论学习、干事创业、检视整改，多措并举宣传宣讲，开展镇党委理论学习中心组学习13次、“书记讲党课”113场、“两新”组织*理论学习72场，依托镇党建主题公园、“剧说月城”文化共享空间、党群服务驿站等阵地开展党的创新理论宣讲、交流研讨活动264场次。实施基层党建“创新攻坚年”行动，着力打造优秀党建品牌矩阵，新建“芦韵满塘”等党群微阵地5个，启用必得科技党建文化馆。持续擦亮“月汇民声”品牌，开展党群议事112场次，水韵社区建成“智汇360”平台，获评江阴市智慧社区（数字乡村）五星级示范试点。实施“月动力·新未来”年轻干部人才赋能计划，开展“思享汇”“闪光微党课”“闪光辩论赛”等活动18场次。落实全面从严治党要求，坚决查处违纪违法行为，运用“第一种形态”提醒、诫勉谈话20人，查办案件12件。召开月城镇第二十届人民代表大会第三次会议和第四次会议。

经济建设　完成地区生产总值73.61亿元，比2022年增长6.4%。完成一般公共预算收入4.14亿元，比2022年增长13.11%。完成规模以上工业产值143.8亿元，比2022年增长5.7%。完成限额以上批发业销售额119.6亿元，比2022年增长4.6%。完成固定资产投资11.33亿元，比2022年增长18.76%。无锡市、江阴市重大产业项目投资完成率均超100%。启动推进第五次经济普查。举办金秋经贸洽谈会，签约江阴机械制造有限公司300万套涡轮增压器零部件等7项总投资约15亿元的优质项目。交通装备智造产业园一期项目完成主体建设，签约拟入园企业7个。江苏必得科技股份有限公司轨道交通车辆配套产品扩产项目和江苏秋林特能装备股份有限公司年产5000台金属容器项目实现投产。新增总投资2.7亿元的农业农村省级重大项目3项，建成高标准农田33.33公顷。月城镇获评江阴市2021—2023年度企业上市工作先进单位，月城镇现代农业产业园入选无锡市级农业产业园，江苏吉麦隆物流有限公司获评无锡市级农业产业化龙头企业。

社会建设　新增省级专精特新企业3个、高新技术企业11个、无锡市“雏鹰企业”入库8个、“瞪羚企业”入库9个、“独角兽企业”入库1个，完成国家科技型中小企业评价入库81个。完成企业节能诊断10个、智能诊断30个。世泰仕塑料有限公司获评省级五星级上云企业，无锡海菲焊接设备有限公司获评省级“瞪羚企业”。新增无锡工程技术研究中心6个，江阴市锦绣江南环境发展有限公司获评无锡市企业技术中心。深化文化惠民工程，完成月城大戏院升级改造，“剧说月城”文化共享空间全面开放，举办各类文体惠民活动453场。承办文旅部全国冬季“村晚”示范展示活动。举办2023年江阴市“我们的节日·端午”暨“奋楫扬帆·逐梦暨阳”长三角地区龙舟邀请赛，水韵月城龙舟队荣获冠军。“弦歌水韵园”项目获评全国最美乡村公共文化空间（创新案例类），水韵社区24小时图书馆获评省级最美文化空间，月城镇水芹文化系统入选江苏省第三批省级重要农业文化遗产名录。完成无锡市“攻坚拔点”项目3项，完成房屋征收拆迁7.92万平方米，拆除违法建设2.07万平方米，腾退低效用地16.67公顷。水芸苑二期安置房建设加快推进。完成7个安置小区权证办理，加快推进安置房不动产权证办理工作。启动月城镇综合污水处理厂扩建工程。完成水韵幼儿园建设。开展沪宁沿江高铁沿线环境整治，完成墙面出新22万平方米、安装隔声窗3.93万平方米。实施“三清三治”*农村环境卫生专项整治行动，村庄面貌持续焕新，月城镇获评2023年度无锡市“三清三治”农村环境卫生专项整治行动先进集体，戴庄村须家跳、黄桥村蒲宕里获评江阴市美丽村庄。完成大气污染防治203项任务。空气质量优良天数比率79.5%，比2022年增长1.1%；$PM_{2.5}$浓度为31.3微克/立方米，比2022年下降7.4%，改善幅度列全市第一，获评江阴市二季度“担使命作贡献”季季评攻坚突破奖。土壤环境质量达到清洁（安全）等级。关停取缔“散乱污”企业10个，完成71个涉磷企业整治，224个厂区完成雨污分流改造。创成美丽幸福河湖13条。实施重点行业领域安全检查3638次，关停违法违规“厂中厂”企业5个，督促450个企业完成重大事故隐患自查自纠自改。深化“安全管家”服务，完成服务企业4053个次，助力企业消除隐患16026处。推广安装独立式火灾报警装置218个、消防安全“五件套”390套。开展城镇燃气专项整治，推进燃气管阀更新6720个，无熄火保护装置灶具整改到位3800户。完成戴庄新苑区块污水管网改造工程1.1千米，畅园路污水泵站完成修复，4个市考断面优Ⅲ类比例95.45%。推进38个包装印刷企业、54个机械喷涂企业废气治理和7个企业挥发性有机化合物处理设施升级改造，完成江阴华润制钢有限公司、江阴市锦绣江南环境发展有限公司等企业超低排放改造。完成职业技能培训1516人次，实现本地劳动力就业800人，实名援助就业困难人员199人，扶持自主创业374人，新增城保参保950人、住房公积金缴存880人，建成投用双泾村、月城社区2个村级公共就业服务站。投入1000万元为中医肝胆医院增添核磁共振等诊疗设备，家庭医生签约率103.5%。教育投入保障有力，完成校园足球场翻新、网络教学提标、护眼灯改造、直饮水普及等项目。夯实老年人养老服务保障，服务80岁以上老人19261人次，提供助餐8742人次。月城镇获评无锡市2023年四季度真抓实干奖、无锡市2023年度信访工作先进镇、江阴市2023年度爱国卫生工作先进集体。月城镇《“民情帮帮团”打造共治共享“连心桥”》入选江苏省乡村治理典型案例名单。

2023 年月城镇主要经济社会指标一览表

表 68

指　　标	单　位	数　量	比 2022 年增减(%)	指　　标	单　位	数　量	比 2022 年增减(%)
地区生产总值	亿元	73.61	6.40	限额以上单位零售额	亿元	1.89	-25.22
其中:第一产业	亿元	3.09	4.40	固定资产投资总额	亿元	11.33	18.76
第二产业	亿元	34.73	8.20	其中:工业投资	亿元	8.50	13.79
第三产业	亿元	35.78	4.80	进出口总额	亿美元	2.16	-20.10
一般公共预算收入	亿元	4.14	13.11	其中:出口额	亿美元	1.79	-22.60
农林牧渔业总产值	亿元	4.40	2.40	到位注册外资	万美元	100	38.90
粮食总产量	万吨	0.60	2.30	居民人均可支配收入	元	65030	4.50
规模以上工业利润总额	亿元	9.34	94.9	中小学校在校学生数	人	2631	-1.70

2023 年月城镇各村(社区)基本情况一览表

表 69

村(社区)名称	户数(户)	人口(人)	村(社区)党支部(党总支、党委)书记	村(社区)主任
戴庄村	1485	5531	邹建刚	邹建刚
月城村	3233	5572	殷建伟	殷建伟
秦皇村	735	3550	葛建清	葛建清
沿山村	1145	3200	顾栋华	顾栋华
卧龙村	976	2785	吴国华	吴国华
双泾村	2059	5201	钱　芳	钱　芳
下塘村	903	2900	薛金方	薛金方
黄桥村	906	3159	翟　民	翟　民
月城社区	3233	7467	司建荣	司建荣
水韵社区	2059	7919	刘登峰	刘登峰

【月城镇第二十届人代会第三次第四次会议召开】 2023 年 1 月 9—10 日,月城镇第二十届人代会第三次会议召开,大会应到代表 75 人,实到代表 67 人。会议审议并通过关于《政府工作报告》《人大主席团工作报告》《财政预算报告》三项决议,收到人大代表意见建议 16 件,票决产生 10 件年度民生实事。会议选举刘智超为月城镇政府副镇长。7 月 18—19 日,月城镇第二十届人代会第四次会议在镇大戏院召开,大会应到代表 75 人,实到代表 71 人。会议审议并通过关于《2023 年上半年政府工作报告》《2022 年财政决算》和《2023 年上半年财政预算执行情况(草案)报告》,第三次会议代表建议、意见办理情况报告和政府职能部门述职,收到人大代表意见建议 16 件。会议选举赵华为月城镇政府镇长,选举吴剑毅、殷倩珠为月城镇政府副镇长。

【长三角地区龙舟邀请赛在月城开赛】 2023 年 6 月 22 日,2023 年江阴市"我们的节日 · 端午"暨"奋楫扬帆 · 逐梦暨阳"长三角地区龙舟邀请赛在月城镇中国龙舟休闲体育基地挥桨开赛。该次大赛有 16 支代表队参赛,其中 4 支江阴队伍、12 支长三角地区专业队伍。采用标准龙舟 500 米直道竞速,设置预赛、半决赛和决赛(小决赛)三轮角逐。经过激烈比拼,水韵月城龙舟队、浙江飞速桨板莱欧拉链龙舟队、常州龙城龙舟队、温州市瓯海齐仁龙舟队、昆山龙协刘桥龙舟俱乐部龙舟队、双泾龙舟队分获龙舟邀请赛前六名。活动现场进行网络直播,近 10 万名观众通过视频号平台观看比赛盛况。江阴市委常委、宣传部部长程政,江阴市副市长、公安局局长许昌,江阴市副市长杭成,江阴市政协副主席、文体广电和旅游局局长钱晴，江阴市政府党组成员、江阴霞客湾科学城党工委书记、管理办主任谢映军，以及相关市级部门负责人，青阳镇、徐霞客镇、祝塘镇等镇书记、镇长，其他镇街（园区）分管领导，月城镇全体党政班子成员，部分企业家、乡贤代表等出席活动。

【“剧说月城”文化共享空间开馆】 2023年9月30日，“剧说月城”文化共享空间开馆。江阴市委常委、宣传部部长程政和江阴市政府副市长杭成为“剧说月城”文化共享空间揭牌。“剧说月城”文化共享空间总面积近3000平方米，以“板凳课堂”理论宣讲、“书香月城”全民阅读、“清音雅韵”文化创新、“强国有我”主题实践4个品牌为建设路径，设有“理响驿站·开门见戏”“阅享空间·书海研戏”“畅享剧场·百姓唱戏”“臻享舞台·沉浸赏戏”“创享名坊·名家传戏”“梦享艺家·活动映戏”等10个特色功能区，均免费向公众开放。其间，与会领导、嘉宾现场参观“剧说月城”文化共享空间，参与拓印体验，观看第十四回秦望雅集书画扇面展，沉浸式体验月城文化特色。为更好地对接高端文化资源、推动文化交流互鉴、促进文化产业发展，活动现场还举行文化产业项目合作签约、结对共建签约和文化产业发展顾问聘书颁发仪式。

【月城镇发展大会暨金秋经贸合作洽谈大会举行】 2023年10月28日，2023年月城镇发展大会暨金秋经贸合作洽谈大会在双泾生态园举行。该次经洽会签约协统复合新材料500万套新能源电池壳体新材料、5万吨铝灰资源化利用、江苏北越新能源电池回收利用二期、江阴机械300万套涡轮增压器零部件、虎踞冶金200台（套）智能冶金设备、润渲纸业3.8万吨多功能食品级包装新材料共6项总投资约10亿元的项目。江阴机械制造有限公司董事长陈龙、江苏泰慕仕装备有限公司总经理何钢、苏州致尧工业地产咨询有限公司副总经理赵康琪从自身的专业领域和角度出发，交流对于建设和投资“创新赋能、水韵山秀”美丽月城的想法及建议。

（巫子庆）

青阳镇

【概况】 青阳镇位于江阴市南端，东与徐霞客镇相接，南与无锡市惠山区堰桥街道、前洲街道相邻，西与常州市武进区横山桥镇隔河相望，北与月城镇毗邻。境内水系发达，交通便利，锡澄轨道交通S1线从镇区经过并设有青阳站，区位优势、交通优势明显。中心镇区距江阴市区18千米，区域面积67.56平方千米，下辖15个行政村和4个社区居委会。2023年年末，有户籍人口68517人，其中男性33830人、女性34687人；有少数民族17个639人，其中土族4人、哈尼族1人、白族1人、蒙古族1人、土家族245人、苗族243人、侗族58人、回族21人、满族17人、壮族14人、彝族11人、布依族10人、瑶族5人、黎族5人、仡佬族1人、藏族1人、维吾尔族1人。有外来暂住人口33318人，其中男性20619人、女性12699人。

政治建设 坚持把学习贯彻习近平新时代中国特色社会主义思想和中共二十大精神作为首要政治任务，扎实开展主题教育，持续推动理论中心组学习、党政领导带头讲党课，带动各级党组织开展理论宣讲，激发基层干部干事创业热情。连续两年被评为全省基层党员冬训工作示范乡镇。根据市委巡察反馈意见，全面对标找差，制定126条整改举措，基本完成35个反馈问题整改，全力把检视成果转化为推动高质量发展的成效。推进新时代干部现代化建设能力提升三年行动，突出选贤任能，锻造过硬干部队伍。落实意识形态工作责任制，提升网络舆情应对管理能力。始终把正风肃纪反腐挺在前面，不断增强监督保障执行效果，查办违纪违法案件28件。

经济建设 全年完成地区生产总值103.83亿元，比2022年增长5.6%。一般公共预算收入5.32亿元，比2022年增长66.7%。固定资产投资33.6亿元，比2022年增长4.9%。规模以上工业完成总产值154.5亿元，实现增加值32亿元。限额以上批发业完成销售额87.88亿元，比2022年增长14.9%。规模以上服务业营业收入2.06亿元，比2022年增长79.33%。完成进出口总额2.49亿美元。推进工业园区升级改造，南部工业园工改区域拆净腾地9.67公顷，14个工改企业签约入园，18个村级工业集中区完成拆迁腾退，全镇签约拆迁面积近70公顷。载体建设初具规模，霞客湾创智园建成投运，智能装备产业园主体封顶，特色产业园破土动工。产业层级持续提升，招引精密激光熔覆制造加工、晶圆切割设备智能制造等科创项目21项。清华大学宽视场巡天望远镜MUST项目、北京大学创元1898研究院项目落地青阳，逐步构建“孵化器+加速器+产业园”全链条创新成长体系。主动融入全市创新战略，完善产业强镇政策，全年技术合同成交额1.4亿元，投入研发费用3.3亿元，规模以上工业企业中研发活动企业数占比70%，规模以上工业高新技术产值占比55%。

社会建设 强化企业创新主体地位，全年认定无锡市级以上专精特新科技企业5个、企业技术中心3个，无锡市“雏鹰企业”8个、“瞪羚企业”7个，引进科技型企业122个，入库国家级科技型中小企业101个。深化“双招双引”工作，引进国家级人才项目3项，申报“双创人才”5人，引进海外留学人才4人、高层次人才9人。教育质量显著提升，青阳中心幼儿园获评无锡市普通学校高质量融合教育示范校。江阴市青阳医院创成二甲医院，青阳医院中医馆建成省五星级中医馆。青阳镇文学艺术界联合会第五次代表大会召开，青阳医院朱氏针灸、陈惠平麦秆画入选省级非物质文化遗产代表性项目。完成锡澄路沿线片区开发总体设计，细化新一轮国土空间总体规划编制，优化镇村布局规划。协调推进轨道交通S1线、锡澄路快速化改造等锡澄一体化重大基础设施建设。提标改造市政道路管线，推进青桐路东段、洪腾路、府前路、旌阳南路、华澄路和振阳路等路网改造工程。落实青阳实验小学、青阳医院、环卫运营中心以及文体中心等民生工程建设。

全力推进安置房建设,启动朱家坝二期建设。打造凝秀湖公园及水秀路片区停车管理示范区,施划迎秀路等周边停车位106个。农村面貌有效提升,建成“全程机械化+综合农事”服务中心1处,村集体土地统一流转率提升至80%,腾退低端大棚和低复种蔬菜地251.2公顷,开展集中连片高标准农田建设148公顷。七里浜、塘头桥河等11千米的水系连通及水美乡村建设试点县工程全线竣工验收,6条生态河道、15条美丽幸福河湖建设按期通过验收。推进“三清三治”*农村环境卫生专项整治行动,获评江阴市红榜村1个、江阴市美丽村庄1个。持续打好蓝天、碧水、净土保卫战,全年$PM_{2.5}$平均浓度为30.1微克/立方米,比2022年下降4.4%,空气优良天数比率比2022年增长4.1%。国考泗河桥断面和其他3条市考断面水质均达Ⅲ类,水质同比持平,完成年度目标。镇中心污水处理厂完成环保阶段性验收,6个企业工业污水处理设施和10个沿河重点企业厂区内雨污管网完成改造,凯江农化土壤和地下水修复EOD项目稳步推进。10件中央环保督察信访交办件均整改销号。落实多层次社会保障体系,社保扩面1590人、居保扩面1350人,征地保障739人;落实落细援企稳岗政策,全年城镇新增就业1850人,扶持自主创业565人。养老服务扩面提质,银龄助餐实现全覆盖,为3343名老年人提供居家养老援助服务,完成39户困难老年人家庭适老化改造项目、家庭养老床位27张。全面推行“一网通办”改革,全年受理各类业务3万余件,自助网办业务办件量9100万件。重点落实开办小餐饮、就业、农村宅基地建房等一件事改革,实现“一件事”集成办理500余件。开通“户外广告”等事项全程网办,营业执照、城镇污水许可证实现电子执照发放。推进全流程电子化招标,加快打通限额以下招投标全流程电子化“最后一公里”,完成公开招投标项目35项,涉及资金6.1亿元。加强基层社会治理探索实践,强化村(居)民委员会规范化建设,形成“五社联动”*机制,“善治家园”社区治理创新项目初见成效。践行新时代“枫桥经验”,标准化建设“一站式”矛盾纠纷多元化解平台,打造“青阳人家”信访调解工作室。开展新时代文明实践主题志愿服务活动2200余场次,获评“江阴好人”3人、江阴市最美楼道1个。开展常态化扫黑除恶,排查社会稳定风险隐患,社会大局持续平稳运行。牢固树立安全发展理念,统筹推进安全生产风险专项整治巩固提升年行动,检查工贸企业467个次,立案查处48件。开展重点领域专项整治,关停搬迁“厂中厂”企业52个,检查“三合一”经营场所*88个次,整改“群租房”安全隐患358处,处理各类交通运输违法行为123起,完成改管改电餐饮店160个。加大工业企业安全管理规范化建设,安装电气火灾监控系统75个,配备微型消防站35套,安装压力监测报警装置和紧急自动切断装置45件。

2023年青阳镇主要经济社会指标一览表

表70

指　标	单位	数量	比2022年增减(%)	指　标	单位	数量	比2022年增减(%)
地区生产总值	亿元	103.83	5.60	限额以上单位零售额	亿元	3.77	1
其中:第一产业	亿元	3.73	-7.90	固定资产投资总额	亿元	33.60	4.90
第二产业	亿元	64.85	4.20	其中:工业投资	亿元	10.20	52
第三产业	亿元	35.25	9.80	进出口总额	亿美元	2.49	-22.90
一般公共预算收入	亿元	5.32	66.70	其中:出口额	亿美元	2.38	-20.10
农林牧渔业总产值	亿元	5.54	3.90	到位注册外资	万美元	1843	953
粮食产量	万吨	1.32	1.50	居民人均可支配收入	元	62142	4.90
规模以上工业利润总额	亿元	10.77	20.40	中小学校在校学生数	人	6650	1.70

2023年青阳镇各村(社区)基本情况一览表

表71

村(社区)名称	户数(户)	人口(人)	村(社区)党支部(党总支、党委)书记	村(社区)主任
塘头桥村	1154	4014	陈林芳	陈林芳
邓阳村	734	2773	王建峰	王建峰
芦塘村	1312	4785	薛　俊	薛　俊

续表 71

村(社区)名称	户数(户)	人口(人)	村(社区)党支部(党总支、党委)书记	村(社区)主任
悟空村	1502	5471	吴上飞	吴上飞
普照村	1352	4883	张陆军	张陆军
赵宕村	1165	4085	李立新	李立新
桐岐村	1062	3557	马兴洪	马兴洪
新安村	1003	3475	吴伟祥	吴伟祥
树家村	1379	5110	江　海	江　海
泗河口村	1104	4074	曹文江	曹文江
街西村	571	1724	郑　云	郑　云
青联村	872	2797	沈国清	沈国清
小桥村	1305	4713	闵海华	闵海华
建义村	950	3346	张国清	张国清
里旺里村	1439	5076	朱伟清	朱伟清
毓秀社区	287	807	姜　桦	姜　桦
迎秀社区	1543	3581	王　勇	王　勇
旌阳社区	1118	2739	沈海峰	沈海峰
旌秀社区	616	1507	何　萍	何　萍

【青阳商会连续四届获评全国“四好”商会】 江阴市青阳商会成立于1993年12月，有民营企业会员单位200余个。该商会充分发挥桥梁纽带和参谋助手作用，履行职能，团结带领广大会员企业，砥砺新时代，创造新业绩，打造“五引五聚”（思想引领抓党建聚信念共远行、服务引领搭平台聚发展共成长、创新引领促交流聚合作共智慧、文化引领树典范聚精神共弘扬、责任引领讲奉献聚爱心共富裕）工作法，有效发挥地方商会作用，为青阳经济社会发展做出贡献。该商会是江苏省第一个入选江苏民营经济统战研究协同创新基地调研点的乡镇商会，无锡市第一个获评AAAA级社会组织的乡镇商会，江阴市第一个成立实体型党支部的乡镇商会。2023年12月，该商会连续四届获评全国“四好”（政治引领好、队伍建设好、服务发展好、自律规范好）商会。

【2项项目入选省“非遗”代表性项目名录】 “朱氏针灸疗法”起源于清乾隆年间，已逾200年，以无锡市重点专科江阴市青阳医院针灸科为主要传承平台。麦秆画取材于农作物麦子成熟后的秸秆，无锡地区是20世纪60年代由江可凌首创，出处在青阳镇。1986年，江可凌的学生章意在青阳给陈惠平等人传授麦秆画技艺，后由陈惠平研习、创新、传承至今。陈惠平经过30余年的认真研习，融入国画、书法、篆刻等元素，逐渐形成自己独特的表现风格。2023年，针灸（朱氏针灸）、麦秆剪贴（江阴麦秆画）入选第五批江苏省非物质文化遗产代表性项目名录。

【霞客湾创智园二期项目封顶】 2023年10月27日，霞客湾创智园二期项目封顶仪式暨2023年项目集中签约活动举办。该项目位于青阳镇青桐路以南、苍安路以东、锡澄运河以西，占地面积9.3公顷，总建筑面积16.38万平方米。园区规划有7栋建筑，其中包含3栋“一字型”多层厂房、3栋“L”型多层厂房、1栋高层综合楼。整体功能分区明确，布局合理，力求打造一个充满科技创新力量且现代化的智能装备产业园区。

【旌阳湖科创园启动建设】 2023年12月21日，霞客湾科学城科教孵化中心（一期）旌阳湖科创园项目开工仪式在青阳镇举行。作为霞客湾科学城三大科创载体之一的旌阳湖科创园，项目总投资13.7亿元，总占地面积5.87公顷，总建筑面积20万平方米。项目分两期开发，建设地点位于青阳镇纵三路东、府前路南、徐霞客大道西、横二路北侧，建设内容包含科创展厅、孵化器、加速器、中试车间、配套商业、人才公寓等业态，以多层建筑为主。

【青阳镇文联第五次代表大会召开】 2023年12月27日，青阳镇文学艺术界联合会第五次代表大会召开。江阴市文联党组书记唐晓峰，镇领导邱振海、刘永刚、刘明钧、陈怡、朱丽霞、王冰钰，镇文联会员代表及工青妇等群团组织代表等出席会议。大会选举产生青阳镇文联第五届委员会委员，镇党委副书记刘永刚当选为新一届镇文联主席。（焦佳兰）

徐霞客镇

【概况】 徐霞客镇是明代杰出地理学家、旅行家、探险家徐霞客的故乡，是国家卫生镇、全国环境优美乡镇、全国特色景观旅游名镇、国家健康镇和全国经济发达镇行政管理体制改革试点镇。该镇位于江阴市南部，东与祝塘镇、周庄镇相接，南和无锡市惠山区堰桥街道隔界河相望，西与青阳镇、月城镇毗邻，北连南闸街道、云亭街道。区域面积110.17平方千米，下辖21个行政村。2023年年末，有户籍人口32240户104531人，其中男性51874人、女性52657人；户籍人口中有少数民族23个1044人，其中侗族175人、苗族337人、土家族332人、壮族79人、仡佬族17人、白族4人、满族7人、蒙古族3人、羌族7人、回族26人、黎族6人、畲族2人、土族1人、锡伯族2人、瑶族4人、彝族14人、布依族11人、藏族5人、朝鲜族7人、傣族2人、达斡尔族1人、哈尼族1人、仫佬族1人。有外来暂住人口46249人，其中男性27442人、女性18807人。

政治建设 开展学习贯彻习近平新时代中国特色社会主义思想主题教育，不断增强“四个意识”*、坚定“四个自信”*、做到“两个维护”*。全年开展镇党委中心组理论学习16次、研讨20次、基层调研130余次；深化“霞韵新声”理论宣讲品牌，全年开展宣讲237场、“理论集市”4场，受众7万余人。2个党总支升格为二级党委，新建新业态功能型党支部2个，镇党群中心获评无锡市五星级党群服务中心，获评无锡市村党组织“雁阵计划”5A级达标单位1个。建立1名在职党员结对1名年老体弱党员的“1+1”双向联系机制，覆盖60周岁以上党员2000余人；新建新时代文明实践点6处，开展群众性活动306场次。新建3000平方米村级电商党群服务中心1个，推出16种“徐霞客”红农品牌；5人获评“江阴好人”；全年在省市级平台发表稿件225篇，处理网络舆情21件。镇纪检部门全年约谈279人次，监督检查32次，发现并督促整改问题24个，立案40件。落实“红映霞客—聚力南征”基层党建三年行动，创新“1+21+195+N”(1个党委、21个村党组织、195个基层党组织、N项服务)乡村党组织区域化管理体系。选任6名党员河长联系市、镇、村3级115条河道。镇村干部学历提升行动完成专升本35人、高起专16人。全年提拔村书记3人、村干部3人，发展党员主播4人。推荐2人到村任职，选拔4人挂职锻炼。成立江阴—霍城青少年交流基地，常态化开展各族青少年交流活动；完善党外代表人士信息库。徐霞客总商会被认定为2023年江苏省“四好”商会，2人获无锡市五一劳动奖章。探索并建立“五个有”(说法有去处、纠纷有人管、调解有章法、服务有温度、事事有结果)工作法，打造“清风徐来”特色工作品牌。完成全年征兵任务，在役军人获二等功1人、三等功3人、优秀士兵9人，完成镇“三室一库”(办公室、资料室、会议室，战备器材库)和村“两室一家”(办公室、器材室，青年民兵之家)建设，建成出入库信息化管理系统。

经济建设 全年完成地区生产总值178.45亿元，比2022年增长3.8%；一般公共预算收入9.8亿元，比2022年增长19.3%；全社会固定资产投资35.09亿元；完成进出口总额6.16亿美元，比2022年增长13%；注册外资实际到账1500万美元。全年完成农林牧渔业总产值9.42亿元，农业投资2750万元；完成粮食播种面积2894.78公顷，建成高标准农田92.38公顷，标准化改造养殖池塘13.47公顷，拆除低端蔬菜大棚30.43公顷；获评2023年省级耕地保护激励单位；发布徐霞客农技情报19期，发放赤霉病防治药剂1.2万亩次，水稻病虫害防治药剂1.6万亩次。发放各类农业补贴462.78万元；农业政策性保险镇级承担保费237.23万元，理赔265次计229.48万元。设置森林防火语音播报器(带视频监控功能)2套，修补围网260米，清除林下可燃物20公顷。新增承诺达标合格证服务站4个，全年蔬菜农药残留检测送检样品3371份、胶体金检测2000份，合格率100%，接受省、市各级农产品质量安全检测18次，合格率100%；开展“三灭四消”(灭蚊、灭蝇、灭鼠，日常消毒、重要时点消毒、突击消毒、应急消毒)工作4轮，消毒面积41.7万平方米，瘦肉精检测723份。建成霞客湾生态湿地186.76公顷，32条镇村河道开展综合整治，15条美丽幸福河湖通过验收。全年完成规模以上工业总产值263.5亿元，比2022年增长1%；完成工业投资16.55亿元，比2022年增长26.7%；其中高技术投资12.56亿元。签约亿元以上项目12项，列入省级重大工业项目1项、无锡市重点重大项目4项、江阴市重点重大项目13项。完成工业用地出让1.59公顷，土地连片集中腾退16.71公顷，低效整治43.36公顷。完成土地报批16.34公顷、存量认定地块11.54公顷，土地复垦项目6项6.87公顷，申报占补平衡项目9项11.67公顷；完成无锡市首个“个转企”变更。落实自愿性清洁生产企业3个、节能改造项目2项、绿色制造标杆1个，完成27个企业的绿色化诊断、54个绿色工厂星级评定，获评国家级绿色工厂1个、省级绿色工厂1个。普查个体户8788个，法人和产业活动单位4709个。全年服务业投入18.26亿元，规模以上服务业营业收入7.3亿元，比2022年增长2.8%；限额以上批发业销售额277亿元，比2022年增长7.1%。限额以上零售业销售额5.05亿元，比2022年增长3.9%。居民人均可支配收入6.55万元，比2022年增长4.3%。村集体经济收入1.42亿元；在农村集体资产监管行动中，发现清理问题41个，涉及金额832.49万元；农村集体资产线上产权交易成交727笔5643.6万元。推进大气污染治理任务349个，提升改造废气治理设施135套，在线监测安装项目103项。省考、市考断面水质优Ⅲ类比例保持100%。排查整治重点企业突发环境隐患252处。编制完成徐霞客段白屈港、冯泾河突发污染事件应急响应处置方案及“一河一图一策”。开展白屈港(徐霞客镇段)、青祝运河等14个排口整治工作。完成301个企业雨污分流排查整治，217个涉磷企业实施规范化整改，2条黑臭水体通过销号验收，落实8块高风险遗留地块土壤污染风险管控。完成土壤污染重点监管单位土壤和地下水年度自行检测11份、土壤状况调查4份；80个企业完成化学物质筛查系统填报审核。完成镇级环境应急物资库建设；全年预审环评项目51项，征地项目环评联系单位12个；受理各类环境信访事项143件，其中省及以上信访3件。

社会建设 全社会研发投入5.52亿元，完成高新技术产业产值117.7亿元，占规模以上工业产值43.8%，数字经济核心产业营业收入25.4亿元。有效期内高新技术企业数量65个，入库科技型中小企业165个、“雏鹰企业”* 12个、“瞪羚企业”* 11个。签订重点产学研合作项目10项，金额1800余万元。新增江苏省工程技术研究中心2个、市级工程技术研究中心12个，排摸海外留学人才19个、高层次人才60个，完成国家重点人才引进项目3项，完成科技招商企业入库119个。申报国家级人才工程A类项目4项，新增国家级专精特新“小巨人”企业2个、省级专精特新企业6个；完成星级上云企业申报20个、数字化诊断99个。新增企业职工养老保险参保人员2008人，城镇就业人员1600人，安置、援助就业困难人员601人，扶持自主创业500人，新增创业贷款19笔580万元；发放居民养老保险退休人员待遇1.35亿元、被征地农民保障金3645万元（包括市财政资金），发放统筹保养人员保障金216万元；完成居民养老待遇资格认证2万余人；落实714人的保障类型确认、待遇发放。组织3场招聘会，发布90余个企业1200个岗位信息；认定就业见习基地7个。书面审查入库用人单位830个；受理调解劳资纠纷753件，涉及职工近900人，为职工讨回工资、补偿款、工伤赔偿643.37万元。11个行政村参加江阴市城乡居民养老保险集体补助试点，惠及966人；创建“家门口”公共就业服务站2个。组织全民阅读活动260余场、书香活动40场，开展广场文化会演活动12场、民俗文化活动60场，送评弹15场、送戏下乡48场、送电影252场、送图书2100册，服务37万余人次。组织参加江阴市第十届“芙蓉花奖”和无锡市“群芳奖”，获无锡市“群芳奖”金奖1个，江阴市“芙蓉花奖”舞台艺术类A组精品节目奖2个，B组优秀节目奖1个、优秀节目提名奖2个，美术书法类二等奖2个、三等奖3个；招募“乡村阅享官”35人，打造公共“悦”读空间62个。全年发放各类救助金3789万元，惠及10余万人次。“福村宝”全年补助1.18万人次599万元。“慈善一日捐”筹集89万元。28个养老机构及站点服务覆盖率100%，“空巢”独居老人巡访率100%，19个村70余名老人银龄助餐1.31万餐次。启用“互联网+殡葬服务”。推进“公益坊+社工站+慈善站”三位一体工作阵地建设，社工室100%全覆盖，新增15人取得社工证。新建“残疾人之家”1个。发放独生子女一次性奖励金434.88万元，全年741人献血25.05万毫升。完成燃气管阀更新13521户，餐饮场所瓶改管、瓶改电293户。完成安装一键式报警装置企业（场所）20个，安装点式感烟探测报警器1872只，配备消防安全五件套803套。新装消防应急照明灯64盏、各类报警器79个、灭火器48个、逃生设施600套。完成马镇东街消防示范街建设，建成峭岐政府专职消防救援队。建设新能源汽车充电站12个、电动自行车集中充电桩120套。全年新增机动车停车泊位150个，更新集镇区人行道板停车泊位832个、非机动车停车位1854平方米，完善标牌和隔离设施25个。全年开放体育健身点170个，新建口袋公园2个，新增健身公园3个、健身步道2600余米、健身器材8套。完成《江阴市徐霞客镇工业园区详细规划及城市设计》，完成10个行政村村庄规划报批。完成霞客映配套道路、璜塘农贸市场提升改造、垃圾综合处理站提标改造等民生工程。霞栖苑六期、霞客苑A地块竣工交付。霞客苑B地块主体工程完工。完成镇政府办公楼及辅楼立面改造工程。实施13个村庄污水治理，农村供水管网及户表改造1696户。完成69个排水达标区236千米雨污水管线测绘、视频检测，普查排水户515户。安装峭璜路、峭花路等路段中心隔离护栏，完成8个自然村美丽农居建设。创建无锡市级示范小区1个，新增业主自治组织3个。完成省重点项目沪武高速拓宽等拆迁任务。启动拆迁项目12项，征拆面积28.12万平方米。完成安置房分房1651套，安置拆迁户1024户、面积18.78万平方米。完成璜塘幼儿园南操场及内院塑胶场地改造、徐霞客幼儿园新校门改造，投入150万余元建设校园暑期安全工程。完成2所学校校车公交改革。深化安全生产专项整治，排查治理重大隐患15处，立案处罚66件，建设“厂中厂”镇级示范点1个、培育村级示范点21个，拆除消防通道违章搭建7980平方米、泡沫夹芯板3745平方米，排查整改隐患554处。整治完成C级、D级农村危房22户，排查自建房安全图斑56801个。以“最干净城市”创建为契机，开展整治行动450次，查纠各类违章行为8900余次，整治规范门店2300余个次，清理乱张贴、乱涂写、破旧横幅7800余处，拆除各类店招标牌、广告设施91个5920平方米，出新建筑物外立面6.95万平方米，镇、村联动拆除违法建设72处9.25万平方米。治理乱停乱放车辆1700余辆次，规范停车2200余辆次；维修改造道路及硬化2.18万平方米，整治空中缆线2652处。“三清三治”* 行动中出动1.59万人次，清理农村各类垃圾10.37万立方米，粉刷墙面12.5万平方米，清理房前屋后乱堆放乱搭建1.1万处，拆除畜禽棚舍6481个，拆除过季蔬果棚架1438个，修复破损村道路面3.22万平方米，整治岸线违规行为71处，清理河道水生植物、垃圾305处，打捞水葫芦66.9万千克，清理废弃“三无”船舶* 21只，清理渔网、渔簖、管桩、地笼4265处，取缔围网、畜禽养殖2337处，清理岸坡乱垦种、乱搭建3435处，整改挖河、堆土1.63公顷。改造3万平方米临时绿地，新增7项项目管护面积4.3万平方米。建成6座二类公厕、完成6座公厕立面整修。6个小区建成“三定一督”* 垃圾分类设施。新增新能源扫地车3辆、护栏清洗车1辆、高压洒水车1辆。全年综合窗口受理各类业务3.93万件,企业登记1428件、个体登记2498件,完成各类"一件事"676件。全面承接不动产登记8大类29项。镇村招标工程项目209项,计2.44亿元,资金节约率12.6%。上线"互联网+政务服务"决策分析系统展示界面和承重柱展示屏界面2.0版,上线全流程电子化办理事项6项;建成镇、村两级"一网通办"网络。信息电子化推送平台推送信息1.4万条次,涉及市场主体营业执照4231张。入选无锡"微幸福"民生工程7件。处理专职网格员上报事件1.34万件,流转派单4665件,交办4665批次,结案率100%。12345政务服务便民热线办结投诉5323件,满意率100%。培育江苏省级法治文化建设示范点1个、无锡市级法治文化精品阵地4个,新建法治文化阵地1个。实现21个"霞客议家亲"矛盾调解工作组全覆盖。法律顾问参与纠纷疏导400件,受理法律援助案件186件,镇、村两级调处各类矛盾纠纷992件,涉及金额3058万元,社区矫正对象解除30人。完成社会面治安监控项目三期238个点位升级、优化,排查203户群租房,接待群众来访161批270人次,受理网上信访94件,及时办结率100%,排查化解信访矛盾件25件,化解信访突出问题7个。

2023年徐霞客镇主要经济社会指标一览表

表72

指　标	单　位	数　量	比2022年增减(%)	指　标	单　位	数　量	比2022年增减(%)
地区生产总值	亿元	178.45	3.80	限额以上单位零售额	亿元	5.05	3.90
其中:第一产业	亿元	6.84	0.10	固定资产投资总额	亿元	35.09	-3.80
第二产业	亿元	114.67	4.50	其中:工业投资	亿元	16.55	26.70
第三产业	亿元	56.94	2.90	进出口总额	亿美元	6.16	13.00
一般公共预算收入	亿元	9.80	19.30	其中:出口额	亿美元	4.43	1.30
农林牧渔业总产值	亿元	9.42	1.38	到位注册外资	万美元	1500	-11.40
粮食产量	万吨	2.14	1.85	居民人均可支配收入	元	65543	4.30
规模以上工业利润总额	亿元	16.64	77.40	中小学校在校学生数	人	8798	0.00

2023年徐霞客镇各村(社区)基本情况一览表

表73

村(社区)名称	户数(户)	人口(人)	村(社区)党支部(党总支、党委)书记	村(社区)主任
金凤村	1550	5343	张国兴	张国兴
任九房村	1444	4083	任巍峰	任巍峰
方园村	2246	7267	王　健	王　健
新须毛村	977	3367	张亚良	张亚良
璜东村	996	3512	严　刚	严　刚
上东村	1687	5831	张同昌	张同昌
璜塘村	1194	3572	张银初	张银初
北渚村	2043	6449	徐　虎	徐　虎
徐霞客村	1276	3951	沈贤斌	沈贤斌
马镇村	1082	3674	俞立华	俞立华
湖塘村	1022	3321	范燕月	范燕月
红星村	1366	4667	顾建彬	顾建彬
阳庄村	1221	4268	金　平	金　平
皋岸村	1789	5778	孔维章	孔维章

续表73

村(社区)名称	户数（户）	人口（人）	村(社区)党支部（党总支、党委)书记	村(社区)主任
东宏村	1756	5821	蒋洪青	蒋洪青
黎明村	1406	4630	封晓忠	封晓忠
峭岐村	2156	5617	陈加平	陈加平
钓岐村	1548	4948	—	—
宏岐村	1748	5885	吴余清	吴余清
新街村	980	3408	胡建国	胡建国
南苑村	2753	9139	吴国荣	吴国荣

【徐霞客中学女子橄榄球队获全国赛分站冠军】 徐霞客中学女子橄榄球队成立于2020年9月，有2006—2007年龄组、2008—2009年龄组和2010—2011年龄组3支队伍，队员24人，球队采用市队校办、体教融合模式培养。2022年8月在江苏省第二十届运动会上，2008—2009年龄组获江苏省冠军、2006—2007年龄组获江苏省亚军。2023年7月23日，全国青少年U系列英式7人制橄榄球系列积分赛暨业余联赛在山东省济宁体育中心体育场落幕，代表江苏省参赛的徐霞客中学女子橄榄球队以五战全胜的成绩获女子组冠军。

【徐霞客镇第五届人代会第三次第四次会议召开】 2023年1月7—8日，徐霞客镇举行第五届人民代表大会第三次会议。会上，镇长袁飞作《政府工作报告》，镇人大主席胡品洪向大会作《人大主席团工作报告》，镇党委副书记李啸天主持并作《代表议案建议意见审查报告》。会议表决通过《关于财政预决算报告的决议》。6月28—29日，徐霞客镇举行第五届人民代表大会第四次会议，依法选举季勇为徐霞客镇政府镇长，副镇长葛伟栋作《徐霞客镇人民政府上半年经济和社会发展情况报告》。会议表决通过《代表议案建议意见审查报告》《财政预决算审查报告》，并通过大会相关决议。全体镇人大代表，部分市人大代表，镇党委、政府班子成员，协理员，村党总支书记，部分驻镇事业单位负责人，机关部门负责人以及老干部代表参加会议。

【2个村党委成立】 2023年12月12日，徐霞客镇举行中共江阴市徐霞客镇方园村、南苑村委员会揭牌成立仪式。方园村有党员271人，南苑村有党员314人。江阴市委组织部副部长、“两新”组织*工委书记周麒，镇党委书记陈剑雄为方园村、南苑村党委揭牌。2个行政村党委的成立，是增强基层党组织政治功能和组织功能，推动组织发展再上新台阶，激励干部队伍展现新面貌，引领乡村振兴再上新赛道的举措。镇领导陈剑雄、俞健、缪琼、钱红霞，方园村、南苑村“两委”*干部出席活动。

【镇村两级“一网通办”平台全覆盖】 2022年11月，徐霞客镇行政审批局作为江阴市首个镇级试点全面启用“一网通办”平台，在此基础上，梳理形成申请材料更精简、办理流程更科学的村级便民服务事项清单2.0版，加速便民全覆盖进程。“一网通办”平台集智慧政务平台、“一件事”管理平台和综窗受理平台于一体，窗口工作人员只需登录一个平台即可办理所有便民事项。2023年3月，南苑村便民服务站通过“一网通办”平台办件完成，徐霞客镇在全市率先实现镇、村两级“一网通办”平台全覆盖、实办件。至年末，村级“一网通办”业务受理10389件。

【市首个镇级标准化不动产登记分中心揭牌】 2023年6月25日，江阴市不动产登记中心徐霞客分中心揭牌仪式在徐霞客镇行政审批局举行。江阴市自然资源和规划局副局长朱惠龙、市大数据管理和政务服务局副局长沈纯雅、市不动产登记中心主任华忠、徐霞客镇党委副书记俞健共同揭牌。朱惠龙、俞健还分别颁发徐霞客分中心首张“不动产身份信息变更不动产权证”和首张“双预告转正不动产权证”。徐霞客镇不动产分中心试点工作是推进江阴市不动产登记改革向纵深推进、向基层延伸，不动产业务“去中心化”的进一步改革探索，作为不动产登记全澄通办首个分中心试点，“同市同标”全面承接8大类29项不动产登记业务，至年末，该项业务办理9458件。

【湖塘街与东街实施挂牌保护】 湖塘村湖塘老街有着820余年历史，始建于南宋庆元年间。老街全长280余米，宽3.2米。凭借水陆交通优势，湖塘老街商贸一直比较兴旺发达，为原马镇东部区域的商贸中心。北渚村东街傍北渚河而建，隔为东街和西街。初始形成于南宋庆元年间，水路交通便捷，逐渐形成集镇。北渚东街是烈士奚佐尧的家乡，集镇内保存着奚佐尧故居。湖塘村湖塘街、北渚村东街为2020年第一批江苏省传统村落。2023年6月，省住房城乡建设厅印发《关于实施省级传统村落挂牌保护工作的通知》，要求所有被列入省级传统村落名录的村落都要统一设置保护标志牌。8月15日，徐霞客镇湖塘村湖塘街、北渚村东街正式挂牌保护。该次挂牌传达对传统村落保护的决心，推动徐霞客镇文化价值的挖掘、研究和传承。

【智慧广电乡村平台上线】 作为江苏省2022年度民生实事项目，徐霞客镇通过江苏有线的运营支撑，定制具有徐霞客镇特色的“一镇一品”电视平台,并于2022年10月28日高分通过省验收组验收。平台分“霞客动态”“文明霞客”“霞客名师”“霞客直击”“霞客直播间”“霞光十色”等栏目,同时链接新时代文明实践、“三务”公开*、有事好商量、应急广播、电视党史馆等版块,为全镇居民提供丰富信息,推动提升农村基层治理现代化水平。2023年1月17日,该平台正式上线。

【徐霞客镇举办篮球联赛】 2023年8月15日,徐霞客镇“尚领石英杯”篮球联赛在峭岐村杨塘头篮球场开幕,并举行首场比赛。是月22日,篮球赛闭幕。有8支村级篮球队,近200名运动员参加比赛。经过8天16场角逐,最终方园村队夺得该次徐霞客镇篮球联赛冠军。

(卢淑琴)

华士镇

【概况】 华士,原名华墅、花市,又称龙砂,素为江南名镇,有5000年的考证史,3200年的记载史。宋元时,华士地区已成为江南棉花交易集散中心,有“日出万匹、衣披天下”之美誉。华士钟灵毓秀,曾有“小小华士赛苏州”之誉。华士人文荟萃,南宋至清末,出进士50人、举人62人。华士名医辈出,有“大江南北延医者,都于华墅”之说。华士镇位于江阴市东部,东与苏州市张家港市相接,沿江高速公路、340省道横贯该镇,地理位置优越,水陆交通便捷,是“天下第一村”华西新市村的所在镇。区域面积74.58平方千米,耕地面积1761.3公顷,下辖27个行政村和2个社区居委会。2023年年末,有常住人口82867人,其中男性41072人、女性41795人;有少数民族20个1440人(含男性672人、女性768人),其中土家族177人、苗族322人、布依族105人、侗族61人、回族318人、壮族80人、满族55人、彝族191人、蒙古族9人、白族22人、仫佬族7人、仡佬族14人、朝鲜族8人、羌族23人、瑶族14人、水族5人、黎族5人、德昂族1人、拉祜族21人、畲族2人。有外来暂住人口78758人,其中男性44661人、女性34097人。

政治建设 始终把政治建设摆在首位,不断增强“四个意识”*、坚定“四个自信”*、做到“两个维护”*,落实意识形态工作责任制,不断巩固意识形态领域向上向好的总体态势。坚持法治思维不动摇,始终把依法行政贯穿于政府决策、执行、监督全过程,自觉接受人大监督,及时高效办理镇人大代表建议9件。持续推进各级巡察、审计反馈问题整改工作,加强巡察、审计整改成果运用。深入落实政府系统全面从严治党主体责任,坚持带头过“紧日子”,严格执行中央“八项规定”*,持之以恒抓好政府系统党风廉政建设,力戒形式主义、官僚主义,政治生态持续净化优化。

经济建设 坚持稳中求进工作总基调,着力推动高质量发展,全年实现地区生产总值273.08亿元,比2022年增长5%;完成一般公共预算收入9.5亿元,比2022年增长3.7%;规模以上工业产值670.78亿元,比2022年增长3.8%;规模以上工业增加值117.39亿元,比2022年增长8%;固定资产投资22.28亿元,比2022年增长23.3%,其中工业投资18.24亿元,比2022年增长9.3%;批发业销售额197.96亿元,比2022年增长1%;到位外资2250万美元。经贸洽谈会签约12项重大项目,总投资41.59亿元。全年完成江阴市重大投资项目9项12.3亿元,完成率119.5%;无锡市重大投资项目6项10.4亿元,完成率115.7%。新增统计入库项目24项,总投资17.9亿元。完成千企升级入库88个,工业企业节能诊断33个。突出优结构、强服务,转型升级步伐加快。纵深推进工业园区升级改造,全年完成集中连片腾退土地21.73公顷,盘活存量4公顷,整治低效66.67公顷。有序推进印染集聚区、金属新材料产业园、陈塘包装设备产业园、私营小区的拆迁腾地。年纳税超1000万元的企业25个,比2022年增6个。成立服务企业专班,脚踏实地帮助企业解决在生产经营、上市、融资、重组等过程中遇到的实际困难。建立健全工改例会、项目会商制度,全力抓好项目审批、土地、排污能耗指标等各项要素保障,统筹高效推进项目建设,助推尊阳二期、包装装备等项目开工,采纳二期、申通物流等项目主体竣工。服务以华西钢铁为代表的金属、冶金企业加速转型、做大做强,取得成效。

社会建设 全年通过高新技术企业认定26个,入库科技型中小企业148个、无锡市“雏鹰企业”*培育库12个、“瞪羚企业”*培育库10个,入库江苏省科技企业上市培育计划1个,获批江苏省工程技术研究中心1个。获评国家级专精特新“小巨人”企业2个,国家级“5G”工厂2个,江苏省“专精特新”企业6个,江苏省三星级上云企业2个,江苏省创新型中小企业17个。突出增颜值、提内涵,乡村振兴提档升级。完成华西二村、华西四村、陆桥村、龙砂村村庄规划报批,中心污水处理厂及配套管网一期总体完成超95%,二期厂内设备完成超90%,厂外管网分五批有序施工中。砂山东坡治理工程削坡主体已完工,沪武高速拓宽征地拆迁工作基本完成,启动新陆家桥人行桥新建、申张线航道整治拆迁。完成和平弄、矿机路西侧、华苑小区、华菁苑二期、坊前新村590户安置房证办理。全年收获水稻4846吨、小麦2660吨。华西都市农业75.53公顷水稻基地创建为省级示范区,并获评江苏最美绿色优质农产品(大米)企业。陆新村、陆丰村130.87公顷高标准农田建设项目完成超70%。农业产业服务蓬勃发展,建成省级农机维修点1个,新增农产品深加工企业1个。聚焦“一部”“四沿”“五旁”等重点区域,发动近3万人次推进“三清三治”*农村环境卫生专项整治行动,摸排并整改问题5万余个,全镇269个自然村Ⅱ类村达标率95%,曙新村获评第三批全国乡村治理示范村、全省乡村振兴示范村,龙砂村乌牛泾岸郎获评江阴市最美村庄,宜居宜业和美乡村建设不断取得新进展新成效。抢抓“澄东南智造区”发展契机,引入大梦想城、青少年社会实践基地项目,整合华西新市村、天华国防教育馆、泰清寺等旅游资源,启动建设以宜居乡村、红色旅游、实践研学、休闲体验为亮点的特色旅

游示范区。推进全域土地综合整治试点。突出深治理、强攻坚，生态环境不断向好。完成中央督办件整改销号，抓好工业企业污染源治理，削减挥发性有机化合物，完成2个锅炉整治提升、13个挥发性有机化合物源头替代“回头看”、13个包装印刷行业整治、9个铸造行业企业整治提升等项目，镇平均$PM_{2.5}$为32.4微克/立方米，空气质量优良天数比率78.9%，空气质量保持向好趋势。完成穿山桥西侧排口整治工作，加快推进451个企业雨污分流整改与验收。完成东塘港、山北横河西段、蔡港河南段、南草沟、北草沟、牛桥浜、东界河、洪年浜、二家坝、油车基浜美丽幸福河湖建设。完成14个企业20处危废固废问题整改，严格落实“无废城市”数字化监管体系。突出办实事、增福祉，社会保障有力有效。全年提供就业岗位4380个，促进本地劳动力就业2620人，扶持自主创业643人。全年发放被征地农民保障金7537万元，居民养老保险金4697万元，镇办退休人员退休金2837万元，补助居民医疗保险金1855万元，发放最低生活保障金142万元，残疾人生活补贴559万元，重度残疾人护理补贴112万元，尊老金263万元，“银龄助餐”项目启动试运行。村级集体总收入突破4亿元，13个行政村经营性收入超500万元，居民人均可支配收入72218元，比2022年增长4.3%。环南路安置房三期1～3号楼主体封顶，4～6号楼及地下室基本完工。新建华士实验中学彩虹跑道、华士实验小学陈列馆，完成陆桥实验小学多功能室改造，新增智慧黑板72套，完成3所初级中学危化品储藏室升级改造，发放困难学生资助金45万元。华士镇老年文体中心累计开书场255场，服务听众超7万人次。全年创作各类文艺作品超500件，书法作品获国家级奖项5个，表演唱《渔歌唱来板艄忙》获第七届无锡市“群芳奖”音乐作品金奖。江阴市第四人民医院优化综合门诊建设，华士社区卫生服务中心打造江阴市名老中医传承工作室，进一步提升诊疗服务质量。华益村获评2023年度江苏省健康村，陆新村获评2023年度江苏省示范型老年友好型社区，华士村入选全省股份经济合作社百强社。全面筑牢安全防线，签订企业安全生产告知承诺书1300余份。全年执法检查企业1089个次，推进“两易一密一新”场所综合整治，拆除存在消防隐患的违规搭建1万余平方米。推动“厂中厂”专项整治走深走实，以点带面提升企业本质安全水平，培育2个镇级标杆“厂中厂”，各村成立示范“厂中厂”。持续推进道路交通安全“减量控大”，全年道路交通事故亡人数下降40.9%。完成灶管阀更新超1万户，餐饮场所“瓶改管”“瓶改电”286户。成立华士镇劳动人事争议联合调解中心并实体化运作，为5000余名职工追回4000余万元劳动报酬。优化完善热线部门联动处置机制，高效办理12345政务服务便民热线诉求5841件，反馈率100%，群众满意率99.98%。常态化开展养老诈骗整治、电信诈骗打击，强化信访问题源头治理，及时把矛盾纠纷化解在萌芽状态，有效提升群众安全感、满意度。持续推进群租房整治工作，摸清群租房底数，排查并整改隐患418处，群租房安全治理水平进一步提升。聚焦群众“急难愁盼”，化解一个历史遗留“办证难”问题，为帝景花园三期491户居民打通不动产证办理通道。

2023年华士镇主要经济社会指标一览表

表74

指　　标	单　位	数　量	比2022年增减(%)	指　　标	单　位	数　量	比2022年增减(%)
地区生产总值	亿元	273.08	5	限额以上单位零售额	亿元	6.90	-42.50
其中:第一产业	亿元	2.32	6.40	固定资产投资总额	亿元	22.28	23.30
第二产业	亿元	184.71	8.30	其中:工业投资	亿元	18.24	9.30
第三产业	亿元	86.05	-1.50	进出口总额	亿美元	7.85	-3.40
一般公共预算收入	亿元	9.50	3.70	其中:出口额	亿美元	7.13	-3.20
农林牧渔业总产值	亿元	3.16	3.20	到位注册外资	万美元	2250	-6.0
粮食产量	万吨	0.78	3.70	居民人均可支配收入	元	72218	4.30
规模以上工业利润总额	亿元	44.23	157.40	中小学校在校学生数	人	11685	0.73

2023年华士镇各村(社区)基本情况一览表

表75

村(社区)名称	户数(户)	人口(人)	村(社区)党支部(党总支、党委)书记	村(社区)主任
华士社区	2835	6826	赵丁一	殷浩全
陆桥社区	528	1373	陈东升	陈东升

续表 75

村(社区)名称	户数(户)	人口(人)	村(社区)党支部(党总支、党委)书记	村(社区)主任
华西新市村	487	1520	吴协恩	吴协恩
华西一村	1196	4164	薛奔弟	薛奔弟
华西二村	995	3449	王　忠	朱文明
华西三村	815	2942	刘进杰	刘进杰
华西四村	499	1747	谢士兴	谢士兴
华西五村	711	2568	黄　荣	黄　荣
华西六村	652	2266	周建国	周建国
华西七村	615	2232	吴　挺	吴　挺
华西八村	810	2783	季海庆	季海庆
华西九村	510	1833	吴惠兴	吴惠兴
华西十村	668	2580	唐晓斌	唐玉兴
华西十一村	877	3220	龚丽红	龚丽红
华西十二村	561	2033	王　超	王　超
华西十三村	938	3264	费仁德	费仁德
华士村	983	3604	徐华江	徐华江
向阳村	646	2678	李　华	李　华
陆南村	735	2520	费　澄	费　澄
陆桥村	870	2963	张忠敏	张忠敏
陆新村	907	3032	夏　斌	夏　斌
红苗村	698	2480	王　勤	王　勤
陆丰村	1054	3642	周新刚	周新刚
勤丰村	977	3777	赵卫东	赵卫东
华中村	1329	4694	黄惠荣	黄惠荣
华益村	1132	4325	王海明	孙　科
龙河村	1359	4926	陶玉良	陶玉良
曙新村	987	3472	赵正洪	赵正洪
龙砂村	814	3016	汪少清	赵澄华

【曙新村获评全国乡村治理示范村】 2023年,华士镇曙新村坚持党建引领乡村治理,构建政治、自治、法治、德治、智治"五治"融合的治理体系,打造"三联三学三促进"(联户、联职、联企;联户学政策、联职学知识、联企学先进;促进村委服务解决村民问题、促进企业服务解决职工问题、促进政府服务解决企业问题)工作法,解决村民、新市民困难,为企业谋发展,为村级高质量发展贡献政协力量。打造有事好商量协商议事品牌和"澄律振新"品牌,深入开展村级道德模范评选活动,推行村民文明积分考核,打造镇域首个"印象曙新"5G数字平台,通过平台实时推送积分并予以激励。建成开放便民服务中心、律师问诊室、青少年科普教育基地等一批群众"家门口"服务阵地,开展"法治惠企""律师问诊""蓓蕾课堂"特色公益法律服务。全年累计办结各类事项3830余项,上门代办服务450余次,帮助解决村民困难100余件,全村有"中国好人"贡旦旦等各级各类"好人"20余人。年末,获评全国乡村治理示范村。

【华士镇便民服务中心通过省示范点验收】 2022年,华士镇便民服务中心通过无锡市"15分钟医保服务圈"示范点验收后,进一步巩固成果,严格按照"六有一能"(有场所、有人员、有制度、有网络、有设备、有经费,能办事)标准,在大厅设置2个医保专窗及6个功能区域，开辟两条绿色通道，并设立“老年人等候区”，配全相关必要硬件设备；打造镇+村（社区）+网格“1+29+112”医保经办服务网络；提供延时服务、批量办理的预约服务、进村入企的志愿服务、纾困解难的上门服务、帮办代办服务等。2023年5月8日，华士镇便民服务中心通过江苏省医疗保障局评审验收，获评2022年度江苏省“15分钟医保服务圈”示范点。

【华士村入围省百强股份制经济合作社】 华士村位于华士镇镇区，下辖7个村民小组，有1158户，总人口3736人。从20世纪80年代开始，华士村办企业，90年代末，利用独特的地理优势，开始发展第三产业，形成村集体工业经济以纺织、轻工为主，村三产经济为辅的主要格局。村民全部入住于3个别墅区。之后，该村以发展壮大新型农村集体经济为重要内容，强化集体所有制根基，巩固发扬集体经济发展传统优势，持续深化农村改革，推进体制机制创新、加大政策扶持保障，强化数字监督管理，做好农村集体产权制度改革“后半篇文章”，村集体每年年底给村民发放福利1000余万元。2023年9月22日，在“农担农行杯”江苏百强股份经济合作社发布会上，华士镇华士村入围2022年江苏省百强股份经济合作社榜单。

【华益村创成省健康村】 2023年，华益村以倡导“健康”生活为导向，从实际出发，狠抓健康环境整治，着力提升健康服务能力，为满足广大村民群众日常需求，建设室外健身场地9个，新增健康步道2条，打造老百姓家门口“1公里健身服务圈”，有效促进健康文化发展，全面推进健康村建设工作，不断提高村民健康水平，取得显著成效，于12月建成江苏省健康村。

【陆新村创成省老年友好型社区】 2023年，陆新村以安心、舒心、细心、贴心、孝心、暖心“六心”老年工作模式为指导思想，结合村实际情况不断开拓思路，整合资源，凸显优势，开展“六心”工作：营造安心氛围，健全组织架构；打造舒心环境，提升生活质量；组织细心服务，保障健康身体；做足贴心工作，促进老有所为；倡导孝心文化，弘扬文明风尚；助力暖心小事，谱写温暖篇章；全力打造老年友好型社区。12月，通过省级验收，创建成江苏省老年友好型社区。

【华士镇首批中级行政办事员持证上岗】 2022年7月，华士镇便民服务中心18名工作人员在无锡市率先获得行政办事员初级证书。为进一步提升政务服务标准化、规范化水平，2023年，华士镇便民服务中心以推广行政办事员职业技能认定为抓手，提升窗口人员专业能力，打造一支服务规范、素质过硬、能力突出的政务服务队伍。4月12日，华士镇便民服务中心18名工作人员，继续通过职业道德、法律法规、政务知识等七个方面的学习培训、模拟演练，考取中级证书，成为无锡市首批综合窗口中级行政办事员。

【华士镇科协第八次代表大会召开】 2023年5月5日，华士镇科学技术协会第八次代表大会召开，会议全面总结五年来镇科协工作取得的成绩，明确下一个五年科协事业发展的奋斗目标和主要任务。会上，代表们审议通过《华士镇科学技术协会第八次代表大会决议》，选举产生科协第八届委员会成员和新一届镇科协领导班子，刘延平当选为新一届委员会主席。江阴市科协主席谈海平，华士镇领导李昀、程云、刘延平、程春红及全镇科技工作者代表参加会议。

【华士镇第十九届人代会第四次会议闭幕】 2023年7月20日，华士镇第十九届人民代表大会第四次会议举行第二次全体会议。大会选举蒋莉为华士镇政府副镇长，听取并通过《关于2023年上半年政府工作报告》《2023年上半年财政预算执行情况》《华士镇拆迁安置房不动产权证办理情况报告的决议》。江阴市副市长、华士镇党委书记魏锋，华士镇领导李昀、杨伟兵、程云、胡丹、徐平、刘延平、樊广勤、汤中一、蒋莉、程春红等参加会议。（赵洪高）

周庄镇

【概况】 周庄镇是具有6000多年历史的文明古镇，地理位置优越，经济发达，人口众多。该镇西距江阴市区17千米，沿江高速公路、云顾公路穿镇而过，省道澄鹿公路、芙蓉大道东西横亘，世纪大道及国家3级航道张家港河纵贯南北，苏沪宁沿江高铁穿镇北而过；东与华士镇毗连，南与祝塘镇、徐霞客镇为邻，西与云亭街道、城东街道相接，北以东横河为界与苏州市张家港市相望。该镇宋、元时期就有“江南布码头”盛誉，至2023年年末，有工业企业超3000个，拥有江苏三房巷聚材股份有限公司、江苏华宏实业集团有限公司、江阴模塑集团有限公司、江阴海达橡塑股份有限公司等7个上市企业，其中涤纶化纤、纺织、装饰型材、汽车零部件、橡塑制品、轨道交通、新能源太阳能配件等为优势产业。区域面积75.96平方千米，耕地面积2348.94公顷，下辖15个行政村和1个社区居民委员会。至年末，该镇有户籍人口103005人，其中男性51820人、女性51185人；有少数民族21个471人，其中彝族17人、壮族20人、布依族53人、朝鲜族5人、满族20人、侗族46人、白族6人、土家族132人、土族4人、达斡尔族1人、羌族2人、毛南族2人、仡佬族8人、蒙古族10人、苗族94人、回族39人、畲族1人、黎族1人、傣族4人、瑶族5人、佤族1人。有外来暂住人口90087人，其中男性53298人、女性36789人。

政治建设 时刻把党的政治建设放在首位，切实增强“四个意识”*，坚定“四个自信”*，做到“两个维护”*。持续强化理论武装，把学习贯彻习近平新时代中国特色社会主义思想作为首要政治任务，推进第二批主题教育，镇党委中心组开展理论学习16次，获评江阴市党委（党组）理论学习中心组首批示范点，获评2022年度全省基层党员冬训工作示范乡（镇、街道）。组织“理响江阴”周庄驿站、乐群系列“理论+文艺”等各类宣讲300余场次，中共江阴一大会址旧址、山泉村获评无锡市党委（党组）理论学习中心组践学基地，作品《山泉村的大儿子》获评江阴市“理响江阴”“百姓名嘴”风采展示活动一等奖、无锡市“百姓名嘴”风采展示活动三等奖，长篇报告文学《振兴路上》出版发

行。深入推进无锡市意识形态强基计划“7+7”综合试点建设,建立“网络舆情处置闭环管理交办单”等制度。坚持把抓干部队伍建设作为提升干事创业的“关键一招”,进一步增强全镇基层党组织和广大党员的组织力、战斗力和服务力,新建16个村(社区)党建指导分站,聘任4位“红领导师”,新发展党员49人。开展村(社区)党组织“互学互看、互比互赛”高质量发展观摩活动,全面激发基层党组织活力与效能。山泉村获评省乡村振兴示范村,山泉村、金湾村获评无锡“一村一策”共同富裕典型示范村,李全兴获评“中国好人”。实施“群雁齐飞”“飞鹰强基”“青燕脱颖”干部培养三大工程,举办“乐群大讲堂”、乡村振兴“思想汇”等各类培训交流60余场次。18名村(社区)干部参加学历提升,市镇村交流挂职15人,无锡6名干部驻村挂职,山泉村挂牌无锡青干讲习所。利用中共江阴一大会址旧址,常态化开展党员干部教育。严格履行管党治党政治责任,推动全面从严治党向纵深发展,制定“周庄镇2023年度党风廉政建设责任书”,明确镇党政领导班子成员和16个村(社区)党组织书记党风廉政建设责任。深化巡察整改,针对无锡市委提级巡察反馈的3个方面11类共25个问题,制定76条具体整改措施,逐条逐项明确牵头领导、牵头部门和时间进度安排,整改完成率85.5%,以巡察整改为契机,建立和修订相关工作制度13项。畅通信访举报渠道,规范来访接待工作,受理来信来访件3件,清理核查往年信访件7件。发挥监督保障执行作用,全镇政治生态更加风清气正。大统战品牌“乐群同舟行”发布,商会党支部“红色引擎”计划获评无锡市优秀书记项目,“周庄妈妈·爱在路上”志愿服务项目获评全省雷锋志愿服务先进典型。2023年2月6日,周庄镇人民来访接待中心获评2022年度全省“人民满意窗口”建设质量提升工程先进单位。2023年7月27日,无锡市“新时代文明实践乡情地情教育”启动仪式在山泉村举行,周庄镇新时代文明实践所、山泉村新时代文明实践站获评“新时代文明实践乡情地情教育”示范点。

经济建设　高效运行稳增长服务专班,修订完善产业强镇扶持政策,兑现各类政策性奖补资金超3500万元。全年完成地区生产总值超412.38亿元,比2022年增长8.8%。完成规模以上工业产值1005.95亿元,比2022年增长13.7%;一般公共预算收入15.7亿元,比2022年增长15%;固定资产投资35.3亿元,比2022年增长17.57%,其中工业投入25.34亿元,比2022年增长13.53%;进出口总额22.81亿美元。主要工业经济指标增幅均位居全市镇(街道)前列。三房巷集团有限公司一期150万吨瓶片项目建成投产,电工合金新能源汽车零部件等8项总投资87亿元的市级以上重大项目加速建设。2个企业入围各类中国500强名单。江苏江顺精密科技集团股份有限公司获评省质量信用AAA级企业。申通货运江苏区域总部自动化物流改造项目启动。三房巷集团有限公司、江苏华宏实业集团有限公司等5个企业获评江苏省级重点培育和发展的国际知名品牌企业。创成江阴首个省五星级农产品质量安全监督管理站,完成高标准农田建设66.67公顷,江阴市雪峰农业专业合作社获评全国农民合作社500强。加大政策扶持力度,引导推动企业自主创新。新增国家级专精特新“小巨人”企业4个,江苏华宏科技股份有限公司入选国家级绿色制造名单,江阴海达橡塑股份有限公司一车间、江阴江化微电子材料股份有限公司一车间获评省智能制造示范车间。三房巷集团有限公司25亿元可转债完成发行,江顺科技首发上市获深交所审核通过。承西桥、大陆家巷、常盛化纤3个连片工改地块签约收储面积超66.67公顷。末位淘汰关停安全环保重大隐患企业152个。

社会建设　新增市场主体2284个,新增高新技术企业12个,完成科技型中小企业评价入库168个,新增省工程技术研究中心3个、省企业技术中心2个。规模以上企业研发投入9.58亿元,登记技术合同成交额5.75亿元。新增“双创人才”*项目3项,海达橡塑与华南理工大学、北京化工大学院士专家团队产学研合作签约。推进“凤凰涅槃”三新攻坚行动,统筹兼顾抓建设、攻拆迁、精管理。完成工业园区控制性详细规划、城市设计。新改建兴隆北路等10条道路、东林小微绿地等9处景观绿化。张家港河“一河两岸”历史文化街区加速打造,至公桥开工建设。启动主镇区立面更新,完成教师新村老旧小区改造试点,腾退拆迁近30万平方米。丽景、望龙安置小区472套安置房完成建设。布设共享单车换骑点位400个,投放电单车1200辆,增划停车位585个。完成周庄村、华宏村、长乐村村庄规划,支巷新村一期54户美丽农居完工,9个自然村村居出新500户共11万平方米。“三清三治”*专项整治行动整改问题5894个,倪家巷村、山泉村、长南村登上农村人居环境整治红榜,卧龙湖、东林河、黄泥塘登上美丽河湖红榜。宗言村苗塘港被评为省生态清洁小流域,山泉新村小区被评为省节水型居民小区。生态环境总体向好。坚决打好污染防治攻坚战,投入生态环保治理资金超2000万元,年度$PM_{2.5}$浓度31.5微克/立方米。空气优良天数比率79.2%,比2022年上升0.6个百分点。完成长寿片区50千米雨污水管网“四位一体”排查,新建学园路等5条总长9.6千米污水主管网。完成220个涉磷企业规范化整治、326个企业雨污分流排查整改、186个太湖流域入河排口整治,重点开展长寿河等6条河道断面治理,省考断面优Ⅲ类比例100%。完成206个企业固体废物在线监管,强化17个重点企业土壤污染防治排查。培育无锡市二星级以上绿色工厂36个。绿色生态智创园主体项目封顶,配套污水处理工程开工建设。全面完成中央环保督察交办问题整改,“一企一策”推进重点信访件化解,省级信访总数下降50%。民生事业协调发展,聚焦群众百姓的“急难愁盼”,用情用力办实事、解难题,社会民生事业支出占镇财政总支出的73.4%。提供就业岗位3600

个,新增劳动力就业2750人,扶持自主创业650人。作为无锡市首批居民养老保险试点镇,居保集体补助率先实现全覆盖,村级医疗互助惠及4.2万人。发放各类慰问、救助、补助资金1600余万元。提供居家养老援助服务7715人次、“银龄助餐”服务5万余人次。长寿“残疾人之家”建成投用,发布残疾人就业“灿亮微光”主题行动。组建周庄中学教育集团,新建长寿实验小学家长驿站,周庄实验小学教育集团获评省青少年科技教育先进学校,成化高中获评江阴市高质量发展学校。金湾村举办江阴市“金湾村—棋院杯”棋类比赛、承办“江阴周庄”长三角象棋团体公开赛,获评江苏省象棋特色村。紧密型医共体建设取得进展,江阴市中医院托管周庄医院,投入1100余万元采购先进诊疗设备、开展信息化改造,门急诊人次比2022年增长145%,长寿医院与江阴市人民医院达成技术协作。通过“15分钟医保服务圈”省级示范点验收,获评江苏省健康镇,被国家卫健委通报表扬。超10万人次参与村BA、老年人柔力球等群众性体育活动。全面提炼“乐群+”品牌形成矩阵体系,乐群文化巡演实现村(社区)全覆盖。社会治理稳步提升,在江阴市镇(街道)中率先完成应急管理综合行政执法队伍规范化建设,新增安全专管员12人,开展企业安全生产检查18992个次,整改安全隐患22058处,镇安全学校培训一线职工5000余人次,更换隐患灶具9816户,完成354个餐饮单位“改管”“改电”工作,完成16767户天然气居民用户管阀更新,895个企业食堂安装燃气泄漏报警器,整治车库燃气用户643户,完善39个全民应急自救互救点建设,投放105个公共安全智能柜。生产安全事故起数和伤亡人数继续保持“双下降”,道路交通安全登上无锡市红榜。数据中台建设项目获评无锡市数字化转型试点,推广运用“厂中厂”租赁企业监管平台、民宗云管理平台、智慧工改管理平台,处置各类网格事件13017件,按时结案率100%。闭环处置电信网络诈骗预警劝阻指令4.6万余条,避免财产损失1350万元。新打造法律援助站点6个,受理援助案件36件,调解各类矛盾纠纷853件,长南村获评省级民主法治示范村。阳光信访系统转交办信访件比2022年下降11%,获评省人民满意窗口建设质量提升工程先进单位。发布“周到”营商服务品牌,全省首个村级“太湖e警”综合服务点在山泉村揭牌,长寿片区便民服务中心启用,实现“一网通办”镇村两级全覆盖。办理各类审批服务事项超8万件,江阴市市场监督管理局周庄分局获评省四星市场监督管理分局。年度10项民生实事全部完成,增设300万元专项资金推进“微幸福”民生工程。

2023年周庄镇主要经济社会指标一览表

表76

指　　标	单　位	数　量	比2022年增减(%)	指　　标	单　位	数　量	比2022年增减(%)
地区生产总值	亿元	412.38	8.80	限额以上单位零售额	亿元	8.40	-45.13
其中:第一产业	亿元	2.31	2.20	固定资产投资总额	亿元	35.30	17.57
第二产业	亿元	302.39	12.70	其中:工业投资	亿元	25.34	13.53
第三产业	亿元	107.68	-0.70	进出口总额	亿美元	22.81	-6.70
一般公共预算收入	亿元	15.70	15	其中:出口额	亿美元	15.30	-5.50
农林牧渔业总产值	亿元	2.31	2.20	到位注册外资	万美元	—	—
粮食产量	万吨	1.07	-1.40	居民人均可支配收入	元	77066	5.10
规模以上工业利润总额	亿元	79.06	3.20	中小学校在校学生数	人	15890	17.40

2023年周庄镇各村(社区)基本情况一览表

表77

村(社区)名称	户数(户)	人口(人)	村(社区)党支部(党总支、党委)书记	村(社区)主任
周庄村	3703	13166	许剑锋	黄纪平
金湾村	1306	5277	周国民	周国民
三房巷村	2936	10687	卞江峰(副)	—
鸡龙山村	720	2791	赵　宇	赵　宇

续表77

村(社区)名称	户数(户)	人口(人)	村(社区)党支部(党总支、党委)书记	村(社区)主任
山泉村	812	3267	李全兴	李全兴
华宏村	2195	8316	胡士勇	胡士勇
陶城村	1933	6943	袁晓华	袁晓华
东林村	1148	4062	刘金龙	刘金龙
稷山村	826	3041	吴忠平	吴忠平
宗言村	2115	8016	殷良忠	殷良忠
倪家巷村	1322	5871	杨忠庆	杨忠庆
周西村	949	3666	葛珠良	葛珠良
长乐村	1110	3987	李浩庆	李浩庆
长寿村	2868	9916	蔡永兴	蔡永兴
长南村	2455	8299	孙长福	孙长福
北新社区	2857	6314	周　奇	周　奇

【2个企业入围2023中国民营企业500强】 三房巷集团有限公司成立于1980年,是一个以生产PTA、聚酯切片、涤纶长丝、涤纶短纤、PET薄膜和工程塑料等为主的民营企业集团。经过40多年的发展,形成以聚酯产品多门类协调发展,聚酯产业上下游基本配套的产业格局,是国内较大的聚酯生产商之一,也是瓶级切片和涤纶短纤行业的主要生产商与出口商。江苏华宏实业集团有限公司从1989年创办开始,始终坚持"铸华夏品牌、创宏伟大业"的发展理念,经过30多年的发展,成为中国企业500强、中国民营企业500强、中国制造业企业500强,形成以再生循环产业为主导的上市公司板块(华宏科技:股票代码002645)、以差别化涤纶短纤维为主导的化纤板块、以磁控无氧铜管为主导的铜合金制品板块,是一个多元化的综合性集团。2023年9月12日,全国工商联发布2023中国民营企业500强榜单,三房巷集团有限公司、江苏华宏实业集团有限公司2个企业上榜,三房巷集团有限公司列2023中国民营企业500强第112位,江苏华宏实业集团有限公司列2023中国民营企业500强第468位。

【2个中队获评2023年全国红领巾中队】 江阴市周庄实验小学教育集团东校区从2011年起成立"小交警"中队,以少先队员文明交通行为的养成为切入点,依托文明交通情景校园建设,培育少先队员交通安全意识。周庄镇少先队雷马中队于2022年9月成立后,组织开展红色实践教育活动和英雄榜样学习活动,激励少先队员创先争优。2023年6月6日,全国少工委发布《关于命名2023年度全国红领巾中队的决定》,周庄实验小学教育集团东校区"小交警"中队、周庄镇少先队雷马中队被命名为2023年度全国红领巾中队。

【恒业锻造入围国家级专精特新"小巨人"企业】 江阴市恒业锻造有限公司成立于2000年11月,是国家高新技术企业,主导产品是耐高温火电、核电用超大型锻件领域,国内市场占有率52.4%,公司拥有专利35件,发明专利5件,2023年11月8日,工业和信息化部公布第五批专精特新"小巨人"企业和通过复核的第二批专精特新"小巨人"企业名单,江阴市恒业锻造有限公司入围专精特新"小巨人"企业。

【六环合金线入围国家级专精特新"小巨人"企业】 江阴六环合金线有限公司成立于2003年9月,注册资本2000万元,是专业从事各种复合线材的研发、生产、销售的高新技术企业。产品包括手机、半导体、照明器材等多种电器上的电子零件金属线,核电站上的电磁线、汽车上的精密弹簧线。主导产品镀锡铜包钢线和氧化杜美丝是行业细分领域的领导产品,市场占有率国内排名第一。通过江苏省高新技术企业、省科技型中小企业、省专精特新中小企业的认定。2023年11月8日,工业和信息化部公布第五批专精特新"小巨人"企业和通过复核的第二批专精特新"小巨人"企业名单,江阴六环合金线有限公司入围专精特新"小巨人"企业。

【龙山合成材料入围国家级专精特新"小巨人"企业】 江阴市龙山合成材料有限公司成立于2001年,始终致力于泛用工程塑料及高端工程塑料的改性工程,是集研发设计、生产制造、技术服务于一体的国家高新技术企业。公司为中国工程塑料工业协会会员单位、江苏省专精特新中小企业，综合规模可在电子电器改性塑料供应商领域内排名行业前25。公司累计拥有授权发明专利6件、授权实用新型专利超40件；主营产品的核心技术、生产工艺均实现核心专利覆盖。2023年11月8日，工业和信息化部公布第五批专精特新“小巨人”企业和通过复核的第二批专精特新“小巨人”企业名单，江阴市龙山合成材料有限公司入围专精特新“小巨人”企业。

【电工合金入围国家级专精特新“小巨人”企业】 江阴电工合金股份有限公司成立于1985年6月，2017年9月在深交所创业板上市（股票代码：300697），专注于从事高速铁路及其他轨道交通接触网用铜及铜合金接触线、承力索以及其他铜制零部件等产品的研发生产，产品被广泛应用于国家铁路建设项目中。公司产品国内市场占有率33%以上，排名第一。2023年11月8日，工业和信息化部公布第五批专精特新“小巨人”企业和通过复核的第二批专精特新“小巨人”企业名单，电工合金入围。

【雪峰农业入围2023中国农民合作社500强】 江阴市雪峰农业专业合作社成立于2010年10月，拥有绿色稻米种植基地80公顷，是集粮油生产、营销、服务于一体的农业综合型合作社。合作社示范推广优良食味粳稻绿色高效高质生产技术，探索稻鸭、稻渔种养新模式，为社员及周边农户提供全程农业机械服务，每年生产、加工、销售“苏米传奇”牌长寿富硒米、贡米、有机米等系列大米产品75万余千克。先后获评国家农民合作社示范社、省五好示范社、省三星级农机专业合作社、省教育服务“三农”高水平示范基地等。2023年12月19日，由农民日报社举办的“2023中国农民合作社500强”发布，雪峰农业专业合作社入围，列第328位。

【周庄镇获评全省基层党员冬训工作示范镇】 2022年，周庄镇以党建为引领，以新时代文明实践所（站）为主阵地，采用“冬训＋理论宣讲”“冬训＋红色车间”“冬训＋春风行动”“冬训＋文明实践”等方式组织开展特色鲜明的理论宣讲和实践活动，让党员学有所得、学有所悟、学有所用，推动党员冬训走深走实、见行见效，为全镇高质量发展和现代化建设提供坚强思想保证和强大精神动力。2023年8月，江苏省委宣传部、组织部联合印发《关于2022年度全省基层党员冬训工作综合评价情况的通报》，周庄镇获评2022年度全省基层党员冬训工作示范镇。

【山泉村获评省乡村振兴示范村】 山泉村有上市公司1个，“新三板”挂牌企业2个，先后获评全国文明村、全国农村幸福社区建设示范村、全国先进基层党组织、全国民主法治示范村等。山泉村坚持生产、生活、生态同步发展，致力于以产业兴村为重点，增强经济高质量发展质效；以生态美村为保障，提升宜居宜业高颜值人居环境；以党建引领为根本，数字赋能高水平乡村治理模式；以百姓幸福为关键，推动打造村民高品质幸福生活，2023年，村级收入超8000万元，出版发行长篇报告文学《振兴路上》，4月获评2022年度江苏省生态宜居美丽示范村。12月，江苏省农业农村厅、省乡村振兴局联合印发《关于公布2023年江苏省乡村振兴示范乡镇示范村创建名单的通知》，周庄镇山泉村获评2023年江苏省乡村振兴示范村。

【周庄镇获评省健康镇】 2022年以来，周庄镇党委、政府围绕“产业转型升级先导区、城乡融合发展示范区、基层社会治理样板区”总体规划，扎实开展健康周庄建设。至2023年，建成市级健康村（社区）16个，覆盖率100%。其中7个村被评为江苏省健康村。投入3000余万元相继建成港东健康主题公园、言子湖健康主题公园、金湾村泽苑健康公园、金湾村惠苑绿地公园。投入20余万元完成滨河家园、金海花苑、周西新村、华宏南苑病媒生物防制示范小区建设。完成倪家巷村、周西村、港东公园、华宏南苑等健康步道建设。完成周庄社区卫生服务中心、16个村级卫生服务站改造，山泉村卫生室、华宏村世纪南苑卫生室获评省甲级村卫生室。建成居家养老服务站17个，建成老年人日间照料中心7个。江阴市中医院与周庄医院正式签订托管协议，成立江阴市中医院周庄分院，完成构建“15分钟应急救援圈”，“15分钟公共便民服务圈”和人流密集场所“黄金四分钟”生命急救圈。12月29日，江苏省爱国卫生运动委员会办公室、健康江苏建设领导小组办公室联合印发《关于公布2023年省健康镇村、健康社区评估结果的通知》，周庄镇获评江苏省健康镇，华宏村获评省健康村。

【金湾村获评省放心消费创建示范区域】 2022年，金湾村开展美丽乡村放心消费创建活动，创建“7天无理由退货”示范街西大街，村委以“放心消费承诺”和“线下七日无理由退货承诺”为主题，开展“真品真货”放心消费创建活动，街区126户经营主体集体承诺。设立12315消费维权服务站，调解20余件投诉事件。先后获评全国平安文明家庭创建示范村、江苏省生态村、江苏省新农村建设先进示范村、无锡市农村股份合作建设先进单位等。2023年1月，江苏省放心消费创建活动办公室、省市场监督管理局联合发布放心消费创建示范单位、区域的通报，金湾村获评省放心消费创建示范区域。

【长南村获评省民主法治示范村】 2022年以来，长南村坚持把民主法治建设贯穿于振兴乡村建设工作中，健全政治、自治、法治、德治、智治“五治融合”机制，通过党建引领，守牢政治引领制高点、夯实自治强基立足点、抓细法治保障关键点、选准德治教育结合点、撬动智治支撑创新点。组织“法律明白人”和“法治中心户”加入村“法润民生”微信群和网格群，多渠道解答和回复法律问题，严格贯彻实施“一村一法律顾问”制度，聘请法律顾问，从专业角度切实帮助群众解决法律难题。多管其下，着力化解矛盾纠纷，通过平时走访，了解群众急难愁盼，掌握苗头性问题，排查矛盾纠纷，并利用人熟地熟事熟的优势，直接参与网格内纠纷调解，成功调解各类矛盾纠纷92件。2023年1月3日，被省委全面依法治省委员会办公室、省司法厅、省民政厅命名为第十六批省级民主法治示范村。 （唐建清）

新桥镇

【概况】 新桥镇明代属江阴县白鹿乡,清代属马嘶镇,民国时期属马嘶乡。中华人民共和国成立后隶属多变,1961年形成现有区域。该镇位于江阴东大门,东北与苏州市张家港市毗邻,东南与顾山镇连接,西与华士镇接壤,西南与长泾镇隔泰清河相望。西距江阴市政府驻地25千米,镇政府驻新郁中路128号。域内有沿江高速服务区兼出口1个。区域面积19.6平方千米,下辖9个行政村和5个社区居委会。2023年年末,有户籍人口7672户25715人,其中男性12467人、女性13248人;有少数民族14个96人,其中蒙古族2人、苗族14人、回族14人、土家族6人、维吾尔族12人、朝鲜族3人、壮族8人、侗族13人、彝族4人、布依族8人、羌族4人、仡佬族6人、俄罗斯族1人、仫佬族1人。有外来暂住人口32897人,其中男性17432人、女性15465人。

政治建设 全镇各级党组织把学习贯彻中共二十大报告精神和开展学习贯彻习近平新时代中国特色社会主义思想主题教育紧密结合,作为贯穿全年工作的主题主线,带领全体党员干部以学铸魂、以学增智、以学正风、以学促干。狠抓意识形态领域,严守舆论阵地,通过省委意识形态专项巡查。以"时裳新桥·红色领航"党建品牌为统领,实施时裳领航等五大工程,全面构建"1+5+N"大党建工作格局。抓实基层党组织,打造33个特色党支部,推出"红小二"品牌服务项目40余项,开展五优五美示范小区评比,"党建+激活文旅加速度"书记项目成效显著。郁桥村党支部获评无锡市"雁阵计划"5A级达标单位,3个党支部获评江阴市"双强双优"党支部。搭建墩苗、育苗、护苗平台,调优配强镇、村两级干部队伍,全年提拔使用机关股级干部12人、村(社区)"两委"干部15人,党员干部队伍焕发新气象。抓好正风肃纪反腐工作,办结信访件15件,提醒谈话党员干部16人,立案处理党员干部8人。

经济建设 全年经济运行高于预期、好于无锡市乡镇平均水平,实现地区生产总值281.2亿元,比2022年增长7.6%;完成一般公共预算收入16.2亿元,比2022年增长10.5%;规模以上工业产值538.3亿元,比2022年增长9.5%;全社会固定资产投入61.9亿元;社会消费品总额738.4亿元;实际利用外资2290万美元,主要指标继续领跑全市乡镇板块。8项无锡市重大项目和18项江阴市重大项目超额完成年度投资计划,联诚精密机械智能化、雅派绿色环保高性能纤维项目等7项项目竣工投产,星澄智能装备、国瀚新能源分布式光伏等9项重点项目加快建设。开展赴外招商,举办系列招商推介会,海工装备精密部件、罗克莱精密管道配件等总投资超63亿元的18项项目签约。

社会建设 新增高新技术企业3个、省级专精特新企业5个、"两化融合"(信息化和工业化融合)示范企业4个、省级上云企业6个,新申报无锡市工程技术中心6个。海澜之家集团股份有限公司入选国家"两化融合"管理体系贯标方向名单,江苏阳光集团有限公司入选国家智能制造标准应用试点名单,江阴市凯华机械制造有限公司通过国家级专精特新企业认定。申报国家重点人才项目2项,完成博士后海外引才任务1个,新增留学归国人员18人、高层次人才45人。启动卫生院运行机制改革,名医下乡全年接诊群众3500人次。中小学校高标准通过省义务教育均衡验收,新增市级以上各类教学骨干17人。国土空间规划、城市更新专项规划完成初稿,西区工业园区规划进一步深化。停车楼、飞马云廊建成投用,孚尹路等3条道路交付投用,文体中心基本建成,南京师范大学附属江阴实验学校、幼儿园开工建设,雷下二期安置房土建封顶。黄河一村、绿苑街完成提升改造,新民路春节前基本完成改造。抓实抓细城镇管理,落实重点区域、重点路段、重点时段全天候管理,与921户商户签订市容环卫委任书,压实"门前五包"(包卫生、包绿化、包市政公用设施、包建筑物容貌、包秩序)主体责任。大力推进"三违"整治,全年拆除违建11236平方米,查处建筑垃圾违倒13次,开展"小微执法"121次。飞马水城周边停车秩序治理登上无锡市红榜。闭环销号中央环保督查交办问题,按时办结污防线索问题133个,调处环境信访件14件。集中力量实施77项生态环境整治重点项目,$PM_{2.5}$平均浓度31.2微克/立方米,空气优良天数比率82.5%,市考断面水质全面达标。加快减排设施建设,编制工业园区水污染三级防控体系方案,完成污水处理厂0.6万吨/日提标扩容,新增污水管网1.64千米。"三清三治""美丽河湖"扎实推进,提升改造华塘河、大振河。拆除清除违建棚舍棚架近500处,修复农路6500平方米,清淤家河沟渠9200立方米,农村面貌整体焕新。新桥镇获评省级生态宜居美丽示范乡镇,成为全市唯一获评的乡镇。倡导绿色发展,建成高标准农田22公顷,新增造林1.4公顷。海澜之家、江阴百利达工业布有限公司获评省级绿色工厂。持续扩大富民增收渠道,建成"15分钟就业服务圈",新增就业1200人、扶持自主创业310人,居民人均可支配收入实现十二连涨。全市试点推进城乡居民基本养老保险集体补助,新增城保参保人数1302人。突出抓好困难特殊群体帮扶救助,浓厚拥军优抚社会氛围,发放各类保障资金近6000万元。民生微幸福工程滚动实施,投用社区养老服务中心,改造完善社区篮球场、图书馆、小区技防。黄河社区获评省五星级农家书屋。举办时裳新桥半程马拉松、江阴市首届村BA联赛和全民运动会,开展"送戏下乡"进社区、进校园,人均体育场地面积位于全市前列。公共文化空间、海澜美术馆获评江阴市"十佳公共文化空间"。举行江阴新桥·乡村振兴实践基地启动暨途远·郁桥漫居开园仪式。深化文明创建,做实志愿服务,推广全民阅读,全年开展志愿服务活动600余次,登上无锡市文明创建考核季度红榜。新时代文明实践所获评无锡市优秀阵地。矛盾纠纷"大调解"机制全面构建,妥善调处矛盾纠纷532件,追缴欠薪、赔偿8000余万元,获评省级金牌劳动人事争议调解组织。安全生产保持高压态势,自查、巡查、督查、数字监查四下发力,排查隐患3752处,安全形势保持平稳。

2023年新桥镇主要经济社会指标一览表

表78

指　　标	单　位	数　量	比2022年增减(%)	指　　标	单　位	数　量	比2022年增减(%)
地区生产总值	亿元	281.20	7.60	限额以上单位零售额	亿元	22.00	15.40
其中:第一产业	亿元	1	-9.10	固定资产投资总额	亿元	61.90	-6.90
第二产业	亿元	206.53	9.50	其中:工业投资	亿元	23.80	-2.80
第三产业	亿元	73.67	2.50	进出口总额	亿美元	3.67	-24.90
一般公共预算收入	亿元	16.20	10.50	其中:出口额	亿美元	2.54	-23.20
农林牧渔业总产值	亿元	1.40	0.70	到位注册外资	万美元	2290	4.10
粮食产量	万吨	0.07	3.60	居民人均可支配收入	元	79145	5.10
规模以上工业利润总额	亿元	52.49	-4.20	中小学校在校学生数	人	5292	2.40

2023年新桥镇各村(社区)基本情况一览表

表79

村(社区)名称	户数(户)	人口(人)	村(社区)党支部(党总支、党委)书记	村(社区)主任
郁桥村	808	2693	钱　刚	钱　刚
圩里村	891	3049	刘建东	刘建东
黄河村	776	2706	谢福祥	谢福祥
新桥村	1026	3343	张建锋	张建锋
雷下村	539	1813	张国龙	张国龙
六保村	343	1197	薛丽娜	薛丽娜
马嘶村	863	3059	陶永明	陶永明
苏墅村	650	2308	陶雪丰	陶雪丰
苏圩村	600	1910	陶妙锋	陶妙锋
绿园社区	119	294	叶永毅	叶永毅
康定社区	155	398	尤惠清	尤惠清
黄河社区	14	26	石　烨	石　烨
新桥社区	281	914	张海明	张海明
何巷社区	607	2005	陈建国	陈建国

【凯华机械获评国家级专精特新“小巨人”企业】 江阴市凯华机械制造有限公司是一个专业生产、制造加工精密齿轮及相关配套产品的高新技术企业，是国内一流的高精度齿轮专业制造商，国内外多个知名企业长期的定点配套商，历年来多次被客户评为优秀供应商。2023年11月，工业和信息化部公布第五批专精特新“小巨人”企业和通过复核的第二批专精特新“小巨人”企业名单，该公司获评。

【海澜之家一项目入选国家“两化融合”管理体系贯标方向名单】 海澜之家集团股份有限公司结合20余年的发展经验，通过对行业的观察与分析，确定通过数字化和智慧化提升生产力发展方向。加速产业结构升级转型，通过5G+AI、智能机械臂等新技术手段布局典型应用场景，落成海澜云服智慧工厂，实现集数智化生产、网络化协同、个性化定制等制造服务于一体的新模式。2023年12月14日，工业和信息化部公示2023年新一代信息技术与制造业融合发展示范名单，海澜之家集团股份有限公司申报的“服装行业数字化供应链协同运营能力”入选“两化融合”管理体系贯标方向名单。

【江苏阳光一项目入选国家智能制造标准应用试点名单】 江苏阳光集团有限公司作为纺织服装领域的领航者，从20世纪90年代就开启信息化之路,自主研发、打造基于云计算、人工智能、物联网的智能生产系统。“个性化定制服装智能工厂标准应用试点”项目,是在订单系统初步完成的基础上,先后引进 GST 工艺分析系统、MTM 样板系统、MES 系统、智能吊挂系统、自动裁剪系统等,同时自主研发符合生产实际的智能仓储式分拣中心,利用新一代信息技术打通所有生产流程。全流程、全方位实施数字化服务,最大程度实现“‘面料 + 服装’的供、产、销”一体化的营销链管理,让“面料 + 服装”的各环节融为一体,实现生产效率平均提升 30% ~50%。2023 年 12 月 1 日,国家市场监管总局、工业和信息化部联合对 2023 年度智能制造标准应用试点项目名单进行公示,全国各行业有 78 项项目上榜,纺织服装领域有 4 项项目入选,江苏阳光集团申报的“个性化定制服装智能工厂标准应用试点”项目名列其中。

【新桥镇获评省生态宜居美丽示范乡镇】 2021 年以来,新桥镇着力从创新管护机制、打造最干净城镇,提标功能品质、打造宜居示范城镇,建设精品地标、打造文旅特色镇,弘扬文明新风、打造文明典范城镇四个方面进行生态宜居美丽乡村示范建设,取得效果。2023 年 4 月 4 日,江苏省委农村工作领导小组公示 2022 年度省生态宜居美丽乡村示范名单,新桥镇获评省生态宜居美丽示范乡镇,郁桥村和黄河村获评省生态宜居美丽示范村。

【黄河社区农家书屋获评省五星级示范书屋】 新桥镇黄河社区农家书屋总面积超 170 平方米,拥有各类纸质图书 1 万余册、报刊杂志 36 种,是该镇第二个自助书屋。书屋全天候免费开放,读者可凭借书卡或开通借阅功能的市民卡进入书屋阅读。馆内所有图书由市图书馆提供并定期更新,与市图书馆所有总分馆之间实行借阅“一卡通”,通借通还。黄河社区通过成立“书香新桥、阅在黄河”志愿者队伍对农家书屋进行管理维护,并组织开展各类读书活动。根据社区实际,书屋还推出“菜单式”服务项目,通过“你点我供”的精细化运作,实现精准全覆盖阅读。2023 年 4 月 2 日,黄河社区农家书屋获评省五星级示范农家书屋。

【新桥镇民生工程集中开工】 2023 年 6 月 21 日,新桥镇举行南京师范大学附属江阴实验小学暨新桥镇民生工程项目集中开工启动仪式。江阴市委常委、宣传部部长程政,南京师范大学党委常委、副校长岳嵩,南京师范大学教育合作管理处处长吕挥,江阴市教育局局长徐前锋,新桥镇党委书记王文平,镇党委副书记、镇长提名人选邓国平,镇全体领导班子、机关部门负责人、学校校长、村(社区)书记、驻镇单位负责人、相关教师、企业、建设单位代表等参加活动。集中开工和启动建设的 7 项民生项目,总投资 7.7 亿元,涵盖道路交通、小区更新、美丽河湖、教育配套等多个方面。

【新桥镇经贸合作洽谈会举办】 2023 年 11 月 3 日,新桥镇举行 2023 年经贸合作洽谈会,对重大产业项目进行集中签约。江阴市委常委、宣传部部长程政,新桥镇全体领导班子,重点企业家代表、商会代表、客商代表,以及村书记和部分机关中层代表参加会议。会上,浙江驰拓科技有限公司、中电海康无锡科技有限公司董事长赵建坤,无锡凯铭智能科技有限公司、无锡互盛智能科技有限公司董事长侯双虎,广东熙锐/熙瑞智能科技有限公司董事长刘业涛,上海博观臻智科技发展(集团)有限公司董事长兼 CEO 陆蓉蓉,江苏精亚集团有限公司总经理张新振先后作交流发言。该次大会集中签约 6 项项目,总投资 31.1 亿元。

【新桥镇举行 2023 年项目集中签约仪式】 2023 年 6 月 28 日,新桥镇举行 2023 年项目集中签约仪式。江阴市政协副主席、商务局局长时平,南通市海安高新技术产业开发区主任鲁斌,江阴市商务局党委副书记、副局长曹鸣,新桥镇全体班子领导,市产业中心及澄东南功能区代表,新桥镇商会代表,客商嘉宾以及驻镇单位负责人、机关相关部门负责人参加签约仪式。该次大会集中签约 12 项项目,总投资 31.59 亿元。同时,新桥镇还与海安高新区进行合作签约,共同建立友好合作关系。

【举办 2023 年时裳新桥 · 江阴半程马拉松赛】 2023 年 10 月 22 日上午 8 时,2023 年时裳新桥 · 江阴半程马拉松赛在新桥镇民乐广场开跑。无锡市委常委、江阴市委书记许峰出席开幕式,为新桥镇颁发体育赛事组织特别贡献奖,并与市长包鸣,市领导计军、邵文松等共同为比赛发枪。该届“澄马”设置半程马拉松和欢乐跑 2 项项目,有英国、马来西亚、新加坡、南非等国家以及全国各地 1 万名跑者参加比赛,其中半程马拉松参赛人数 7000 人、欢乐跑 3000 人。赛道全长 21.1 千米,串联起飞马水城、蔡港河、龙庄生态园、郁桥漫居民宿、水景公园等城镇地标和自然人文景观。

【首届村 BA 启动仪式在海澜飞马水城举行】 2023 年 8 月 8 日,江阴市 2023 年“全民健身日”主题活动暨“海澜之家杯”首届和美乡村篮球联赛(村 BA)启动仪式在新桥镇飞马水城举行。无锡市委常委、江阴市委书记许峰出席开幕式。市领导程政、杭成、钱晴参加活动。全市有近 200 支队伍参加该次联赛,各镇(街道)赛第一名获得分区赛参赛资格,并最终决出 8 支队伍参与总决赛。

【新桥镇举办第四届全民运动会】 2023 年 9 月 23 日,“澎湃发展新动能、时裳新桥再出发”——新桥镇第四届全民运动会开幕式在新桥中学举行。江阴市委常委、宣传部部长程政,江阴市委常委、市人武部政委黄宇,副市长杭成,市政协副主席、市文体广电和旅游局局长钱晴等领导应邀出席开幕式。该次全民运动会设团体项目 7 项、个人项目 15 项,各项比赛于 8—11 月分期进行,全镇各村(社区)和企事业单位 23 个代表队超 1000 名运动员参加角逐。12 月 7 日,全民运动会闭幕。

(陶春斌)

长泾镇

【概况】 长泾镇地处江阴市东南部,位于沪宁高速公路与沿江高速公路之间,东与顾山镇毗邻,南与无锡市锡山区接壤,西与祝塘镇交界,北与华士镇、新桥镇相连。该镇历史悠久,古名“东舜城”,保存有梁武堰遗址,留下千米石板老街、大福蚕种场、石牌坊等众多明清建筑。哺育造就电影表演艺术家上官云珠、中国科学院学部委员张大煜、革命烈士张大烈等一批人。先后获评中国历史文化名镇、全国小城镇建设示范镇、全国环境优美乡镇、中国粗纺呢绒名镇等。区域面积53.3平方千米，耕地面积2231公顷，下辖12个行政村。2023年年末，该镇有户籍人口55502人，其中男性26956人、女性28546人；有少数民族17个168人，其中回族10人、苗族31人、布依族35人、壮族17人、侗族12人、朝鲜族1人、土家族31人、彝族5人、羌族2人、仡佬族3人、蒙古族6人、毛南族1人、藏族2人、满族7人、哈尼族1人、畲族3人、白族1人。有外来暂住人口37299人，其中男性20885人、女性16414人。

政治建设　强化思想武装，深入开展学习贯彻习近平新时代中国特色社会主义思想主题教育。组织各类理论研讨、学习交流、集中宣讲等活动，建立起“1+2+X”政治理论学习体系。推进“暨阳红—盟红长泾”基层党建三年行动，做实“强基”工程，建强组织体系，开展毗邻共建，实施26项“泾心共治”基层治理项目，南涸村党总支升格为党委，创成“双强双优”*五星级党支部2个，获评党建引领基层治理优秀品牌项目。建强“泾”英队伍，调优干部梯队年龄结构，举办第二期年轻干部“长青”训练营，成立青年创业者联合会，开展村干部学历提升工程，完成村“两委”*换届中期评估。深入推进蒲市村红色美丽村庄建设，完成新四军六师师部驻地旧址改造，建成小兵学堂、红星菜园、蒲墅人家等配套设施，建设“小微文旅圈”，打响“蒲市大米”品牌，蒲市村获评无锡市基层党员冬训工作示范村、江阴市红色研学基地。深入开展“5·10”思廉月、党员干部警示教育等活动，配合市委巡察工作，刚性落实“两个责任”*，纠治“四风”*。

经济建设　全年完成地区生产总值90.62亿元，一般公共预算收入4.74亿元。完成规模以上工业利润总额9.94亿元，限额以上单位零售额1.91亿元。完成固定资产投资总额14.99亿元。实现农林牧渔业总产值3.62亿元，完成“三资”*投农7600万元，全镇粮食生产面积2400公顷，粮食产量1.61万吨，建成绿色农产品基地64.67公顷、高标准农田216公顷，创成江苏省水稻绿色高质高效示范片1个，江阴市永恒农业专业合作社获评国家级专业合作社示范社，升辉新材料股份有限公司入选农业产业化省级龙头企业。围绕新型包装及功能性新材料、舜丰纺织循环和精密机械智能制造三大主题特色园区，连片腾退13.33公顷园区内工改用地，退二还一4.67公顷，整治低效用地20.07公顷。完成无锡市攻坚拔点项目1项，实施长新大道建设等8项拆迁项目，共14万平方米。全年开展招商活动30余次，举办长泾发展恳谈会，推动3项项目入库。升辉新材料智能仓储项目、爱柯毛绒高档针织呢绒项目竣工投产，苏青锂吸附项目、欧玛发电机组项目成功备案，总投资6亿元的长泾镇第一污水处理厂开工。

社会建设　全面贯彻“科创江阴”三年行动，完成研发投入2.97亿元，高新技术产业产值63亿元。认定高新技术企业14个、科技型中小企业115个，新增江苏省级企业技术中心1个、三星上云企业5个、无锡市智能车间2个。经无锡市科技局认定，江苏聚喜纺织科技有限公司、江阴市台洋数控设备有限公司入库无锡市2023年度第一批“雏鹰企业”；江苏晋瑄陶瓷设备有限公司、无锡乾行科技有限公司、江苏同能天然气设备有限公司、江苏苏青电子材料股份有限公司、无锡捡来机械科技有限公司、瑞荣声学科技（无锡）有限公司入库无锡市2023年度第二批“雏鹰企业”。江阴市欧莱特彩印有限公司、江阴嘉仕德网业有限公司入库无锡市2023年度第一批“瞪羚企业”；金彭车业无锡有限公司、江阴市良友化工设备制造有限公司、浩川光伏科技（江阴）有限公司入库无锡市2023年度第二批“瞪羚企业”。江阴通利光电科技有限公司获评国家知识产权示范企业。泾东人才公寓投入使用，新增“双创人才”项目3项、海外留学归国人才10人、高层次人才30人。坚持教育优先发展，完成河塘中学生活综合楼加固、河塘幼儿园维修改造、长泾实验小学门卫立面改造、长泾二中阶梯教室改造等学校暑期提档升级工程。长泾中学高考本一率66.5%。长泾二中中考成绩名列全市农村学校综合考核前茅，被江苏省江阴高级中学、江苏省南菁高级中学录取48人，普高率57.58%。村卫生室中医阁全面建成，王家村创成江苏省甲级村卫生室，南涸村创成江苏省健康村。新四军六师师部驻地旧址开馆，“泾水雅集”艺术展厅建成开放，举办全民运动会。加快城镇更新，调整完善工业园区用地规划，推进蒲市村、刘桥村传统村落保护规划编制。实施“三园三路”改造，提升镇区11个人行道口微景观，贯通长泾实验小学风雨文化长廊，完成蔚来驿站建设、南巷门路提升、老街亮化等一批城市更新项目，虹桥路、东舜路改造通过省级重点及特色镇发展示范项目验收。推进乡村振兴，开展“三清三治”*农村环境卫生专项整治行动，南涸村南北圩、王家村南山分别创成江苏省、无锡市特色田园乡村，和平村水渠里（吕家巷）、王家村南山头（顾山房、新住基）、刘桥村四本堂3个自然村获评江阴市美丽村庄。刘桥村四本堂、叶家桥以及长东村张家湾、和平村水渠里（吕家巷）、王家村南山、蔡桥村金巷上、花园村花园里等7项江阴美丽农居项目初见成效。蒲市村累计接待研学团队367批2.5万人次，入选江苏省乡村振兴示范村创建名单。花园村“美丽农居先行示范点”一期工程有序推进，126户立面改造全面竣工。践行“双碳”*战略，关停取缔“散乱污”企业5个，治理包装印染企业49个、铸造行业企业4个，完成15个企业绿色化诊断，申报省绿色工厂2个。强化污染防治，完成167个大气污染防治工程项目，$PM_{2.5}$浓度和空气质量优良天数比率持续向好。建成美丽幸福示范河湖8条，登上无锡市红榜河道3条、江阴市红榜河道2条。推进生态修复治理，花园村生态缓冲区项目全面竣工，申报农村水利专项资金项目3项、河道轮浚工程项目2项,完成植树造林6公顷。持续增强社会保障,新增就业岗位2500个、就业人数1286人,扶持自主创业405人、创业带动就业1563人。推进"15分钟医保服务圈"建设,医保参保率100%,完成社保扩面1698人。强化基层管理,健全"村—综合网格—微网格—户"工作体系,建立"网格+党建""网格+警格""网格+安全生产"等联动工作机制,全年入格事件6467件。12345政务服务便民热线办理群众诉求3000余件,评价满意率100%。入选"一网通办"试点乡镇,依托"澄事之窗",打造"一网通办、多端协办"的"互联网+政务"服务体系,全年办理事件3.1万件。深化企业登记便利化改革,优化企业开办"一件事一次办"专窗机制,帮办代办新改扩建项目138项。持续压实安全生产"四方责任",集中开展重大事故隐患专项整治行动,排查整治各类安全隐患1600余处。关停高危企业15个、"厂中厂"企业27个,办理行政处罚案件54件。组织开展"八五"普法活动28场次,深化开展扫黑除恶、反诈防骗专项宣传,严厉打击各类违法犯罪活动,镇人民来访接待中心获评江苏省"人民满意窗口"建设质量提升工程先进单位。

2023年长泾镇主要经济社会指标一览表

表80

指　　标	单　位	数　量	比2022年增减(%)	指　　标	单　位	数　量	比2022年增减(%)
地区生产总值	亿元	90.62	6.10	限额以上单位零售额	亿元	1.91	12.90
其中:第一产业	亿元	2.59	5.70	固定资产投资总额	亿元	14.99	-10.45
第二产业	亿元	52.44	6.40	其中:工业投资	亿元	11.08	0.27
第三产业	亿元	35.59	5.50	进出口总额	亿美元	3.51	-13
一般公共预算收入	亿元	4.74	41.70	其中:出口额	亿美元	3.08	-9.90
农林牧渔业总产值	亿元	3.62	3	到位注册外资	万美元	57	-59.10
粮食产量	万吨	1.61	4.19	居民人均可支配收入	元	65513	4.60
规模以上工业利润总额	亿元	9.94	12.37	中小学校在校学生数	人	8019	1.39

2023年长泾镇各村(社区)基本情况一览表

表81

村(社区)名称	户数(户)	人口(人)	村(社区)党支部(党总支、党委)书记	村(社区)主任
泾南村	1645	5375	吴　刚	吴　刚
和平村	834	2913	吴文勇	吴文勇
泾东村	2198	6337	夏正峰	夏正峰
习礼村	1111	3889	陈伟南	陈伟南
长东村	1043	3844	吴栋标	吴栋标
南澗村	1867	6308	李明法	李明法
花园村	1375	4622	毛　凯	宋建新
刘桥村	1411	4836	刘　达	刘　达
蔡桥村	629	2209	蒋海滨	蒋海滨
河塘村	1514	5195	周新峰	周新峰
蒲市村	1501	5452	浦益锋	浦益锋
王家村	1283	4522	华晓平	华晓平

【苏青集团入选国家级专精特新"小巨人"企业】 江苏苏青水处理工程集团有限公司创建于1970年,2001年转成民营股份制企业,是一个集研发、生产、销售、服务、EPC为一体的专业化离子交换树脂与吸附剂新材料高新技术企业。产品涉及电力、石油化工、煤化工、环保、医药、生物医药、电子、新能源等行业领

域。公司自2008年成为离子交换树脂国家标准以来，先后主导制订和修订24项国家标准及参与2项国际标准的制订。至2023年有博士5人、研究生和高级技术职称人才20余人、中级技术职称和管理人才150余人，获国家发明专利8项、国家新型实用专利42项。获评省高新技术企业、省企业技术中心、省离子交换树脂与吸附树脂工程研究中心、省企业研究生工作站、省双创计划科技副总、省专精特新中小企业、省质量信用AA级企业等称号。是年11月，该公司入围工业和信息化部中小企业局公布的第五批国家级专精特新"小巨人"企业名单。

【升辉新材料获全国肉类包装材料创新奖金奖】 升辉新材料股份有限公司是专业从事多层共挤功能性高分子薄膜研发、生产、销售和服务的创新型企业。主要提供真空热收缩包装、高阻隔气调包装、热成型包装、真空贴体包装、复合功能包装等系列产品，市场覆盖60余个国家和地区。公司申请专利60余件、各类商标30余件，主持和参与制定国家标准、行业标准、团体标准20余项。公司被评为国家级专精特新"小巨人"企业、江苏省高新技术企业，获"陶氏包装创新奖"、"中华神农奖"技术进步一等奖，公司入选国家"火炬"计划重点高新技术企业，建有"江苏省多功能性共挤薄膜材料工程技术研究中心""江苏省企业研究生工作站""江苏省企业技术中心"。2023年，升辉新材料股份有限公司获中国肉类协会举办的首届全国肉类食品包装创新创意大赛包装材料创新奖金奖、教育部组织的高等学校科学研究优秀成果奖技术发明奖二等奖，获评江苏省质量信用AAA级企业、无锡市绿色工厂，发布行业标准1项、团体标准3项。

【通利科技获评国家知识产权示范企业】 江阴通利光电科技有限公司是专业从事精密涂布功能性新材料和高分子薄膜材料研发、生产和销售的省级高新技术企业，产品涉及物联网、智能城市、智能家电、机器人、节能环保等领域。公司拥有多项发明专利，产品被评为国家重点新产品。2015年12月被评为江苏省高新技术企业，2018年被评为江苏省最具发展潜力科技人才创业企业，2020年入选江苏省"小巨人"企业，2022年入选国家级专精特新"小巨人"企业。2023年，江苏通利光电科技有限公司被国家知识产权局认定为2023年国家知识产权示范企业。

【长泾镇王家村创成省甲级村卫生室】 长泾镇王家村卫生室由长泾社区卫生服务中心实行一体化管理，承担着辖区5000余名常住人口的基本医疗服务、基本公共卫生服务和家庭医生签约服务。2022年以来，卫生室深入推动中医药服务下沉社区，依托江阴市人民医院医疗集团共享中药房，开展针刺、艾灸、火罐、刮痧、红外线治疗等4类6项中医药适宜技术。2023年，入围2023年度江苏省甲级村卫生室名单。

【南涸村创成江苏省健康村】 长泾镇南涸村位于长泾镇东部边缘。2022年以来，立足于村庄实际，坚持"听群众说、向群众讲、带群众干、让群众享"的工作原则，完善配套设施，拓宽沥青主干道，划设彩虹道，新建村庄标志，翻建公共厕所，改造停车场，打造霓虹夜景，科学规划农田、水塘、林地及菜园等多类型生态板块。2023年12月，江苏省爱国卫生运动委员会办公室和健康江苏建设领导小组办公室联合发文，南涸村入围2023年江苏省健康村名单。

【2个单位入选省新型农业经营主体"领头雁"名单】 江阴市长泾永成家庭农场总面积34.13公顷，种植多种生态经济作物，并对稻谷进行一体化深加工，2017年农场通过无锡市家庭农场认证，2018年获评江阴市"十佳家庭农场"，2019年获评江苏省家庭农场认证。江阴市永恒农业专业合作社承包土地114.4公顷，社员出资总额1300万元。该合作社与浙江省嘉兴农科院、江苏省农科院签订长期合作协议，推广适宜当地栽培的"南粳46号"品种。合作社先后被评为无锡市市级现代农业园区、稻米生产先进企业，2020年获"江苏省农业技术推广奖"。2023年8月，江苏省农业农村厅公布1000个新型农业经营主体"领头雁"名单，长泾永成家庭农场入选"头雁"家庭农场，永恒农业专业合作社入选"头雁"示范社。

【蒲市村入选省乡村振兴示范村创建名单】 蒲市村地处长泾镇南部，与无锡市锡山区毗邻，2002年3月由原蒲市村、范庄村、河东村合并而成，曾是新四军六师师部驻地，红色资源丰富、文化底蕴丰厚。2021年入选中组部全国首批红色美丽村庄试点村后，蒲市村坚持以"红色蒲市、绿色家园"理念为引领，统筹实施"党建强村、文化兴村、产业富村、三治固村、环境美村"五大工程。开展蒲市村"小微文旅圈"建设，完成新四军六师师部驻地旧址智能化改造提升，新建红色影院、铁军课堂等红色载体，成立蒲市供销合作社，建成高标准农田106.67公顷，启动建设梦享飞行乐园项目。举办江苏省"水韵苏米"优质稻米生产基地揭牌仪式、蒲市丰收节、"'乡'约振兴 共谋振兴"红色美丽村庄试点建设成果展示等大型活动。先后获评全国文明村、江苏省特色田园乡村、江苏省美丽家园省级示范点、无锡市爱国主义教育基地等。2023年12月，在江苏省农业农村厅、江苏省乡村振兴局联合发布的2023年江苏省乡村振兴示范乡镇、示范村创建名单中，蒲市村入选江苏省乡村振兴示范村创建名单。

【长泾镇第一污水处理厂(一期)工程开工】 长泾镇第一污水处理厂(一期)工程项目位于长泾镇印染集聚产业园北部，用地面积4.63公顷。该工程是长泾印染园区建设的重要部分，项目建成后可日处理印染废水5万吨，实现印染废水"分类收集、分质处理"，极大改善人居环境，有效推动印染行业绿色低碳循环发展。2023年10月17日，长泾镇举行长泾镇第一污水处理厂(一期)工程开工仪式，江阴市副市长金丹菁、中交上海航道局有限公司总会计师夏勇、江阴生态环境局局长王澍、江阴市财政局局长王凯等领导出席仪式。长泾镇全体党政领导和机关全体中层干部，各村书记、副书记、相关驻镇单位负责人和企业家代表参加仪式。

【长泾镇第八届文化旅游推广文化节举办】 2023年9月26日，长泾镇举办"泾水生明月、雅韵共此时"

长泾镇第八届文化旅游推广暨中秋月饼文化节开幕式。活动由无锡市委宣传部、无锡市文广旅游局主办,江阴市委宣传部、市文明办、市文体广电和旅游局、市文学艺术界联合会、中共长泾镇委员会、长泾镇政府承办,市锡剧评弹艺术传承中心、长泾文化旅游有限公司协办。江阴市委常委、宣传部部长程政,中国科学院院士、大地测量和地球物理学家、中国科学院精密测量科学与技术创新研究院研究员孙和平,中国科学院精密测量科学与技术创新研究院党委书记冯灿等领导、乡贤出席活动。开幕式上演评弹歌曲《苏州好风光》、华服秀《梦寻古镇》等节目。是年,文化节期间举办"泾水雅集"文化艺术展、乡村音乐节、职工摄影大赛、"画说长泾"主题画展等系列活动。(张之恒)

顾山镇

【概况】 顾山,新石器时期末就有先民聚居,禹治震泽时称龟山,春秋时期是吴楚通衢,南朝梁时定名顾山,宋元时成集设镇至今。顾山镇位于江阴市东南边缘,距江阴市区41千米,东南以顾山山为界,和苏州市常熟市尚湖镇、无锡市锡山区东港镇相接;西紧连长泾镇;北隔新沙河,与张家港市杨舍镇毗邻。省道云顾公路、暨南大道横越东西,通锡高速、锡张公路纵贯南北,并直达沪宁高速公路、常合(沿江)高速公路两道口。申张航道、十一圩航道在域内相交畅流。域内有梁代昭明太子手植千年红豆树,名人有毛泽东称赞过的农运先驱周水平、国乐先驱周少梅等,在历史上以人杰地灵、物产丰富、文化底蕴深厚而闻名,有"晋梁文化地""金顾山"之美称,是江南著名古镇。区域东西长12.6千米,南北宽10.4千米,总面积49.51平方千米,耕地面积1309.2公顷,下辖12个行政村和3个社区居委会。2023年年末,有户籍人口54231人,其中男性26257人、女性27974人;有少数民族17个211人,其中蒙古族1人、回族10人、藏族1人、苗族33人、彝族13人、壮族25人、布依族63人、朝鲜族3人、满族6人、侗族1人、瑶族3人、白族2人、土家族44人、水族2人、羌族1人、仡佬族2人、达斡尔族1人。有外来暂住人口46812人,其中男性25958人、女性20854人。

政治建设　把学习贯彻中共二十大报告精神和开展学习贯彻习近平新时代中国特色社会主义思想主题教育紧密结合,作为贯穿全年工作的主题主线,组织开展基层宣讲会20余场次、各类专题研讨活动280余场次,带领全镇党员干部以学铸魂、以学增智、以学正风、以学促干。以"红润顾山·先锋领航"党建品牌为引领,推动基层党建"书记项目"不断向村(社区)、机关和企事业单位党组织延伸,打造星级共享党群阵地18个,组建"人文赤岸、红动特田""红豆乡村旅游"等党建联盟12个。实施"顾向未来·攀登者"青年干部培养计划,全面提升年轻干部化解矛盾、服务民生和推动发展的能力水平。加强公务员及事业人员日常考核,建立崇尚实干、带动担当的正向激励体系。镇新时代文明实践所正式揭牌,擦亮"书香顾山·锦带流光"全民阅读品牌,全年开展活动200余场次。江苏众网互联网有限公司入选无锡市"领雁工程"培育单位。红豆村书记吴敏东入选江苏省第三批"百名示范"村书记,赤岸村书记沈耀峰入选江苏省第三批"千名领先"村书记。严格落实"两个责任"*,以"三转一提"*要求为指引,严格运用监督执纪"四种形态"*,始终保持正风肃纪的高压态势,全年立案26件,提醒谈话、诫勉谈话28人。

经济建设　主要指标稳定增长,完成地区生产总值130.17亿元,比2022年增长3.5%;一般公共预算收入7.32亿元,比2022年增长45.9%;规模以上工业总产值255.56亿元;完成限额以上单位批发业销售额85.5亿元、限额以上单位零售额3.92亿元,分别比2022年增长4.2%和5.6%;完成规模以上服务业营业收入4.99亿元,比2022年增长3.4%;完成进出口总额7.24亿美元,比2022年增长3.4%。顾山镇品牌服装集聚区获评省级县域电商产业集聚区。举办经贸合作洽谈会等招商活动2场,全年签约超亿元产业项目10项。全年工业投资20亿元,东立新材料高性能纤维复合材料项目等8项项目竣工投产;华新精科新能源车用驱动电机铁芯等10项新项目开工建设。

社会建设　创新动能不断加大,入库无锡"雏鹰企业""瞪羚企业""准独角兽企业"19个;入库科技型中小企业146个。净增高新技术企业11个,高新技术产业产值占规模以上工业产值的24.9%,较2022年上升5个百分点。获评国家级专精特新"小巨人"企业4个,省级专精特新企业2个。圣华盾防护科技股份有限公司获评中国纺织工业联合会科技进步一等奖;培育(省级)"两化融合"贯标示范企业1个、省级智能车间2个;辅导省级星级上云企业16个。顾山老街和严渎桥两处地名入选年度无锡市地名文化遗产名录。顾山老街、严渎桥、犀带桥、李公桥4处地名入选年度江阴市地名文化遗产名录。城镇更新提档提速,瑞名府、瀚林府、拾光印等3项房产项目交付。完成新龚花园、顾北家园老旧小区改造提升。完成南曹庄园区至北涠污水处理厂一期污水管网新建、香山东西路提升改造和李家桥园区给水等工程。肯德基、星巴克先后开业,蔚来电动车充换电一体站上线运营,城镇品质不断提升。园区改造破旧立新,完成《顾山镇工业园区详细规划及城市设计》编制和报批。建成科创孵化产业园,新增可用标准厂房4.3万平方米,稳步推进产业园招租工作。启动北涠大桥重建项目拆迁,完成签约18户。完成涠东工业园区一期6.4公顷土地腾退工作,全年累计拆除厂房6.2万平方米,完成腾退集中连片用地8.15公顷,盘活存量用地4.77公顷、整治低效用地24.84公顷,土地复垦2.13公顷。完成东岐、鉴青等5个村(社区)村庄规划编制和报批,赤岸村赤岸自然村创成省级特色田园乡村,红豆村获评江苏省乡村振兴示范村创建单位,万兴村杨凌家堂自然村通过省级生态宜居美丽村庄示范项目验收,红豆村坞、赤岸2个传统村落实施挂牌保护，新龚村四三房等3个自然村庄获评江阴市美丽村庄。开展“三清三治”，对全域230个自然村集中开展环境卫生清理整治。探索实施农业发展新模式，新增绿色食品认证6个，完成高标准农田建设148.4公顷，拆除低端农业大棚25.67公顷，举办江苏省中早熟桃品鉴会和第八届“金顾山”水蜜桃节。完成国家级农业产业强镇创建一期项目投资1200万元，入围江苏省乡村振兴示范乡镇创建名单，获评无锡市农业农村现代化先导镇。坚持系统治理、分类施策、科学推进，打好蓝天、碧水、净土保卫战。全年$PM_{2.5}$平均浓度31微克/立方米。常态化落实水质断面监测管理，张家港河码头大桥、二干河栏杆桥国、省考断面水质优Ⅲ类比例100%。27个小微企业完成危废“云仓”建设签约。强化水污染源头治理，完成10项水污染防治工程项目和69个涉磷企业排查整治；完成545个企业雨污合流排查，雨污分流整治416个。完成13条河道美丽幸福河湖创建，红豆村红豆浜、新龚村李家桥浜2条河道登上无锡市美丽幸福河湖测评红榜。围绕实现碳达峰、碳中和目标，持续降低单位产出能源资源消耗和碳排放，完成企业重点节能改造3个，关停整治散乱污企业20个。“无废城市”建设加速，完成镇生活垃圾中转站改造提升工程。推动农业绿色化转型，化肥与农药施用量逐年减少，畜禽粪污综合利用率稳定在95%，完成市试点农业生态型犁耕深翻机械化还田作业120公顷任务。完成“一网通办”平台上线运行，建设“15分钟医保服务圈”省级示范点，10项医保经办服务事项权限下放村（社区）。新增城保扩面1853人，解决本地劳动力就业1735人，扶持自主创业522人，带动就业1251人。全心保障“一老一小”，累计发放各类关爱资金1117万元。深化人民调解、行政调解、司法调解“三调联动”，调解矛盾纠纷759件。深化法治宣传教育，开展“法律服务进企业、进社区”等法治宣传活动45场，提供法律服务200余次；红豆村获评江苏省法治乡村建设典型案例，“红豆树坞”法治村庄获评法治江阴建设惠民实事优胜项目。

2023年顾山镇主要经济社会指标一览表

表82

指　　标	单　位	数　量	比2022年增减(%)	指　　标	单　位	数　量	比2022年增减(%)
地区生产总值	亿元	130.17	3.50	限额以上单位零售额	亿元	3.92	5.60
其中:第一产业	亿元	3.22	1.60	固定资产投资总额	亿元	29.13	-20.10
第二产业	亿元	78.74	3.00	其中:工业投资	亿元	19.60	-16.70
第三产业	亿元	48.21	4.40	进出口总额	亿美元	7.24	3.40
一般公共预算收入	亿元	7.32	45.90	其中:出口额	亿美元	6.86	3.40
农林牧渔业总产值	亿元	3.22	1.60	到位注册外资	万美元	150	650
粮食产量	万吨	0.77	0.50	居民人均可支配收入	元	67919	4.60
规模以上工业利润总额	亿元	15.85	-1.40	中小学校在校学生数	人	6641	2.90

2023年顾山镇各村(社区)基本情况一览表

表83

村(社区)名称	户数(户)	人口(人)	村(社区)党支部(党总支、党委)书记	村(社区)主任
顾山社区	1964	5526	孙祖涛	孙祖涛
北涸社区	1223	4046	徐　波	徐　波
金桃社区	144	313	朱敏华	朱敏华
新龚村	1902	7025	龚　斌	龚　斌
南曹庄村	1116	4096	吴志鹏	吴志鹏
红豆村	1737	6114	吴敏东	吴敏东
顾北村	760	2528	王爱东	王爱东
涸东村	872	3014	杨　亮	杨　亮
解放村	779	2686	许敏达	许敏达

续表83

村(社区)名称	户数(户)	人口(人)	村(社区)党支部(党总支、党委)书记	村(社区)主任
赤岸村	1308	4408	沈耀峰	沈耀峰
鉴青村	650	2048	陈金星	陈金星
万兴村	970	3006	王洪兴	王洪兴
李家桥村	777	2876	金　伟	金　伟
涧南村	921	3150	周文彬	周文彬
东岐村	1083	3767	吴红一	吴红一

【顾山镇获评省乡村振兴示范乡镇创建单位】 2021年以来,顾山镇立足水蜜桃产业发展优势,以“桃”为引,大力实施“1533”(“1”即重点依托红豆树坞、红豆农业产业园,建设红豆乡村旅游功能区;“5”即依托东岐现代农业示范园、“满庭芳”郊野花园、神宇农庄科技示范园、紫晶花海创意园、东方造物馆,重点扶持培育5个农业旅游主题园区,拓展特色游玩、餐饮、民宿功能,培育网红打卡点;“33”即重点评选打造30个顾山特色餐饮名店及重点培育30种特色优质农业旅游产品)农业旅游资源培育计划,着力建设“一花一桃一品牌”,把青山绿水、四季花果、人文景观串点成线、集景成区,从赏花到品桃,深挖“桃经济”,做足“桃文章”,创新构建“桃文化”全产业链,从产、加、销纵向一体化向农、文、旅横向融合拓展,科技赋能助推产业发展,内外兼修打造秀美乡村,深化改革推进乡村治理。2023年,顾山镇获评省乡村振兴示范乡镇创建单位,红豆村获评省乡村振兴示范村创建单位。

【红豆村被列为省生态宜居美丽示范村】 2022年以来,红豆村加大生态环境保护,建设生态宜居的美丽乡村,村容村貌焕然一新,呈现生态美、环境优、产业兴的良好发展态势。2023年4月13日,江苏省委农村工作领导小组发布《关于2022年度江苏省生态宜居美丽乡村示范建设评价情况的通报》,顾山镇红豆村被列为江苏省生态宜居美丽示范村。

【赤岸村赤岸自然村被评为第十二批次省特色田园乡村】 2022年,赤岸村按照“农旅一体、产业助推”总体思路,推动三产融合,让百姓实现属地就业和土地收益双丰收,村级收入实现快速增长。以龙樱果蔬基地为龙头,打造特色农业矩阵,涵盖花卉、樱桃、金瓜、莲藕、黄桃等农产品和鱼、虾、蟹等淡水产品;依托龙栖湾农庄、生态藕塘、赤岸老街等串点成面,打造文创艺术田园综合体,培育“黄沙原食品”“赤岸老鹅”等“乡字号”品牌。2023年12月7日,第十二批次江苏省特色田园乡村名单正式公布,顾山镇赤岸村赤岸自然村上榜。

【云蝠跨境电商党建展厅开馆】 2023年7月2日,“丝路辟新、云链未来”云蝠跨境电商党建展厅揭牌仪式在云蝠跨境电子商务产业园区举行。展厅位于云蝠跨境电子商务产业园区2号楼五楼,占地面积260平方米,设有云享驿站、党员工作室、初心墙等活动区域,可用于主题党日、党课学习、互动交流等活动,是云蝠投资控股有限公司全新打造的非公企业共享党群阵地。展厅通过图文视频、互动体验等多元形式,展现云蝠以党建为引领,坚持党建工作与企业发展和谐共进,引领企业一步步壮大的全过程。

【江苏众网获评江苏健康企业】 2022年以来,江苏众网按标准建设健康企业,在企业内设置职工健康驿站、爱心母婴室(康乃馨驿站)、医疗室、心理辅导室、健身室等健康场所,与江阴博医家康复医院签订医疗合作协议,为企业员工提供心理、生理等多方面的培训和诊疗服务。企业定期组织员工参加健身操、羽毛球比赛、踢毽子等健康体育活动和健康主题讲座。同时推出健康生活方式激励制度,开展“健康达人”评选,提高员工关注职业健康的积极性和参与度。2023年8月,江苏众网获评江苏健康企业。(吴成良)

祝塘镇

【概况】 祝塘镇是徐霞客的祖居地,为江阴四大古镇之一。位于江阴市东南,南北分别与无锡市区、江阴市区相距20千米,云顾、祝陆、祝璜、祝文公路在镇区交会,暨南大道和长山大道分别在镇域内过境4.9千米和3.3千米,锡华大河贯穿全境,是江阴东南地区重要的交通枢纽,拥有“江南名镇”“江南外贸第一镇”“中国针织服装名镇”“国家卫生镇”“全国环境优美镇”“全国中小城市生态实验区”“江苏省文明镇”“江苏省综合实力百强镇”等荣誉称号,是江苏省重点中心镇,纳入霞客湾科学城功能区,被列入江苏省经济发达镇培育对象。区域面积59.59平方千米,耕地面积2317.21公顷,下辖12个行政村。2023年年末,有户籍人口58524人,其中男性28666人、女性29558人;有少数民族18个478人,其中白族1人、布依族48人、藏族1人、朝鲜族3人、侗族41人、回族10人、黎族2人、傈僳族2人、满族3人、蒙古族6人、苗族130人、羌族2人、土家族176人、土族2人、瑶族2人、彝族6人、仡佬族4人、壮族39人。有外来暂住人口75492人,其中男性40695人、女性34797人。

政治建设　深入学习贯彻中共二十大精神,扎实开展学习贯彻习近平新时代中国特色社会主义思想主题教育,召开党委会21次,开展镇党委理论中心组学习15次。以市委第四巡察组巡察祝塘镇及下属村党组织为契机,部署督办反馈的14个方面38个问题,推动96条整改措施落到实处。拓展党建阵地,建成镇公共文化空间并常态化开放,发布"吾悦梧塍"宣讲品牌并组织理论宣讲30余次,发放理论学习书籍1万余册。举办庆祝中国共产党成立102周年暨先进表彰会议,集中表彰90个党内先进单位和个人。深化镇级领导班子成员包村、联系重点企业和重大项目工作机制,推动领导干部走村入企常态化。全面实施"党建引领三改造一提升"行动,在工业园区升级改造、人居环境、集镇建设和基层治理等重点工作中全面加强党建引领。实施乡村振兴"一村一品"和集镇精细化管理,实施镇北路党建示范路、文明典范路和红色一条街"两路一街"党建书记项目,完成党员教育全媒体作品1部。2023年创成无锡市示范型党支部1个,新增新一轮"雁阵计划"培育对象2个、无锡市"两新"组织党组织"领雁工程"培育对象1个,发展预备党员41人、转正45人。全年党纪立案24件,主动约谈256次,提醒、诫勉谈话17次,持续营造风清气正政治生态。

经济建设　经济运行稳中有进,全年完成地区生产总值122.38亿元,比2022年增长2.8%;完成一般公共预算收入6.47亿元,比2022年增长25.51%;完成规模以上工业总产值223.3亿元,比2022年增长3.3%;完成固定资产投资21.57亿元,其中工业投入15.09亿元,服务业投入5.88亿元;完成进出口总额6.06亿美元;实现到位注册外资300万美元。全面推进乡村振兴,大力推广现代高效农业,完成86.67公顷高标准农田和33.33公顷蔬菜基地建设,粮食种植面积再创新高,水稻、小麦种植面积均超过1266.67公顷,全镇农村土地经营权统一流转比例84%,争取市乡村振兴融资试点资金2.8亿元,获评市级以上示范家庭农场2个。全力盘活壮大村级资产,开展"一村一品"特色项目打造,引导各村盘活闲置资源建设标准厂房、人才公寓,申报无锡市相对薄弱村产业项目3项,获各级奖补资金544万元,新增村级年收入近100万元,7个村经营性收入超500万元。产业转型发展动能强劲,江阴海达橡塑股份有限公司高分子汽车橡胶密封件一期项目竣工投产、江阴市恒润环锻有限公司风电齿轮项目进入试生产阶段、优彩环保资源科技股份有限公司再生有色纤维项目加快开工手续办理,3项项目投资均超10亿元。举办重大产业项目集中开竣工仪式和经贸合作洽谈会,新签约重大项目15项,总投资36.68亿元。招引项目中,无锡德羿科技有限公司、无锡市同恒传动科技有限公司等项目开始生产,江阴市要塞纸箱包装有限公司、友泉食品包装(江苏)有限公司等项目启动建设。工业园区改造成势,集中连片土地腾退有力,完成园区江阴市培蒙印染制衣有限公司、江阴市韵仕达货运有限公司超13.33公顷地块拆迁,13.33公顷文林华腾地块有序推进,引入优质项目11项,全年完成低效用地腾退17.07公顷。

社会建设　有效申报国家级重大人才工程3个,全年新增留学回国人员10人、新增高层次人才30人,新增高技能人才32人。全年获评国家级绿色工厂1个,江苏省"瞪羚企业"1个、专精特新企业2个、企业技术中心1个、智能工厂1个,8万平方米科创载体投入使用。完成25个高新技术企业、131个科技中小型企业认定,无锡市12个"雏鹰企业"*和7个"瞪羚企业"*入库申报。扩大巡诊进村服务覆盖面,落实公共卫生体检10687人,江阴市第五人民医院与江苏大学医学院共建产学研合作基地,创成省级健康村1个。完成文林中学、文林小学教学楼改造工程,新增学生座位500个;成立全省首个关爱下一代工作站;1所民办幼儿园创成江苏省优质幼儿园;创成无锡市四星级食安办;获评无锡市5A级"残疾人之家"。举办首届梅花节,启动"阅美祝塘"工程项目,开展各类文明志愿服务活动1000余场,获评"江阴好人"4人。组织戏曲进校园、送文化下乡等活动173场次,开展全民健身活动,联合江阴祝塘启明体育俱乐部、江阴市文林博雅乒乓球俱乐部等省级体育俱乐部开展培训计划,培养80余人,新增体育场地6.6万平方米,获全国妇女广场舞大赛特等奖。全年46个"微幸福"民生工程建成;新庄路、金昌路、银杏路、公园路改造完成;景阳村、茂龙村人才公寓竣工投用;公共文化空间常态化开放运营。实施拆迁安置小区技防监控改造,启动拆迁安置小区房屋产权登记,创成2个无锡市园林式居住区,全国卫生镇复审扎实推进。集镇治理纵深拓展,实施全国文明城市创建提升行动,持续巩固"两路一街"创建示范成果,提档升级锡文路、云顾路重点路段环境秩序,累计拆除各类违建52382平方米,拆除陈旧、破损广告2017平方米,新增停车位1005个,成立镇属梧塍红物业公司。健全"村—综合网格—微网格—户"工作体系,网格化巡查上报市容管理、治安管理、车辆管理等入格事件10270件,开展入户走访近10万人次。完成祝塘镇工业园区控制性详细规划和城市设计,4个行政村实用性规划编制获批落地。深入推进农村人居环境"三清三治"专项行动,获评8次江阴市级以上美丽河湖、人居环境"红榜",完成11个自然村农村生活污水治理、1242户"一户一表"改造,推进景阳村高家基、茂龙村黄家基、五福村荡南二期农房翻建。把握长山大道南延机遇,完成文林人民路改造提升,富昌地块、文林中学东安置小区等集镇开发更新前期准备有序推进。集中开展重大事故隐患专项整治行动,累计立案55件,处罚金额188.7万元。累计排查"厂中厂"176个,排查隐患1042处;排查"九小场所"692个,发现问题隐患845处;排摸"三合一"场所100余个,发现火灾隐患114处,有效推进各类隐患整改。完成天然气管阀更新10178户、瓶装燃气居民用户隐患灶具整改2708户、餐饮场所"改管改电"238户。生态环境稳定向好。完成深入打好污染防治攻坚战工程项目53项、大气工程项目144项,查处"散乱污"企业(作坊)161个,完成387个工业企业雨污分流整改。建成水美乡村 2 个、美丽幸福示范河湖 15 条，$PM_{2.5}$年平均浓度 31.9 微克/立方米，空气质量优良天数比率 80.8%，地表水达到或好于Ⅲ类水体比例 100%。全年城镇新增就业人数 1282 人，企业城保扩面人数 1575 人，开展系列困难儿童关爱、妇女权益保障等公益项目，做好年度优抚对象补助发放工作。落实“即征即保”工作，低保、特困、残疾人等困难群体精准救助率 100%。强化矛盾纠纷源头预防化解，深入实施扫黑除恶、全民反诈等行动，通过“八五”普法中期考核验收，信访事项一次性化解率 96.8%，化解劳资纠纷 762 件，涉及职工 900 余人，调解成功率 98%，12345 政务服务便民热线办理诉求 4542 件。持续推进政务服务“一网通办”“一件事”改革，率先完成“一网通办”系统运营；完成“15 分钟医保服务圈”无锡市级示范点创建；强化江苏省经济发达镇创建，新增市内第一个“智能微税厅”服务功能。政务代办事项进一步向村拓展延伸，全域内 12 个村服务站代办个体工商户登记业务 126 次，文林村便民服务站新增婚姻档案、独生子女档案、退役军人档案 3 类民生档案查询出证功能。全年完成镇、村两级政务服务人员培训 158 人次、办公自动化培训 576 人次、全科社工与服务礼仪培训 163 人次，便民服务中心窗口全年办理事项 14174 件。

2023 年祝塘镇主要经济社会指标一览表

表 84

指　　标	单　位	数　量	比 2022 年增减(%)	指　　标	单　位	数　量	比 2022 年增减(%)
地区生产总值	亿元	122.38	2.80	限额以上单位零售额	亿元	5.16	5.52
其中：第一产业	亿元	4.32	0.90	固定资产投资总额	亿元	21.57	-8.55
第二产业	亿元	89.49	1.80	其中：工业投资	亿元	15.09	-4.55
第三产业	亿元	28.56	6.30	进出口总额	亿美元	6.06	-17
一般公共预算收入	亿元	6.47	25.51	其中：出口额	亿美元	5.98	-14.90
农林牧渔业总产值	亿元	5.96	0.39	到位注册外资	万美元	300	-33.40
粮食产量	万吨	2.05	13.06	居民人均可支配收入	元	65846	4.50
规模以上工业利润总额	亿元	8.21	42.29	中小学校在校学生数	人	9342	4.60

2023 年祝塘镇各村(社区)基本情况一览表

表 85

村(社区)名称	户数(户)	人口(人)	村(社区)党支部(党总支、党委)书记	村(社区)主任
建南村	1592	5746	孙建其	孙建其
金庄村	1918	6971	孔瑞用	孔瑞用
文林村	2042	6699	龚东良	龚东良
景阳村	1596	4836	沈岳虎	沈岳虎
河湘村	1235	4258	龚　军	龚　军
永平村	1507	5337	须晓华	须晓华
永昌村	1224	4708	王　华	王　华
北湾村	886	2986	王军伟	王军伟
五福村	1386	4499	张星伟	张星伟
富顺村	1548	5298	黄　涌	黄　涌
茂龙村	917	3399	陆　军	陆　军
石堰村	1010	3502	徐　寅	徐　寅

【祝塘镇被纳入霞客湾科学城功能区】 2023 年 3 月，江阴市召开霞客湾科学城功能区建设动员大会，确立月城镇、青阳镇、霞客镇、祝塘镇四镇为霞客湾科学城功能区，面积 276 平方千米。科学城功能区将形成“功能区 + 镇街 + 国资公司”的模式，实施“规划引领、项目攻坚、招商突破、要素保障、改革创新”五大行动，实现四

镇合一，协同发展，打造引领江阴未来高质量发展的优质增长极、活力创新源、美丽生态区和数字新高地。

【祝塘镇第十九届人代会第三次会议召开】 2023年1月9日，祝塘镇第十九届人民代表大会第三次会议召开。大会审议和讨论第一次全体会议各项工作报告，大会选举办法（草案）、民生实事项目票决办法（草案）、2023年民生实事候选项目，宣布镇长正式候选人名单，进行大会选举、民生实事项目票决。确定人居环境提升工程、路桥提升工程、“美丽河湖”行动、高标准农田建设项目、撤并乡镇能级提升项目、污水管网建设工程、工业园区提升工程、惠民工程8项2023年政府民生实事项目。听取并通过财政预算审查委员会所作的《2023年度财政预算审查报告》、议案审查委员会所作的《代表议案及建议》《意见处理审查情况报告》《政府工作报告决议》《人大主席团工作报告决议》《财政预算报告决议》。大会经无记名投票，选举吴泽昱为祝塘镇政府镇长。

【祝塘镇公共文化空间启用】 2023年7月13日，祝塘镇公共文化空间开馆。该公共文化空间位于世纪公园文昌阁内，建筑面积3500余平方米，包含“炎黄”陈列馆和祝塘党史馆。升级改造后的公共文化空间具有“优质化、数字化、智能化、身边化”特点，设有图书馆、文艺创作室、排练室、健身房、培训室、书画室、接待室、多功能室、社工站等特色区域。图书馆藏有2.5万余册图书、30余种期刊，可供阅览或外借，设置阅览座席近150个。

【祝塘镇工业园区升级改造】 2023年，祝塘镇工业园区升级改造聚焦关键环节，精准靶向施策，梳理“工改”项目推进中存在的问题，厘清难点，盘活存量土地，破解工业用地碎片化低效化问题，统筹引导企业搬迁腾挪和增资扩产，招引符合产业发展方向的企业进驻“工改”园区。全年完成祝塘工业园区内9公顷、8公顷等2个以上集中连片地块的收储和拆除。文林园区13.33公顷集中连片地块有序推进，完成80%签约率。借势工改推动产业转型升级，坚持关停腾退、整改提升、腾笼换鸟多措并举，为中小企业闲置、低效用地引入优质项目11项，全年完成低效用地腾退17.07公顷。实行工改公司实体化运作，完成资本金到账，形成项目资金“借、管、用、还”全流程保障体系，全年兑付工改资金1.9亿元。

【祝塘镇高标准农田建设】 2023年，祝塘镇着力打造连片优质粮生产示范区，全面推进高标准农田建设，开展两项高标准农田建设项目，计486.67公顷，其中涉及北湾村、石堰村、富顺村片区的86.67公顷完成，涵盖石堰村、富顺村、河湘村、北湾村、建南村片区的400公顷完成70%。通过高标准农田建设，使“小田”变“大田”，达到集中连片平整、设施配套合理、灌排沟渠畅通、优质高产高效、节水节肥节药、抗灾减灾能力强的效果，农业生产标准化、规模化、机械化水平不断提升，粮食亩均增产10%～20%，粮农节本增收，改善农业生态环境和粮农生产条件，调动粮农的种粮积极性，全面助力乡村振兴高质量发展。

【祝塘镇经贸合作洽谈会举办】 2023年10月28日，祝塘镇举行2023年经贸合作洽谈会。江阴市政府党组成员张桂清，镇党政领导班子成员出席会议。签约项目负责人，相关乡贤、客商和政府发展顾问，重点骨干企业及商会常务副会长以上单位负责人，相关驻镇单位和镇机关相关部门负责人等参加会议。与会嘉宾会前现场参观了解祝塘镇工业园区建设情况，并听取相关重点招商地块资源介绍。洽谈会期间祝塘镇政府举行发展顾问聘用仪式上，江苏凤凰出版传媒集团党委书记、董事长章朝阳，中国石油北京石油管理干部学院院长钱兴坤，天玺企业管理咨询（上海）有限公司高级合伙人赵兴富，江苏吴中高科创业投资有限公司项目总经理李克克，国电南瑞信通研发经理、南京易元铭容智能科技有限公司联合创始人邱文元被聘为祝塘镇政府发展顾问。洽谈会上成功签约15项重点项目，总投资额36.68亿元。其中有两项项目超10亿元。

【祝塘镇首届梅花节开幕】 2023年3月4日，“春启梅园 悦美祝塘”2023年祝塘镇梅花节启动仪式在祝塘梅园举行。祝塘梅园位于镇内环东路泽枯禅寺北侧，占地近4公顷，内有梅花3000余株，是江阴的赏梅胜地，成为祝塘地标性文旅符号、特色IP。花期较早的蜡梅和中晚期的宫粉、玉蝶、绿萼、朱砂等品种次第开放，从花苞初绽到落英缤纷，赏梅期长达三个月。梅花节以梅为约，集赏花、展陈、休闲、游园于一体，在保护祝塘山水林田、生灵草木的同时，积极依托悠久的人文历史资源，加快建设人与自然和谐共生的现代化美好实践，打响祝塘文化生态特色品牌，充分彰显江南水乡魅力，守护传承生生不息的江南文脉。

【江阴雷霆应急救援队在祝塘镇揭牌成立】 2023年11月14日，江阴雷霆应急救援队在祝塘镇正式揭牌成立。市应急管理局党委书记、局长顾行行，祝塘镇党委书记何志强等领导出席揭牌仪式。江阴雷霆应急救援队作为专业应急救援队伍，是国家应急救援队伍的辅助力量和有益补充，由江阴市应急管理局主管，旨在为全社会提供灾前灾中灾后全流程应急救援志愿服务。至年末，救援队有队员100余人，依托规范的管理体系苦练本领，以先进的装备器材提升技能，打造成为政府需要、人民信任的社会应急救援队伍，在应急救援培训、灾害事故救援、防灾减灾宣传等方面发挥重要作用。

【祝塘芳草地舞蹈队获全国妇女广场舞大赛特等奖】 2023年12月9日，由国家体育总局、中华全国妇女联合会主办的“舞动巾帼风采 悦享健康生活”2023年全国妇女广场舞（健身操舞）大赛总决赛在江西省上饶市体育中心举行。有全国47个城市的59支参赛队伍、1000余名选手参赛。江阴市祝塘芳草地舞蹈队代表江苏参赛，获中年组小集体规定曲目特等奖。 （梁友生）

■类目编辑 纪晓华

组织机构和领导人员名录

市级机构

中共江阴市委

书　　记　许　峰
副 书 记　包　鸣
　　　　　陈兴华
常　　委　程　政
　　　　　靳佳高（至9月）
　　　　　孙林祥（9月任）
　　　　　王　琪
　　　　　吴莉萍（女）
　　　　　黄　宇
　　　　　郁秋皓
　　　　　张韶峰
　　　　　顾文瑜

江阴市人大常委会（党组）

主　　任　计　军
副 主 任　徐盛希
　　　　　赵巧新
　　　　　张国兴
　　　　　许　晨（女）
党组书记　计　军
副 书 记　徐盛希

江阴市人民政府（党组）

市　　长　包　鸣
副 市 长　王　琪
　　　　　尹志华
　　　　　朱晓峰（至5月）
　　　　　陈涵杰
　　　　　许　昌
　　　　　杭　成
　　　　　翟　菁（赴陕西工作）
　　　　　朱烨昕（4月任，赴新疆工作）
　　　　　金丹菁（女）
　　　　　魏　锋
　　　　　曹兴华（女，挂职，回族，至8月）
党组书记　包　鸣
副 书 记　王　琪

政协江阴市委员会（党组）

主　　席　邵文松
副 主 席　陈兴初
　　　　　张晓东
　　　　　叶韩清
　　　　　钱　晴（女）
　　　　　时　平
党组书记　邵文松
副 书 记　吴莉萍（女，兼，至6月）
　　　　　郁秋皓（兼，6月任）

中共江阴市纪律检查委员会

书　　记　靳佳高（至9月）
　　　　　孙林祥（9月任）
副 书 记　陆　欣
　　　　　徐岳明
常　　委　高振华
　　　　　刘兴涛
　　　　　周逸岗
　　　　　吴　灏（女，5月任）

江阴市监察委员会

主　　任　靳佳高（至10月）
　　　　　孙林祥（10月任代理主任）
副 主 任　陆　欣
　　　　　徐岳明
委　　员　高振华
　　　　　吴　灏（女）
　　　　　陈　熙

市委巡察工作办公室、市委巡察组

市委巡察工作办公室
主　　任　高振华
副 主 任　董克伟
　　　　　钱东昕
市委第一巡察组
组　　长　袁金英（女，至12月）
　　　　　周逸岗（12月任）
副 组 长　刘丽渊（女）
　　　　　李忠耘
市委第二巡察组
组　　长　夏宏伟
副 组 长　王霁霞（女，至12月）
　　　　　石京东
　　　　　孙　丹（女）
市委第三巡察组
组　　长　冯祥松
副 组 长　李　亚（女，至12月）

张　琼(女)
冯　强(12月任)
市委第四巡察组
组　　长　张海红
副 组 长　黄永平
李　伟

市纪委派驻纪检监察组

派驻第一纪检监察组
组　　长　倪涛峰
派驻第二纪检监察组
组　　长　吴燕萍(女,至3月)
于　海(3月任)
派驻第三纪检监察组
组　　长　刘　莉(女)
派驻第四纪检监察组
组　　长　张新东
派驻第五纪检监察组
组　　长　张　磊
派驻第六纪检监察组
组　　长　沈国庆(至12月)
王霁霞(女,12月任)
派驻第七纪检监察组
组　　长　陆　慧
派驻第八纪检监察组
组　　长　吴智勇
派驻第九纪检监察组
组　　长　沙雪蓉(女)

市委办公室

主　　任　郭　诚
副 主 任　张　伟(兼,至3月)
陶郁峻(兼,3月任)
石效民
邓国平(兼,至5月)
周　青(兼,5月任)
任山峰(至12月)
林贤青(女)
袁建明
市委全面深化改革委员会办公室
副 主 任　张彩玲(女)
市委研究室
主　　任　石效民(兼)
副 主 任　夏　凯
市委国家安全委员会办公室
副 主 任　周　炜
市委机要局
副 局 长　温　浩

市委组织部

部　　长　吴莉萍(女)
常务副部长　谢映军(至8月)
副 部 长　王建新(兼,至3月)
柳　蔚(女,兼,3月任)
马忠洪(至3月)
冯明刚(兼)
周　麒
任　洁(女)
市委非公有制企业和社会组织工作委员会
书　　记　马忠洪(至3月)
周　麒(5月任)
副 书 记　徐　斌(赴新疆工作)
辛　磊(5月任)
市委市级机关工作委员会
副 书 记　沈晓锋
市公务员局
副 局 长　吴剑峰
市考核工作委员会办公室
副 主 任　宗　泽

市委宣传部

部　　长　程　政
常务副部长　吴　燕(女)
副 部 长　姜　浩
佘益平
部务委员　曹　琰(女)
市精神文明建设指导委员会办公室
副 主 任　陈爱民
市委网络安全和信息化委员会办公室
主　　任　吴　燕(女)
副 主 任　李　晔

市委统战部

部　　长　吴莉萍(女,至6月)
郁秋皓(6月任)
常务副部长　周　琛
副 部 长　陈雪源(兼,至12月)
万小溪(兼,12月任)
邹宇伟
吴家湘(至3月)
王　熹
部务委员　汪小琳(女)
程　晔
市委台湾工作办公室
主　　任　吴家湘(兼,至3月)
王　熹(5月任)
副 主 任　陈剑雄
市民族宗教事务局
局　　长　邹宇伟
副 局 长　李　放

市委政法委员会

书　　记　郁秋皓(至6月)
陈兴华(6月任)
常务副书记　徐　勇
副 书 记　许　昌(兼)
张学春(兼,至12月)
陆晓燕(女,兼,12月任)
关开城(兼,12月任)
薛　松(兼,12月任)
许　伟(无锡派挂)
袁春霞(女)
胡振芳

市委机构编制委员会办公室

主　　任　冯明刚
副 主 任　邓秀琴(女)
金　莉(女)
张　勇
市事业单位登记管理局
副 局 长　赵蓓蓓(女)

市委老干部局
(市委离退休干部工委)

局　　长　王建新(至3月)
柳　蔚(女,3月任)
副 局 长　孙　渊
孙维亚(女)
市委离退休干部工委
书　　记　王建新(至3月)
柳　蔚(女,3月任)
副 书 记　卞国忠

市人大常委会机关

办公室
主　　任　华　江
副 主 任　赵　东
李华兴
高振华(女)
内务司法工委
主　　任　李　兵
副 主 任　缪红雄
财政经济工委
主　　任　张海霞(女)
副 主 任　陈晓平
环境资源城乡建设工委
主　　任　吴海英(女)
副 主 任　李　煜(女,至12月)
李国建(12月任)
教科文卫工委
主　　任　吴芸芸(女)
副 主 任　缪李清
人事代表联络工委
主　　任　熊　黠(女)
副 主 任　缪宇强
农业农村工委
主　　任　徐立刚

副 主 任　唐　微(女)

市人民政府办公室(党组)

主　　任　仇　丰
副 主 任　刘晓军
　　　　　刘益锋
　　　　　徐慧南
　　　　　张光华
　　　　　卢　宏
　　　　　薛　松(兼)
党组书记　仇　丰
研究室
副 主 任　曹晓成
市人民政府外事办公室
副 主 任　陈正华

市发展和改革委员会(党组)

主　　任　魏　锋(至2月)
　　　　　季　震(2月任)
副 主 任　韩　俊
　　　　　陈　斌(2月任)
　　　　　项　勇
　　　　　许瑞刚
　　　　　李　奕
总工程师　耿海建
党组书记　魏　锋(至2月)
　　　　　季　震(2月任)
党组副书记　韩　俊
　　　　　陈　斌(2月任)

市教育局(党委)

局　　长　徐前锋(至12月)
　　　　　钱　晴(女,12月任)
副 局 长　吴　洁(女)
　　　　　邹凤翔(女)
　　　　　姚　斌
　　　　　陆振华
党委书记　徐前锋(至12月)
　　　　　陈雪源(12月任)
副 书 记　吴　洁(女)
市委教育工作委员会
书　　记　徐前锋(至12月)
　　　　　陈雪源(12月任)
副 书 记　吴　洁(女)
市人民政府教育督导室
主　　任　徐前锋(至12月)
　　　　　钱　晴(女,12月任)
副 主 任　刘　开

市科学技术局(党组)

局　　长　徐　飞
副 局 长　刘小微
　　　　　周　鑫
　　　　　陈　佳(女)
党组书记　徐　飞

市工业和信息化局(党委)

局　　长　季　震(至5月)
　　　　　谈海平(5月任)
副 局 长　陆正宇
　　　　　刘建军
　　　　　俞卫东
　　　　　庞远超
党委书记　季　震

市公安局(党委)

局　　长　许　昌
副 局 长　杨　勇
　　　　　朱云希
　　　　　刘浩平(3月任)
　　　　　蔡立波(5月任)
　　　　　石良红(5月任)
党委书记　许　昌
政　　委　卢　刚
副 书 记　卢　刚
政治处主任　吴　佳

市民政局(党委)

局　　长　顾洪伟
副 局 长　陈晓东(至3月)
　　　　　孙惠峰(3月任)
　　　　　许海英(女)
　　　　　吴春华(女,至3月)
　　　　　俞　洋(3月任)
党委书记　顾洪伟
副 书 记　陈晓东(至3月)
　　　　　孙惠峰(3月任)

市司法局(党组)

局　　长　余　江
副 局 长　周　巍
　　　　　彭松波
　　　　　梅士强
党组书记　余　江
副 书 记　周　巍
市委全面依法治市委员会办公室
副 主 任　韩映红(女,至12月)

市财政局(党组)

局　　长　王　凯
副 局 长　陈　飞
　　　　　许　玲(女,至12月)
　　　　　许　敏(女)
　　　　　葛　艳(女)
党组书记　王　凯
副 书 记　陈　飞
市国有资产监督管理办公室
副 主 任　陈新文

市人力资源和社会保障局(党委)

局　　长　王光华
副 局 长　沈宏伟
　　　　　居　琳(女)
　　　　　施晔新(女,至5月)
　　　　　黄晨峰(5月任)
党委书记　王光华
副 书 记　沈宏伟

市自然资源和规划局(党委)

局　　长　张桂清
副 局 长　赵晓敏(女)
　　　　　陈　江(女)
　　　　　邢中兴
　　　　　张　旻
　　　　　朱惠龙
　　　　　陆　勇
　　　　　林晓英(女)
党委书记　张桂清
副 书 记　赵晓敏(女)
市林业局
局　　长　张桂清(兼)

市住房和城乡建设局(党委)

局　　长　吴　广(3月任)
副 局 长　俞　健(至3月)
　　　　　陈　斌(至2月)
　　　　　傅士才(3月任)
　　　　　陶卫凯
　　　　　汪运志
　　　　　韩志平
　　　　　徐松岚(2月任)
党委书记　吴　广(3月任)
副 书 记　俞　健(至3月)
　　　　　陈　斌(至2月)
市人民防空办公室
副 主 任　徐松岚(至2月)

市城市综合管理局(党委)

局　　长　张学春
副 局 长　姚剑刚
　　　　　陈　开
　　　　　黄勇锋(兼)
　　　　　叶　青
　　　　　于景峰
　　　　　严建军
党委书记　张学春
副 书 记　姚剑刚

市综合行政执法局
局　　长　张学春
副 局 长　虞大军
市市政和园林局
局　　长　张学春
副 局 长　黄勇锋

市交通运输局(党委)

局　　长　缪　慧(至12月)
　　　　　钟　卿(12月任)
副 局 长　毛　亚(女)
　　　　　钟　卿(至12月)
　　　　　蒋　屹(女)
　　　　　费学兵
总工程师　柳仁军
党委书记　缪　慧(至12月)
　　　　　钟　卿(12月任)
副 书 记　毛　亚(女)
　　　　　钟　卿(至12月)

市水利局(党委)

局　　长　王　青
副 局 长　程　云(12月任)
　　　　　陈转兰(女)
　　　　　孙明丰(至12月)
　　　　　孙　健
总工程师　范　斌
党委书记　王　青
副 书 记　程　云(12月任)

市农业农村局(党委)

局　　长　万小溪(至12月)
　　　　　李志浩(12月任)
副 局 长　舒建华
　　　　　冉隆峰
　　　　　张雪峰
党委书记　万小溪(至12月)
　　　　　李志浩(12月任)
市委农村工作领导小组办公室
主　　任　万小溪(至12月)
　　　　　李志浩(12月任)
副 主 任　黄　珂(女)
市乡村振兴局
副 局 长　徐霞红(女)

市商务局(党委)

局　　长　时　平
副 局 长　曹　鸣
　　　　　王　吉
　　　　　龚　伟
党委书记　许铁军(至12月)
　　　　　李　宁(12月任)
副 书 记　曹　鸣

市口岸办公室
主　　任　时　平
副 主 任　谭荣伟

市文体广电和旅游局(党委)

局　　长　钱　晴(女,至12月)
　　　　　谢　挺(12月任)
副 局 长　楚海芹(女)
　　　　　张　健
　　　　　李克雨(女,至5月)
　　　　　王冠元
总工程师　宫昌俊
党委书记　谢　挺(12月任)
副 书 记　楚海芹(女)

市卫生健康委员会(党委)

主　　任　胡莹洁(女)
副 主 任　范　荣
　　　　　严海东(至12月)
　　　　　顾敏华(女)
　　　　　杨　霖(至3月)
　　　　　夏　彬(3月任)
　　　　　孙军卫(12月任)
党委书记　胡莹洁(女)
副 书 记　范　荣
　　　　　严海东(至12月)
市疾病预防控制局
局　　长　夏　彬(12月任)

市退役军人事务局(党组)

局　　长　宦雪忠(至12月)
副 局 长　洪向宇(女)
　　　　　刘仁富
　　　　　王生虎(3月任)
党组书记　宦雪忠(至12月)

市应急管理局(党委)

局　　长　顾行行
副 局 长　马　凯
　　　　　刘东来
　　　　　包凯凯
　　　　　沈　拳(至12月)
　　　　　王　进(12月任)
总工程师　朱晓君
党委书记　顾行行
市安全生产委员会办公室
副 主 任　徐　卓

市审计局(党组)

局　　长　顾　敏(女)
副 局 长　潘银龙(至8月)
　　　　　蒋　奕(女)
　　　　　陆　枫(5月任)

党组书记　梅海荣

市大数据管理和政务服务局(党委)(*)

局　　长　江国虔
副 局 长　刘忠明(至2月)
　　　　　王旭东
　　　　　陈文奇
　　　　　何　斌
　　　　　沈纯雅(女,2月任)
党委书记　江国虔
市行政审批局
局　　长　江国虔(2月任)
副 局 长　周　勤(女,2月任)

市市场监督管理局(党委)

局　　长　潘文伟
副 局 长　易海红(女,至12月)
　　　　　郑力强(12月任)
　　　　　黄新栋
　　　　　施丽娟(女)
　　　　　缪志东
　　　　　陆云峰
党委书记　潘文伟
市知识产权局
副 局 长　张　莉(女)

市统计局(党组)

局　　长　夏建辉
副 局 长　季克军
　　　　　倪秋萍(女)
总统计师　谢红伟
党组书记　夏建辉

市医疗保障局(党组)

局　　长　严军明
副 局 长　夏　彬(至3月)
　　　　　顾李忠
　　　　　胡荣华(3月任)
　　　　　吴晓妍(女,3月任)
党组书记　严军明

市信访局

局　　长　邓国平(至5月)
　　　　　周　青(5月任)
副 局 长　蔡忠逸
　　　　　苏晓华(女)

市地方金融监督管理局(党组)

局　　长　胡光远
副 局 长　谈海燕(女)
　　　　　章伟斌
党组书记　胡光远

副 书 记　谈海燕(女)

江阴高新技术产业开发区(党工委、纪工委)

党工委书记　许　峰
副 书 记　顾文瑜(主持日常工作)
主　　任　包　鸣
副 主 任　顾文瑜
　　　　　祁　军(至5月)
　　　　　赵志军
　　　　　六　扬(女)
　　　　　陈　峰(9月任)
　　　　　贾　锐(挂职,至1月)
　　　　　吕　波(挂职,12月任)
纪工委书记　何忆芳(女)
人大工委主任　沈　斌
党政办公室
主　　任　朱新开
副 主 任　李群益
党群工作部
部　　长　柳　蔚(女,至3月)
　　　　　吴春华(女,3月任)
副 部 长　俞晓峰
　　　　　常惠琴(女)
招商局
局　　长　陈勇奇
副 局 长　缪恒彬
　　　　　王　寅
　　　　　洪云锋
经济发展局
局　　长　张晓华
副 局 长　李国建(至12月)
　　　　　顾　霞(女)
科学技术局
局　　长　夏天华
副 局 长　秦　伟
　　　　　许　磊(女)
财政局
局　　长　赵晓平
副 局 长　陈　笑(女)
　　　　　袁洪杰
　　　　　陶　萍(女,5月任)
规划建设局
局　　长　刘明波
副 局 长　薛　莲(女)
社会事业局
局　　长　张　华
副 局 长　李　强
　　　　　陈海叶(女)
　　　　　徐　兴
行政审批局
局　　长　周建峰
副 局 长　张　燕(女)
　　　　　陈栋辉
综合执法局
局　　长　缪海龙
副 局 长　王　峰
　　　　　葛玉中
　　　　　王红星
纪工委
副 书 记　刘　敏(女)
监察局
局　　长　刘　敏(女)
副 局 长　陆　枫(至5月)
　　　　　王　灿

城东街道党工委

党工委书记　李满刚
副 书 记　王　峰
人大工委主任　门开阳
办事处主任　王　峰
副 主 任　陈海叶(女)
　　　　　邱振叶(女)
　　　　　陈栋辉

江阴临港经济开发区(党工委、纪工委)

党工委副书记　张韶峰
副 主 任　张韶峰
　　　　　严建定
　　　　　顾志强
　　　　　江　城
　　　　　陈卫东
纪工委书记　张志浩
副 书 记　戴士良(至12月)
　　　　　袁金英(女,12月任)
人大工委主任　邵红良
党政办公室
主　　任　殷天锡
副 主 任　奚　涛
　　　　　龚　翼
党群工作部
部　　长　时军文
副 部 长　范春燕(女)
　　　　　包旗胜
监察局
局　　长　戴士良(至12月)
　　　　　袁金英(女,12月任)
副 局 长　许经纬
财政局
局　　长　吕中立
副 局 长　华　炯(女)
　　　　　陈　莹(女)
经济发展局
局　　长　郛海江
副 局 长　王生虎(至3月)
　　　　　王　剑
　　　　　赵　玺(赴连云港工作)
招商局
局　　长　方　果(12月任)
副 局 长　方　果(主持工作,至12月)
　　　　　王　嵘
　　　　　韩林华
规划建设局
局　　长　张文向
副 局 长　黄　海
　　　　　陈　云
　　　　　殷届荣
港口发展局
局　　长　黄　魏
副 局 长　仰炯豪(至10月)
　　　　　顾文俊
　　　　　谭荣伟(兼,12月任)
社会事业局
局　　长　周　青(至5月)
　　　　　朱小卫(5月任)
副 局 长　俞　晖
行政审批局
局　　长　徐建栋
副 局 长　沈　平
　　　　　薛　莲(女)
科学技术局
局　　长　徐喜洪
副 局 长　王黎君
　　　　　胡建军
江阴综合保税区管理局
局　　长　周晓虹(女)
副 局 长　陈　华(女)
　　　　　何洪滨
　　　　　朱　焘(5月任)

靖江园区(党委)

书　　记　翟　菁(至8月)
　　　　　尹志华(8月任)
副 书 记　吴晓东
主　　任　吴晓东
副 主 任　徐宇锋
　　　　　沈　强
　　　　　张振军
纪委书记　刘　铭

市政协机关

办公室
主　　任　邹鹏辉
副 主 任　张　蓝(女,至12月)
　　　　　任陈芳(女,至3月)
　　　　　仲　姣(3月任)
　　　　　徐　辉(女,12月任)
学习文史委员会
主　　任　张浩伟(至12月)
　　　　　陈　健(12月任)

副 主 任　陈　健（至12月）
　　　　　张　蓝（女，12月任）

提案委员会

主　　任　袁忠良（至12月）
　　　　　朱富强（12月任）
副 主 任　顾　承（女）

经济科技委员会

主　　任　薛德网（至12月）
　　　　　吕　涛（12月任）
副 主 任　赵勇兵

社会法制与海外联络委员会

主　　任　吕　涛（至12月）
　　　　　宦雪忠（12月任）
副 主 任　钟　娟（女）

教文卫体委员会

主　　任　曹建峰
副 主 任　缪志强
　　　　　赵雁军（3月任）

城镇建设与环境保护委员会

主　　任　张光明
副 主 任　仲　姣（至3月）
　　　　　杨　霖（3月任）

市人民法院（党组）

院　　长　陆晓燕（女）
副 院 长　章见良（至12月）
　　　　　朱行军
　　　　　刘　丹
　　　　　陶晓东（12月任）
党组书记　陆晓燕（女）
副 书 记　章见良（至12月）
　　　　　朱行军（12月任）
政治处主任　李示蔚

市人民检察院（党组）

检 察 长　关开城
副检察长　赵建新（至12月）
　　　　　陈忠宇（至12月）
　　　　　诸梦莺（女）
　　　　　曹青青
党组书记　关开城
副 书 记　赵建新（至12月）
政治处主任　张盛荣

市工商联（党组）

副 主 席　陈雪源（至12月）
　　　　　万小溪（12月任）
　　　　　刘志伟
　　　　　赵雁军（至3月）
　　　　　胡正伟
党组书记　陈雪源（至12月）
　　　　　万小溪（12月任）
副 书 记　刘志伟

市总工会（党组）

主　　席　张国兴
常务副主席　蒋万春（至12月）
副 主 席　胡荣华（至3月）
　　　　　徐前锋（12月任）
　　　　　张　艳（女）
　　　　　赵云飞
　　　　　尤锦香（女）
党组书记　徐前锋（12月任）
　　　　　蒋万春（至12月）

团市委

书　　记　周佳能（3月任）
副 书 记　周佳能（至3月）
　　　　　姜恺笛（女）

市妇女联合会（党组）

主　　席　王　馥（女）
副 主 席　佘晓萍（女）
　　　　　曹玲洁（女）
党组书记　王　馥（女）

市科学技术协会（党组）

主　　席　谈海平（至5月）
　　　　　俞均彦（5月任）
副 主 席　杨红波（女，至3月）
　　　　　沈小狮（至5月）
　　　　　任陈芳（女，3月任）
　　　　　徐小虎（5月任）
党组书记　谈海平（至5月）
　　　　　俞均彦（5月任）

市归国华侨联合会（党组）

副 主 席　冯　健
　　　　　李志钰（至12月）
党组副书记　冯　健

市文学艺术界联合会（党组）

党组书记　唐晓峰
主　　席　李克雨（女，5月任）
副 主 席　陈　亮

市残疾人联合会（党组）

名誉主席　吴莉萍（女）
主　　席　魏　锋
副 主 席　潘少峰
　　　　　卢　宏
理 事 长　潘少峰
副理事长　檀春节
　　　　　唐卫娟（女）
党组书记　潘少峰
副 书 记　檀春节

市红十字会（党组）

会　　长　尹志华（8月任）
常务副会长　张　悦（女）
副 会 长　郭琳榕（女）
党组书记　张　悦（女）

市哲学社会科学界联合会（党组）

主　　席　陈海峰
副 主 席　贡敏华（女）
党组书记　陈海峰

市法学会

会　　长　郁秋皓（兼，至6月）
　　　　　陈兴华（兼，6月任）
常务副会长　徐　勇
副 会 长　陈卫宏

市委党校

校　　长　吴莉萍（女）
副 校 长　汤建影（主持日常工作）
　　　　　吴　瑞（女）
　　　　　李富国
　　　　　董李锋

市档案史志馆

馆　　长　张　伟（至3月）
　　　　　陶郁峻（3月任）
副 馆 长　郭　盛
　　　　　李孜渊
　　　　　陈宏兵
　　　　　邢　盈（女）

徐　辉(女,至12月)

市融媒体中心

主　　任　王　敏(女)
总 编 辑　刘志刚
副 主 任　朱琳琳(女)
　　　　　夏新炯
　　　　　华　晔

市供销合作总社(党委、纪委)

主　　任　朱富强(至12月)
　　　　　许铁军(12月任)
副 主 任　包云丹(至12月)
　　　　　叶志伟
　　　　　孔　琴(女,12月任)
党委书记　朱富强(至12月)
　　　　　许铁军(12月任)
副 书 记　包云丹(至12月)

职业技术学院(党委、纪委)

院　　长　张庆堂
副 院 长　朱永林(至2月)
　　　　　井新宇
　　　　　刘建龙
副 书 记　张庆堂
　　　　　沈春英(女,至3月)
纪委书记　张新华

南菁高级中学(党委)

校　　长　杨培明
副 校 长　戴加成
　　　　　马维林
　　　　　张敏军
　　　　　冯德强
党委书记　杨培明
副 书 记　刘正旭

江阴高级中学(党委)

校　　长　蒋志远
副 校 长　吕有为
　　　　　陈　亚
　　　　　沈明强
　　　　　王　剑
党委书记　蒋志远
副 书 记　王建伟

江阴中等专业学校(党委)

校　　长　潘永惠
副 校 长　吴懋刚(8月任)
　　　　　尹志军
　　　　　恽亚刚
　　　　　张　伟
党委书记　潘永惠

街道、镇级机构

澄江街道党工委、纪工委

党工委书记　张晓新
副 书 记　费天雄
　　　　　卢　芳(女)
　　　　　朱建江
纪工委书记　金晨海
人大工委主任　唐雪江
办事处主任　费天雄
副 主 任　周秋龙
　　　　　王　维(女)
　　　　　叶　华
　　　　　钱　敏(女)
　　　　　汤德胜
　　　　　董仁剑

南闸街道党工委、纪工委

党工委书记　李志浩(至12月)
　　　　　王力伟(12月任)
副 书 记　林　琪
　　　　　蔡晓华
纪工委书记　金童童(女)
人大工委主任　张　纲
办事处主任　林　琪
副 主 任　杨迎彬
　　　　　倪树峰
　　　　　窦艳成
　　　　　吴　逸(女)

云亭街道党工委、纪工委

党工委书记　沈彦锋(至5月)
　　　　　陈　奕(女,5月任)
副 书 记　李　宁(至12月)
　　　　　任山峰(12月任)
　　　　　沈利兴
纪工委书记　李彩琴(女)
人大工委主任　高　升
办事处主任　李　宁(至12月)
　　　　　任山峰(12月任)
副 主 任　陈　芳(女)
　　　　　薛卓强
　　　　　顾建萍(女)
　　　　　李　春

夏港街道党工委、纪工委

党工委书记　徐洪伟
副 书 记　徐韶润
　　　　　计鹏宇
纪工委书记　曹剑芬(女)
人大工委主任　杨种峰
办事处主任　徐韶润
副 主 任　陈　健
　　　　　王　曼(女)

申港街道党工委、纪工委

党工委书记　陶郁峻(至3月)
　　　　　袁　飞(3月任)
副 书 记　刘迅风
　　　　　李罗娜(女,兼)
　　　　　钱恒剑
纪工委书记　李刘洪
人大工委主任　缪建伟
办事处主任　刘迅风
副 主 任　吴有为
　　　　　黄　英(女)
　　　　　吕伟江(5月任)

利港街道党工委、纪工委

党工委书记　陈　奕(女,至5月)
　　　　　盛　达(5月任)
副 书 记　徐剑锋
　　　　　沙晓军(兼)
　　　　　缪敏华
纪工委书记　芮　萧
人大工委主任　吴　钢
办事处主任　徐剑锋
副 主 任　凌建华
　　　　　陆明洪
　　　　　贡　庆

璜土镇

党委书记　谢　挺(至12月)
　　　　　冯　涛(12月任)
副 书 记　朱小卫(至5月)
　　　　　李啸天(5月任)

臧　新(兼)
孙惠峰(至5月)
黄　辉(5月任)
纪委书记　赵雄伟(至12月)
黄俊杰(12月任)
人大主席　许　伟
镇　　长　朱小卫(至5月)
李啸天(5月任)
副 镇 长　黄　辉(至5月)
许晓刚
何晓峰
蒋　峰(5月任)

月城镇

党委书记　孔晓燕(女)
副 书 记　盛　达(至5月)
赵　华
周韧逸(5月任)
纪委书记　吴剑毅(至5月)
赵雄伟(12月任)
人大主席　查建标
镇　　长　盛　达(至5月)
赵　华(5月任)
副 镇 长　徐小虎(至5月)
周韧逸(至5月)
王江新
陈启迪
刘智超
吴剑毅(5月任)
殷倩珠(女,5月任)

青阳镇

党委书记　邱振海
副 书 记　冯　亮
刘永刚
纪委书记　李昱峰
人大主席　华林其
镇　　长　冯　亮
副 镇 长　刘明钧
李　霞(女)
石子朝(至3月)
任卫洪
冯　军
黄叶军(3月任)

徐霞客镇

党委书记　陈剑雄
副 书 记　袁　飞(至3月)
季　勇(5月任)
李啸天(至5月)
朱　勇
俞　健(3月任)
纪委书记　顾　贤
人大主席　胡品洪(至5月)
张浩伟(12月任)
镇　　长　袁　飞(至3月)
季　勇(5月任)
副 镇 长　葛伟栋
周　锋
张　涛
张宏斌
王伟利
陆　恺(女)

华士镇

党委书记　魏　锋
副 书 记　李　昀
程　云(至12月)
刘延平(12月任)
胡　丹(女)
纪委书记　黄剑君(至12月)
苏　丹(女,12月任)
人大主席　杨伟兵(至12月)
张建国(12月任)
副 镇 长　李　昀(主持政府工作)
王士龙(至3月)
徐　平
刘延平(至12月)
樊广勤
汤中一(女)
蒋　莉(5月任)
黄剑君(12月任)

周庄镇

党委书记　顾春宇
副 书 记　汤振伟
张建国(至12月)
周　翀
纪委书记　郭梦洁(女)
人大主席　陈国君
镇　　长　汤振伟
副 镇 长　赵振宇
许剑锋
张明德
倪玉莲(女)
施柏林

新桥镇

党委书记　王文平
副 书 记　季　勇(至5月)
邓国平(5月任)
赵叶勤(女)
纪委书记　刘　屹
人大主席　朱佳虎
镇　　长　季　勇(至5月)
邓国平(5月任)
副 镇 长　陶培鸿
张　萍
陶　侃
缪建红
史嘉伟

长泾镇

党委书记　薛建国
副 书 记　包　煜
钱　浩
纪委书记　吴文进
人大主席　孙仲英
镇　　长　包　煜
副 镇 长　张　明
王苏雄
夏　强
张　琳(女)
毛　凯

顾山镇

党委书记　沈彦锋(5月任)
副 书 记　王力伟(至12月)
许　玲(女,12月任)
徐　斌
纪委书记　潘　峥
人大主席　王新龙
镇　　长　王力伟(至12月)
许　玲(女,12月任)
副 镇 长　瞿国丰
徐博文
刘利荣
李　峰
周振国

祝塘镇

党委书记　何志强
副 书 记　吴泽昱(女)
严　枫(女)
纪委书记　薛　暄(女,至12月)
人大主席　马　军
镇　　长　吴泽昱(女)
副 镇 长　章瑞江
王锡明
杜栋梁

陈　宇
潘荣贵(3月任)
（市委组织部供稿）

驻江阴机构

国家税务总局江阴市税务局（党委、纪检组）

局　　长　周坚良
副 局 长　倪　江(8月任)
　　　　　徐　益
　　　　　朱　斌
　　　　　王君明
　　　　　勇晓伟
党委书记　周坚良
纪检组长　王向新

无锡市江阴生态环境局（党组）

局　　长　王　澍
副 局 长　张　荣
　　　　　张晓敏
　　　　　唐海刚
　　　　　刘　华
　　　　　吕伟明
　　　　　杨志强
党组书记　王　澍
副 书 记　张　荣

江阴市气象局

局　　长　黄　葵
副 局 长　李玉照
　　　　　陶廷森(10月任)

无锡市住房公积金管理中心江阴市分中心

主　　任　张建忠
副 主 任　沈桂祥
党支部书记　张建忠

国家统计局江阴调查队

队　　长　姜倬雅(女,8月任)
副 队 长　陈　睿(女)
　　　　　夏　蒙(女,8月任)
纪检组长　刘　潇(女,8月任)

江阴邮政管理局

局　　长　毛　亚(女)

江阴市烟草专卖局（无锡市烟草公司江阴分公司）（党组）

党组书记　万国锋
局长(经理)　万国锋
副 经 理　吴晓唯
副 局 长　陈　刚

中国邮政集团有限公司江苏省江阴市分公司（党委、纪委）

总 经 理　朱　华(9月任)
副总经理　朱　华(至9月)
　　　　　沈　军
　　　　　黄晔炯
　　　　　王文红(女,至7月)
　　　　　何　香(9月任)
党委书记　王春南(至9月)
　　　　　朱　华(9月任)
副 书 记　朱　华(至9月)
纪委书记　沈　军

江阴市供电公司（党委、纪委）

党委书记　陈　喜
总经理(兼党委副书记)　张　峰
副总经理　沈才元
　　　　　黄　宏
　　　　　刘　军(1月任)
　　　　　谢斌鑫(至1月)
　　　　　唐　军
纪委书记　戚正强

江阴市电信局（党委、纪委）

局　　长　张　健
副 局 长　徐宏良
　　　　　陈建东
　　　　　帅长忠
　　　　　秦冬华(至3月)
　　　　　何云龙(3月任)
党委书记　张　健
纪委书记　徐宏良

江阴市盐业有限公司

经　　理　王雨鸥
副 经 理　孙　敏

中国人民银行江阴市支行

行　　长　周海平
副 行 长　勇晓东
　　　　　修斌瑶(女)

国家金融监督管理总局江阴监管组

主　　任　朱立新

中国工商银行股份有限公司江阴支行

行　　长　陈晓锋
纪委书记　徐　园(至5月)
　　　　　徐　鸣(5月任)
副 行 长　汤大猛
　　　　　徐　鸣(至5月)
　　　　　赵新健(至5月)
　　　　　曹燕华(2月任)
　　　　　黄筱扬(2月任)
行长助理　李　江
　　　　　吴　丹
　　　　　庄　虎

中国农业银行股份有限公司江阴分行

行　　长　吴雅英(女,至7月)
　　　　　曹小元(9月任)
纪委书记　钱孝忠
副 行 长　宋　健
　　　　　宗　涛(11月任)
　　　　　李慧妍(女,至3月)
　　　　　何俨伟
　　　　　陈　超
　　　　　陆丽琴(女)

中国农业发展银行江阴市支行

副 行 长　朱晓华　(主持工作)
　　　　　刘　晶

中国建设银行股份有限公司江阴支行

行　　长　梁　柱(至8月)
　　　　　戴伟刚(8月任)
纪委特派员(合规专员)　徐　锋(至9月)
　　　　　孙　伟(9月任)
副 行 长　王　芳(女,至12月)
　　　　　杨　星(12月任)
　　　　　沈全龙
　　　　　刘　震(4月任)
　　　　　毛海婴(女)

中国银行股份有限公司江阴分行

行　　长　朱晓鸣
纪委书记　裴建民
副 行 长　李　浩(1 月任)
　　　　　王　晶(至 10 月)
　　　　　李伟刚
　　　　　顾海江(至 5 月)
　　　　　张玉洪
　　　　　周志成(5 月任)
　　　　　潘　勇
行长助理　陈晓阳(女,5 月任)

交通银行股份有限公司江阴分行

行　　长　冯轶东
副 行 长　庞文洁(女)
　　　　　顾阳洋(女)
　　　　　周奇飞
行长助理　张　丽(女)

江苏江阴农村商业银行股份有限公司

董 事 长　孙　伟(至 5 月)
　　　　　宋　萍(女,6 月任)
行　　长　宋　萍(女,至 5 月)
　　　　　倪庆华(6 月任)
监 事 长　金　武(至 6 月)
　　　　　陈开成(6 月任)
副 行 长　仲国良(至 6 月)
　　　　　王　峰
　　　　　倪志娟(女)
　　　　　王　凯
　　　　　王安国
　　　　　于　干(11 月任)

上海浦东发展银行股份有限公司江阴支行

行　　长　陈　煜
副 行 长　徐红英(女)
　　　　　夏晓刚(至 12 月)
　　　　　吴燕群(女)
　　　　　房树勇(12 月任)

江苏银行股份有限公司江阴支行

行　　长　杨　洁(女)
副 行 长　季海洪
　　　　　薛维凯(4 月任)
　　　　　顾喜明(至 4 月)
行长助理　袁　源(5 月任)

中国邮政储蓄银行股份有限公司江苏省无锡市江阴市支行

行　　长　朱桉颖(女,至 6 月)
　　　　　许正东(6 月任)
副 行 长　方霞娟(女,至 4 月)
　　　　　顾春燕(女)
　　　　　殷文浩(5 月任)

中国人民财产保险股份有限公司江阴支公司

经　　理　陆洵瑜(女)
副 经 理　顾志锋(8 月任)
　　　　　王　盛
　　　　　朱　鹏(至 8 月)
　　　　　李瑶瑶(女)

中国人寿保险股份有限公司江阴支公司

总 经 理　张　芳(女)
副总经理　陈苗华
　　　　　吴　楠
总经理助理　刘　侃

江阴海事局(党委)

局　　长　张金宝
党委书记　张金宝
政　　委　高革人
党委副书记　高革人
副 局 长　朱　波
　　　　　贾亚伯
　　　　　顾华庆
党委委员　朱　波
　　　　　贾亚伯
　　　　　顾华庆

江阴海关(党委)

关　　长　金　涛
党委书记　金　涛
副 关 长　季健清
　　　　　徐　迅
　　　　　贾东航
党委委员　陶　宏
　　　　　肖国平
　　　　　季健清
　　　　　徐　迅
　　　　　贾东航

南京海关第七派驻纪检组

组　　长　肖国平

江阴海关缉私分局

局　　长　陶　宏

江阴出入境边防检查站(党委)

党委书记　吴　锋
副 书 记　王建波
站　　长　吴　锋
政　　委　王建波
副 站 长　冯士伟
政治处主任　李雨成

中国船级社江阴办事处

主　　任　蔡　高
副 主 任　王宏斌
　　　　　李　华

长江引航中心(党委、纪委)

主　　任　程学仁
党委书记　张铜宁(至 3 月)
副 书 记　宋　维
纪委书记　宋　维
副 主 任　吴福康
　　　　　王　新

(＊为机构撤销或更名,★为新成立机构或机构整合)

■类目编辑　徐文辉

江苏省级以上先进个人

李洪耀

1967年11月生，夏港街道人，中共党员，长江村党委书记、江苏新长江实业集团有限公司董事长。从长江村村企一名技术员到村主任，再到村党委书记，多年来，李洪耀扎根基层，始终秉持"只为成功想办法、不为失败找理由"的长江村精神，带领3000余个村民艰苦奋斗，走出一条以产业强村的乡村振兴之路，把村级经济实体江苏新长江实业集团有限公司发展成为经济总量超千亿元的中国500强企业，将共同富裕的愿景不断照进现实，使长江村勇立富民强村、乡村振兴的潮头，成为"人人有股份、户户有存款、个个有金银、处处有美景、年年有保障"的幸福村。他先后当选江苏省第十二、十三届人大代表，被评为"中国好人"、全国劳动模范、中国十大杰出村官。2023年1月19日，江苏省十四届人大一次会议举行第三次全体会议，选举产生144名江苏省第十四届全国人大代表，李洪耀当选为第十四届全国人民代表大会代表。10月，他被江苏省委、省政府授予"江苏省优秀企业家"称号。（金晨兰）

李全兴

1965年11月生，周庄镇人，中共党员，周庄镇山泉村党委书记、村委会主任。2009年，应村民强烈要求，经过海选，在外地办企业的李全兴回到老家山泉村主持工作。他坚持"五全"（全村域布局、全形态建设、全体系保障、全要素配置、全生命周期）一体推进山泉村生产、生活、生态"三生融合"发展，坚持以党建领村，着力打响"五风"（党风、作风、村风、家风、民风）工程特色党建品牌；以民主治村，实施管理"四项制度"（村务公开、民主决策、民主理财、民主监督），推动"四治"（自治、法治、德治、智治）融合；以产业兴村，全力推进印染产业"绿岛"建设；以文明建村，传承传统美德，培养高素质现代农民；以生态美村，实施村内景观提升工程，建成休闲步道，规划水生态田园综合体等。他将负债4700万元的落后村，建成全国先进基层党组织、全国文明村，带领全体村民走出一条具有山泉特色的乡村振兴之路。他致力于慈善事业，连续21年开展公益助学，累计发放奖学金100余万元。曾获"全国十大最美村官""江苏省劳动模范""江苏省道德模范"等称号。2023年11月12日，中央精神文明建设办公室发布2023年第三季度"中国好人榜"，10余年带领村民致富，打造城乡文明建设样板村庄的李全兴获评敬业奉献"中国好人"。（姜 旻）

潘永惠

1972年8月生，澄江街道人，中共党员，博士研究生学历，江苏省江阴中等专业学校党委书记、校长。作为江苏省"333工程"中青年科学技术带头人培养对象、江苏省"青蓝工程"中青年学术带头人培养对象、江苏省首批"苏教名家"培养对象、江苏省职业教育领军人才，他始终坚守教书育人初心，践行立德树人使命，以彰显学校特色、扩大社会影响、打响学校品牌为目标，不断推动学校高质量建设和发展，曾获江苏省教学成果特等奖、国家级教学成果二等奖。他领衔学校思想政治课教学创新团队、大数据技术应用教学创新团队，承担各级纵向和横向课题20余项，发表学术论文50余篇，其中在EI（工程索引）收录的核心期刊发表论文近20篇，获发明专利和软件著作权7件，出版编著5部。潘永惠以"积极教育·幸福人生"的职业教育理念，结合地方产业高质量发展需要，带领学校不断深化产教融合、校企合作，研究、探索和实践新时代"现代班组长型"人才培养模式。围绕"五育（德、智、体、美、劳）并举"系统调整人才培养方案和课程体系，强化"四岗递进"（认岗—仿岗—跟岗—顶岗）校企协同育人，不断为地方产业培养"现代班组长型"高素质技术技能人才。2018年，学校获评国家中等职业教育改革发展示范学校；2019年，学校获评江苏省现代化示范性职业学校；2022年，学校获评江苏省优秀中等职业学校建设单位。2023年9月27日，潘永惠被教育部办公厅发文公布为新时代职业学校名校长培养对象。

（李晨媛）

周立宸

1988年8月生，新桥镇人，中共党员，本科学历，海澜集团有限公司党委书记、董事长。2020年，周立宸接任海澜集团董事长，践行实业报国之路，主导海澜品牌建设，将民族文化融入品牌经营，弘扬民族自信，打造千亿级国民品牌，开启国际化进程。他探索产业转型，投身科技强国建设，推动海澜集团转型升级，成功孵化"海澜智云"工业碳中和服务平台和"海澜云服"5G智慧工厂。他厚植家国情怀，勇于担当社会责任，打造"多一克温暖"全国性公益项目，连续10年深入24个省份、1700所学校，捐赠28万件衣物，惠及14万名青少年。他创新发展思路，同心助力共同富裕，开创村企共建乡村振兴新模板，以文化设施和协会组织为着力点，出资20亿元建设百姓共享的美术馆、博物馆、文体中心、体育公园。他带领海澜集团在服饰零售、智能低碳、文体旅游、商业管理、金融投资五大事业领域屡创佳绩，保持连续13年入榜中国民营企业500强前列，连续10年蝉联无锡市民营企业第一的成绩。2023年，海澜集团业绩再创新高，实现营收1383亿元，利税85亿元。周立宸曾获"全国向上向善好青年""全国纺织工业劳动模范""江苏省青年五四奖章"等荣誉。2023年10月，他被江苏省委、省政府授予"江苏省优秀企业家"称号。

（海澜集团）

蒋忠伟

1981年11月生，祝塘镇人，中共党员，研究生学历，高级经济师，贝德服装集团股份有限公司董事长，贝德集团党总支副书记，江阴市人大代表，江阴市青年企业家协会副会长，祝塘镇青年创业者联盟会长。自2001年创业开始，他不断将公司做强做大，2023年，集团生产服装3000余万件，销售额超过10亿元，是中国服装行业百强企业。他深耕于技术和管理创新，与众多国际知名快时尚品牌建立长期合作关系，秉持"立足江阴、走向世界"的经营理念，在缅甸、老挝、柬埔寨投资设立服装生产基地。他尊老爱老助老，连续20年为村老年人缴纳农保；关心下一代成长，捐资助学、结对帮助贫困学生；热心慈善事业，赞助自来水通村工程，捐资修桥铺路。在他的倡导和推动下，公司成立"贝德炎黄互助基金会"，帮助集团困难职工；捐款200万元成立"贝德教育基金"，支持祝塘教育事业发展。至年末，累计捐款超1000万元。集团曾获"江苏省信用管理示范企业""江苏省守合同重信用企业""江苏省管理创新优秀企业"等多项荣誉，他个人先后获"江苏省好青年""无锡市劳动模范""江阴市优秀共产党员"等称号。2022年12月，他被中国纺织工业联合会评为2021—2022全国优秀纺织青年企业家。2023年5月，他被评为2022中国纺织行业年度创新人物。

（梁友生）

苏曦泓

1969年2月生，江苏吴江人，中共党员，大专学历，研究生结业，2015年8月至2022年8月，任江阴市侨联党组成员、副主席。苏曦泓坚持当好侨联工作"急先锋"，他强化基层侨联组织建设，创新建设江阴"侨创先锋"党支部和镇（街道）、园区侨联分会功能型党支部，打造覆盖全市域的"侨心向党1+16+N"党建联盟，组织开展"侨我学习贯彻二十大""侨心向党·同心筑梦"等侨界爱国主义教育主题活动，推动党建工作与业务工作深度融合。他坚定守正创新，画好联谊交流"同心圆"，组织开展"双访双促""澄侨同心·发展同行"等为侨服务活动，协同解决侨胞侨眷困难诉求和侨资企业发展障碍；建设"侨创先锋"工作品牌，创新打造一批"侨创先锋共建基地""侨创先锋工作室"等示范点；打造华文交流基地，推动形成"国家级+省级+市级"的华文基地"雁阵"梯队。他坚定担当作为，搭好为民服务"连心桥"，创建"侨益帮"维护侨益品牌，联合成立"法治惠侨联盟""检察护侨服务中心""司法护侨工作室""警侨服务站""侨界企业合规实践基地"，组织公益律师成立"侨界法律服务团"，解决群众信访问题和经济纠纷；打造"侨心书苑""侨胞互助空间""侨法宣传空间"等微阵地，组织领导"侨昕悦"党员志愿服务队，参与志愿服务活动。2023年8月，他被人力资源和社会保障部和中国侨联评为全国侨联系统先进工作者。

（张永振）

黄　凯

1980年2月生，江苏南通人，中共党员，本科学历，江阴市市场监管综合行政执法大队文旅中队中队长。黄凯法律意识强，执法严谨，在2022年进行的一次执法检查中，发现江阴市某茶楼未经著作权人许可复制、放映其作品。经查，茶楼内设置的电影点播主服务器硬盘内存有约300部影视作品供顾客观看，其中9部电影作品确认系未经授权的影视作品，当事人的行为违反《中华人民共和国著作权法》的相关规定。作为一起典型的影视作品侵犯著作权的行政处罚案件，特殊之处在于涉案作品属于影视作品，却未在影院等传统的放映场所放映，而是在茶楼向公众进行传播，并将该服务与茶水饮料打包销售，其侵权行为不仅侵犯著作权人的合法权利，也扰乱电影市场的正常经营秩序，损害公共利益。对于实施侵犯著作权行为的任何单位和个人，均应承担由此而产生的法律责任。黄凯及时处理上报该案件，为维护市场公平合法经营秩序做出贡献。2023年6月16日，他被国家版权局评为2022年度查处重大侵权盗版案件有功个人。

（张　琪）

贾　嘉

女，1985年1月生，江西九江人，中共党员，大专学历，江阴嘉特网络信息有限公司总经理、网络主播。大学毕业后,贾嘉走上毛线工艺品创业之路,在淘宝、抖音等直播带货平台开启“作品+零基础视频教程+材料包”的毛线网络销售模式。该创新做法,在互联网上打开销路,让“0基础”的爱好者体验DIY(自己动手制作)的乐趣,更让不少生活困难的女性拥有一项增收技能,很快得到市场认可,微博累积“粉丝”34万名,淘宝店铺做到类目行业第一,年均销售额约3900万元。随着销售规模扩大,贾嘉逐渐建立设计团队,开辟“第三方优秀设计品+视频教程制作+自有运营”的模式,受到省、市级相关部门的肯定,先后获得中华全国妇女联合会主办的首届中国妇女手工创新创业大赛东部赛区公益组第一名、江苏省网信办“中国好网民·江苏榜样”、江苏省妇女联合会和江苏省网信办联合主办的“第二届江苏省巾帼好网民提名奖”、中华全国妇女联合会主办的第二届中国妇女手工创新创业大赛“最佳商业奖”、无锡市巾帼好网民等荣誉。2023年,贾嘉的创业事迹入选全国妇联宣传部和中央网信办网络社会工作局联合主办的第三届“百个巾帼好网民故事”名单,她被江苏省人力资源和社会保障厅、省妇女联合会评为江苏省妇联系统劳动模范。是年3月,贾嘉被中华全国总工会授予“全国五一巾帼标兵”称号。 (王　莉)

唐建军

1972年1月生,澄江街道人,高中学历,江阴市红十字无偿献血志愿者服务队副队长。2002年,唐建军第一次参加无偿献血。2015年,唐建军加入江阴市红十字无偿献血志愿者服务队。他除了继续定期捐献血小板,还积极为团队发展出谋划策,组织并承担“无偿献血宣传进乡镇、应急救护普及入万户”活动的策划和招募,取得良好成效。2017年11月8日,唐建军注册成为遗体器官捐献者,在他的感召下,岳父也进行遗体捐献登记。疫情期间,他组织动员10余个公益组织近200人参与应急献血,缓解特殊时期用血紧张。2022年6月10日,在第19个世界献血者日来临之前,他完成人生第100次献血。他在20余年中完成全血2200毫升,成分血112次207个治疗量的捐献,获得“全国无偿献血奉献奖金奖”“全国无偿献血奉献奖终身荣誉奖”等荣誉。2023年12月,唐建军被中国红十字会总会评为全国红十字志愿服务先进典型。

戈建忠

1958年5月生,澄江街道人,中共党员,高中学历,江阴市红十字无偿献血志愿者服务队队员。他自1998年第一次献血200毫升后,就没有停止过,2016年9月29日是第100次献血。由于年龄原因,献血止步于2018年5月13日,21年无偿献血120次,献血总量53000毫升。为普及无偿献血知识,动员更多人支持无偿献血事业,戈建忠加入江阴市红十字无偿献血志愿者服务队。每次有人献血时,他都热情辅导献血者填表格,跑前跑后维持秩序。当有的献血者出现头晕、呕吐等现象时,他会立即扶助其躺下,送上糖果,并进行心理疏导,缓解他们的心理压力。除了跟随江阴市血站参加团体采血宣传活动外,每逢双休日,他只要有空,都会到江阴市步行街献血车旁边,宣传无偿献血、遗体(器官)捐献、造血干细胞捐献“三献”知识,带动更多人加入“三献”爱心事业。他积极践行和传播“人道、博爱、奉献”的红十字精神,被誉为“献血达人”,获得“全国无偿献血奉献奖金奖”“全国无偿献血奉献奖终身荣誉奖”“全国无偿献血志愿服务终身荣誉奖”“江阴好人”等荣誉。2023年12月,他获评中国红十字会“会员之星”。 (韩　斌)

李　宁

1971年10月生,澄江街道人,中共党员,本科学历,江阴市体育事业发展服务中心主任。他从1997年第一次献血,至2023年,累计献血3000毫升、成分血43个治疗量。2005年成为造血干细胞志愿捐献者,疫情期间献血7次。2021年中国共产党成立100周年之际,他参加“无偿献血献礼百年”公益活动。他主动参加江阴市无偿献血志愿者协会,利用业余时间参加公益活动,不仅自己带头献血,还通过言传身教,带动一批人参加无偿献血,带领江阴体彩团队连续十年参加无偿献血。他曾获国家卫生健康委员会、中国红十字会总会、中央军委后勤保障部卫生局联合颁发的“2008—2009年度全国无偿献血奉献奖金奖”“2018—2019年度全国无偿献血奉献奖铜奖”。2023年2月,他又获该三部门联合颁发的“2020—2021年度全国无偿献血奉献奖银奖”。

(顾情义)

陈椿蓉

女,1973年2月生,顾山镇人,中共党员,本科学历,江阴市卫生监督所副所长兼工会主席。陈椿蓉在学生时代就参加无偿献血活动,坚持无偿献血20余年,累计献血4000毫升。陈椿蓉不仅自己坚持无偿献血,还动员身边的同事、朋友一起参加无偿献血。她通过学习,了解血液知识和无偿献血政策,以自己的亲身经历告诉身边的人,无偿献血对身体健康没有任何损伤,适量献血还可以促进身体新陈代谢。不少亲朋好友被她的奉献精神鼓舞,加入无偿献血的队伍。2023年2月,她获国家卫生健康委员会、中国红十字会总会、中央军委后勤保障部卫生局联合颁发的“2020—2021年度全国无偿献血奉献奖铜奖”。 (任燕萍)

邹根军

1986年8月生,江苏睢宁人,中共党员,本科学历,江阴边检站政治处民警,二级警长。自2019年国家移民管理局大练兵活动开展以后,他当过学员,做过教官,站过讲台,兢兢业业、任劳任怨、勤于钻研、爱岗敬业，承担着基层练兵参与者和组织者的双重角色，立足岗位实际，注重练兵实效，全面加强思想练兵、业务练兵、警务实战练兵。起草大练兵工作方案，制定详细的训练计划，毫无保留地把所学的技能和知识传授给全站民警。2023 年，组织 30 余次实弹射击专项训练，200 余次基础体能全员普训，80 余次警务实战技能训练，所在单位实弹射击成绩平均 45 环以上，警务实战技能从及格提升到优秀。为使大练兵活动开展得有声有色，他创新训练方式，丰富训练载体，采取“走出去、请进来”的方式，先后邀请巡特警大队教官和体能教练来站指导训练，组建实战教官团，培养 10 名实战教官，全站民警基础体能达标率从 83.5% 提升到 98% 以上。他负责统计、汇总、核对、上报、培训检查员等级评定考试和英语考核等工作任务，组织参加民警外语和业务学习培训、考试 100 余次，圆满完成年初目标。2023 年 1 月，他被国家移民管理局评为 2022 年度全警实战大练兵“标兵个人”。　（周怡均）

何　炬

1980 年 4 月生，澄江街道人，本科学历，民进江阴市委员会秘书长，政协江阴市第十五届、第十六届委员。2002 年 7 月参加工作，2011 年 6 月加入中国民主促进会。担任专职干部期间，他始终坚持正确的政治导向，结合工作实践，在理论学习中常学常新，真学真用。坚持把思想政治引领作为工作的首要任务，策划开展“矢志不渝跟党走 携手奋进新征程”暨中共二十大精神学习主题教育活动、“长联共赏——喜迎二十大”等活动，推动江阴民进全体会员坚定政治信念、提升思想觉悟，不断增进对中国共产党领导和中国特色社会主义的政治认同、思想认同、理论认同、情感认同。坚持举办宣传工作交流会、培训班，挑选出一批宣传工作骨干，建立健全工作机制，明确报送宣传工作要求和激励制度，提高各支部和会员工作积极性，推进宣传工作提质量、上水平。守好传统宣传阵地的同时用好新媒体，在全省民进系统率先开设视频号、抖音号，发动会员参与短视频创作，发布江阴民进视频 90 余个，浏览量 40 余万次。组织拍摄的《彩虹来信》《民进与江阴》等 5 个短视频分获省委统战部短视频大赛二、三等奖，民进江苏省委员会一等奖。2023 年 10 月，他被中国民主促进会中央委员会评为 2023 年民进全国思想宣传工作先进个人。

（刘梦晓）

封　俊

1982 年 9 月生，江苏泰兴人，本科学历，长江引航中心江阴引航站高级引航员。2018 年 4 月 16 日，利比里亚籍“爱可胜利”轮航行至距离苏通大桥仅有 4 海里的长江水域时，突遇主机故障，需要抛锚检修，封俊临危不乱，果敢处置，保障故障船舶安全下锚。12 月 19 日，他担任技术骨干，克服苏通大桥水域的强流压和大角度改向，经过航宽只有 300 米的福中水道，安全引领大型海上储油平台“探险家”拖带至江阴拆解。2019 年 6 月 9 日，封俊引领中国香港籍“瑞明”轮，凭借丰富的经验和过硬的技术，安全引领第一艘满足航道吃水极限的船舶靠泊江阴港，受到船方的肯定和赞誉。8 月 9 日，为应对台风“利奇马”，封俊临危受命，迎着 6～7 级东南风和持续降雨，沉着冷静地处理各种不利因素，完成江阴黄田港 5 号泊位利比里亚籍“巴克”轮开航到长江口的艰巨任务，得到上级部门的肯定。疫情期间，引航人员人数吃紧，封俊连续作战，每天“全副武装”投入引航工作长达 10 小时。每逢春节，他都把有限的休假名额让给同事，连续多年春节奋战在引航生产一线。他从事引航工作 19 年，引领 40 余个国家和地区的船舶 4500 艘次，其中 CAPE 型船舶 500 艘，引航里程 70 余万千米，实现引航安全零事故、零违章、服务零投诉的业绩。2023 年 11 月，他被中国引航协会评为全国优秀引航员。　（黄　伟）

王俊毅

1975 年 6 月生，澄江街道人。2023 年 6 月 29 日下午 5 点左右，家住江阴市澄江街道梅园新村 44 号 1302 室的王俊毅不顾自身安危，爬上自家阳台，站在 5 厘米宽的窗框上，用尽全力托举不慎从 14 楼阳台翻出的 4 岁孩子长达 6 分钟，为救援赢得宝贵时间。在邻居和保安人员的合力救助下，孩子被及时拉进室内，避免意外发生。王俊毅托举孩子的事迹，被梅园新村的居民拍下上传到网上，中央电视台、新华社视频号、光明网、人民网微博等媒体平台转载报道。2023 年，他先后获评“江阴好人”“无锡好人”“江苏好人”，10 月入选全国第三季度见义勇为勇士榜，12 月被中央文明办评为“中国好人”。　（姜　旻）

缪聿文

1995 年 11 月生，澄江街道人，本科学历，江苏江阴农村商业银行股份有限公司高新区支行行长助理兼团委书记。作为江阴农商银行的团委书记，他围绕服务中心大局，组建江银青年“生力军”，打响“江银梦想 +”品牌，发挥团组织平台作用，采取金融挂职、跟班学习等方式，累计向 2802 名“最美青农”等科技人才、产业专家发放青年创业贷款 4.44 亿元。作为 2020 年度江苏省岗位技术能手，他在工作中时刻保持工作和教学的思路，认真总结工作方法和工作经验，形成“传帮带”的良性循环。身为江阴农商银行的一员，他积极奔走在支农支小、深耕普惠的前线，推进农户建档、整村授信工作。作为“金芙蓉志愿者联盟”的队长，他发挥团组织的担当作用、倡导作用和聚合作用，开展金融知识宣讲，持续落实扶贫、助学、社会实践“三大行动”，呵护青年成长，承担社会责任。2023 年 4 月，他被共青团中央评为全国优秀共青团员。

（宗　禾）

附:其他省委、省政府及以上表彰的先进个人(以时间为序)

授予时间	姓名	工作单位	荣誉称号	授予单位
2023	张　华	江阴市人民医院	2022 第四届改善医疗服务行动全国县市医院擂台赛总决赛个人突出贡献奖	国家卫生健康委医政司
2023	翟　丹	江阴市电子商务公共服务中心	“青耘中国”乡村振兴青年新锐公益主播	中国青年报
2023.5	段　强	江阴市公安局巡特警大队	全国公安机关成绩突出青年民警	公安部共青团中央
2023.6.16	贾成龙	江阴市公安局治安警察大队	2022 年度查处重大侵权盗版案件有功个人	国家版权局
2023.6.16	耿澄城	江阴市公安局西郊派出所	2022 年度查处重大侵权盗版案件有功个人	国家版权局
2023.6.16	沐莉敏	江阴市人民检察院	2022 年度查处重大侵权盗版案件有功个人	国家版权局
2023.6.16	徐芝若	江阴市人民法院	2022 年度查处重大侵权盗版案件有功个人	国家版权局
2023.7.13	马维林	江苏省南菁高级中学	2022 年“宝武杯”全国杰出中小学中青年教师银奖	中国教育报刊社、宝钢教育基金会
2023.7.31	徐全法	江阴高新区	2022 年度长江流域渔政协助巡护优秀队员	农业农村部长江办
2023.8	丁进锋	江苏省江阴市第一中学	第七届全国青少年无人机大赛旋翼类/越障打击赛优秀辅导员	中国航空学会
2023.9	宦雪忠	江阴市退役军人事务局	2023 年度退役军人宣传工作先进个人	退役军人事务部办公厅、宣传中心
2023.10.22	张　雷	远景科技集团有限公司	江苏省优秀企业家	江苏省委、省政府
2023.10.22	缪文彬	双良集团有限公司	江苏省优秀企业家	江苏省委、省政府
2023.12	李　强	江阴市融媒体中心	2023 年度城市党报媒体深度融合工作先进个人	中国报业协会党报分会

江苏省条线系统、无锡市、江阴市先进个人(以时间为序)

【江苏省条线系统先进个人】

时间	姓名	单位	荣誉称号	授予单位
2023	黄艳芝	江阴市委办公室	2023 年度信息工作先进个人	江苏省委办公厅
2023.1	袁君琳	江阴市辅延中心小学	江苏省五一创新能手	江苏省总工会
2023.1	周志君	澄江街道贯庄社区	第一届江苏省“十大妇女议事能手”	江苏省妇女联合会
2023.1.3	尹　强	江阴市司法局夏港司法所	“法律明白人”培育工作成绩突出个人	江苏省司法厅
2023.1.3	顾建平	江阴市司法局新桥司法所	“法律明白人”培育工作成绩突出个人	江苏省司法厅
2023.1.5	吉　祥	江阴市人民法院	全省法院“优化法治化营商环境执行年”1+4 专项行动先进个人	江苏省高级人民法院
2023.1.11	程　前	江阴市融媒体中心	江苏青年好网民	共青团江苏省委、省委网信办
2023.1.12	顾永刚	江阴市人民法院	全省法院立案信访工作先进个人	江苏省高级人民法院
2023.1.13	党　辉	江阴市档案史志馆	2022 年度全省地方志系统优秀信息员	江苏省地方志编纂委员会办公室
2023.1.19	邢　盈	江阴市档案史志馆	2022 年度全省方志文化宣传工作优秀个人	江苏省地方志编纂委员会办公室
2023.1.19	季　勇	江阴市月城实验小学	2022 年江苏省教学名师	江苏省教育厅
2023.1.19	柏　林	江苏省江阴高级中学	2022 年江苏省教学名师	江苏省教育厅

2023.1.19	杨晓丽	江苏省江阴市第一中学	2022年江苏省教学名师	江苏省教育厅
2023.1.19	屠　莉	江阴职业技术学院	2022年江苏省教学名师	江苏省教育厅
2023.1.30	李子龑	江阴市公安局刑事警察大队反通讯网络诈骗中队	2022年全省公安机关优秀反诈宣传员	江苏省公安厅
2023.1.31	周昕锋	江阴市应急管理综合行政执法大队	2022年度“执法之星”	江苏省应急管理厅
2023.2	单银霞	民建江阴市委员会	优秀通讯员	民建江苏省委员会
2023.2.1	刘　健	江阴市交通运输局	2022年全省交通综合执法标兵	江苏省交通运输综合行政执法监督局
2023.2.2	张　军	江阴市应急管理综合行政执法大队	全省应急管理新闻宣传暨“学报用刊”先进个人	江苏省应急管理厅
2023.2.8	陆凯锐	江阴市消防救援大队	个人嘉奖	江苏省消防救援总队
2023.2.8	王常恒	江阴市消防救援大队利港政府专职队	全省模范政府专职消防队员	江苏省消防救援总队
2023.2.13	王　彬	江阴出入境边防检查站	个人三等功	江苏出入境边防检查总站
2023.2.13	张可儿	江阴出入境边防检查站	个人三等功	江苏出入境边防检查总站
2023.2.13	代昌军	江阴出入境边防检查站	个人三等功	江苏出入境边防检查总站
2023.2.13	施建春	江阴市司法局后续照管工作站	2022年度后续照管工作成绩突出社工	江苏省戒毒管理局
2023.2.17	陶　臻	江阴市公安局法制大队刑事案件审理中队	全省公安机关执法监督管理优秀能手	江苏省公安厅
2023.2.17	雒军庆	江阴市司法局	推进行政复议体制改革表现突出个人	江苏省司法厅
2023.2.20	孔　颖	江阴市政府办公室	全省政府网站工作先进个人	江苏省政府办公厅
2023.2.20	吴妙珍	澄江街道人民调解委员会驻要塞派出所人民调解工作室	全省公调对接工作成绩突出个人	江苏省司法厅、省公安厅
2023.2.21	张可儿	江阴出入境边防检查站	全省边检机关“我为国门添光彩”先进个人	江苏出入境边防检查总站
2023.2.21	李　楯	江阴出入境边防检查站	全省边检机关“我为国门添光彩”先进个人	江苏出入境边防检查总站
2023.2.21	陆　琦	江阴出入境边防检查站	全省边检机关“我为国门添光彩”先进个人	江苏出入境边防检查总站
2023.2.21	王亚伟	江阴出入境边防检查站	全省港口边检勤务改革先进个人	江苏出入境边防检查总站
2023.2.21	尹红彬	江阴出入境边防检查站	全省边检机关“警保联盟”先进个人	江苏出入境边防检查总站
2023.2.21	郑武昌	江阴出入境边防检查站	全警实战练兵先进训练工作者	江苏出入境边防检查总站
2023.2.27	陈　琳	江阴市农业技术推广中心	江苏省耕地质量检测核查先进个人	江苏省耕地质量与农业环境保护站
2023.3	陈传香	江苏沿江高速公路有限公司江阴新桥服务区	江苏省岗位学雷锋标兵	江苏省委宣传部
2023.3	沈明强	江苏省江阴高级中学	第34届江苏省中小学生“金钥匙”科技竞赛优秀青少年科技教育校长	江苏省教育厅、省科学技术厅等
2023.3	花海忠	江阴市第一中学	第34届江苏省中小学生“金钥匙”科技竞赛优秀青少年科技教育校长	江苏省教育厅、省科学技术厅等
2023.3	方　亮	江苏省江阴高级中学	第34届江苏省中小学生“金钥匙”科技竞赛青少年科技教育先进个人	江苏省教育厅、省科学技术厅等

2023.3	刘雪莹	江苏省江阴高级中学	第34届江苏省中小学生“金钥匙”科技竞赛优秀青少年科技教育辅导员	江苏省教育厅、省科学技术厅等
2023.3	徐建宇	江苏省江阴高级中学	第34届江苏省中小学生“金钥匙”科技竞赛优秀青少年科技教育辅导员	江苏省教育厅、省科学技术厅等
2023.3	李　刚	江阴市云亭实验小学	第34届江苏省中小学生“金钥匙”科技竞赛优秀青少年科技教育辅导员	江苏省教育厅、省科学技术厅等
2023.3	汤　熙	江阴市市场监督管理局	全省药品安全专项整治行动“雳剑2022”专项行动工作成绩突出先进个人	江苏省药品监督管理局
2023.3.6	贾龙成	江阴市公安局治安警察大队	全省公安机关打击长江非法采砂犯罪专项行动成绩突出个人	江苏省公安厅
2023.3.6	何国彬	江阴市公安局经济犯罪侦查大队	个人二等功	江苏省公安厅
2023.3.6	陈　华	江阴市公安局刑事警察大队	个人二等功	江苏省公安厅
2023.3.6	孙瑞元	江阴市公安局	个人三等功	江苏省公安厅
2023.3.6	朱　斌	江阴市公安局经济犯罪侦查大队	个人三等功	江苏省公安厅
2023.3.6	戴晓民	江阴市公安局经济犯罪侦查大队	个人三等功	江苏省公安厅
2023.3.6	陆雪飞	江阴市公安局巡特警大队	个人嘉奖	江苏省公安厅
2023.3.6	刘含炯	江阴市公安局出入境管理大队	个人嘉奖	江苏省公安厅
2023.3.6	沈　洁	江阴出入境边防检查站	全省边检机关成绩突出女民警	江苏出入境边防检查总站
2023.3.7	朱蓓蕾	江阴市残疾人联合会	2022年公益助残工作先进个人	江苏省残疾人福利基金会
2023.3.7	陈剑英	周庄镇残疾人联合会	2022年公益助残工作先进个人	江苏省残疾人福利基金会
2023.3.7	霍光宇	璜土镇残疾人联合会	2022年公益助残工作先进个人	江苏省残疾人福利基金会
2023.3.7	陆焕雅	澄江街道残疾人联合会	2022年公益助残工作先进个人	江苏省残疾人福利基金会
2023.3.7	张晓华	祝塘镇残疾人联合会	2022年公益助残工作先进个人	江苏省残疾人福利基金会
2023.3.7	李雪萍	华士镇残疾人联合会	2022年公益助残工作先进个人	江苏省残疾人福利基金会
2023.3.7	尤彩霞	夏港街道残疾人联合会	2022年公益助残工作先进个人	江苏省残疾人福利基金会
2023.3.7	孙　健	顾山镇残疾人联合会	2022年公益助残工作先进个人	江苏省残疾人福利基金会
2023.3.7	朱　彬	江阴市城市综合管理局综合执法大队	2022年度全省巩固深化城管执法队伍“强基础、转作风、树形象”专项行动表现突出个人	江苏省住房和城乡建设厅
2023.3.8	蒋宁静	江阴市司法局	全省合法性审查成绩突出个人	江苏省司法厅
2023.3.10	徐佳琰	国家统计局江阴调查队	2022年度考核优秀等次	国家统计局江苏调查总队
2023.3.10	刘　潇	国家统计局江阴调查队	2022年度考核优秀等次	国家统计局江苏调查总队
2023.3.10	夏　蒙	国家统计局江阴调查队	2022年度考核优秀等次	国家统计局江苏调查总队
2023.3.13	钱　晴	江阴市教育局	2022—2023年度反映信息工作先进个人	民盟江苏省委员会
2023.3.13	夏　蒙	国家统计局江阴调查队	2022—2023年度反映信息工作先进个人	民盟江苏省委员会
2023.3.13	杭建伟	江阴职业技术学院	2022—2023年度反映信息工作先进个人	民盟江苏省委员会

2023.3.13	石陈云	民盟江阴市委员会	2022—2023 年度宣传工作先进个人	民盟江苏省委员会
2023.3.13	朱　皓	江阴新城建设有限公司	2022—2023 年度社会服务工作先进个人	民盟江苏省委员会
2023.3.13	刘　览	江阴天江药业有限公司	2022—2023 年度参政议政工作先进个人	民盟江苏省委员会
2023.3.20	章冬海	江阴市人民法院	全省法院办公室工作先进个人	江苏省高级人民法院
2023.3.27	吴　锋	江阴出入境边防检查站	个人嘉奖	江苏出入境边防检查总站
2023.3.27	田　崇	江阴出入境边防检查站	个人嘉奖	江苏出入境边防检查总站
2023.3.27	尹红彬	江阴出入境边防检查站	个人三等功	江苏出入境边防检查总站
2023.3.27	严启鹏	江阴出入境边防检查站	个人三等功	江苏出入境边防检查总站
2023.3.27	刘　涛	江阴出入境边防检查站	个人三等功	江苏出入境边防检查总站
2023.3.27	韦子韬	江阴出入境边防检查站	个人三等功	江苏出入境边防检查总站
2023.3.27	王晨宇	江阴出入境边防检查站	个人三等功	江苏出入境边防检查总站
2023.3.27	陈　梁	江阴出入境边防检查站	个人三等功	江苏出入境边防检查总站
2023.3.28	赵云飞	江阴市总工会	江苏省优秀工会工作者	江苏省总工会
2023.3.28	徐晓东	祝塘镇总工会	江苏省优秀工会工作者	江苏省总工会
2023.3.28	朱　绯	江阴市市场监督管理局	江苏省优秀工会工作者	江苏省总工会
2023.3.28	钱　江	江阴公用事业集团有限公司	江苏省优秀工会工作者	江苏省总工会
2023.3.28	黄云富	江阴兴澄特种钢铁有限公司	江苏省优秀工会工作者	江苏省总工会
2023.3.28	徐玲红	江苏长电科技股份有限公司	江苏省优秀工会工作者	江苏省总工会
2023.3.28	刘　悦	中国石化销售股份有限公司江苏江阴石油分公司	江苏省优秀工会工作者	江苏省总工会
2023.4	郑冰清	江阴市申港三鲜养殖有限公司	江苏最美青年	江苏省委宣传部、共青团江苏省委
2023.4	朱高钰怡	江阴市幸福蔬食文化传播有限公司	江苏省优秀共青团员	共青团江苏省委
2023.4	薛　潇	青阳镇里旺里村	江苏省优秀共青团员	共青团江苏省委
2023.4	张晶晶	江阴市敔山湾实验学校	江苏省优秀共青团干部	共青团江苏省委
2023.4	曹　昊	远景能源有限公司江阴基地	江苏省优秀共青团干部——团支部书记专项	共青团江苏省委
2023.4	薛　遥	周庄镇三房巷村	江苏省优秀共青团干部——团支部书记专项	共青团江苏省委
2023.4	蒋文龙	江阴市人民医院	第十批省市援疆工作记功、第十批省市援疆干部人才	中共新疆维吾尔自治区委员会、新疆维吾尔自治区人民政府
2023.4	邱　婷	江阴市华姿中等专业学校	2022 年江苏省青年岗位能手	共青团江苏省委、省人力资源和社会保障厅
2023.4	高斌杰	江阴市税务局	江苏省五一创新能手	江苏省总工会
2023.4	鞠贵冬	双良节能系统股份有限公司	江苏省文明职工	江苏省委宣传部、省文明办、省总工会
2023.4.3	王丽萍	江阴高新区锦隆社区农家书屋	江苏省优秀农家书屋管理员	江苏省新闻出版局、省版权局
2023.4.11	沈　艳	贝德服装集团股份有限公司	江苏省五一劳动奖章	江苏省总工会

2023.4.11	赵明勇	江阴海达橡塑股份有限公司	江苏省五一劳动奖章	江苏省总工会
2023.4.11	刘　锋	国网江苏省电力有限公司江阴市供电分公司	江苏省五一劳动奖章	江苏省总工会
2023.4.11	佘　昕	江阴宝柏包装有限公司	江苏省五一劳动荣誉奖章	江苏省总工会
2023.4.12	陈　梦	江阴市人民法院	全省法院打击整治养老诈骗专项行动先进个人	江苏省高级人民法院
2023.4.20	李有虎	江阴市人民法院	司法警察警衔荣誉章	江苏省高级人民法院
2023.4.29	王利民	澄江街道君山社区	江苏省红十字会基层组织工作先进个人	江苏省红十字会
2023.5	徐仿敏	江阴市公安局刑事警察大队	个人三等功	江苏省公安厅
2023.5	殷海涛	江阴市公安局大数据管理大队	个人嘉奖	江苏省公安厅
2023.5	邱明辉	中建钢构江苏有限公司	江苏最美职工	江苏省委宣传部
2023.5.15	朱钰涵	江阴海关	南京海关优秀共青团员	南京海关直属机关团委
2023.5.15	吴艳玉	江阴红豆爱心联盟	2022 年度江苏省巾帼志愿服务十大感动人物	江苏省妇女联合会
2023.5.17	汪　洋	江阴市公安局巡特警大队	全省公安机关系列安保维稳工作成绩突出个人	江苏省公安厅
2023.5.18	薄一军	江阴市交通运输局	全省船舶碰撞桥梁隐患治理三年行动先进个人	江苏省交通运输厅
2023.5.25	叶　科	江阴市人民法院	全省法院司法警察工作先进个人	江苏省高级人民法院
2023.5.29	黄子强	江阴市公安局刑事警察大队	个人二等功	江苏省公安厅
2023.5.29	包亚虹	江阴市公安局办公室	个人二等功	江苏省公安厅
2023.5.29	王　波	江阴市公安局网络安全保卫大队	个人二等功	江苏省公安厅
2023.6	姜　华	江苏省江阴高级中学	第九届全国青年科普创新实验暨作品大赛江苏赛区优秀指导教师	江苏省科学技术协会、共青团江苏省委
2023.6	雷煜盛	江阴市实验小学	新时代江苏好少年	江苏省文明办
2023.6.7	范朝晖	江阴海关	南京海关 2020—2022 年度先进工作者	南京海关
2023.6.29	叶　科	江阴市人民法院	全省法院党的二十大维稳安保工作先进个人	江苏省高级人民法院
2023.6.29	严启鹏	江阴出入境边防检查站	全省边检机关成绩突出党员民警	中共江苏出入境边防检查总站委员会
2023.6.29	张可儿	江阴出入境边防检查站	全省边检机关成绩突出党务工作者	中共江苏出入境边防检查总站委员会
2023.6.29	张吴军	江阴海关	2023 年度南京海关优秀共产党员	南京海关
2023.6.29	胡　斌	江阴海关	2023 年度南京海关优秀共产党员	南京海关
2023.6.29	韩阳春	江阴海关	2023 年度南京海关优秀共产党员	南京海关
2023.6.29	杨　勇	江阴海关	2023 年度南京海关优秀党务工作者	南京海关
2023.7	蔡　月	江苏丽天石化码头有限公司	江苏省三八红旗手	江苏省妇女联合会
2023.7	屠　敏	江阴市第一中学	2023 年“领航杯”江苏省中小学信息素养提升实践活动先进个人	江苏省教育厅办公室

2023.7	蒋思婷	峭岐实验小学	第二十九届江苏省青少年科技模型大赛总决赛优秀科技辅导员	江苏省教育厅
2023.7.12	单滢滢	江阴市总工会	江苏省调解员业务标兵	江苏省人力资源和社会保障厅、省总工会、省劳动人事争议仲裁委员会
2023.7.14	赵敏燕	江阴市交通运输局	2023年度江苏交通巾帼建功标兵	江苏省交通运输厅
2023.7.21	沈奥运	江阴市公安局华士派出所	个人一等功	江苏省公安厅
2023.7.21	唐黎翔	江阴市公安局刑事警察大队	个人二等功	江苏省公安厅
2023.7.27	王　莹	江阴市交通运输局	2022年度江苏交通优秀通讯员	江苏省交通运输厅、省新闻工作者协会
2023.8.3	潘旭东	江阴市应急管理综合行政执法大队	2023年第二季度“重大隐患执法能手”	江苏省应急管理厅
2023.8.14	蒋　彬	江阴市不动产登记中心	第四届江苏省“苏小登杯”不动产登记技能竞赛暨首届全国赛省级选拔赛个人优秀奖	江苏省自然资源厅、省总工会
2023.8.16	钱　江	江阴公用事业集团有限公司	第三届江苏最美退役军人提名人员	江苏省退役军人事务厅办公室
2023.8.16	张可儿	江阴出入境边防检查站	首届江苏最美军嫂提名奖	江苏省退役军人事务厅办公室
2023.8.23	周　玲	江阴市档案史志馆	2022—2023年度《档案与建设》期刊宣传工作先进个人	江苏省档案局、省档案馆
2023.8.28	李　浩	江阴市科学技术协会	2023年度科普报刊宣传工作先进个人	江苏省科学技术协会办公室
2023.8.31	黄翰中	江阴市公安局经济犯罪侦查大队	个人三等功	江苏省公安厅
2023.9	齐明明	江阴市公安局治安警察大队	个人二等功	江苏省公安厅
2023.9	龚　新	江阴市公安局祝塘派出所	全省优秀公安派出所所长	江苏省公安厅
2023.9	夏　蒙	国家统计局江阴调查队	全省调查队系统“业务尖兵”	国家统计局江苏调查队
2023.9	张　蕾	长江引航中心江阴引航站	江苏省五一创新能手	江苏省总工会
2023.9	黄丽娟	长山中心小学	2023年“苏乡永助”资助育人主题活动江苏优秀资助工作者	江苏省教育厅办公室
2023.9	洪向宇	江阴市退役军人事务局	全省退役军人就业创业工作先进个人	江苏省退役军人事务厅
2023.9	沈　燕	长泾镇福彩销售站	江苏好人	江苏省文明办
2023.9	王华成	邮储银行江阴市支行	江苏好人	江苏省文明办
2023.9	徐凯麒	江苏江南水务股份有限公司	2023年江苏省百万城乡建设职工职业技能竞赛水务行业供排水泵站运行工决赛个人第五名	江苏省住房和城乡建设厅、省总工会、省教育厅
2023.9	黄　赟	江苏江南水务股份有限公司	2023年江苏省百万城乡建设职工职业技能竞赛水务行业供排水泵站运行工决赛个人第十一名	江苏省住房和城乡建设厅、省总工会、省教育厅
2023.9	承　鸿	江阴市档案史志馆	2023年度《世纪风采》杂志宣传发行先进个人	江苏省委党史工作办公室
2023.9.15	周佳能	共青团江阴市委	江苏省团属报刊宣传工作先进个人	共青团江苏省委
2023.9.15	冒俊杰	澄江街道团工委	江苏省团属报刊宣传工作先进个人	共青团江苏省委

2023.9.26	季　勇	月城实验小学	2023省级社区教育优秀志愿者	江苏省成人教育协会
2023.9.26	钱静慧	江阴高新区成人教育中心校	2023省级百姓学习之星	江苏省成人教育协会
2023.9.26	陈　贤	璜土镇成人教育中心校	2023省级社区教育先进工作者	江苏省成人教育协会
2023.10	于炳其	国网江阴市供电公司	2023年度“绿色、低碳、经济、工业化”变电站工程设计竞赛优秀设总	国网江苏省电力有限公司发展部、建设部
2023.10	金　娇	长泾实验幼儿园	2023年度江苏省“我们身边的好青年”	共青团江苏省委、省文明办、省青年联合会
2023.10	蔡震国	徐霞客镇水产研究所	2023年度江苏省“我们身边的好青年”	共青团江苏省委、省文明办、省青年联合会
2023.10	朱晓洪	江阴市教育信息化和装备管理服务中心	2023年江苏省中小学实验能力大赛组织工作先进个人	江苏省教育厅办公室
2023.10	童亮一	民建江阴市委员会	思想政治建设工作先进个人	民建江苏省委员会
2023.10	郭　艳	民建江阴市委员会	思想政治建设工作先进个人	民建江苏省委员会
2023.10	葛洪菲	民建江阴市委员会	思想政治建设工作先进个人	民建江苏省委员会
2023.10.13	尹　青	江阴兴澄特种钢铁有限公司	2023年“科创江苏”企业创新达人	江苏省科学技术协会、省科技厅、省政府国有资产监督管理委员会、省工商业联合会
2023.10.13	薛花娟	江苏法尔胜缆索有限公司	“科创江苏”企业创新达人宣讲代表	江苏省科学技术协会、省科技厅、省政府国有资产监督管理委员会、省工商业联合会
2023.10.13	周　鹤	江阴市农业技术推广中心	废旧农膜回收工作先进个人	江苏省农业农村厅
2023.10.30	姜少伯	江阴市公共文化艺术发展中心	江苏省第三批群众文化“百千万”工程优秀群文骨干	江苏省委宣传部、省文明办、省文化和旅游厅、省文学艺术界联合会
2023.11	孙晓雯	江阴市税务局	税务巾帼建功标兵	国家税务总局江苏省税务局
2023.11	程　政	江阴市委宣传部	全省宣传系统先进工作者	江苏省委宣传部、省人力资源和社会保障厅
2023.11	马建民	江阴市纪委监委	江苏省优秀宣传思想工作者	江苏省委宣传部、省人力资源和社会保障厅
2023.11.3	张　贤	江阴市融媒体中心	2023年江苏省广播电视和网络视听行业青年创新人才	江苏省广播电视局
2023.11.7	颜　立	江阴市审计局	2023年度全省审计通联宣传工作先进个人	江苏省审计厅办公室
2023.11.7	秦昆瑞	江阴市新华社区志愿服务队创富菁英汇义工社	2023年度江苏省优秀退役军人志愿者	江苏省退役军人事务厅
2023.11.13	刘　航	江阴市司法局城东司法所	社区矫正和安置帮教工作成绩突出个人	江苏省司法厅
2023.11.19	姜恺笛	共青团江阴市委	2023年度江苏新疆西藏青海少年儿童“手拉手”活动先进个人	共青团江苏省委、省少工委
2023.11.19	崔建德	月城镇团委	2023年度江苏新疆西藏青海少年儿童“手拉手”活动先进个人	共青团江苏省委、省少工委
2023.11.19	殷芳华	晨光实验小学	2023年度江苏新疆西藏青海少年儿童“手拉手”活动先进个人	共青团江苏省委、省少工委
2023.11.28	吴信柳	江阴市融媒体中心	2023年度江苏省优秀妇女工作通讯员	江苏省妇女联合会
2023.11.29	高　勇	江阴市人民法院	全省优秀法官	江苏省高级人民法院、省人力资源和社会保障厅

2023.11.29	成志昀	江阴市人民法院	全省法院办案标兵	江苏省高级人民法院、省人力资源和社会保障厅
2023.12	王建伟	江苏省江阴高级中学	2023年江苏省第十三届中学生暨第五届小学生武术锦标赛优秀教练员	江苏省学生体育协会
2023.12	王　川	江苏省江阴高级中学	2023年江苏省第十三届中学生暨第五届小学生武术锦标赛优秀教练员	江苏省学生体育协会
2023.12	马洪良	峭岐实验小学	第三十届江苏省青少年科技模型大赛优秀辅导员	江苏省教育厅
2023.12	钟　宸	峭岐实验小学	第三十届江苏省青少年科技模型大赛优秀辅导员	江苏省教育厅
2023.12	马忠贺	江阴市锦绣江南环境发展有限公司	江苏省第五届优秀职业经理人	江苏省职业经理人协会
2023.12	杜　凯	九三学社江阴市委员会	2023年度社会服务先进个人	九三学社江苏省委员会
2023.12	张成奇	九三学社江阴市委员会	2023年度组织工作先进个人	九三学社江苏省委员会
2023.12	吉丽青	九三学社江阴市委员会	2023年度参政议政先进个人	九三学社江苏省委员会
2023.12	郁　昉	九三学社江阴市委员会	2023年度宣传工作先进个人	九三学社江苏省委员会
2023.12	唐非凡	江阴市公安局交通警察大队	江苏省优秀红十字志愿者	江苏省红十字会、省文明办、共青团江苏省委
2023.12	张　瑶	国网江阴市供电公司	第九届供电“服务之星”劳动竞赛优胜者	国网江苏省电力有限公司
2023.12	吴苏红	江阴市水产畜牧技术推广中心	江苏省文化科技卫生“三下乡”活动服务标兵	江苏省委宣传部
2023.12	刘　锋	国网江阴市供电公司	2022年度江苏省优秀建造师	江苏省建筑行业协会建造师暨项目经理工作委员会
2023.12.10	陈　健	江阴市公安局经济犯罪侦查大队	个人二等功	江苏省公安厅
2023.12.13	曹恒富	江阴市疾病预防控制中心	百名卫生防疫之星	江苏省疾病预防控制中心
2023.12.14	陈永金	民进江阴市委员会	宣传思想工作先进个人	民进江苏省委员会
2023.12.15	王晓东	江阴市公安局巡特警大队	全省优秀志愿讲解员	江苏省委宣传部、省文化旅游厅等
2023.12.18	吴广海	江阴市社会保险基金管理中心	2023年江苏省金牌劳动关系协调员	江苏省协调劳动关系第三方委员会
2023.12.18	张雄伟	江阴市行业商会发展指导中心	2023年度全省民营企业调查点工作先进个人	江苏省工商业联合会
2023.12.21	唐歆玥	长寿实验小学	2023年度江苏省优秀少先队员	江苏省少工委办公室
2023.12.21	王子清	江苏省南菁高级中学实验学校	2023年度江苏省优秀少先队员	江苏省少工委办公室
2023.12.21	陈　婷	江阴市少年宫	2023年度江苏省优秀少先队辅导员	江苏省少工委办公室
2023.12.21	刘洁卿	周庄东区实验小学	2023年度江苏省优秀少先队辅导员	江苏省少工委办公室
2023.12.21	潘燕燕	北涸中心小学	2023年度江苏省优秀少先队辅导员	江苏省少工委办公室
2023.12.21	李庆林	花园实验小学	2023年度江苏省优秀少先队辅导员	江苏省少工委办公室
2023.12.27	黄　娜	江阴市供销合作总社	2023年度江苏省供销合作社系统优秀信息员	江苏省供销合作总社

2023.12.28	黄嘉军	江阴市顾山镇退役军人服务站	江苏省退役军人服务中心(站)优秀主任(站长)	江苏省退役军人事务厅办公室
2023.12.28	陈　琳	江阴市交通运输局	2023年度江苏省最美交通政务人	江苏省交通运输厅
2023.12.29	党　辉	江阴市档案史志馆	2023年度《江苏省情影像志》优秀个人	江苏省地方志编纂委员会办公室
2023.12.29	乔　琳	江阴市农业技术推广中心	江苏省农民教育培训工作先进个人	江苏省农业广播电视学校
2023.12.29	陆亚萍	江阴市农业技术推广中心	江苏省农业外来侵入植物普查先进个人和优秀普查员	江苏省种子管理站
2023.12.30	吴迎兮	江阴市红十字无偿献血志愿者服务队	江苏省优秀红十字志愿者	江苏省红十字会

【无锡市先进个人】

一、第一届“无锡慈善奖”(无锡市政府表彰2023.3.14)

(一)第一届“无锡慈善奖”最具爱心慈善行为楷模

张纪清(祝塘镇)
高益峰(江阴市红十字无偿献血志愿者服务队)

(二)第一届“无锡慈善奖”优秀慈善工作者

赵祥岳(江阴市红十字会)
王　健(徐霞客镇方园村)
俞　洋(江阴市社会救助管理中心)

二、首届“无锡大工匠”和“无锡工匠”(无锡市政府表彰2023.4.24)

(一)无锡大工匠

曹秀明(江苏阳光集团有限公司)

(二)无锡工匠

居红宇(海澜之家集团股份有限公司)
邱明辉(中建钢构江苏有限公司)

三、“强富美高”新无锡现代化建设年度贡献奖和践行新理念、赋能新发展突出贡献奖先进个人(无锡市委、市政府表彰2023.4.27)

(一)“强富美高”新无锡现代化建设突出贡献个人

张晓华(江阴高新技术产业开发区)
周立宸(海澜集团有限公司)

(二)“强富美高”新无锡现代化建设先进个人

范丽花(无锡市江阴生态环境监测站)
俞志高(贝卡尔特中国技术研发有限公司)
黄小华(江阴市房屋管理服务中心)
徐　海(江阴市新国联集团有限公司)
许振峰(江阴市城市综合管理局环境卫生管理中心)
崔　东(盛合晶微半导体有限公司)

(三)服务“强富美高”新无锡现代化建设先进个人

冯祥松(江阴市委第三巡察组)
朱　敏(江阴市人力资源管理服务中心)
林豆豆(江阴市委宣传部)
吕中立(江阴临港经济开发区)
周　吉(江阴市发展改革委员会)

(四)践行新理念、赋能新发展“数字无锡”先进个人

周京利(江阴市科技局)
孙婧婧(江阴传媒集团)
费　希(江阴市工业和信息化局)
王子路(江阴市应急管理局)
李玉剑(江阴市住房和城乡建设局)
张　剑(江苏振江新能源装备股份有限公司)
钱晓莉(江阴市市场监督管理局)

(五)践行新理念、赋能新发展“宜居无锡”先进个人

经　晶(江阴市自然资源和规划局)
段学花(江阴市水利局)
夏　涛(江阴市城市综合管理局)
赵丽君(澄江街道天鹤社区)
李　坚(江阴生态环境局)
席丽锋(祝塘镇农业水利科)

(六)践行新理念、赋能新发展“平安无锡”先进个人

李细应(江阴市委政法委)
向治强(江阴市人民来访接待中心)
张　涛(江阴市检察院澄江检察室)
严　峥(江阴市中医院医疗集团)
吴　婷(江阴市司法局)
何　勇(澄江街道信访科)

华美凤(月城镇政法和社会管理局)

四、2022 年度城市更新和房屋征收工作先进个人(无锡市政府表彰 2023.5.10)

孙　伟(澄江街道办事处)

五、2023 年无锡市有突出贡献中青年专家(无锡市委、市政府表彰 2023.12.12)

(一)专业技术人才

孙宪进(江阴兴澄特种钢铁有限公司)　陶雅芸(江苏阳光股份有限公司)

陈盛君(江阴天江药业有限公司)

(二)高技能人才

杨　佳(江阴兴澄特种钢铁有限公司)

【江阴市先进个人】　(江阴市委、市政府表彰)

一、好班长、好助手

1. 2023 年度好班长

徐　飞(江阴市科技局)　王　青　江国虔　吴春华　邬海江　张晓新　李志浩　薛建国　王　敏　盛建强

2. 2023 年度好助手

陆　欣　石效民　薛　松　周　麒　吴　燕　邹凤翔　卢　刚　朱惠龙　徐松岚　叶　青　徐　卓　谈海燕
张　艳　吴晓东　张晓闻　冯　亮　张　涛　胡　丹　包　煜　徐　飞(江阴城发集团)

二、先进个人

2023 年度先进工作者

(一)江阴高新区

卫　凯　乔善亮　刘　军　刘卫江　刘奇云　汤晓楠　许卫国　孙宝峰　杨　民　杨国江　李进仪　李建文
李群益　吴承火　汪　竹　沈　斌　张凤雏　周　良　姚啸宇　袁洪杰　钱春华　蒋文卫

(二)临港经济开发区

丁　伟　于春波　王法根　王俊华　毛志华　朱一安　朱建良　任建君　邬海江　刘　华　刘伟善　刘建维
刘理淳　许晓春　李　波　吴　年　吴银芝　吴新雷　何洪滨　冷文英　陈　钢　茅文浩　范兴龙　金　沙
周肖军　周庭蓉　胡　涛　钟福祥　顾文龙　夏勤燕　钱　锋　徐宇庆　徐耀琪　高　健　曹叶裕　盛南华
韩林华　傅　香　蔡锦鹏　缪丹花　缪君明　薛　勇

(三)靖江园区

那伟斌　杨　飞　李纪雨　陆　君　陈奇旭　周雪忠　秦　山　薛天翼

(四)澄江街道

刘旻晖　刘银花　孙　伟　杨　平　巫　敏　吴胜男　何　勇　沈　刚　陆　烨　林　勤　周　芬　胡冬梅
赵丽君　夏静洁　徐云飞　蒋春晓

(五)南闸街道

王　旌　王　梁　吕惠琴　刘　磊　张　微　陈　强　周　成　段向东

(六)云亭街道

卜晓东　王张云　朱明敏　朱雪春　宋晓伟　赵丽忠　殷海刚　黄奇评

(七)月城镇

丁爱民　朱跃强　严伟明　陈　东　顾惠刚　钱　芳　蒋　惠　潘纯颖

(八)青阳镇

王　勇　王可伦　朱伟清　许　杰　杨奇峰　张　佟　金卫明　顾文军　唐梦碧　薛洪权

(九)徐霞客镇

卫春军　王敏娟　朱海东　任晓明　严　刚　沈　隽　沈贤斌　张　力　陈文涛　黄星海　曾　荣　魏一波

(十)华士镇

王　勤　孙步友　杨伟兵　李向华　李高平　李梦杰　吴雅清　陆正龙　赵卫东　赵正洪　赵志龙　瞿全兴

(十一)周庄镇

马　坚　王　锴　江鑫勇　李全兴　余林法　陈力皎　陈良东　周国民　周洪亮　赵三宝　曹玉兴　葛征坪

(十二)新桥镇

王永明　李明凤　吴永凯　张国龙　张建锋　倪培国　谈龙英　黄亚春

(十三)长泾镇

邓　媇　朱　斌　肖　峰　吴文勇　周　波　赵　熔　顾海东　钱　葑　高奖义　濮亚娟

(十四)顾山镇

毛文灏　许敏达　吴宇航　陈　波　欧阳明辉　胡敬楠　徐　丹　徐　峰　郭　博　郭正平

(十五)祝塘镇

孔瑞用　仲建化　李骏超　周云龙　周和兴　胡　昊　唐良君　龚　军　蒋忠伟　戴泽新

(十六)工业直属企业

邓勇江

(十七)服务业直属企业

杨　洁　张　芳　陈　鑫

逝世人物

沈　鹏

1931年9月生,澄江街道人,别署介居主,著名书法家、诗人、美术评论家、编辑出版家,首批国务院有突出贡献专家。历任人民美术出版社副总编、编审委员会主任,中国书法家协会第四届主席、第五至八届名誉主席,第八至十二届全国政协委员,中央文史馆馆员,中国文联第六届副主席、中国文联荣誉委员,中华诗词学会名誉会长,中国国家画院书法篆刻院院长,中国美术出版总社顾问。荣获"中国书法兰亭奖"终身成就奖、"造型艺术成就奖"、"全国第三届华夏诗词奖"荣誉奖、"中华艺文奖"终身成就奖、"中华诗词"荣誉奖、联合国 Academy"世界和平艺术大奖"等。沈鹏是当代书法繁荣发展的见证者、推动者,在书法创作、学术研究、编辑出版、教学育人、美术评论以及诗词创作等领域卓有成就。他对艺术有个性化独到的领会,同时对各种艺术流派给予充分理解与尊重。他的书法既遵循传统,又不囿于传统;敢于创新,又在符合审美规律的基础上进行开拓。沈鹏书法精行草,善隶楷,提出中国书法可持续发展的理念,制定并贯彻"弘扬原创,尊重个性,书内书外,艺道并进"的十六字方针。专注美术、书法理论和实践研究,撰写评论文章百余篇,评论文集《书画论评》《沈鹏书画谈》《沈鹏书画续谈》《书法本体与多元》及各类书法作品集50余种。发表古典诗词创作逾千首,先后出版《三余吟草》《三余续吟》《三余再吟》《三余诗词选》等诗词集。重视青少年书法教育,呼吁普及书法知识,致力于书法人才培养。热心公益事业,长期捐款,设立4个基金会以及"沈鹏艺术公益基金",推动当代书法发展。2023年8月21日14时55分,沈鹏因病医治无效在北京逝世,享年92岁。

滕　藤

1930年4月24日生,南闸街道人。1947年考入清华大学化学工程系,1948年加入中国共产党,曾任化工、航空系学生党支部书记和校党总支委员,1951年毕业后留校工作。1952年,任校团委书记。1956年参与创建工程物理系,并任系党总支书记。1957年被派往苏联列宁格勒工学院学习深造,回国后与汪家鼎、朱永(贝睿)共同组织萃取法提取核燃料钚的工艺和化学研究,该项研究成果于1978年获全国科学大会奖。1960年任工程化学系党总支书记。1973年,参与创建固体物理、物质结构、激光、催化4个研究班。1978年后,任化工系党委书记、校党委副书记、副校长,1984年兼任研究生院首任院长,1993年兼任人文社会科学学院院长。1985年,调任国家科委副主任。此后历任中共中央宣传部副部长、中国科学院副院长、中国科学技术大学校长、国家教委副主任、中国社会科学院副院长、联合国教科文组织副主席等,是第八届全国人大常委会委员。2023年7月30日逝世,享年93岁。

(澄　鉴)

■类目编辑　聂小琴

重要文件目录

2023 年中共江阴市委重要文件目录

一、1 月 7 日，江阴市委转发市人大常委会《关于推进开发区人大工作高质量发展的意见》（澄委发〔2023〕1 号）

二、1 月 10 日，江阴市委办公室、市政府办公室联合发《关于进一步加强内部审计工作的意见》（澄委办〔2023〕1 号）

三、1 月 29 日，江阴市委办公室、市政府办公室联合发《江阴现代化产业体系建设行动计划（2022—2025 年）》（澄委办〔2023〕8 号）

四、1 月 29 日，江阴市委办公室、市政府办公室联合发《“科创江阴”建设行动计划（2022—2025 年）》（澄委办〔2023〕9 号）

五、1 月 29 日，江阴市委办公室、市政府办公室联合发《江阴市人才发展现代化建设行动计划（2022—2025 年）》（澄委办〔2023〕10 号）

六、1 月 29 日，江阴市委办公室、市政府办公室联合发《江阴打造区域一体化建设新标杆行动计划（2022—2025 年）》（澄委办〔2023〕11 号）

七、1 月 29 日，江阴市委办公室、市政府办公室联合发《江阴打造新时代改革开放新高地行动计划（2022—2025 年）》（澄委办〔2023〕12 号）

八、1 月 29 日，江阴市委办公室、市政府办公室联合发《江阴现代化城市建设行动计划（2022—2025 年）》（澄委办〔2023〕13 号）

九、1 月 29 日，江阴市委办公室、市政府办公室联合发《江阴构建人与自然和谐共生的现代化行动计划（2022—2025 年）》（澄委办〔2023〕14 号）

十、1 月 29 日，江阴市委办公室、市政府办公室联合发《江阴市推进城市文化文明建设行动计划（2022—2025 年）》（澄委办〔2023〕15 号）

十一、1 月 29 日，江阴市委办公室、市政府办公室联合发《江阴推进治理体系和治理能力现代化行动计划（2022—2025 年）》（澄委办〔2023〕16 号）

十二、1 月 29 日，江阴市委办公室、市政府办公室联合发《江阴促进共同富裕行动计划（2022—2025 年）》（澄委办〔2023〕17 号）

十三、2 月 1 日，江阴市委、市政府联合发《关于创新转型高质量发展建设社会主义现代化县域示范的实施方案》（澄委发〔2023〕3 号）

十四、2 月 15 日，江阴市委办公室转发《中共江阴市委宣传部 2023 年全市宣传思想文化工作要点》（澄委办〔2023〕20 号）

十五、2 月 16 日，江阴市委、市政府联合发《关于加快建设全国有影响力的先进制造业科创中心的若干政策措施》（澄委发〔2023〕5 号）

十六、3 月 13 日，江阴市委、市政府联合发《江阴市建设生态环境治理现代化县域示范实施方案（2023—2025 年）》（澄委发〔2023〕9 号）

十七、3 月 13 日，江阴市委、市政府联合发《江阴市委市政府 2023 年重点工作》（澄委发〔2023〕11 号）

十八、4 月 10 日，江阴市委、市政府联合发《关于做好 2023 年全面推进乡村振兴重点工作的实施意见》（澄委发〔2023〕17 号）

十九、4 月 12 日，江阴市委办公室、市政府办公室联合发《关于加快推进农村土地经营权统一流转的实施意见》（澄委办〔2023〕34 号）

二十、4 月 14 日，江阴市委办公室转发《江阴市关心下一代工作委员会 2023 年工作要点》（澄委办〔2023〕36 号）

二十一、4 月 24 日，江阴市委办公室发《关于在全市各级党组织和广大党员干部中大兴调查研究的实施方案》（澄委办〔2023〕39 号）

二十二、4 月 25 日，江阴市委办公室发《江阴市宜居宜业和美乡村建设行动实施方案》（澄委办〔2023〕40 号）

二十三、5 月 10 日，江阴市委办公室、市政府办公室联合发《江阴市委市政府 2023 年重点工作目标任务细化实施方案》（澄委办〔2023〕44 号）

二十四、5 月 22 日，江阴市委办公室、市政府办公室联合发《2023 年江阴市“南征”战略推进工作要点》（澄

委办〔2023〕48 号)

二十五、5 月 22 日,江阴市委办公室、市政府办公室联合发《2023 年江阴市“北战”战略推进工作要点》(澄委办〔2023〕49 号)

二十六、5 月 31 日,江阴市委办公室发《关于全面推动学习贯彻习近平新时代中国特色社会主义思想主题教育先学先行开展“四学四担当”行动的实施方案》(澄委办〔2023〕51 号)

二十七、6 月 7 日,江阴市委办公室、市政府办公室联合发《2023 年江阴市“东西互搏”战略推进工作要点》(澄委办〔2023〕53 号)

二十八、6 月 7 日,江阴市委办公室、市政府办公室联合发《2023 年江阴市工业园区升级改造大会战工作要点》(澄委办〔2023〕54 号)

二十九、6 月 9 日,江阴市委办公室、市政府办公室联合发《江阴市国有资产管理提质增效工作的实施意见》(澄委办〔2023〕55 号)

三十、7 月 6 日,江阴市委、市政府联合发《江阴市培育创建省民营经济高质量发展示范县(市、区)实施方案》(澄委发〔2023〕25 号)

三十一、7 月 25 日,江阴市委办公室、市政府办公室联合发《全市农村道路交通安全专项整治行动方案》(澄委办〔2023〕59 号)

三十二、7 月 26 日,江阴市委、市政府联合发《2023 年度江阴市深化“放管服”改革优化营商环境工作要点》(澄委发〔2023〕29 号)

三十三、8 月 23 日,江阴市委办公室发《江阴市廉洁文化建设三年行动计划(2023—2025 年)》(澄委办〔2023〕67 号)

三十四、9 月 6 日,江阴市委、市政府联合发《江阴市文化事业高质量发展三年行动计划(2023—2025 年)》《江阴市文化产业高质量发展三年行动计划(2023—2025 年)》(澄委发〔2023〕31 号)

三十五、9 月 6 日,江阴市委、市政府联合发《关于推动江阴市文化高质量发展的若干政策(2023—2025 年)》(澄委发〔2023〕32 号)

三十六、9 月 6 日,江阴市委、市政府联合发《江阴市“五大文化”品牌提升三年行动计划(2023—2025 年)》(澄委发〔2023〕33 号)

三十七、9 月 6 日,江阴市委办公室、市政府办公室联合发《关于进一步加快推进乡村人才振兴的实施方案》(澄委办〔2023〕71 号)

三十八、9 月 14 日,江阴市委、市政府联合发《江阴市深化质量强市建设实施意见》(澄委发〔2023〕34 号)

三十九、9 月 20 日,江阴市委发《关于深入开展学习贯彻习近平新时代中国特色社会主义思想主题教育的工作方案》(澄委发〔2023〕35 号)

四十、11 月 21 日,江阴市委发《中共江阴市委〈关于专项检查江阴市委巡察工作情况的报告〉整改方案》(澄委发〔2023〕42 号)

四十一、12 月 25 日,江阴市委办公室、市政府办公室联合发《加快建设现代化教育强市构建高质量教育体系努力办好人民满意教育行动纲要》(澄委办〔2023〕85 号)

四十二、12 月 29 日,江阴市委、市政府联合发《江阴市国有资产清查利用专项行动试点工作方案》(澄委发〔2023〕47 号)

(市委办)

2023 年江阴市人大常委会重要文件目录

一、2 月 28 日,江阴市人大常委会发《关于 2023 年代表工作意见》(澄人发〔2023〕3 号)

二、3 月 6 日,江阴市人大常委会发《2023 年工作要点》(澄人发〔2023〕8 号)

三、3 月 6 日,江阴市人大常委会发《关于〈江阴市国土空间总体规划(2021—2035 年)〉的审议意见》(澄人发〔2023〕9 号)

四、6 月 25 日,江阴市人大常委会发《关于批准江阴市 2022 年度市级财政决算的决议》(澄人发〔2023〕15 号)

五、10 月 25 日,江阴市人大常委会发《关于批准“十四五”规划纲要部分指标调整方案的决议》(澄人发〔2023〕25 号)

六、10 月 25 日,江阴市人大常委会发《关于批准 2023 年预算调整方案的决议》(澄人发〔2023〕26 号)

七、3 月 17 日,江阴市人大常委会办公室发《关于印发〈江阴市人大常委会关于组织开展 2023 年度“市人大代表履职活动周”活动的实施意见〉的通知》(澄人办发〔2023〕2 号)

八、3 月 17 日,江阴市人大常委会办公室发《关于表彰 2022 年度全市人大代表工作先进的通知》(澄人办发〔2023〕3 号)

九、3 月 21 日,江阴市人大常委会办公室发《关于表彰 2022 年度人大信息宣传工作先进的通知》(澄人办发〔2023〕4 号)

十、3 月 28 日,江阴市人大常委会办公室发《关于印发〈江阴市人大常委会关于开展“全过程人民民主实践创新年”活动的实施意见〉的通知》(澄人办发〔2023〕5 号)

十一、3 月 28 日,江阴市人大常委会办公室发《关于落实“三个全覆盖”要求进一步深化常委会与基层代表联系的通知》(澄人办发〔2023〕6 号)

十二、3 月 30 日,江阴市人大常委会办公室发《关于 2023 年江阴市民生实事项目实施情况监督工作意见的通知》(澄人办发〔2023〕7 号)

十三、4 月 6 日,江阴市人大常委会办公室发《关于对我市贯彻实施〈江苏省太湖水污染防治条例〉〈无锡市水环境保护条例〉执法检查实施方案的通知》(澄人办发〔2023〕8 号)

十四、4 月 27 日,江阴市人大常委会办公室发《关于在全市各级人大代表中组织开展“牢记嘱托、感恩奋进”学习实践活动的实施意见》(澄人办发〔2023〕9 号)

十五、5月29日，江阴市人大常委会办公室发《关于印发〈江阴市人大常委会2023年度“代表建议督办月”活动方案〉的通知》（澄人办发〔2023〕10号）

十六、6月12日，江阴市人大常委会办公室发《江阴市人大开发区委员会关于开展“535”品牌建设 提升开发区人大代表履职能力的实施意见》（澄人办发〔2023〕12号）

十七、6月16日，江阴市人大常委会办公室发《市人大常委会关于开展〈中华人民共和国湿地保护法〉〈江苏省湿地保护条例〉〈无锡市湿地保护条例〉执法检查方案》（澄人办发〔2023〕13号）

十八、6月20日，江阴市人大常委会办公室发《关于推动代表议案建议工作高质量发展的实施意见》（澄人办发〔2023〕14号）

十九、6月20日，江阴市人大常委会办公室发《关于印发〈江阴市人大常委会食品安全法执法检查方案〉的通知》（澄人办发〔2023〕15号）

二十、7月25日，江阴市人大常委会办公室发《关于深入推进代表“大讨论”行动的通知》（澄人办发〔2023〕16号）

二十一、8月2日，江阴市人大常委会办公室发《关于建设“江阴市人大代表之家”的报告》（澄人办发〔2023〕17号）

二十二、8月29日，江阴市人大常委会办公室发《江阴市人大常委会高新区、临港经济开发区工作委员会工作规则》（澄人办发〔2023〕19号）

二十三、10月19日，江阴市人大常委会办公室发《关于印发〈市人大常委会关于开展审计查出突出问题整改情况满意度测评工作的方案〉的通知》（澄人办发〔2023〕22号）

二十四、10月20日，江阴市人大常委会办公室发《关于印发〈2023年度江阴市人大述职评议工作方案〉的通知》（澄人办发〔2023〕24号）

二十五、11月23日，江阴市人大常委会办公室发《关于印发〈关于组织开展2023年市人大代表回选区见选民暨会前视察活动的意见〉的通知》（澄人办发〔2023〕30号）

（市人大办）

2023年江阴市政府重要文件目录

一、1月3日，江阴市政府办公室发《关于编纂2023版〈江阴年鉴〉的通知》（澄政办发〔2023〕1号）

二、1月29日，江阴市政府转发无锡市政府《关于调整全市居民最低生活保障等标准的通知》（澄政发〔2023〕2号）

三、1月31日，江阴市政府办公室发《关于全面清理规范性文件的通知》（澄政办发〔2023〕4号）

四、2月8日，江阴市政府办公室发《关于印发〈关于建立“基层吹哨、部门报到”工作机制的实施方案〉的通知》（澄政办发〔2023〕5号）

五、2月8日，江阴市政府办公室发《关于印发〈江阴市工业企业生产安全分类分级监督管理实施细则〉的通知》（澄政办发〔2023〕6号）

六、2月9日，江阴市政府办公室发《关于印发江阴市妇女儿童发展规划的通知》（澄政办发〔2023〕2号）

七、2月14日，江阴市政府办公室发《印发〈关于支持企业春节期间稳岗留工有序生产的若干措施〉的通知》（澄政办发〔2023〕7号）

八、2月20日，江阴市政府办公室发《关于印发〈2023年江阴市政府规范性文件立项计划〉的通知》（澄政办发〔2023〕8号）

九、2月24日，江阴市政府发《关于调整全市“工业百强企业”和“创新型百佳中小企业”名单的通知》（澄政发〔2023〕10号）

十、2月24日，江阴市政府发《关于印发〈江阴市国家知识产权强县建设示范县工作方案（2022—2025年）〉的通知》（澄政发〔2023〕11号）

十一、2月24日，江阴市政府发《关于印发〈江阴市省级知识产权保护示范区建设三年行动计划（2022—2025年）〉的通知》（澄政发〔2023〕12号）

十二、3月8日，江阴市政府办公室发《印发〈关于加强和规范农村宅基地管理工作的意见〉的通知》（澄政办发〔2023〕11号）

十三、3月9日，江阴市政府办公室转发《市政协办公室关于印发〈江阴市政协提案办理工作考核办法（试行）〉的通知》（澄政办发〔2023〕10号）

十四、3月9日，江阴市政府办公室发《关于印发〈江阴市教育设施布局“十四五”专项规划（2021—2025）〉的通知》（澄政办发〔2023〕12号）

十五、3月15日，江阴市政府办公室发《关于印发〈江阴市印染行业专项整治提升行动方案（2023—2030）〉的通知》（澄政办发〔2023〕13号）

十六、3月15日，江阴市政府办公室发《关于印发〈江阴市排污总量指标管理办法（试行）〉的通知》（澄政办发〔2023〕14号）

十七、3月16日，江阴市政府办公室发《关于印发〈江阴市系统化全域推进海绵城市建设实施方案（2022—2024年）〉的通知》（澄政办发〔2023〕15号）

十八、3月20日，江阴市政府办公室发《关于按季度报送2023年因公出国（境）计划的通知》（澄政办发〔2023〕16号）

十九、3月22日，江阴市政府办公室发《关于印发江阴市“十四五”太湖综合治理规划的通知》（澄政办发〔2023〕19号）

二十、3月22日，江阴市政府办公室发《关于印发江阴市水生态环境保护“十四五”规划的通知》（澄政办发〔2023〕20号）

二十一、3月24日，江阴市政府办公室发《关于成立江阴市多式联运多港联动工作领导小组的通知》（澄政办发〔2023〕17号）

二十二、3 月 24 日,江阴市政府发《关于印发〈江阴市推进多式联运多港联动建设现代化物流枢纽示范城市实施方案〉的通知》(澄政发〔2023〕27 号)

二十三、3 月 27 日,江阴市政府办公室发《关于印发〈江阴市“十四五”时期“无废城市”建设实施方案〉的通知》(澄政办发〔2023〕21 号)

二十四、3 月 27 日,江阴市政府发《关于印发〈江阴市推进无锡(江阴)港高质量发展三年实施方案(2023—2025)〉的通知》(澄政发〔2023〕26 号)

二十五、3 月 31 日,江阴市政府办公室发《关于印发〈江阴市 2023 年度国有建设用地供应计划〉的通知》(澄政办发〔2023〕23 号)

二十六、4 月 6 日,江阴市政府办公室发《关于印发江阴市残疾预防行动实施方案(2023—2025 年)的通知》(澄政办发〔2023〕24 号)

二十七、4 月 6 日,江阴市政府办公室发《关于印发江阴市防汛抗旱应急预案的通知》(澄政办发〔2023〕25 号)

二十八、4 月 7 日,江阴市政府办公室发《印发〈关于加快推进江阴市现代生物医药产业高质量发展的若干措施(试行)〉的通知》(澄政办发〔2023〕26 号)

二十九、4 月 7 日,江阴市政府办公室发《关于印发江阴市创新型企业培育行动计划(2023—2025 年)等科技创新行动计划的通知》(澄政办发〔2023〕27 号)

三十、4 月 13 日,江阴市政府办公室发《关于公布〈2023 年度江阴市政府重大行政决策事项目录〉的通知》(澄政办发〔2023〕28 号)

三十一、4 月 21 日,江阴市政府办公室发《关于印发〈江阴市国家卫生城市复审工作实施方案(2023—2024 年)〉的通知》(澄政办发〔2023〕29 号)

三十二、4 月 27 日,江阴市政府发《关于做好我市第五次全国经济普查工作的通知》(澄政发〔2023〕37 号)

三十三、4 月 27 日,江阴市政府发《关于第十五届江阴市市长质量奖和江阴市质量管理优秀奖的通报》(澄政发〔2023〕38 号)

三十四、4 月 28 日,江阴市政府办公室发《关于印发〈江阴市创建国家水土保持示范县实施方案〉的通知》(澄政办发〔2023〕30 号)

三十五、4 月 28 日,江阴市政府办公室发《关于印发〈江阴市水土保持工作联席会议制度〉的通知》(澄政办发〔2023〕33 号)

三十六、5 月 5 日,江阴市政府发《印发〈关于推进江阴市金融服务实体经济高质量发展的工作意见(试行)〉的通知》(澄政发〔2023〕30 号)

三十七、5 月 19 日,江阴市政府办公室发《关于江阴市加快推进城乡公交一体化发展的实施意见》(澄政办发〔2023〕31 号)

三十八、5 月 27 日,江阴市政府办公室发《关于印发〈江阴市“十四五”城镇燃气发展规划(2021—2025)〉的通知》(澄政办发〔2023〕32 号)

三十九、6 月 7 日,江阴市政府办公室发《关于印发江阴市深化美丽幸福河湖行动实施意见(2023—2025 年)的通知》(澄政办发〔2023〕36 号)

四十、6 月 8 日,江阴市政府办公室发《关于印发〈江阴市重型载货车辆智能监控设备安装应用试点工作方案〉的通知》(澄政办发〔2023〕37 号)

四十一、6 月 21 日,江阴市政府办公室发《印发〈关于开展低收入人口动态监测和精准帮扶“3610 行动”的实施意见〉的通知》(澄政办发〔2023〕38 号)

四十二、6 月 21 日,江阴市政府发《关于印发〈江阴市政府投资建设项目监督管理办法〉的通知》(澄政发〔2023〕43 号)

四十三、7 月 7 日,江阴市政府发《关于印发〈江阴市店招标牌设施设置规划〉的通知》(澄政发〔2023〕46 号)

四十四、7 月 17 日,江阴市政府办公室发《关于印发〈江阴市生态空间管控区域监督管理实施细则(试行)〉的通知》(澄政办发〔2023〕40 号)

四十五、7 月 24 日,江阴市政府办公室发《关于印发〈江阴市国有资金投资工程建设项目招标投标操作规程〉的通知》(澄政办发〔2023〕41 号)

四十六、7 月 26 日,江阴市政府办公室发《关于调整江阴市人民政府行政复议委员会组成人员和工作规则的通知》(澄政办发〔2023〕42 号)

四十七、8 月 18 日,江阴市政府办公室发《关于印发〈江阴市加快科技创新平台建设行动计划(2023—2025 年)〉的通知》(澄政办发〔2023〕46 号)

四十八、8 月 22 日,江阴市政府办公室发《关于印发〈江阴市行政许可事项清单(2023 年版)〉的通知》(澄政办发〔2023〕44 号)

四十九、8 月 22 日,江阴市政府办公室发《关于印发〈江阴市澄企服务平台(澄策之窗)管理暂行办法〉的通知》(澄政办发〔2023〕45 号)

五十、8 月 25 日,江阴市政府办公室发《关于印发〈江阴市突发重大动物疫情应急预案〉的通知》(澄政办发〔2023〕47 号)

五十一、8 月 25 日,江阴市政府办公室发《关于印发〈江阴市高端装备产业发展规划〉的通知》(澄政办发〔2023〕48 号)

五十二、8 月 25 日,江阴市政府办公室发《关于印发〈江阴市高端装备产业集群发展三年行动计划(2023—2025 年)〉的通知》(澄政办发〔2023〕49 号)

五十三、8 月 25 日,江阴市政府发《关于印发〈江阴市进境高风险动植物及其产品检疫风险联防联控工作方案〉〈江阴市国门生物安全、食品安全保障机制〉〈江阴市进境重大动物疫病、进出口重大食品安全事件等突发事件应急处理工作机制〉的通知》(澄政发〔2023〕54 号)

五十四、9 月 15 日,江阴市政府办公室发《关于印发〈江阴市政府重大行政决策和规范性文件制定公众参与办法〉的通知》(澄政办发〔2023〕53 号)

五十五、9 月 26 日,江阴市政府发《关于印发〈江阴市 2023 年保障性租赁住房一期项目移交运营实施方案〉的通知》(澄政发〔2023〕58 号)

五十六、9 月 26 日,江阴市政府发《关于成立江阴市 2023 年中央农作物秸秆综合利用重点县项目实施领导小组的通知》(澄政发〔2023〕59 号)

五十七、9月27日，江阴市政府办公室发《关于印发〈江阴市新能源产业高质量发展三年行动计划（2023—2025年）〉的通知》（澄政办发〔2023〕54号）

五十八、9月27日，江阴市政府办公室发《关于印发〈江阴市新能源产业发展规划（2023—2030年）〉的通知》（澄政办发〔2023〕55号）

五十九、10月8日，江阴市政府办公室发《关于印发〈江阴市农村供水管网及一户一表改造工作实施方案〉的通知》（澄政办发〔2023〕50号）

六十、10月8日，江阴市政府发《关于印发〈江阴市推进气象事业高质量发展的实施方案〉的通知》（澄政发〔2023〕60号）

六十一、10月10日，江阴市政府办公室发《关于印发〈江阴市架空线专项整治工作方案〉的通知》（澄政办发〔2023〕57号）

六十二、10月12日，江阴市政府办公室发《关于调整江阴市第三次全国土壤普查领导小组成员名单的通知》（澄政办发〔2023〕58号）

六十三、10月16日，江阴市政府办公室发《关于印发〈江阴市长江水上搜救应急预案〉的通知》（澄政办发〔2023〕59号）

六十四、10月16日，江阴市政府办公室发《关于印发〈江阴市长江水域船舶污染事故应急预案〉的通知》（澄政办发〔2023〕60号）

六十五、10月25日，江阴市政府发《关于授予陈雷雨等同志见义勇为称号的决定》（澄政发〔2023〕62号）

六十六、11月8日，江阴市政府发《关于印发〈江阴市"乡村振兴·共富基金"使用管理办法（试行）〉的通知》（澄政发〔2023〕68号）

六十七、11月15日，江阴市政府办公室发《关于印发〈江阴市政务信息基础设施（数字底座）统建共享管理办法（暂行）〉的通知》（澄政办发〔2023〕62号）

六十八、11月17日，江阴市政府办公室发《关于印发〈江阴市市级政务信息化项目建设管理办法（暂行）〉的通知》（澄政办发〔2023〕63号）

六十九、11月29日，江阴市政府办公室发《关于印发江阴市推动新一轮太湖综合治理八大专项行动方案的通知》（澄政办发〔2023〕64号）

七十、12月4日，江阴市政府发《关于印发江阴市新一轮太湖综合治理三年行动方案（2023—2025年）的通知》（澄政发〔2023〕73号）

七十一、12月7日，江阴市政府办公室发《印发〈关于推动江阴现代职业教育高质量发展的实施意见〉的通知》（澄政办发〔2023〕65号）

七十二、12月8日，江阴市政府转发无锡市政府《关于调整全市居民最低生活保障等标准的通知》（澄政发〔2023〕83号）

七十三、12月11日，江阴市政府发《印发〈关于加强金融生态环境建设的实施意见〉的通知》（澄政发〔2023〕79号）

七十四、12月15日，江阴市政府办公室发《关于印发〈江阴制造强市建设工作任务〉的通知》（澄政办发〔2023〕66号）

七十五、12月15日，江阴市政府办公室发《关于印发江阴市防御台风应急预案的通知》（澄政办发〔2023〕67号）

七十六、12月20日，江阴市政府办公室发《关于印发〈江阴国家基本气象站探测环境保护专项规划（2023—2035年）〉的通知》（澄政办发〔2023〕68号）

七十七、12月23日，江阴市政府发《关于调整市政府有关领导分工的通知》（澄政发〔2023〕84号）

七十八、12月27日，江阴市政府办公室发《印发〈江阴市中小学推进工程教育实施意见〉的通知》（澄政办发〔2023〕69号）

七十九、12月27日，江阴市政府办公室发《关于印发〈江阴市高质量实施集团化办学行动计划〉的通知》（澄政办发〔2023〕70号）

八十、12月29日，江阴市政府办公室发《印发〈关于促进优秀退役军人到国有企业工作的指导意见（试行）〉的通知》（澄政办发〔2023〕73号）　（市政府办）

先进集体

（以时间为序）

全国条线表彰的先进集体一览表

附表1

时　间	单　位	荣　誉　称　号	授　予　单　位
2023.1	江阴市	2022年度全国信访工作示范县（市、区、旗）	中央信访工作联席办、国家信访局
2023.1.31	江阴出入境边防检查站执勤三队	2022年度全警实战大练兵"标兵单位"	国家移民管理局
2023.3	海澜之家集团股份有限公司	特殊贡献奖	中国红十字会总会
2023.3.7	江阴市残疾人联合会	第六届全国残联专职委员知识竞赛组织奖	中国残疾人联合会办公厅

续附表1

时间	单位	荣誉称号	授予单位
2023.3.24	江苏江南水务股份有限公司	2022年度水业最具社会责任投资运营企业	中国水网、E20环境平台
2023.4	江阴市博物馆	2022年青少年自然笔记征集活动优秀组织单位	生态环境部宣传教育中心、中国儿童中心
2023.4.3	江阴兴澄特种钢铁有限公司3号高炉甲班	2022年度全国青年安全生产示范岗	共青团中央、应急管理部
2023.4.26	国家税务总局江阴市税务局华士税务分局	全国工人先锋号	中华全国总工会
2023.5	江苏省江阴市第一中学	2022—2023年度(第十六届)"地球小博士"全国地理科普知识大赛优秀组织奖	中国地理学会
2023.5	南闸实验学校	全国首批健康学校建设单位	教育部
2023.5.15	钱俊贤家庭、龚培新家庭	2023年全国最美家庭	中华全国妇女联合会
2023.5.15	江阴市体育事业发展服务中心	上榜2022年度全国区县(或地市)体彩机构表扬名单	国家体育总局体育彩票管理中心
2023.6	顾山镇赤岸村"忠毅"中队、祝塘中心小学六(1)中队(炎黄中队)、周庄东区实验小学五(7)中队(小交警中队)	2023年度全国红领巾中队	全国少工委
2023.6.5	长江引航中心江阴引航站党总支部	2023年交通运输部长航局系统先进基层党组织	中共交通运输部长江航务管理局委员会
2023.6.16	江阴市委宣传部、市公安局治安警察大队、市人民法院	2022年度查处重大侵权盗版案件有功单位	国家版权局
2023.6.18	江阴市市场监督管理局	"长江禁捕 打非断链"专项行动表现突出集体	国家市场监督管理总局
2023.7	江阴市自然资源和规划局	2023中国地理信息产业优秀工程银奖	中国地理信息产业协会
2023.7	江苏省江阴高级中学	第二十届"叶圣陶杯"全国中学生新作文大赛优秀团体奖	全国中学生新作文大赛组委会
2023.7.23	徐霞客中学女子橄榄球队	2023年全国青少年U系列英式7人系列积分业余联赛山东济宁站女子组冠军	中国橄榄球协会
2023.7.31	江阴市	全国第四批社会信用体系建设示范区	国家发展改革委办公厅、中国人民银行办公厅
2023.8.9	江阴市融媒体中心(传媒集团)	2023年全国广播电视媒体融合先导单位	国家广播电视总局办公厅
2023.8.21	国家税务总局江阴市税务局第一税务分局	第21届全国青年文明号	共青团中央等23个全国创建青年文明号活动组委会成员单位
2023.9	贝德服装集团股份有限公司	2022年中国服装行业百强企业	中国服装协会
2023.9	江阴市退役军人事务局	2023年度宣传工作先进单位	退役军人事务部办公厅、宣传中心
2023.9	江阴市妇女联合会	入选2023年度《中国妇女报》宣传舆论阵地建设先进榜	中国妇女报社
2023.10	江阴市妇女联合会	入选2023年度《中国妇女》宣传舆论阵地建设先锋榜	《中国妇女》杂志社
2023.10	青阳中学	全国科创筑梦青少年科学工作室	中国科协青少年科技中心
2023.10.8	江阴市融媒体中心(传媒集团)	王选新闻科学技术奖三等奖	中国新闻技术工作者联合会
2023.11	民盟江阴市委员会	民盟中央群言杂志社2023年度发行工作突出成绩奖	中国民主同盟中央委员会
2023.11	江阴市融媒体中心(传媒集团)	第33届中国新闻奖融合报道二等奖	中华全国新闻工作者协会

续附表1

时　间	单　位	荣　誉　称　号	授　予　单　位
2023.11.2	江阴市业余体育学校	国家高水平体育后备人才基地(2021—2024)	国家体育总局
2023.11.2	华士镇曙新村	第三批全国乡村治理示范村	农业农村部、中央宣传部、司法部
2023.11.11	徐霞客镇方园村	中国乡村振兴服务优秀单位	中国乡村文化振兴高层论坛
2023.11.24	江阴市人民检察院	全国模范检察院	人力资源和社会保障部、最高人民检察院
2023.11.30	长江引航中心	2023年度交通运输文化建设优秀单位	中国交通企业管理协会、交通行业优秀企业管理成果评审委员会
2023.12	江阴市祝塘商会	构建民营经济舆论阵地先进单位	中华工商时报社
2023.12	江阴市祝塘芳草地舞蹈队	2023年全国妇女广场舞(健身操舞)大赛总决赛中年组小集体规定项目特等奖	国家体育总局群众体育司、中华全国妇女联合会宣传部、国家体育总局体操运动管理中心
2023.12	江阴市融媒体中心(传媒集团)	2023年度城市党报媒体深度融合工作先进集体	中国报业协会党报分会
2023.12	祝塘中心小学	第十届中国(南京)啦啦操公开赛儿童组冠军	第十届中国(南京)啦啦操公开赛组委会
2023.12.5	江阴市公安局经济犯罪侦查大队	"猎狐2022"专项行动成绩突出集体	公安部
2023.12.8	江阴市职工服务中心工会户外劳动者服务站点	全国最美工会户外劳动者服务站点	中华全国总工会
2023.12.12	青阳镇总工会、江阴城市发展集团有限公司、祝塘镇总工会、江阴天江药业有限公司	2023年全国工会职工书屋示范点	中华全国总工会宣传教育部
2023.12.27	江阴市科学技术协会	2023年全国科普日活动优秀组织单位	中国科协办公厅
2023.12.28	江阴临港经济开发区管理委员会、江阴高新技术产业开发区管理委员会	"千企百城"商标品牌价值提升行动商标品牌指导站	国家知识产权局办公室
2023.12.29	江阴生态环境局	"美丽中国,我是行动者"2023年青少年自然笔记征集活动优秀组织单位	生态环境部宣传教育中心、中国儿童中心

江苏省委、省政府及条线表彰的先进集体一览表

附表2

时　间	单　位	荣　誉　称　号	授　予　单　位
2023	江阴市委办公室	2023年度优秀信息工作单位	江苏省委办公厅
2023.1	无锡三新供电服务有限公司江阴分公司利港业务所运维采集班	国网江苏省电力有限公司工人先锋号	国网江苏省电力有限公司、国网江苏省电力有限公司工会
2023.1	江阴市司法局	江苏省司法行政为民先进集体	江苏省司法厅
2023.1.3	江阴市司法局	"法律明白人"培育工作成绩突出集体	江苏省司法厅
2023.1.9	江阴市司法局徐霞客司法所	全省司法所分类建设表现突出单位	江苏省司法厅
2023.1.10	国网江苏省电力有限公司江阴市供电分公司	2022年度先进集体	国网江苏省电力有限公司
2023.1.13	徐霞客镇退役军人服务站	2022年全省优秀退役军人服务中心(站)	江苏省退役军人事务厅办公室
2023.1.13	江阴市档案史志馆	2022年度全省地方志系统政务信息报送优秀单位	江苏省地方志编纂委员会办公室
2023.1.16	江阴市体育事业发展服务中心	2022年度体育彩票销售工作成绩突出单位	江苏省体育彩票管理中心

续附表2

时　间	单　位	荣　誉　称　号	授　予　单　位
2023.1.19	江阴市	2022年度全省推进乡村振兴战略实绩考核县(市、涉农区)综合排名第一等次	江苏省委农办
2023.1.19	江阴市档案史志馆	2022年度全省方志文化宣传工作优秀单位	江苏省地方志编纂委员会办公室
2023.1.30	顾山实验小学	江苏省智慧校园示范校	江苏省教育厅、省工业和信息化厅
2023.1.30	江阴市实验小学	江苏省“双减”示范创建学校	江苏省教育厅基础教育处
2023.1.30	江阴市公安局刑事警察大队反通讯网络诈骗中队	2022年全省反诈宣传优秀基层单位	江苏省公安厅
2023.2	江阴市公安局刑事警察大队	集体二等功	江苏省公安厅
2023.2.2	江阴市人民检察院	全省“五好”基层检察院	江苏省人民检察院
2023.2.6	江阴市	2020—2022年度省级安全发展城市创建工作先进地区	江苏省安全生产委员会办公室
2023.2.6	青阳镇人民来访接待中心、长泾镇人民来访接待中心、周庄镇人民来访接待中心、华士镇人民来访接待中心	2022年度全省“人民满意窗口”建设质量提升工程先进单位	江苏省政府信访局
2023.2.7	江阴市司法局	2022年度高质量发展先进司法局	江苏省司法厅
2023.2.8	江阴市消防救援大队暨阳救援站	全省基层建设先进消防救援站	江苏省消防救援总队
2023.2.8	江阴市消防救援大队西区政府专职队	全省标兵专职消防队	江苏省消防救援总队
2023.2.13	江苏安凯特科技股份有限公司、江苏精亚集团有限公司、江苏雪豹日化有限公司、江苏华兰药用新材料股份有限公司、江苏省江阴中等专业学校、江苏云蝠服饰股份有限公司、中建钢构江苏有限公司	江苏省厂务公开民主管理先进单位	江苏省厂务公开协调小组
2023.2.13	江阴市卫生健康系统工会委员会	江苏省推动厂务公开民主管理工作先进单位	江苏省厂务公开协调小组
2023.2.13	江阴市公安局治安警察大队	2022年江苏省“扫黄打非”先进集体	江苏省“扫黄打非”工作领导小组
2023.2.20	夏港街道人民调解委员会驻夏港派出所人民调解工作室	全省公调对接工作成绩突出单位	江苏省司法厅、省公安厅
2023.2.20	江阴市人民政府办公室	全省政府网站工作先进单位	江苏省人民政府办公厅
2023.2.21	江阴出入境边防检查站	全省边检机关“我为国门添光彩”优秀组织单位	江苏出入境边防检查总站
2023.2.21	江阴出入境边防检查站	全省港口边检勤务改革先进单位	江苏出入境边防检查总站
2023.2.21	江阴出入境边防检查站警保队	全省边检机关“警保联盟”先进单位	江苏出入境边防检查总站
2023.2.21	江苏法尔胜缆索有限公司	江苏省五一劳动奖状	江苏省总工会
2023.2.21	国网江苏省电力有限公司江阴市供电分公司发展建设部	江苏省工人先锋号	江苏省总工会
2023.2.24	江阴市自然资源和规划局	2022年度全省自然资源政务信息网上公开工作考核先进单位	江苏省自然资源厅办公室
2023.2.27	江阴市农业技术推广中心	2023年江苏省耕地质量检测核查先进单位	江苏省耕地质量与农业环境保护站
2023.3	江苏省江阴高级中学、顾山实验小学、祝塘第二中学、祝塘中心小学、文林中心小学	第34届江苏省中小学生金钥匙科技竞赛青少年科技教育先进学校	江苏省教育厅、省科学技术厅等

续附表2

时　间	单　位	荣　誉　称　号	授　予　单　位
2023.3	江阴市教育局	第34届江苏省中小学生金钥匙科技竞赛青少年科技教育先进单位	江苏省教育厅、省科学技术厅等
2023.3	民盟江阴市委员会	民盟江苏省2022—2023年度宣传工作先进集体二等奖	中国民主同盟江苏省委员会
2023.3	江阴市公安局单位内部安全保卫大队	集体三等功	江苏省公安厅
2023.3	江阴市卫生健康委员会	江苏省爱国卫生运动70周年表现突出集体	江苏省爱国卫生运动委员会
2023.3	江阴长江港口综合物流园	江苏省现代服务业高质量发展集聚示范区	江苏省发展和改革委员会
2023.3.6	江阴市供销合作总社	2022年度二十强县级供销合作社	江苏省供销合作总社
2023.3.7	江阴市残疾人联合会	2022年公益助残网络募捐工作特别贡献奖	江苏省残疾人福利基金会
2023.3.7	江阴市残疾人联合会	2019—2022年公益助残网络募捐工作先进单位	江苏省残疾人福利基金会
2023.3.10	国家统计局江阴调查队	年度考核优秀单位	国家统计局江苏调查总队
2023.3.21	中船澄西船舶修造有限公司、江苏南农高科技股份有限公司	入选江苏省第五批产教融合型企业建设培育库	江苏省发展和改革委员会、省教育厅、省人力资源和社会保障厅
2023.3.28	江阴澄江跨境电商产业园联合工会委员会、江阴南泰家纺用品有限公司工会委员会、江苏众网互联网有限公司工会委员会、云亭街道佘城工会联合委员会、江苏申通国际货运有限公司工会委员会、江阴市中医院工会委员会	江苏省模范职工之家	江苏省总工会
2023.3.28	江苏雪豹日化有限公司洗涤制膏班组工会小组、江阴杜奥尔科技有限公司气囊车间SAB缝纫组工会小组、江阴法尔胜泓昇不锈钢制品有限公司工会、国网江苏省电力有限公司江阴市供电分公司输变电运检中心工会、国家税务总局江阴市税务局周庄税务分局分工会	江苏省模范职工小家	江苏省总工会
2023.3.28	双良集团有限公司	2020—2021年江苏省慈善之星	江苏省慈善总会
2023.4	江苏省江阴高级中学	第34届江苏省中小学生金钥匙科技竞赛团体特等奖	江苏省教育厅、省科学技术厅等
2023.4	贝德服装集团股份有限公司团支部、利港街道黄丹村团总支	江苏省五四红旗团支部(团总支)	共青团江苏省委
2023.4	长泾镇团委、徐霞客镇团委、海澜集团有限公司团委	江苏省五四红旗团委(团工委)	共青团江苏省委
2023.4	江阴市退役军人事务局	2022年度全省退役军人宣传工作先进单位	江苏省退役军人事务厅
2023.4	无锡市住房公积金管理中心江阴市分中心	2023年江苏省住房城乡建设系统工人先锋号	江苏省建设工会工作委员会
2023.4.3	新桥镇	2022年度江苏省生态宜居美丽示范乡镇(街道)	江苏省委农村工作领导小组

续附表 2

时 间	单 位	荣 誉 称 号	授 予 单 位
2023.4.3	长泾镇蒲市村、南涸村，顾山镇红豆村，璜土镇璜土村、高栗村，南闸街道观西村，新桥镇黄河村、郁桥村，华士镇陆丰村，申港街道申兴村，周庄镇山泉村，徐霞客镇方园村，利港街道黄丹村，祝塘镇河湘村	2022 年度江苏省生态宜居美丽示范村(社区)	江苏省委农村工作领导小组
2023.4.3	江阴高新区锦隆社区农家书屋、月城镇水韵社区农家书屋、新桥镇黄河社区农家书屋	江苏省 2021—2022 年度五星级示范农家书屋	江苏省新闻出版局、省版权局
2023.4.7	江阴市	2022 年度江苏省土地执法模范市	江苏省自然资源厅
2023.4.11	江阴市自然资源和规划局	2022 年度全省自然资源系统法治建设和普法工作成绩突出单位	江苏省自然资源厅
2023.4.11	江苏力博医药生物技术股份有限公司	江苏省五一劳动奖状	江苏省总工会
2023.4.11	江阴华润制钢有限公司钢管厂张减机组、江苏云蝠服饰股份有限公司毛衫车间整烫组、江苏新长江无缝钢管制造有限公司冷拔车间、江阴市人民医院感染科	江苏省工人先锋号	江苏省总工会
2023.4.21	江阴市	2022 年度江苏省自然资源节约集约利用模范市	江苏省自然资源厅
2023.4.28	江阴市疾病预防控制中心	第十六个全国疟疾日“抗疟疾大作战”线上活动精英荟萃奖	江苏省血吸虫病防治研究所
2023.4.29	新桥镇、祝塘中心小学	江苏省红十字会基层组织工作先进集体	江苏省红十字会
2023.5	共青团江阴市委	江苏省青少年模拟政协提案征集活动优秀组织单位	共青团江苏省委
2023.5.6	江阴市	2022 年度“15 分钟医保服务圈”省级示范县(市、区)	江苏省医疗保障局
2023.5.6	华士镇为民服务中心、新桥镇为民服务中心、青阳镇为民服务中心、徐霞客镇为民服务中心	2022 年度“15 分钟医保服务圈”省级示范点	江苏省医疗保障局
2023.5.17	江阴市人民法院刑事审判庭	全省法院系统先进集体	江苏省人力资源和社会保障厅、省高级人民法院
2023.5.17	江阴市公安局城中派出所	全省公安机关系列安保维稳工作成绩突出集体	江苏省公安厅
2023.5.20	江阴市	2022 年落实有关重大政策措施真抓实干自然资源节约集约利用综合成效好的地方，推进经济开发区转型升级创新发展成效明显的地方，知识产权创造、运用、保护、管理和服务成效明显的地方，推进制造业智能化改造和数字化转型、加快工业互联网创新发展、建设新型信息基础设施、推动数据安全和数据产业化等成效明显的地方，落实国家和省就业优先政策、推动就业扩容提质、促进重点群体就业创业等任务完成好的地方	江苏省政府办公厅

续附表2

时　间	单　位	荣　誉　称　号	授　予　单　位
2023.5.20	江阴国家高新技术产业开发区	2022年落实有关重大政策措施真抓实干实施创新驱动发展战略、推进自主创新和发展高新技术产业成效明显的地方	江苏省政府办公厅
2023.6.6	江阴市	2023年江苏省“万企兴万村”行动先进典型(第一批)	江苏省工商业联合会
2023.6.7	江阴海关关税科	南京海关2020—2022年度先进集体	南京海关
2023.6.8	江阴市市场监管综合行政执法大队	全省市场监管系统“铁拳”行动成绩突出集体	江苏省市场监督管理局
2023.6.13	江阴市科学技术协会	2023年度“科协代表之家”	江苏省科学技术协会
2023.6.19	江阴海关法规科党支部	2022年度南京海关先进基层党组织	南京海关
2023.6.21	江阴市红十字会	2023年江苏省红十字会“5·8人道公益日”活动优秀组织奖	江苏省红十字会
2023.6.28	民进江阴市委员会	2022—2023年度参政议政成果二等奖	中国民主促进会江苏省委员会
2023.6.29	江阴出入境边防检查站执勤三队党支部	全省边检机关十佳党支部	中共江苏出入境边防检查总站委员会
2023.6.29	江阴市鹏鹞联业生物科技有限公司	江苏省科学技术奖二等奖	江苏省人民政府
2023.7	江苏省江阴高级中学	2023年江苏省中学生田径运动会(苏南)暨江苏省中学生田径锦标赛选拔赛精神文明运动队	江苏省学生体育协会
2023.7.7	江阴市中医院急诊科	2022年度江苏省三八红旗集体	江苏省妇女联合会
2023.7.13	江阴市人民医院老年医学科	首批江苏省优秀老年营养病房	江苏省卫生健康委员会办公室
2023.7.27	江阴市青年点点爱心港	江苏省先进社会组织	江苏省民政厅、省人力资源和社会保障厅
2023.8	周庄镇、青阳镇	2022年度全省基层党员冬训工作示范镇	江苏省委宣传部、组织部
2023.8	贝德服装集团股份有限公司	2022年江苏省服装行业五十强企业	江苏省服装协会
2023.8	江阴市退役军人事务局	全省退役军人就业创业工作先进集体	江苏省退役军人事务厅
2023.8.23	江阴市档案史志馆	2022—2023年度《档案与建设》期刊宣传工作先进单位特等奖	江苏省档案局、省档案馆
2023.9	新桥镇劳动人事争议调解中心	江苏省2023年金牌劳动人事争议调解组织	江苏省人力资源和社会保障厅、省总工会、省企业联合会、省企业家协会、省工商业联合会
2023.9.12	江阴市自然资源和规划局	2023年度江苏省测绘地理科技进步二等奖	江苏省测绘地理信息学会
2023.9.12	江阴市融媒体中心(传媒集团)	江苏省广播电视科技创新优秀项目二等奖	江苏省广播电视协会
2023.9.15	共青团江阴市委	江苏省团属报刊宣传工作先进典型	共青团江苏省委
2023.9.20	徐霞客镇	2023年省级耕地保护激励单位	江苏省自然资源厅
2023.9.21	江阴海关法规科	南京海关内控示范科室	南京海关
2023.9.28	双良节能系统股份有限公司	2023年度江苏省省长质量奖	江苏省人民政府
2023.10	江阴市教育信息化和装备管理服务中心、文林中心小学	2023年江苏省中小学生实验能力大赛优秀组织奖	江苏省教育厅办公室
2023.10	祝塘镇河湘村	江苏省美丽家园省级示范点	江苏省妇女联合会、省妇女“双学双比”竞赛活动领导小组

续附表 2

时间	单位	荣誉称号	授予单位
2023.10.23	江苏长电科技股份有限公司、江阴兴澄特种钢铁有限公司、江苏新扬子造船有限公司	江苏省优秀企业	江苏省委、省政府
2023.10.27	江阴市林业局	江苏省第 14 届林业系统森林防火技能竞赛组织奖	江苏省林业局
2023.10.30	江阴市阳光女子乐坊、江阴天华合唱团、江阴市姊妹越剧团	江苏省第三批群众文化“百千万”工程优秀群文团队	江苏省委宣传部、省文明办、省文化和旅游厅、省文学艺术界联合会
2023.10.31	江阴临港经济开发区	2023 年新建江苏省海外人才离岸创新创业基地	江苏省科学技术协会
2023.11	江阴市融媒体中心(传媒集团)	2023 年度江苏省报业协会小记者活动一等奖	江苏省报业协会
2023.11	江阴长江港口综合物流园	2023 年度江苏省省级示范物流园区 10 强	江苏省物流与供应链研究院、省物流产业促进会
2023.11.7	江阴市审计局	2023 年度全省审计通联宣传工作先进单位	江苏省审计厅办公室
2023.11.7	民盟江阴市委员会	江苏民盟县(市、区)组织模范集体	中国民主同盟江苏省委员会
2023.11.7	云亭街道花山村退役军人志愿服务队	2023 年度江苏省优秀退役军人志愿服务队	江苏省退役军人事务厅
2023.11.9	江阴信联融资担保有限公司	江苏省 2022 年度融资担保机构三十佳	江苏省信用担保协会
2023.11.19	江阴市祝塘芳草地舞蹈队	2023 年全国妇女广场舞(健身操舞)大赛江苏省分站赛线下总决赛中年组特等奖	江苏省体育局、省妇女联合会、省体育总会
2023.11.19	共青团江阴市委	2023 年度江苏新疆西藏青海少年儿童“手拉手”活动优秀组织奖	共青团江苏省委、省少工委
2023.11.19	徐霞客镇少工委、夏港实验小学、长泾镇少工委、祝塘镇少工委、华西实验学校、利港实验小学	2023 年度江苏新疆西藏青海少年儿童“手拉手”活动贡献奖	共青团江苏省委、省少工委
2023.11.19	江阴故乡情果业专业合作社	入选江苏省农民合作社典型名单	江苏省农业农村厅
2023.11.24	江阴市融媒体中心(传媒集团)	2022—2023 年度江苏报业融合创新项目奖区县融媒体创新发展奖	江苏省报业协会
2023.11.28	江阴市妇女联合会	第五届江苏女性融媒体创意大赛优秀组织奖	江苏省妇女联合会
2023.12	江苏省江阴高级中学	2023 年江苏省中小学生武术锦标赛高中组集体拳术一等奖	江苏省学生体育协会
2023.12	江苏省江阴高级中学	2023 年江苏省中小学生武术锦标赛体育道德风尚奖	江苏省学生体育协会
2023.12	南闸实验学校、新桥中心小学	第八批江苏省红十字示范学校	江苏省红十字会、省教育厅
2023.12	江阴市教育招生考试中心	江苏省高等教育自学考试制度实施 40 周年“最美自考人”(集体)	江苏省高等教育自学考试委员会
2023.12	夏港实验小学少先队大队、祝塘中心小学少先队大队、要塞实验小学少先队六(2)中队、辅延小学少先队六(6)中队、周庄镇少先队“雷马中队”	2023 年度江苏省优秀少先队集体	江苏省少工委办公室
2023.12	徐霞客镇人民武装部	基层人民武装部规范化建设达标建设先进单位	江苏省军区
2023.12	九三学社江阴市委员会、九三学社江阴市委员会农业技监支社	2023 年度宣传工作先进集体	九三学社江苏省委员会
2023.12	民进江阴市委员会机关	2023 年度省民进机关目标考核一等奖	中国民主促进会江苏省委员会

续附表2

时　间	单　位	荣誉称号	授予单位
2023.12	海澜集团有限公司"红石榴家园"	江苏省"红石榴家园"精品单位	江苏省民族宗教事务委员会
2023.12	海澜飞马水城	江苏省华侨文化交流基地	江苏省侨联
2023.12	江阴市融媒体中心(传媒集团)	全省广播电视系统先进集体	江苏省人力资源和社会保障厅、省广播电视局
2023.12	江苏江南水务股份有限公司	2023年度江苏省质量信用AA级企业	江苏省市场监督管理局、省发展和改革委员会
2023.12.4	江阴市青阳商会、江阴市青年商会、江阴市徐霞客总商会	江苏省"四好"商会	江苏省工商业联合会
2023.12.6	长泾镇南涸村南北圩、顾山镇赤岸村赤岸	第十二批次江苏省特色田园乡村	江苏省农村住房条件改善和特色田园乡村建设工作联席会议
2023.12.13	江阴市科学技术协会、江苏省江阴市第一中学、江阴初级中学、周庄中学、青阳中学、江阴实验中学、夏港中学、华士高级中学、南闸实验学校、云亭中学、华士实验小学、青阳实验小学、新桥中心小学、山观实验小学、祝塘中心小学、申港实验小学、顾山实验小学、南闸中心小学、华西实验学校、璜塘实验小学、长寿实验小学、晨光实验小学、峭岐实验小学、长泾实验小学、澄江中心小学、辅延中心小学	2023年江苏省全民科学素质大赛网络赛优秀单位	江苏省科学技术协会
2023.12.14	民进江阴市委员会澄东支部	宣传思想工作先进集体	中国民主促进会江苏省委员会
2023.12.18	江阴市工商业联合会	2023年度全省民营企业调查点工作先进单位	江苏省工商业联合会
2023.12.22	澄江街道君山社区博爱家园、璜土镇璜土村博爱家园、新桥镇康定社区博爱家园	2023年度优秀博爱家园	江苏省红十字会
2023.12.25	申港街道创新村、华士镇陆新村	2023年度老年友好型社区建设单位	江苏省老龄工作委员会办公室
2023.12.25	江阴市	2022—2023年度全省社会保险基金预算管理工作考核一等奖	江苏省财政厅
2023.12.26	江阴江化微电子材料股份有限公司、江阴市友邦家居用品有限公司、江阴兴澄特种钢铁有限公司	江苏省优秀劳动关系和谐企业	江苏省人力资源和社会保障厅、省总工会、省工业和信息化厅、省企业联合会/企业家协会、省工商业联合会
2023.12.27	江阴高新区东外环路工会户外劳动者服务站点、石山路工会户外劳动者服务站点、夏港街道普惠社区工会户外劳动者服务站点、月城镇工会户外劳动者服务站点、周庄镇金湾村工会户外劳动者服务站点、顾山镇便民服务中心工会户外劳动者服务站点	江苏省最美工会户外劳动者服务站点	江苏省总工会
2023.12.27	江阴市	江苏省智慧社区建设综合试点单位	江苏省民政厅
2023.12.27	江阴市交通运输局	全省交通运输系统先进集体	江苏省人力资源和社会保障厅、省交通运输厅
2023.12.27	江阴市疾病预防控制中心	疟疾和重点寄生虫病监测工作先进集体	江苏省血吸虫病防治研究所、省寄生虫病防治研究所
2023.12.28	周庄镇金湾村	棋类特色村	江苏省棋类运动协会
2023.12.28	江阴市卫生监督所	2023年度全省卫生监督机构执法办案先进单位	江苏省卫生监督所

续附表2

时　间	单　位	荣　誉　称　号	授　予　单　位
2023.12.29	顾山镇	2023年江苏省乡村振兴示范乡镇	江苏省农业农村厅办公室、省乡村振兴局
2023.12.29	璜土镇璜土村、华士镇曙新村、周庄镇山泉村、新桥镇郁桥村、长泾镇蒲市村、顾山镇红豆村	2023年江苏省乡村振兴示范村	江苏省农业农村厅办公室、省乡村振兴局
2023.12.29	利港街道、周庄镇	江苏省健康镇	江苏省爱国卫生运动委员会办公室、健康江苏建设领导小组办公室
2023.12.29	南闸街道涂镇村、夏港街道葫桥村、申港街道滨江村、利港街道北郭庄村、璜土镇汇南村、月城镇戴庄村、青阳镇小桥村、徐霞客镇璜东村、华士镇华益村、周庄镇华宏村、新桥镇雷下村、长泾镇南泅村、祝塘镇永平村	江苏省健康村	江苏省爱国卫生运动委员会办公室、健康江苏建设领导小组办公室
2023.12.29	江阴高新区双牌社区、澄江街道新华社区、云亭街道金云社区、顾山镇顾山社区	江苏省健康社区	江苏省爱国卫生运动委员会办公室、健康江苏建设领导小组办公室
2023.12.29	澄江街道澄江路社区残疾人之家、南闸街道残疾人之家、周庄镇长寿残疾人之家	江苏省文艺残疾人之家	江苏省残疾人联合会、省文化和旅游厅
2023.12.29	江阴市市级机关服务中心	2023年度江苏省公共机构节能低碳示范单位	江苏省机关事务管理局、省发展和改革委员会、省工业和信息化厅、省财政厅、省生态环境厅
2023.12.29	江阴市青少年法治教育基地(禁毒教育基地)	第十批省级法治文化建设示范点	江苏省委宣传部、省委全面依法治市委员会办公室、省法治宣传教育工作领导小组办公室、省司法厅、省文化和旅游厅、省广播电视局
2023.12.29	江阴市农业技术推广中心	2023年全省水稻高产竞赛典型	江苏省农业技术推广总站
2023.12.30	璜土镇璜土村	江苏省优秀红十字志愿服务社区	江苏省红十字会

无锡市级先进集体

一、第一届"无锡慈善奖"(无锡市政府表彰2023.3.14)

(一)最具爱心慈善捐赠企业

法尔胜泓昇集团有限公司

江苏新长江实业集团有限公司

远景能源有限公司

双良集团有限公司

(二)最具影响力慈善组织

江苏新潮仁爱基金会

(三)最具影响力慈善项目

佰澳达善款募集创新项目

元林老年大学项目

乡村公益医疗互助项目

二、服务地方发展优秀金融单位(无锡市委、市政府表彰2023.4)

江阴农村商业银行

三、2022年度无锡市市长质量奖和质量管理优秀奖(无锡市政府表彰2023.4.7)

(一)2022年度无锡市市长质量奖

双良节能系统股份有限公司

（二）2022 年度无锡市质量管理优秀奖

江苏华兰药用新材料股份有限公司

四、2022 年度高质量发展先进镇（街道）（无锡市委、市政府表彰 2023.4.27）

澄江街道　徐霞客镇　周庄镇　新桥镇　顾山镇

五、“强富美高”新无锡现代化建设年度贡献奖和践行新理念、赋能新发展突出贡献奖先进集体（无锡市委、市政府表彰 2023.4.27）

（一）“强富美高”新无锡现代化建设突出贡献集体

江阴兴澄特种钢铁有限公司

远景能源有限公司

江阴市金桥化工有限公司

（二）“强富美高”新无锡现代化建设先进集体

江阴市投资促进中心

江苏扬子江船业集团有限公司

江阴市融媒体中心

江阴故乡情农业发展有限公司

江苏新长江实业集团有限公司

（三）服务“强富美高”新无锡现代化建设先进集体

江阴市人民法院

江阴高新技术产业开发区

江阴市发展改革委

澄江街道

江阴市市场监管局

江阴市新国联集团有限公司

（四）践行新理念、赋能新发展“数字无锡”先进集体

江阴市大数据管理和政务服务局

江阴市市域社会治理现代化指挥中心

新桥镇

海澜集团有限公司

（五）践行新理念、赋能新发展“宜居无锡”先进集体

江阴市城市综合管理局

青阳镇

江阴市交通运输局

江阴市建管中心

江阴市水利局

（六）践行新理念、赋能新发展“平安无锡”先进集体

江阴市委政法委

江阴市应急管理局

江阴市公安局

江阴市地方金融监管局

江阴市财政局

顾山镇

江阴市卫生健康委

六、2022 年度城市更新和房屋征收工作先进集体（无锡市政府表彰 2023.5.10）

江阴高新技术产业开发区管理委员会　澄江街道办事处

江阴市级先进集体

一、“四千四万”先进集体

（一）2023 年度“四千四万”开拓奖

市发展改革委　市市场监管局　江阴高新区

澄江街道　新桥镇

（二）2023 年度“比学赶超”奋进奖

市委老干部局　市水利局　市医保局

南闸街道　长泾镇

二、好班子

市财政局　市交通运输局　市卫生健康委

市法院　江阴高新区科学技术局

临港经济开发区招商局　利港街道　青阳镇

周庄镇　新国联集团

三、先进集体

（一）镇街园区

1. 2023 年度综合考核优胜单位

江阴高新区　临港经济开发区　澄江街道　青阳镇

徐霞客镇　华士镇　周庄镇　新桥镇

2. 2023 年度改革攻坚突破奖（拆迁腾退）

澄江街道　青阳镇　周庄镇

（二）机关部门和金融单位

1. 2023 年度人民满意机关

市纪委监委机关（市委巡察办）

市委办公室（市档案史志馆）

市人大常委会办公室　市政府办公室

市政协办公室　市委组织部　市委宣传部　市委统战部

市委政法委（市法学会）　市委编办　市发展改革委

市科技局　市工信局　市公安局　市财政局　市人社局

市自然资源和规划局　市交通运输局（市邮政管理局）

市卫生健康委　市应急局　市数政局　市市场监管局

市法院　市检察院

2. 2023 年度服务地方先进单位

市税务局　江阴生态环境局　江阴国调队

人行江阴市支行　江阴海事局　江阴海关　市供电公司
江阴农商银行　工商银行江阴支行　农业银行江阴分行
中国银行江阴分行　建设银行江阴支行
江苏银行江阴支行　兴业银行江阴支行
光大银行江阴支行　人保财险江阴支公司
平安产险江阴支公司

(三)企业和社会组织

1.2023年度百强明星企业

(1)工业、建筑业

海澜集团有限公司(新桥镇)
中信泰富特钢集团股份有限公司(江阴高新区)
江苏扬子江船业集团有限公司(靖江园区、澄江街道)
江苏新长江实业集团有限公司(临港经济开发区、靖江园区)
双良集团有限公司(临港经济开发区)
瀚宇博德科技(江阴)有限公司(江阴高新区)
远景能源有限公司(临港经济开发区)
法尔胜泓昇集团有限公司(江阴高新区、临港经济开发区)
江苏阳光集团有限公司(新桥镇)
江阴天江药业有限公司(江阴高新区)
三房巷集团有限公司(周庄镇、临港经济开发区)
江苏利电能源集团(临港经济开发区)
江苏长电科技股份有限公司(江阴高新区)
江苏利安达集团有限公司(江阴高新区)
恩骅力工程材料(江苏)有限公司(江阴高新区)
江苏华西集团有限公司(华士镇)
江苏江南水务股份有限公司(市属)
江阴苏龙热电有限公司(临港经济开发区)
江阴信邦电子有限公司(江阴高新区)
中船澄西船舶修造有限公司(临港经济开发区)
阿法拉伐(江阴)设备制造有限公司(徐霞客镇)
江阴模塑集团有限公司(周庄镇、江阴高新区)
江苏富仁集团有限公司(澄江街道)
江阴泓潮科技有限公司(临港经济开发区)
江苏云蝠服饰有限公司(顾山镇)
江阴鑫联金属制品有限公司(新桥镇)
江阴海达橡塑股份有限公司(周庄镇)
江苏华宏实业集团有限公司(周庄镇)
江苏中力叉车有限公司(靖江园区)
江苏中基新能源科技集团有限公司(临港经济开发区)
江苏红柳床单有限公司(澄江街道)
江苏江顺精密科技集团股份有限公司(周庄镇)
威茨曼金属制品(江阴)有限公司(临港经济开发区)
华能江阴燃机热电有限责任公司(祝塘镇)
江苏苏利精细化工股份有限公司(临港经济开发区)
江苏苏青水处理工程集团有限公司(长泾镇)
江阴标榜汽车部件股份有限公司(华士镇)
江阴市科诚技术有限公司(临港经济开发区)
江苏精亚集团有限公司(新桥镇)
东洋机电(江阴)有限公司(临港经济开发区)
江苏康瑞新材料科技股份有限公司(云亭街道)
江苏淼鑫科技集团有限公司(新桥镇)
江阴江化微电子材料股份有限公司(周庄镇)
江苏嘉盛新材料有限公司(临港经济开发区)
江阴市高达输送机械科技有限公司(长泾镇)
中联重科建筑机械(江苏)有限责任公司(临港经济开发区)
江阴南泰家纺用品有限公司(临港经济开发区)
江阴市申澄集团有限公司(江阴高新区)
江阴方圆环锻法兰有限公司(周庄镇)
江苏振江新能源装备股份有限公司(临港经济开发区)
江阴宝柏包装有限公司(澄江街道)
江苏吉鑫风能科技股份有限公司(云亭街道)
江阴燎原装备制造有限公司(华士镇、江阴高新区)
无锡翔龙环球科技股份有限公司(华士镇)
江苏澄星磷化工股份有限公司(澄江街道)
优彩环保资源科技股份有限公司(祝塘镇)
振宏重工(江苏)股份有限公司(华士镇)
江阴宗承钢铁有限公司(临港经济开发区)
江苏新顺微电子股份有限公司(江阴高新区)
无锡市尚领石英科技有限公司(徐霞客镇)
江阴佩尔科技有限公司(江阴高新区)
江阴市华方新能源高科设备有限公司(周庄镇)
江苏长龄液压股份有限公司(云亭街道)
中南红文化集团股份有限公司(江阴高新区)
江阴热电有限公司(周庄镇)
江阴金童石化装备有限公司(江阴高新区)
江阴润玛电子材料股份有限公司(周庄镇、江阴高新区)
江阴电工合金股份有限公司(周庄镇)
江苏省振新实业有限公司(新桥镇)
江苏华兰药用新材料股份有限公司(临港经济开发区)

(2)服务业企业

江阴海澜之家供应链管理有限公司(新桥镇)
国网江苏省电力有限公司江阴市供电分公司(市属)
江苏江阴农村商业银行股份有限公司(市属)
江苏江阴港港口集团股份有限公司(临港经济开发区)
江阴市长江房地产开发有限公司(澄江街道、临港经济开发区)
江阴市新国联集团有限公司(市属)
江阴国有资本控股(集团)有限公司(市属)
无锡市烟草公司江阴分公司(市属)
江苏新潮创新投资集团有限公司(江阴高新区)
江阴天力燃气有限公司(临港经济开发区)
江苏众网互联网有限公司(顾山镇、临港经济开发区)
利安达能源科技(江苏)有限公司(江阴高新区)
中国农业银行股份有限公司江阴分行(市属)
江阴兴润再生资源有限公司(月城镇)
中粮贸易江苏有限公司(江阴高新区)
中国工商银行股份有限公司江阴支行(市属)

中国人民财产保险股份有限公司江阴支公司（市属）
江阴市锡能实业有限公司（市属）
中国建设银行股份有限公司江阴支行（市属）
江阴海澜之家电子商务有限公司（新桥镇）
见龙投资有限公司（江阴高新区）
江阴市宇联物资再生利用有限公司（临港经济开发区）
江阴星河博裕房地产开发有限公司（江阴高新区）
江阴澄东炉料有限公司（江阴高新区）
中国银行股份有限公司江阴分行（市属）
江阴红豆置业有限公司（临港经济开发区）
江阴城市发展集团有限公司（市属）
江阴市长扬置业有限公司（南闸街道）
江阴市长江钢管有限公司（临港经济开发区）
江阴八佰伴商业管理有限公司（澄江街道）
2. 2023 年度十佳科技创新型企业
江阴兴澄特种钢铁有限公司（江阴高新区）
盛合晶微半导体（江阴）有限公司（江阴高新区）
江阴天江药业有限公司（江阴高新区）
江苏长电科技股份有限公司（江阴高新区）
远景能源有限公司（临港经济开发区）
中铁建电气化局集团康远新材料有限公司（靖江园区）
江苏斯菲尔电气股份有限公司（江阴高新区）
江阴通利光电科技有限公司（长泾镇）
江苏法尔胜光电科技有限公司（江阴高新区）
双良节能系统股份有限公司（临港经济开发区）
3. 2023 年度十佳绿色发展先进企业
江阴兴澄特种钢铁有限公司（江阴高新区）
双良集团有限公司（临港经济开发区）
江苏阳光集团有限公司（新桥镇）
远景能源有限公司（临港经济开发区）
江苏利电能源集团（临港经济开发区）
江阴热电有限公司（周庄镇）
江阴恒阳化工储运有限公司（临港经济开发区）
江阴名鸿车顶系统有限公司（江阴高新区）
光大环保能源（江阴）有限公司（月城镇）
光大水处理（江阴）有限公司（临港经济开发区）
4. 2023 年度十佳诚信企业
海澜集团有限公司（新桥镇）
中信泰富特钢集团股份有限公司（江阴高新区）
江苏扬子江船厂有限公司（靖江园区）
江苏新长江实业集团有限公司（临港经济开发区）
双良集团有限公司（临港经济开发区）
江苏长电科技股份有限公司（江阴高新区）
江阴海达橡塑股份有限公司（周庄镇）
中国电信股份有限公司江阴分公司（澄江街道）
江阴八佰伴商业管理有限公司（澄江街道）
江阴天力燃气有限公司（澄江街道）
5. 2023 年度十佳爱心慈善企业
江苏新长江实业集团有限公司（临港经济开发区）
海澜集团有限公司（新桥镇）
江阴市申澄集团有限公司（江阴高新区）
江苏新潮创新投资集团有限公司（江阴高新区）
江苏华宏实业集团有限公司（周庄镇）
江苏江南水务股份有限公司（市属）
江阴苏龙热电有限公司（临港经济开发区）
江阴天力燃气有限公司（临港经济开发区）
江苏吉麦隆商业管理有限公司（月城镇）
江苏长电科技股份有限公司（江阴高新区）
6. 2023 年度十佳外贸企业
江苏长电科技股份有限公司（江阴高新区）
三房巷集团有限公司（周庄镇）
江苏江阴港港口集团股份有限公司（临港经济开发区）
远景能源有限公司（临港经济开发区）
江阴兴澄特种钢铁有限公司（江阴高新区）
江苏红柳床单有限公司（澄江街道）
江阴市惠尔信国际贸易有限公司（南闸街道）
中船澄西船舶修造有限公司（临港经济开发区）
盛合晶微半导体（江阴）有限公司（江阴高新区）
江苏新长江实业集团有限公司（临港经济开发区）
7. 2023 年度十佳外商投资企业
中信泰富特钢投资有限公司（江阴高新区）
远景能源有限公司（临港经济开发区）
江苏新扬子造船有限公司（靖江园区）
瀚宇博德科技（江阴）有限公司（江阴高新区）
江阴信邦电子有限公司（江阴高新区）
星科金朋半导体（江阴）有限公司（江阴高新区）
阿法拉伐（江阴）设备制造有限公司（徐霞客镇）
恩骅力工程材料（江苏）有限公司（江阴高新区）
江阴贝卡尔特合金材料有限公司（江阴高新区）
安姆科公司（临港经济开发区）
8. 2023 年度十佳社会组织
江阴市爱在临港志愿者协会
江阴市浙江商会
江阴寻亲志愿者协会
江阴市教育学会
江阴市澄江公益坊
江阴市青年创业者联合会
江阴市电子商务协会
江阴市益枫社工事务所
江阴市武术协会
江阴市长青艺术团
（四）社区
2023 年度十佳和谐文明社区
双牌社区（江阴高新区）　天鹤社区（澄江街道）
花园社区（澄江街道）　先锋社区（澄江街道）
城中社区（澄江街道）　申港社区（申港街道）
兴港社区（利港街道）　水韵社区（月城镇）
旌秀社区（青阳镇）　康定社区（新桥镇）

经济社会发展统计资料

一、综合

2023 年江阴市社会经济主要指标一览表

附表 3

指标	单位	2023 年	比 2022 年增减(%)	指标	单位	2023 年	比 2022 年增减(%)
户籍人口	万人	126.70	-0.2	金融业年末存款余额	亿元	5998.81	11.6
全社会从业人数	万人	103.76	0.8	其中:住户存款		2483.56	15.7
地区生产总值	亿元	4960.51	5.9(可比价)	金融业年末贷款余额	亿元	4865.10	14.5
全社会粮食总产量	吨	131795	0.7	保费收入	亿元	104.87	16.6
油料作物总产量	吨	2641	29.1	证券机构交易金额	亿元	10183.49	-8.6
水产品总产量	吨	20107	-0.3	各类学校在校学生数	人	202598	2.7
生猪全年出栏数	万头	3.23	28.2	各类学校专任教师数	人	17529	0.3
货物运输量	万吨	6615	17.2	各类卫生机构医疗床位数	张	9520	2
旅客发送量	万人	3891.32	28	卫生技术人员人数	人	13039	6
邮电业务总量	亿元	51.81	-12.1	其中:执业(助理)医师数		5315	3.4
全社会用电量	亿千瓦时	285.44	2.2	公共图书藏书量	万册	356.50	3.6
供水量(江南水务口径)	万立方米	26186	-2.2	城镇非私营单位从业人员平均工资	元	122505	0.9
固定资产投资额	亿元	886.30	4.8	城镇私营单位从业人员平均工资(无锡全市)	元	80914	6.8
其中:第二产业投资		387.21	7.4	城镇居民人均可支配收入	元	84952	4.3
社会消费品零售总额	亿元	711.70	1.9	农村居民人均可支配收入	元	47846	6.3
进出口总额	亿元	1572.91	0	城乡居民人均储蓄存款余额	元	139170	15.6
其中:出口额		1052.39	-2.1	人均地区生产总值(按常住平均人口)	元	277962	5.8(可比价)
一般公共预算收入	亿元	248.29	9.5	人均一般公共预算收入(按常住平均人口)	元	13913	9.4
一般公共预算支出	亿元	255.62	4.5	人均社会消费品零售额(按常住平均人口)	元	39881	1.8

2023 年江阴市地区生产总值及构成一览表

附表 4

单位:亿元

指标	2023 年	比 2022 年增减(%)(按 2020 年不变价)	指标	2023 年	比 2022 年增减(%)(按 2020 年不变价)
地区生产总值	4960.51	5.9	批发和零售业	977.93	3.8
第一产业	40.96	3.2	住宿和餐饮业	52.94	6.3
第二产业	2567.58	6.8	金融业	347.79	9.8
工业	2349.93	6.7	房地产业	158.44	-0.1
建筑业	217.75	8.0	农、林、牧、渔专业及辅助性活动	6.65	1.9
第三产业	2351.97	4.8	金属制品、机械和设备修理业	0.10	-52.0
交通运输、仓储和邮政业	123.96	10.6	其他服务业	684.16	4.1

2023 年与 2022 年江阴市总户数和总人口数比较一览表

附表 5　　　　单位：万人

年份	户籍总户数（万户）	户籍总人口	按性别分		按农业、非农业分		人口密度（人/平方千米）
			男	女	农业人口	非农业人口	
2023	40.57	126.7	62.15	64.55	31.46	95.25	1284
2022	40.18	126.97	62.43	64.54	31.88	95.09	1286

2023 年与 2022 年江阴市计划生育情况比较一览表

附表 6

年份	人口出生率（‰）	一孩率（%）	二孩率（%）	三孩及三孩以上多孩率（%）
2023	4.17	55.23	37.32	7.45
2022	4.72	54.84	38.55	6.61

二、农村和农业

2023 年江阴市农村基本情况一览表

附表 7

指标	单位	年末实有数	指标	单位	年末实有数
一、农村组织情况			稻谷	千公顷	9.31
镇	个	10	豆类	千公顷	0.97
街道办事处	个	7	油料	千公顷	1.03
村民委员会	个	191	其他农作物	千公顷	13.51
居民委员会	个	82	其中：蔬菜及食用菌	千公顷	12.41
村居合一	个	1	三、农业机械总动力	千瓦	278016
二、农作物总播种面积	千公顷	33.72	1. 柴油机	千瓦	118326
粮食作物	千公顷	19.18	2. 汽油机	千瓦	22581
其中：小麦	千公顷	7.94	3. 电动机	千瓦	137108

2023 年江阴市主要农副业产品产量一览表

附表 8

产品名称	单位	产量	产品名称	单位	产量
粮食总产量	吨	131795	羊全年出栏	万头	0.18
其中：稻谷	吨	86726	家禽全年出栏	万只	17.13
小麦	吨	37552	牛年末头数	万头	0.08
豆类	吨	3185	猪肉	吨	2783
油料	吨	2641	羊肉	吨	20
茶叶	吨	2.50	牛奶	吨	4812
水果	吨	77786	禽蛋	吨	1475
奶牛	万头	0.08	淡水产品产量	吨	20107
生猪全年出栏	万头	3.23	其中：养殖产量	吨	20107

2023年江阴市农村集体经济收益分配一览表

附表9　　　　单位:万元

指标	2023年	2022年	比2022年增减(%)	指标	2023年	2022年	比2022年增减(%)
一、总收入	287153	265328	8.2	3.其他支出	105657	83035	27.2
1.经营收入	163355	162215	0.7	三、本年收益	86753	95343	-9
2.发包及上交收入	13934	13413	3.9	四、年初未分配收益	115602	97672	18.4
3.投资收益	6719	5500	22.2	五、其他转入	11522	8506	35.5
4.补助收入	56862	43542	30.6	六、可分配收益	213877	201522	6.1
5.其他收入	46282	40658	13.8	1.提取公积金、公益金	63909	54670	16.9
二、总支出	200399	169985	17.9	2.提取应付福利费	5908	8991	-34.3
1.经营支出	20395	13762	48.2	3.农户分配	22257	22161	0.4
2.管理费用	74347	73187	1.6	4.其他分配	2067	98	2009.2
其中:(1)干部报酬	25174	24235	3.9	七、年末未分配收益	119737	115602	3.6
(2)报刊费	1329	795	67.2				

三、工业和固定资产投资

2023年江阴市规模以上工业企业单位数及从业人员平均人数一览表

附表10

指标	工业企业单位数(个)		2023年从事工业生产活动平均人数(万人)
	2023年	比2022年增减(%)	
合计	2463	5.5	35.99
按轻重工业分			
其中:轻工业	1048	7	14.54
重工业	1415	4.4	21.45
按规模类型分			
其中:大型企业	30	-6.3	7.24
中型企业	214	2.4	10.18
小型企业	2079	5.2	18.37
微型企业	140	19.7	0.20
按经济类型分			
1.国有企业	—	—	—
2.集体企业	9	0.0	0.23
3.股份合作企业	—	—	—
4.股份制企业	2199	5.9	27.86
5.外商和港澳台商投资企业	226	0.0	7.66
6.私营企业	2129	6.5	23.28

2023 年江阴市规模以上工业生产主要产品产量一览表

附表 11

产品名称	单位	产量	产品名称	单位	产量
初级形态塑料	吨	970739	光纤	千米	2312667
精对苯二甲酸(PTA)	吨	2105950	集成电路	万块	1075822
生铁	吨	8378594	电子元件	万只	1480173
粗钢	吨	9377110	印制电路板	平方米	3836489
钢材	吨	14560744	光伏电池	千瓦	477193
铜材	吨	95862	纱	吨	432041
铝材	吨	802168	布	万米	23170
发电量	万千瓦小时	3458504	绒线	吨	5358
热力	百万千焦	56842281	呢绒	万米	8815
钢丝绳	吨	672659	服装	万件	37563
民用钢质船舶	载重吨	2119170	化学纤维	吨	3675853
发电机组	千瓦	21896751	塑料制品	吨	821126

2023 年江阴市固定资产投资完成情况一览表

附表 12　　　　单位:万元

指标	金额	指标	金额
全社会固定资产投资总额	8862950	其中:工业	3872119
其中:民间投资	5525962	3. 第三产业	4978239
一、按产业分		二、按报表种类分	
1. 第一产业	12592	1. 项目投资	6796366
2. 第二产业	3872119	2. 房地产开发投资	2066584

四、商贸、外经

2023 年与 2022 年江阴市社会消费品零售总额分季度比较一览表

附表 13　　　　单位:万元

指标	2023 年	比 2022 年增减(%)	指标	2023 年	比 2022 年增减(%)
社会消费品零售总额					
1 季度累计	1958315	4.2	1—3 季度累计	5216222	5.1
1—2 季度累计	3488437	8.4	1—4 季度累计	7117002	1.9

2023 年与 2022 年江阴市外向型经济综合指标比较一览表

附表 14

指标	单位	2023 年	2022 年	比 2022 年增减(%)
一、进出口总额	万元	15729090	15740239	0.0
二、出口总额	万元	10523937	10749681	-2.1

续附表14

指标	单位	2023年	2022年	比2022年增减(%)
三、进口总额	万元	5205152	4990558	4.3
四、新批外资项目	项	36	45	—
其中:超千万美元项目	项	8	20	—
五、实际使用外资	万美元	110017(确认数)	58285(确认数)	88.8
六、服务外包业务合同总额	万美元	137867	119806	15.1
七、服务外包业务执行总额	万美元	111725	100928	10.7
八、服务外包离岸业务合同金额	万美元	98301	94233	4.3
九、服务外包离岸业务执行金额	万美元	86916	83990	3.5
十、新批境外投资项目	项	26	20	—

五、财政、金融

2023年江阴市财政、金融一览表

附表15　　单位:万元

指标	金额	指标	金额
一、财政		住房保障支出	175640
1.一般公共预算收入合计	2482867	粮油物资储备支出	7930
其中:税收收入	2110192	灾害防治及应急管理支出	17352
2.一般公共预算支出合计	2556191	其他各项支出	25895
其中:一般公共服务支出	193979	债务付息支出	30275
国防支出	1400	债务发行费用支出	241
公共安全支出	132823	二、银行	
教育支出	410443	1.银行机构本外币存款余额	59988074
科学技术支出	98840	其中:住户存款	24835553
文化旅游体育与传媒支出	20128	非金融企业存款	27134791
社会保障和就业支出	370331	2.银行机构本外币贷款余额	48650995
卫生健康支出	185616	其中:短期贷款	1545896
节能环保支出	60292	中长期贷款	7244773
城乡社区支出	500593	3.银行机构人民币存款余额	58246277
农林水支出	105754	其中:住户存款	24711791
交通运输支出	105180	非金融企业存款	25586237
资源勘探工业信息等支出	79902	4.银行机构人民币贷款余额	48236155
商业、服务业等支出	8527	其中:短期贷款	1545148
自然资源海洋气象等支出	25050	中长期贷款	7244756

说明:2023年美元汇率1:7.0827。

六、交通、邮电、电力、城建

2023年与2022年江阴市交通、邮电情况比较一览表

附表16

指标	单位	2023年	2022年	指标	单位	2023年	2022年
一、交通				二、邮电			
公路通车里程	千米	2293.61	2335.75	邮政局、所合计	处	32	32
公路桥梁	座	974	984	邮政业务总量	万元	62502	58650
内河航道通航里程	千米	353.29	353.29	特快专递	万件	5842	4774
旅客发送量	万人	3891.32	3040.31	集邮业务	万件	24	27
旅客周转量	万人千米	47201	21089	邮政储蓄年平均余额	万元	1803304	1480326
公路货运量	万吨	4973	4264	邮政储蓄点	处	28	28
公路货运周转量	万吨千米	458334	419853	全市固定电话用户合计	万户	18.88	18.96
水路货运量	万吨	1642	1378	其中：住宅电话	万户	8.74	8.78
水路货运周转量	万吨千米	2582718	1977923	互联网用户	万户	81.57	79.04
港口货物吞吐量	万吨	37795	35062	移动电话用户	万户	229.12	230.66
港口集装箱运量	标箱	570036	530008	其中：4G电话用户	万户	108.97	138.80
				其中：5G电话用户	万户	107.58	80.31

2023年江阴市供电用电情况一览表

附表17　　单位：万千瓦时

指标	2023年	比2022年增减(%)	指标	2023年	比2022年增减(%)
全社会用电量	2854447	2.2	金属制品业	285540	1.2
1.农林牧渔业	9565	1.1	通用及专用设备制造业	129924	-21.4
其中：排灌	887	-21.2	3.建筑业	11819	-21.5
2.工业	2351745	2.3	4.交通运输、仓储和邮政业	27427	11.1
其中：纺织业	421628	0.9	5.住宿和餐饮业	18936	16.5
化学原料及化学制品制造业	45770	-9.7	6.其他行业	206640	11.3
黑色金属冶炼及压延加工业	453819	-4.2	7.城乡居民生活用电	228315	-1.7
非金属矿物制品业	32407	7.7	其中：农村	177502	-2.1

2023年江阴市城市建设情况一览表

附表18

指标	单位	数量	指标	单位	数量
城市面积	平方千米	198	天然气供气总量	万立方米	86618
城市建成区面积	平方千米	125	其中：家庭用	万立方米	3135
城市人口密度	人/平方千米	2089	家庭用气户数	户	138756
城市建成区绿地率	%	40.98	燃气普及率	%	100
城市建成区绿化覆盖率	%	44.30	污水处理率	%	98.09

续附表18

指标	单位	数量	指标	单位	数量
城市自来水年供水总量	万立方米	8035	市政道路长度	千米	1023.65
城市自来水年售水总量	万立方米	7675	市政道路面积	万平方米	1305.39
用水户数	户	151856	人均市政道路面积	平方米	31.55
人均日生活用水量	升	195.83	市政桥梁	座	105
用水普及率	%	100	防洪堤长度	千米	4
城市液化气供气总量	万吨	0.34	绿化覆盖面积(城区)	公顷	5553.41
其中:家庭用	万吨	0.11	绿地面积(城区)	公顷	5199.35
用气户数	户	15120	公园绿地面积	公顷	661.66

七、科、教、文、卫

2023年江阴市各类科技机构、科技人员、科技项目情况一览表

附表19

指标	单位	数量	指标	单位	数量
一、科技团体、机构			3. 研究生工作站	个	100
1. 市级学会、协会	个	30	4. 新型研发机构	个	6
2. 科技服务中心	个	30	三、科技型企业		
3. 企业科协	个	199	1. 高新技术企业	个	1002
4. 镇(街道)、园区科协	个	18	2. 科技型中小企业	个	2365
二、科技研发机构			四、科技人员合计	人	198965
1. 工程技术研究中心			1. 国家科技人员(在职)	人	180140
其中:国家级	个	2	2. 乡镇科技人员	人	18825
江苏省级	个	232	五、政工专业职称人员合计	人	2810
无锡市级	个	599	六、技术工人	人	505730
江阴市级	个	1754	七、科技进步奖励总计	项	3
2. 院士工作站	个	64			

2023学年江阴市各级各类学校基本情况一览表

附表20

指标	学校数(所)	在校学生数(人)	专任教师(人)	指标	学校数(所)	在校学生数(人)	专任教师(人)
一、幼儿园	135	39716	3117	初中	40	46946	3979
二、小学	55	112957	6813	五、中等专业学校	2	7742	948
三、特殊教育	1	287	66	六、普通高校	1	5878	341
四、普通中学	52	69982	6115	七、技工学校	2	5752	129
其中:高中	12	23036	2136	八、成人教育	18	46826	561

2023 年江阴市文化、广播、电视基本情况一览表

附表 21

指标	单位	数量	指标	单位	数量
一、影剧管理机构	个	1	七、工人文化宫、少年宫	个	1
二、电影放映单位	个	32	八、市博物馆	个	1
票房收入	亿元	0.97	九、公共图书馆图书总藏量	万册	356.50
三、市锡剧团演出	场	222	十、文物保护单位	个	97
观众人数	万人	17.74	国家级	个	8
演出收入	万元	172.17	省级	个	8
四、市评弹团演出	场	255	市级	个	81
观众人数	万人	3.83	十一、江阴报社	个	1
演出收入	万元	7.35	十二、市电视台	个	1
五、营业性舞厅、歌厅	个	128	十三、市广播电台	个	1
六、市图书馆、文化馆	个	2			

2023 年江阴市卫生事业基本情况一览表

附表 22

指　标	机构数（个）	床位数（张）	年末人员数（人）	卫生技术人员			管理人员
					执业（助理）医师	注册护士	
总计	710	9520	16046	13039	5315	5670	1043
一、医院	39	6744	8450	6852	2484	3392	594
综合医院	17	3891	5227	4559	1716	2246	343
中医医院	2	748	1385	1250	465	606	99
专科医院	9	628	1068	709	226	315	103
口腔医院	2	30	94	77	36	36	5
眼科医院	1	65	145	73	27	43	10
妇产（科）医院	2	125	275	156	62	87	33
骨科医院	1	105	218	120	34	65	33
康复医院	3	303	336	283	67	84	22
护理院	11	1477	770	334	77	225	49
二、基层医疗卫生机构	660	2746	6917	5712	2632	2176	434
社区卫生服务中心（站）	86	95	872	760	341	223	40
社区卫生服务中心	12	95	614	529	246	167	38
社区卫生服务站	74	—	258	231	95	56	2
卫生院	15	2651	3036	2619	1042	1122	155
村卫生室	124	—	435	235	173	38	—
门诊部	62	—	1008	758	351	339	98
诊所、卫生所、医务室	373	—	1566	1340	725	454	141

续附表22

指　标	机构数(个)	床位数(张)	年末人员数(人)	卫生技术人员	执业(助理)医师	注册护士	管理人员
三、专业公共卫生机构	7	20	592	424	189	83	11
疾病预防控制中心	1	—	182	156	101	7	—
口腔病防治院(所、站)	1	—	1	1	1	—	—
健康教育所(站、中心)	1	—	53	15	3	4	4
妇幼保健院(所、站)	1	20	134	108	56	30	3
急救中心(站)	1	—	107	43	24	19	4
采供血机构	1	—	61	48	4	23	—
卫生监督所(中心)	1	—	54	53	—	—	—
四、其他卫生机构	4	10	87	51	10	19	4
其他	4	10	87	51	10	19	4

2023年江阴市体育事业情况一览表

附表23

指标	单位	数量	指标	单位	数量
一、体育场	个	33	五、健身路径	套	1897
其中:31888座体育场	个/平方米	1/157980	六、篮球场	片	1463
二、田径场	个	22	其中:灯光篮球场	片	997
三、体育馆	个	18	七、门球场	片	48
其中:3338座体育馆	个/平方米	1/12436	八、网球场	片	75
四、跳水游泳馆(3014座)	个/平方米	1/6390	九、2000平方米以上全民健身中心	个	44
游泳池馆	个	112			

八、人民生活

2023年江阴市人民生活一览表

附表24

指标	单位	数量	指标	单位	数量
一、农村住户家庭基本情况			二、城镇居民家庭基本情况		
1. 调查户数	户	80	1. 调查户数	户	160
2. 家庭常住人口	人	211	2. 家庭常住人口	人	456
3. 家庭就业人口	人	170	3. 家庭就业人口	人	353
4. 农村居民人均可支配收入	元	47846	4. 人均年可支配收入	元	84952
5. 农村居民人均生活消费支出	元	32120	5. 人均年生活消费支出	元	44685
6. 每百户耐用消费品拥有量			6. 每百户耐用消费品拥有量		
电冰箱(柜)	台	110	电冰箱(柜)	台	116
彩色电视机	台	174	彩色电视机	台	197

续附表 24

指标	单位	数量	指标	单位	数量
洗衣机	台	120	洗衣机	台	125
微波炉	台	92	微波炉	台	99
照相机	架	11	照相机	架	12
固定电话	部	7	固定电话	部	9
移动电话	部	293	移动电话	部	287
空调	台	258	空调	台	293
计算机	台	66	计算机	台	77
家用汽车	辆	75	家用汽车	辆	92
地面清洁器	台	26	地面清洁器	台	36
健身器材	台	11	健身器材	台	18

九、经济发展实绩

2023 年江阴市村级收入前 30 名村(社区)一览表

附表 25　　单位:万元

序号	单位名称	实绩	序号	单位名称	实绩
1	华士镇华西新市村	20101	16	周庄镇长南村	2716
2	周庄镇周庄村	11757	17	长泾镇花园村	2419
3	夏港街道长江村	11751	18	周庄镇陶城村	2289
4	周庄镇山泉村	10308	19	长泾镇南涸村	2252
5	周庄镇华宏村	7341	20	云亭街道花山村	2242
6	周庄镇金湾村	7039	21	顾山镇新龚村	2216
7	周庄镇倪家巷村	4990	22	顾山镇赤岸村	2154
8	周庄镇三房巷村	4981	23	月城镇沿山村	2076
9	南闸街道泗河村	4607	24	华士镇曙新村	2065
10	周庄镇长寿村	4291	25	周庄镇鸡龙山村	2044
11	周庄镇周西村	4163	26	澄江街道通运村	1924
12	周庄镇宗言村	3638	27	夏港街道三联村	1885
13	南闸街道观西村	3244	28	徐霞客镇南苑村	1814
14	华士镇华士村	2956	29	顾山镇顾山社区	1747
15	顾山镇红豆村	2936	30	澄江街道江锋村	1741

2023 年江阴市开票销售收入前 50 名工业企业一览表

附表 26　　单位:万元

序号	单位名称	实绩	序号	单位名称	实绩
1	海澜集团有限公司	15952128	4	三房巷集团有限公司	8007820
2	中信泰富特钢集团股份有限公司	13240094	5	远景能源有限公司	4941433
3	江苏新长江实业集团有限公司	9684921	6	江苏阳光集团有限公司	3591106

续附表 26

序号	单位名称	实绩	序号	单位名称	实绩
7	双良集团有限公司	2799235	29	江阴信邦电子有限公司	298824
8	江苏华西集团有限公司	2791295	30	优彩环保资源科技股份有限公司	288184
9	法尔胜泓昇集团有限公司	1687471	31	江阴热电有限公司	285527
10	江苏扬子江船业集团有限公司	1404129	32	江苏云蝠服饰有限公司	270984
11	江苏长电科技股份有限公司	1240999	33	江苏澄星磷化工股份有限公司	267454
12	江苏利电能源集团	1166386	34	江阴电工合金股份有限公司	255660
13	江阴苏龙热电有限公司	875793	35	大明重工有限公司	254711
14	中船澄西船舶修造有限公司	793789	36	江阴市源盛铝业有限公司	254036
15	江阴市天阳金属制品有限公司	785359	37	江阴海达橡塑股份有限公司	249608
16	江苏华宏实业集团有限公司	742848	38	江阴新树工程塑料有限公司	244553
17	江苏利安达集团有限公司	741107	39	江苏焱鑫科技集团有限公司	235223
18	江阴华润制钢有限公司	649803	40	建滔电子材料(江阴)有限公司	224489
19	江阴模塑集团有限公司	555823	41	江苏嘉盛新材料有限公司	222626
20	江苏富仁集团有限公司	449075	42	江阴市余润金属制造有限公司	220954
21	瀚宇博德科技(江阴)有限公司	419201	43	阿法拉伐(江阴)设备制造有限公司	213187
22	江苏通利光学新材料集团有限公司	402762	44	江阴宝柏包装有限公司	207969
23	阿尔法(江阴)沥青有限公司	387372	45	江阴方圆环锻法兰有限公司	207184
24	江阴天江药业有限公司	370685	46	华能江阴燃机热电有限责任公司	199511
25	江苏振江新能源装备股份有限公司	365828	47	江阴创瑞电力装备有限公司	197734
26	江苏东鋆光伏科技有限公司	352148	48	江阴长江投资集团有限公司	196407
27	恩骅力工程材料(江苏)有限公司	334026	49	江苏中基新能源科技集团有限公司	193622
28	江苏红柳床单有限公司	317605	50	江苏江南水务股份有限公司	190397

2023 年江阴市入库税金前 30 名服务业企业一览表

附表 27　　单位:万元

序号	单位名称	实绩	序号	单位名称	实绩
1	江阴海澜之家供应链管理有限公司	57477	9	江苏新潮创新投资集团有限公司	13875
2	国网江苏省电力有限公司江阴市供电分公司	42118	10	江阴天力燃气有限公司	13605
3	江苏江阴农村商业银行股份有限公司	27927	11	江苏众网互联网有限公司	12886
4	江苏江阴港港口集团股份有限公司	26958	12	利安达能源科技(江苏)有限公司	12753
5	江阴市长江房地产开发有限公司	25316	13	中国农业银行股份有限公司江阴分行	11079
6	江阴市新国联集团有限公司	24393	14	江阴兴润再生资源有限公司	10286
7	江阴国有资本控股(集团)有限公司	16733	15	中粮贸易江苏有限公司	10218
8	无锡市烟草公司江阴分公司	15093	16	中国工商银行股份有限公司江阴支行	9834

续附表27

序号	单位名称	实绩	序号	单位名称	实绩
17	中国人民财产保险股份有限公司江阴支公司	9641	24	江阴澄东炉料有限公司	7297
18	江阴市锡能实业有限公司	9241	25	中国银行股份有限公司江阴分行	6830
19	中国建设银行股份有限公司江阴支行	8924	26	江阴红豆置业有限公司	6617
20	江阴海澜之家电子商务有限公司	8901	27	江阴城市发展集团有限公司	6529
21	见龙投资有限公司	8773	28	江阴市长扬置业有限公司	6225
22	江阴市宇联物资再生利用有限公司	8498	29	江阴市长江钢管有限公司	6046
23	江阴星河博裕房地产开发有限公司	8445	30	江阴八佰伴商业管理有限公司	5687

2023年江阴市进出口前30名企业一览表

附表28

序号	单位名称	序号	单位名称
1	江苏长电科技股份有限公司	16	江阴市惠尔信国际贸易有限公司
2	三房巷集团有限公司	17	江苏华西集团有限公司
3	江阴兴澄特种钢铁有限公司	18	江苏红柳床单有限公司
4	远景能源有限公司	19	江苏锡美达技术贸易有限公司
5	中船澄西船舶修造有限公司	20	江苏云蝠服饰股份有限公司
6	盛合晶微半导体(江阴)有限公司	21	中粮麦芽(江阴)有限公司
7	江苏天晨船舶进出口有限公司	22	江苏阳光集团有限公司
8	法尔胜泓昇集团有限公司	23	双良集团有限公司
9	江阴市金桥化工有限公司	24	江阴宝柏包装有限公司
10	江阴信邦电子有限公司	25	江苏东鋆光伏科技有限公司
11	江苏江阴港港口集团股份有限公司	26	江苏中基新能源科技集团有限公司
12	江苏新长江实业集团有限公司	27	江苏升辉投资集团有限公司
13	江苏振江新能源装备股份有限公司	28	见龙投资有限公司
14	恩骅力工程材料(江苏)有限公司	29	瀚宇博德科技(江阴)有限公司
15	阿法拉伐(江阴)设备制造有限公司	30	中建材浚鑫科技有限公司

(市统计局)

■类目编辑　聂小琴　朱其涛

索　　引

该索引是以正文部分(不包括彩色插页)为主要内容的综合性主题索引。标目一般采用主题词、中心词,并按汉语拼音字母顺序排列。其右侧数字表示页码,字母 a 为左栏,b 为中栏,c 为右栏。

J

R

S

Y

Z

■类目编辑 成苏萍

乡村振兴新画卷

编者按：2023年，江阴市加快乡村振兴步伐，开展“三清三治”（清理各类垃圾、清理违建违放、清理家河家塘，治理农村厕所、治理农村污水、治理农田风貌）农村环境卫生专项整治；深化农村人居环境“红黑榜”制度运用；按照“三美一高”（生态美、环境美、人文美、管护水平高）思路，启动省级宜居宜业和美乡村示范创建；强化资金、资产、资源“三资”管理，推行党务、政务、村务“三务”公开。是年，全市实现村级总收入28.7亿元，村均收入1120万元。村级收入超亿元的村有4个、超千万元的村有69个。乡村振兴取得丰硕成果，江阴市获评中央农作物秸秆综合利用重点县、江苏省“万企兴万村”行动典型县、江苏省农作物病虫害绿色防控县；江阴市璜土镇（葡萄）入选首批国家农业产业强镇名单；1个镇6个村入选省乡村振兴示范镇村。

2023年，江阴市获评中央农作物秸秆综合利用重点县、江苏省“万企兴万村”行动典型县、江苏省农作物病虫害绿色防控县。

1 2023年，江阴市举行农作物秸秆综合利用新机具作业观摩会
2 秸秆收集作业
3 以秸秆为原料的生物质燃料颗粒生产线
4 以秸秆为原料的生物质燃料颗粒打包车间

（以上图片由市农业农村局提供）

江苏省工商业联合会

关于2023年江苏省“万企兴万村”行动先进典型(第一批)的通报

各设区市“万企兴万村”行动领导小组:

根据全国“万企兴万村”行动领导小组办公室《关于开展“万企兴万村”行动先进典型选树创建工作的通知》要求，江苏省“万企兴万村”行动领导小组组织召开了“万企兴万村”行动先进典型选树工作评审会，评定2023年江苏省“万企兴万村”行动先进典型(第一批)。现将相关情况通报如下:

一、典型项目(企业)。评定亨通精密铜箔乡村振兴产业项目等44个项目(企业)为江苏省“万企兴万村”行动典型项目(企业)。详细名单见附件。

二、区域类典型。评定泗洪县、锡山区、吴江区、江阴市和金湖县为江苏省“万企兴万村”行动典型县。

1

2

1 2023年12月，江阴市被评为江苏省“万企兴万村”行动典型县。图为评定通报（市工商联提供）

2 2023年12月，江苏美天奶业有限公司的牛奶梦工厂被评为江苏省“万企兴万村”行动典型项目(企业)。图为该公司奶牛生活区（市商务局提供）

3 2023年，江阴市被评为江苏省农作物病虫害绿色防控县。图为2023年8月31日，华士镇华西村高品质稻米种植基地内，农技人员在诱捕器旁查看水稻长势和病虫害情况（丁家骏　摄）

3

2023 年 8 月，江阴市璜土镇（葡萄）入选首批国家农业产业强镇名单。

① 璜土镇智慧葡萄园

（詹绍辉　摄）

② 2023年8月18日，江苏省优质鲜食葡萄品鉴推介活动在璜土镇举办

（詹绍辉　摄）

❶ 璜土镇"美人指" 葡萄，被中国葡萄协会授予"中华名果"称号（詹绍辉　摄）

❷ 璜土镇"巨盛 1 号" 葡萄（璜土镇政府党政办提供）

❸ 璜土镇"心愿" 葡萄（璜土镇政府党政办提供）

❹ 璜土镇 "蓝宝石" 葡萄（璜土镇政府党政办提供）

❺ 璜土镇"红富士" 葡萄（璜土镇政府党政办提供）

❻ 璜土镇"夏黑" 葡萄（璜土镇政府党政办提供）

2023年，江阴市获评1个全国最美乡村公共文化空间、2个省最美乡村公共文化空间。

①② 2023年，月城镇弦歌水韵园入选2022年度全国最美乡村公共文化空间（创新案例类）

③ 2023年，月城镇双泾村入选文旅部2023年"四季村晚"示范展示点。图为2023年12月23日，"福满双泾　最美是吾乡"全国冬季"村晚"月城镇双泾村示范展示活动在月城大戏院举行

2023年，月城镇水韵社区24小时图书馆、灿烂梦工坊公益服务中心2个单位入选2023年度江苏省“最美乡村公共文化空间”

❶❷ 月城镇水韵社区24小时图书馆

❸❹ 灿烂梦工坊公益服务中心

（以上图片由市文体广电和旅游局提供）

2023 年 12 月，江阴市有 1 个镇 6 个村被评为江苏省乡村振兴示范镇、村。

① 顾山镇（市农业农村局提供）
② 璜土镇璜土村（市农业农村局提供）
③ 华士镇曙新村（华士镇政府党政办提供）

1. 周庄镇山泉村
（市农业农村局提供）
2. 新桥镇郁桥村
（市农业农村局提供）
3. 长泾镇蒲市村
（市农业农村局提供）
4. 顾山镇红豆村
（市农业农村局提供）

2023 年 4 月，江阴市有 1 个镇 14 个村被评为江苏省生态宜居美丽乡村示范镇、村。

1 新桥镇
2 顾山镇红豆村
3 华士镇陆丰村

璜土镇高栗村

璜土镇璜土村

利港街道黄丹村

南闸街道观西村

申港街道申兴村

新桥镇黄河村

新桥镇郁桥村

徐霞客镇方园村

周庄镇山泉村

长泾镇南淛村

长泾镇蒲市村

祝塘镇河湘村

（以上图片由市农业农村局提供）

2023年，江阴市新增3个江苏省特色田园乡村——南闸街道观西村陶湾、长泾镇南国村南北圩、顾山镇赤岸村赤岸。至年末，全市省级特色田园乡村累计10个。

南闸街道观西村陶湾

长泾镇南国村南北圩

顾山镇赤岸村赤岸

2023 年 12 月，青阳镇塘头桥村塘头桥被列入江苏省传统村落名录。至年末，全市累计 10 个村被列入江苏省传统村落名录。

青阳镇塘头桥村塘头桥

（以上图片由市住建局提供）

2023年，华士镇曙新村被评为全国乡村治理示范村。新桥时裳小镇入选第一批江苏省级特色小镇。月城镇水芹文化系统入选江苏省第三批重要农业文化遗产名录。

1 华士镇曙新村
2 新桥时裳小镇
3 月城镇农民收割水芹

2023 年，江阴市 4 个农民专业合作社获国家级荣誉。

1. 江阴市谷盛农业专业合作社入选国家农民合作社示范社
2. 江阴市永恒农业专业合作社入选国家农民合作社示范社
3. 江阴故乡情果业专业合作社入选“2023中国农民合作社500强”
4. 江阴市雪峰农业专业合作社入选“2023中国农民合作社500强”

（以上图片由市农业农村局提供）

2023 年，江阴市有 7 个村的股份经济合作社入选江苏省“百强股份经济合作社”。

1 周庄镇金湾村
2 周庄镇山泉村
3 周庄镇华宏村
4 周庄镇倪家巷村

1 周庄镇宗言村

2 周庄镇三房巷村

3 华士镇华士村

（以上图片由市农业农村局提供）

生命至上
预防为主